II. Abreviaturas lexicográficas / 词语缩略表

alguien	**alg**	某人
nombre colectivo	**colect**	集体词
coloquial, propio del lenguaje informal	**coloq**	口语
eufemismo	**euf**	婉转语
exclamación	**excl**	感叹词
voz empleada en sentido figurado	**fig**	转义词
humorístico	**hum**	幽默词
palabra usada en varias jergas	**jerga**	黑话
negativo	**neg**	否定词
una cosa, algo	**u/c**	某事或物
palabra vulgar o grosera que conviene evitar normalmente	**vulg**	俗语

III. Abreviaturas de especialidad o materia / 专业术语缩略表

administración, lenguaje administrativo	**adm**	行政管理
aeronáutica, aviación	**aero**	航空
agricultura	**agric**	农业
arquitectura	**arq**	建筑
bellas artes	**arte**	艺术
astrología	**astrol**	占星
astronomía	**astron**	天文
astronáutica	**astronáut**	航天
automovilismo	**auto**	汽车
banca	**banc**	银行
biología	**biol**	生物
botánica	**bot**	植物
caza	**caza**	狩猎
cinematografía	**cine**	电影
comercio	**com**	商业
construcción	**constr**	建筑
correos	**correo**	邮局
diplomacia	**dipl**	外交
economía	**econ**	经济
electricidad	**electr**	电气电
electrónica, técnica de sonido	**electrón**	电子
ferrocarriles	**ferroc**	铁路
filosofía	**filos**	哲学

física	**fís**	物理
fotografía	**foto**	摄影
gastronomía, comidas, bebidas	**gastr**	烹饪饮食
geografía	**geogr**	地理学
geología	**geol**	地质学
geometría	**geom**	几何
voz histórica	**hist**	历史学
imprenta	**impr**	印刷术
industria	**indus**	工业
informática	**informát**	电脑信息业
derecho, lenguaje jurídico	**jur**	法律
lingüística, gramática	**ling**	语言语法
literatura, estilo literario o culto	**lit**	文学文雅
matemáticas	**mat**	数学
medicina, anatomía, farmacia	**med**	医学解剖药剂
meteorología	**meteo**	气象学
militar	**mil**	军事
música	**mús**	音乐
navegación	**nav**	航海
periodismo	**period**	新闻
política	**pol**	政治
psicología	**psicol**	心理学
publicidad	**publ**	广告
química	**quím**	化学
radiofusión	**radio**	无线电
religión, iglesia	**relig**	宗教
deporte	**dep**	体育
tauromaquia	**taur**	斗牛术
telecomunicaciones	**telec**	电信通讯
textiles, ropa	**txtl**	纺织服装业
teatro	**teat**	话剧
tecnología	**tecn**	技术
transportes	**transp**	运输业
televisión	**TV**	电视
zoología	**zool**	动物学

DICCIONARIO POCKET

实用汉西 / ESPAÑOL - CHINO

DICCIONARIOS POCKET HERDER

DICCIONARIO POCKET

I

实用汉西

DR. MINKANG ZHOU
周敏康博士著

Herder

Pinyin: Hailing Jiang
Wen Ciu Lee Koo
Revisión: Jiang Meng
Rubén González Rodríguez

Diseño de la cubierta: Claudio Bado

1ª edición, 4ª impresión 2013

ISBN: 978-84-254-2375-8

Imprenta: Tesigraf
Depósito legal: B-512-2013
Printed in Spain

Herder
www.herdereditorial.com

ÍNDICE

PREFACIO

El chino y el castellano se cuentan, junto con el inglés, entre los idiomas más utilizados en el mundo. Pues bien, los estudiantes y usuarios del chino y el castellano pueden contar, a partir de ahora, con una herramienta muy práctica y útil, que es el diccionario pocket chino-español. En este último medio siglo, en las librerías faltaban diccionarios de chino-español y español-chino. Bajo esta circunstancia, el autor del presente diccionario aceptó el encargo de la prestigiosa editorial española Herder para redactar un nuevo diccionario de la misma índole como un gran reto.

Lo he aceptado con la intención de superar los defectos existentes en los diccionarios ya publicados, y mejorar el diccionario chino-español y español-chino en el sentido de la metodología y la calidad, aplicando la mayor precisión posible en la definición y el uso de cada palabra. Es sabido por todo el mundo que la lengua española se extiende por más de veinte países del mundo, y todos los hispanistas sabemos que hay que distinguir la definición y el uso de cada palabra española entre un país y el otro, en vez de mezclarlos en un mismo diccionario sin aclararlos, lo cual podría producir confusión y un uso impreciso de las palabras españolas en aquellos que estén en la fase de aprendizaje del español. El presente diccionario pocket usa la lengua española de la Península Ibérica como el idioma estándar y es, por lo tanto, muy adecuado para aquellos que estudien, trabajen y viajen entre España, China, Taiwán, Hong Kong y Singapur.

La característica principal consiste en que este diccionario ha sabido sacar lo esencial y lo mejor de los diccionarios existentes de las mismas características, y los ha reelaborado con una mayor dedicación y calidad, dando una definición más precisa, correcta y concisa a cada palabra, sea china o española. En la selección de cada entrada aplicamos la metodología de la frecuencia del uso de palabra, y sucede lo mismo en el momento de seleccionar la definición y el uso de cada entrada.

Una de las garantías de la calidad de un diccionario bilingüe tiene que provenir del fondo cultural y la formación académica lingüística del autor. Este diccionario ha sido preparado por un chino que ha vivido veinte años en China y otros tantos en España, con los títulos universitarios de China y de España. Se ha incorporado a este diccionario la experiencia del autor en el uso de los dos idiomas implicados y las dos culturas correspondientes, pasando de lo meramente cuantitativo a lo cualitativo.

Como autor del presente diccionario, agradezco a la Sra. Lingling Xu, quien ha colaborado conmigo en algunas entradas de la parte de español-chino, pero el mayor agradecimiento se dirige al filólogo español Rubén González Rodríguez, quien me ha aportado una revisión muy valiosa a la parte del chino-español con su perfecto conocimiento de chino y castellano. No puedo cerrar este prólogo sin expresar asimismo mi profundo agradecimiento a la Sra. Jingjing Zhao, quien me ha ayudado en la preparación de las entradas chinas y el apoyo informático. Sin su valiosa aportación, no me habría sido posible terminar, en tan corto plazo, esta obra faraónica.

El autor ha hecho todo lo posible para perfeccionar esta obra y, sin embargo, es posible que existan errores y erratas. Ruego la sugerencia y el comentario por parte de lectores y usuarios de este diccionario, para que pueda mejorarlo en próximas ediciones o reimpresiones.

Dr. Minkang Zhou

Departamento de traducción e interpretación
Universidad Autónoma de Barcelona, 2006

I
INDICACIONES PARA EL USO DE ESTE DICCIONARIO

I.-1.

La parte del diccionario chino-español comprende los 2.600 caracteres chinos de mayor frecuencia de uso en la lengua china moderna, y unas 12.500 entradas para las palabras más usuales en la sociedad china. Las entradas pueden estar formadas por un solo carácter chino (palabra en sí misma o parte componente de una palabra) o por dos, tres y cuatro caracteres chinos.

I.-2.

Los caracteres principales aparecen en negrita y son más grandes que las entradas de las palabras compuestas de más de un carácter.

I.-3.

Las entradas que se encuentran debajo del carácter principal están ordenadas a partir de la fonética del segundo carácter y si éste coincide con el anterior, a partir de la del tercer carácter, y así sucesivamente.

I.-4.

Hay dos maneras de buscar un carácter: si ya se conoce la pronunciación, se puede buscar directamente en el diccionario de acuerdo con el *pinyin* siguiendo el orden alfabético. Si no se sabe cómo se pronuncia un carácter, es necesario saber el radical de ese carácter o del primer carácter de la palabra desconocida, y buscarlo en la lista de radicales que se encuentra en la página 43 de la parte del diccionario chino-español. Después se debe buscar en la lista de caracteres que le indican a qué página del diccionario chino-español corresponde. La lista de caracteres sigue a la lista de radicales.

I.-5.

Las palabras homógrafas, que no son homófonas, están ordenadas según el *pinyin*, y además, se indica con la flecha → la otra o las otras pronunciaciones posibles. Por ejemplo:

了 liáo → **le**

I.-6.

Las palabras polisémicas se presentan con cada una de las acepciones separadas con **1.**, **2.**... por ejemplo:

习作 **1.** hacer una redacción (*como una práctica*); **2.** trabajo *m* (*de pintura, dibujo*)

I.-7.

Para evitar las ambigüedades sobre el dominio de una entrada, se indica el área temática con una abreviatura en cursiva. Por ejemplo:

戏剧 *teat* drama *m*, teatro *m*

I.-8.

Si dos palabras son sinónimas, en una de las dos aparece el símbolo → que nos indica que hay una entrada con la misma equivalencia. Y en el caso de la fonética, cuando aparezca el símbolo →, significa que el mismo carácter chino posee otra pronunciación. Por ejemplo:

隙→空隙

没mò →méi

I.-9.

Siempre que se considere necesario, a continuación de la equivalencia se incluye un ejemplo de uso, en el que la entrada se sustituye por el símbolo ~.

早 hace tiempo, 我~告诉过你。Te advertí hace tiempo.

I.-10.

La mayoría de palabras de medida no tienen equivalencia en español. En este caso, se indica entre paréntesis la palabra de medida y se añade un ejemplo que muestra el significado y el uso. Por ejemplo:

把 **3.** (*palabra de medida*); 一~椅子Una silla.

I.-11.

Todas las palabras o oraciones que aparecen entre paréntesis son explicaciones que pretenden deshacer la posible ambigüedad en el momento de la comprensión. Por ejemplo:

涮羊肉 lonja de cordero (*para la fondue*)

娘家 casa *f*, familia *f* (*de los padres de una mujer casada*)

I.-12.

Este diccionario está redactado con caracteres chinos simplificados. Quienes deseen conocer un carácter original podrán consultar la tabla de equivalencias de caracteres simplificados y originales de la página 22.

II

汉语拼音方案 / SISTEMA FONÉTICO *PINYIN* DE LA LENGUA CHINA MODERNA

II.-1. Alfabeto de la fonética china (字母表)

PINYIN Nombre						
Aa ㄚ	Bb ㄅㄝ	Cc ㄘㄝ	Dd ㄉㄝ	Ee ㄜ	Ff ㄝㄈ	Gg ㄍㄝ
Hh ㄏㄚ	Ii ㄧ	Jj ㄐㄧㄝ	Kk ㄎㄝ	Ll ㄝㄌ	Mm ㄝㄇ	Nn ㄋㄝ
Oo ㄛ	Pp ㄆㄝ	Qq ㄑㄧㄡ	Rr ㄚㄦ	Ss ㄝㄙ	Tt ㄊㄝ	Uu ㄨ
Vv ㄪㄝ	Ww ㄨㄚ	Xx ㄒㄧ	Yy ㄧㄚ	Zz ㄗㄝ		

V sólo se usa para los extranjerismos.

II.-2. Consonantes (声母表)

b ㄅ玻	p ㄆ坡	m ㄇ摸	f ㄈ佛	d ㄉ得	t ㄊ特	n ㄋ讷	l ㄌ勒
g ㄍ哥	k ㄎ科	h ㄏ喝		j ㄐ基	q ㄑ欺	x ㄒ希	
zh ㄓ知	ch ㄔ蚩	sh ㄕ诗	r ㄖ日	z ㄗ资	c ㄘ雌	s ㄙ思	

II.-3. Vocales simples y compuestas (韵母表)

	i 丨 衣	u ㄨ 乌	ü ㄩ 迂
a ㄚ 啊	ia 丨ㄚ 呀	ua ㄨㄚ 蛙	
o ㄛ 喔		uo ㄨㄛ 窝	
e ㄜ 鹅	ie 丨ㄝ 耶		üe ㄩㄝ 约
ai ㄞ 哀		uai ㄨㄞ 歪	
ei ㄟ 欸		uei ㄨㄟ 威	
ao ㄠ 熬	iao 丨ㄠ 腰		
ou ㄡ 欧	iou 丨ㄡ 忧		
an ㄢ 安	ian 丨ㄢ 烟	uan ㄨㄢ 弯	üan ㄩㄢ 冤
en ㄣ 恩	in 丨ㄣ 因	uen ㄨㄣ 温	ün ㄩㄣ 晕
ang ㄤ 昂	iang 丨ㄤ 央	uang ㄨㄤ 汪	
eng ㄥ 亨	ing 丨ㄥ 英	ueng ㄨㄥ 翁	
ong (ㄨㄥ) 轰	iong ㄩㄥ 雍		

II.-4. Signos de tonos (声调符号)

1.er tono (阴平)	2.º tono (阳平)	3.er tono (上声)	4.º tono (去声)
ˉ	ˊ	ˇ	ˋ

El signo de la tilde de tono cae en una de las vocales que forman parte de una sílaba. El tono ligero no tiene tilde, por ejemplo:

声调符号标在音节的主要母音上，轻声不标。例如：

妈 mā (1.er tono)	麻 má (2.º tono)	马 mǎ (3.er tono)	骂 mà (4.º tono)	吗 ma (tono ligero)

II.-5. Signo de separación (隔音符号)

Cuando una sílaba comienza con la vocal **a**, **o**, **e** y sigue a una sílaba que termina en vocal, es necesario añadir el signo de separación para distinguir las dos sílabas, por ejemplo:

Xī'ān (西安).

a, o, e 开头的音节连接在其他音节后面的时候，如果音节的界限发生混淆，用隔音符号(')隔开，例如：Xī'ān (西安)。

III
INTRODUCCIÓN A LA GRAMÁTICA CHINA

III.-1. Introducción

La lengua china moderna funciona según reglas naturales, es decir, la estructura gramatical china se ciñe a una secuencia de términos que reflejan la percepción natural del tiempo y el espacio, sin el recurso de la conjugación verbal ni de los artículos determinados e indeterminados. Por lo tanto, quienes quieran aprender y dominar la lengua china deben respetar el orden de los elementos gramaticales que forman sus oraciones. El orden básico de una frase china, invariable en todos los casos, es el siguiente:

sujeto + predicado + objeto
我去大学。 (Voy a la universidad.)

El orden es la base esencial de una frase china y a partir de ese orden se puede añadir:
un complemento adjetival (c. adj) (delante del sujeto u objeto)
un complemento adverbial (c. adv) (delante del predicado y/o del c. adj)
un complemento de grado (c. gra) (detrás del predicado)
un complemento circunstancial (c. cir) (delante del predicado)
una palabra de tiempo (pt) (delante de toda la oración)

Quienes comienzan a aprender la lengua china deben tener siempre en cuenta que la secuencia de elementos de una frase china es siempre invariable. El modelo completo es el siguiente:

pt + c. adj + sujeto + c. cir (y/o c. adv) + predicado + c. adj (o c. gra) + objeto.

Por ejemplo:

昨天我的女朋友在大学里看一部很有意思的中国电影。
(Mi novia vio una película china muy interesante en la universidad ayer.)

Podemos analizar esta frase de la siguiente manera para encontrar el orden de elementos gramaticales:

昨天	我的	女	朋友	在大学里	看	一部	很	有意思的	中国	电影.
pt	c. adj	c. adj	sujeto	c. cir	predicado	c. adj	c. adv	c. adj	c. adj	objeto.

III.-2. Elementos gramaticales

III.-2.1. Sujeto

Todos los sustantivos y los pronombres pueden ejercer la función gramatical de sujeto en una frase china. El objeto chino tiene la equivalencia del complemento directo en la gramática española. Por ejemplo:

她(老师)去买东西。
Ella (la profesora) va de compras.

III.-2.2. Predicado

Los elementos que ejercen la función gramatical de predicado en una frase china son tanto los verbos como los adjetivos, mientras que en la lengua española sólo el verbo ejerce la función de predicado. Este aspecto puede plantear dificultades en el aprendizaje de la lengua china. Por ejemplo:

哥哥在写信。
El hermano escribe una carta.

今年我很高兴。
Este año me siento feliz.

III.-2.3. Objeto

Además de sujeto, todos los sustantivos y los pronombres pueden ejercer la función gramatical de objeto en una frase china.

学生不做作业。
Los alumnos no hacen los ejercicios.

我们去看看她。
Vamos a visitarla.

III.-2.4. Complemento adjetival

El complemento adjetival se coloca delante del sujeto u objeto para modificarlos. Todos los adjetivos y las oraciones subordinadas pueden ejercer esta función. El complemento adjetival suele llevar 的, por ejemplo :

漂亮的姑娘来了。 (c. adj del sujeto)
Viene la chica guapa.

漂亮的姑娘走进一家豪华的饭店。(c. adj. del objeto)
La chica guapa entra en un restaurante lujoso.

穿着漂亮衣服的姑娘走进一家豪华的饭店。(la oración subordinada modifica al sujeto)
La chica que lleva vestido de gala entra en un restaurante lujoso.

穿着漂亮衣服的姑娘走进一家坐满客人的豪华饭店。
(una oración subordinada modifica al sujeto y, la otra, modifica al objeto)
La chica que lleva vestido de gala entra en un restaurante lujoso lleno de gente.

III.-2.5. Complemento adverbial

El complemento adverbial se coloca delante del predicado y/o delante del complemento adjetival mientras que el adverbio español suele colocarse detrás del verbo. Tiene la función de modificar al predicado y/o al complemento adjetival. Suele llevar 地. Por ejemplo:

他伤心地哭了。
Llora tristemente.

我看见一条很大的狗。
He visto un perro muy grande.

III.-2.6. Complemento de grado

El complemento de grado está compuesto por un adjetivo o un verbo, sirve para modificar una acción, se coloca obligatoriamente detrás del predicado y lleva 得. Por ejemplo:

他跑得很快。
Él corre muy rápido.

她高兴得跳了起来。
Ella salta de alegría.

III.-2.7. Complemento circunstancial

El complemento circunstancial sirve para indicar el lugar y se coloca siempre delante del predicado o del sujeto. En la lengua española el complemento circunstancial de lugar se suele colocar detrás del predicado (verbo), por lo tanto, es un punto difícil del aprendizaje de la lengua china para un/a hispanohablante. Veamos un ejemplo de uso:

我在大学学习汉语。
Estudio chino en la universidad.

En chino nunca se dice:
我学习汉语在大学。

III.-2.8. Palabra de tiempo

Todas la palabras de tiempo, tales como: 今天，昨天，今年，去年，这个月，三月，上个星期，五点钟，etc. suelen colocarse delante de la frase o del predicado. En español, el C. C. de tiempo tiene libertad total para ser colocado en cualquier lugar de la frase, lo cual no se permite en la lengua china. Por ejemplo:

今天我们去看电影。o 我们今天去看电影。
Vamos al cine hoy. Hoy vamos al cine.

En chino nunca se dice:
我们去看电影今天。

III.-3. Número y medidor

La lengua china tiene unas peculiaridades que no existen en la lengua española. Una de ellas es el número + medidor. Es decir, cuando se expresa el concepto de cantidad es obligatorio intercalar un medidor entre el número y el objeto, y en cada caso el medidor es diferente, esto es, a cada tipo de objeto le corresponde un medidor determinado. Por ejemplo:

两个朋友 dos amigos
十本书 diez libros
三辆车 tres coches

Es necesario estudiarlos uno por uno como las preposiciones en la lengua española.

IV
TABLA DE EQUIVALENCIAS DE LOS CARACTERES CHINOS SIMPLIFICADOS Y ORIGINALES

Esta tabla contiene los 2.600 caracteres chinos de mayor frecuencia de uso en la lengua moderna china. Sirve para averiguar su formato original y simplificado.

Hay que destacar que en esta tabla podemos encontrar el mismo formato de un carácter chino. Esto significa que no hay diferencia gráfica entre el original y el simplificado, lo cual facilita el dominio de los dos formatos de la escritura china de una manera rápida y eficaz si un/a estudiante quiere aprender la compleja y completa escritura a lo largo de su estudio de la lengua y la cultura china.

Es necesario saber que el carácter chino simplificado se emplea actualmente en todo el territorio Chino, Hong Kong, Macao y Singapur, mientras que el carácter chino original se utiliza sólo en Taiwán. La razón de esta distinción de la escritura china se debe a que en 1958 China llevó a cabo una reforma de la escritura china simplificando los trazos para que la lengua y concretamente, la escritura fueran relativamente fáciles de aprender. Sin embargo, Taiwán sigue con la tradición china de mantener la riqueza y la belleza de una escritura con más de dos mil años de historia.

En este diccionario usamos el carácter chino simplificado con el sistema fonético pinyin.

A

安阿昂岸按哀袄挨啊唉爱案傲奥碍暗矮

安阿昂岸按哀襖挨啊唉愛案傲奧礙暗矮

B

八不比贝币巴办本丙布北白包半必

八不比貝幣巴辦本丙布北白包半必

边百毕冰闭并坝扮把报步吧别兵伯伴补驳表拔抱拌拨杯板奔败版彼爸备饱变波怖宝帮

邊百畢冰閉並壩扮把報步吧別兵伯伴補駁表拔抱拌撥杯板奔敗版彼爸備飽變波怖寶幫

玻标柄柏背拜便保胞饼疤扁绑班捕毙罢笔倍般笔病部宾被剥菠笨脖斑博棒逼辈悲堡傍

玻標柄柏背拜便保胞餅疤扁綁班捕斃罷筆倍般筆病部賓被剝菠笨脖斑博棒逼輩悲堡傍

遍编搏摆搬碑雹鄙滨碧蔽榜弊鼻膊播暴薄辩壁避辫臂鞭蹦瓣爆霸

遍編搏擺搬碑雹鄙濱碧蔽榜弊鼻膊播暴薄辯壁避辮臂鞭蹦瓣爆霸

C

厂才寸川叉车

廠才寸川叉車

超插裁蔥朝廚敞喘鋤程策儲懲饞曾竄窗楚酬睬錯錘辭稠愁籌催觸慈纏摧磁察翠撐撤聰
超插裁葱朝厨敞喘锄程策储惩馋曾窜窗楚酬睬错锤辞稠愁筹催触慈缠摧磁察翠撑撤聪

嘗鈔促瘡差測穿除蠶恥翅唇礎柴乘秤稱倡臭艙脆菜常晨唱崇鏟償船彩猜湊粗慚慘綢趁
尝钞促疮差测穿除蚕耻翅唇础柴乘秤称倡臭舱脆菜常晨唱崇铲偿船彩猜凑粗惭惨绸趁

吹財徹岔腸床燦沉初詞層遲陳純抽拆刺廁齒昌暢垂側采炒炊誠襯承參春持城草茶查殘
吹财彻岔肠床灿沉初词层迟陈纯抽拆刺厕齿昌畅垂侧采炒炊诚衬承参春持城草茶查残

仇從倉尺醜斥叢匆冊處出場臣存成此塵蟲吃創沖次產充闖池馳扯抄赤蒼材村辰呈吵串
仇从仓尺丑斥丛匆册处出场臣存成此尘虫吃创冲次产充闯池驰扯抄赤苍材村辰呈吵串

跌賭短等答道渡惰登緞督躲殿疊鍛端滴凳蝶稻德懂顛雕戴蹈蹲

跌赌短等答道渡惰登缎督躲殿叠锻端滴凳蝶稻德懂颠雕戴蹈蹲

E

二儿耳而恶恩饿

二儿耳而恶恩饿

貸盾待膽獨度帝洞陡怠都耽檔逗頓黨敵倒爹遞讀調堵掉堆笛第袋得盜斷悼逮蛋搭堤董

贷盾待胆独度帝洞陡怠都耽档逗顿党敌倒爹递读调堵掉堆笛第袋得盗断悼逮蛋搭堤董

朵多燈導抖杜豆盯呆噸釘但低肚島凍弟擔頂抵到典釣的店底單定誕毒擋墊帶蕩棟點段

朵多灯导抖杜豆盯呆吨钉但低肚岛冻弟担顶抵到典钓的店底单定诞毒挡垫带荡栋点段

槽醋踩潮操餐擦藏顫蠢

槽醋踩潮操餐擦藏颤蠢

D

丁刀大丹鬥訂隊打東旦叮電叨叨代冬對動地奪達當吊丟

丁刀大丹斗订队打东旦叮电叨叨代冬对动地夺达当吊丢

鞏共過軌光剛各關觀貢攻杆杠更崗告估穀肝龜溝改綱規拐櫃構果國固購乖刮稈供股狗

巩共过轨光刚各关观贡攻杆杠更岗告估谷肝龟沟改纲规拐柜构果国固购乖刮秆供股狗

逢粉浮副輔符幅鋒傅番糞憤富蜂腹福縫腐繁覆翻

逢粉浮副辅符幅锋傅番粪愤富蜂腹福缝腐繁覆翻

G

幹工個廣弓岡公勾功甘古歸瓜

干工个广弓冈公勾功甘古归瓜

吩佛返飯泛附妨紛紡奉範奮非咐販斧膚肺肥服府廢放法沸房封赴罰複俘瘋閥費匪峰俯

吩佛返饭泛附妨纷纺奉范奋非咐贩斧肤肺肥服府废放法沸房封赴罚复俘疯阀费匪峰俯

鵝蛾額

鹅蛾额

F

凡飛豐夫反父分乏風鳳方付犯發帆伏伐份仿負諷訪防婦扶撫墳坊芬芳否

凡飞丰夫反父分乏风凤方付犯发帆伏伐份仿负讽访防妇扶抚坟坊芬芳否

厚哄虹嘩哈皇很狠洪活渾恒恢孩賀繪耗換壺荷獲核晃喚賄侯航浩海悔害黄患盒毫痕混

厚哄虹哗哈皇很狠洪活浑恒恢孩贺绘耗换壶荷获核晃唤贿侯航浩海悔害黄患盒毫痕混

劃回華夥後會合汗好歡紅壞護花還旱吼何含懷宏環或畫轟虎呼和貨昏狐忽河話揮荒胡

划回华伙后会合汗好欢红坏护花还旱吼何含怀宏环或画轰虎呼和货昏狐忽河话挥荒胡

葛辜棍鍋港溉割隔鼓搞概感跪跟滾歌管裹膏稿糕灌罐

葛辜棍锅港溉割隔鼓搞概感跪跟滚歌管裹膏稿糕灌罐

H

互化火戶幻號禾乎匯漢灰

互化火户幻号禾乎汇汉灰

怪官該孤姑貫掛革故貴骨鋼鉤缸竿鬼閣宮冠耕趕恭桂格根哥顧躬胳高鴿夠館蓋慣敢擱

怪官该孤姑贯挂革故贵骨钢钩缸竿鬼阁宫冠耕赶恭桂格根哥顾躬胳高鸽够馆盖惯敢搁

居屆降姐駕艱經擠薦繭皆界賤矩儉俊劍狡急餃將奬跡薑潔澆濟津舉覺既嬌架結驕結絕

居届降姐驾艰经挤荐茧皆界贱矩俭俊剑狡急饺将奖迹姜洁浇济津举觉既娇架结骄结绝

戒技拒均劫極殲堅近角間究君即局忌際勁雞揀拘圾莖傑具季佳徑今京劑郊淨券卷肩建

戒技拒均劫极歼坚近角间究君即局忌际劲鸡拣拘圾茎杰具季佳径今京剂郊净券卷肩建

巨見僅斤介今計擊節舊甲叫句饑記加糾吉圾機匠夾尖件價肌交決江講軍盡階奸級紀進

巨见仅斤介今计击节旧甲叫句饥记加纠吉圾机匠夹尖件价肌交决江讲军尽阶奸级纪进

謊禍婚惠惑輝喊喝喉黑猾猴湖滑慌寒緩魂槐毀煌豪慧横蝴糊衡

谎祸婚惠惑辉喊喝喉黑猾猴湖滑慌寒缓魂槐毁煌豪慧横蝴糊衡

J

九幾巾久及己井

九几巾久及己井

坑殼塊克曠困狂況庫快苦礦肯昆凱刻炕空垮挎括枯砍咳看科客墾捆恐框哭烤寬課懇控

坑壳块克旷困狂况库快苦矿肯昆凯刻炕空垮挎括枯砍咳看科客垦捆恐框哭烤宽课恳控

嫁靜嘉截境聚竭精蕉稼箭僵橋鏡激繳鞠警疆嚼籍

嫁静嘉截境聚竭精蕉稼箭僵橋镜激缴鞠警疆嚼籍

K

虧口開孔刊可卡扛扣考擴誇抗

亏口开孔刊可卡扛扣考扩夸抗

救距假腳減竟剪漸懼驚寄頸績揭攪敬椒晶景踐筋集焦街就禁鑒晴錦鍵鋸簡舅解醬煎謹

救距假脚减竟剪渐惧惊寄颈绩揭搅敬椒晶景践筋集焦街就禁鉴晴锦键锯简舅解酱煎谨

絞捐撿晉校轎較監緊積借俱倦健艦膠槳漿脊疾競兼酒浸家劇絹繼捷教接據掘基菌菊檢

绞捐捡晋校轿较监紧积借俱倦健舰胶桨浆脊疾竞兼酒浸家剧绢继捷教接据掘基菌菊检

陵理掠勒蘿聾輛啦略累梨犁籠領臉獵廊鹿率粒淋梁隆綠摟聯落裂量喇鏈臘魯屢藍樓賴

陵理掠勒萝聋辆啦略累梨犁笼领脸猎廊鹿率粒淋梁隆绿搂联落裂量喇链腊鲁屡蓝楼赖

錄隸練柳欄厘臨覽倆律亮類煉爛姥壘絡駱撈蓮栗烈慮鈴狸狼留戀離涼旅料澇流浪朗諒

录隶练柳栏厘临览俩律亮类炼烂姥垒络骆捞莲栗烈虑铃狸狼留恋离凉旅料涝流浪朗谅

論蘆勞李兩麗勵來連裏亂利伶鄰卵療冷牢良靈陸驢攏拉攔林壟輪虜羅嶺例爐淚憐簾郎

论芦劳李两丽励来连里乱利伶邻卵疗冷牢良灵陆驴拢拉拦林垄轮虏罗岭例炉泪怜帘郎

康寇款堪葵棵筐闊渴愧慨褲跨酷顆靠糠

康寇款堪葵棵筐阔渴愧慨裤跨酷颗靠糠

L

了力曆六厲龍另令樂立蘭禮遼老列劣劉

了力历六厉龙另令乐立兰礼辽老列劣刘

碌雷零龄路锣廉粮虑滥溜粱璃榴蜡箩僚辣漏骡黎篮懒螺镰露

碌雷零齡路鑼廉糧慮濫溜粱璃榴蠟籮僚辣漏騾黎籃懶螺鐮露

M

么门马木毛末灭目

麼門馬木毛末滅目

们民矛母芒迈吗名米忙妈买麦每免苗闷没妙抹茂苗茅卖码明鸣牧命庙盲沫孟妹某茫面

們民矛母芒邁嗎名米忙媽買麥每免苗悶沒妙抹茂苗茅賣碼明鳴牧命廟盲沫孟妹某茫面

冒蚂骂秒脉勉贸美迷眉埋莫眠秘描萌梦梅眯敏猫猛麻密谋谜绵棉帽蛮摸墓幕蒙盟煤满

冒螞罵秒脈勉貿美迷眉埋莫眠秘描萌夢梅眯敏貓猛麻密謀謎綿棉帽蠻摸墓幕蒙盟煤滿

漠慕暮蔑模貌膜馒漫慢蜜酶瞒墨摩默磨魔

漠慕暮蔑模貌膜饅漫慢蜜酶瞞墨摩默磨魔

N

乃女内牛鸟宁尼奶奴年农那弄扭男你

乃女內牛鳥寧尼奶奴年農那弄扭男你

篇僻劈膨攀

篇僻劈膨攀

Q

七千乞犬区切气欠劝巧去且丘权曲岂迁喬全企慶齊纖搶卻芹求棄汽

七千乞犬区切气欠劝巧去且丘权曲岂迁乔全企庆齐纤抢却芹求弃汽

炮派配破疲剖旁瓶袍陪捧排培萍票偏盤婆葡棚噴跑賠鋪牌脾普騙蓬碰辟撇魄膀漂譜飄

炮派配破疲剖旁瓶袍陪捧排培萍票偏盘婆葡棚喷跑赔铺牌脾普骗蓬碰辟撇魄膀漂谱飘

P

蔔匹片僕撲扒平皮樸乒乓批拋判評拍坡蘋憑佩迫爬貧朋泊泡潑怕拼盼趴品盆胖叛

卜匹片仆扑扒平皮朴乒乓批抛判评拍坡苹凭佩迫爬贫朋泊泡泼怕拼盼趴品盆胖叛

尿努納紐呢念鬧泥挪南耐哪逆濃惱恨怒捏拿腦娘能難您暖釀嫩凝囊

尿努纳纽呢念闹泥挪南耐哪逆浓恼恨怒捏拿脑娘能难您暖酿嫩凝囊

O

歐偶

欧偶

穷启驱青其取茄枪奇妻顷侨浅屈挠荣砌牵轻秋泉侵亲前洽恰窃起桥钱钳铅缺倾拳悄请

窮啟驅青其取茄槍奇妻頃僑淺屈撓榮砌牽輕秋泉侵親前洽恰竊起橋錢鉗鉛缺傾拳悄請

球戚雀圈清渠情骑琴趋楸期欺棋确晴禽腔裙谦强勤鹊遣签群墙蜻锹敲旗歉漆趣潜器瞧

球戚雀圈清渠情騎琴趨楸期欺棋確晴禽腔裙謙強勤鵲遣簽群牆蜻鍬敲旗歉漆趣潛器瞧

R

人入刃日仁仍认扔让肉任如扰忍若软乳饶染柔绒绕热辱润容弱揉惹锐然瑞熔融燃

人入刃日仁仍認扔讓肉任如擾忍若軟乳饒染柔絨繞熱辱潤容弱揉惹鋭然瑞熔融燃

壤嚷

壤嚷

S

十三士上山勺尸少水手升什氏双书示世术石帅申史四生失甩市闪司圣丝式

十三士上山勺屍少水手升什氏雙書示世術石帥申史四生失甩市閃司聖絲式

商獸深滲宿隨孀繩搜斯散森賞署鎖剩稍稅篩舒釋善濕屬疏嫂肆攝蒜碎輸睡嗓鼠傻數塑

商兽深渗宿随孀绳搜斯散森赏署锁剩稍税筛舒释善湿属疏嫂肆摄蒜碎输睡嗓鼠傻数塑

勝獅蝕施送首灑室神說誦素捎損逝索速殊曬晌哨筍射頌衰涉扇誰桑授梢梳爽盛匙蛇售

胜狮蚀施送首洒室神说诵素捎损逝索速殊晒晌哨笋射颂衰涉扇谁桑授梢梳爽盛匙蛇售

腎尚侍使所舍受飾飼審實試詩衫視肅刷陝始駛紹栓拾甚柿樹耍豎省是思雖牲適順俗食

肾尚侍使所舍受饰饲审实试诗衫视肃刷陕始驶绍栓拾甚柿树耍竖省是思虽牲适顺俗食

寺掃死師歲舌傷似殺傘色守設孫收壽聲蘇束時私伸身刪沙沈宋社識訴紗勢松述喪事叔

寺扫死师岁舌伤似杀伞色守设孙收寿声苏束时私伸身删沙沈宋社识诉纱势松述丧事叔

慎塞誓摔酸裳嗽算瘦赛缩撕撒蔬艘熟薯霜穗

慎塞誓摔酸裳嗽算瘦賽縮撕撒蔬艘熟薯霜穗

T

土天厅太屯田叹他头它讨台托吐团

土天廳太屯田歎他頭它討台托吐團

汤她吞坛投听秃体妥条坦拖抬态帖图贪兔驼挺挑炭贴逃亭庭剃突退统泰桐桃套铁特透

湯她吞壇投聽禿體妥條坦拖抬態帖圖貪兔駝挺挑炭貼逃亭庭剃突退統泰桐桃套鐵特透

倘徒途疼唐涛涂烫谈陶通推掏探萄梯桶堂铜甜偷停脱添淘谈惕屠弹替塔提蜓毯筒艇痛

倘徒途疼唐濤塗燙談陶通推掏探萄梯桶堂銅甜偷停脫添淘談惕屠彈替塔提蜓毯筒艇痛

童填塌塘摊跳腾腿痰滔滩趟题踢踏躺膛蹄糖

童填塌塘攤跳騰腿痰滔灘趟題踢踏躺膛蹄糖

W

万丸亡卫王无五瓦午勿乌文为外务

萬丸亡衛王無五瓦午勿烏文為外務

賢欣脅享泄瀉性學詢詳弦限姓線細型項巷相鹹削顯星蝦響峽卸選香修信須敘狹洗宣憲

贤欣胁享泄泻性学询详弦限姓线细型项巷相咸削显星虾响峡卸选香修信须叙狭洗宣宪

寫訓訊刑朽協西邪嚇吸先休血向行旬興許尋迅戲巡形孝杏縣秀希迎系序辛閑現幸析些

写训讯刑朽协西邪吓吸先休血向行旬兴许寻迅戏巡形孝杏县秀希迎系序辛闲现幸析些

屋娃頑挽蚊翁悟襪晚唯望維握蛙喂溫灣窩碗霧微舞穩慰

屋娃顽挽蚊翁悟袜晚唯望维握蛙喂温湾窝碗雾微舞稳慰

X

下小夕習鄉凶心兄仙穴

下小夕习乡凶心兄仙穴

網偉伍偽危妄問汙違吳圍嗚我位忘汪沃完尾紋玩武臥旺味物委往挖威歪畏胃侮彎聞誤

网伟伍伪危妄问污违吴围呜我位忘汪沃完尾纹玩武卧旺味物委往挖威歪畏胃侮弯闻误

有頁因嶼優延仰爺亦衣羊宇異陽陰羽約遠運芽嚴楊醫園呀郵員傭役餘猶飲言應冶憂譯

有页因屿优延仰爷亦衣羊宇异阳阴羽约远运芽严杨医园呀邮员佣役余犹饮言应冶忧译

又於與億義已也元雲藝尤友牙月勻憶引以允予玉右業葉由央儀用印議永孕幼揚亞壓厭

又于与亿义已也元云艺尤友牙月匀忆引以允予玉右业叶由央仪用印议永孕幼扬亚压厌

雄銷鏽稀循羨謝隙絮攜蓄獻想歇錫像腥新溪嫌需鮮熄熊鞋橡瞎葙膝薪醒霞

雄销锈稀循羡谢隙絮携蓄献想歇锡像腥新溪嫌需鲜熄熊鞋橡瞎葙膝薪醒霞

Y

一乙

一乙

險校夏曉犧笑息徐胸席效畜羞消宵袖祥屑陷繡掀械襲雪虛懸銜斜悉象餡旋惜緒續喜廈

险校夏晓牺笑息徐胸席效畜羞消宵袖祥屑陷绣掀械袭雪虚悬衔斜悉象馅旋惜绪续喜厦

妖押拥英雨易咏岩依鱼夜育炎油沿泳宜药要研殃鸦哑映蚁咽咬钥狱怨疫音养洋语诱院
妖押擁英雨易詠岩依魚夜育炎油沿泳宜藥要研殃鴉啞映蟻咽咬鑰獄怨疫音養洋語誘院

姨姻盈勇艳盐样原鸭晕圆氧秧倚阅益烟浴涌悦宴冤谊娱预验域掩营眼野跃崖银移悠欲
姨姻盈勇豔鹽樣原鴨暈圓氧秧倚閱益煙浴湧悅宴冤誼娛預驗域掩營眼野躍崖銀移悠欲

痒庸淹渔液窑隐越援椅硬雁雅遇遗御焰游愉裕谣缘摇榆愚愈遥腰韵意源誉愿蝇疑演樱
癢庸淹漁液窯隱越援椅硬雁雅遇遺禦焰遊愉裕謠緣搖榆愚愈遙腰韻意源譽願蠅疑演櫻

影颜毅燕邀赢翼鹰耀
影顏毅燕邀贏翼鷹耀

Z

丈之子专扎支止中长爪正左轧占只仗仔主汁召执芝再在至
丈之子專紮支止中長爪正左軋占只仗仔主汁召執芝再在至

致桌賊造租秩債值脂髒皺准座症資站燭浙漲窄宰諸展職著睜啄嶄做豬章族著粘煮葬植

致桌贼造租秩债值脂脏皱准座症资站烛浙涨窄宰诸展职著睁啄崭做猪章族着粘煮葬植

終駐奏珍政趙指掙柱磚戰眨昨咱鐘怎種重追姿總炸濁洲祖祝晝珠盞栽振載捉哲真株逐

终驻奏珍政赵指挣柱砖战眨昨咱钟怎种重追姿总炸浊洲祖祝昼珠盏栽振载捉哲真株逐

診張阻縱紙責者招擇直枝枕棗轉斬忠幟制知侄偵質征肢腫脹周鬧鄭沾注澤治宗宙組織

诊张阻纵纸责者招择直枝枕枣转斩忠帜制知侄侦质征肢肿胀周闹郑沾注泽治宗宙组织

貞早則朱竹傳自舟兆眾雜旨爭壯莊州宅字陣找址走折抓志足帳針作住皂坐狀這灶災證

贞早则朱竹传自舟兆众杂旨争壮庄州宅字阵找址走折抓志足帐针作住皂坐状这灶灾证

遵整嘴贈贊澡糟燥驟躁

遵整嘴赠赞澡糟燥骤躁

遭蜘賺遮寨撞增醉震蹤囑鎮

遭蜘赚遮寨撞增醉震踪嘱镇

尊渣滋粥蒸照置罪罩障摘榨

尊渣滋粥蒸照置罪罩障摘榨

棕殖暫紫掌最蛛鑄智築箏裝

棕殖暂紫掌最蛛铸智筑筝装

V
EXTRANJERISMOS EN LA LENGUA CHINA

[AA] compartir los gastos (*de comida, piso*)
[ABC] Abece, nociones *fpl* básicas
[ADSL] *telec* ADSL, banda *f* ancha
[APEC] Cooperación *f* Económica Asia-Pacífico
[ATM机] cajero *m* automático
[B超] *med* ecografía *f*
[BP机] *telec* búsca *m*
[CBD] zona *f* central de negocio
[CD] disco *m* compacto
[CEO] *com* ejecutivo *m* en jefe
[CT] *infor* tomografía *f* informatizada
[DNA] DNA *m*
[DOS] *inform* sistema *m* operativo
[DVD] DVD *m*
[FAX] fax *m*
[HSK] examen *m* oficial del nivel de chino
[Internet] Internet *m*
[IP电话] teléfono *m* por internet
[ISO] ISO *f*
[KTV] club *m* de karaoke
[LD] disco *m* en láser
[MBA] máster *m* en administración empresarial
[MP3] reproductor *m* de música, MP3
[MTV] música *f* en televisión
[pH值] *quí* valor pH *m*
[POS机] máquina *f* de venta automática
[RMB] Renminbi *m*, moneda *f* china
[SOS] SOS, socorro *m*

[T恤衫] *txtl* camiseta *f*
[TV] TV, televisión *f*
[UFO] UFO, objeto *m* volador no identificado
[VCD] VCD *m*
[WC] WC, lavabo *m*
[WTO] Organización *f* Mundial de Comercio
[WWW] página *f* web, web *f*
[X光] Rayo X *m*

VI
ÍNDICE DE RADICALES CHINOS / 部首目录

部首右边的数码指检字表的页码

El número a la derecha del radical indica el número de página dentro del índice de caracteres chinos.

VII
ÍNDICE DE CARACTERES CHINOS / 检字表

字右边的数码指词典正文的页码
El número a la derecha del carácter indica el número de página dentro de la parte Chino-Español del Diccionario.

39
工部

40
土部

41
士部

42
艹部

A

阿 [ā] (*se usa delante del apellido o del tratamiento personal*); ~ 唐 [táng] Sr. Tang; ~ 哥 [gē] hermano
阿飞 [ā fēi] gamberro,-a, grosero,-a
阿拉伯人 [ā lā bó rén] árabe *m/f*
阿姨 [ā yí] **1.** (*pariente*) tía *f*; **2.** criada *f*, chacha *f*
啊 [ā] **1.** ¡ah!, ¡oh!; **2.** ¿Qué? ¿Cómo?
哀 [āi] **1.** pena *f*, tristeza *f*; **2.** luto *m*, duelo *m*
哀悼 [āi dào] dar el pésame, condolerse
哀求 [āi qíu] suplicar, implorar
哀伤 [āi shāng] triste *adj m/f*, desconsolado,-a
哀乐 [āi lè] música *f* fúnebre
挨 [āi] **1.** uno tras otro, por turnos; **2.** acercarse, estar junto a
挨个儿 [āi gè er] uno por uno, uno tras uno, por orden
挨近 [āi jìn] acercarse, estar junto a
癌 [ái] *med* cáncer *m*
矮 [ǎi] (*estatura*) bajo,-a
矮小 [ǎi xiǎo] bajo-a y pequeño,-a
矮子 [āi zi] enano *m*, persona *f* baja
爱 [ài] **1.** amar, querer; **2.** gustar, encantar
爱不释手 [ài bù shì shǒu] tener mucho apego a u/c
爱国 [ài guó] amar a la patria, patriótico,-a
爱国心 [ài guó xīn] sentimiento *m* patriótico, patriotismo *m*
爱国者 [ài guó zhě] patriota *m/f*
爱好 [ài hào] tener afición, ser aficionado,-a; afición *f*, gusto *m*, hobby *m*
爱护 [ài hù] cuidar, proteger
爱恋 [ài liàn] enamorarse de alg, estar enamorado,-a de alg
爱面子 [ài miàn zi] ser sensible a la reputación (*o dignidad)*
爱慕 [ài mù] admirar y amar
爱情 [ài qíng] amor *m*, pasión *f*
爱人 [ài rén] pareja *f*, cónyuge *m*
爱惜 [ài xī] apreciar y cuidar
碍 [ài] estorbar, impedir
碍面子 [ài miàn zi] preocuparse por herir la dignidad de alg
碍事 [ài shì] **1.** estorbar, molestar, ser grave; **2.** ser de importancia, ser grave
碍手碍脚 [ài shǒu ài jiǎo] ser molesto,-a, ser inoportuno,-a
暧 [ài] oscuro,-a, de poca luz
暧昧 [ài mèi] ambiguo,-a, dudoso,-a
安 [ān] quieto,-a, tranquilo,-a; calmar, tranquilizar
安插 [ān chā] colocar a alg en un puesto de trabajo
安定 [ān dìng] estable *adj m/f*, apacible *adj m/f*; estabilizar, tranquilizar

安放 [ān fàng] poner, colocar
安分 [ān fèn] ser feliz con lo que uno tiene
安好 [ān hǎo] sano y salvo
安家 [ān jiā] **1.** afincarse, avecindarse; **2.** constituir una familia, contraer matrimonio
安静 [ān jìng] tranquilo,-a, apacible *adj m/f*; silencio *m*, tranquilidad *f*
安居乐业 [ān jū lè yè] ser feliz con el trabajo y con la vida
安乐死 [ān lè sǐ] eutanasia *f*
安理会 [ān lǐ huì] Consejo *m* de Seguridad de la ONU
安眠药 [ān mián yào] *med* somnífero *m*, dormitivo *m*
安宁 [ān níng] pacífico,-a, tranquilo,-a
安排 [ān pái] arreglar, (*visita, alojamiento, etc.*) preparar
安培计 [ān péi jì] *electr* amperímetro *m*
安全 [ān quán] seguro,-a; seguridad *f*
安全帽 [ān quán mào] casco *m* de seguridad
安身 [ān shēn] cobijarse, alojarse
安慰 [ān wèi] consolar; consuelo *m*
安稳 [ān wěn] estable *adj m/f*, seguro,-a
安息 [ān xī] **1.** reposar, descansar; **2.** descansar en paz
安详 [ān xiáng] sereno,-a, reposado,-a
安心 [ān xīn] (*en el trabajo o en la vida*) sentirse tranquilo,-a
安于 [ān yǔ] conformarse, estar satisfecho con
安置 [ān zhì] colocar, poner
安装 [ān zhuāng] instalar, montar; instalación *f*, montaje *m*
俺 [ǎn] **1.** *dial* nosotros (*no incluye el oyente*); **2.** yo; mi
岸 [àn] orilla *f*, ribera *f*, costa *f*
按 [àn] **1.** apretar, (*con el dedo*) oprimir; **2.** según, conforme a
按部就班 [àn bù jiù bān] actuar según el orden prescrito
按理 [àn lǐ] por lógica, normalmente
按脉 [àn mài] *med* tomar el pulso
按摩 [àn mó] dar un masaje
按钮 [àn niǔ] botón *m*, pulsador *m*
按时 [àn shí] a tiempo, con puntualidad
按照 [àn zhào] de acuerdo con, conforme a, según
案 [àn] **1.** *jur* caso *m*, pleito *m*; **2.** proyecto *m*, plan *m*, programa *m*
案件 [àn jiàn] *jur* caso *m*, proceso *m*
案卷 [àn juàn] archivo *m*, expediente *m*
案情 [àn qíng] (*de un suceso*) detalle *m*
案子 [àn zi] *jur* caso *m*, pleito *m*
暗 [àn] **1.** oscuro,-a, tenebroso,-a, con poca luz; **2.** oculto,-a, escondido,-a

暗藏 [àn cáng] esconder, ocultar
暗淡 [àn dàn] oscuro,-a, opaco,-a, deslucido,-a
暗地里 [àn dì lǐ] en secreto, clandestinamente
暗害 [àn hài] asesinar, matar con trampa
暗号 [àn hào] contraseña *f*, clave *f*
暗礁 [àn jiāo] escollo *m* sumergido
暗流 [àn liú] (*agua*) corriente *f* oculta
暗杀 [àn shā] asesinato *m*; asesinar
暗示 [àn shì] aludir, insinuar
暗室 [àn shì] cuarto *m* oscuro; gabinete *m* secreto
暗算 [àn suàn] tender una trampa, maquinar
暗语 [àn yǔ] palabra *f* en clave, contraseña *f*
暗中 [àn zhōng] **1.** en la oscuridad; **2.** en secreto, a escondidas
肮 [āng]
肮脏 [āng zāng] sucio,-a, desaseado,-a
昂 [áng] tener levantada *(la cabeza)*
昂贵 [áng guì] caro,-a, costoso,-a
昂然 [áng rán] con la cabeza alta, con dignidad
昂首 [áng shǒu] con la cabeza levantada
凹 [āo] cóncavo,-a; hundido,-a
凹面镜 [āo miàn jìng] espejo *m* cóncavo
凹陷 [āo xiàn] hundido,-a, ahuecado,-a
袄 [ǎo] chaqueta *f* forrada china
傲 [ào] orgulloso,-a, altivo,-a
傲慢 [ào màn] arrogante *adj m/f*, altivo,-a
傲气 [ào qì] arrogancia *f*, altiveza *f*
奥 [ào] abstruso,-a, difícil de entender
奥秘 [ào mì] misterio *m*, secreto *m*
奥妙 [ào miào] misterioso,-a, abstruso,-a
奥运村 [ào yùn cūn] villa *f* olímpica
奥运会 [ào yùn huì] Juegos *mpl* Olímpicos, las Olimpiadas

B

八 [bā] ocho
八成 [bāchéng] **1.** ochenta por ciento; casi; **2.** probablemente, seguramente
八仙桌 [bā xiān zhuō] mesa *f* cuadrada *(para ocho personas)*
八月 [bā yuè] agosto *m*
巴 [bā]
巴不得 [bā bù dé] esperar con vehemencia, desear ansiosamente

巴结 [bā jié] **1.** congraciarse, halagar; **2.** *dial* con esfuerzo, con afán
巴黎 [bā lí] París
巴塞罗那 [bā sài luó nà] *Chi* Barcelona
巴塞隆那 [bā sài lóng nà] *Tai* Barcelona
巴掌 [bā zhǎng] palma *f*, mano *f*
疤 [bā] (*marca, señal*) cicatriz *f*
疤痕 [bā hén] cicatriz *f*
芭 [bā] hierba *f* fragante
芭蕉 [bā jiāo] banana *f*, banano *m*
芭蕾舞 [bā léi wǔ] ballet *m*
拔 [bá] **1.** sacar, arrancar, desarraigar; **2.** sobresalir, destacar
拔除 [bá chú] extirpar, arrancar, sacar
拔河 [bá hé] *dep* tiro *m* de cuerda
拔尖 [bá jiān] sobresaliente *adj m/f*, el (*la*) mejor
拔锚 [bá máo] levar anclas *fpl*
拔腿 [bá tuǐ] echarse a correr
跋 [bá] epílogo *m*, prefacio *m*
跋扈 [bá hù] despótico,-a, tiránico,-a
跋涉 [bá shè] hacer un viaje largo y difícil
把 [bǎ] **1.** agarrarse, empuñar, asir; **2.** *prep* (*se usa para tratar el objeto antepuesto al sujeto*) ~ 门关上 [mén guān shàng] Cierra la puerta; **3.** (*palabra de medida*) 一~ 椅子 [yī yǐ zi] Una silla.
把柄 [bǎ bǐng] **1.** agarradero,-a; **2.** equivocación *f*, error *m*
把持 [bǎ chí] monopolizar, controlar
把关 [bǎ guān] **1.** guardar un paso; **2.** hacer un control, controlar
把手 [bǎ shǒu] **1.** tirador *m*, (*de una puerta*) manilla *f*; **2.** asidero *m*, mango *m*, asa *f*
把守 [bǎ shǒu] guardar, vigilar
把握 [bǎ wò] **1.** estar seguro,-a de alg; **2.** captar, asir
把戏 [bǎ xì] **1.** acrobacia *f*, magia *f*; **2.** truco *m*, trampa *f*
坝 [bà] presa *f*; dique *m*
爸 [bà] papá *m*, padre *m*
罢 [bà] parar, cesar
罢工 [bà gōng] huelga *f*, paro *m*
罢课 [bà kè] huelga *f* estudiantil
罢了 [bà le] nada más que eso, solamente eso
罢免 [bà miǎn] destituir a alg de su cargo
罢休 [bà xiū] ceder, cesar, pararse
霸 [bà] **1.** tirano,-a *m/f*, déspota *m* local; **2.** hegemonía *f*, superpotencia *f*
霸道 [bà dào] autoritario,-a, tiránico,-a
霸权 [bà quán] hegemonía *f*; superpotencia *f*
霸占 [bà zhàn] ocupar *(con violencia),* apoderarse de
白 [bái] **1.** (*color*) blanco,-a; **2.** en vano, inútil *adj m/f*
白菜 [bái cài] col *f* china

白痴 [bái chī] idiota *m/f*, tonto,-a, bobo,-a

白带 [bái dài] *med* leucorrea *f*, flujo *m* blanco

白费 [bái fèi] en vano, inútil *adj m/f*

白喉 [bái hóu] *med* difteria *f*

白话 [bái huà] lengua *f* moderna china

白金 [bái jīn] (*metal*) platino *m*

白酒 [bái jiǔ] aguardiente *m*, licor *m*

白开水 [bái kāi shuǐ] agua *f* hervida (*potable*)

白兰地 [bái lán dì] coñac *m*, brandy *m*

白米 [bái mǐ] arroz *m* (*crudo*)

白木耳 [bái mù ěr] *bot* (*planta comestible*) auricularia *f*

白内障 [bái nèi zhàng] *med* catarata *f*

白人 [bái rén] (*raza, persona*) blanco,-a *m/f*

白糖 [bái táng] azúcar refinado

白天 [bái tiān] de día, en pleno día

白血病 [bái xuè bìng] *med* leucemia *f*, leucocitemia *f*

白血球 [bái xuè qiú] *med* glóbulos *mpl* blancos, leucocito *m*

白眼 [bái yǎn] mirar por encima del hombro; mirada *f* de desprecio

白种人 [bái zhǒng rén] raza *f* blanca, (*raza, persona*) blanco,-a *m/f*

白字 [bái zì] carácter *m* chino mal pronunciado *(o mal escrito)*

百 [bǎi] cien *num*; ciento,-a *num*

百般 [bǎi bān] de mil maneras, por todos los medios posibles

百倍 [bǎi bèi] cien veces, mucho esfuerzo

百分比 [bǎi fēn bǐ] porcentaje *m*

百分号 [bǎi fēn hào] signo *m* de porcentaje

百分率 [bǎi fēn lǜ] porcentaje *m*, por ciento

百分数 [bǎi fēn shù] por ciento

百分之百 [bǎi fēn zhī bǎi] cien por cien

百分制 [bǎi fēn zhì] sistema *m* de calificación de cien puntos

百合 [bǎi hé] *bot* (*planta comestible*) lirio *m*

百货商店 [bǎi huò shāng diàn] grandes almacenes *mpl*

百科全书 [bǎi kē quán shū] enciclopedia *f*

百万 [bǎi wàn] millón *num*

百姓 [bǎi xìng] gente *f*, ciudadano,-a *m/f*

百叶窗 [bǎi yè chuāng] persiana *f*

百战百胜 [bǎi zhàn bǎi shèng] a tantos combates, tantas victorias; invencible *adj m/f*

柏 [bǎi] *bot* ciprés *m*

柏油 [bǎi yóu] asfalto *m*, brea *f*

柏油路 [bǎi yóu lù] camino *m* asfaltado

摆 [bǎi] **1.** colocar, poner; **2.** (*una razón*) exponer, explicar

摆布 [bǎi bù] **1.** disponer, arreglar; **2.** manejar, manipular
摆动 [bǎi dòng] oscilar, balancearse
摆渡 [bǎi dù] pasar un río con una embarcación; transbordador *m*, ferry *m*
摆架子 [bǎi jià zi] **1.** darse importancia; **2.** hacerse rogar
摆阔 [bǎi kuò] presumir de rico,-a
摆弄 [bǎi nòng] **1.** juguetear con u/c; **2.** manipular, manejar
摆设 [bǎi shè] amueblar y decorar
摆脱 [bǎi tuō] librarse de, salir de
摆样子 [bǎi yàng zi] dar una imagen de, guardar las apariencias
败 [bài] **1.** derrota *f*, fracaso *m*; **2.** (*hoja*) marchitarse; **3.** seco,-a
败北 [bài běi] perder una batalla, ser derrotado,-a
败坏 [bài huài] perjudicar, menoscabar
败类 [bài lèi] escoria *f* de una nación
败露 [bài lù] ser descubierto,-a
败退 [bài tuì] retirarse (*por derrota*)
败血病 [bài xuě bìng] *med* septicemia *f*
拜 [bài] **1.** hacer la reverencia (*al estilo chino*); **2.** hacer una visita de cortesía
拜访 [bài fǎng] visitar, hacer una visita de cortesía
拜会 [bài huì] hacer una visita oficial
拜见 [bài jiàn] hacer una visita formal
拜年 [bài nián] felicitar el Año Nuevo chino
拜师 [bài shī] reconocer a alg como maestro
拜寿 [bài shòu] felicitar a alg en su cumpleaños
拜托 [bài tuō] confiar, encargar
扳 [bān] tirar de, hacer girar
扳道 [bān dào] (*ferrocarril*) manejo *m* de agujas
扳道工 [bān dào gōng] (*ferrocarril*) guardagujas *m*
扳手 [bān shǒu] llave *f* de tuercas, llave *f* inglesa
扳子 [bān zi] llave *f* de tuercas, llave *f* inglesa
般 [bān] clase *f*, tipo *m*; especie *f*; → 一般 [yī bān]
班 [bān] **1.** grupo *m*, equipo *m*; **2.** turno *m*, hora *f* de trabajo
班车 [bān chē] (*autobús*) servicio *m* regular
班次 [bān cì] (*tren, autobús o vuelo*) número *m*, frecuencia *f*
班房 [bān fáng] cárcel *f*
班机 [bān jī] vuelo *m*, servicio *m* de vuelo
班级 [bān jí] grupo *m*, clase *f*, curso *m*
班长 [bān zhǎng] **1.** (*grupo escolar*) delegado,-a *m/f*; **2.** *mil* cabo *m* (*de escuadra*)

班主任 [bān zhǔ rèn] (*grupo escolar*) tutor,-a *m/f*

班子 [bān zi] grupo *m*, gabinete *m* (*directivo*), equipo *m*

斑 [bān] mancha *f*, pinta *f*

斑白 [bān bái] canoso,-a, encanecido,-a

斑点 [bān diǎn] mancha *f*, mota *f*

斑马 [bān mǎ] cebra *f*

斑纹 [bān wén] raya *f*, veta *f*

搬 [bān] **1.** desplazar, trasladar; **2.** cambiar de sitio, mudarse

搬家 [bān jiā] mudarse de casa

搬弄是非 [bān nòng shì fēi] sembrar la discordia, chismorrear

搬迁 [bān qiān] trasladarse, mudarse de domicilio

搬运 [bān yùn] **1.** mudanza *f*; **2.** transportar

板 [bǎn] **1.** tabla *f*, tablero *m*; placa *f*, chapa *f*; **2.** rígido,-a, inflexible *adj m/f*

板擦儿 [bǎn chā er] (*pizarra*) borrador *m*

板凳 [bǎn dèng] (*para sentarse*) banco *m*; *dep* banquillo *m*

板刷 [bǎn shuā] (*para limpiar o lavar*) cepillo *m*

板鸭 [bǎn yā] pato *m* salado

板烟 [bǎn yān] (*pipa*) tabaco *m* comprimido

版 [bǎn] (*periódico*) edición *f*; hoja *f*

版本 [bǎn běn] edición *f*

版画 [bǎn huà] *arte* grabado *m*

版面 [bǎn miàn] **1.** plana *f*, (*libro*) página *f*; **2.** (*periódico*) diagramación *f*

版权 [bǎn quán] propiedad *f* intelectual

版图 [bǎn tú] territorio *m* de un país

办 [bàn] **1.** tramitar, arreglar; **2.** gestionar, organizar

办法 [bàn fǎ] medio *m*, medida *f*, solución *f*

办公 [bǎn gōng] trabajar en una oficina

办公室 [bàn gōng shì] oficina *f*, despacho *m*

办公桌 [bàn gōng zhuō] escritorio *m*

办理 [bàn lǐ] arreglar, tramitar

办事处 [bàn shì chù] delegación *f*, oficina *f*, sede *f*

半 [bàn] **1.** mitad *f*, medio *m*, semi-; **2.** incompleto,-a

半辈子 [bàn bèi zi] mitad *f* de la vida *f*

半边 [bàn biān] mitad *f*

半成品 [bàn chéng pǐn] producto *m* semielaborado

半岛 [bàn dǎo] península *f*

半价 [bàn jià] mitad *f* del precio

半斤八两 [bàn jīn bā liǎng] estar al mismo nivel, ser de igual condición

半径 [bàn jìng] *mat* radio *m*

半空中 [bàn kōng zhōng] entre cielo y tierra, en el aire

半路 [bàn lù] **1.** a medio camino, en el camino; **2.** en el curso de

半身不遂 [bàn shē bù suí] *med* hemiplejía *f*

半身像 [bàn shēn xiàng] **1.** foto *f* de medio cuerpo; **2.** busto *m*

半数 [bàn shù] mitad *f*

半死不活 [bàn sǐ bù huó] medio muerto

半天 [bàn tiān] **1.** medio día; **2.** por mucho tiempo

半途而废 [bàn tú ér fèi] quedarse a mitad de camino, hacer una cosa a medias

半信半疑 [bàn xìn bàn yí] medio convencido,-a; con dudas

半夜 [bàn yè] a medianoche

半夜三更 [bàn yè sān gēng] a altas horas de la noche

半圆 [bàn yuán] semicírculo *m*

半真半假 [bàn zhēn bàn jiǎ] entre verdadero y falso

扮 [bàn] interpretar, hacer el papel de

扮演 [bàn yǎn] hacer el papel de, representar

伴 [bàn] compañero,-a, acompañante *m/f*; hacer compañía, acompañar

伴唱 [bàn chàng] *mús* acompañamiento *m* vocal; *mús* acompañar a un cantante

伴侣 [bàn lǚ] acompañante *m/f*; compañero,-a *m/f*, pareja *f*

伴随 [bàn suí] acompañar, seguir

伴同 [bàn tóng] acompañar

伴奏 [bàn zòu] *mús* acompañar con un instrumento musical

拌 [bàn] mezclar, revolver

拌和 [bàn huò] mezclar, revolver

拌嘴 [bàn zhuǐ] reñir, altercar

瓣 [bàn] **1.** *(flor)* pétalo *m*; **2.** fragmento *m*, trozo *m*

瓣膜 [bàn mó] *med* válvula *f*

帮 [bāng] **1.** ayudar, asistir; **2.** banda *f*, pandilla *f*

帮倒忙 [bāng dào máng] ayudar inútilmente

帮工 [bāng gōng] **1.** ayudar en faenas; **2.** temporero,-a *m/f*, jornalero,-a *m/f*

帮会 [bāng huì] **1.** gremio *m*, clan *m*; **2.** sociedad *f* secreta

帮忙 [bāng máng] ayudar, echar una mano

帮腔 [bāng qiāng] hacer coro a alg, hablar a favor de alg

帮手 [bāng shǒ] asistente,-a *m/f*, ayudante *m/f*

帮凶 [bāng xiōng] cómplice *m/f*

帮助 [bāng zhù] ayudar, asistir

绑 [bǎng] atar, amarrar

绑架 [bǎng jià] secuestrar; secuestro *m*

榜 [bǎng] lista *f* de nombres

榜样 [bǎng yàng] ejemplo *m*, modelo *m*

蚌 [bàng] *zool* (*marisco*) almeja *f*

傍 [bàng] **1.** cerca de *(un sitio)*; **2.** cerca de un momento

傍晚 [bàng wǎn] al atardecer, a la caída de la tarde

棒 [bàng] **1.** palo *m*, barra *f*; **2.** *coloq* excelente *adj m/f*, estupendo,-a

棒球 [bàng qiú] béisbol *m*, baseball *m*

棒子 [bàng zi] **1.** palo *m*, garrote *m*; **2.** maíz *m*

磅 [bàng] (*unidad de peso*) libra *f*

磅秤 [bàng chèng] báscula *f*, balanza *f*

包 [bāo] **1.** bolsa *f*, bolso *m*, cartera *f*; **2.** envolver

包办 [bāo bàn] monopolizar, acaparar

包庇 [bāo bì] encubrir, ocultar

包产 [bāo chǎng] cerrar un contrato de producción

包袱 [bāo fú] carga *f*, responsabilidad *f*

包干儿 [bāo gān ér] hacerse responsable (*de un trabajo asignado*)

包工 [bāo gōong] contratista *m/f*

包裹 [bāo guǒ] **1.** envolver, vendar; **2.** *correo* paquete *m*

包含 [bāo hán] contener, comprender

包涵 [bāo hán] excusar, disculpar; disculpa *f*, perdón *m*

包括 [bāo kuò] incluir, abarcar, comprender

包罗万象 [bāo luó wàn xiàng] abarcar todo

包皮 [bāo pí] **1.** envoltura *f*, embalaje *m*; **2.** *med* prepucio *m*

包围 [bāo wéi] **1.** cercar, sitiar; **2.** estar rodeado,-a

包厢 [bāo xiāng] *teat* palco *m*

包扎 [bāo zhā] vender; empaquetar

包装 [bāo xiāng] embalar, empaquetar; embalaje *m*

包子 [bāo zi] pan *m* chino con relleno, empanadilla *f* al vapor

胞 [bāo] compatriota *m/f*, paisano,-a *m/f*

胞衣 [bāo yī] *med* secundinas *fpl*

剥 [bāo] → bō pelar, despellejar, desollar

褒 [bāo] elogiar, alabar

褒贬 [bāo biǎn] hacer comentarios sobre

褒义 [bāo yì] sentido *m* encomiástico; laudatorio,-a

雹 [báo] *meteo* granizo *m*, pedrisco *m*

雹子 [báo zi] *meteo* granizo *m*, pedrisco *m*

薄 [báo] → bó, bò **1.** fino,-a, delgado,-a; **2.** con frialdad

薄饼 [báo bǐng] *gastr* crêpe *m*

薄膜 [báo mó] membrana *f*

薄片 [báo piàn] lámina *f* fina, chapa *f* fina

宝 [bǎo] **1.** tesoro *m*, objeto *m* precioso; **2.** precioso,-a, valioso,-a

宝贝 [bǎo bèi] **1.** tesoro *m*, joya *f*; **2.** ¡mi vida!, ¡mi amor!

宝贵 [bǎo guì] valioso,-a, precioso,-a

宝库 [bǎo kù] depósito *m* de tesoros, tesoro *m*

宝石 [bǎo shí] piedra *f* preciosa

宝塔 [bǎo tǎ] pagoda *f*, torre *f*

宝藏 [bǎo zàng] tesoro *m*, recursos *mpl* minerales

宝座 [bǎo zuò] trono *m*

饱 [bǎo] **1.** comer mucho, estar lleno,-a; **2.** lleno,-a, repleto,-a

饱和 [bǎo hé] saturación *f*, saturar

饱经风霜 [bǎo jīng fēng shuāng] tener una experiencia rica en la vida

饱满 [bǎo mǎn] lleno,-a, abultado,-a

保 [bǎo] **1.** defender, proteger; **2.** conservar, mantener

保安 [bǎo ān] **1.** mantener el orden público; **2.** guardia *m/f* de seguridad

保本儿 [bǎo běn ér] (*inversión*) no perder el capital

保镖 [bǎo biāo] guardaespaldas *m/f*

保不住 [bǎo bù zhù] **1.** muy probable; **2.** no poder mantener

保藏 [bǎo cáng] conservar (*en buen estado*)

保持 [bǎo chí] mantener, conservar

保存 [bǎo cún] conservar, reservar

保单 [bǎo dān] certificado *m* de garantía, garantía *f*

保管 [bǎo guǎn] **1.** guardar u/c; **2.** sin falta, seguro,-a

保护 [bǎo hù] proteger, resguardar

保健 [bǎo jiàn] **1.** servicio *m* de salud; **2.** protección *f* de la salud

保龄球 [bǎo líng qiú] (*juego*) bolos *mpl*

保留 [bǎo liú] **1.** conservar, tener guardado; **2.** reservar, retener

保密 [bǎo mì] guardar en un lugar secreto

保姆 [bǎo mǔ] niñera *f*, nodriza *f*

保人 [bǎo rén] *banc* avalista *m/f*

保释 [bǎo shì] *jur* poner en libertad bajo fianza

保守 [bǎo shǒu] **1.** guardar, conservar; **2.** *pol* conservador,-a

保卫 [bǎo wèi] defender, salvaguardar

保温瓶 [bǎo wěn píng] termo *m*

保险 [bǎo xiǎn] **1.** seguro *m*; 人寿~ [rén shòu] seguro de vida; ~ 费 [fèi] prima de seguro; **2.** seguro,-a, a salvo

保险柜 [bǎo xiǎn guì] caja *f* fuerte

保险丝 [bǎo xiǎn sī] *electr* fusible *m*

保修 [bǎo xiū] garantizar; (*en un producto comprado*) garantía *f*

保养 [bǎo yǎng] **1.** cuidarse, mantener la juventud; **2.** mantener, conservar (*un objeto*)

保育员 [bǎo yù yuán] (*de guardería infantil*) maestra *f*

保障 [bǎo zhàng] asegurar, garantizar; garantía *f*, seguridad *f*

保证 [bǎo zhèng] asegurar, garantizar; garantía *f*

保重 [bǎo zhòng] cuidarse

堡 [bǎo] *mil* fortaleza *f*

堡垒 [bǎo lěi] **1.** *mil* fortaleza *f*; **2.** baluarte *m*, defensa *f*

报 [bào] **1.** periódico *m*, revista *f*, boletín *m*; **2.** avisar, informar, anunciar

报表 [bào biǎo] formulario *m*, impreso *m*, hoja *f* informativa

报仇 [bào chóu] vengar, vengarse

报酬 [bào chóu] recompensa *f*, remuneración *f*, honorario *m*

报答 [bào dá] pagar (*una deuda sentimental*), devolver (*un favor*)

报道 [bào dào] **1.** informar, dar noticias; **2.** reportaje *m*, noticia *f*

报到 [bào dào] presentarse, inscribirse

报恩 [bào ēn] pagar (*la deuda de gratitud*)

报废 [bào fèi] declarar inservible u/c

报复 [bào fù] **1.** tomar represalias; **2.** venganza *f*

报告 [bào dào] informar, hacer un informe; informe *m*, discurso *m*

报警 [bào jǐng] avisar a la policía

报刊 [bào kān] prensa *f*

报考 [bào kǎo] inscribirse (*a una prueba de acceso*)

报名 [bào míng] inscribirse, matricularse

报幕人 [bào mù rén] *teat* presentador,-a *m/f*

报社 [bào shè] sede *f* de un periódico

报数 [bào shù] numerarse

报销 [bào xiāo] *(reembolso)* presentar una factura

报信 [bào xìn] informar, dar una noticia

报应 [bào yìng] retribución *f*, recompensa *f* (*negativa*); venganza *f*

报纸 [bào zhǐ] **1.** periódico *m*; **2.** papel *m* de periódico

刨 [bào] *constr* cepillar, alisar con un cepillo; cepillo *m*, cepilladura *f*

刨花 [bào huā] *constr* viruta *f*

刨子 [bào zǐ] *constr* cepillo *m*

抱 [bào] **1.** abrazar, tomar en brazos; **2.** abrigar, albergar (*esperanza*)

抱病 [bào bìng] estar enfermo,-a

抱不平 [bào bù píng] defender (*de una injusticia*)

抱负 [bào fù] aspiración *f*, ambición *f*

抱歉 [bào qiàn] sentir, lamentar

抱怨 [bào yuàn] quejarse de, gruñir

豹 [bào] *zool* leopardo *m*

暴 [bào] **1.** cruel *adj m/f*, atroz *adj m/f*, fiero,-a; **2.** violento,-a, de mal genio

暴动 [bào dòng] insurrección *f*, rebelión *f*, rebeldía *f*

暴发 [bào fā] estallar, producirse repentinamente

暴发户 [bào fā hù] nuevo,-a rico,-a *m/f*

暴风雨 [bào fēng yǔ] tormenta *f*, temporal *m*
暴光 [bào guāng] poner al descubierto, revelar
暴君 [bào jūn] tirano,-a *m/f*, dictador,-a *m/f*
暴力 [bào lì] violencia *f*, fuerza *f*
暴露 [bào lù] poner al descubierto
暴乱 [bào lùan] sedición *f*, revuelta *f*
暴怒 [bào nù] enfado *m*, cólera *f*, ira *f*
暴徒 [bào tú] matón,-a *m/f*, libertino,-a *m/f*, gamberro,-a *m/f*
暴行 [bào xíng] acto *m* de violencia
暴雨 [bào yǔ] lluvia *f* torrencial
暴躁 [bào zào] iracundo,-a, irascible *adj m/f*
暴政 [bào zhèng] tiranía *f*, dictadura *f*
爆 [bào] **1.** explotar, estallar; **2.** *gastr* sofreír
爆发 [bào fā] explotar, estallar
爆炸 [bào zhà] hacer explosión, detonar
爆炸物 [bào zhà wù] explosivo *m*, material *m* explosivo
爆竹 [bào zhú] petardo *m*, traca *f*
杯 [bēi] **1.** taza *f*, vaso *m*; **2.** *dep* copa *f*, trofeo *m*
杯子 [bēi zi] taza *f*, vaso *m*
卑 [bēi] inferior *adj m/f*, bajo,-a
卑鄙 [bēi bì] vil *adj m/f*
卑贱 [bēi jiàn] **1.** humilde *adj m/f*, inferior *adj m/f*; **2.** vil y bajo
卑劣 [bēi liè] despreciable *adj m/f*, vil *adj m/f*
背 [bēi] → bèi **1.** llevar a cuestas, llevar a las espaldas; **2.** asumir, cargar
背包 [bēi bāo] mochila *f*, morral *m*
背债 [bēi zài] tener deudas, estar en deuda
悲 [bēi] **1.** triste *adj m/f*, melacólico,-a; **2.** piedad *f*, lástima *f*, compasión *f*
悲哀 [bēi āi] triste *adj m/f*, melancólico,-a
悲惨 [bēi cǎn] trágico,-a, miserable *adj m/f*
悲愤 [bēi fèn] aflicción e indignación
悲观 [bēi guān] pesimismo *m*; pesimista *adj m/f*
悲剧 [bēi jù] tragedia *f*
悲伤 [bēi shāng] triste *adj m/f*, afligido,-a
悲痛 [bēi tòng] doloroso,-a, afligido,-a
碑 [bēi] estela *f*, lápida *f* con inscripción
碑文 [bēi wén] epitafio *m*
北 [běi] norte *m*
北半球 [běi bàn qiú] hemisferio *m* norte
北斗星 [běi dǒu xīng] *astr* Osa *f* Mayor, Carro *m*
北方 [běi fāng] **1.** norte *m*; **2.** parte *f* norte del país

北极 [běi jí] polo *m* norte, polo *m* ártico; polo *m* norte magnético

北京 [běi jīng] Beijing (Pekín)

贝 [bèi] mariscos *mpl*

贝壳 [bèi ké] concha *f*, pechina *f*

备 [bèi] **1.** estar equipado con; **2.** preparar

备件 [bèi jiàn] repuestos *mpl*, recambios *mpl*

备课 [bèi kè] (*profesor*) preparar las clases

备忘录 [bèi wàng lù] *dipl* memorándum *m*, nota *f* diplomática

备用 [bèi yòng] de repuesto, en reserva

备注 [bèi zhù] nota *f*, observación *f*

背 [bèi] → bēi **1.** *med* espalda *f*, dorso *m*, lomo *m*; **2.** recitar, aprender de memoria; 背地里 [bèi dì lǐ] a escondidas, a hurtadillas

背光 [bèi guāng] en el lado opuesto al aluminado, en la sombra

背后 [bèi hòu] **1.** detrás de; **2.** a espaldas de

背景 [bèi jǐng] **1.** telón *m* de fondo; **2.** fondo *m*, antecedentes *mpl*

背离 [bèi lí] **1.** separarse, apartarse; **2.** desviarse, disidir

背面 [bèi miàn] **1.** revés *m*, reverso *m*, envés *m*; **2.** lomo *m*, dorso *m*

背叛 [bèi pàn] traicionar; traición *f*

背弃 [bèi qì] abandonar, abjurar de

背诵 [bèi sòng] recitar, aprender de memoria

背心 [bèi xīn] camiseta *f*, chaleco *m*

背信弃义 [bèi xìn qì yì] romper un compromiso, faltar la palabra

背阴 [bèi yīn] a la sombra, sombreado,-a

背影 [bèi yǐng] figura que se ve por detrás

背运 [bèi yùn] mala suerte *f*

背着手 [bèi zhē shǒu] con las manos en la espalda

被 [bèi] **1.** manta *f*, cobija *f*; **2.** (*prep para voz pasiva*) por; ~她看见 [tā kàn jiàn] Ser visto por ella.

被单 [bèi dān] sábana *f*

被动 [bèi dòng] pasivo,-a; pasividad *f*

被告 [bèi gào] acusado,-a *m/f*, procesado,-a *m/f*

被迫 [bèi pò] verse obligado a, forzosamente

被套 [bèi tào] (*edredón*) funda *f*

被窝 [bèi wō] edredón *m* plegado (*como un saco de dormir*)

被子 [bèi zi] manta *f*, edredón *m*

倍 [bèi] **1.** vez *f*; 五~ [wǔ] cinco veces; **2.** redoblar, doblar

倍数 [bèi shù] múltiplo *m*

辈 [bèi] **1.** generación *f*; **2.** vida *f*; 前半~儿 [qián bàn ér] la primera mitad de la vida

辈分 [bèi fèn] orden *m* de generación

奔 [bēn] **1.** correr; **2.** corrida *f*

奔波 [bēn bō] ir de un lado para otro, moverse mucho

奔驰 [bēn chí] correr con rapidez, galopar

奔流 [bēn liú] fluir impetuosamente; corriente *f* impetuosa

奔忙 [bēn máng] estar atareado,-a

奔跑 [bēn pǎo] correr, ir a la carrera

奔腾 [bēn téng] **1.** galopar; **2.** (*el agua*) seguir el curso impetuosamente

奔走 [bēn zǒu] **1.** ir de un sitio a otro (*haciendo gestiones*), moverse mucho; **2.** correr

本 [běn] **1.** raíz *f*, tallo *m*; **2.** libro *m*, libreta *f*, cuaderno *m*; **3.** este,-a, presente *adj m/f*; ~ 月 [yuè] este mes; **4.** *econ* capital *m*

本地 [běn dì] **1.** este lugar *m*; **2.** local *adj m/f*

本分 [běn fèn] **1.** obligación *f*, deber *m*; **2.** honesto,-a, honrado,-a

本家 [běn jiā] miembro *m* de la misma familia

本金 [běn jīn] *econ* capital *m*, principal *m*

本科 [běn kē] licenciatura *f*

本来 [běn laí] **1.** original *adj m/f*, primero,-a; **2.** originalmente, al principio

本领 [běn lǐng] aptitud *f*, capacidad *f*

本能 [běn néng] **1.** instinto *m*; **2.** natural *adj m/f*

本钱 [běn qián] *coloq* capital *m*, principal *m*

本人 [běn rén] **1.** yo, yo mismo; **2.** uno mismo, en persona

本色 [běn sè] color *m* natural

本身 [běn shēn] en sí mismo, de por sí

本性 [běn xìng] instinto *m* natural; naturaleza *f*

本义 [běn yì] sentido *m* propio, sentido *m* recto

本质 [běn zhì] esencia *f*, naturaleza *f*

本子 [běn zi] cuaderno *m*, libreta *f*

笨 [bèn] **1.** tonto,-a *m/f*, bobo, -a *m/f*; **2.** torpe *adj m/f*, poco ágil

笨蛋 [bèn dàn] idiota *m/f*, bobo,-a *m/f*, tonto,-a *m/f*

笨手笨脚 [bèn shǒu bèn jiǎo] ser un torpe, tener malas manos

笨重 [bèn zhòng] **1.** pesado,-a y voluminoso,-a; **2.** duro,-a, fatigoso,-a

崩 [bēng]

崩溃 [bēng kuì] derrumbamiento *m*, ruina *f*, hundimiento *m*

绷 [bēng]

绷带 [bēng dài] *med* venda *f*, vendaje *m*

迸 [bèng] arrojar, salpicar, brotar

迸发 [bèng fā] estallar, desatarse, desencadenarse
泵 [bèng] (*aparato mecánico*) bomba *f*
蹦 [bèng] saltar, dar (*pegar*) un brinco *m*
屄 [bī] *coloq* coño *m*
逼 [bī] forzar, obligar
逼供 [bī gòng] arrancar a alg a confesar
逼近 [bī jìn] acercarse, aproximarse
逼迫 [bī pò] forzar, obligar
逼真 [bī zhēn] **1.** muy parecido,-a, casi exacto,-a; **2.** claramente, con nitidez
鼻 [bí] nariz *f*; trompa *f*
鼻孔 [bí kǒng] *(nariz)* ventanas *fpl*, orificios *mpl*
鼻梁 [bí liáng] caballete *m*; 塌 ~ [tā] nariz *f* chata
鼻涕 [bí tì] moco *m*
鼻子 [bí zi] nariz *f*
匕 [bǐ] *lit* daga *f*, puñal *m*
匕首 [bǐ shǒu] daga *f*, puñal *m*
比 [bǐ] **1.** comparar, equiparar; **2.** (*preposición comparativa*) más (*menos*)... que; 她吃得~我快 [tā chī dé wǒ kuài] Come más rápido que yo
比方 [bǐ fāng] por ejemplo; ejemplo *m*
比画 [bǐ huà] gesticular; con gestos
比基尼 [bǐ jī ní] biquini *m*
比较 [bǐ jiào] **1.** comparar, hacer una comparación *f*; **2.** relativamente, bastante; ~ 胖 [pàng] bastante gordo
比例 [bǐ lì] **1.** proporción *f*, razón *f*; **2.** a escala
比率 [bǐ lǜ] razón *f*, ratio *m*, proporción *f*
比如 [bǐ rú] por ejemplo
比赛 [bǐ sài] competición *f*, partido *m*
比喻 [bǐ yù] metáfora *f*, tropo *m*
比重 [bǐ zhòng] **1.** proporción *f*, relación *f*; **2.** peso *m* específico
比作 [bǐ zuò] tomar como, tratar como
彼 [bǐ] **1.** ese, aquel, el otro; **2.** la otra parte
彼此 [bǐ cǐ] recíproco,-a, uno a otro
笔 [bǐ] pluma *f*, lápiz *m*, bolígrafo *m*, pincel *m*
笔杆子 [bǐ gān zi] **1.** portaplumas *m*, manguillo *m*; **2.** persona *f* de pluma ágil
笔画 [bǐ huà] trazo *m* (*de un carácter chino*)
笔迹 [bǐ jì] letra *f*, escritura *f*
笔记 [bǐ jì] (*clase*), apuntes *mpl*, notas *fpl*
笔录 [bǐ lù] anotar, apuntar; apuntes *mpl*, notas *fpl*
笔名 [bǐ míng] seudónimo *m*
笔试 [bǐ shì] examen *m* escrito
笔挺 [bǐ tǐng] **1.** (*ponerse*) derecho,-a; **2.** (*vestido*) bien planchado,-a

笔头 [bǐ tóu] **1.** facilidad *f* para escribir; **2.** escrito,-a; ~ 练习 [liàn xí] ejercicio *m* escrito

笔心 [bǐ xīn] **1.** mina *f* de lápiz; **2.** (*bolígrafo*) repuesto *m*

笔译 [bǐ yì] traducción *f*; traducir

笔直 [bǐ zhí] recto,-a, derecho,-a

鄙 [bǐ] vulgar *adj m/f*, bajo,-a, vil *adj m/f*

鄙人 [bǐ rén] su servidor,-a *m/f*, yo mismo,-a

鄙视 [bǐ shì] despreciar, menospreciar

币 [bì] moneda *f*

币值 [bì zhí] valor *m* monetario

必 [bì] **1.** necesariamente, inevitablemente; **2.** deber, tener que

必定 [bì dìng] **1.** ineludiblemente, inevitablemente; **2.** sin duda alguna

必然 [bì rán] **1.** inevitable, ineludible; **2.** necesidad *f*, inevitabilidad *f*

必修 [bì xiū] (*asignatura, curso*) obligatorio,-a

必须 [bì xū] ser necesario, necesitar; tener que

必需 [bì xū] necesario,-a, indispensable *adj m/f* 必需品 [bì xū pǐn] artículo *m* de primera necesidad

必要 [bì yào] imprescindible *adj m/f*, indispensable *adj m/f*

闭 [bì] cerrar, clausurar

闭关自守 [bì guān zì shǒu] practicar la autarquía, aislarse del resto del mundo

闭路电视 [bì lù diàn shì] televisión *f* en circuito cerrado

闭幕 [bì mù] **1.** bajar el telón; **2.** clausurar, terminar

闭塞 [bì sāi] tapar, obstruir; encerrado,-a

毕 [bì] terminar, finalizar, concluir

毕竟 [bì jìng] a pesar de todo, con todo, después de todo

毕生 [bì shēng] toda la vida

毕业 [bì yè] graduarse, terminar los estudios; ~ 旅行 [lǚ xíng] viaje *m* de fin de carrera

庇 [bì] cobijar, proteger

庇护 [bì hù] amparar, proteger

陛 [bì] *lit* escalinata *f* (*de un palacio imperial*)

陛下 [bì xià] Vuestra Majestad, Su Majestad

毙 [bì] **1.** morir, perecer; **2.** fusilar, matar

毙命 [bì mìng] perecer, caer muerto,-a

婢 [bì] sirvienta *f*, chacha *f*

婢女 [bì nǚ] sirvienta *f*, chacha *f*

碧 [bì] verde azulado, azul *adj m/f*

碧空 [bì kōng] cielo *m* azul

碧绿 [bì lǜ] verde *m* oscuro, verde *m* intenso

弊 [bì] **1.** fraude *m*, abuso *m*; **2.** desventaja *f*, perjuicio *m*

弊病 [bì bìng] **1.** mal *m*, lacra *f*, abuso *m*; **2.** desventaja *f*, inconveniencia *f*

弊端 [bì duān] mal *m*, abuso *m*, lacra *f*

避 [bì] **1.** evitar, esquivar; **2.** eludir, substraerse

避风港 [bì fēng gǎng] *nav* abrigo *m* natural, puerto *m*

避雷针 [bì léi zhēn] pararrayos *m*

避难 [bì nàn] buscar asilo, refugiarse

避暑 [bì shǔ] veranear, estar de veraneo

避孕 [bì yùn] anticonceptismo *m*; ~ 套 [tào] condón *m*, preservativo *m*; ~ 药 [yào] anticonceptivo *m*

壁 [bì] pared *f*, muro *m*, muralla *f*

壁橱 [bì chú] armario *m* empotrado

壁灯 [bì dēng] lámpara *f* de pared, aplique *m*

壁画 [bì huà] mural *m*, fresco *m*

壁垒 [bì lěi] baluarte *m*, barrera *f*

壁炉 [bì lú] chimenea *f*

臂 [bì] brazo *m*

臂膀 [bì bǎng] brazo *m*

臂章 [bì zhāng] brazalete *m*, brazal *m*

边 [biān] **1.** lado *m*, borde *m*, margen *m*, orilla *f*; **2.** frontera *f*, límite *m*

边防 [biān fáng] defensa *f* fronteriza

边疆 [biān jiāng] zona *f* fronteriza, frontera *f*

边界 [biān jiè] frontera *f*, límite *m*, linde *m*

边境 [biān jìng] frontera *f*, zona *f* fronteriza

边门 [biān mén] puerta *f* lateral

边远 [biān yuǎn] remoto,-a, apartado,-a

编 [biān] **1.** tejer, trenzar, entrelazar; **2.** redactar, editar, compilar

编号 [biān hào] **1.** numerar; **2.** número *m* de serie

编辑 [biān jí] redactar, editar, compilar; redactor,-a *m/f*, compilador,-a *m/f*, editor,-a *m/f*

编码 [biān mǎ] cifrar, codificar

编排 [biān pái] disponer, diagramar

编写 [biān xiě] **1.** redactar, compilar; **2.** escribir, componer

编造 [biān zào] **1.** hacer, elaborar; **2.** inventar, falsificar

编者 [biān zhě] redactor,-a *m/f*, editor,-a *m/f*

编织物 [biān zhī wù] tejido *m* de punto; género *m* de punto

编制 [biān zhì] **1.** tejer, trenzar, elaborar; **2.** *(empresa)* plantilla *f*

鞭 [biān] látigo *m*, azote *m*

鞭策 [biān cè] animar, estimular

鞭打 [biān dǎ] azotar, dar latigazos

鞭炮 [biān pào] petardo *m*, traca *f*

鞭子 [biān zi] látigo *m*, fusta *f*, azote *m*

贬 [biǎn] degradar, rebajar; devaluar

贬低 [biǎn dī] quitar importancia, despreciar

贬义 [biǎn yì] sentido *m* peyorativo

贬值 [biǎn zhí] **1.** devaluar, desvalorizar; **2.** menospreciar, despreciar

扁 [biǎn] chato,-a, aplanado,-a, llano,-a

扁担 [biǎn dān] pértiga *f* (*de bambú*), pinga *f*

扁豆 [biǎn dòu] lenteja *f*, judía *f* de careta

扁桃体 [biǎn táo tǐ] *med* amígdala *f*, tonsila *f*

变 [biàn] **1.** cambiar, variar; **2.** convertirse, transformarse

变电站 [biàn diàn zhàn] *electr* subcentral *f* de transformación, subcentral *f*

变动 [biàn dòng] cambio *m*, modificación *f*; cambiar, modificar

变更 [biàn gēng] cambiar, alterar

变卦 [biàn guà] cambiar de idea

变化 [biàn huà] cambiar, variar; cambio *m*, variación *f*

变换 [biàn huàn] alterar, variar

变卖 [biàn mài] vender (*los bienes*)

变数 [biàn shù] *mat* variable *m*

变态 [biàn tài] **1.** *psicol* metamorfosis *f*; **2.** anormal *adj m/f*, anómalo,-a

变通 [biàn tōng] ser flexible

变相 [biàn xiàng] en forma disfrazada, disimulado,-a

变心 [biàn xīn] dejar de amar; dejar de seguir (*una ideología*)

变形 [biàn xíng] deformarse, estar deformado,-a

变压器 [biàn yā qì] *tecn* transformador *m*

变样 [biàn yàng] cambiar de imagen

变质 [biàn zhì] descomponerse, echarse a perder, degenerar

便 [biàn] **1.** conveniente *adj m/f*, cómodo,-a; **2.** informal *adj m/f*, sencillo,-a

便秘 [biàn mì] *med* estreñimiento *m*, constipación *f*

便当 [biàn dāng] **1.** conveniente *adj m/f*, práctico,-a, fácil *adj m/f*; **2.** *Tai* comida *f* rápida

便饭 [biàn fàn] comida *f* sencilla

便服 [biàn fú] traje *m* de calle, vestido *m* de diario

便利 [biàn lì] **1.** conveniente *adj m/f*, fácil *adj m/f*; **2.** facilitar, dar facilidades

便条 [biàn tiáo] recado *m*, nota *f*

便衣 [biàn yī] **1.** vestido *m* corriente, traje *m* civil; **2.** agente *m/f* de policía (*en traje civil*)

便于 [biàn yǔ] conveniente *adj m/f*, fácil *adj m/f*

遍 [biàn] por todas partes

遍地 [biàn dì] por doquier, por todas partes

遍体磷伤 [biàn tǐ lín shāng] (*cuerpo*) cubierto de heridas, lleno de cardenales

辫 [biàn] trenza *f*, coleta *f*

辫子 [biàn zi] **1.** trenza *f*, coleta *f*; **2.** falta *f*, error *m*, equivocación *f*

辩 [biàn] argumentar, discutir

辩白 [biàn bái] justificarse, dar una explicación

辩护 [biàn hù] defender, justificar

辩论 [biàn lùn] discutir, polemizar

辩证法 [biàn zhèng fǎ] *filos* dialéctica *f*

辨 [biàn] discernir, diferenciar

辨别 [biàn bié] distinguir, diferenciar

辨认 [biàn rèn] identificar, reconocer

标 [biāo] marca *f*, signo *m*; marcar, poner una señal

标榜 [biāo bǎng] **1.** alardear, hacer gala de; **2.** alabar excesivamente

标本 [biāo běn] **1.** especimen *m*, muestra *f*; **2.** apariencia y esencia

标尺 [biāo chǐ] mira *f* (*taquimétrica*)

标点 [biāo diǎn] puntuación *f*, signos *mpl* de puntuación

标记 [biāo jì] señal *f*, marca *f*

标价 [biāo jià] poner un precio; precio *m* marcado

标明 [biāo míng] indicar, marcar

标签 [biāo qiān] etiqueta *f*

标枪 [biāo qiāng] jabalina *f*; *dep* lanzamiento *m* de jabalina

标题 [biāo tí] título *m*, encabezamiento *m*

标语 [biāo yǔ] consigna *f*, cartel *m*

标志 [biāo zhì] **1.** signo *m*, símbolo *m*, emblema *m*; **2.** marcar, indicar

标致 [biāo zhì] majo,-a, guapo,-a

标准 [biāo zhǔn] **1.** norma *f*, criterio *m*; **2.** estándar *m*; ~ 产品 [chǎn pǐn] producto estándar

表 [biǎo] **1.** superficie *f*, apariencia *f*, exterior *m*; **2.** reloj *m*; **3.** contador *m*, medidor *m*; 水 ~ [shuǐ] contador de agua; **4.** formulario, lista, tabla

表白 [biǎo bái] justificar, explicar

表达 [biǎo dá] expresar, manifestar

表带 [biǎo dài] (*reloj*) correa *f*, pulsera *f*

表格 [biǎo gé] formulario *m*, tabla *f*

表决 [biǎo jué] votar, decidir por votación

表露 [biǎo lù] mostrar, revelar

表面 [biǎo miàn] **1.** superficie *f*; **2.** apariencia *f*, aspecto *m*

表明 [biǎo míng] dejar en claro, aclarar

表亲 [biǎo qīn] primo,-a, primazgo *m*

表情 [biǎo qíng] expresión *f*, gesto *m*

表示 [biǎo shì] manifestar, expresar
表态 [biǎo tài] dejar clara su posición, tomar una actitud bien definida
表现 [biǎo xiàn] **1.** expresión *f*, manifestación *f*; **2.** comportamiento *m*, conducta *f*
表演 [biǎo yǎn] **1.** *teat* representar, interpretar; **2.** representación *f*, exhibición *f*
表扬 [biǎo yáng] elogiar, alabar
表彰 [biǎo zhāng] exaltar, encomiar
憋 [biē] **1.** contener, reprimir; **2.** ahogarse, sofocarse
憋气 [biē qì] **1.** sentirse sofocado; **2.** estar ahogadamente resentido
别 [bié] → biè **1.** no; ~ 走 [zǒu] ¡No te vayas!; **2.** dejar, partir, despedirse
别处 [bié chù] otro lugar, otra parte
别名 [bié míng] otro nombre
别人 [bié rén] otra persona, otros
别墅 [bié shù] chalet *m*, casa *f*, mansión *f*
别有用心 [bié yǒu yòng xīn] tener segundas intenciones
别针 [bié zhēn] imperdible *m*, alfiler *m*
别致 [bié zhì] original *adj m/f*, singular *adj m/f*
别字 [bié zì] carácter *m* mal escrito o pronunciado
别 [biè] → bié
别扭 [biè] **1.** incómodo,-a, desagradable *adj m/f*; **2.** discrepar, discrepancia *f*
宾 [bīn] huésped *f*, invitado,-a *m/f*
宾馆 [bīn guǎn] hotel *m*
彬 [bīn]
彬彬有礼 [bīn bīn yǒu lǐ] (*tratar a alg*) con cortesía, con educación
滨 [bīn] orilla *f*, ribera *f*; costa *f*, litoral *m*; → 海滨 [hǎi bīn]
殡 [bìn] **1.** colocar el ataúd en la capilla ardiente; **2.** llevar el ataúd al cementerio
殡仪馆 [bìn yí guǎn] tanatorio *m*, funeraria *f*
冰 [bīng] **1.** hielo *m*; **2.** enfriar, refrigerar
冰雹 [bīng páo] *meteo* granizo *m*
冰川 [bīng chuāng] *geogr* glaciar *m*
冰点 [bīng diǎn] punto *m* de congelación
冰雕 [bīng diāo] escultura *f* de hielo
冰冻 [bīng dòng] helar, congelar
冰棍儿 [bīng gùn ér] (*helado*) polo *m*
冰块 [bīng kuài ér] cubitos *mpl* de hielo
冰冷 [bīng lěng] **1.** helar, frío *m*; **2.** glacial *adj m/f*, frío,-a; **3.** indiferente *adj m/f*
冰淇淋 [bīng qī lín] *gastr* helado *m*, crema *f* de helado

冰球 [bīng qiú] **1.** *dep* hockey *m* sobre hielo; **2.** *dep* disco *m* de hockey

冰霜 [bīng shuāng] severidad *f*, austeridad *f*

冰糖 [bīng táng] azúcar *m* cande

冰天雪地 [bīng tiān xuě dì] cielo *m* glacial y suelo *m* nevado

冰箱 [bīng xiāng] nevera *f*, refrigeradora *f*

冰鞋 [bīng xié] *dep* patín *m* de hielo, patín *m* de cuchilla

冰镇 [bīng zhèn] **1.** enfriar (*con hielo*); **2.** (*bebida*) frío,-a

兵 [bīng] **1.** soldado *m/f*, militar *m/f*; **2.** (*ajedrez chino*) peón *m*

兵法 [bīng fǎ] arte *m* de la guerra

兵力 [bīng lì] potencia *f* militar, fuerza *f* bélica

兵营 [bīng yíng] cuartel *m*, campamento *m*

兵种 [bīng zhǒng] armas *fpl* del ejército

丙 [bǐng] tercero,-a *num* (*número ordinal procedente de los diez Troncos Celestes*)

丙纶 [bǐng lún] fibra *f* polipropilena

柄 [bǐng] mango *m*, empuñadura *f*; 刀~ [dāo] mango de un cuchillo

饼 [bǐng] torta *f*, pastel *m*

饼干 [bǐng gān] galleta *f*, bizcocho *m*

并 [bìng] **1.** y (*unir dos frases*); **2.** juntar, unir, fusionar

并存 [bìng cún] coexistencia *f*, coexistir

并发症 [bìng fā zhèng] *med* complicación *f*

并非 [bìng fēi] no ser; ~ 所有的人都有钱 [suǒ yǒu de rén dōu yǒu qián] No es que todo el mundo sea rico

并列 [bìng liè] yuxtaponer(*se*)

并排 [bìng pái] en la misma fila, uno al lado de otro

并且 [bìng qiě] y, además, también

并行 [bìng xíng] **1.** ir lado a lado, ir juntos; **2.** realizarse a la vez

病 [bìng] **1.** enfermedad *f*, afección *f*, dolencia *f*; **2.** caer (*estar*) enfermo,-a; **3.** defecto *m*, falta *f*

病变 [bìng biàn] *med* cambio *m* patológico

病床 [bìng chuáng] (*hospital*) cama *f*

病毒 [bìng dú] *med informát* virus *m*

病房 [bìng fáng] cuarto *m*, habitación *f* (*de enfermo*)

病故 [bìng gù] morir de enfermedad

病号 [bìng hào] paciente *m/f*, enfermo,-a *m/f*

病假 [bìng jià] baja *f* (*por enfermedad*)

病菌 [bìng jūn] germen *m* infeccioso

病历 [bìng lì] historial *m* clínico

病例 [bìng liè] (*de enfermedad*) caso *m*
病情 [bìng qíng] (*enfermedad*) estado *m*
病人 [bìng rén] enfermo,-a *m/f*, paciente *m/f*
病态 [bìng tài] estado *m* morboso
病症 [bìng zhèng] enfermedad *f*, dolencia *f*
波 [bō] ola *f*, onda *f*
波长 [bō cháng] *fis* longitud *f* de onda
波动 [bō dòng] agitación *f*, agitar
波段 [bō duàn] *fic* banda *f* (*de la radio*)
波及 [bō jí] repercutir, afectar
波澜壮阔 [bō lán zhuàng kuò] impetuoso,-a, con todo vigor
波浪 [bō làng] ola *f*, oleada *f*
波涛 [bō tāo] gran *m* oleaje
波纹 [bō wén] rizos *mpl*, *(en el agua)* olas *fpl* suaves
波折 [bō zhé] vueltas y revueltas *fpl*, complicación *f*
拨 [bō] mover (*con el dedo, la mano, el pie, el palo*); ~ 电话 [diàn huà] marcar un número (*de teléfono*)
拨款 [bō kuǎn] asignar fondos, conceder un presupuesto; presupuesto *m* concedido
拨弄 [bō nòng] **1.** mover (*u/c con la mano*); **2.** provocar, sembrar (*discrepancia*)
玻 [bō]
玻璃 [bō lí] cristal *m*, vidrio *m*
玻璃纤维 [bō lí qiān wéi] fibra *f* de vidrio
剥 [bō] → bāo
剥夺 [bō duó] privar, despojar, quitar
剥落 [bō luò] desconcharse, descascarillarse
剥削 [bō xuē] explotar; explotación *f*
菠 [bō]
菠菜 [bō cài] *gastr* espinaca *f*
菠萝 [bō luó] *gastr* piña *f*
播 [bō] sembrar
播送 [bō sòng] emitir, transmitir
播音 [bō yīn] emitir, transmitir
播音员 [bō yīn yuán] locutor,-a *m/f*
播种 [bō zhòng] sembrar
伯 [bó] tío *m* (*paterno*)
伯父 [bó fù] *(hermano mayor del padre)* tío *m*
伯爵 [bó jué] conde *m*
伯母 [bó mǔ] *(esposa de un hermano mayor del padre)* tía *f*
驳 [bó] **1.** contradecir, refutar; **2.** lancha *f*, barcaza *f*
驳斥 [bó chì] rebatir, impugnar
驳船 [bó chuán] barcaza *f*, lancha *f*
驳倒 [bó dǎo] machacar, revolcar
驳回 [bó huí] rechazar, rehusar
泊 [bó] anclar, echar el ancla
泊位 [bó wèi] amarradero *m*, atracadero *m*
脖 [bó] cuello *m*

脖子 [bó zi] (*persona, vasija*) cuello *m*

博 [bó] **1.** abundante *adj m/f*, rico,-a; **2.** erudito,-a *m/f*, docto,-a *m/f*

博爱 [bó ài] fraternidad *f*, hermandad *f*

博得 [bó dé] ganar, obtener

博览会 [bó lǎn huì] exposición *f* universal

博士 [bó shì] (*título académico*) doctor,-a *m/f*

博物馆 [bó wù guǎn] museo *m*

博学 [bó xué] erudito *m*, docto *m*

搏 [bó] **1.** luchar, pelear; **2.** abalanzarse sobre, arrojarse sobre

搏斗 [bó dòu] luchar, pelear

薄 [bó] → báo insignificante *adj m/f*, ligero,-a

薄礼 [bó lǐ] regalo *m* insignificante, pequeño recuerdo *m*

薄命 [bó mìng] (*en la vida*) destino *m* triste, siempre mala suerte *f*

薄弱 [bó ruò] débil *adj m/f*, frágil *adj m/f*

薄荷 [bó hé] *bòhe bot* menta *f*, poleo *m* menta

补 [bǔ] **1.** reparar, remendar; **2.** añadir, completar

补偿 [bǔ cháng] compensar, indemnizar

补充 [bǔ chōng] **1.** añadir, suplir, completar; **2.** adicional *adj m/f*, complementario,-a

补丁 [bǔ dīng] *textl* parche *m*, remiendo *m*

补给 [bǔ gěi] abastecer, aprovisionar; abastecimiento *m*

补救 [bǔ jiù] remediar, reparar

补考 [bǔ kǎo] repetir el examen, volver a examinarse

补课 [bǔ kè] **1.** recuperar una clase; **2.** volver a hacer

补票 [bǔ piào] comprar el billete en el tren (*en vez de la taquilla*)

补品 [bǔ pǐn] tónico *m*, reconstituyente *m*

补缺 [bǔ quē] cubrir una vacante

补贴 [bǔ tiē] subvencionar; subsidio *m*, subvención *f*

补习 [bǔ xí] seguir un curso extracurricular

补血 [bǔ xuè] enriquecer la sangre

补牙 [bǔ yá] empastar un diente

补养 [bǔ yǎng] tomar un tónico (*para recuperarse*)

补药 [bǔ yào] *med* reconstituyente *m*, tónico *m*

补助 [bǔ zhù] subvencionar, subvención *f*

补足 [bǔ zú] completar (*una cantidad*), complementar

捕 [bǔ] apresar, capturar

捕风捉影 [bǔ fēng zhuō yǐng] sin fundamento, basado en los rumores

捕获 [bǔ huò] detener, arrestar

捕捞 [bǔ láo] pescar; pesca *f*

捕鱼 [bǔ yú] pescar; pesca *f*

哺 [bǔ] dar de mamar

哺乳 [bǔ rǔ] amamantar, lactar; ~动物 [dòng wù] mamífero *m*

哺育 [bǔ yù] criar, nutrir

不 [bù] (*denegar acción presente y futura; imposibilidad*) no; 她~来了 [tā lái le] Ya no viene; 她来~了 [tā lái liǎo] No puede venir

不安 [bù ān] intranquilo,-a, inquieto,-a

不必 [bù bì] innecesario,-a

不便 [bù biàn] **1.** inconveniente *adj m/f*, inadecuado,-a; **2.** escaso de dinero

不测 [bù cè] percance *m*, accidente *m*

不出所料 [bù chū suǒ liào] según lo previsto, sin sorpresa

不错 [bù cuò] no estar mal, bastante bueno

不但…而且… [bù dàn...ér qiě] no sólo, sino, no solamente, sino

不当 [bù dàng] impropio,-a, inadecuado,-a

不到 [bù dào] **1.** menos de; **2.** (*atender con*) descuido *m*

不得 [bù dé] no estar permitido,-a, estar prohibido,-a

不得不 [bù dé bù] verse obligado,-a, no poder menos de

不得了 [bù dé liǎo] **1.** muy grave, catastrófico,-a; **2.** extremadamente, sumamente, muy; 瘦得~ [shòu de] muy flaco

不得已 [bù dé yǐ] no tener otro remedio que, verse obligado a

不等 [bù děng] ser diferente, variar, diferir

不动产 [bù dòng chǎn] bienes *mpl* inmuebles

不断 [bù duàn] incesante *adj m/f*, continuo,-a, constante *adj m/f*

不对 [bù duì] **1.** anormal *adj m/f*, irregular *adj m/f*; **2.** incorrecto,-a, erróneo,-a, mal,-a; **3.** llevarse mal con alg; 我跟他~ [wǒ gēn tā] 。Me llevo mal con él.

不多不少 [bù duō bù shǎo] ni más ni menos, ni mucho ni poco, justo

不法 [bù fǎ] ilegal *adj m/f*, ilícito,-a

不凡 [bù fán] extraordinario,-a, fuera de lo común

不妨 [bù fáng] no hay inconveniente, nada impide que

不服水土 [bù fú shuǐ tǔ] no aclimatarse, no adaptarse al clima (*de un nuevo lugar*)

不符 [bù fú] no corresponder a, no ser conforme a, no coincidir con

不该 [bù gāi] no deber, no tener que

不甘 [bù gān] no resignarse a, no conformarse con

不够 [bù gòu] insuficiente *adj m/f*, escaso,-a

不顾 [bù gù] desatender, descuidar; pasar por alto, no hacer caso

不管 [bù guǎn] a pesar de que, por mucho que, cualquiera que sea

不过 [bù guò] **1.** sólo, no más que; **2.** pero, sin embargo, no obstante

不好意思 [bù hǎo yì si] sentirse avergonzado,-a; dar vergüenza; ~ 问了这么多 [wèn le zhè mē duō] 。Me da vergüenza hacerle tantas preguntas.

不和 [bù hé] llevarse mal con alg

不慌不忙 [bù huāng bù máng] sin prisa ni preocupación

不及 [bù jí] **1.** no tan bueno como, inferior a; **2.** ser tarde para; 后悔~ [hòu huǐ] 。Ya es tarde para arrepentirse.

不见得 [bù jiàn dé] no necesariamente, poco probable

不禁 [bù jīn] no poder remediar, no poder contenerse

不仅…而且… [bù jǐn…ér qiě] no sólo…sino; 他~ 来了 [tā lái le]; ~ 还带了女朋友一起来 [hái dài le nǚ pèng yǒu yī qǐ lái]。No sólo ha venido, sino que también ha traído su novia.

不景气 [bù jǐng qì] *econ* depresión *f*, recesión *f*, crisis *f*

不久 [bù jiǔ] dentro de poco, pronto, poco después

不拘 [bù jū] no ceñirse, no limitarse, no tener en cuenta

不可 [bù kě] **1.** no poder, no deber; **2.** (*se usa con* 非 [fēi]) tener que; 我非买~ [wǒ fēi mǎi]。Tengo que comprarlo.

不可救药 [bù kě jiù yào] incurable *adj m/f*, incorregible *adj m/f*

不可思议 [bù kě sī yì] inimaginable *adj m/f*, increíble *adj m/f*

不可一世 [bù kě yī shì] ser arrogante *adj m/f*, arrogancia *f*

不快 [bù kuài] estar descontento,-a, estar disgustado,-a, ser infeliz *adj m/f*

不愧 [bù kuì] ser digno,-a de, merecer

不利 [bù lì] desfavorable,-a, desventajoso,-a, negativo,-a

不良 [bù liáng] malo,-a, nocivo,-a

不了了之 [bù liǎo liǎo zhī] archivar (*cerrar*) un caso *m* (*sin resultado*)

不料 [bù liào] inesperadamente, sorprendentemente

不伦不类 [bù lung bù lèi] no ser carne ni pescado, no tener categoría

不论 [bù lùn] a pesar de que, cualquiera que

不满 [bù mǎn] resentido,-a, descontento,-a, insatisfecho,-a

不毛之地 [bù máo zhī dì] terreno *m* estéril, tierra *f* árida

不免 [bù miǎn] ineludible *adj m/f*, inevitable *adj m/f*

不明 [bù míng] **1.** desconocido,-a, incógnito,-a; **2.** no entender, no conocer, confundir; ~ 真相 [zhēn xiàng]。No conocer la verdad.

不明不白 [bù míng bù bái] sin razón, sin causa, sin ton ni son
不谋而合 [bù mó ér hé] *(opinión, idea, etc.)* coincidir *en*
不耐烦 [bù má fán] perder la paciencia, impaciente
不能 [bù néng] no deber, no tener que
不平 [bù píng] injusticia, injusto; indignación *f*, resentimiento *m*
不屈不挠 [bù qū bù ráo] indoblegable *adj m/f*, perseverable *adj m/f*
不然 [bù rán] **1.** no ser así, ser distinto; **2.** de otro modo, si no; 我得走了 [wǒ děi zǒu le]; ~ 要误机了 [yào wù jī le]. Tengo que irme, si no, perderé el avión.
不忍 [bù rěn] no poder soportar, no poder aguantar
不容 [bù róng] no tolerar, no permitir
不如 [bù rú] **1.** no ser igual a, ser inferior a, ser menos; **2.** más vale, mejor sería; 我看~ 你去好了 [wǒ kàn nǐ qù hǎo le]. Creo que sería mejor que fueras tú.
不三不四 [bù sān bù sì] **1.** *(persona)* sospechoso,-a, dudoso,-a; **2.** no ser carne ni pescado, no tener categoría
不时 [bù shí] **1.** frecuentemente, a menudo; **2.** en cualquier momento
不是 [bù shì] no; 你走的~ 时候 [nī zǒu dě shí hòu]. No es buen momento para que te marches.
不死不活 [bù sǐ bù huó] ni muerto ni vivo, falta *f* de ánimo
不同 [bù tóng] diferente *adj m/f*, distinto,-a
不外 [bù wài] no más allá, no más que
不闻不问 [bù wén bù wèn] hacer la vista gorda ante, cerrar los ojos a
不惜 [bù xī] no escatimar, no ahorrar
不相干 [bù xiāng gān] no tener relación con, no tener nada que ver con
不详 [bù xiáng] no dar detalle, no detallar
不屑 [bù xiāo] **1.** desdeñarse, considerar indigno; **2.** despreciar, tener a menos
不懈 [bù xiè] infatigable *adj m/f*, incansable *adj m/f*
不行 [bù xíng] **1.** no poder hacer; **2.** ser inútil, ser incapaz
不幸 [bù xìn] **1.** desgracia *f*, desastre *m*; **2.** desgraciado,-a, infausto,-a; **3.** por desgracia, desgraciadamente
不锈钢 [bù xiù gāng] acero *m* inoxidable
不许 [bù xǔ] no permitir, no autorizar, no deber
不言而喻 [bù yán ér yù] sobreentenderse, no hacer falta decir

不要 [bù yào] no; ¡nada de…!; ~ 吸烟 [xī yān]. ¡Nada de tabaco!

不要紧 [bù yaò jǐn] **1.** insignificante,-a, poco importante *adj m/f*; **2.** no importa, no pasa nada

不要脸 [bù yào liǎn] **1.** descarado,-a; **2.** sinvergüenza adj m/f

不一会儿 [bù yī huì ér] pronto, en seguida

不宜 [bù yí] inadecuado,-a, impropio,-a

不已 [bù yǐ] continuamente, sin cesar

不用 [bù yòng] no necesitar, no ser necesario

不约而同 [bù yuē ér tóng] **1.** espontáneo,-a; **2.** coincidir

不在乎 [bù zài hū] no importar, ser indiferente

不折不扣 [bù zhé bù kòu] ciento por ciento, al pie de la letra

不知不觉 [bù zhī bù jué] sin darse cuenta

不知所措 [bù zhī zuǒ cuò] no saber qué hacer, quedarse perplejo

不止 [bù zhǐ] **1.** incesantemente, continuamente; **2.** más de, no estar limitado *a*

不至于 [bù zhì yǔ] no poder ser, ser poco probable

不治之症 [bù zhì zhī biān] enfermedad *f* incurable

不着边际 [bù zhaó biān jì] lejos de la verdad, sin venir al caso

不自量 [bù zì liàng] sobreestimar (*sus propias capacidades*)

不自在 [bù zì zài] incómodo,-a, no estar a gusto

不足 [bù zú] **1.** insuficiente *adj m/f*, escaso,-a; **2.** no merecer, no valer la pena

不做声 [bù zuò shēng] guardar silencio, quedarse callado,-a

布 [bù] tela *f*, tejido *m*

布道 [bù dào] predicar, evangelizar

布店 [bù diàn] tienda *f* de tejidos *m*

布丁 [bù dīng] *gastr* budín *m*

布告 [bù gào] *adm* notificación *f*, aviso *m*

布景 [bù jǐng] *teat* decoración *f*, escenografía *f*

布局 [bù jú] disposición *f*, distribución *f*

布匹 [bù pǐ] pieza *f* de tela

布置 [bù zhì] **1.** arreglar, decorar, preparar; **2.** dar, asignar

步 [bù] **1.** paso *m*; 向后腿一~ [xiàng hòu tuì yī]. Un paso atrás. **2.** fase *f*, etapa *f*, paso *m*; 下一~ 做什么 [xià yī zuò shén me]? ¿Qué hacemos en la siguiente fase?

步兵 [bù bīng] *mil* soldado *m* de infantería

步调 [bù diào] (*forma de andar*) paso *m*

步伐 [bù fá] (*forma de andar*) paso *m*

步枪 [bù qiāng] *mil* fusil *m*

步行 [bù xíng] andar, caminar, ir a pie
步骤 [bù zhòu] procedimiento *m*, medida *f*, paso *m*
步子 [bù zi] (*forma de andar*) paso *m*
部 [bù] **1.** parte *f*, porción *f*; **2.** *adm* ministerio *m*; departamento *m*, (*institución*) sección *f*
部队 [bù duì] ejército *m*, tropa *f*
部分 [bù fèn] parte *f*, porción *f*
部件 [bù jiàn] pieza *f*, componente *m*
部落 [bù luò] tribu *m*
部门 [bù mén] departamento *m*, sección *f*, oficina *f*
部署 [bù shǔ] *mil* desplegar, disponer
部位 [bù wèi] posición *f*, lugar *m*
部下 [bù xià] subordinado,-a *m/f*, empleado,-a *m/f*
部长 [bù zhǎng] ministro,-a *m/f*; director,-a *m/f* (*de un departamento*)
簿 [bù] cuaderno *m*, libreta *f*
簿记 [bù jì] **1.** contabilidad *f*; **2.** libro *m* de cuentas
簿子 [bù zi] cuaderno *m*, libreta *f*

C

擦 [cā] **1.** frotar, raspar, rozar; **2.** limpiar, fregar
擦拭 [cā shì] fregar, restregar, limpiar
猜 [cāi] **1.** adivinar, conjeturar; **2.** sospechar, creer
猜测 [cāi cè] adivinar, conjeturar
猜忌 [cāi jì] sospechar, recelar
猜谜儿 [cāi mí ér] **1.** resolver un acertijo, jugar al acertijo; **2.** adivinar
猜拳 [cāi quán] jugar a la mano, juego *m* de mano (*china*)
猜想 [cāi xiǎng] suponer, sospechar
猜疑 [cāi yí] tener sospechas, recelar, desconfiar
猜中 [cāi zhòng] acertar con, en
才 [cái] **1.** talento *m*, capacidad *f*, habilidad *f*; **2.** (*una acción tardía o que cuesta*) 她两点~来 [tā liǎng diǎn lái]. Llegó a las dos (*tarde*); 等了大半天~ 买到 [děng le dà bàn tiān mǎi dào]. Logré comprarlo después de esperar mucho rato.
才干 [cái gàn] capacidad *f*, aptitud *f*, talento *m*
才华 [cái huá] (*en el campo literario o artístico*) talento *m*, capacidad *f*
才能 [cái néng] capacidad *f*, talento *m*
才学 [cái xué] (*en el campo de conocimiento*) erudición *f*, talento *m*
才智 [cái zhì] talento y sabiduría
才子 [cái zǐ] docto,-a *m/f*, hombre *m* de gran talento
材 [cái] material *m*, materia *f*

材料 [cái liào] **1.** material *m*, materia *f*; **2.** datos *mpl*, material *m*
财 [cái] riqueza *f*, fortuna *f*
财宝 [cái bǎo] tesoro *m*, fortuna y objetos de valor
财产 [cái chǎn] propiedad *f*, bienes *mpl*; ~ 权 [quán] derecho *m* de propiedad
财富 [cái fù] riqueza *f*, fortuna *f*; caudal *m*
财力 [cái lì] recursos *mpl* financieros, capacidad *f* financiera
财贸 [cái mào] finanzas y comercio
财迷 [cái mí] avaro,-a, avaricioso,-a
财权 [cái quán] **1.** derecho *m* de propiedad; **2.** poder *m* sobre las finanzas
财团 [cái tuán] grupo *m* financiero
财务 [cái wù] asuntos *mpl* financieros
财物 [cái wù] bienes *mpl*, pertenencias *fpl*
财政 [cái zhèng] finanzas *fpl* (*públicas*), tesoro *m* público; ~ 部 [bù] ministerio de hacienda
裁 [cái] **1.** cortar en partes; **2.** (*a un,-a empleado,-a*) despedir
裁定 [cái dìng] *jur* resolución *f*, sentencia *f*
裁缝 [cái féng] sastre *m/f*, modista *m/f*
裁缝店 [cái féng diàn] sastrería *f*
裁减 [cái jiǎn] disminuir, reducir
裁剪 [cái jiǎn] (*prenda de vestido*) cortar
裁决 [cái jué] *jur* sentencia *f*, resolución *f*
裁军 [cái jūn] *mil* desarme *m*, reducción *f* de armamento
裁判 [cái pàn] **1.** *mil* juicio *m*; **2.** *dep* árbitro *m/f*, juez,-a *m/f*; arbitrar
裁员 [cái yuán] reajustar/reducir la plantilla
采 [cǎi] **1.** coger, recoger; **2.** adoptar, escoger
采伐 [cǎi fá] talar, cortar
采访 [cǎi fǎng] (*periodista*) hacer un reportaje
采购 [cǎi gòu] hacer compras (*en grandes cantidades*)
采集 [cǎi jí] coleccionar, colectar
采矿 [cǎi kuàng] explotar la mina, extraer minerales
采蜜 [cǎi mì] chupar néctar de las flores
采纳 [cǎi nà] aceptar, admitir
采取 [cǎi qǔ] tomar, adoptar
采用 [cǎi yòng] adoptar, emplear
彩 [cǎi] **1.** color *m*; **2.** (*sorteo o lotería*) premio *m*; **3.** aplauso *m*, aclamación *f*
彩灯 [cǎi dēng] iluminación *f*, farol *m*
彩电 [cǎi diàn] televisor *m* en color
彩虹 [cǎi hóng] arco iris *m*
彩扩 [cǎi kuò] (*foto en color*) ampliación *f*

彩礼 [cǎi lǐ] regalo *m* de boda (*para la novia*)
彩排 [cǎi pái] ensayo *m* general
彩票 [cǎi piào] lotería *f*
彩色 [cǎi sè] de colores, multicolor *adj m/f*
踩 [cǎi] pisotear, pisar
踩油门 [cǎi yóu mén] (*coche*) pisar el acelerador
菜 [cài] **1.** hortaliza *f*, verdura *f*; **2.** guisado *m*, plato *m*
菜市场 [cài shì chǎng] mercado *m* (*de comestibles*)
菜单 [cài dān] *gastr* carta *f*
菜刀 [cài dāo] cuchillo *m* (*de cocina*)
菜豆 [cài dòu] judía *f*, fríjol *m*, alubia *f*
菜饭 [cài fàn] *gastr* plato *m* combinado
菜馆 [cài guǎn] *coloq* restaurante *m*
菜色 [cài sè] cara *f* de hambre
菜心 [cài xīn] *(col, etc.)* cogollo *m*
菜肴 [cài yáo] *gastr* plato *m*, guisado *m*
菜油 [cài yóu] *gastr* aceite *m* de colza
菜园 [cài yuán] huerta *f*
菜子 [cài zǐ] (*de verdura, colza*) semilla *f*
参 [cān] **1.** participar, tomar parte; **2.** *(libro)* consultar
参观 [cān guān] visitar; visita *f*
参加 [cān jiā] tomar parte, participar, asistir
参军 [cān jūn] *mil* (*ejército*) enrolarse, alistarse
参考 [cān kǎo] **1.** consultar, consulta *f*; **2.** referencia *f*; 仅供~ [jǐn gòng]. Sólo sirve como referencia.
参谋 [cān móu] asesor,-a *m/f* consejero, -a *m/f*; aconsejar, dar consejos *m*
参数 [cān shù] *mat* parámetro *m*
参议员 [cān yí yuán] *pol* senador, -a *m/f*
参议院 [cān yí yuàn] *pol* senado *m*
参与 [cān yǔ] participar, intervenir
参阅 [cān yuè] **1.** *(libro)* consultar; **2.** remitir, referir
参赞 [cān zàn] *dipl* (*cargo diplomático*) consejero,-a *m/f*; 商务~ [shāng wù] consejero *m* comercial
参照 [cān zhào] consultar, referir
餐 [cān] comer; comida *f*; 中~ [zhōng] comida *f* china; 西~ [xī] comida *f* occidental
餐车 [cān chē] (*tren*) coche *m* restaurante
餐馆 [cān guǎn] restaurante *m*
餐巾 [cān jīn] servilleta *f*
餐具 [cān jù] cubierto *m*, servicio *m* de mesa
餐桌 [cān zhuō] mesa *f* de comedor
残 [cán] **1.** imcompleto,-a, deficiente *adj m/f*; **2.** dañar, estropear

残暴 [cán bào] cruel *adj m/f*, feroz *adj m/f*
残废 [cán fèi] discapacitado-a, minusválido -a; discapacitado,-a *m/f*, minusválido,-a *m/f*
残骸 [cán hái] restos *mpl*
残害 [cán hài] **1.** dañar, mutilar; **2.** atropellar o matar brutalmente
残疾 [cán jí] defecto *m* físico
残局 [cán jú] **1.** (*partida de ajedrez*) etapa *f* final; **2.** situación *f* desastrosa (*después de un fracaso*)
残酷 [cán kù] cruel *adj m/f*, despiadado,-a
残缺 [cán quē] incompleto,-a, fragmentario,-a
残忍 [cán rěn] cruel *adj m/f*, despiadado,-a, inhumano,-a
残杀 [cán shā] matar a sangre fría, masacrar; masacre
残余 [cán yú] supervivencias *fpl*, vestigios *mpl*
蚕 [cán] gusano *m* de seda
蚕豆 [cán dòu] *bot* haba *f*, faba *f*
蚕丝 [cán sī] seda *f* natural, seda *f*
蚕子 [cán zǐ] (*gusano de seda*) huevecillo *m*
惭 [cán] avergonzarse, sentir vergüenza
惭愧 [cán kuì] avergonzarse, sentir vergüenza
惨 [cǎn] **1.** trágico,-a, triste *adj m/f*; **2.** cruel *adj m/f*, brutal *adj m/f*
惨白 [cǎn bái] **1.** pálido,-a, descolorido,-a; **2.** opaco,-a, sombrío,-a
惨败 [cǎn bài] fracaso *m* total
惨祸 [cǎn huò] desastre *m* terrible
惨痛 [cǎn tòng] doloroso,-a, penoso, -a, amargo,-a
惨重 [cǎn zhòng] muy grave *adj m/f*, desastroso,-a
灿 [càn]
灿烂 [càn làn] esplendoroso,-a, brillante *adj m/f*
仓 [cāng] almacén *m*, depósito *m*
仓促 [cāng cù] apresuradamente, con prisa
仓皇 [cāng huáng] con pánico
仓库 [cāng kù] almacén *m*, depósito *m*
苍 [cāng] verde *m* oscuro
苍白 [cāng bái] **1.** pálido -a, descolorido,-a; **2.** inerte *adj m/f*, débil *adj m/f*
苍老 [cāng lǎo] **1.** envejecido,-a, viejo,-a; **2.** falta *f* de vitalidad, débil *adj m/f*
苍茫 [cāng máng] vasto,-a, inmenso,-a
苍蝇 [cāng ying] *zool* mosca *f*; ~拍子 [pāi zi] matamoscas *m*
舱 [cāng] *nav* camarote *m*, cabina *f*
舱位 [cāng wèi] *nav* litera *f* / asiento *m* de camarote
藏 [cáng] esconder, ocultar
藏身 [cáng shēn] esconderse, refugiarse

藏书 [cáng shū] coleccionar libros; colección *f* de libros

糙 [cāo] áspero,-a, tosco,-a

糙米 [cāo mǐ] arroz *m* semidescascarillado

操 [cāo] **1.** tener en la mano, coger, agarrar; **2.** actuar, hacer; **3.** ejercicio *m* físico, gimnasia *f*

操场 [cāo chǎng] campo *m* de deporte, cancha *f*

操持 [cāo chí] **1.** manejar, arreglar; **2.** planear y preparar, hacer preparativos

操劳 [cāo láo] atarearse, trabajar mucho

操练 [cāo liàn] practicar, entrenarse

操心 [cāo xīn] preocuparse, inquietarse

操之过急 [cāo zhī guò jí] actuar con prisa excesiva

操纵 [cāo zòng] controlar, manejar, manipular

操作 [cāo zuò] manejar, hacer funcionar (*una máquina*); operación *f*

嘈 [cáo] ruido *m*, jaleo *m*

嘈杂 [cáo zá] jaleo *m*, ruido *m*

槽 [cáo] **1.** pesebre *m*, comedero *m*; **2.** ranura *f*, hendidura *f*

草 [cǎo] **1.** hierba *f*, yerba *f*; **2.** paja *f*; 稻~ [dào] paja *f* de arroz; **3.** borrador *m*; 起~ [qǐ] hacer un borrador.

草案 [cǎo àn] (*reglamento*) anteproyecto *m*, propuesta *f*

草包 [cǎo bāo] **1.** bolsa de paja; **2.** idiota *m/f*, imbécil *m/f*

草草 [cǎo cǎo] **1.** descuidadamente, negligentemente; **2.** precipitadamente

草地 [cǎo dì] **1.** prado *m*, pradera *f*; **2.** césped *m*

草稿 [cǎo gǎo] borrador *m*, bosquejo *m*

草料 [cǎo liào] heno *m*, forraje *m*

草绿 [cǎo lǜ] color *m* verde hierba

草帽 [cǎo mào] sombrero *m* de paja

草莓 [cǎo méi] *bot* fresa *f*; ~ 酱 [jiàng] mermelada *f* de fresa

草拟 [cǎo nǐ] redactar, elaborar

草皮 [cǎo pí] tepe *m*, césped *m*

草坪 [cǎo píng] césped *m*

草签 [cǎo qiān] firmar (*un tratado con las iniciales*)

草绳 [cǎo shéng] soga *f* de paja, cuerda *f* de paja

草书 [cǎo shū] (*caligrafía china*) escritura *f* artística

草率 [cǎo shuài] descuidado,-a, negligente *adj m/f*

草图 [cǎo tú] anteproyecto *m*

草席 [cǎo xí] estera *f* de paja

草鞋 [cǎo xié] sandalia *f* de paja, zapatilla *f* de paja

草药 [cǎo yào] hierba *f* medicinal

草纸 [cǎo zhǐ] **1.** papel *m* higiénico; **2.** papel *m* tosco de paja

册 [cè] **1.** cuaderno *m*, libro *m*, libreta *f*, álbum *m*; **2.** (*libros*) ejemplar *m*; 十万~ 书 [shí wàn shū] cien mil ejemplares (*de libros*).

厕 [cè] lavabo *m*, retrete *m*

厕所 [cè suǒ] lavabo *m*, retrete *m*, W.C. *m*

侧 [cè] costado *m*, lado *m*

侧面 [cè miàn] **1.** lado *m*, costado *m*; **2.** aspecto *m*; de forma indirecta

侧影 [cè yǐng] silueta *f*, perfil *m*

侧重 [cè zhòng] poner énfasis, dar más importancia

测 [cè] **1.** medir, mensurar; **2.** conjeturar, inferir

测定 [cè dìng] determinar, medir

测绘 [cè huì] topografía y cartografía

测绘员 [cè huì yuán] topógrafo, -a *m/f*

测量 [cè liàng] medir, mensurar

测试 [cè shì] (*máquinas, etc.*) medir la precisión

测验 [cè yàn] examinar, probar; examen *m*, prueba *f*

测字 [cè zì] adivinar la suerte (*mediante el análisis de los trazos de un carácter chino*)

策 [cè] plan *m*, táctica *f*

策动 [cè dòng] instigar, provocar

策划 [cè huà] planear, tramar

策略 [cè lüè] táctica *f*, estrategia *f*, táctico,-a

层 [céng] **1.** capa *f*; **2.** *const* (*edificio*) piso *m*, planta *m*

层出不穷 [céng chū bu qióng] surgir sin fin, aparecer interminablemente

层次 [céng cì] nivel *m* administrativo

曾 [céng] (*palabra temporal que determina una acción realizada*) antes, ya

曾经 [céng jīng] (*determina una acción realizada*) antes, ya

叉 [chā] **1.** horca *f*, horquilla *f*; **2.** tenedor *m*

叉烧 [chā shāo] carne *f* asada (*condimentada*)

叉腰 [chā yāo] ponerse en jarras

叉子 [chā zi] tenedor *m*; horquilla *f*

差 [chā] → chà, chāi

差别 [chā bié] diferencia *f*, disparidad *f*

差错 [chā cuò] **1.** error *m*, equivocación *f*; **2.** accidente *m*, incidente *m*

差额 [chā é] *econ* saldo *m*, diferencia *f*, balance *m*

差价 [chā jià] diferencia *f* de precio

差距 [chā jù] distancia *f*, diferencia *f*

差异 [chā yì] diferencia *f*, disparidad *f*

插 [chā] insertar, intercalar

插话 [chā huà] **1.** (*conversación, discurso*) intervenir; **2.** digresión *f*, inciso *m*, episodio *m*

插口 [chā kǒu] *electr* enchufe *m* (*hembra*)

插曲 [chā qǔ] **1.** *mús* interludio *m*; **2.** (*película, obra teatral*) canción *f*

插手 [chā shǒu] intervenir, meter la mano
插头 [chā tóu] *electr* enchufe *m* (*macho*), clavija *f*
插图 [chā tú] ilustración *f*, lámina *f*
插销 [chā xiāo] cerrojo *m*, pestillo *m*
插秧 [chā yāng] (*plantón de arroz*) trasplantar
插页 [chā yè] encarte *m*
插嘴 [chā zuǐ] (*conversación*) intervenir o interrumpir, meter baza
插座 [chā zuò] *electr* caja *f* de enchufe, toma *f* de corriente
茶 [chá] té *m*
茶杯 [chá bēi] taza *f* de té, vaso *m*
茶点 [chá diǎn] merienda *f*, bebidas y pasteles
茶馆 [chá guǎn] casa *f* de té, salón *m* de té
茶壶 [chá hú] tetera *f*
茶话会 [chá huà huì] tertulia *f*
茶几 [chá jī] mesita *f* de té
茶具 [chá jù] juego *m* de té, servicio *m* de té
茶钱 [chá qián] **1.** (*casa de té*) pago *m*; **2.** propina *f*
茶色 [chá sè] color *m* marrón oscuro, color *m* té
茶室 [chá shì] salón *m* de té
茶树 [chá shù] arbusto *m* de té
茶水 [chá shuǐ] té *m* o agua *f* (*que se vende en la calle*)
茶叶 [chá yè] hoja *f* de té, té *m*
茶座 [chá zuò] casa *f* de té
查 [chá] **1.** verificar, examinar; **2.** averiguar, investigar, consultar
查办 [chá bàn] investigar y sancionar
查点 [chá diǎn] hacer un inventario de, examinar
查对 [chá duì] verificar, chequear
查封 [chá fēng] *jur* **1.** embargar, embargo *m*; **2.** sellar, precintar
查禁 [chá jìn] prohibir, vedar
查究 [chá jiū] inquirir, averiguar
查考 [chá kǎo] examinar, averiguar
查明 [chá míng] averiguar, indagar
查票 [chá piào] (*tren*) revisar el billete; ~ 员 [yuán] revisor,-a *m/f*
查问 [chá wèn] interrogar, preguntar
查验 [chá yàn] examinar, inspeccionar
查阅 [chá yuè] consultar, estudiar
察 [chá] mirar atentamente, escrutar, escudriñar
察觉 [chá jué] darse cuenta, percatarse
察看 [chá kàn] mirar atentamente, observar
岔 [chà] **1.** desviarse, bifurcarse, ramificarse; **2.** accidente *m*, incidente *m*
岔开 [chà kāi] (*objeto*) separar
岔路 [chà lù] (*camino*) ramal *m*, bifurcación *f*, desvío *m*

岔子 [chà zi] **1.** accidente *m*, error *m*; **2.** (*camino*) ramal *m*, bifurcación *f*, desvío *m*

诧 [chà] sorprenderse

诧异 [chà yì] sorprenderse, quedar asombrado,-a

差 [chà] → chā, chāi **1.** faltar; ~三天就放假了 [sān tiān jiù fàng jià le]. Faltan tres días para las vacaciones; **2.** diferenciarse, diferir, distar; 我离她所期望的还~很远 [wǒ lí tā suǒ qī wàng de hái hěn yuǎn]. Aún me falta mucho para alcanzar lo que ella espera; **3.** malo,-a, inferior *adj m/f*; 质量很~ [zhì liàng hěn] mala calidad.

差不多 [chà bù duō] **1.** casi, más o menos; **2.** parecido,-a, semejante *adj m/f*

差点儿 [chà diǎn er] **1.** algo inferior, falta algo; **2.** casi, por poco, a punto de

差劲 [chà jìn] de calidad *f* inferior, malo,-a

拆 [chāi] **1.** abrir, desmontar; **2.** demoler, desmantelar

拆除 [chāi chú] demoler, desmantelar

拆穿 [chāi chuān] desenmascarar, poner al descubierto, desmentir

拆毁 [chāi huǐ] demoler, derruir

拆散 [chāi sǎn] deshacer, desmontar

拆散 [chāi sàn] (*pareja, familia*) deshacer

拆卸 [chāi xiè] desarmar, desmontar

差 [chāi] → chā, chà misión *f*, mandado *m*

差遣 [chāi qiǹ] enviar (*a alg a una misión*), mandar

差使 [chāi shǐ] cargo *m*, puesto *m*, empleo *m*

差事 [chāi shì] misión *f*, trabajo *m*

柴 [chái] leña *f*

柴火 [chái huǒ] haz *m* de leña

柴油 [chái yóu] (*aceite*) diesel *m*

柴油机 [chái yóu jī] motor *m* diesel

豺 [chái] *zool* chacal *m*

豺狼 [chái láng] **1.** chacales y lobos; **2.** personas *fpl* feroces

搀 [chān] **1.** llevar a alg del brazo; **2.** mezclar

搀和 [chān huō] mezclar; mezcla *f*

搀假 [chān jiǎ] adulterar

搀杂 [chān zá] mezclar, entremezclar

馋 [chán] hablar mal a espaldas de alg, calumniar

谗言 [chán yán] calumnia *f*, rumor *m*

缠 [chán] **1.** enrollar, devanar; **2.** enredar, atar

缠绵 [chán mián] crónico,-a, obsesionado,-a

缠绕 [chán rào] **1.** enrollar, enroscar; **2.** importunar, molestar

产 [chǎn] **1.** dar a luz, parir, parto *m;* 难~ [nán] parto difícil; **2.** producir, producción *f*,

producto *m*; **3.** propiedad *f*, bienes *mpl*
产地 [chǎn dì] lugar *m* u origen *m* de producción, región *f* productora
产妇 [chǎn fù] parturienta *f*, puérpera *f*
产假 [chǎn jià] permiso *m* de maternidad
产科 [chǎn kē] *med* departamento *m* de obstetricia; obstetricia *f*, tocología *f*
产量 [chǎn liàng] volumen *m* de producción, producción *f*
产品 [chǎn pǐn] producto *m*, producción *f*
产婆 [chǎn pó] comadrona *f*, partera *f*
产前 [chǎn qián] prenatal *adj m/f*, antenatal *adj m/f*
产权 [chǎn quán] derecho *m* de propiedad *f*; 知识~ [zhī shí] propiedad *f* intelectual
产生 [chǎn shēng] causar, dar origen a
产物 [chǎn wù] producto *m*, fruto *m*, resultado *m*
产业 [chǎn yè] **1.** propiedad *f*, bienes *mpl*; **2.** sector *m* industrial
产院 [chǎn yuàn] casa *f* de maternidad, maternidad *f*
产值 [chǎn zhí] valor *m* de producción
谄 [chǎn] adular, halagar
谄媚 [chǎn mèi] lisonjear, adular, halagar
铲 [chǎn] **1.** pala *f*, paleta *f*; **2.** palear, traspalar
铲除 [chǎn chú] erradicar, extirpar, desarraigar
铲平 [chǎn píng] (*terreno*) nivelar
阐 [chǎn] explicar, aclarar, dilucidar
阐明 [chǎn míng] explicar, dilucidar
阐述 [chǎn shù] exponer, explicar
忏 [chàn] arrepentimiento *m*
忏悔 [chàn huǐ] arrepentirse, confesar; arrepentimiento *m*, confesión *f*
颤 [chàn] temblar, vibrar
颤动 [chàn dòng] temblar, vibrar
颤抖 [chàn dǒu] tiritar, temblar
昌 [chāng] próspero,-a, floreciente *adj m/f*
昌盛 [chāng shèng] próspero,-a, floreciente *adj m/f*
猖 [chāng] feroz *adj m/f*
猖獗 [chāng jué] feroz *adj m/f* y violento,-a, desenfrenado,-a
猖狂 [chāng kuáng] frenético,-a, violento,-a
娼 [chāng] prostitución *f*, prostituta *f*
娼妓 [chāng jì] prostituta *f*, puta *f*
长 [cháng] (*longitud*) largo,-a
长波 [cháng bō] *fís* onda *f* larga
长城 [cháng chéng] Gran Muralla *f*
长处 [cháng chù] punto *m* fuerte, aspecto *m* positivo
长度 [cháng dù] longitud *f*, largura *f*
长短 [cháng duǎn] (*ropa*) talla *f*

长方 [cháng fāng] rectangular *adj m/f*

长颈鹿 [cháng jǐng lù] *zool* jirafa *f*, camello *m* pardal

长久 [cháng jiǔ] por largo tiempo, hace mucho tiempo

长年 [cháng nián] todo el año

长跑 [cháng pǎo] *dep* carrera *f (de larga distancia)*

长期 [cháng qī] de largo tiempo, a largo plazo

长寿 [cháng shòu] larga vida *f*, longevidad *f*

长途 [cháng tú] larga distancia *f*

长远 [cháng yuǎn] de largo alcance, a largo plazo

长征 [cháng zhēng] viaje *m* largo, expedición *f*, gran marcha *f*

肠 [cháng] *med* intestino *m*

肠胃病 [cháng wèi bìng] *med* enfermedad *f* gastrointestinal

肠炎 [cháng yán] med enteritis *f*

尝 [cháng] **1.** saborear, probar, paladear; **2.** antes, hacer tiempo

尝试 [cháng shì] intentar, ensayar; intento *m*, ensayo *m*

常 [cháng] **1.** común *adj m/f*, normal *adj m/f*, ordinario,-a; **2.** frecuente *adj m/f*, a menudo

常备 [cháng bèi] *mil* estar siempre preparado,-a

常规 [cháng guī] rutina *f*, práctica *f* convencional

常轨 [cháng guǐ] práctica *f* normal, vía *f* regular

常客 [cháng kè] cliente *m* habitual

常年 [cháng nián] **1.** todo el año; **2.** año tras año, por largo tiempo

常识 [cháng shí] **1.** abecé *m*, conocimiento *m* elemental; **2.** sentido *m* común

常数 [cháng shù] *mat* constante *m*

常态 [cháng tài] normalidad *f*, comportamiento *m* normal

常温 [cháng wēn] temperatura *f* normal

常务 [cháng wù] **1.** asunto *m* cotidiano; **2.** vocal *m/f*, ejecutivo,-a *m/f*; ~委员 [wěi yuán] miembro *m* ejecutivo

偿 [cháng] **1.** (*deuda*) pagar, compensar; **2.** satisfacer

偿还 [cháng huán] pagar, rembolsar

偿命 [cháng mìng] pagar (*con la vida*)

厂 [chǎng] fábrica *f*, planta *f*, factoría *f*

厂房 [chǎng fáng] (*fábrica*) nave *f*, planta *f*

厂长 [chǎng zhǎng] (*factoría*) director,-a *m/f*

场 [chǎng] lugar *m*, campo *m*, cancha *f*; 足球~ [zú qiú] campo *m* de fútbol

场地 [chǎng dì] campo *m*, lugar *m*, sitio *m*

场合 [chǎng hé] ocasión *f*, situación *f*

场面 [chǎng miàn] **1.** escena *f*, espectáculo *m*; **2.** ocasión *f*, escena *f*
场所 [chǎng suǒ] sitio *m*, lugar *f*
敞 [chǎng] **1.** espacio *m*; **2.** abrir
敞蓬车 [chǎng péng chē] coche *m* descapotable
敞开 [chǎng kāi] abrir de par en par
畅 [chàng] **1.** libre de obstáculo, sin impedimento; **2.** a gusto, con desenvoltura, sin tabús
畅谈 [chàng tán] hablar libre y animadamente, hablar alg a sus anchas
畅通 [chàng tōng] libre de obstáculo, sin impedimento
畅销 [chàng xiāo] buena venta, vender bien
倡 [chàng] promover, iniciar
倡导 [chàng dǎo] promover, proponer, auspiciar
倡议 [chàng yì] proponer, iniciar
倡议书 [chàng yì shū] propuesta *f* escrita, llamamiento *m*
唱 [chàng] **1.** cantar; **2.** llamar, gritar
唱反调 [chàng fǎn diào] llevar la contraria a alg, cantar en un tono contrario
唱高调 [chàng gāo diào] usar palabras altisonantes, adoptar un alto tono moral
唱片 [chàng piàn] *mús* disco *m*
唱腔 [chàng qiāng] *teat* tipo *m* de música (*para voces en una ópera china*)
抄 [chāo] **1.** copiar, transcribir; **2.** coger, tomar
抄家 [chāo jiā] confiscar los bienes de una casa
抄近路 [chāo jìn lù] atajar, ir por un atajo
抄身 [chāo shēn] registrar a alg
抄袭 [chāo xí] copiar ilegalmente
抄写 [chāo xiě] copiar, transcribir
钞 [chāo] (*banco*) billete *m*, papel *m* moneda
钞票 [chāo piào] (*banco*) billete *m*, papel *m* moneda
超 [chāo] **1.** exceder, sobrepasar, superar; **2.** extra-, super-
超产 [chāo chǎn] sobrepasar la cuota de producción
超车 [chāo chē] *auto* adelantar; adelantamiento *m*
超额 [chāo é] superior a la cuota
超过 [chāo guò] **1.** exceder, rebasar; **2.** dejar atrás, aventajar
超声波 [chāo shēng bō] *fís* onda *f* ultrasónica, onda *f* supersónica
超音速 [chāo yīn sù] *fís* velocidad *f* supersónica
超越 [chāo yuè] sobrepasar, traspasar
超支 [chāo zhī] gastar más que lo presupuestado
超重 [chāo zhòng] sobrecarga *f*, exceso *m* de peso
巢 [cháo] (*ave*) nido *m*
巢穴 [cháo xué] **1.** (*ave*) nido *m*, madriguera *f*; **2.** cuartel *m* general (*de mafia*)

朝 [cháo] dinastía *f*, reinado *m*; hacia, en dirección a

朝拜 [cháo bài] presentar alg sus respetos a; rendir homenaje (*religioso a*)

朝代 [cháo dài] dinastía *f*

朝圣 [cháo shèng] **1.** peregrinar; **2.** peregrinación *f*

潮 [cháo] **1.** *geogr* marea *f*; **2.** movimiento *m* social; **3.** húmedo,-a, humedecido,-a

潮流 [cháo liú] tendencia *f*, corriente *f*

潮气 [cháo qì] humedad *f* (*en el aire*)

潮湿 [cháo shī] húmedo,-a, humedecido,-a

潮水 [cháo shuǐ] agua *m* de marea

潮汐 [cháo xī] *geogr* marea *f*

潮汛 [cháo xùn] marea *f* viva, aguaje *m*, marea *f* alta

嘲 [cháo] burlarse de, ridiculizar a alg

嘲笑 [cháo xiào] burlarse de, reírse de

吵 [chǎo] **1.** hacer ruido, armar jaleo; **2.** pelear, reñir

吵架 [chǎo jià] disputarse, reñirse

吵闹 [chǎo nào] jaleo *m*, bulla *f*

吵嘴 [chǎo zuǐ] reñirse, pelearse (*verbalmente*)

炒 [chǎo] **1.** sofreír, saltear; **2.** especular

炒菜 [chǎo cài] (*plato*) saltear, hacer un plato

炒饭 [chǎo fàn] *gastr* arroz *m* salteado

车 [chē] vehículo *m*, coche *m*, camión *m*

车费 [chē fèi] (*transporte público*) coste *m*

车祸 [chē huò] (*tráfico*) accidente *m*

车间 [chē jiān] taller *m* mecánico

车库 [chē kù] garaje *m*

车辆 [chē liàng] vehículo *m*, carruaje *m*

车皮 [chē pí] *ferroc* vagón *m*, vagón *m* de mercancías

车票 [chē piào] (*tren, autobús*) billete *m*

车水马龙 [chē shuǐ mǎ lóng] (*coches*) tráfico *m* denso

车胎 [chē tāi] *auto* neumático *m*

车厢 [chē xiāng] *ferroc* vagón *m*

车站 [chē zhàn] estación *f*, parada *f*

扯 [chě] tirar, arrancar, rasgar

扯皮 [chě pí] discutir, disputar (*sobre pequeñeces*)

彻 [chè] completo,-a, consecuente *adj m/f*

彻底 [chè dǐ] total *adj m/f*, radical *adj m/f*, consecuente *adj m/f*

彻头彻尾 [chè tóu chè wěi] de cabo a rabo, de pies a cabeza, cien por cien

撤 [chè] **1.** quitar, remover; **2.** retirar, evacuar

撤除 [chè chú] desmantelar, quitar

撤换 [chè huàn] sustituir u/c por otra
撤回 [chè huí] hacer volver, retirar
撤退 [chè tuì] *mil* replegarse, retirarse
撤销 [chè xiāo] revocar, anular
撤职 [chè zhí] destituir a alg de su cargo
臣 [chén] vasallo,-a *m/f*, cortesano,-a *m/f*, súbdito,-a *m/f* (*uso en la época feudal*)
尘 [chén] **1.** polvo *m*, partícula *f*, mancha *f*; **2.** el mundo *m* mortal
尘世 [chén shì] este mundo, esta vida *f* mortal
尘土 [chén tǔ] polvo *m*, partícula *f*
沉 [chén] **1.** hundirse, sumergirse; **2.** pesado,-a, pesar mucho; 这个手提箱真~ [zhè gè shǒu tí xiāng zhēn]. Este maletín pesa mucho.
沉甸甸 [chén diān diān] pesado,-a; pesar mucho
沉淀 [chén diàn] **1.** asentarse, sedimentar; **2.** sedimento *m*, poso *m*, hez *f*
沉浸 [chén jìn] sumergirse, sumirse
沉闷 [chén mèn] deprimido,-a, abatido,-a
沉迷 [chén mí] entregarse *a*, apasionarse por
沉没 [chén mò] hundirse, sumergirse
沉默 [chén mò] callado,-a, poco comunicativo,-a; callarse, hacer mutis
沉睡 [chén shuì] tener un sueño profundo, dormir a pierna suelta
沉思 [chén sī] meditar, reflexionar
沉痛 [chén tòng] sentimiento *m* de pena; doloroso,-a, amargo,-a, penoso,-a
沉重 [chén zhòng] pesado,-a, duro,-a
沉住气 [chén zhù qì] mantener la calma
沉着 [chén zhuó] sereno,-a, aplomado,-a
陈 [chén] (*apellido chino*)
陈酒 [chén jiǔ] vino *m* añejo
陈旧 [chén jiù] viejo,-a, muy usado,-a
陈列 [chén liè] exponer, exhibir
陈设 [chén shè] **1.** exponer, colocar; **2.** mueble *m*, objeto *m* de adorno
陈述 [chén shù] explicar, exponer
晨 [chén] mañana *f*, amanecer *m*; matinal *adj m/f*
晨曦 [chén xī] alba *f*, primera luz *f* matinal
衬 [chèn] **1.** *txtl* forro *m*, revestimiento *m* interior; **2.** hacer resaltar, realzar
衬裤 [chèn kù] *txtl* calzoncillos *mpl*, bragas *fpl*
衬裙 [chèn qún] *txtl* enaguas *fpl*
衬衫 [chèn shān] *txtl* camisa *f*, blusa *f*

衬托 [chèn tuō] realzar, hacer resaltar

衬衣 [chèn yī] **1.** ropa *f* interior; **2.** camisa *f*

称 [chèn] → chēng adecuado,-a, conveniente *adj m/f*

称心 [chèn xīn] a gusto de alg

称职 [chèn zhí] desempeñar bien el cargo, ser competente *adj m/f* (*en un cargo*)

趁 [chèn] aprovecharse de, valerse de

趁机 [chèn jī] aprovechar la ocasión

趁热打铁 [chèn rè dǎ tiě] aprovechar bien la oportunidad

趁早 [chèn zǎo] lo antes posible, cuanto antes

称 [chēng] → chèn **1.** llamar; **2.** nombre *m*, apelativo *m*; **3.** pesar; 用秤~一下 [yòng chèng yī xià]. Pésalo en la balanza.

称号 [chēng hào] título *m*, nombre *m*

称呼 [chēng hū] **1.** llamar, dar a alg el tratamiento; **2.** tratamiento *m*, modo *m* de tratar

称赞 [chēng zàn] elogiar, exaltar, alabar

撑 [chēng] **1.** sostener, apuntalar, soportar; **2.** abrir, desplegar

撑场面 [chēng chǎng miàn] intentar salvar la dignidad

撑杆跳高 [chēng gān tiào gāo] *dep* salto *m* de pértiga, salto *m* con garrocha

撑腰 [chēng yāo] apoyar, respaldar

成 [chéng] **1.** completar o acabar (*con éxito*), tener éxito; **2.** convertirse, transformarse

成败 [chéng bài] éxito *m* o fracaso *m*, resultado *m*

成本 [chéng běn] coste *m*, costo *m*

成材 [chéng cái] llegar a ser una persona útil

成分 [chéng fèn] composición *f*, elemento *m*; componente *m*

成功 [chéng gōng] éxito *m*, triunfo *m*

成果 [chéng guǒ] logro *m*, fruto *m*

成绩 [chéng jì] **1.** logro *m*, éxito *m*; **2.** nota *f*, calificación *f*

成家 [chéng jiā] (*hombre*) casarse

成见 [chéng jiàn] prejuicio *m*, criterio *m* preconcebido

成就 [chéng jiù] éxito *m*, logro *m*

成立 [chéng lì] **1.** fundar, crear, establecer; **2.** ser sostenible *adj m/f*

成名 [chéng míng] hacerse famoso,-a

成年 [chéng nián] **1.** ser mayor de edad; **2.** adulto,-a *m/f*, mayor *m/f*

成品 [chéng pǐn] producto *m* final

成亲 [chéng qīn] contraer matrimonio, casarse

成全 [chéng quán] ayudar a alg a alcanzar su objetivo

成人 [chéng rén] **1.** hacerse mayor; **2.** adulto,-a *m/f*, mayor *m/f*

成熟 [chéng shú] maduro,-a, en sazón; madurar

成套 [chéng tào] juego *m* completo, en juego

成为 [chéng wéi] llegar a ser, convertirse en

成效 [chéng xiào] efecto *m*, resultado *m*

成语 [chéng yǔ] frase *f* hecha, modismo *m*

成员 [chéng yuán] miembro *m/f*, militante *m/f*

成长 [chéng zhǎng] crecer; crecimiento *m*

呈 [chéng] **1.** tener forma, color, etc; **2.** presentar o entregar a su superior

呈报 [chéng bào] informar, presentar un informe

呈现 [chéng xiàn] aparecer, presentarse

诚 [chéng] **1.** sincero,-a, honesto,-a; **2.** realmente, verdaderamente

诚恳 [chéng kěn] sincero,-a, de todo corazón

诚实 [chéng shí] **1.** efectivamente, realmente; **2.** sin duda

诚心 [chéng xīn] sincero,-a, honesto,-a

诚意 [chéng yì] buena fe *f*, sinceridad *f*

承 [chéng] sostener, soportar

承包 [chéng bāo] (*una obra de construcción*) contratar, ejecutar

承担 [chéng dān] encargarse, asumir

承当 [chéng dāng] tomar, llevar, asumir

承蒙 [chéng méng] estar agradecido,-a por

承认 [chéng rèn] reconocer, admitir; dar reconocimiento diplomático, reconocer

承受 [chéng shòu] **1.** sostener, soportar; **2.** heredar, recibir

城 [chéng] **1.** ciudad *f*; **2.** muralla *f*; 长~ [cháng] Gran Muralla *f*

城楼 [chéng lóu] (*sobre las puertas de una ciudad antigua*) torre *f*

城墙 [chéng qiáng] (*ciudad*) muralla *f*

城市 [chéng shì] ciudad *f*, población *f*

城镇 [chéng zhèn] ciudad *f*, poblado *m*, población *f*

乘 [chéng] **1.** (*vehículo*) ir *en*, tomar un autobús; **2.** *mat* multiplicar *por*; 二~ 二等于四 [èr èr děng yú sì]. Dos por dos son cuatro.

乘法 [chéng fǎ] *mat* multiplicación *f*

乘方 [chéng fāng] *mat* potencia *f*

乘客 [chéng kè] pasajero,-a *m/f*, viajero,-a *m/f*

乘凉 [chéng liáng] tomar el fresco

乘务员 [chéng wù yuán] (*tren, avión*) tripulante *m/f*

程 [chéng] **1.** regla *f*, reglamento *m*; **2.** orden *m*, proceso *m*
程度 [chéng dù] grado *m*, nivel *m*
程式 [chéng shì] forma *f*, fórmula *f*
程序 [chéng xù] **1.** orden *m*, procedimiento *m*; **2.** *informát* programa *m*
惩 [chéng] castigar, penalizar
惩办 [chéng bàn] castigar, sancionar
惩罚 [chéng fá] castigar, penalizar
惩治 [chéng zhì] castigar, sancionar
澄 [chéng] claro,-a, transparente *adj m/f*
澄清 [chéng qīng] aclarar, dejar claro; claro,-a, transparente *adj m/f*
逞 [chěng] **1.** hacer alarde de, ostentar; **2.** consentir, dar rienda suelta a
逞能 [chěng néng] ostentar alg su superioridad
逞凶 [chěng xiōng] agredir, extremar la crueldad (*en una víctima*)
秤 [chèng] balanza *f*, romana *f*
秤跎 [chèng tuó] (*balanza*) pilón *m*, (*romana*) pesa *f*
吃 [chī] **1.** comer, tomar, beber; **2.** *mil* aniquilar, liquidar
吃不消 [chī bù xiāo] no poder aguantar, no poder con, insoportable *adj m/f*
吃醋 [chī cù] tener celos, ponerse celoso,-a
吃得消 [chī de xiāo] poder soportar, poder aguantar
吃饭 [chī fàn] **1.** comer, tomar una comida; **2.** ganarse la vida, ganarse el pan
吃惊 [chī jīng] sorprenderse, asustarse, llevarse un susto
吃苦 [chī kǔ] sufrir, pasarlo mal
吃亏 [chī kuī] sufrir una pérdida, salir perdiendo
吃力 [chī lì] (*trabajo*) costar, cansar, fatigar
吃素 [chī sù] ser vegetariano,-a, seguir régimen vegetariano
痴 [chī] **1.** tonto,-a, idiota *adj m/f*; **2.** loco,-a, apasionado,-a
痴呆 [chī dāi] necio,-a, bobo,-a
痴情 [chī qíng] amor *m* apasionado, pasión *f* ciega
痴笑 [chī xiào] reír como un idiota
痴心 [chī xīn] enamoramiento *m*, encaprichamiento *m*
嗤 [chī] despreciar, tener en poco
嗤笑 [chī xiào] reírse de, poner en ridículo
池 [chí] **1.** piscina *f*, estanque *m*; **2.** *teat* patio *m* de butacas
池塘 [chí táng] estanque *m*, charco *m*
驰 [chí] **1.** galopar, ir corriendo; **2.** extender, hacer llegar
驰名 [chí míng] famoso,-a, célebre *adj m/f*
迟 [chí] **1.** lento,-a, tardío,-a; **2.** tarde

迟到 [chí dào] venir atrasado, llegar tarde

迟钝 [chí dùn] lento,-a, tardo,-a, obtuso,-a

迟缓 [chí huǎn] lento,-a, pausado,-a, tardo,-a

迟疑 [chí yí] vacilar, titubear; vacilación *f*

迟早 [chí zǎo] tarde o temprano

持 [chí] **1.** tomar, coger; **2.** mantener, administrar

持久 [chí jiǔ] duradero,-a, perseverante *adj m/f*

持续 [chí xù] durar, perseverar

持重 [chí zhòng] prudente *adj m/f*, cauteloso,-a

尺 [chǐ] **1.** chi (*unidad de medida china de longitud = 1/3 metro*); **2.** utensilio *m* (*para medir la longitud*)

尺寸 [chǐ cùn] **1.** medida *f*, tamaño *m*; **2.** moderación *f*, medida *f*

尺度 [chǐ dù] norma *f*, criterio *m*

尺码 [chǐ mǎ] **1.** tamaño *m*, medida *f*; **2.** norma *f*, criterio *m*

齿 [chǐ] diente *m*

齿轮 [chǐ lún] rueda *f* dentada, rueda *f* de engranaje

齿龈 [chǐ yín] *med* encía *f*; ~ 炎 [yán] *med* gingivitis *f*; inflamación *f* de las encías

侈 [chǐ] prodigar, derrochar

侈谈 [chǐ tán] hablar con profusión, parlotear

耻 [chǐ] vergüenza *f*, pudor *m*

耻辱 [chǐ rǔ] deshonor *m*, humillación *f*, vergüenza *f*

耻笑 [chǐ xiào] poner en ridículo, burlarse

叱 [chì] regañar a gritos

叱呵 [chì hè] reprender a gritos

叱责 [chì zé] reprender, reñir

斥 [chì] reprochar, reprender, censurar

斥责 [chì zé] reprender, reprochar

赤 [chì] *lit* (*color*) rojo,-a

赤膊 [chì bó] desnudo,-a de cintura para arriba, medio desnudo,-a

赤诚 [chì chéng] lealtad *f* (o sinceridad) absoluta

赤道 [chì dào] **1.** *geogr* ecuador *m*, ecuador *m* terrestre; **2.** ecuador *m* celeste

赤豆 [chì dòu] *bot* habichuela *f* roja (*comestible*)

赤脚 [chì jiǎo] descalzo,-a, descalzado,-a

赤露 [chì lù] desnudo,-a

赤裸裸 [chì luǒ luǒ] **1.** completamente desnudo,-a; **2.** sin tapujos, sin disimulo

赤手空拳 [chì shǒu kōng quán] con las manos vacías, inerme *adj m/f*, a brazo partido

赤字 [chì zì] *eco* déficit *m*

炽 [chì] abrasador,-a, ardiente *adj m/f*

炽热 [chì rè] abrasador,-a, ardiente *adj m/f*

翅 [chì] **1.** ala *f*; **2.** aleta *f* de pez

翅膀 [chì bǎng] ala *f*

冲 [chōng] **1.** chocar (*con fuerza*); **2.** limpiar o lavar *u/c* (*con un chorro de agua*)
冲刺 [chōng cì] *dep* esfuerzo *m* momentáneo en una carrera, esprint *m*
冲淡 [chōng dàn] **1.** diluir, aclarar; **2.** paliar, atenuar
冲动 [chōng dòng] **1.** impulso *m*, arrebato *m*; **2.** estar excitado, -a, ser impulsivo,-a
冲锋 [chōng fēng] *mil* cargar, arremeter
冲昏头脑 [chōng hūn tóu nǎo] subírsele a alg la sangre a la cabeza
冲击 [chōng jī] **1.** batir, embestir; **2.** acometer, arremeter
冲剂 [chōng jì] *med* medicamento *m* chino (*que se prepara con el agua caliente*)
冲浪运动 [chōng làng yùn dòng] *dep* surfing *m*, surf *m*
冲破 [chōng pò] romper, quebrar
冲刷 [chōng shuā] lavar o limpiar *u/c* (*con un chorro de agua*)
冲突 [chōng tū] choque *m*, conflicto *m*
冲洗 [chōng xǐ] **1.** lavar u/c con un chorro de agua; **2.** *fotog* revelar
冲撞 [chōng zhuàng] **1.** chocar, embestir; **2.** ofender, afrentar
充 [chōng] **1.** lleno,-a, pleno,-a; **2.** *electr* cargar, llenar
充斥 [chōng chì] inundar, infestar
充当 [chōng dāng] servir *como*, actuar de
充电 [chōng diàn] (*batería o pila*) cargar
充分 [chōng fèn] **1.** suficiente *adj m/f*, abundante *adj m/f*; **2.** amplio,-a, pleno,-a
充公 [chōng gōng] confiscar, incautarse de
充饥 [chōng jī] satisfacer (*apagar, matar*) el hambre
充满 [chōng mǎn] lleno,-a de, cargado,-a de; pleno,-a, completo,-a
充沛 [chōng pèi] abundante *adj m/f*, rebosante *adj m/f*
充实 [chōng shí] **1.** sustancioso, -a, denso,-a; **2.** completar, enriquecer
充血 [chōng xuè] *med* hiperemia *f*, congestión *f*
充足 [chōng zú] abundante *adj m/f*, sobrado,-a
虫 [chóng] insecto *m*, gusano *m*
虫害 [chóng hài] daño *m* (*causado por insectos nocivos*)
虫灾 [chóng zāi] plaga *f* de insectos
虫子 [chóng zi] insecto *m*, bicho *m*
重 [chóng] → zhòng **1.** repetir, duplicar; **2.** de nuevo, otra vez
重唱 [chóng chàng] *mús* conjunto *m* musical de dos o más personas (*cada uno cantando su*

parte); 二~ [èr] dúo *m*, dueto *m*
重重 [chóng chóng] capa *f* sobre capa, cerco *m* sobre cerco
重叠 [chóng dié] superponerse, sobreponerse
重复 [chóng fù] repetir, reiterar
重婚 [chóng hūn] bigamia *f*
重申 [chóng shēn] reafirmar, reiterar
重孙 [chóng sūn] bisnieto *m*
重孙女 [chóng sūn nü] bisnieta *f*
重新 [chóng xīn] de nuevo, otra vez
崇 [chóng] **1.** alto,-a, elevado,-a; **2.** admirar, adorar, apreciar
崇拜 [chóng bài] rendir culto a, admirar; admiración *f*
崇高 [chóng gāo] noble *adj m/f*, excelso,-a
崇敬 [chóng jìng] venerar, tributar homenaje a
宠 [chǒng] adorar, mimar
宠爱 [chǒng ài] adorar, mimar
宠物 [chǒng wù] animal *m* doméstico, mascota *f*
抽 [chōu] **1.** sacar, extraer, aspirar; **2.** golpear, pegar, azotar
抽查 [chōu chá] examinar, inspeccionar (*al azar*)
抽筋 [chōu jīn] *med* espasmo *m*, calambre *m*
抽空 [chōu kòng] sacar tiempo, tratar de encontrar tiempo
抽屉 [chōu ti] cajón *m* (*corredizo*), gaveta *f*
抽象 [chōu xiàng] abstracto *m*
抽血 [chōu xiě] *med* extracción *f* de sangre
抽烟 [chōu yān] fumar
抽样 [chōu yàng] muestreo *m*, muestra *f*
仇 [chóu] **1.** enemigo,-a *m/f*, rival *m/f*, adversario,-a *m/f*; **2.** odio *m*, enemistad *f*
仇敌 [chóu dí] enemigo,-a *m/f*, adversario,-a *m/f*
仇恨 [chóu hèn] odio *m*, enemistad *f*
仇人 [chóu rén] enemigo,-a *m/f*, adversario,-a *m/f*
仇视 [chóu shì] mirar a alg como a un enemigo, ser hostil con alg
绸 [chóu] seda *f*, tela *f* de seda
绸缎 [chóu duàn] seda *f* y raso *m*
稠 [chóu] espeso,-a, denso,-a
稠度 [chóu dù] densidad *f*
稠密 [chóu mì] denso,-a, populoso,-a
酬 [chóu] **1.** recompensa *f*, pago *m*; **2.** trato *m* social, actividad *f* social
酬劳 [chóu láo] recompensar, remunerar; recompensa *f*, honorario *m*
酬谢 [chóu xiè] agradecer (*con un regalo o dinero*)
愁 [chóu] preocuparse, inquietarse
愁苦 [chóu kǔ] tristeza *f*, inquietud *f*
愁眉苦脸 [chóu méi kǔ liǎn] tener cara triste, tener preocupaciones

筹 [chóu] **1.** ficha *f* (*que sirve para contar*); **2.** preparar, planear

筹办 [chóu bàn] preparar, hacer preparativos

筹备 [chóu bèi] preparar, disponer

筹划 [chóu huà] planear, proyectar

筹建 [chóu jiàn] prepararse (*para un proyecto de construcción*)

筹码 [chóu mǎ] (*juego*) ficha *f*

踌 [chóu] vacilar, vacilación *f*

踌躇 [chóu chú] **1.** vacilar, titubear; **2.** satisfecho,-a; **3.** satisfacción *f*

丑 [chǒu] **1.** feo,-a, horroroso,-a; **2.** vergonzoso,-a, escandaloso,-a, repugnante *adj m/f*

丑恶 [chǒu è] feo,-a, repulsivo,-a

丑化 [chǒu huà] difamar, denigrar

丑陋 [chǒu lòu] feo,-a, malcarado,-a

丑事 [chǒu shì] escándalo *m*, suceso *m* inmoral

丑闻 [chǒu wén] escándalo *m*

臭 [chòu] **1.** maloliente *adj m/f*, pestilente *adj m/f*; **2.** repugnante *adj m/f*, repulsivo,-a

臭虫 [chòu chóng] chinche *m*

臭名 [chòu míng] triste fama *f*

臭气 [chòu qì] mal olor *m*, pestilencia *f*

臭味 [chòu wèi] mal olor *m*, hedor *m*; apestar

臭氧层 [chòu yǎng céng] *astr* ozono *m*

出 [chū] **1.** salir, dejar un lugar; **2.** (*certificado, dinero*) expedir, dar, otorgar; **3.** ocurrir, suceder

出版 [chū bǎn] publicar, editar

出版社 [chū bǎn shè] editorial *f*, casa *f* editora

出殡 [chū bìn] llevar un ataúd (*al cementerio*)

出兵 [chū bīng] enviar tropas

出差 [chū chāi] hacer un viaje de trabajo

出产 [chū chǎn] producir, fabricar; producción *f*, producto *m*

出超 [chū chāo] *eco* balanza *f* comercial favorable (*positiva*)

出丑 [chū chǒu] quedar en ridículo, hacer el ridículo

出处 [chū chù] origen *m* de un texto citado

出动 [chū dòng] **1.** partir, ponerse en marcha; **2.** mandar, enviar

出发 [chū fā] partir, ponerse en camino

出发点 [chū fā diǎn] punto *m* de partida (*de un itinerario*)

出格 [chū gé] **1.** distinguirse; **2.** excederse, pasarse de la raya

出轨 [chū guǐ] **1.** salirse de los carriles, descarrilar; **2.** extralimitarse, sobrepasar los límites

出国 [chū guó] ir al extranjero

出海 [chū hǎi] ir al mar, hacerse a la mar

出汗 [chū hàn] sudar, transpirar

出乎意料 [chū hū yì liào] inesperado,-a, imprevisto,-a

出家 [chū jiā] hacerse monje,-a, tomar el hábito
出嫁 [chū jià] (*mujer*) casarse
出界 [chū jiè] fuera de límites, fuera
出境 [chū jìng] salir del país
出口 [chū kǒu] **1.** hablar, proferir; **2.** exportar, exportación *f*
出力 [chū lì] hacer esfuerzos, poner de su parte
出路 [chū lù] **1.** salida *f*, solución *f*; **2.** mercado *m*, salida *f*
出卖 [chū mài] **1.** vender, poner en venta; **2.** traicionar, vender
出门 [chū mén] **1.** salir de casa, salir; **2.** ir de viaje
出面 [chū miàn] actuar (*en nombre de sí mismo o de una institución*)
出名 [chū míng] famoso,-a, célebre *adj m/f*
出纳 [chū nà] cajero,-a *m/f* (*de una empresa china*)
出气 [chū qì] desahogar alg la furia, descargar la cólera
出勤率 [chū qín lǜ] porcentaje de asistencia (*al trabajo*)
出让 [chū ràng] vender, traspasar (*las cosas propias*)
出任 [chū rèn] (*cargo*) asumir o desempeñar
出入 [chū rù] **1.** salir y entrar; **2.** discrepancia *f*, divergencia *f*
出色 [chū sè] sobresaliente *adj m/f*, destacado,-a
出身 [chū shēn] origen *m*, procedencia *f*
出生 [chū shēng] nacer, nacimiento *m*
出示 [chū shì] mostrar, exhibir, enseñar
出事 [chū shì] ocurrir o tener un accidente o incidente
出头 [chū tóu] **1.** alzar la cabeza, levantar la cabeza, librarse; **2.** ... y pico, ... y tantos; 她已经三十岁~了。[tā yǐ jīng sān shí suì le]. Ya tiene treinta y pico.
出土 [chū tǔ] ser desenterrado,-a
出息 [chū xi] porvenir *m*, futuro *m*
出席 [chū xí] asistir, estar presente, presenciar
出现 [chū xiàn] aparecer, surgir
出线 [chū xiàn] *dep* estar clasificado,-a para una competición final
出血 [chū xiě] *med* derrame *m* de sangre, hemorragia *f*
出于 [chū yú] a partir de, por el motivo de
出院 [chū yuàn] dejar el hospital, dar la alta
出诊 [chū zhěn] *med* visita *f* a domicilio
出众 [chū zhòng] distinguirse, sobresalir
出走 [chū zǒu] irse de casa, dejar la familia
出租 [chū zū] dar en arriendo, alquilar; alquiler
初 [chū] **1.** a comienzos de, a principios de; **2.** por primera vez, primero (*en orden*); **3.**

inicial *adj m/f*, original *adj m/f*, primero,-a

初步 [chū bù] preliminar *adj m/f*, inicial *adj m/f*,

初等 [chū děng] elemental *adj m/f*, inicial *adj m/f*

初稿 [chū gǎo] primer borrador *m*

初级 [chū jí] de etapa *f* inicial

初期 [chū qī] primera fase *f*, etapa *f* inicial

除 [chú] **1.** eliminar, quitar; **2.** excepto, además de; **3.** *mat* dividir; 六~以三等于二 [liù yǐ sān děng yú èr]. Seis, dividido por tres, son dos.

除法 [chú fǎ] *med* división *f*, partición *f*

除非 [chú fēi] **1.** sólo cuando, sólo si; ~ 天好 [tiān hǎo]，我才去 [wǒ cái qù]. Iré sólo cuando haga buen tiempo; **2.** a menos que, a no ser que, salvo que; 我不再干下去了 [wǒ bù zài gàn xià qù le] ; ~ 你给加班费 [nǐ gěi jiā bān fèi]. No voy a trabajar más a menos que me pagues un extra.

除了 [chú le] **1.** excepto, a excepción de; **2.** además de, aparte de

除名 [chú míng] excluir a alg de la lista, borrar el nombre

除外 [chú wài] excepto *adv*, salvo *adv*

除夕 [chú xī] Noche *f* Vieja, víspera *f* del Año Nuevo

厨 [chú] cocina *f*

厨房 [chú fáng] cocina *f*

厨师 [chú shī] cocinero,-a *m/f*

锄 [chú] **1.** azada *f*, azadón *m*; **2.** eliminar, extirpar

锄头 [chú tóu] azada *f*, escardadera *f*

橱 [chú] armario *m*, ropero *m*

橱窗 [chú chuāng] vitrina *f*, escaparate *m*

处 [chǔ] **1.** estar situado,-a, hallarse en; **2.** llevarse bien/mal con alg, avenirse; **3.** arreglar, manejar

处罚 [chǔ fá] castigar, sancionar; sanción *f*, castigo *m*

处方 [chǔ fāng] **1.** *med* hacer una receta; **2.** receta *f*

处分 [chǔ fèn] castigar, imponer sanciones

处境 [chǔ jìng] situación *f* desfavorable, apuro *m*

处决 [chǔ jué] *jur* ejecutar, ajusticiar

处理 [chǔ lǐ] arreglar, solucionar, tratar

处女 [chǔ nǚ] **1.** virgen *f*, virginidad *f*; **2.** de primera vez *f*; ~作 [zuò] primera obra *f* (*literaria o artística*)

处女地 [chǔ nǚ dì] tierra *f* virgen

处死 [chǔ sǐ] *jur* ejecutar, ajusticiar

处于 [chǔ yú] hallarse, situarse, encontrarse

储 [chǔ] almacenar, depositar

储备 [chǔ bèi] reservar, almacenar; reserva *f*

储藏 [chǔ cáng] **1.** guardar, poner en reserva; **2.** depósito *m*

储存 [chǔ cún] almacenar, depositar

储户 [chǔ hù] *banc* (*cuenta corriente*) titular *m/f*

储蓄 [chǔ xù] *banc* ahorrar; ahorro *m*

处 [chù] **1.** lugar *m*, sitio *m*; **2.** departamento *m*, sección *f*; **3.** punto *m*, parte *f*; 长（短）~ [cháng (duǎn)] punto fuerte (*débil*)

处处 [chù chù] en todas partes, en todos aspectos, en todos sentidos

处长 [chù zhǎng] (*departamento institucional*) director,-a *m/f*

畜 [chù] bestia *f*, animal *m*

畜生 [chù shēng] **1.** animal *m*, bestia *f*; **2.** *vulg* imbécil *m/f*, bestia *m/f*

触 [chù] **1.** tocar, palpar; **2.** chocar, topar

触电 [chù diàn] recibir una descarga eléctrica (*al tocar la corriente*)

触动 [chù dòng] **1.** tocar, chocar; **2.** conmover, impresionar

触礁 [chù jiāo] escollar, tropezar con un arrecife

触角 [chù jiǎo] *zool* tentáculo *m*, antena *f*

触目惊心 [chù mù jīng xīn] **1.** saltar a la vista; **2.** visible *adj m/f*, llamativo,-a

触怒 [chù nù] encolerizar, enfurecer

矗 [chù] levantarse, erguirse

矗立 [chù lì] elevarse, levantarse

川 [chuān] río *m*

川流不息 [chuān liú bù xī] (*muchedumbre*) fluir sin cesar, pasar continuamente por un sitio

穿 [chuān] **1.** vestirse, ponerse, calzarse; **2.** cruzar, pasar, atravesar; **3.** perforar, agujerear, taladrar

穿插 [chuān chā] **1.** alternar, hacer por turnos; **2.** intercalar, interponer

穿戴 [chuān dài] vestidura *f*, indumentaria *f*

穿孔 [chuān kǒng] perforar, hacer un agujero

穿梭 [chuān suō] ir de aquí para allí

穿衣镜 [chuān yī jìng] espejo *m* de cuerpo entero

穿着 [chuān zhuó] indumentaria *f*, vestido *m*, ropa *f*

传 [chuán] → zhuàn **1.** pasar de alg a otro, transmitir; **2.** difundir, divulgar, extender

传播 [chuán bō] difundir, divulgar, propagar

传达 [chuán dá] **1.** comunicar, transmitir; **2.** portero,-a *m/f*, conserje *m/f*

传单 [chuán dān] hoja *f* de propaganda

传递 [chuán dì] pasar, transmitir

传动 [chuán dòng] *tecn* transmisión *f*
传呼 [chuán hū] (*llamada telefónica*) comunicar a alg
传话 [chuán huà] dar un recado
传教士 [chuán jiào shì] *relig* misionero,-a *m/f*, predicador,-a *m/f*
传票 [chuán piào] *jur* cita *f* de comparecencia
传球 [chuán qiú] *dep* (*balón*) pase *m*
传染 [chuán rǎn] contagiar, infectar
传染病 [chuán rǎn bìng] enfermedad *f* contagiosa
传授 [chuán shòu] impartir, enseñar
传说 [chuán shuō] **1.** dicen que, se rumorea; **2.** leyenda *f*, tradición *f*
传统 [chuán tǒng] tradición *f*, tradicional *adj m/f*
传闻 [chuán wén] se dice que, corre la voz de que
传讯 [chuán xùn] *jur* citar para interrogatorio o juicio
传阅 [chuán yuè] hacer circular un documento para leerlo
传真 [chuán zhēn] fax *m*, telefacsímil *m*
传种 [chuán zhǒng] propagar la especie, reproducirse
船 [chuán] barco *m*, buque *m*
船舶 [chuán bó] embarcación *f*, buques y barcos
船厂 [chuán chǎng] astillero *m*, arsenal *m*
船票 [chuán piào] billete *m* de barco
船台 [chuán tái] rampa *f* del astillero
船坞 [chuán wù] dique *m*, arsenal *m*
船员 [chuán yuán] (*buque*) tripulante *m/f*, tripulación *f*
船长 [chuán zhǎng] (*barco*) capitán *m*
喘 [chuǎn] **1.** jadear, resollar; **2.** *med* asma *m*
喘气 [chuǎn qì] **1.** resollar, tomar aliento; **2.** tomarse un respiro *m*
喘息 [chuǎn xī] **1.** jadear, resoplar; **2.** respiro *m*, tregua *f*
串 [chuàn] ensartar, encordar
串联 [chuàn lián] **1.** ponerse en contacto; **2.** *electr* conexión *f*
串通 [chuàn tōng] **1.** confabularse, coludir; **2.** ponerse en contacto
创 [chuàn] herida *f*, lesión *f*
创伤 [chuàn shāng] *med* herida *f*, trauma *m*
疮 [chuāng] **1.** llaga *f*, úlcera *f*; **2.** herida *f*
疮疤 [chuāng bā] cicatriz *f*
疮口 [chuāng kǒu] parte *f* abierta de una llaga
窗 [chuāng] ventana *f*
窗口 [chuāng kǒu] ventana *f*; ventanilla *f*
窗框 [chuāng kuàng] marco *m* de ventana

窗帘 [chuāng lián] (*ventana*) cortina *f*

窗台 [chuāng tái] (*ventana*) alféizar *m*

床 [chuang] cama *f*, lecho *m*

床单 [chuáng dān] sabina *f*, cobertor *m*

床垫 [chuáng diàn] colchón *m*

床铺 [chuáng pù] cama *f*, lecho *m*

床位 [chuáng wèi] litera *f*, cama *f*

床罩 [chuáng zhaò] sobrecama *m*, cubrecama *m*

闯 [chuǎng] **1.** abalanzarse, lanzarse; **2.** buscarse *(la vida)*

闯荡 [chuǎng dàng] buscarse la vida *f*, ganarse la vida *f*

闯祸 [chuǎng huò] causar un accidente, ocasionar un desastre

创 [chuàng] comenzar a hacer, realizar por primera vez

创办 [chuàng bàn] fundar, establecer, crear

创汇 [chuàng huì] *econ* ganar divisas

创见 [chuàng jiàn] idea *f* original

创建 [chuàng jiàn] crear, establecer

创举 [chuàng jǔ] iniciativa *f*, innovación *f*

创刊 [chuàng kān] (*periódico, revista*) comenzar a publicar

创立 [chuàng lì] fundar, crear

创始 [chuàng shǐ] iniciar, fundar

创新 [chuàng xīn] abrir un nuevo camino, innovar

创业 [chuàng yè] (*negocio*) iniciar, emprender

创造 [chuàng zào] crear, inventar

创作 [chuàng zuò] **1.** *lit* crear, producir; **2.** *lit* obra *f*, creación *f*

吹 [chuī] **1.** soplar, soplido; **2.** (*instrumento musical*) tocar; **3.** romper (*una relación amorosa*); **4.** fanfarronear, exagerar

吹风 [chuī fēng] **1.** (*pelo*) secar; **2.** hacer saber una noticia con antelación

吹风筒 [chuī fēng tǒng] secadora *f*

吹鼓手 [chuī gǔ shǒu] **1.** trompetero,-a *m/f*; **2.** panegirista *m/f*, pregonero,-a *m/f*

吹毛求疵 [chuī máo qiú cī] buscar tres pies al gato, buscar pelos al huevo

吹牛 [chuī niú] fanfarronearse, exagerarse

吹捧 [chuī pěng] adular, halagar

吹嘘 [chuī xū] jactarse, hacer alarde de u/c

炊 [chuī] cocinar

炊具 [chuī jù] utensilios *mpl* de cocina

炊事员 [chuī shì yuán] cocinero,-a *m/f* (*de una institución*)

垂 [chuí] pender, dejar caer

垂死 [chuí sǐ] moribundo,-a, agonizante *adj m/f*

垂头丧气 [chuí tóu sàn qì] abatido,-a, desanimado,-a

垂危 [chuí wēi] moribundo,-a, en agonía *f*

垂直 [chuí zhí] perpendicular *adj m/f*, vertical *adj m/f*

锤 [chuí] martillo *m*; martillar, martillear
锤炼 [chuí liàn] **1.** templar, forjar; **2.** pulir
锤子 [chuí zi] martillo *m*
春 [chūn] **1.** primavera *f*; **2.** pasión *f*, deseo *m* de amar
春分 [chūn fēn] *meteo* equinoccio *m* de primavera
春耕 [chūn gēng] arada *f* primaveral, labranza *f* primaveral
春季 [chūn jì] estación *f* primaveral, primavera *f*
春假 [chūn jià] vacaciones *fpl* de primavera
春节 [chūn jié] Fiesta *f* Primaveral, Año *m* Nuevo Chino
春天 [chūn tiān] primavera *f*
纯 [chún] **1.** puro,-a, pureza *f*; **2.** mero,-a, solo,-a, simple *adj m/f*
纯粹 [chún cuì] **1.** puro,-a, decente *adj m/f*; **2.** simplemente, meramente
纯度 [chún dù] pureza *f*
纯洁 [chún jié] **1.** puro,-a, decente *adj m/f*; **2.** purificar, depurar
纯熟 [chún shú] experto,-a *m/f*, profesional *m/f*
纯真 [chún zhēn] puro,-a, sincero,-a
纯正 [chún zhèng] **1.** puro,-a; **2.** honesto,-a, genuino,-a
纯种 [chún zhǒng] raza *f* pura
唇 [chún] labio *m*
唇齿相依 [chún chǐ xiāng yī] ser como uña y carne
唇膏 [chún gāo] barra *f* de labios, pintalabios *m*
蠢 [chǔn] **1.** tonto,-a, bobo,-a, estúpido,-a; **2.** torpe *adj m/f*, desmañado,-a
蠢材 [chǔn cái] idiota *m/f*, bobo,-a *m/f*
蠢蠢欲动 [chǔn chǔn yù dòng] listo,-a para entrar en acción (*o para provocar disturbios*)
戳 [chuō] pinchar, picar
戳穿 [chuō chuān] **1.** perforar, agujerear; **2.** poner al desnudo, poner al descubierto
戳子 [chuō zi] *correo* estampilla *f*, sello *m*
绰 [chuò] espacioso,-a, amplio,-a
绰绰有余 [chuò chuò yǒu yú] tener de sobra, ser más que suficiente
绰号 [chuò hào] apodo *m*, alias *m*
词 [cí] **1.** palabra *f*, vocablo *m*, término *m*; **2.** discurso *m*, oración *f*
词典 [cí diǎn] diccionario *m*, léxico *m*
词汇 [cí huì] vocabulario *m*
词句 [cí jù] palabras y frases, expresión *f*
词序 [cí xù] *ling* secuencia *f*, orden *m* de palabra
词语 [cí yǔ] *ling* palabras y expresiones, término *m*
词组 [cí zǔ] *ling* locución *f*, grupo *m* de palabras
祠 [cí] templo *m* ancestral

祠堂 [cí táng] templo *m* ancestral, santuario *m* de los antepasados

瓷 [cí] porcelana *f*

瓷器 [cí qì] objeto *m* de porcelana, porcelana *f*

瓷砖 [cí zhuān] azulejo *m*, cerámica *f*, gres *m*

辞 [cí] **1.** despedirse; **2.** dimitir (*de un cargo*); **3.** evitar, esquivar

辞别 [cí bié] despedirse de, decir adiós

辞典 [cí diǎn] *ling* diccionario *m*

辞书 [cí shū] enciclopedia *f*

辞退 [cí tuì] despedir (*a un empleado*), echar a alg a la calle

辞行 [cí xíng] decir adiós (*antes de un largo viaje*)

辞职 [cí zhí] (*cargo*) dimitir, renunciar

慈 [cí] cariño *m*, ternura *f*

慈爱 [cí ài] afecto *m*, ternura *f*

慈悲 [cí bēi] compasión *f*, misericordia *f*

慈善 [cí shàn] filantropía *f*, caridad *f*; benéfico,-a

慈祥 [cí xiáng] cariñoso,-a, amable *adj m/f*

磁 [cí] magnetismo *m*

磁场 [cí chǎng] *fís* campo *m* magnético

磁带 [cí dài] cinta *f* (*de grabación*)

磁卡 [cí kǎ] tarjeta *f* magnética

磁石 [cí shí] **1.** magnetita *f*; **2.** piedra *f* imán, imán *m*

磁铁 [cí tiě] imán *m*

磁头 [cí tóu] (*grabadora, video*) cabeza *f* magnética

此 [cǐ] **1.** éste, ésta, esto; **2.** este momento, ahora

此后 [cǐ hòu] después de eso, luego de eso, posteriormente

此处 [cǐ chù] este lugar

次 [cì] **1.** orden *m*, secuencia *f*; **2.** siguiente *adj m/f*, segundo,-a, próximo,-a; **3.** vez *f*; 第九~ [dì jiǔ] por novena vez

次货 [cì huò] artículo *m* de calidad inferior

次品 [cì pǐn] producto *m* de calidad inferior

次数 [cì shù] número *m* de veces, frecuencia *f*

次序 [cì xù] orden *m*, secuencia *f*

次要 [cì yào] menos importante, secundario,-a

伺 [cì] servir, atender

伺候 [cì hòu] atender, servir

刺 [cì] **1.** espina *f*, pincho *m*; **2.** picar, apuñalar, pinchar

刺刀 [cì dāo] *mil* bayoneta *f*

刺耳 [cì ěr] desagradable al oído, estridente *adj m/f*

刺激 [cì jī] estimular, excitar; excitación *f*

刺客 [cì kè] asesino,-a *m/f*, sicario,-a *m/f*

刺杀 [cì shā] **1.** asesino *m*; asesinar; **2.** *mil* carga *f* a la bayoneta

刺探 [cì tàn] inquirir a escondidas, espiar

刺猬 [cì wèi] *zool* erizo *m*

刺绣 [cì xiù] bordar; (*producto*) bordado *m*

刺眼 [cì yǎn] **1.** deslumbrante *adj m/f*; **2.** llamativo,-a

赐 [cì] otorgar, conceder

赐于 [cì yú] otorgar, conceder, conferir

从 [cōng] → cóng → 从容 [cōng róng]

从容 [cōng róng] **1.** tranquilo,-a, aplomado,-a; **2.** abundante *adj m/f*, suficiente *adj m/f*

匆 [cōng] precipitadamente, apresuradamente

匆促 [cōng cù] con prisa, con precipitación

匆忙 [cōng máng] precipitadamente, con prisa

葱 [cōng] *bot* cebolleta *f*, puerro *m*, cebolla *f*

葱绿 [cōng lǜ] verdoso,-a, verde *m* claro; verde *m* esmeralda

聪 [cōng] **1.** sentido *m* del oído; **2.** oído *m* fino

聪明 [cōng míng] listo,-a, inteligente *adj m/f*

从 [cóng] → cōng **1.** desde, de; ~ 西班牙到德国 [xī bān yá dào dé guó] De España a Alemania; **2.** a partir de, mediante; ~ 明天起 [míng tiān qǐ] a partir de mañana

从不 [cóng bù] nunca, jamás; ~ 计较工作时间 [jì jiào gōng zuò shí jiān]. Nunca le importa el tiempo de trabajo.

从此 [cóng cǐ] desde ahora, de aquí en adelante

从而 [cóng ér] por consiguiente, en consecuencia

从来 [cóng lái] desde el comienzo hasta ahora

从前 [cóng qián] antes, anteriormente

从事 [cóng shì] **1.** dedicarse a, consagrarse a; **2.** tratar, actuar

从属 [cóng shǔ] depender de, subordinarse a

从小 [cóng xiǎo] pequeño,-a, de niño,-a

丛 [cóng] **1.** juntar, reunir; **2.** grupo *m*, colección *f*

丛林 [cóng lín] bosque *m*, jungla *f*

丛书 [cóng shū] (*libros*) colección *f*

凑 [còu] **1.** reunir, juntar, recoger; ~ 钱 [qián] recoger el dinero; **2.** acercarse a; ~ 近些 [jìn xiē]. Acércate, por favor.

凑合 [còu hé] ir tirando, trampear

凑巧 [còu qiǎo] por casualidad

凑数 [còu shù] (*número*) redondear

粗 [cū] **1.** grueso,-a, ancho,-a; **2.** grosero,-a, gamberro,-a, rudo,-a; 为人很~ [wéi rén hěn]. Se comporta de modo muy grosero; **3.** descuidado,-a, negligente *adj m/f*; 做事很~ [zuò shì hěn]. Hace trabajos descuidadamente.

粗暴 [cū bào] brutal *adj m/f*, burdo,-a
粗糙 [cū cāo] áspero,-a, rudo,-a
粗话 [cū huà] palabras *fpl* groseras, palabras *fpl* soeces
粗活 [cū huó] labor *m* / trabajo *m* manual
粗鲁 [cū lǔ] grosero,-a, gamberro,-a
粗俗 [cū sú] vulgar *adj m/f*, basto,-a
粗细 [cū xì] grosor *m*
粗心 [cū xīn] descuidado,-a, negligente *adj m/f*
粗野 [cū yě] bruto,-a, brutal *adj m/f*
粗制滥造 [cū zhì làn zào] chapucero,-a, mal hecho,-a
粗壮 [cū zhuàng] robusto,-a, alto,-a y fuerte *adj m/f*
促 [cù] **1.** (*tiempo*) corto,-a, urgente *adj m/f*, apremiante *adj m/f*; **2.** urgir, apresurar
促成 [cù chéng] ayudar a conseguir
促进 [cù jìn] promover, fomentar
促使 [cù shǐ] promover, impulsar
醋 [cù] **1.** vinagre *m*; **2.** celos *mpl*
醋酸 [cù suān] *quím* ácido *m* acético
醋意 [cù yì] celos *mpl*, celoso,-a
窜 [cuàn] huir, escaparse, fugarse
窜改 [cuàn gǎi] falsificar, adulterar
窜逃 [cuàn táo] fugarse, huir
篡 [cuàn] usurpar, apoderarse
篡夺 [cuàn duó] usurpar, apoderarse
篡改 [cuàn gǎi] desvirtuar, adulterar
摧 [cuī] quebrar, destruir
摧残 [cuī cán] destrozar, destruir
摧毁 [cuī huǐ] destruir, devastar
催 [cuī] **1.** urgir, apresurar; **2.** acelerar, activar
催促 [cuī cù] urgir, apresurar
催肥 [cuī féi] cebar
催泪弹 [cuī lèi dàn] bomba *f* lacrimógena
催眠 [cuī mián] hipnotizar
脆 [cuì] **1.** crujiente *adj m/f*; 这种薄饼很~ [zhè zhǒng bó bǐng hěn]. Esta crepe es muy crujiente; **2.** frágil *adj m/f*, delicado,-a; **3.** (*voz*) clara y sonora; 她的嗓音很~ [tā de sǎng yīn hěn]. Tiene una voz muy clara y sonora.
脆弱 [cuì ruò] débil *adj m/f*, delicado,-a
翠 [cuì] **1.** verde *adj m/f*, verde *m* esmeralda; **2.** esmeralda *f*
翠绿 [cuì lǜ] verde *m* esmeralda, verde *adj m/f*
村 [cūn] aldea *f*, pueblo *m*
村长 [cūn zhǎng] alcalde *m* (*de un pueblo*)
村庄 [cūn zhuāng] aldea *f*, pueblo *m*
存 [cún] **1.** existir, vivir, subsistir; **2.** almacenar, guardar, acumular; **3.** *banc* ahorrar, depositar; ~ 钱 [qián]. Ahorrar

dinero. **4.** depositar, consignar, guardar; 必须把背包~ 起来 [bì xū bǎ bèi bāo qǐ lái]. Hay que consignar la mochila.

存放 [cún fàng] depositar, consignar

存根 [cún gēn] matriz *f*, comprobante *m*

存户 [cún hù] *banc* (*cuenta bancaria*) titular *m/f*

存货 [cún huò] almacenar mercancías; existencias *fpl*, stock *m*

存款 [cún kuǎn] *banc* depósito *m*, ahorro *m*

存心 [cún xīn] intencionadamente

存在 [cún zài] existir; existencia *f*

存折 [cún zhé] *banc* libreta *f* de ahorros

忖 [cǔn] cavilar, reflexionar

忖度 [cǔn duó] deducir, suponer, adivinar

寸 [cùn] unidad china de longitud (*=1/3 decímetro*)

寸步难行 [cùn bù nán xíng] no poder dar ni un paso más, costar dar un paso adelante

磋 [cuō] consultar, negociar

磋商 [cuō shāng] consultar, discutir, negociar

挫 [cuò] contratiempo *m*, frustración *f*; 受~ [shòu]. Tener una frustración.

挫败 [cuò bài] derrotar, frustrar

挫伤 [cuò shāng] **1.** *med* contundir, contusión *f*; **2.** desalentar, desanimar

挫折 [cuò zhé] contratiempo *m*, frustración *f*

措 [cuò] **1.** arreglar, organizar; **2.** planear, proponer

措辞 [cuò cí] término *m*, palabra *f*

措施 [cuò shī] medida *f*, disposición *f*

措手不及 [cuò shǒu bù jí] ser atrapado,-a de improviso

措置 [cuò zhì] arreglar, disponer

锉 [cuò] lima; limar

锉刀 [cuò dāo] *tecn* lima *f*

错 [cuò] **1.** error *m*, falta *f*; erróneo,-a, equivocado,-a; **2.** alternar, escalonar; **3.** malo,-a; 不~ [bù]. No está mal.

错别字 [cuò bié zì] carácter *m* chino (*mal escrito o mal pronunciado*)

错怪 [cuò guài] reprochar a alg por equivocación

错觉 [cuò jué] ilusión *f*, alucinación *f*

错乱 [cuò luàn] desordenado,-a; desorden *m*, confusión *f*

错误 [cuò wù] **1.** equivocado,-a, erróneo,-a; **2.** error *m*, falta *f*, equivocación *f*

D

搭 [dā] **1.** montar, armar, instalar; **2.** ponerse en contacto; **3.** (*avión, tren, barco, autobús, etc.*) coger, tomar

搭伴 [dā bàn] viajar juntos

搭救 [dā jiù] salvar, rescatar
搭配 [dā pèi] arreglar y distribuir
搭腔 [dā qiāng] contestar, responder
搭讪 [dā shàn] **1.** entablar conversación con alg; **2.** decir unas palabras (*para salir del apuro*)
答 [dā] → dá → 答应 [dā yìng]
答应 [dā yìng] **1.** responder, contestar; **2.** prometer, comprometerse
打 [dá] → dǎ docena *f*; 一~ 裤子 [yī kù zi] , una docena de pantalones
达 [dá] **1.** extenderse; **2.** alcanzar, llegar a
达标 [dá biāo] cumplir los requisitos
达成 [dá chéng] llegar (*a un acuerdo*)
达到 [dá dào] alcanzar, obtener
答 [dá] → dā **1.** contestar, responder; **2.** devolver (una visita, etc.), corresponder
答案 [dá àn] solución *f*, clave *f*
答辩 [dá biàn] replicar; (*una tesis*) defender
答复 [dá fù] contestar, responder; respuesta *f*
答话 [dá huà] contestar, responder
答谢 [dá xiè] expresar agradecimiento, agradecer
打 [dǎ] → dá **1.** golpear, pegar, batir, aporrear; **2.** luchar, atacar, combatir
打败 [dǎ bài] **1.** derrotar, vencer; **2.** sufrir una derrota *f*, ser vencido,-a
打扮 [dǎ bàn] **1.** vestirse (*de cierta manera*), arreglarse; **2.** disfrazarse
打包 [dǎ bāo] **1.** embalar, empaquetar; embalaje; **2.** desembalar, desempaquetar
打岔 [dǎ chà] interrumpir (*en una conversación*)
打倒 [dǎ dǎo] **1.** ¡abajo!; **2.** derrocar, derribar
打动 [dǎ dòng] emocionar, conmover
打赌 [dǎ dǔ] hacer una apuesta, apostar
打发 [dǎ fā] **1.** despedir, echar; **2.** (*tiempo*) matar o pasar
打嗝儿 [dǎ gér] **1.** hipar, tener hipo; **2.** eructar, regoldar
打滚 [dǎ gǔn] rodar (*por el suelo*), revolcarse
打哈欠 [dǎ hā qian] bostezar, abrir la boca
打鼾 [dǎ hān] roncar; ronquido *m*
打滑 [dǎ huá] **1.** (*las ruedas*) dar vueltas sin avanzar; **2.** resbalarse
打火机 [dǎ huǒ jī] encendedor *m*, mechero *m*
打击 [dǎ jī] **1.** dar golpes, asestar golpes, combatir; **2.** atacar; ataque *m*
打架 [dǎ jià] pegarse mutuamente, llegar a las manos, pelear

打交道 [dă jiāo dào] ponerse en contacto, tener trato con

打搅 [dă jiăo] importunar, incomodar; molestar; molestia *f*

打劫 [dă jié] saquear, atracar; atraco *m*

打开 [dă kāi] abrir; encender

打垮 [dă kuă] aplastar, derrotar

打捞 [dă lāo] sacar fuera del agua, salvar

打雷 [dă léi] *meteo* tronar

打量 [dă liàng] **1.** mirar a alg de arriba abajo; **2.** calcular, creer

打猎 [dă liè] ir de caza, cazar

打牌 [dă pái] jugar a la baraja, jugar a cartas

打破 [dă pò] hacer pedazos, romper; quebrar

打气 [dă qì] **1.** inflar, hinchar; **2.** alentar, animar

打气筒 [dă qì tŏng] bombín *m*, inflador *m*

打球 [dă qiú] jugar (*con las manos a todo tipo de deporte con balón, como baloncesto, voleibol, etc.*)

打拳 [dă quán] practicar el boxeo

打扰 [dă răo] molestar; molestia *f*; importunar, incomodar

打扫 [dă săo] (*suelo*) barrer, limpiar

打算 [dă suàn] **1.** planear, proponerse; **2.** idea *f*, propuesta *f*

打碎 [dă suì] hacer añicos, romper; destruir

打听 [dă tīng] averiguar, informarse

打消 [dă xiāo] (*idea*) renunciar o dejar

打仗 [dă zhàng] hacer la guerra, batallar

打招呼 [dă zhāo hū] saludar a alg

打折扣 [dă zhé kòu] **1.** vender con descuento, hacer descuento; **2.** no cumplir

打针 [dă zhēn] *med* poner una inyección

打转 [dă zhuàn] girar, dar vueltas

打字 [dă zì] escribir a máquina, mecanografiar

大 [dà] → dài **1.** grande *adj m/f* (*tamaño*); ~ 房子 [fáng zi] casa *f* grande; **2.** (*sonido, voz*) alto,-a; 请你说话~ 声点 [qĭng nĭ shuō huà shēng diăn]. Habla en voz alta, por favor.; **3.** *coloq* edad *f*; 她多~ 了 [tā duō le]. ¿Cuántos años tiene (*ella*)? **4.** el mayor (*edad*); el jefe; ~ 哥 [gē] hermano *m* mayor; 我们老~ 说了算 [wŏ mēn lăo shuō le suàn] *jerga delinc* Nuestro jefe tiene la última palabra.

大半 [dà bàn] **1.** más que la mitad, la mayor parte; **2.** muy probable *adj m/f*

大便 [dà biàn] hacer caca, cagar; caca *f*; *med* excremento *m* humano, materia *f* fecal

大饼 [dà bĭng] tortilla *f* asada (*con sésamo*)

大肠 [dà cháng] *med* intestino *m* grueso

大车 [dà chē] *auto* carreta *f*, carro *m*

大葱 [dà cōng] *bot* cebolla *f* verde

大胆 [dà dǎn] audaz *adj m/f*, osado,-a

大地 [dà dì] tierra *f*, territorio *m* nacional

大豆 [dà dòu] *bot* (*planta*) soja *f*; soya *f*

大队 [dà duì] unidad *f* militar; brigada *f*

大多数 [dà duō shù] la mayoría, la mayor parte

大方 [dà fāng] **1.** generoso,-a, gentil *adj m/f*; **2.** natural *adj m/f*, de buen gusto

大粪 [dà fèn] excremento *m* (*humano*), hez *f*

大概 [dà gài] **1.** más o menos, aproximado,-a; **2.** probable *adj m/f*, posible *adj m/f*

大纲 [dà gāng] esquema *m*, programa *m*

大好 [dà hǎo] muy bueno,-a, excelente *adj m/f*

大亨 [dà hēng] magnate *m*, primate *m*; poderoso,-a *m/f*

大话 [dà huà] fanfarrón *m*; fanfarronada *f*

大会 [dà huì] **1.** congreso *m*, asamblea *f*; **2.** mitin *m*, concentración *f* de masas

大家 [dà jiā] **1.** todos, todo el mundo; **2.** familia *f* influyente, gran familia *f*

大街 [dà jiē] calle *f*, avenida *f*

大惊小怪 [dà jīng xiǎo guài] extrañarse o alarmarse (*por un pequeño detalle*)

大局 [dà jú] situación *f* general, situación *f* en su conjunto

大理石 [dà lǐ shí] *constr* mármol *m*

大力士 [dà lì shì] hombre *m* hercúleo, hombre *m* musculoso

大量 [dà liàng] **1.** gran número de, gran cantidad de; **2.** generoso,-a, magnánimo,-a

大陆 [dà lù] **1.** *geogr* continente *m*; **2.** parte *f* continental de China (en contraste con Taiwán)

大麻 [dà má] **1.** cáñama *f*; **2.** mariguana *f*, marihuana *f*

大麦 [dà mài] *bot* cebada *f*

大门 [dà mén] puerta (*entrada*) *f* principal, puerta *f* frontal

大名 [dà míng] **1.** nombre *m* oficial; **2.** su nombre, vuestro nombre

大脑 [dà nǎo] cerebro *m*, masa *f* encefálica

大批 [dà pī] gran cantidad, gran número de

大气压 [dà qì yā] *meteo* presión *f* atmosférica, atmósfera *f*

大人物 [dà rén wù] gran personaje *m*, persona *f* importante

大扫除 [dà sǎo chú] limpieza *f* general

大赦 [dà shè] amnistía *f* general

大师 [dà shī] (*gran*) maestro,-a *m/f*

大使 [dà shǐ] *dipl* embajador,-a *m/f*

大事 [dà shì] asunto *m* importante; gran acontecimiento *m*

大手大脚 [dà shǒu dà jiǎo] malgastar el dinero

大肆 [dà sì] desenfrenadamente, sin restricción

大蒜 [dà suàn] *bot* ajo *m*

大提琴 [dà tí qín] *mús* violoncelo *m*, violonchelo *m*

大体 [dà tǐ] **1.** principio *m* cardinal, interés *m* general; **2.** más o menos, aproximadamente

大厅 [dà tīng] salón *m*, sala *f*

大腿 [dà tuǐ] *med* muslo *m*

大小 [dà xiǎo] **1.** tamaño *m*, dimensión *f*; **2.** grande y pequeño,-a, diverso,-a; ~房子五座 [fáng zi wǔ zuò]. Tiene cinco casas de diversos metros cuadrados.

大写 [dà xiě] escribir con mayúscula

大型 [dà xíng] de gran magnitud

大选 [dà xuǎn] *pol* elecciones *fpl* generales

大学 [dà xué] universidad *f*

大学生 [dà xué shēng] (*estudiante*) universitario,-a *m/f*

大雪 [dà xuě] nevada *f* copiosa; nevar mucho

大衣 [dà yī] *txtl* abrigo *m*

大意 [dà yì] **1.** idea *f* principal, esquema; **2.** negligente *adj m/f*, descuidado,-a

大约 [dà yuē] **1.** aproximadamente, más o menos; **2.** posiblemente, probablemente

大丈夫 [dà zhàng fu] caballero *m*, hombre *m* hecho y derecho

大致 [dà zhì] **1.** más o menos; **2.** probablemente

大众 [dà zhòng] gente *f*, público *m*

大自然 [dà zì rán] naturaleza *f*

呆 [dāi] **1.** tonto,-a, torpe *adj m/f*; **2.** atontado,-a, pasmado,-a, estupefacto,-a; 她在发~ [tā zài fā]. Ella está pasmada.

呆滞 [dāi zhì] rígido,-a, inexpresivo,-a

呆子 [dāi zi] tonto,-a *m/f*, bobo,-a *m/f*

待 [dāi] → dài estar, quedarse; 他在我家~了三天 [tā zài wǒ jiā le sān tiān]. Ha estado tres días en mi casa.

大 [dài] → dà

大夫 [dài fu] doctor,-a *m/f*, médico *m/f*

代 [dài] reemplazar, sustituir

代办 [dài bàn] **1.** actuar en nombre de otro; **2.** *dipl* encargado *m* de negocios

代办处 [dài bàn chù] *dipl* oficina *f* del encargado de negocios

代表 [dài biǎo] representante *m/f*, delegado,-a, *m/f*; representar, significar, en representación de, en nombre de

代表团 [dài biǎo tuán] delegación *f*, misión *f*

代词 [dài cí] *ling* pronombre *m*
代沟 [dài gōu] abismo *m* generacional
代价 [dài jià] coste *m*, precio *m*
代理 [dài lǐ] **1.** desempeñar interinamente un cargo; **2.** actuar como agente; **3.** agente *m/f* comercial
代替 [dài tì] reemplazar, sustituir
代用品 [dài yòng pǐn] sustitutivo *m*
带 [dài] **1.** cinta *f*, banda *f*; **2.** portar; ~ 去 [qù] llevar; ~ 来 [lái] traer
带动 [dài dòng] **1.** poner en movimiento, mover; **2.** promover, impulsar
带领 [dài lǐng] guiar, dirigir
带路 [dài lù] guiar, servir de guía
带头 [dài tóu] tomar la delantera, ir a la cabeza
带鱼 [dài yú] *zool* trichiuridae *m* (*pez en forma de cinta y de color plata*)
带子 [dài zi] cinta *f*, faja *f*
待 [dài] → dāi, **1.** tratar a alg; **2.** esperar, aguardar
待业 [dài yè] (*estar*) en el paro
待遇 [dài yù] **1.** trato *m*, tratamiento *m*; **2.** honorario *m*, renumeración *f*
贷 [dài] **1.** *banc* pedir prestado (*el dinero*), pedir un crédito; **2.** *banc* (*un crédito, préstamo*) conceder, autorizar
贷款 [dài kuǎn] *banc* conceder un préstamo; *banc* préstamo *m*, crédito *m*; 购房~ [gòu fáng] hipoteca *f*
怠 [dài] perezoso,-a; pereza *f*
怠工 [dài gōng] hacer trabajos sin ganas
怠慢 [dài màn] tratar a alg con frialdad
袋 [dài] saco *m*, bolsa *f*
袋鼠 [dài shǔ] *zool* canguro *m*
逮 [dài] captar, detener
逮捕 [dài bǔ] detener, arrestar
戴 [dài] (*ropa, vestido*) llevar, ponerse
戴孝 [dài xiào] vestir luto, ir de luto
丹 [dān] **1.** (*color*) rojo,-a; **2.** píldora *f* o polvos *mpl*
丹毒 [dān dú] *med* erisipela *f*
单 [dān] **1.** uno *m*, simple *m*, mono-; **2.** impar; ~ 数 [shù] número impar
单薄 [dān bó] **1.** poco abrigado, -a; **2.** delgado,-a, débil *adj m/f*
单纯 [dān chún] **1.** simple *adj m/f*, sencillo,-a; **2.** sólo,-a, puramente
单词 [dān cí] **1.** *ling* palabra *f* de un solo morfema; **2.** palabra *f*
单调 [dān diào] monótono *m*
单独 [dān dú] solo,-a, aparte, a solas
单干 [dān gàn] trabajar solo, trabajar individualmente
单杠 [dān gàng] **1.** *dep* barra *f* fija; **2.** *dep* ejercicio *m* en la barra fija

单据 [dān jù] recibo *m*, comprobante *m*
单身 [dān shēn] soltero,-a *m/f*
单数 [dān shù] **1.** número *m* impar, número *m* non; **2.** singular *m*
单位 [dān wèi] **1.** unidad *f*; **2.** entidad *f*, institución *f*
单子 [dān zi] lista *f*, formulario *m*
担 [dān] **1.** llevar (*al hombro*); **2.** asumir, encargarse
担保 [dān bǎo] avalar; ser avalador de
担当 [dān dāng] asumir (*una responsabilidad*)
担负 [dān fù] asumir, hacerse cargo
担架 [dān jià] *med* camilla *f*, angarilla *f*
担任 [dān rèn] asumir el cargo de, desempeñar
担心 [dān xīn] preocuparse, temer
担忧 [dān yōu] inquietarse, sentir ansia
耽 [dān] tardar, demorar
耽搁 [dān ge] tardar, demorar, retrasar
耽误 [dān wù] (*trabajo*) retrasar; (*el tiempo*) perder
胆 [dǎn] coraje *m*, audacia *f*, valor *m*, valentía *f*
胆固醇 [dǎn gù chún] *med* colesterol *m*, colesterina *f*
胆量 [dǎn liàng] audacia *f*, coraje *m*
胆囊 [dǎn náng] *med* vesícula *f* biliar
胆怯 [dǎn qiè] tímido,-a, cobarde *adj m/f*; cobardía *f*
胆汁 [dǎn zhī] *med* bilis *f*, hiel *f*
胆子 [dǎn zi] audacia *f*, coraje *m*
掸 [dǎn] desempolvar, sacudir el polvo
掸子 [dǎn zi] plumero *m*, escobilla *f*
旦 [dàn] **1.** amanecer *m*, alba *f*, madrugada *f*; **2.** *lit* día *m*
旦夕 [dàn xī] dentro de poco (*tiempo*)
但 [dàn] pero, no obstante, sin embargo
但是 [dàn shì] pero, sin embargo
但愿 [dàn yuàn] ojalá, deseo que
诞 [dàn] **1.** nacer; **2.** nacimiento *m*; **3.** aniversario *m*, cumpleaños *m*; **4.** raro,-a, fantástico,-a
诞辰 [dàn chén] *lit* día *m* del nacimiento, cumpleaños *mpl*
诞生 [dàn shēng] *lit* nacer; advenimiento *m*, alumbramiento *m*
淡 [dàn] **1.** poco denso,-a, claro,-a, diluido,-a; **2.** soso,-a, insípido,-a
淡泊 [dàn bó] no aspirar a la fama ni al dinero
淡薄 [dàn bó] **1.** poco denso,-a, claro,-a, ligero,-a; **2.** quedarse indiferente; **3.** borroso,-a, confuso,-a
淡季 [dàn jì] temporada *f* baja
淡水 [dàn shuǐ] agua *f* dulce
蛋 [dàn] **1.** huevo *m*; **2.** en forma oval

蛋白 [dàn bái] clara *f* de huevo
蛋白质 [dàn bái zhì] proteína *f*
蛋糕 [dàn gāo] pastel *m*, torta *f*
蛋黄 [dàn huáng] yema *f* de huevo
弹 [dàn] **1.** bola *f*, canica *f*; **2.** *mil* bala *f*, bomba *f*
弹弓 [dàn gōng] tira *f* china, honda *f*
弹壳 [dàn ké] *mil* casquillo *m*
弹片 [dàn piàn] *mil* fragmento *m* de proyectil, metralla *f*
弹头 [dàn tóu] *mil* ojiva *f*, cabeza *f* de guerra
当 [dāng] → dàng **1.** igual *adj m/f*, equivalente *adj m/f*; **2.** delante de alg, en presencia de alg; **3.** *coloq* trabajar como, ser; ~ 服务员 [fú wù yuán] ser camarero.
当场 [dāng chǎng] in situ, sobre el terreno, en el campo
当初 [dāng chū] al principio, por aquel entonces
当代 [dāng dài] en esta época, en la época contemporánea
当地 [dāng dì] de este lugar, local *adj m/f*
当机立断 [dāng jī lì duàn] tomar una decisión inmediata
当家 [dāng jiā] gobernar la casa, mandar en casa
当局 [dāng jú] *adm* autoridad *f*
当面 [dāng miàn] en presencia de, cara a cara
当前 [dāng qián] **1.** delante de, ante; **2.** ahora, actualmente
当然 [dāng rán] **1.** como debe ser, con toda razón; **2.** por supuesto, desde luego
当时 [dāng shí] en aquel entonces
当事人 [dāng chì rén] **1.** *jur* litigante *m/f*, parte *f* relacionada a un juicio; **2.** persona *f* interesada, parte *f* interesada
当心 [dāng xīn] tener cuidado, prestar atención
当选 [dāng xuǎn] ser elegido,-a, ser electo,-a
当中 [dāng zhōng] en el centro, en el medio
当众 [dāng zhòng] en público, delante de todos
挡 [dǎng] **1.** detener, impedir; **2.** obstruir, tapar
挡风玻璃 [dǎng fēng bō lí] *auto* parabrisas *m*
党 [dǎng] *pol* partido *m* político
党风 [dǎng fēng] *pol* estilo *m* de trabajo (*de un partido*)
党派 [dǎng pài] *pol* grupos *mpl* políticos
党委 [dǎng wěi] comité *m* del partido
党校 [dǎng xiào] escuela *f* del partido
党员 [dǎng yuán] militante *m* de un partido
党章 [dǎng zhāng] estatuto *m* de un partido
当 [dàng] → dāng conveniente *adj m/f*, apropiado,-a, adecuado,-a; 用人不 ~ [yòng rén

bù]. Contratar una persona no adecuada.

当铺 [dàng pù] casa *f* de empeños

当天 [dàng tiān] el mismo día, ese mismo día

当真 [dàng zhēn] **1.** tomar en serio; **2.** realmente cierto

当做 [dàng zuò] considerar como, tener *por*

荡 [dàng] balancear(*se*), mecer(*se*)

荡漾 [dàng yàng] ondular, ondear

档 [dàng] **1.** estantería *f*, casillero *m*, archivador *m*; **2.** archivo *m*, expediente *m*

档案 [dàng àn] archivo *m*, expediente *m*

刀 [dāo] cuchillo *m*, navaja *f*

刀豆 [dāo dòu] *bot* judía *f* verde

刀具 [dāo jù] herramienta *f* de corte

刀口 [dāo kǒu] **1.** filo *m*, corte *m*; **2.** punto *m* crucial; lugar *m* adecuado

刀片 [dāo piàn] hoja *f* de afeitar; hoja *f*, cuchilla *f*

刀枪 [dāo qiāng] armas *fpl*, espada *f* y lanza *f*

刀刃 [dāo rèn] filo *m*, corte *m*

叨 [dāo] hablar sin parar

叨唠 [dāo lāo] hablar sin parar, cotorrear

导 [dǎo] **1.** guiar, dirigir; **2.** conducir, transmitir

导弹 [dǎo dàn] *mil* misil *m*

导电 [dǎo diàn] *electr* conducción *f* eléctrica

导火线 [dǎo huǒ xiàn] **1.** mecha *f*; **2.** incidente (*que provoca un gran acontecimiento*)

导师 [dǎo shī] tutor,-a *m/f*, profesor,-a *m/f*

导演 [dǎo yǎn] *cine* (*película, pieza teatral*) dirigir; *cine* director,-a *m/f*

导致 [dǎo zhì] conducir a, llevar a

岛 [dǎo] *geog* isla *f*

岛国 [dǎo guó] país *m* insular

岛屿 [dǎo yǔ] *geog* islas *fpl*

倒 [dǎo] → dào caerse, tumbarse, volcarse

倒闭 [dǎo bì] quedar en bancarrota, quebrar

倒卖 [dǎo mài] revender (*con alta ganancia*)

倒霉 [dǎo méi] tener mala suerte, estar de malas

倒塌 [dǎo tā] desplomarse, caer

倒台 [dǎo tái] *pol* caer del poder, derrumbarse

倒胃口 [dǎo wèi kou] **1.** quitar (*dañar*) el apetito; **2.** *coloq* quitar el interés

倒爷 [dǎo yé] *coloq com* especulador *m*

捣 [dǎo] **1.** dar golpes, batir; **2.** fastidiar, turbar, perturbar

捣蛋 [dǎo dàn] armar lío, hacer jaleo

捣鬼 [dǎo guǐ] tramar una intriga, maquinar

捣毁 [dǎo huǐ] destruir, destrozar

捣乱 [dǎo luàn] **1.** provocar disturbios, crear desorden; **2.** molestar (*con intención*)

祷 [dǎo] *relig* orar, rezar

祷告 [dǎo gào] **1.** *relig* rezar; **2.** oraciones *fpl*

到 [dào] llegar, alcanzar

到处 [dào chù] por todas partes, por doquier

到达 [dào dá] llegar, alcanzar

到底 [dào dǐ] **1.** hasta el final; **2.** al fin, por fin; 你~卖了房子 [nǐ mài le fáng zi]. Al fin has vendido la casa.

到家 [dào jiā] alcanzar un nivel profesional, ser profesional

到来 [dào lái] llegada *f*, advenimiento *m*

到期 [dào qī] vencer, expirar, caducar

到手 [dào shǒu] venir a manos de, lograr poseer

到头 [dào tóu] al fin de, al final de

倒 [dào] → dao **1.** invertido,-a, inverso,-a; **2.** verter, derramar, echar

倒车 [dào chē] *auto* (*hacer*) marcha *f* atrás

倒退 [dào tuì] retroceder, retrogradar; retrocesión *f*

倒影 [dào yǐng] imagen *f* invertida

悼 [dào] llorar la muerte de, honrar la memoria de

悼词 [dào cí] oración fúnebre, discurso fúnebre

悼念 [dào niàn] honrar la memoria de alg, llorar la muerte de alg

盗 [dào] **1.** robar, hurtar; **2.** ladrón,-a *m/f*, bandido,-a *m/f*

盗版 [dào bǎn] piratería *f*, copia *f* ilegal

盗卖 [dào mài] robar y vender

盗窃 [dào qiè] robar, hurtar

盗用 [dào yòng] usurpar, desfalcar

道 [dào] **1.** camino *m*, vía *f*; canal *m*; **2.** moral *f*, moralidad *f*; **3.** *relig* taoísmo *m*

道德 [dào dé] moral *f*, moralidad *f*

道教 [dào jiào] *relig* taoísmo *m*

道具 [dào jù] *teat* (*de un teatro, etc.*) accesorios *mpl*

道理 [dào lǐ] **1.** principio *m*, verdad *f*; **2.** razón *f*, argumento *m*

道路 [dào lù] **1.** camino *m*, carretera *f*; **2.** vía *f* fluvial o terrestre

道歉 [dào qiàn] pedir excusas, disculparse

道士 [dào shì] *relig* taoísta *m/f*

道喜 [dào xǐ] felicitar, congratular

道谢 [dào xiè] dar las gracias

道义 [dào yì] moralidad *f* y justicia *f*

稻 [dào] arroz *m* (*con cáscara*)

稻草 [dào cǎo] paja *f* (*de arroz*)

稻草人 [dào cǎo rén] espantapájaros *m*, espantajo *m*

稻谷 [dào gǔ] arroz *m* con cáscara

稻田 [dào tián] arrozal *m*, campo *m* arrocero

稻秧 [dào yāng] plantón *m* de arroz

得 [dé] → de, děi **1.** obtener, conseguir, ganar; **2.** padecer, caer (*enfermo*); 他~ 了癌症 [tā le ái zhèng]. Padece de un cáncer.

得病 [dé bìng] contraer una enfermedad, caer enfermo,-a

得逞 [dé chěng] salirse alg con la suya

得当 [dé dàng] conveniente *adj m/f*, apropiado,-a

得到 [dé dào] obtener, conseguir, lograr

得分 [dé fēn] marcarse, apuntarse

得奖 [dé jiǎng] **1.** ganar, conseguir un premio; **2.** ser galardonado,-a

得力 [dé lì] **1.** ser eficaz; **2.** capaz *adj m/f*, competente *adj m/f*

得手 [dé shǒu] ir viento en popa, salir bien

得体 [dé tǐ] conveniente *adj m/f*, apropiado,-a

得意 [dé yì] satisfecho,-a de sí mismo,-a, complacido,-a

得罪 [dé zuì] ofender, disgustar

德 [dé] **1.** virtud *f*, moral *f*, moralidad *f*; **2.** corazón *m*, voluntad *f*

德国 [dé guó] Alemania *f*

德行 [dé xíng] conducta *f* moral, integridad *f* moral

德语 [dé yǔ] idioma *m* alemán, alemán *m*

的 [de] → dì **1.** (*indica un adjetivo*); 民众~ 要求 [mín zhòng yāo qiú] La reivindicación de los ciudadanos; **2.** (*indica un posesivo*); 我们~ 朋友 [wǒ men péng yǒu] nuestro amigo; **3.** (*se indica un antecedente*) que; 我买~ 书不贵 [wǒ mǎi shū bù guì]. El libro que he comprado no cuesta mucho.

地 [de] → dì (*se usa detrás de un adjetivo para convertirlo en adverbio*) -mente; 她幸福~ 生活着 [tā xìng fú shēng huó zhe]. Vive felizmente.

得 [de] → dé, děi **1.** (*indica el grado de una acción*); 她跑~ 很快 [tā pǎo hěn kuài]. Ella corre muy rápido; **2.** (*indica posibilidad*); 他们听~ 懂 [tā mĕn tīng dǒng]. Ellos pueden entender.

得 [děi] → dé, de **1.** *coloq* necesitar, requerir; 写篇博士论文~ 三年 [xiě piān bó shì lùn wén sān nián]. Necesitan tres años para hacer una tesis doctoral; **2.** deber, tener que, haber que; 我~ 离开中国 [wǒ lí kāi zhōng guó]. Tengo que marcharme de China.

灯 [dēng] lámpara *f*, linterna *f*, farol *m*, luz *f*

灯光 [dēng guāng] **1.** luz *f* de la lámpara *f*; **2.** iluminación *f*

灯火 [dēng huǒ] luces *fpl*, iluminación *f*

灯具 [dēng jù] juego *m* de lámparas

灯笼 [dēng long] farol *m* (*de papel o seda*), linterna *f* china

灯泡 [dēng pào] bombilla *f*
灯塔 [dēng tǎ] *nav* faro *m*
灯头 [dēng tóu] portalámparas *m*
灯心绒 [dēng xīn huǒ] *txtl* pana *f* abordonada
灯罩 [dēng zhào] tubo *m* de lámpara
登 [dēng] **1.** subir, ascender; **2.** publicar, insertar
登报 [dēng bào] (*periódico*) publicar
登记 [dēng jì] **1.** registrarse, inscribirse; **2.** acreditación *f*
登陆 [dēng lù] desembarcar; desembarque *m*
登门 [dēng mén] visitar a alg en su casa
登山 [dēng shān] *dep* montañismo *m*, alpinismo *m*
登载 [dēng zǎi] insertar, publicar
等 [děng] **1.** clase *f*, grado *m*, rango *m*; **2.** esperar, aguardar; **3.** etcétera, y así sucesivamente; 我已经迈掉了桌子，椅子，书架，电视机~ [wǒ yǐ jīng mài diào le zhuō zi, yǐ zi, shū jià, diàn shì jī]. Ya he vendido la mesa, silla, estantería, televisor, etc.
等待 [děng dài] esperar, aguardar
等到 [děng dào] cuando, hasta que; ~我们去的时候 [wǒ mēn qù de shí hòu]，已经下雨了 [yǐ jīng xià yǔ le]. Cuando fuimos para allí, ya empezó a llover.
等号 [děng hào] *mat* signo *m* igual, signo *m* de igualdad (=)
等候 [děng hòu] esperar, aguardar
等级 [děng jí] **1.** grado *m*, rango *m*; **2.** clase *f* social
等同 [děng tóng] equiparar, igualar
等于 [děng yú] **1.** igual *adj m/f*, equivalente *adj m/f*; **2.** equivaler, significar
凳 [dèng] taburete *m*, banco *m*, banquillo *m*
凳子 [dèng zi] taburete *m*, banco *m*, banquillo *m*
瞪 [dèng] **1.** (*ojos*) abrir; **2.** mirar fijamente
瞪眼 [dèng yǎn] **1.** mirar fijamente; **2.** lanzar una mirada furiosa
低 [dī] **1.** bajo,-a, poco elevado,-a; **2.** (*categoría*) bajo,-a, inferior
低估 [dī gū] subestimar, menospreciar
低级 [dī jí] **1.** elemental *adj m/f*, rudimental *adj m/f*; **2.** vulgar *adj m/f*, de mal gusto
低劣 [dī liè] inferior *adj m/f*, de mala calidad *f*
低落 [dī luò] *psicol* abatido,-a, deprimido,-a
低能 [dī néng] deficiencia *f* mental
低气压 [dī qì yā] *meteo* baja *f* presión, depresión *f*
低三下四 [dī sān xià sì] **1.** humillarse, rebajarse; **2.** servil *adj m/f*, humilde *adj m/f*

低头 [dī tóu] **1.** bajar la cabeza, inclinar la cabeza; **2.** rendirse, someterse
低下 [dī xià] inferior *adj m/f*, bajo,-a
低音 [dī yīn] *mús* bajo *m*
堤 [dī] dique *m*, presa *f*
堤坝 [dī bà] dique *m* y presa *f*
滴 [dī] gotear; gota *f*
滴水 [dī shuǐ] gotear
的 [dí] → de real *adj m/f*, verdadero,-a
的确 [dí què] verdaderamente, efectivamente, realmente
的确凉 [dí què liáng] *txtl* Dacrón *m*
敌 [dí] **1.** enemigo,-a *m/f*, adversario,-a *m/f*; **2.** hacer frente a, resistir, oponerse
敌对 [dí duì] hostil *adj m/f*, antagónico,-a, opuesto,-a
敌人 [dí rén] enemigo,-a *m/f*
敌视 [dí shì] ser hostil, tener hostilidad
敌手 [dí shǒu] **1.** rival *m*, adversario,-a *m/f*; **2.** en manos del enemigo
敌意 [dí yì] hostilidad *f*, enemistad *f*
笛 [dí] **1.** flauta *f* de bambú; **2.** pito *m*, silbato *m*
笛子 [dí zi] flauta *f* de bambú
嘀 [dí] hablar en voz baja
嘀咕 [dí gu] hablar en voz baja, cuchichear
嫡 [dí] de parentesco *m* cercano
嫡亲 [dí qīn] parientes *mpl* consanguíneos
诋 [dǐ] denigrar, calumniar
诋毁 [dǐ huǐ] calumniar, difamar
底 [dǐ] **1.** fondo *m*, base *f*; **2.** fin *m* final *m*
底层 [dǐ céng] *constr* planta *f* baja
底稿 [dǐ gǎo] borrador *m*, manuscrito *m*
底片 [dǐ piàn] *fotog* negativo *m*, prueba *f*
底细 [dǐ xì] detalle *m* (*de una persona*)
底下 [dǐ xià] **1.** debajo, bajo; **2.** próximo,-a, siguiente *adj m/f*
底子 [dǐ zi] base *f*, fundamento *m*
抵 [dǐ] **1.** sostener, apoyar; **2.** equilibrar, compensar; **3.** *banc* hipotecar, empeñar
抵偿 [dǐ cháng] compensar, resarcir
抵触 [dǐ chù] contradecir, chocar
抵达 [dǐ dá] llegar, arribar
抵挡 [dǐ dǎng] resguardarse
抵抗 [dǐ kàng] resistir, poner resistencia a
抵赖 [dǐ lài] negarse a reconocer, desdecirse
抵消 [dǐ xiāo] neutralizar, equilibrar
抵押 [dǐ yā] hipotecar, empeñar
抵制 [dǐ zhì] boicotear, rechazar
地 [dì] → de **1.** Tierra *f*, planeta *m*; **2.** solar *m*, terreno *m*
地板 [dì bǎn] suelo *m*; 木~ [mù] parquet *m*

地步 [dì bù] **1.** situación *f*, apuro *m*; **2.** margen *m*, espacio *m*; 留~ [liú] dejar margen
地产 [dì chǎn] bienes *mpl* inmuebles
地带 [dì dài] zona *f*, región *f*
地道 [dì dào] túnel *m*
地点 [dì diǎn] lugar *m*, sitio *m*
地段 [dì duàn] lugar *m*, ubicación *f*
地方 [dì fāng] local *m*; localidad *f*, lugar *m*
地基 [dì jī] base *f*, cimiento *m*, fundamento *m*
地窖 [dì jiào] sótano *m*
地雷 [dì léi] *mil* mina *f* (*terrestre*)
地理 [dì lǐ] geografía *f*
地面 [dì miàn] superficie *f* (*de la tierra*); suelo *m*
地盘 [dì pán] territorio *m* (*bajo el control de una banda mafiosa*), dominio *m*
地平线 [dì píng xiàn] *geogr* horizonte *m*
地契 [dì qì] escritura *f* (*de propiedad de un terreno o bien inmueble*)
地球 [dì qiú] Tierra *f*, Nuestro Planeta *m*
地球仪 [dì qiú yí] esfera *f* terrestre, globo *m* terrestre
地区 [dì qū] zona *f*, región *f*
地势 [dì shì] figuración *f* del terreno; topografía *f*
地毯 [dì tǎn] alfombra *f*
地图 [dì tú] mapa *m*, carta *f*
地位 [dì wèi] posición *f* (*social*), situación *f*
地下 [dì xià] **1.** subterráneo,-a; **2.** clandestino,-a
地形 [dì xíng] topografía *f*, accidente *m* geográfico
地狱 [dì yù] infierno *m*
地震 [dì zhèn] terremoto *m*, sismo *m*
地址 [dì zhǐ] dirección *f*, señas *fpl*
地质 [dì zhì] geología *f*
地主 [dì zhǔ] **1.** terrateniente *m/f*; **2.** anfitrión,-a *m/f*
弟 [dì] hermano *m* menor
弟弟 [dì dì] hermano *m* menor
弟兄 [dì xiōng] hermanos *mpl* (*sólo varón*)
弟子 [dì zǐ] discípulo *m*, alumno,-a *m/f*
帝 [dì] **1.** emperador *m*, Supremo *m*; **2.** Imperio *m*
帝国 [dì guó] imperio *m*
帝国主义 [dì guó zhǔ yì] imperialismo *m*
递 [dì] **1.** hacer llegar, entregar; **2.** sucesivamente
递交 [dì jiāo] *dipl* entregar, presentar
递送 [dì sòng] enviar, entregar
第 [dì] (*se indica el número ordinal*); ~九 [jiǔ] noveno,-a
第六感觉 [dì liù gǎn jué] sexto *m* sentido
第三产业 [dì sān chǎn yè] *eco* industria *f* terciaria, sector *m* terciario de la economía

第三者 [dì sān zhě] la tercera parte, el(*la*) tercero,-a *m/f* (*en una relación sentimental*)

缔 [dì] establecer (*amistad*), concluir (*un tratado*)

缔交 [dì jiāo] **1.** *dipl* establecer relaciones diplomáticas; **2.** entablar amistad

缔结 [dì jié] (*tratado*) concluir

缔约 [dì yuē] firmar un tratado

颠 [diān] **1.** *geog* (*montaña*) cima *f*, cumbre *m*, pico *m*; **2.** moverse, sacudir; **3.** caerse, tumbarse

颠簸 [diān bǒ] dar tumbos, cabecear

颠倒 [diān dǎo] **1.** trastrocar, invertir; **2.** desconcertado,-a

颠覆 [diān fù] subvertir, echar abajo

典 [diǎn] **1.** ley *f*, norma *f*, reglamento *m*; **2.** obra *f* maestra; **3.** ceremonia *f*, acto *m*

典当 [diǎn dàng] hipotecar, empeñar

典范 [diǎn fàn] modelo *m*, ejemplo *m*

典故 [diǎn gù] alusión *f*, cita *f* literaria

典礼 [diǎn lǐ] ceremonia *f*, acto *f*

典型 [diǎn xíng] **1.** modelo *m*, ejemplo *m*; **2.** típico,-a, representativo,-a

点 [diǎn] **1.** hora *f*; 现在三~ [xiàn zài sān]. Ahora son las tres; **2.** un poco; 喝~ 葡萄酒 [hē pú táo jiǔ]. Tomar un poco de vino; **3.** *mat* coma; 三~ 六 [sān liù] (3,6) tres coma seis.

点滴 [diǎn dī] un poco, algo

点火 [diǎn huǒ] **1.** prender fuego; **2.** provocar un disturbio

点名 [diǎn míng] **1.** pasar lista; **2.** mencionar a alg por su nombre

点燃 [diǎn rán] prender fuego, encender

点头 [diǎn tóu] inclinar la cabeza

点心 [diǎn xīn] **1.** *gastr* merienda *f*, pica-pica *m*; **2.** pastel *m*

点缀 [diǎn zhuì] **1.** adornar, embellecer; **2.** hacer algo (*meramente para el caso*)

点子 [diǎn zi] idea *f*, consejo *m*, sugerencia *f*

碘 [diǎn] *quím* yodo *m*

碘酒 [diǎn jiǔ] *med* tintura *f* de yodo

电 [diàn] **1.** electricidad *f*, luz *f*, corriente *f*; **2.** telegrama *m*, cable *m*

电报 [diàn bào] telegrama *m*, cable *m*

电表 [diàn biǎo] contador *m* eléctrico

电冰箱 [diàn bīng xiāng] nevera *f*, frigorífico *m*

电车 [diàn chē] *auto* tranvía *m*, trolebús *m*

电池 [diàn chí] *electr* pila *f*, batería *f*

电灯 [diàn dēng] luz *f* eléctrica, lámpara *f* eléctrica

电工 [diàn gōng] **1.** ingeniería *f* eléctrica; **2.** electricista *m/f*
电话 [diàn huà] **1.** teléfono *m*; **2.** llamada *f* telefónica
电话机 [diàn huà jī] (*aparato*) teléfono *m*
电机 [diàn jī] generador *m* (*dinamo*), motor *m*
电缆 [diàn lǎn] cable *m* eléctrico
电力 [diàn lì] energía *f* eléctrica
电疗 [diàn liáo] *med* electroterapia *f*
电铃 [diàn líng] timbre *m* eléctrico
电流 [diàn liú] corriente *f* eléctrica
电炉 [diàn lú] hornillo *m* eléctrico
电路 [diàn lù] circuito *m* eléctrico
电脑 [diàn nǎo] *Esp* ordenador *m*, *Am* computador *m*
电钮 [diàn niǔ] pulsador *m*, botón *m*
电气 [diàn qì] eléctrico,-a; electricidad *f*
电器 [diàn qì] aparato *m* eléctrico
电热器 [diàn rè qì] calentador *m* eléctrico
电扇 [diàn shàn] ventilador *m* eléctrico
电视 [diàn shì] televisión *f*, TV
电视机 [diàn shì jī] televisor *m*
电视台 [diàn shì tái] estación *f* de televisión
电梯 [diàn tī] ascensor *m*, elevador *m*
电筒 [diàn tǒng] linterna *f* eléctrica, lámpara *f* de pilas
电线 [diàn xiàn] alambre *m* eléctrico, cable *m*
电线杆 [diàn xiàn gǎn] poste *m* eléctrico
电信 [diàn xìn] telecomunicación *f*
电讯 [diàn xùn] **1.** información *f*, noticia *f* (*transmitida por la radio, etc.*); **2.** telecomunicación *f*
电压 [diàn yā] *electr* voltaje *m*
电影 [diàn yǐng] cine *m*, película *f*; ~院 [yuàn] cine *m*, cinema *m*
电源 [diàn yuán] *electr* fuente *f* de alimentación, red *f* eléctrica
电闸 [diàn zhá] *electr* cortacorriente *f*, interruptor *m* de corriente
电子 [diàn zi] electrón *m*; electrónica *f*
电阻 [diàn zǔ] *electr* resistencia *f*
店 [diàn] tienda *f*, establecimiento *m* comercial
店员 [diàn yuán] dependiente,-a *m/f*
玷 [diàn] manchar, mancillar
玷污 [diàn wū] (*reputación*) manchar, ensuciar
垫 [diàn] **1.** llenar, calzar, colocar; **2.** colchón *m*, cojín *m*
垫肩 [diàn jiān] cojín *m*, hombrera *f*, almohadilla *f*
垫款 [diàn kuǎn] *banc econ* anticipo *m*, avance *m*
淀 [diàn] sedimentarse, posarse
淀粉 [diàn fěn] fécula *f*, maicena *f*
惦 [diàn] acordarse de, añorar
惦记 [diàn jì] acordarse, preocuparse

惦念 [diàn niàn] echar de menos, añorar

奠 [diàn] **1.** asentar, establecer, instalar; **2.** hacer ofrendas (*a un difunto*)

奠基 [diàn jī] poner la primera piedra (*en una construcción*), sentar las bases

奠基人 [diàn jī rén] fundador,-a *m/f*

殿 [diàn] palacio *m*, templo *m*

刁 [diāo] astuto,-a, taimado,-a, pícaro,-a

刁滑 [diāo huá] astuto,-a, taimado,-a

刁难 [diāo nán] poner dificultades, poner obstáculos

刁钻 [diāo zuān] astuto,-a, taimado,-a

叼 [diāo] tener en la boca

凋 [diāo] marchitarse, mustiarse

凋谢 [diāo xiè] marchitarse, mustiarse

碉 [diāo] fortaleza *f*

碉堡 [diāo bǎo] *mil* bloque *m*, fortaleza, *f*

雕 [diāo] esculpir, tallar, grabar

雕刻 [diāo kè] esculpir, tallar

雕塑 [diāo sù] *arte* escultura *f*

雕像 [diāo xiàng] *arte* estatua *f*

雕琢 [diāo zhuó] (*jade, etc.*) esculpir y pulir, tallar

吊 [diào] colgar, pender

吊车 [diào chē] grúa *f*, máquina *f* elevadora

吊床 [diào chuáng] hamaca *f*, coy *m*

吊灯 [diào dēng] lámpara *f* colgante

吊桥 [diào qiáo] puente *m* colgante

吊死 [diào sǐ] colgarse, ahorcarse

吊销 [diào xiāo] cancelar, retirar, anular

吊唁 [diào yàn] dar (*expresar*) el pésame

钓 [diào] pescar (*con caña*)

钓饵 [diào ěr] cebo *m*, carnada *f*

钓杆 [diào gān] caña *f* de pescar

钓钩 [diào gōu] anzuelo *m*

钓具 [diào jù] artículo *m* de pesca

调 [diào] **1.** asignar, destinar; **2.** *ling* acento *m*; **3.** aire *m*, tono *m*, melodía *f*

调拨 [diào bō] asignar, destinar

调查 [diào chá] investigar, averiguar; investigación *f*

调动 [diào dòng] **1.** trasladar, mudarse; **2.** poner en juego, movilizar

调度 [diào dù] administrar, controlar; control *m*

调换 [diào huàn] cambiar, trocar, permutar

调配 [diào pèi] cambiar, trocar, permutar

调遣 [diào qiǎn] desplazar, trasladar

调子 [diào zi] tono *m*, melodía *f*

掉 [diào] **1.** caer(se); **2.** reducir, bajar, perder; **3.** volver, voltear

掉队 [diào duì] quedarse a la zaga

掉色 [diào sè] decolorarse, desteñirse

掉线 [diào xiàn] interrumpir, cortarse (*en una comunicación por Internet*)

掉转 [diào zhuǎn] volver, dar media vuelta

爹 [diē] papá *m*, padre *m*

跌 [diē] caer

跌价 [diē jià] (*precio*) caer

跌倒 [diē dǎo] caerse, tumbarse

叠 [dié] amontonar, apilar

叠罗汉 [dié luó hàn] hacer un castillo humano

蝶 [dié] *zool* mariposa *f*

蝶泳 [dié yǒng] *dep* mariposa *f*, estilo *m* mariposa

丁 [dīng] **1.** hombre *m*; **2.** cuarto,-a *m/f* (*número ordinal procedente de los diez Troncos Celestes*)

丁香 [dīng xiāng] **1.** *bot* lila *f*; **2.** *bot* clavero *m*

叮 [dīng] picar; 我的手被虫~了一下 [wǒ de shǒu bèi chóng le yī xià]. Me ha picado un insecto en la mano.

叮嘱 [dīng zhǔ] aconsejar (*una y otra vez*)

盯 [dīng] mirar fijamente, clavar la vista en

盯梢 [dīng shāo] seguir, espiar a alg

钉 [dīng] *constr* clavo *m*

钉鞋 [dīng xié] *dep* calzado *m* con tacos

钉子 [dīng zi] **1.** *constr* clavo *m*; **2.** obstáculo *m*, pega *f*

顶 [dǐng] **1.** cima *f*, pico *m*, cumbre *f*, cúspide *f*; **2.** sustituir, reemplazar; **3.** (*palabra de medida*), 一~帽子 [yī mào zi] un sombrero

顶端 [dǐng duān] **1.** cumbre *f*, copa *f*, tope *m*; **2.** extremo *m*, punta *f*

顶峰 [dǐng fēng] **1.** cumbre *f*, cima *f*; **2.** apogeo *m*, cúspide *f*

顶替 [dǐng tì] sustituir, reemplazar

顶用 [dǐng yòng] ser útil, servir para

顶住 [dǐng zhù] resistir, aguantar, soportar

顶撞 [dǐng zhuàng] replicar, contradecir

顶嘴 [dǐng zuǐ] replicar, llevar la contraria

订 [dìng] **1.** concertar, elaborar; **2.** reservar, encargar, subscribirse

订单 [dìng dān] *com* encargo *m*, pedido *m* (*de mercancía*)

订购 [dìng gòu] *com* hacer un pedido

订婚 [dìng hūn] comprometerse (*en matrimonio*), prometerse

订货 [dìng huò] *com* hacer un pedido

订书机 [dìng shū jī] engrapadora *f*

定 [dìng] **1.** tranquilo,-a, quieto,-a, estable *adj m/f*; **2.** decidir, determinar, precisar

定额 [dìng é] cuota *f*, ración *f*

定稿 [dìng gǎo] **1.** terminar (*finalizar*) un manuscrito; **2.** (*texto*) versión *f* definitiva
定价 [dìng jià] **1.** fijar el precio *m*; **2.** precio *m* cerrado
定居 [dìng jū] residir, afincarse
定量 [dìng liàng] cantidad *f* fija, ración *f*
定论 [dìng lùn] versión *f* (*conclusión*) definitiva
定期 [dìng qī] **1.** fijar una fecha; **2.** regular, a plazo fijo
定神 [dìng shén] **1.** recuperar la calma, tranquilizarse; **2.** concentrar la atención, concentrarse
定型 [dìng xíng] modelar, moldear, formar
定义 [dìng yì] *filos* definición *f*
定罪 [dìng zuì] *jur* declarar a alg culpable
丢 [diū] **1.** perder, extraviar; **2.** arrojar, tirar, echar
丢掉 [diū diào] **1.** perder; **2.** abandonar, tirar
丢脸 [diū liǎn] perder la dignidad (*la cara*)
丢弃 [diū qì] abandonar, descartar
丢三落四 [diū sān là sì] descuidado,-a, negligente *adj m/f*
东 [dōng] este *m*, oriente *m*
东道主 [dōng dào zhǔ] anfitrión,-a *m/f*
东西 [dōng xi] cosa *f*, objeto *m*
冬 [dōng] invierno *m*
冬瓜 [dōng guā] *bot* calabaza *f* blanca
冬眠 [dōng mián] hibernación *f*; hibernar
董 [dǒng] dirigir, administrar
董事 [dǒng shì] (*empresa*) miembro *m/f* del consejo administrativo
董事会 [dǒng shì huì] junta *f* directiva, consejo *m* de administración
董事经理 [dǒng shì jīng lǐ] consejero,-a delegado,-a *m/f*
董事长 [dǒng shì zhǎng] (*empresa*) presidente,-a *m/f*
懂 [dǒng] comprender, entender
懂得 [dǒng dé] entender, comprender, ser consciente de
懂行 [dǒng háng] ser profesional en
懂事 [dǒng shì] sensato -a, inteligente *adj m/f*
动 [dòng] **1.** mover, movimiento *m*; **2.** actuar, hacer
动笔 [dòng bǐ] ponerse a escribir
动产 [dòng chǎn] bienes *mpl* muebles
动词 [dòng cí] *ling* verbo *m*
动荡 [dòng dàng] **1.** moverse, agitarse; **2.** turbulencia *f*, agitación *f*
动工 [dòng gōng] (*una construcción*) poner en marcha
动画片 [dòng hua piàn] dibujos *mpl* animados
动机 [dòng jī] motivo *m*; intención *f*

动静 [dòng jìng] **1.** sonido *m*, ruido *m*; **2.** actividad *f*, movimiento *m*
动力 [dòng lì] **1.** fuerza *f* motriz, energía *f*; **2.** fuerza *f* propulsora, impulso *m*
动乱 [dòng luàn] disturbio *m*, follón *m*
动脉 [dòng mài] *med* arteria *f*
动人 [dòng rén] emocionante *adj m/f*, conmovedor,-a
动身 [dòng shēn] partir, ponerse en camino
动手 [dòng shǒu] **1.** (*trabajo*) emprender; **2.** tocar a alg
动手术 [dòng shǒu shù] **1.** *med* operar a alg, hacer una operación; **2.** hacerse operar, operarse
动态 [dòng tài] desarrollo *m*, tendencia *f*
动听 [dòng tīng] agradable al oído
动物 [dòng wù] animal *m*
动物园 [dòng wù yuán] parque *m* zoológico, zoo *m*
动向 [dòng xiàng] tendencia *f*, marcha *f*
动心 [dòng xīn] despertarse en alg el deseo o el interés
动摇 [dòng yáo] **1.** vacilante *adj m/f*, tambaleante *adj m/f*; **2.** hacer vacilar
动用 [dòng yòng] emplear, utilizar
动员 [dòng yuán] movilizar, llamar
动作 [dòng zuò] **1.** movimiento *m*, acción *f*; **2.** actuar, ponerse en movimiento
冻 [dòng] **1.** helarse, congelarse; **2.** sentir mucho frío
冻疮 [dòng chuāng] *med* sabañón *m*
冻结 [dòng jié] **1.** helarse, congelarse; **2.** *banc* (*cuenta, ahorros, depósito*) congelar, bloquear
洞 [dòng] agujero *m*, hueco *m*
洞察 [dòng chá] tener una visión clara
洞房 [dòng fáng] alcoba *f* nupcial
栋 [dòng] *const* viga *f*
栋梁 [dòng liáng] pilar *m*, viga *f*; *fig* pilar *m* (*para el estado o una empresa*)
都 [dōu] → dū **1.** todo; 她什么~明白 [tā shén mē míng bái]. Ella lo entiende todo; **2.** incluso, hasta, aun; 连他~不想去了 [lián tā bù xiǎng qù le]. Incluso él tampoco quiere ir.
兜 [dōu] → dū **1.** bolsillo *m*, bolsa *f*; **2.** dar una vuelta (*un paseo*)
兜风 [dōu fēng] dar un paseo o una vuelta (*en coche o moto*)
兜揽 [dōu lǎn] (*cliente*) buscar
兜圈子 [dōu quān zi] **1.** dar vueltas, girar alrededor de; **2.** andar (*ir*) con rodeos
兜售 [dōu shòu] vender (*en la calle*)
斗 [dǒu] , → dòu **1.** *dou*, unidad de medida de capacidad (= *1 decalitro*); **2.** utensilio *m* (*pa-*

ra medir la capacidad para áridos)

斗笠 [dǒu lì] sombrero *m* de bambú

斗篷 [dǒu peng] *txtl* capa *f*

抖 [dǒu] **1.** temblar, estremecerse; **2.** sacudir

抖动 [dǒu] sacudir, temblar, vibrar

抖威风 [dǒu wēi fēng] darse aires de autoridad

陡 [dǒu] escarpado,-a, abrupto,-a

陡峭 [dǒu qiào] escarpado,-a, abrupto,-a

陡然 [dǒu rán] de repente, súbitamente

斗 [dòu] , → dou **1.** pelearse, luchar; **2.** competir, rivalizar

斗争 [dòu zhēng] luchar, combatir; lucha, *f*, pelea, *f*

斗志 [dòu zhì] espíritu *m* combativo, voluntad *f* de combate

斗智 [dòu zhì] competir en inteligencia

豆 [dòu] lenteja *f*, alubia *f*, soja *f*, legumbre *m*

豆腐 [dòu fu] *doufu*, gelatina *f* de soja

豆浆 [dòu jiāng] leche *f* de soja

豆芽 [dòu yá] brotes *mpl* de soja *(o de guisante)*

豆油 [dòu yóu] aceite *m* de soja

豆制品 [dòu zhì pǐn] producto *m* hecho de soja

逗 [dòu] **1.** entretener, divertir; **2.** encantar, agradar

逗号 [dòu hào] *ling* coma *f* (,)

逗留 [dòu liú] quedarse, permanecer; estancia *f*

痘 [dòu] **1.** *med* viruela *f*; **2.** *med* vacuna *f*

痘苗 [dòu miáo] *med* vacuna *f*

都 [dū] → dou **1.** capital *f*; **2.** ciudad *f* grande, metrópoli *f*

都市 [dū shì] ciudad *f*, metrópoli *f*

督 [dū] inspeccionar, supervisar

督察 [dū chá] inspeccionar, supervisar

督促 [dū cù] presionar, apresurar, urgir

毒 [dú] **1.** veneno *m*, toxina *f*; **2.** droga *f*, narcótico *m*; **3.** venenoso,-a, tóxico,-a

毒害 [dú hài] envenenar, intoxicar

毒计 [dú jì] trampa *f* mortal

毒辣 [dú là] cruel *adj m/f*, diabólico,-a

毒品 [dú pǐn] droga *f*, narcótico *m*

毒气 [dú qì] gas *m* venenoso

毒蛇 [dú shé] *zool* serpiente *f* venenosa, víbora *f*

毒手 [dú shǒu] golpe *m* mortal

毒药 [dú yào] *med* veneno *m*, tóxico *m*

独 [dú] **1.** único -a, singular *adj m/f*; **2.** solo,-a, solitario,-a

独霸 [dú bà] monopolizar, acaparar

独白 [dú bái] *teat* soliloquio *m*, monólogo *m*

独裁 [dú cái] *pol* dictadura *f*

独裁者 [dú cái zhě] *pol* dictador,-a *m/f*

独唱 [dú chàng] (*cantar*) solo *m/f*
独创 [dú chuàng] creación *f* original
独断 [dú duàn] arbitrario,-a, dictatorial *adj m/f*
独力 [dú lì] por sí solo, sin ayuda ajena
独特 [dú tè] único,-a, peculiar *adj m/f*, particular *adj m/f*
独一无二 [dú yī wú èr] único,-a, sin par, sin igual
独占 [dú zhàn] acaparar, monopolizar
独自 [dú zì] solo,-a, solitario,-a
独奏 [dú zòu] *mús* solo *m*
读 [dú] **1.** leer (*en voz alta o baja*); **2.** cursar, estudiar
读本 [dú běn] material *m* de lectura
读书 [dú shū] **1.** leer, estudiar; **2.** (*una asignatura*) cursar
读物 [dú wù] lectura *f*, material *m* de lectura
读者 [dú zhě] lector,-a *m/f*
堵 [dǔ] **1.** tapar, obstruir, cerrar; **2.** ahogado,-a, sofocado,-a
堵塞 [dǔ sè] atascar; atasco *m*
赌 [dǔ] **1.** (*dinero*) jugar; **2.** apostar, apuesta *f*
赌博 [dǔ bó] juego *f* de azar, apuesta *f*
赌场 [dǔ chǎng] casino *m* (*de juego*), bingo *m*
赌棍 [dǔ gùn] tahúr,-a *m/f*, cuco,-a *m/f*
赌气 [dǔ qì] actuar a capricho
赌咒 [dǔ zhòu] jurar, hacer un juramento
赌注 [dǔ zhù] apuesta *f*, puesta *f*
杜 [dù] obstruir, impedir
杜绝 [dù jué] eliminar, poner fin, frenar
杜撰 [dù zhuàn] inventar, crear
肚 [dù] *med* vientre *m*, abdomen *m*
肚脐 [dù qí] *med* ombligo *m*
肚子 [dù zi] *coloq med* vientre *m*, abdomen *m*
妒 [dù] celos *mpl*, envidia *f*
妒忌 [dù jì] tener celos/envidia
度 [dù] → dū grado *m* (*de longitud, intensidad, ángulo, temperatura*); 今天气温达二十五 ~ [jīn tiān qì wēn dá èr shí wǔ]. Hoy hace una temperatura de 25 grados.
度量 [dù liàng] tolerancia *f*, magnanimidad *f*
度日如年 [dù rì rú nián] pasar momentos difíciles
渡 [dù] pasar; cruzar; atravesar
渡船 [dù chuán] transbordador *m*, barco *m* de transbordo
渡口 [dù kǒu] embarcadero *m*
端 [duān] cabo *m*, extremo *m*, punta *f*
端详 [duān xiáng] digno,-a y sereno,-a
端正 [duān zhèng] **1.** derecho,-a, recto,-a; **2.** decente *adj m/f*, bueno,-a; **3.** rectificar, corregir

端庄 [duān zhuāng] digno,-a, serio,-a
短 [duǎn] corto,-a; breve *adj m/f*
短波 [duǎn bō] *fís* onda *f* corta
短处 [duǎn chù] debilidad *f*, defecto *m*, punto *m* débil
短促 [duǎn cù] de muy poca duración, muy breve
短工 [duǎn gōng] jornalero,-a *m/f*, temporero,-a *m/f*
短裤 [duǎn kù] pantalón *m* corto, pantaloneta *f*
短路 [duǎn lù] *electr* cortocircuito *m*, corto *m*
短命 [duǎn mìng] morir joven, ser efímero,-a
短跑 [duǎn pǎo] *dep* carrera *f* corta, carrera *f* de velocidad
短期 [duǎn qī] de corta duración, a corto plazo
短缺 [duǎn quē] ser insuficiente, faltar, carecer
短暂 [duǎn zàn] de poca duración, breve *adj m/f*, corto,-a
段 [duàn] segmento *m*, trozo *m*, pieza *f*
段落 [duàn luò] **1.** *ling* párrafo *m*; **2.** fase *f*, etapa *f*
断 [duàn] **1.** romper, quebrar, quebrantar; **2.** romper, cortar, interrumpir
断定 [duàn dìng] concluir, definir
断交 [duàn jiāo] **1.** romper la amistad; **2.** *dipl* romper las relaciones diplomáticas
断绝 [duàn jué] romper, cortar, interrumpir
断奶 [duàn nǎi] destetar, quitar la teta (*a un bebé*)
断气 [duàn qì] *coloq* expirar, morir
断然 [duàn rán] decididamente, drásticamente
断送 [duàn sòng] echar a perder, truncar
断言 [duàn yán] afirmar, aseverar
缎 [duàn] *txtl* raso *m*, satén *m*
缎子 [duàn zi] *txtl* tejido *m* raso, satén *m*
锻 [duàn] forjar, fraguar
锻炼 [duàn liàn] **1.** hacer ejercicio, hacer deporte; **2.** templarse, acerarse, forjarse
堆 [duī] **1.** amontonar, apilar, hacinar; **2.** montón *m*, hacinamiento *m*; **3.** montón *m*, pila *f*
堆砌 [duī qì] (*ladrillos o rocas*) apilar
队 [duì] **1.** fila *f* (*de personas*); **2.** grupo *m*, equipo *m*; **3.** grupo *m*, partida *f*
队列 [duì liè] fila *f*, formación *f*
队伍 [duì wu] **1.** ejército *m*, tropas *fpl*; **2.** fila *f* (*de personas*)
队员 [duì yuán] miembro *m* (*de un equipo*)
队长 [duì zhǎng] jefe,-a *m/f* (*de un equipo*)
对 [duì] **1.** mirar hacia, dar a, frente a; 大门~着山 [dà mén zhe shān] La puerta mira hacia la colina.; **2.** correcto,-a, justo,-a, bueno,-a; **3.** (*palabra*

de medida) par *m*, pareja *f*; 三 ~ 熊猫 [sān xióng māo] tres parejas de oso panda.

对比 [duì bǐ] **1.** comparar, contrastar; contraste *m*, comparación *f*; **2.** proporción *f*, balanza *f*

对不起 [duì bù qǐ] **1.** ¡Perdone!, ¡Discúlpenme!; **2.** defraudar, ser indigno de

对策 [duì cè] contramedida *f*, solución *f*

对称 [duì chèn] simetría *f*; simétrico,-a

对待 [duì dài] tratar; tratamiento *m*

对得起 [duì dé qǐ] merecer, ser digno de

对等 [duì děng] reciprocidad *f*, igualdad *f*

对方 [duì fāng] la otra parte

对付 [duì fù] **1.** enfrentarse a, hacer frente a; **2.** arreglárselas, acomodarse

对号入座 [duì hào rù zuò] tomar el asiento enumerado

对话 [duì huà] diálogo *m*, coloquio *m*

对抗 [duì kàng] **1.** antagonismo *m*, confrontación *f*; **2.** resistir, oponerse

对立 [duì lì] oponer, contraponer, ser contrario a

对路 [duì lù] satisfacer la necesidad/la petición

对面 [duì miàn] **1.** frente a, de enfrente; **2.** en dirección opuesta; **3.** cara a cara, frente a frente

对手 [duì shǒu] rival *m*, adversario,-a *m/f*, competidor,-a *m/f*

对头 [duì tóu] **1.** enemigo,-a *m/f*; **2.** rival *m/f*, adversario,-a *m/f*; **3.** *coloq* correcto,-a, apropiado,-a

对象 [duì xiàng] **1.** blanco *m*, objeto *m*; **2.** novio,-a *m/f*

对应 [duì yìng] correspondiente *adj m/f*, homólogo,-a

对照 [duì zhào] **1.** comparar, cotejar; **2.** contraste *m*; **3.** contrastar

兑 [duì] *banc* cambiar, convertir

兑换 [duì huàn] *banc* cambiar, convertir; cambio *m*

兑换率 [duì huàn lǜ] *banc* tipo *m* de cambio *m*, cambio *m*

兑现 [duì xiàn] **1.** *banc* hacer efectivo (*un cheque*); **2.** cumplir (*una promesa*), llevar a la práctica

吨 [dūn] tonelada *f*

吨位 [dūn wèi] tonelaje *m*

蹲 [dūn] en cuclillas

盾 [dùn] *mil* escudo *m*

顿 [dùn] **1.** arreglar, acomodar; **2.** súbitamente, de pronto

顿时 [dùn shí] inmediatamente, en seguida

多 [duō] **1.** mucho, más, demasiado; 他已经三十~ 岁了 [tā yǐ jīng sān shí suì le]. Ya tiene más de treinta años. **2.** cuánto; ~重 [zhòng]？¿Cuánto pesa?

多半 [duō bàn] **1.** mayor parte *f*, mayoría *f*; **2.** probablemente

多变 [duō biàn] variable *adj m/f*, cambiante *adj m/f*

多次 [duō cì] muchas veces, repetidamente, en muchas ocasiones

多方 [duō fāng] todos los medios, todo lo posible

多亏 [duō kuī] gracias a, merced a

多么 [duō me] qué, cómo, cuánto; ~清新的空气 [qīng xīn de kōng qì]！¡Qué aire tan fresco!

多情 [duō qíng] lleno,-a de cariño y amor, afectuoso,-a

多少 [duō shǎo] **1.** cuánto (*interrogativo*); 你有~欧元 [nǐ yǒu ōu yuán]? ¿Cuántos euros tienes? **2.** cuánto (*cuantitativo*); 我不知道去过她家~次了 [wǒ bù zhī dào qù guò tā jiā cì le]. No sé cuántas veces he estado en su casa; 不管我们有~欧元 [bù guǎn wǒ mēn yǒu ōu yuán], 我们都要去一趟法国 [wǒ mēn dōu yào qù yī tàng fǎ guó]. No importa de cuántos euros disponemos, tenemos que ir a Francia.

多事 [duō shì] **1.** hacer algo innecesario; **2.** entrometerse, entremeterse

多数 [duō shù] mayoría *f*, mayor parte *f*

多谢 [duō xiè] muchas gracias, muy agradecido

多心 [duō xīn] suspicaz *adj m/f*, desconfiado,-a, receloso,-a

多样化 [duō yàng huà] diversificar, variar; diversificación *f*

多余 [duō yú] **1.** de sobra, sobrante *adj m/f*; **2.** innecesario,-a, superfluo,-a

多种经营 [duō zhǒng jīng yíng] actividades *fpl* económicas diversificadas

多嘴 [duō zuǐ] hablar alg cuando no le toca, hablar más de lo debido

夺 [duó] **1.** tomar por la fuerza, quitar (*bruscamente*); **2.** *dep* conseguir, ganar

夺回 [duó huí] reconquistar, recuperar

夺取 [duó qǔ] (*esforzarse por*) conseguir, conquistar

朵 [duǒ] (*palabra de medida*); 一~玫瑰花 [yī méi guì huā] una (*flor de*) rosa

躲 [duǒ] **1.** esconderse, ocultarse; **2.** rehuir, esquivar

躲避 [duǒ bì] esquivar, eludir, evitar

躲藏 [duǒ cáng] esconderse, ocultarse;

躲闪 [duǒ shǎn] esquivar, hurtar (*el cuerpo*)

舵 [duò] *nav* timón *m*

舵手 [duò shǒu] **1.** *nav* timonel *m*; **2.** *pol* líder *m/f*, jefe,-a *m/f*

堕 [duò] caer, caída *f*

堕落 [duò luò] degenerar (*moralmente*), caer (*en la corrupción*)
堕入 [duò rù] caer (*en una trampa*)
堕胎 [duò tāi] *med* abortar; aborto *m*
惰 [duò] perezoso,-a, indolente *adj m/f*; pereza *f*, indolencia *f*
惰性 [duò xìng] **1.** *fís* inercia *f*; **2.** pereza *f*, indolencia *f*
跺 [duò] patalear, zapatear
跺脚 [duò jiǎo] patalear

E

俄 [é] **1.** Rusia *f*; **2.** ruso,-a; 中~边界 [zhōng biān jiè] La frontera chino-rusa
俄国 [é guó] Rusia *f*
俄语 [é yǔ] (*idioma*) ruso *m*
鹅 [é] *zool* ganso *m*, ánsar *m*
鹅卵石 [é luǎn shí] piedra *f* de río, piedra *f* china
鹅毛 [é máo] **1.** pluma *f* (*de ganso*); **2.** cosa *f* insignificante
蛾 [é] *zool* mariposa *f* nocturna
额 [é] **1.** frente *f*; **2.** cuota *f*, cupo *m*
额外 [é wài] extra *m*, adicional *adj m/f*
恶 [ě]
恶心 [ě xīn] **1.** asco *m*; náuseas *fpl*; **2.** repugnar; **3.** repugnante *adj m/f*, repulsivo,-a
恶 [è] **1.** maldad *f*, perversidad *f*; **2.** malo,-a, perverso,-a, vil *adj m/f*; **3.** fiero,-a, feroz *adj m/f*, cruel *adj m/f*
恶霸 [è bà] tirano *m* (*déspota*) local, cacique *m*
恶臭 [è chòu] peste *f*, hedor *m*
恶毒 [è dú] maligno,-a, perverso,-a
恶棍 [è gùn] canalla *m*, gamberro *m*
恶果 [è guǒ] consecuencia *f* negativa, efecto *m* desastroso
恶化 [è huà] empeorar, ir de mal en peor
恶劣 [è liè] muy malo,-a, abominable *adj m/f*
恶魔 [è mó] demonio *m*, diablo *m*
恶人 [è rén] grosero,-a *m/f*, canalla *m/f*
恶习 [è xí] vicio,-a, hábito *m* pernicioso
恶性循环 [è xìng xún huán] círculo *m* negativo
恶意 [è yì] mala intención *f*, mala fe *f*
恶作剧 [è zuò jù] broma *f* pesada
饿 [è] hambre; hacer pasar hambre; 别~着她 [bié zhe tā]. No le hagas pasar hambre.
噩 [è] aterrador,-a, espantoso,-a
噩耗 [è hào] noticia *f* fúnebre (*de una muerte*)
噩梦 [è mèng] pesadilla *f*
恩 [ēn] bondad *f*, favor *m*, benevolencia *f*
恩爱 [ēn ài] amor *m* conyugal

恩赐 [ēn cì] otorgar (*un favor, una merced*)

恩惠 [ēn huì] favor *m*, gracia *f*, merced *f*

恩情 [ēn qíng] benevolencia *f*, bondad *f*

恩人 [ēn rén] benefactor,-a *m/f*, bienhechor,-a *m/f*

恩怨 [ēn yuàn] benevolencia *f* y odio *m*

儿 [ér] **1.** niño *m*; **2.** hijo *m*; **3.** jovencito *m*, joven *m*

儿歌 [ér gē] canción *f* infantil

儿科 [ér kē] *med* pediatría *f*

儿女 [ér nǚ] hijo *m* e hija *f*

儿孙 [ér sūn] hijos *mpl* y nietos *mpl*, descendientes *mpl*

儿童 [ér tóng] niño *m*; infantil *adj m/f*

儿媳妇 [ér xí fu] nuera *f*, hija *f* política

儿戏 [ér xì] juego *m* de niños, niñería *f*

而 [ér] **1.** y; 金子昂贵~ 稀少 [jīn zi áng guì xī shǎo] El oro es caro y escaso; **2.** *lit* hasta; 由春~ 夏 [yóu chūn xià] desde primavera hasta verano.

而且 [ér qiě] y，y además; 她人很好 [tā rén hěn hǎo]; ~很漂亮 [hěn piào liàng]. Ella es buena y, además, muy guapa.

而已 [ér yǐ] nada más, eso es todo; 只是开个玩笑~ [zhǐ shì kāi gè wán xiào]. Es una broma, nada más.

耳 [ěr] *med* oreja *f*, oído *m*

耳边风 [ěr biān fēng] consejo *m* (*advertencia*) desatendido,-a

耳朵 [ěr duo] *med* oreja *f*

耳光 [ěr guāng] bofetada *f*, guantada *f*

耳环 [ěr huán] pendiente *m*, arete *m*

耳机 [ěr jī] auricular *m*

耳目 [ěr mù] **1.** lo que alg ve y oye, conocimiento *m*, información *f*; **2.** espía *m/f*

耳闻 [ěr wén] oír decir, conocer de oídos

耳语 [ěr yǔ] hablar al oído

耳坠子 [ěr zhuì zi] pendiente *m*

二 [èr] dos; ~ 路公车 [lù gōng chē] autobús número dos

二百五 [èr bǎi wǔ] *vulg* bobo,-a *m/f*, tonto,-a *m/f*

二流子 [èr liú zi] gamberro *m*, grosero *m*

二月 [èr yuè] febrero *m*

F

发 [fā] → fà **1.** enviar, expedir; **2.** expresar, manifestar

发表 [fā biǎo] publicar, manifestar

发布 [fā bù] publicar, impartir

发财 [fā cái] hacerse rico (*con oro*)

发愁 [fā chóu] preocuparse, estar inquieto,-a

发出 [fā chū] expedir, emitir, despedir

发达 [fā dá] desarrollado,-a, próspero,-a; ~ 国家 [guó jiā] países *mpl* desarrollados
发呆 [fā dāi] permanecer alelado,-a, quedarse pasmado,-a
发电机 [fā diàn jī] *electr* generador *m*, dinamo *f*
发动 [fā dòng] desencadenar, movilizar
发动机 [fā dòng jī] *tecn* motor *m*
发抖 [fā dǒu] temblar, tiritar
发疯 [fā fēng] volverse loco,-a, estar loco,-a
发慌 [fā huāng] ponerse nervioso,-a, turbarse
发挥 [fā huī] desarrollar, ampliar
发昏 [fā hūn] estar confuso,-a, perder la cabeza
发酵 [fā jiào] fermentar; fermentación *f*
发觉 [fā jué] darse cuenta de, percibir
发掘 [fā jué] exhumar, excavar
发困 [fā kùn] tener sueño
发亮 [fā liàng] brillar, relucir
发霉 [fā méi] ponerse mohoso, enmohecerse
发明 [fā míng] inventar, crear; invención *f*, invento *m*
发胖 [fā pàng] engordarse, ponerse gordo
发脾气 [fā pí qì] enfadarse, enojarse
发票 [fā piào] *com* factura *f*, recibo *m*
发起 [fā qǐ] iniciar, desatar, lanzar
发球 [fā qiú] *dep* saque *m*
发热 [fā rè] *tecn* emitir calor
发烧 [fā shāo] *med* tener fiebre
发射 [fā shè] lanzar, disparar
发生 [fā shēng] ocurrir, suceder
发誓 [fā shì] jurar, prestar juramento
发条 [fā tiáo] resorte *m*, cuerda *f*
发问 [fā wèn] hacer una pregunta
发现 [fā xiàn] encontrar, hallar, descubrir
发泄 [fā xiè] desahogar, desfogar
发行 [fā xíng] emitir, editar; emisión *f*, edición *f*
发芽 [fā yá] germinar, brotar
发言 [fā yán] **1.** hacer uso de la palabra, tomar la palabra; **2.** ponencia *f*, discurso *m*
发炎 [fā yán] *med* inflamarse, enconarse
发扬 [fā yáng] desarrollar, desenvolver
发音 [fā yīn] *ling* pronunciación *f*, articulación *f*
发育 [fā yù] desarrollarse (*físicamente*)
发展 [fā zhǎn] desarrollar, desenvolver
发胀 [fā zhàng] *med* timpanitis *f*, timpanización *f*
发作 [fā zuò] **1.** *med* atacar, surtir efecto; **2.** ponerse furioso,-a, encolerizarse
乏 [fá] **1.** faltar, carecer de; **2.** cansado,-a, fatigado,-a
乏味 [fá wèi] insípido,-a, insulso,-a, soso,-a
伐 [fá] talar

伐木 [fá mù] tala *f* (*de árbol*)
罚 [fá] penar, penalizar
罚金 [fá jīn] multa *f*, penalización *f*
罚款 [fá kuǎn] penalizar, imponer una multa; multa *f*, recargo *m*
罚球 [fá qiú] *dep* castigo *m*, tiro *m* franco
阀 [fá] *tecn* válvula *f*, compuerta *f*
阀门 [fá mén] *tecn* válvula *f*
法 [fǎ] ley *f*, derecho *m*, código *m*, decreto *m*; 民~ [mín] código *m* civil; 刑~ [xíng] código *m* penal
法典 [fǎ diǎn] *jur* código *m* (*legal*)
法定 [fǎ dìng] legal *adj m/f*, establecido por la ley
法官 [fǎ guān] *jur* juez *m/f*, magistrado *m*
法规 [fǎ guī] *jur* decreto *m*, legislación *f*, normativa *f*
法国 [fǎ guó] Francia *f*
法兰绒 [fǎ lán róng] *txtl* franela *f*
法令 [fǎ lìng] *jur* decreto *m*, legislación *f*
法律 [fǎ lǜ] ley *f*, legislación *f*, decreto *m*
法术 [fǎ shù] arte *m* mágico, brujería *f*
法庭 [fǎ tíng] tribunal *f*, juzgado *m*; 初审~ [chū shěn] juzgado *m* de primera instancia
法网 [fǎ wǎng] red *f* de justicia, brazo *m* de la ley
法西斯 [fǎ xī sī] fascismo *m*; fascista *m/f*
法学 [fǎ xué] ciencia *f* del derecho, jurisprudencia *f*
法医 [fǎ yī] forense *m/f*, médico *m* forense *m/f*
法语 [fǎ yǔ] (*idioma*) francés *m*
法院 [fǎ yuàn] *jur* tribunal *m*, juzgado *m*
法则 [fǎ zé] ley *f*; 自然~ [zì rán] ley *f* de la naturaleza
法制 [fǎ zhì] sistema *m* legal
法子 [fǎ zi] solución *f*, idea *f*, propuesta
发 [fà] → fā cabello *m*, pelo *m*
发夹 [fà jiá] horquilla *f*, gancho *m*
发型 [fà xíng] modelo *m* de peinado
帆 [fān] vela *f*, velamen *m*
帆布 [fān bù] *txtl* lona *f*
帆船 [fān chuán] *dep* barco *m* de vela, velero *m*
番 [fān] vez *f*; 三~五次 [sān wǔ cì] repetidas veces *fpl*
番号 [fān hào] *mil* denominación *f* (*de una unidad militar*)
番茄 [fān qié] *bot* tomate *m*
番薯 [fān shǔ] patata *f*, papa *f*
翻 [fān] **1.** volver, voltear; **2.** atravesar, escalar; **3.** traducir, interpretar
翻案 [fān àn] revocar una sentencia
翻版 [fān bǎn] *impr* reimpresión *f*, reproducción *f*
翻跟斗 [fān gōn dǒu] *dep* dar una voltereta
翻滚 [fān gǔn] **1.** agitarse, encresparse; **2.** revolverse, volverse

翻悔 [fān huǐ] arrepentirse; arrepentimiento *m*

翻来复去 [fān lái fù qù] **1.** revolverse, dar vueltas; **2.** repetidamente, una y otra vez

翻脸 [fān liǎn] reñir, romper (*una relación*)

翻身 [fān shēn] **1.** volverse; **2.** *pol* liberarse, emanciparse

翻天覆地 [fān tiān fù dì] completamente, totalmente

翻新 [fān xīn] renovar, rehabilitar

翻修 [fān xiū] restaurar, rehabilitar, reparar

翻译 [fān yì] traducir, interpretar; traducción *f*, interpretación *f*; intérprete *m/f*, traductor,-a *m/f*

翻印 [fān yìn] *impr* reimprimir, reproducir

翻阅 [fān yuè] (*un libro*, etc.) hojear, consultar

凡 [fán] **1.** común *adj m/f*, corriente *adj m/f*, ordinario,-a; **2.** cada, cualquiera; **3.** este mundo humano, la tierra

凡例 [fán lì] *ling* uso *m* de diccionario

凡人 [fán rén] **1.** hombre *m* ordinario, hombre *m* común; **2.** mortal *m/f*

凡是 [fán shì] cada, cualquiera, todo; ~ 你有的 [nǐ yǒu de], 我都有 [wǒ dōu yǒu]. Tengo todo lo que tienes.

烦 [fán] **1.** estar molesto,-a, sentirse fastidiado,-a; **2.** estar cansado de, estar harto de; **3.** molestar a alg

烦恼 [fán nǎo] angustiado,-a, preocupado,-a

烦闷 [fán mèn] angustiado,-a, aburrido,-a

烦扰 [fán yōu] **1.** molestar, importunar, fastidiar; **2.** sentirse fastidiado,-a

烦琐 [fán suǒ] (*cargado de*) detalles *mpl* burocráticos, papeleo *m*

烦躁 [fán zào] estar impaciente (*nervioso*)

繁 [fán] **1.** numeroso,-a, múltiple *adj m/f*; **2.** propagar, multiplicar

繁多 [fán duō] vario,-a; 品种~ [pǐn zhǒng] varios géneros (*tipos*)

繁复 [fán fù] complicado,-a, liado,-a

繁华 [fán huá] concurrido,-a, animado,-a, próspero,-a

繁忙 [fán máng] ocupado,-a, atareado,-a

繁荣 [fán róng] próspero,-a, floreciente *adj m/f*

繁杂 [fán zá] diverso,-a, misceláneo,-a, farragoso,-a

繁殖 [fán zhí] *zool* reproducirse, multiplicarse

繁重 [fán zhòng] (*trabajo*) fatigoso,-a, pesado,-a

反 [fǎn] **1.** opuesto,-a, contrario,-a; **2.** al contrario, en cambio; **3.** oponerse, combatir

反驳 [fǎn bó] replicar, responder

反常 [fǎn cháng] anormal *adj m/f*, extraño,-a

反动 [fǎn dòng] *pol* reaccionario, -a; reacción *f*

反对 [fǎn duì] oponerse, estar en contra, ser contrario a

反面 [fǎn miàn] **1.** reverso,-a, revés, dorso,-a; **2.** lo contrario, lado *m* negativo; **3.** contrario,-a, de otro aspecto

反复 [fǎn fù] **1.** repetidas veces, una y otra vez; **2.** altibajo *m*, recaída *f*

反感 [fǎn gǎn] antipatía *f*; antipático,-a

反攻 [fǎn gōng] *mil dep* contraofensiva *f*

反光 [fǎn guāng] **1.** luz *f* refleja; **2.** reverberar

反光镜 [fǎn guāng jìng] *auto* retrovisor *m*

反悔 [fǎn huǐ] desdecirse (*de una promesa*), retractarse

反击 [fǎn jī] *mil pol* contragolpear; contragolpe *m*

反抗 [fǎn kàng] resistir, rebelarse

反射 [fǎn shè] *fís* reflexión *f*; reflejo *m*

反响 [fǎn xiǎng] repercusión *f*, eco *m*, impacto *m*

反省 [fǎn xǐng] introspección *f*, meditación *f*; meditar

反义词 [fǎn yì cí] *ling* antónimo *m*

反应 [fǎn yìng] **1.** reaccionar; reacción *f*; **2.** resonancia *f*, repercusión *f*

反映 [fǎn yìng] **1.** reflejar, representar; **2.** informar, avisar

反正 [fǎn zhèng] de todas maneras, en todo caso; ~ 你得付钱 [nǐ děi fù qián]. En todo caso, tienes que pagar.

返 [fǎn] volver, regresar

返工 [fǎn gōng] volver a hacer (*el mismo trabajo que está mal hecho*)

返航 [fǎn háng] *nav* regresar a la base (*o un puerto*)

犯 [fàn] **1.** violar, infringir, ofender; **2.** cometer (*un error*)

犯不着 [fàn bu zháo] no valer la pena

犯得着 [fàn de zháo] valer la pena

犯法 [fàn fǎ] violar la ley

犯规 [fàn guī] *dep* falta *f*

犯人 [fàn rén] preso *m*

犯罪 [fàn zuì] cometer un delito

泛 [fàn] **1.** dibujarse, despedir; **2.** extensivo,-a, general *adj m/f*, implícito,-a; **3.** inundar, desbordar

泛泛 [fàn fàn] general *adj m/f*, superficial *adj m/f*

泛滥 [fàn làn] desbordarse, inundarse

饭 [fàn] **1.** arroz *m* cocido; **2.** comida *f*

饭菜 [fàn cài] plato *m* combinado

饭店 [fàn diàn] **1.** hotel *m*; **2.** restaurante *m*

饭量 [fàn liàng] apetito *m*

饭厅 [fàn tīng] comedor *m*

饭桶 [fàn tǒng] **1.** comilón,-a *m/f*, tragón,-a *m/f*; **2.** imbécil *m/f*, inútil *m/f*

饭碗 [fàn wǎn] **1.** tazón *m* (*de comida*); **2.** empleo *m*, medios *mpl* de subsistencia

贩 [fàn] **1.** comprar (*para revender ilegalmente*); **2.** traficante *m/f*, vendedor,-a *m/f*

贩卖 [fàn mài] traficar, comerciar

贩子 [fàn zi] traficante *m/f*, revendedor,-a *m/f*

方 [fāng] **1.** cuadrado,-a; **2.** parte *f*, lado *m*

方案 [fāng àn] **1.** propuesta *f*, proyecto *m*; **2.** regla *f*, normativa *f*

方便 [fāng biàn] **1.** cómodo,-a, fácil *adj m/f*; **2.** conveniente *adj m/f*; **3.** conveniencia *f*

方法 [fāng fǎ] método *m*, medio *m*

方面 [fāng miàn] aspecto *m*, lado *m*

方式 [fāng shì] modo *m*, forma *f*, manera *f*

方糖 [fāng táng] terrón *m* de azúcar

方位 [fāng wèi] posición *f*, dirección *f*

方向 [fāng xiàng] dirección *f*, orientación *f*

方向盘 [fāng xiàng pán] *auto* volante *m*

方言 [fāng yán] *ling* dialecto *m*

方针 [fāng zhēn] *pol* orientación *f* (*política*), principio *m*, guía *f*

方子 [fāng zi] **1.** *med* receta *f*, prescripción *f*; **2.** fórmula *f*

坊 [fāng] fāng calle *f* (*en un barrio residencial*)

坊间 [fāng jiān] en las librerías

芳 [fāng] **1.** perfumado,-a, fragante *adj m/f*; **2.** (*nombre o reputación*) bueno,-a, virtuoso,-a

芳香 [fāng xiāng] fragante *adj m/f*, aromático,-a; fragancia *f*, aroma *m*

访 [fǎng] visita *f*; visitar

访问 [fǎng wèn] visitar, hacer una visita

防 [fáng] **1.** defender; defensa *f*; **2.** prevenirse; prevención *f*

防备 [fáng bèi] prevenirse, poner en guardia

防弹衣 [fáng dàn yī] chaleco *m* antibalas

防盗 [fáng dào] antirrobo *m*; ~ 门 [mén] puerta *f* blindada (*antirrobo*)

防毒面具 [fáng dú miàn jù] máscara *f* antigas tóxico

防火 [fáng huǒ] prevención *f* contra incendios

防空 [fáng kōng] *mil* defensa *f* antiaérea

防守 [fáng shǒu] defender, guardar

防线 [fáng xiàn] *mil dep* línea *f* de defensa

防疫 [fáng yì] prevención *f* contra la epidemia

防止 [fáng zhǐ] evitar, prevenir

妨 [fáng] entorpecer, obstaculizar, impedir
妨碍 [fáng ài] entorpecer, obstruir, obstaculizar
妨害 [fáng hài] dañar, perjudicar
房 [fáng] **1.** casa *f*, piso *m*; **2.** cuarto *m*, habitación *f*
房顶 [fáng dǐng] *constr* tejado *m*, techo *m*
房东 [fáng dōng] propietario,-a *m/f* (*de un piso o una casa*)
房间 [fáng jiān] cuarto *m*, habitación *f*
房客 [fáng kè] inquilino,-a *m/f*
房子 [fáng zi] casa *f*, piso *m*
房租 [fáng zū] (*precio de*) alquiler *m*
仿 [fǎng] **1.** copiar, imitar; **2.** parecerse, ser parecido; 他们俩的工作情况很相~ [tā mēn liǎng de gōng zuò qíng kuàng hěn xiāng]. La situación laboral de los dos es parecida.
仿佛 [fǎng fú] parecer, como si; ~天要塌下来了 [tiān yào tā xià lái le]. Parece que el cielo va a caerse.
仿效 [fǎng xiào] imitar, seguir el modelo
仿造 [fǎng zào] imitar, reproducir, copiar
纺 [fǎng] *txtl* hilar
纺车 [fǎng chē] *txtl* torno *m* de hilar
纺纱 [fǎng shā] *txtl* hilado *m*, hilandería *f*
纺织 [fǎng zhī] *txtl* textil *adj m/f*; ~工业 [gōng yè] industria *f* textil
放 [fàng] **1.** soltar, liberar; dejar; **2.** poner, colocar
放出 [fàng chū] emitir, despedir, soltar
放大 [fàng dà] *fotog* ampliar; ampliación *f*
放荡 [fàng dàng] libertino,-a, disoluto,-a
放过 [fàng guò] **1.** dejar escapar, desaprovechar; **2.** perdonar, excusar
放火 [fàng huǒ] **1.** prender fuego, incendiar; **2.** crear disturbios
放假 [fàng jià] tener vacaciones, estar de vacaciones
放宽 [fàng kuān] **1.** ampliar, aflojar (*límite, requisito, etc.*); **2.** relajar, aflojar
放屁 [fàng pì] **1.** soltar (*tirarse, echarse*) un pedo; **2.** decir tonterías
放弃 [fàng qì] (*cargo, derecho, etc.*) renunciar, dejar, abandonar
放任 [fàng rèn] dar rienda suelta a, no intervenir
放射 [fàng shè] *fís* radiar, destellar
放手 [fàng shǒu] **1.** soltar, aflojar; **2.** dar total libertad para
放肆 [fàng sì] desenfrenado,-a, desaforado,-a
放松 [fàng sōng] aflojar, relajar
放心 [fàng xīn] estar tranquilo,-a, despreocuparse
放学 [fàng xué] terminar las clases

放映 [fàng yìng] (*película*) proyectar, poner
放纵 [fàng zòng] dar rienda suelta a
飞 [fēi] **1.** volar, flotar en el aire; **2.** vuelo *m*
飞船 [fēi chuán] *aero* aeronave *f*
飞弹 [fēi dàn] **1.** *mil* misil *m*; **2.** bala *f* perdida
飞机 [fēi jī] *aero* avión *m*, aeroplano *m*
飞速 [fēi sù] a toda velocidad, a toda marcha
飞翔 [fēi xiáng] volar en círculo, cernerse
飞行 [fēi xíng] **1.** volar; **2.** vuelo *m*, navegación *f* aérea
飞行员 [fēi xíng yuán] *aero* piloto *m/f*, aviador,-a *m/f*
飞扬 [fēi yáng] (*el polvo*) volar
飞跃 [fēi yuè] salto *m*; a saltos, a pasos gigantes
非 [fēi] **1.** error *m*, mal *adj inv*; **2.** no, in-, a-; ~ 正常行为 [zhèng cháng xíng wéi] una conducta anormal
非常 [fēi cháng] **1.** extraordinario,-a, excepcional *adj m/f*; **2.** muy, extremadamente
非但 [fēi dàn] no sólo; 她~学习很好 [tā xué xí hěn hǎo], 而且工作也很棒 [ér qiě gōng zuò yě hěn bàng]. Ella no sólo es buena estudiante, sino que también trabaja bien.
非法 [fēi fǎ] ilegal *adj m/f*, ilícito,-a
非凡 [fēi fán] excepcional *adj m/f*, extraordinario,-a
非礼 [fēi lǐ] descortés *adj m/f*, impertinente *adj m/f*
非卖品 [fēi mài pǐn] artículo *m* sin valor comercial
非议 [fēi yì] reprochar, censurar
非洲 [fēi zhōu] África *f*
肥 [féi] **1.** gordo,-a; **2.** fértil *adj m/f*, rico,-a; **3.** abono *m*, fertilizante *m*
肥大 [féi dà] **1.** gordo,-a, corpulento,-a; **2.** suelto,-a, holgado,-a
肥料 [féi liào] abono *m*, fertilizante *m*
肥胖 [féi pàng] gordo,-a, corpulento,-a
肥沃 [féi wò] fértil *adj m/f*, rico,-a
肥皂 [féi zào] jabón *m*
诽 [fěi] calumniar, denigrar
诽谤 [fěi bàng] calumniar, denigrar
匪 [fěi] bandido,-a *m/f*, mafioso,-a *m/f*
匪帮 [fěi bāng] mafia *f*
匪徒 [fěi tú] mafioso,-a *m/f*, bandido,-a *m/f*
沸 [fèi] hervir, borbotar
沸点 [fèi diǎn] *fís* punto *m* de ebullición
沸腾 [fèi téng] **1.** hervir, ebullición *f*; **2.** estar muy excitado
废 [fèi] **1.** abandonar, abolir; **2.** desechado,-a, inútil *adj m/f*; **3.** inválido,-a, minusválido,-a
废除 [fèi chú] abolir, anular

废话 [fèi huà] **1.** palabras *fpl* superfluas, disparate *m*; **2.** decir palabrerías
废料 [fèi liào] residuo *m*, desecho *m*
废品 [fèi pǐn] **1.** producto *m* mal hecho, desecho *m*; **2.** objeto *m* usado e inútil
废弃 [fèi qì] descartar, abandonar
废人 [fèi rén] **1.** descapacitado,-a *m/f*, minusválido,-a *m/f*; **2.** inútil *m/f*
废物 [fèi wù] desperdicio *m*, trasto *m* inútil, desecho *m*
废墟 [fèi xū] ruinas *fpl*
废纸 [fèi zhǐ] papel *m* usado, desperdicio *m* de papel
肺 [fèi] *med* pulmón *m*
肺癌 [fèi ái] *med* cáncer *m* pulmonar
肺病 [fèi bìng] *med* tuberculosis *f* pulmonar, tisis *f*
肺腑之言 [fèi fǔ zhī yán] palabras *fpl* sinceras
费 [fèi] **1.** costar, coste *m*; **2.**, gastar; **3.** gasto *m*
费解 [fèi jiě] difícil de entender, ininteligible *adj m/f*
费劲 [fèi jìn] (*trabajo*) hacer sudar, costar
费力 [fèi lì] costar (*trabajo*), hacer sudar
费事 [fèi shì] trabajo *m* complicado, molestia *f*
费心 [fèi xīn] prestar atención, tomarse la molestia
费用 [fèi yòng] gasto *m*, coste *m*
分 [fēn] → fèn **1.** dividir, separar, partir; **2.** distribuir, repartir, asignar; **3.** minuto *m*; 现在三点十~ [xiàn zài sān diǎn shí]. Ahora son las tres y diez.
分贝 [fēn bèi] *fís* decibel *m*, decibelio *m*
分别 [fēn] **1.** distinguir, diferenciar; separarse; **2.** diferencia *f*, distinción *f*; separación *f*
分布 [fēn bù] distribuirse, dispersarse
分寸 [fēn cùn] discreción *f*
分担 [fēn dān] asumir una parte de (*responsabilidad, trabajo, etc.*), compartir
分店 [fēn diàn] *com* sucursal *f*, filial *m*
分发 [fēn fā] distribuir, repartir
分割 [fēn gē] cortar, dividir
分工 [fēn gōng] dividir el trabajo
分行 [fēn háng] *banc* sucursal *f* (*de un banco*), banco *m* filial
分机 [fēn jī] (*teléfono*) extensión *f*
分解 [fēn jiě] descomponer, desarticular
分居 [fēn jū] **1.** vivir separados; **2.** *jur* separación *f*
分类 [fēn lèi] calificar, agrupar, clasificar
分裂 [fēn liè] escindirse, fisionarse; escindir, dividir
分泌 [fēn mì] *med* secretar, segregar
分娩 [fēn miǎn] *med* dar a luz, parir

分明 [fēn míng] claro,-a, evidente *adj m/f*

分配 [fēn pèi] distribuir, repartir; distribución *f*, reparto *m*

分批 [fēn pī] por grupos, por turnos

分期 [fēn qī] por etapas, en fases

分歧 [fēn qí] divergencia *f*, diferencia *f*, discrepancia *f*

分清 [fēn qīng] distinguir, diferenciar

分散 [fēn sàn] dispersar, esparcir; distribuir, repartir

分手 [fēn shǒu] **1.** despedirse (*uno del otro*); **2.** (*una pareja*) separarse

分数 [fēn shù] **1.** *mat* fracción *f*; **2.** (*examen escolar*) nota *f*

分摊 [fēn tān] (*gastos*) compartir

分析 [fēn xī] analizar; análisis *m*

分享 [fēn xiǎng] (*una alegría, un éxito*) compartir

分心 [fēn xīn] distraerse, estar distraído,-a

分赃 [fēn zāng] compartir el botín, repartir los despojos

分组 [fēn zǔ] dividir en grupos, distribuirse en grupos

芬 [fēn] perfume *m*, aroma *m*, fragancia *f*

芬芳 [fēn fāng] aromático,-a, fragante *adj m/f*; perfume *m*, fragancia *f*

吩 [fēn]

吩咐 [fēn fù] mandar, ordenar; orden *f*

纷 [fēn] desordenado,-a

纷纷 [fēn fēn] **1.** desordenado,-a; **2.** uno tras otro, sucesivamente

纷乱 [fēn luàn] confuso,-a, revuelto,-a

纷忧 [fēn yōu] confusión *f*, desorden *m*, turbación *f*

坟 [fén] tumba *f*, sepulcro *m*

坟地 [fén dì] cementerio *m*

坟墓 [fén mù] tumba *f*, sepultura *f*

焚 [fén] quemar, prender (*hacer*) fuego

焚化 [fén huà] incinerar; incineración *f*

焚毁 [fén huǐ] destruir (*por un incendio*), quemar

焚烧 [fén shāo] incendiar, quemar

粉 [fěn] polvo *m*, harina *f*

粉笔 [fěn bǐ] tiza *f*

粉笔画 [fěn bǐ huà] pintura *f* (*hecha con tizas*), dibujo *m* al pastel

粉红 [fěn hóng] (*color*) rosa *m*, rosado,-a

粉饰 [fěn shì] sobredorar, maquillar

粉刷 [fěn shuā] (*una pared*) pintar

粉丝 [fěn sī] fideo *m* chino (*hecho de guisantes*)

粉碎 [fěn suì] **1.** romper en trocitos, hecho,-a trizas; **2.** desbaratar, quebrantar

分 [fèn] → fēn componente *m*, ingredientre *m*

分量 [fèn liàng] peso *m*

分内 [fèn nèi] obligación *f*, deber *m*, trabajo *m*; 这是我~ 的事

[zhè shì wǒ de shì]. Es mi trabajo.

分外 [fèn wài] **1.** particularmente, especialmente; **2.** trabajo *m* (*tarea*) extra

分子 [fèn zǐ] miembro *m/f*, militante *m/f*

份 [fèn] **1.** parte *f*, ración *f*; **2.** (*palabra de medida*) 一~ 礼物 [yī lǐ wù] un regalo

份额 [fèn é] parte *f*, fracción *f*, ración *f*, cuota *f*

奋 [fèn] **1.** esforzarse, animarse; **2.** levantar, alzar

奋斗 [fèn dòu] luchar por, hacer esfuerzos por

奋力 [fèn lì] hacer todo lo posible, hacer todos los esfuerzos

奋起 [fèn qǐ] levantarse, lanzarse

奋战 [fèn zhàn] luchar valientemente

粪 [fèn] excremento *m*, hez *f*

粪便 [fèn biàn] excremento *m* y orina *f*, caca *f*

愤 [fèn] indignación *f*, furia *f*

愤恨 [fèn hèn] indignarse y odiar

愤慨 [fèn kǎi] *lit* indignación *f*

愤怒 [fèn nù] indignación *f*, furia *f*

丰 [fēng] **1.** abundante *adj m/f*, copioso,-a, rico,-a; **2.** guapo,-a, elegante *adj m/f*, hermoso,-a

丰产 [fēng chǎn] cosecha *f* buena, alto rendimiento *m*

丰富 [fēng fù] **1.** mucho,-a, abundante *adj m/f*; **2.** enriquecer

丰满 [fēng mǎn] **1.** abundante *adj m/f*, copioso,-a; **2.** lleno,-a, opulento,-a

丰盛 [fēng shèng] rico,-a, suntuoso,-a

丰收 [fēng shōu] cosecha *f* buena

风 [fēng] **1.** viento *m*; ~ 水 [shuǐ] viento *m* y agua *f*; **2.** estilo *m*, forma *f*, modelo *m*

风暴 [fēng bào] tempestad *f*, tormenta *f*, temporal *m*

风波 [fēng bō] disturbio *m*, jaleo *m*

风度 [fēng dù] elegancia *f* (*de un hombre*), estilo *m*

风格 [fēng gé] estilo *m*, modelo *m*

风光 [fēng guāng] paisaje *m*, panorama *m*, vista *f*

风华 [fēng huá] elegancia *f* y talento *m* (*de un joven*)

风化 [fēng huà] **1.** moral *f* y maneras *fpl*; **2.** eflorescencia *f*

风景 [fēng jǐng] paisaje *m*, vista *f* panorámica

风浪 [fēng làng] viento *m* y oleaje *m*

风力 [fēng lì] fuerza *f* del viento

风凉 [fēng liáng] fresco,-a; frescura *f*

风流 [fēng liú] disoluto,-a, libertino,-a

风气 [fēng qì] (*en una sociedad*) práctica *f* generalizada, moda *f*

风琴 [fēng qín] *mús* órgano *m*

风情 [fēng qíng] sentimiento *m* amoroso, coqueto,-a

风趣 [fēng qù] humor *m*, gracia *f*

风骚 [fēng sāo] coqueto,-a, frívolo,-a

风扇 [fēng shàn] ventilador *m* (*eléctrico*)

风湿病 [fēng shī bìng] *med* reumatismo *m*, reuma m/f

风味 [fēng wèi] **1.** *gastr* estilo *m* (*de una comida*); **2.** característica *f* local

风险 [fēng xiǎn] riesgo *m*, aventura *f*

风箱 [fēng xiāng] fuelle *m*

风衣 [fēng yī] *txtl* gabardina *f*

风言风语 [fēng yán fēng yǔ] rumores *mpl*, chismes *mpl*

风雨 [fēng yǔ] **1.** viento *m* y lluvia *f*; **2.** *pol* dificultades *fpl* y penalidades *fpl*

风云 [fēng yún] **1.** viento *m* y nube *f*; **2.** *pol* movimiento *m* (*cambio*) social

风筝 [fēng zhēng] cometa *f*

疯 [fēng] loco,-a, demente *adj m/f*

疯狂 [fēng kuáng] frenético,-a, furioso,-a

疯人院 [fēng rén yuàn] manicomio *m*, casa *f* de locos

疯瘫 [fēng tān] *med* parálisis *f*

疯子 [fēng zi] loco-a *m/f*, psicópata *m/f*

封 [fēng] **1.** sellar, cerrar; **2.** sobre *m*, bolsa *f* de papel; **3.** (*palabra de medida*) 一~信 [yī xìn] una carta

封闭 [fēng bì] cerrar herméticamente; cerrar, clausurar

封底 [fēng dǐ] *impr* contracubierta *f*

封建 [fēng jiàn] feudalismo *m*; feudalista *m/f*

封面 [fēng miàn] *impr* portada *f*

封锁 [fēng suǒ] bloquear, cerrar el paso; bloqueo *m*

封条 [fēng tiáo] *jur* cinta *f* (*para sellar una puerta*), precinto *m*

峰 [fēng] (*montaña*) pico *m*, cima *f*, cumbre *f*; 阿尔贝斯山 ~ [ā er bèi sī shān] Pico *m* de los Alpes

锋 [fēng] **1.** punta *f* (*aguda*), corte *m* (*de arma blanca*); **2.** vanguardia *f*, pionero,-a *m/f*

锋利 [fēng lì] **1.** puntiagudo,-a, afilado,-a; **2.** mordaz *adj m/f*, incisivo,-a

锋芒 [fēng máng] **1.** punta *f* aguda, punta *f* de lanza *f*; **2.** talento *m* mostrado, aptitud *f*

蜂 [fēng] *zool* abeja *f*, avispa *f*

蜂蜜 [fēng mì] miel *f*

蜂王 [fēng wáng] zool abeja *f* reina, abeja *f* maestra

蜂箱 [fēng xiāng] colmena *f*

蜂拥 [fēng yōng] en tropel

逢 [féng] encontrarse, tropezar con

逢迎 [féng yíng] camelar, engatusar, halagar

缝 [féng] coser; cosido *m*, costura *f*

缝补 [féng bǔ] coser y remendar, recoser
缝合 [féng hé] cerrar, coser
缝纫 [féng rèn] costura *f*, coser
讽 [fěng] satirizar, ironizar
讽刺 [fěng cì] ironizar, satirizar; ironía *f*
讽刺画 [fěng cì huà] dibujo *m* caricaturesco, caricatura *f*
凤 [fèng] *zool* fénix *m*
凤凰 [fèng huáng] *zool* fénix *m*
凤毛麟角 [fèng máo lín jiǎo] persona *f* (*o cosa*) elegante y valiosa
奉 [fèng] **1.** según, siguiendo a (*una orden, etc.*); **2.** respetar, venerar
奉承 [fèng chéng] adular, lisonjear
奉告 [fèng gào] hacer saber, informar
奉命 [fèng mìng] actuar (*por la orden de*)
奉陪 [fèng péi] hacer compañía, acompañar (*respetuosamente*)
奉献 [fèng xiàn] ofrecer (*con reverencia*)
奉行 [fèng xíng] (*una política, etc.*) aplicar, seguir
佛 [fó] *relig* Buda *m*; budismo *m*
佛教 [fó jiào] *relig* budismo *m*
佛教徒 [fó jiào tú] *relig* budista *m/f*
否 [fǒu] **1.** negar, rehusar, no; **2.** sí o no; 她能~去 [tā néng qù], 还不知道 [hái bù zhī dào]. Aún no se sabe si (*ella*) puede ir.
否定 [fǒu dìng] **1.** negar, rehusar, denegar; **2.** negativo,-a
否决 [fǒu jué] vetar, rechazar
否认 [fǒu rèn] negar, negarse a reconocer
否则 [fǒu zé] de otra manera, sino, de lo contrario
夫 [fū] **1.** marido *m*; **2.** caballero *m*
夫妇 [fū fù] matrimonio *m*, pareja *f*
夫妻 [fū qī] *coloq* matrimonio *m*, pareja *f*
夫人 [fū rén] señora *f*, madama *f*
肤 [fū] *med* piel *f*
肤浅 [fū qiǎn] superficial *adj m/f*, somero,-a
肤色 [fū sè] color *m* de piel
伏 [fú] **1.** inclinarse, descender, bajar; **2.** *electr* volt *m*, voltio *m*
伏兵 [fú bīng] *mil* tropa *f* emboscada, emboscada *f*
伏贴 [fú tiē] estar justo,-a (*ajustado*), quedar (*ir, venir*) bien
扶 [fú] **1.** sostener, apoyar (*con la mano*); **2.** apoyar al levantarse
扶持 [fú chí] **1.** sostener (*con la mano*); **2.** ayudar, apoyar
扶手 [fú shǒu] *constr* barandilla *f*, baranda *f*
扶梯 [fú tī] *constr* escalera *f* (*con barandilla*)
抚养 [fú yǎng] mantener, sostener (*una familia*)
扶植 [fú zhí] apoyar, ayudar

扶助 [fú zhù] ayudar, asistir, auxiliar; asistencia *f*, auxilio *m*

服 [fú] **1.** vestido *m*, ropa *f*; **2.** (*medicina*) tomar; **3.** obedecer, someterse, convencerse

服从 [fú cóng] obedecer, someterse

服气 [fú qì] estar convencido,-a de

服饰 [fú shì] indumentaria *f*, vestido *m* y adornos *mpl* (*que se llevan puestos*)

服侍 [fú shì] atender, asistir a alg

服贴 [fú tiē] **1.** obediente *adj m/f*, sumiso,-a; **2.** apropiado,-a, conveniente *adj m/f*

服务 [fú wù] servir, estar al servicio de; servicio *m*

服兵役 [fú bīng yì] *mil* hacer la mili, prestar el servicio militar

服装 [fú zhuāng] *txtl* confección *f*, indumentaria *f*

俘 [fú] capturar, hacer prisionero,-a; prisionero,-a *m/f* (*de guerra*)

俘获 [fú huò] capturar, aprisionar

俘虏 [fú lǔ] *mil* capturar, hacer prisionero,-a; prisionero,-a *m/f*, preso *m*

浮 [fú] **1.** flotar; **2.** flotante *adj m/f*; **3.** ligero,-a, superficial *adj m/f*

浮标 [fú biāo] *nav* boya *f*

浮雕 [fú diāo] *arte* relieve *m*, escultura *f* en relieve

浮动 [fú dòng] **1.** moverse en el agua, flotar; **2.** *econ* fluctuar, flotar; **3.** *econ* fluctuación *f*

浮夸 [fú kuā] jactancioso,-a, exagerado,-a

浮力 [fú lì] *fís* fuerza *f* de flotación, empuje *m*

浮面 [fú miàn] superficie *f*

浮浅 [fú qiǎn] poco profundo,-a, superficial *adj m/f*

浮桥 [fú qiáo] puente *m* flotante

浮现 [fú xiàn] aparecer, aparición *f*

浮躁 [fú zào] impaciente *adj m/f*, precipitado,-a, nervioso,-a

浮肿 [fú zhǒng] *med* hidropesía *f*, edema *m*

符 [fú] **1.** símbolo *m*, signo *m*; **2.** corresponder a, concordar con

符号 [fú hào] signo *m*, símbolo *m*

符合 [fú hé] corresponder, cumplir; 你不~条件 [nǐ bù tiáo jiàn]. No has cumplido los requisitos.

幅 [fú] *txtl* anchura *f* (*de un tejido*)

幅度 [fú dù] amplitud *f*, magnitud *f*, extensión *f*

幅员 [fú yuán] superficie *f* territorial

福 [fú] felicidad *f*, dicha *f*

福利 [fú lì] **1.** prima *f*, bonificación *f*; **2.** bienestar *m* (*social*)

福气 [fú qì] dicha *f*, buena suerte *f*, buenaventura *f*

辐 [fú] radio *m*, rayo *m*

辐射 [fú shè] *fís* radiado,-a; radiación *f*

抚 [fǔ] **1.** consolar, confortar; **2.** tocar suavemente, acariciar
抚爱 [fǔ ài] acariciar, mimar
抚摸 [fǔ mō] acariciar, tocar (*suavemente*)
抚恤 [fǔ xù] compensar (*a una familia*)
抚养 [fǔ yǎng] criar, mantener a alg
抚育 [fǔ yù] criar y educar a alg
府 [fǔ] residencia *f* oficial, mansión *f*
府上 [fǔ shàng] su casa, su familia
俯 [fǔ] inclinar (*la cabeza*)
俯视 [fǔ shì] mirar hacia abajo, mirar desde lo alto
俯首 [fǔ shǒu] bajar la cabeza (*con sumisión*)
斧 [fǔ] (*herramienta*) hacha *f*
斧正 [fǔ zhèng] *lit* hacer correcciones
辅 [fǔ] ayudar, asistir, complementar
辅导 [fǔ dǎo] dar consulta, dar clases (*en el estudio o entrenamiento deportivo*)
辅导员 [fǔ dǎo yuán] instructor,-a *m/f*, tutor,-a *m/f*
辅音 [fǔ yīn] *ling* consonante *f*
辅助 [fǔ zhù] **1.** ayudar, asistir; **2.** suplente *adj m/f*, auxiliar *adj m/f*
腐 [fǔ] **1.** podrido,-a, putrefacto,-a, corrupto,-a, **2.** gelatina *f* de soya
腐败 [fǔ bài] corrupto,-a; corrupción *f*
腐化 [fǔ huà] degenerado,-a, corrompido,-a; corromper, corroer
腐烂 [fǔ làn] podrirse, descomponerse
腐蚀 [fǔ shí] corroer, roer; corromper, pervertir
腐朽 [fǔ xiǔ] **1.** podrido,-a, descompuesto,-a; **2.** decadente *adj m/f*, caduco,-a
父 [fù] padre *m*, papá *m*
父老 [fù lǎo] ancianos *mpl*
父母 [fù mǔ] padres *mpl*, padre *m* y madre *f*
父亲 [fù qīn] padre *m*, papá *m*
讣 [fù] necrología *f*
讣告 [fù gào] anunciar una defunción; texto *m* necrológico
付 [fù] **1.** entregar, dar; **2.** pagar, liquidar
付款 [fù kuǎn] *com* pagar, liquidar; *com* pago *m*, liquidación *f*
付印 [fù yìn] *impr* dar a la imprenta
付账 [fù zhàng] (*una cuenta*) pagar
负 [fù] **1.** cargar con, encargarse de; **2.** defraudar, traicionar; **3.** *mat* menos, negativo,-a
负担 [fù dān] **1.** encargarse, tomar a su cargo; **2.** gravamen *m*, carga *f*
负号 [fù hào] signo *m* negativo
负伤 [fù shāng] estar herido,-a, sufrir una herida
负数 [fù shù] *mat* número *m* negativo

负责 [fù zhài] tener la responsabilidad de, hacerse cargo de; responsable *adj m/f*, serio,-a

负债累累 [fù zhài lěi lěi] tener deudas

妇 [fù] **1.** mujer *f*; **2.** mujer *f* (*casada*), señora *f*; **3.** esposa *f*, mujer *f*

妇科 [fù kē] *med* ginecología *f*

妇女 [fù nǚ] mujer *f*, dama *f*

妇人 [fù rén] mujer *f* (*casada*)

附 [fù] **1.** añadir, adjuntar; **2.** acercarse, estar cercano,-a; **3.** adherirse, apoyar

附带 [fù dài] adicional *adj m/f*, complementario,-a, secundario,-a

附加 [fù jiā] adicionar, añadir; adicional *adj m/f*, suplementario,-a

附件 [fù jiàn] accesorio *m*, recambio *m*

附近 [fù jìn] cercano,-a, adyacente *adj m/f*; cercanía *f*, proximidades *fpl*

附录 [fù lù] apéndice *m*, suplemento *m*

附上 [fù shàng] adjuntar; adjunto,-a

附设 [fù shè] anejo,-a, anexo,-a

附属 [fù shǔ] **1.** anejo,-a, anexo,-a, adjunto,-a; **2.** depender de, subordinar

附议 [fù yì] *pol* apoyar una propuesta (*una moción*)

赴 [fù] ir, acudir; ~ 上海出差 [shàng hǎi chū chāi]. Ir a Shanghai de viaje de trabajo.

赴汤蹈火 [fù tāng dǎo huǒ] desafiar toda clase de riesgos

复 [fù] **1.** repetir; **2.** compuesto,-a, complejo,-a; **3.** recobrar, recuperar, reanudar; **4.** de nuevo, otra vez

复辟 [fù bì] *pol* restaurar; restauración *f*

复仇 [fù chóu] vengarse; venganza *f*

复发 [fù fā] (*enfermedad*) reaparecer, recaer

复活节 [fù huó jié] *relig* Pascua *f*

复述 [fù shù] repetir, recontar

复数 [fù shù] **1.** *ling* plural *m*; **2.** *mat* número *m* complejo

复苏 [fù sū] **1.** recobrar el sentido, despertarse; **2.** recobrarse, recuperarse

复习 [fù xí] repasar; repaso *m*

复印 [fù yìn] fotocopiar, hacer fotocopias

复员 [fù yuán] *mil* haber hecho la mili, desmovilizar

复原 [fù yuán] **1.** recuperar la salud, recuperarse; **2.** restaurar, rehabilitar

复杂 [fù zá] complicado,-a, complejo,-a; complicación *f*, complejidad *f*

复职 [fù zhí] reasumir el cargo, reintegrarse a su puesto; rehabilitarse

复制 [fù zhì] reproducir, duplicar, copiar

副 [fù] **1.** asistente, vice-, sub-; **2.** auxiliar, secundario,-a, accesorio,-a; **3.** (*palabra de medida)* par *m*; 一~ 手套 [yī shǒu tào] un par de guantes

副本 [fù běn] copia *f*, duplicado *m*

副产品 [fù chǎn pǐn] subproducto *m*, productos *mpl* derivados

副词 [fù cí] *ling* adverbio *m*

副刊 [fù kān] suplemento *m* (*de una publicación periódica*)

副品 [fù pǐn] producto *m* de calidad inferior

副手 [fù shǒu] asistente *m/f*, ayudante *m/f*

副业 [fù yè] **1.** profesión *f* secundaria; **2.** trabajos *mpl* adicionales

副作用 [fù zuò yòng] *med* efectos *mpl* secundarios

富 [fù] **1.** rico,-a, abundante *adj m/f*; **2.** recurso *m*, caudal *m*

富贵 [fù guì] riqueza *f* y honor *m*; rico,-a y noble *adj m/f*

富豪 [fù háo] rico,-a y poderoso,-a *adj m/f*

富丽堂皇 [fù lì táng huáng] espléndido,-a, suntuoso,-a, lujoso,-a

富强 [fù qiáng] próspero,-a y poderoso,-a

富饶 [fù ráo] fértil *adj m/f*, abundante *adj m/f*

富翁 [fù wēng] hombre *m* rico, rico *m*

富有 [fù yǒu] rico,-a, adinerado,-a; abundar, ser rico en

富裕 [fù yù] rico,-a, acomodado,-a

富余 [fù yu] tener más de lo necesario, sobrar

富足 [fù zú] rico,-a, abundante *adj m/f*, opulento,-a

腹 [fù] *med* vientre *m*, abdomen *m*

腹部 [fù bù] *med* parte *f* abdominal, abdomen *m*

腹腔 [fù qiāng] *med* cavidad *f* abdominal

腹泻 [fù xiè] *med* diarrea *f*

覆 [fù] **1.** cubrir, tapar; **2.** volcar, invertir

覆盖 [fù gài] **1.** cubrir, tapar; **2.** *bot* vegetación *f*

覆灭 [fù miè] **1.** (*barco*) volcar y hundirse, ir a pique; **2.** *mil* ser eliminado,-a

G

咖 [gā]

咖喱 [gā lí] *gastr* curry *m*

该 [gāi] **1.** deber, tener que, hay que; **2.** ser el turno de alg, tocarle; ~ 你付钱了 [nǐ fù qián le]. Te toca pagar.

该死 [gāi sǐ] ¡maldito sea!

改 [gǎi] **1.** cambiar, transformar, convertir; **2.** corregir, modificar, revisar, rectificar

改编 [gǎi biān] adaptar, reorganizar; reorganización *f*, (*novela*) adaptación *f*
改变 [gǎi biàn] modificar, cambiar; modificación *f*
改动 [gǎi dòng] rectificar, modificar; modificación *f*
改革 [gǎi gé] *pol* reformar; reforma *f*
改行 [gǎi háng] cambiar de oficio (*profesión*)
改进 [gǎi jìn] perfeccionar, mejorar
改良 [gǎi liáng] mejorar, reformar; perfeccionamiento *m*
改期 [gǎi qī] cambiar de fecha, (*reunión*) aplazar
改日 [gǎi rì] *lit* otro día *m*
改善 [gǎi shàn] mejorar, perfeccionar; mejoramiento *m*, mejora *f*
改天 [gǎi tiān] otro día *m*
改写 [gǎi xiě] adaptar, redactar con otras palabras
改选 [gǎi xuǎn] *pol* reelección *f*
改造 [gǎi zào] transformar, reformar, remodelar
改正 [gǎi zhèng] corregir, rectificar, modificar
改组 [gǎi zǔ] reorganizar, reestructurar
钙 [gài] *quím* calcio (Ca) *m*
钙片 [gài piàn] *med* pastilla *f* de calcio
盖 [gài] **1.** tapa *f*, tapadera *f*; **2.** tapar, cubrir; **3.** (*sello*) poner; **4.** *coloq* (*casa*) construir
盖章 [gài zhāng] poner sello (*oficial*), sellar
盖子 [gài zi] tapa *f*, tapón *m*
概 [gài] **1.** general *adj m/f*, resumido,-a; **2.** todo, sin excepción
概括 [gài kuò] **1.** resumir, sintetizar; **2.** de manera resumida, en resumen
概略 [gài lüè] resumen *m*, sumario *m*
概论 [gài lùn] introducción *f*, esquema *m*
概念 [gài niàn] concepto *m*, definición *f*, idea *f*
概要 [gài yào] resumen *m*, esquema *m*
干 [gān] **1.** seco,-a; **2.** vacío,-a, hueco,-a
干巴巴 [gān ba ba] **1.** seco,-a, árido,-a; **2.** insípido,-a, vacío,-a (*de contenido en un texto*)
干杯 [gān bēi] hacer un brindis, brindar
干瘪 [gān biě] flaco,-a, seco,-a, delgado,-a
干菜 [gān cài] legumbre *f* (*verdura*) deshidratada
干草 [gān cǎo] hierba *f* seca, paja *f* seca
干脆 [gān cuì] francamente, directamente
干电池 [gān diàn chí] *electr* pila *f*
干果 [gān guǒ] fruto *m* seco
干旱 [gān hàn] sequía *f*
干净 [gān jìng] **1.** limpio,-a, aseado,-a; **2.** completamente

干枯 [gān kū] seco,-a, marchito,-a
干粮 [gān liáng] comida *f* (*para picnic*)
干扰 [gān rǎo] molestar, perturbar, interferir; interferencia *f*, molestia *f*
干涉 [gān shè] intervenir, entremeterse; interferencia *f*, intervención *f*
干洗 [gān xǐ] limpiar en seco; limpieza *f* en seco
干燥 [gān zào] seco,-a, árido,-a; ~剂 [jì] desecante *m*, agente *m* desecador
甘 [gān] **1.** dulce *adj m/f*, agradable *adj m/f*; **2.** con mucho gusto, con placer
甘苦 [gān kǔ] **1.** alegrías *fpl* y penas *fpl*; **2.** sufrimiento *m* (*en el trabajo*)
甘心 [gān xīn] **1.** de buen grado, con voluntad propia; **2.** resignarse a, conformarse con
甘于 [gān yú] tener buena voluntad, estar dispuesto a
甘蔗 [gān zhe] caña *f* de azúcar, caña *f* dulce
杆 [gān] palo *m*, poste *m*, pértiga *f*
杆子 [gān zi] palo *m*, poste *m*, pértiga *f*
肝 [gān] *med* hígado *m*
肝癌 [gān ái] *med* cáncer *m* de hígado
肝火 [gān huǒ] *med* furia *f*, furor *m*, ira *f*
肝炎 [gān yán] *med* hepatitis *f*
柑 [gān] *bot* mandarina *f*
柑橘 [gān jú] *bot* (*fruta*) mandarina *f*
竿 [gān] caña *f* (*de bambú*); pértiga *f*
尴 [gān]
尴尬 [gān gà] apurado,-a; apuro *m*
秆 [gǎn] tallo *m*, paja *f*
赶 [gǎn] **1.** alcanzar, dar alcance; **2.** hacer deprisa, apresurar, acelerar; **3.** echar, expulsar, arrojar
赶集 [gǎn jí] ir a la feria, ir al mercadillo
赶紧 [gǎn jǐn] darse prisa, apresurarse
赶快 [gǎn kuài] de prisa, en seguida
赶路 [gǎn lù] apresurar (*acelerar*) el paso
赶忙 [gǎn máng] darse prisa, apresurarse
赶巧 [gǎn qiǎo] dar la casualidad, acertar a
赶上 [gǎn shàng] alcanzar, aventajar
赶时髦 [gǎn shí máo] seguir la moda
敢 [gǎn] **1.** tomarse la libertad, permitirse; **2.** atreverse, osar; **3.** estar seguro
敢于 [gǎn yú] osar, atreverse
感 [gǎn] **1.** sentir, experimentar; **2.** conmover, emocionar, afectar; **3.** sentido *m*, sentimiento *m*, sensación *f*

感触 [gǎn chù] impresión *f*, comentario *m*
感动 [gǎn dòng] conmover(*se*), emocionar(*se*)
感官 [gǎn guān] *med* órgano *m* sensitivo, órgano *m* sensorial
感光 [gǎn guāng] *fotog* sensibilización *f*, sensibilidad *f*
感激 [gǎn jī] sentirse agradecido,-a, agradecer
感觉 [gǎn jué] **1.** impresión *f*, sensación *f*; **2.** sentir, percibir; **3.** pensar, creer
感慨 [gǎn kǎi] quedarse impresionado,-a, suspirar
感冒 [gǎn mào] *med* constipado,-a, resfriado,-a; gripe *f*; constiparse, resfriarse
感情 [gǎn qíng] **1.** sentimiento *m*, emoción *f*; **2.** afecto *m*, cariño *m*, amor *m*
感染 [gǎn rǎn] infectarse, contagiarse; contagiar, comunicar
感伤 [gǎn shāng] sentirse triste
感叹 [gǎn tàn] suspirar, exclamar
感想 [gǎn xiǎng] impresión *f*, comentario *m*
感谢 [gǎn xiè] agradecer, dar las gracias
感应 [gǎn yìng] **1.** reacción *f*, reflejo *m*; **2.** inducción *f*, inducir
橄 [gǎn] → 橄榄 [gǎn lǎn]
橄榄 [gǎn lǎn] olivo *m*, aceituno *m*; aceituna *f*, oliva *f*
橄榄球 [gǎn lǎn qiú] *dep* rugby *m*
干 [gàn] **1.** tronco *m*, tallo *m*, parte *f* principal; **2.** hacer, trabajar; **3.** tener cierta ocupación o profesión, hacerse cargo
干部 [gàn bù] funcionario,-a *m/f*, oficial *m/f*
干掉 [gàn diào] matar, eliminar
干活 [gàn huó] trabajar, hacer
干劲 [gàn jìn] entusiasmo *m*, voluntad *f* (*en el trabajo*)
干练 [gàn liàn] capaz *adj m/f* y listo,-a
冈 [gāng] (*montaña*) colina *f*, lomo *m*
刚 [gāng] **1.** firme *adj m/f*, fuerte *adj m/f*, indomable *adj m/f*; **2.** justo,-a, justamente, exactamente; **3.** hacer poco, acabar de; 她~到 [tā dào]。Acaba de llegar.
刚才 [gāng cái] hace muy poco, poco antes
刚好 [gāng hǎo] **1.** exacto,-a, justo,-a, perfecto,-a; 这套房间他俩住~ [zhè tào fáng jiān tā liǎng zhù]. Este piso es perfecto para ellos dos; **2.** dar la casualidad, acertar a
刚劲 [gāng jìn] firme *adj m/f* y vigoroso,-a
刚强 [gāng qiáng] firme *adj m/f* y fuerte *adj m/f*
刚正 [gāng zhèng] honesto,-a, honrado,-a
纲 [gāng] **1.** *pol* líneas *fpl* generales, programa *m*; **2.** *pol* parte *f* principal, punto *m* esencial

纲领 [gāng lǐng] *pol* programa *m*, esquema *m*
纲要 [gāng yào] esquema *m*, resumen *m*, introducción *f*
肛 [gāng] *med* ano *m*
肛门 [gāng mén] *med* ano *m*
缸 [gāng] recipiente *m*, cántaro *m*
缸子 [gāng zi] vasija *f*, taza *f*, vaso *m*
钢 [gāng] acero *m*
钢板 [gāng bǎn] lámina *f* (*chapa*) de acero
钢笔 [gāng bǐ] pluma *f*, pluma *f* estilográfica
钢材 [gāng cái] productos *mpl* de acero
钢管 [gāng guǎn] tubo *m* de acero
钢轨 [gāng guǐ] *ferroc* carril *m*, riel *m*
钢筋 [gāng jīn] *constr* barra *f* de acero (*para el hormigón armado*)
钢盔 [gāng kuī] casco *m* de acero
钢琴 [gāng qín] *mús* piano *m*
钢丝 [gāng sī] hilo *m* de acero, alambre *m* de acero
钢铁 [gāng tiě] acero *m*
钢印 [gāng yìn] sello *m* de acero
岗 [gǎng] **1.** monte *m*, colina *f*; **2.** puesto *m* (*de guardia*), puesto *m* (*de trabajo*)
岗亭 [gǎng tíng] garita *f* de centinela, garita *f* de tránsito
岗位 [gǎng wèi] puesto *m* (*de trabajo*), cargo *m*
港 [gǎng] puerto *m*, bahía *f*
港口 [gǎng kǒu] *nav* puerto *m*
杠 [gàng] **1.** palo *m* grueso, barra *f* gruesa; **2.** barra *f*
杠杆 [gàng gǎn] palanca *f*, manilla *f*
高 [gāo] **1.** alto,-a, elevado,-a; **2.** de alto grado (*nivel*), superior *adj m/f*
高矮 [gāo ǎi] altura *f*, estatura *f*
高昂 [gāo áng] **1.** con la cabeza alta; **2.** alto,-a, elevado,-a
高傲 [gāo ào] soberbio,-a, altivo,-a, orgulloso,-a
高才生 [gāo cái shēng] estudiante *m/f* sobresaliente
高产 [gāo chǎn] alto *m* rendimiento
高超 [gāo chāo] excelente *adj m/f*, magnífico,-a
高潮 [gāo cháo] auge *m*, apogeo *m*; tope *m*
高大 [gāo dà] alto,-a y grande *adj m/f*
高档 [gāo dàng] de alta categoría
高等 [gāo děng] **1.** superior *adj m/f*; ~ 教育 [jiào yù] enseñanza *f* superior; **2.** de alto nivel
高低 [gāo dī] altura *f*, alto,-a
高低杠 [gāo dī gàng] *dep* barras *fpl* asimétricas, paralelas *fpl* asimétricas; *dep* ejercicios *mpl* en las barras asimétricas
高度 [gāo dù] altura *f*, altitud *f*, elevación *f*
高尔夫球 [gāo er fū qiú] *dep* golf *m*

高峰 [gāo fēng] cumbre *f*, cima *f*, pico *m*; cumbre *f*, apogeo *m*, punta *f*; ~ 时间 [shí jiān] (*tráfico*) hora *f* punta
高跟鞋 [gāo gēn xié] calzado *m* de tacón alto
高贵 [gāo guì] noble *adj m/f*, distinguido,-a
高级 [gāo jí] de alta calidad, de categoría
高粱 [gāo liáng] *bot* sorgo *m*, zahína *f*
高明 [gāo míng] sabio,-a, inteligente *adj m/f*, hábil *adj m/f*
高尚 [gāo shàng] noble *adj m/f*, elevado,-a; de buen gusto
高手 [gāo shǒu] maestro,-a *m/f*, experto,-a *m/f*, profesional *m/f*
高耸 [gāo sǒng] alto,-a y erguido,-a
高速 [gāo sù] gran *f* velocidad, ritmo *m* acelerado
高温 [gāo wēn] alta *f* temperatura
高兴 [gāo xìng] contento,-a, alegre *adj m/f*, con gusto
高血压 [gāo xuè yā] *med* hipertensión *f*
高原 [gāo yuán] *geogr* altiplano *m*, meseta *f*
高涨 [gāo zhǎng] ascender, crecer
膏 [gāo] pasta *f*, crema *f*; 牙~ [yá] pasta *f* dentífrica
糕 [gāo] pastel *m*, torta *f*
糕点 [gāo diǎn] pastel *m*, torta *f*
搞 [gǎo] **1.** hacer, realizar, dedicarse a; **2.** producir, elaborar; **3.** establecer, crear, organizar; **4.** conseguir, obtener
搞好 [gǎo hǎo] llevarse bien con alg; ~ 同事关系 [tóng shì guān xì]. Se lleva bien con los colegas.
搞鬼 [gǎo guǐ] hacer una mala pasada (*jugada*); 他在跟我~ [tā zài gēn wǒ]. Está haciéndome una mala jugada.
稿 [gǎo] borrador *m*, esbozo *m*; manuscrito *m*, texto *m* original
稿件 [gǎo jiàn] manuscrito *m*, borrador *m*
告 [gào] **1.** informar, avisar, comunicar; **2.** *jur* acusar, denunciar; anunciar, declarar, comunicar
告别 [gào bié] despedirse, decir adiós
告辞 [gào cí] despedirse (*del anfitrión*)
告发 [gào fā] *jur* denunciar; denuncia *f*
告急 [gào jí] estar en estado de emergencia
告戒 [gào jiè] advertir, aconsejar
告密 [gào mì] denunciar, informar
告示 [gào shì] anuncio *m* oficial, comunicado *m*
告诉 [gào sù] decir, explicar
告知 [gào zhī] notificar, dar a conocer
告状 [gào zhuàng] **1.** *jur* presentar una denuncia, llevar a juicio; **2.** presentar una queja

戈 [gē] *mil* alabarda *f*
戈壁 [gē bì] *geogr* desierto *m* de Gobi
疙 [gē]
疙瘩 [gē dā] **1.** hinchazón *m* (*en la piel*), grano *m*; **2.** obstáculo *m*, dificultad *f*
哥 [gē] hermano *m* mayor
哥儿 [gē er] hermano *m*
哥儿们 [gē er men] *vulg* hermanos *mpl*; amigotes *mpl*
胳 [gē] → 胳膊 [gē bo]
胳膊 [gē bo] *med* brazo *m*
鸽 [gē] *zool* paloma *f*
鸽子 [gē zi] *zool* paloma *f*
割 [gē] cortar, segar
割草机 [gē cǎo jī] cortacésped *m*
割断 [gē duàn] cortar, romper
割让 [gē ràng] ceder; cesión *f*
搁 [gē] **1.** poner, colocar; **2.** dejar aparte, dejar a un lado
搁浅 [gē qiǎn] **1.** *nav* encallar, varar; **2.** llegar a un punto muerto, (*proyecto*) paralizar
搁置 [gē zhì] dejar aparte, archivar
歌 [gē] canción *f*; cantar
歌唱 [gē chàng] cantar
歌唱家 [gē chàng jiā] cantante *m/f*
歌词 [gē cí] *mús* letra *f* de una canción
歌剧 [gē jù] *teat* ópera *f*
歌谱 [gē pǔ] *mús* notación *f* musical, música *f* de una canción
歌曲 [gē qǔ] canción *f*, canto *m*
歌颂 [gē sòng] alabar, encomiar, loar
歌舞 [gē wǔ] cantar y bailar, canto *m* y baile *m*
歌谣 [gē yáo] *mús* balada *f*, colpa *f*
革 [gé] **1.** piel *f* curtida, cuero *m* curtido; **2.** cambiar, transformar, reformar; **3.** despedir, expulsar, destituir
革命 [gé mìng] *pol* revolución *f*; revolucionar
革新 [gé xīn] innovación *f*, renovación *f*; innovar, renovar
阁 [gé] **1.** pabellón *m*, mirador *m*; **2.** *adm* gabinete *m*
阁楼 [gé lóu] altillo *m*, buhardilla *f*
阁下 [gé xià] Excelentísimo Señor *m*; 总统先生~ [zǒng tǒng xiān shēng] Excelentísimo (*Excmo.*) Sr. Presidente
格 [gé] **1.** cuadrado *m*, casilla *f*; **2.** norma *f*, regla *f*
格调 [gé diào] **1.** estilo *m*, modelo *m*; **2.** cualidad *m*, moral *m*
格斗 [gé dòu] lucha *f*, pelea *f*
格格不入 [gé gé bù rù] incompatible *adj m/f*, ser ajeno a
格局 [gé jú] estructura *f*, situación *f*
格式 [gé shì] fórmula *f*, forma *f*
格外 [gé wài] especialmente, extraordinariamente; extra *adj m/f*
格言 [gé yán] *lit* lema *m*, adagio *m*
格子 [gé zi] en forma de cuadro; ~布 [bù] tejido *m* de cuadro

隔 [gé] **1.** separar, dividir; **2.** a intervalos, a una distancia de
隔壁 [gé bì] de al lado, contiguo, -a
隔断 [gé duàn] cortar, interrumpir
隔阂 [gé hé] incomprensión *f*, malentendido *m*
隔绝 [gé jué] cortar, incomunicar, separar
隔离 [gé lí] **1.** aislar, separar, segregar; **2.** *med* cuarentena *f*
个 [gè] **1.** individual *adj m/f*; **2.** (*palabra de medida*) 两~ 朋友 [liǎng péng yǒu] dos amigos
个把 [gè bǎ] alguno,-a que otro, -a
个别 [gè bié] **1.** individual *adj m/f*, particular *adj m/f*; **2.** alguno,-a que otro,-a, uno,-a que otro,-a
个个 [gè gè] cada uno,-a, todos, -as
个儿 [gè er] talla *f*, estatura *f*, tamaño *m*
个人 [gè rén] **1.** individuo *m*; **2.** yo
个体 [gè tǐ] **1.** individuo *m*; **2.** individual *adj m/f*
个性 [gè xìng] carácter *m* personal, personalidad *f*
各 [gè] cada *adj inv*, todo,-a, vario,-a
各个 [gè ge] **1.** cada, todos,-as, varios,-as; **2.** uno,-a por uno, -a
各位 [gè wèi] todos,-as, cada
各自 [gè zì] cada uno,-a, respectivo,-a
给 [gěi] → jǐ **1.** dar, conceder; **2.** para, a; 我~ 你当导游 [wǒ nǐ dāng dǎo yóu]. Me ofrezco a servir de guía para ti; 我会~ 她写电子邮件的 [wǒ huì tā xiě diàn zǐ yóu jiàn de]. Le escribiré un correo electrónico (*a ella*). **3.** por (*en frase de voz pasiva*); 房子~ 雷劈成两半儿了 [fáng zǐ léi pī chéng liǎng bàn er le]. La casa fue partida en dos por el trueno.
给以 [gěi yǐ] dar, ofrecer, conceder
根 [gēn] **1.** (*planta*) raíz *f*; **2.** raíz *f*, pie *m*, base *f*; **3.** raíz *f*, origen *m*, causa *f*; **4.** (*palabra de medida*) 四~ 竹竿 [sì zhú gān] cuatro cañas *fpl* de bambú.
根本 [gēn běn] **1.** básico,-a, fundamental *adj m/f*, esencial *adj m/f*; **2.** en absoluto
根底 [gēn dǐ] **1.** base *f*, fundamento *m*; **2.** raíz *f*, origen *m*
根基 [gēn jī] base *f*, fundamento *m*
根据 [gēn jù] **1.** según, en base a, de acuerdo con; **2.** base *f*, fundamento *m*
根据地 [gēn jù dì] base *f* de apoyo
根深蒂固 [gēn shēn dì gù] profundamente arraigado,-a (*afincado,-a*)
根源 [gēn yuán] raíz *f*; origen *m*, fuente *f*

跟 [gēn] **1.** talón *m*; **2.** seguir de cerca; **3.** a, con, de; 我~他通过电话 [wǒ tā tōng guò diàn huà]. He hablado con él por teléfono.

跟前 [gēn qián] delante de, en presencia de

跟头 [gēn tóu] **1.** caer; **2.** caída *f*; voltereta *f*, salto *m* mortal

跟踪 [gēn zōng] seguir la pista, perseguir, espiar

更 [gēng] → gèng cambiar, reemplazar, sustituir

更动 [gēng dòng] cambiar, alterar, modificar

更改 [gēng gǎi] **1.** cambio *m*, modificación *f*; **2.** rectificar, modificar

更换 [gēng huàn] reemplazar, sustituir

更新 [gēng xīn] renovar, reemplazar

更衣室 [gēng yī shì] *dep* vestuario *m*

更正 [gēng zhèng] **1.** rectificar, corregir; **2.** enmienda *f*, rectificación *f*

耕 [gēng] arar, labrar, cultivar

耕地 [gēng dì] **1.** *agric* labrar la tierra; **2.** campo *m* cultivado

耕耘 [gēng yún] *agric* arar y escardar

耕作 [gēng zuò] *agric* labranza *f*, cultivo *m*

更 [gèng] → gēng

更加 [gèng jiā] más, aún más, más aún

工 [gōng] **1.** obrero,-a *m/f*, trabajador,-a *m/f*; **2.** trabajo *m*, labor *f*; obra *f*

工厂 [gōng chǎng] factoría *f*, fábrica *f*, planta *f*

工场 [gōng chǎng] taller *m*; 车衣~ [chē yī] taller *m* de confección

工程 [gōng chéng] ingeniería *f*, obra *f*

工程师 [gōng chéng shī] ingeniero,-a *m/f*

工地 [gōng dì] lugar *m* de obra

工夫 [gōng fū] **1.** tiempo *m*; 我最近没~ [wǒ zuì jìn méi]. Últimamente no tengo tiempo; **2.** rato *m* libre

工会 [gōng huì] sindicato *m*; sindical *adj m/f*

工具 [gōng jù] herramienta *f*, instrumento *m*

工龄 [gōng líng] vida *f* laboral, historial *m* laboral

工钱 [gōng qián] honorario *m*, pago *m*

工人 [gōng rén] trabajador,-a *m/f*, obrero,-a *m/f*

工伤 [gōng shāng] herida *f*, lesión *f* (*sufrida en el trabajo*)

工时 [gōng shí] jornada *f*, hora *f* de trabajo

工序 [gōng xù] procedimiento *m* de producción

工业 [gōng yè] industria *f*, industrial *adj m/f*

工艺 [gōng yì] **1.** tecnología *f*, técnica *f*; **2.** artesanía *f*, arte *m*

工资 [gōng zī] salario *m*, sueldo *m*

工作 [gōng zuò] (*puesto de*) trabajo *m*; trabajar

弓 [gōng] arco *m*

弓箭 [gōng jiàn] arco *m* y flecha *f*

公 [gōng] **1.** público,-a, de propiedad estatal; **2.** común *adj m/f*, general *adj m/f*

公安 [gōng ān] seguridad *f* pública

公报 [gōng bào] comunicado *m*; boletín *m* oficial

公布 [gōng bù] anunciar, publicar, hacer público,-a

公尺 [gōng chǐ] (*longitud*) metro *m*

公道 [gōng dào] justicia *f*

公德 [gōng dé] moral *f* pública (*social*), virtudes *fpl* cívicas

公费 [gōng fèi] a coste del fondo público

公分 [gōng fēn] **1.** centímetro *m* (*cm*); **2.** gramo *m* (*g*)

公告 [gōng gào] comunicado *m*, anuncio *m*

公共 [gōng gòng] público,-a, común *adj m/f*; ~ 汽车 [qì chē] autobús *m*

公函 [gōng hán] carta *f* oficial

公斤 [gōng jīn] kilogramo *m* (*kg*), kilo *m*

公开 [gōng kāi] **1.** abierto,-a, público,-a, en público; **2.** hacer público,-a, anunciar

公款 [gōng kuǎn] fondo *m* público

公里 [gōng lǐ] kilómetro *m* (*km*)

公路 [gōng lù] carretera *f*

公民 [gōng mín] ciudadano,-a *m/f*

公墓 [gōng mù] cementerio *m*

公平 [gōng píng] justo,-a, imparcial *adj m/f*, equitativo,-a

公顷 [gōng qǐng] hectárea *f* (*ha*)

公社 [gōng shè] *pol* comuna *f*

公式 [gōng shì] *mat* fórmula *f*

公事 [gōng shì] asunto *m* público, trabajo *m* oficial

公司 [gōng sī] *econ* sociedad *f*, empresa *f*

公文 [gōng wén] documento *m* oficial

公务员 [gōng wù yuán] funcionario,-a *m/f*, oficial *m/f*

公用 [gōng yòng] de uso público

公寓 [gōng yù] edificio *m* de vivienda; piso *m*

公元 [gōng yuán] *hist* era *f* cristiana; ~ 前 [qián] Antes de nuestra era (*a.C.*)

公园 [gōng yuán] parque *m*, jardín *m* (*público*)

公约 [gōng yuē] *dipl* convención *f*, tratado *m*, convenio *m*

公正 [gōng zhèng] justo,-a; justicia *f*

公证 [gōng zhèng] (*un notario*) certificar

公证书 [gōng zhèng shū] acta *f* notarial

公众 [gōng zhòng] público *m*, ciudadano,-a *m/f*

公主 [gōng zhǔ] princesa *f*, infanta *f*

功 [gōng] **1.** mérito *m*, hazaña *f*; **2.** logro *m*, resultado *m*

功臣 [gōng chén] funcionario *m* benemérito

功德 [gōng dé] mérito *m* y virtud *f*

功课 [gōng kè] **1.** asignatura *f*, disciplina *f*; **2.** trabajo *m* escolar

功劳 [gōng láo] contribución *f*, mérito *m*

功率 [gōng lǜ] *electr* potencia *f*

功能 [gōng néng] *tecn* función *f*

功效 [gōng xiào] eficacia *f*, rendimiento *m*

功用 [gōng yòng] función *f*, uso *m*

攻 [gōng] **1.** atacar, asaltar, tomar la ofensiva; **2.** criticar, acusar, censurar; **3.** dedicarse al estudio de, especializarse en

攻打 [gōng dǎ] atacar, asaltar

攻读 [gōng dú] estudiar, especializarse

攻关 [gōng guān] (*problema clave*) resolver

攻击 [gōng jī] **1.** atacar, asaltar; ataque; **2.** acusar, atacar, insultar

攻克 [gōng kè] conquistar, tomar por asalto

攻占 [gōng zhàn] atacar y ocupar

供 [gōng] proveer, suministrar, abastecer

供给 [gōng gěi] abastecer, proveer, suministrar; abastecimiento *m*

供养 [gōng yǎng] (*familia*) mantener

供应 [gōng yìng] abastecer, suministrar; suministro *m*

宫 [gōng] **1.** palacio *m*, casa *f* real, residencia *f* imperial; **2.** ateneo *m*, centro *m* cultural; 文化~ [wén huà] ateneo *m* cultural

宫灯 [gōng dēng] farol *m* de palacio

宫殿 [gōng diàn] palacio *m* (*imperial, real*)

宫廷 [gōng tíng] **1.** palacio *m*; **2.** Cortes *fpl* Reales (*Imperiales*), corte *f*

恭 [gōng] respetuoso,-a, con reverencia

恭贺 [gōng hè] felicitar, congratular

恭侯 [gōng hòu] esperar respetuosamente

恭维 [gōng wei] halagar, hacer la pelota

恭喜 [gōng xǐ] ¡enhorabuena!, ¡felicidades!

巩 [gǒng] consolidar

巩固 [gǒng gù] **1.** consolidar, reforzar; **2.** sólido,-a, firme *adj m/f*, fuerte *adj m/f*

共 [gòng] **1.** común *adj m/f*, general *adj m/f*; **2.** compartir; **3.** en total, en conjunto

共产党 [gòng chǎn dǎng] *pol* partido *m* comunista

共产主义 [gòng chǎn zhǔ yì] *pol* comunismo *m*

共存 [gòng cún] coexistencia *f*, coexistir

共和 [gòng hé] republicanismo *m*; republicano,-a
共和国 [gòng hé guó] república *f*
共计 [gòng jì] sumar; en total
共鸣 [gòng míng] resonancia *f*, simpatía *f*, eco *m*
共青团 [gòng qīng tuán] *pol Chi* Unión *f* de la Juventud Comunista
共事 [gòng shì] trabajar juntos *(en la misma entidad)*
共同 [gòng tóng] **1.** común *adj m/f*, general *adj m/f*; **2.** en común, juntos,-as
共享 [gòng xiǎng] disfrutar juntos,-as, compartir
共性 [gòng xìng] característica *f* universal
贡 [gòng] tributo *m*, contribución *f*
贡献 [gòng xiàn] contribuir; contribución *f*
供 [gòng] ofrendar; ofrenda *f*
供词 [gòng cí] *jur* confesión *f*
供品 [gòng pǐn] ofrenda *f*, obsequio *m*
供认 [gòng rèn] *jur* confesar *(en el juzgado)*
勾 [gōu] → gòu **1.** delinear, dibujar, trazar; **2.** evocar, recordar
勾搭 [gōu da] ligarse; confabularse
勾结 [gōu jié] reunirse, confabularse
勾销 [gōu xiāo] cancelar, anular
勾心斗角 [gōu xīn dòu jiǎo] conspirar y pugnar *(uno a otro)*
勾引 [gōu yǐn] ligar, seducir; seducción *f*
沟 [gōu] **1.** zanja *f*, canal *m*, acequia *f*; **2.** barranco *m*, arroyo *m*
沟通 [gōu tōng] comunicar, *(opiniones)* intercambiar
钩 [gōu] gancho *m*, garfio *m*; ganchar, garfear
钩子 [gōu zi] gancho *m*, garfio *m*
狗 [gǒu] *zool* perro,-a *m/f*
狗窝 [gǒu wō] *zool* perrera *f*
狗熊 [gǒu xióng] *zool* oso *m* negro
勾 [gòu] → gōu → 勾当 [gòu dàng]
勾当 [gòu dàng] negocio *m* mafioso, trato *m* sucio
构 [gòu] **1.** construir, formar, componer; **2.** fabricar, inventar
构成 [gòu chéng] constituir, componer
构思 [gòu sī] *lit* crear *(una idea o un argumento para una obra literaria)*
构造 [gòu zào] estructura *f*, composición *f*
购 [gòu] comprar, adquirir
购买 [gòu mǎi] comprar, adquirir; compra *f*
购买力 [gòu mǎi lì] poder *m* adquisitivo
够 [gòu] **1.** suficiente *adj m/f*; **2.** bastante; realmente
够本 [gòu běn] *com* *(juego, negocio)* sin pérdida ni ganancia

够格 [gòu gé] estar capacitado,-a, estar calificado,-a

估 [gū] evaluar, valorar

估计 [gū jì] valorar, estimar; suponer

估价 [gū jià] evaluar, poner el precio

孤 [gū] **1.** huérfano,-a *m/f*; **2.** solo,-a, solitario,-a, aislado,-a

孤单 [gū dān] solo,-a, solitario,-a

孤独 [gū dú] solo,-a, solitario,-a

孤儿 [gū er] huérfano,-a *m/f*

孤立 [gū lì] aislado,-a, apartado,-a; aislamiento *m*; aislar, confinar

孤僻 [gū pì] insociable *adj m/f*, marginado,-a

姑 [gū] **1.** tía *f* (*paterna*); **2.** cuñada *f* (*hermana del marido*); **3.** monja *f* (*budista*)

姑姑 [gū gu] tía *f* (*paterna*)

辜 [gū] culpa *f*, falta *f*

辜负 [gū fù] defraudar, ser indigno de

古 [gǔ] **1.** antiguo,-a, viejo,-a; **2.** edad *f* antigua, tiempos *mpl* antiguos

古板 [gǔ bǎn] anticuado,-a e inflexible *adj m/f*

古代 [gǔ dài] edad *f* antigua

古典 [gǔ diǎn] histórico,-a, clásico,-a

古董 [gǔ dǒng] (*objeto*) antigüedades *fpl*

古怪 [gǔ guài] extraño,-a, raro,-a

古迹 [gǔ jì] lugar *m* de interés histórico

古旧 [gǔ jiù] anticuado,-a, arcaico,-a

古老 [gǔ lǎo] antiguo,-a, viejo,-a

古人 [gǔ rén] antiguos *mpl*, antepasado *m*

古诗 [gǔ shī] poesía *f* antigua

古书 [gǔ shū] libros *mpl* antiguos

古铜色 [gǔ tóng sè] (*color*) bronce

古玩 [gǔ wán] (*objeto*) antigüedades *fpl*

古文 [gǔ wén] texto *m* clásico

古物 [gǔ wù] objetos *mpl* antiguos, antigüedades *fpl*

谷 [gǔ] cereales *mpl*, grano *m*, mijo *m*

谷物 [gǔ wù] cultivos *mpl* cereales

谷子 [gǔ zi] **1.** mijo *m*; **2.** arroz *m* en cáscara, arroz *m* sin descascarillar

股 [gǔ] **1.** muslo *m*; **2.** *econ* acción *f*, participación *f*

股东 [gǔ dōng] *econ* accionista *m/f*

股份 [gǔ fèn] *econ* acción *f*, participación *f*

股票 [gǔ piào] *econ* acción *f*, título *m* de acción

股息 [gǔ xī] *econ* dividendo *m*

骨 [gǔ] **1.** *med* hueso *m*; **2.** esqueleto *m*, armazón *m*

骨干 [gǔ gàn] **1.** *med* diáfisis *f*; **2.** fuerza *m* principal, columna *m* vertebral

骨骼 [gǔ gé] *med* esqueleto *m*, osamenta *f*

骨灰 [gǔ huī] (*difunto*) cenizas *fpl*

骨架 [gǔ jià] esqueleto *m*, armazón *f*
骨科 [gǔ kē] *med* ortopedia *f*
骨牌 [gǔ pái] dominó *m*; 玩~ [wán] jugar al dominó
骨气 [gǔ qì] carácter *m* indomable
骨肉 [gǔ ròu] carne *f* y hueso *m*; pariente *m/f*
骨髓 [gǔ suǐ] *med* médula *f*, tuétano *m*
骨头 [gǔ tóu] *med* hueso *m*
骨折 [gǔ zhé] *med* fractura *f*
骨子里 [gǔ zi lǐ] en el fondo, en realidad
鼓 [gǔ] **1.** tambor *m*; **2.** estimular, excitar
鼓吹 [gǔ chuī] abogar, predicar, pregonar
鼓动 [gǔ dòng] agitar, animar
鼓励 [gǔ lì] animar, alentar
鼓舞 [gǔ wǔ] alentar, estimular; estímulo *m*, aliento *m*
固 [gù] sólido,-a, firme *adj m/f*
固定 [gù dìng] fijo,-a, permanente *adj m/f*; fijar, estabilizar
固体 [gù tǐ] *fís* estado *m* sólido, sólido *m*
固执 [gù zhí] obstinado,-a, terco,-a; persistir, obstinarse
故 [gù] **1.** incidente *m*, suceso *m*; **2.** causa *f*, razón *f*, motivo *m*
故都 [gù dū] capital *f* antigua
故宫 [gù gōng] Palacio *m* Imperial Chino (*Ciudad Prohibida*)
故居 [gù jū] residencia *f* antigua
故世 [gù shì] *lit* morir, fallecer
故事 [gù shì] cuento *m*, relato *m*, historia *f*
故乡 [gù xiāng] tierra *f* natal, país *m* natal, ciudad *f* natal
故意 [gù yì] intencionadamente, a propósito
故障 [gù zhàng] avería *f*, incidente *m*, fallo *m*
顾 [gù] **1.** ver, mirar; **2.** atender, tomar en consideración
顾及 [gù jí] tener en cuenta, atender, cuidar
顾忌 [gù jì] escrúpulo *m*, recelo *m*
顾客 [gù kè] cliente *m/f*, clientela *f*
顾虑 [gù lǜ] preocupación *f*, inquietud *f*
顾全大局 [gù quán dà jú] tener en cuenta los intereses de la mayoría
顾问 [gù wèn] asesor,-a *m/f*, consejero,-a *m/f*, consultor,-a *m/f*
雇 [gù] **1.** contratar, emplear; **2.** alquilar
雇工 [gù gōng] **1.** contratar a un empleado; **2.** trabajador,-a *m/f*, peón *m*
雇佣 [gù yōng] emplear, contratar
雇员 [gù yuán] empleado,-a *m/f*
瓜 [guā] *bot* melón *m*, calabaza *f*; 西~ [xī] sandía *f*
瓜分 [guā fēn] dividir, repartir
瓜葛 [guā gé] relación *f*, implicación *f*
瓜子 [guā zǐ] (*sandía, girasol*) pepita *f*

刮 [guā] **1.** raspar, afeitar; **2.** saquear, despojar
刮刀 [guā dāo] raspador *m*, rascador *m*
刮脸 [guā liǎn] afeitarse, rasurarse
寡 [guǎ] **1.** escaso,-a, insuficiente *adj m/f*; **2.** viuda *f*
寡妇 [guǎ fù] viuda *f*
挂 [guà] **1.** colgar, pender; **2.** enganchar(*se*)
挂彩 [guà cǎi] **1.** decorar (*con tejidos de seda*); **2.** *mil* (*estar*) lesionado,-a o herido,-a
挂车 [guà chē] *auto* remolque *m*
挂钩 [guà gōu] **1.** *ferroc* enganchar (*dos vagones*); **2.** establecer contacto
挂号 [guà hào] **1.** *med* registrarse, inscribirse (*en un clínica u hospital*); **2.** *correo* certificar; **3.** certificado *m*; ~ 信 [xìn] carta *f* certificada
挂面 [guà miàn] tallarines *mpl* chinos, fideo *m* chino
挂名 [guà míng] nominal *adj m/f*, honorífico,-a
挂念 [guà niàn] echar de menos, añorar
挂失 [guà shī] (*documento*) anunciar la pérdida
挂图 [guà tú] mapa/cuadro *m* mural, cartel *m*
挂钟 [guà zhōng] reloj *m* de pared
乖 [guāi] **1.** obediente *adj m/f*, sumiso,-a; **2.** listo,-a, inteligente *adj m/f*
乖僻 [guāi pì] extraño,-a, raro,-a
乖巧 [guāi qiǎo] listo,-a, hábil *adj m/f*
拐 [guǎi] **1.** doblar, virar; **2.** cojear
拐棍 [guǎi gùn] bastón *m*, muleta *f*
拐角 [guǎi jiǎo] (*calle*) esquina *f*, rincón *m*
拐骗 [guǎi piàn] estafar, timar, engañar
拐弯 [guǎi wān] **1.** doblar, girar, virar; **2.** esquina *f*, vuelta *f*
拐杖 [guǎi zhàng] bastón *m*, muleta *f*
怪 [guài] **1.** extraño,-a, raro,-a; **2.** monstruo *m*, demonio *m*; **3.** echar la culpa a alg, culpar
怪不得 [guài bu dé] no es extraño que
怪话 [guài huà] queja *f*, lamento *m*
怪僻 [guài pì] extraño,-a, extravagante *adj m/f*
怪物 [guài wù] **1.** monstruo *m*, diablo *m*; **2.** extravagante *adj m/f*
关 [guān] **1.** cerrar(*se*), encerrar; **2.** apagar; **3.** barrera *f*, obstáculo *m*
关闭 [guān bì] cerrar(*se*), encerrar
关怀 [guān huái] preocuparse por, atender a
关键 [guān jiàn] punto *m* esencial, clave *f*
关节 [guān jié] **1.** *med* articulación *f*, **2.** soborno *m* secreto
关节炎 [guān jié yán] *med* artritis *f*

关口 [guān kǒu] **1.** *mil* paso *m* estratégico; **2.** momento *m* crítico

关切 [guān qiè] **1.** cordial *adj m/f*, amable *adj m/f*; **2.** preocupación *f*, atención *f*

关税 [guān shuì] *econ* derechos *mpl* aduaneros

关头 [guān tóu] momento *m* crítico

关系 [guān xì] **1.** relación *f*, vínculo *m*; 劳资~ [láo zī] relación *f* entre el sindicato y el patronato; **2.** contacto *m*, enchufe *m*, amistad *f* personal; **3.** afectar, importar, tener importancia; 这~到她一生的幸福 [zhè dào tā yī shēng de xìng fú]. Esto afecta a la felicidad de toda su vida.

关心 [guān xīn] preocuparse por, atender a

关押 [guān yā] *jur* aprisionar, custodiar

关于 [guān yú] sobre, acerca de, en cuanto a; ~ 你提出的要求 [nǐ tí chū de yāo qiú], 我们会研究的 [wǒ men huì yán jiū de]. En cuanto a lo que pediste, ya lo miraremos.

关照 [guān zhào] **1.** cuidar de, preocuparse; **2.** avisar (*oralmente*)

关注 [guān zhù] seguir con interés, prestar atención

观 [guān] **1.** mirar, contemplar, observar; **2.** aspecto *m*, vista *f*, apariencia *f*

观察 [guān chá] observar, inspeccionar

观点 [guān diǎn] punto *m* de vista, opinión *f*, comentario *m*

观感 [guān gǎn] impresión *f*, comentario *m*

观光 [guān guāng] visita *f* turística; hacer turismo

观看 [guān kàn] ver, observar, presenciar

观礼 [guān lǐ] asistir a una ceremonia

观念 [guān niàn] concepto *m*, idea *f*, definición *f*

观望 [guān wàng] permanecer a la espera

观众 [guān zhòng] espectador,-a *m/f*, público *m*

官 [guān] **1.** funcionario,-a *m/f*, oficial *m/f*; **2.** de propiedad estatal

官场 [guān chǎng] campo *m* político; entre altos funcionarios

官邸 [guān dǐ] residencia *f* (*de un alto funcionario*)

官方 [guān fāng] del gobierno, oficial *adj m/f*; ~ 消息 [xiāo xī] noticia *f* oficial

官僚 [guān liáo] burócrata *m/f*, funcionario,-a *m/f*

官腔 [guān qiāng] tono *m* burocrático

官司 [guān sī] *jur* proceso *m*, juicio *m*, pleito *m*

官衔 [guān xián] título *m* o rango *m* oficial
官员 [guān yuán] funcionario,-a *m/f*
冠 [guān] → guàn gorro *m*, sombrero *m*, corona *f*
冠冕堂皇 [guān miǎn táng huáng] presuntuoso,-a, presumido,-a
冠心病 [guān xīn bìng] *med* enfermedades *fpl* coronarias
棺 [guān] ataúd *m*, caja *f*
棺材 [guān cái] ataúd *m*, caja *f*
鳏 [guān] viudo *m*, célibe *m*
鳏夫 [guān fū] viudo *m*, solterón *m*
馆 [guǎn] **1.** establecimiento *m* comercial; sede *f*; 旅~ [lǚ] hotel; 饭~ [fàn] restaurante *m*; 大使~ [dà shǐ] embajada *f*; **2.** alojamiento *m* (para invitados, huéspedes)
馆子 [guǎn zi] *vulg* restaurante *m*
管 [guǎn] **1.** tubo *m*, caño *m*, tubería *f*; **2.** gobernar, administrar; **3.** intervenir, controlar
管道 [guǎn dào] tubería *f*, cañería *f*
管家 [guǎn jiā] **1.** mayordomo *m*; **2.** gestor,-a *m/f*, encargado,-a *m/f*
管理 [guǎn lǐ] administrar, gestionar
管事 [guǎn shì] **1.** encargarse, ocuparse; **2.** eficaz *adj m/f*, eficiente *adj m/f*
管束 [guǎn shù] restringir, limitar, controlar
管辖 [guǎn xiá] *jur* ejercer jurisdicción sobre
管制 [guǎn zhì] controlar; control *m*; 外汇~ 的国家 [wài huì de guó jiā]. País que aplica el control de divisas.
贯 [guàn] atravesar, penetrar
贯彻 [guàn chè] cumplir, aplicar
贯穿 [guàn chuān] atravesar, penetrar
贯通 [guàn tōng] enlazarse, unirse, empalmar
冠 [guàn] → guān el primer lugar, el mejor
冠词 [guàn cí] *ling* artículo *m*
冠军 [guàn jūn] *dep* campeón,-a *m/f*
惯 [guàn] **1.** acostumbrarse a, tener la costumbre de; **2.** malcriar, mimar
惯技 [guàn jì] táctica *f* habitual, viejo *m* truco
惯例 [guàn lì] práctica *f* habitual, costumbre *f*
惯用 [guàn yòng] practicar habitualmente, soler usar
盥 [guàn] lavarse
盥洗室 [guàn xǐ shì] lavabo *m*, cuarto *m* de baño, aseo *m*
灌 [guàn] **1.** regar, irrigar; **2.** verter, abocar, echar; **3.** grabar, impresionar
灌肠 [guàn cháng] *med* lavativa *f*, irrigación *f*
灌溉 [guàn gài] regar, irrigar
灌木 [guàn mù] *bot* arbusto *m*, mata *f*

罐 [guàn] **1.** lata *f*, vasija *f*, jarro *m*; **2.** *ferroc* vagoneta *f*
罐头 [guàn tóu] lata *f*, conserva *f*; ~食品 [shí pǐn] alimento *m* en conserva
光 [guāng] **1.** luz *f*, rayo *m*, brillo *m*; **3.** liso,-a, suave *adj m/f*; **3.** descubierto,-a, desnudo,-a; **4.** sólo
光波 [guāng bō] *fís* onda *f* luminosa
光彩 [guāng cǎi] **1.** brillo *m*, gloria *f*; **2.** brillante *adj m/f*, glorioso,-a
光复 [guāng fù] recuperar, reconquistar
光棍儿 [guāng gùn er] soltero *m*
光滑 [guāng huá] liso,-a, suave *adj m/f*
光辉 [guāng huī] esplendor *m*, brillo *m*; brillante *adj m/f*, glorioso,-a
光景 [guāng jǐng] **1.** vista *f*, escena *f*; **2.** circunstancia *f*, situación *f*
光亮 [guāng liàng] luminoso,-a, espléndido,-a
光临 [guāng lín] presencia *f*, asistencia *f*
光芒 [guāng máng] rayos *mpl* brillantes, rayos *mpl* luminosos
光明 [guāng míng] luz *f*, brillo *m*; brillante *adj m/f*, luminoso,-a
光年 [guāng nián] *astron* año *m* luz, año *m* de luz
光荣 [guāng róng] honor *m*, gloria *f*
光天化日 [guāng tiān huà rì] a la luz del día, en pleno día
光头 [guāng tóu] cabeza *f* rapada
光线 [guāng xiàn] luz *f*, rayo *m*
光学 [guāng xué] *fís* óptica *f*
光阴 [guāng yīn] tiempo *m*, año *m*
光泽 [guāng zé] brillo *m*, lustre *m*
广 [guǎng] **1.** vasto,-a, amplio,-a; **2.** ampliar, extender
广播 [guǎng bō] transmitir, emitir; transmisión *f*, emisión *f*, radio *f*
广场 [guǎng chǎng] plaza *f*, explanada *f*
广大 [guǎng dà] vasto,-a, amplio,-a, extenso,-a; extendido,-a, en gran escala
广度 [guǎng dù] amplitud *f*, alcance *m*
广泛 [guǎng fàn] amplio,-a, extenso,-a
广告 [guǎng gào] anuncio *m*, publicidad *f*
广阔 [guǎng kuò] amplio,-a, vasto,-a, espacioso,-a
逛 [guàng] pasear, dar una vuelta (*por la calle*)
逛街 [guàng jiē] pasear por las calles
归 [guī] **1.** volver, retornar, regresar; **2.** devolver, restituir
归案 [guī àn] someter a la justicia
归档 [guī dàng] archivar, encarpetar
归根结底 [guī gēn jié dǐ] al fin y al cabo, en una palabra

归功 [guī gōng] atribuir el mérito a, deber (*el éxito*) a
归还 [guī huán] devolver
归类 [guī lèi] clasificar, agrupar
归纳 [guī nà] inducir, sintetizar
归宿 [guī sù] resultado *m* final (*de la vida*)
归于 [guī yú] pertenecer a, deberse a
归罪 [guī zuì] echar la culpa a, achacar la falta a
龟 [guī] *zool* tortuga *f*
龟缩 [guī suō] encogerse (*como una tortuga*), esconderse
规 [guī] **1.** compás *m*; **2.** regla *f*, reglamento *m*
规避 [guī bì] eludir, evadir, esquivar
规程 [guī chéng] reglamento *m*, normativa *f*
规定 [guī dìng] **1.** definir, determinar; **2.** reglamento *m*, normativa *f*
规范 [guī fàn] norma *f*, criterio *m*
规格 [guī gé] **1.** norma *f*, especificación *f*; **2.** requisito *m*, condición *f*
规划 [guī huà] **1.** programa *m*, planificación *f*; **2.** hacer un proyecto
规矩 [guī jù] **1.** regla *f*, norma *f*; **2.** bien educado,-a, bien disciplinado,-a
规律 [guī lǜ] ley *f*, regla *f*
规模 [guī mó] escala *f*, proporción *f*, dimensión *f*
规劝 [guī quàn] aconsejar, disuadir
规则 [guī zé] **1.** reglamento *m*, normativa *f*; **2.** regular *adj m/f*, normal *adj m/f*
规章制度 [guī zhāng zhì dù] reglamentos *mpl* y normativas *mpl*
轨 [guǐ] **1.** carril *m*, rodada *f*; **2.** órbita *f*, camino *m*
轨道 [guǐ dào] **1.** *ferroc* vía *f* de ferrocarril, riel *m*; **2.** *astron* órbita *f*, trayectoria *f*
诡 [guǐ] engañoso,-a, astuto,-a
诡辩 [guǐ biàn] ergotismo *m*, sofisma *m*
诡计 [guǐ jì] intriga *f*, truco *m*
诡秘 [guǐ mì] discreto,-a, misterioso,-a; discreción *f*
鬼 [guǐ] **1.** fantasma *m*, demonio *m*; **2.** diabólico,-a, maldito,-a, terrible *adj m/f*; **3.** listo,-a, ingenioso,-a
鬼怪 [guǐ guài] demonios *mpl* y monstruos *mpl*
鬼鬼祟祟 [guǐ guǐ suì suì] disimulado,-a, furtivo,-a
鬼话 [guǐ huà] mentira *f*, disparate *m*
鬼混 [guǐ hùn] llevar una vida llena de vicios
鬼脸 [guǐ liǎn] mueca *f*, visaje *m*
鬼子 [guǐ zi] *vulg* diablo *m* (*a un extranjero*)
刽 [guì] cortar, partir
刽子手 [guì zi shǒu] **1.** verdugo *m*; **2.** asesino,-a *m/f*
柜 [guì] armario *m*, aparador *m*

柜台 [guì tái] (*tienda*) mostrador *m*

贵 [guì] **1.** costoso,-a, caro,-a; **2.** su, vuestro; 您~ 姓 [nín xìng]? ¿Cómo se llama (*usted*)?; **3.** precioso,-a, valioso,-a

贵国 [guì guó] su patria, vuestro país

贵宾 [guì bīn] huésped *m* ilustre, huésped *m* distinguido

贵重 [guì zhòng] (*regalo*) precioso,-a, valioso,-a

贵族 [guì zú] noble *m/f*

桂 [guì] **1.** *bot* cinamomo *m*, canelo *m*; **2.** *bot* laurel *m*

桂花 [guì huā] *bot* osmento *m*

跪 [guì] arrodillarse, ponerse de rodillas

跪下 [guì xià] ponerse de rodillas

滚 [gǔn] **1.** rodar, rodadura; **2.** *coloq* ¡largo de aquí!, ¡fuera de aquí!; **3.** (*agua*) hervir

滚蛋 [gǔn dàn] *coloq* ¡fuera de aquí!, ¡largo de aquí!

滚动 [gǔn dòng] **1.** rodar; rodamiento *m*; **2.** *econ* (*capital*) hacer circular

棍 [gùn] palo *m*

棍子 [gùn zi] palo *m*, barra *f*

锅 [guō] olla *f*, cacerola *f*

锅巴 [guō bā] arroz *m* tostado

锅炉 [guō lú] caldera *f*

锅贴儿 [guō tiē er] *gastr* empanadilla *f* frita (*rellena de carne picada*)

国 [guó] país *m*, Estado *m*

国宝 [guó bǎo] tesoro *m* nacional

国宾 [guó bīn] huésped *m* del Estado

国策 [guó cè] política *f* del Estado

国产 [guó chǎn] de fabricación nacional

国防 [guó fáng] defensa *f* nacional

国歌 [guó gē] himno *m* nacional

国画 [guó huà] pintura *f* tradicional china

国会 [guó huì] *pol* parlamento *m*, congreso *m*

国籍 [guó jí] nacionalidad *f*; 双重 ~ [shuāng chóng] doble *f* nacionalidad

国际 [guó jì] internacional *adj m/f*

国家 [guó jiā] país *m*, Estado *m*, nación *f*

国界 [guó jiè] frontera *f* nacional

国境 [guó jìng] territorio *m*

国库 [guó kù] tesoro *m* público

国力 [guó lì] fuerza *f* de una nación

国民 [guó mín] nacional *adj m/f*, estatal *adj m/f*; ~ 收入 [shōu rù] ingresos *mpl* nacionales

国内 [guó nèi] del país, doméstico,-a, interior *adj m/f*

国旗 [guó qí] bandera *f* nacional

国情 [guó qíng] realidad *f* del país, condiciones *fpl* del país

国庆 [guó qìng] Día *m* Nacional

国事 [guó shì] asuntos *mpl* nacionales

国书 [guó shū] *dipl* cartas *fpl* credenciales

国土 [guó tǔ] territorio *m* nacional

国外 [guó wài] exterior *adj m/f*, extranjero,-a
国王 [guó wáng] rey *m*
国务院 [guó wù yuàn] Consejo *m* de Estado
国有 [guó yǒu] de propiedad estatal, estatal *adj m/f*
果 [guǒ] **1.** fruto *m*, fruta *f*; **2.** resultado *m*, consecuencia *f*
果断 [guǒ duàn] resuelto,-a, decidido,-a, categórico,-a
果脯 [guǒ fǔ] frutas *fpl* confitadas, confitura *f*
果敢 [guǒ gǎn] valiente *adj m/f* y resuelto,-a
果酱 [guǒ jiàng] *gastr* mermelada *f*
果皮 [guǒ pí] *(frutas)* piel *f*
果然 [guǒ rán] realmente, de verdad
果仁儿 [guǒ rén er] semilla *f* carnosa (*sin hueso*); almendra *f*
果肉 [guǒ ròu] *(fruta)* carne *f*
果实 [guǒ shí] fruta *f*, fruto *m*
果树 [guǒ shù] *bot* frutal *m*, árbol *m* frutal
果园 [guǒ yuán] huerto *m*; 苹果~ [píng guǒ] manzanal *m*
果汁 [guǒ zhī] zumo *m* de frutas
果子 [guǒ zi] fruta *f*, fruto *m*
裹 [guǒ] envolver, vendar → 包裹 [bāo guǒ]
过 [guo] → guò **1.** cruzar, pasar, atravesar; **2.** ir más allá de, excesivo,-a; **3.** (*tiempo*) dentro de, en; ~三天才来 [sān tiān cái lái]. Vendrá en tres días.
过 [guò] → guo **1.** *(partícula que expresa una experiencia)*; 我去~西班牙 [wǒ qù xī bān yá].He estado en España. **2.** *(partícula que expresa una acción realizada en el futuro en una oración compuesta);* 她吃~药就会去睡觉 [tā chī yào jiù huì qù shuì jiào]. Irá a la cama después de haber tomado la medicina.
过不去 [guò bu qù] **1.** no poder pasar, ser intransitable; **2.** poner pegas a alg
过道 [guò dào] pasillo *m*, paso *m*
过得去 [guò de qù] **1.** poder pasar; **2.** (*vivir*) sin apuros; **3.** aceptable *adj m/f*
过度 [guò dù] excesivo,-a, demasiado,-a
过渡 [guò dù] transición *f*, interino,-a
过分 [guò fèn] excesivo,-a, demasiado,-a
过关 [guò guān] superar con éxito una prueba (*crucial*)
过后 [guò hòu] más tarde, luego, después
过户 [guò hù] registrar el nuevo propietario (*en el registro de propiedad*)
过火 [guò huǒ] *fig* ir demasiado lejos, pasarse de la raya, llegar a extremos
过激 [guò jī] drástico,-a, crítico,-a
过节 [guò jié] celebrar una fiesta

过境 [guò jìng] (*estar*) de tránsito (*por el territorio de un país*); ~ 旅客 [lǚ kè] viajeros de tránsito
过来 [guò lái] venir, acercarse; 他~向我要钱 [tā xiàng wǒ yào qián]. Se acerca a mí para pedirme dinero.
过路人 [guò lù rén] transeúnte *m/f*
过虑 [guò lǜ] preocuparse innecesariamente
过滤 [guò lǜ] filtrar, colar
过敏 [guò mǐn] *med* alergia *f*
过目 [guò mù] revisar, leer (*un documento para dar el visto bueno*)
过年 [guò nián] celebrar el Año Nuevo chino
过期 [guò qī] caducar, pasar la fecha; ~ 食品 [shí pǐn] alimentos *mpl* caducados
过去 [guò qù] en el pasado, anteriormente, antes
过剩 [guò shèng] exceso *m*, sobra *f*
过失 [guò shī] falta *f*, culpa *f*
过时 [guò shí] pasado,-a de moda, desusado,-a
过头 [guò tóu] *fig* pasar de la raya; exagerar
过问 [guò wèn] intervenir en, tener interés en
过夜 [guò yè] pasar la noche, alojarse
过瘾 [guò yǐn] satisfacer un deseo, disfrutar lo máximo posible
过于 [guò yú] demasiado, muy

H

哈 [hā] **1.** carcajada *f*; **2.** *interj* ajá
哈欠 [hā qian] bostezo *m*; 打~ [dǎ] bostezar
哈腰 [hā yāo] agacharse, inclinarse
蛤 [há] → 蛤蟆 [há má]
蛤蟆 [há má] *zool* rana *f*; sapo *m*
还 [hái] → huán **1.** todavía, aún; 他~ 在那儿工作 [tā zài nà er gōng zuò]. Aún sigue trabajando allí; **2.** todavía más, más aún; 他的车比我的车~ 漂亮 [tā de chē bǐ wǒ de chē piào liàng]. Su coche es aún más elegante que el mío. **3.** no_imaginarse; 我没想到 [wǒ méi xiǎng dào]; 你~ 真来了 [nǐ zhēn lái le]. No me imaginaba que al final vendrías.
还好 [hái hǎo] menos mal, afortunadamente, gracias a Dios; ~ 我没有搞错 [wǒ méi yǒu gǎo cuò]. Menos mal que no me he equivocado.
还是 [hái shì] **1.** aún, todavía; **2.** es mejor que, más vale que; 我~ 不去的好 [wǒ bù qù de hǎo]. Es mejor que yo no vaya; **3.** o (*interrogativo*), 你是去大陆 [nǐ shì qù dà lù] , ~ 去台湾 [qù tái wān]? ¿Vas a China continental o a Taiwán?
孩 [hái] niño,-a *m/f*

孩子 [hái zi] **1.** niño,-a *m/f*, chico,-a *m/f*; **2.** hijo,-a *m/f*
海 [hǎi] *geogr* mar *f*
海岸 [hǎi àn] costa *f*; litoral *m*
海拔 [hǎi bá] *geogr* altura *f* sobre el nivel del mar
海报 [hǎi bào] cartel *m*, anuncio *m*
海滨 [hǎi bīn] playa *f*, orilla *f* del mar
海产 [hǎi chǎn] productos *mpl* marinos
海带 [hǎi dài] alga *f* marina
海岛 [hǎi dǎo] *geogr* isla *f*
海底 [hǎi dǐ] fondo *m* del mar
海港 [hǎi gǎng] puerto *m* marítimo
海关 [hǎi guān] *adm* aduana *f*
海景 [hǎi jǐng] vista *f* marina
海军 [hǎi jūn] *mil* armada *f*, marina *f* (*de guerra*)
海里 [hǎi lǐ] milla *f* marítima
海洛因 [hǎi luò yīn] *med* heroína *f*
海绵 [hǎi mián] esponja *f*; esponjoso,-a
海鸥 [hǎi ōu] *zool* gaviota *f*
海上 [hǎi shàng] en el mar, sobre el mar
海水 [hǎi shuǐ] agua *f* marina
海滩 [hǎi tān] playa *f*, playa *f* marina
海图 [hǎi tú] carta *f* marina
海豚 [hǎi tún] *zool* delfín *m*, golfín *m*
海外 [hǎi wài] ultramar *m*, en el extranjero
海湾 [hǎi wān] golfo *m*, bahía *f*
海王星 [hǎi wáng xīng] *astron* Neptuno *m*
海味 [hǎi wèi] marisco *m* (*selecto*)
海峡 [hǎi xiá] estrecho *m*, canal *m*
海员 [hǎi yuán] marinero *m*
海运 [hǎi yùn] transporte *m* marítimo
海蜇 [hǎi zhé] *zool* medusa *f* (*comestible*)
害 [hài] **1.** mal *m*, daño *m*, calamidad *f*; **2.** perjudicar, dañar; **3.** asesinar, matar
害虫 [hài chóng] insecto *m* nocivo
害处 [hài chù] daño *m*, perjuicio *m*
害怕 [hài pà] tener miedo, sentir temor
害臊 [hài sào] avergonzarse, quedarse avergonzado,-a
害羞 [hài xiū] avergonzarse, ponerse rojo,-a
鼾 [hān] roncar
鼾声 [hān shēng] ronquido *m*
含 [hán] **1.** tener en la boca; **2.** albergar, guardar
含糊 [hán hú] **1.** ambiguo,-a, implícito,-a; **2.** negligente *adj m/f*, despistado,-a
含混 [hán hùn] indistinto,-a, confuso,-a
含蓄 [hán xù] implícito,-a, indirecto,-a
含义 [hán yì] significado *m*, definición *f*
含冤 [hán yuān] sufrir una injusticia

寒 [hán] **1.** frío *m*; **2.** glacial *adj m/f*; **3.** temer, temor
寒带 [hán dài] *geogr* zona *f* glacial
寒假 [hán jià] vacaciones *fpl* de invierno
寒冷 [hán lěng] frío *m*; glacial *adj m/f*
寒流 [hán liú] corriente *f* fría
寒气 [hán qì] aire *m* frío
寒酸 [hán suān] pobre *adj m/f*, humilde *adj m/f*, impresentable *adj m/f*
寒心 [hán xīn] **1.** decepcionarse, desesperar; **2.** tener miedo
寒暄 [hán xuān] saludar; saludo *m*
喊 [hǎn] **1.** gritar, exclamar; **2.** llamar; 他们在~你 [tā mēn zài nǐ]. Te están llamando.
喊叫 [hǎn jiào] gritar, exclamar
汉 [hàn] **1.** (*idioma*) chino *m*, mandarín *m*; **2.** hombre *m*, varón *m*
汉奸 [hàn jiān] traidor,-a *m/f*
汉学 [hàn xué] sinología *f*; ~ 家 [jiā] sinóloga *f*
汉语 [hàn yǔ] chino *m* (*idioma*), mandarín *m*
汉字 [hàn zì] carácter *m* chino
汉子 [hàn zi] hombre *m*, varón *m*
汉族 [hàn zú] la etnia Han (*de China*)
汗 [hàn] sudor *m*
汗毛 [hàn máo] (*cuerpo humano*) vello *m*
汗衫 [hàn shān] camiseta *f*
旱 [hàn] **1.** sequía *f*; **2.** seco,-a; **3.** terrestre *adj m/f*; ~ 路水路都通到那儿 [lù shuǐ lù dōu tōng dào nà er]. Se puede llegar allí vía terrestre y fluvial.
旱季 [hàn jì] época *f* seca; ~ 雨季都得干活 [yū jì dōu děi gàn huó]. Hay que trabajar, sea en la época seca o en la de lluvia.
行 [háng] → xíng **1.** línea *f*, fila *f*, hilera *f*; **2.** oficio *m*, profesión *f*; **3.** (*palabrada de medida*); 一~ 字 [yī zì] una línea de caracteres chinos; **4.** *com* empresa *f*, taller *m*; 修车~ [xiū chē] taller *m* de reparación de automóvil
行当 [háng dang] oficio *m*, profesión *f*
行话 [háng huà] jerga *f*, argot *m*
行家 [háng jiā] experto,-a *m/f*, profesional *m/f*
行列 [háng liè] *pol* fila *f* (*de un partido político*)
行情 [háng qíng] *econ* cotización *f*, precio *m*
航 [háng] embarcación *f*, barco *m*
航标 [háng biāo] *nav* baliza *f*
航程 [háng chéng] *nav* travesía *f*, trayectoria *f*
航道 [háng dào] *nav* vía *f* fluvial, ruta *f* marítima
航海 [háng hǎi] *nav* navegación *f*; navegar
航空 [háng kōng] *aero* aviación *f*

航空母舰 [háng kōng mǔ jiàn] *mil* portaaviones *m*
航天 [háng tiān] *aero* navegación *f* espacial
航线 [háng xiàn] línea *f* aérea (*o de navegación*); ruta *f*
航向 [háng xiàng] *nav* rumbo *m*
航行 [háng xíng] *nav aero* navegar; navegación *f*
航运 [háng yùn] transporte *m* marítimo (o *aéreo*)
号 [háo] → hào llamar a voces, gritar, rugir
号叫 [háo jiào] llamar a gritos, gritar
毫 [háo] **1.** pelo *m* largo y fino; **2.** *hao*, unidad de longitud (*=1/3 decimilímetro*); **3.** en lo más mínimo, en absoluto
毫毛 [háo máo] vello *m*, pelo *m* fino
毫米 [háo mǐ] *fís* milímetro *m*
毫升 [háo shēng] *fís* mililitro *m*
豪 [háo] elegante *adj m/f*, gentil *adj m/f*
豪放 [háo fàng] abierto,-a y gentil *adj m/f*, elegante *adj m/f*
豪华 [háo huá] lujoso,-a, suntuoso,-a
豪杰 [háo jié] élite *f*; héroe *m*
豪强 [háo qiáng] **1.** poderoso,-a, fuerte *adj m/f*; **2.** déspota *m/f*, tirano,-a *m/f*
豪情 [háo qíng] moral *f* alta, entusiasmo *m*
豪爽 [háo shuǎng] generoso,-a, caballeroso,-a
豪言壮语 [háo yán zhuàng yǔ] promesa *f* heroica, palabras *fpl* valerosas
好 [hǎo] → hào **1.** bien, bueno,-a, excelente *adj m/f*; **2.** amistoso,-a, amable *adj m/f*; **3.** (*saludo*) hola, buenos días, buenas tardes; **4.** (*complemento resultativo*); 文章写~了 [wén zhāng xiě le]. Ha acabado de escribir una redacción.
好吃 [hǎo chī] sabroso,-a, delicioso,-a, rico,-a
好处 [hǎo chù] beneficio *m*, ventaja *f*
好歹 [hǎo dǎi] **1.** el bien y el mal; **2.** peligro *m*, riesgo *m*; **3.** de todos modos, en cualquier caso
好感 [hǎo gǎn] buena impresión *f*
好过 [hǎo guò] **1.** tener un buen momento; **2.** *med* sentirse bien
好汉 [hǎo hàn] caballero *m*, héroe *m*
好话 [hǎo huà] palabras *fpl* bonitas, (*palabras que*) suenan bien
好看 [hǎo kàn] **1.** guapo,-a, hermoso,-a, bonito,-a; **2.** interesante *adj m/f*; 这部电影很~ [zhè bù diàn yǐng hěn]. Esta película es muy interesante.
好评 [hǎo píng] comentario *m* favorable, buena *f* impresión
好人 [hǎo rén] hombre *m* bueno, persona *f* de bien

好手 [hǎo shǒu] maestro,-a *m/f*, profesional *m/f*

好听 [hǎo tīng] agradable al oído; palabras *fpl* dulces

好玩 [hǎo wán] divertido,-a, interesante *adj m/f*

好象 [hǎo xiàng] parecer(*se*), como si; 他~ 不太高兴 [tā bù tài gāo xìng]. Parece que no está muy contento.

好笑 [hǎo xiào] **1.** ridículo,-a; **2.** hacer reír

好意 [hǎo yì] buena fe *f*, bondad *f*

好在 [hǎo zài] afortunadamente, menos mal (*que*)

好转 [hǎo zhuǎn] mejorar(*se*), hacia una dirección favorable

好 [hào] → hǎo gustar, amar, interesar; 她~ 出风头 [tā chū fēng tóu]. Le gusta ganar fama entre el público.

好客 [hào kè] hospitalario,-a, amable *adj m/f*

好奇 [hào qí] curioso,-a; curiosidad *f*

好强 [hào qiáng] ambición *f*; ambicioso,-a

好学 [hào xué] estudiar (*con ganas*)

好战 [hào zhàn] bélico,-a; guerrero,-a *m/f*

号 [hào] → háo **1.** número *m*; **2.** tamaño *m*, talla *f*; **3.** *coloq* día *m*, fecha *f*; 今天几号 [jīn tiān jǐ hào]? ¿A cuánto estamos hoy?

号称 [hào chēng] **1.** ser conocido como, ser famoso por; **2.** pretender ser

号码 [hào mǎ] número *m*

号召 [hào zhào] llamamiento *m*, llamado,-a

耗 [hào] consumir, gastar

耗费 [hào fèi] consumir, gastar

耗尽 [hào jìn] agotar, acabar con

耗子 [hào zi] *zool coloq* ratón *m*, rata *f*

浩 [hào] grande *adj m/f*, vasto,-a, inmenso,-a

浩大 [hào dà] enorme *adj m/f*, vasto,-a

浩荡 [hào dàng] vasto,-a y poderoso,-a

禾 [hé] *bot (cereales)* plantón *m*

禾苗 [hé miáo] *bot* (*cereales*) plantón *m*

合 [hé] **1.** cerrar; **2.** unir, reunir

合并 [hé bìng] fusionar, juntar; fusión *f*

合唱 [hé chàng] *mús* coro *m*

合成 [hé chéng] componer, sintetizar; síntesis *m*

合法 [hé fǎ] legal *adj m/f*, legítimo,-a

合格 [hé gé] **1.** calificado,-a, calificación *f*; **2.** buena calidad *f*; 产品~ 证 [chǎn pǐn zhèng] certificado *m* de buena calidad

合乎 [hé hū] concordar con, corresponder a, ajustarse a

合伙 [hé huǒ] *econ* formar una sociedad, asociarse

合计 [hé jì] totalizar, sumar; en total
合金 [hé jīn] *tecn* aleación *f*
合理 [hé lǐ] racional *adj m/f*, razonable *adj m/f*, equitativo,-a
合力 [hé lì] unir las fuerzas, mancomunar los esfuerzos
合谋 [hé móu] conspirar, confabularse
合拍 [hé pāi] **1.** llevar el compás; **2.** en coordinación con, en armonía
合情合理 [hé qíng hé lǐ] justo,-a y razonable *adj m/f*
合身 [hé shēn] (*ropa*) quedar bien
合适 [hé shì] conveniente *adj m/f*, apropiado,-a, adecuado,-a
合算 [hé suàn] **1.** ventajoso,-a, provechoso,-a, rentable *adj m/f*; **2.** contar, calcular; 我们来~一下成本 [wǒ mēn lái yī xià chéng běn]. Vamos a calcular el coste.
合同 [hé tóng] *com* contrato *m*
合影 [hé yǐng] tomar una foto con alg
合资 [hé zī] *econ* capital *m* mixto; ~企业（公司） [qǐ yè(gōng sī)] empresa *f* mixta (Joint Venture)
合奏 [hé zòu] *mús* concierto *m* de música instrumental
合作 [hé zuò] cooperar, colaborar, trabajar juntos
何 [hé] **1.** *lit* qué, quién; **2.** *lit* para qué
何必 [hé bì] ¿para qué?
何不 [hé bù] *lit* ¿por qué no?, ¿cómo no?
何妨 [hé fáng] *lit* ¿por qué no?
何苦 [hé kǔ] ¿Vale la pena?
何况 [hé kuàng] aún (*ni*) menos; 他都不行 [tā dōu bù xíng]；~你呢 [nǐ ne]。 Él no puede, y ni mucho menos tú.
何止 [hé zhǐ] mucho más que; 他在欧洲~有三幢房子 [tā zài ōu zhōu yǒu sān zhuàng fáng zi]. Él tiene mucho más que tres casas en Europa.
河 [hé] río *m*
河床 [hé chuáng] lecho *m* (*de un río*), cauce *m* (*de un río*)
河道 [hé dào] vía *f* fluvial, canal *m* de un río
河沟 [hé gōu] arroyo *m*, riachuelo *m*
河流 [hé liú] ríos *mpl*
河马 [hé mǎ] *zool* hipopótamo *m*
和 [hé] → huó **1.** y (*unir dos palabras*); 学习汉语~英语 [xué xí hàn yǔ yīng yǔ]. Estudiar chino e inglés; **2.** (*llevarse*) bien, armonioso,-a; **3.** empatar, empate *m*
和蔼 [hé ǎi] amable *adj m/f*, simpático,-a
和好 [hé hǎo] conciliarse, hacer las paces
和解 [hé jiě] conciliarse, reconciliarse
和局 [hé jú] empate *m*; empatar
和睦 [hé mù] armonía *f*; armonioso,-a

和平 [hé píng] paz *f*; pacífico,-a
和气 [hé qì] amable *adj m/f*, simpático,-a; cortesía *f*, armonía *f*
和善 [hé shàn] bondadoso,-a, amistoso,-a
和尚 [hé shang] *relig* monje *m*, bonzo *m*
和谐 [hé xié] armonioso,-a, concorde *adj m/f*; armonía *f*, concordia *f*
荷 [hé] *bot* loto *m* de la India
荷包 [hé bāo] bolsillo *m*, monedero *m*, cartera *f*
荷包蛋 [hé bāo dàn] huevo *m* frito
荷花 [hé huā] flor *f* de loto
核 [hé] **1.** núcleo *m*, (*fruta*) hueso *m*; **2.** *fís* núcleo *m*; **3.** nuclear *adj m/f*
核定 [hé dìng] revisar y ratificar
核对 [hé duì] verificar, comprobar
核计 [hé jì] calcular, contar
核实 [hé shí] verificar, comprobar
核算 [hé suàn] *econ* cálculo *m*
核桃 [hé táo] *bot* nuez *f*
核心 [hé xīn] núcleo *m*, esencia *f*, eje *m*
盒 [hé] caja *f*, estuche *m*
盒子 [hé zi] caja *f*, cajón *m*, estuche *m*
贺 [hè] felicitar, congratular; felicitación *f*
贺词 [hè cí] mensaje *m* de felicitación
贺电 [hè diàn] telegrama *m* de felicitación
贺礼 [hè lǐ] regalo *m* de felicitación
贺年 [hè nián] felicitar el Año Nuevo
贺喜 [hè xǐ] felicitar, (*la boda, el nacimiento, etc.*) dar la enhorabuena por
贺信 [hè xìn] carta *f* de felicitación
喝 [hè] dar grandes gritos
喝彩 [hè cǎi] aclamar, vitorear
喝倒彩 [hè dào cǎi] silbar (*a un actor o una actriz*)
黑 [hēi] **1.** (*color*) negro,-a; **2.** oscuro,-a, tenebroso,-a; **3.** clandestino,-a; negro,-a, ilegal *adj m/f*; ~ 钱 [qián] dinero *m* negro
黑暗 [hēi àn] **1.** oscuro,-a; oscuridad *f*; **2.** atrasado,-a, decadente *adj m/f*
黑白 [hēi bái] **1.** negro,-a y blanco,-a; **2.** lo correcto y lo erróneo, lo bueno y lo malo
黑板 [hēi bǎn] pizarra *f*, tablero *m*
黑帮 [hēi bāng] mafia *f*
黑豆 [hēi dòu] soja *f* negra
黑话 [hēi huà] jerga *f*, argot *m*
黑货 [hēi huò] mercancía *f* de contrabando
黑名单 [hēi míng dān] lista *f* negra
黑人 [hēi rén] negro,-a *m/f*
黑色 [hēi sè] (*color*) negro,-a
黑市 [hēi shì] mercado *m* negro
痕 [hén] huella *f*, rastro *m*, señal *f*
痕迹 [hén jì] huella *f*, señal *f*

很 [hěn] muy, mucho; ~ 好看 [hǎo kàn] muy guapo; 他~ 爱你 [tā ài nǐ]. Te quiere mucho.

狠 [hěn] **1.** cruel *adj m/f*, feroz *adj m/f*, despiadado,-a; **2.** firme *adj m/f*, resuelto,-a

狠毒 [hěn dú] cruel y feroz, venenoso,-a

狠心 [hěn xīn] **1.** endurecer el corazón; **2.** cruel *adj m/f*, feroz *adj m/f*

恨 [hèn] odiar; odio *m*

恨不得 [hèn bu de] tener ganas de u/c, desear

恒 [héng] **1.** duradero,-a, permanente *adj m/f*; **2.** perseverancia *f*, constancia *f*

恒心 [héng xīn] perseverancia *f*, tenacidad *f*

恒星 [héng xīng] *astron* estrella *f* fija

横 [héng] → hèng **1.** horizontal *adj m/f*, transversal *adj m/f*; **2.** mover de través, atravesar

横队 [héng duì] fila *f*, hilera *f*

横幅 [héng fú] pancarta *f*

横扫 [héng sǎo] barrer, arrollar

横竖 [héng shù] en todo caso, de todas maneras

横行 [héng xíng] actuar a su antojo

衡 [héng] **1.** balanza *f*; **2.** medir, calibrar, juzgar

衡量 [héng liáng] meditar, comparar, estudiar

横 [hèng] → héng **1.** brutal e irrazonable, violento,-a; **2.** desdichado,-a, inesperado,-a

横财 [hèng cái] fortuna *f* inesperada

轰 [hōng] **1.** pum; **2.** bombardear, estallar; **3.** ahuyentar, expulsar

轰动 [hōng dòng] provocar un boom

轰炸 [hōng zhà] *mil* bombardear, bombardeo *m*

哄 [hōng] → hǒng carcajadas *fpl*

哄抬 [hōng tái] (*precio*) subir

烘 [hōng] calentar(*se*), secar al fuego

烘烤 [hōng kǎo] **1.** tostar, hornear; **2.** al horno

烘箱 [hōng xiāng] **1.** estufa *f* de secado; **2.** *gastr* horno *m*

红 [hóng] **1.** (*color*) rojo,-a; **2.** (*actor, actriz*) estar de moda

红宝石 [hóng bǎo shí] rubí *m*

红茶 [hóng chá] té *m* negro, té *m* rojo

红尘 [hóng chén] *relig* mundo *m* de los mortales, sociedad *f* de materialismo

红利 [hóng lì] *econ* dividendo *m*

红绿灯 [hóng lǜ dēng] semáforo *m*, luces *fpl* de tráfico

红旗 [hóng qí] bandera *f* roja

红润 [hóng rùn] (*rostro*) sonrosado,-a, brillante *adj m/f*

红十字会 [hóng shí zì huì] Cruz *f* Roja

红薯 [hóng shǔ] *bot* boniato *m*, batata *f*
红糖 [hóng táng] azúcar *m* moreno
红血球 [hóng xuè qiu] *med* glóbulo *m* rojo
红药水 [hóng yào shuǐ] *med* mercurocromo *m*
红晕 [hóng yùn] (*rostro*) roseta *f*, rubor *m*, sonrojo *m*
宏 [hóng] grande *adj m/f*, inmenso,-a, magnífico,-a
宏大 [hóng dà] ambicioso,-a, inmenso,-a
宏图 [hóng tú] proyecto *m* grande, ambición *f*
洪 [hóng] inmenso,-a, vasto,-a
洪大 [hóng dà] fuerte *adj m/f* y grande *adj m/f*
洪亮 [hóng liàng] (*voz*) fuerte y clara, sonoro,-a
洪流 [hóng liú] gran corriente *f* (*social*), tendencia *f* (*social*)
洪水 [hóng shuǐ] inundación *f*; inundar(*se*)
虹 [hóng] arco *m* iris
哄 [hǒng] → hōng **1.** engañar, estafar; **2.** entretener, distraer
哄骗 [hǒng piàn] engañar, estafar
侯 [hóu] marqués,-a *m/f*
侯爵 [hóu jué] marqués *m*
喉 [hóu] *med* laringe *f*, garganta *f*
喉结 [hóu jié] *med* nuez *f* de Adán
喉咙 [hóu lóng] *med* garganta *f*
喉舌 [hóu shé] *adm pol* gabinete *m* de prensa
猴 [hóu] *zool* mono *m*
猴子 [hóu zi] *zool* mono *m*
吼 [hǒu] **1.** rugir, aullar; **2.** dar gritos, hablar a voces
后 [hòu] **1.** trasero,-a, de atrás, detrás; **2.** después, más tarde
后备 [hòu bèi] reserva *f*; ~ 金 [jīn] fondo *m* de reserva
后辈 [hòu bèi] nueva generación *f*
后代 [hòu dài] **1.** período *m*, (*siglo*) posterior; **2.** posteridad *f*, descendiente *m/f*
后爹 [hòu diē] padrastro *m*
后盾 [hòu dùn] respaldo *m*, apoyo *m*
后方 [hòu fāng] *mil* retaguardia *f*
后跟 [hòu gēn] (*zapatos*) talón *m*
后果 [hòu guǒ] consecuencia *f*, efecto *m*, resultado *m*
后患 [hòu huàn] efecto *m* negativo (*en el futuro*)
后悔 [hòu huǐ] arrepentirse; arrepentido,-a
后记 [hòu jì] apólogo *m*, ultílogo *m*
后来 [hòu lái] después, más tarde, posteriormente
后路 [hòu lù] escapatoria *f*, ruta *f* de retirada
后门 [hòu mén] **1.** puerta *f* trasera (*posterior*); **2.** enchufe *m*, amistad *f* personal
后面 [hòu miàn] detrás, atrás
后脑勺 [hòu nǎo sháo] *med* cogote *m*

后娘 [hòu niáng] madrastra *f*

后期 [hòu qī] etapa *f* posterior, fase *f* final

后勤 [hòu qín] servicio *m* logístico, logística *f*

后事 [hòu shì] asunto *m* funerario

后台 [hòu tái] **1.** *teat* detrás del escenario, entre bastidores; **2.** apoyo *m* invisible, poder *m* invisible

后天 [hòu tiān] pasado mañana

后退 [hòu tuì] retroceder, retirarse

后卫 [hòu wèi] **1.** retaguardia *f*; **2.** *dep* defensa *m/f*

后遗症 [hòu yí zhèng] **1.** *med* secuela *f*, efecto *m* secundario; **2.** efecto *m* negativo

后裔 [hòu yì] descendiente *m/f*, hijo,-a, vástago,-a *m/f*

后缀 [hòu zhuì] *ling* sufijo *m*

厚 [hòu] **1.** grueso,-a, espeso,-a; **2.** grosor, espesor; **3.** profundo, hondo

厚道 [hòu dào] honesto,-a y bondadoso,-a

厚度 [hòu dù] *fís* espesor *m*

厚望 [hòu wàng] grandes expectaciones *fpl* (*esperanza*)

厚意 [hòu yì] afecto *m* (*profundo*), benevolencia *f*

候 [hòu] **1.** aguardar, esperar; **2.** preguntar por, saludar

候补 [hòu bǔ] ser suplente (*candidato*) (*para un puesto vacante*)

候车室 [hòu chē shì] sala *f* de espera (*para el autobús o el tren*)

候鸟 [hòu niǎo] *zool* ave *f* migratoria, ave *f* de paso

候选人 [hòu xuǎn rén] candidato, -a *m/f*

呼 [hū] **1.** espirar, exhalar; **2.** gritar; **3.** llamar

呼唤 [hū huàn] llamar; llamamiento *m*

呼哨 [hū shào] silbido *m*

呼声 [hū shēng] clamor *m*, voz *f*

呼吸 [hū xī] *med* respirar, alentar

呼应 [hū yìng] hacer(*se*) eco

呼吁 [hū yù] llamar, pedir

忽 [hū] **1.** descuidar, pasar por alto; **2.** de repente

忽略 [hū lüè] descuidar, pasar por alto, omitir

忽然 [hū rán] de repente, de súbito

忽视 [hū shì] descuidar, desatender, pasar por alto

狐 [hú] *zool* zorra *f*, zorro *m*

狐狸 [hú lí] *zool* zorra *f*

胡 [hú] a tontas y a locas

胡扯 [hú chě] decir tonterías

胡话 [hú huà] delirio *m*, tontería *f*

胡椒 [hú jiāo] *gastr* pimiento *m*, pimienta *f* (*en polvo*)

壶 [hú] vasija *f*, tetera *f*

湖 [hú] *geogr* lago *m*

湖泊 [hú pō] *lit* lago *m*

蝴 [hú]

蝴蝶 [hú dié] *zool* mariposa *f*

虎 [hǔ] **1.** *zool* tigre *m*; **2.** bravo,-a, vigoroso,-a
虎口 [hǔ kǒu] **1.** boca *f* del tigre, lugar *m* peligroso; **2.** (*mano*) palma *f*
虎穴 [hǔ xuè] guarida *f* de tigre
户 [hù] **1.** puerta *f*; ~ 外活动 [wài huó dòng] actividades *fpl* al aire libre; **2.** familia *f*, hogar *m*, casa *f*
户籍 [hù jí] empadronamiento *m*; ~ 登记 [dēng jì] empadronarse
户头 [hù tóu] *banc* cuenta *f* bancaria; 他的银行~ 上有钱 [tā de yíng háng shàng yǒu qián]. Hay dinero en su cuenta bancaria.
户主 [hù zhǔ] jefe *m* de familia
互 [hù] recíproco,-a, mutuo,-a
互惠 [hù huì] beneficio *m* mutuo
互利 [hù lì] interés *m* mutuo
互相 [hù xiāng] mutuamente, recíprocamente
互助 [hù zhù] ayudarse mutuamente
沪 [hù] (*abreviatura de*) Shanghai
沪剧 [hù jù] ópera *f* de Shanghai
护 [hù] proteger, defender
护理 [hù lǐ] **1.** *med* asistir, cuidar (*a un enfermo*); **2.** proteger y cuidar
护身符 [hù shēn fú] talismán *m*, amuleto *m*
护士 [hù shì] enfermero,-a *m/f*
护送 [hù sòng] escoltar, convoyar
护照 [hù zhào] pasaporte *m*
糊 [hù] pasta *f* de harina
糊弄 [hù nòng] engañar, tomar el pelo
花 [huā] **1.** flor *f*; **2.** estampado,-a; ~ 布 [bù] tejido *m* estampado; **3.** ofuscado,-a, turbio,-a
花瓣 [huā bàn] *bot* pétalo *m*
花茶 [huā chá] té *m* aromatizado
花房 [huā fáng] invernadero *m*
花费 [huā fèi] gastar, costar; gasto *m*
花岗岩 [huā gāng shí] *constr* granito *m*
花环 [huā huán] anillo *m* de flores
花蓝 [huā lán] canastillo *m* de flores
花盆 [huā pén] maceta *f*, tiesto *m*
花瓶 [huā píng] florero *m*, ramilletero *m*
花圈 [huā quān] (*funeral*) corona *f* de flores
花色 [huā sè] **1.** diseño *m* y color *m*; **2.** variedad *f*, surtido *m*
花生 [huā shēng] *bot* cacahuete *m*
花纹 [huā wén] diseño *m* decorativo
花言巧语 [huā yán qiǎo yǔ] (*pronunciar*) palabras dulces
花样 [huā yàng] **1.** *txtl* patrón *m*, variedad *f*; **2.** truco *m*, engaño *m*
花招 [huā zhāo] **1.** *dep* movimiento *m* (*en el arte marcial*); **2.** truco *m*, engaño *m*
划 [huá] → huà **1.** remar; **2.** remo *m*; **3.** raspar, arañar

划算 [huá suàn] **1.** calcular, pesar; **2.** provechoso,-a, rentable *adj m/f*, beneficioso,-a

华 [huá] **1.** próspero,-a, floreciente *adj m/f*; **2.** (*abreviatura de*) China *f*; chino,-a

华贵 [huá guì] **1.** suntuoso,-a, lujoso,-a; **2.** rico,-a, noble *adj m/f*

华丽 [huá lì] magnífico,-a, espléndido,-a

华侨 [huá qiáo] chino,-a *m/f* (*que vive fuera de China, pero mantiene la nacionalidad china*)

华人 [huá rén] chino,-a *m/f* (*que vive fuera de China y tiene otra nacionalidad*)

华裔 [huá yì] ciudadano *m* extranjero de origen chino

哗 [huá] alboroto *m*, clamor *m*

哗然 [huá rán] jaleo *m*, bullicio *m*

哗众取宠 [huá zhòng qǔ chǒng] impresionar a la gente con exageración

滑 [huá] **1.** resbaladizo,-a, escurridizo,-a, resbalante *adj m/f*; **2.** deslizar, resbalar; **3.** astuto,-a, taimado,-a

滑冰 [huá bīng] *dep* patinaje *m* sobre el hielo

滑动 [huá dòng] deslizamiento *m*; deslizarse

滑稽 [huá jī] cómico,-a, divertido,-a

滑梯 [huá tī] tobogán *m* (*para niños*)

滑头 [huá tóu] listillo,-a, astuto,-a, engañoso,-a

滑雪 [huá xuě] *dep* esquiar; esquí *m*

化 [huà] **1.** derretir, disolver; **2.** transformar, convertir

化肥 [huà féi] fertilizante *m*

化工 [huà gōng] industria *f* química

化脓 [huà nóng] *med* supurar, enconarse

化身 [huà shēn] encarnación *f*, personificación *f*, efigie *f*

化石 [huà shí] *geol* fósil *m*

化学 [huà xué] química *f*

化验 [huà yàn] análisis *m* (*examen*) químico

化装 [huà zhuāng] **1.** maquillar(*se*), pintarse; **2.** disfrazar(*se*), disfraz *m*

化妆 [huà zhuāng] maquillar(*se*), pintarse; maquillaje *m*

划 [huà] → huá **1.** delimitar, clasificar; **2.** delinear, marcar, trazar

划定 [huà dìng] delimitar, demarcar

划分 [huà fēn] **1.** dividir, delimitar; **2.** diferenciar, clasificar

划清 [huà qīng] dividir (*separar*) claramente

话 [huà] **1.** palabra *f*, discurso *m*; **2.** decir, hablar

话别 [huà bié] decir adiós

话剧 [huà jù] *teat* drama *m* moderno

话题 [huà tí] tema *m*, tópico *m* (*de una conversación*)

话筒 [huà tǒng] micrófono *m*, micro *m*

画 [huà] dibujar, pintar, trazar; dibujo *m*, pintura *f*, cuadro *m*

画报 [huà bào] revista *f* (*ilustrada*)

画册 [huà cè] colección *f* de pinturas

画家 [huà jiā] pintor,-a *m/f*, artista *m/f*

画廊 [huà láng] galería *f* de arte

画面 [huà miàn] aspecto *m* general (*de una pintura*)

画室 [huà shì] estudio *m* (*de un pintor*)

画图 [huà tú] *arte* pintura *f*, dibujo *m*; pintar, dibujar

画像 [huà xiàng] *arte* dibujar un retrato, retratar; *arte* retrato *m*

画展 [huà zhǎn] *arte* exposición *f* de pinturas

怀 [huái] **1.** pecho *m*, seno *m*; **2.** mente *f*, corazón *m*; **3.** abrigar, albergar

怀抱 [huái bào] llevar entre los brazos

怀表 [huái biǎo] reloj *m* de bolsillo

怀恨 [huái hèn] guardar rencor, albergar odio

怀念 [huái niàn] echar de menos, añorar

怀疑 [huái yí] dudar, sospechar; sospecha *f*, duda *f*

槐 [huái] *bot* (*árbol*) sófora *f* china

踝 [huái] *med* tobillo *m*

坏 [huài] **1.** malo,-a; **2.** morirse de; 饿~了 [è le]. Estar muerto de hambre; **3.** estropearse, averiarse; 车~了 [chē le]. Se ha averiado el coche.

坏处 [huài chù] mal *m*, desventaja *f*, inconveniencia *f*

坏蛋 [huài dàn] *vulg* cabrón,-a *m/f*, imbécil *m/f*, canalla *m*

坏话 [huài huà] maldición *f*, rumor *m*

坏人 [huài rén] persona *f* mala, malhechor,-a *m/f*

欢 [huān] **1.** alegre *adj m/f*, contento,-a

欢度 [huān dù] (*fiesta*) celebrar

欢呼 [huān hū] aclamar, vitorear

欢聚 [huān jù] reunirse felizmente

欢快 [huān kuài] vivo,-a y alegre *adj m/f*

欢乐 [huān lè] alegre *adj m/f*, feliz *adj m/f*

欢庆 [huān qìng] celebrar (*una fiesta*)

欢送 [huān sòng] despedir afectuosamente

欢喜 [huān xǐ] alegre *adj m/f*, contento,-a

欢笑 [huān xiào] reírse felizmente

欢迎 [huān yíng] dar la bienvenida, acoger; bienvenida *f*

还 [huán] → hái **1.** volver, regresar, retornar; **2.** devolver, restituir

还价 [huán jià] *com* regatear; regateo *m*

还礼 [huán lǐ] **1.** contestar a un saludo; **2.** hacer un regalo (*de recompensa*)

还清 [huán qīng] *econ* saldar, liquidar

还手 [huán shǒu] devolver un golpe, lanzar un contraataque

还乡 [huán xiāng] retornar (*ir*) al pueblo (*tierra*) natal

还原 [huán yuán] **1.** recuperar la forma original; **2.** *quím* reducción *f*, reductor *m*

还债 [huán zhài] liquidar la deuda

环 [huán] anillo *m*, aro *m*

环抱 [huán bào] cercar, rodear

环顾 [huán gù] mirar alrededor

环节 [huán jié] (*cadena*) eslabón *m*

环境 [huán jìng] ambiente *m*, entorno *m*; medio ambiente *m*

环球 [huán qiú] **1.** todo el mundo, globo *m*; **2.** alrededor del mundo, global *adj m/f*

环绕 [huán rào] cercar, rodear

环行 [huán xíng] circunvalación *f*; circular

缓 [huǎn] **1.** lento,-a, tardo,-a, tardío,-a; **2.** aplazar, demorar, retrasar

缓冲 [huǎn chōng] amortiguar, atenuar

缓和 [huǎn hé] aflojar, mitigar, aliviar

缓慢 [huǎn màn] lento,-a, despacioso,-a, tardío,-a

缓期 [huǎn qī] aplazar una fecha límite

缓刑 [huǎn xíng] *jur* condena *f* condicional

幻 [huàn] irreal *adj m/f*, imaginario,-a, ilusorio,-a

幻灯 [huàn dēng] *fotog* diapositiva *f*

幻灭 [huàn miè] desvanecerse, esfumarse

幻术 [huàn shù] magia *f*, ilusionismo *m*

幻想 [huàn xiǎng] ilusión *f*, fantasía *f*, ensueño *m*

幻象 [huàn xiàng] espejismo *m*, ilusión *f*

幻影 [huàn yǐng] imagen *f* irreal, fantasma *m*

换 [huàn] **1.** cambiar, canjear, convertir; **2.** trasladar, mudar

换车 [huàn chē] cambiar de tren o autobús

换算 [huàn suàn] *mat* conversión *f*

唤 [huàn] gritar

唤醒 [huàn xǐng] *lit* despertar

患 [huàn] **1.** mal *m*, desgracia *f*, desastre *m*; **2.** padecer, sufrir, contraer; ~ 胃癌 [wèi ái] padecer un cáncer de estómago.

患得患失 [huàn dé huàn shī] preocuparse por (*las pérdidas personales*)

患难 [huàn nàn] desgracia *f*, sufrimiento *m*

患者 [huàn zhě] paciente *m/f*, enfermo,-a *m/f*

荒 [huāng] **1.** baldío,-a, yermo,-a; **2.** escasez *f*, crisis *f*

荒诞 [huāng dàn] absurdo,-a, increíble *adj m/f*

荒岛 [huāng dǎo] isla *f* desierta

荒地 [huāng dì] tierra *f* abandonada, terreno *m* descuidado

荒废 [huāng fèi] **1.** *(tierra)* dejar yerma; **2.** descuidar, abandonar

荒唐 [huāng táng] **1.** absurdo,-a, ridículo,-a; **2.** disipado,-a, libertino,-a

荒野 [huāng yě] tierra *f* salvaje

慌 [huāng] terriblemente, insoportablemente

慌忙 [huāng máng] apresuradamente, atropelladamente

皇 [huáng] emperador *m*, soberano *m*

皇帝 [huáng dì] emperador *m*

皇宫 [huáng gōng] palacio *m* imperial

皇冠 [huáng guān] corona *f* imperial

皇后 [huáng hòu] emperatriz *f*

皇室 [huáng shì] familia *f* imperial, casa *f* imperial

皇太子 [huáng tài zǐ] príncipe *m* heredero

黄 [huáng] **1.** *(color)* amarillo,-a; **2.** fracasar, fallar

黄豆 [huáng dòu] *bot* soya *f*, soja *f*

黄瓜 [huáng guā] *bot* pepino *m*, cohombro *m*

黄昏 [huáng hūn] atardecer *m*, crepúsculo *m*

黄金 [huáng jīn] oro *m*

黄牛 [huáng niú] *zool* buey *m* *(raza asiática)*

黄色 [huáng sè] **1.** color *m* amarillo; **2.** erótico,-a, pornográfico,-a

黄油 [huáng yóu] mantequilla *f*

黄种 [huáng zhǒng] etnia *(raza)* *f* amarilla

谎 [huǎng] mentira *f*

谎话 [huǎng huà] mentira *f*, embuste *m*, bola *f*

谎言 [huǎng yán] mentira *f*, embuste *m*, bola *f*

晃 [huàng] menear, mover

晃荡 [huàng dang] balancearse, mecerse, oscilar

晃动 [huàng dòng] menear(*se*), mover(*se*)

灰 [huī] **1.** ceniza *f*; **2.** polvo *m*; **3.** desanimado,-a, desesperado,-a

灰暗 [huī àn] oscuro,-a, sombrío,-a

灰白 [huī bái] blanco *m* grisáceo, ceniciento *m* pálido

灰尘 [huī chén] polvo *m*, polvareda *f*

灰溜溜 [huī liū liū] **1.** oscuro,-a, sombrío,-a; **2.** abatido,-a, desanimado,-a

灰色 [huī sè] **1.** color *m* gris; **2.** clandestino,-a, negro,-a; ~ 收入 [shōu rù] ingreso *m* negro

灰心 [huī xīn] perder la confianza, desanimarse, estar abatido

恢 [huī] extenso,-a, vasto,-a

恢复 [huī fù] **1.** recobrar, recuperar; **2.** restablecer, rehabilitar

挥 [huī] agitar, mover

挥动 [huī dòng] agitar, mover

挥发 [huī fā] *quím* volatilizarse; volatilización *f*

挥霍 [huī huò] despilfarrar, malgastar, derrochar

挥手 [huī shǒu] agitar la mano

辉 [huī] esplendor *m*, resplandor *m*

辉煌 [huī huáng] brillante *adj m/f*, luminoso,-a

回 [huí] **1.** rodear, envolver; **2.** regresar, volver, retornar; **3.** responder, contestar

回避 [huí bì] eludir, esquivar

回答 [huí dá] responder, contestar; respuesta *f*, contestación *f*

回访 [huí fǎng] devolver una visita

回顾 [huí gù] mirar hacía atrás; echar una mirada retrospectiva

回绝 [huí jué] rehusar, rechazar

回来 [huí lái] regresar, volver

回声 [huí shēng] *fís* eco *m*

回收 [huí shōu] recuperar, recobrar

回头 [huí tóu] **1.** volver la cabeza; **2.** arrepentirse

回味 [huí wèi] degustar, saborear, apreciar; regusto *m*, saboreo *m*

回乡 [huí xiāng] retornar (*ir*) al pueblo (*tierra*) natal

回想 [huí xiǎng] recordar, acordarse

回心转意 [huí xīn zhuǎn yì] cambiar de opinión, cambiar de actitud

回信 [huí xìn] responder a una carta; respuesta *f*

回音 [huí yīn] **1.** *fís* eco *m*; **2.** respuesta *f*

悔 [huǐ] arrepentirse, arrepentido,-a

悔改 [huǐ gǎi] arrepentirse y corregirse

悔过 [huǐ guò] arrepentirse (*de los errores o los pecados*)

悔恨 [huǐ hèn] arrepentirse

毁 [huǐ] quemar

毁灭 [huǐ miè] demoler, aniquilar, destruir

毁约 [huǐ yuē] (*contrato, compromiso*) romper un pacto

汇 [huì] **1.** colección *f*; coleccionar; **2.** *banc* remitir, enviar; transferencia *f*

汇报 [huì bào] informar, explicar, hacer un informe

汇费 [huì fèi] *banc* (*transferencia*) comisión *f*

汇合 [huì hé] converger, convergir, juntarse

汇集 [huì jí] **1.** coleccionar, compilar; **2.** reunirse, juntarse

汇款 [huì kuǎn] **1.** *banc* hacer una transferencia bancaria; **2.** *banc* giro *m*, remesa *f*, transferencia *f* bancaria

汇率 [huì lǜ] *banc* tipo *m* de cambio

汇票 [huì piào] *banc* letra *f* de cambio
会 [huì] → kuài **1.** reunión *f*, conferencia *f*; **2.** saber, conocer; **3.** ser posible, ser probable
会餐 [huì cān] **1.** comida *f* de fiesta; **2.** comer juntos
会场 [huì chǎng] centro *m* de convenciones; lugar *m* de un mitin
会费 [huì fèi] coste *m* de inscripción a un congreso
会合 [huì hé] reunirse, juntarse
会话 [huì huà] conversación *f*; conversar
会客 [huì kè] recibir una visita
会谈 [huì tán] conversación *f*; conversar
会堂 [huì táng] salón *m* de actos
会员 [huì yuán] militante *m/f* (*de una organización*)
会诊 [huì zhěn] *med* consulta *f* de doctores
绘 [huì] *arte* pintar, dibujar
绘画 [huì huà] *arte* dibujo *m*, pintura *f*
绘声绘色 [huì shēng huì sè] vivo,-a y gráfico,-a
贿 [huì] soborno *m*; sobornar
贿赂 [huì lù] sobornar, cohechar; soborno *m*, cohecho *m*
惠 [huì] favor *m*, gracia *f*, beneficio *m*
慧 [huì] inteligente *adj m/f*, sabio,-a
慧心 [huì xīn] sabiduría *f*, ingenio *m*
昏 [hūn] **1.** anochecer *m*, atardecer *m*; **2.** perder el conocimiento, desmayarse; **3.** confuso,-a, aturdido,-a
昏暗 [hūn àn] oscuro,-a, tenebroso,-a
昏乱 [hūn luàn] turbado,-a, trastornado,-a
昏迷 [hūn mí] *med* desmayo *m*, coma *m*
昏睡 [hūn shuì] sueño *m* letárgico
昏庸 [hūn yōng] (*funcionario*) corrupto,-a, estúpido,-a
婚 [hūn] casarse; casamiento *m*, boda *f*
婚礼 [hūn lǐ] boda *f*, ceremonia *f* del matrimonio
婚期 [hūn qī] día *m* de la boda
婚姻 [hūn yīn] casamiento *m*, matrimonio *m*
婚约 [hūn yuē] compromiso *m* matrimonial
浑 [hún] **1.** turbio,-a, revuelto,-a; **2.** tonto,-a, estúpido,-a
浑厚 [hún hòu] **1.** simple *adj m/f* y honesto,-a; **2.** simple *adj m/f* y vigoroso,-a
浑身 [hún shēn] de pies a cabeza, todo el cuerpo
浑水摸鱼 [hún shuǐ mō yú] aprovecharse de una situación caótica
魂 [hún] alma *f*, espíritu *m*
魂魄 [hún pò] alma *f*, espíritu *m*
混 [hùn] **1.** mezclar, confundir; **2.** llevarse bien con alg; **3.** vivir al día, vegetar

混合 [hùn hé] mezclarse, combinarse; mezcla *f*, combinación *f*
混进 [hùn jìn] infiltrarse, meterse a escondidas
混乱 [hùn luàn] confusión *f*, caos *m*
混凝土 [hùn níng tǔ] *constr* hormigón *m*
混淆 [hùn xiáo] borrar, confundir, mezclar
混血儿 [hùn xuè ér] mestizo,-a *m/f*
混杂 [hùn zhá] mezclar, confundir
混帐 [hùn zhàng] *vulg* estúpido,-a *m/f*, idiota *m/f*
混浊 [hùn zhuó] revuelto,-a, turbio,-a
和 [huó] → hé mezclar u/c con agua
和面 [huó miàn] hacer masa de harina, amasar
活 [huó] **1.** vivir; **2.** vivo,-a; ~ 的动物 [de dòng wù] animales *mpl* vivos; **3.** trabajo *m*, faena *f*
活动 [huó dòng] **1.** moverse, hacer ejercicios; **2.** actividad *f*, maniobra *f*
活该 [huó gāi] ¡Bien merecido lo tienes!
活计 [huó jì] faena *f*, trabajo *m*
活力 [huó lì] iniciativa *f*, vitalidad *f*
活路 [huó lù] **1.** medios *mpl* de subsistencia, salida *f*; **2.** solución *f* viable, viabilidad *f*
活命 [huó mìng] **1.** ganarse la vida; **2.** salvar la vida a alg
活泼 [huó pō] vivo,-a, dinámico,-a
活期 [huó qī] *banc* cuenta *f* corriente
活跃 [huó yuè] activo,-a, dinámico,-a; activar, actuar
火 [huǒ] **1.** fuego *m*, lumbre *f*; **2.** armas *fpl* de fuego, municiones *fpl*; **3.** *med* calor *m* interno; **4.** ira *f*, enfado *m*, furia *f*
火柴 [huǒ chái] cerilla *f*; fósforo *m*
火车 [huǒ chē] *ferroc* tren *m*
火车头 [huǒ chē tóu] **1.** locomotora *f*, máquina *f* del tren; **2.** líder *m/f*, jefe,-a *m/f*
火车站 [huǒ chē zhàn] *ferroc* estación *f*
火光 [huǒ guāng] flama *f*, llama *f*
火花 [huǒ huā] chispa *f*
火鸡 [huǒ jī] *zool* pavo *m*
火箭 [huǒ jiàn] cohete *m*, proyectil *m*
火警 [huǒ jǐng] alarma *f* de incendio
火炬 [huǒ jù] antorcha *f*
火力 [huǒ lì] *mil* fuego *m*
火炉 [huǒ lú] horno *m*, estufa *f*
火苗 [huǒ miáo] lengua *f* de fuego
火热 [huǒ rè] **1.** caluroso,-a, ardiente *adj m/f*; **2.** íntimo,-a, intimidad *f*
火山 [huǒ shān] *geogr* volcán *m*
火速 [huǒ sù] a toda velocidad, a toda prisa
火腿 [huǒ tuǐ] *gastr* jamón *m*
火星 [huǒ xīng] **1.** chispa *f*; **2.** *astron* Marte *m*

火焰 [huǒ yàn] llama *f*, flama *f*
火药 [huǒ yào] *quím* pólvora *f*
火灾 [huǒ zāi] incendio *m*
火葬 [huǒ zàng] incineración *f*; Incinerar
伙 [huǒ] **1.** socio,-a *m/f*, compañero,-a; **2.** grupo *m*, banda *f*
伙伴 [huǒ bàn] compañero,-a *m/f*
伙房 [huǒ fáng] cocina *f* (*de una institución*)
伙计 [huǒ ji] **1.** *econ* socio,-a *m/f*; **2.** compañero,-a *m/f*
伙食 [huǒ shí] comida *f*, alimento *m*
或 [huò] **1.** tal vez, quizá, a lo mejor; **2.** o (*afirmativo*) → 或者 [huò zhě]
或多或少 [huò duō huò shǎo] más o menos, en cierto grado
或许 [huò xǔ] tal vez, quizá, a lo mejor
或者 [huò zhě] o *(afirmativo)*, 我们去看电影~ 去吃饭 [wǒ mēn qù kàn diàn yǐng qù chī fàn]. Vamos al cine o a comer.
获 [huò] **1.** capturar, coger; **2.** cosechar, recoger; **3.** lograr, alcanzar
获得 [huò dé] ganar, obtener, conseguir
货 [huò] mercancía *f*, artículo *m*
货币 [huò bì] *econ* moneda *f*; monetario,-a
祸 [huò] desgracia *f*, desastre *m*; causar una desgracia, hacer daño
祸根 [huò gēn] origen *m* de una desgracia
祸害 [huò hài] **1.** desgracia *f*, desastre *m*; **2.** dañar, damnificar, perjudicar
祸心 [huò xīn] mala intención *f*

J

几 [jī] → jī mesita *f* (*de adorno*)
几乎 [jī hū] casi, aproximadamente, cerca de
击 [jī] **1.** golpear, batir; **2.** atacar; ataque *m*, golpe *m*; **3.** tocar, chocar
击败 [jī bài] **1.** derrotar, vencer; **2.** *dep* (*un rival*) eliminar
击毙 [jī bì] *mil* matar (*de un tiro*)
击中 [jī zhòng] acertar, dar en el blanco
饥 [jī] **1.** hambre *f*; hambriento, -a; **2.** escasez *f*, mala cosecha *f*
饥饿 [jī'è] hambre *f*; hambriento,-a
饥荒 [jī huang] mala cosecha *f*
饥寒交迫 [jī jīn jiāo pò] pasar hambre y frío
机 [jī] **1.** máquina *f*, motor *m*, aparato *m*; **2.** avión *m*, aeroplano *m*; **3.** ocasión *f*, oportunidad *f*
机场 [jī chǎng] aeropuerto *m*
机车 [jī chē] *ferroc* locomotora *f*
机床 [jī chuáng] máquina *f*, herramienta *f*

机动 [jī dòng] **1.** con motor, motorizado,-a; **2.** flexible *adj m/f*, dinámico,-a
机构 [jī gòu] **1.** mecanismo *m*, aparato *m*; **2.** institución *f*; (*empresa*) organigrama *m*
机关 [jī guān] **1.** institución *f*, administración *f*; **2.** intriga *f*, truco *m*
机会 [jī huì] ocasión *f*, oportunidad *f*
机警 [jī jǐng] ágil *adj m/f*, listo,-a
机灵 [jī ling] listo,-a, inteligente *adj m/f*
机密 [jī mì] secreto,-a, confidencial *adj m/f*
机敏 [jī mǐn] ágil *adj m/f* e ingenioso,-a
机能 [jī néng] función *f*, funcionamiento *m*
机器 [jī qì] máquina *f*, maquinaria *f*, equipo *m*
机枪 [jī qiāng] *mil* ametralladora *f*
机械 [jī xiè] **1.** maquinaria *f*, equipo *m*; **2.** mecánico,-a, inflexible *adj m/f*
机要 [jī yào] confidencial *adj m/f*, de confianza
机遇 [jī yù] oportunidad *f*, ocasión *f*
机长 [jī zhǎng] comandante *m*, (*avión*) capitán *m*
机智 [jī zhì] listo,-a, espabilado,-a
肌 [jī] *med* músculo *m*
肌肉 [jī ròu] *med* músculo *m*
肌体 [jī tǐ] *med* cuerpo *m* humano, organismo *m*
鸡 [jī] pollo *m*, gallina *f*, gallo *m*
鸡蛋 [jī dàn] (*gallina*) huevo *m*
鸡尾酒 [jī wěi jiǔ] cóctel *m* (*de licor*)
鸡窝 [jī wō] gallinero *m*
积 [jī] **1.** acumular, almacenar; **2.** *med* indigestión *f*
积存 [jī cún] acumular, almacenar
积极 [jī jí] positivo,-a; activo,-a, dinámico,-a
积累 [jī lěi] acumular, amontonar
积木 [jī mù] (*juguete infantil*) bloques *mpl* de construcción
积少成多 [jī shǎo chéng duō] muchos pocos hacen un mucho
积蓄 [jī xù] ahorrar, economizar, acumular; *banc* ahorro *m*
积压 [jī yā] *com* (*producto*) stock *m*; amontonar, acumular (*problemas sin resolverlos*)
基 [jī] base *f*, fundamento *m*; básico,-a, fundamental *adj m/f*
基本 [jī běn] básico,-a, fundamental *adj m/f*
基层 [jī céng] nivel *m* básico, unidad *f* básica
基础 [jī chǔ] fundamento *m*, base *f*
基地 [jī dì] base *f*, cimiento *m*
基点 [jī diǎn] punto *m* fundamental, punto *m* cardinal
基调 [jī diào] **1.** *mús* nota *f* tónica, tónica *f*; **2.** criterio *m* fundamental
基金 [jij īn] fondo *m*, presupuesto *m*
基于 [jī yú] a base de, a causa de

缉 [jī] *pol* detener, arrestar
缉拿 [jī ná] *pol* detener, arrestar, capturar
缉私 [jī sī] *pol* perseguir el contrabando y/o a contrabandistas
激 [jī] **1.** despertar, estimular, provocar; **2.** aguzado,-a, feroz *adj m/f*, violento,-a
激昂 [jī'áng] conmovido,-a, excitado,-a
激荡 [jī dàng] agitarse, moverse
激动 [jī dòng] excitarse, conmoverse; conmovido,-a, excitado,-a
激愤 [jī fèn] indignado,-a, furioso,-a, enfadado,-a
激光 [jī guāng] *fís* láser *m*
激化 [jī huà] intensificar, hacerse agudo,-a
激进 [jī jìn] *pol* radical *adj m/f*
激励 [jī lì] animar, estimular
激烈 [jī liè] intenso,-a, violento,-a, agudo,-a
激流 [jī liú] (*agua*) corriente *f* impetuosa
激怒 [jī nù] enfadar, provocar furia
激起 [jī qǐ] despertar, provocar, excitar
激情 [jī qíng] emoción *f*, fervor *m*, entusiasmo *m*
激增 [jī zēng] incrementar bruscamente
及 [jí] **1.** alcanzar, llegar hasta; **2.** y; 车子 [chē zi]，房子 [fáng zi]，孩子 [hái zi] ~ 票子 [piào zi] coche, casa, hijo y dinero
及格 [jí gé] (*examen escolar*) aprobar; (*nota escolar*) aprobado *m*
及时 [jí shí] oportuno,-a, a tiempo; inmediatamente, sin demora
及物动词 [jí wù dòng cí] *ling* verbo *m* transitivo
及早 [jí zǎo] cuanto antes, lo más pronto posible
吉 [jí] buena suerte *f*, fausto *m*
吉普车 [jí pǔ chē] *auto* todoterreno *m*
吉庆 [jí qìng] fausto *m*
吉他 [jí tā] *mús* guitarra *f*
吉祥 [jí xiáng] de buena suerte, afortunado,-a
吉兆 [jí zhào] buena señal *f*, buen presagio *m*
级 [jí] **1.** nivel *m*, grado *m*, rango *m*, categoría *f*; **2.** (*docencia*) clase *f*, curso *m*; 三年 [sānnián] ~ 学生 [xuéshēng] estudiantes de tercer curso; **3.** escalón *m*, peldaño *m*
极 [jí] **1.** punto *m* más alto, extremo *m*; **2.** *geogr* polo *m*; 北 ~ [běi] Polo *m* Norte; **3.** muy, demasiado, -ísimo,-a; 难~ 了 [nán le]。Es muy difícil; 好~ 了 [hǎo le]。Buenísimo.
极点 [jí diǎn] punto *m* culminante, colmo *m*
极端 [jí duān] extremo *m*; extremo,-a, excesivo,-a
极力 [jí lì] animadamente, con todo esfuerzo

极盛 [jí shèng] auge *m*, apogeo *m*

即 [jí] **1.** alcanzar, acercarse, llegar a; **2.** es decir, o sea; **3.** en seguida, de inmediato

即将 [jí jiāng] estar a punto de, muy pronto

即刻 [jí kè] en seguida, de inmediato

即使 [jí shǐ] aunque, a pesar de

急 [jí] **1.** impaciente *adj m/f*, ansioso,-a; **2.** preocuparse; **3.** urgencia *f*, emergencia *f*

急促 [jí cù] **1.** apresurado,-a, rápido,-a; **2.** (*el tiempo*) corto,-a, apremiante *adj m/f*

急风暴雨 [jí fēng bào yǔ] *meteo* tormenta *f*, temporal *m*

急件 [jí jiàn] (*documento*) urgente *adj m/f*, expreso *m*

急进 [jí jìn] radical *adj m/f*

急救 [jí jiù] *med* primeros *mpl* auxilios, urgencia *f*

急剧 [jí jù] brusco,-a, repentino,-a, súbito,-a

急流 [jí liú] (*agua*) torrente *m*, corriente *f* brava

急忙 [jí máng] de prisa, apresuradamente

急迫 [jí pò] urgente *adj m/f*, apremiante *adj m/f*

急切 [jí qiè] ansioso,-a, impaciente *adj m/f*; deprisa, rápido,-a

急速 [jí sù] muy rápido, a toda prisa

急需 [jí xū] necesitar urgentemente, necesidad *f* urgente

急于 [jí yú] ansioso,-a, impaciente *adj m/f*, nervioso,-a

急躁 [jí zào] impaciente *adj m/f*, precipitado,-a, nervioso,-a

急诊 [jí zhěn] *med* consulta *f* urgente, urgencia *f*

疾 [jí] **1.** enfermedad *f*; **2.** sufrimiento *m*, padecimiento *m*

脊 [jǐ] → 脊梁 [jǐ liang]

脊梁 [jǐ liang] *med* (*cuerpo humano*) espalda *f*

集 [jí] **1.** juntar, reunir; **2.** volumen *m*, parte *f*

集成电路 [jí chéng diàn lù] *tecn* circuito *m* integrado

集合 [jí hé] reunirse, juntarse, agruparse

集会 [jí huì] concentración *f*, mitin *m*

集结 [jí jié] agrupar, concentrar

集权 [jí quán] centralización *f* del poder, centralismo *m*

集市 [jí shì] mercadillo *m*, mercado *m* ambulante

集体 [jí tǐ] colectivo,-a, en grupo

集团 [jí tuán] *com* grupo *m* (*empresarial*)

集训 [jí xùn] *dep* entrenamiento *m* intensivo

集邮 [jí yóu] filatelia *f*, colección *f* de sellos

集中 [jí zhōng] concentrar, centralizar

集中营 [jí zhōng yíng] campo *m* de concentración

嫉 [jí] envidiar; envidia *f*

嫉妒 [jí dù] envidiar; envidia *f*; celoso,-a

嫉恨 [jí hèn] odiar (*por la envidia*)

籍 [jí] **1.** libro *m*, cuaderno *m*; **2.** lugar *m* de origen (*de nacimiento*)

籍贯 [jí guàn] (*en un formulario chino*) origen *m* de la familia

几 [jī] → jǐ **1.** ¿cuánto(*s*)? 你有~个朋友？ [nǐ yoǔ ge péng you] ¿Cuántos amigos tienes?; **2.** algunos, unos cuantos; 他家里养了几条狗。 [tā jiā lǐ yǎng le jǐ tiáo gǒu] Tiene unos cuantos perros en su casa.

几分 [jǐ fēn] un poco, algo

几何 [jǐ hé] *mat* geometría

几时 [jǐ shí] *lit* cuándo; 您~到的？ [nín dào de] ¿Cuándo llegó aquí?

己 [jǐ] uno mismo, sí mismo, personal *adj m/f*

挤 [jǐ] **1.** estrujar, exprimir; **2.** (*gente*) lleno,-a, repleto,-a; 这公车上~ 满了人。 [zhè gōng chē shàng mǎn le rén] El autobús está lleno de gente.

给 [jǐ] → gēi proveer, suministrar; provisión *f*

给养 [jǐ yǎng] provisión *f*, manutención *f*

给予 [jǐ yǔ] conceder, conferir, otorgar

脊 [jǐ] *med* espina *f* dorsal, columna *f* vertebral

脊背 [jǐ bèi] espalda *f*, lomo *m*

脊髓 [jǐ] *med* médula *f* espinal

脊柱 [jǐ zhù] *med* columna *f* vertebral, espinazo *m*

脊椎 [jǐ zhuī] *med* vértebra *f*

计 [jì] **1.** contar, calcular; **2.** idea *f*, truco *m*; **3.** aparato *m* (*de medición*), contador *m*

计策 [jì cè] plan *m*, estrategia *f*

计划 [jì huà] proyecto *m*, programa *m*; hacer planes, planear, preparar

计较 [jì jiào] **1.** importar, dar importancia; **2.** disputar, discutir

计时工作 [jì shí gōng zuò] trabajo *m* por horas

计数 [jì shù] contar, llevar la cuenta

计算 [jì suàn] **1.** calcular, contar; **2.** tramar, tender una trampa

记 [jì] **1.** recordar, acordarse; **2.** apuntar, anotar; **3.** aprender de memoria

记分 [jì fēn] *dep* apuntar (*marcar*) los tantos (*puntos*)

记号 [jì hao] marca *f*, señal *f*, signo *m*

记录 [jì lù] anotar, apuntar; acta *f*, nota *f*

记录片 [jì lù piàn] *cine* documental *m*

记性 [jì xing] memoria *f*, recuerdo *m*

记忆 [jì yì] memorizar, recordar; memoria *f*, recuerdo *m*

记载 [jì zǎi] hacer constar por escrito, anotar; registro *m*, informe *m*

记帐 [jì zhàng] cargar en la cuenta
记者 [jì zhě] periodista *m/f*, reportero,-a *m/f*
纪 [jì] disciplina *f*, reglamento *m*
纪律 [jì lǜ] disciplina *f*, reglamento *m*
纪念 [jì niàn] conmemorar, honrar la memoria de; recuerdo *m*, conmemoración *f*
纪要 [jì yào] acta *f*, resumen *m*
纪元 [jì yuán] *hist* comienzo *m* de una era
伎 [jì] habilidad *f*, capacidad *f*
伎俩 [jì liǎng] truco *m*, trama *f*
技 [jì] capacidad *f*, habilidad *f*
技工 [jìgōng] trabajador *m* calificado (*técnico*)
技能 [jì néng] habilidad (*capacidad*) *f* técnica
技巧 [jì qiǎo] habilidad *f*, técnica *f*
技巧运动 [jì qiǎo yùn dòng] gimnasia *f* acrobática
技师 [jì shī] maestro *m* técnico, profesional *m* técnico
技术 [jì shù] tecnología *f*, técnica *f*
技艺 [jì yì] habilidad *f*, arte *m*, técnica *f*
忌 [jì] **1.** envidiar, tener celos de; **2.** tabú *m*, prohibición *f*
忌妒 [jì du] envidiar, estar celoso,-a
忌讳 [jì huì] tabú *m*, prohibición *f*; prohibir, abstenerse de
际 [jì] **1.** límite *m*, borde *m*, frontera *f*; **2.** en medio de, entre
妓 [jì] prostituta *f*, puta *f*
妓女 [jì nǚ] prostituta *f*, puta *f*
妓院 [jì yuàn] burdel *m*, casa *f* de citas
季 [jì] **1.** *meteo* estación *f* (*del año*); **2.** temporada *f*, época *f*
季度 [jì dù] trimestre *m*
季节 [jì jié] época *f*, temporada *f*
季刊 [jì kān] revista *f* trimestral, publicación *f* trimestral
剂 [jì] **1.** preparación *f* (*farmacéutica o química*); **2.** dosis *f*
剂量 [jì liàng] dosis *f*, toma *f*
既 [jì] **1.** ya que, ahora que, dado que; **2.** tanto…como, a la vez; ~ 开心又担心 [kāi xīn yòu dān xīn] alegre, pero a la vez preocupante
既成事实 [jì chéng shì shí] hecho *m* consumado
既定 [jì dìng] establecido,-a, predeterminado,-a
既然 [jì rán] ya que, puesto que, dado que
既往不咎 [jì wǎng bù jiù] perdonar los errores pasados
继 [jì] continuar, seguir
继承 [jì chéng] heredar, suceder a
继父 [jì fù] padrastro *m*
继母 [jì mǔ] madrastra *f*
继任 [jì rèn] suceder a alguien en un cargo
继续 [jì xù] continuar, seguir
寄 [jì] *correo* enviar, mandar
寄存 [jì cún] consignar, depositar
寄放 [jì fàng] consignar, depositar

寄生 [jì shēng] parasitismo *m*; parasítico,-a, parasitario,-a

寄生虫 [jì shēng chóng] parásito *m*, insecto *m* parásito

寄宿 [jì sù] **1.** alojarse, hospedarse; **2.** (*estudiante*) vivir en el campus

寄托 [jì tuō] **1.** encargar, confiar; **2.** depositar *(poner)* esperanza

寂 [jì] tranquilidad *f*, calma *f*

寂静 [jì jìng] tranquilo,-a, silencioso,-a; silencio *m*, calma *f*

寂寞 [jì mò] solo,-a, solitario,-a

祭 [jì] rendir homenaje

祭礼 [jì lǐ] ritos *mpl* del sacrificio

加 [jiā] **1.** *mat* sumar, más; 二~二等于四。 [èr èr děng yú sì] Dos más dos son cuatro; **2.** añadir, agregar

加班 [jiā bān] trabajar horas extras

加倍 [jiā bèi] doblar, redoblar

加工 [jiā gōng] elaborar, procesar; elaboración *f*, procesamiento *m*

加固 [jiā gù] reforzar, fortificar

加害 [jiā hài] dañar, perjudicar

加紧 [jiā jǐn] intensificar, acelerar

加剧 [jiā jù] agravar, agudizar

加快 [jiā kuài] acelerar, apresurar

加宽 [jiā kuān] ensanchar, ampliar

加码 [jiā mǎ] subir el precio (*de un artículo*)

加强 [jiā qiáng] reforzar, consolidar, fortalecer

加入 [jiārù] **1.** mezclar, introducir; **2.** incorporarse, ingresar

加深 [jiā shēn] profundizar

加速 [jiā sù] acelerar, apresurar

加重 [jiā zhòng] hacer(*se*) más pesado, aumentar el peso

夹 [jiā] **1.** presionar por ambos lados, poner entre; **2.** mezclar, entremezclar

夹道 [jiā dào] **1.** paso *m* estrecho, pasillo *m*; **2.** alinearse (*a los lados del camino*)

夹缝 [jiā fèng] grieta *f*, hueco *m*

夹生 [jiā shēng] a medio cocer, medio crudo,-a

夹馅 [jiā xiàn] (*empanadilla*) con relleno

夹心 [jiā xīn] (*galleta, chocolate*) con relleno

佳 [jiā] bueno,-a, excelente *adj m/f*, bello,-a

佳期 [jiā qī] día *m* de la boda

家 [jiā] familia *f*, hogar *m*, casa *f*; doméstico,-a

家产 [jiā chǎn] bienes *mpl* de una familia

家常 [jiā cháng] vida *f* diaria de una familia

家常便饭 [jiā cháng biàn fàn] **1.** comida *f* casera; **2.** lo corriente, lo normal

家丑 [jiā chǒu] escándalo *m* familiar

家畜 [jiā chù] animales *mpl* domésticos, ganado *m*

家当 [jiā dàng] bienes *mpl* de la familia, patrimonio *m* familiar

家鸽 [jiā gē] *zool* paloma *f*
家伙 [jiā huo] **1.** utensilio *m*, herramienta *f*; **2.** (*hombre*) tipo *m*, sujeto *m*
家教 [jiā jiào] educación *f* familiar
家境 [jiā jìng] situación *f* económica de la familia
家具 [jiā jù] mobiliario *m*, mueble *m*
家眷 [jiā juàn] mujer *f* e hijos *mpl*, familiares *mpl*
家禽 [jiā qín] ave *f* de corral
家属 [jiā shǔ] miembro *m* de una familia, familiar *m/f*
家庭 [jiā tíng] familia *f*, casa *f*, hogar *m*
家务 [jiā wù] trabajos *mpl* domésticos
家乡 [jiā xiāng] pueblo *m* (*tierra*) natal, país *m* natal
家业 [jiā yè] bienes *mpl* de familia, propiedad *f*
家喻户晓 [jiā yù hù xiǎo] ser sabido de todos
家园 [jiā yuán] hogar *m*, tierra *f* natal
家长 [jiā zhǎng] **1.** jefe *m* (*cabeza*) de familia; **2.** padres *mpl* (*de un niño escolar*)
家族 [jiā zú] clan *m*, familia *f*
嘉 [jiā] **1.** alabar, elogiar; **2.** bueno,-a, excelente *adj m/f*
嘉宾 [jiā bīn] huésped *m/f* distinguido,-a, invitado,-a *m/f* de honor
嘉奖 [jiā jiǎng] encomiar y premiar
嘉许 [jiā xǔ] elogiar, alabar
甲 [jiǎ] **1.** el primero (*de los diez Troncos Celestes*); **2.** el primero, el mejor; **3.** uña *f*
甲板 [jiǎ bǎn] *nav* (*buque*) cubierta *f*
甲虫 [jiǎ chóng] escarabajo *m*
甲方 [jiǎ fāng] (*contrato, convenio*) la parte A
假 [jiǎ] → jià **1.** falso,-a, artificial *adj m/f*, falsificado,-a; **2.** prestar, tomar prestado
假扮 [jiǎ bàn] disfrazarse de, fingir
假充 [jiǎ chōng] pretender ser, dárselas de
假定 [jiǎ dìng] suponer, imaginar; hipótesis *f*, suposición *f*
假发 [jiǎ fà] peluca *f*
假公济私 [jiǎ gōng jì sī] valerse de un cargo oficial para el interés propio
假花 [jiǎ huā] flor *f* artificial
假话 [jiǎ huà] mentira *f*, falsedad *f*
假面具 [jiǎ miàn jù] disfraz *m*, máscara *f*
假如 [jiǎ rú] si, supuesto que, en caso de
假想 [jiǎ xiǎng] imaginación *f*, hipótesis *f*
假象 [jiǎ xiàng] apariencia *f* engañosa, apariencia *f* falsa
假牙 [jiǎ yá] diente *m* postizo
假意 [jiǎ yì] falta *f* de sinceridad, hipocresía *f*; fingir
假造 [jiǎ zào] falsificar, falsear
假装 [jiǎ zhuāng] simular, fingir
价 [jià] precio *m*, valor *m*

价目 [jià mù] precio *m* marcado; ~表 [~ biǎo] lista *f* de precios
价钱 [jià qian] precio *m*, valor *m*
价值 [jià zhí] valor *m*, precio *m*
驾 [jià] (*vehículo*) conducir, (*avión*) pilotar, (*barco*) tripular
驾驶 [jià shǐ] (*vehículo*) conducir, (*avión*) pilotar; ~学校 [~ xué xiào] autoescuela *f*
驾驭 [jià yù] controlar, dominar
架 [jià] **1.** estructura *f*, armazón *m*; **2.** montar, levantar
架设 [jià shè] erigir (*con poste*), tender
架势 [jià shi] postura *f*, manera *f*, aire *m*
架子 [jià zi] **1.** estructura *f*, armazón *m*; **2.** postura *f* arrogante
假 [jià] → jiǎ vacaciones *fpl*, día *m* de fiesta
假期 [jià qī] vacaciones *fpl*, días *mpl* de fiesta
假条 [jià tiáo] petición *f* (*escrita para ausentarse*); permiso *m* (*para ausentarse*)
嫁 [jià] **1.** (*mujer*) casarse; **2.** transferir, (*crisis*) traspasar
嫁妆 [jià zhuang] (*casamiento*) dote *m*, dotación *f*
尖 [jiān] punta *f*; puntiagudo,-a, agudo,-a, penetrante *adj m/f*, perspicaz *adj m/f*
尖兵 [jiān bīng] pionero,-a *m/f*, de vanguardia
尖刀 [jiān dāo] daga *f*, puñal *m*
尖端 [jiān duān] **1.** tecnología *f* punta; **2.** sofisticado,-a
尖刻 [jiān kè] mordaz *adj m/f*, cáustico,-a
尖利 [jiān lì] aguzado,-a, afilado,-a; penetrante *adj m/f*, agudo,-a
尖锐 [jiān ruì] afilado,-a, aguzado,-a; penetrante *adj m/f*, mordaz *adj m/f*
尖酸 [jiān suān] cáustico,-a, mordaz *adj m/f*
尖子 [jiān zi] élite *f*
奸 [jiān] **1.** desleal *adj m/f*; **2.** traidor,-a *m/f*; **3.** taimado,-a, egoísta *adj m/f*
奸滑 [jiān huá] astuto,-a, listo,-a
奸商 [jiān shāng] hombre *m* de negocio ilícito
奸污 [jiān wū] violar, seducir
奸细 [jiān xi] *vulg* espía *m/f*
奸诈 [jiān zhà] fraudulento,-a, artero,-a
间 [jiǎn] → jiàn **1.** dentro, entre; 两山~ 的一条路 [liǎng shān de yī tiáo lù] un camino entre dos montañas; **2.** (*palabra de medida*) 一~ 卧室 [yi wò shì] un dormitorio
歼 [jiān] eliminar, acabar con, destruir
歼灭 [jiān miè] eliminar, destruir
坚 [jiān] duro,-a, sólido,-a, firme *adj m/f*, fuerte *adj m/f*
坚持 [jiān chí] persistir, insistir, perseverar
坚持不懈 [jiān chí bù xiè] constante *adj m/f* e incansable *adj m/f*

坚定 [jiān dìng] firme *adj m/f*, decidido,-a

坚定不移 [jiān dìng bù yí] perseverante *adj m/f*, inquebrantable *adj m/f*

坚固 [jiān gù] firme *adj m/f*, sólido,-a, fuerte *adj m/f*

坚决 [jiān jué] firme *adj m/f*, tajante *adj m/f*

坚强 [jiān qiáng] fuerte *adj m/f*, firme *adj m/f*

坚实 [jiān shí] sólido,-a, consistente *adj m/f*

坚硬 [jiān yìng] duro,-a, sólido,-a

坚贞 [jiān zhēn] leal *adj m/f*, constante *adj m/f*

肩 [jiān] hombro *m*

肩负 [jiān fù] encargarse de

艰 [jiān] difícil *adj m/f*, duro,-a

艰巨 [jiān jù] arduo,-a, difícil *adj m/f*

艰苦 [jiān kǔ] duro,-a, difícil *adj m/f*

艰难 [jiān nán] difícil *adj m/f*, complicado,-a

兼 [jiān] a la vez, simultáneamente; 他是教授~ 基金会主席。[tā shì jiào shòu jī jīn huì zhǔ xí] Es catedrático y a la vez, presidente de la fundación.

兼并 [jiān bìng] (*territorio, etc.*) anexionar, anexar

兼顾 [jiān gù] tomar (*tener*) en consideración dos o más aspectos

兼课 [jiān kè] (*docencia*) de tiempo parcial; ~ 老师 [lǎoshī] profesor,-a de tiempo parcial

兼任 [jiān rèn] asumir varios cargos a la vez

兼职 [jiān zhí] hacer varios trabajos a la vez

监 [jiān] **1.** supervisar, inspeccionar; **2.** cárcel *f*, prisión *f*

监察 [jiān chá] supervisar, controlar

监督 [jiān dū] vigilar, controlar

监工 [jiān gōng] revisar el trabajo, controlar

监禁 [jiān jìn] encarcelar, aprisionar

监考 [jiān kǎo] vigilar un examen

监视 [jiān shì] vigilar, supervisar; vigilancia *f*

监听 [jiān tīng] escuchar (*para espiar*)

监狱 [jiān yù] prisión *f*, cárcel *f*

煎 [jiān] **1.** freír; frito,-a; **2.** cocer (*a fuego lento*)

拣 [jiǎn] escoger, elegir, seleccionar

茧 [jiǎn] *med* capullo *m*; callo *m*

俭 [jiǎn] ahorrativo,-a, frugal *adj m/f*

俭朴 sencillo,-a y simple *adj m/f*, sobrio,-a

捡 [jiǎn] recoger, coger

检 [jiǎn] examinar, inspeccionar, revisar

检查 [jiǎn chá] **1.** examinar, revisar; **2.** autocrítica *f*

检察官 [jiǎn chá gōng] *jur* fiscal *m/f*
检点 [jiǎn diǎn] **1.** examinar, chequear; **2.** *(comportamiento)* discreto,-a, correcto,-a
检举 [jiǎn jǔ] *pol* denunciar, acusar
检讨 [jiǎn tǎo] autocrítica *f*
检修 [jiǎn xiū] reparar, revisar
检验 [jiǎn yàn] comprobar, verificar
检疫 [jiǎn yì] *med* cuarentena *f*
检阅 [jiǎn yuè] revistar, pasar revista a
剪 [jiǎn] tijera *f*, cizalla *f*; cortar
剪裁 [jiǎn cái] (*prenda*) cortar
剪彩 [jiǎn cǎi] (*inauguración*) cortar la cinta
剪除 [jiǎn chú] aniquilar, eliminar
剪刀 [jiǎn dāo] tijera *f*, cizalla *f*
剪辑 [jiǎn jí] *cine* montaje *m*
剪纸 [jiǎn zhǐ] *arte* papel *m* recortado
减 [jiǎn] **1.** *mat* restar; **2.** menos; 五~二等于三。 [wǔ èr děng yú sān] Cinco menos dos son tres; **3.** reducir, disminuir
减产 [jiǎn chǎn] disminuir la producción
减低 [jiǎn dī] reducir, bajar
减价 [jiǎn jià] bajar (*rebajar*) el precio; rebaja *f*
减轻 [jiǎn qīng] aligerar, aliviar, mitigar
减弱 [jiǎn ruò] debilitar, aflojar
减色 [jiǎn sè] perder lustre, perjudicar la excelencia
减少 [jiǎn shǎo] reducir, disminuir
减退 [jiǎn tuì] decaer, declinar, caer
减刑 [jiǎn xíng] *jur* conmutar la pena
减员 [jiǎn yuán] (*empresa*) reducir la plantilla
简 [jiǎn] simple *adj m/f*, breve *adj m/f*, conciso,-a
简报 [jiǎn bào] boletín *m*, diario *m* oficial
简便 [jiǎn biàn] sencillo,-a, simple *adj m/f*
简称 [jiǎn chēng] abreviación *f*, sigla *f*; abreviar
简单 [jiǎn dān] simple *adj m/f*, sencillo,-a
简而言之 [jiǎn ér yán zhī] en pocas palabras
简化 [jiǎn huà] simplificar; simplificación *f*
简洁 [jiǎn jié] sucinto,-a, conciso,-a
简介 [jiǎn jiè] breve introducción *f*, resumen *m*
简历 [jiǎn lì] currículum *m* vítae (CV)
简练 [jiǎn liàn] sucinto,-a, conciso,-a
简略 [jiǎn lüè] (*texto*) simple *adj m/f*, breve *adj m/f*
简明 [jiǎn míng] sencillo,-a y claro,-a, conciso,-a
简图 [jiǎn tú] diagrama *m*, esquema *m*
简写 [jiǎn xiě] (*carácter chino*) escribir de forma simplificada

简写本 [jiǎn xiě běn] edición *f* simplificada
简讯 [jiǎn xùn] gaceta *f*, noticia *f* corta
简易 [jiǎn yì] sencillo,-a y fácil *adj m/f*
简章 [jiǎn zhāng] reglamento *m* general
碱 [jiǎn] **1.** *quím* álcali *m*; **2.** soda *f*, sosa *f*; **3.** *quím* salificar; salificación *f*
碱性 [jiǎn xìng] alcalinidad *f*
见 [jiàn] **1.** ver, mirar, divisar; **2.** opinión *f*, parecer *m*, punto *m* de vista
见报 [jiàn bào] publicar en un periódico
见怪 [jiàn guài] hacer caso, ofenderse; 请您不要~ 。[qǐng nín bú yào] No haga caso.
见解 [jiàn jiě] opinión *f*, punto *m* de vista, criterio *m*
见面 [jiànmiàn] verse, encontrarse
见世面 [jiàn shì miàn] ver el mundo, viajar por el mundo
见识 [jiàn shi] experiencia *f* de la vida
见闻 [jiànwěn] conocimiento *m*, información *f*
见习 [jiàn xí] practicar; práctica *f*
见效 [jiàn xiào] hacerse efectivo
见证 [jiàn zhèng] testigo *m*, testimonio *m*
件 [jiàn] **1.** (*palabra de medida*) 两~ 衬衣 [liǎng chèn yī] dos camisas; **2.** carta *f*, correspondencia *f*, documento *m*
间 [jiàn] → jiān intervalo *m*, intersticio *m*
间谍 [jiàn dié] espía *m/f*, espionaje *m*
间断 [jiàn duàn] con interrupción, con discontinuidad
间隔 [jiàn gé] intervalo *m*, intermisión *f*
间接 [jiàn jiē] indirecto,-a, mediato,-a, de segunda mano
间隙 [jiàn xì] intervalo *m*, intersticio *m*
间歇 [jiàn xiē] intermitencia *f*, intermisión *f*
建 [jiàn] **1.** construir, edificar; **2.** crear, fundar, establecer
建交 [jiàn jiāo] *dipl* establecer relaciones diplomáticas
建立 [jiàn lì] establecer, fundar, crear
建设 [jiàn shè] (*país*) construir, desarrollar
建议 [jiàn yì] proponer, sugerir; propuesta *f*
建造 [jiàn zào] (*casa*) construir, edificar
建筑 [jiàn zhù] (*casa*) construir, edificar; construcción *f*, edificio *m*
建筑师 [jiàn zhù shī] arquitecto,-a *m/f*
剑 [jiàn] espada *f*
剑柄 [jiàn bǐng] puño *m* de espada
剑鞘 [jiàn] vaina *f*
荐 [jiàn] → 推荐 recomendar; recomendación *f*

贱 [jiàn] **1.** barato,-a, a precio bajo; **2.** humilde *adj m/f*, inferior *adj m/f*

健 [jiàn] **1.** sano,-a, robusto,-a, fuerte *adj m/f*; **2.** fortalecer, vigorizar

健康 [jiàn kāng] salud *f*; sano,-a, saludable *adj m/f*

健美 [jiàn měi] sano y guapo; ~ 运动 [yùn dòng] ejercicio *m* gimnástico

健全 [jiàn quán] **1.** sano,-a, perfecto,-a; **2.** perfeccionar, completar

健身房 [jiàn shēn fáng] *dep* gimnasio *m*

健忘 [jiàn wàng] olvidadizo,-a, desmemoriado,-a

健壮 [jiàn zhuàng] sano y fuerte, vigoroso,-a

舰 [jiàn] *mil* buque *m* de guerra, nave *f* de guerra

舰队 [jiàn duì] *mil* flota *f*, fuerza *f* naval

舰艇 [jiàn tǐng] *mil* buque *m* de guerra, lancha *f* naval

舰长 [jiàn zhǎng] *mil* (*buque de guerra*) capitán *m*

渐 [jiàn] gradualmente, paulatinamente

渐变 [jiàn biàn] cambio *m* gradual, transformación *f* progresiva

渐渐 [jiàn jiàn] gradualmente, paulatinamente

渐进 [jiàn jìn] avanzar gradualmente, progresar paso a paso

践 [jiàn] **1.** pisar, pisotear; **2.** ejecutar, cumplir, realizar

践踏 [jiàn tà] pisar, pisotear, atropellar

鉴 [jiàn] **1.** escarmiento *m*, lección *f*; **2.** examinar, inspeccionar

鉴别 [jiàn bié] distinguir, discernir

鉴定 [jiàn dìng] evaluación *f*, verificación *f*; valorar, evaluar

鉴赏 [jiàn shǎng] (*antigüedad*) apreciar, disfrutar

箭 [jiàn] *mil* flecha *f*, saeta *f*

箭头 [jiàn tóu] punta *f* de flecha

江 [jiāng] *geogr* río *m*

江湖 [jiāng hú] **1.** ríos *mpl* y lagos *mpl*; **2.** todos los rincones del país

江山 [jiāng shān] **1.** ríos *mpl* y montes *mpl*, territorio *m* (*de un país*); **2.** poder *m* del estado

将 [jiāng] **1.** (*ajedrez*) jaque *m*; **2.** estar a punto de, ir a hacer u/c; 他们~ 买下这块地。 [tā men mǎi xià zhè kuài dì] Van a comprar este solar.

将计就计 [jiāng jì jiù jì] aprovecharse del truco del rival

将近 [jiāng jìn] casi, cerca de, aproximadamente

将就 [jiāng jiu] conformarse con, arreglárselas

将军 [jiāng jūn] **1.** *mil* general *m* (*del ejército*); **2.** dar jaque, jaquear

将来 [jiān lái] futuro *m*, el día de mañana

将要 [jiān yào] estar a punto de, ir a

姜 [jiāng] *bot* jengibre *m* (*comestible*)

浆 [jiāng] pasta *f*, líquido *m* espeso

浆糊 [jiāng hú] pasta *f* de harina, pegamento *m*

僵 [jiāng] **1.** rígido,-a, entumecido,-a; **2.** problema *m* sin solución, punto *m* muerto

僵持 [jiāng chí] (*ambas partes*) negarse a retroceder

僵化 [jiāng huà] ponerse (*quedar*) rígido,-a, fosilizarse

僵局 [jiāng jú] punto *m* muerto, situación *f* difícil

僵尸 [jiāng shī] momia *f*, cadáver *m*

僵硬 [jiāng yìng] entumecido,-a, rígido,-a, inflexible *adj m/f*

疆 [jiāng] frontera *f*, límite *m*

疆土 [jiāng tǔ] territorio *m* (*nacional*)

疆域 [jiāng yù] territorio *m*, dominio *m*

讲 [jiǎng] **1.** hablar, decir, contar; **2.** explicar, aclarar, exponer; **3.** discutir, negociar, regatear

讲稿 [jiǎng gǎo] texto *m* (*de un discurso*)

讲和 [jiǎng hé] llegar a la paz, negociar la paz

讲话 [jiǎng huà] **1.** hablar, decir; **2.** intervención *f*, discurso *m*, ponencia *f*

讲价 [jiǎng jià] (*precio*) regatear, negociar

讲解 [jiǎng jiě] explicar, interpretar; 博物馆的~ 员 [bó wù guǎn de yuán] intérprete *m* de un museo

讲究 [jiǎng jiu] **1.** prestar atención, dar importancia; **2.** elegante *adj m/f*, de buen gusto

讲课 [jiǎng kè] impartir (*dar*) clase

讲理 [jiǎng lǐ] razonar, argumentar; ser razonable, ser sensato,-a

讲明 [jiǎng míng] explicar, aclarar

讲情 [jiǎng qíng] mediar a favor de uno

讲求 [jiǎng qiú] prestar atención, dar importancia

讲授 [jiǎng shòu] enseñar (*conocimientos*), impartir clase

讲述 [jiǎng shù] contar, relatar, narrar

讲台 [jiǎng tái] cátedra *f*, tribuna *f*

讲堂 [jiǎng táng] aula *f*, clase *f*

讲习班 [jiǎng xí bān] curso *m* de formación intensiva

讲演 [jiǎng yǎn] dar una conferencia, exponer una ponencia

讲义 [jiǎng yì] material *m* de enseñanza

讲座 [jiǎng zuò] conferencia *f*, charla *f*, mesa *f* redonda

奖 [jiǎng] premio *m*, galardón *m*

奖杯 [jiǎng bēi] copa *f* (*que se otorga al ganador*)
奖金 [jiǎng jīn] bonificación *f*, prima *f*, premio *m*
奖励 [jiǎng lì] premiar, recompensar
奖品 [jiǎng pǐn] premio *m*, recompensa *f*
奖券 [jiǎng quàn] cupón *m* de lotería
奖学金 [jiǎng xué jīn] beca *f*
奖章 [jiǎng zhāng] medalla *f*
奖状 [jiǎng zhuàng] certificado *m* de mérito, diploma *m* de honor
桨 [jiàng] *nav* remo *m*
匠 [jiàng] artesano,-a *m/f*
降 [jiàng] **1.** bajar, descender, caer; **2.** rebajar, reducir, disminuir
降低 [jiàng dī] rebajar, reducir, disminuir
降级 [jiàng jí] degradar, rebajar de categoría
降临 [jiàng lín] advenir, llegar
降落 [jiàng luò] **1.** descender, aterrizar; **2.** caída *f*
降水 [jiàng shuǐ] *meteo* precipitación *f*
将 [jiàng] *mil* general *m*, jefe *m*
将领 [jiàng lǐng] *mil* oficial *m* (*de alto rango*)
将士 [jiàng shì] *mil* oficiales *mpl* y soldados *mpl*
酱 [jiàng] salsa *f* (*de soja*); mermelada *f*, puré *m*
酱油 [jiàng yóu] salsa *f* de soja

交 [jiāo] **1.** entregar, dar; **2.** tratarse, tratar con; **3.** hacer amigos
交班 [jiāo bān] entregar el trabajo (*al del próximo turno*)
交叉 [jiāo chā] cruzarse, entrecruzarse
交出 [jiāo chū] entregar, dar
交代 [jiāo dài] explicar, aclarar
交底 [jiāo dǐ] revelar las intenciones, enseñar las cartas
交锋 [jiāo fēng] librar un combate con alg; confrontación *f*
交付 [jiāo fù] pagar, liquidar; entregar
交换 [jiāo huàn] intercambiar; intercambio *m*, cambio *m*
交货 [jiāo huò] entregar mercancías
交际 [jiāo jì] trato *m* social, relación *f* (*amistad*) personal
交卷 [jiāo juàn] **1.** entregar un examen (*escolar*); **2.** cumplir una tarea, llevar a cabo un trabajo
交流 [jiāo liú] intercambiar, cambiar
交纳 [jiāo nà] (*impuesto*) pagar, liquidar
交情 [jiāo qing] amistad *f*, relación *f* personal
交涉 [jiāo shè] gestionar, tratar, solucionar
交谈 [jiāo tán] conversar, charlar; conversación *f*
交替 [jiāo tì] **1.** reemplazar, sustituir; **2.** alternar, por turnos

交通 [jiāo tōng] tráfico *m*, circulación *f*, tránsito *m*; ~ 局jefatura *f* de tráfico
交往 [jiāo wǎng] trato *m*, contacto *m*
交响乐 [jiāo xiǎng yuè] *mús* sinfonía *f*, música *f* sinfónica
交易 [jiāo yì] negocio *m*, transacción *f*
郊 [jiāo] suburbio *m*, afueras *fpl*
郊区 [jiāo qū] (*ciudad*) afueras *fpl*
郊外 [jiāo wài] (*ciudad*) alrededores *mpl*, suburbio *m*
浇 [jiāo] (*líquido*) verter, (*agua*) esparcir
娇 [jiāo] mimar
娇惯 [jiāo guàn] mimar
娇媚 [jiāo mèi] **1.** coqueta *adj m/f*; coqueteo *m*; **2.** dulce *adj m/f*, encantador,-a
娇气 [jiāo qì] *(mujer)* delicada, frágil *adj m/f*
胶 [jiāo] **1.** cola *f* de pegar, pegamento *m*; **2.** encolar, pegar; **3.** caucho *m*, goma *f* elástica
胶布 [jiāo bù] cinta *f* adhesiva
胶合板 [jiāo hé bǎn] madera *f* contrachapada, tríplex *m*
胶卷 [jiāo juǎn] carrete *m*, película *f*
胶水 [jiāo shuǐ] pegamento *m*, cola *f* de pegar
胶鞋 [jiāo xié] zapatos *mpl* de goma
教 [jiāo] → jiào enseñar, instruir
教书 [jiāo shū] dar clase, dedicarse a la docencia
骄 [jiāo] orgulloso,-a, arrogante *adj m/f*
骄傲 [jiāo'ào] arrogante *adj m/f*, orgulloso,-a; orgullo *m*
焦 [jiāo] quemado,-a, carbonizado,-a
焦点 [jiāo diǎn] *fig* foco *m*, punto *m* esencial
焦黄 [jiāo huáng] cetrino,-a, bronceado,-a
焦急 [jiāo jí] ansioso,-a, nervioso,-a, impaciente *adj m/f*
焦头烂额 [jiāo tóu làn'é] apuro *m*, dificultad *f*
嚼 [jiáo] mascar, masticar
嚼舌 [jiáo shé] **1.** murmurar, chismear; **2.** disputar, argumentar
角 [jiǎo] **1.** *zool* cuerno *m*; **2.** (*calle*) esquina *f*, rincón *m*; **3.** *mat fís* ángulo *m*
角度 [jiǎo dù] **1.** *fís* ángulo *m*; **2.** punto *m* de vista
角落 [jiǎo luò] rincón *m*, recoveco *m*, lugar *m* apartado
角膜 [jiǎo mó] *med* córnea *f*
侥 [jiǎ] 侥幸 [jiǎo xìng]
侥幸 [jiǎo xìng] por suerte, afortunadamente
狡 [jiǎo] astuto,-a, listo,-a, taimado,-a
狡辩 [jiǎo biàn] defender, justificar (*sin fundamento*)
狡猾 [jiǎo huá] astuto,-a, listo,-a, taimado,-a
狡赖 [jiǎo lài] negar *(esquivar)* la culpa
绞 [jiǎo] retorcer, torcer

绞肉机 [jiǎo ròu jī] *gastr* picadora *f*
绞杀 [jiǎo shā] estrangular (*con una cuerda*)
饺 [jiǎo] *gastr* raviolis *mpl*
饺子 [jiǎo zi] empanadilla *f* china (*con relleno de carne picada*), raviolis *mpl*
脚 [jiǎo] **1.** *med* pie *m*; **2.** base *f*, pie *m*
脚背 [jiǎo bèi] *med* empeine *m*
脚本 [jiǎo běn] *teat* guión *m*
脚步 [jiǎo bù] paso *m*, pisada *f*
脚跟 [jiǎo gēn] talón *m*, tacón *m*, taco *m*
脚尖 [jiǎo jiān] punta *f* del pie
脚镣 [jiǎo liào] grillos *mpl*, grilletes *mpl*, esposas *fpl*
脚踏实地 [jiǎo tà shí dì] con seriedad y firmeza, con empeño
脚印 [jiǎo yìn] huella *f*, pisada *f*
脚掌 [jiǎo zhǎng] planta *f* del pie
脚指头 [jiǎo zhǐ tóu] dedo *m* del pie
脚注 [jiǎo zhù] nota *f* al pie de página
搅 [jiǎo] **1.** revolver, remover, mezclar; **2.** molestar, perturbar
搅拌 [jiǎo bàn] revolver, remover, mezclar
搅和 [jiǎo huo] **1.** mezclar, confundir; **2.** estropear, echar a perder
搅乱 [jiǎo luàn] confundir, provocar caos
搅扰 [jiǎo rǎo] molestar, perturbar
缴 [jiǎo] **1.** pagar, liquidar; **2.** capturar
缴获 [jiǎo huò] capturar, arrestar
缴纳 [jiǎo nà] pagar, liquidar
叫 [jiào] **1.** gritar; grito *m*; **2.** llamar, saludar
叫喊 [jiào hǎn] gritar; grito *m*
叫好 [jiào hǎo] aplaudir, gritar "bravo"
叫唤 [jiào huan] clamar, gritar
叫苦 [jiào kǔ] quejarse; queja *f*
叫骂 [jiào mà] insultar, maldecir
叫卖 [jiào mài] vender (*en la calle*)
叫门 [jiào mén] llamar a la puerta
叫醒 [jiào xǐng] despertar
叫做 [jiào zuò] llamarse
校 [jiào] → xiào corregir, revisar
校对 [jiào duì] corregir, (*prueba de imprenta*) revisar
校样 [jiào yàng] prueba *f* de imprenta
较 [jiào] **1.** comparar; **2.** relativamente, bastante
较量 [jiào liàng] medir fuerzas con, medirse con
轿 [jiào] palanquín *m*
轿车 [jiào chē] *auto* coche *m*
轿子 [jiào zi] palanquín *m*
教 [jiào] → jiāo **1.** enseñar, educar; **2.** religión; religioso,-a
教材 [jiàocái] material *m* docente (*didáctico*)
教程 [jiào chéng] curso *m*, programa *m*
教导 [jiào dǎo] enseñar, instruir
教皇 [jiào huáng] Papa *m*, Sumo Pontífice *m*

教会 [jiào huì] Iglesia *f*, sociedad *f* religiosa
教具 [jiào jù] útiles *mpl* de enseñanza
教科书 [jiào kē shū] manual *m*; libro *m* de texto
教练 [jiào liàn] entrenar, entrenamiento *m*; entrenador,-a *m/f*, instructor,-a *m/f*
教师 [jiàoshī] maestro,-a *m/f*, profesor,-a *m/f*
教士 [jiào shì] sacerdote *m*, clérigo *m*
教室 [jiào shì] aula *f*, clase *f*
教授 [jiào shòu] **1.** instruir, enseñar; **2.** catedrático,-a *m/f*; 副~ [fù] profesor,-a *m/f* titular
教唆 [jiào suō] incitar, instigar
教堂 [jiào táng] iglesia *f*; 大~ [dà] catedral *f*
教条 [jiào tiáo] dogma *m*, dogmatismo *m*
教徒 [jiào tú] creyente *m/f*, seguidor,-a *m/f*
教务 [jiào wù] gestión *f* docente
教学 [jiào xué] enseñanza *f*, docencia *f*
教训 [jiào xun] dar una lección; lección *f*, enseñanza *f*
教研室 [jiào yán shì] departamento *m* didáctico
教养 [jiào yǎng] criar, educar; educación *f*
教义 [jiào yì] doctrina *f* religiosa
教育 [jiào yù] educación *f*, enseñanza *f*; educar, instruir
教员 [jiào yuán] maestro,-a *m/f*, profesor,-a *m/f*
阶 [jiē] **1.** peldaño *m*, escalón *m*; **2.** rango *m*
阶层 [jiē céng] situación *f* social, capa *f* social
阶段 [jiē duàn] etapa *f*, fase *f*
阶级 [jiē jí] clase *f* social
阶梯 [jiē tī] *constr* escalera *f*
皆 [jiē] *lit* todo, todos
结 [jiē] dar fruto, formar grano
结巴 [jiē ba] tartamudear; tartamudo,-a *m/f*
结实 [jié shi] sólido,-a, fuerte *adj m/f*; robusto,-a
接 [jiē] **1.** conectar, unir, juntar; **2.** coger, agarrar; **3.** recibir, buscar; 我去机场~人。 [wǒ qù jī chǎng rén] Voy al aeropuerto a buscar a una persona.
接班 [jiē bān] *pol* asumir un cargo (*en el trabajo sustituyendo a otra persona*); ~人 [rén] sucesor,-a *m/f*
接触 [jiē chù] **1.** tocar, conectar; **2.** tener contacto con
接待 [jiē dài] recibir, acoger
接电话 [jiē diàn huà] atender una llamada (*telefónica*)
接管 [jiē guǎn] imponer el control, hacerse cargo
接济 [jiē jì] prestar una ayuda (*financiera o material*)
接见 [jiējiàn] atender una visita
接近 [jiē jìn] acercarse, aproximarse

接连 [jiē lián] seguido,-a, uno,-a tras otro,-a

接洽 [jiē qià] gestionar, (*negocio*) buscar

接生 [jie sheng] *med* asistir a un parto

接收 [jiē shōu] recibir, aceptar

接手 [jiē shǒu] (*cargo, responsabilidad*) asumir

接受 [jiēshòu] aceptar, admitir

接替 [jiē tì] reemplazar, sustituir

接头 [jiē tóu] **1.** anudar, conectar, juntar; **2.** entrar en contacto

接吻 [jiē wěn] besar, dar un beso

接应 [jiē yìng] ayudar, coordinar, reforzar

揭 [jiē] **1.** despegar, arrancar; **2.** destapar, quitar

揭穿 [jiē chuān] poner al descubierto, desenmascarar, revelar

揭发 [jiē fā] (*crimen*) poner al descubierto

揭开 [jiē kāi] destapar, revelar, abrir

揭露 [jiē lù] revelar, descubrir

揭示 [jiē shì] anunciar, promulgar

揭晓 [jiē xiǎo] anunciar, publicar

街 [jiē] calle *f*, avenida *f*

街道 [jiē dào] **1.** calle *f*, avenida *f*; **2.** vecindad *f*, barrio *m*

街头 [jiē tóu] calle *f*

节 [jié] **1.** nudo *m*, juntura *f*; **2.** sección *f*, segmento *m*, párrafo *m*

节本 [jié běn] edición *f* abreviada, versión *f* abreviada

节俭 [jié jiǎn] ahorrativo,-a, sobrio,-a, frugal *adj m/f*

节流 [jié liú] moderar (*o reducir*) gastos

节目 [jié mù] (*teatro*) programa *m*

节日 [jié rì] (*día de*) fiesta *f*, festival *m*

节省 [jié shěng] economizar, ahorrar

节余 [jié yú] superávit *m*

节育 [jié yù] control *m* de natalidad

节制 [jié zhì] controlarse, moderarse

节奏 [jié zòu] **1.** *mús* ritmo *m*, cadencia *f*, compás *m*; **2.** rítmico,-a

劫 [jié] **1.** robar, saquear; **2.** calamidad *f*, catástrofe *f*

劫持 [jié chí] secuestrar; secuestro *m*

杰 [jié] **1.** héroe *m*, élite *m*; **2.** eminente *adj m/f*, prominente *adj m/f*

杰出 [jié chū] eminente *adj m/f*, destacado,-a, sobresaliente *adj m/f*

杰作 [jié zuò] obra *f* maestra

洁 [jié] limpio,-a

洁白 [jié bái] limpio,-a, inmaculado,-a, puro,-a

结 [jié] anudar, tejer; nudo *m*

结案 [jié'àn] *jur* cerrar un caso, terminar un juicio

结伴 [jié bàn] acompañar, hacer compañía

结冰 [jié bīng] helarse, congelarse

结成 [jié chéng] formar un grupo
结仇 [jié chóu] enemistarse, hacerse enemigos
结构 [jié gòu] estructura *f*, composición *f*
结果 [jié guǒ] resultado *m*, consecuencia *f*
结合 [jié hé] combinar, unir, integrar
结核病 [jié hé bìng] *med* tuberculosis *f*
结婚 [jié hūn] casarse, contraer matrimonio
结交 [jié jiāo] hacer un amigo, tratarse con
结晶 [jié jīng] **1.** cristalizar, cristalización *f*, cristal *m*; **2.** fruto *m*, resultado *m*
结局 [jié jú] conclusión *f*, resultado *m*
结论 [jié lùn] conclusión *f*, veredicto *m*
结清 [jié qīng] *banc* saldar, liquidar
结社 [jié shè] formar una asociación
结识 [jié shí] conocer a alguien y tratar con él, conocerse
结束 [jié shù] acabar, terminar, finalizar
结算 [jié suàn] *com* cerrar la cuenta
结尾 [jié wěi] etapa *f* final, (*libro, película*) fin *m*
结业 [jié yè] terminar los estudios (*o un curso*)
结余 [jié yú] superávit *m*, saldo *m* positivo
捷 [jié] **1.** vencer, triunfar; **2.** rápido,-a, ágil *adj m/f*
捷报 [jié bào] noticia *f* de victoria, anuncio *m* de un acontecimiento
捷径 [jié jìng] atajo *m*, trocha *f*
睫 [jié] *med* pestañas *fpl*
睫毛 [jié máo] *med* pestañas *fpl*
截 [jié] **1.** cortar, cerrar; **2.** trozo *m*, sección *f*
截断 [jié duàn] **1.** cortar, cerrar; **2.** interrumpir
截然不同 [jié rán bú tóng] totalmente diferente
截止 [jié zhǐ] concluir, cerrar
竭 [jié] agotar, gastar
竭诚 [jié chéng] con toda sinceridad
竭力 [jié lì] hacer todo lo posible
姐 [jiě] hermana *f* mayor
姐夫 [jiě fu] cuñado *m* (*marido de una hermana mayor*)
姐妹 [jiě jie] hermanas *fpl*
解 [jiě] **1.** separar, dividir; **2.** comprender, entender
解除 [jiě chú] quitar, liberar, (*embargo*) levantar
解答 [jiě dá] contestar, explicar, responder
解放 [jiě fàng] liberar, emancipar; liberación *f*, emancipación *f*
解雇 [jiě gù] despedir a un empleado, echar a alg a la calle
解救 [jiě jiù] salvar, rescatar

解决 [jiě jué] **1.** resolver, solucionar; **2.** acabar con, terminar con

解开 [jiě kāi] **1.** desatar, deshacer; **2.** aclarar, dilucidar

解渴 [jiě kě] *(sed)* apagar, matar, saciar

解闷 [jiě mèn] disipar el aburrimiento

解剖 [jiě pōu] **1.** *med* disecar, anatomizar; **2.** anatomía *f*

解散 [jiě sàn] **1.** disolver, dispersar; **2.** *mil* romper filas

解释 [jiě shì] explicar, aclarar, interpretar; explicación *f*, interpretación *f*

解说 [jiě shuō] (*museo*) interpretación *f*, explicación *f*

解体 [jiě tǐ] desintegrarse; desintegración *f*

解脱 [jiě tuō] liberarse, librarse; liberación *f*

解围 [tiě wéi] **1.** levantar el cerco; **2.** sacar a alg de apuros

介 [jiè] situarse entre, interponerse entre

介词 [jiè cí] *ling* preposición *f*

介入 [jiè rù] intervenir, interponerse

介绍 [jiè shào] presentar, introducir; presentación *f*

介意 [jiè yì] importarle a alg, tener importancia; 我不~你比我大很多。 [wǒ bú nǐ bǐ wǒ dà hěn duō] No me importa que seas mucho mayor que yo.

戒 [jiè] **1.** eliminar, (*vicio*) dejar, dejar de hacer; 她想~烟。 [wǒ xiǎng yān] Quiere dejar de fumar; **2.** prohibición *f*, tabú *m*

戒备 [jiè bèi] ponerse en guardia

戒律 [jiè lǜ] disciplina *f* religiosa, mandamiento *m*

戒心 [jiè xīn] precaución *f*, preparación *f* (*psicológica*)

戒严 [jiè yán] imponer un toque de queda

届 [jiè] **1.** (*plazo*) vencer; **2.** promoción *f*, legislatura *f*; 九七届~学生 [jiǔ qī jiè xué shēng] alumnos de la promoción del año 97

届时 [jiè shí] en el momento dado

界 [jiè] **1.** límite *m*, frontera *f*, linde *f*; **2.** ámbito *m*, campo *m*, sector *m*

界限 [jiè xiàn] **1.** línea *f* de demarcación; **2.** límite *m*, fin *m*

借 [jiè] **1.** pedir (*tomar*) prestado; **2.** prestar; prestación *f*

借贷 [jiè dài] **1.** *banc* préstamo *m*; pedir un préstamo (*al banco*); **2.** (*contabilidad*) deber y haber

借鉴 [jiè jiàn] sacar provecho, tomar como referencia

借口 [jiè kǒu] pretexto *m*, excusa *f*

借款 [jiè kuǎn] **1.** *banc* pedir un préstamo; **2.** conceder un préstamo

借债 [jiè zhài] pedir dinero prestado
借助 [jiè zhù] con la ayuda de, por medio de
巾 [jīn] toalla *f*, pañuelo *m*
今 [jīn] ahora, presente *m*, esto, este
今后 [jīn hòu] de hoy en adelante, a partir de hoy
今年 [jīn nián] este año, el año en curso
今天 [jīn tiān] hoy
斤 [jīn] (*unidad china de peso*) medio kilo; 一~ 大米 [yī dà mǐ] medio kilo de arroz
斤斤计较 [jīn jīn jì jiào] tacaño,-a
金 [jīn] **1.** metal *m*; **2.** dinero *m*; **3.** oro *m*; **4.** (*color*) dorado,-a
金额 [jīn'é] suma *f*, importe *m*
金黄 [jīn huáng] (*color*) dorado,-a, rubio,-a
金库 [jīn kù] tesoro *m* público, tesorería *f*
金块 [jīn kuài] lingote *m* de oro
金牌 [jīn pái] *dep* medalla *f* de oro; primer puesto *m*
金钱 [jīn qián] dinero *m*
金融 [jīn róng] finanzas *fpl*
金色 [jīn sè] color *m* dorado
金属 [jīn shǔ] metal *m*
金星 [jīn xīng] **1.** *astron* Venus *m*; **2.** estrella *f* dorada
金鱼 [jīn yú] pez *m* dorado
金字塔 [jīn zì tǎ] Pirámide *f*
津 [jīn] **1.** embarcadero *m*, paso *m* de río; **2.** *med* saliva *f*; **3.** sudor *m*
津津乐道 [jīn jīn lè dào] tener gran interés en
津津有味 [jīn jīn yǒu wèi] con mucho ánimo
筋 [jīn] **1.** *med* músculo *m*; **2.** *med* tendón *m*, ligamento *m*
筋斗 [jīn dǒu] voltereta *f*, salto *m* mortal
筋骨 [jīn gǔ] músculos *mpl* y huesos *mpl*
筋疲力尽 [jīn pí lì jìn] exhausto,-a, agotado,-a, fatigado,-a
筋肉 [jīn ròu] músculo *m*
禁 [jīn] → jìn **1.** resistir, soportar; **2.** dominarse, contenerse
禁不起 [jīn bu qǐ] no poder resistir (*soportar, aguantar*)
禁不住 [jīn bu zhù] no poder resistir (*contenerse*)
禁得起 [jīn de qǐ] resistir, soportar, aguantar
禁得住 [jīn de zhù] poder resistir (*contenerse*)
仅 [jǐn] sólo, solamente
尽 [jǐn] → jìn lo máximo posible
尽管 [jǐn guǎn] **1.** libremente, como (*cuando*) quiera; **2.** aunque, a pesar de
尽可能 [jǐn kě néng] lo más posible, cuanto sea posible
尽快 [jǐn kuài] cuanto antes, lo más pronto posible
尽量 [jǐn liàng] lo más (*mejor*) posible, cuanto sea posible
紧 [jǐn] **1.** apretado,-a, estrecho,-a, tenso,-a; **2.** apretar, estre-

char, tensar; **3.** urgente *adj m/f*, apremiante *adj m/f*

紧凑 [jǐn còu] compacto,-a, conciso,-a, bien construido

紧跟 [jǐn gēn] seguir muy de cerca

紧紧 [jǐn jǐn] estrechamente, firmemente

紧密 [jǐn mì] **1.** estrecho,-a, inseparable *adj m/f*; **2.** denso,-a, intenso,-a

紧迫 [jǐn pò] apremiante *adj m/f*, urgente *adj m/f*

紧缩 [jǐn suō] reducir, disminuir

紧要 [jǐn yào] crucial *adj m/f*, crítico,-a, importante *adj m/f*

紧张 [jǐn zhāng] **1.** nervioso,-a, excitado,-a; **2.** tenso,-a, intenso,-a

锦 [jǐn] **1.** brocado *m*, seda *f* estampada; **2.** brillante *adj m/f* y hermoso,-a

锦绣 [jǐn duàn] magnífico,-a, brillante *adj m/f*, hermoso,-a

锦纶 [jǐn lún] *txtl* fibra *f* de poliamida

谨 [jǐn] **1.** discreto,-a, prudente *adj m/f*; **2.** solemnemente, atentamente

谨防 [jǐn fáng] tener cuidado, ¡ojo!

谨慎 [jǐn shèn] discreto,-a, prudente *adj m/f*

尽 [jìn] → jǐn **1.** agotado,-a, acabado,-a; **2.** esforzarse (*por cumplir)*

尽力 [jìn lì] hacer todo lo posible

尽量 [jìn liàng] a más no poder, cuanto sea posible

尽情 [jìn qíng] hasta quedarse satisfecho *(a gusto)*

尽头 [jìn tóu] fin *m*, extremo *m*

尽心 [jìn xīn] de todo corazón, con dedicación exclusiva

尽兴 [jìn xìng] hasta quedarse satisfecho *(a gusto)*

尽职 [jìn zhí] cumplir el deber, hacer bien el trabajo

进 [jìn] **1.** entrar, penetrar; **2.** ir hacia delante, avanzar

进步 [jìn bù] avanzar, progresar; progreso *m*

进程 [jìn chéng] proceso *m*, procedimiento *m*

进出口 [jìn chū kǒu] importación *f* y exportación *f*

进化 [jìn huà] evolución *f*; evolucionar

进口 [jìn kǒu] importar; importación *f*

进款 [jìn kuǎn] (*dinero*) ingreso *m*

进来 [jìn lái] entrar; ¡adelante!

进取 [jìn qǔ] ser emprendedor,-a

进去 [jìn qù] entrar

进入 [jìn rù] entrar, penetrar

进退两难 [jìn tuì liǎng nán] encontrarse en un apuro

进行 [jìn xíng] realizar, hacer, llevar a cabo

进修 [jìn xiū] (*docencia*) formación *f* continuada

进一步 [jìn yī bù] más a fondo, más aún

进展 [jìn zhǎn] avanzar, progresar; avance *m*

近 [jìn] **1.** cercano,-a, próximo,-a; **2.** aproximadamente, acerca de; **3.** íntimo,-a, allegado,-a

近代 [jìn dài] *hist* edad *f* moderna, época *f* moderna

近郊 [jìn jiāo] suburbio *m*, periferia *f* de una ciudad

近况 [jìn kuàng] situación *f* actual, estado *m* presente

近来 [jìn lái] últimamente, recientemente, hace poco

近路 [jìn lù] atajo *m*, trocha *f*

近期 [jìn qī] en un futuro próximo, dentro de unos días

近日 [jìn rì] dentro de pocos días, muy pronto

近视 [jìn shì] *med* miopía *f*, vista *f* corta

近似 [jìn sì] parecido,-a, similar

劲 [jìn] fuerza *f*, energía *f*; ánimo *m*

劲头 [jìn tóu] ánimo *m*, fuerza *f*

晋 [jìn] **1.** entrar, avanzar; **2.** promover, ascender

晋升 [jìn shēng] ascender a alg, promover a alg

浸 [jìn] **1.** remojar, sumergir; **2.** empapar, impregnar

浸泡 [jìn pào] empapar, remojar, macerar

禁 [jìn] → jīn **1.** prohibir, vedar; **2.** prender, encarcelar; **3.** prohibición *f*, tabú *m*

禁忌 [jìn jì] **1.** tabú *m*, prohibición *f*; **2.** evitar, abstenerse de

禁令 [jìn lìng] prohibición *f*, interdicción *f*

禁区 [jìn qū] zona *f* prohibida

禁书 [jìn shū] libro *m* prohibido

禁运 [jìn yùn] embargo *m*

禁止 [jìn zhǐ] prohibir, vedar

京 [jīng] *lit* capital *m*

茎 [jīng] *bot* tallo *m*

经 [jīng] pasar por, atravesar

经常 [jīng cháng] **1.** ordinario,-a, diario,-a; **2.** a menudo, frecuentemente

经典 [jīng diǎn] *lit* obra *f* clásica

经费 [jīng fèi] presupuesto *m*, gasto *m*

经过 [jīn guò] **1.** pasar por, atravesar; **2.** proceso *m*, procedimiento *m*

经纪人 [jīng jì rén] corredor *m* (*de negocios*), intermediario,-a *m/f*, agente *m/f* (*comercial*)

经济 [jīng jì] economía *f*; económico,-a; 经济学 [jīng jì xué] economía *f*, ciencias *fpl* económicas

经久 [jīng jiǔ] duradero,-a, resistente *adj m/f*

经理 [jīng lǐ] (*empresa*) gerente *m/f*, director,-a *m/f*

经历 [jīng lì] **1.** pasar, experimentar, sufrir; **2.** experiencia *f* (*de la vida*)

经手 [jīng shǒu] manejar, manipular

经受 [jīng shòu] pasar, experimentar, soportar

经验 [jīng yàn] experiencia *f*

经营 [jīng yíng] (*negocio*) administrar, gestionar
惊 [jīng] asustar(*se*); alarmar*(se)*; susto *m*
惊动 [jīng dòng] asustar, molestar
惊慌 [jīng huāng] nervioso,-a (*por el susto*)
惊叫 [jīng jiào] dar gritos de susto
惊恐 [jīng kǒng] lleno,-a de pánico, aterrorizado,-a
惊奇 [jīng qí] quedarse asombrado,-a *(sorprendido,-a)*
惊人 [jīng rén] asombroso,-a; sorprendente *adj m/f*
惊叹 [jīng tàn] admirar u/c (*con sorpresa*)
惊叹号 [jīng tàn hào] *ling* signo *m* de admiración
惊天动地 [jīng tiān dòng dì] estremecer (*conmover*) a todo el mundo
惊喜 [jīng xǐ] sorpresa *f* grata
惊险 [jīng xiǎn] peligroso,-a, aventurado,-a arriesgado,-a
惊心动魄 [jīng xīn dòng pò] emocionante *adj m/f*, impresionante *adj m/f*
惊醒 [jīng xǐng] despertar(*se*) (*por ruido*)
惊讶 [jīng yà] asombrado,-a, sorprendido,-a
晶 [jīng] brillante *adj m/f*, lustroso,-a
晶体 [jīng tǐ] cristal *m* de roca, cuerpo *m* cristalizado
晶莹 [jīng yíng] brillante *adj m/f* y transparente *adj m/f*
睛 [jīng] *med* globo *m* ocular
精 [jīng] **1.** refinado,-a, selecto,-a; **2.** esencia *f*, extracto *m*; **3.** energía *f*, fuerza *f*
精彩 [jīng cǎi] estupendo,-a, maravilloso,-a
精打细算 [jīng dǎ xì suàn] hacer un presupuesto bien ajustado
精雕细刻 [jīng diāo xì kè] trabar u/c con mucho esmero
精读 [jīng dú] (*docencia*) curso *m* intensivo
精干 [jīng gàn] selecto,-a e inteligente *adj m/f*
精悍 [jīng hàn] sagaz *adj m/f* y competente *adj m/f*
精华 [jīng huá] la esencia, la mejor parte
精简 [jīng jiǎn] simplificar, reducir
精力 [jīng lì] vigor *m*, energía *f*, fuerza *f*
精练 [jīng liàn] conciso,-a, breve *adj m/f*, resumido,-a
精灵 [jīng ling] espíritu *m*, demonio *m*
精美 [jīng měi] fino,-a, elegante *adj m/f*, exquisito,-a
精密 [jīng mì] preciso,-a, exacto,-a
精明 [jīng míng] listo,-a, sagaz *adj m/f*
精疲力竭 [jīng pí lì jié] estar hecho,-a polvo
精辟 [jīng pì] acertado,-a, correcto,-a
精巧 [jīng qiǎo] ingenioso,-a, fino,-a

精确 [jīng què] preciso,-a, exacto,-a

精神 [jīng shén] vitalidad *f*, vigor *m*, energía *f*

精神 [jīng shen] **1.** espíritu *m*, alma *f*; **2.** esencia *f*, lo principal

精神病 [jīng shén bìng] *med* psicosis *f*, enfermedad *f* mental

精通 [jīng tōng] asimilar, (*una profesión*) dominar

精细 [jīng xì] minucioso,-a, cuidadoso,-a, detallista *adj m/f*

精心 [jīng xīn] meticulosamente, detalladamente

精液 [jīng yè] *med* esperma *m*, semen *m*

精益求精 [jīng yì qiú jīng] perfeccionar u/c constantemente

精致 [jīng zhì] fino,-a, bien hecho,-a

精制 [jīng zhì] refinar, elaborar u/c con detalle

精壮 [jīng zhuàng] robusto,-a, fuerte *adj m/f*

精子 [jīng zǐ] *med* espermatozoide *m*

鲸 [jīng] *zool* ballena *f*

鲸吞 [jīng tūn] devorar *(como una ballena)*

鲸鱼 [jīng yú] *zool* ballena *f*

井 [jǐng] pozo *m*; 他儿子掉到~里去了。 [tā ér zi diào dào lǐ qù le] Su hijo se cayó en el pozo.

井井有条 [jǐng jǐng yǒu tiáo] bien ordenado,-a

井然 [jǐng rán] ordenado,-a, arreglado,-a

颈 [jǐng] *med* cuello *m*

颈椎 [jǐng zhuī] *med* vértebra *f* cervical

景 [jǐng] **1.** paisaje *m*, vista *f*; **2.** circunstancia *f*, situación *f*

景况 [jǐng kuàng] situación *f*, circunstancia *f*

景气 [jǐng qì] prosperidad *f*, auge *m*

景色 [jǐng sè] paisaje *m*, panorama *m*

景象 [jǐng xiàng] aspecto *m*, fenómeno *m*

警 [jǐng] **1.** policía *f*; **2.** alarma *f*

警报 [jǐng bào] alarma *f*, toque *m* de alarma

警备 [jǐng bèi] estar de guarnición, guarnecer

警察 [jǐng chá] policía *m/f*, agente *m/f* (*de policía*); ~ 局 [jú] comisaría *f* (*de policía*)

警告 [jǐng gào] advertir; advertencia

警戒 [jǐng jiè] **1.** advertir, avisar; **2.** mantener en guardia, vigilar

警觉 [jǐng jué] vigilancia *f*

警惕 [jǐng tì] estar alerta, estar de vigilancia

警卫 [jǐng wèi] **1.** vigilar, custodiar; **2.** guardia *m/f*

警钟 [jǐng zhōng] campana *f* de alarma

劲 [jìng] fuerte *adj m/f*, vigoroso,-a

劲敌 [jìng dí] adversario/rival *m* poderoso

劲旅 [jìng lǚ] *mil* contingente *m* fuerte, tropa *f* selecta

净 [jìng] **1.** limpio,-a, puro,-a; limpiar, lavar; **2.** neto,-a

净化 [jìng huà] purificar, potabilizar

净水器 [jìng shuǐ qì] filtro *m* de agua

净重 [jìng zhòng] peso *m* neto

径 [jìng] **1.** sendero *m*, senda *f*; **2.** medio *m*, camino *m*

径赛 [jìng sài] *dep* carrera *f*

痉 [jìng] → 痉挛 [jìng luán]

痉挛 [jìng luán] *med* espasmo *m*, calambre *m*

竞 [jìng] rivalizar, competir

竞技 [jìng jì] competición *f* deportiva, atletismo *m*

竞赛 [jìng sài] concurso *m*, competición *f*

竞选 [jìng xuǎn] *pol* presentarse (*como candidato*) en una elección (*democrática*)

竞争 [jìng zhēng] competir, rivalizar; competencia *f*

竞走 [jìng zǒu] *dep* carrera *f* pedestre, marcha *f* atlética

竟 [jìng] **1.** finalizar, acabar, terminar; **2.** inesperadamente

竟然 [jìng rán] inesperadamente, en contra de lo esperado

敬 [jìng] respetar, honrar; respetuosamente

敬爱 [jìng'ài] respetar y amar

敬老院 [jìng lǎo yuàn] casa *f* de ancianos, residencia *f* de la tercera edad

敬礼 [jìng lǐ] **1.** saludar, dirigir un saludo; **2.** (*en una carta*) atentamente

敬佩 [jìng pèi] admirar, estimar

敬仰 [jìng yǎng] reverenciar, venerar

敬意 [jìng yì] respeto *m*, consideración *f*

敬重 [jìng zhòng] tener gran respeto a alg

境 [jìng] **1.** límite *m*, frontera *f*; **2.** sitio *m*, región *f*, territorio *m*

境界 [jìng jiè] **1.** límite *m*, frontera *f*; **2.** estado *m* moral

境况 [jìng kuàng] situación *f*, condición *f*

境遇 [jìng yù] situación *f*, circunstancia *f*

静 [jìng] **1.** quieto,-a, tranquilo,-a; **2.** silencioso,-a

静脉 [jìng mài] *med* vena *f*

静默 [jìng mò] **1.** guardar silencio; **2.** guardar silencio en homenaje a alg

静止 [jìng zhǐ] estático,-a, quieto,-a

镜 [jìng] **1.** espejo *m*; **2.** lente *f*, cristal *m*

镜框 [jìng kuàng] marco *m* de un cuadro (*con cristal*)

镜片 [jìng piàn] lente *f*, cristal *m*

镜头 [jìng tóu] *fotog* objetivo *m*

纠 [jiū] corregir, rectificar

纠察 [jiū chá] **1.** mantener el orden (*en un mitin*); **2.** piquete *m*

纠缠 [jiū chán] **1.** enredarse, meterse en un lío; **2.** molestar, fastidiar

纠纷 [jiū fēn] disputa *f*, jaleo *m*

纠葛 [jiū gé] lío *m*, disputa *f*

纠正 [jiū zhèng] corregir, rectificar, enmendar

究 [jiū] examinar (*estudiar*) a fondo

究竟 [jiū jìng] **1.** resultado *m*, consecuencia *f*; **2.** en fin, después de todo

九 [jiǔ] nueve *adj/m*

九死一生 [jiǔ sǐ yī shēng] sobrevivir, salir con vida (*de un gran peligro*)

九月 [jiǔ yuè] septiembre *m*

九泉 [jiǔ quán] *lit* tumba *f*, el otro mundo

九霄云外 [jiǔ xiāo yún wài] muy lejos, fuera del alcance

久 [jiǔ] largo (*mucho*) tiempo *m*

久久 [jiǔ jiǔ] largo (*mucho*) tiempo *m*

久仰 [jiǔ yǎng] encantado,-a (*de conocerle*)

久远 [jiǔ yuǎn] lejano,-a, remoto,-a

酒 [jiǔ] bebida *f* alcohólica (*vino, licor*)

酒吧 [jiǔ bā] bar *m*

酒店 [jiǔ diàn] **1.** hotel *m*; **2.** restaurante *m*

酒鬼 [jiǔ guǐ] borracho *m*

酒会 [jiǔ huì] (*fiesta*) recepción *f*

酒精 [jiǔ jīng] alcohol *m*

酒酿 [jiǔ niàng] arroz *m* glutinoso fermentado

酒窝 [jiǔ wō] (*en la mejilla*) hoyuelo *m*

酒席 [jiǔ xí] banquete *m*

旧 [jiù] pasado,-a, viejo,-a, antiguo,-a; usado,-a

旧货市场 [jiù huò shì chǎng] mercado *m* de segunda mano

旧历 [jiù lì] calendario *m* lunar

旧书 [jiù shū] libro *m* de segunda mano

救 [jiù] **1.** salvar, rescatar; **2.** auxiliar, ayudar

救兵 [jiù bīng] *mil* refuerzo *m*, tropa *f* de socorro

救护 [jiù hù] dar los primeros auxilios a alg

救护车 [jiù hù chē] *med* ambulancia *f*

救火 [jiù huǒ] (*un incendio*) apagar el fuego

救济 [jiù jì] auxiliar, socorrer

救命 [jiù mìng] salvar la vida

救生 [jiù shēng] salvamento *m*, socorrismo *m;* ~ 圈 [quān] (*boya*) *f* salvavidas

救援 [jiù yuán] socorrer, rescatar; rescate *m*

救灾 [jiù zāi] prestar asistencia (*a los damnificados*)

救助 [jiù zhù] pedir socorro (*ayuda*)

就 [jiù] **1.** (*partícula que expresa una acción temprana*) 她三点钟~ 来了。 [tā sān diǎn zhōng lái le] Ha llegado a las tres; **2.**

(*partícula que une dos acciones seguidas*); 吃完饭我们~去看电影。[chī wán fàn wǒ men qù kàn diàn yǐng] Después de comer iremos al cine; **3.** justamente, precisamente; ~是她。[shì tā] Precisamente es ella.

就地 [jiù dì] in situ, en el lugar

就近 [jiù jìn] cercano,-a, al alcance

就算 [jiù suàn] aun cuando, si bien

就绪 [jiù xù] estar en orden, estar dispuesto,-a

就要 [jiù yào] estar a punto de, ir a hacer; ~下雨了。[xià yǔ le] Va a llover.

就业 [jiù yè] tener trabajo (*empleo*)

就医 [jiù yī] consultar (*visitar*) a un médico

舅 [jiù] tío *m* (*hermano de la madre*)

舅舅 [jiù jiu] tío *m* (*hermano de la madre*)

舅母 [jiù mu] tía *f* (*esposa del hermano de la madre*)

舅子 [jiù zi] cuñado *m* (*hermano de la esposa*)

拘 [jū] **1.** arrestar, detener; **2.** limitarse

拘捕 [jū bǔ] *jur* arrestar, detener

拘谨 [jū jǐn] cauteloso,-a, nervioso,-a

拘禁 [jū jìn] *jur* detener, arrestar (*por un tiempo breve*)

拘留 [jū liú] arrestar, detener

拘泥 [jū nì] ceñirse rígidamente a (*un protocolo, etc.*)

拘束 [jū shù] **1.** (*una conducta*) limitar, restringir; **2.** nervioso,-a, poco natural

居 [jū] **1.** residir, vivir; residencia *f*, vivienda *f*; **2.** (*un puesto, un cargo*) ocupar, asumir

居多 [jū duō] ser en la mayoría

居留 [jū liú] residir; residencia *f*; ~证 [zhèng] permiso *m* de residencia

居民 [jū mín] habitante *m/f* , ciudadano,-a *m/f*

居然 [jū rán] increíblemente

居心 [jū xīn] tener malas intenciones

居住 [jū zhù] residir, vivir, afincarse

鞠 [jū] *lit* criar, mantener

鞠躬 [jū gōng] agacharse para hacer una reverencia

鞠躬尽瘁 [jū gōng jìn cuì] cumplir con su deber (*al cien por cien*)

局 [jú] **1.** *adm* departamento *m* (*administrativo*), dirección *f* general; **2.** (*juego*) partida *f*; **3.** situación; 政~ [zhèng] situación política

局部 [jú bù] parte *f*; parcial *adj m/f*

局促 [jú cù] **1.** angosto,-a, estrecho,-a; **2.** nervioso,-a, poco natural

局面 [jú miàn] situación *f*, circunstancia *f*

局势 [jú shì] situación *f* (*social, política*)
局外人 [jú wài rén] espectador,-a *m/f*, forastero,-a *m/f*
局限 [jú xiàn] ceñirse, limitarse
菊 [jú] *bot* crisantemo *m*
菊花 [jú huā] *bot* crisantemo *m*
橘 [jú] *bot* mandarina *f*
橘黄 [jú huáng] color *m* anaranjado
矩 [jǔ] → 规矩 [guī ju] **1.** escuadra *f (de carpintero)*; **2.** ley *f*, norma *f*, regla *f*
举 [jǔ] **1.** alzar, levantar; **2.** todo,-a, entero,-a; **3.** citar, enumerar
举办 [jǔ bàn] *(un certamen, un concierto, etc.)* organizar
举动 [jǔ dòng] acción *f*, movimiento *m*
举国 [jǔ guó] toda la nación, todo el país
举荐 [jǔ jiàn] recomendar (*a una persona*)
举例 [jǔ lì] citar un ejemplo, poner como ejemplo
举世 [jǔ shì] en el mundo entero, mundialmente
举手 [jǔ shǒu] levantar la mano
举行 [jǔ xíng] (*una reunión, una ceremonia, etc.*) celebrar
举止 [jǔ zhǐ] comportamiento *m*, conducta *f*
举重 [jǔ zhòng] *dep* levantamiento *m* (*de peso*)
举足轻重 [jǔ zú qīng zhòng] tener una posición importante, llevar la voz cantante
巨 [jù] enorme *adj m/f*, tremendo,-a
巨大 [jù dà] enorme *adj m/f*, inmenso,-a, gigantesco,-a
巨额 [jù'é] gran cantidad *f* (*de dinero*)
巨人 [jù rén] gigante *m/f*
巨著 [jù zhù] obra *f* monumental
句 [jù] *ling* oración *f*, frase *f*
句法 [jù fǎ] *ling* sintaxis *f*
句号 [jù hào] *ling* punto *m*
句型 [jù xíng] modelo *m* de oración
句子 [jù zi] *ling* oración *f*
拒 [jù] **1.** resistir, hacer frente; **2.** rehusar, denegar, negarse
拒捕 [jù bǔ] rechazar la detención
拒付 [jù fù] negarse a pagar
拒绝 [jù jué] negarse, denegar, rechazar
具 [jù] utensilio *m*, instrumento *m*
具体 [jù tǐ] concreto,-a, específico,-a, particular *adj m/f*
具有 [jù yǒu] poseer, tener
俱 [jù] todo,-a, completo,-a
俱乐部 [jù lè bù] club *m*, asociación *f*
剧 [jù] **1.** obra *f* teatral, drama *m*, ópera *f*; **2.** agudo,-a, intenso,-a, violento,-a
剧本 [jù běn] drama *m*, obra *f* teatral
剧场 [jù chǎng] (*lugar*) teatro *m*

剧烈 [jù liè] violento,-a, agudo,-a, drástico,-a

剧情 [jù qíng] argumento *m* (*de una obra teatral u ópera*)

剧增 [jù zēng] aumento *m* rápido

惧 [jù] temer, tener miedo

惧色 [jù sè] *lit* aspecto *m* de miedo

据 [jù] **1.** ocupar, poseer, tomar; **2.** de acuerdo con, según

据此 [jù cǐ] por consiguiente, por lo tanto

据传 [jù chuán] se rumorea que, se dice que

据点 [jù diǎn] *mil* fortaleza *f*, fuerte *adj m/f*

据说 [jù shuō] se dice que, dicen que

距 [jù] **1.** distancia *f*; **2.** estar a una distancia de

距离 [jù lí] **1.** distancia *f*; **2.** tener una distancia de

锯 [jù] sierra *f*; serrar

锯齿 [jù chǐ] dientes *fpl* de la sierra

锯末 [jù mò] serrín *m*, serraduras *fpl*

锯木厂 [jù mù chǎng] aserradero *m*, serrería *f*

聚 [jù] juntar(*se*), reunir(*se*)

聚餐 [jù cān] reunirse en una comida

聚光灯 [jù guāng dēng] foco *m*, proyector *m*

聚会 [jù huì] **1.** agruparse, reunirse; **2.** fiesta *f* (*de amigos*)

聚积 [jù jī] acumular, amontonar, reunir

聚集 [jù jí] agruparse, congregarse, reunirse

聚精会神 [jù jīng huì shén] concentrar la atención, estar atento,-a

捐 [juān] contribuir, donar

捐款 [juān kuǎn] donación *f* (*de dinero*)

捐税 [juān shuì] impuesto *m* y tributo *m*

捐赠 [juān zèng] donar, regalar

捐助 [juān zhù] ayudar con cierta donación (*material o financiera*)

卷 [juǎn] → juàn **1.** enrollar, rollo *m*; **2.** arrollar

卷发 [juǎn fà] pelo *m* rizado, rizo *m*

卷入 [juǎn rù] meterse (*en un lío*)

卷逃 [juǎn táo] fugarse (*con objetos de valor*)

卷土重来 [juǎn tǔ chóng lái] reconquistar lo perdido, volver a la escena

卷心菜 [juǎn xīn cài] *bot* col *f*, berza *f*

卷烟 [juǎn yān] cigarrillo *m*

倦 [juàn] **1.** cansado,-a, fatigado,-a; **2.** aburrido,-a, molestado,-a

绢 [juàn] tejido *m* de seda dura

绢本 [juàn běn] pintura *f* o caligrafía *f* en seda

绢花 [juàn huā] flor *f* de seda

绢丝 [juàn sī] seda *f* hilada

卷 [juàn] → juǎn (*libro*) volumen *m*, tomo *m*

决 [jué] **1.** decidir, decisión; **2.** definitivamente, ciertamente

决策 [jué cè] tomar una decisión estratégica; decisión *f* estratégica

决定 [jué dìng] decidir(*se*), resolver; decisión *f*, resolución *f*

决斗 [jué dòu] **1.** (*batirse en*) duelo *m*; **2.** lucha *f* decisiva

决断 [jué duàn] tomar una decisión; resolución *f*, decisión *f*

决计 [jué jì] estar decidido,-a

决口 [jué kǒu] (*en un dique*) brecha *f*, reventón *m*

决裂 [jué liè] (*relación*) romper

决赛 [jué sài] *dep* final *m*

决胜 [jué shèng] determinar la victoria definitiva

决算 [jué suàn] *econ* balance *m* final

决心 [jué xīn] determinación *f*, decisión *f*

决议 [jué yì] resolución *f*

决意 [jué yì] decidirse, tomar la decisión de

觉 [jué] **1.** sentir, percibir; **2.** despertar(*se*)

觉察 [jué chá] darse cuenta de, percibir

觉得 [jué de] **1.** sentir, experimentar; **2.** pensar, creer, parecer

觉悟 [jué wù] conciencia *f*; entendimiento *m*, comprensión *f*

绝 [jué] **1.** cortar, romper; **2.** agotado,-a, acabado,-a, exhausto,-a

绝对 [jué duì] absoluto,-a; absolutamente

绝后 [jué hòu] **1.** no tener descendencia; **2.** no volver a existir

绝技 [jué jì] técnica *f* única, habilidad *f* excepcional

绝交 [jué jiāo] *dipl* romper las relaciones (*diplomáticas o amistosas*)

绝路 [jué lù] camino *m* a la ruina, callejón *m* sin salida

绝密 [jué mì] absolutamente confidencial

绝妙 [jué miào] magnífico,-a, excelente *adj m/f*, perfecto,-a

绝食 [jué shí] huelga *f* de hambre

绝望 [jué wàng] desesperarse

绝症 [jué zhèng] enfermedad *f* incurable, dolencia *f* fatal

绝种 [jué zhǒng] (*animal*) extinguirse, desaparecer

掘 [jué] cavar, excavar

掘强 [jué jiàng] indomable *adj m/f*, inflexible *adj m/f*

爵 [jué] título *m* de nobleza

爵士 [jué shì] caballero *m*, señor *m*

爵士乐 [jué shì yuè] *mús* jazz *m*

爵位 [jué wèi] título *m* de nobleza

军 [jūn] *mil* ejército *m*, tropa *f*; 海~ [hǎi] armada *f*; 陆~ [lù] infantería *f*; 空~ [kōng] fuerzas *fpl* aéreas

军备 [jūn bèi] armamento *m*, preparativos *mpl* de guerra
军车 [jūn chē] vehículo *m* militar
军阀 [jūn fá] caudillo *m* militar
军费 [jūn fèi] gastos *mpl* militares
军服 [jūn fú] uniforme *m (militar)*
军港 [jūn gǎng] puerto *m* militar, base *f* naval
军官 [jūn guān] oficial *m (del ejército)*
军火 [jūn huǒ] armas *fpl* y municiones *fpl*
军机 [jūn jī] plan *m* militar
军纪 [jūn jì] disciplina *f* militar
军舰 [jūn jiàn] buque *m* de guerra
军龄 [jūn líng] años *mpl* de servicio militar
军令 [jūn lìng] (*la*) orden *f* militar
军旗 [jūn qí] estandarte *m* militar
军情 [jūn qíng] situación *f* bélica
军区 [jūn qū] zona *f* militar
军人 [jūn rén] soldado *m*, militar *m*
军师 [jūn shī] asesor *m* militar
军事 [jūn shì] asuntos *mpl* militares
军衔 [jūn xián] grado *m* militar
军校 [jūn xiào] academia *f* militar
军训 [jūn xùn] entrenamiento *m* militar
军医 [jūn yī] médico *m* militar
军营 [jūn yíng] campamento *m* militar
军用 [jūn yòng] uso *m* militar

均 [jūn] **1.** igual *adj m/f*, uniforme *adj m/f*; **2.** sin excepción, todo
均等 [jūn děng] igual *adj m/f*, imparcial *adj m/f*, equitativo,-a
均衡 [jūn héng] equilibrado,-a; equilibrio *m*
均势 [jūn shì] equilibrio *m* de fuerza (*política*)
均匀 [jūn yún] uniforme *adj m/f*, igual *adj m/f*
君 [jūn] **1.** monarca *m*, soberano *m*; **2.** caballero *m*, señor *m*
君权 [jūn quán] poder *m* monárquico
君主 [jūn zhǔ] monarca *m*, soberano *m*
君子 [jūn zǐ] caballero *m*, gran *m* hombre
菌 [jūn] bacteria *f*, microbio *m*
俊 [jùn] **1.** *lit* guapo,-a, hermoso,-a; **2.** élite *f*, hombre *m* de gran talento
俊杰 [jùn jié] élite *f*, héroe *m*
俊俏 [jùn qiào] guapo,-a y encantador,-a
菌 [jùn] hongo *m*, seta *f*

K

咖 [kā] → gā
咖啡 [kāfēi] café *m*一杯浓~ [yī bēi nóng] un café solo
咖啡馆 [kā fēi guǎn] cafetería *f*
咖啡壶 [kā fēi hú] cafetera *f*
咖啡因 [kā fēi yīn] cafeína *f*

卡 [kǎ] **1.** cerrar, retener, impedir; **2.** estrangular; **3.** tarjeta *f*, ficha *f*; 信用~ [xìn yòng] tarjeta *f* de crédito

卡车 [kǎ chē] *auto* camión *m*; camioneta, *f*, furgoneta *f*

卡片 [kǎ piàn] tarjeta *f*, ficha *f*

开 [kāi] **1.** abrir; **2.** poner en marcha, comenzar; **3.** (*vehículo*) conducir; **4.** hervir; 水~了。 [shuǐ le] Está hirviendo el agua.

开采 [kāi cǎi] extraer, explotar

开车 [kāi chē] (*un vehículo*) conducir, manejar

开除 [kāi chú] despedir, echar a la calle, expulsar

开创 [kāi chuàng] crear, iniciar

开刀 [kāi dāo] *med* hacer una operación (*quirúrgica*), operar

开导 [kāi dǎo] convencer, iluminar, explicar

开动 [kāi dòng] poner en marcha, hacer funcionar

开发 [kāi fā] desarrollar, (*una zona*) explorar

开饭 [kāi fàn] **1.** preparar la mesa; **2.** servir la comida

开放 [kāi fàng] **1.** florecer; **2.** *pol* abierto,-a, apertura *f*

开工 [kāi gōng] **1.** poner en funcionamiento; **2.** empezar, iniciar

开关 [kāi guān] interruptor *m* (*eléctrico*)

开花 [kāi huā] dar flores, florecer

开会 [kāi huì] celebrar una reunión

开火 [kāi huǒ] abrir fuego

开课 [kāi kè] comenzar las clases

开口 [kāi kǒu] empezar a hablar

开阔 [kāi kuò] **1.** abierto,-a, amplio,-a, vasto,-a; **2.** ensanchar, ampliar

开朗 [kāi lǎng] abierto,-a, franco,-a

开路 [kāi lù] abrir paso

开门 [kāi mén] abrir la puerta

开明 [kāi míng] (*persona*) sensato,-a, abierto,-a

开幕 [kāi mù] **1.** empezar un espectáculo; **2.** inaugurar; inauguración *f*

开辟 [kāi pì] abrir, iniciar, establecer

开始 [kāi shǐ] empezar, comenzar

开玩笑 [kāi wán xiào] bromear, hacer (*gastar*) una broma

开胃 [kāi wèi] apetitoso,-a; abrir el apetito

开销 [kāi xiāo] gasto *m*, desembolso *m*

开小差 [kāi xiǎo chāi] **1.** *mil* (*soldado*) desertar; **2.** estar distraído,-a

开心 [kāi xīn] **1.** estar feliz (*alegre, contento*); **2.** tomar el pelo a alg, reírse de alg

开学 [kāi xué] iniciar un curso

开业 [kāi yè] comenzar un negocio

开夜车 [kāi yè chē] trabajar hasta la noche

开展 [kāi zhǎn] desplegar, llevar a cabo
开张 [kāi zhāng] empezar un negocio
开支 [kāi zhī] **1.** pagar, liquidar (*gastos*); **2.** gasto *m*, desembolso *m*
凯 [kǎi] triunfante *adj m/f*, victorioso,-a
凯旋 [kǎi xuán] *mil* regreso *m* triunfal; ~ 门 [mén] Arco *m* de Triunfo
慨 [kǎi] **1.** indignado,-a, enfadado,-a; **2.** impresionado,-a
慨然 [kǎi rán] **1.** con sentimiento; **2.** generosamente, con gentileza
刊 [kān] **1.** imprimir, publicar; **2.** periódico *m*, publicación *f*; **3.** tachar, corregir
刊登 [kān dēng] (*en una revista, periódico*) publicar
看 [kān] → kàn **1.** cuidar, atender; **2.** mantener la vigilancia
看管 [kān guǎn] **1.** cuidar, atender; **2.** custodiar, vigilar; custodia *f*
看护 [kān hù] cuidar, atender
看家 [kān jiā] cuidar (*de*) la casa
看门 [kān mén] vigilar la entrada
看守 [kān shǒu] vigilar, custodiar
勘 [kān] *(un texto)* revisar, cotejar
勘测 [kān cè] (*un terreno*) inspeccionar, examinar, medir
勘察 [kān chá] inspeccionar, examinar (*in situ*)
勘探 [kān tàn] (*mina*) exploración *f*, inspección *f*
坎 [kǎn] **1.** lomo *m* (*de tierra en el campo*); **2.** hoyo *m*, bache *m*
坎坷 [kǎn kě] **1.** (*camino*) lleno de baches, accidentado,-a; **2.** (*vida*) llena de sufrimientos
砍 [kǎn] cortar, acuchillar
砍伐 [kǎn fá] (*árboles*) talar
看 [kàn] → kān **1.** ver, mirar; **2.** creer, parecer, pensar; **3.** *med* tratar, curar (*a un paciente o una enfermedad*)
看病 [kàn bìng] **1.** visitar (*consultar*) a un médico; **2.** (*el doctor*) visitar a un paciente
看不惯 [kàn bu guàn] no gustar a alg
看不起 [kàn bu qǐ] menospreciar, despreciar
看成 [kàn chéng] tomar por, considerar como
看出 [kàn chū] comprender, descubrir, percibir
看穿 [kàn chuān] **1.** comprender, entender; **2.** perder la ilusión
看法 [kàn fǎ] opinión *f*, punto *m* de vista, comentario *m*
看见 [kàn jiàn] ver, percibir
看来 [kàn lái] parecer, poder ser
看轻 [kàn qīng] despreciar, menospreciar
看上 [kàn shàng] gustarle a alg; tener afecto a alg
看台 [kàn tái] gradería *f*, grada *f*

看望 [kàn wàng] echar un vistazo, visitar, ver
看相 [kàn xiàng] leer la cara (*o la mano para analizar el destino y la suerte*)
看中 [kàn zhòng] gustar u/c a alg; sentir afecto por alg
看重 [kàn zhòng] tomar en mucha consideración
康 [kāng] buen estado *m* de salud
康复 [kāng fù] recobrar la salud, recuperarse
康乐 [kāng lè] paz *f* y felicidad *f*
慷 [kāng] → 慷慨 [kāngkǎi]
慷慨 [kāng kǎi] generoso,-a, gentil *adj m/f*
糠 [kāng] cáscara *f* del grano
扛 [káng] llevar al hombro
抗 [kàng] **1.** enfrentar, resistir, combatir; **2.** rehusar, rechazar, denegar
抗衡 [kàng héng] competir con alg
抗击 [kàng jī] resistir, luchar contra
抗拒 [kàng jù] denegar, rechazar, rehusar
抗议 [kàng yì] protesta *f*
炕 [kàng] *(en el norte de China)* cama *f* de ladrillos
考 [kǎo] **1.** participar en *(un examen, una prueba)*; **2.** examinar, inspeccionar
考查 [kǎo chá] examinar, inspeccionar
考察 [kǎo chá] inspeccionar, investigar, estudiar
考场 [kǎo chǎng] lugar *m* (*aula*) de examen
考古 [kǎo gǔ] arqueología *f*
考核 [kǎo hé] examinar, verificar, valorar
考究 [kǎo jiu] **1.** (*vestido*) elegante *adj m/f*, bien cuidado,-a; **2.** bien hecho,-a, fino,-a
考卷 [kǎo juàn] papel *m* de examen
考虑 [kǎo lǜ] pensar, considerar, reflexionar
考勤 [kǎo qín] controlar la asistencia (*al trabajo o al estudio*)
考取 [kǎo qǔ] ser admitido,-a (*después de superar un examen*)
考生 [kǎo shēng] examinado,-a *m/f*
考试 [kǎo shì] examen *m*, prueba *f*; 入学~ [rù xué] prueba *f* de acceso
考题 [kǎo tí] *(examen)* preguntas *fpl*
考验 [kǎo yàn] prueba *f*, ensayo *m*
考证 [kǎo zhèng] *(texto)* verificación *f*
拷 [kǎo] azotar, torturar, atormentar
拷贝 [kǎo bèi] copia *f*
拷打 [kǎo dǎ] azotar, torturar
烤 [kǎo] asar, tostar, secar al fuego
烤炉 [kǎo lú] horno *m*
烤肉 [kǎo ròu] carne *f* asada

烤鸭 [kǎo yā] pato *m* asado

靠 [kào] **1.** apoyar(*se*) en, arrimar a; **2.** acercarse, aproximarse; **3.** depender de alg, apoyarse en alg

靠岸 [kào'àn] *nav* arrimarse a la orilla, tomar tierra

靠背 [kào bèi] (*silla*) respaldo *m*

靠边 [kào biān] ponerse a un lado

靠不住 [kào bu zhù] no ser fiable

靠得住 [kào de zhù] de confianza, fiable *adj m/f*

靠垫 [kào diàn] cojín *m*

靠近 [kào jìn] cerca de, próximo a

靠山 [kào shān] apoyo *m*, respaldo *m*

苛 [kē] riguroso,-a, exigente *adj m/f*

苛刻 [kē kè] riguroso,-a, exigente *adj m/f*

苛求 [kē qiú] ser muy exigente

科 [kē] **1.** *adm* departamento *m* (*sección*) administrativo; **2.** rama *f*, carrera *f (de ciencias o profesiones)*

科班 [kē bān] formación *f* profesional oficial

科技 [kē jì] ciencia *f* y tecnología *f*

科教片 [kē jiào piàn] *cine* documental *m* científico y educativo

科举 [kē jǔ] examen *m* imperial

科目 [kē mù] disciplina *f*, asignatura *f*

科室 [kē shì] *adm* oficina *f*, sección *f*, departamento *m*

科学 [kē xué] ciencia *f*, científico, -a; ~ 家 [jiā] científico,-a *m/f*

科研 [kē yán] investigación *f* científica

科员 [kē yuán] (*institución*) empleado,-a *m/f*

科长 [kē zhǎng] (*oficina*) jefe,-a *m/f*

棵 [kē] (*palabra de medida*) 一~ 树 [yī shù] un árbol

颗 [kē] (*palabra de medida*) 一~ 珠子 [yī zhū] una perla

颗粒 [kē lì] **1.** partícula *f*; **2.** *bot* grano *m*

瞌 [kē] → 瞌睡 [kēshuì]

瞌睡 [kē shuì] somnoliento,-a, soñoliento,-a

壳 [ké] **1.** cáscara *f*, cascarón *m*; **2.** caja *f*, cajón *m*

咳 [ké] toser

咳嗽 [ké sou] toser; tos *f*

可 [kě] **1.** poder, permitir; **2.** pero, sin embargo; **3.** muy, sumamente; 她~ 忙了。 [tā máng le] Está muy ocupada.

可爱 [kě'ài] amable *adj m/f*, simpático,-a, encantador,-a

可悲 [kě bēi] triste *adj m/f*, lamentable *adj m/f*

可鄙 [kě bǐ] despreciable *adj m/f*, desdeñable *adj m/f*

可耻 [kě chǐ] vergonzoso,-a

可观 [kě guān] considerable *adj m/f*, formidable *adj m/f*

可见 [kě jiàn] **1.** poder verse; **2.** se ve que

可敬 [kě jìng] respetable, digno,-a de respeto

可靠 [kě kào] fiable *adj m/f*, de confianza

可可 [kě kě] *bot* cacao *m*

可口 [kě kǒu] sabroso,-a, delicioso,-a

可怜 [kě lián] **1.** pobre *adj m/f*, lastimero,-a; **2.** sentir piedad

可能 [kě néng] posible *adj m/f*, probable *adj m/f*, a lo mejor

可是 [kě shì] pero, sin embargo

可恶 [kě wù] odioso,-a, asqueroso,-a, repugnante *adj m/f*

可惜 [kě xī] lamentable *adj m/f*; lástima *f*

可喜 [kě xǐ] agradable *adj m/f*, alentador,-a

可笑 [kě xiào] ridículo,-a, cómico,-a

可行 [kě xíng] factible *adj m/f*, viable *adj m/f*

可疑 [kě yí] sospechoso,-a, dudoso,-a

可以 [kě yǐ] **1.** poder, ser posible, permitir; 我~ 去那儿。[wǒ qù nà'r] Puedo ir allí; **2.** bueno, -a, aceptable *adj m/f*; 你做的饭还~。[nǐ zuò de fàn hái] La comida que has hecho tú es aceptable.

渴 [kě] sediento,-a; sed *f*; 我~了。[wǒ le] Tengo sed.

渴望 [kě wàng] ansiar, anhelar, desear

克 [kè] **1.** gramo *m*; **2.** conquistar, vencer; **3.** superar, contenerse

克服 [kè fú] superar, vencer

克制 [kè zhì] contenerse, dominarse

刻 [kè] **1.** grabar, esculpir; **2.** un cuarto (*de hora*); **3.** momento *m*; rato *m*

刻板 [kè bǎn] mecánico,-a, rígido,-a

刻薄 [kè bó] (*persona*) duro,-a, cruel *adj m/f*; (*palabra*) mordaz *adj m/f*, cáustico,-a

刻苦 [kè kǔ] serio,-a, con esfuerzo; ~学习 [xué xi] estudiar con mucho esfuerzo

客 [kè] **1.** visita *f*; invitado,-a *m/f* , visitante *m/f*; **2.** viajero,-a, pasajero,-a; **3.** cliente *m/f*

客车 [kè chē] tren *m* (*de pasajeros*), autocar *m*

客观 [kè guān] objetivo,-a

客满 [kè mǎn] (*hotel, teatro, cine, garaje, etc.*) lleno,-a, completo,-a

客气 [kè qi] **1.** simpático,-a, atento,-a; **2.** modesto,-a

客人 [kè rén] visita *f*, invitado,-a *m/f*

客套 [kè tào] protocolo *m*, cortesía *f*

客厅 [kè tīng] salón *m*, sala *f* de estar

课 [kè] **1.** clase *f* 上~ [shàng] (*estudiante*) asistir a clase; (*profesor*) dar clase; **2.** (*manual*)

lección *f*; **3.** asignatura *f*, disciplina *f*
课本 [kè běn] libro *m* de texto, manual *m*
课程 [kè chéng] curso *m*, asignatura *f*
课时 [kè shí] hora *f* lectiva, hora *f* de clase
课堂 [kè táng] aula *f*, clase *f*
课题 [kè tí] problema *m* a resolver; proyecto *m* de investigación
课外 [kè wài] fuera de clase, extraescolar
课文 [kè wén] texto *m*
课余 [kè yú] fuera de clase
肯 [kěn] **1.** consentir, asentir, acceder; **2.** hacer con ganas, estar dispuesto,-a
肯定 [kěn dìng] afirmar, confirmar; positivo,-a, afirmativo,-a
垦 [kěn] cultivar, arar, labrar
垦荒 [kěn huāng] cultivar un terreno yermo
恳 [kěn] sinceramente, cordialmente
恳切 [kěn qiè] sincero,-a, cordial *adj m/f*
恳求 [kěn qiú] rogar, implorar
坑 [kēng] **1.** hoya *f*, fosa *f*; **2.** tender una trampa
坑害 [kēn ghài] tender una trama
坑坑洼洼 [kēng keng wā wā] (*camino*) lleno de baches, accidentado,-a
空 [kōng] → kòng **1.** vacío,-a, hueco,-a; **2.** vano,-a, en vano, inútil; **3.** cielo *m*, aire *m*
空荡荡 [kōng dàng dàng] vacío,-a, desierto,-a
空洞 [kōng dòng] hueco *m*, cavidad *f*
空话 [kōng huà] palabras *fpl* vacías (*bonitas*)
空间 [kōng jiān] espacio *m*
空姐 [kōng jiě] (*avión*) azafata *f*
空气 [kōng qì] **1.** aire *m*; **2.** ambiente *m*, atmósfera *f*
空前 [kōng qián] inaudito,-a, sin precedentes
空谈 [kōng tán] **1.** hablar y hablar (*pero sin actuar*); **2.** palabras *fpl* vacías (*bonitas*)
空头支票 [kōng tóu zhī piào] cheque *m* sin fondos; promesa *f* falsa
空投 [kōng tóu] arrojar desde un avión, lanzar en paracaídas
空想 [kōng xiǎng] soñar, ilusionarse
空心 [kōng xīn] hueco *m*; ahuecado,-a, hueco,-a *adj*
空虚 [kōng xū] vacío,-a, vano,-a, débil *adj m/f*
空中 [kōng zhōng] en el cielo, en el aire
孔 [kǒng] agujero *m*, abertura *f*
孔道 [kǒng dào] paso *m*, pasillo *m*, pasaje *m*
孔雀 [kǒng què] *zool* pavo *m* real, pavón *m*
恐 [kǒng] **1.** tener miedo, temer; **2.** asustar, atemorizar

恐怖 [kǒng bù] terror *m*, horror *m*, espanto *m*; terrible *adj m/f*, horrible *adj m/f*

恐吓 [kǒng hè] amenazar, intimidar

恐慌 [kǒng huāng] pánico *m*, espanto *m*

恐惧 [kǒng jù] miedo *m*, temor *m*

恐怕 [kǒng pà] **1.** temer, tener miedo; **2.** quizás, a lo mejor, puede que

空 [kòng] → kōng desocupar, vaciar; desocupado,-a, vacante *adj m/f*, libre *adj m/f*; **3.** tiempo *m* libre, rato *m*你有~ 吗? [nǐ yǒu ma?] ¿Tienes un rato?

空白 [kòng bái] (*espacio*) en blanco

空地 [kòng dì] terreno *m* libre (*desocupado*)

空额 [kòng'é] (*plaza*) vacante *f*; vacancia *f*

空缺 [kòng quē] (*puesto*) vacante *f*

空闲 [kòng xián] **1.** (*tiempo*) libre *adj m/f*; **2.** hueco *m*

空子 [kòng zi] oportunidad *f*, ocasión *f*, resquicio *m*; 钻~ [zuān] aprovechar una oportunidad (*para hacer algo malo*)

控 [kòng] **1.** acusar, denunciar; **2.** controlar, dominar

控告 [kòng gào] *jur* (*ante el juzgado*) acusar, denunciar

控诉 [kòng sù] acusar, denunciar (*ante una institución o el público*)

控制 [kòng zhì] controlar, dominar; control *m*

口 [kǒu] **1.** boca *f*; **2.** (*palabra de medida*) 我家有三~ 人。 [wǒ jiā yǒu sān rén] Somos tres en casa.

口才 [kǒu cái] elocuencia *f*, don *m* de palabra

口吃 [kǒu chī] tartamudear; tartamudo,-a; tartamudeo *m*

口齿 [kǒu chǐ] pronunciación *f*, articulación *f*

口袋 [kǒu dai] bolsa *f*, bolsillo *m*; saco *m*

口号 [kǒu hào] eslogan *m*, lema *m*

口红 [kǒu hóng] lápiz *m* de labios, barra *f* de lápiz

口技 [kǒu jì] ventriloquia *f*

口径 [kǒu jìng] calibre *m*

口诀 [kǒu jué] *mat* fórmula *f* mnemotécnica, fórmula *f* concisa

口角 [kǒu jué] altercado *m*, riña *f*

口渴 [kǒu kě] tener sed

口口声声 [kǒu kǒu shēng shēng] no dejar de repetir

口令 [kǒu lìng] *mil* (*la*) orden *f* oral

口气 [kǒu qì] tono *m* (*de hablar*)

口腔 [kǒu qiāng] *med* cavidad *f* bucal

口琴 [kǒu qín] *mús* armónica *f*

口哨 [kǒu shào] silbido *m*

口舌 [kǒu shé] **1.** riña *f*, altercado *m*; **2.** palabra *f*, conversación *f*

口试 [kǒu shì] examen *m* oral

口是心非 [kǒu shì xīn fēi] decir una cosa y pensar en otra
口授 [kǒu shòu] (*orden*) dictar
口述 [kǒu shù] contar, narrar o relatar oralmente
口水 [kǒu shuǐ] saliva *f*, baba *f*
口头 [kǒu tóu] **1.** de palabra, de boca; **2.** oral *adj m/f*, verbal *adj m/f*
口味 [kǒu wèi] gusto *m*, sabor *m*, paladar *m*
口香糖 [kǒu xiāng táng] chicle *m*
口信 [kǒu xìn] mensaje *m* oral, recado *m*
口译 [kǒu yì] intérprete *m/f*; interpretación *f*
口音 [kǒu yīn] acento *m*; tonillo *m*
口语 [kǒu yǔ] lenguaje *m* hablado
口罩 [kǒu zhào] mascarilla *f* (*de gasa*)
扣 [kòu] abrochar, abotonar; botón *m*
扣除 [kòu chú] descontar, deducir
扣留 [kòu liú] retener (*bajo custodia*), detener
扣压 [kòu yā] retener, archivar
扣押 [kòu yā] detener, arrestar
寇 [kòu] bandido *m*; invasor *m*, enemigo *m*; invadir
枯 [kū] marchito,-a; seco,-a
枯竭 [kū jié] seco,-a, agotado,-a, exhausto,-a
枯燥 [kū zào] aburrido,-a soso,-a, insípido,-a
哭 [kū] llorar; lloro *m*
哭泣 [kū qì] llorar, sollozar
苦 [kǔ] **1.** amargo,-a; amargura *f*; **2.** sufrimiento *m*, miseria *f*; **3.** hacer sufrir mucho; 你可~了他了。 [tā kě le tā le] Le has hecho sufrir mucho.
苦干 [kǔ gàn] trabajar duro
苦工 [kǔ gōng] trabajo *m* duro
苦功 [kǔ gōng] gran esfuerzo *m*
苦口 [kǔ kǒu] (*aconsejar*) con insistencia
苦闷 [kǔ mèn] deprimido,-a, desanimado,-a
苦难 [kǔ nàn] sufrimiento *m*, miseria *f*
苦恼 [kǔ nǎo] angustiado,-a, afligido,-a
苦思 [kǔ sī] pensar mucho, meditar a fondo
苦于 [kǔ yú] afligir, sufrir (*por alguna incapacidad*)
库 [kù] almacén *m*, depósito *m*
库存 [kù cún] *com* stock *m*, existencia *f*
裤 [kù] pantalón *m*
裤衩 [kù chǎ] calzoncillo *m*
裤裆 [kù dāng] entrepierna *f* (*de pantalón*)
酷 [kù] **1.** cruel *adj m/f*, atroz *adj m/f*; **2.** muy, extremadamente
酷暑 [kù shǔ] verano *m* inaguantable
夸 [kuā] **1.** exagerar, alardear; **2.** alabar, elogiar, ensalzar
夸大 [kuā dà] exagerar
夸奖 [kuā jiǎng] alabar, elogiar, encomiar

夸耀 [kuā yào] presumir, vanagloriarse
夸张 [kuā zhāng] exagerar; exageración *f*
垮 [kuǎ] caer, desplomarse, hundirse
垮台 [kuǎ kǒu] caer, fracasar, venirse abajo
挎 [kuà] llevar al brazo
跨 [kuà] **1.** (*un paso*) dar, saltar; **2.** montar (*o sentarse*) a horcajadas; **3.** cruzar, extenderse
跨越 [kuà yuè] pasar por encima de, saltar
会 [kuài] → huì
会计 [kuài jì] contabilidad *f*; contable *m/f*
快 [kuài] **1.** rápido,-a, veloz *adj m/f*; **2.** velocidad *f*; **3.** darse prisa, apresurarse
快报 [kuài bào] boletín *m* informativo
快餐 [kuài cān] comida *f* rápida
快递 [kuài dì] *correo* envío *m* urgente
快感 [kuài gǎn] sensación *f* (*de placer*), placer *m*
快活 [kuài huo] alegre *adj m/f*, feliz *adj m/f*
快速 [kuài sù] rápido,-a, veloz *adj m/f*
快速面 [kuài sù miàn] *gastr* fideo *m* precocido
块 [kuài] **1.** (*palabra de medida*) pieza *f*, trozo *m*; 几~布料 [jǐ bù liào] unas piezas de tejido; **2.** *coloq* (*palabra de medida para la unidad de moneda*) 三~欧元 [sān ōu yuán] tres euros
筷 [kuài] palillo *m*
筷子 [kuài zi] palillos *mpl* (*para comer*)
宽 [kuān] ancho,-a, amplio,-a; anchura *f*
宽敞 [kuān chang] espacioso,-a, amplio,-a
宽大 [kuān dà] **1.** amplio,-a, espacioso,-a; **2.** *pol* indulgente *adj m/f*, tolerante *adj m/f*
宽待 [kuān dài] tratar con indulgencia (*lenidad*)
宽厚 [kuān hòu] generoso,-a, tolerante *adj m/f*
宽阔 [kuān kuò] ancho,-a, amplio,-a
宽容 [kuān róng] tolerancia *f*, indulgencia *f*
宽恕 [kuān shù] perdonar, tolerar
宽松 [kuān sōng] **1.** espacioso,-a, amplio,-a; **2.** relajado,-a, aliviado,-a
宽慰 [kuān wèi] aliviar, consolar
宽裕 [kuān yù] **1.** suficiente *adj m/f*, bastante *adj m/f*; 我的时间很~。 [wǒ de shí jiān hěn] Tengo suficiente tiempo; **2.** (*vida*) confortable *adj m/f*, agradable *adj m/f*
款 [kuǎn] **1.** dinero *m*, fondo *m*; **2.** cláusula *f* de un artículo (*de un documento legal*)
款待 [kuǎn dài] acoger, atender
款式 [kuǎn shì] (*ropa*) estilo, diseño *m*

筐 [kuāng] cesta *f*, cesto *m*
狂 [kuáng] **1.** loco,-a; **2.** violento,-a, furioso,-a
狂暴 [kuáng bào] violento,-a, furioso,-a
狂风 [kuáng fēng] viento *m* furioso
狂欢 [kuáng huān] juerga *f*, jarana *f*, parranda *f*; ~ 节 [jié] Carnaval *m*
狂热 [kuáng rè] fanatismo *m*; fanático,-a
狂人 [kuáng rén] loco,-a *m/f*, psicópata *m/f*
狂妄 [kuáng wàng] arrogante *adj m/f*, impertinente *adj m/f*
狂笑 [kuáng xiào] reír desenfrenadamente
狂言 [kuáng yán] delirio *m*, desvarío *m*
况 [kuàng] circunstancia *f*, situación *f*
况且 [kuàng qiě] y además
旷 [kuàng] **1.** vasto,-a, espacioso,-a; **2.** malgastar, desperdiciar
旷工 [kuàng gōng] faltar al trabajo sin razón alguna
旷课 [kuàng kè] saltar la clase
旷野 [kuàng yě] campo *m* abierto (*despejado*), desierto *m*
矿 [kuàng] mineral *m*; mina *f*
矿藏 [kuàng cáng] recursos *mpl* minerales
矿产 [kuàng chǎn] productos *mpl* minerales
矿床 [kuàng chuáng] yacimiento *m* mineral
矿工 [kuàng gōng] minero *m*
矿井 [kuàng jǐng] pozo *m* de mina, mina *f*
矿泉水 [kuàng quán shuǐ] agua *f* mineral
矿山 [kuàng shān] mina *f*
矿石 [kuàng shí] mena *f*
矿业 [kuàng yè] industria *f* minera
框 [kuàng] **1.** marco *m*, cerco *m*; **2.** restringir, limitar
亏 [kuī] **1.** (*dinero*) perder, tener un déficit; **2.** carecer, faltar
亏本 [kuī běn] (*en un negocio*) perder dinero
亏待 [kuī dài] tratar a alg mezquinamente
亏空 [kuī kong] estar en déficit, estar en deuda; deuda *f*, déficit *m*
亏损 [kuīsǔn] déficit *m*, pérdida *f*
葵 [kuí] → 葵花 [kuí huā]
葵花 [kuí huā] girasol *m*
傀 [kuǐ] → 傀儡 [kuǐlěi]
傀儡 [kuǐlěi] (*persona*) títere *m*, marioneta *f*
溃 [kuì] **1.** (*un cerco*) romper; **2.** ser derrotado
溃烂 [kuì làn] *med* supurar, ulcerarse
溃疡 [kuì yáng] *med* úlcera *f*
愧 [kuì] avergonzado,-a
愧色 [kuì sè] aspecto *m* de vergüenza
昆 [kūn] *lit* hermano *m* mayor
昆虫 [kūn chóng] insecto *m*
捆 [kǔn] **1.** amarrar, atar; **2.** (*palabra de medida*) haz *m*, bulto

m, fardo *m*; 一~ 柴火 [yī chái huǒ] un haz *m* de leña

困 [kùn] **1.** encontrarse en un apuro; **2.** fatiga *f*, cansancio *m*; **3.** dificultad *f*

困惑 [kùn huò] confuso,-a, perplejo,-a

困境 [kùn jìng] apuro *m*, lío *m*

困苦 [kùn kǔ] privación *f*, penuria *f*

困难 [kùn nan] **1.** dificultad *f*; **2.** apuro *m* económico; dificultad *f* financiera

扩 [kuò] ensanchar, expandir, ampliar

扩充 [kuò chōng] ensanchar, expandir; expansión *f*

扩大 [kuò dà] agrandar, ampliar

扩散 [kuò sàn] difundir, propagar

扩音器 [kuò yīn qì] altavoz *m*, micrófono *m*

扩展 [kuò zhǎn] extender, desarrollar

扩张 [kuò zhāng] expandir, extender; expansión *f*

括 [kuò] incluir, contener

括号 [kuò hào] *ling* corchete *m*, paréntesis *m*

括弧 [kuò hú] paréntesis *m*

阔 [kuò] **1.** ancho,-a, espacioso,-a, vasto,-a; **2.** opulento,-a, rico,-a

阔绰 [kuò chuò] rico,-a, opulento,-a

阔气 [kuò qi] lujoso,-a suntuoso,-a

L

拉 [lā] **1.** tirar, arrastrar; **2.** (*violín, acordeón*) tocar; **3.** alargar, estirar; **4.** echar una mano, ayudar

拉开 [lā kāi] **1.** abrir, descorrer; **2.** (*distancia*) aumentar, distanciarse

拉链 [lā liàn] *txtl* cremallera *f*

拉拢 [lā lǒng] camelar, hacer la pelota a alg

拉屎 [lā shǐ] cagar, hacer caca

拉手 [lāi shǒu] estrechar la mano a alg

啦 [lā] (*interjección*); 得~ ,别哭~ ! [dé, bié kū!] ¡Basta, deja de llorar!

垃 [lā] → 垃圾 [lā jī]

垃圾 [lā jī] basura *f*; desperdicios *mpl*

喇 [lǎ] → 喇叭 [lǎ ba]

喇叭 [lǎ ba] **1.** *mús* clarín *m*, trompeta *f*; **2.** *coloq* altavoz *m*, micrófono *m*

喇叭裤 [lǎ ba kù] *txtl* pantalones *mpl* acampanados

喇嘛 [lǎ ma] *relig* lama *m*

喇嘛教 [lǎ majiào] *relig* lamaísmo *m*

落 [là] → lào, luò, **1.** dejar, olvidar 我把书~ 在车了。 [wǒ bǎ shū zài chē le] He dejado el libro en el coche; **2.** quedarse atrás; **3.** omitir, saltar; 这里~了一个字。 [zhè lǐ le yī ge zì] Se ha omitido un carácter aquí.

腊 [là] *gastr* salchicha *f*
腊肠 [là cháng] *gastr* salchicha *f*, chorizo *m*; embutido *m*
辣 [là] picante *adj m/f*; picar, quemar
辣酱 [là jiàng] salsa *f* picante
辣椒 [là jiāo] pimiento *m*, chile *m*
辣手 [là shǒu] **1.** cruel *adj m/f*, despiadado,-a; **2.** (*asunto*) complicado,-a, rompecabezas *mpl*
蜡 [là] **1.** cera *f*; **2.** candela *f*, vela *f*
蜡笔 [là bǐ] lápiz *m* de pastel; ~ 画 [huà] dibujo *m* a pastel
来 [lái] **1.** venir, llegar; **2.** surgir, tener lugar; **3.** (*complemento direccional*); 进~ [jìn] , entrar; 回~ [huí] regresar
来宾 [lái bīn] invitado,-a *m/f*, huésped *m/f*; visita *f*
来访 [lái fǎng] visitar, hacer una visita
来回 [lái huí] **1.** ida *f* y vuelta *f*; **2.** de un lado a otro
来人 [lái rén] mensajero,-a *m/f*
来头 [lái tou] origen *m*, recurso *m*, fondo *m* (*de una persona*)
来往 [lái wǎng] **1.** relación *f*, contacto *m*, amistad *f*; **2.** comunicación *f*, intercambio *m*
来意 [lái yì] motivo *m* de la visita
来源 [lái yuán] **1.** fuente *f*, origen *m*; **2.** procedente de, derivarse de
赖 [lài] **1.** contar con, depender de; **2.** echar la culpa a alg; **3.** quedarse (*sin la intención de marcharse*)
赖皮 [lài pí] descarado,-a; sinvergüenza *adj inv*
赖帐 [lài zhàng] incumplir una promesa; negarse a pagar una deuda
兰 [lán] → 兰花 [lán huā]
兰花 [lán huā] *bot* orquídea *f*
拦 [lán] detener, interceptar, interrumpir
拦路 [lán lù] (*el paso*) cortar, cerrar
拦截 [lán jié] interceptar, detener
栏 [lán] **1.** cerca *f*, valla *f*; **2.** (*periódico*) columna *f*, sección *f*
栏杆 [lán gān] barandilla *f*, pasamanos *m*
阑 [lán] *lit* final (*de tiempo*)
阑尾 [lán wěi] *med* apéndice *m*
蓝 [lán] azul *adj m/f*
蓝宝石 [lán bǎo shí] zafiro *m*
蓝本 [lán běn] (*libro*) versión *f* original
蓝皮书 [lán pí shū] libro *m* azul
蓝图 [lán tú] proyecto *m* (*del desarrollo de un país*)
篮 [lán] **1.** cesta *f*, banasta *f*; **2.** canasta *f* (*de baloncesto*)
篮球 [lán qiú] *dep* baloncesto *m*, básquetbol *m*
篮圈 [lán quān] cesto *m*, canasta *f*
览 [lǎn] **1.** mirar, ver; 游~ [yóu] hacer turismo; **2.** leer, lectura; 阅~ 室 [yuè shì] sala *f* de lectura
缆 [lǎn] amarra *f*, cable *m*

缆车 [lăn chē] cabina *f* funicular, teleférico *m*

缆绳 [lăn shéng] cable *m*, soga *f*, cuerda *f*

懒 [lăn] **1.** perezoso,-a, vago,-a; **2.** lánguido,-a, desanimado,-a

懒得 [lăn de] no tener ganas de hacer u/c, no estar para

懒惰 [lăn duò] perezoso,-a, vago,-a; pereza *f*

懒汉 [lăn hàn] gandul,-a *m/f*, perezoso,-a *m/f*

懒散 [lăn săn] pereza *f*; indolente *adj m/f*, flojo,-a,

懒洋洋 [lăn yāng yāng] lánguido,-a, perezoso,-a

烂 [làn] **1.** pudrir, podrido,-a; **2.** gastado,-a, usado,-a; **3.** caótico,-a, desordenado,-a; **4.** muy, profundamente; 喝得~ 醉 [hē dé zuì] estar muy borracho

烂漫 [làn màn] **1.** color *m* vivo, brillante *adj m/f*; **2.** franco,-a, natural *adj m/f*

烂泥 [làn ní] fango *m*, barro *m*

滥 [làn] **1.** inundar, desbordarse; **2.** excesivo,-a, desenfrenado,-a

滥用 [làn yòng] abusar, abuso *m*

郎 [láng] (*usado por la mujer*) cariño, mi amor; ~ 君 [jūn] mi amor

郎中 [láng zhōng] doctor *m* (*de medicina china*)

狼 [láng] *zool* lobo *m*

狼狈 [láng bèi] en una situación difícil, en un apuro

狼狈为奸 [láng bèi wéi jiān] andar en colusión con, confabular con, conspirar con

狼吞虎咽 [láng tūn hŭ yàn] devorar, engullir, comer con voracidad

廊 [láng] corredor *m*, pasillo *m*; veranda *f*

朗 [lăng] **1.** claro,-a, brillante *adj m/f*; **2.** voz *f* alta y clara

朗读 [lăng dú] leer en voz alta

朗诵 [lăng sòng] (*poema*) recitar, leer

浪 [làng] ola *f*, oleaje *m*; ondulante *adj m/f*, ondoso,-a

浪潮 [làng cháo] ola *f*, oleada *f*

浪荡 [làng dàng] **1.** vaguear, holgazanear; **2.** disoluto,-a, de vida airada; 一个~ 的女人 [yī ge de nü rén] una mujer de vida airada

浪费 [làng fèi] derrochar, desperdiciar, despilfarrar

浪漫 [làng màn] romántico,-a

浪子 [làng zĭ] hijo *m* pródigo, despilfarrador *m*

捞 [lāo] **1.** extraer, sacar (*del agua*); **2.** lograr, ganar (*ilícitamente*)

捞取 [lāo qŭ] lograr, ganar (*ilícitamente*)

捞一把 [lāo yī bă] sacar provecho, aprovecharse

劳 [láo] **1.** trabajo *m*, labor *f*; **2.** fatiga *f*, trabajo *m* duro

劳保 [láo bǎo] seguro *m* social de trabajo
劳动 [láo dòng] trabajo *m*, labor *f*
劳改 [láo gǎi] (*criminal*) rehabilitación *f*
劳驾 [láo jià] perdóneme, por favor
劳苦 [láo kǔ] trabajo *m* duro
劳累 [láo lèi] cansado,-a, fatigado,-a
劳力 [láo lì] mano *f* de obra
牢 [láo] **1.** firme *adj m/f*, sólido,-a, seguro,-a; **2.** cárcel *f*
牢固 [láo gù] firme *adj m/f*, sólido,-a, seguro,-a
牢记 [láo jì] tener en la memoria, tener presente
牢靠 [láo kào] **1.** firme *adj m/f*, resistente *adj m/f*; **2.** confiable *adj m/f*, de confianza
牢骚 [láo sāo] descontento *m*, queja *f*
痨 [láo] *med* tuberculosis *f*
老 [lǎo] **1.** (*persona*) mayor *adj m/f*, viejo,-a; **2.** anticuado,-a, usado,-a; **3.** (*delante de un apellido*); ~ 李 [lǐ] Sr. Li. **4.** siempre; 他~ 吃快餐。 [tā chī kuài cān] Siempre toma comida rápida.
老百姓 [lǎo bǎi xìng] ciudadano,-a *m/f*, gente *f*
老板 [lǎo bǎn] jefe,-a *m/f*, propietario,-a *m/f*
老伴 [lǎo bàn] pareja *f* (*de muchos años*)
老本 [lǎo běn] *com* capital *m* inicial
老大爷 [lǎo dà yé] abuelo *m*, señor *m*
老大娘 [lǎo da niáng] abuela *f*, señora *f*
老底 [lǎo dǐ] antecedente *m*, historia *f* (*de una persona*)
老虎 [lǎo hǔ] tigre *m*, tigresa *f*
老虎钳 [lǎo hǔ qián] alicates *mpl*
老花镜 [lǎo huā jìng] gafas *fpl* para presbicia
老花眼 [lǎo huāyǎn] *med* presbicia *f*
老家 [lǎo jiā] tierra *f* natal, hogar *m* (*de nacimiento*)
老练 [lǎo liàn] (*persona*) con experiencia
老年 [lǎo nián] edad *f* avanzada, vejez *f*; ~ 人, [rén] el mayor *m*, el viejo *m*
老婆 [lǎo po] *coloq* esposa *f*, *mujer f*
老师 [lǎo shī] profesor,-a *m/f*, maestro,-a *m/f*
老师傅 [lǎo shī fù] maestro *m* veterano
老实 [lǎo shi] honesto,-a, franco,-a, sincero,-a
老手 [lǎo shǒu] experto,-a *m/f*; profesional *m/f*
老鼠 [lǎo shǔ] *zool* rata *f*, ratón *m*
老太婆 [lǎo tài pó] señora *f* mayor
老天爷 [lǎo tiān yé] *coloq* Dios *m*, buda *m*

老头子 [lǎo tóu zi] **1.** *vulg* el viejo *m*, el mayor *m*; **2.** *vulg* mi marido

老乡 [lǎo xiāng] paisano,-a *m/f*, compatriota *m/f*

老兄 [lǎo xiōng] *vulg* hermano *m*, amigo *m*

老爷 [lǎo ye] amo *m*, señor *m*

老鹰 [lǎo yīng] *zool* águila *f*

老总 [lǎo zǒng] *coloq* director *m* general

姥 [lǎo] → 姥姥 [lǎo lao]

姥姥 [lǎo lao] *(usado sólo en el norte de China)* abuela *f* materna

涝 [lào] anegación *f*, inundación *f*

涝灾 [lào zāi] inundación *f*

烙 [lào] **1.** herrar, planchar; **2.** *gastr* a la plancha; ~ 饼 [bǐng] torta *f* a la plancha

烙印 [lào yìn] hierro *m*, marca *f*, sello *m*

落 [lào] → là, luò

落枕 [lào zhěn] *med* tortícolis *f*

酪 [lào] queso *m*, flan *m*; 新鲜奶~ [xīn xiān nǎi] queso *m* fresco

乐 [lè] → yuè **1.** alegría *f*, júbilo *m*, placer *m*; **2.** pasarlo bien, divertirse

乐观 [lè guān] optimista *adj m/f*; optimismo *m*

乐趣 [lè qù] alegría *f*, placer *m*

乐意 [lè yì] **1.** estar dispuesto a; **2.** contento,-a, feliz *adj m/f*, satisfecho,-a

勒 [lè] → lēi **1.** refrenar, frenar; **2.** forzar, obligar

勒索 [lè suǒ] extorsionar, extorsión *f*

了 [le] → liǎo **1.** (*acción pasada*); 他走~。[tā zǒu] Se ha ido; **2.** (*cambio de fenómeno*); 出太阳~。[chū tài yáng] Sale el sol.

勒 [lēi] → lè atar, apretar (*con una cuerda*)

勒死 [lēi sǐ] estrangular (*con una cuerda*)

累 [léi] → lěi, lèi

累累 [léi léi] cargado,-a de, montón de

累赘 [léi zhui] **1.** incómodo,-a, molesto,-a, pesado,-a; **2.** carga *f*, molestia *f*

雷 [léi] **1.** *meteo* trueno *m*; **2.** *mil* mina *f*

雷达 [léi dá] radar *m*

雷声 [léi shēng] trueno *m*, tronido *m*

雷同 [léi tóng] igual, *adj m/f* idéntico,-a

雷阵雨 [léi zhèn yǔ] *meteo* tormenta *f*, chubasco *m*

垒 [lěi] **1.** *constr* apilar piedras (*terreno*); **2.** fortificación *f*, murallas *fpl*; **3.** *dep* (*béisbol*) base *m*

垒球 [lěi qiú] *dep* béisbol *m*

累 [lěi] → léi, lèi **1.** acumular, amontonar; **2.** continuo,-a, seguido,-a

累积 [lěi jī] acumular

累计 [lěi jì] sumar, en total

累进 [lěi jìn] *mat* progresión *f*; progresivo,-a

肋 [lèi] *med* costilla *f*

肋骨 [lèi gǔ] *med* costilla *f*

泪 [lèi] lágrima *f*

泪水 [lèi shuǐ] lágrima *f*

泪汪汪 [lèi wāng wāng] (*ojos*) llenos de lágrimas

类 [lèi] clase *f*, tipo *m*, género *m*

类别 [lèi bié] clasificación *f*, categoría *f*

类比 [lèi bǐ] analogía *f*, semejanza *f*

类似 [lèi sì] similar *adj m/f*, análogo,-a, parecido,-a

类推 [lèi tuī] (*deducir*) por analogía

类型 [lèi xíng] tipo *m*, modelo *m*

累 [lèi] → léi, lěi **1.** cansado,-a, fatigado,-a; cansar, fatigar; **2.** trabajar duro; ~ 了一天了。[le yī tiān le] Ha trabajado duro todo el día.

冷 [lěng] **1.** frío,-a, glacial *adj m/f*; **2.** enfriar; frío *m*; **3.** indiferente *adj m/f*, frío,-a

冷冰冰 [lěng bīng bīng] frío,-a, glacial *adj m/f*

冷餐 [lěng cān] comida *f* fría

冷藏 [lěng cáng] (*alimento*) congelado,-a; congelar

冷嘲热讽 [lěng cháo rè fěng] ironía *f* y sátira *f*

冷淡 [lěng dàn] **1.** inactivo,-a flojo,-a; **2.** frío,-a, indiferente *adj m/f*

冷冻 [lěng dòng] congelar, frigorizar

冷汗 [lěng hàn] sudor *m* frío

冷静 [lěng jìng] **1.** quieto,-a, tranquilo,-a, silencioso,-a; **2.** calma *f*, tranquilo,-a

冷酷 [lěng kù] duro,-a, insensible *adj m/f*

冷落 [lěng luò] **1.** falta *f* de ambiente, inactivo,-a; **2.** tratar con frialdad

冷漠 [lěng mò] indiferente *adj m/f*, frío,-a

冷僻 [lěng pì] **1.** (*lugar*) apartado,-a, desierto,-a; **2.** raro,-a, extraño,-a

冷气 [lěng qì] aire *m* acondicionado

冷清 [lěng qing] inactivo,-a, flojo,-a

冷食 [lěng shí] (*helado, pastel*) alimento *m* frío

冷笑 [lěng xiào] (*reír con*) burla *f*, desprecio *m*

冷眼 [lěng yǎn] **1.** actitud *f* seria y objetiva; **2.** (*tratar con*) indiferencia *f*

冷饮 [lěng yǐn] (*bebida*) refrescante *adj m/f*, refresco *m*

冷战 [lěng zhàn] temblar, estremecerse

厘 [lí] **1.** (*unidad de medida*) centi-; ~ 米 [mǐ] centímetro *m*; ~ 升 [shēng] centilitro *m*; **2.** (*tipo de interés anual*) 1%; 年利率是一~。[nián lì lǜ shì yī] El tipo de interés anual es del 1%.

厘米 [lí mǐ] centímetro *m*

离 [lí] **1.** separarse, dejar; **2.** (*preposición para la distancia*) ~ 家很远。 [jiā hěn yuǎn] Está muy lejos de su casa. **3.** sin, falta; 做饭~ 不开盐。 [zuò fàn bú kāi yán] No se hace la comida sin sal.

离合器 [lí hé qì] *auto* embrague *m*

离婚 [lí hūn] divorciarse; divorcio *m*

离间 [lí jiān] sembrar la discordia

离境 [lí jìng] dejar, salir (*de un país*)

离开 [lí kāi] abandonar, apartarse (*de un lugar*)

离奇 [lí qí] extraño,-a, raro,-a

离任 [lí rèn] dejar el cargo (*puesto*)

离散 [lí sàn] disperso,-a, separado,-a (*uno de otro*)

离题 [lí tí] apartarse (*desviarse*) del tema

梨 [lí] *bot* peral *m*; *bot* pera *f*

犁 [lí] *agric* arado *m*; arar

黎 [lí] multitud *f*, ciudadanía *f*

黎民 [lí mín] ciudadano,-a *m/f*, gente *f*

黎明 [lí míng] alba *f*, amanecer *m*

礼 [lǐ] **1.** rito *m*, protocolo *m*, ceremonia *f*; **2.** (*tratar con*) cortesía *f*, educación *f*

礼服 [lǐ fú] vestido *m* de gala

礼节 [lǐ jié] protocolo *m*, cortesía *f*

礼貌 [lǐ mào] cortesía *f*, educación *f*

礼炮 [lǐ pào] salva *f* (*por cañón*)

礼品 [lǐ pǐn] regalo *m*, obsequio *m*

礼让 [lǐ ràng] dar prioridad a alg

礼堂 [lǐ táng] salón *m* de actos, auditorio *m*

礼遇 [lǐ yù] trato *m* cortés, recepción *f* cordial

李 [lǐ] **1.** *bot* ciruelo *m*; **2.** (*apellido chino*) Li

李子 [lǐ zi] *bot* ciruela *f*

里 [lǐ] **1.** en, dentro, en el interior de; 大学~ [dà xué] en la universidad; **2.** unidad china de longitud (= *medio kilómetro*)

里边 [lǐ biān] dentro, en el interior de

里程 [lǐ chéng] recorrido *m*, trayectoria *f*

里脊肉 [lǐ ji ròu] *gastr* solomillo *m* (*de cerdo*)

里弄 [lǐ lòng] barrio *m* (de residencia); vecindario *m*

里面 [lǐ miàn] dentro, en el interior

理 [lǐ] **1.** razón *f*, lógica *f*; **2.** ciencia *f* natural; ~ 工大学 [gōng dà xué] universidad *f* politécnica; **3.** poner en orden, arreglar; **4.** hacer caso, prestar atención; 我们不~ 他。 [wǒ men bú tā] No le hagamos caso.

理财 [lǐ cái] manejar el dinero

理睬 [lǐ cǎi] prestar atención, hacer caso

理发 [lǐ fà] cortarse el pelo; ~ 店 [diàn] peluquería *f*
理解 [lǐ jiě] comprender, entender; comprensión *f*
理科 [lǐ kē] carrera *f* de ciencias naturales
理亏 [lǐ kuī] faltarle a alg la razón
理论 [lǐ lùn] teoría *f*; teórico,-a
理事 [lǐ shì] *adm* vocal *m* de un consejo administrativo
理所当然 [lǐ suǒ dāng rán] por supuesto, desde luego, y tanto
理想 [lǐ xiǎng] **1.** ideal *m*, sueño *m*; **2.** ideal *adj m/f*, perfecto,-a, estupendo,-a
理性 [lǐ xìng] razón *f*; razonable *adj m/f*
理应 [lǐ yīng] deber, tener que
理由 [lǐ yóu] razón *f*, motivo *m*, argumento *m*
理智 [lǐ zhì] razón *f*, juicio *m*
力 [lì] **1.** fuerza *f*, poder *m*; **2.** fuerza *f* (*física*); **3.** esforzarse, hacer todo lo posible por
力不从心 [lì bú cóng xīn] sentirse incapacitado,-a
力量 [lì liang] **1.** fuerza (*física*); **2.** poder *m*, potencia *f*, capacidad *f*
力气 [lì qi] fuerza *f* (*física*); esfuerzo *m*
力求 [lì qiú] esforzarse, hacerlo lo mejor posible
力学 [lì xué] *fís* mecánica *f*
力争 [lì zhēng] hacer todo lo posible
历 [lì] **1.** pasar, durar; **2.** calendario *m*; **3.** todos, uno por uno
历程 [lì chéng] trayectoria *f*, recorrido *m*
历次 [lì cì] (*aplicado a sucesos anteriores*) todas las ediciones (*anteriores*)
历代 [lì dài] *hist* dinastías *fpl* anteriores
历届 [lì jiè] (*aplicado a promociones de curso, congresos*) las promociones *fpl* (*ediciones*) anteriores
历来 [lì lái] siempre, constantemente
历历 [lì lì] claramente, distintamente
历年 [lì nián] **1.** años *mpl* transcurridos; **2.** año *m* natural
历史 [lì shǐ] **1.** historia *f*; **2.** antecedentes *mpl*, historia *f* (*de una persona*)
立 [lì] **1.** estar de pie; **2.** levantar, enderezar, alzar; **3.** vertical *adj m/f*, derecho,-a
立案 [lì'àn] **1.** hacer un registro *(una inscripción)*; **2.** *jur* abrir un expediente
立场 [lì chǎng] posición *f*, punto *m* de vista
立法 [lì fǎ] *jur* legislación *f*
立方 [lì fāng] *mat* cubo *m*, cúbico,-a; ~ 米 [mǐ] metro *m* cúbico
立功 [lì gōng] hacer méritos, ganar honores

立刻 [lì kè] al momento, en seguida
立论 [lì lùn] **1.** exponer razones, poner argumentos; **2.** argumento *m*, razonamiento *m*
立体 [lì tǐ] tridimensional *adj m/f*, estereoscópico,-a; tres dimensiones (*3D*)
立正 [lì zhèng] *mil* cuadrarse
立志 [lì zhì] tener la ilusión (*decisión*)
立足 [lì zú] **1.** afincarse, enraizar; **2.** basarse
厉 [lì] **1.** estricto,-a, riguroso,-a; **2.** severo,-a, austero,-a
厉行 [lì xíng] ejecutar con rigor, aplicar estrictamente
丽 [lì] hermoso,-a, bello,-a
励 [lì] animar, alentar
利 [lì] **1.** afilado,-a, agudo,-a, aguzado,-a; **2.** favorable *adj m/f*; **3.** *banc* interés *m*; **4.** beneficiar
利弊 [lì bì] ventaja *f* y desventaja *f*
利害 [lì hài] ganancias *fpl* y pérdidas *fpl*, ventajas *fpl* e inconveniencias *fpl*
利率 [lì lǜ] *banc* tasa *f* de interés
利落 [lì luo] **1.** ágil *adj m/f*, hábil *adj m/f*; **2.** ordenado,-a, arreglado,-a
利润 [lì rùn] *com* beneficio *m*, ganancia *f*
利息 [lì xī] *banc* interés *m*
利益 [lì yì] interés *m*, beneficio *m*, provecho *m*
利用 [lì yòng] **1.** utilizar, aprovechar; **2.** sacar provecho de, explotar
利诱 [lì yòu] engañar con señuelo, tentar con promesa de beneficio
例 [lì] **1.** ejemplo *m*; **2.** caso *m*, precedente *m*; **3.** normativa *f*, reglamento *m*
例会 [lì huì] sesión *f* ordinaria (*habitual*)
例假 [lì jià] **1.** *euf* menstruación *f*, regla *f*; **2.** día *m* de fiesta, fiesta *f* oficial
例句 [lì jù] frase *f* de ejemplo
例如 [lì rú] por ejemplo
例题 [lì tí] ejemplo *m*, caso *m*
例外 [lì wài] excepción, excepcional *adj m/f*
例证 [lì zhèng] ejemplo *m*, prueba *f*
隶 [lì] estar subordinado a, depender de
隶属 [lì shǔ] estar subordinado a, estar bajo la jurisdicción de (*o el mando de*)
荔 [lì] → 荔枝 [lì zhī]
荔枝 [lì zhī] *bot* lichi *m*
栗 [lì] **1.** (*color*) castaño,-a; **2.** temblar, tiritar
栗色 [lì sè] color *m* castaño, marrón *m*
粒 [lì] **1.** grano *m*, partícula *f*; **2.** (*palabra de medida*) 一~ 黄豆 [yī huáng dòu] un grano de soja
粒子 [lì zi] partícula *f*
痢 [lì] *med* disentería *f*

痢疾 [lì ji] *med* disentería *f*

俩 [liǎ] **1.** dos, ambos; 你们~ [nǐ men] vosotros dos; **2.** algunos, unos cuantos

连 [lián] **1.** unir, juntar, conectar; **2.** seguido,-a, uno,-a tras otro,-a; **3.** hasta, incluso; ~ 她也去了。 [tā yě qù le] Incluso ella también fue.

连词 [lián cí] *ling* conjunción *f*

连贯 [lián guàn] **1.** unir, juntar; **2.** coherente *adj m/f*, coherencia *f*

连环 [lián huán] sucesión *f* , cadena *f*, serie *f*;

连环画 [lián huán huà] historieta *f*

连接 [lián jiē] unir, juntar, conectar

连累 [lián lěi] implicar, involucrar

连忙 [lián máng] inmediatamente, en seguida

连绵 [lián mián] continuo,-a, incesante *adj m/f*

连年 [lián nián] en años sucesivos, año tras año

连日 [lián rì] día tras día

连续 [lián xù] continuo,-a, seguido,-a

连夜 [lián yè] la misma noche

连衣裙 [lián yīqún] vestido *m* (*de mujer*)

连载 [lián zǎi] publicar por fascículos (*por entregas*)

帘 [lián] cortina *f* (*para ventana o puerta*)

怜 [lián] compadecerse de, simpatizar con

怜爱 [lián'ài] amar con ternura, tener cariño

怜悯 [lián mǐn] compadecer, tener piedad

莲 [lián] *bot* loto *m*

莲花 [lián huā] flor *f* de loto, loto *m*

莲子 [lián zǐ] semilla *f* de loto (*comestible*)

联 [lián] unirse, aliarse, asociarse

联邦 [lián bāng] *pol* federal *adj m/f*, federación *f*

联播 [lián bō] *radio* transmisión *f* (*emisión*) simultánea

联合 [lián hé] **1.** unirse, aliarse; **2.** conjunto,-a, combinado,-a

联合国 [lián hé guó] Organización *f* de las Naciones Unidas (*ONU*)

联合会 [lián hé huì] confederación *f*, unión *f*, federación *f*

联欢 [lián huān] celebrar (*hacer*) una fiesta

联结 [lián jié] unir, conectar; conexión *f*

联络 [lián luò] ponerse en contacto con, entrar en contacto con

联盟 [lián méng] alianza *f*, coalición *f*

联名 [lián míng] (*firmado*) conjuntamente

联系 [lián xì] contacto *m*, relación *f*; ponerse en contacto con

联想 [lián xiǎng] asociar, hacer recordar

廉 [lián] **1.** honesto,-a, decente *adj m/f*; **2.** económico,-a, barato,-a
廉耻 [lián chǐ] sentido *m* del honor
廉价 [lián jià] barato,-a, de bajo precio
廉洁 [lián jié] honesto,-a, decente *adj m/f*, limpio,-a
镰 [lián] hoz *f*
镰刀 [lián dāo] hoz *f*
脸 [liǎn] **1.** cara *f*, rostro *m*; **2.** parte *f* delantera
脸蛋儿 [liǎn dànr] mejilla *f*, cara *f*
脸红 [liǎn hóng] ponerse rojo (*por vergüenza*), sonrojarse
脸面 [liǎn miàn] cara *f*, dignidad *f*, honor *m*
脸皮 [liǎn pí] honor *m*, dignidad *f*
脸色 [liǎn sè] **1.** aspecto *m*, semblante *m*; **2.** expresión *f* facial
练 [liàn] practicar, hacer
练习 [liàn xí] practicar; práctica *f*
炼 [liàn] **1.** fundir, refinar; **2.** (*metal*) templar al fuego
炼油 [liàn yóu] *(petróleo)* refinar; ~ 厂 [chǎng] refinería *f* (*de petróleo*)
恋 [liàn] enamorarse; enamoramiento *m*
恋爱 [liàn'ài] enamorarse; enamoramiento *m*
恋人 [liàn rén] amante *m/f*, novio,-a *m/f*
链 [liàn] **1.** cadena *f*; **2.** cable *m*, longitud *f*
链条 [liàn tiáo] cadena *f* (*metal*)
良 [liáng] **1.** bueno,-a; **2.** muy, mucho
良好 [liáng hǎo] bueno,-a, bien
良机 [liáng jī] buena *f* oportunidad
良心 [liáng xīn] conciencia *f*
凉 [liáng] **1.** fresco,-a, frío,-a; **2.** desanimado,-a, decepcionado,-a
凉快 [liáng kuai] fresco,-a; refrescarse
凉爽 [liáng shuǎng] (*clima*) fresco, -a, agradable *adj m/f*
凉水 [liáng shuǐ] agua *f* fría
凉台 [liáng tái] terraza *f*, balcón *m*
凉鞋 [liáng xié] zapatillas *fpl*, sandalia *f*
梁 [liáng] **1.** *constr* viga *f*; **2.** *constr* puente *m*
粮 [liáng] cereales *mpl*, víveres *mpl*, provisiones *fpl*
粮仓 [liáng cāng] granero *m*, silo *m*
粮店 [liáng diàn] tienda *f* de cereales
粮食 [liáng shí] cereales *mpl*, alimento *m*
两 [liǎng] **1.** dos; **2.** ambos,-as (*lados o partes*); **3.** unos, pocos; **4.** unidad *f* de peso (=*50 gramos*)
两败俱伤 [liǎng bài jù shāng] sufrir pérdidas ambas partes
两边 [liǎng biān] ambos lados, ambas partes
两口子 [liǎng kǒu zi] pareja *f*, matrimonio *m*

两面 [liǎng miàn] dos lados, dos aspectos
两旁 [liǎng páng] ambos lados
两手 [liǎng shǒu] **1.** capacidad *f*, talento *m*; **2.** doble táctica *f*, medio *m*, método *m*
亮 [liàng] **1.** brillante *adj m/f*, claro,-a, luminoso,-a; **2.** brillar, lucir; **3.** (*voz*) claro,-a y sonoro,-a
亮度 [liàng dù] brillo *m*, brillantez *f*
亮晶晶 [liàng jīng jīng] brillante *adj m/f*, reluciente *adj m/f*
谅 [liàng] **1.** perdonar, comprender; **2.** creer, suponer
谅解 [liàng jiě] entender, ser indulgente
辆 [liàng] *(palabra de medida)* un autobús一辆公车 [yī liàng gōng chē] ; tres carros三辆大车 [sān liàng dà chē]
量 [liàng] **1.** capacidad *f* (*de tolerancia*); **2.** cantidad *f*, volumen *m*, suma *f*
量词 [liàng cí] *ling* palabra *f* de medida
量力 [liàng lì] (*actuar*) según la propia capacidad
辽 [liáo] distancia *f*, lejano,-a
辽阔 [liáo kuò] extenso,-a, inmenso,-a, vasto,-a
辽远 [liáo yuǎn] distante *adj m/f*, lejano,-a
疗 [liáo] *med* curar, tratar
疗程 [liáo chéng] curso *m* de tratamiento
疗法 [liáo fǎ] terapia *f*, tratamiento *m*
疗效 [liáo xiào] *med* efecto *m*
疗养 [liáo yǎng] *med* reposar, recuperar(*se*)
疗养院 [liáo yǎng yuàn] sanatorio *m*
聊 [liáo] charlar, conversar
聊天 [liáo tiān] charlar, conversar
了 [liǎo] → le **1.** acabar, concluir, finalizar; 丧事已经~了。[sàng shì yǐ jīng le] Se ha acabado el funeral. **2.** posibilidad *f*; 今天我去得(不)~ 。[jīn tiān wǒ qù de (*bu*)] Hoy (*no*) puedo ir para allí. **3.** conocer, entender
了不得 [liǎo bu dé] extraordinario,-a, tremendo,-a
了结 [liǎo jié] acabar, arreglar, concluir
了解 [liǎo jiě] conocer, averiguar
了如指掌 [liǎo rú zhǐ zhǎng] conocer u/c como la palma de la mano
了事 [liǎo shì] poner fin (*a un asunto*)
料 [liào] **1.** imaginarse, suponer; **2.** material *m*, materia *f*; **3.** *zool* pienso *m*, forraje *m*
料到 [liào dào] prever, suponer, imaginarse
料理 [liào lǐ] arreglar, atender, cuidar
料想 [liào xiǎng] suponer, imaginarse

料子 [liào zi] **1.** *txtl* tejido *m*, tela *f*; **2.** madera *f*, talento *m*, capacidad *f*

列 [liè] **1.** alinearse, ponerse en fila; **2.** fila *f*, hilera *f*; **3.** figurar en la lista

列车 [liè chē] *ferroc* tren *m*

列举 [liè jǔ] enumerar, mencionar (*uno tras otro*)

列席 [liè xí] asistir (*a una reunión sin voz ni voto*)

劣 [liè] (*calidad*) malo,-a, inferior *adj m/f*

劣等 [liè děng] de calidad inferior, malo,-a

劣迹 [liè jì] infamia *f*, mala *f* conducta

劣势 [liè shì] inferioridad *f*

烈 [liè] fuerte *adj m/f*, violento,-a, intenso,-a

烈火 [liè huǒ] llamas *fpl* violentas

烈日 [liè rì] sol *m* ardiente (*abrasador*)

烈士 [liè shì] mártir *m*

烈性 [liè xìng] (*persona*) carácter *m* fuerte

猎 [liè] cazar; caza *f*; cazador *m*

猎场 [liè chǎng] zona *f* de caza

猎刀 [liè dāo] cuchillo *m* de caza

猎狗 [liè gǒu] perro *m* de caza

猎奇 [liè qí] andar a la caza de novedades

猎枪 [liè qiāng] escopeta *f*

猎取 [liè qǔ] cazar, perseguir, buscar

猎人 [liè rén] cazador,-a *m/f*

猎物 [liè wù] presa *f*, caza *f*

裂 [liè] hender, rajar, rasgar

裂缝 [liè fèng] fisura *f*, grieta *f*

裂开 [liè kāi] abrirse, henderse, agrietarse

裂口 [liè kǒu] boquete *m*, grieta *f*

裂纹 [liè wén] raja *f*, fisura *f*

邻 [lín] **1.** vecino,-a; vecindad *f*; **2.** próximo,-a, cercano,-a

邻邦 [lín bāng] país *m* vecino

邻近 [lín jìn] adyacente *adj m/f*, cercano,-a

林 [lín] **1.** bosque *m*, floresta *f*; **2.** círculos *mpl*

林带 [lín dài] cinturón *m* forestal

林区 [lín qū] zona *f* forestal, bosque *m*

林业 [lín yè] silvicultura *f*

林荫道 [lín yīn dào] avenida *f* (*con árboles a ambos lados*)

临 [lín] **1.** dar a, mirar hacia; **2.** llegar, estar presente; **3.** antes de, al ir a hacer

临别 [lín bié] en el momento de la despedida

临床 [lín chuáng] *med* clínico,-a

临机应变 [lín jī yìng biàn] adaptarse a una situación imprevista

临摹 [lín mó] copiar, calcar

临时 [lín shí] provisional *adj m/f*, temporal *adj m/f*

淋 [lín] regar, rociar

淋巴 [lín bā] *med* linfa *f*

淋浴 [lín yù] tomar una ducha

鳞 [lín] (*pez*) escama *f*

吝 [lìn] → 吝啬 [lìn sè]

吝啬 [lìn sè] tacaño,-a, avaro,-a

吝惜 [lìn xī] parsimonioso,-a; escatimar

伶 [líng] *lit* actor *m*, actriz *f*

伶仃 [líng dīng] desamparado,-a, solitario,-a

伶俐 [líng lì] despabilado,-a, listo,-a

灵 [líng] **1.** ágil *adj m/f*, listo,-a; **2.** alma *f*, espíritu *m*; **3.** eficaz *adj m/f*, eficiente *adj m/f*

灵便 [líng bian] ágil *adj m/f*, fácil *adj m/f* (*de uso*)

灵感 [líng gǎn] *arte* inspiración *f*, musa *f*

灵魂 [líng hún] alma *f*, espíritu *m*

灵活 [líng huó] ágil *adj m/f*, flexible *adj m/f*

灵机 [líng jī] idea *m* (*improvisada*)

灵柩 [líng jiù] ataúd *m*, féretro *m*

灵敏 [líng mǐn] sensible *adj m/f*, sagaz *adj m/f*

灵巧 [líng qiǎo] hábil *adj m/f*, ingenioso,-a

灵堂 [líng táng] capilla *f* ardiente

灵通 [líng tōng] bien informado,-a

灵性 [líng xìng] inteligencia *f* (*animal*)

灵验 [líng yàn] **1.** eficaz *adj m/f*, eficiente *adj m/f*; **2.** exacto,-a, correcto,-a

凌 [líng] **1.** insultar, ofender; **2.** aproximar(*se*), acercarse

凌晨 [líng chén] madrugada *f*, al amanecer

凌驾 [líng jià] *pol* colocarse por encima de, predominar

凌空 [líng kōng] a gran altura en el aire

凌厉 [líng lì] rápido,-a, eficiente *adj m/f*

凌乱 [líng luàn] desordenado,-a

凌辱 [líng rǔ] insultar, humillar

铃 [líng] campanilla *f*, timbre *m*

铃声 [líng shēng] (*sonido*) timbre *m*

陵 [líng] **1.** colina *f*, monte *m*; **2.** mausoleo *m*; tumba *f* (*imperial*)

陵墓 [líng mù] mausoleo *m*, tumba *f*

陵园 [líng yuán] cementerio *m*

零 [líng] **1.** cero *m*; **2.** cero *m*, nada *f*, nulo *m*

零度 [líng dù] (*grado*) cero *m*

零工 [líng gōng] trabajo *m* temporal

零花 [líng huā] gastos *mpl* personales

零活 [líng huó] trabajo *m* (*sencillo*)

零件 [líng jiàn] recambio *m*, repuesto *m*, pieza *f*

零落 [líng luò] marchitado,-a, decaído,-a

零钱 [líng qián] dinero *m* suelto, moneda *f* menuda

零散 [líng sǎn] disperso,-a, esparcido,-a

零时 [líng shí] hora *f* cero

零售 [líng shòu] vender al por menor, vender al detalle

零碎 [líng suì] **1.** fragmentario,-a, fraccionario,-a; **2.** cosillas *fpl*, cachivaches *mpl*

零星 [líng xīng] fragmentario,-a, unos
零用钱 [líng yòng qián] dinero *m* del bolsillo (*para gastos personales*)
龄 [líng] **1.** edad *f*, años *mpl*; **2.** duración *f*; años *mpl* de servicio
岭 [lǐng] cordillera *f*, sierra *f*, monte *m*
领 [lǐng] **1.** *med* cuello *m*; **2.** collar *m*, cuello *m* (*de un vestido*); **3.** guiar, conducir, dirigir
领带 [lǐng dài] *txtl* corbata *f*
领导 [lǐng dǎo] **1.** dirigir, administrar; **2.** jefe,-a *m/f*, director,-a *m/f*
领地 [lǐng dì] territorio *m*
领队 [lǐng duì] **1.** dirigir un equipo; **2.** (*equipo*) jefe,-a *m/f*
领海 [lǐng hǎi] *jur* aguas *fpl* jurisdiccionales (*territoriales*), mar *m* jurisdiccional (*territorial*)
领航 [lǐng háng] (*avión, buque*) pilotar, navegar; ~ 员 [yuán] piloto *m*
领会 [lǐng huì] comprender, entender
领结 [lǐng jié] corbata *f* de lazo, lazo *m*
领空 [lǐng kōng] *jur* espacio *m* aéreo jurisdiccional
领口 [lǐng kǒu] (*vestido*) abertura *f* del cuello
领路 [lǐng lù] guiar, servir de guía
领略 [lǐng lüè] percibir, apreciar, degustar
领情 [lǐng qíng] estar agradecido, -a, agradecer
领取 [lǐng qǔ] cobrar, recibir, percibir
领事 [lǐng shì] *dipl* cónsul *m*; 总~ [zǒng] cónsul *m* general
领事馆 [lǐng shì guǎn] consulado *m*
领土 [lǐng tǔ] territorio *m*
领先 [lǐng xiān] llevar la delantera, ser el primero
领袖 [lǐng xiù] líder *m/f*, jefe,-a *m/f*
领养 [lǐng yǎng] **1.** adoptar (*a un bebé*); **2.** adaptación *f*
领域 [lǐng yù] (*ciencia y política*) terreno *m*, campo *m*
另 [lìng] otro,-a
另外 [ling wài] además de, aparte de
令 [lìng] **1.** decreto *m*, orden *f*; **2.** causar, hacer
溜 [liū] escaparse, huir
溜冰 [liū bīng] patinar; patinaje *m*; ~ 鞋 [xié] patín *m* de hielo (*de ruedas*)
浏 [liú] **1.** (*el agua*) claro,-a, limpio,-a; **2.** (*el viento*) veloz *adj m/f*
浏览 [liú lǎn] dar (*echar*) un vistazo, hojear
流 [liú] **1.** fluir, afluir; **2.** difundirse, propagarse; **3.** categoría *f*, clase *f*; 一~ de primera clase
流产 [liú chǎn] aborto *m*; abortar
流畅 [liú chàng] fluido,-a, fluidez *f*

流程 [liú chéng] proceso *m*, curso *m*
流传 [liú chuán] divulgarse, circular, transmitirse
流窜 [liú cuàn] huir (*de una persecución policíaca*)
流动 [liú dòng] fluir, afluir
流放 [liú fàng] exiliarse; exilio *m*
流感 [liú gǎn] gripe *f*; resfriado *m*
流浪 [liú làng] ambular, vagar (*en la calle*)
流利 [liú lì] fluido,-a, suelto,-a; fluidez *f*
流露 [liú lù] expresar, manifestar, revelar
流氓 [liú máng] gamberro *m*, canalla *m*
流逝 [liú shì] discurrir, transcurrir
流水 [liú shuǐ] agua *f* corriente
流亡 [liú wáng] exiliarse; exilio *m*
流星 [liú xīng] *astron* meteoro *m*, estrella *f* fugaz
流行 [liú xíng] popular *adj m/f*, de moda
流行病 [liú xíng bìng] enfermedad *f* epidémica
流血 [liú xuè] sangrar
流言 [liú yán] bulo *m*, rumor *m*
流域 [liú yù] valle *m*, (*río*) cuenca *f*
留 [liú] **1.** quedarse, permanecer; **2.** reservar, guardar; **3.** retener a alg
留级 [liú jí] repetir el curso escolar
留恋 [liú liàn] sentir nostalgia, echar de menos
留念 [liú niàn] aceptar u/c como recuerdo
留情 [liú qíng] tener piedad, perdonar
留神 [liú shén] poner atención, con cuidado
留心 [liú xīn] poner atención, cuidar
留学 [liú xué] estudiar (*en el extranjero*)
留言 [liú yán] dejar un recado (*un mensaje*); ~ 簿 [bù] libro *m* de visitas
留意 [liú yì] poner atención, estar atento,-a
榴 [liú] *bot* granado *m*
榴弹 [liú dàn] *mil* granada *f*
柳 [liǔ] *bot* sauce *m*
柳絮 [liǔ xù] amento *m* del sauce
六 [liù] seis *adj/m*
六月 [liù yuè] junio *m*
龙 [lóng] **1.** *zool* dragón *m*; **2.** imperial *adj m/f*
龙卷风 [lóng juǎn fēng] *meteo* huracán *m*
龙头 [lóng tóu] grifo *m*, llave *f*
龙虾 [lóng xiā] *gastr* langosta *f*
聋 [lóng] sordo,-a, duro,-a de oído
聋哑 [lóng yǎ] sordomudo,-a; sordomudez *f*
聋子 [lóng zi] sordo,-a *m/f*
笼 [lóng] → lǒng jaula *f*; 鸟~ [niǎo] jaula *f* de pájaro
笼子 [lóng zi] jaula *f*
隆 [lóng] → 隆隆 [lóng lóng], 隆重 [lóng zhòng]
隆冬 [lóng dōng] pleno invierno *m*

隆隆 [lóng lóng] estruendo *m*, retumbo *m*

隆重 [lóng zhòng] solemne *adj m/f*, grandioso,-a

垄 [lǒng] lomo *m (de tierra)*

垄断 [lǒng duàn] monopolizar; monopolio *m*

拢 [lǒng] **1.** cerrar; **2.** acercarse, aproximarse; **3.** sumar, en total

拢共 [lǒng gòng] en total, en suma

笼 [lǒng] → lóng **1.** cubrir, envolver; **2.** caja *f* grande, baúl *m*

笼络 [lǒng luò] embaucar, ganar (*la voluntad de la gente*)

笼统 [lǒng tǒng] muy general

笼罩 [lǒng zhào] cubrir, envolver

弄 [lòng] → nòng; → 弄堂 [lòng táng]

弄堂 [lòng táng] pasaje *m*, callejón *m*

楼 [lóu] **1.** edificio *m*; edificación *f*; **2.** piso *m*, planta *f*

楼板 [lóu bǎn] *constr* planta *f*, suelo *m*

楼道 [lóu dào] corredor *m*, pasillo *m*

楼房 [lóu fáng] edificio *m*, casa *f (de dos plantas)*

楼上 [lóu shàng] piso *m* de arriba

楼梯 [lóu tī] escalera *f*

楼下 [lóu xià] piso *m* de abajo; planta *f* baja

搂 [lǒu] abrazar

搂抱 [lǒu bào] abrazar; abrazo *m*

漏 [lòu] **1.** *(líquido, gas)* fugarse, escaparse; **2.** trascender, filtrarse; **3.** omitir, saltar

漏洞 [lòu dòng] **1.** rendija *f*, agujero *m*; **2.** fallo *m*, defecto *m*

漏斗 [lòu dǒu] (*utensilio*) embudo *m*

漏税 [lòu shuì] defraudar fiscalmente; pagar menos en el impuesto

漏网 [lòu wǎng] escapar (*del castigo de la justicia*)

芦 [lú] *bot* carrizo *m*, cañavera *f*

芦笋 [lú sǔn] espárrago *m*, esparraguera *f*

芦苇 [lú wěi] carrizo *m*, cañavera *f*

芦席 [lú xí] estera *f* de carrizo

炉 [lú] horno *m*, estufa *f*

炉灶 [lú zào] fogón *m*, horno *m*, cocina *f*

炉渣 [lú zhā] escoria *f*

虏 [lǔ] hacer prisionero, cautivar; prisionero *m* de guerra

鲁 [lǔ] torpe *adj m/f*, estúpido,-a, tonto,-a

鲁莽 [lǔ mǎng] ligero,-a, imprudente *adj m/f*

陆 [lù] tierra *f* (*firme*)

陆地 [lù dì] tierra *f* firme

陆路 [lù lù] vía *f* terrestre

陆续 [lù xù] sucesivamente, uno,-a tras otro,-a

陆运 [lù yùn] transporte *m* terrestre

录 [lù] **1.** apuntar, grabar, copiar; **2.** agenda *f*; 通讯~ [tōng xùn] agenda *f* de contactos

录取 [lù qǔ] admitir; admisión; ~书 [shū] carta *f* de admisión
录像机 [lù xiàng jī] (*aparato*) video *m*
录音 [lù yīn] (*el sonido*) grabar, grabación *f*
录用 [lù yòng] contratar a alg
鹿 [lù] *zool* ciervo *m*, venado *m*
鹿茸 [lù róng] cuerno *m* de ciervo (*para uso medicinal*)
碌 [lù] → 碌碌 [lùlù]
碌碌 [lù lù] ordinario,-a, mediocre *adj m/f*, vulgar *adj m/f*
路 [lù] **1.** camino *m*, calle *f*, vía *f*, ruta *f*; **2.** trayectoria *f*, recorrido *m*, distancia *f*; **3.** salida *f*, solución *f*
路标 [lù biāo] señal *f* de tráfico
路程 [lù chéng] trayectoria *f*, recorrido *m*, distancia *f*
路灯 [lù dēng] (*vía pública*) farol *m*
路费 [lù fèi] gastos *mpl* de viaje
路轨 [lù guǐ] *ferroc* carril *m*, vía *f*
路过 [lù guò] pasar por, ir de paso
路径 [lù jìng] camino *m*, ruta *f*
路口 [lù kǒu] (*calle*) cruce *m*
路牌 [lù pái] (*calle*) letrero *m*
路人 [lù rén] transeúnte *m/f*
路上 [lù shàng] en el camino
路途 [lù tú] camino *m*, ruta *f*
路线 [lù xiàn] itinerario *m*, línea *f*, trayectoria *f*
露 [lù] **1.** *meteo* rocío *m*; **2.** aparecer, manifestarse, exponerse
露骨 [lù gǔ] crudamente, descubiertamente
露水 [lù shuǐ] *meteo* rocío *m*
露宿 [lù sù] pasar la noche en la calle
露天 [lù tiān] al aire libre
驴 [lǘ] *zool* asno *m*, burro *m*
旅 [lǚ] viajar; viaje *m*
旅伴 [lǚ bàn] compañero,-a de viaje
旅程 [lǚ chéng] viaje *m*, camino *m* (*de viaje*)
旅店 [lǚ diàn] hostal *m*, pensión *f*
旅费 [lǚ fèi] gastos *mpl* de viaje
旅馆 [lǚ guǎn] hotel *m*
旅居 [lǚ jū] afincarse, residir (*en el extranjero*)
旅客 [lǚ kè] (*hotel*) huésped *m/f*, viajero,-a *m/f*, pasajero,-a *m/f*
旅途 [lǚ tú] en el viaje
旅行 [lǚ xíng] viajar, hacer un viaje; ~社 [shè] agencia *f* de viaje
旅游 [lǚ yóu] turismo *m*, turístico,-a
铝 [lǚ] aluminio *m*
铝合金 [lǚ hé jīn] aluminio *m*
屡 [lǚ] → 屡次 [lǚ cì]
屡次 [lǚ cì] una y otra vez, repetidas veces
履 [lǚ] **1.** calzado *m*, zapato *m*; **2.** pisar, andar, caminar
履历 [lǚ lì] currículum *m* vitae (CV)
履行 [lǚ xíng] cumplir, ejecutar, llevar a cabo
律 [lǜ] **1.** ley *f*, reglamento *m*; **2.** restringir, frenar, dominar
律师 [lǜ shī] *jur* abogado,-a *m/f*, procurador,-a *m/f*

虑 [lǜ] **1.** considerar, reflexionar, meditar; **2.** preocuparse, inquietarse
率 [lǜ] tasa *f*, tipo *m*; 汇~ [huì] tipo *m* de cambio
绿 [lǜ] (*color*) verde *adj m/f*, verdor *m*
绿宝石 [lǜ bǎo shí] (*piedra*) esmeralda *f*
绿茶 [lǜ chá] té *m* verde
绿灯 [lǜ dēng] luz *m* verde
绿化 [lǜ huà] repoblación *f* forestal, reforestación *f*
滤 [lǜ] filtrar, colar
滤纸 [lǜ zhǐ] papel *m* filtro
孪 [luán] → 孪生 [luán shēng]
孪生 [luán shéng] gemelo,-a, mellizo,-a *m/f*
卵 [luǎn] óvulo *m*, huevo *m*
卵巢 [luǎn cháo] ovario *m*
卵黄 [luǎn huáng] yema *f* de huevo
卵石 [luǎn shí] (*piedra*) grava *f*, huija *f*
乱 [luàn] **1.** caótico,-a, desordenado,-a; **2.** disturbio *m*, revuelta *f*; **3.** al azar, de manera arbitraria
乱哄哄 [luàn hōng hōng] caótico,-a, bullicioso,-a
乱伦 [luàn lún] cometer incesto
乱七八糟 [luàn qī bā zāo] desordenado,-a, confuso,-a
乱说 [luàn shuō] decir disparates
乱弹琴 [luàn tán qín] hacer (*decir*) tonterías
乱子 [luàn zi] incidente *m*, disturbio *m*
掠 [lüè] **1.** saquear, depredar; **2.** pasar rozando, pasar rasando
掠夺 [lüè duó] saquear, depredar, conquistar
掠取 [lüè qǔ] conquistar, robar
略 [lüè] **1.** breve *adj m/f*, simple *adj m/f*; **2.** simplificar, omitir
略胜一筹 [lüè shèng yīchóu] ser mejor que otro
略图 [lüè tú] esquema *m*, anteproyecto *m*
略微 [lüè wēi] algo, un poco, ligeramente
沦 [lún] **1.** hundirse, irse a pique; **2.** caer en una situación desfavorable
沦落 [lún luò] llevar una vida miserable (*en tierra forastera*)
沦亡 [lún wáng] (*un país*) hundirse, arruinarse
轮 [lún] **1.** rueda *f*; **2.** turnarse, alternar
轮班 [lún bān] por turnos
轮船 [lún chuán] barco *m*, lancha *f*; embarcación *f*
轮渡 [lún dù] barco *m* trasbordador, trasbordador *m*
轮番 [lún fān] por turnos
轮换 [lún huàn] alternar, turnar
轮廓 [lún kuò] contorno *m*, silueta *f*
轮流 [lún liú] turnarse, alternar; alternativamente
轮胎 [lún tāi] *auto* neumático *m*
轮椅 [lún yǐ] silla *f* de ruedas

论 [lùn] **1.** hablar de, discutir, tratar de; **2.** opinión *f*, parecer *m*; **3.** teoría *f*, doctrina *f*
论点 [lùn diǎn] argumento *m*, tesis *f*, juicio *m*
论调 [lùn diào] opinión *f*, argumento *m*
论断 [lùn duàn] deducción *f*, afirmación *f*, conclusión *f*
论据 [lùn jù] argumento *m*, fundamento *m*
伦理 [lùn lǐ] razonar, argumentar
论述 [lùn shù] exponer, analizar
论说 [lùn shuō] doctrina *f*, teoría *f*
论坛 [lùn tán] fórum *m*, cátedra *f*
论文 [lùn wén] tesis *f*, tesina *f*, memoria *f*
论著 [lùn zhù] obra *f* escrita, libro *m*
啰 [luō] → 啰唆 [luō suō]
啰唆 [luō suō] **1.** locuaz *adj m/f*, parlanchín,-a, gárrulo,-a; **2.** (*trámite*) complicado,-a, burocrático,-a
罗 [luó] **1.** reunir, juntar; **2.** cedazo *m*, tamiz *m*; tamizar
罗汉 [luó hàn] *relig* arhat
罗列 [luó liè] enumerar, citar
罗马数字 [luó mǎ shù zì] números *mpl* romanos
罗盘 [luó pán] *nav* brújula *f*
萝 [luó] → 萝卜 [luó bo]
萝卜 [luó bo] *bot* rábano *m*
锣 [luó] gong *m*, gongo *m*
锣鼓 [luó gǔ] gong *m* y tambor *m*
逻 [luó] patrullar; 巡~ [xún] hacer patrulla
逻辑 [luó jí] lógica *f*
箩 [luó] cesta *f* de bambú (*de boca redonda y base cuadrada*)
骡 [luó] *zool* mulo *m*
螺 [luó] caracol *m*
螺丝 [luó sī] tornillo *m*
螺丝刀 [luó sī dāo] destornillador *m*
螺旋 [luó xuán] espiral *f*, hélice *f*
裸 [luǒ] desnudo,-a, descubierto,-a
裸露 [luǒ lù] descubierto,-a, desnudo,-a
裸体 [luǒ tǐ] cuerpo *m* desnudo, desnudez *f*; ~海滨浴场 [hǎi bīn yù chǎng] playa *m* nudista
络 [luò] **1.** sujetar u/c con una red; **2.** enrollar, enredar
络绎不绝 [luò yì bù jué] (*gente, vehículo*) seguir uno a otro sin parar
骆 [luò] → 骆驼 [luò tuo]
骆驼 [luò tuo] *zool* camello *m*
落 [luò] → là lào **1.** caer, recaer; bajar, descender; **2.** permanecer, quedar, dejar; **3.** resultar, llegar a ser
落泊 [luò bó] (*vida*) estar en un apuro
落成 [luò chéng] final *m* de una obra (*de construcción*)
落得 [luò de] caer en, llegar a, terminar en
落后 [luò hòu] quedarse atrás
落户 [luò hù] afincarse, establecerse

落脚 [luò jiǎo] hospedarse, alojarse
落空 [luò kōng] quedarse en el aire, fracasar
落泪 [luò lèi] derramar lágrimas, llorar
落实 [luò shí] **1.** viable *adj m/f*, factible *adj m/f*; **2.** realizar, llevar a cabo
落网 [luò wǎng] *jur* ser detenido,-a (*capturado*)
落伍 [luò wǔ] quedarse atrás
落选 [luò xuǎn] (*elecciones*) perder

M

妈 [mā] **1.** mamá *f*, mami *f*, madre *f*; **2.** tía *f*, señora *f*; 大~ [dà] señora *f*
妈妈 [mā ma] mamá *f*; madre *f*
麻 [má] **1.** *txtl* cáñamo *m*, lino *m*; **2.** sésamo *m*; ~ 油 [yóu] aceite *m* de sésamo
麻痹 [má bì] **1.** *med* parálisis *f*; **2.** despistado,-a, negligente *adj m/f*
麻布 [má bù] tejido *m* de lino
麻将 [má jiàng] (*juego chino*) majiang *m*, mahjong *m*
麻利 [má li] ágil *adj m/f*, ligero,-a, vivo,-a
麻木 [má mù] entumecer; entumecido,-a
麻雀 [máquè] *zool* gorrión *m*, pardal *m*
麻油 [má yóu] aceite *m* de sésamo
麻醉 [má zuì] *med* anestesia *f*, narcosis *f*
马 [mǎ] *zool* caballo *m*
马鞍 [mǎ'ān] (*caballo*) silla *f* de montar, montura *f*
马不停蹄 [mǎ bú tíng tí] sin parar, sin tregua
马车 [mǎ chē] carruaje *m*, carro *m*
马虎 [mǎ hū] despistado,-a, negligente *adj m/f*, chapucero,-a
马拉松 [mǎ lā sōng] *dep* maratón *f*
马力 [mǎ lì] *auto* caballo *m* (*de fuerza*)
马铃薯 [mǎ líng shǔ] *bot* patata *f*
马路 [mǎ lù] carretera *f*, calzada *f*, calle *f*
马上 [mǎ shàng] en seguida, de inmediato
马桶 [mǎ tǒng] bacín *m*, orinal *m*
马戏 [mǎ xì] circo *m*, acrobacia *f*
吗 [mǎ] → ma; 吗啡 [mǎ fēi]
吗啡 [mǎ fēi] morfina *f*
码 [mǎ] **1.** número *m*; 号~ [hào] número *m*; **2.** el mismo; 那是一~事。 [nà shi yī shì] Es la misma cosa.
码头 [mǎ tou] muelle *m*; embarcadero *m*; 客运~ [kè yùn] muelle *m* de pasajeros
蚂 [mǎ] → 蚂蚁 [mǎ yǐ]
蚂蚁 [mǎ yǐ] hormiga *f*

骂 [mà] **1.** insultar, injuriar; **2.** condenar, reprender, reprochar

吗 [ma] → mă **1.** (*partícula interrogativa*); 你爱我~？ [nǐ ài wǒ?] ¿Me quieres?; **2.** en cuanto a; 她~ ,我不太了解。 [tā, wǒ bú tài liǎo jiě.] En cuanto a ella, no la conozco bien.

埋 [mái] → mán cubrir, enterrar, ocultar

埋藏 [mái cáng] **1.** enterrar, esconder (*en la tierra*); **2.** ocultar, guardar (*en el corazón*)

埋伏 [mái fú] *mil* emboscarse; emboscada *f*

埋没 [mái mò] **1.** enterrar, cubrir; **2.** dejar en la oscuridad, hacer sombras

埋头 [mái tóu] meterse en, dedicarse a (*exclusivamente*)

埋葬 [mái zàng] enterrar, sepultar

买 [mǎi] comprar; compra *f*

买方 [mǎi fāng] parte *f* compradora, comprador,-a *m/f*

买卖 [mǎi mai] compraventa *f*, negocio *m*

买通 [mǎi tōng] sobornar, comprar (*a un oficial*)

买主 [mǎi zhǔ] comprador,-a, cliente *m/f*

麦 [mài] *bot* trigo *m*

麦克风 [mài kè fēng] micrófono *m*, altavoz *m*

麦收 [mài shōu] cosecha *f* de trigo

麦穗 [mài suì] espiga *f* de trigo

麦芽 [mài yá] malta *f*

迈 [mài] **1.** dar un paso; **2.** entrar (*en años de vejez*)

迈步 [mài bù] dar un paso, andar hacia delante

迈进 [mài jìn] avanzar a pasos agigantados

卖 [mài] **1.** vender; venta *f*; **2.** traicionar

卖方 [mài fāng] parte *f* vendedora, vendedor *m*

卖力 [mài lì] hacer lo mejor posible

卖命 [mài mìng] trabajar excesivamente para alg

卖弄 [mài nong] lucir, ostentar

卖淫 [mài yín] prostitución *f*; prostituir

卖主 [mài zhǔ] vendedor,-a *m/f*

卖座 [mài zuò] (*teatro, cine*) tener taquilla

脉 [mài] **1.** *med* arterias *fpl* y venas *fpl*; **2.** *med* pulso *m*

脉搏 [mài bó] *med* pulso *m*

脉络 [mài luò] *med Chi* arterias *fpl* y venas *fpl*

埋 [mái] → mán; → 埋怨 [mán yuàn]

埋怨 [mán yuàn] culpar, quejarse, lamentarse

蛮 [mán] brusco,-a, bruto,-a, irracional *adj m/f*

蛮横 [mán hèng] rudo,-a, tosco,-a, grosero,-a

馒 [mán] → 馒头 [mán tou]

馒头 [mán tou] pan *m* chino (*al vapor*)

瞒 [mán] ocultar, cubrir

满 [mǎn] **1.** lleno,-a, repleto,-a; **2.** llenar, rellenar; **3.** completo,-a, entero,-a; **4.** contento,-a, satisfecho,-a
满不在乎 [mǎn bú zài hu] no hacer caso, no preocuparse
满怀 [mǎn huái] estar lleno de (*cierta ambición*)
满腔 [mǎn qiāng] estar lleno de (*ánimo y entusiasmo*)
满身 [mǎn shēn] tener el cuerpo cubierto de
满意 [mǎn yì] satisfecho,-a, feliz *adj m/f*
满月 [mǎn yuè] **1.** *astron* luna *f* llena; **2.** (*bebé*) cumplir un mes
满载 [mǎn zài] bien cargado de
满足 [mǎn zú] satisfacer; satisfecho,-a, feliz *adj m/f*
满座 [mǎn zuò] (*teatro, cine*) lleno,-a, completo,-a
漫 [màn] **1.** desbordar, inundar; **2.** libre *adj m/f*, sin restricción
漫步 [màn bù] caminar, pasear
漫长 [màn cháng] (*tiempo*) muy largo, interminable *adj m/f*
漫画 [màn huà] caricatura *f*
漫谈 [màn tán] charla *f*, certamen *m*, mesa *f* redonda
漫游 [màn yóu] viajar (*como turista*)
慢 [màn] **1.** lento,-a; **2.** demorar, retrasar
慢吞吞 [màn tūn tūn] lentamente, despacio
慢性 [màn xìng] *med* crónico,-a; ~胃炎[wèi yán] gastritis *f* crónica
忙 [máng] ocupado,-a, atareado,-a
忙碌 [máng lù] ocuparse, atarearse
忙乱 [máng luàn] (*en el trabajo*) caótico,-a, desordenado,-a
芒 [máng] *bot* arista *f*
芒果 [máng guǒ] *bot* (*fruta*) mango *m*
盲 [máng] ceguera *f*; cegar; ciego,-a
盲肠 [máng cháng] *med* intestino *m* ciego
盲从 [máng cóng] seguir ciegamente a otros
盲目 [máng mù] ciego,-a, a ciegas
盲人 [máng rén] ciego,-a *m/f*, invidente *m/f*
茫 [máng] **1.** inmenso,-a, vasto,-a; **2.** ignorante *adj m/f*, a oscuras
茫茫 [máng máng] inmenso,-a, vasto,-a
茫然 [máng rán] ignorante *adj m/f*, a oscuras
猫 [māo] *zool* gato *m*
猫头鹰 [māo tóu yīng] *zool* búho *m*, lechuza *f*
熊猫 [xióng māo] *zool* panda *m*, oso *m* panda
毛 [máo] **1.** pelo *m*, vello *m*, pluma *f*; **2.** en bruto; **3.** *banc* mao *m* (*décimo de yuan chino*); **4.** asustado,-a, miedo

m; 心里发~ [xīn lǐ fā] tener un miedo espantoso.

毛笔 [máo bǐ] pincel *m* (*para la caligrafía*)

毛病 [máo bìng] problema *m*, dificultad *f*, avería *f*

毛糙 [máo cao] áspero,-a, rudo,-a, tosco,-a

毛巾 [máo jīn] *txtl* toalla *f*

毛孔 [máo kǒng] *med* poro *m*

毛皮 [máo pí] piel *f*, (*animal*) cuero *m*

毛毯 [máo tǎn] manta *f* de lana, cobija *f*

毛衣 [máoyī] suéter *m*, jersey *m*

毛织品 [máo zhī pǐn] tejido *m* (*género*) de lana

毛重 [máo zhòng] peso *m* bruto

矛 [máo] *mil* lanza *f*, pica *f*

矛盾 [máo dùn] contradictorio,-a; contradicción *f*

矛头 [máo tóu] punta *f* de lanza

茅 [máo] *bot* cogón *m*

茅房 [máo fáng] retrete *m*, lavabo *m*

茅屋 [máo wū] choza *f*, cabaña *f*, barraca *f*

锚 [máo] *nav* ancla *f*

茂 [mào] **1.** frondoso,-a, lozano,-a; **2.** rico,-a, magnífico,-a

茂密 [mào mì] (*árboles*) frondoso,-a, denso,-a

茂盛 [mào shèng] frondoso,-a, lozano,-a

冒 [mào] **1.** salir, echar, emitir; **2.** arriesgarse, desafiar

冒充 [mào chōng] hacerse pasar por, dárselas de, simular

冒犯 [mào fàn] ofender, afrentar

冒号 [mào hào] *ling* dos puntos

冒昧 [mào mèi] permitirse, tomarse la libertad

冒名 [mào míng] tomar el nombre de otro

冒牌 [mào pái] falsificación *f*, imitación *f*

冒失 [mào shi] imprudente *adj m/f*, indiscreto,-a

冒险 [mào xiǎn] arriesgarse, aventurarse

贸 [mào] comercio *m*, negocio *m*

贸然 [mào rán] a la ligera, sin reflexionar

贸易 [mào yì] comercio *m*, negocio *m*

帽 [mào] → 帽子 [mào zi]

帽子 [mào zi] sombrero *m*, gorro *m*, gorra *f*

貌 [mào] aspecto *m*, apariencia *f*, cara *f*

貌似 [mào sì] aparentemente, al parecer

没 [méi] → [mò] **1.** (*denegar una acción pasada*) no; 她~ 去。[tā qù] No ha ido; **2.** no tener, sin; 他~ 朋友。[tā pěng you] No tiene amigos.

没错 [méi cuò] estar seguro,-a, correcto,-a

没法子 [méi fǎ zi] no hay más remedio

没关系 [méi guān xi] no importa, da igual

没精打采 [méi jīng dǎ cǎi] desanimado,-a, decaído,-a
没命 [méi mìng] perder la vida, morir
没趣 [méi qù] sentirse desairado, -a
没事儿 [méi shì'ér] no pasar nada
没意思 [méi yì si] aburrido,-a; aburrimiento *m*
没有 [méi yǒu] **1.** (*denegar una acción pasada*) no; 他~ 吃饭。 [tā chī fàn] No ha comido; **2.** (*partícula interrogativa*) sí o no; 他吃饭了~ ? [tā chī fàn le?] ¿Ha comido?; **3.** (*en oración comparativa*) no tan…como…; 她~ 你漂亮。 [tā nǐ piào liàng] No es tan guapa como tú.
玫 [méi] → 玫瑰 [méi guì]
玫瑰 [méi guì] *bot* rosal *m*, rosa *f*
眉 [méi] *med* ceja *f*
眉笔 [méi bǐ] lápiz *m* de cejas
眉开眼笑 [méi kāi yǎn xiào] estar feliz (*alegre*)
眉目 [méi mu] indicio *m* de una solución (*resultado*); 这件事已经有了~ 。 [zhè jiàn shì yǐ qīng yǒu le] Este asunto ya tiene solución.
眉头 [méii tóu] ceño *m*, entrecejo *m*; 皱~ [zhòu] arrugar el ceño
梅 [méi] *bot* ciruelo *m*
梅花 [méi huā] flor *f* de ciruelo
媒 [méi] agente *m/f* de matrimonio
媒介 [méi jiè] intermediario,-a; agente *m/f*, vehículo *m*
媒人 [méi rén] agente *m/f*, intermediario,-a *f* (*de matrimonio*)
媒体 [méi tǐ] medio *m* (*de comunicación*)
煤 [méi] carbón *m*, hulla *f*
煤灰 [méi huī] cenizas *fpl* de carbón
煤气 [méi qì] gas *m* (*natural*); propano *m*; 罐装~ [guàn zhuāng] gas *m* butano
煤炭 [méi tàn] carbón *m*, hulla *f*
煤田 [méi tián] terreno *m* carbonífero
酶 [méi] enzima *f*, fermento *m*
每 [měi] cada, todos,-as; ~ 个人 [ge rén] cada uno
每当 [měi dāng] cada vez que
美 [měi] **1.** bello,-a, hermoso,-a, guapo,-a; **2.** bueno,-a, excelente *adj m/f*
美德 [měi dé] virtud *f*, moralidad *f*, moral *f*
美感 [měi gǎn] sensación *f* estética
美工 [měi gōng] diseño *m* gráfico; diseñador,-a *m/f* gráfico
美观 [měi guān] hermoso,-a, bello,-a
美国 [měi guó] Estados *mpl* Unidos de América (EE.UU.)
美好 [měi hǎo] bueno,-a, feliz *adj m/f*, espléndido,-a
美化 [měi huà] (*ciudad*) embellecer, ponerse guapo,-a

美丽 [měi lì] hermoso,-a, bello,-a, lindo,-a

美满 [měi mǎn] feliz, *adj m/f*, afortunado,-a, satisfactorio,-a

美梦 [měi mèng] sueño *m* dorado

美妙 [měi miào] (*música*) espléndido,-a, maravilloso,-a

美女 [měi nǚ] chica *f* guapísima

美人 [měi rén] mujer *f* hermosa, (*chica*) guapa *f*

美容 [měi róng] embellecerse (*una mujer*); ~ 院 [yuàn] salón *m* de belleza

美术 [měi shù] bellas *fpl* artes, arte *m*

美味 [měi wèi] **1.** alimento *m* delicioso, manjar *m*; **2.** rico,-a, exquisito,-a

美学 [měi xué] estética *f*

美洲 [měi zhōu] América *f*

妹 [mèi] hermana *f* menor

妹夫 [mèi fū] cuñado *m* (*esposo de la hermana menor*)

魅 [mèi] demonio *m*, diablo *m*

魅力 [mèi lì] encanto *m*, atracción *f*, fascinación *f* (*de una persona*)

闷 [mēn] → mèn **1.** *meteo* sofocante *adj m/f*, asfixiante *adj m/f*; **2.** encerrarse

闷热 [mēn rè] *meteo* caluroso,-a y sofocante *adj m/f*

门 [mén] **1.** puerta *f*, entrada *f*; **2.** *(palabra de medida)*; 两~功课 [liǎng gōng kè] dos asignaturas; 拥有一~ 知识 [yōng yǒu yī zhī shi] tener un campo de conocimiento

门口 [mén kǒu] entrada *f*

门路 [ménlù] influencia *f*, amistad *f*, enchufe *m*

门面 [mén miàn] fachada *f* (*de una tienda*), apariencia *f*

门牌 [mén pái] *(casa)* número *m*

门票 [mén piào] billete *m*, entrada *f*

门厅 [mén tīng] antesala *f*, vestíbulo *m*

门牙 [mén yá] diente *m* incisivo

门诊 [mén zhěn] *med* (*clínica*) consulta *f*

闷 [mèn] → mēn **1.** deprimido,-a, desanimado,-a; **2.** bien cerrado,-a o tapado,-a

闷闷不乐 [mèn mèn bú lè] deprimido,-a, desanimado,-a

闷气 [mèn qì] enfado *m*, enojo *m*, furia *f*

们 [men] (*sufijo para especificar el plural personal*); 他~ [tā] ellos; 同学~ [tóng xué] compañeros

蒙 [mēng] → [mén] **1.** engañar, burlar; **2.** adivinar al azar

蒙骗 [mēng piàn] engañar, hacer trampa, mentir

萌 [méng] brotar, germinar

萌芽 [méng yá] brote *m*, germen *m*

蒙 [méng] → mēn cubrir, tapar

蒙蔽 [méng bì] ocultar la verdad, engañar

蒙混 [méng hùn] hacer trampa (*para colarse, pasar*)

蒙胧 [méng lóng] opaco,-a, tenue *adj m/f*

蒙昧 [méng mèi] ignorante *adj m/f*, poco ilustrado,-a

蒙受 [méng shòu] sufrir, aguantar

盟 [méng] alianza *f*, unión *f*

盟国 [méng guó] países *mpl* aliados

盟友 [méng yǒu] aliado *m*

盟约 [méng yuē] *dipl* tratado *m* de alianza

猛 [měng] feroz *adj m/f*, violento,-a, vigoroso,-a

猛力 [měng lì] vigorosamente, con toda fuerza

猛烈 [měng liè] fuerte, vigoroso-a, violento,-a

猛然 [měng rán] repentinamente, bruscamente

猛兽 [měng shòu] animal *m* fiero, fiera *f*

梦 [mèng] sueño *m*; soñar, ensoñar

梦话 [mèng huà] somniloquía *f*, palabras *fpl* dichas en sueño

梦幻 [mèng huàn] ilusión *f*, ensueño *m*

梦见 [mèng jiàn] ver en sueño, soñar con

梦境 [mèng jìng] mundo *m* de ensueño

梦想 [mèng xiǎng] soñar con, tener la ilusión

眯 [mī] (*ojos*) entrecerrar

迷 [mí] **1.** confundirse, perderse; **2.** aficionado,-a, apasionado,-a; **3.** fascinar, encantar, ofuscar

迷糊 [mí hu] **1.** turbio,-a, borroso,-a; **2.** confuso,-a, ofuscado,-a

迷惑 [mí huò] confuso,-a, desorientado,-a

迷恋 [mí liàn] estar loco por u/c

迷路 [mí lù] (*camino*) perderse

迷失 [mí shī] (*la orientación*) perder

迷途 [mí tú] camino *m* equivocado; desvío *m*

迷信 [mí xìn] superstición *f*, supersticioso,-a

谜 [mí] **1.** adivinanza *f*, enigma *m*; **2.** misterio *m*, secreto *m*

谜底 [mí dǐ] (*adivinanza*) solución *f*

米 [mǐ] arroz *m* (*crudo*)

米饭 [mǐ fàn] arroz *m* cocido

米粉 [mǐ fěn] arroz *m* molido, harina *f* de arroz

米酒 [mǐ jiǔ] vino *m* de arroz

泌 [mì] secretar, segregar

泌尿科 [mì niào kē] *med* departamento *m* de urología

秘 [mì] secreto,-a, oculto,-a, clandestino,-a

秘方 [mì fāng] *med* receta *f* secreta

秘诀 [mì jué] secreto *m*, clave *f*

秘密 [mì mì] secreto,-a, clandestino,-a, confidencial *adj m/f*; secreto *m*, misterio *m*

秘书 [mì shū] *adm* secretario,-a *m/f*, asistente *m/f*

密 [mì] **1.** denso,-a, espeso,-a, compacto,-a; **2.** íntimo,-a, entrañable *adj m/f*

密度 [mì dù] densidad *f*, espesor *m*

密封 [mì fēng] cerrar herméticamente

密集 [mì jí] concentrado,-a, denso,-a, apretado,-a

密码 [mì mǎ] código *m*, clave *f* (*de acceso*)

密切 [mì qiè] **1.** íntimo,-a, estrecho,-a; **2.** (*relación*) estrechar

蜜 [mì] miel *f*

蜜蜂 [mì fēng] *zool* abeja *f*

蜜月 [mì yuè] luna *f* de miel

蜜枣 [mì zǎo] dátil *m* escarchado

眠 [mián] dormir; 冬~ [dōng] hibernación *f*, hibernar

绵 [mián] seda *f* floja; borra *f* (*de algodón*)

绵绵 [mián mián] continuo,-a, ininterrumpido,-a

绵羊 [mián yáng] *zool* oveja *f*

棉 [mián] algodón *m*

棉袄 [mián'ǎo] chaqueta *f* nórdica (*de algodón*)

棉被 [mián bèi] edredón *m* nórdico (*de algodón*)

棉布 [mián bù] tejido *m* de algodón

棉纺 [mián fǎng] hilatura *f* de algodón

棉花 [mián huā] algodón *m*

棉裤 [mián kù] pantalón *m* guateado

棉毛裤 [mián máo kù] pantalón *m* de punto (*como ropa interior*)

棉毛衫 [mián máo shān] jersey *m* de punto

棉毯 [mián tǎn] manta *f* de algodón

棉线 [mián xiàn] hilo *m* de algodón

棉织品 [mián zhī pǐn] tejido *m* de algodón

免 [miǎn] **1.** exentar; exento,-a; exención *f*; **2.** destituir, relevar

免除 [miǎn chú] **1.** evitar, prevenir; **2.** exentar; exento,-a

免得 [miǎn dé] para evitar

免费 [miǎn fèi] gratis, gratuitamente

免税 [miǎn shuì] exención *f* de impuestos (*derechos*)

免职 [miǎn zhí] destituir, relevar a alg de un cargo

勉 [miǎn] **1.** esforzarse, pretender, intentar; **2.** animar, estimular

勉励 [miǎn lì] estimular, animar, alentar

勉强 [miǎn qiǎng] **1.** hacer un trabajo con dificultad; **2.** (*hacer*) sin ganas

面 [miàn] **1.** cara *f*, rostro *m*; **2.** superficie *f*, cara *f*; **3.** lado *m*, aspecto *m*; **4.** harina *f* de trigo

面包 [miàn bāo] pan *m*

面对 [miàn duì] enfrentarse, confrontarse
面粉 [miàn fěn] harina *f* de trigo
面积 [miàn jī] superficie *f*, área *f*, metro *m* cuadrado
面具 [miàn jù] máscara *f*, carátula *f*
面孔 [miàn kǒng] cara *f*, rostro *m*
面貌 [miàn mào] **1.** cara *f*, rostro *m*; **2.** apariencia *f* de u/c, aspecto *m*
面目 [miàn mù] **1.** cara *f*, rostro *m*; **2.** apariencia *f*, aspecto *m*
面前 [miàn qián] ante, delante de
面容 [miàn róng] cara *f*, rostro *m*, semblante *m*
面色 [miàn sè] tez *f*, cara *f*
面熟 [miàn shú] cara *f* conocida
面谈 [miàn tán] hablar cara a cara
面条 [miàn tiáo] fideo *m*, tallarín *m*, espagueti *m*
面向 [miàn xiàng] cara a, de cara a, frente a
面子 [miàn zi] **1.** parte *f* exterior, superficie *f*; **2.** dignidad *f*, cara *f*
苗 [miáo] **1.** brote *m*, plantón *m*; **2.** *med* vacuna *f*
苗圃 [miáo pǔ] vivero *m*, criadero *m*
苗条 [miáo tiáo] (*cuerpo*) esbelto,-a, línea *f*
苗头 [miáo tóu] indicio *m*, señal *f*
描 [miáo] **1.** calcar, copiar; **2.** retocar
描画 [miáo huà] dibujar, pintar
描绘 [miáo huì] describir, explicar
秒 [miǎo] segundo *m* (*1/60 de un minuto*)
秒表 [miǎo biǎo] cronómetro *m*
秒针 [miǎo zhēn] (*reloj*) segundero *m*
妙 [miào] **1.** maravilloso,-a, estupendo,-a; **2.** ingenioso,-a, genial *adj m/f*
妙计 [miào jì] solución *f* genial
妙龄 [miào líng] plena juventud *f*; ~ 少女 [shǎo nǚ] chica *f* en plena juventud
庙 [miào] templo *m*, santuario *m*
庙会 [miào huì] feria *f* budista (*en el templo*)
灭 [miè] **1.** extinguir, (*luz*) apagar; **2.** eliminar, acabar con
灭顶 [miè dǐng] (*en el agua*) ahogarse
灭迹 [miè jì] (*crimen*) borrar la pista, (*delito*) destruir las pruebas
灭口 [miè kǒu] asesinar a un testigo o cómplice
灭亡 [miè wáng] (*un país*) destruirse, arruinarse
蔑 [miè] pequeño,-a, ligero,-a
蔑视 [miè shì] despreciar, menospreciar
民 [mín] **1.** gente *f*, ciudadano,-a *m/f*; **2.** civil *adj m/f*, popular *adj m/f*
民办 [mín bàn] privado,-a; ~ 大学 [dà xué] universidad *f* privada
民愤 [mín fèn] indignación *f* de la gente
民工 [mín gōng] trabajador,-a
民航 [mín háng] aviación *f* civil

民间 [mín jiān] popular *adj m/f*, folclórico,-a
民警 [mín jǐng] agente *m/f* de policía; policía *m/f*
民情 [mín qíng] condiciones *fpl* de vida
民权 [mín quán] derecho *m* civil
民生 [mín shēng] medios *mpl* de subsistencia
民事 [mín shì] civil *adj m/f*; ~ 法 [fǎ] código *m* civil
民意 [mín yì] opinión *f* pública
民用 [mín yòng] uso *m* civil, civil *adj m/f*
民众 [mín zhòng] ciudadano,-a *m/f*, gente *f*
民主 [mín zhǔ] democracia *f*, democrático,-a
民族 [mín zú] nación *f*, etnia *f*; 少数~ [shǎo shù] etnia *f* minoritaria
敏 [mǐn] listo,-a, ágil *adj m/f*
敏感 [mǐn gǎn] sensible *adj m/f*, susceptible *adj m/f*
敏捷 [mǐn jié] listo,-a, vivo,-a, ágil *adj m/f*
敏锐 [mǐn ruì] agudo,-a, sagaz *adj m/f*, sutil *adj m/f*
名 [míng] **1.** nombre *m*; **2.** fama *f*, reputación *f*; **3.** famoso,-a, célebre *adj m/f*; **4.** puesto *m*; 第一~ [dì yī] el primer puesto
名不副实 [míng bú fù shí] ser más de nombre que de hecho
名不虚传 [míng bú xū chuán] tener una reputación merecida
名册 [míng cè] lista *f (de nombres)*, plantilla *f*
名词 [míng cí] *ling* nombre *m*, sustantivo *m*
名次 [míng cì] puesto *m* en una lista de nombres
名单 [míng dān] lista *f* de nombres
名额 [míng'é] cupo *m*, cuota *f*, plaza *f*
名副其实 [míng fù qí shí] ser digno de su nombre
名贵 [míng guì] precioso,-a y caro,-a
名家 [míng jiā] eminencia *f*, maestro,-a *m/f*
名利 [míng lì] fama *f* y fortuna *f*, prestigio *m*
名流 [míng liú] personalidad *f* de alta sociedad
名目 [míng mù] nombre *m*, título *m* de u/c
名牌 [míng pái] *com* marca *f* famosa
名片 [míng piàn] tarjeta *f* de visita
名气 [míng qì] reputación *f*, fama *f*
名人 [míng rén] persona *f* famosa *(pública)*
名声 [míng shēng] reputación *f*, fama *f*
名胜 [míng shèng] lugar *m* de interés turístico
名堂 [míng tang] **1.** variedad *f*; **2.** éxito *m*, logro *m*
名望 [míng wàng] prestigio *m*, buena *f* reputación

名言 [míng yán] frase *f* famosa

名义 [míng yì] nombre; 以大学的~ [yǐ tà xuè de] a nombre de la universidad

名誉 [míng yù] fama *f*, reputación *f*, prestigio *m*

名著 [míng zhù] obra *f* maestra

明 [míng] **1.** claro,-a, luminoso,-a; **2.** abierto,-a, público,-a, franco,-a; **3.** vista *f*; 失~ [shī] perder la vista

明白 [míng bai] **1.** claro,-a, obvio,-a, evidente *adj m/f*; **2.** entender, comprender

明朗 [míng lǎng] **1.** *meteo* despejado,-a, claro,-a; **2.** obvio,-a, claro,-a, evidente *adj m/f*

明亮 [míng liàng] bien iluminado,-a (*alumbrado*)

明了 [míng liǎo] entender, comprender, tener en claro

明确 [míng què] claro,-a, explícito,-a, inequívoco,-a

明天 [míng tiān] mañana

明显 [míng xiǎn] claro,-a, obvio,-a, evidente *adj m/f*

明信片 [míng xìn piàn] tarjeta *f* postal

明星 [míng xīng] (*persona*) estrella *m/f*

明智 [míng zhì] sensato,-a, sabio,-a

明珠 [míng zhū] perla *f* brillante, joya *f*

鸣 [míng] **1.** (*pájaros o insectos*) canto *m*; **2.** sonar; tocar

鸣谢 [míng xiè] agradecimiento *m*, dar las gracias

命 [mìng] **1.** vida *f*; **2.** destino *m*, suerte *f*

命案 [mìng'àn] *jur* caso *m* de homicidio

命令 [mìng lìng] ordenar, mandar; orden *f*, mandato *m*

命脉 [mìng mài] arteria *f* vital

命名 [mìng míng] llamar, denominar; denominación *f*

命运 [mìng yùn] destino *m*, suerte *f*

中 [mìng zhòng] acertar, tirar al blanco

摸 [mō] **1.** tocar, acariciar; **2.** buscar, averiguar

摸底 [mō dǐ] averiguar la situación real

摸索 [mō suǒ] averiguar, buscar, palpar

模 [mó] **1.** modelo *m*, molde *m*; **2.** imitar, imitación *f*; **3.** ejemplo *m*, modelo *m*

模范 [mó fàn] ejemplo *m*, modelo *m*

模仿 [mó fǎng] imitar; imitación *f*

模糊 [mó hu] borroso,-a, confuso,-a

模棱两可 [mó léng] equívoco,-a, ambiguo,-a; ambigüedad *f*

模拟 [mó nǐ] imitar, simular; simulación *f*

模特儿 [mó tèr] modelo *m/f* (*de pasarela*)

模型 [mó xíng] modelo *m*, maqueta *f*

膜 [mó] *med* membrana *f*; 耳~ [ěr] tímpano *m*; 横隔~ [héng gé] diafragma *m*
膜拜 [mo bài] postrarse, prosternarse
摩 [mó] **1.** frotar, rozar, friccionar; **2.** reflexionar, meditar, estudiar
摩擦 [mó cā] frotar, friccionar, rozar
摩登 [mó dēng] moderno,-a, de moda
摩天楼 [mó tiān lóu] *constr* rascacielos *m*
摩托车 [mó tuō chē] motocicleta *f*
摩托 [mó tuō] motor *m*
磨 [mó] → mò **1.** friccionar, frotar, rozar; **2.** afilar, pulir; **3.** (*tiempo*) malgastar, demorar
磨刀石 [mó dāo shí] piedra *f* de afilar, muela *f*
磨练 [mó liàn] someterse a duras pruebas; prueba *f* de fuego
磨灭 [mó miè] borrar(*se*), desaparecer gradualmente
磨难 [mó nàn] sufrimiento *m*, adversidad *f*
蘑 [mó] seta *f*, champiñón *m*
蘑菇 [mó gu] champiñón *m*, seta *f*
魔 [mó] **1.** demonio *m*, diablo *m*, monstruo *m*; **2.** mágico,-a, místico,-a
魔力 [mó lì] poder mágico, magia *f*
魔术 [mó shù] arte *m* de magia
抹 [mǒ] **1.** aplicar, untar; **2.** enjugar, limpiar; **3.** tachar, borrar
抹黑 [mǒ hēi] manchar, denigrar
抹杀 [mǒ shā] tachar, borrar, negar
末 [mò] **1.** extremidad *f*, extremo *m*, punta *f*; **2.** fin *m*, final *m*
末班车 [mò bān chē] último autobús *m*
末代 [mò dài] última dinastía *f*
末路 [mò lù] fin *m* del camino, callejón *m* sin salida
末期 [mò qī] último período *m*, última etapa *f*
没 [mō] → méi **1.** sumergirse, hundirse; **2.** desbordarse, rebasarse
没落 [mò luò] decaer, declinar
没收 [mò shōu] confiscar, expropiar
沫 [mò] espuma *f*, espumarajo *m*; 肥皂~ [féi zào] espuma *f* de jabón
陌 [mò] sendero *m* (*entre campos*), camino *m*
陌生 [mò shēng] desconocido,-a, extraño,-a
莫 [mò] **1.** ninguno,-a, nadie *m*, nada; **2.** *lit* no, no deber
莫大 [mò dà] grande *adj m/f*, mayor *adj m/f*; ~ 的荣幸 [de róng xìng] gran honor *m*
莫非 [mò fēi] acaso, ¿es que...? ~ 她不来了? [tā bú lái le?] ¿acaso no viene?

莫名其妙 [mò míng qí miào] inexplicable *adj m/f*, incomprensible *adj m/f*

漠 [mò] **1.** desierto *m*; **2.** indiferente *adj m/f*, insensible *adj m/f*

漠然 [mò rán] de manera indiferente; indiferencia *f*

漠视 [mò shì] hacer caso omiso

墨 [mò] **1.** tinta *f* china, barra *f* de tinta; **2.** (*color*) negro,-a, oscuro,-a

墨盒 [mò hé] cajita *f* de tinta

墨镜 [mò jìng] gafas *fpl* de sol

墨绿 [mò lǜ] (*color*) verde *m* oscuro

墨水 [mò shuǐ] tinta *f* china (*líquida*)

默 [mò] **1.** silencioso,-a, callado,-a; **2.** escribir de memoria

默哀 [mò'āi] guardar silencio (*en homenaje a alg*)

默默 [mò mò] en silencio, silenciosamente

默契 [mò qì] acuerdo *m* tácito, entendimiento *m* tácito

默认 [mò rèn] asentir tácitamente

磨 [mò] → mó molino *m*; moler, triturar

磨盘 [mò pán] rueda *f* de molino

牟 [móu] → 牟取 [móu qǔ]

牟取 [móu qǔ] buscar, intentar ~ 利润 [lì rùn] buscar beneficio

谋 [móu] **1.** estrategia *f*, proyecto *m*; **2.** procurar, buscar, intentar

谋害 [móu hài] tramar un asesinato, tratar de asesinar

谋划 [móu huà] planear, hacer un plan

谋略 [móu lüè] estrategia *f*, truco *m*

谋求 [móu qiú] buscar, intentar

谋杀 [móu shā] asesinar; asesinato *m*

谋生 [móu shēng] buscarse la vida

某 [mǒu] cierto,-a, alguno,-a ~ 人 [rén] fulano *m*

模 [mú] molde *m*, matriz *f*

模样 [mú yàng] apariencia *f*, aspecto *m*

母 [mǔ] **1.** madre *f*; **2.** (*animal*) hembra *f*; **3.** origen *m*, madre *f*

母爱 [mǔ'ài] amor *m* materno, afección *f* maternal

母校 [mǔ xiào] (*instituto, universidad*) Alma *f* Mater

母语 [mǔ yǔ] lengua *f* materna

木 [mù] **1.** árbol *m*; madera *f*; **2.** entumecer; entumecido,-a

木板 [mù bǎn] tabla *f*, tablero *m*

木材 [mù cái] madera *f*, madero *m*

木柴 [mù chái] leña *f*

木耳 [mù'ěr] seta *f* de árbol (*comestible*)

木工 [mù gōng] carpintería *f* (*de madera*); carpintero,-a *m/f*, ebanista *m/f*

木匠 [mù jiang] carpintero,-a *m/f*, ebanista *m/f*

木偶 [mù'ǒu] estatua *f* de madera, marioneta *f*
木然 [mù rán] estupefacto,-a, atontado,-a
木炭 [mù tàn] carbón *m* de leña, carbón *m* vegetal
木头 [mù tóu] madera *f*, madero *m*
木屋 [mù wū] cabaña *f* de madera
目 [mù] ojo *m*; ver, mirar, considerar
目标 [mù biāo] blanco *m*, diana *f*, objetivo *m*, objeto *m*
目不转睛 [mù bú zhuǎn jīng] mirar fijamente, mirar de hito en hito
目瞪口呆 [mù dèng-kǒu dāi] estar (*quedarse*) con la boca abierta, quedarse boquiabierto,-a, estar estupefacto,-a
目的 [mù dì] meta *f*, objeto *m*, objetivo *m*, fin *m*, finalidad *f*
目光 [mù guāng] vista *f*, mirada *f*
目击 [mù jī] ver a alg con sus propios ojos, ser testigo
目录 [mù lù] **1.** índice *m*; **2.** (*libros*) catálogo *m*
目前 [mù qián] por el momento, al presente
牧 [mù] pastar, pastorear
牧草 [mù cǎo] pasto *m*, hierbas *fpl* forrajeras
牧场 [mù chǎng] granja *f*, pastos *mpl*, rancho *m*
牧民 [mù mín] pastor *m*, vaquero *m*
牧区 [mù qū] zona *f* ganadera
牧师 [mù shī] *relig* pastor *m*
牧业 [mù yè] ganadería *f*
募 [mù] (*donativo*) recaudar, recoger
募捐 [mù juān] recaudar donativos
墓 [mù] tumba *f*, sepulcro *m*, mausoleo *m*
墓碑 [mù bēi] estela (*lápida*) *f* sepulcral
墓地 [mù dì] cementerio *m*
墓穴 [mù xué] fosa *f*, huesa *f*
幕 [mù] *teat* cortina *f* de tela, telón *m*
幕布 [mù bù] **1.** *teat* telón *m*; **2.** (*cine*) pantalla *f*
幕后 [mù hòu] *fig* detrás del escenario, debajo de la mesa
慕 [mù] admirar; añorar
暮 [mù] **1.** atardecer *m*, anochecer *m*; **2.** el final (*de un período*)
暮年 [mù nián] vejez *f*, tercera edad *f*
暮气 [mù qì] letargo *m*, apatía *f*
暮色 [mù sè] crepúsculo *m* (*vespertino*)

N

拿 [ná] **1.** tomar, coger; **2.** capturar, apresar, prender; **3.** con, por medio de; ~ 眼睛看。 [yǎn jing kàn] Mirar con los ojos.
拿获 [ná huò] apresar, detener (*a un criminal*)
拿手 [ná shǒu] experto,-a, profesional *adj m/f*

拿主意 [ná zhǔ yi] tomar una decisión

哪 [nǎ] **1.** ¿cuál?, ¿qué?; 您想买~辆车？ [nín xiǎng mǎi liàng chē?] ¿qué coche quiere comprar?; **2.** ¿cómo? 她~有那么多的钱？ [tā yǒu nà me duō de qián?] ¿cómo puede tener tanto dinero?

哪个 [nǎ ge] **1.** ¿qué?, ¿cuál?; ~是你的？ [shì nǐ de] ¿cuál es el tuyo?; **2.** ¿quién? ~会中文？ [huì zhōng wén?] ¿Quién sabe chino?

哪里 [nǎ li] **1.** ¿dónde? 您去~？ [nín qù?] ¿A dónde va usted?; **2.** donde, dondequiera; 你去~我就去~。 [nǐ qù wǒ jiù qù] Voy a donde tú vas; **3.** *(expresa cortesía y modestia)*; 你唱得真好！~，~！ [nǐ chàngdé zhēn hǎo! ~ ,~ !] Cantas muy bien. ¡Qué va!

哪怕 [nǎ pà] aún, aunque, siquiera; ~没钱我们也要去看他。 [méi qián wǒ men yě yào qù kàn tā] Tendremos que ir a verle aunque no tengamos el dinero.

哪些 [nǎ xiē] ¿quiénes?, ¿cuáles?, ¿qué?; 你有~朋友？ [nǐ yǒu pěng you?] ¿quiénes son tus amigos?

那 [nà] **1.** ese, esa; aquel, aquella; ~小伙子 [xiǎo huǒ zǐ] ese chaval; **2.** ése, ésa, aquél, aquélla; ~是你老婆？ [~ shì nǐ lǎopó?] ¿Ésa es tu mujer?; **3.** entonces, así, pues; ~你来吗？ [nà ge] Entonces, ¿vendrás tú?

那个 [nàg e] ese, esa, aquel, aquella; ~姑娘 [gū niang] aquella chica

那里 [nà li] allí, allá; ~有很多牛。 [yǒu hěn duō niú] Allí hay muchas vacas.

那么 [nà me] **1.** así, de ese modo, pues; **2.** con que, entonces, en ese caso

那时 [nà shí] en aquel entonces, en aquellos días

那些 [nà xiē] esos, esas, aquellos, aquellas

那样 [nà yàng] de esa clase, como ése, tan; 他有~大的一栋房子。 [tā yǒu dà de yī dòng fáng zi.] Tiene una casa tan grande como ésa.

纳 [nà] **1.** recibir, admitir, aceptar; **2.** *(impuestos)* pagar

纳粹 [nà cuì] nazi *m/f*

纳闷 [nà mèn] quedarse confuso, -a, preguntarse

纳入 [nà rù] poner en órbita, encauzar

纳税 [nà shuì] pagar impuestos

乃 [nǎi] de modo que, por consiguiente

乃至 [nǎi zhì] e incluso

奶 [nǎi] **1.** pecho *m*, teta *f*; **2.** leche *f*

奶茶 [nǎi chá] té *m* con leche

奶粉 [nǎi fěn] leche *f* en polvo

奶酪 [nǎi lào] queso *m*
奶妈 [nǎi mā] nodriza *f*, ama *f* de cría
奶奶 [nǎi nai] abuela *f* paterna
奶牛 [nǎi niú] vaca *f* (*de leche*)
奶品 [nǎi pǐn] productos *mpl* lácteos
奶瓶 [nǎi píng] biberón *m*
奶头 [nǎi tóu] **1.** pezón *m*; **2.** chupete *m*, tetilla *f* de biberón
奶油 [nǎi yóu] crema *f*, nata *f*, manteca *f*
奶嘴 [nǎi zuǐ] tetilla *f* de biberón, chupete *m*
耐 [nài] resistir; resistente *adj m/f*
耐寒 [nài hán] resistente *adj m/f* al frío
耐火 [nài huǒ] resistente al fuego, refractario,-a
耐心 [nài xīn] paciencia *f*; paciente *adj m/f*
耐性 [nài xìng] paciencia *f*
耐用 [nài yòng] duradero,-a, resistente *adj m/f*
男 [nán] hombre *m*, varón *m*
男厕所 [nán cè suǒ] lavabo *m* para caballeros
男孩 [nán hái] niño *m*, chico *m*, chaval *m*
男女 [nán nǚ] hombre *m* y mujer
男人 [nán rén] hombre *m*, varón *m*
男声 [nán shēng] voz *f* masculina
男性 [nán shēng] sexo *m* masculino, hombre *m*
男装 [nán zhuāng] traje *m* de caballero
南 [nán] sur *m*, mediodía *m*
南北 [nán běi] **1.** sur *m* y norte *m*; **2.** desde el sur hasta el norte
南部 [nán bù] parte *f* sur, sur *m*
南方 [nán fāng] sur *m*, parte *f* sur (*del país*)
南瓜 [nán guā] *bot* calabaza *f*
南极 [nán jí] polo *m* sur, polo *m* antártico
难 [nán] **1.** difícil *adj m/f*, duro,-a; **2.** apurar a alg; 这事把他~住了。 [zhè shì bǎ tā zhù le] Le ha apurado este tema. **3.** malo,-a, desagradable *adj m/f*; ~闻 [wén] mal olor *m*, peste *f*
难保 [nán bǎo] no poder asegurar
难产 [nán chǎn] *med* parto *m* difícil
难道 [nán dào] acaso
难得 [nán dé] raro,-a, extraordinario,-a
难度 [nán dù] dificultad *f*
难怪 [nán guài] **1.** no ser nada extraño; **2.** inculpable *adj m/f*, perdonable *adj m/f*
难关 [nán guān] dificultad *f*, crisis *f*
难过 [nán guò] **1.** vivir en apuros; **2.** sentirse triste, afligirse
难堪 [nán kān] **1.** intolerable *adj m/f*, insoportable *adj m/f*; **2.** embarazoso,-a, apuro *m*
难看 [nán kàn] feo,-a
难免 [nán miǎn] inevitable *adj m/f*
难题 [nán tí] problema *m* difícil (*de resolver*)

难听 [nán tīng] **1.** (*sonido*) espantoso,-a, horrible *adj m/f*; **2.** ofensivo,-a, grosero,-a
难为 [nán wéi] embarazar, presionar, poner pegas
难闻 [nán wén] (*olor*) malo,-a, peste *m*; oler mal
难以 [nán yǐ] difícil de
囊 [náng] bolsa *f*, bolsillo *m*
囊括 [náng kuò] abarcar, incluir
囊肿 [náng zhǒng] *med* quiste *m*
挠 [náo] **1.** rascar; **2.** dificultar, obstaculizar
恼 [nǎo] **1.** enojado,-a, enfadado,-a; **2.** molestado,-a, preocupado,-a
恼恨 [nǎo hèn] ofenderse, resentirse
恼火 [nǎo huǒ] enojado,-a, enfadado,-a
脑 [nǎo] *med* cerebro *m*
脑袋 [nǎo dai] cabeza *f*
脑海 [nǎo hǎi] memoria *f*, mente *f*
脑筋 [nǎo jīn] cerebro *m*, cabeza *f*, mente *f*
闹 [nào] **1.** ruidoso,-a, bullicioso,-a; **2.** provocar jaleo, hacer ruido; **3.** reñir, pelear (*verbalmente*)
闹翻 [nào fān] reñir con alg
闹哄哄 [nào hōng hōng] mucho jaleo
闹情绪 [nào qíng xù] estar de mal humor
闹市 [nào shì] calles *fpl* concurridas, *(ciudad)* centro *m*
闹事 [nào shì] provocar disturbios
闹意见 [nào yì jiàn] tener quejas contra alg
闹着玩 [nào zhe wán] bromear, hacer broma
闹钟 [nào zhōng] despertador *m*
呢 [ne] **1.** *(partícula interrogativa)*; 我很好，你~？ [wǒ hěn hǎo, nǐ?] Me encuentro bien, y tú? **2.** (*partícula exclamativa*); 远得很~，有三公里的路~。 [yuǎn dé hěn, yǒu sān gōng lǐ de lù.] Muy lejos, habrá tres kilómetros de camino.
内 [nèi] dentro, interior *adj m/f*, interno,-a
内部 [nèi bù] interior *adj m/f*, interno,-a
内地 [nèi dì] tierra *f* adentro, interior *m* (*de un país*)
内阁 [nèi gé] *adm* gabinete *m*
内行 [nèi háng] experto,-a *m/f*, profesional *m/f*
内奸 [nèi jiān] traidor *m* infiltrado
内疚 [nèi jiù] remordimiento *m*; remorderse
内科 [nèi kē] medicina *f* interna
内乱 [nèi luàn] caos *m* social (*de un país*), guerra *f* civil
内幕 [nèi mù] *pol* historia *f* secreta
内情 [nèi qíng] información *f* confidencial
内容 [nèi róng] contenido *m*, sustancia *f*
内伤 [nèi shāng] *med* lesión *f* interna

内外 [nèi wài] dentro y fuera, interior *adj m/f* y exterior *adj m/f*
内务 [nèi wù] asuntos *mpl* internos, interior *m*; ~ 部 [bù] Ministerio *m* del Interior
内线 [nèi xiàn] espía *m/f*, agente *m/f* secreto,-a
内向 [nèi xiàng] *psicol* introversión *f*; introvertido,-a
内销 [nèi xiāo] venta *f* (*en el mercado doméstico*)
内心 [nèi xīn] en el corazón, en el interior (*del corazón*)
内因 [nèi yīn] causa *f* interna
内在 [nèi zài] intrínseco,-a, interno,-a
内脏 [nèi zàng] *med* entrañas *fpl*, (*pez*) tripa *f*
嫩 [nèn] tierno,-a; verde *adj m/f*
能 [néng] **1.** capacidad *f*, habilidad *f*, talento *m*; **2.** energía *f*; **3.** ser capaz de, poder
能动 [néng dòng] activo,-a, dinámico,-a; ~ 性 [xìng] iniciativa *f*, dinamismo *m*
能干 [néng gàn] capaz *adj m/f*, competente *adj m/f*
能手 [néng shǒu] experto,-a *m/f*, profesional *m/f*
能源 [néng yuán] recursos *mpl* de energía
尼 [ní] monja *f* (*budista*)
尼龙 [ní lóng] nailon *m*, nylon *m*
泥 [ní] **1.** barro *m*, lodo *m*, fango *m*; **2.** *gastr* pasta *f*, puré *m*土豆~ [tǔ dòu] puré *m* de patatas
泥浆 [ní jiāng] barro *m*, fango *m*, lodo *m*
泥坑 [ní kēng] **1.** ciénaga *f*, cenagal *m*; **2.** apuro *m*, lío *m*
泥泞 [ní níng] barroso,-a, cenagoso,-a
泥塘 [ní táng] pantano *m*, ciénaga *f*
泥土 [ní tǔ] tierra *f*, terreno *m*
呢 [ní] → 呢绒 [ní róng]
呢绒 [ní róng] *txtl* paño *m*, tejido *m* de lana
霓 [ní] arco *m* iris artificial
霓虹灯 [ní hóng dēng] lámpara *f* de neón
你 [nǐ] tú, tu, tus; ~ 女朋友在哪儿工作？ [nǚ pěng you zài nǎ'r gōng zuò?] ¿Dónde trabaja tu novia?
你们 [nǐ men] vosotros,-as
你死我活 [nǐ sǐ wǒ huó] vida *f* y muerte *f*, mortal *adj m/f*
逆 [nì] **1.** contrario,-a, opuesto,-a; **2.** ir en contra de, oponerse
逆差 [nì chā] *econ* déficit *m*, balanza *f* desfavorable
逆风 [nì fēng] contra el viento
逆境 [nì jìng] contratiempo *m*, circunstancia *f* desfavorable
逆流 [nì liú] corriente *f* adversa, contracorriente *f*
逆转 [nì zhuǎn] (*situación*) empeorar(*se*)
年 [nián] **1.** año *m*; **2.** edad *f*; **3.** año *m* nuevo chino; 回家过~

[huí jiā guò] ir a casa para celebrar el año nuevo chino.
年初 [nián chū] comienzo *m* del año
年代 [nián dài] año *m*, tiempo *m*; década *f*
年底 [nián dǐ] fin *m* del año
年度 [nián dù] año *m* (*natural*)
年份 [nián fèn] cierto año *m*
年糕 [nián gāo] *gastr* pastel *m* de arroz (*al vapor*)
年华 [nián huá] tiempo *m*, año *m*
年级 [nián jí] curso *m* escolar
年纪 [nián ji] año *m* de edad
年历 [nián lì] calendario *m*
年利 [nián lì] *banc* interés *m* anual
年龄 [nián líng] edad *f*
年迈 [nián mài] de edad avanzada, viejo,-a
年轻 [nián qīng] joven *adj m/f*; ~人 [rén] chaval *m*
年青 [nián qīng] joven *adj m/f*
年限 [nián xiàn] duración *f* de años
年终 [nián zhōng] fin *m* del año
念 [niàn] **1.** pensar, recordar, echar de menos; **2.** leer; **3.** aprender, estudiar
念头 [niàn tou] idea *f*, intención *f*
念珠 [niàn zhū] *relig* rosario *m*, sarta *f* de cuentas
娘 [niáng] *coloq (usado en el norte de China)* madre *f*, mamá *f*
娘家 [niáng jia] casa *f*, familia *f* (*de los padres de una mujer casada*)
酿 [niàng] **1.** (*vino, licor*) elaborar, hacer; **2.** causar, provocar, resultar
酿成 [niàngchéng] causar, producir, provocar
酿酒 [niàng jiǔ] *(vino, licor)* hacer, elaborar
鸟 [niǎo] pájaro *m*
鸟类 [niǎo lèi] familia *f* de pájaros
鸟枪 [niǎo qiāng] escopeta *f*
鸟笼 [niǎo lóng] jaula *f*, pajarera *f*
尿 [niào] orina *f*, pipi *m*; mear *vulg*, hacer pipi
尿布 [niào bù] (*bebé*) pañal *m*
尿素 [niào sù] *quím* urea *f*
捏 [niē] **1.** coger (*con dedos o pinzas*); **2.** moldear u/c con los dedos
捏合 [niē hé] mediar, actuar como intermediario,-a
捏造 [niē zào] (*rumores*) inventar, (*un hecho*) falsificar
您 [nín] usted
宁 [níng] → nìng; → 宁静 [níng jìng]
宁静 [níng jìng] tranquilo,-a, quieto,-a, sereno,-a
柠 [níng] → 柠檬 [níng méng]
柠檬 [níng méng] *bot* limón *m*; ~茶 [chá] té *m* con limón
拧 [níng] retorcer, torcer
凝 [níng] **1.** congelarse, cuajarse; **2.** con la atención concentrada
凝固 [níng gù] solidificarse, congelarse

凝结 [níng jié] congelarse, cuajarse
凝聚 [níng jù] **1.** *fís* (*vapor*) condensarse; **2.** reunir, aglomerar
凝神 [níng shén] con atención centrada; estar atento a u/c
凝视 [níng shì] *lit* mirar fijamente
宁 [nìng] → [níng] preferir, ser preferible
宁可 [nìng kě] preferir, ser preferible, más valer
宁死不屈 [nìng sǐ bú qū] antes morir que rendirse
牛 [niú] buey *m*, vaca *f*, toro *m*
牛角尖 [niú jiǎo jiān] punta *f* de un cuerno
牛奶 [niú nǎi] leche *f* (*de vaca*)
牛排 [niú pái] *gastr* bistec *m*, entrecot *m*
牛肉 [niú ròu] *gastr* ternera *f*; buey *m*
牛仔裤 [niú zǎi kù] *text* pantalón *m* vaquero
扭 [niǔ] **1.** torcer; retorcer; **2.** coger, agarrar
扭打 [niǔ dǎ] pelearse cuerpo a cuerpo
扭伤 [niǔ shāng] *med (pierna, mano)* torcerse; torcedura *f*
扭转 [niǔ zhuǎn] dar la vuelta; (*situación*) cambiar
纽 [niǔ] → 纽扣 [niǔ kòu]
纽带 [niǔ dài] lazo *m*, vínculo *m*, nudo *m*
纽扣 [niǔ kòu] *txtl* botón *m*
纽约 [niǔ yuē] Nueva York
农 [nóng] agricultura *f*; agrícola *adj m/f*; agricultor,-a *m/f*, campesino,-a *m/f*
农产品 [nóng chǎn pǐn] productos *mpl* agrícolas
农场 [nóng chǎng] granja *f*, rancho *m*
农村 [nóng cūn] campo *m*, zona *f* rural
农户 [nóng hù] familia *f* de agricultores
农家 [nóng jiā] familia *f* de agricultores
农历 [nóng lì] calendario *m* lunar
农民 [nóng mín] agricultor,-a *m/f*, campesino,-a *m/f*
农田 [nóng tián] campos *mpl* de cultivo
农药 [nóng yào] *agric* pesticida *m*; químicas *fpl* agrícolas
农业 [nóng yè] agricultura *f*; agrícola *adj m/f*
农作物 [nóng zuò wù] cultivo *m*, cosecha *f* (*de fruta*)
浓 [nóng] **1.** denso,-a, espeso,-a; **2.** grande *adj m/f*, fuerte *adj m/f*
浓度 [nóng dù] *quím* concentración *f*, densidad *f*
浓厚 [nóng hòu] denso,-a, espeso,-a
浓缩 [nóng suō] *quím* concentrar, condensar, enriquecer
弄 [nòng] → lòng **1.** hacer, arreglar, preparar; **2.** conseguir, lograr, obtener

弄错 [nòng cuò] equivocarse, entender mal
弄坏 [nòng huài] estropear, romper
弄清 [nòng qīng] aclarar, sacar en claro
弄死 [nòng sǐ] matar, asesinar
弄虚作假 [nòng xū zuò jiǎ] cometer falsedades, falsificar
奴 [nú] esclavo,-a *m/f*, esclavizar
奴隶 [nú lì] esclavo,-a *m/f*, siervo, -a *m/f*
奴役 [nú yì] esclavizar, mantener en la esclavitud
努 [nǔ] **1.** esforzarse, hacer esfuerzos; **2.** resaltar, saltar; ~ 着嘴 [zhuó zuǐ] con la boca saltona
努力 [nǔ lì] esforzarse, hacer esfuerzos
怒 [nù] **1.** furia *f*, enfado *m*, rabia *f*; **2.** impetuoso,-a, vigoroso,-a
怒斥 [nù chì] reprochar con indignación
怒冲冲 [nù chōng chōng] enfurecido,-a, furioso,-a
怒放 [nù fàng] en pleno florecimiento
怒吼 [nù hǒu] aullar, mugir, rugir
怒目 [nù mù] mirada *f* furiosa
怒气 [nù qì] indignación *f*, rabia *f*
女 [nǚ] **1.** mujer *f*; sexo *m* femenino; **2.** hija *f*; 长~ [cháng] primogénita *f*
女厕所 [nǚ cè suǒ] lavabo *m* para señoras
女儿 [nǚ'ér] hija *f*
女工 [nǚ gōng] trabajadora *f*, obrera *f*
女人 [nǚ rén] *vulg* mujer *f*
女神 [nǚ shén] diosa *f*, hada *f*
女生 [nǚ shēng] alumna *f*, estudiante *f*
女声 [nǚ shēng] voz *f* femenina
女士 [nǚ shì] señora *f*
女王 [nǚ wáng] reina *f*
女性 [nǚ xìng] sexo *m* femenino, mujer *f*
女婿 [nǚ xu] yerno *m*
女主角 [nǚ zhǔ jué] *cine* primera actriz *f* (*protagonista*)
女主人 [nǚ zhǔ ren] anfitriona *f*, dueña *f*
暖 [nuǎn] **1.** tibio,-a, templado, -a; **2.** calentar
暖和 [nuǎn huo] tibio,-a, caliente *adj m/f*
暖气 [nuǎn qì] calefacción *f*
暖水瓶 [nuǎn shuǐ píng] termos *mpl*
疟 [nüè] → 疟疾 [nüè ji]
疟疾 [nüè ji] *med* paludismo *m*, malaria *f*
虐 [nüè] cruel *adj m/f*, brutal *adj m/f*
虐待 [nüè dài] maltratar; maltratamiento *m*
挪 [nuó] mover, desplazar, trasladar
挪用 [nuó yòng] (*fondo público*) malversar, desfalcar
诺 [nuò] → 诺言 [nuò yán]
诺言 [nuò yán] promesa *f*

糯 [nuò] glutinoso,-a
糯米 [nuò mǐ] arroz *m* glutinoso

O

欧 [ōu] Europa *f*, europeo,-a
欧化 [ōu huà] europeización *f*, europeizar
欧元 [ōu yuán] euro *m*
欧洲 [ōu zhōu] Europa *f*
殴 [ōu] → 殴打 [ōu dǎ]
殴打 [ōu dǎ] golpear, pegar
呕 [ǒu] → 呕吐 [ǒu tù]
呕吐 [ǒu tù] vomitar; vómito *m*
偶 [ǒu] **1.** ídolo *m*, imagen *f*; **2.** pareja *f*, cónyuge *m*
偶尔 [ǒu'ěr] casualmente, alguna vez
偶合 [ǒu hé] coincidir, dar la coincidencia
偶然 [ǒu rán] casualmente, ocasionalmente
偶数 [ǒu shù] número *m* par
偶像 [ǒu xiàng] ídolo *m*; 他是年轻人的~。 [tā shì nián qīng rén de~] Es el ídolo de los chavales.

P

趴 [pā] **1.** tenderse boca abajo; **2.** apoyarse en
扒 [pá] *gastr* cocer a fuego lento, estofar
扒手 [pá shǒu] ratero,-a *m/f*, carterista *m/f*
爬 [pá] **1.** arrastrarse; **2.** escalar, encaramarse
怕 [pà] **1.** temer, tener miedo; **2.** temer, recelar; **3.** quizá, tal vez
怕生 [pà shēng] sentirse tímido (*en presencia de un desconocido*)
怕事 [pà shì] tener miedo de meterse en líos
怕死 [pà sǐ] tener miedo a la muerte
拍 [pāi] **1.** dar una palmadita; 我~了一下他的背。 [wǒ le yī xià tā de bēi] Le he dado una palmadita en la espalda; **2.** *dep* raqueta *f*; 网球~ [wǎng qiú] raqueta *f* de tenis
拍打 [pāi dǎ] (*dar*) palmadita, acariciar
拍马屁 [pāi mǎ pì] hacer la pelota
拍卖 [pāi mài] subastar, subasta *f*
拍摄 [pāi shè] fotografiar, tomar una foto
拍手 [pāi shǒu] aplaudir; aplauso *m*
拍照 [pāi zhào] sacar una foto
排 [pái] **1.** poner en orden, arreglar; **2.** fila *f*, hilera *f*
排场 [pái chang] ostentación *f*, prodigalidad *f*
排斥 [pái chì] excluir, marginar
排除 [pái chú] descartar, eliminar
排挡 [pái dǎng] *auto* marcha *f*, cambio *m* de marcha
排队 [pái duì] hacer cola, ponerse en fila

排骨 [pái gǔ] *gastr* chuleta *f*, chuletón *m*
排挤 [pái jǐ] excluir, dejar de lado
排解 [pái jiě] mediar, conciliar
排练 [pái liàn] ensayar; ensayo *m*
排列 [pái liè] arreglar, poner en orden
排球 [pái qiú] *dep* voleibol *m*
排水 [pái shuǐ] drenar, desaguar; desagüe *m*
排外 [pái wài] xenofobia *f*, exclusividad *f*
排泄 [pái xiè] excrementar, evacuar
牌 [pái] **1.** tablero,-a, letrero,-a; **2.** *com* marca *f*
牌价 [pái jià] precio *m* de catálogo, cotización *f*
牌照 [pái zhào] *auto* matrícula *f*; licencia *f*
牌子 [pái zi] **1.** *com* marca *f*; **2.** letrero *m*, placa *f*
派 [pài] **1.** grupo *m*, partido *m*; **2.** estilo *m*, manera *f*; **3.** asignar, mandar; ~ 他去。 [tā qù] Le mandamos a él para allí.
派出所 [pài chū suǒ] policía *f* local
派遣 [pài qiǎn] enviar, mandar
派头 [pài tóu] (*manera de ser*) elegancia *f*, elegante *adj m/f*
攀 [pā] → 攀登 [pān dēng]
攀登 [pān dēng] escalar, subir
攀谈 [pān tán] charlar con alg
盘 [pán] **1.** plato *m*, bandeja *f*; **2.** preguntar, interrogar
盘剥 [pán bō] explotar; explotación *f*
盘查 [pán chá] interrogar, examinar, averiguar
盘点 [pán diǎn] inventariar, hacer inventario
盘绕 [pán rǎo] enrollarse, enroscarse, retorcerse
盘算 [pán suàn] calcular, planear, hacer un plan
盘问 [pán wèn] interrogar, averiguar
盘旋 [pán xuán] circunvolar, revolotear
判 [pàn] **1.** distinguir, diferenciar; **2.** *jur* condenar, sentenciar; **3.** evidente, obvio,-a
判别 [pàn bié] distinguir, diferenciar, discernir
判处 [pàn chǔ] *jur* condenar, sentenciar
判断 [pàn duàn] juzgar, decidir
判决 [pàn jué] *jur* sentencia *f*; condena *f*
判明 [pàn míng] distinguir, discriminar
判罪 [pàn zuì] declarar culpable, condenar
叛 [pàn] traicionar, traición *f*
叛变 [pàn biàn] traicionar (*a su país o a su partido*)
叛乱 [pàn luàn] rebeldía *f* armada
叛卖 [pàn mài] traicionar, vender
叛徒 [pàn tú] traidor,-a *m/f*
盼 [pàn] **1.** esperar (*con ilusión*), anhelar; **2.** mirar alrededor
盼头 [pàn tou] esperanza *f*, ilusión *f*

盼望 [pàn wàng] esperar, desear ardientemente
乓 [pāng] ¡pum!; 门~ 地一声关了。 [mén de yī shēng guān le] La puerta se cerró de golpe.
庞 [páng] → 庞大 [páng dà]
庞大 [páng dà] enorme *adj m/f*, gigantesco,-a
旁 [páng] **1.** lado *m*, costado *m*; **2.** otro,-a, demás
旁边 [páng biān] lado *m*, costado *m*
旁观 [páng guān] quedarse mirando, ser un espectador
旁门 [páng mén] postigo *m*, puerta *f* lateral
旁人 [páng rén] gente *f*, público *m*
旁听 [páng tīng] *(curso escolar)* oyente *m/f*
旁证 [páng zhèng] *jur* prueba *f* adicional
膀 [páng] → 膀胱 [páng guāng]
膀胱 [páng guāng] *med* vejiga *f*
螃 [páng]
螃蟹 [páng xiè] *zool* cangrejo *m*; bogavante *m*
胖 [pàng] gordo,-a, obeso,-a; obesidad *f*
胖子 [pàng zi] gordo,-a *m/f*
抛 [pāo] **1.** lanzar, tirar, arrojar; **2.** dejar atrás, descartar
抛光 [pāo guāng] pulir, lucir
抛锚 [pāo máo] **1.** *nav* anclar, echar el ancla; **2.** *auto* (*vehículo*) quedarse averiado
抛弃 [pāo qì] abandonar, renunciar
抛售 [pāo shòu] *com* vender (*a precio de ganga*)
袍 [páo] *txtl* túnica *f*, traje *m* largo
跑 [pǎo] **1.** correr; **2.** escaparse, fugarse; **3.** viajar, hacer viaje; ~ 买卖 [mǎi mài] hacer un viaje de negocios
跑步 [pǎo bù] correr
跑车 [pǎo chē] bicicleta *f* de carreras
跑道 [pǎo dào] **1.** *dep* pista *f* (*de carrera*); **2.** pista *f* de aterrizaje
跑腿儿 [pǎo tuǐr] mensajero,-a *m/f*
泡 [pào] **1.** burbuja *f*, ampolla *f*; **2.** remojar, bañar; **3.** (*tiempo*) gastar
泡菜 [pào cài] *gastr* verdura *f* salada
泡沫 [pào mò] espuma *f*; burbuja *f*
炮 [pào] *mil* cañón *m*, pieza *f* de artillería
炮弹 [pào dàn] proyectil *m* (*de artillería*)
炮轰 [pào hōng] bombardear; bombardeo *m*
炮火 [pào huǒ] fuego *m* de artillería
胚 [pēi] *med* embrión *m*
胚胎 [pēi tāi] *med* embrión *m*
陪 [péi] acompañar, hacer compañía

陪衬 [péi chèn] acompañar u/c, hacer compañía
陪嫁 [péi jià] (*novia*) dote *m*
陪审 [péi shěn] *jur* actuar de jurado
培 [péi] **1.** acollar, recalzar; **2.** preparar, formar
培训 [péi xùn] formar, educar; formación *f* continuada
培养 [péi yǎng] preparar, formar a alg; formación *f*
培育 [péi yù] cultivar, criar
赔 [péi] **1.** indemnizar, compensar; **2.** *com* perder, pérdida *f* (*del capital*)
赔本 [péi běn] (*negocio*) sufrir pérdidas
赔偿 [péi cháng] indemnizar, compensar; indemnización *f*
赔款 [péi kuǎn] pagar una indemnización
赔礼 [péi lǐ] desagraviar, pedir disculpas
赔罪 [péi zuì] desagraviar, pedir perdón
佩 [pèi] **1.** llevar u/c en el pecho; **2.** admirar
佩带 [pèi dài] llevar u/c en el pecho
佩服 [pèi fú] admirar; admiración *f*
配 [pèi] **1.** combinar, mezclar; **2.** contraer matrimonio, casarse; **3.** ser digno de, merecer
配备 [pèi bèi] proveer, equipar
配额 [pèi'é] cuota *f*, cupo *m*
配方 [pèi fāng] **1.** fórmula *f*, receta *f*; **2.** preparar una medicina (*según la receta*)
配合 [pèi hé] cooperar, colaborar
配件 [pèi jiàn] repuesto *m*, recambio *m*; accesorio *m*
配偶 [pèi'ǒu] cónyuge *m*, pareja *f*
配音 [pèi yīn] *cine* (*película*) doblaje *m*; doblar
配制 [pèi zhì] confeccionar, componer
喷 [pēn] **1.** chorrear, salir a borbotones; **2.** rociar, pulverizar
喷漆 [pēn qī] pintar (*con pistola*)
喷气式 [pēn qì shì] de propulsión por reacción
喷泉 [pēn quán] fuente *f*, surtidor *m* de agua
喷水池 [pēn shuǐ chí] (*recipiente*) fuente *f*
喷嚏 [pēn tì] estornudo *m*; estornudar
喷嘴 [pēn zuǐ] **1.** alcachofa *f*; **2.** tobera *f* de chorro, tobera *f*
盆 [pén] barreño *m*, barreña *f*, cuenco *m*, tina *f*
盆地 [pén dì] cuenca *f*
盆花 [pén huā] flor *f* de maceta
盆景 [pén jǐng] paisaje *m* en miniatura, miniatura *f* de paisaje
烹 [pēng] cocer, cocinar; cocción *f*
烹饪 [pēng rèn] gastronomía *f*; cocina *f* (*arte de guisar*); culinario,-a
烹调 [pēng tiáo] *gastr* (*plato*) hacer, preparar

朋 [péng] amigo,-a *m/f*
朋友 [péng you] amigo,-a *m/f*
棚 [péng] toldo *m* (*de estera, bambú*)
蓬 [péng] esponjoso,-a; despeinado,-a
蓬勃 [péng bó] lleno,-a de vitalidad, vigoroso,-a
蓬松 [péng sōng] esponjoso,-a, suelto,-a
膨 [péng] → 膨胀 [péng zhàng]
膨胀 [péng zhàng] dilatarse, inflarse
捧 [pěng] **1.** tener (*entre las manos*); **2.** exaltar, adular, hacer la pelota
捧场 [pěng chǎng] dar apoyo (*a un actor o una actriz*)
捧腹大笑 [pěng fù dà xiào] *fig* troncharse de risa
碰 [pèng] **1.** tocar, chocar contra; **2.** encontrarse con alg, tropezar con alg; **3.** probar (*suerte*)
碰壁 [pèng bì] darse de narices con u/c; fracasar
碰钉子 [pèng dīng zi] ser rechazado,-a
碰见 [pèng jiàn] encontrarse con alg, tropezar con alg
碰巧 [pèng qiǎo] por azar, por casualidad
碰头 [pèng tóu] reunirse con alg, entrevistarse
碰运气 [pèng yùn qi] probar suerte
碰撞 [pèng zhuàng] chocar, tropezar
批 [pī] **1.** dar el visto bueno (*a un documento*); **2.** partida *f*, lote *m*, remesa *f*; **3.** criticar, refutar
批驳 [pī bó] refutar, rebatir, criticar
批发 [pī fā] *com* venta (*vender*) al por mayor
批改 [pī gǎi] corregir, corrección *f*
批判 [pī pàn] criticar, hacer crítica
批评 [pī píng] criticar; crítica *f*
批示 [pī shì] instrucción *f* escrita, orden *f* escrita
批准 [pī zhǔn] ratificar, aprobar; ratificación *f*, aprobación *f*
披 [pī] (*hombros*) cubrir
披风 [pī fēng] *txtl* capote *m*, esclavina *f*
披肩 [pī jiān] *txtl* estola *f*, chal *m*
披露 [pī lù] publicar, revelar
劈 [pī] dividir, partir (*en dos*)
皮 [pí] piel *f*, cuero *m*
皮袄 [pí'ǎo] chaqueta *f* de cuero
皮包 [pí bāo] cartera *f* (*de documentos*)
皮鞭 [pí biān] látigo *m* de cuero
皮尺 [pí chǐ] cinta *f* métrica
皮带 [pí dài] cinturón *m* de cuero
皮肤 [pí fū] *med* piel *f*
皮革 [pí gé] curtido *m*, cuero *m*
皮毛 [pí máo] **1.** piel *f*, cuero *m*; **2.** *fig* nociones *fpl* básicas
皮球 [pí qiú] pelota *f* de goma, bolón *m* de goma
皮箱 [pí xiāng] maleta *f* (*de cuero*)
皮鞋 [pí xié] zapatos *mpl* (*de cuero*)

皮靴 [pí xuē] botas *fpl* de cuero
疲 [pí] cansarse, fatigarse
疲惫 [pí bèi] exhausto,-a; (*estar*) hecho polvo *coloq*
疲倦 [pí juàn] cansado,-a, fatigado,-a
疲劳 [pí láo] cansancio *m*, fatiga *f*
啤 [pí] → 啤酒 [pí jiǔ]
啤酒 [pí jiǔ] cerveza *f*; 一扎~ [yī zā] una jarra *f* de cerveza
脾 [pí] → 脾脏 [pí zàng]
脾气 [pí qi] (*persona*) temperamento *m*, carácter *m*
脾脏 [pí zàng] *med* bazo *m*
匹 [pǐ] **1.** ser igual que, poder competir con; **2.** (*palabra de medida*); 三~马 [sān mǎ] tres caballos, 一~布 [yī bù] una pieza de tejido
匹夫 [pǐ fū] hombre *m* ignorante
匹配 [pǐ pèi] casar, hacer juego
癖 [pǐ] → 癖好 [pǐ hào]
癖好 [pǐ hào] debilidad *f*, manía *f*
屁 [pì] pedo *m*, ventosidad *f*
屁股 [pì gu] *med* nalgas *fpl*
屁话 [pì huà] tontería *f*, disparate *m*
辟 [pì] **1.** (*terreno*) abrir, preparar; **2.** refutar, rebatir, impugnar
辟谣 [pì yáo] (*un rumor*) desmentir
僻 [pì] **1.** apartado,-a, aislado,-a; **2.** raro,-a, extraño,-a
僻静 [pì jìng] (*lugar*) apartado,-a, aislado,-a
片 [piān] → piàn; → 片子 [piān zi]
片子 [piān zi] (*bobina de una*) película *f*
偏 [piān] **1.** inclinado,-a, oblicuo,-a; **2.** parcial *adj m/f*, incompleto,-a
偏爱 [piān'ài] tener predilección por alg
偏差 [piān chā] desviación *f*, error *m*
偏方 [piān fāng] *med* receta (*prescripción*) singular
偏激 [piān jī] extremo,-a, radical *adj m/f*
偏见 [piān jiàn] prejuicio *m*, punto *m* de vista unilateral
偏离 [piān lí] desviarse
偏僻 [piān pì] *(lugar)* apartado,-a, aislado,-a, remoto,-a
偏心 [piān xīn] parcialidad *f*, inclinación *f*
偏重 [piān zhòng] dar un énfasis unilateral
篇 [piān] (*palabra de medida*); 一~作文 [yī zuò wén] una redacción
篇幅 [piān fu] (*escrito*) longitud *f*
篇章 [piān zhāng] capítulo *m*, escrito *m*
便 [pián] → biàn
便宜 [pián yi] **1.** barato,-a; **2.** ligeras ventajas *fpl*
片 [piàn] → piān; **1.** trozo *m*, loncha *f*, lonja *f*; **2.** incompleto,-a, parcial *adj m/f*
片段 [piàn duàn] parte *f*, episodio *m*, trozo *m*

片刻 [piàn kè] un instante, un momento, un rato
片面 [piàn miàn] unilateral *adj m/f*, parcial *adj m/f*
骗 [piàn] **1.** engañar, embaucar; **2.** estafar, timar
骗局 [piàn jú] fraude *m*, engaño *m*, trampa *f*
骗取 [piàn qǔ] estafar, engañar, defraudar
骗子 [piàn zi] estafador,-a *m/f*, timador,-a *m/f*
漂 [piāo] → piǎo, piào; flotar; flotante *adj m/f*
漂泊 [piāo bó] llevar (*una vida en la calle*)
漂流 [piāo liú] arrastrar (*por una corriente*)
飘 [piāo] flotar (*en el aire*), revolotear
飘荡 [piāo dàng] ir a la deriva, flotar, flamear
飘飘然 [piāo piāo rán] satisfecho,-a de sí mismo,-a, complacido,-a
飘扬 [piāo yáng] flotar, flamear
嫖 [piáo] putear, putañear
嫖客 [piáo kè] burdel *m*, prostíbulo *m*
漂 [piǎo] → piāo, piào **1.** blanquear, blanqueo *m*; **2.** enjuagar, aclarar
漂白 [piǎo bái] blanquear; blanqueo *m*
票 [piào] billete *m*, entrada *f*
票房 [piào fáng] taquilla *f*, despacho *m* de billetes
票价 [piào jià] precio *m* de un billete (*una entrada*)
票据 [piào jù] comprobante *m* (*de gastos*)
漂 [piào] → piāo, piǎo
漂亮 [piào liang] hermoso,-a, bonito,-a, guapo,-a
漂亮话 [piào liang huà] palabras *fpl* altisonantes
撇 [piē] dejar a un lado, tirar por la borda
撇开 [piē kāi] dejar aparte, dejar al margen
撇弃 [piē qì] abandonar, desechar, descartar
拼 [pīn] **1.** unir, juntar; **2.** desafiar la muerte, arriesgar la vida
拼搏 [pīn bó] hacer el mayor esfuerzo posible
拼命 [pīn mìng] con todas las fuerzas
拼写 [pīn xiě] *ling* ortografiar; ortografía *f*
拼音 [pīn yīn] (*sistema fonético chino*) pinyin *m*
贫 [pín] pobre *adj m/f*, humilde *adj m/f*, miserable *adj m/f*
贫乏 [pín fá] escaso,-a, carente *adj m/f*, pobre *adj m/f*
贫瘠 [pín jí] *(tierra)* árido,-a, fértil *adj m/f*
贫苦 [pín kǔ] pobreza *f*, miseria *f*
贫困 [pín kùn] pobre *adj m/f*, miserable *adj m/f*, inhumano,-a
贫民 [pín mín] pobre *m*, humilde *m*

贫穷 [pín qióng] pobre *adj m/f*, indigente *adj m/f*
贫血 [pín xuè] *med* anemia *f*
频 [pín] frecuentemente, repetidas veces *fpl*
频道 [pín dào] *TV* canal *m*
频繁 [pín fán] frecuentemente *adv*, a menudo
频率 [pín lǜ] *fís* frecuencia *f*
频频 [pín pín] una y otra vez, remitidamente
品 [pǐn] **1.** artículo *m*, producto *m*; **2.** carácter *f*, cualidad *f*; **3.** saborear, degustar
品德 [pǐn dé] (*persona*) carácter *m* moral
品格 [pǐn gé] (*persona*) nivel *m* moral
品级 [pǐn jí] (*producto, mercancía*) clase *f*, categoría *f*
品貌 [pǐn mào] aspecto *m* (*físico*), apariencia *f* (*física*)
品行 [pǐn xíng] conducta *f*, comportamiento *m*
品质 [pǐn zhì] (*mercancía o persona*) calidad *f*, cualidad *f*
品种 [pǐn zhǒng] raza *f*, variedad *f*; tipo *m*
聘 [pìn] contratar, invitar
聘礼 [pìn lǐ] **1.** regalos *mpl* de esponsales; **2.** regalo *m* (*acompañado de una invitación*)
聘请 [pìn qǐng] contratar, invitar
聘书 [pìn shū] carta de *f* invitación (*para un puesto o cargo*)
乒 [pīng] ¡pum!
乒乓球 [pīng pāng qiú] *dep* tenis *m* de mesa, ping-pong *m*
平 [píng] **1.** plano,-a , llano,-a, liso,-a; **2.** empatar, empate *m*; **3.** estar a la misma altura, igualar
平安 [píng'ān] sano,-a y salvo,-a
平辈 [píng bèi] de la misma generación
平常 [píng cháng] **1.** ordinario,-a, común *adj m/f*, corriente *adj m/f*; **2.** días *mpl* normales
平淡 [píng dàn] soso,-a, insípido,-a
平等 [píng děng] igualdad *f*; igual *adj m/f*
平地 [píng dì] anivelar el terreno; terreno *m* llano
平定 [píng dìng] calmar, tranquilizar, apaciguar
平凡 [píng fán] ordinario,-a, común *adj m/f*
平衡 [píng héng] equilibrio *m*
平静 [píng jìng] tranquilo,-a, quieto,-a
平局 [píng jú] *dep* empate *m*; empatar
平均 [píng jūn] **1.** medio,-a; **2.** igualmente, por partes iguales
平面 [píng miàn] plano *m*, superficie *f*
平民 [píng mín] gente *f*, ciudadano,-a *m/f*
平时 [píng shí] en tiempos ordinarios, en tiempos normales
平坦 [píng tǎn] llano,-a, plano,-a, liso,-a

平庸 [píng yōng] mediocre *adj m/f*, común *adj m/f*, vulgar *adj m/f*
平原 [píng yuán] llanura *f*
评 [píng] comentar, criticar
评比 [píng bǐ] comparar y valorar
评定 [píng dìng] calificar, clasificar
评分 [píng fēn] calificar, (*examen*) poner una nota
评价 [píng jià] evaluar, valorar
评理 [píng lǐ] **1.** determinar quién tiene razón; **2.** poner las cosas en claro
评论 [píng lùn] criticar, comentar; crítica *f*; comentario *m*
评判 [píng pàn] juzgar, arbitrar, valorar
评选 [píng xuǎn] elegir (*mediante un concurso*)
评语 [píng yǔ] comentario *m*, valoración *f*
苹 [píng] → 苹果 [píng guǒ]
苹果 [píng guǒ] *bot* manzana *f*
凭 [píng] con, de acuerdo con; 我~ 这一双手去挣钱。[wǒ zhè yī shuāng shǒu qù zhèng qián] Me gano el pan con mis dos manos.
凭借 [píng jiè] apoyarse en, recurrir a
凭据 [píng jù] *jur* prueba *f*, testimonio *m*
凭空 [píng kōng] sin fundamento, sin base
凭证 [píng zhèng] **1.** prueba *f* , comprobante *m*; **2.** certificado *m*
瓶 [píng] botella *f*, frasco *m*
瓶装 [píng zhuāng] embotellado, -a
瓶子 [píng zi] botella *f*
泊 [pō] lago *m*
坡 [pō] cuesta *f*, pendiente *f*; en cuesta, en pendiente
坡地 [pō dì] terreno *m* pendiente
坡度 [pō dù] (*terreno*) pendiente *f*
泼 [pō] **1.** (*líquido*) rociar, arrojar; **2.** arbitrario,-a e irrazonable *adj m/f*, de mal genio
泼妇 [pō fù] mujer *f* de mal carácter
泼辣 [pō là] valiente *adj m/f*, audaz *adj m/f*
泼冷水 [pō lěng shuǐ] echar un jarro de agua fría a alg *fig*, desilusionar
婆 [pó] **1.** anciana *f*, señora *f* mayor; **2.** suegra *f* (*madre del marido*)
婆家 [pó jiā] familia *f* del marido
婆婆 [pó po] suegra *f* (*madre del marido*)
迫 [pò] **1.** obligar, forzar; **2.** urgente *adj m/f*, precipitado,-a
迫不得已 [pò bú dé yǐ] verse obligado,-a, no tener otra alternativa
迫不及待 [pò bú jí dài] impaciente *adj m/f*, imposible de esperar más
迫害 [pò hài] *pol* perseguir; persecución *f*
迫切 [pò qiè] urgente *adj m/f*, imperioso,-a

迫在眉睫 [pò zài méi jié] extremadamente urgente
破 [pò] **1.** roto,-a, estropeado,-a; **2.** (*dinero o tiempo*) gastar
破案 [pò'àn] resolver un caso (*criminal*)
破产 [pò chǎn] arruinarse, quebrarse
破除 [pò chú] eliminar, acabar con
破格 [pò gé] hacer una excepción
破坏 [pò huài] destruir; destrucción
破烂 [pò làn] trasto *m*, chatarra *f*, deshecho *m*
破例 [pò lì] hacer una excepción
破裂 [pò liè] romper, reventar; ruptura *f*
破落 [pò luò] decaer; decadencia *f*
破灭 [pò miè] frustrarse, desilusionarse
破碎 [pò suì] roto,-a, quebrado,-a, destrozado,-a
破损 [pò sǔn] estropeado,-a, deteriorado,-a
破天荒 [pò tiān huāng] por primera vez, sin precedentes
破晓 [pò xiǎo] amanecer
破绽 [po zhàn] punto *m* débil, fallo *m*
魄 [pò] **1.** alma *f*; **2.** vigor *m*, espíritu *m*
魄力 [pò lì] coraje *m*, audacia *f*
剖 [pōu] **1.** abrir, partir, dividir; **2.** analizar, examinar
剖腹 [pōu fù] abrir el vientre ~ 产 [chǎn] parto *m* mediante cesárea
剖面 [pōu miàn] *fís* sección *f*
剖析 [pōu xī] analizar, valorar, examinar
扑 [pū] **1.** lanzarse, tirarse, arrojarse; **2.** dedicarse exclusivamente; **3.** batir, agitar, sacudir
扑鼻 [pū bí] herir el olfato
扑打 [pū dǎ] golpear, sacudir
扑克 [pū kè] juego *m* de cartas; póquer *m*
扑空 [pū kōng] no encontrar a quien se busca
扑面 [pū miàn] de cara
扑灭 [pū miè] apagar, extinguir, sofocar
扑朔迷离 [pū shuò mí lí] complicado,-a y confuso,-a, liado,-a
铺 [pū] extender, tender, desenvolver
铺床 [pū chuáng] hacer la cama
铺盖 [pū gài] colchón *m* y edredón *m*
铺设 [pū shè] tender, construir
铺张 [pū zhāng] pomposo,-a, ostentoso,-a, despilfarrador,-a
仆 [pú] → 仆人 [pú rén]
仆人 [pú rén] criado,-a *m/f* , servidor,-a *m/f*
莆 [pú] → 葡萄 [pú tao]
葡萄 [pú tao] (*fruta*) uva *f*
葡萄酒 [pú tao jiǔ] vino *m*
葡萄糖 [pú tao táng] glucosa *f*
朴 [pǔ] sencillo,-a, simple *adj m/f*

朴实 [pǔ shí] **1.** sencillo,-a, simple *adj m/f*; **2.** sincero,-a y honesto,-a

朴素 [pǔ sù] sencillo,-a, modesto,-a, simple *adj m/f*

普 [pǔ] general *adj m/f*, universal *adj m/f*

普遍 [pǔ biàn] general *adj m/f*, universal *adj m/f*, común *adj m/f*

普查 [pǔ chá] censo *m*, encuesta *f* generalizada

普及 [pǔ jí] **1.** difundir, divulgar, propagar; **2.** popularizar, generalizar

普通 [pǔ tōng] ordinario,-a, común *adj m/f*, corriente *adj m/f*

普选 [pǔ xuǎn] elecciones *fpl* generales

普照 [pǔ zhào] iluminar todas las partes

谱 [pǔ] tabla *f*, gráfico *m*, baremo *m*

谱系 [pǔ xì] linaje *m*, genealogía *f*

铺 [pù] local *m*, establecimiento *m* (*comercial*)

铺面 [pù miàn] fachada *f* de un local (*comercial*)

铺位 [pù wèi] (*buque, tren, hotel*) cama *f*, litera *f*

Q

七 [qī] siete *m*

七上八下 [qīshàng bā xià] preocupante *adj m/f* y nervioso,-a

七月 [qīyuè] julio *m*

七嘴八舌 [qīzuǐ bā shé] hablar todo el mundo a la vez

妻 [qī] → 妻子 [qī zi]

妻子 [qī zi] esposa *f*, mujer *f*

戚 [qī] **1.** pariente *m*; **2.** tristeza *f*, pena *f*

期 [qī] período *m*, fase *f*, etapa *f*; tiempo *m*

期待 [qī dài] esperar (*con ilusión*)

期货 [qī huò] *com* mercancía *f* entregada a plazo

期刊 [qī kān] publicación *f* periódica, revista *f*

期望 [qī wàng] esperanza *f*, expectativa *f*

期限 [qī xiàn] plazo *m*, fecha *f* límite, fecha *f* tope

欺 [qī] **1.** engañar; estafar; **2.** afrentar, atropellar, vejar

欺负 [qī fu] afrentar, atropellar

欺骗 [qī piàn] engañar, burlar, mentir

欺侮 [qī wǔ] atropellar, humillar

欺压 [qī yā] atropellar y explotar a alg

欺诈 [qī zhà] estafar, timar; defraudar

漆 [qī] **1.** laca *f*, pintura *f*; **2.** pintar, barnizar, laquear

漆工 [qī gōng] **1.** trabajo *m* de barnizado; **2.** barnizador,-a *m/f*, pintor,-a *m/f*

漆黑 [qī hēi] (*color*) negro *m* oscuro

漆器 [qī qì] objeto *m* laqueado

齐 [qí] **1.** ordenado,-a, uniforme *adj m/f*, alineado,-a; **2.** completo,-a, todo,-a
齐备 [qí bèi] todo preparado
齐名 [qí míng] tener el mismo prestigio (*la fama*)
齐全 [qí quán] completo,-a, no faltar nada
齐心 [qí xīn] actuar como un solo hombre
祈 [qí] **1.** *relig* orar, rezar; **2.** rogar, suplicar
祈祷 [qí dǎo] *relig* orar, rezar
祈求 [qí qiú] rogar, suplicar
祈望 [qí wàng] esperar, desear
其 [qí] **1.** *lit* su, suyo,-a; **2.** *lit* tal, ese, eso,-a
其次 [qí cì] **1.** después, en segundo lugar; **2.** secundario,-a
其实 [qí shí] a la verdad, de hecho, en realidad
其他 [qí tā] otro,-a, demás
其余 [qí yú] el resto, los demás
其中 [qí zhōng] entremedias, entre (*ellos*)
奇 [qí] **1.** raro,-a, extraño,-a; **2.** sorprendente *adj m/f*, inesperado,-a
奇怪 [qí guài] extraño,-a, raro,-a, curioso,-a
奇观 [qí guān] paisaje *m* maravilloso, maravilla *f*
奇迹 [qí jì] milagro *m*, prodigio *m*
奇妙 [qí miào] maravilloso,-a, extraordinario,-a, espectacular *adj m/f*
奇特 [qí tè] singular *adj m/f*, raro,-a, extraordinario,-a
奇异 [qí yì] raro,-a, extraño,-a
奇遇 [qí yù] encuentro *m* inesperado con alg
骑 [qí] montar (*a caballo, en bicicleta*), cabalgar
骑虎难下 [qí hǔ nán xià] ser difícil liberarse de una situación liada
棋 [qí] ajedrez *m*; 中国象~ [zhōng guó xiàng] ajedrez *m* chino
棋盘 [qí pán] tablero *m* de ajedrez
棋谱 [qí pǔ] libro *m* de ajedrez
旗 [qí] bandera *f*, banderín *m*
旗杆 [qí gān] palo *m* de bandera, asta *f*
旗鼓相当 [qí gǔ xiāng dāng] tener la misma fuerza (*para la competición*)
旗开得胜 [qí kāi dé shèng] obtener éxito desde el primer momento
旗手 [qí shǒu] **1.** abanderado *m*, alférez *m*; **2.** *fig* líder *m/f*, vanguardia *m/f*
旗帜 [qí zhì] bandera *f*, estandarte *m*
乞 [qǐ] pedir, mendigar, suplicar
乞丐 [qǐ gài] mendigo,-a *m/f*, pordiosero,-a *m/f*
乞求 [qǐ qiú] suplicar, mendigar
乞讨 [qǐ tǎo] mendigar, pordiosear
岂 [qǐ] (*partícula de réplica*); 这样做~不更好? [zhè yàng zuō

bú gèng hǎo?] ¿No sería mejor hacerlo así?
岂敢 [qǐ gǎn] ¿Cómo me atrevo? (*a aceptar su elogio*)
岂能 [qǐ néng] ¿cómo se puede?, ¿cómo es posible...?
岂有此理 [qǐ yǒu cǐ lǐ] ¡qué absurdo!, ¡qué injusto!
企 [qǐ] desear con ansia, aspirar
企鹅 [qǐ'é] *zool* pingüino *m*
企求 [qǐ qiú] desear con ansia, aspirar
企图 [qǐ tú] intentar, tratar de, pretender
企望 [qǐ wàng] esperar, tener la ilusión de
企业 [qǐ yè] empresa *f*, compañía *f*
启 [qǐ] **1.** abrir, ~ 封 [fēng] abrir un sobre; **2.** comenzar, poner en marcha; **3.** ilustrar, iluminar, inspirar;
启程 [qǐ chéng] ponerse en camino, partir, emprender un viaje
启齿 [qǐ chǐ] comenzar a hablar de u/c
启迪 [qǐ dí] ilustrar, inspirar
启动 [qǐ dòng] (*obra, máquina*) poner en marcha
启发 [qǐ fā] iluminar, ilustrar, inspirar, despertar
启蒙 [qǐ méng] civilizar, iluminar, iniciar
启示 [qǐ shì] iluminar, sugerir, inspirar
启事 [qǐ shì] notificación *f*, aviso *m*
起 [qǐ] **1.** levantarse, ponerse de pie; **2.** surgir, aparecer, salir; **3.** sacar, arrancar, extraer
起草 [qǐ cǎo] elaborar, redactar un borrador
起程 [qǐ chéng] partir, ponerse en camino
起初 [qǐ chū] al principio, en el comienzo
起床 [qǐ chuáng] levantarse (*de la cama*)
起动 [qǐ dòng] **1.** (*máquina*) poner en marcha; **2.** *auto* arranque *m*
起飞 [qǐ fēi] (*avión*) despegar
起伏 [qǐ fú] subir y bajar; altibajos *mpl*
起航 [qǐ háng] *nav* zarpar, hacer(*se*) a la vela
起哄 [qǐ hòng] provocar un jaleo
起火 [qǐ huǒ] **1.** comenzar un incendio; **2.** preparar comida (*en casa*)
起劲 [qǐ jìn] con entusiasmo, con ánimo
起立 [qǐ lì] levantarse, ponerse de pie
起码 [qǐ mǎ] mínimo,-a, básico,-a, elemental *adj m/f*
起锚 [qǐ máo] *nav* levar anclas, zarpar
起跑 [qǐ pǎo] *dep* (*carrera*) salida *f*
起色 [qǐ sè] mejoramiento *m*
起身 [qǐ shēn] levantarse (*de la cama*)
起诉 [qǐ sù] *jur* denunciar a alg

起头 [qǐ tóu] comenzar, empezar, iniciar

起先 [qǐ xiān] al comienzo, al principio

起因 [qǐ yīn] causa *f*, origen *m*

起源 [qǐ yuán] **1.** origen *m*; **2.** originarse

起重机 [qǐ zhòng jī] grúa *f*, máquina *f* (*de levantamiento de peso*)

起子 [qǐ zi] sacatapón *m*, destapador *m*

气 [qì] **1.** gas *m*, 漏~ [lòu] fuga *f* de gas; **2.** aire *m*, 充~ [chōng] poner aire; **3.** enojar, enfadar, ~死我了。 [sǐ wǒ le] Me ha enfadado mucho.

气冲冲 [qì chōng chōng] furioso, -a, con enfado

气喘 [qì chuǎn] *med* asma *m*

气氛 [qì fēn] entorno *m*, ambiente *m*, atmósfera *f*

气概 [qì gài] espíritu *m*, coraje *m*

气管炎 [qì guǎn yán] *med* traqueitis *f*

气候 [qì hòu] clima *m*, tiempo *m*

气节 [qì jié] integridad *f*, dignidad *f*

气量 [qì liàng] tolerancia *f*, gentileza *f*

气流 [qì liú] corriente *f* de aire

气恼 [qì nǎo] enfadarse, ofenderse

气派 [qì pài] manera *f* de ser, estilo *m*

气泡 [qì pào] burbuja *f*, ampolla *f*

气魄 [qì pò] coraje *m*, valentía *f*

气枪 [qì qiāng] escopeta *f* de viento

气球 [qì qiú] globo *m* (*de aire*)

气色 [qì sè] aspecto *m* (*de la cara*)

气势 [qì shì] magnitud *f*, majestuosidad *f*

气体 [qì tǐ] *fís* cuerpo *m* gaseoso

气味 [qì wèi] olor *m*

气温 [qì wēn] *meteo* temperatura *f*

气息 [qì xī] aliento *m*, respiración *f*

气象 [qì xiàng] **1.** meteoro *m*; meteorológico,-a; **2.** *fig* situación *f*, ambiente *f*

气压 [qì yā] presión *f* atmosférica

气焰 [qì yàn] arrogancia *f*, orgullo *m*

气质 [qì zhì] cualidad *f*, talento *m*

汽 [qì] vapor *m*

汽车 [qì chē] vehículo *m*, automóvil *m*

汽笛 [qì dí] sirena *f*, bocina *f*

汽水 [qì shuǐ] gaseosa *f*, agua *f* con gas

汽油 [qì yóu] gasolina *f*, ~车 [chē] coche *m* de gasolina

弃 [qì] abandonar, desechar, tirar

弃权 [qì quán] renunciar al derecho (*a votar, competir*)

弃置 [qì zhì] arrinconar, desechar

砌 [qì] *constr* construir (*con ladrillo*)

器 [qì] **1.** utensilio *m*, recipiente *m*; **2.** *med* órgano *m*, aparato *m*

器材 [qì cái] equipo *m*, aparato *m*, material *m*

器官 [qì guān] *med* órgano *m*, aparato *m*; 消化~ [xiāo huà] órgano *m* digestivo

器具 [qì jù] utensilio *m*, útiles *mpl*

器量 [qì liàng] tolerancia *f*, gentileza *f*

器皿 [qì mǐn] vasija *f*, recipiente *m*

器械 [qì xiè] aparato *m*, equipo *m*, material *m*

器重 [qì zhòng] apreciar, estimar a alg

洽 [qià] → 洽谈 [qià tán]

洽谈 [qià tán] negociar, tratar

恰 [qià] → 恰当 [qià dàng]

恰当 [qià dàng] apropiado,-a, adecuado,-a, pertinente *adj m/f*

恰巧 [qià qiǎo] por casualidad, al azar

千 [qiān] mil

千方百计 [qiān fāng bǎi jì] por todos los medios posibles

千金 [qiān jīn] **1.** *fig* muy valioso,-a, muy precioso,-a; **2.** *fig* hija *f*

千篇一律 [qiān piān yī lǜ] monótono,-a, nada nuevo,-a

千克 [qiān qiū] kilogramo *m* (*kg*)

千瓦 [qiān wǎ] *electr* kilovatio *m*

千万 [qiān wàn] tener que, haber de; ~ 记住。 [jì zhu] Tienes que recordarlo bien.

迁 [qiān] **1.** cambiar de lugar, trasladarse; **2.** cambiar

迁就 [qiān jiù] acomodarse a, adaptarse a, contemporizar con

迁居 [qiān jū] cambiar de domicilio, mudarse de residencia

迁移 [qiān yí] trasladarse, mudarse de domicilio, emigrar

牵 [qiān] **1.** llevar a alg cogido de la mano; **2.** verse involucrado,-a (*liado*)

牵扯 [qiān chě] involucrar, implicar

牵动 [qiān dòng] afectar, influir

牵挂 [qiān guà] preocuparse

牵累 [qiān lěi] involucrar, implicar

牵连 [qiān lián] involucrar, enredar, implicar

牵强 [qiān qiǎng] forzado,-a, nada natural

牵涉 [qiān shè] afectar, influir, involucrar

牵引 [qiān yǐn] remolcar, arrastrar; remolque *m*

牵制 [qiān zhì] paralizar, inmovilizar

铅 [qiān] **1.** plomo *m*, 无铅~ [wú qiān] gasolina *f* sin plomo; **2.** mina *f* de lápiz

铅笔 [qiān bǐ] lápiz *m*

铅球 [qiān qiú] *dep* peso *m*; lanzamiento *m* de peso

谦 [qiān] → 谦虚 [qiān xū]

谦恭 [qiān gōng] modesto,-a y cortés *adj m/f*

谦让 [qiān gràng] ceder (*por respeto*)

谦虚 [qiān xū] modesto,-a; modestia *f*

签 [qiān] **1.** firmar, firma *f*; ~ 合同 [hé tóng] firmar un contrato; **2.** etiqueta *f*, rótulo *m*

签订 [qiān dìng] (*tratado, contrato*) firmar

签名 [qiān míng] firmar; firma *f*

签署 [qiān shǔ] autorizar (*con una firma*), firmar

签证 [qiān zhèng] *diplo* visado *m*

签字 [qiān zì] poner alg su firma, firmar

前 [qián] **1.** de frente, frontal *adj m/f*; **2.** antes, anterior *adj m/f*; **3.** primero,-a, delantero,-a, ~ 五名, [wǔ míng] los primeros cinco puestos; **4.** ex-, antiguo,-a; ~ 总统 [zǒng tǒng] ex presidente *m*

前辈 [qián bèi] antecesor,-a *m/f*, la vieja generación

前臂 [qián bì] *med* antebrazo *m*

前边 [qián biān] **1.** delante, al frente; **2.** (*texto*) arriba, anterior

前程 [qián chéng] futuro *m*, porvenir *m*

前方 [qián fāng] *mil* frente *m*

前锋 [qián fēng] *dep* delantero *m*

前进 [qián jìn] avanzar, progresar, adelantar

前景 [qián jǐng] perspectiva *f*, futuro *m*

前科 [qián lì] antecedentes *mpl* penales

前面 [qián mian] **1.** delante, al frente; **2.** (*texto*) arriba, anterior

前排 [qián pái] primeras filas *fpl*, filas *fpl* delanteras

前期 [qián qī] etapa *f* inicial, primeros días *mpl*

前提 [qián tí] requisito *m* previo, condición *f* previa

前天 [qián tiān] anteayer

前途 [qián tú] porvenir *m*, futuro *m*, perspectiva *f*

前往 [qián wǎng] ir a, acudir a

前夕 [qián xī] en víspera de

前线 [qián xiàn] frente *m*, primera línea *f*

前言 [qián yán] prefacio *m*, prólogo *m*, introducción *f*

前兆 [qián zhào] auspicio *m*, presagio *m*

前置词 [qián zhì cí] *ling* preposición *f*

奏 [qián zòu] preludio *m*

钳 [qián] **1.** tenazas *fpl*, alicates *mpl*; **2.** sujetar (*con tenazas*)

钳制 [qián zhì] contener, frenar

钳子 [qián zi] alicates *mpl*, tenazas *fpl*

钱 [qián] **1.** dinero *m*; **2.** chian (*unidad de peso = 5 gramos*)

钱包 [qián bāo] cartera *f*, monedero *m*

钱币 [qián bì] moneda *f*

钱财 [qián cái] riqueza *f*, dinero *m*

潜 [qián] furtivamente, secretamente, a escondidas
潜藏 [qián cáng] esconderse, ocultarse
潜伏 [qián fú] **1.** esconderse, ocultarse; **2.** *med* incubación *f*; ~ 期 [qī] periodo *m* de incubación
潜力 [qián lì] potencial *adj m/f*; 市场~ [shì chǎng] potencial *m* del mercado
潜入 [qián rù] **1.** entrar furtivamente; **2.** sumergirse
潜水 [qián shuǐ] bucear; buceo *m*
潜逃 [qián táo] fugarse, huir
潜艇 [qián tǐng] *mil* submarino *m*
潜望镜 [qián wàng jìng] periscopio *m*
潜心 [qián xīn] con dedicación exclusiva
潜泳 [qián yǒng] buceo *m*
潜在 [qián zài] potencial *adj m/f*, latente *adj m/f*
浅 [qiǎn] **1.** somero,-a, poco profundo,-a; **2.** superficial *adj m/f*; **3.** (*color*) claro,-a, pálido,-a
浅薄 [qiǎn bó] superficial *adj m/f*, poco profundo,-a, escaso,-a
浅易 [qiǎn yì] sencillo,-a, fácil *adj m/f* (*de leer y entender*)
遣 [qiǎn] **1.** mandar, despachar, enviar; **2.** disipar, desahogar
遣返 [qiǎn fǎn] repatriar, mandar a alg a casa
遣散 [qiǎn sàn] disolver, despedir
遣送 [qiǎn sòng] repatriar, expulsar de un país
欠 [qiàn] **1.** deber, adeudar; **2.** insuficiente *adj m/f*, falto de
欠款 [qiàn kuǎn] deuda *f*, atrasos *mpl*
欠缺 [qiàn quē] carecer de, faltar
欠债 [qiàn zhài] endeudarse, estar en deuda, (*dinero*) deber
歉 [qiàn] **1.** excusa *f*, disculpa *f*; **2.** mala *f* cosecha, cosecha *f* floja
歉意 [qiàn yì] excusa *f*, disculpa *f*
枪 [qiāng] **1.** rifle *m*, fusil *m*, arma *f* de fuego; **2.** lanza *f*
枪毙 [qiāng bì] fusilar, pasar por las armas
枪弹 [qiāng dàn] *mil* cartucho *m*, bala *f*
枪杀 [qiāng shā] matar a tiros; matanza *f*
枪伤 [qiāng shāng] herida *f* (*de bala*)
枪声 [qiāng shēng] sonido *m* de disparo, tiro *m*
枪械 [qiāng xiè] armas *fpl* de fuego
腔 [qiāng] **1.** *med* cavidad *f*; 腹 ~ [fù] cavidad *f* abdominal; **2.** tono *m*
腔调 [qiāng diào] tono *m* (*de hablar*)
强 [qiáng] → [qiǎng] fuerte *adj m/f*, poderoso,-a; firme *adj m/f*
强大 [qiáng dà] poderoso,-a, fuerte *adj m/f*
强盗 [qiáng dào] bandido *m*, ladrón *m*

强调 [qiáng diào] subrayar, poner énfasis, recalcar
强度 [qiáng dù] intensidad *f*, resistencia *f*
强奸 [qiáng jiān] violar a alg; violación *f*
强烈 [qián liè] fuerte *adj m/f*, intenso,-a, tajante *adj m/f*, ~ 抗议 [~ kàngyì] protestar tajantemente
强硬 [qián yìng] (*actitud*) duro,-a, firme *adj m/f*
强制 [qián zhì] forzar, coaccionar, compeler
强壮 [qián zhuàng] (*físicamente*) fuerte *adj m/f*, robusto,-a
墙 [qiáng] pared *f*, muro *m*
墙报 [qiáng bào] periódico *m* mural
墙角 [qián jiǎo] rincón *m* (*exterior*), esquina *f*
抢 [qiǎng] **1.** robar, saquear; **2.** adelantarse, anticiparse
抢夺 [qiǎng duó] arrebatar, llevarse con violencia
抢购 [qiǎng gòu] apresurarse a comprar
抢救 [qiǎng jiù] rescatar, salvar, socorrer
抢时间 [qiǎng shí jiān] correr contrarreloj, ganar el tiempo
抢先 [qiǎng xiān] adelantarse, anticiparse
抢修 [qiǎng xiū] hacer una reparación urgente
抢占 [qiǎng zhàn] apoderarse
强 [qiǎng] → [qiáng] hacer un intento (*esfuerzo*)
强迫 [qiǎng pò] forzar, imponer
强求 [qiǎng qiú] exigir, insistir en u/c
悄 [qiāo] → 悄悄 [qīo qiāo]
悄悄 [qīo qiāo] sigilosamente, silenciosamente
敲 [qiāo] **1.** golpear, pegar; **2.** cobrar más de lo debido
敲打 [qiāo da] golpear, batir, tocar, pegar
敲诈 [qiāo zhà] extorsionar; extorsión *f*
锹 [qiāo] pala *f*
乔 [qiáo] disfrazarse
乔木 [qiáo mù] *bot* árbol *m*
乔迁 [qiáo qiān] mudarse (*de casa a otra mejor*); (*en el trabajo*) ganar un ascenso
乔装 [qiáo zhuāng] disfrazarse
侨 [qiáo] **1.** vivir en el extranjero; **2.** emigrante *m/f*, 华~ [huá] emigrante *m* chino
侨胞 [qiáo bāo] paisano,-a *m/f* residente en el extranjero
侨居 [qiáo jū] residir en el extranjero
侨民 [qiáo mín] ciudadano,-a *m/f* residente en el extranjero
桥 [qiáo] → 桥梁 [qiáo liáng]
桥梁 [qiáo liáng] *constr* puente *m*
瞧 [qiáo] *coloq* mirar, ver
瞧不起 [qiáo buqǐ] despreciar, menospreciar
瞧得起 [qiáo deqǐ] apreciar, estimar, respetar

瞧见 [qiáo jiàn] ver, divisar

巧 [qiǎo] **1.** hábil *adj m/f*, diestro,-a; **2.** ingenioso,-a, inteligente *adj m/f*

巧干 [qiǎo gàn] trabajar con inteligencia

巧合 [qiǎo hé] coincidencia *f*, casualidad *f*

巧计 [qiǎo jì] truco *m*, estrategia *f* inteligente

巧克力 [qiǎo kè lì] chocolate *m*

巧妙 [qiǎo miào] ingenioso,-a, hábil *adj m/f*, inteligente *adj m/f*

巧遇 [qiǎo yù] encontrarse por casualidad

俏 [qiào] **1.** *lit* hermoso,-a, guapo,-a, elegante *adj m/f*; **2.** *com* tener buena venta

俏丽 [qiào lì] bello,-a, hermoso,-a, elegante *adj m/f*

俏皮 [qiào pí] **1.** de buena presencia (*física*); **2.** (*persona*) activo,-a, gracioso,-a; vivo;-a

切 [qiē] → qiè cortar, tajar

切除 [qiē chú] *med* practicar la ablación; ablación *f*

切磋 [qiē cuō] (*opiniones, experiencias*) intercambiar

切割 [qiē gē] cortar, hacer cortes

茄 [qié] → 茄子 [qié zi]

茄子 [qié zi] *bot* berenjena *f*, ~ 煲 [baō] zarzuela *f* de berenjena

且 [qiě] **1.** *lit* por el momento, por ahora; **2.** aún, siquiera

且慢 [qiě màn] esperar un momento

切 [qiè] → qiē **1.** corresponder (*a una realidad*); **2.** ansioso,-a, deseoso,-a; 回家心~ [huí jiā xīn] estar ansioso por ir a casa; **3.** ser necesario, deber; ~ 记 [jì] debes recordárselo bien.

切合 [qiè hé] cuadrar con, corresponder a

切忌 [qiè jì] evitar u/c por todos los medios

切身 [qiè shēn] personal *adj m/f*

切实 [qiè shí] efectivo,-a, práctico,-a, eficaz *adj m/f*

妾 [qiè] concubina *f*

窃 [qiè] **1.** hurtar, robar; **2.** secretamente, furtivamente

窃取 [qiè qǔ] usurpar, robar, hurtar

窃听 [qiè tīng] interceptar las líneas telefónicas; escucha *f*; ~ 器 [qì] microemisor *m* espía

亲 [qīn] → qìng **1.** consanguíneo,-a, de pariente más cercano; **2.** besar; **3.** padres *mpl*; 双~ 健在 [shuāng jiàn zài] ambos padres siguen vivos.

亲爱 [qīn'ài] querido,-a, estimado,-a, ~ 的 [de] mi amor, cariño *m/f*

亲笔 [qīn bǐ] **1.** de su puño y letra; **2.** escritura *f* de uno mismo

亲口 [qīn kǒu] (*decir*) de su propia boca, personalmente

亲密 [qīn mì] (*amigo*) íntimo,-a, entrañable *adj m/f*

亲戚 [qīn qī] pariente *m*; familiar *m/f*, parentesco *m*

亲切 [qīn qiè] cariñoso,-a, amable *adj m/f*
亲热 [qīn rè] afectuoso,-a, cariñoso,-a
亲人 [qīn rén] parientes *mpl* cercanos
亲身 [qīn shēn] personal *adj m/f*, de primera mano
亲生 [qīn shēng] propio,-a; ~ 女儿 [nü2'ér] hija *f* propia
亲手 [qīn shǒu] con sus propias manos
亲属 [qīn shǔ] pariente *m*, familiar *m*
亲信 [qīn xìn] persona *f* de confianza
亲眼 [qīn yǎn] con los propios ojos
亲友 [qīn yǒu] parientes *mpl* y amigos *mpl*
亲自 [qīn zì] en persona, por sí mismo
亲嘴 [qīn zuǐ] besar (*en la boca*); beso *m*
侵 [qīn] invadir, invasión *f*
侵犯 [qīn fàn] violar, invadir
侵害 [qīn hài] perjudicar, hacer daño
侵略 [qīn lüè] invadir; invasión *f*
侵扰 [qīn rǎo] hostigar, molestar
侵入 [qīn rù] invadir, hacer incursiones
侵蚀 [qīn shí] corroer, erosionar; corrosión *f*
侵吞 [qīn tūn] malversar, defraudar, apropiarse
侵占 [qīn zhàn] apropiarse, apoderarse
芹 [qín] → 芹菜 [qín cài]
芹菜 [qín cài] *bot* apio *m*
琴 [qín] instrumento *m* musical, 小提~ [xiǎo tí] violín *m*; 钢~ [gāng] piano *m*
琴键 [qín jiàn] (*instrumento musical*) tecla *f*
琴弦 [qín xián] (*instrumento musical*) cuerda *f*
禽 [qín] pájaro *m*, ave *m*
禽兽 [qín shòu] **1.** pájaros *mpl* y bestias *fpl*; **2.** persona *f* vil; bestia *m/f*
勤 [qín] **1.** laborioso,-a, trabajador,-a; **2.** frecuentemente, constantemente; **3.** asistencia *f* (*al trabajo, a clase*); 出~ 表 [chū biǎo] lista *f* de asistencia
勤奋 [qín fèn] *(estudiar o trabajar)* con esfuerzo, serio,-a
勤工俭学 [qín gōng jiǎn xué] estudiar y trabajar a la vez
勤俭 [qín jiǎn] ahorrar mucho
勤劳 [qín láo] laborioso,-a, trabajador,-a
青 [qīng] **1.** *(color)* entre azul y verde; **2.** joven *adj m/f*; **3.** *(hierba, cultivo)* verde *adj m/f*
青菜 [qīng cài] vegetal *m* verde
青春 [qīng chūn] juventud *f*
青翠 [qīng cuì] fresco,-a y verde *adj m/f*
青红皂白 [qīng hóng zào bái] lo correcto y lo erróneo

青霉素 [qīng méi sù] *med* penicilina *f*

青梅竹马 [qīng méi zhú mǎ] chico y chica que tuvieron un afecto mutuo en la infancia

青年 [qīng nián] joven *m/f*, juventud *f*

青苔 [qīng tái] *bot* musgo *m*

青蛙 [qīng wā] *zool* rana *f*

轻 [qīng] **1.** ligero,-a, leve *adj m/f*, suave *adj m/f*; **2.** joven *adj m/f*

轻而易举 [qīng ér yì jǔ] fácil de hacer (*lograr*)

轻浮 [qīng fú] frívolo,-a, ligero,-a

轻工业 [qīng gōng yè] industria *f* ligera

轻举妄动 [qīng jǔ wàng dòng] actuar a la ligera

轻快 [qīng kuài] ligero,-a, suave *adj m/f*, leve *adj m/f*

轻描淡写 [qīng miáo dàn xiě] no hablar mucho (*de un problema, suceso*)

轻巧 [qīng qiǎo] ágil *adj m/f*, hábil *adj m/f*

轻伤 [qīng shāng] herida *f* leve

轻声 [qīng shēng] en voz baja

轻视 [qīng shì] despreciar, menospreciar

轻率 [qīng shuài] indiscreto,-a, imprudente *adj m/f*

轻松 [qīng sōng] libre de responsabilidad

轻佻 [qīng tiāo] frívolo,-a, coqueta *adj m/f*

轻微 [qīng wēi] ligero,-a, leve *adj m/f*, pequeño,-a

轻信 [qīng xìn] creer en alg (*con facilidad*)

轻型 [qīng xíng] de tipo ligero

轻易 [qīng yì] fácilmente; con facilidad

轻重 [qīng zhòng] peso *m*

轻装 [qīng zhuāng] con equipaje ligero

倾 [qīng] **1.** inclinarse, ladearse, tendencia *f*; **2.** venirse abajo, derrumbarse

倾倒 [qīng dǎo] verter, volcar, derramar

倾家荡产 [qīng jiā dàng chǎn] quedarse en la ruina

倾慕 [qīng mù] tener una gran admiración por, admirar

倾盆大雨 [qīng pén dà yǔ] lluvia *f* torrencial

倾向 [qīng xiàng] tendencia *f*, inclinación *f*

倾销 [qīng xiāo] *com* dumping *m*

倾斜 [qīng xié] inclinarse, ladearse

倾心 [qīng xīn] estar chiflado,-a por, enamorarse de

清 [qīng] **1.** puro,-a, limpio,-a; **2.** claro,-a, obvio,-a, evidente *adj m/f*; **3.** completamente, totalmente

清白 [qīng bái] limpio,-a, sin mancha

清查 [qīng chá] examinar, revisar

清偿 [qīng cháng] saldar, liquidar

清澈 [qīng chè] (*agua*) limpio,-a y claro,-a, transparente *adj m/f*

清晨 [qīng chén] madrugada *f*, de mañana
清除 [qīng chú] limpiar, eliminar, depurar
清楚 [qīng chu] claro,-a, distinto,-a
清脆 [qīng cuì] (*voz*) claro,-a y agradable *adj m/f*, melodioso,-a
清单 [qīng dān] lista (*de mercancía*), inventario *m*
清淡 [qīng dàn] **1.** *(comida)* suave *adj m/f*, ligero,-a; **2.** (*negocio*) flojo,-a, poca actividad
清点 [qīng diǎn] hacer inventario, inventariar
清洁 [qīng jié] limpio,-a, aseado,-a
清理 [qīng lǐ] poner en orden, arreglar
清凉 [qīng liáng] fresco,-a, refrescante *adj m/f*
清算 [qīng suàn] (*cuenta*) liquidar
清晰 [qīng xī] claro,-a, evidente *adj m/f*
清洗 [qīng xǐ] enjuagar, lavar, limpiar
清闲 [qīng xián] ocioso,-a, desocupado,-a
清香 [qīng xiāng] fragancia *f*, perfume *m* delicioso
清醒 [qīng xǐng] lúcido,-a, despertado,-a, consciente *adj m/f*
清真 [qīng zhēn] islámico,-a, musulmán,-a
清真寺 [qīng zhēn sì] *relig* mezquita *f*
蜻 [qīng] → 蜻蜓 [qīng tíng]
蜻蜓 [qīng tíng] *zool* libélula *f*
情 [qíng] **1.** sentimiento *m*; amor *m*; pasión *f* (*sexual*); **2.** favor *m*; 向她求情。 [xiàng tā qiú qíng] Pedirle un favor a ella.
情报 [qíng bào] información *f*, inteligencia *f*
情调 [qíng diào] ambiente *m*, tono *m*, color *m*
情夫 [qíng fū] amante *m*, querido *m*
情妇 [qíng fù] amante *f*, querida *f*
情感 [qíng gǎn] sentimiento *m*, emoción *f*
情节 [qíng jié] **1.** (*novela*) argumento *m*, trama *m*; **2.** circunstancia *f*, situación *f*
情景 [qíng jǐng] escena *f*, circunstancia *f*
情况 [qíng kuàng] situación *f*, circunstancia *f*, condición *f*
情理 [qíng lǐ] razón *f*, lógica *f*
情侣 [qíng lǚ] pareja *f*, enamorados *mpl*, novios *mpl*
情面 [qíng mian] sensibilidad *f*, delicadeza *f*
情势 [qíng shì] situación *f*, circunstancia *f*
情书 [qíng shū] carta *f* amorosa
情绪 [qíng xù] estado *m* de ánimo
情义 [qíng yì] amistad *f*, afecto *m*
情意 [qíng yì] afición *f*, cariño *m*
情谊 [qíng yì] sentimiento *m*, amistad *f*
情欲 [qíng yù] pasión *f*, cachondez *f*

情愿 [qíng yuàn] (*hacer*) con gusto, con ganas

晴 [qíng] (*cielo*) despejado,-a, claro,-a

晴空 [qíng kōng] (*cielo*) despejado,-a

晴朗 [qíng lǎng] claro,-a, despejado,-a, (*día*) de sol

晴天霹雳 [qíng tiān pī lì] (*ocurrir un*) incidente *m* imprevisto

晴雨表 [qíngyǔbiǎo] *meteo* barómetro *m*

顷 [qǐng] → 顷刻 [qǐng kè]

顷刻 [qǐng kè] en un momento, al instante

请 [qǐng] **1.** pedir, solicitar, rogar; **2.** invitar, convidar *f*; **3.** hacer el favor de, por favor, ~上来。[shàng lái] Sube por favor.

请便 [qǐng biàn] ¡Como usted quiera!, ¡Haga lo que quiera!

请假 [qǐng jià] pedir permiso (*para ausentarse*)

请柬 [qǐng jiǎn] tarjeta *f* de invitación, invitación *f*

请教 [qǐng jiào] consultar, pedir consejo

请客 [qǐng kè] invitar (*a comer o a disfrutar de un espectáculo*)

请求 [qǐng qiú] pedir, solicitar, rogar

请示 [qǐng shì] pedir (*solicitar*) autorización

请问 [qǐng wèn] (*tener*) una pregunta; por favor perdón

请愿 [qǐngyuàn] presentar una petición (*solicitud*)

庆 [qìng] celebrar, festejar

庆典 [qìng diǎn] celebración *f* solemne, ceremonia *f* oficial

庆祝 [qìng zhù] celebrar, festejar

亲 [qìng] → qīn → 亲家 [qìng jia]

亲家 [qìng jia] consuegros *mpl*

穷 [qióng] pobre *adj m/f*, humilde *adj m/f*

穷光蛋 [qióng guāng dàn] pobre *m* desgraciado,-a

穷苦 [qióng kǔ] pobre *adj m/f*; pobreza *f*

穷困 [qióng kùn] pobre *adj m/f*, miserable *adj m/f*

穷人 [qióng rén] pobre *m/f*

穷日子 [qióng rì zi] días *mpl* de pobreza, días *mpl* de apuro

穷凶极恶 [qióng xiōng jí'è] muy cruel *adj m/f*, feroz *adj m/f*

丘 [qiū] → 丘陵 [qiū líng]

丘陵 [qiū líng] monte *m*, colina *f*

秋 [qiū] otoño *m*; otoñal *adj m/f*

秋分 [qiū fēn] *meteo* equinoccio *m* de otoño

秋高气爽 [qiū gāo qì shuǎng] tiempo *m* otoñal

秋季 [qiū jì] otoño *m*, otoñada *f*

秋千 [qiū qiān] (*parque*) columpio *m*

秋收 [qiū shōu] cosecha *f* de otoño

秋天 [qiū tiān] otoño *m*; otoñal *adj m/f*

囚 [qiú] meter en la cárcel, encarcelar; preso,-a *m/f*

囚车 [qiú chē] furgoneta *f* de preso
囚犯 [qiú fàn] preso *m/f*
囚禁 [qiú jìn] meter en la cárcel, encarcelar
求 [qiú] **1.** pedir, rogar, solicitar; **2.** procurar, perseguir; **3.** *com* demanda *f* (*de mercancía*)
求爱 [qiú'ài] cortejar, hacer la corte
求和 [qiú hé] pedir la paz
求婚 [qiú hūn] pedir la mano
求教 [qiú jiào] pedir consejo
求救 [qiú jiù] pedir socorro, pedir ayuda
求亲 [qiú qīn] pedir una alianza matrimonial
求情 [qiú qíng] implorar, suplicar
求全 [qiú quán] exigir la perfección
求人 [qiú rén] pedir ayuda
求胜 [qiú shèng] esforzarse por triunfar
求学 [qiú xué] ir al colegio, cursar estudios
求援 [qiú yuán] pedir ayuda (*auxilio, socorro*), pedir refuerzos
求知 [qiú zhī] buscar conocimientos
球 [qiú] **1.** esfera *f*, globo *m*; **2.** *dep* balón *m*, pelota *f*
球场 [qiú chǎng] cancha *f*, campo *m* (*de deporte*); 足球场 [zú qiú chǎng] campo *m* de fútbol
球队 [qiú duì] *dep* equipo *m* (*de deporte*); 篮球队 [lán qiú duì] equipo *m* de baloncesto
球门 [qiú mén] *dep* (*fútbol*) portería *f*
球迷 [qiú mí] aficionado,-a *m/f*; seguidor,-a *m/f*; admirador,-a *m/f*
球拍 [qiú pāi] raqueta *f*, paleta *f*
球赛 [qiú sài] *dep* partido *m*, torneo *m*
球鞋 [qiú xié] zapatos *mpl* deportivos
区 [qū] **1.** zona *f*, región *f*; **2.** barrio *m* (*urbano*)
区别 [qū bié] distinguir, diferenciar; distinción *f*, diferencia *f*
区区 [qū qū] insignificante *adj m/f*, menudo,-a, poco importante *adj m/f*
区域 [qū yù] región *f*, zona *f*, comarca *f*
曲 [qū] → qǔ **1.** curvo,-a, curvado,-a; **2.** curva *f* (*de una carretera*)
曲棍球 [qū gùn qiú] *dep* joquey *m* sobre hierba
曲解 [qū jiě] interpretar mal, malinterpretar
曲线 [qū xiàn] línea curva *f*, curva *f*
曲折 [qū zhé] *fig* complicación *f*, problema *m*
驱 [qū] **1.** (*vehículo*) conducir; **2.** echar, expulsar
驱除 [qū chú] echar, expulsar, deshacerse
驱散 [qū sàn] dispersar, desvanecer, disipar
驱使 [qū shǐ] obligar, forzar

驱逐 [qū zhú] echar, expulsar

屈 [qū] **1.** curvar, encorvar, doblar; **2.** someter(*se*), ceder; **3.** injusticia *f*

屈服 [qū fú] someterse, rendirse, entregarse

屈辱 [qū rǔ] humillación *f*, mortificación *f*

趋 [qū] **1.** ir(*se*) de prisa, darse prisa; **2.** tender a, tener tendencia a

趋势 [qū shì] tendencia *f*

趋向 [qū xiàng] tender; tendencia *f*

渠 [qú] canal *m*, zanja *f*

渠道 [qú dào] **1.** canal *m* (*de riego*); **2.** medio *m*, camino *m*, vía *f*

曲 [qǔ] → [qū] **1.** canto *m*, canción *f*, melodía *f*; **2.** música *f* (*de una canción*)

曲调 [qǔ diào] melodía *f* (*de una canción*), tonada *f*

曲艺 [qǔ yì] espectáculo *m* artístico

取 [qǔ] **1.** retirar, sacar (*dinero*); **2.** tomar, escoger

取材 [qǔ cái] escoger materiales

取长补短 [qǔ cháng bǔ duǎn] aprender de alg

取代 [qǔ dài] reemplazar, sustituir

取得 [qǔ dé] obtener, adquirir, conseguir

取缔 [qǔ dì] abolir, prohibir; abolición *f*

取名 [qǔ míng] dar nombre a alg, denominar

取暖 [qǔ nuǎn] calentarse (*en casa*); calefacción *f*

取巧 [qǔ qiǎo] sacar ventaja sin esfuerzo

取舍 [qǔ shě] seleccionar, elegir, escoger

取胜 [qǔ shèng] triunfar, ganar

取消 [qǔ xiāo] cancelar, anular; cancelación *f*

取笑 [qǔ xiào] reírse de alg, burlarse de alg

取样 [qǔ yàng] toma *f* de muestras, muestreo *m*

娶 [qǔ] → 娶亲 [qǔ qīn]

娶亲 [qǔ qīn] (*un hombre*) casarse

去 [qù] **1.** ir(*se*), marcharse, salir; **2.** quitar, deshacerse; **3.** (*complemento direccional*); 进~ [jìn] entrar; 回家~ [huí jiā] ir a casa.

去年 [qù nián] el año pasado

去世 [qù shì] morir, fallecer

去污剂 [qù wū jì] (*líquido*) quitamanchas *m*, quitagrasa *m*

去向 [qù xiàng] dirección *f*, rumbo *m*

趣 [qù] **1.** interés *m*, gusto *m*; **2.** interesante *adj m/f*, divertido,-a

趣味 [qù wèi] interés *m*, gusto *m*

圈 [quān] **1.** círculo *m*, anillo *m*; **2.** encerrar, rodear, cercar; **3.** grupo *m*, sector *m*

圈套 [quān tào] trampa *f*, engaño *m*

圈子 [quān zi] **1.** círculo *m*, anillo *m*; **2.** círculo *m*, sector *m*;

campo *m*; 生活~ [shēng huó] círculo de la vida

权 [quán] **1.** derecho *m;* 人~ [rén] derecho *m* humano; **2.** poder *m*, autoridad *f*

权衡 [quán héng] comparar, medir, ponderar

权力 [quán lì] poder *m*, autoridad *f*

权利 [quán lì] derecho *m*; 生活的~ [shēng huó de] derecho *m* a vivir

权势 [quán shì] poder *m* e influencia *f*

权术 [quán shù] estratagema *f* política

权威 [quán wēi] autoridad *f*, prestigio *m*

权限 [quán xiàn] límite *m* de la autoridad, jurisdicción *f*

权益 [quán yì] derechos *mpl* e intereses *mpl*

全 [quán] **1.** completo,-a, íntegro,-a; **2.** todo,-a, entero,-a, total *adj m/f*

全部 [quán bù] todo,-a, entero,-a, completo,-a, total *adj m/f*

全场 [quán chǎng] todos los presentes (*en un auditorio*)

全程 [quán chéng] trayecto *m* (*itinerario*) completo

全国 [quán guó] toda la nación, todo el país

全集 [quán jí] *lit* obras *fpl* completas

全景 [quán jǐng] panorama *m*, visión *f* panorámica

全局 [quán jú] situación *f* en su conjunto

全力 [quán lì] con todos sus esfuerzos

全貌 [quán mào] aspecto *m* integral

全面 [quán miàn] en todos los aspectos

全民 [quán mín] toda la gente, todos los ciudadanos

全年 [quán nian] de todo el año

全盘 [quán pán] todo,-a, completo,-a, entero,-a

全球 [quán qiú] el mundo entero

全日制 [quán ri zhì] de jornada completa

全身 [quán shēn] todo el cuerpo

全速 [quán sù] a toda velocidad, a toda prisa

全体 [quán tǐ] todo el mundo, toda la gente

全文 [quán wén] texto *m* completo, texto *m* íntegro

全心全意 [quán xīn quán yì] de todo corazón

泉 [quán] fuente *m*, manantial *m*

泉水 [quán shuǐ] agua *f* de manantial

拳 [quán] **1.** puño *m*; **2.** boxeo *m*

拳击 [quán jī] *dep* boxeo *m*

拳师 [quán shī] *dep* boxeador *m*

拳术 [quán shù] boxeo *m* (*del arte marcial*)

痊 [quán] → 痊愈 [quán yù]

痊愈 [quán yù] recuperarse, restablecerse (*de salud*)

犬 [quǎn] *zool lit* perro,-a *m/f*
犬齿 [quǎn chǐ] diente *m* canino
劝 [quàn] **1.** aconsejar, advertir; **2.** animar, estimular
劝导 [quàn dǎo] persuadir, inducir
劝告 [quàn gào] advertir, aconsejar
劝解 [quàn jiě] reconciliar, mediar
劝慰 [quàn wèi] consolar, confortar
劝说 [quàn shuō] persuadir, convencer
劝阻 [quàn zǔ] disuadir, desaconsejar
券 [quàn] billete *m*, cupón *m*; 入场~ [rù chǎng] (*billete*) *f* entrada
缺 [quē] **1.** faltar, carecer; **2.** incompleto,-a, imperfecto,-a; **3.** estar ausente
缺德 [quē dé] inmoral *adj m/f*, indigno,-a
缺点 [quē diǎn] defecto *m*, falta *f*
缺乏 [quē fá] faltar, carecer
缺课 [quē kè] faltar a clase
缺口 [quē kǒu] brecha *f*, portillo *m*
缺少 [quē shǎo] faltar, carecer
缺席 [quē xí] ausentarse, faltar; ausencia *f*
缺陷 [quē xiàn] defecto *m*, deficiencia *f*
却 [què] pero, sin embargo, no obstante, en cambio
却步 [què bù] dar un paso atrás (*por miedo o peligro*)
雀 [què] *zool* gorrión *m*
雀斑 [què bān] (*en la cara*) peca *f*
雀跃 [què yuè] saltar de alegría, exultar
确 [què] **1.** verdadero,-a, real *adj m/f*; **2.** firmemente
确保 [què bǎo] asegurar, garantizar
确定 [què dìng] definir, fijar, determinar
确立 [què lì] establecer, determinar
确切 [què qiè] exacto,-a, preciso,-a
确认 [què rèn] afirmar, confirmar
确实 [què shí] real *adj m/f*, verdadero,-a, seguro,-a
确信 [què xìn] estar seguro,-a, estar convencido,-a
确凿 [què záo] verídico,-a, auténtico,-a
确诊 [què zhěn] *med* diagnosticar; diagnosis *f*
裙 [qún] → 裙子 [qún zi]
裙子 [qún zi] *txtl* falda *f*
群 [qún] **1.** conjunto *m*, grupo *m*, masa *f*; **2.** (*palabra de medida*) rebaño *m*, bandada *f*
群岛 [qún dǎo] *geogr* archipiélago *m*
群众 [qún zhòng] gente *f*, ciudadano,-a *m/f*

R

然 [rán] → 然而 [rán'ér]
然而 [rán'ér] pero, sin embargo

然后 [rán hòu] después, luego, más tarde

燃 [rán] arder, encender(*se*)

燃料 [rán liào] combustible *m*; carburante *m*

燃烧 [rán shāo] arder, encenderse

染 [rǎn] **1.** teñir, colorar; **2.** (*enfermedad, vicio*) contraer, contagiar

染料 [rǎn liào] materia *f* colorante

染色 [rǎn sè] teñir, colorar

嚷 [rāng] → 嚷嚷 [rāng rang]

嚷嚷 [rāng rang] dar gritos, provocar jaleo

壤 [rǎng] suelo *m*, tierra *f*

让 [ràng] **1.** ceder, dejar; **2.** (*partícula para voz pasiva*); 钱~她花光了。[qiá tā huā guāng le] Se ha gastado todo el dinero.

让步 [ràng bù] (*en una negociación*) hacer concesiones, retroceder

让路 [ràng lù] ceder el paso

让位 [ràng wèi] ceder el asiento a alg

让座 [ràng zuò] ceder el asiento

饶 [ráo] **1.** rico,-a, abundante *adj m/f*; **2.** perdonar; ~了他吧？[le tā ba] ¿Le perdonas, no?

饶命 [ráo mìng] perdonar a alg la vida

饶恕 [ráo shù] perdonar

扰 [rǎo] perturbar, turbar

扰乱 [rǎo luàn] perturbar, provocar jaleo

绕 [rào] **1.** bobinar, arrollar; **2.** girar alrededor de, dar vueltas alrededor de

绕道 [rào dào] ir por un camino indirecto

绕口令 [rào kǒu lìng] *ling* trabalenguas *m*

绕圈子 [rào quān zi] **1.** rodear, dar un rodeo; **2.** (*hablar*) con rodeos

惹 [rě] (*desastre, lío*) provocar, causar

惹祸 [rě huò] (*lío*) provocar un desastre

惹事 [rě shì] armar lío

热 [rè] **1.** calor *m*; caliente *adj m/f*; calentar; **2.** *med* fiebre *f*, temperatura *f*; **3.** boom *m*; 运动~ [yùn dòng] boom de hacer deporte

热爱 [rè'àiama] tener mucha afición

热诚 [rè chéng] caluroso,-a y sincero,-a, cordial *adj m/f*

热带 [rè dài] *geogr* zona *f* tropical

热度 [rè dù] (*grado de*) temperatura *f*

热恋 [re liàn] estar locamente enamorado de alg

热量 [rè liàng] cantidad *f* de calor

热烈 [rè liè] cálido,-a, cordial *adj m/f*

热门 [rè mén] muy solicitado,-a, de moda

热闹 [rè nào] animado,-a, bullicioso,-a

热能 [rè néng] energía *f* térmica

热气 [rè qì] vapor *m*, aire *m* caliente
热切 [rè qiè] vehemente *adj m/f*, ferviente *adj m/f*
热情 [rè qíng] **1.** entusiasmo *m*, ánimo *m*; **2.** amable *adj m/f*, simpático,-a, cordial *adj m/f*
热水袋 [rè shuǐ dài] bolsa *f* de agua caliente
热水瓶 [rè shuǐ píng] termo *m*
热天 [rè tiān] día *m* caluroso, estación *f* calurosa
热心 [rè xīn] amable *adj m/f*, simpático,-a, cordial *adj m/f*
热饮 [rè yǐn] bebida *f* caliente
热中 [rè zhōng] anhelar, ansiar, desear
人 [rén] ser *m* humano, gente *f*, persona *f*; adulto,-a *m/f*
人才 [rén cái] persona *f* de talento; hombre *m* cualificado
人道 [rén dào] humanidad *f*, humano,-a
人格 [rén gé] **1.** dignidad *f*, **2.** personalidad *f*, carácter *m*
人工 [rén gōng] hecho,-a a mano; artificial *adj m/f*
人家 [rén jiā] casa *f*, familia *f*, hogar *m*
人间 [rén jiān] mundo *m* humano
人口 [rén kǒu] población *f*
人类 [rén lèi] humanidad *f*, género *m* humano
人力 [rén lì] mano *f* de obra; recursos *mpl* humanos
人马 [rén mǎ] tropa *f*, ejército *m*, gente *f*
人们 [rén men] gente *f*, público *m*
人民 [rén mín] pueblo *m*; popular *adj m/f*
人命 [rén mìng] vida *f* humana
人品 [rén pǐn] cualidad *f* moral, carácter *m*
人情 [rén qíng] sentimiento *m* humano; amistad *f*
人权 [rén quán] derechos *mpl* humanos
人群 [rén qún] muchedumbre *f*, multitud *f*, gente *f*
人人 [rén rén] todo el mundo, cada uno
人身 [rén shēn] vida *f*, salud *f*
人参 [rén shēn] *bot* ginseng *m*
人生 [rén shēng] vida *f*, vivir
人声 [rén shēng] voz *f*
人士 [rén shì] personalidad *f*, personaje *m*
人世 [rén shì] mundo *m* humano
人事 [rén shì] **1.** sucesos *mpl* en la vida humana; **2.** (*entidad*) recursos *mpl* humanos
人手 [rén shǒu] mano *f* de obra
人体 [rén tǐ] cuerpo *m* humano
人为 [rén wéi] artificial *adj m/f*
人物 [rén wù] personaje *m*, personalidad *f*
人心 [rén xīn] voluntad *f* del pueblo
人行道 [rén xíng dào] acera *f*
人性 [rén xìng] instinto *m* humano, humano,-a
人选 [rén xuǎn] candidato,-a *m/f*
人员 [rén yuán] personal *m*
人造 [rén zào] artificial *adj m/f*

人证 [rén zhèng] *jur* testimonio *m* de un testigo
人质 [rén zhì] rehén *m/f*
人种 [rén zhǒng] raza *f* humana
仁 [rén] **1.** benevolencia *f*, bondad *f*, misericordia *f*; **2.** *(fruta seca)* carne *f*, pulpa *f*; 核桃~ [hé tao] carne *f* de nuez
仁爱 [rén'ài] bondad *f*, misericordia *f*
仁慈 [rén cí] benevolente *adj m/f*, bondadoso,-a
仁义 [rén yì] justicia *f* y benevolencia *f*
忍 [rěn] soportar, aguantar, sufrir
忍耐 [rěn nài] tener paciencia, contenerse
忍受 [rěn shòu] aguantar, soportar, sufrir
忍痛 [rěn tòng] contra la voluntad
忍心 [rěn xīn] ser duro,-a (*de corazón*)
刃 [rèn] (*cuchillo*) filo *m*, corte *m*
刃具 [rèn jù] herramienta *f* de corte
认 [rèn] **1.** conocer, reconocer, identificar; **2.** admitir, reconocer, aceptar
认错 [rèn cuò] reconocer la culpa
认定 [rèn dìng] estar convencido de u/c, estar seguro de u/c
认购 [rèn gòu] comprar, suscribir
认可 [rèn kě] aceptar, aprobar
认领 [rèn lǐng] recuperar u/c perdida
认清 [rèn qīng] ver con claridad
认识 [rèn shi] conocer; comprensión *f*, conocimiento *m*
认输 [rèn shū] aceptar la derrota
认为 [rèn wéi] creer, pensar, considerar
认帐 [rèn zhàng] **1.** reconocer una deuda contraída; **2.** *fig* aceptar el hecho
认真 [rèn zhēn] serio,-a; tomar en serio
认字 [rèn zì] aprender a leer
认罪 [rèn zuì] *jur* confesar (*un crimen*), declararse culpable de u/c
任 [rèn] **1.** nombrar, designar; **2.** asumir un cargo; **3.** dejar, permitir
任何 [rèn hé] cualquier,-a
任免 [rèn miǎn] nombrar y destituir
任命 [rèn mìng] nombrar; nombramiento *m*
任务 [rèn wu] tarea *f*, misión *f*, trabajo *m*
任性 [rèn xìng] capricho *m*, caprichoso,-a
任意 [rèn yì] a su antojo, deliberadamente
任职 [rèn zhí] desempeñar un cargo, ocupar un puesto
扔 [rēng] **1.** tirar, echar, lanzar; **2.** abandonar, dejar, echar; ~下孩子就走了。[xià hái zi jiú zǒu le] Se fue dejando el bebé solo.
仍 [réng] → 仍然 [réng rán]

仍旧 [réng jiù] **1.** quedar igual que antes; **2.** todavía, aún
仍然 [réng rán] todavía, aún
日 [rì] **1.** *lit* sol *m*; **2.** día *m*; ~ 夜 [~ yè] día y noche; **3.** Japón *m*; ~ 西贸易 [xī mào yì] comercio *m* entre Japón y España
日报 [rì bào] periódico *m*, diario *m*
日班 [rì bān] turno *m* de día, turno *m* diurno
日常 [rì cháng] diario,-a, cotidiano,-a
日程 [rì chéng] orden *m* del día, programa *m*
日光 [rì guāng] luz *f* del sol
日后 [rì hòu] en el futuro, después
日记 [rì jì] diario *m*
日历 [rì lì] calendario *m*
日期 [rì qī] fecha *f*
日用 [rì yòng] de uso diario
荣 [róng] **1.** prosperar, florecer; **2.** honor *m*, placer *m*
荣获 [róng huò] tener el honor de ganar, adjudicarse
荣幸 [róng xìng] tener el honor (*placer*) de
荣誉 [róng yù] gloria *f*, honor *m*
绒 [róng] pelo *m* fino, vello *m*
绒布 [róng bù] franela *f* de algodón
绒裤 [róng kù] pantalón *m* de punto
绒毛 [róng máo] pelo *m* fino, vello *m*
绒线 [róng xiàn] hilo *m* de seda (*para bordar a mano*)
容 [róng] **1.** caber, contener; **2.** tolerar, consentir; permitir **3.** forma *f*, estado *m*
容积 [róng jī] *fís* volumen *m* (*cúbico*)
容量 [róng liàng] (*contenedor*) capacidad *f*
容貌 [róng mào] aspecto *m*, apariencia *f*
容纳 [róng nà] caber, contener
容器 [róng qì] vasija *f*, recipiente *m*
容忍 [róng rěn] tolerar, consentir
容易 [róng yì] fácil *adj m/f*, facilidad *f*
溶 [róng] *quím* disolver
溶剂 [róng jì] *quím* disolvente *m*, solvente *m*
溶解 [róng jiě] disolver
溶液 [róng yè] *quím* disolución *f*, solución *f*
熔 [róng] fundir
熔点 [róng diǎn] punto *m* de fusión
熔化 [róng huà] fundirse
熔解 [róng jiě] fusión *f*, fundición *f*
熔炉 [róng lú] horno *m* de fusión
融 [róng] **1.** derretirse, fundirse; **2.** mezclarse, combinarse; armonizarse
融合 [róng hé] mezclarse, combinarse, armonizarse
融化 [róng huà] derretirse, fundirse

融会贯通 [róng huì guàn tōng] entender, (*conocimiento*) asimilar
融洽 [róng qià] *(ambiente)* armonioso,-a, pacífico.-a
融资 [róng zī] *econ* financiar; financiación *f*
柔 [róu] **1.** suave *adj m/f*, flexible *adj m/f*; **2.** ablandar; blandura *f*; blando,-a
柔和 [róu hé] suave *adj m/f*, tierno,-a, blando,-a
柔嫩 [róu nèn] tierno,-a, delicado,-a
柔情 [róu qíng] ternura *f*, dulzura *f*
柔韧 [róu rèn] flexible *adj m/f* y resistente *adj m/f*
柔软 [róu ruǎn] suave *adj m/f*, blando,-a
柔弱 [róu ruò] débil *adj m/f*, delicado,-a; frágil *adj m/f*
揉 [róu] frotar, friccionar
肉 [ròu] **1.** carne *f*; **2.** *(fruta seca)* pulpa *f*, carne
肉博 [ròu bó] luchar cuerpo a cuerpo
肉店 [ròu diàn] carnicería *f*
肉丁 [ròu dīng] carne *f* a trozos
肉感 [ròu gǎn] sensual *adj m/f*; sexual *adj m/f*
肉片 [ròu piàn] carne *f* a trozos, filete *m*
肉食 [ròu shí] carnívoro,-a; carnicero,-a
肉丝 [ròu sī] carne *f* a tiras
肉松 [ròu sōng] carne *f* seca picada
肉汤 [ròu tāng] caldo *m* de carne
肉体 [ròu tǐ] cuerpo *m* (*en contraste con el alma*)
肉丸子 [ròu wán zǐ] *gastr* albóndiga *f* (*de carne picada*)
肉馅 [ròu xiàn] relleno,-a de carne picada
肉眼 [ròu yǎn] *(ser humano)* ojos *mpl*
肉欲 [ròu yù] pasión *f* (*deseo*) sexual; sensualidad *f*
如 [rú] **1.** (*en forma negativa*) ser inferior, no tan…como, 他不~你。 [tā bú nǐ] No es tan bueno como tú; **2.** como, igual que; **3.** por ejemplo; **4.** → 如果 [rú guǒ]
如常 [rú cháng] como siempre, como de costumbre
如此 [rú cǐ] así, de esta manera
如果 [rú guǒ] si, en caso de (*que*); ~ 下雨就不去。 [xià yǔ jiú bú qù] No iremos si llueve.
如何 [rúhé] ¿cómo?; 这事~ 处理? [zhè shì chǔ lǐ] ¿Cómo se soluciona este asunto?
如今 [rú jīn] ahora, hoy día
如期 [rú qī] dentro del plazo que se haya estipulado
如上 [rú shàng] como lo arriba mencionado
如实 [rú shí] reflejar las cosas tal como son
如数 [rú shù] según la suma pactada (*previamente*)

如同 [rú tóng] como, igual que, como si; 他的家装修得~ 宾馆一样。 [tā de jiā zhuāng xiūdé bīn guăn yī yàng] Se ha decorado su casa como si fuese un hotel.
如下 [rú xià] como lo siguiente
如意 [rú yì] como uno quiera
如愿以偿 [rú yuàn yǐ cháng] obtener lo que uno quiera, salirse con la suya
乳 [rŭ] **1.** pecho *m*, seno *m*; **2.** leche *f*; **3.** lechal *adj m/f*, de leche; 烤~ 猪 [kăo zhū] lechón *m* asado
乳白 [rŭ bái] blanco,-a como la leche
乳儿 [rŭ'ér] crío *m*, bebé *m*
乳房 [rŭ fáng] pecho *m*, seno *m*, teta *f*
乳母 [rŭ mŭ] nodriza *f*, madre *f* de leche
乳牛 [rŭ niú] vaca *f* (*de leche*)
乳头 [rŭ tóu] pezón *m*
乳罩 [rŭ zhào] *txtl* sujetador *m*
乳汁 [rŭ zhī] leche *f*
辱 [rŭ] deshonra *f*, deshonor *m*; deshonrar, humillar
辱骂 [rŭ mà] injuriar, insultar
辱没 [rŭ mò] deshonrar, manchar
入 [rù] **1.** entrar; **2.** ingresar, ser militante de; **3.** (*dinero*) ingreso *m*
入场券 [rù chăng quàn] billete *m* (*de entrada*), entrada *f*
入股 [rù gŭ] participar como accionista (*en una sociedad*)
入骨 [rù gŭ] hasta la médula
入伙 [rù huŏ] participar, asociarse
入境 [rùjìng] entrar en un país, entrar en un territorio
入口 [rù kŏu] entrada *f*, acceso *m*
入门 [rù mén] noción *f* básica, abecé *m*
入迷 [rù mí] estar fascinado,-a
入侵 [rù qīn] invadir; invasión *f*
入手 [rù shŏu] empezar, comenzar
入睡 [rù shuì] coger el sueño, dormir
入伍 [rù wŭ] enrolarse (*en el ejército*), alistarse
入席 [rù xí] (*banquete*) sentarse a la mesa
入选 [rù xuăn] ser elegido,-a, ser escogido,-a
入学 [rù xué] empezar a estudiar
入狱 [rù yù] encarcelarse, ser preso,-a
软 [ruăn] **1.** blando,-a, flexible *adj m/f*; **2.** suave *adj m/f*, dulce *adj m/f*; **3.** débil *adj m/f*, flojo,-a (*de carácter*)
软膏 [ruăn gāo] *med* ungüento *m*, bálsamo *m*, pomada *f*
软化 [ruăn huà] ablandarse, hacerse blando,-a
软禁 [ruăn jìn] poner a alg bajo arresto domiciliario
软弱 [ruăn ruò] débil *adj m/f*, flojo,-a
软卧 [ruăn wò] (*tren*) litera *f* de lujo

软席 [ruǎn xí] (*tren*) asiento *m* de lujo; litera *f* de lujo
软饮料 [ruǎn yǐn liào] bebida *f* sin alcohol
锐 [ruì] **1.** afilado,-a, puntiagudo,-a, agudo,-a; **2.** vigor *m*, energía *f*
锐利 [ruì lì] afilado,-a, puntiagudo,-a, agudo,-a
锐气 [ruì qì] energía *f*, vigor *m*
瑞 [ruì] *lit* propicio,-a, favorable *adj m/f*, benéfico,-a
瑞雪 [ruì xuě] *lit* nevada *f* auspiciosa
润 [rùn] húmedo,-a, mojado,-a; humedecer, mojar, lubricar
润滑 [rùn huá] lubricar; lubricación *f*; ~ 油 [yóu] lubricante *m*
润色 [rùn sè] (*artículo*) pulir, (*dibujo*) retocar
若 [ruò] **1.** *lit* como, como si, parecer; **2.** *lit* si, en caso de; ~ 无闲事挂心头 [wú xián shì guà xīn tóu] si no estuvieras preocupado,-a... 若非 [ruò fēi] si no, a menos que, de no ser por
若干 [ruò gān] cierto número, unos, algunos
若是 [ruò shì] *lit* si, en caso de; ~ 他来的话，就说我不在。 [tā lái de huà, jiú shuō wǒ bú wài] Dile que no estoy aquí si viene él.
若无其事 [ruò wú qí shì] como si no hubiera pasado nada
弱 [ruò] **1.** débil *adj m/f*, flojo,-a; **2.** inferior *adj m/f*, menos que
弱不禁风 [ruò bú jīn fēng] (*salud*) débil *adj m/f*, frágil *adj m/f*
弱点 [ruò diǎn] punto *m* débil, debilidad *f*
弱小 [ruò xiǎo] pequeño,-a y débil *adj m/f*

S

撒 [sā] **1.** soltar, aflojar, dejar libre; **2.** dejarse llevar
撒谎 [sā huǎng] mentir, mentira *f*
撒尿 [sā niào] orinar, mear *vulg*, *(infantil)* hacer pipí
塞 [sāi] **1.** rellenar, llenar; **2.** tapón *m*
塞子 [sāi zi] tapón *m*, corcho *m*
赛 [sài] **1.** *dep* partido *m*, competición *f*, torneo *m*, concurso *m*; **2.** vencer, superar
赛车 [sài chē] **1.** *dep* (*bicicletas, motocicletas, coches*) carrera *f*; **2.** bicicleta *f*, motocicleta *f* (*de carreras*)
赛马 [sài mǎ] carrera *f* de caballos, concurso *m* hípico
赛跑 [sài pǎo] *dep* carrera *f*
三 [sān] tres *adj/m*
三角 [sān jiǎo] *mat* triángulo *m*
三明治 [sān míng zhì] *gastr* sándwich *m*, bocadillo *m*
三心二意 [sān xīn èr yì] estar indeciso,-a, vacilar
三言两语 [sān yán liǎng yǔ] en breves palabras
三月 [sān yuè] marzo *m*

伞 [sǎn] → 雨伞 [yǔ sǎn] paraguas *m*

散 [sǎn] → sǎn **1.** soltarse, desatarse, aflojarse; **2.** disperso,-a, esparcido,-a

散光 [sǎn guāng] *med* astigmatismo *m*

散漫 [sǎn màn] **1.** indisciplinado,-a; **2.** caótico,-a, desorganizado,-a

散文 [sǎn wén] *lit* prosa *f*

散 [sàn] → sàn **1.** separarse, dispersarse, esparcirse; **2.** distribuir, repartir

散布 [sàn bù] (*noticia, rumor*) difundir, divulgar, circular

散步 [sàn bù] pasear, dar un paseo

散发 [sàn fā] **1.** echar, exhalar, emitir; **2.** distribuir, repartir

散会 [sàn huì] (*sesión*) levantar la reunión

丧 [sāng] → sàng funeral *m*, duelo *m*, luto *m*

丧礼 [sāng lǐ] funeral *m*, entierro *m*

丧事 [sāng shì] arreglos *mpl* funerarios, funeral *m*

桑 [sāng] *bot* morera *f*

桑拿浴 [sāng nà yù] sauna *f*

嗓 [sǎng] **1.** garganta *f*, laringe *f*; **2.** voz *f*

嗓子 [sǎng zi] garganta *f*, laringe *f*

丧 [sàng] → sāng *lit* perder

丧气 [sàng qì] tener mala suerte, ser desafortunado,-a

丧失 [sàng shī] perder, ser privado,-a de

骚 [sāo] disturbar, perturbar, turbar

骚乱 [sāo luàn] disturbio *m*, jaleo *m*

骚扰 [sāo rǎo] molestar, importunar

扫 [sǎo] **1.** barrer, limpiar; **2.** escáner *m*; **3.** recorrer

扫除 [sǎo chú] **1.** limpieza; **2.** liquidar, eliminar, barrer

扫黄 [sǎo huáng] eliminar la pornografía (*o la prostitución*)

扫描 [sǎo miáo] escáner *m*, explorar; exploración *f*

扫墓 [sǎo mù] (*en primavera*) visitar tumba

扫兴 [sǎo xìng] sentirse decepcionado,-a

嫂 [sǎo] → 嫂子 [sǎo zi]

嫂子 [sǎo zi] (*esposa del hermano mayor*) cuñada *f*

扫 [sào] → 扫帚 [sào zhou]

扫帚 [sào zhou] escoba *f* (*para barrer el suelo*)

色 [sè] **1.** color *m*; **2.** belleza *f* (*de mujer*)

色彩 [sè cǎi] **1.** color *m*; **2.** color *m*, tono *m*

色情 [sè qíng] pornografía *f*, erótico,-a

森 [sēn] → 森林 [sēn lín]

森林 [sēn lín] bosque *m*

僧 [sēng] *relig* monje *m*, bonzo *m*

僧侣 [sēng lǚ] bonzo *m* y sacerdote *m*, monje *m*

杀 [shā] **1.** matar, sacrificar; **2.** luchar, combatir; **3.** debilitar, disminuir, reducir

杀虫剂 [shā chóng jì] insecticida *f*, pesticida *f*

杀害 [shā hài] asesinar, matar

杀人 [shā rén] matar, asesinar

杀手 [shā shǒu] asesino *m*

沙 [shā] **1.** arena *f*; **2.** *(voz)* ronco,-a

沙丁鱼 [shā dīng yú] *zool* sardina *f*

沙发 [shā fā] sofá *m*

沙锅 [shā guō] olla *f* de barro, cazuela *f*

沙龙 [shā lóng] salón *m*

沙漠 [shā mò] desierto *m*

沙滩 [shā tān] playa *f*

沙子 [shā zi] arena *f*

纱 [shā] **1.** hilo *m*, hilado *m*; **2.** gasa *f*, tejido *m* fino

纱布 [shā bù] *txtl* gasa *f*

刹 [shā] frenar, parar

刹车 [shā chē] (*vehículo*) frenar

傻 [shǎ] **1.** tonto,-a, estúpido-a; **2.** obrar sin flexibilidad, actuar mecánicamente

傻瓜 [shǎ guā] tonto,-a *m/f*, bobo,-a *m/f*

傻子 [shǎ zi] imbécil *m/f*, tonto,-a *m/f*

筛 [shāi] **1.** cedazo *m*, tamiz *m*; **2.** tamizar, cribar

筛选 [shāi xuǎn] seleccionar, escoger

筛子 [shāi zi] cedazo *m*, tamiz *m*

晒 [shài] **1.** solear, exponer (*poner*) al sol; **2.** alumbrar, iluminar

晒台 [shài tái] terraza *f*, balcón *m*

山 [shān] colina *f*, montaña *f*

山峰 [shān fēng] (*montaña*) pico *m*, cima *f*

山脚 [shān jiǎo] pie *m* de una montaña

山口 [shān kǒu] paso *m* entre montañas

山脉 [shān mài] cordillera *f*, sierra *f*

山区 [shān qū] región *f* (*zona*) montañosa

山头 [shān tóu] (*montaña*) cima *f*, pico *m*

山羊 [shān yáng] *zool* cabra *f*

删 [shān] → 删除 [shān chú]

删除 [shān chú] suprimir, omitir, borrar

删改 [shān gǎi] corregir, revisar

扇 [shān] **1.** abanicar; **2.** agitar

扇动 [shān dòng] provocar, agitar

闪 [shǎn] **1.** aparecer (*repentinamente*); **2.** *meteo* relámpago *m*

闪电 [shǎn diàn] *meteo* relámpago *m*, rayo *m*

闪光灯 [shǎn guāng dēng] *fotog* flash *m*, lámpara *f*

闪开 [shǎn kāi] apartarse

扇 [shàn] → 扇子 [shàn zi]

扇子 [shàn zi] abanico *m*

善 [shǎn] **1.** bueno,-a, estupendo,-a; **2.** amistoso,-a, simpático,-a; **3.** benévolo,-a, bondadoso,-a

善良 [shàn liáng] bueno,-a, bondadoso,-a

善心 [shàn xīn] buen corazón *m*, benevolencia *f*

善意 [shàn yì] buena voluntad *f*, buena fe *f*

善于 [shàn yú] ser bueno,-a (*para algo*)

伤 [shāng] **1.** herida *f*, lesión *f*; **2.** herir, lesionar, dañar; **3.** perjudicar, dañar, estropear

伤疤 [shāng bā] cicatriz *f*

伤风 [shāng fēng] coger frío, tener catarro, resfriarse

伤感 [shān gǎn] sentirse triste; melancolía *f*

伤害 [shāng hài] herir, dañar, estropear

伤寒 [shāng hán] *med* fiebre *f* tifoidea, tifoideo *m*

伤痕 [shāng hén] cicatriz *f*

伤口 [shāng kǒu] herida *f*, lesión *f*

伤亡 [shāng wáng] *mil* heridos *mpl* y muertos *mpl*, bajas *fpl*

伤心 [shāng xīn] triste *adj m/f*, desconsolado,-a

商 [shāng] **1.** discutir, consultar; **2.** comercio *m*, negocio *m*

商标 [shāng biāo] *com* marca *f* (*comercial*)

商场 [shāng chǎng] *com* almacenes *mpl*

商店 [shāng diàn] tienda *f*, establecimiento *m* comercial

商会 [shāng huì] cámara *f* de comercio

商检 [shāng jiǎn] inspección *f* de mercancía

商量 [shāng liàng] discutir, consultar, negociar

商品 [shāng pǐn] *com* artículo *m*, género *m*, mercancía *f*

商人 [shāng rén] hombre *m* de negocios

商谈 [shāng tán] negociar, discutir, consultar

商务 [shāng wù] asuntos *mpl* de negocio; comercial *adj m/f*

商业 [shāng yè] comercio *m*

晌 [shǎng] → 晌午 [shǎng wu]

晌午 [shǎng wu] mediodía *m*

赏 [shǎng] **1.** conceder, otorgar; **2.** recompensa *f*, premio *m*; **3.** apreciar, estimar

赏赐 [shǎng cì] conceder, otorgar

赏识 [shǎng shí] apreciar, estimar

上 [shàng] **1.** superior *adj m/f*, arriba, alto,-a; **2.** subir; **3.** ir, salir

上班 [shàng bān] ir al trabajo

上层 [shàng céng] (*a*) nivel *m* superior, alta dirección *f*

上当 [shàng dàng] ser engañado,-a

上帝 [shàng dì] Dios *m*

上吊 [shàng diào] ahorcarse, colgarse

上坟 [shàng fén] visitar la tumba, rendir homenaje (*a un difunto*)

上钩 **[shàng gōu]** caer (*picar*) en el anzuelo

上光 **[shàng guāng]** pulir, abrillantar

上级 **[shàng jí]** nivel *m* superior, superioridad *f*

上课 **[shàng kè]** ir a clase, asistir a clase

上流社会 **[shàng liú shè huì]** alta sociedad *f*

上马 **[shàng mǎ]** **1.** montar a caballo; **2.** (*obra*) poner en marcha

上门服务 **[shàng mén fú wù]** servicio *m* a domicilio

上任 **[shàng rèn]** tomar posesión (*de un cargo*)

上升 **[shàng shēng]** subir, ascender, elevarse

上市 **[shàng shì]** *com* ponerse en venta (*en el mercado*)

上台 **[shàng tái]** subir a la tribuna, salir a escena

上午 **[shàng wǔ]** por la mañana, mañana *f*; 今天上午有课。**[jīn tiān shàng wǔ yǒu kè]** Hay clase esta mañana.

上下 **[shàng xià]** de arriba a abajo

上下文 **[shàng xià wén]** contexto *m*

上学 **[shàng xué]** ir a la escuela

上旬 **[shàng xún]** primeros diez días (*de un mes*)

上演 **[shàng yǎn]** poner en escena, estrenarse

上衣 **[shàng yī]** *txtl* chaqueta *f*, americana *f*

上瘾 **[shàng yǐn]** (*de un vicio*) estar enganchado,-a

上映 **[shàng yìng]** (*película*) proyectar, poner

烧 **[shāo]** **1.** poner fuego, quemar; **2.** *gastr* cocer, cocinar, guisar; **3.** *med (tener)* fiebre *f*

烧毁 **[shāo huǐ]** quemar

烧酒 **[shāo jiǔ]** aguardiente *m*, licor *m*

烧伤 **[shāo shāng]** *med* quemadura *f*

烧香 **[shāo xiāng]** *relig* (*ceremonia budista*) quemar incienso

捎 **[shāo]** portar u/c de paso

捎口信 **[shāo kǒu xìn]** llevar un recado

梢 **[shāo]** → 树梢 **[shù shāo]** copa *f* del árbol

稍 **[shāo]** un poco, algo, un tanto

稍微 **[shāo wēi]** un poco, algo

勺 **[sháo]** → 汤勺 **[tāng sháo]** cuchara *f* sopera, cucharón *m*

少 **[shǎo]** → **shào** **1.** poco,-a, escaso; **2.** faltar, carecer de

少量 **[shǎo liàng]** una pequeña cantidad, un poco

少数 **[shǎo shù]** número *m* reducido; minoría *f*; minoritario,-a, ~ 民族 **[mín zú]** etnia *f* minoritaria

哨 **[shào]** **1.** puesto *m* (*de centinela*); **2.** silbato *m*

哨子 **[shào zi]** silbato *m*

少 **[shào]** → **shǎo** joven *adj m/f*

少年 **[shào nián]** chaval *m*

少女 [shào nǚ] chica *f*
少爷 [shào ye] señorito *m*
奢 [shē] **1.** lujoso,-a, suntuoso,-a; **2.** demasiado,-a, excesivo,-a
奢侈 [shē chǐ] de lujo, despilfarrador,-a
奢华 [shē huá] lujoso,-a, suntuoso,-a
赊 [shē] → 赊帐 [shē zhàng]
赊欠 [shē qiàn] endeudar, comprar a crédito
赊帐 [shē zhàng] consumir a crédito, fiar
舌 [shé] → 舌头 [shé tou]
舌头 [shé tou] *med* lengua *f*
蛇 [shé] *zool* serpiente *f*
蛇酒 [shé jiǔ] licor *m* de serpiente
舍 [shě] **1.** abandonar, renunciar; **2.** dar limosna
舍不得 [shě bú de] escatimar, ser reacio (*a gastar dinero o usar u/c*)
舍得 [shě de] no escatimar, estar dispuesto,-a (*a gastar dinero o usar u/c*)
设 [shè] **1.** si, en caso de que; **2.** establecer, instalar
设备 [shè bèi] maquinaria *f*, equipo *m*, instalación *f*
设计 [shè jì] diseñar, planear; diseño *m*
设施 [shè shī] instalación *f*, infraestructura *f*
设想 [shè xiǎng] **1.** idea *f*, plan *m*; **2.** imaginar, pensar
社 [shè] asociación *f*, sociedad *f*; club *m*
社会 [shè huì] sociedad *f*; social *adj m/f*
社交 [shè jiāo] contacto *m* (*relación*) social
社论 [shè lùn] artículo *m* de editorial
涉 [shè] → 涉及 [shè jí]
涉及 [shè jí] afectar, tener que ver con
射 [shè] **1.** tirar, disparar, lanzar; **2.** echar un polvo *coloq*
射击 [shè jī] tirar, disparar
射精 [shè jīng] echar un polvo *coloq*
射门 [shè mén] *dep* tirar a gol
射手 [shè shǒu] *dep* tirador *m*; goleador *m*
射中 [shè zhōng] dar en el blanco
赦 [shè] → 赦免 [shè miǎn]
赦免 [shè miǎn] indultar (*a alg de una pena*), amnistiar
摄 [shè] **1.** fotografiar, tomar una foto; **2.** absorber, asimilar
摄氏 [shè shì] *meteo* centígrado *m*
摄影 [shè yǐng] fotografiar; fotografía *f*
申 [shēn] aclarar, expresar, exponer
申请 [shēn qǐng] solicitar; solicitud *f*
申述 [shēn shù] manifestar, aclarar, explicar
伸 [shēn] extender, alargar, estirar
伸手 [shēn shǒu] dar la mano

伸缩 [shēn suō] elástico,-a; flexible *adj m/f*

身 [shēn] **1.** cuerpo *m* humano; **2.** uno mismo, personalmente; **3.** vida *f*

身材 [shēn cái] talla *f*, estatura *f*

身份证 [shēn fen zhèng] D.N.I. *m* (*Documento Nacional de Identidad*)

身世 [shēn shì] historia *f* de la vida

身体 [shēn tǐ] **1.** cuerpo *m* humano; **2.** salud *f*, 你~好吗? [nǐ hǎo ma] ¿Cómo estás de salud?

绅 [shēn] → 绅士 [shēn shì]

绅士 [shēn shì] caballero *m*, hombre *m* ilustre

深 [shēn] **1.** profundo,-a, hondo,-a; **2.** profundidad *f*; **3.** (*color*) oscuro,-a

深度 [shēn dù] (*grado de*) profundidad *f*

深刻 [shēn kè] profundo,-a, severo,-a, serio,-a

深情 [shēn qíng] sentimiento *m* (*amor*) profundo

深入 [shēn rù] penetrar, profundizar, detallar

深夜 [shēn yè] en plena noche

深造 [shēn zào] cursar estudios superiores, hacer la formación continuada

什 [shén] → chí → 什么 [shén me]

什么 [shén me] **1.** qué, 你在看~? [nǐ zaì kàn] ¿Qué estás mirando?; **2.** todo, nada; 她~都(不)要 [tā dōu (bú) yào] 。Lo quiere todo. / No quiere nada.

神 [shén] **1.** Dios *m*, todo el poder; **2.** sobrenatural *adj m/f*, mágico,-a; **3.** energía *f*, vigor *m*

神甫 [shén fǔ] *relig* cura *m*, padre *m*

神话 [shén huà] mitología *f*, mito *m*

神经 [shén jīng] *med* nervio *m*

神经病 [shén jīng bìng] *med* psicosis *f*; enfermedad *f* mental

神秘 [shén mì] misterioso,-a, místico,-a

神奇 [shén qí] mágico,-a, maravilloso,-a, fantástico,-a

神气 [shén qì] **1.** expresión *f*, aspecto *m*; **2.** orgulloso,-a, arrogante *adj m/f*

神圣 [shén shèng] sagrado,-a, santo,-a

神仙 [shén xiān] inmortal *m/f*; genio *m*

神像 [shén xiàng] retrato *m* de un difunto

神学 [shén xué] teología *f*

神志 [shén zhì] *med* estado *m* de la mente, conciencia *f*

审 [shěn] **1.** cuidadoso,-a, minucioso,-a; **2.** *jur* (*a un preso*) interrogar, preguntar

审查 [shěn chá] investigar, verificar

审定 [shěn dìng] verificar y decidir

审核 [shěn hé] verificar, revisar

审理 [shěn lǐ] *jur* procesar, entrar en juicio
审判 [shěn pàn] *jur* procesar, someter a la justicia
审批 [shěn pī] revisar, tramitar (para dar el visto bueno)
审问 [shěn wèn] *jur* interrogar, preguntar
婶 [shěn] tía *f* (*esposa del hermano menor del padre*)
婶母 [shěn mǔ] tía *f* (*esposa del hermano menor del padre*)
肾 [shèn] *med* riñón
肾结石 [shèn jié shí] *med* cálculo *m* renal
肾炎 [shèn yán] *med* nefritis *f*
甚 [shèn] → 甚至 [shèn zhì]
甚至 [shèn zhì] incluso, hasta, (*llegar*) al extremo de
渗 [shèn] (*agua*) rezumarse, penetrar
渗透 [shèn tòu] infiltrar(*se*), penetrar
慎 [shěn] prudente *adj m/f*, cuidadoso,-a, discreto,-a
慎重 [shěn zhòng] serio,-a, prudente *adj m/f*
升 [shēng] alzarse, levantarse, ascender, subir
升级 [shēng jí] ascender (*de categoría de un cargo*), entrar en un curso superior docente
升学 [shēng xué] entrar en un colegio (*de nivel superior*)
升值 [shēng zhí] *econ* revaluación *f*
生 [shēng] **1.** dar a luz, parir; **2.** crecer, criar; **3.** verde *adj m/f*, crudo,-a; **4.** desconocido,-a, extraño,-a
生病 [shēng bìng] caer enfermo,-a, estar enfermo,-a
生产 [shēng chǎn] **1.** producir, manufacturar, fabricar; **2.** dar a luz, parir
生存 [shēng cún] sobrevivir; supervivencia *f*
生动 [shēng dòng] vivo,-a, dinámico,-a
生活 [shēng huó] **1.** vida; vivir; **2.** faena *f*, trabajo *m*
生理 [shēng lǐ] fisiología *f*
生命 [shēng mìng] vida *f*
生怕 [shēng pà] por miedo a
生气 [shēng qì] enfadarse, ofenderse
生人 [shēng rén] desconocido,-a *m/f*, extraño,-a *m/f*
生日 [shēng rì] cumpleaños *m*, día *m* de nacimiento
生死 [shēng sǐ] vida *f* y muerte *f*
生态 [shēng tài] ecología *f*; ecológico,-a
生物 [shēng wù] seres *mpl* vivos
生肖 [shēng xiào] horóscopo *m* chino (*de doce animales*)
生效 [shēng xiào] entrar en vigor
生锈 [shēng xiù] oxidarse, ponerse mohoso
生意 [shēng yì] negocio *m*
生育 [shēng yù] dar a luz, parir; parto *m*

生长 **[shēng zhǎng]** crecer, desarrollarse (*físicamente*)

生殖器 **[shēng zhí qì]** *med* órganos *mpl* genitales

生字 **[shēng zì]** *ling* carácter *m* nuevo, palabra *f* nueva

声 **[shēng]** **1.** sonido *m*, ruido *m*, voz *f*; **2.** hacer un sonido *(un ruido)*

声调 **[shēng diào]** tono *m*, entonación *f*

声明 **[shēng míng]** declarar, manifestar; manifestación *f*, declaración *f*

声望 **[shēng wàng]** popularidad *f*, prestigio *m*

声音 **[shēng yīn]** sonido *m*, ruido *m*, voz *f*

声誉 **[shēng yù]** reputación *f*, fama *f*, renombre *m*

声张 **[shēng zhāng]** hacer público, -a, circular una noticia

牲 **[shēng]** → 牲口 **[shēng kǒu]**

牲口 **[shēng kǒu]** animal *m* de carga *(de labranza)*

甥 **[shēng]** sobrino *m (hijo de una hermana)*

绳 **[shéng]** **1.** cuerda *f*, soga *f*; **2.** restringir, frenar, refrenar

绳子 **[shéng zi]** cuerda *f*, cordel *m*, soga *f*

省 **[shěng]** → xǐng **1.** economizar, ahorrar; **2.** omltir, suprimir; **3.** provincia *f* (*china*)

省得 **[shěng de]** para evitar (*que*), para excusar

省会 **[shěng huì]** capital *f* (*de una provincia china*)

省略 **[shěng lüè]** omitir, pasar por alto

省事 **[shěng shì]** evitar molestias, simplificar las cosas

圣 **[shèng]** **1.** sabio *m*, santo *m*; **2.** sagrado,-a; **3.** gran *m* maestro, genio *m*

圣诞节 **[shèng dàn jié]** Navidad *f*

圣经 **[shèng jīng]** Biblia *f*

圣母 **[shèng mǔ]** Virgen *f* María

圣人 **[shèng rén]** **1.** sabio *m*; **2.** santo *m*

胜 **[shèng]** **1.** victoria *f*, triunfo *m*; **2.** triunfar, ganar

胜地 **[shèng dì]** lugar *m* pintoresco (*para el turismo*)

胜利 **[shèng lì]** victoria *f*, triunfo *m*

盛 **[shèng]** **1.** floreciente *adj m/f*, próspero,-a; **2.** vigoroso,-a, enérgico,-a; **3.** grandioso,-a, magnífico,-a

盛产 **[shèng chǎn]** abundar en, ser rico en

盛大 **[shèng dà]** grandioso,-a, magnífico,-a, espléndido,-a

盛情 **[shèng qíng]** (*con*) mucha hospitalidad *f* (*amistad*)

盛世 **[shèng shì]** época *f* de mayor prosperidad (*económica*)

盛行 **[shèng xíng]** estar de moda, ser muy popular

剩 **[shèng]** → 剩余 **[sheng yú]**

剩余 **[shèng yú]** excedente *adj m/f*, sobrante *adj m/f*, resto *m*

尸 [shī] → 尸体 [shī tǐ]
尸体 [shī tǐ] cadáver *m*, restos *mpl* mortales
失 [shī] **1.** perder, perderse; **2.** falta *f*, error *m*, equivocación *f*
失败 [shī bài] fracasar, sufrir una derrota; fracaso *m*, derrota *f*
失策 [shī cè] equivocarse; equivocación *f*
失常 [shī cháng] anormal *adj m/f*; anormalidad *f*
失禁 [shī jìn] *med* incontinencia *f*
失礼 [shī lǐ] descortesía *f*; maleducado,-a
失恋 [shī liàn] perder el amor de alg
失眠 [shī mián] (*sufrir de*) insomnio *m*
失明 [shī míng] perder la vista, quedarse ciego,-a
失去 [shī qù] perder
失事 [shī shì] (*tener un*) accidente *m*
失手 [shī shǒu] (*escapársele*) írsele a uno la mano
失望 [shī wàng] decepcionarse, desilusionarse, desesperarse
失物 [shī wù] objeto *m* perdido
失误 [shī wù] falta *f*, fallo *m*
失效 [shī xiào] caducidad *f*
失学 [shī xué] interrumpir los estudios, dejar de estudiar
失业 [shī yè] estar (*quedar*) en el paro
失踪 [shī zōng] desaparecer, perder la pista
师 [shī] **1.** profesor,-a *m/f*, maestro,-a *m/f*; **2.** profesional *m/f*
师傅 [shī fu] (*taller mecánico*) maestro *m*, jefe *m*
师资 [shī zī] profesorado *m*
诗 [shī] poesía *f*, poema *m*
诗歌 [shī gē] poema *m* y canción *f*, poesía *f*
诗人 [shī rén] poeta *m*, poetisa *f*
狮 [shī] → 狮子 [shī zi]
狮子 [shī zi] *zool* león *m*
施 [shī] ejecutar, llevar a cabo
施工 [shī gōng] construir; construcción *f*
施舍 [shī shě] dar limosna
湿 [shī] mojar(*se*); húmedo,-a
湿度 [shī dù] (*grado de*) humedad *f*
湿淋淋 [shī līn līn] empaparse, mojarse hasta los huesos
十 [shí] diez *adj/m*
十二月 [shí'èr yuè] diciembre *m*
十二指肠 [shí'èr zhǐ cháng] *med* duodeno *m*
十进制 [shí jìn zhì] sistema *m* decimal, numeración *f* decimal
十全十美 [shí quán shí měi] perfecto,-a, impecable *adj m/f*
十一月 [shí yī yuè] noviembre *m*
十月 [shí yuè] octubre *m*
十字街口 [shí zì jiē tóu] cruce *m* (*de calles*)
十字架 [shí zì jià] *relig* cruz *f*
什 [shí] → shén **1.** diez *adj/m*; **2.** variado,-a, surtido,-a
什锦 [shí jǐn] variado,-a, surtido,-a

什物 [shí wù] artículos *mpl* de uso diario

石 [shí] piedra *f*, roca *f*

石膏 [shí gāo] yeso *m*, escayola *f*

石灰 [shí huī] *constr* cal *f*

石榴 [shí liú] *bot* granado *m*

石器 [shí qì] instrumento *m* de piedra

石头 [shí tóu] piedra *f*, roca *f*

石英表 [shí yīng biǎo] (*reloj*) cuarzo *m*

石油 [shí yóu] petróleo *m*

识 [shí] conocer, saber; conocimiento *m*, erudición *f*, saber *m*

识别 [shí bié] distinguir, diferenciar

识破 [shí pò] descubrir, percibir

识字 [shí zì] aprender a leer y escribir

时 [shí] **1.** tiempo *m*, a tiempo; 火车准~ 到达上海。 [huǒ chē zhǔn dào dá shàng hǎi] El tren llega a tiempo a Shanghai; **2.** hora *f*; 下午三~ [xià wǔ sān] a las tres de la tarde

时差 [shí chā] diferencia *f* horaria

时常 [shí cháng] a menudo, de vez en cuando, con frecuencia

时代 [shí dài] época *f*, era *f*, edad *f*

时候 [shí hou] **1.** → 时间 [shí jiān]; **2.** momento *m*, hora *f*; 到~ 请叫我一下 [dào qǐng jiào wǒ yī xià] 。Por favor, despiértame cuando llegue la hora.

时机 [shí jī] oportunidad *f*, ocasión *f*

时间 [shí jiān] tiempo; 编本辞典要用多少~ ? [biān běn cí diǎn yào yòng duō shǎo] ¿Cuánto tiempo cuesta hacer un diccionario?

时节 [shí jié] temporada *f*; época *f*

时局 [shí jú] situación *f* político-social

时刻 [shí kè] tiempo *m*, hora *f*

时刻表 [shí kè biǎo] horario *m*, 火车~ 表 [huǒ chē biǎo] horario *m* de tren

时髦 [shí máo] (*estar*) de moda

时期 [shíqī] período *m*, época *f*

时尚 [shí shàng] moda *f*; novedad *f*

时时 [shí shí] a menudo, constantemente

时装 [shí zhuāng] vestido *m* (*traje*) de moda

实 [shí] **1.** sólido,-a, macizo,-a; **2.** verdadero,-a, real *adj m/f*; **3.** realidad *f*, hecho *m*

实地 [shí dì] in situ, en el campo

实惠 [shí huì] **1.** beneficio *m* real; **2.** (*ventaja, beneficio*) substancioso,-a, práctico,-a

实际 [shí jì] realidad *f*, de hecho

实践 [shí jiàn] práctica *f*; practicar

实况转播 [shí kuàng zhuǎn bō] *TV* transmisión *f* en directo

实力 [shí lì] fuerza *f* real

实权 [shí quán] poder *m* real, autoridad *f*

实施 [shí shī] llevar a cabo, ejecutar
实习 [shí xí] (trabajo de) práctica *f*
实现 [shí xiàn] realizar, llevar a cabo
实心 [shí xīn] macizo,-a, sólido,-a
实行 [shí xíng] poner en práctica, llevar a cabo
实验 [shí yàn] experimentar, probar; experimentación *f*
实业 [shí yè] industria *f* y comercio *m*
实用 [shí yòng] uso práctico
实在 [shí zài] verdadero,-a, real *adj m/f*, honesto,-a
实质 [shí zhì] sustancia *f*, esencia *f*
拾 [shí] **1.** recoger, coger; **2.** (*número en letras*) diez *adj/m*
拾掇 [shí duo] ordenar, poner en orden, arreglar
食 [shí] **1.** comer; **2.** comida *f*, alimento *m*
食品 [shí pǐn] producto *m* alimenticio, alimentación *f*
食堂 [shí táng] comedor *m* (*de una entidad*)
食物 [shí wù] comida *f*, alimento *m*
食用 [shí yòng] comestible *adj m/f*, alimenticio,-a
食指 [shí zhǐ] *med* dedo *m* índice
史 [shǐ] historia *f*
史无前例 [shǐ wú qián lì] sin precedentes (*en la historia*)
使 [shǐ] **1.** usar, emplear, utilizar; **2.** hacer, causar, permitir; **3.** ordenar, mandar, enviar
使不得 [shǐ bu de] inútil *adj m/f*, dejar de servir
使馆 [shǐ guǎn] *dipl* embajada *f*
使唤 [shǐ huan] mandar (*a uno hacer algo*)
使节 [shǐ jié] *dipl* enviado *m* (*diplomático*)
使劲 [shǐ jìn] hacer esfuerzos, esforzarse
使用 [shǐ yòng] hacer uso, usar, utilizar
始 [shǐ] → 开始 [kāi shǐ] principio *m*, comienzo *m*, inicio *m*
始末 [shǐ mò] principio *m* y fin *m* (*de un suceso*)
始终 [shǐ zhōng] desde el principio hasta el fin, todo el tiempo
驶 [shǐ] → 驾驶 [shǐ shǐ] **1.** navegar, conducir, pilotar; **2.** (*vehículo*) correr, galopar
屎 [shǐ] → 拉屎 [lā shǐ] **1.** excremento *m*, caca *f*, heces *fpl*; **2.** (*ojos, oídos, nariz*) secreción *f*
士 [shì] **1.** soldado *m*; **2.** hombre *m* de letras, letrado *m*
士兵 [shì bīng] *mil* soldado *m*
士气 [shì qì] espíritu *m* moral, combatividad *f*
氏 [shì] → 姓氏 [xìng shì] apellido *m*
市 [shì] **1.** mercado *m*; **2.** ciudad *f*, municipio *m*
市场 [shì chǎng] mercado *m*, mercadillo *m*

市郊 [shì jiāo] suburbio *m*, *(ciudad)* afueras *fpl*

市斤 [shì jīn] *(unidad china de peso)* medio kilo

市面 [shì miàn] situación *f* del mercado

市民 [shì mín] ciudadano,-a *m/f*

市区 [shì qū] casco *m* urbano

市容 [shì róng] imagen *f* de una ciudad

市长 [shì zhǎng] alcalde *m*, alcaldesa *f*

市中心 [shì zhōng xīn] centro *m* urbano, casco *m* urbano

示 [shì] mostrar, enseñar, manifestar

示范 [shì fàn] dar ejemplo, demostrar

示威 [shì wēi] hacer una manifestación, manifestar(*se*)

示意图 [shì yì tú] bosquejo *m*, croquis *m*

世 [shì] **1.** vida (*humana*); generación *f*; **2.** época *f*, era *f*, edad *f*; **3.** mundo *m*

世代 [shì dài] de generación en generación

世道 [shì dào] estado *m* social (*de una época*)

世纪 [shì jì] siglo *m*

世界 [shì jiè] mundo *m*, universo *m*

世俗 [shì sú] costumbres *fpl*

式 [shì] **1.** tipo *m*, estilo *m*, modelo *m*, modo *m*; **2.** forma *f*, fórmula *f*; **3.** ceremonia *f*, rito *m*

式样 [shì yàng] estilo *m*, tipo *m*, modelo *m*

试 [shì] probar, ensayar, experimentar; examen *m*, prueba *f*

试飞 [shì fēi] vuelo *m* de prueba

试剂 [shì jì] *quím* reactivo *m*

试卷 [shì juàn] papel *m* de examen

试探 [shì tàn] tantear, sondear

试题 [shì tí] (*examen*) cuestionario *m*

试图 [shì tú] intentar, tratar de

试验 [shì yàn] probar, experimentar, ensayar; ensayo *m*, experimento *m*

试用期 [shì yòng qī] período *m* de prueba

势 [shì] **1.** poder *m*, potencia *f*, influencia *f*; fuerza *f*; **2.** situación *f*, circunstancia *f*

势必 [shì bì] ciertamente, inevitablemente

势不两立 [shì bú liǎng lì] absolutamente opuesto,-a, inconciliable *adj m/f*

势力 [shì lì] fuerza *f*, poder *m*, influencia *f*

事 [shì] **1.** asunto *m*, negocio *m*; **2.** incidente *m*, suceso *m*, accidente *m*; **3.** empleo *m*, trabajo *m*

事变 [shì biàn] incidente *m*, emergencia *f*

事故 [shì gù] accidente *m*, incidente *m*

事迹 [shì jì] hazaña *f*, proeza *f*

事件 [shì jiàn] acontecimiento *m*, evento *m*
事例 [shì lì] ejemplo *m*, caso *m*
事情 [shì qing] asunto *m*, cosa *f*, cuestión *f*
事实 [shì shí] hecho *m*, verdad *f*, realidad *f*
事态 [shì tài] estado *m* (*de las cosas*), situación *f*
事务 [shì wù] trabajo *m*, quehacer *m*, faena *f*
事物 [shì wù] cosa *f*, asunto *m*
事业 [shì yè] causa *f*, obra *f*
侍 [shì] atender, servir
侍候 [shì hòu] servir, atender, cuidar
视 [shì] **1.** mirar; mirada; **2.** considerar
视察 [shì chá] inspeccionar, visitar
视觉 [shì jué] *med* sentido *m* de la vista, sentido *m* visual
视力 [shì lì] *med* visión *f*, vista *f*
视线 [shì xiàn] (*topografía*) línea *f* visual
视野 [shì yě] campo *m* de visión
饰 [shì] → 装饰 [zhuāng shì] **1.** decoración *f*; decorar, adornar; **2.** *teat* desempeñar (*un papel*), representar, interpretar
饰物 [shì wù] joya *f*
室 [shì] **1.** cuarto *m*, habitación *f*, sala *f*; **2.** *adm* sección *f*, departamento *m*
室内 [shì nèi] bajo techado, interior *adj m/f*
柿 [shì] **1.** (*planta*) caqui *m*; **2.** (*fruto*) caqui *m*
柿饼 [shì bǐng] caqui *m* seco
柿子 [shì zi] *bot* caqui *m*
是 [shì] **1.** ser; 她~ 老师。 [tā lǎo shī] Ella es profesora; **2.** ser cierto, sí; 他~ 来过。 [tā lái guo] Sí que ha estado aquí; **3.** existir, ser, 我家旁边~ 一座公园。 [wǒ jiā páng biān yī zuò gōng yuán] Al lado de mi casa hay un parque.
适 [shì] **1.** apropiado,-a, adecuado,-a; **2.** cómodo,-a, confortable *adj m/f*; **3.** justo, precisamente, oportunamente
适当 [shì dàng] apropiado,-a, adecuado,-a, conveniente *adj m/f*
适合 [shì hé] convenir, adaptarse
适可而止 [shì kě ér zhǐ] detenerse antes de ir demasiado lejos
适宜 [shì yí] conveniente *adj m/f*, apropiado,-a, adecuado,-a
适应 [shì yìng] adaptarse, ajustarse
适用 [shì yòng] ser aplicable, aplicarse
适中 [shì zhōng] **1.** moderado,-a, mesurado,-a; **2.** bien situado,-a, centrado,-a
逝 [shì] → 逝世 [shì shì]
逝世 [shì shì] morir, fallecer
释 [shì] **1.** explicar, interpretar; **2.** hacer desaparecer, desvanecer
释放 [shì fàng] liberar, soltar

誓 [shì] jurar, juramentar; juramento *m*, promesa *f*
誓死 [shì sǐ] desafiar la muerte
誓言 [shì yán] juramento *m*, promesa *f*
收 [shōu] **1.** recibir, aceptar, admitir; **2.** recoger, reunir; 把书~起来 [bǎ shū qǐ lái] recoger los libros; **3.** cobrar, recaudar
收藏 [shōu cáng] coleccionar, hacer colección
收场 [shoū chǎng] concluir, terminar
收成 [shoū cheng] cosecha *f*
收发室 [shoū fā shì] *adm* conserjería *f*
收割 [shoū gē] cosechar, segar
收购 [shoū gòu] comprar (al por mayor), adquirir
收回 [shoū huí] **1.** recobrar, recuperar; **2.** retirar, anular, revocar
收获 [shoū huò] **1.** recoger, cosechar; **2.** resultado *m*, logro *m*, fruto *m*
收集 [shoū jí] compilar, coleccionar, copilar
收据 [shoū jù] (*pago*) recibo *m*, comprobante *m*, resguardo *m*
收敛 [shoū liǎn] **1.** disminuir, desaparecer; **2.** contenerse, frenarse, moderarse
收留 [shoū liú] acoger, cobijar, amparar
收买 [shoū mǎi] comprar, sobornar, corromper
收容 [shoū róng] acoger, cobijar, albergar
收入 [shoū rù] ingreso *m*, sueldo *m*
收拾 [shoū shi] poner en orden, arreglar
收缩 [shoū suō] contraer(*se*), encoger(*se*)
收条 [shoū tiáo] recibo *m*, resguardo *m*
收听 [shoū tīng] (*radio*) escuchar
收信人 [shoū xìn rén] destinatario,-a *m/f*
收养 [shoū yǎng] adoptar, ahijar, prohijar; adaptación *f*
收益 [shoū yì] beneficio *m*, ganancia *f*
收音机 [shoū yīn jī] (*aparato de*) radio *f*
收支 [shoū zhī] ingresos *mpl* y gastos *mpl*
手 [shǒu] **1.** mano *f*; **2.** habilidad *f*, profesionalidad *f*; 露两~ 给大伙儿看看。 [lòu liǎng gěi dà huǒ'ér kàn kàn] Enséñales a la gente tu habilidad.
手背 [shǒu bèi] dorso *m* de la mano
手表 [shǒu biǎo] reloj *m* de pulsera
手册 [shǒu cè] manual *m*, guía *m*
手电筒 [shǒu diàn tǒng] linterna *f* (de pilas)
手段 [shǒu duan] medio *m*, medida *f*, método *m*
手法 [shǒu fǎ] arte *m*, técnica *f*

手风琴 [shǒu fēng qín] *mús* acordeón *m*
手稿 [shǒu gǎo] manuscrito *m*, autógrafo *m*
手工 [shǒu gōng] trabajo *m* manual
手工业 [shǒu gōng yè] industria *f* artesanal
手工艺 [shǒu gōng yì] artesanía *f*
手铐 [shǒu kào] esposas *fpl*, manillas *fpl*
手榴弹 [shǒu liú dàn] *mil* granada *f* de mano
手忙脚乱 [shǒu máng jiǎo luàn] nervioso,-a y caótico,-a
手帕 [shǒu pà] pañuelo *m*
手枪 [shǒu qiāng] pistola *f*
手球 [shǒu qiú] *dep* balonmano *m*
手势 [shǒu shì] señal *f*, gesto *m* *(de mano)*
手术 [shǒu shù] *med* operación *f*, intervención *f* (*quirúrgica*)
手套 [shǒu tào] *txtl* guante *m*
手提式 [shǒu tí shì] portátil *adj m/f*
手心 [shǒu xīn] palma *f* de la mano
手续 [shǒu xù] procedimiento *m*, trámite *m*
手掌 [shǒu zhǎng] palma *f* (*de la mano*)
手纸 [shǒu zhǐ] papel *m* higiénico
手指 [shǒu zhǐ] dedo *m* (*de la mano*)
守 [shǒu] **1.** guardar, custodiar, vigilar; **2.** respetar, obedecer, cumplir; ~ 信用 [xìn yòng] cumplir la palabra
守候 [shǒu hòu] esperar, aguardar
守护 [shǒu hù] cuidar, atender
守灵 [shǒu líng] velar (*a un difunto*)
守卫 [shǒu wèi] guardar, custodiar, defender
守孝 [shǒu xiào] estar de luto
守夜 [shǒu yè] hacer guardia durante la noche, velar
守则 [shǒu zé] normativa *f*, reglamento *m*
首 [shǒu] **1.** cabeza *f*; **2.** primero,-a; **3.** (*palabra de medida*) 一~ 歌 [yī gē] una canción
首都 [shǒu dū] capital *f* (*de un país*)
首府 [shǒu fǔ] capital *f* (*de una provincia china*)
首领 [shǒu lǐng] jefe *m*, líder *m*, cabeza *f*
首脑 [shǒu nǎo] jefe *m*, cabeza *f*
首饰 [shǒu shì] adorno *m*, joya *f*
首席 [shǒu xí] principal *adj m/f*, en jefe, ~ 法官 [fǎ guān] el juez en jefe
首先 [shǒu xiān] **1.** primero,-a; **2.** en primer lugar, ante todo
首相 [shǒu xiàng] primer *m* ministro, presidente *m* del gobierno (*de un país monárquico*)
寿 [shòu] **1.** longevidad *f*; **2.** cumpleaños *m*
寿辰 [shòu chén] cumpleaños *m* (*de un/a señor/a mayor*)
寿命 [shòu mìng] vida *f*

寿衣 [shòu yī] mortaja *f*, sudario *m*

受 [shòu] **1.** recibir, aceptar; **2.** sufrir, padecer, someterse a; **3.** aguantar, soportar, resistir

受潮 [shòu cháo] humedecerse

受害 [shòu hài] sufrir perjuicios (*daños*), ser víctima de

受贿 [shòu huì] aceptar sobornos

受惊 [shòu jīng] estar asustado,-a

受苦 [shòu kǔ] sufrir; sufrimiento *m*

受理 [shòu lǐ] *jur* proceder un caso (*de denuncia*)

受骗 [shòu piàn] ser engañado,-a

受气 [shòu qì] sufrir maltratamiento, ser maltratado,-a

受伤 [shòu shāng] lesionarse, estar herido,-a

受罪 [shòu zuì] sufrir, aguantar

售 [shòu] vender

售货员 [shòu huò jī] vendedor,-a *m/f*

售票处 [shòu piào chù] taquilla *f*, despacho *m* de billetes

兽 [shòu] **1.** animal *m*, bestia *f*; **2.** bestial *adj m/f*, fiero,-a, brutal *adj m/f*

兽性 [shòu xìng] naturaleza *f* bestial, bestialidad *f*

兽医 [shòu yī] veterinario,-a *m/f*

授 [shòu] **1.** conceder, otorgar, conferir; **2.** enseñar, instruir

授课 [shòu kè] dar (*impartir*) clase

授权 [shòu quán] autorizar, apoderar; autorización *f*; ~书 [shū] acta *f* de autorización

授予 [shòu zi] conferir, conceder, otorgar

瘦 [shòu] **1.** delgado,-a, flaco,-a; delgadez *f*; **2.** (*carne*) magro, -a; **3.** estrecho,-a, apretado,-a, ajustado,-a

瘦弱 [shòu ruò] delgado,-a y débil *adj m/f*

瘦小 [shòu xiǎo] delgado,-a y bajito,-a

瘦子 [shòu zi] persona *f* delgada

书 [shū] **1.** libro *m*; **2.** carta *f*, correspondencia *f*; documento *m*; **3.** estilo *m* de caligrafía

书包 [shū bāo] mochila *f* escolar

书报 [shū bào] libros *mpl* y periódicos *mpl*

书报亭 [shū bào tíng] quiosco *m*

书本 [shū běn] libro *m*

书呆子 [shū dāi zi] pedante *m/f*, ratón *m* de biblioteca

书店 [shū diàn] librería *f*

书法 [shū fǎ] (*arte*) caligrafía *f*

书房 [shū fáng] (*casa*) estudio *m*, despacho *m*

书记 [shū ji] *pol* secretario,-a *m/f* (*de un partido*)

书架 [shū jià] estantería *f* (*para libros*)

书面 [shū miàn] escrito,-a, por escrito

书市 [shū shì] feria *f* de libros

书写 [shū xiě] escribir

书信 [shū xìn] carta *f*, correspondencia *f*

书桌 [shū zhuō] pupitre *m*, escritorio *m*

叔 [shū] **1.** tío *m* (*paterno*); **2.** cuñado *m* (*hermano menor del marido*)
叔父 [shū fù] tío *m* (*hermano menor de padre*)
叔母 [shū mǔ] tía *f* (*esposa del tío paterno*)
叔叔 [shū shu] tío *m* (*hermano menor del padre*)
殊 [shū] → 特殊 [tè shū] extraordinario,-a, especial *adj m/f*, excepcional *adj m/f*
殊荣 [shū róng] gloria *f* excepcional
殊死 [shū sǐ] a muerte, de vida o muerte
梳 [shū] peine *m*; peinar
梳头 [shū tóu] peinar a alg, peinarse
梳洗 [shū xǐ] lavarse y peinarse
梳妆台 [shū zhuāng tái] tocado *m*
梳子 [shū zi] peine *m*
舒 [shū] **1.** extender, dilatar; **2.** sin prisa, sin precipitación
舒畅 [shū chàng] libre de preocupaciones, feliz *adj m/f*, alegre *adj m/f*
舒服 [shū fu] cómodo,-a, confortable *adj m/f*
舒适 [shū shì] cómodo,-a, confortable *adj m/f*, a gusto
疏 [shū] **1.** (*río*) dragar; **2.** poco,-a, escaso,-a; **3.** descuido *m*, negligencia *f*
疏忽 [shū hu] descuido *m*, negligencia *f*
疏松 [shū sōng] (*tierra*) poco firme, mullido,-a
疏通 [shū tōng] dragar
疏远 [shū yuǎn] (*relaciones de amistad*) alejado,-a, distanciado,-a
输 [shū] **1.** transportar; **2.** (*competición, juego*) perder; **3.** donar, contribuir
输出 [shū chū] exportar
输电 [shū diàn] transmitir electricidad
输入 [shū rù] importar
输送 [shū sòng] transportar, transmitir
输血 [shū xuè] *med* transfusión *f* de sangre
蔬 [shū] → 蔬菜 [shū cǎi]
蔬菜 [shū cài] verdura *f*, hortaliza *f*, legumbre *f*
赎 [shú] **1.** rescatar, desempeñar; **2.** → 赎罪 [shú zuì]
赎金 [shú jīn] rescate *m*
赎罪 [shú zuì] (*pecado*) expiar, purgar (*pagar*) un delito
熟 [shú] **1.** maduro,-a; **2.** cocido-a; **3.** conocer bien a alg; **4.** profesional *adj m/f*, experto,-a
熟菜 [shú cài] comida *f* preparada
熟练 [shú liàn] experto,-a, profesional *adj m/f*
熟人 [shú rén] conocido,-a *m/f*, amigo,-a *m/f*
熟手 [shú shǒu] experto,-a *m/f*, trabajador,-a con experiencia

熟悉 [shú xī] saber (*conocer*) muy bien, familiarizarse con
属 [shǔ] **1.** pertenecer, ser de; **2.** subordinado,-a, anexo,-a; **3.** ser de (*un horóscopo chino*); 你~ 什么的？ [nǐ shén me de] ¿De qué horóscopo (*chino*) eres?
属性 [shǔ xìng] atributo *m*, propiedad *f*
属于 [shǔ yú] pertenecer a, ser de
暑 [shǔ] calor *m*, tiempo *m* cálido
暑假 [shǔ jià] vacaciones *fpl* escolares de verano
暑期 [shǔ qī] vacaciones *fpl* escolares de verano
鼠 [shǔ] → 老鼠 [lǎo shǔ] rata *f*, ratón *m*
鼠疫 [shǔ yì] *med* peste *f*
数 [shǔ] → shù contar, numerar
术 [shù] **1.** arte *m*, técnica *f*, habilidad *f*; **2.** método *m*, técnica *f*
术语 [shù yǔ] términos *mpl* específicos, terminología *f*
束 [shù] **1.** atar, liar, ceñir; **2.** manojo *m*, ramo *m*, haz *f*; **3.** controlar, restringir
束缚 [shù fù] atar, trabar, limitar, frenar
述 [shù] → 述说 [shù shuō]
述说 [shù shuō] contar, relatar, narrar, exponer
树 [shù] **1.** árbol *m*; **2.** plantar, cultivar
树根 [shù gēn] (*árbol*) raíz *f*
树立 [shù lì] establecer, crear, implantar
树林 [shù lín] bosque *m*
树木 [shù mù] árbol *m*
树皮 [shù pí] corteza *f*
树叶 [shù yè] (*árbol*) hoja *f*
树阴 [shù yīn] (*árbol*) sombra *f*
树枝 [shù zhī] (*árbol*) rama *f*
树脂 [shù zhī] resina *f*
竖 [shù] **1.** vertical *adj m/f*, derecho,-a, recto,-a; **2.** levantar, erigir
竖立 [shù lì] levantar, erigir
竖琴 [shù qín] *mús* arpa *f*
数 [shù] → shǔ **1.** número *m*, cifra *f*; **2.** unos, cuantos, unos cuantos, algunos, ~ 次 [cì] unas veces; **3.** cantidad *f*, suma *f*
数词 [shù cí] *ling* numeral *m*
数额 [shù'é] número *m*, cantidad *f*, suma *f*
数据 [shù jù] dato *m*; ~ 库 [kù] base *f* de datos
数控 [shù kòng] control *m* numérico
数量 [shù liàng] cantidad *f*, cuantía *f*
数码相机 [shù mǎ xiāng jī] *fotog* cámara *f* digital
数学 [shù xué] matemáticas *fpl*
数字 [shù zì] número *m*, cifra *f*
刷 [shuā] **1.** cepillo *m*; cepillar, fregar; **2.** encalar, (*pared*) pintar
刷新纪录 [shuā xīn jì lù] batir un récord

刷牙 [shuā yá] limpiarse los dientes

刷子 [shuā zi] cepillo *m*

耍 [shuǎ] **1.** jugar; **2.** hacer (*un truco*), tomar el pelo a alg

耍花招 [shuǎ huā zhāo] hacer un truco

衰 [shuāi] debilitarse, decaer, declinar

衰老 [shuāi lǎo] decrépito,-a, senil *adj m/f*

衰落 [shuāi luò] declinar, decaer

衰弱 [shuāi ruò] débil *adj m/f*, debilitado,-a

衰退 [shuāi tuì] debilitarse, decaer, declinar

衰亡 [shuāi wáng] caer, arruinarse, extinguirse

摔 [shuāi] **1.** caer(*se*), perder el equilibrio; **2.** arrojar, lanzar, tirar; **3.** romper, destrozar

摔跤 [shuāi jiāo] **1.** caerse, dar un traspié; **2.** *dep* lucha *f*

甩 [shuǎi] **1.** agitar, sacudir; **2.** arrojar, lanzar, tirar; **3.** dejar atrás, abandonar

甩手 [shuāi shǒu] **1.** agitar los brazos; **2.** negarse, rehusar, desentenderse

帅 [shuài] → 统帅 [tǒng shuài] **1.** *mil* comandante en jefe; **2.** (*aplicable sólo a chico*) guapo, -a *adj m/f*, elegante *adj m/f*

帅哥 [shuài gē] (*chico*) guapo *m*

栓 [shuān] **1.** taco *m*, clavija *f*, espiga *f*; **2.** tapón *m*, corcho *m*

涮 [shuàn] enjuagar, lavar

涮羊肉 [shuàn yáng ròu] lonja *f* de cordero (*para la fondue*)

双 [shuāng] **1.** dos *adj/m*, doble *adj m/f*, ambos,-as; **2.** par *m*

双胞胎 [shuāng bāo tāi] gemelos *mpl*, mellizos *mpl*

双边 [shuāng biān] bilateral *adj m/f*, bipartito,-a

双重 [shuāng chóng] doble *adj m/f*, dual *adj m/f*; ~ 国籍 [guó jí] doble nacionalidad *f*

双方 [shuāng fāng] ambas partes, ambos lados

双杠 [shuāng gàng] *dep* barras *fpl* paralelas, paralelas *fpl*

双人床 [shuāng rén chuáng] cama *f* de matrimonio

霜 [shuāng] **1.** *meteo* escarcha *f*; **2.** blanco,-a, cano,-a

霜冻 [shuāng dòng] helada *f*

爽 [shuāng] **1.** claro,-a, brillante *adj m/f*; **2.** abierto,-a, franco, -a, sincero,-a; **3.** sentirse bien

爽口 [shuǎng kǒu] sabroso,-a, delicioso,-a

爽快 [shuǎng kuai] franco,-a, sincero,-a, directo,-a

爽朗 [shuǎng lǎng] claro,-a, despejado,-a, sereno,-a

谁 [shuí] **1.** ¿quién? ~ 来了？[lái le] ¿Quién ha llegado?; **2.** cualquiera, todos; nadie; ~ 都会唱。[dōu huì chàng] Todos saben cantar; ~ 都不想去。[dōu bú xiǎng qù] Nadie quiere ir allí; **3.** alguien; 我的车不知道被~ 开走了。[wǒ de chē bú zhī dào bèi kāi zǒu le] Alguien se ha llevado mi coche.

水 [shuǐ] **1.** agua *f*; **2.** líquido *m*

水泵 [shuǐ bèng] bomba *f* hidráulica

水表 [shuǐ biǎo] contador *m* de agua

水兵 [shuǐ bīng] *mil* marinero *m*, marino *m*

水彩画 [shuǐ cǎi huà] *arte* pintura *f* a la acuarela, acuarela *f*

水产 [shuǐ chǎn] producto *m* acuático

水稻 [shuǐ dào] arroz *m*

水电站 [shuǐ diàn zhàn] central *f* (*estación*) hidroeléctrica

水分 [shuǐ fèn] humedad *f*

水管 [shuǐ guǎn] cañería *f (tubería)* de agua

水果 [shuǐ guǒ] fruta *f*

水饺 [shuǐ jiǎo] empanadilla *f (cocida en agua)*

水晶 [shuǐ jīng] cristal *m*, cuarzo *m* hialino

水库 [shuǐ kù] represa *f*, embalse *m*

水力 [shuǐ lì] fuerza *f* (*energía*) hidráulica

水利 [shuǐ lì] ingeniería *f* hidráulica

水疗 [shuǐ liáo] hidroterapia *f*; 大肠~ [dà cháng] hidroterapia *f* de colon

水流 [shuǐ liú] corriente *f*, caudal *m* (*de agua*)

水龙头 [shuǐ lóng tóu] grifo *f*; grifería *f*

水落管 [shuǐ luò guǎn] *constr* canalón *m*, bajante *m*

水墨画 [shuǐ mò huà] *arte* pintura *f* de tinta china

水母 [shuǐ mǔ] *zool* medusa *f*

水泥 [shuǐ ní] *constr* cemento *m*

水牛 [shuǐ niú] *zool* búfalo *m*

水平 [shuǐ píng] **1.** horizontal *adj m/f*, a nivel; **2.** nivel *m*, altura *f*

水球 [shuǐ qiú] *dep* waterpolo *m*

水手 [shuǐ shǒu] *nav* marino *m*, marinero *m*

水位 [shuǐ wèi] nivel *m* del agua

水文 [shuǐ wén] hidrología *f*

水泻 [shuǐ xiè] *med* diarrea *f*

水泄不通 [shuǐ xiè bú tōng] hermético,-a

水星 [shuǐ xīng] *astron* Mercurio *m*

水烟 [shuǐ yān] tabaco *m* (*para una pipa de agua*)

水银 [shuǐ yín] mercurio *m*, azogue *m*

水运 [shuǐ yùn] transporte *m* fluvial (*o marítimo*)

水灾 [shuǐ zāi] inundación *f*

水蒸气 [shuǐ zhēng qì] vapor m *(de agua)*

水准 [shuǐ zhǔn] nivel *m*, pauta *f*

税 [shuì] impuesto *m*, contribución *f*, derechos *mpl*; 个人所得~ [ge rén suǒ dé] renta *f* de persona física

税率 [shuì lǜ] tarifa *f* de impuestos, arancel *m*

税收 [shuì shōu] ingresos *mpl* tributarios

税务局 [shuì wù jú] agencia *f* tributaria

睡 [shuì] dormir

睡袋 [shuì dài] saco *m* de dormir

睡觉 [shuì jiào] dormir

睡眠 [shuì mián] sueño *m*

睡衣 [shuì yī] *txtl* pijama *m*, ropa *f* de dormir

顺 [shùn] **1.** en la misma dirección, en el mismo sentido; **2.** a lo largo de; **3.** arreglar, poner en orden

顺便 [shùn biàn] de paso, a propósito

顺差 [shùn chā] *com* superávit *m*, saldo *f* positivo

顺从 [shùn cóng] obedecer, someterse, conformarse

顺风 [shùn fēng] ir viento en popa

顺利 [shùn lì] exitosamente, sin problemas

顺路 [shùn lù] de camino, de paso

顺手 [shùn shǒu] **1.** con facilidad, sin dificultades; **2.** al alcance de la mano, fácilmente, sin molestias

顺序 [shùn xù] orden *m*

说 [shuō] **1.** hablar, decir; 我想跟你~一下。 [wǒ xiǎng gēn nǐ yī xià] Quiero hablar contigo; **2.** explicar; **3.** quejarse de alg, reñir; 他在~我。 [tā zài wǒ] Se queja de mi.

说唱 [shuō chàng] *teat* (*narración, diálogo cómico*) espectáculo *m* folclórico chino

说穿 [shuō chuān] revelar, descubrir, poner a la luz

说法 [shuō fa] **1.** expresión *f*, término *m*; **2.** opinión *f*, afirmación *f*, argumento *m*

说服 [shuō fú] persuadir, convencer

说话 [shuō huà] hablar, decir

说谎 [shuō huǎng] mentir; mentiras *fpl*

说理 [shuō lǐ] explicar, aclarar, exponer

说媒 [shuō méi] trabajar como intermediario de un matrimonio

说明 [shuō míng] explicar, aclarar, exponer

说情 [shuō qíng] interceder, mediar (*por o en favor de*)

司 [sī] **1.** *adm* departamento *m*

司法 [sī fǎ] (*administración de*) justicia *f*

司机 [sī jī] conductor,-a *m/f*, chofer *m*

司令 [sī lìng] comandante *m*, jefe *m*

丝 [sī] **1.** *txtl* seda *f*; **2.** cantidad *f* insignificante, porción *f* reducida

丝绸 [sī chóu] tejido *m* (*tela*) de seda, seda *f*

丝瓜 [sī guā] *bot* estropajo *m*

丝毫 [sī háo] cantidad *f* mínima, porción *f* reducida; mínimamente

丝绒 [sī róng] *txtl* terciopelo *m*

丝织品 [sī zhī pǐn] *txtl* producto *m* de seda

私 [sī] **1.** privado,-a , particular *adj m/f*; **2.** secreto,-a, confidencial *adj m/f*; **3.** ilícito,-a, ilegal *adj m/f*

私奔 [sī bēn] fugarse con su amante

私产 [sī chǎn] propiedad *f* privada, bienes *mpl* personales

私仇 [sī chóu] enemistad *f* personal

私货 [sī huò] mercancías *fpl* de contrabando, contrabando *m*

私交 [sī jiāo] relaciones *fpl* personales, amistades *fpl* personales

私立 [sī lì] (*institución*) privado,-a, no oficial

私利 [sī lì] intereses *fpl* personales

私了 [sī liǎo] resolver (*arreglar*) un lío en privado

私人 [sī rén] privado,-a, personal *adj m/f*, particular *adj m/f*

私生活 [sī shēng huó] vida *f* privada

私生子 [sī shēng zǐ] bastardo *m*

私事 [sī shì] asuntos *mpl* personales

私通 [sī tōng] relaciones *fpl* sexuales ilícitas, adulterio *m*

私心 [sī xīn] motivos *mpl* egoístas, egoísmo *m*

私营企业 [sī yíng qǐ yè] empresa *f* privada

私有 [sī yǒu] de posesión privada, privado,-a

私自 [sī zì] secretamente, sin permiso, sin autorización

思 [sī] **1.** pensar, meditar, reflexionar; **2.** echar de menos, añorar

思考 [sī kǎo] meditar, reflexionar, considerar; meditación *f*, reflexión *f*

思路 [sī lù] forma *f* de pensar

思念 [sī niàn] echar de menos, añorar

思维 [sī wéi] pensamiento *m*

思想 [sī xiǎng] pensamiento *m*, ideología *f*, idea *f*

斯 [sī] entonces, por consiguiente, así que

斯文 [sī wén] bien educado,-a, culto,-a, elegante *adj m/f*

撕 [sī] rasgar, desgarrar

撕毁 [sī huǐ] **1.** deshacer, romper; **2.** anular, rescindir

死 [sǐ] **1.** morir, fallecer, perecer; **2.** muy, en extremo, muerto de; **3.** mortal, implacable

死板 [sǐ bǎn] rígido,-a, inflexible *adj m/f*

死记 [sǐ jì] aprender de memoria

死角 [sǐ jiǎo] ángulo *m* muerto, espacio *m* muerto

死路 [sǐ lù] callejón *m* sin salida

死气沉沉 [sǐ qì chén chén] sin vida, sin animación

死人 [sǐ rén] muerto,-a *m/f*

死亡 [sǐ wáng] muerte *f*, fallecimiento *m*, defunción *f*

死心 [sǐ xīn] perder la esperanza *f*, renunciar a una idea
死刑 [sǐ xíng] *jur* pena *f* de muerte, pena *f* capital
四 [sì] cuatro *adj/m*
四方 [sì fang] **1.** todos lados, todas partes; **2.** cuadrado,-a, cúbico,-a
四分五裂 [sì fēn wǔ liè] desmembrarse, desintegrarse, desunirse
四环素 [sì huán sù] *med* tetraciclina *f*
四季豆 [sì jì dòu] *bot* judía *f*, alubia *f*
四面 [sì miàn] por todos lados, en todas direcciones
四月 [sì yuè] abril *m*
四周 [sì zhōu] alrededor, en derredor, en torno a
寺 [sì] **1.** *relg* templo *m*; **2.** *relg* mezquita *f*
寺庙 [sì miào] templo *m* (*budista*)
似 [sì] **1.** parecido,-a, semejante *adj m/f*, similar *adj m/f*; **2.** parece que, como si
似乎 [sì hū] parecer, parecer que, como si
饲 [sì] dar alimento (*a animales*), criar
饲料 [sì liào] pienso *m*, pasto *m*
饲养 [sì yǎng] (*animales*) criar
肆 [sì] **1.** desenfrenado,-a, desatado,-a, caprichoso,-a; **2.** *(número en letras)* cuatro *m*
肆意 [sì yì] desenfrenadamente, caprichosamente
松 [sōng] **1.** *bot* pino *m*; **2.** suelto,-a, flojo,-a; **3.** aflojar, soltar; **4.** (*tierra*) poco firme, poco sólido,-a, blando,-a
松动 [sōng dòng] aflojar, soltar
松口 [sōng kǒu] *fig* retroceder, ser flexible
松散 [sōng sǎn] **1.** suelto,-a, flojo,-a; **2.** desatento,-a, distraído,-a
松手 [sōng shǒu] abrir (*soltar*) la mano
送 [sòng] **1.** enviar, mandar, remitir; **2.** regalar, obsequiar; **3.** despedir, acompañar
送别 [sòng bié] despedir a alg que va de viaje
送礼 [sòng lǐ] hacer un regalo (*obsequio*) a alg
送命 [sòng mìng] perder la vida, morir, perecer
送死 [sòng sǐ] correr el riesgo de morir
送行 [sòng xíng] despedir a alg que va de viaje
颂 [sòng] elogiar, alabar, ensalzar
颂歌 [sòng gē] himno *m*, canto *m*, loa *f*
搜 [sōu] **1.** buscar; **2.** (*lugar*) rastrear, (*persona*) cachear
搜查 [sōu chá] registrar, allanar, examinar
搜集 [sōu jí] recoger, coleccionar
搜索 [sōu suǒ] buscar, registrar
搜寻 [sōu xún] rastrear, recorrer

艘 [sōu] *(palabra de medida)* 三~商船 [sān shāng chuán] tres buques mercantiles

苏 [sū] revivir, resucitar

苏打 [sū dá] *quím* soda *f*, sosa *f*

苏醒 [sū xǐng] volver en sí, recobrarse, despertarse

俗 [sú] **1.** costumbre *f*, hábito *m*; **2.** común *adj m/f*, popular *adj m/f*

俗气 [sú qì] vulgar *adj m/f*, de mal gusto

诉 [sù] **1.** contar, relatar, informar; **2.** decir, explicar; **3.** *jur* apelar, recurrir (*a la justicia*)

诉苦 [sù kǔ] quejarse

诉讼 [sù sòng] *jur* pleito *m*, caso *m* , juicio *m*

肃 [sù] **1.** solemne *adj m/f*, serio,-a; **2.** respetuoso,-a; **3.** eliminar, liquidar

肃静 [sù jìng] solemne *adj m/f* y silencioso,-a

肃清 [sù qīng] eliminar, liquidar, (*corrupción, etc.*) acabar con

素 [sù] **1.** *(de color)* sencillo,-a, simple *adj m/f*; **2.** vegetal *adj m/f*; **3.** siempre, habitualmente

素材 [sù cái] material *f* (*para una creación literaria o artística*)

素菜 [sù cài] comida *f* vegetariana

素描 [sù miáo] *arte* croquis *m*, bosquejo *m*, dibujo *m*

素食 [sù shí] régimen *m* vegetariano

素质 [sù zhì] cualidad *f*, calidad *f*

速 [sù] **1.** rápido,-a, veloz *adj m/f*; **2.** velocidad *f*

速度 [sù dù] velocidad *f*

速溶 [sù róng] solución *f* (*disolución*) instantánea

速效 [sù xiào] efecto *m* inmediato

速写 [sù xiě] **1.** croquis *m*, bosquejo *m*, dibujo *m*; **2.** (*noticia, información*) resumen *m*

宿 [sù] **1.** pasar la noche; **2.** viejo,-a, antiguo,-a; veterano,-a

宿舍 [sù shè] residencia *f (estudiantil o de empleados)*

塑 [sù] modelar, moldear

塑料 [sù liào] material *m* plástico, plástico *m*

塑造 [sù zào] modelar, moldear

酸 [suān] **1.** *quím* ácido *m*, acidez *f*; **2.** agrio,-a, ácido,-a; **3.** triste *adj m/f*, afligido,-a

酸菜 [suān cài] *gastr* col *f* china fermentada

酸奶 [suān nǎi] yogur *m*

酸痛 [suān tòng] *med* hormigueo *m*, dolor *m*, picazón *m*

蒜 [suàn] *bot* ajo *m*

蒜头 [suàn tóu] cabeza *f* de ajo

算 [suàn] **1.** calcular, contar; **2.** incluir, contar con; **3.** planear, planificar

算计 [suàn ji] contar, calcular

算命 [suàn mìng] adivinar la suerte, tarot *m*

算盘 [suàn pan] *mat* ábaco *m*

算术 [suàn shù] *mat* aritmética *f*

算数 [suàn shù] mantenerse en vigencia, tener validez

算帐 [suàn zhàng] ajustar las cuentas a alg, vengarse de alg

虽 [suī] → 虽然 [suī rán]

虽然 [suī rán] aunque, no obstante, si bien; ~ 没时间, 但是还是天天去游泳。 [méi shí jiān, dàn shì hái shì tiān tiān qù yóu yǒng] Él nada cada día aunque no tiene tiempo.

随 [suí] **1.** conformare, adaptarse; **2.** dejar (*a uno hacer lo que quiera*); **3.** seguir, con; ~ 着情况的发展，我们得决定了。 [zhe qíng kuàng de fā zhǎn, wǒ men déi jué dìng le.] Con el desarrollo de la circunstancia, tenemos que tomar la decisión.

随便 [suí biàn] **1.** (*hacer*) al azar, informal *adj m/f*; **2.** hacer lo que le parezca bien al otro, 您想吃点什么？~。 [nín xiǎng chī diǎn shénme] ¿Qué quiere comer? Lo que Ud. diga.

随从 [suí cóng] **1.** acompañar (*al jefe*); **2.** comitiva *f*, cortejo *m*

随和 [suí he] amable *adj m/f*, simpático,-a

随口 [suí kǒu] hablar sin pensar

随时 [suí shí] en cualquier momento, en todo momento

随手 [suí shǒu] de paso, sin molestia; 请~关门。 [qǐng guān mén] Cierre la puerta cuando salga (*o cuando entre*).

随心所欲 [suí xīn suǒ yù] hacer lo que le da la gana, actuar a su antojo

随意 [suí yì] a su voluntad, a su gusto

随员 [suí yuán] cortejo *m*, comitiva *f*

岁 [suì] año *m* (*de edad, cosecha*); 你几~ 了？ [nǐ jǐ le] ¿Cuántos años tienes?

岁数 [suì shu] edad *f*, año *m*

岁月 [suì yuè] años *mpl*, tiempo *m*

碎 [suì] **1.** hacerse pedazos, romperse; **2.** triturar; **3.** fragmentario,-a, incompleto,-a

碎片 [suì piān] trozo *m*, fragmento *m*

穗 [suì] (*plantas gramíneas*) espiga *f*

孙 [sūn] nieto,-a *m/f*

孙女 [sūn nǚ] nieta *f* (*hija de un hijo*)

孙子 [sūn zi] nieto *m* (*hijo de un hijo*)

孙子兵法 [sūn zi bīng fǎ] Arte *m* de guerra (*escrito por Sun Zi*)

笋 [sǔn] *bot* brote *m* de bambú

损 [sǔn] **1.** disminuir, perder; **2.** dañar, perjudicar

损害 [sǔn hài] dañar, perjudicar

损耗 [sǔn hào] pérdida *f*, desgaste *m*

损坏 [sǔn huài] estropear, deteriorar

损失 [sǔn shī] perder; pérdida *f*, daño *m*

缩 [suō] **1.** contraerse, encogerse; **2.** retirar, retraer; **3.** retroceder, ceder

缩短 [suō duǎn] (*distancia*) acortar, reducir

缩手缩脚 [suō shǒu suō jiǎo] **1.** encogerse de frío; **2.** (*hacer, actuar*) sin coraje, ser muy cauteloso,-a

缩水 [suō shuǐ] *txtl* (*tejido*) encoger

缩小 [suō xiǎo] reducir, disminuir

缩写 [suō xiě] abreviatura *f* sigla *f*; abreviar, compendiar

所 [suǒ] **1.** lugar; **2.** escuela *f*, instituto *m*, oficina *f*; 研究~ [yán qiū] *Tai* escuela *f* de posgrado; 宏观经济研究~ [hóng guān jīng jì yán qiū] *Chi* Instituto *m* de Estudios de Macroeconomía

所得税 [suǒ dé shuì] impuesto *m* de la renta; 个人~ [ge rén] impuesto *m* de la renta sobre las personas físicas (*IRPF*)

所谓 [suǒ wèi] **1.** lo que se llama; **2.** llamado,-a, supuesto,-a

所以 [suǒ yǐ] por lo tanto, por eso, por consiguiente

所有 [suǒ yǒu] **1.** poseer, tener; **2.** todo,-a, todos,-as; ~的朋友都来。[de pěng you dōu lái] Vienen todos los amigos.

索 [suǒ] cable *m*, cuerda *f*

索道 [suǒ dào] cable *m* teleférico

索赔 [suǒ péi] reclamar una indemnización

索性 [suǒ xìng] simplemente

索引 [suǒ yǐn] índice *m*

锁 [suǒ] cerradura *f*; (*con candado o llave*) cerrar

T

它 [tā] ello

它们 [tā men] ellos, ellas (*impersonales*)

他 [tā] **1.** él; **2.** otra parte, otro lugar; **3.** otro,-a

他们 [tā men] ellos

她 [tā] ella

她们 [tā men] ellas

塌 [tā] **1.** desplomarse, hundirse, derrumbarse; **2.** calmarse, tranquilizarse

塌方 [tā fāng] derrumbarse, desplomarse, caerse; desprendimiento *m (de tierra)*

塔 [tǎ] **1.** pagoda *f (budista)*; **2.** torre *f*, faro *m*; 灯~ [dēng] faro *m*

塔台 [tǎ tái] torre *f* de control

踏 [tà] pisar, pisotear

踏实 [tà shí] **1.** firme *adj m/f*, seguro,-a; **2.** quieto,-a, tranquilo,-a

胎 [tāi] **1.** *med* feto *m*, embrión *m*; **2.** parto *m*; **3.** *auto* neumático *m*

胎儿 [tāi ér] *med* feto *m*, embrión *m*

胎记 [tāi ji] marca *f* de nacimiento, estigma *m*

台 [tái] **1.** plataforma *f*, terraza *f*; **2.** pie *m*, soporte *m*; **3.** tribuna *f*, escenario *m*

台布 [tái bù] *txtl* mantel *m*

台灯 [tái dēng] lámpara *f* de mesa

台风 [tái fēng] *meteo* tifón *m*

台阶 [tái jiē] escalinata *f*, escalera *f*

台历 [tái lì] calendario *m* de mesa

台球 [tái qiú] (*juego de*) billar *m*

抬 [tái] **1.** levantar, alzar, elevar; **2.** llevar alg (*dos o más personas*)

抬杠 [tái gàng] pelear *(verbalmente)*, reñir

抬头 [tái tóu] levantar (*alzar*) la cabeza

太 [tài] excesivamente, demasiado

太极拳 [tài jí quán] (*gimnasio chino*) *taijiquan m*

太空 [tài kōng] espacio *m* exterior, galaxia *f*

太平 [tài píng] paz *f* y tranquilidad *f*

太平间 [tài píng jiàn] depósito *m* de cadáveres

太平门 [tài píng mén] salida *f* de emergencia

太太 [tài tài] **1.** señora *f*; **2.** esposa *f*, señora *f*

太阳 [tài yáng] sol *m*

太阳穴 [tài yáng] *med* sienes *fpl*

太子 [tài zi] príncipe *m* heredero

态 [tài] forma *f*, estado *m*

态度 [tài du] **1.** actitud *f*, posición *f*; **2.** (*persona*) manera *f* de ser

贪 [tān] **1.** corrupción *f*, malversación *f*; **2.** codiciar, ambicionar

贪婪 [tān lán] codicioso,-a, ambicioso,-a

贪图 [tān tú] codiciar, ansiar

贪污 [tān wū] malversación *f*, corrupción *f*

贪心 [tān xīn] codicia *f*, ambición *f*; ambicioso,-a, codicioso,-a

滩 [tān] playa *f*

摊 [tān] **1.** extender; **2.** puesto *m* (*de venta en la calle*), chiringuito *m*

摊贩 [tān fàn] vendedor *m* ambulante

摊牌 [tān pái] **1.** enseñar (*mostrar*) las cartas; **2.** decir la verdad (*la intención*)

坛 [tán] **1.** sector *m*, mundo *m*; **2.** plataforma *f*, tribuna *f*

坛子 [tán zi] cántaro *m*, jarro *m*

谈 [tán] **1.** conversar, hablar, discutir; **2.** cuento *m*, historia *f*

谈话 [tán huà] conversación *f*, charla *f*

谈论 [tán lùn] discutir, hablar

谈判 [tán pàn] negociar; negociación *f*

谈天 [tán tiān] charlar, hablar

谈心 [tán xīn] conversación *f* íntima

弹 [tán] **1.** tirar, lanzar, disparar; **2.** tocar; ~ 钢琴 [gān qín] tocar el piano; **3.** elástico,-a

弹簧 [tán huáng] resorte *m*, muelle *m*

弹力 [tán lì] fuerza *f* elástica, elasticidad *f*

弹性 [tán xìng] elasticidad *f*; elástico,-a

痰 [tán] *med* flema *f*, gargajo *m*

痰盂 [tán yú] escupidera *f*, salivadera *f*

坦 [tǎn] llano,-a, plano,-a, liso,-a

坦白 [tǎn bái] sincero,-a, franco,-a

坦克 [tǎn kè] *mil* tanque *m*

坦率 [tǎn shuài] franco,-a, abierto,-a, sincero,-a

毯 [tǎn] *txtl* manta *f*, alfombra *f*

毯子 [tǎn zi] *txtl* manta *f*

叹 [tàn] **1.** suspirar; **2.** admiración *f*; admirar

叹气 [tàn qì] suspirar, dar (*lanzar*) un suspiro

叹息 [tàn xī] dar un suspiro, suspirar

炭 [tàn] carbono *m* (*vegetal*)

探 [tàn] **1.** explorar, sondear; **2.** espía *m/f*, detective *m/f*; **3.** asomar

探测 [tàn cè] explorar, sondear

探戈 [tàn gē] (*baile*) tango *m*

探亲 [tàn qīn] visita *f* familiar

探索 [tàn suǒ] explorar, investigar

探讨 [tàn tǎo] estudiar, discutir

探望 [tàn wàng] visitar a alg

探险 [tàn xiǎn] aventurarse, explorar

探照灯 [tàn zhào dēng] proyector *m* eléctrico

汤 [tāng] **1.** sopa *f*, caldo *m*; **3.** (*agua*) caliente *adj m/f*, hirviente *adj m/f*

汤面 [tāng miàn] sopa *f* de fideos

汤勺 [tāng sháo] cuchara *f* sopera, cucharón *m*

汤圆 [tāng yuán] *gastr* bolita *f* (*rellena de dulce o carne picada*)

唐 [táng] la dinastía Tang

唐人街 [táng rén jiē] colonia *f* china, China town

唐突 [táng tū] **1.** ofender, agraviar; **2.** brusco,-a, ofensivo,-a

堂 [táng] **1.** sala *f* de estar; **2.** clase *f*, 一天三~ 课。 [yī tiān sān kè] tres clases al día.

堂堂 [táng táng] **1.** elegante *adj m/f*, guapo,-a; **2.** noble *m*, caballero *m*, ~ 男子汉 [nán zi hǎn] gran caballero

塘 [táng] **1.** dique *m*, balsa *f*, estanque *m*; **2.** piscina *f* (*para baño turco*)

膛 [táng] **1.** *med* tórax *m*, pecho *m*; **2.** hueco *m*, cámara *f*

糖 [táng] **1.** azúcar *m*; **2.** caramelo *m*, bombón *m*, dulce *m*

糖果 [táng guǒ] caramelo *m*, bombón *m*, dulce *m*

糖浆 [táng jiāng] jarabe *m*, almíbar *m*

糖精 [táng jīng] sacarina *f*

糖尿病 [táng niào bìng] *med* diabetes *f*

倘 [tǎng] → 倘若 [tǎng ruò]

倘若 [tǎng ruò] si, en caso de (*que*)

躺 [tǎng] acostarse, tenderse, tumbarse

躺下 [tǎng xià] acostarse

烫 [tàng] **1.** escaldar, quemar; **2.** caliente *adj m/f*, hirviente *adj m/f*; **3.** (*ropa*) planchar

烫发 [tàng fà] rizar (*ondular*) el pelo

烫伤 [tàng shāng] *med* quemadura *f*, escaldadura *f*

趟 [tàng] (*ir*) una vez, (*hacer*) un viaje; 你去跑一~。[nǐ qù pǎo yī] Haz un viaje allí.

涛 [tāo] grandes olas *fpl*, oleada *f*

掏 [tāo] **1.** sacar, arrancar; **2.** hacer (*un agujero*), ahuecar

掏钱 [tāo qián] sacar dinero (*del bolsillo*)

滔 [tāo] inundar, anegar

滔滔不绝 [tāo tāo bú jué] hablar sin parar

逃 [táo] **1.** huir, escaparse, fugarse; **2.** eludir, evadir

逃避 [táo bì] eludir, evadir

逃难 [táo nàn] huir (*de una catástrofe*), escapar (*para buscar refugio*)

逃跑 [táo pǎo] huir, escaparse, fugarse

逃亡 [táo wáng] hacerse fugitivo, fugarse

逃走 [táo zǒu] huir, fugarse, darse a la fuga

桃 [táo] → 桃子 [táo zi]

桃子 [táo zi] *bot* melocotón *m*, durango *m Am*

陶 [táo] gres *m*, cerámica *f*

陶器 [táo qì] artículos *mpl* de gres, cerámica *f*

陶土 [táo tǔ] arcilla *f*, gres *m*

陶醉 [táo zuì] estar fascinado,-a (*apasionado,-a*) por

淘 [táo] **1.** lavar (*con canasto*); **2.** dragar, limpiar

淘气 [táo qì] travieso,-a, juguetón,-a

淘汰 [táo tài] eliminar (*por selección o competición*); eliminatoria *f*

讨 [tǎo] **1.** reclamar, pedir; **2.** (*hombre*) casarse con (*una chica*), 他~老婆了。[tā lǎo pó le] Se ha casado con una chica.

讨饭 [tǎo fàn] pedir limosna, mendigar

讨好 [tǎo hǎo] adular, hacer la pelota

讨价还价 [tǎo jià huán jià] regatear, negociar

讨论 [tǎo lùn] discutir, debatir, deliberar

讨厌 [tǎo yàn] fastidioso,-a , repugnante *adj m/f*

套 [tào] **1.** vaina *f*, funda *f*, estuche *m*, envoltura *f*; **2.** poner por encima, cubrir con; **3.** juego *m*, conjunto *m*, 三~家具 [sān jiā jù] tres conjuntos de mueble

套间 [tào jiān] suite *f*, habitación *f* principal

套子 [tào zi] vaina *f*, funda *f*, estuche *m*, cubierta *f*

特 [tè] **1.** especial *adj m/f*, particular *adj m/f*; **2.** muy, extraordinariamente

特产 [tè chǎn] producto *m* local artesanal

特长 [tè cháng] especialidad *f*, (*ser*) fuerte en

特等 [tè děng] de calidad suprema

特地 [tè dì] a propósito, intencionadamente

特点 [tè diǎn] característica *f*, peculiaridad *f*, carácter *m* distintivo

特工 [tè gōng] servicio *m* secreto, espionaje *m*, ~ 人员 [rén yuán] agente *m* secreto, espía *m/f*

特价 [tè jià] oferta *f*, rebaja *f*

特权 [tè quán] privilegio *m*

特色 [tè sè] característica *f*, peculiaridad *f*

特使 [tè shǐ] *diplom* enviado,-a *m/f* especial (*extraordinario*)

特殊 [tè shū] especial *adj m/f*, particular *adj m/f*, excepcional *adj m/f*

特务 [tè wu] agente *m/f* secreto, -a, espía *m/f*

特效 [tè xiào] efecto *m* especial (*extraordinario*)

特性 [tè xìng] característica *f* específica, especificación *f*

特征 [tè zhēng] característica *f*, rasgos *mpl* principales

疼 [téng] **1.** dolor *m*; **2.** mimar, amar

疼爱 [téng'ài] mimar, amar, querer

疼痛 [téng tòng] dolor *m*

腾 [téng] **1.** galopar, saltar; **2.** desocupar, vaciar, evacuar

腾飞 [téng fēi] desarrollar rápido

梯 [tī] escalera *f*, escala *f* de mano

梯田 [tī tián] campos *mpl* escalonados

梯子 [tī zi] escalera *f* (*de mano*)

踢 [tī] dar un puntapié (*una patada*), patear

踢足球 [tī zú qiú] jugar al fútbol

提 [tí] **1.** levantar, alzar, elevar; **2.** proponer, presentar, plantear; **3.** llevar, coger; **4.** mencionar, referirse, citar

提拔 [tí bá] ascender (*a alg a cierto cargo*)

提包 [tí bāo] bolsa *f* de mano, bolso *m*

提倡 [tí chàng] promover, propugnar

提成 [tí chéng] *com* comisión *f*, descuento *m*

提出 [tí chū] plantear, proponer, presentar

提纲 [tí gāng] esquema *m*, programa *m*

提高 [tí gāo] elevar, aumentar, mejorar

提供 [tí gōng] suministrar, proveer, proporcionar

提交 [tí jiāo] presentar, someter (*un plan a discusión*)

提名 [tí míng] nominar, presentar la candidatura
提前 [tí qián] **1.** anticipar (*una fecha*), adelantar; **2.** (*con*) anticipación *f* (*antelación*)
提神 [tí shén] reanimarse, estimularse
提问 [tí wèn] hacer (*formular*) preguntas, preguntar
提心吊胆 [tí xīn diào dǎn] con suma preocupación, con el alma en un hilo
提醒 [tí xǐng] recordar, advertir, llamar la atención a
提要 [tí yào] resumen *m*, sumario *m*, extracto *m*, sinopsis *m*
提议 [tí yì] proponer, sugerir; propuesta *f*, sugerencia *f*
题 [tí] **1.** tema *m*, materia *f*, tópico *m*; **2.** escribir, inscribir
题材 [tí cái] materia *f* , tema *m*
题词 [tí cí] **1.** dejar huellas escritas; **2.** inscripción *f*, dedicatoria *f*
题目 [tí mù] título *m*, tópico *m*
蹄 [tí] *zool* pezuña *f*, pata *f*, casco *m*
蹄筋 [tí jīn] (*animales*) tendón *m*
体 [tǐ] **1.** cuerpo *m*; **2.** estilo *m* *(de caligrafía, redacción)*; **3.** sistema *m*, régimen *m*
体操 [tǐ cāo] *dep* gimnasia *f*, ejercicios *mpl* gimnásticos
体会 [tǐ huì] conocer, experimentar, percibir
体积 [tǐ jī] *fís* volumen *m*, bulto *m*
体力 [tǐ lì] fuerza *f* física (*corporal*)
体谅 [tǐ liàng] comprender, simpatizar
体面 [tǐ miàn] dignidad *f*, cara *f*, honor *m*
体贴 [tǐ tiē] tener cariño, mostrar ternura
体温 [tǐ wēn] temperatura *f* (*corporal*)
体现 [tǐ xiàn] representar, reflejar, demostrar
体验 [tǐ yàn] aprender (*con la práctica*), coger experiencia
体育 [tǐ yù] educación *f* (*actividad*) física
体制 [tǐ zhì] sistema *m* (*de organización*), régimen *m* (*político*)
体重 [tǐ zhòng] peso *m* (*corporal*)
剃 [tì] afeitar, cortar el pelo
剃刀 [tì dāo] navaja *f* de afeitar
剃头 [tì tóu] cortar(*se*) el pelo
剃须刀 [tì xū dāo] afeitadora *f*
替 [tì] **1.** sustituir, reemplazar; **2.** por; 我们~ 她难过。 [wǒ men tā nán guò] Nos sentimos tristes por ella.
替代 [tì dài] reemplazar, sustituir
替换 [tì huàn] reemplazar, sustituir, conmutar
替身 [tì shēn] *cine teat* substituto,-a *m/f*, doble *m/f*
替罪羊 [tì zuì yáng] *fig* chivo *m* expiatorio, cabeza *f* de turco
天 [tiān] **1.** cielo *m*, firmamento *m*; **2.** día *m*; **3.** *meteo* tiempo *m* ~ 很好。 [hěn hǎo] Hace buen tiempo

天才 [tiān cái] genio *m*, persona *f* de talento
天窗 [tiān chuāng] tragaluz *m*, lumbrera *f*
天地 [tiān dì] cielo *m* y tierra *f*, mundo *m*, universo *m*
天鹅 [tiān'é] *zool* cisne *m*
天分 [tiān fèn] dotes *fpl* naturales, madera *f*
天花 [tiān huā] *med* viruela *f*
天花板 [tiān huā bǎn] techo *m*, cielo *m* raso
天井 [tiān jǐng] patio *m*
天空 [tiān kōng] cielo *m*, firmamento *m*
天亮 [tiān liàng] amanecer, alborear
天平 [tiān píng] balanza *f*, peso *m* de cruz
天气 [tiān qì] *meteo* tiempo *m*
天然 [tiān rán] natural *adj m/f*
天生 [tiān shēng] innato,-a, ingénito,-a
天使 [tiān shǐ] ángel *m*
天堂 [tiān táng] paraíso *m*, Cielo *m*
天天 [tiān tiān] cada día, todo los días
天文 [tiān wén] astronomía *f*
天线 [tiān xiàn] *TV* antena *f*
天真 [tiān zhēn] **1.** ingenuo,-a, inocente *adj m/f*; **2.** simple *adj m/f*, sencillo,-a
天主教 [tiān zhǔ jiào] *relig* catolicismo *m*; ~ 徒 [tú] católico,-a *m/f*
添 [tiān] añadir, agregar
添加 [tiān jiā] añadir, agregar, aumentar
添置 [tiān zhì] comprar, *(mueble)* adquirir
田 [tián] campo *m*, tierra *f* de cultivo
田地 [tián dì] campo *m*, tierra *f* de cultivo
田鸡 [tián jī] *zool* rana *f*
田径赛 [tián jìng sài] *dep* competición *f* de atletismo
田径运动 [tián jìng yùn dòng] *dep* atletismo *m*; ~ 员 [yuán] atleta *m/f*
田野 [tián yě] campo *m*, tierra *f*
甜 [tián] dulce *adj m/f*, azucarado,-a
甜菜 [tián cài] *bot* acelga *f*
甜瓜 [tián guā] *bot* melón *m*
甜酒 [tián jiǔ] licor *m* semiseco
甜蜜 [tián mì] dulce *adj m/f*, feliz *adj m/f*
甜食 [tián shí] dulce *m*, caramelo *m*
甜头 [tián tou] **1.** sabor *m* (*gusto*) dulce; **2.** bien *m*, beneficio *m*
填 [tián] llenar, rellenar
填补 [tián bǔ] (*vacante, vacío*) llenar
填充 [tián chōng] llenar, rellenar
填写 [tián xiě] (*formulario, solicitud*) rellenar
挑 [tiāo] → tiǎo **1.** escoger, seleccionar, elegir; **2.** llevar u/c al hombro (*con una pértiga*)
挑夫 [tiāo fū] mozo *m* de cordel, maletero *m*

挑剔 [tiāo ti] poner pegas, ser exigente

挑选 [tiāo xuǎn] elegir, seleccionar, escoger

条 [tiáo] **1.** rama *f*; **2.** forma larga y estrecha, tira *f*; **3.** *(palabra de medida)* 一~ 鱼 [yīyú] un pescado

条件 [tiáo jiàn] condición *f*, requisito *m*

条款 [tiáo kuǎn] cláusula *f*, artículo *m*, término *m*

条理 [tiáo lǐ] arreglo *m*, orden *m*, método *m*

条目 [tiáo mù] **1.** (*documento oficial*) cláusula *f* y artículo *m*; **2.** (*diccionario*) entrada *f*

条文 [tiáo wén] artículo *m*, cláusula *f*

条纹布 [tiáo wén bù] *txtl* tejido *m* de lista

条约 [tiáo yuē] tratado *m*, pacto *m*, acuerdo *m*

条子 [tiáo zi] nota *f* informal (*de un jefe o superior*)

调 [tiáo] → diào **1.** mezclar, ajustar; **2.** seducir, provocar

调和 [tiáo he] **1.** (*colores*) armonizar; **2.** mediar, conciliar, reconciliar

调剂 [tiáo ji] ajustar, regular, arreglar

调节 [tiáo jié] regular, reajustar

调解 [tiáo jiě] mediar, conciliar

调理 [tiáo lǐ] cuidarse de salud, recuperarse

调皮 [tiáo pí] travieso,-a, juguetón,-a

调味品 [tiáo wèi pǐn] *gastr* condimento *m*, ingrediente *m*

调戏 [tiáo xì] acosar, (*chica*) seducir

调养 [tiáo yǎng] cuidarse de salud, recuperarse

调整 [tiáo zhěng] reajustar, arreglar, modificar

挑 [tiǎo] → tiāo **1.** levantar u/c (*con una pértiga*), alzar; **2.** extraer, sacar

挑拨 [tiǎo bō] sembrar la discordia, provocar desacuerdo

挑逗 [tiǎo dòu] seducir, acosar, provocar

挑衅 [tiǎo xìn] provocar (*militarmente*)

挑战 [tiǎo zhàn] desafiar, lanzar un reto

跳 [tiào] → tiǎo **1.** saltar, brincar; **2.** *med* latir, pulsar; **3.** omitir, saltar

跳板 [tiào bǎn] trampolín *m*

跳动 [tiào dòng] *med* latir, pulsar

跳高 [tiào gāo] *dep* salto *m* de altura

跳马 [tiào mǎ] *dep* potro *m (con arzón)*

跳伞 [tiào sǎn] tirarse (*lanzarse*) en paracaídas

跳水 [tiào shuǐ] *dep* salto *m*, clavado *m*

跳舞 [tiào wǔ] bailar, danzar; baile *m*, danza *f*

跳远 [tiào yuǎn] *dep* salto *m* de longitud
跳跃 [tiào yuè] saltar, brincar
贴 [tiē] **1.** pegar, adherir; **2.** mantenerse cercano,-a a, estar pegado,-a a; **3.** subsidio *m*, subvención *f*
贴补 [tiē bǔ] ayudar (*con dinero*)
贴近 [tiē jìn] acercarse, pegarse
贴心 [tiē xīn] íntimo,-a, cercano,-a
铁 [tiě] **1.** hierro *m*; **2.** indisputable *adj m/f*, inalterable *adj m/f*; **3.** duro,-a, fuerte *adj m/f*
铁饼 [tiě bǐng] *dep* disco; lanzamiento *m* de disco
铁道 [tiě dào] ferrocarril *m*, vía *f* férrea
铁饭碗 [tiě fàn wǎn] puesto *m* de trabajo (*para toda la vida*)
铁轨 [tiě guǐ] *ferroc* riel *m*, carril *m*
铁匠 [tiě jiàng] herrero *m*, forjador *m*
铁路 [tiě lù] ferrocarril *m*, vía *f* férrea
铁锹 [tiě liàn] pala *f*
铁丝 [tiě wǎng] alambre *m* de hierro
铁锈 [tiě xiù] moho *m* de hierro
铁证 [tiě zhèng] *jur* prueba *f* irrefutable
厅 [tīng] **1.** sala *f*, salón *m*; **2.** *adm* (*institución provincial*) departamento *m*
听 [tīng] **1.** escuchar, oír; **2.** hacer caso, obedecer
听从 [tīng cóng] obedecer, escuchar
听话 [tīng huà] hacer caso, ser obediente
听见 [tīng jiàn] oír
听觉 [tīng jué] sentido *m* del oído
听课 [tīng kè] asistir a clase
听力 [tīng lì] **1.** audición *f*, capacidad *f* auditiva; **2.** comprensión *f* auditiva
听说 [tīng shuō] oír decir, oír hablar de
听写 [tīng xiě] dictado *m*
听众 [tīng zhòng] auditorio *m*, público *m*
亭 [tíng] **1.** quiosco *m*; **2.** pabellón *m*
亭子 [tíng zi] mirador *m*, pabellón *m*
庭 [tíng] **1.** patio *m*; **2.** tribuna *f* (*de justicia*); **3.** salón *m*
庭园 [tíng yuán] jardín *m*
庭院 [tíng yuàn] patio *m*
停 [tíng] **1.** detenerse, parar, interrumpir; **2.** *auto* stop *m*
停车 [tíng chē] **1.** (*coche*) aparcar; **2.** (*vehículo*) detenerse, pararse
停车场 [tíng chē chǎng] garaje *m*, aparcamiento *m*
停放 [tíng fàng] aparcar, estacionar
停工 [tíng gōng] suspender (*cesar*) el trabajo
停火 [tíng huǒ] cesar el fuego
停留 [tíng liú] quedarse (*por algún tiempo*), demorar

停止 [tíng zhǐ] cesar, parar, suspender, interrumpir

挺 [tǐng] **1.** erguido,-a, derecho,-a; **2.** aguantar, soportar, resistir; **3.** muy, mucho,-a, 我~好。[wǒ hǎo] Estoy muy bien.

挺拔 [tǐng bá] alto,-a y erguido,-a

艇 [tǐng] *nav* lancha *f*, yate *m*

通 [tōng] **1.** transitable *adj m/f*; sin atasco; **2.** desatascar; **3.** conducir a, llevar a; **4.** conectar, comunicar

通报 [tōng bào] hacer circular una información, poner en conocimiento

通常 [tōng cháng] general *adj m/f*, normal *adj m/f*

通畅 [tōng chàng] libre *m* de tráfico, sin atasco

通车 [tōng chē] tener servicio de transporte

通称 [tōng chēng] llamarse comúnmente

通道 [tōng dào] conducto *m*, paso *m*

通风 [tōng fēng] ventilar; ventilación *f*

通告 [tōng gào] **1.** notificar, anunciar; **2.** aviso *m*, circular *f*, anuncio *m*

通过 [tōng guò] **1.** pasar por, atravesar; **2.** aprobar, dar el visto bueno; **3.** por medio de, mediante, a través de

通航 [tōng háng] navegar; abrirse una línea aérea, 香港与马德里要~了。[xiāng gǎng yǔ mǎ dé lǐ yào le] Se abrirá una línea aérea entre Hong-Kong y Madrid.

通话 [tōng huà] conversar; comunicarse (*por teléfono*)

通货膨胀 [tōng huò péng zhàng] *econ* inflación *f*

通缉 [tōng jī] ordenar que se arreste (*a un criminal fugitivo*)

通气 [tōng qì] **1.** ventilar; ventilación *f*; **2.** comunicarse entre sí

通情达理 [tōng qíng dá lǐ] ser comprensivo,-a, ser razonable

通融 [tōng róng] ser flexible (*en la aplicación de las normativas*)

通顺 [tōng shùn] claro,-a y coherente *adj m/f*

通俗 [tōng sú] popular *adj m/f*, común *adj m/f*, corriente *adj m/f*

通通 [tōng tōng] todo,-a, enteramente, completamente

通心粉 [tōng xīn fěn] *gastr* macarrón *m*

通行 [tōng xíng] **1.** pasar, transitar; **2.** corriente *adj m/f*, general *adj m/f*

通讯 [tōng xùn] comunicación *f*, telecomunicación *f*

通讯社 [tōng xùn shè] agencia *f* (*de noticias*)

通用 [tōng yòng] de uso común, general *adj m/f*, corriente *adj m/f*

通知 [tōng zhī] informar, avisar, comunicar, notificar

同 [tóng] **1.** semejante *adj m/f*, similar *adj m/f*; **2.** y, con, 我~

你一起去。 [wǒ nǐ yīqǐ qù] Voy contigo.

同伴 [tóng bàn] compañero,-a *m/f*

同胞 [tóng bāo] compatriota *m/f*, paisano,-a *m/f*

同等 [tóng děng] de la misma clase (*condición, rango, categoría*)

同行 [tóng háng] **1.** de la misma profesión u oficio; **2.** persona de la misma profesión u oficio

同伙 [tóng huǒ] cómplice *m/f*

同谋 [tóng móu] **1.** conspirar con alg; **2.** cómplice *m/f*

同情 [tóng qíng] simpatizar; simpatía *f*

同时 [tóng shí] al mismo tiempo, a la vez

同事 [tóng shì] colega *m/f*, compañero *m* de trabajo

同乡 [tóng xiāng] paisano,-a *m/f*

同性恋 [tóng xìng liàn] homosexualidad *f*

同学 [tóng xué] compañero *m* de estudio

同样 [tóng yàng] mismo,-a, igual *adj m/f*

同意 [tóng yì] estar de acuerdo, asentir, aprobar; visto *m* bueno

铜 [tóng] cobre *m*

铜钱 [tóng qián] moneda *f* de cobre

铜像 [tóng xiàng] estatura *f* de bronce

童 [tóng] **1.** niño,-a *m/f*; infantil; **2.** virgen *adj m/f*, ~男~女 [nán nǔ] chavales *mpl* vírgenes

童话 [tóng huà] cuento *m*, historieta *f* (*infantil*)

童年 [tóng nián] infancia *f*, niñez *f*

童装 [tóng zhuāng] traje *m* de niño, vestido *m* infantil

统 [tǒng] todo,-a, junto,-a, completo,-a

统筹 [tǒng chóu] planificar (*de una manera integral*)

统计 [tǒng jì] **1.** estadística *f*; **2.** sumar, contar

统帅 [tǒng shuài] comandante *m* en jefe, jefe *m* supremo

统一 [tǒng yī] unificar, unir, integrar

统治 [tǒng zhì] gobernar, administrar

桶 [tǒng] cubo *m*; 一~ 水 [yī shuǐ] un cubo de agua

筒 [tǒng] tubo *m*; tubería *f*; canuto *m*

痛 [tòng] **1.** dolor; doler; **2.** tristeza *f*, pena *f*; **3.** extremadamente, profundamente

痛斥 [tòng chì] criticar duramente

痛处 [tòng chù] punto *m* más sensible

痛恨 [tòng hèn] odiar a muerte

痛苦 [tòng kǔ] dolor *m*, amargura *f*, sufrimiento *m*

痛快 [tòng kuài] alegre *adj m/f*, feliz *adj m/f*

痛心 [tòng xīn] *fig* doler, sufrir, afligir

偷 [tōu] **1.** robar, hurtar; **2.** furtivamente, a escondidas

偷盗 [tōu dào] hurtar, robar

偷看 [tōu kàn] echar una mirada furtiva, mirar a hurtadillas
偷懒 [tōu lǎn] tener pereza
偷税 [tōu shuì] pagar menos impuestos, evadir impuestos
偷听 [tōu tīng] escuchar a escondidas, interceptar
偷袭 [tōu xí] *mil* atacar por sorpresa
头 [tóu] **1.** cabeza *f*; **2.** parte *f* superior, extremo *m*; **3.** cabello *m*, peinado *m*; **4.** jefe,-a *m/f*, cabecilla *f*
头等 [tóu děng] de primera clase (*categoría*)
头顶 [tóu dǐng] *med* coronilla *f*, corona *f*, vértice *m*
头发 [tóu fa] cabello *m*, pelo *m*
头号 [tóu hào] número *m/f* uno
头巾 [tóu jīn] pañuelo *m* de cabeza
头盔 [tóu kuī] casco *m*, casquete *m*
头领 [tóu lǐng] jefe,-a *m/f*, cabeza *f*
头目 [tóu mù] jefe *m* (*de una mafia*), cabecilla *m/f*, cacique *m*
头脑 [tóu nǎo] cerebro *m*, mente *f*
头皮 [tóu pí] caspa *f*
头痛 [tóu tòng] dolor *m* de cabeza
头衔 [tóu xián] título *m*, rango *m*
头子 [tóu zi] cabecilla *m/f*, jefe,-a *m/f*
投 [tóu] **1.** lanzar(*se*), arrojar(*se*), tirar(*se*); **2.** meter, poner u/c dentro de la otra
投奔 [tóu bèn] recurrir (*a un amigo para refugiarse*)
投标 [tóu biāo] participar en un concurso (*una licitación*)
投产 [tóu chǎn] ponerse en marcha
投递 [tóu dì] (*cartas, paquetes*) entregar
投稿 [tóu gǎo] enviar un escrito (*a un periódico o revista*)
投机 [tóu jī] **1.** armonioso,-a, agradable *adj m/f*, grato,-a; **2.** *com* especular
投靠 [tóu kào] buscar la protección de alg
投票 [tóu piào] votar, dar voto; votación *f*
投入 [tóu rù] echar(*se*) a; lanzar(*se*) a; poner(*se*) en
投诉 [tóu sù] presentar una denuncia
投降 [tóu xiáng] rendirse, entregarse
投资 [tóu zī] *com* invertir; inversión *f*
透 [tòu] **1.** penetrar, rezumar; **2.** completamente, enteramente; **3.** revelar; filtrar(*se*)
透彻 [tòu chè] detallado,-a y profundo,-a
透顶 [tòu dǐng] completamente, extremadamente
透露 [tòu lù] revelar(*se*), filtrar(*se*), traslucir(*se*)
透明 [tòu míng] transparente *adj m/f*; transparencia *f*

透视 [tòu shì] **1.** *arte* perspectiva *f*; **2.** *med* radiografía *f*
透支 [tòu zhī] *econ* sobregiro *m*, tener una deuda (*con el banco*)
秃 [tū] **1.** calvo,-a, pelado,-a; **2.** despuntado,-a; deshojado,-a
秃顶 [tū dǐng] caerse el pelo; calvo,-a
突 [tū] **1.** repentinamente, súbitamente, bruscamente; **2.** arrojarse, lanzarse
突出 [tū chū] sobresaliente *adj m/f*, prominente *adj m/f*, destacado,-a
突击 [tū jī] asaltar, sorprender
突破 [tū pò] superar, romper
突然 [tū rán] de repente, repentinamente, de pronto
图 [tú] **1.** dibujo *m*, plano *m*, cuadro *m*; **2.** plan *m*, proyecto *m*; **3.** procurar, perseguir, intentar
图案 [tú'àn] dibujo *m*, diseño *m*
图表 [tú biǎo] tabla *f*, gráfico *m*, esquema *m*
图钉 [tú dīng] chinche *m*, chincheta *f*
图画 [tú huà] dibujo *m*, cuadro *m*, pintura *f*
图解 [tú jiě] diagrama *m*, gráfico *m*, esquema *m*
图例 [tú lì] (*mapa*) leyenda *f*, pie *m*
图书 [tú shū] libros *mpl*
图像 [tú xiàng] figura *f*, pintura *f*, imagen *f*
图形 [tú xíng] gráfico *m*, figura *f*
图章 [tú zhāng] estampilla *f*, sello *m*
图纸 [tú zhǐ] diseño *m*, plano *m*
涂 [tú] **1.** untar, pintar; **2.** borrar, tachar
涂改 [tú gǎi] borrar y corregir, alterar
涂料 [tú liào] *constr* pintura *f*, barniz *m*
途 [tú] camino *m*, ruta *f*, vía *f*
途径 [tú jìng] camino *m*, vía *f*
徒 [tú] **1.** a pie; **2.** *relig* creyente *m/f*, seguidor,-a *m/f* (*a una religión*); 佛教~ [fó jiào] budista *m*
徒步 [tú bù] a pie
徒弟 [tú dì] aprendiz *m/f*, discípulo *m/f*
徒劳 [tú láo] (*esfuerzo*) vano,-a, baldío,-a
徒刑 [tú xíng] *jur* sentencia *f*, condena *f*
屠 [tú] **1.** matar, sacrificar; **2.** masacrar
屠刀 [tú dāo] cuchillo *m* de carnicero
屠夫 [tú fū] matachín *m*, matarife *m*
屠杀 [tú shā] matar, masacrar, asesinar; masacre *m*
屠宰 [tú zǎi] matar, sacrificar
屠宰场 [tú zǎi chǎng] matadero *m*
土 [tǔ] **1.** tierra *f*, suelo *m*; **2.** país *m*, territorio *m*; **3.** local *adj m/f*, nativo,-a

土产 [tǔ chǎn] producto *m* local; producción *f* local
土地 [tǔ dì] tierra *f*, suelo *m*, terreno *m*
土豆 [tǔ dòu] *bot* patata *f*; 炸~条 [zhá tiáo] patata *f* frita
土匪 [tǔ fěi] bandido *m*; mafioso *m*
土木工程 [tǔ mù gōng chéng] ingeniería *f* civil
土壤 [tǔ rǎng] suelo *m*, tierra *f*, terreno *m*
土葬 [tǔ zàng] entierro *m*
土著 [tǔ zhù] indígena *adj m/f*, aborigen *adj m/f*, nativo,-a
吐 [tǔ] **1.** escupir; **2.** decir, hablar, proferir
吐露 [tǔ lù] decir (*la verdad*), revelar (*un secreto*)
兔 [tù] *zool* conejo *m*, liebre *f*
兔子 [tù zi] *zool* conejo *m*
团 [tuán] **1.** grupo *m*, delegación *f*; **2.** redondo,-a, esférico,-a; **3.** reunirse, reagruparse
团结 [tuán jié] unirse; unión *f*
团聚 [tuán jù] reunirse, reagruparse; reagrupación *f* (*familiar*)
团体 [tuán tǐ] asociación *f*; federación *f*
团圆 [tuán yuán] reagrupación *f* (*familiar*)
推 [tuī] **1.** empujar, impulsar, promover; **2.** esquivar, eludir; **3.** cortar, pelar
推测 [tuī cè] suponer, deducir, presumir; deducción *f*
推迟 [tuī chí] aplazar, posponer
推倒 [tuī dǎo] derrumbar, derribar
推动 [tuī dòng] promover, empujar
推断 [tuī duàn] deducir, juzgar
推翻 [tuī fān] derrotar, derribar
推广 [tuī guǎng] popularizar, propagar
推荐 [tuī jiàn] recomendar; recomendación *f*; ~ 信 [xìn] carta *f* de recomendación
推拿 [tuī ná] masaje *m*
推销 [tuī xiāo] *com* vender, (*venta*) promover; promoción *f*
腿 [tuǐ] **1.** pierna *f*, pata *f*; **2.** pie *m* (*de muebles*), pata *f*; **3.** jamón *m*
腿肚子 [tuǐ dù zi] *med* pantorra *f*
退 [tuì] **1.** ir hacia atrás, retroceder; **2.** declinar, decaer, disminuir; **3.** (*dinero, mercancía*) devolver
退步 [tuì bù] quedarse atrás, retrasarse
退潮 [tuì cháo] (*marea*) menguante *m*
退出 [tuì chū] retirarse, salirse, separarse
退后 [tuì hòu] retroceder, ir hacia atrás
退化 [tuì huà] degenerar; deteriorarse; degeneración *f*
退还 [tuì huán] devolver, restituir
退回 [tuì huí] devolver
退路 [tuì lù] salida *f*, escape *m*, margen *m*
退票 [tuì piào] (*tren, teatro*) reembolso *m* de billete

退缩 [tuì suō] retroceder, ceder, abatirse
退休 [tuì xiū] jubilarse, retirarse; jubilación *f*
退学 [tuì xué] dejar el colegio, interrumpir los estudios
吞 [tūn] **1.** tragar, devorar; **2.** apropiarse, malversar
吞并 [tūn bìng] anexarse, anexionar(*se*)
吞没 [tūn mò] apropiarse, malversar
吞吐量 [tūn tǔ liàng] capacidad *f* de carga y descarga (*de un puerto marítimo*)
屯 [tún] **1.** coleccionar, almacenar, acumular; **2.** acantonar, apostar, acuartelar
屯兵 [tún bīng] *mil* acantonar tropas
托 [tuō] **1.** sostener (*u/c en la palma de la mano*); **2.** encargar, confiar; **3.** pretextar, excusarse
托词 [tuō cí] pretexto *m*, excusa *f*; buscar excusas
托儿所 [tuō'ér suǒ] guardería *f* (*infantil*)
托福 [tuō fú] TOEFL (*Test of English as a Foreign Language*)
托付 [tuō fù] encargar, confiar
托盘 [tuō pán] bandeja *f*
托运 [tuō yùn] *transp* (*paquete, equipaje*) consignar
拖 [tuō] **1.** tirar, arrastrar, remolcar; **2.** retrasar, demorar
拖把 [tuō bǎ] bayeta *f*, trapeador *m*
拖车 [tuō chē] *auto* remolque *m*
拖拉机 [tuō lā jī] *auto* tractor *m*
拖欠 [tuō qiàn] (*pago*) retrasar, aplazar
拖鞋 [tuō xié] zapatilla *f*, chancleta *f*
拖延 [tuō yán] retrasar, retardar, demorar
脱 [tuō] quitarse
脱发 [tuō fà] *med* alopecia *f*
脱节 [tuō jié] desjuntarse, desarticularse; desarticulación *f*
脱臼 [tuō jiù] *med* dislocación *f*, desarticularse
脱离 [tuō lí] separarse, apartarse
脱毛 [tuō máo] mudar de pluma o pelo
脱手 [tuō shǒu] **1.** escaparse de la mano; **2.** vender
脱水 [tuō shuǐ] pérdida *f* de agua (*en el cuerpo*), deshidratación *f*
脱位 [tuō wèi] *med* dislocación *f*, desarticulación *f*
脱险 [tuō xiǎn] estar fuera de peligro
脱销 [tuō xiāo] *com* (*stock*) agotarse
脱脂牛奶 [tuō zhī niú nǎi] leche *f* desnatada
驼 [tuó] → 骆驼 [luò tuó] **1.** *zool* camello *m*; **2.** jorobado *m*, chepudo *m*
驼背 [tuó bèi] joroba *f*, giba *f*, chepa *f*

妥 [tuǒ] **1.** apropiado,-a, adecuado,-a; **2.** listo,-a, preparado,-a, dispuesto,-a
妥当 [tuǒ dang] adecuado,-a, apropiado,-a
妥善 [tuǒ shàn] adecuado,-a, apropiado,-a
妥协 [tuǒ xié] transigir, conciliarse

W

挖 [wā] cavar, excavar
挖掘机 [wā jué jī] excavadora *f*
挖苦 [wā ku] hablar irónicamente
蛙 [wā] *zool* rana *f*
蛙泳 [wā yǒng] *dep* nadar braza
娃 [wá] → 娃娃 [wá wá]
娃娃 [wá wá] bebé *m*, nene,-a *m/f*
瓦 [wǎ] **1.** teja *f*; **2.** *electr* vatio *m*
瓦工 [wǎ gōng] albañilería *f*; albañil *m*, tejero *m*
瓦解 [wǎ jiě] desintegrar, descomponer
瓦斯 [wǎ sī] gas *m*, metano *m*
瓦特 [wǎ tè] *electr* vatio *m*
袜 [wà] → 袜子 [wà zi]
袜子 [wà zi] calcetines *mpl*, medias *fpl*
歪 [wāi] **1.** torcer, inclinar; **2.** perverso,-a, sinuoso,-a, nocivo,-a
歪理 [wāi lǐ] razones *fpl* falsas
歪曲 [wāi qū] tergiversar, desfigurar, deformar

外 [wài] **1.** exterior, afuera, fuera; **2.** extranjero,-a
外币 [wài bì] divisa *f*; moneda *f* extranjera
外边 [wài bian] fuera, afuera
外表 [wài biǎo] apariencia *f*, aspecto *m*
外宾 [wài bīn] invitado,-a *m/f* (*visitante*) extranjero,-a
外部 [wài bù] **1.** externo,-a; **2.** apariencia *f*, aspecto *m*, sobrefaz *f*
外地 [wài dì] otra ciudad (*provincia, lugar*)
外观 [wài guān] apariencia *f*, aspecto *m*
外国 [wài guó] país *m* extranjero
外行 [wài háng] **1.** novato,-a, *m/f*; **2.** ser lego (*novato*) en (*una profesión*)
外号 [wài hào] apodo *m*, sobrenombre *m*
外汇 [wài huì] *econ* divisa *f*
外交 [wài jiāo] diplomacia *f*, asuntos *mpl* exteriores
外界 [wài jiè] mundo *m* exterior
外科 [wài kē] *med* cirugía *f*
外快 [wài kuài] ingreso *m* extra
外来 [wài lái] exterior *adj m/f*, externo,-a, extranjero,-a
外貌 [wài mào] apariencia *f*, aspecto *m*
外面 [wài mian] fuera, al exterior
外人 [wài rén] forastero,-a *m/f*; extraño,-a *m/f*

外伤 [wài shāng] *med* herida *f*, lesión *f*, traumatismo *m*, trauma *f*
外甥 [wài sheng] sobrino *m* (*hijo de una hermana*)
外事 [wài shì] asuntos *mpl* exteriores, relaciones *fpl* exteriores
外孙 [wài sūn] nieto *m* (*hijo de una hija*)
外套 [wài tào] *txtl* abrigo *m*
外文 [wài wén] lengua *f* extranjera
外销 [wài xiāo] exportación *f*, venta *f* al mercado exterior
外星人 [wài xīng rén] *astron* extraterrestre *m/f*
外语 [wài yǔ] lengua *f* extranjera
外资 [wài zī] *econ* capital *m* extranjero
外祖父 [wài zǔ fù] abuelo *m* (*materno*)
外祖母 [wài zǔ mǔ] abuela *f* (*materna*)
弯 [wān] **1.** curvo,-a, torcido,-a; **2.** curvar, doblar, combar
弯路 [wān lù] **1.** camino *m* con muchas curvas; **2.** rodeo *m*, vuelta *f*, fracaso *m*
弯曲 [wān qū] torcido,-a, sinuoso,-a, curvo,-a
弯子 [wān zi] curva *f*, vuelta *f*
湾 [wān] → 海湾 [hǎi wān] **1.** golfo *m*, bahía *f*; **2.** *nav* anclar, echar anclas
豌 [wān] → 豌豆 [wān dòu]
豌豆 [wān dòu] *bot* guisante *m*
丸 [wán] bolita *f*, píldora *f* (*de medicina*)
丸子 [wán zi] *gastr* albóndiga *f* (*de carne picada*)
完 [wán] **1.** completo,-a, entero,-a; **2.** terminar, concluir, acabar; **3.** agotarse, acabarse
完备 [wán bèi] completo,-a, perfecto,-a
完毕 [wán bì] terminar, acabar, concluir
完成 [wán chéng] cumplir, completar, acabar
完蛋 [wán dàn] estar perdido,-a, arruinarse
完工 [wán gōng] terminar una obra, concluir un trabajo
完好 [wán hǎo] intacto,-a, perfecto,-a
完美 [wán měi] perfecto,-a, excelente *adj m/f*, magnífico,-a
完全 [wán quán] completo,-a, entero,-a
完善 [wán shàn] **1.** perfeccionar, mejorar; **2.** perfecto,-a, excelente *adj m/f*
完整 [wán zhěng] completo,-a, íntegro,-a
玩 [wán] **1.** jugar, divertirse, distraerse; **2.** emplear, recurrir a
玩具 [wán jù] juguete *m*
玩弄 [wán nòng] **1.** manipular, jugar; **2.** coquetear, hacer cocos
玩耍 [wán shuǎ] jugar, divertirse
玩笑 [wán xiào] broma *m*; 开~ [kāi] hacer broma

顽 [wán] **1.** estúpido,-a, torpe *adj m/f*; **2.** obstinado,-a, terco,-a; **3.** travieso,-a, revoltoso,-a
顽固 [wán gù] obstinado,-a, terco,-a
顽抗 [wán kàng] resistir firmemente
顽皮 [wán pí] travieso,-a, pícaro-a, revoltoso,-a
顽强 [wán qiáng] indomable *adj m/f*, tenaz *adj m/f*, persistente *adj m/f*
挽 [wǎn] hacer un ovillo, ovillar
挽回 [wǎn huí] recobrar, recuperar
挽救 [wǎn jiù] salvar, rescatar
挽留 [wǎn liú] retener a alg (*con cariño o amistad*)
晚 [wǎn] **1.** noche *f*; **2.** tarde
晚安 [wǎn'ān] ¡buenas noches!
晚辈 [wǎn bèi] generación *f* joven; joven *m*
晚点 [wǎn diǎn] (*tren, avión*) tarde, con retraso
晚饭 [wǎn fàn] cena *f*
晚会 [wǎn huì] fiesta *f* (*nocturna*)
晚年 [wǎn nián] edad *f* avanzada, tercera *f* edad, vejez *f*
晚期 [wǎn qī] fase *f* final
晚上 [wǎn shàng] por la noche
晚霞 [wǎn xiá] escarcha *f* tardía
碗 [wǎn] tazón *m*, taza *f*
万 [wàn] **1.** diez mil; **2.** absolutamente, extremadamente
万恶 [wàn'è] diabólico, pecador *adj m/f*
万分 [wàn fēn] muy, sumamente, extremadamente
万能 [wàn néng] comodín *m*; (*uso*) universal *adj m/f*
万事 [wàn shì] todas las cosas, todo,-a
万岁 [wàn suì] larga vida, ¡viva!
万万 [wàn wàn] absolutamente, totalmente
万无一失 [wàn wú yī shī] impecable *adj m/f*, cien por cien seguro
万一 [wàn yī] por si acaso
汪 [wāng] **1.** (*líquido*) acumularse; **2.** (*perro*) ladrido *m*
汪洋 [wāng yáng] (*agua*) vasto,-a, inmenso,-a
亡 [wáng] → 死亡 [sǐ wáng] **1.** morir; **2.** difunto,-a
亡命徒 [wáng mìng tú] criminal *m/f*, delincuente *m/f* (*peligroso*)
亡羊补牢 [wáng yáng bǔ láo] más vale tarde que nunca.
王 [wáng] rey *m*, monarca *m*
王八蛋 [wáng ba dàn] bastardo *m*, hijo *m* de perra *vulg*
王朝 [wáng cháo] dinastía *f*; imperio *m*
王储 [wáng chǔ] príncipe *m* (*heredero*)
王法 [wáng fǎ] ley *f* (*de un estado*); decreto *m*
王国 [wáng guó] reino *m* (*monárquico*)
王后 [wáng hòu] reina *f*
王牌 [wáng pái] (*juego de barajas*) triunfo *m*

王室 [wáng shì] familia *f* real
王子 [wáng zi] príncipe *m*
网 [wǎng] **1.** red *f*; capturar con red; **2.** cubrir o envolver con una red
网兜 [wǎng dōu] bolsa *f* de malla (*para la compra*)
网球 [wǎng qiú] *dep* tenis *m*
往 [wǎng] → wàng **1.** (*ir*) hacia, en dirección a, 火车~南走。 [huǒ chē nán zǒu] El tren va hacia el sur; **2.** pasado,-a, anterior, ~年都是在他家过年 [nián dōu shì zài jiā guò nián] 。En los años anteriores pasamos la noche vieja en su casa.
往常 [wǎng cháng] habitualmente, en el pasado
往返 [wǎng fǎn] (*viaje de*) ida *f* y vuelta *f*
往来 [wǎng lái] contacto *m*, comunicación *f*
往年 [wǎng nián] en los años pasados (*transcurridos*)
往往 [wǎng wǎng] a menudo, frecuentemente
妄 [wàng] **1.** absurdo,-a, paradójico,-a; **2.** imprudente *adj m/f*, impropio,-a
妄图 [wàng tú] intentar vanamente
妄想 [wàng xiǎng] desear irrealmente; ilusión *f* insensata
忘 [wàng] olvidar; olvido *m*
忘本 [wàng běn] olvidar los sufrimientos pasados
忘恩负义 [wàng'ēn fù yì] desagradecido,-a, ingrato,-a
忘记 [wàng jì] olvidar, dejar
旺 [wàng] próspero,-a, floreciente *adj m/f*, vigoroso,-a
旺季 [wàng jì] temporada *f* alta
旺盛 [wàng shèng] vigoroso,-a, enérgico,-a
往 [wàng] → wǎng a, hacia, ~右转。 [yòu zhuǎn] Gira hacia la derecha.
往后 [wàng hòu] de ahora en adelante, en el futuro
望 [wàng] **1.** mirar, divisar; **2.** esperar, desear; **3.** reputación *f*, prestigio *m*
望尘莫及 [wàng chén mò jí] inalcanzable *adj m/f*, imposible *adj m/f*
望风 [wàng fēng] estar de guardia
望远镜 [wàng yuǎn jìng] telescopio *m*
望月 [wàng yuè] *astron* luna *f* llena
危 [wēi] **1.** peligro *m*, riesgo *m*; **2.** poner en peligro, arriesgar
危害 [wēi hài] dañar, perjudicar, poner en peligro
危机 [wēi jī] crisis *f*
危急 [wēi jí] (*momento*) crítico,-a, pendiente de un hilo
危难 [wēi nàn] peligro *m* y desastre *m*, calamidad *f*
危险 [wēi xiǎn] peligro *m*, riesgo *m*
威 [wēi] autoridad *f*, poderío *m*

威逼 [wēi bī] obligar (*a la fuerza*), forzar, coaccionar

威风 [wēi fēng] poderío *m* y prestigio *m*

威力 [wēi lì] fuerza *f*, poderío *m*

威慑 [wēi shè] aterrorizar; amenazar (*con la fuerza militar*)

威士忌 [wēi shì jì] whisky *m*

威望 [wēi wàng] prestigio *m*, reputación *f*

威胁 [wēi xié] amenazar, poner en peligro

威信 [wēi xìn] prestigio *m*, confianza *f*

威严 [wēi yán] solemne *adj m/f*, majestuoso,-a

微 [wēi] **1.** micro,-a, diminuto,-a, menudo,-a; **2.** poco,-a, exiguo,-a

微波炉 [wēi bō lú] microondas *m*

微薄 [wēi bó] escaso,-a, poco,-a, insignificante *adj m/f*

微不足道 [wēi bú zú dào] insignificante *adj m/f*, nada de importancia

微妙 [wēi miào] delicado,-a, sutil *adj m/f*

微弱 [wēi ruò] débil *adj m/f*, tenue *adj m/f*

微生物 [wēi shēng wù] microorganismo *m*

微小 [wēi xiǎo] pequeño,-a, diminuto,-a

微笑 [wēi xiào] sonreír

微型 [wēi xíng] miniatura *f*

为 [wéi] → wèi como, en; 任命他~代表。 [rèn mìng tā dài biǎo] Le han nombrado representante.

为非作歹 [wéi fēi zuò dǎi] cometer crímenes

为难 [wéi nán] **1.** sentirse embarazoso,-a, hacer difícil (*de resolver*); **2.** poner pegas, obstaculizar

为人 [wéi rén] comportamiento *m*, conducta *f*

为首 [wéi shǒu] con alg a la cabeza, encabezado,-a

为止 [wéi zhǐ] hasta; 到昨天~ [dào zuó tiān] hasta ayer

违 [wéi] (*orden, decreto*) desobedecer, violar

违背 [wéi bèi] violar, ir en contra de, ser contrario,-a a

违法 [wéi fǎ] ilegal *adj m/f*; violar la ley

违反 [wéi fǎn] violar, infringir (*una normativa*)

违禁 [wéi jìn] violar una prohibición

违抗 [wéi kàng] desobedecer

违心 [wéi xīn] contra la voluntad de alg

围 [wéi] **1.** rodear, cercar; **2.** alrededor, en derredor

围巾 [wéi jīn] *txtl* bufanda *f*

围棋 [wéi qí] *dep* (*juego chino*) *weiqi m*

围墙 [wéi qiáng] vallado *m*, (*casa, jardín*) muro *m* de cercamiento

围裙 [wéi qún] *txtl* delantal *m*, mantel *m*
围绕 [wéi rǎo] alrededor, en derredor, en torno a
唯 [wéi] sólo, solamente, únicamente
唯一 [wéi yī] sólo, único,-a
维 [wéi] **1.** atar, unir; **2.** salvaguardar, defender, preservar
维护 [wéi hù] salvaguardar, defender, preservar
维生素 [wéi shēng sù] *med* vitamina *f*
维修 [wéi xiū] (*equipo, maquinaria*) mantener, revisar, reparar
伪 [wěi] **1.** falso,-a, espurio,-a; **2.** títere *m*, colaboracionista *m/f*
伪善 [wěi shàn] hipócrita *adj m/f*
伪造 [wěi zào] falsificar, falsificación *f*
伪装 [wěi zhuāng] fingir, aparentar, simular
伟 [wěi] grande *adj m/f*
伟大 [wěi dà] grande *adj m/f*, grandioso,-a
伟人 [wěi rén] gran hombre *m* (*personaje*)
尾 [wěi] **1.** rabo *m*, cola *f*; **2.** final *m*; parte *f* remanente
尾巴 [wěi ba] rabo *m*, cola *f*
尾声 [wěi shēng] epílogo *m*
委 [wěi] **1.** encargar, designar, nombrar; **2.** desechar, tirar
萎靡不振 [wěi mǐ bú zhèn] desanimado,-a, desesperado,-a
委屈 [wěi qu] sufrir una injusticia
委任 [wěi rèn] nombrar, designar
委托 [wěi tuō] confiar, encargar
委员 [wěi yuán] (*comisión*) miembro *m*
卫 [wèi] defender, guardar, proteger
卫兵 [wèi bīng] guardia *m*, soldado *m* de escolta
卫队 [wèi duì] guardia *f*, escolta *f*
卫生 [wèi shēng] higiene *f*, sanidad *f*
卫星 [wèi xīng] **1.** satélite *m*, luna *f*; **2.** satélite *m* artificial
为 [wèi] → wéi a, por; 一切都~孩子。 [yī qiè dōu hái zǐ] Todo por los hijos.
为何 [wèi hé] *lit* ¿por qué?; ~ 不来？ [bú lái] ¿Por qué no viene?
为了 [wèi le] por, para, a fin de; ~ 学习，她得工作。 [xué xi, tā déi gōng zuò] Tiene que trabajar para estudiar.
为什么 [wèi shén me] ¿por qué?; ~ 不听我的话？ [bú tīng wǒ de huà] ¿Por qué no me haces caso?
未 [wèi] *lit* no, ~ 看到。 [kàn dào] No se ha visto.
未必 [wèi bì] probablemente no, no necesariamente
未婚夫 [wèi hūn fū] prometido *m*, novio *m*
未婚妻 [wèi hūn qī] prometida *f*, novia *f*
未来 [wèi lái] **1.** próximo,-a, futuro,-a; **2.** porvenir *m*, futuro *m*

未免 [wèi miǎn] realmente, de verdad

未知数 [wèi zhī shù] **1.** incógnita *f*, equis *f*; **2.** desconocido,-a, incierto,-a

位 [wèi] **1.** sitio *m*, lugar *m*; posición *f*; **2.** *mat* dígito *m*, unidad *f*; **3.** (*palabra de medida*) 走了三~顾客。[zǒu le sān gù kè] Se han ido tres clientes.

位于 [wèi yú] situarse, encontrarse

位置 [wèi zhi] sitio *m*, lugar *m*, posición *f*

味 [wèi] **1.** sabor *m*, gusto *m*; **2.** olor *m*; oler

味道 [wèi dào] sabor *m*, gusto *m*

味精 [wèi jīng] potenciador *m* de sabor, glutamato *m* monosódico

畏 [wèi] temer; temor *m*

畏惧 [wèi jù] temer, aterrorizarse

畏难 [wèi nán] tener miedo a dificultades

畏缩 [wèi suō] retroceder (*por temor*), encogerse

胃 [wèi] *med* estómago *m*

胃病 [wèi bìng] enfermedad *f* del estómago

胃口 [wèi kǒu] **1.** apetito *m*; **2.** gusto *m*

胃溃疡 [wèi kuì yáng] *med* úlcera *f*

胃炎 [wèi yán] *med* gastritis *f*

喂 [wèi] **1.** (*teléfono*) hola, diga; **2.** (*bebé, animal*) dar de comer

慰 [wèi] **1.** consolar, consuelo *m*; **2.** tranquilizarse, aliviarse

慰劳 [wèi láo] recompensar (*con regalos*)

慰问 [wèi wèn] enviar saludos, expresar solidaridad

温 [wēn] **1.** tibio,-a, templado,-a; **2.** temperatura *f*; **3.** calentar

温饱 [wēn bǎo] la primera necesidad (*vestirse, comer y alojarse*)

温度 [wēn dù] temperatura *f*

温和 [wēn hé] tibio,-a, templado,-a, moderado,-a

温暖 [wēn nuǎn] cariñoso,-a, cálido,-a

温泉 [wēn quán] fuente *f* termal

温柔 [wēn róu] tierno,-a, cariñoso,-a; ternura *f*, cariño *m*

温室 [wēn shì] invernadero *m*

温顺 [wēn shùn] sumiso,-a, manso,-a

温习 [wēn xí] (*estudio*) repasar

文 [wén] **1.** idioma *m*, lengua *f*; **2.** redacción *f* literaria, artículo *m*; **3.** cultura *f*, educación

文化 [wén huà] **1.** civilización *f*, cultura *f*; **2.** educación *f*

文件 [wén jiàn] documento *m*, papel *m*

文具 [wén jù] artículo *m* de escritorio

文具店 [wén jù diàn] papelería *f*

文科 [wén kē] ciencia *f* de las humanidades, carrera *f* de letras

文盲 [wén máng] analfabeto,-a *m/f*

文明 [wén míng] civilización *f*, cultura *f*
文凭 [wén píng] diploma *m* (*de estudios*)
文人 [wén rén] hombre *m* de letras, letrado,-a *m/f*
文物 [wén wù] patrimonio *m* cultural
文学 [wén xué] literatura *f*
文言 [wén yán] chino *m* clásico
文艺 [wén yì] literatura *f* y arte *m*
文章 [wén zhāng] ensayo *m*, artículo *m*, redacción *f*
文字 [wén zì] carácter *m* chino, escritura *f* china
纹 [wén] **1.** arruga *f*, veta *f*; **2.** diseño *m* decorativo, figura *f*, dibujo *m*
纹路 [wén lù] arruga *f*, veta *f*
闻 [wén] **1.** oír; **2.** oler, olfatear; **3.** famoso,-a, célebre *adj m/f*
闻名 [wén míng] famoso,-a, celebre *adj m/f*
蚊 [wén] *zool* mosquito *m*
蚊香 [wén xiāng] incienso *m* antimosquitos
蚊帐 [wén zhàng] mosquitero *m*
蚊子 [wén zi] *zool* mosquito *m*
吻 [wěn] besar; beso *m*
吻合 [wěn hé] ser idéntico,-a; coincidir, concordar
稳 [wěn] **1.** equilibrado,-a, firme *adj m/f*; **2.** seguro,-a, estable *adj m/f*
稳当 [wěn dang] seguro,-a, estable *adj m/f*
稳定 [wěn dìng] estable *adj m/f*, seguro,-a
稳妥 [wěn tuǒ] seguro,-a, estable *adj m/f*
稳重 [wěn zhòng] *(persona)* serio,-a, responsable *adj m/f*, equilibrado,-a
问 [wèn] **1.** preguntar, interrogar; **2.** intervenir; **3.** pedir u/c a alg
问答 [wèn dá] pregunta *f* y respuesta *f*
问好 [wèn hǎo] saludar, saludo *m*
问号 [wèn hào] *ling* signo de interrogación
问候 [wèn hòu] recuerdo *m*, saludo *m*
问世 [wèn shì] publicarse, salir a la luz
问题 [wèn tí] cuestión *f*, problema *m*
翁 [wēng] **1.** viejo *m*, anciano *m*; **2.** suegro *m*
窝 [wō] nido *m*, guarida *f*, madriguera *f*
窝藏 [wō cáng] encubrir, ocultar
窝囊 [wō nang] **1.** estar fastidiado,-a, estar molesto,-a; **2.** persona *f* inútil
蜗 [wō] → 蜗牛 [wō niú]
蜗牛 [wō niú] *zool* caracol *m*
我 [wǒ] yo, mi *adj m/f*
我们 [wǒ men] nosotros, nuestro
我行我素 [wǒ xíng wǒ sù] hacer lo que le dé la gana
沃 [wò] **1.** *(tierra)* fértil *adj m/f*, rico,-a; **2.** regar, irrigar

卧 [wò] **1.** acostarse, estar acostado; **2.** (*animal*) echarse al suelo, (*ave*) posarse
卧病 [wò bìng] estar en la cama, guardar cama
卧具 [wò jù] ropa *f* de cama, cobija *f*
卧铺票 [wò pù piào] *ferroc* billete *m* de coche cama
卧室 [wò shì] dormitorio *m*, habitación *f*
握 [wò] tomar, empuñar
握手 [wò shǒu] estrechar (*apretar*) la mano
乌 [wū] negro,-a, oscuro,-a
乌龟 [wū guī] *zool* tortuga *f*
乌黑 [wū hēi] negro,-a como el azabache
乌鸦 [wū yā] *zool* cuervo *m*
乌贼 [wū zéi] *zool* sepia *f*, calamar *m*
污 [wū] **1.** suciedad *f*, mancha *f*; **2.** sucio,-a, impuro,-a; **3.** corrupto,-a
污点 [wū diǎn] mancha *f*
污染 [wū rǎn] contaminar; contaminación *f*
污辱 [wū rǔ] insultar, humillar
污浊 [wū zhuó] (*agua, aire*) sucio, -a, impuro,-a
呜 [wū] toque *m* de sirena
呜呼 [wū hū] ¡ay de mí!, ¡ay!
呜咽 [wū yè] sollozar, gimotear
巫 [wū] brujo,-a *m/f*, hechicero, -a *m/f*
巫婆 [wū pó] bruja *f*, hechicera *f*
巫师 [wū shī] brujo *m*, hechicero *m*
诬 [wū] acusar falsamente
诬告 [wū gào] presentar una acusación falsa
诬赖 [wū lài] acusar falsamente
诬蔑 [wū miè] difamar, calumniar
诬陷 [wū xiàn] hacer testimonios falsos
屋 [wū] **1.** casa *f*; **2.** cuarto *m*, habitación *f*
屋顶 [wū dǐng] *constr* tejado *m*
屋脊 [wū jǐ] *constr* (*tejado*) caballete *m*, lomera *f*
屋面 [wū miàn] *constr* cubierta *f*, techado *m*
无 [wú] nada *f*, cero *m* 一~所有 [yi suǒ yǒu] no tener nada
无比 [wú bǐ] **1.** incomparable *adj m/f*; **2.** formidable *adj m/f*, tremendo,-a
无常 [wú cháng] variable *adj m/f*, cambiable *adj m/f*
无偿 [wú cháng] gratuito,-a, gratis *adj inv*
无耻 [wú chǐ] descarado,-a, sin vergüenza
无敌 [wú dí] invencible *adj m/f*, inconquistable *adj m/f*
无动于衷 [wú dòng yú zhōng] indiferente *adj m/f*, insensible *adj m/f*
无法 [wú fǎ] incapaz *adj m/f*
无非 [wú fēi] no ser más que, no ser otra cosa que
无辜 [wú gū] inocente *adj m/f*, inculpable *adj m/f*

无故 [wú gù] sin razón, sin motivo, sin justificación

无关 [wú guān] no tener nada que ver con, no importar

无可奈何 [wú kě nài hé] no hay nada que hacer, no tener más remedio

无赖 [wú lài] gamberro *m*, imbécil *m*

无礼 [wú lǐ] mal educado,-a, grosero,-a

无理 [wú lǐ] irrazonable *adj m/f*, injustificable *adj m/f*

无力 [wú lì] flojo,-a, débil

无聊 [wú liáo] aburrido,-a

无论 [wú lùn] no importa..., por mucho que

无名指 [wú míng zhǐ] *med* (dedo) anular *m*

无奈 [wú nài] **1.** no tener más remedio que, no tener otra alternativa; **2.** pero, sin embargo

无能 [wú néng] incapaz *adj m/f*, incompetente *adj m/f*

无期徒刑 [wú qī tú xíng] *jur* cadena *f* perpetua

无情 [wú qíng] **1.** apático,-a, insensible *adj m/f*; **2.** despiadado,-a, implacable *adj m/f*

无穷 [wú qióng] infinito,-a, inagotable *adj m/f*

无时无刻 [wú shí wú kè] en cada instante, todo el tiempo

无事生非 [wú shì shēng fēi] armar un lío por nada

无数 [wú shù] innumerable *adj m/f*, incontable *adj m/f*

无私 [wú sī] desinteresado,-a, sin egoísmo

无所谓 [wú suǒ wèi] indiferente *adj m/f*, insignificante *adj m/f*, no importar

无效 [wú xiào] nulo,-a, caducado,-a

无心 [wú xīn] **1.** no tener ganas, no estar para; **2.** sin la intención

无形 [wú xíng] invisible *adj m/f*, inmaterial *adj m/f*

无疑 [wú yí] sin duda alguna, indudablemente

无影无踪 [wú yǐng wú zōng] desaparecer, sin dejar ninguna pista

无知 [wú zhī] ignorante *adj m/f*; ignorancia *f*

五 [wǔ] cinco *adj/m*

五官 [wǔ guān] rasgo *m* facial

五湖四海 [wǔ hú sì hǎi] todos los rincones del mundo

五金 [wǔ jīn] **1.** metal *m*, objeto *m* metálico; **2.** bricolaje *m*; ferretería *f*

五线谱 [wǔ xiàn pǔ] *mús* pentagrama *m*, pentágrama *m*

五月 [wǔ yuè] mayo *m*

午 [wǔ] mediodía *m*

午饭 [wǔ fàn] almuerzo *m*, comida *f*

午睡 [wǔ shuì] siesta *f*, dormir (*echar*) la siesta

午夜 [wǔ yè] medianoche *f*

伍 [wǔ] → 队伍 [duì wǔ] **1.** cinco *m* (*en letras*); **2.** compañía *f*, equipo *m*
武 [wǔ] **1.** militar *m*; **2.** arte *m* marcial; **3.** valiente *adj m/f*, fuerte *adj m/f*
武功 [wǔ gōng] arte *m* marcial
武力 [wǔ lì] **1.** fuerza *f*, violencia *f*; **2.** fuerza militar (*armada*)
武器 [wǔ qì] arma *m*, armamento *m*
武士 [wǔ shì] samurai *m*
武术 [wǔ shù] arte *m* marcial (*wushu*)
武装 [wǔ zhuāng] arma *m*, equipos *mpl* militares, armamento *m*
侮 [wǔ] insultar, humillar
侮辱 [wǔ rǔ] insultar, humillar, injuriar
舞 [wǔ] **1.** danza *f*, baile *m*; **2.** moverse como bailando
舞弊 [wǔ bì] abuso *m*, procedimiento *m* ilegal
舞蹈 [wǔ dǎo] danza *f*, baile *m*; bailar
舞会 [wǔ huì] (*fiesta*) baile *m*
舞曲 [wǔ qǔ] música *f* de danza
舞台 [wǔ tái] escenario *m*, escena *f*
舞厅 [wǔ tīng] salón *m* de baile
勿 [wù] no; 请~ 吸烟! [qǐng xī yān] ¡No fumar!
务 [wù] → 任务 [rèn wù] **1.** asunto *m*, negocio *m*; **2.** dedicarse a, ocuparse de; **3.** tener que, deber
务必 [wù bì] tener que, deber
物 [wù] **1.** cosa *f*, objeto *m*; **2.** contenido *m*, sustancia *f*
物产 [wù chǎn] producto *m*, recursos *mpl* naturales
物价 [wù jià] precio *m*, cotización *f*
物理 [wù lǐ] *fís* (*ciencia*) física *f*
物品 [wù pǐn] artículo *m*, mercancía *f*
物色 [wù sè] buscar, seleccionar, elegir
物体 [wù tǐ] *fís* cuerpo *m*, sustancia *f*, objeto *m*
物质 [wù zhì] materia *f*, sustancia *f*
物资 [wù zī] recursos *mpl* materiales
误 [wù] **1.** falta *f*, error *m*; **2.** (*tren, avión*) llegar tarde, perder; **3.** dañar, perjudicar
误差 [wù chā] *fís* error *m*; tolerancia *f*
误点 [wù diǎn] (*tren, avión*) llegar más tarde (*de lo previsto*)
误会 [wù huì] **1.** interpretar mal, entender mal; **2.** malentendido *m*, equivocación *f*
误解 [wù jiě] comprender mal, malentender; malentendido *m*, equivocación *f*
误事 [wù shì] **1.** causar retraso (*en un trabajo o negocio*); **2.** echar a perder (*un negocio*)
悟 [wù] → 觉悟 [jué wù] comprender, estar consciente, despertar

悟性 [wù xìng] conciencia *f*, comprensión *f*, entendimiento *m*
雾 [wù] *meteo* niebla *f*, bruma *f*

X

夕 [xī] **1.** ocaso *m*, puesta *f* de sol, anochecer *m*; **2.** noche *f*
夕阳 [xī yáng] sol *m* poniente
西 [xī] oeste *m*, poniente *m*, occidente *m*
西班牙 [xī bān yá] España *f*
西北 [xī běi] noroeste *m*
西部 [xī bù] región *f* oeste
西餐 [xī cān] comida *f* occidental
西点 [xī diǎn] pastel *m* (*europeo*)
西方 [xī fāng] (*el mundo*) occidente *m*
西服 [xī fú] *txtl* traje *m*, chaqueta *f* americana
西瓜 [xī guā] *bot* sandía *f*
西红柿 [xī hóng shì] *bot* tomate *m*
西化 [xī huà] occidentalizarse; occidentalización *f*
西南 [xīnán] suroeste *m*, sudoeste *m*
西欧 [xī ōu] Europa *f* Occidental
西洋 [xī yáng] mundo *m* occidental; occidente *m*
西药 [xī yào] (*medicamento*) medicina *f* occidental
西医 [xī yī] (*ciencia*) medicina *f* occidental
西语 [xī yǔ] lenguas *fpl* europeas; lengua *f* española
西装 [xī zhuāng] *txtl* traje *m*, chaqueta *f* americana
吸 [xī] **1.** aspirar, inspirar, inhalar; **2.** absorber, chupar, succionar; **3.** atraer, fascinar
吸尘器 [xī chén qì] aspiradora *f*
吸毒 [xī dú] drogadicción *f*; consumir droga *f*
吸取 [xī qǔ] sacar, extraer; ~ 教训 [jiào xùn] sacar la lección
吸收 [xī shōu] absorber, chupar, succionar
吸铁石 [xī tiě shí] *fís* imán *m*
吸血鬼 [xī xuè guǐ] vampiro *m*
吸烟 [xī yān] fumar
吸引力 [xī yǐn lì] atracción *f*; atractivo,-a
希 [xī] esperar; esperanza *f*
希罕 [xī han] raro,-a, extraño,-a
希腊 [xī là] Grecia *f*
希奇 [xī qí] extraño,-a, raro,-a, curioso,-a
希望 [xī wàng] esperar, desear, aspirar; esperanza *f*
牺 [xī] animal de pelo unicolor (*para el sacrificio*)
牺牲 [xī shēng] sacrificarse, morir como un mártir
牺牲品 [xī shēng pǐn] víctima *f*
息 [xī] **1.** aliento *m*, respiración *f*; **2.** noticia *f*, información *f*; **3.** *econ* interés *m*; 年~ [nián] interés *m* anual
息怒 [xī nù] dejar de estar enojado, dejar de enfadarse
悉 [xī] conocer, enterarse, estar informado

悉心 [xī xīn] dedicarse exclusivamente a u/c
稀 [xī] escaso,-a, poco,-a, raro,-a
稀薄 [xī bó] enrarecido,-a, poco denso
稀饭 [xī fàn] sopa *f* de arroz
稀少 [xī shǎo] escaso, poco, raro
稀有 [xī yǒu] raro,-a, singular *adj m/f*, extraño,-a
溪 [xī] **1.** riachuelo *m*; **2.** rivera *f*
溪流 [xī liú] arroyo *m* (*que brota de una montaña*)
熄 [xī] apagar, extinguir
熄灭 [xī miè] extinguirse, apagarse
膝 [xī] *med* rodilla *f*
膝盖 [xī gài] *med* rodilla *f*
蟋 [xī] → 蟋蟀 [xī shuài]
蟋蟀 [xī shuài] *zool* grillo *m*
习 [xí] **1.** practicar, repasar; **2.** hábito *m*, costumbre *f*; **3.** estar acostumbrado a
习惯 [xí guàn] estar acostumbrado a, acostumbrarse a, habituarse a
习气 [xí qì] vicio *m*, mala costumbre
习俗 [xí sú] costumbre *f*, hábito *m*
习题 [xí tí] trabajo *m* (*escolar*)
习性 [xí xìng] hábito *m*
习作 [xí zuò] **1.** escribir una redacción; **2.** trabajo *m* (*de pintura, dibujo*)
席 [xí] **1.** estera *f*; **2.** asiento *m*, plaza *f*
席位 [xí wèi] asiento *m*, escaño *m*
袭 [xí] **1.** lanzar un ataque por sorpresa; **2.** seguir (*u/c como antes*)
袭击 [xí jī] lanzar un ataque por sorpresa
袭用 [xí yòng] seguir usando (*u/c tal como se ha usado en el pasado*)
媳 [xí] nuera *f*
媳妇 [xí fù] nuera *f*, hija *f* política
洗 [xǐ] **1.** lavar, limpiar; **2.** *fotog* (*carrete*) revelar; **3.** (*carta*) barajar
洗涤剂 [xǐ dí jì] detergente *m*
洗发水 [xǐ fà shǔi] champú *m*
洗刷 [xǐ shuā] lavar, cepillar, fregar
洗碗机 [xǐ wǎn jī] lavavajillas *m*
洗衣店 [xǐ yī diàn] lavandería *f*
洗衣粉 [xǐ yī fěn] jabón *m* en polvo
洗衣机 [xǐ yī jī] lavadora *f*
洗澡 [xǐ zǎo] ducharse, bañarse; ducha *f*
喜 [xǐ] **1.** feliz *adj m/f*, contento, -a; **2.** acontecimiento *m* (*de gran felicidad*); casamiento *m*; **3.** embarazo *m*
喜爱 [xǐ ài] gustar, apasionar
喜欢 [xǐ huān] gustar, amar, querer
喜酒 [xǐ jiǔ] banquete *m* de boda
喜剧 [xǐ jù] *teat* comedia *f*
喜庆 [xǐ qìng] felicidad *f*, festejo *m*
喜事 [xǐ shì] boda *f*

喜糖 [xǐ táng] bombones *mpl* de felicidad (*que se regalan al celebrar una boda*)
喜洋洋 [xǐ yáng yáng] feliz *adj m/f*, alegre *adj m/f*
戏 [xì] **1.** jugar, divertirse; **2.** teatro *m*, espectáculo *m*
戏剧 [xì jù] *teat* drama *m*, teatro *m*
戏弄 [xì nòng] burlarse, tomar el pelo
戏曲 [xì qǔ] ópera *f* tradicional
戏院 [xì yuàn] teatro *m*, sala *f* de espectáculos
系 [xì] **1.** sistema *m*, serie *f*; **2.** (*universidad*) facultad *f*
系列 [xì liè] serie de, conjunto de
系数 [xì shù] *mat* coeficiente *m*
系统 [xì tǒng] sistema *m*
细 [xì] **1.** delgado,-a, fino,-a; **2.** refinado,-a, delicado,-a; **3.** minucioso,-a, meticuloso,-a, cuidadoso,-a
细胞 [xì bāo] *med* célula *f*
细节 [xì jié] detalle *m*, lo concreto
细菌 [xì jūn] *med* bacteria *f*, microbio *m*
细腻 [xì nì] fino,-a delicado,-a
细巧 [xì qiǎo] exquisito,-a, fino,-a
细微 [xì wēi] leve *adj m/f*, impalpable *adj m/f*, sutil *adj m/f*
细小 [xì xiǎo] minúsculo,-a, pequeño,-a, menudo,-a
细致 [xì zhì] cuidadoso,-a, esmerado,-a, meticuloso,-a
隙 [xì] → 空隙 [kòng xì] **1.** fisura *f*, grieta *f*; **2.** intervalo *m*
虾 [xiā] gamba *f*, langosta *f*, camarón *m*
虾米 [xiā mǐ] gamba *f* (*seca pelada*)
虾仁 [xiā rén] gamba *f* (*fresca pelada*)
瞎 [xiā] **1.** ciego,-a; **2.** a ciegas, sin ton ni son; **3.** en balde, en vano
瞎扯 [xiā chě] decir tonterías
瞎话 [xiā huà] falsedad *f*, mentira *f*
瞎说 [xiā shuō] hablar sin fundamento
瞎子 [xiā zi] ciego,-a *m/f*, invidente *m/f*
峡 [xiá] **1.** *geog* garganta *f*; **2.** *med* istmo *m*
峡谷 [xiá gǔ] *geog* cañón *m*, garganta *f*
狭 [xiá] estrecho,-a, limitado,-a
狭隘 [xiá ài] estrecho,-a, angosto,-a
狭长 [xiá cháng] estrecho y largo
狭窄 [xiá zǎi] **1.** angosto,-a, estrecho,-a; **2.** estrecho,-a, limitado,-a
霞 [xiá] *meteo* arrebol *m*, nubes *fpl* rosadas
霞光 [xiá guāng] rayo *m* (*del sol naciente o poniente*)
下 [xià] **1.** abajo, debajo, bajo; **2.** próximo,-a, siguiente *adj m/f*; ~ 星期 [xīng qī] la próxima semana; **3.** bajar, descender; ~ 车 [chē] bajar del coche; **4.** jugar; ~ 棋 [qí] jugar al ajedrez;

5. terminar, acabar, ~ 课 [kè] terminar la clase

下巴 [xià bā] **1.** *med* mandíbula inferior; **2.** barbilla *f*, mentón *m*

下班 [xià bān] terminar el trabajo, salir del trabajo

下场 [xià chǎng] **1.** *dep* abandonar el juego; **2.** resultado *m*, fin *m*

下次 [xià cì] próxima vez, otra vez

下蛋 [xià dàn] poner un huevo

下等 [xià děng] de calidad (*categoría*) inferior

下降 [xià jiàng] descender, bajar, caer

下列 [xià liè] siguiente *adj m/f*

下令 [xià lìng] dar la orden, ordenar

下流 [xià liú] vil *adj m/f*, obsceno,-a, grosero,-a

下落 [xià luò] paradero *m*

下面 [xià miàn] abajo, debajo

下身 [xià shēn] parte inferior del cuerpo

下水道 [xià shuǐ dào] *constr* desagüe *m*, alcantarilla *f*

下台 [xià tái] **1.** bajar del escenario; **2.** *pol* perder el poder

下午 [xià wǔ] tarde *f*; ~ 我们去看电影 [wǒ mēn qù kàn diàn yǐng]. Vamos al cine por la tarde.

下旬 [xià xún] últimos diez días (de un mes)

下意识 [xià yì shí] subconciencia *f*

下葬 [xià zàng] enterrar, sepultar

吓 [xià] → 吓唬 [xià hu]

吓唬 [xià hu] asustar, atemorizar, espantar

夏 [xià] verano *m*

夏季 [xià jì] verano *m*

夏令营 [xià lìng yíng] campamento *m* de verano

夏天 [xià tiān] verano *m*

夏至 [xià zhì] *astr* Solsticio estival (*o de verano*)

仙 [xiān] ser *m* celestial, inmortal *m*

仙女 [xiān nǚ] hada *f*, ninfa *f*

仙人 [xiān rén] ser *m* celestial, inmortal *m*

先 [xiān] **1.** antes, primero,-a; **2.** ascendencia *f*, antecesor *m*; **3.** antes, anteriormente

先辈 [xiān bèi] ascendencia *f*, antepasado *m*

先锋 [xiān fēng] vanguardia *f*

先后 [xiān hòu] prioridad *f*, orden *m*

先进 [xiān jìn] avanzado,-a, moderno,-a

先前 [xiān qián] antes, anteriormente, con anterioridad

先生 [xiān shēng] caballero *m*, señor *m*

掀 [xiān] levantar(*se*)

掀起 [xiān qǐ] **1.** levantar, quitar abrir; **2.** desplegar, iniciar (*un movimiento*)

纤 [xiān] fino,-a, delgado,-a

纤维 [xiān wéi] fibra *f*

纤细 [xiān xì] fino,-a, delgado,-a

鲜 [xiān] **1.** fresco,-a; **2.** bien definido, inequívoco,-a; **3.** (*marisco*) delicioso,-a, rico,-a
鲜红 [xiān hóng] color *m* rojo vivo
鲜花 [xiān huā] flor *f* fresca
鲜美 [xiān měi] delicioso,-a, sabroso,-a
鲜明 [xiān míng] (*color*) vivo,-a
鲜血 [xiān xuè] sangre *f*
鲜艳 [xiān yàn] vistoso y hermoso, de color vivo
闲 [xián] **1.** libre *adj m/f*, desocupado,-a; **2.** tiempo *m* libre
闲工夫 [xián gōng fu] ratos *mpl* libres, tiempo *m* libre
闲逛 [xián guàng] pasear, (*en la calle*) vagar
闲话 [xián huà] palabras *fpl* insustanciales
闲空 [xián kòng] ratos *mpl* libres, tiempo *m* libre
闲人 [xián rén] hombre *m* desocupado, hombre *m* sin cargo oficial
闲事 [xián shì] asunto *m* ajeno
闲谈 [xián tán] charlar, hablar
贤 [xián] **1.** virtuoso,-a, talentoso,-a, capaz *adj m/f*; **2.** hombre *m* con talento
贤惠 [xián huì] (*mujer*) decente *adj m/f*, virtuoso,-a
贤明 [xián míng] sabio,-a, capacitado,-a
贤人 [xián rén] hombre *m* de talento, sabio *m*
弦 [xián] **1.** (*arco*) cuerda *f*; **2.** *mús* (*instrumento musical*) cuerda *f*
弦乐队 [xián yuè duì] *mús* orquesta *f* de cuerda
弦乐器 [xián yuè qì] *mús* instrumento *m* musical de cuerda
咸 [xián] (*sabor*) salado,-a
咸菜 [xián cài] verdura *f* salada (*adobada*)
咸水 [xián shuǐ] agua *f* salada
衔 [xián] grado *m*, rango *m*, título *m*
衔接 [xián jiē] unir, enlazar, juntar
嫌 [xián] **1.** sospecha *f*; **2.** no gustarle a alg; **3.** detestar, odiar
嫌弃 [xián qì] tener antipatía (*hacia alg*)
嫌疑 [xián yí] sospecha *f*
险 [xiǎn] **1.** peligro *m*, riesgo *m*; **2.** lugar *m* de difícil acceso, punto *m* estratégico
险恶 [xiǎn è] peligroso,-a, arriesgado,-a
险些 [xiǎn xiē] casi, por poco, a punto de
险要 [xiǎn yào] (*lugar o punto*) estratégico,-a
显 [xiǎn] **1.** evidente *adj m/f*, obvio,-a; **2.** mostrar, manifestar
显得 [xiǎn de] parecer, mostrarse
显露 [xiǎn lù] hacer(*se*) visible, mostrar(*se*), manifestar(*se*)
显然 [xiǎn rán] claro,-a, obvio,-a, evidente *adj m/f*
显示 [xiǎn shì] mostrar, demostrar, manifestar
显微镜 [xiǎn wēi jìng] microscopio *m*

显眼 [xiǎn yǎn] visible *adj m/f*, llamativo,-a
显著 [xiǎn zhù] claro,-a, evidente *adj m/f*
县 [xiàn] *adm* distrito *m*, comarca *f*
县城 [xiàn chéng] capital *f* de una comarca
现 [xiàn] **1.** ahora mismo, en este momento; **2.** mostrar, descubrirse, aparecer
现场 [xiàn chǎng] **1.** (*incidente*) escenario *m*; **2.** sitio *m*, lugar *m*
现成 [xiàn chéng] hecho,-a, preparado,-a
现代 [xiàn dài] época *f* actual, tiempos *mpl* modernos
现货 [xiàn huò] mercancía *f* disponible
现金 [xiàn jīn] (*dinero*) efectivo *m*
现款 [xiàn kuǎn] (*dinero*) al contado, efectivo *m*
现实 [xiàn shí] **1.** realidad *f*, hecho *m*; **2.** real *adj m/f*, actual *adj m/f*
现象 [xiàn xiàng] apariencia *f*, fenómeno *m*
现行 [xiàn xíng] vigente *adj m/f*, en vigor
现在 [xiàn zài] ahora, al presente, en este momento
现状 [xiàn zhuàng] situación *f* actual
限 [xiàn] límite *m*, limitación *f*
限定 [xiàn dìng] poner un límite, limitar
限度 [xiàn dù] límite *m*, limitación *f*
限期 [xiàn qī] fijar una fecha, dar un plazo
限于 [xiàn yú] limitarse, recudirse
限制 [xiàn zhì] limitar, restringir; restricción *f*
线 [xiàn] **1.** hilo *m*, alambre *m*; **2.** línea *f*, ruta *f*, vía *f*; **3.** frontera *f*, borde *m*
线路 [xiàn lù] circuito *m*, línea *f*
线圈 [xiàn quān] carrete *m*, bobina *f*
线索 [xiàn suǒ] pista *f*, huella *f*, rastro *m*
线条 [xiàn tiáo] línea *f*, raya *f*
宪 [xiàn] **1.** ley *f*, decreto *m*; **2.** constitución *f*
宪兵 [xiàn bīng] política *f* militar
宪法 [xiàn fǎ] constitución *f*, carta *f* magna
宪章 [xiàn zhāng] estatuto *m*
陷 [xiàn] **1.** trampa *f*; **2.** caer, hundirse; **3.** defecto *m*, falta *f*
陷害 [xiàn hài] hacer una acusación falsa contra alg
陷落 [xiàn luò] hundirse
陷入 [xiàn rù] caer en, meterse
馅 [xiàn] *gastr* relleno *m* (*de carne picada*)
馅儿饼 [xiàn er bǐng] *gastr* empanadilla *f*
羡 [xiàn] admirar, envidiar
羡慕 [xiàn mù] admirar, envidiar admiración *f*
献 [xiàn] **1.** ofrecer, presentar; **2.** manifestar, mostrar

献策 [xiàn cè] dar un consejo, hacer una sugerencia
献词 [xiàn cí] dedicatoria *f*
献计 [xiàn jì] dar un consejo, hacer una sugerencia
献身 [xiàn shēn] consagrarse, sacrificarse
献血 [xiàn xuè] donar sangre
腺 [xiàn] *med* glándula *f*
乡 [xiāng] **1.** campo *m*, zona *f* rural; **2.** lugar *m* de nacimiento, tierra *f* natal
乡村 [xiāng cūn] zona *f* rural, campo *m*
乡亲 [xiāng qīn] paisano,-a *m/f*, compatriota *m/f*
乡下 [xiāng xià] campo *m*, zona *f* agrícola (*rural*)
相 [xiāng] → xiàng mutuamente, recíprocamente
相爱 [xiāng ài] amarse, quererse
相称 [xiāng chèn] corresponder, compaginarse
相处 [xiāng chù] llevarse, convivir; 她与我~得很好 [tā yǔ wǒ de hěn hǎo] Ella se lleva bien conmigo
相当 [xiāng dāng] equivaler, corresponder; equivalente *adj m/f*
相等 [xiāng děng] ser igual, ser equivalente
相对 [xiāng duì] **1.** opuesto,-a, contrario,-a; **2.** relativo,-a
相反 [xiāng fǎn] opuesto,-a, contrario,-a
相逢 [xiāng féng] encontrarse (*uno con otro*), verse
相干 [xiāng gān] tener que ver con
相关 [xiāng guān] relacionarse, relacionado,-a
相互 [xiāng hù] mutuo,-a, recíproco,-a, uno a otro
相继 [xiāng jì] uno tras otro, sucesivamente
相近 [xiāng jìn] cercano,-a, próximo,-a
相思 [xiāng sī] echarse de menos, añorar
相似 [xiāng sì] parecido,-a, semejante *adj m/f*, similar *adj m/f*
相同 [xiāng tóng] idéntico,-a, igual *adj m/f*, mismo,-a
相象 [xiāng xiàng] parecerse, ser semejante, ser similar
相信 [xiāng xìn] creer, confiar
香 [xiāng] **1.** fragante *adj m/f*, aromático,-a, perfumado,-a; **2.** rico,-a, sabroso,-a, apetitoso,-a; **3.** incienso m (*en espiral*)
香槟酒 [xiāng bīn jiǔ] champán *m*
香肠 [xiāng cháng] embutido *m*, salchicha *f*
香菇 [xiāng gū] *bot* seta *f*
香蕉 [xiāng jiāo] banana *f*, plátano *m*
香精 [xiāng jīng] fragancia *f*, perfume *m*
香料 [xiāng liào] **1.** *gastr* aroma *f*, especia *f*; **2.** perfume *m*, fragancia *f*

香水 [xiāng shuǐ] agua *f* de colonia, perfume *m*, fragancia *f*
香烟 [xiāng yān] cigarrillo *m*
香皂 [xiāng zào] jabón *m* de tocador
箱 [xiāng] caja *f*, cajón *m*, baúl *m*, arca *f*
箱子 [xiāng zi] caja *f*, cajón *m*
镶 [xiāng] incrustar, engastar, montar
镶嵌 [xiāng qiàn] incrustar, engastar, montar
镶牙 [xiāng yá] poner un diente postizo
详 [xiáng] **1.** detallado,-a, concreto,-a; **2.** explicar con detalle
详尽 [xiáng jìn] detallado,-a, exhaustivo,-a
详情 [xiáng qíng] detalle *m*, lo concreto
详细 [xiáng xì] detallado,-a, concreto,-a
享 [xiǎng] disfrutar, gozar
享福 [xiǎng fú] disfrutar de una vida feliz, llevar una vida cómoda
享乐 [xiǎng lè] disfrutar, gozar
享受 [xiǎng shòu] **1.** gozar, disfrutar; **2.** disfrute *m*, placer *m*
响 [xiǎng] sonido *m*, ruido *m*; sonar, resonar
响亮 [xiǎng liàng] sonoro,-a, resonante *adj m/f*
响声 [xiǎng shēng] sonido *m*, ruido *m*
响应 [xiǎng yìng] hacer eco, responder
想 [xiǎng] **1.** pensar, meditar; **2.** suponer, creer; **3.** desear, querer; **4.** echar de menos, añorar
想不到 [xiǎng bu dào] inesperado,-a, imprevisto,-a
想到 [xiǎng dào] (*idea*) ocurrirse, acordarse
想法 [xiǎng fǎ] **1.** idea, solución; **2.** intentar, procurar
想念 [xiǎng niàn] echar de menos, añorar
想入非非 [xiǎng rù fēi fēi] ilusionarse, soñar
想象 [xiǎng xiàng] imaginarse; imaginación *f*
向 [xiàng] **1.** dar a, mirar hacia; **2.** dirección *f*, orientación *f*; **3.** hacia; ~ 北走就到了 [běi zǒu jiù dào le] Tira hacia el norte y llegarás allí.
向导 [xiàng dǎo] **1.** guiar, orientar; **2.** guía *m/f* (*turístico*)
向来 [xiàng lái] desde siempre, permanentemente
向日葵 [xiàng rì kuí] *bot* girasol *m*
向往 [xiàng wǎng] ansiar, aspirar, suspirar por
巷 [xiàng] pasaje *m*, callejón *m*
巷战 [xiàng zhàn] *mil* combate *m* callejero
项 [xiàng] **1.** cogote *m*, nuca *f*; **2.** ítem *m*, punto *m*; **3.** suma *f* (*de dinero*)
项链 [xiàng liàn] collar *m*
项目 [xiàng mù] proyecto *m*, plan *m*

相 [xiàng] → xiāng **1.** apariencia *f*, aspecto *m*; **2.** postura *f* (*corporal*); **3.** fotog *f*, fotografía *f*

相机 [xiàng jī] cámara *f* (*fotográfica*)

相貌 [xiàng mào] apariencia *f*, semblante *m*

相片 [xiàng piān] fotog *f*, fotografía *f*

相声 [xiàng shēng] *teat* diálogo *m* cómico

象 [xiàng] **1.** *zool* elefante *m*; **2.** parecerse, asemejarse; 女儿~爸 [nǚ ér bà] 。La hija se parece a su padre; **3.** tal como, como, 你要~我这样安心生活 [nǐ yào wǒ zhè yàng ān xīn shēng huó] Vives tranquilamente como yo.

象棋 [xiàng qí] ajedrez *m*

象牙 [xiàng yá] marfil *m*, colmillo *m* de elefante

象征 [xiàng zhēng] simbolizar, representar; símbolo *m*

像 [xiàng] **1.** retrato *m*; **2.** parecerse

像章 [xiàng zhāng] emblema *m*, distintivo *m* (*con retrato*)

橡 [xiàng] **1.** *bot* roble *m*; **2.** árbol *m* del caucho

橡胶 [xiàng jiāo] caucho *m*, goma *f*

橡皮 [xiàng pí] **1.** caucho *m*, goma *f*; **2.** goma *f* de borrar

削 [xiāo] → xuē pelar, cortar; ~ 梨 [lí] pelar una pera

削铅笔 [xiāo qiān bǐ] sacar punta al lápiz

宵 [xiāo] noche *f*

宵禁 [xiāo jìn] toque *m* de queda

宵夜 [xiāo yè] *gastr* merienda *f*, pica-pica *m* (*nocturno*)

萧 [xiāo] solitario,-a, desolado,-a, abandonado,-a

萧条 [xiāo tiáo] **1.** solitario,-a, desolado,-a; **2.** *econ* depresión *f* (*económica*)

萧洒 [xiāo sǎ] elegante *adj m/f*, natural *adj m/f*

销 [xiāo] **1.** venta *f*; vender; **2.** cancelar, anular

销毁 [xiāo huǐ] (*fuego*) destruir

销路 [xiāo lù] venta *f*, mercado *m*

销声匿迹 [xiāo shēng nì jì] guardar silencio, desaparecer en silencio

销售 [xiāo shòu] poner en venta, vender

销子 [xiāo zi] clavija *f*, chaveta *f*

小 [xiǎo] **1.** pequeño,-a, chiquito,-a; **2.** (*delante de un apellido*) pequeño,-a, joven *adj m/f*; ~ 李 [lǐ] pequeño Li; **3.** (*el*) menor, (*el*) último; ~ 女儿 [nǚ ér] la hija menor

小辈 [xiǎo bèi] miembro *m* más joven de la familia, menor *m/f*

小便 [xiǎo biàn] mear *vulg*, hacer pipí, orinar

小辫子 [xiǎo biàn zi] *fig* punto *m* vulnerable, defecto *m*

小菜 [xiǎo cài] *gastr* plato *m*, comida *f*

小肠 [xiǎo cháng] *med* intestino *m* delgado
小车 [xiǎo chē] *auto* coche *m*
小吃 [xiǎo chī] *gastr* tapa *f*, tentempié *m*, refrigerio *m*
小丑 [xiǎo chǒu] *teat* payaso *m*
小贩 [xiǎo fàn] vendedor *m* ambulante
小费 [xiǎo fèi] propina *f*
小鬼 [xiǎo guǐ] chaval *m*, chico *m*
小孩儿 [xiǎo hái er] niño,-a *m/f*, nene,-a, *m/f*
小号 [xiǎo hào] *mús* trompeta *f*
小伙子 [xiǎo huǒ zi] chico *m*, joven *m*
小姐 [xiǎo jiě] señorita *f*
小舅子 [xiǎo jiù zi] *(hermano menor de la esposa)* cuñado *m*
小看 [xiǎo kàn] menospreciar, despreciar
小两口 [xiǎo liǎng kǒu] pareja *f* joven
小麦 [xiǎo mài] trigo *m*
小卖部 [xiǎo mài bù] quiosco *m*
小米 [xiǎo mǐ] *bot* mijo *m* (*descascarillado*)
小气 [xiǎo qì] tacaño,-a, mezquino,-a
小人 [xiǎo rén] gamberro *m*, grosero *m*
小时 [xiǎo shí] hora *f*; 坐飞机到伦敦要十个~ [zuò fēi jī dào lún dūn yào shí gè] 。Tardan diez horas en avión para llegar a Londres.
小叔子 [xiǎo shǔ zi] (*hermano menor del marido*) cuñado *m*
小数 [xiǎo shù] *mat* decimal *m*
小说 [xiǎo shuō] *lit* novela *f*
小提琴 [xiǎo tì qín] *mús* violín *m*
小偷 [xiǎo tōu] ladrón *m*, ratero *m*
小写 [xiǎo xiě] escribir en minúsculas
小心 [xiǎo xīn] tener cuidado, ser cauteloso
小心眼儿 [xiǎo xīn yǎn er] mezquino,-a, tacaño,-a
小型 [xiǎo xíng] de pequeño tamaño
小学 [xiǎo xué] escuela *f* primaria
小姨子 [xiǎo yí zi] *(hermana menor de la esposa)* cuñada *f*
小指 [xiǎo zhǐ] dedo *m* meñique, meñique *m*
小组 [xiǎo zǔ] grupo *m*, equipo *m*
晓 [xiǎo] **1.** amanecer *m*, alba *f*, aurora *f*; **2.** saber, conocer
晓得 [xiǎo de] saber, conocer
孝 [xiào] **1.** piedad *f*, amor *m*, respeto *m* (*a los padres*); **2.** luto *m*, duelo *m*
孝服 [xiào fú] (*traje*) luto *m*
孝敬 [xiào jìng] regalar, obsequiar (*a los mayores o los superiores*)
孝顺 [xiào shùn] obedecer, respetar (*a los padres*)
效 [xiào] **1.** efecto *m*, resultado *m*; **2.** imitar, copiar
效果 [xiào guǒ] efecto *m*, resultado *m*
效劳 [xiào láo] prestar servicio, trabajar para alg

效力 [xiào lì] prestar servicio, servir
效率 [xiào lǜ] eficacia *f*, eficiencia *f*, rendimiento *m*
效益 [xiào yì] beneficio *m*
效应 [xiào yìng] efecto *m*
效忠 [xiào zhōng] jurar lealtad a
校 [xiào] → jiào escuela *f*, colegio *m*
校友 [xiào yǒu] antiguo *m* alumno, exalumno *m*
校长 [xiào zhǎng] (*colegio*) director,-a *m/f*, (*universidad*) rector,-a *m/f*
笑 [xiào] **1.** reír, sonreír; **2.** hacer reír, reírse de
笑话 [xiào huà] chiste *m*; 黄色~ [huáng sè] chiste *m* verde
笑容 [xiào róng] sonrisa *f*
笑嘻嘻 [xiào xī xī] **1.** sonriente *adj m/f*; **2.** con una sonrisa
些 [xiē] **1.** unos, algunos, unos cuantos; 我有~ 朋友在法国 [wǒ yǒu péng yǒu zài fǎ guó] 。Tengo unos amigos en Francia; **2.** un poco, un tanto, 好~了 [hǎo le] 。Me encuentro un poco mejor.
歇 [xiē] **1.** descansar; **2.** parar, suspender, cesar
歇脚 [xiē jiǎo] detenerse, dejar de caminar (*para descansar*)
歇业 [xiē yè] cerrar un negocio
协 [xié] conjunto,-a, unido,-a, común *adj m/f*
协会 [xié huì] asociación *f*, federación *f*, gremio *m*
协商 [xié shāng] consultar, discutir; consulta *f*
协议 [xié yì] acuerdo *m*, convenio *m*
协助 [xié zhù] ayudar, echar una mano
邪 [xié] **1.** perverso,-a, malvado,-a; **2.** desastre *m* (*causado por el demonio*)
邪恶 [xié è] malo,-a, malvado,-a, perverso,-a
邪念 [xié niàn] idea *f* perversa, mala *f* intención
胁 [xié] → 威胁 [wēi xié] **1.** amenazar; **2.** (*cuerpo humano*) costado *m*
胁迫 [xié pò] conminar, forzar, amenazar
斜 [xié] oblicuo,-a, inclinado,-a
斜坡 [xié pō] pendiente *f*, cuesta *f*
斜眼 [xié yǎn] *med* estrabismo *m*
携 [xié] **1.** portar, llevar; **2.** coger a uno de la mano
携带 [xié dài] portar, llevar
鞋 [xié] zapato *m*, calzado *m*
鞋拔子 [xié bá zi] calzador *m*
鞋匠 [xié jiàng] zapatero *m*
鞋油 [xié yóu] (*calzado*) crema *f*
写 [xiě] **1.** escribir; **2.** describir, pintar, dibujar
写生 [xiě shēng] *arte* dibujar, copiar (*de un modelo o de un paisaje*)
写字台 [xiě zì tái] (*mesa*) escritorio *m*
写作 [xiě zuò] *arte* escribir, redactar, crear

泻 [xiè] **1.** (*agua*) correr (*fluir*) rápidamente; **2.** *med* tener diarrea
泻药 [xiè yào] *med* purgante *m*, laxante *m*
泄 [xiè] **1.** desahogar, descargar; **2.** (*agua, aire*) dejar escapar, desinflar, desaguar
泄露 [xiè lòu] revelar, descubrir
泄气 [xiè qì] desanimarse, desalentarse
卸 [xiè] **1.** descargar, desmontar, desarmar; **2.** privarse, librarse, eludir
卸车 [xiè chē] descargar mercancía (*de un vehículo*)
卸任 [xiè rèn] *adm* dejar un cargo (*político o administrativo*)
屑 [xiè] partícula *f*, trocito *m*
械 [xiè] → 机械 [jī xiè] **1.** máquina *f*, maquinaria *f*; **2.** aparato *m*, instrumento *m*
谢 [xiè] **1.** agradecer, dar (*las*) gracias; **2.** rehusar, rechazar; **3.** marchitarse, mustiarse
谢绝 [xiè jué] no admitir visitas
谢幕 [xiè mù] *teat* (*actor, actriz*) dar las gracias al público
谢谢 [xiè xiè] gracias, agradecer
谢罪 [xiè zuì] pedir perdón, disculparse
蟹 [xiè] → 螃蟹 [páng xiè] *zool* cangrejo *m*
心 [xīn] **1.** *med* corazón *m*; **2.** corazón *m*, sentimiento *m*; **3.** intención *f*, idea *f*
心爱 [xīn ài] querido,-a, preferido,-a
心安理得 [xīn ān lǐ dé] tener una conciencia tranquila
心病 [xīn bìng] preocupación *f*, inquietud *f*
心肠 [xīn cháng] corazón *m*, bondad *f*
心得 [xīn dé] impresión *f*, comentario *m*, percepción *f*
心电图 [xīn diàn tú] *med* electrocardiograma *m*
心烦 [xīn fán] alterarse, perturbarse, trastornarse
心腹 [xīn fù] hombre *m* de confianza
心甘情愿 [xīn gān qíng yuàn] voluntario,-a; con el corazón
心狠 [xīn hěn] duro,-a de corazón, cruel *adj m/f*
心慌 [xīn huāng] ponerse nervioso,-a, estar asustado,-a
心急 [xīn jí] estar impaciente
心理 [xīn lǐ] psicología *f*; psicológico,-a
心灵 [xīn líng] ingenioso,-a, inteligente *adj m/f*
心满意足 [xīn mǎn yì zú] estar satisfecho,-a
心平气和 [xīn píng qì hé] tranquilo,-a, quieto,-a, apacible *adj m/f*
心情 [xīn qíng] estado *m* de ánimo, humor *m*
心软 [xīn ruǎn] ser blando,-a de corazón, tener piedad

心神 [xīn shén] estado *m* de ánimo

心事 [xīn shì] preocupación *f*, inquietud *f*

心态 [xīn tài] estado *m* de ánimo, actitud *f*

心疼 [xīn téng] **1.** querer, amar; **2.** doler, deplorar; 你花那么多的钱 [nǐ huā nà me duō de qián]，他~ [tā]。Le duele que gastes tanto dinero.

心跳 [xīn tiào] *med* palpitación *f*, latido *m*

心胸 [xīn xiōng] **1.** corazón *m*, mentalidad *f*; **2.** ambición *f*, aspiración *f*

心虚 [xīn xū] **1.** falta de confianza en uno mismo, tímido,-a; **2.** temer ser descubierto,-a

心血 [xīn xuè] esfuerzo *m*, trabajo *m*

心愿 [xīn yuàn] deseo *m*, voluntad *f*

心脏 [xīn zàng] *med* corazón *m*

心中 [xīn zhōng] en la mente, en el corazón

辛 [xīn] **1.** picante *adj m/f*, acre *adj m/f*; **2.** arduo,-a, duro,-a; **3.** sufrimiento *m*, aflicción *f*

辛苦 [xīn kǔ] trabajar duro (*mucho*)

辛勤 [xīn qín] laborioso,-a, trabajador,-a

辛酸 [xīn suān] triste *adj m/f*, amargo,-a

欣 [xīn] contento,-a, alegre *adj m/f*, feliz *adj m/f*

欣然 [xīn rán] con gusto, con alegría

欣赏 [xīn shǎng] disfrutar, gozar

欣喜 [xīn xǐ] contento,-a, feliz *adj m/f*

新 [xīn] **1.** nuevo,-a; **2.** recién, recientemente

新陈代谢 [xīn chéng dài xiè] *med* metabolismo *m*

新房 [xīn fáng] cámara *f* nupcial

新婚 [xīn hūn] recién casado,-a

新教 [xīn jiào] *relig* protestantismo *m*

新郎 [xīn láng] novio *m*, recién casado

新年 [xīn nián] Año *m* Nuevo

新奇 [xīn qí] extraño,-a, raro,-a, curioso,-a

新生 [xīn shēng] recién nacido

新手 [xīn shǒu] novato,-a *m/f*, principiante *m/f*

新闻 [xīn wén] noticia *f*, información *f*, novedad *f*

新鲜 [xīn xiān] fresco,-a, reciente *adj m/f*

新秀 [xīn xiù] joven *m* talentoso

新颖 [xīn yǐng] nuevo,-a y original, creativo,-a

薪 [xīn] **1.** salario *m*, sueldo *m*; **2.** leña *f*, carbón *m* vegetal

薪水 [xīn shuǐ] salario *m*, sueldo *m*, pago *m*

寻 [xín] → xún

寻死 [xín sǐ] (*intentar*) suicidarse

信 [xìn] **1.** carta *f*, correspondencia *f*; mensaje *m*; **2.** creer en, confiar en; **3.** *relig* creer en, profesar

信封 [xìn fēng] (*carta*) sobre *m*

信号 [xìn hào] señal *f*

信件 [xìn jiàn] carta *f*, correspondencia *f*

信口开河 [xìn kǒu kāi hé] hablar sin pensar

信赖 [xìn lài] tener confianza en, fiarse de alg

信任 [xìn rèn] confiar en, fiarse de, tener confianza en

信使 [xìn shǐ] mensajero,-a *m/f*

信筒 [xìn tǒng] (*correo*) buzón *m*

信徒 [xìn tú] *relig* creyente *m/f*, seguidor,-a *m/f*

信息 [xìn xī] información *f*, mensaje *m*, noticia *f*

信箱 [xìn xiāng] **1.** *correo* buzón *m*; **2.** *correo* apartado *m* de correos

信心 [xìn xīn] confianza *f*, fe *f*

信仰 [xìn yǎng] creencia *f*, fe *f*

信用卡 [xìn yòng kǎ] *banc* tarjeta *f* de crédito

信纸 [xìn zhǐ] papel *m* de carta

兴 [xīng] → xìng **1.** próspero,-a, floreciente *adj m/f*; **2.** promover, fomentar

兴办 [xīng bàn] crear, fundar, (*sociedad, industria*) establecer

兴奋 [xīng fèn] excitarse, animarse, entusiasmarse

兴隆 [xīng lóng] próspero,-a, floreciente *adj m/f*, activo,-a

兴起 [xīng qǐ] surgir, aparecer

兴旺 [xīng wàng] próspero,-a, desarrollado,-a

星 [xīng] **1.** *astr* estrella *f*; **2.** *astr* cuerpo *m* celeste, astro *m*; **3.** partícula *f*

星期 [xīng qī] semana *f*

星期二 [xīng qī èr] martes *m*

星期六 [xīng qī liù] sábado *m*

星期日 [xīng qī rì] domingo *m*

星期三 [xīng qī sān] miércoles *m*

星期四 [xīng qī sì] jueves *m*

星期天 [xīng qī tiān] domingo *m*

星期五 [xīng qī wǔ] viernes *m*

星期一 [xīng qī yī] lunes *m*

星球 [xīng qiú] *astr* cuerpo *m* celeste

星星 [xīng xīng] **1.** pizca *f*, migaja *f*; **2.** *astr* estrella *f*

星座 [xīng zuò] *astr* constelación *f*

腥 [xīng] → 腥气 [xīng qì]

腥气 [xīng qì] (*mal*) olor *m* a pescado (*o marisco*)

刑 [xíng] *jur* pena *f*, castigo *m*

刑场 [xíng chǎng] *jur* lugar (*campo*) *m* de ejecución

刑罚 [xíng fá] *jur* penalidad *f*, pena *f*, castigo *m*

刑法 [xíng fǎ] *jur* código *m* penal

刑期 [xíng qī] *jur* años *mpl* de prisión (*de encarcelamiento*)

刑事 [xíng shì] *jur* criminal *adj m/f*, penal *adj m/f*

行 [xíng] → háng **1.** andar, caminar, ir; **2.** *excl* bueno, vale, de acuerdo; **3.** capaz *adj m/f*, competente *adj m/f*

行程 [xíng chéng] ruta *f*, itinerario *m*
行动 [xíng dòng] **1.** moverse, andar, caminar; **2.** actuar, realizar; **3.** comportamiento *m*, conducta *f*
行贿 [xíng huì] sobornar; soborno *m*
行进 [xíng jìn] marchar, avanzar
行径 [xíng jìng] comportamiento *m*, conducta *f*
行军 [xíng jūn] *mil* (*tropa*) marchar
行李 [xíng lǐ] equipaje *m*
行人 [xíng rén] peatón *m*, transeúnte *m*
行使 [xíng shǐ] ejercer, ejercitar
行为 [xíng wéi] conducta *f*, comportamiento *m*
行星 [xíng xīng] *astr* planeta *m*
行政 [xíng zhèng] administración *f*; administrativo,-a
行踪 [xíng zōng] paradero *m*, pista *f*
行走 [xíng zǒu] andar, caminar
形 [xíng] **1.** forma *f*, figura *f*; **2.** expresarse, mostrarse
形成 [xíng chéng] formar, constituir
形容 [xíng róng] describir, explicar
形容词 [xíng róng cí] *ling* adjetivo *m*
形式 [xíng shì] forma *f*, estructura *f*
形势 [xíng shì] situación *f*, circunstancia *f*
形象 [xíng xiàng] imagen *f*, figura *f*
形影不离 [xíng yǐng bù lí] inseparable *adj m/f*, estar siempre juntos
型 [xíng] **1.** molde *m*; **2.** modelo *m*, tipo *m*
型号 [xíng hào] tipo *m*, modelo *m*
省 [xǐng] → shěng → 反省 [fǎn xǐng] **1.** meditar, reflexionar; **2.** *med* estar consciente, tener conciencia
省亲 [xǐng qīn] hacer una visita familiar
醒 [xǐng] **1.** despertar(*se*); **2.** estar consciente, despertar; **3.** recobrar el conocimiento, volver en sí
醒酒 [xǐng jiǔ] desemborrachar(*se*)
醒目 [xǐng mù] (*palabra, cuadro*) llamativo,-a
醒悟 [xǐng wù] desengañarse, despertar
兴 [xìng] → xīng gana *f*, interés *m*
兴冲冲 [xìng chōng chōng] (*hacer*) con ánimo, con entusiasmo
兴高采烈 [xìng gāo cǎi liè] con gran alegría
兴趣 [xìng qù] interés *m*, gusto *m*
杏 [xìng] *bot* albaricoquero *m*; *bot* albaricoque *m*
性 [xìng] → xìng **1.** naturaleza *f*, carácter *m*; **2.** sexo *m*; **3.** cualidad *f*, género *m*
性别 [xìng bié] (*formulario*) sexo *m*

性感 [xìng gǎn] sexy *adj m/f*, sensual *adj m/f*

性格 [xìng gé] carácter *m*, temperamento *m*

性急 [xìng jí] impaciente *adj m/f*, precipitado,-a

性交 [xìng jiāo] contacto *m* sexual, coito *m*

性命 [xìng mìng] vida *f*

性能 [xìng néng] *tecn* función *f*, rendimiento *m*

性情 [xìng qíng] carácter *m*, temperamento *m*

性欲 [xìng yù] deseo *m* sexual, sexo *m*

性质 [xìng zhì] cualidad *f*, naturaleza *f*

幸 [xìng] **1.** (*buena*) suerte *f*; **2.** sentirse alegre (*feliz*)

幸存 [xìng cún] sobrevivir, supervivir; supervivencia *f*

幸福 [xìng fú] felicidad *f*, dicha *f*; feliz *adj m/f*, alegre *adj m/f*

幸亏 [xìng kuī] por suerte, afortunadamente

幸运 [xìng yùn] buena *f* suerte

姓 [xìng] apellido *m*; apellidarse

姓名 [xìng míng] apellido y nombre, nombre *m* completo

凶 [xiōng] **1.** desgraciado,-a, desafortunado,-a; **2.** feroz *adj m/f*, cruel *adj m/f*; **3.** terrible *adj m/f*, horrible *adj m/f*, espantoso,-a

凶恶 [xiōng è] feroz *adj m/f*, atroz *adj m/f*, malvado,-a

凶狠 [xiōng hěn] feroz *adj m/f*, cruel *adj m/f*

凶猛 [xiōng měn] feroz *adj m/f*, bravo,-a, violento,-a

凶器 [xiōng qì] arma *f* mortífera

凶杀 [xiōng shā] homicidio *m*, asesinato *m*

凶手 [xiōng shǒu] asesino,-a *m/f*, homicida *m/f*; criminal *m/f*

兄 [xiōng] hermano *m* mayor; hermano *m*

兄弟 [xiōng dì] hermanos *mpl*

胸 [xiōng] **1.** *med* pecho *m*, tórax *m*; **2.** mente *f*, corazón *m*

胸怀 [xiōng huái] corazón *m*, mente *f*

胸口 [xiōng kǒu] *med* boca *f* de estómago

胸脯 [xiōng pú] pecho *m*, busto *m*

胸腔 [xiōng qiāng] *med* tórax *m*, cavidad *f* torácica

胸罩 [xiōng zhào] *txtl* sujetador *m*, sostén *m*

雄 [xióng] → 英雄 [yīng xióng] héroe *m* **1.** macho *adj*, masculino *adj*; **2.** grandioso,-a majestuoso,-a

雄厚 [xióng hòu] rico,-a, abundante *adj m/f*

雄伟 [xióng wěi] grandioso,-a, majestuoso,-a

雄心 [xióng xīn] ambición *f*, aspiración *f*, deseo *m*

熊 [xióng] *zool* oso *m*

熊猫 [xióng māo] *zool* (*oso*) panda *m*

熊熊烈火 [xióng xióng liè huǒ] fuego *m* furioso

休 [xiū] **1.** cesar, parar(*se*), detenerse; **2.** descansar

休会 [xiū huì] suspender la sesión

休假 [xiū jià] estar de vacaciones

休克 [xiū kè] *med* shock *m*

休息 [xiū xi] descansar, reposar; descanso *m*; reposo *m*

休闲 [xiū xián] relajarse; relax *m*

休学 [xiū xué] dejar (*interrumpir*) los estudios

休养 [xiū yǎng] *med* reposar; reposo *m*

休整 [xiū zhěng] *mil* descansar y reorganizarse

修 [xiū] **1.** decorar, adornar; **2.** reparar, arreglar

修补 [xiū bǔ] reparar, arreglar, recomponer

修辞 [xiū cí] *ling* retórica *f*

修道院 [xiū dào yuàn] *relig* convento *m*, monasterio *m*

修订 [xiū dìng] revisar, corregir, enmendar; enmienda *f*; revisión *f*

修复 [xiū fù] reparar, restaurar

修改 [xiū gǎi] corregir, modificar; corrección *f*; modificación *f*

修剪 [xiū jiǎn] podar, recortar

修建 [xiū jiàn] construir, edificar

修理 [xiū lǐ] reparar, arreglar

修女 [xiu nǚ] *relig* monja *f*

修养 [xiū yǎng] educación *f*; bien educado; 他很有~ [tā hěn yǒu]. Es un hombre bien educado.

修正 [xiū zhèng] revisar, corregir, rectificar; rectificación *f*, revisión *f*

羞 [xiū] vergonzoso,-a; vergüenza *f*

羞耻 [xiū chǐ] vergüenza *f*, deshonra *f*

羞愧 [xiū kuì] avergonzado,-a, tener vergüenza

羞辱 [xiū rǔ] vergüenza *f*, humillación *f*

朽 [xiǔ] → 腐朽 [fǔ xiǔ] **1.** podrido,-a, corrompido,-a, descompuesto; **2.** viejo,-a, senil *adj m/f*, decrépito,-a

秀 [xiù] elegante *adj m/f*, bello,-a

秀才 [xiù cái] letrado *m*, erudito *m*, sabio *m*

秀丽 [xiù lì] (*paisaje*) hermoso,-a, encantador,-a

秀气 [xiù qì] elegante *adj m/f*, fino,-a

袖 [xiù] **1.** *txtl* manga *f*; **2.** meter u/c en la manga

袖口 [xiù kǒu] *txtl* bocamanga *f*, puño *m*

袖手旁观 [xiù shǒu páng guān] (permanecer) con los brazos cruzados

袖章 [xiù zhāng] brazal *m*, brazalete *m*

袖珍 [xiù zhēn] de bolsillo; ~ 辞典 [cí diǎn] diccionario *m* de bolsillo

袖子 [xiù zi] *txtl* manga *f*

绣 [xiù] bordar; bordado *m*

绣花 [xiù huā] bordar

锈 [xiù] **1.** moho *m*, oxidación *f*; **2.** ponerse mohoso, oxidarse
嗅 [xiù] oler, olfatear, husmear
嗅觉 [xiù jué] *med* olfato *m*, nariz *f*
须 [xū] **1.** deber, tener que, hay que; **2.** barba *f*, bigote *m*
须要 [xū yào] necesitar, deber, hay que
须知 [xū zhī] **1.** hay que saber, es de saber; **2.** aviso *m*, notificación *f*
虚 [xū] **1.** vacío,-a, hueco,-a; **2.** falso,-a, ficticio,-a; **3.** (*salud*) débil *adj m/f*, flojo,-a, endeble *adj m/f*
虚构 [xū gòu] inventar, crear
虚假 [xū jiǎ] falso,-a, ficticio,-a, fingido,-a
虚惊 [xū jīng] falsa *f* alarma
虚荣 [xū róng] vanidad *f*, dignidad *f* falsa
虚岁 [xū suì] edad *f* no cumplida
虚脱 [xū tuō] *med* colapso *m*, postración *f*
虚伪 [xū wěi] hipócrita *adj m/f*, fingido,-a
虚线 [xū xiàn] línea *f* discontinua
虚心 [xū xīn] modesto,-a; modestia *f*
虚张声势 [xū zhāng shēng shì] exagerar, fanfarronear
需 [xū] → 需要 [xū yào]
需求 [xū qiú] demanda *f*, necesidad *f*
需要 [xū yào] necesitar, requerir, hacer falta
徐 [xú] → 徐徐 [xú xú]
徐徐 [xú xú] lentamente, paulatinamente
许 [xǔ] **1.** permitir, autorizar; **2.** prometer
许多 [xǔ duō] mucho,-a, numeroso,-a
许可 [xǔ kě] permitir, autorizar; permiso *m*; licencia *f*
许诺 [xǔ nuò] prometer, dar promesa, comprometerse
许配 [xǔ pèi] (*los padres*) prometer a una hija en matrimonio
许愿 [xǔ yuàn] hacer una promesa, prometerse
序 [xù] **1.** orden *m*; **2.** prólogo *m*, introducción *f*
序幕 [xù mù] *teat* prólogo *m*, preludio *m*
序数 [xù shù] número *m* ordinal
序言 [xù yán] prólogo *m*, introducción *f*
叙 [xù] **1.** charlar, hablar; **2.** evaluar, valorar
叙事 [xù shù] narrar, relatar, contar
叙述 [xù shù] narrar, describir, contar
叙谈 [xù tán] charlar, hablar
畜 [xù] → chù **1.** criar (*animales domésticos*); **2.** acumular, ahorrar
畜牧 [xù mù] **1.** (*ganado, aves de corral*) criar; **2.** ganadería *f*
绪 [xù] **1.** comienzo *m*, inicio *m*; **2.** estado *m* de ánimo, estado *m* mental

绪论 [xù lùn] introducción *f*, prólogo *m*

续 [xù] **1.** continuo,-a, sucesivo,-a; **2.** agregar, añadir

续弦 [xù xián] (*viudo*) volver a casarse

絮 [xù] guata *f* (*de algodón*); enguatar, guatear

絮叨 [xù dāo] hablar mucho, charlatanear

婿 [xù] → 女婿 [nǚ xù] yerno *m*

蓄 [xù] acumular, ahorrar

蓄电池 [xù diàn chí] acumulador *m*, batería *f* (eléctrica)

蓄水池 [xù shuǐ chí] estanque *m*, balsa *f*

宣 [xuān] declarar, proclamar, anunciar

宣布 [xuān bù] declarar, proclamar, anunciar

宣传 [xuān chuán] difundir, propagar, hacer publicidad

宣读 [xuān dú] leer (*un manifiesto en público*)

宣告 [xuān gào] declarar, proclamar

宣讲 [xuān jiǎng] explicar, predicar

宣判 [xuān pàn] dictar una sentencia, sentenciar

宣誓 [xuān shì] jurar, hacer un juramento

宣言 [xuān yán] declaración *f*, manifiesto *m*

宣扬 [xuān yáng] difundir, divulgar, propagar

宣战 [xuān zhàn] declarar la guerra (*a un país*)

喧 [xuān] ruidoso,-a

喧哗 [xuān huá] jaleo *m*, ruido *m* (*de gritos, voces*)

喧闹 [xuān nào] jaleo *m*, alboroto *m*

喧嚷 [xuān rǎng] (*varias personas*) hablar y gritar a la vez

玄 [xuán] **1.** abstruso,-a, profundo,-a; **2.** misterioso,-a, increíble *adj m/f*

玄妙 [xuán miào] misterioso,-a, abstruso,-a

玄孙 [xuán sūn] rebisnieto *m*, tataranieto *m*

旋 [xuán] **1.** girar, dar vueltas; **2.** círculo *m*, vuelta *f*

旋律 [xuán lǜ] *mús* melodía *f*

旋涡 [xuán wō] (*agua*) remolino *m*, torbellino *m*

旋转 [xuán zhuǎn] girar, dar vueltas

悬 [xuán] **1.** colgar, pender; **2.** sin revolver, pendiente *adj m/f*

悬挂 [xuán guà] colgar, pender, flotar

悬念 [xuán niàn] *teat* suspense *m*

悬赏 [xuán shǎng] prometer una recompensa (*para capturar a un delincuente*)

悬殊 [xuán shū] disparidad, distancia *f*, diferencia *f*

悬崖 [xuán yá] precipicio *m*, derrumbadero *m*

选 [xuǎn] **1.** seleccionar, escoger; **2.** votar, elegir; elección *f*

选拔 [xuǎn bá] seleccionar, escoger

选拔赛 [xuǎn bá sài] *dep* prueba *f* eliminatoria
选购 [xuǎn gòu] hacer la compra
选集 [xuǎn jí] *lit* obras *fpl* selectas (*escogidas*)
选举 [xuǎn jǔ] elegir, votar; elección *f*
选美 [xuǎn měi] concurso *m* de belleza
选民 [xuǎn mín] elector,-a *m/f*, electorado
选票 [xuǎn piào] voto *m* electoral
选区 [xuǎn qū] distrito *m* electoral
选手 [xuǎn shǒu] jugador,-a *m/f*
选修课 [xuǎn xiū kè] asignatura *f* optativa
选择 [xuǎn zé] seleccionar, escoger
削 [xuē] → xiāo cortar, pelar, tallar
削价 [xuē jià] (*precio*) rebajar, negociar
削减 [xuē jiǎn] disminuir, reducir
削弱 [xuē ruò] debilitar
靴 [xuē] → 靴子 [xuē zi]
靴子 [xuē zi] botas *fpl*
穴 [xué] caverna *f*, cueva *f*, gruta *f*
穴位 [xué wèi] *med* punto *m* acupuntural
学 [xué] **1.** estudiar, aprender; **2.** imitar, copiar
学费 [xué fèi] (*estudios*) matrícula *f*
学会 [xué huì] aprender, asimilar
学科 [xué kē] carrera *f*, disciplina *f*
学历 [xué lì] expediente *m* académico
学龄 [xué líng] edad *f* escolar
学名 [xué míng] nombre *m* escolar (*dado al niño al entrar en la escuela)*
学年 [xué nián] curso *m* escolar, año *m* académico
学派 [xué pài] (*doctrinal*) escuela *f*
学期 [xué qī] semestre *m*
学生 [xué shēng] estudiante *m/f*, alumno,-a *m/f*
学士 [xué shì] licenciado,-a *m/f*
学术 [xué shù] ciencia *f*; académico,-a
学术 [xué shù] ciencia *f*, saber *m*
学徒 [xué tú] estar de aprendiz; principiante *m/f*, novato,-a *m/f*
学位 [xué wèi] título *m* académico
学问 [xué wèn] conocimiento *m*, saber *m*
学习 [xué xí] aprender, estudiar; estudio *m*
学校 [xué xiào] escuela *f*, centro *m* docente
学业 [xué yè] trabajo *m* escolar; estudio *m*
学员 [xué yuán] estudiante *m/f*, alumno,-a *m/f*
学院 [xué yuàn] academia *f*, instituto *m*
学者 [xué zhě] erudito,-a *m/f*, intelectual *m/f*
学制 [xué zhì] sistema *m* educativo; periodo *m* de estudio

雪 [xuě] **1.** *meteo* nieve *f*; **2.** vengarse (*de una humillación*)
雪白 [xuě bái] blanco como la nieve
雪花 [xuě huā] copo *m* (*de nieve*)
雪茄烟 [xuě jiā yān] cigarro *m*, puro *m*
雪亮 [xuě liàng] brillante como la nieve
雪片 [xuě piàn] copo *m* de nieve
雪撬 [xuě qiāo] trineo *m*
雪山 [xuě shān] montaña *f* nevada, sierra *f* nevada
血 [xuè] *med* sangre *f*
血管 [xuè guǎn] *med* vaso *m* sanguíneo
血汗 [xuè hàn] sangre y sudor
血红 [xuè hóng] rojo *m* vivo
血迹 [xuè jì] mancha *f* de sangre
血淋淋 [xuè lín lín] sangriento,-a
血气方刚 [xuè qì fāng gāng] lleno, -a de vitalidad, joven *adj m/f*
血肉 [xuè ròu] sangre y carne; ser de carne y hueso
血色 [xuè sè] color *m* rosado
血型 [xuè xíng] *med* grupo *m* sanguíneo
血压 [xuè yā] *med* presión *f* arterial
血液 [xuè yè] *med* sangre *f*
血缘 [xuè yuán] consanguinidad *f*, lazos *mpl* de sangre
熏 [xūn] **1.** fumigar, humear; **2.** ahumar; ~ 三文鱼 [sān wén yú] salmón *m* ahumado
熏陶 [xūn táo] educar, formar
熏鱼 [xūn yú] pescado *m* ahumado
旬 [xún] **1.** período de diez días; 十月下~ [shí yuè xià] los últimos días de octubre; **2.** período *m* de diez años, década *f*, 他家有九~ 老人 [tā jiā yǒu jiǔ lǎo rén] 。En su casa vive un anciano de noventa años.
寻 [xún] → xín buscar, ir en busca de
寻常 [xún cháng] común *adj m/f*, ordinario,-a, corriente *adj m/f*
寻找 [xún zhǎo] buscar, ir en busca de, localizar
巡 [xún] patrullar, rondar
巡回 [xún huí] (*espectáculo, exposición*) hacer una gira
巡逻 [xún luó] patrullar, hacer la patrulla
巡洋舰 [xún yáng jiàn] *mil* (*buque militar oceánico*) crucero *m*
询 [xún] preguntar, inquirir
询问 [xún wèn] preguntar, informarse de, inquirir
循 [xún] seguir, atenerse a
循规蹈矩 [xún guī dǎo jǔ] seguir la rutina
循环 [xún huán] dar vueltas en círculo, circular
讯 [xùn] **1.** interrogar, preguntar; **2.** mensaje *m*, noticia *f*
讯问 [xùn wèn] preguntar, interrogar
训 [xùn] instruir, enseñar, entrenar

训斥 [xùn chì] reprender, reprochar
训导 [xùn dǎo] enseñar, instruir
训话 [xùn huà] hacer una alocución (*a los subordinados*)
训练 [xùn liàn] adiestrar, entrenar; entrenamiento *m*
迅 [xùn] rápido,-a, veloz *adj m/f*
迅速 [xùn sù] veloz, rápido, pronto

Y

丫 [yā] **1.** bifurcación *f*; **2.** horquilla *f*
丫头 [yā tóu] **1.** chica *f*, niña *f*; **2.** chacha *f*, criada *f*
压 [yā] **1.** apretar, hacer presión; **2.** dominar, controlar; **3.** archivar, dejar de lado
压倒 [yā dǎo] abrumar, aplastar, prevalecer
压低 [yā dī] (*precio, voz*) bajar
压力 [yā lì] presión *f*
压路机 [yā lù jī] *auto* apisonadora *f*
压迫 [yā pò] oprimir, reprimir, estrangular
压岁钱 [yā suì qián] dinero *m* (*que se les da a los niños en Nochevieja*)
压缩 [yā suō] comprimir, condensar, reducir
压抑 [yā yì] reprimir, deprimir; represión *f*, depresión *f*
压制 [yā zhì] detener, contener, reprimir
呀 [yā] ah, oh; ~，下雨了！[xià yǔ le] ¡Oh, está lloviendo!
押 [yā] **1.** hipotecar, empeñar; **2.** detener, arrestar; **3.** firma *f*
押金 [yā jīn] *com* señal *f*, depósito *m*
押款 [yā kuǎn] préstamo *m* bajo fianza
押送 [yā sòng] escolta *f*, enviar con escolta
押运 [yā yùn] custodiar el transporte de una mercancía
押韵 [yā yùn] *lit* rimar; rima *f*
鸦 [yā] *zool* cuervo *m*
鸦片 [yā piàn] opio *m*
鸭 [yā] *zool* pato *m*; 烤~ [kǎo] pato *m* asado
鸭绒被 [yā róng bèi] edredón *m* de plumas
牙 [yá] *med* diente *m*, muela *f*
牙齿 [yá chǐ] *med* diente *m*, muela *f*
牙雕 [yá diāo] escultura *f* de marfil
牙膏 [yá gāo] pasta *f* dentífrica, crema *f* dental
牙科 [yá kē] *med* odontología *f*
牙签 [yá qiān] palillo *m* (*de dientes*)
牙刷 [yá shuā] cepillo *m* de dientes
牙医 [yá yī] dentista *m/f*, odontólogo,-a *m/f*
芽 [yá] brote *m*, yema *f*

崖 [yá] precipicio *m*, despeñadero *m*
哑 [yǎ] **1.** mudo,-a; **2.** (*voz*) ronco,-a
哑巴 [yǎ ba] (*hombre*) mudo,-a *m/f*
哑剧 [yǎ jù] *teat* pantomima *f*
雅 [yǎ] **1.** elegante *adj m/f*, fino,-a; **2.** normal *adj m/f*, apropiado,-a, correcto,-a
雅观 [yǎ guān] de buen gusto, elegancia *f*, gala *f*
雅兴 [yǎ xìng] gusto *m*, placer *m*,
雅座 [yǎ zuò] (*restaurante, hotel*) sala *f* reservada
亚 [yà] **1.** inferior *adj m/f*, secundario,-a; **2.** Asia *f*
亚军 [yà jūn] subcampeón *m*, segundo *m* puesto
亚运会 [yà yùn huì] *dep* Juegos *mpl* Asiáticos
咽 [yān] *med* faringe *f*
咽喉 [yān hóu] **1.** *med* garganta *f*; **2.** *med* faringe y laringe; **3.** paso *m* estratégico, paso *m* vital; garganta *f*
咽喉炎 [yān hóu yán] *med* faringitis *f*
烟 [yān] **1.** humo *m*; **2.** bruma *f*, niebla *f*, vapor *m*; **3.** tabaco *m*; cigarrillo *m*, cigarro *m*
烟草 [yān cǎo] tabaco *m*
烟囱 [yān cōng] chimenea *f*
烟斗 [yān dǒu] pipa *f*
烟灰 [yān huī] (*cigarro o cigarrillo*) ceniza *f*; ~ 缸 [gāng] cenicero *m*
烟火 [yān huǒ] **1.** humo y fuego; **2.** petardo *m*, fuegos *mpl* artificiales
烟卷儿 [yān juǎn er] cigarrillo *m*, pitillo *m*
烟头 [yān tóu] colilla *f*
烟嘴儿 [yān zuǐ er] boquilla *f*
淹 [yān] → 淹没 [yān mò]
淹没 [yān mò] inundar, sumergir
延 [yán] **1.** prolongar, alargar, extender; **2.** aplazar, diferir
延长 [yán cháng] alargar, prolongar, prorrogar
延聘 [yán pìn] contratar, emplear
延期 [yán qī] aplazar, diferir, prorrogar
延伸 [yán shēn] extenderse, explayarse
延续 [yán xù] continuar, durar
言 [yán] **1.** palabra *f*; **2.** decir, hablar; **3.** carácter *m*, palabra *f*
言辞 [yán cí] lo que dice alg
言过其实 [yán guò qí shí] (*en las palabras*) exagerar
言论 [yán lùn] *pol* comentario *m*, punto *m* de vista político
言下之意 [yán xià zhī yì] lo que se sobrentiende
言行 [yán xíng] dichos y hechos, palabras y acciones
言语 [yán yǔ] **1.** palabra *f*, frase *f*; **2.** decir, hablar
严 [yán] **1.** apretado,-a, cerrado,-a, hermético,-a; **2.** estricto,-a, riguroso,-a, severo,-a

严格 [yán gé] estricto,-a, exigente *adj m/f*, riguroso,-a, severo,-a
严寒 [yán hán] frío *m* intenso
严谨 [yán jǐn] estricto,-a, riguroso,-a
严酷 [yán kù] duro,-a, severo,-a, riguroso,-a
严厉 [yán lì] severo,-a, riguroso, -a, duro,-a
严密 [yán mì] compacto,-a, estricto,-a, hermético,-a
严肃 [yán sù] serio,-a, severo,-a, solemne *adj m/f*
严重 [yán zhòng] grave *adj m/f*, serio,-a, crítico,-a
沿 [yán] **1.** a lo largo de, por; ~着海边散步 [zhe hǎi biān sàn bù] 。Pasear por la playa; **2.** seguir, continuar; **3.** borde *m*, orilla *f*
沿岸 [yán àn] a lo largo de la ribera
沿海 [yán hǎi] a lo largo de la costa, costero,-a
沿途 [yán tú] en camino, durante el viaje
炎 [yán] abrasador,-a, caluroso,-a
炎黄子孙 [yán huáng zǐ sūn] los chinos
炎热 [yán rè] caluroso,-a, abrasador,-a, cálido,-a
炎症 [yán zhèng] *med* inflamación *f*, flegmasía *f*
岩 [yán] → 岩石 [yán shí]
岩石 [yán shí] roca *f*
研 [yán] moler, majar
研究 [yán jiū] estudiar, investigar; estudio *m*, investigación *f*
研磨 [yán mó] moler, majar
盐 [yán] sal *f*
盐场 [yán chǎng] salinas *fpl*
盐湖 [yán hú] lago *m* salado
盐汽水 [yán qì shuǐ] gaseosa *f* salada
颜 [yán] *lit* cara *f*, faz *f*, rostro *m*
颜色 [yán sè] color *m*
掩 [yǎn] **1.** cubrir, esconder; **2.** cerrar
掩盖 [yǎn gài] cubrir, encubrir, ocultar
掩护 [yǎn hù] cubrir, proteger
掩埋 [yǎn mái] enterrar, sepultar
掩饰 [yǎn shì] cubrir, disimular, envolver
眼 [yǎn] **1.** *med* ojo *m*; **2.** agujero *m*, ojo *m*; **3.** punto *m* clave
眼光 [yǎn guāng] **1.** mirada *f*, vista *f*; **2.** punto *m* de vista, visión *f*
眼红 [yǎn hóng] envidiar, tener envidia
眼花 [yǎn huā] tener la vista turbia
眼尖 [yǎn jiān] tener buena vista
眼角 [yǎn jiǎo] rabillo *m* del ojo
眼睫毛 [yǎn jié máo] pestaña *f*
眼界 [yǎn jiè] visión *f*, horizonte *m*
眼睛 [yǎn jīng] *med* ojo *m*, ocular *adj m/f*
眼镜 [yǎn jìng] gafas *fpl*, lentes *fpl*
眼看 [yǎn kàn] pronto, dentro de un rato
眼科 [yǎn kē] *med* oftalmología *f*

眼眶 [yǎn kuàng] cuenca (*órbita*) de los ojos
眼泪 [yǎn lèi] lágrima *f*
眼力 [yǎn lì] vista *f*, visión *f*
眼皮 [yǎn pí] párpado *m*
眼球 [yǎn qiú] *med* globo *m* ocular
眼色 [yǎn sè] mirada *f*, guiño *m*
眼神 [yǎn shén] (*ojos*) expresión *f*
眼熟 [yǎn shú] parecer familiar, conocer de vista
眼线 [yǎn xiàn] espía *m/f*
眼药水 [yǎn yào shuǐ] *med* medicamento *m* ocular
眼中钉 [yǎn zhōng dīng] (*considerar a alg como*) una espina *f* en el costado
演 [yǎn] **1.** desarrollar, evolucionar; **2.** *teat* representar, actuar
演变 [yǎn biàn] evolucionar, desarrollar
演唱会 [yǎn chàng huì] *mús* concierto *m*
演出 [yǎn chū] **1.** *teat cine* representar, interpretar; **2.** espectáculo *m*
演讲 [yǎn jiǎng] dar una conferencia, presentar una ponencia
演说 [yǎn shuō] discurso *m*, ponencia *f*
演习 [yǎn xí] maniobra *f*, ejercicio *m*
演戏 [yǎn xì] *teat (obra)* representar, interpretar
演员 [yǎn yuán] actor *m*, actriz *f*, artista *m/f*
演奏 [yǎn zòu] (*pieza musical*) ejecutar, tocar
厌 [yàn] **1.** estar harto de, aburrirse de, cansarse de; **2.** detestar, abominar
厌烦 [yàn fán] aburrirse de, estar harto de
厌倦 [yàn juàn] cansarse de, aburrirse de
厌世 [yàn shì] estar cansado de la vida, ser pesimista
厌恶 [yàn wù] aborrecer, abominar, detestar
宴 [yàn] banquete *m*; ofrecer un banquete
宴会 [yàn huì] banquete *m*, cena *f* de gala
宴请 [yàn qǐng] ofrecer un banquete (*una cena de gala*)
宴席 [yàn xí] banquete *m*, cena *f* de gala
艳 [yàn] **1.** (*multicolor*) llamativo,-a, bello,-a; **2.** amoroso,-a
艳福 [yàn fú] suerte *f* en el amor
艳丽 [yàn lì] espléndido,-a, bello,-a, guapo,-a
艳情 [yàn qíng] amoroso,-a
艳遇 [yàn yù] encuentro *m* amoroso
验 [yàn] **1.** comprobar, verificar; **2.** resultado *m* previsto
验光 [yàn guāng] *med* optometría *f*
验尸 [yàn shī] *jur* autopsia *f*
验收 [yàn shōu] verificar y aceptar
验证 [yàn zhèng] verificar, comprobar

焰 [yàn] llama *f*
焰火 [yàn huǒ] fuegos *mpl* artificiales
雁 [yàn] *zool* ganso *m* silvestre, oca *f*
燕 [yàn] *zool* golondrina *f*
燕尾服 [yàn wěi fú] *txtl* traje *m* de etiqueta, frac *m*
燕窝 [yàn wō] nido *m* de golondrina
燕子 [yàn zi] *zool* golondrina *f*
央 [yāng] centro *m*
央求 [yāng qiú] suplicar, rogar
殃 [yāng] desastre *m*, desgracia *f*; causar un desastre, perjudicar
殃及 [yāng jí] perjudicar, causar desastre
秧 [yāng] **1.** *bot* plantón *m*, brote *m*; **2.** tallo *m*
秧苗 [yāng miáo] plantón *m* de arroz
羊 [yáng] *zool* oveja *f*, cordero *m*, cabra *f*
羊肠小道 [yáng cháng xiǎo dào] camino *m*, sendero *m*
羊羔 [yáng gāo] cordero *m*, cabrito *m*
羊毫 [yáng háo] pincel *m* chino (*hecho de lana*)
羊圈 [yáng quān] cabreriza *f*, aprisco *m*
羊毛 [yáng máo] *txtl* lana *f*
羊皮 [yáng pí] cuero *m* (*piel*) de cordero (*oveja*)
阳 [yáng] **1.** sol *m*; **2.** elemento *m* masculino (*en la naturaleza*); **3.** hacia el sol, positivo,-a
阳光 [yáng guāng] luz *f* solar, sol *m*
阳极 [yáng jí] *electr* ánodo *m*, polo *m* positivo
阳历 [yáng lì] calendario *m* solar
阳台 [yáng tái] balcón *m*, terraza *f*
阳性 [yáng xìng] *med quím* positivo,-a
扬 [yáng] **1.** levantar, alzar; **2.** divulgar, difundir, propagar
扬声器 [yáng shēng qì] altavoz *m*
扬言 [yáng yán] amenazar
杨 [yáng] *bot* álamo *m*
杨柳 [yáng liǔ] álamo y sauce
杨梅 [yáng méi] *bot* ciruela *f* china
洋 [yáng] **1.** océano *m*; **2.** extranjero,-a, forastero,-a
洋葱 [yáng cōng] *bot* cebolla *f*
洋行 [yáng háng] empresa *f* extranjera
洋人 [yáng rén] extranjero,-a *m/f*
洋娃娃 [yáng wá wa] muñeca *f*
仰 [yǎng] boca arriba
仰慕 [yǎng mù] admirar, adorar
仰泳 [yǎng yǒng] *dep* nadar de espaldas
仰仗 [yǎng zhàng] depender de alg
养 [yǎng] **1.** alimentar, mantener, criar; **2.** adoptivo,-a; ~ 子 [zǐ] hijo *m* adoptivo; **3.** adquirir, formar
养病 [yǎng bìng] *med* reposo *m*, recuperarse
养活 [yǎng huó] alimentar, mantener, criar

养老院 [yǎng lǎo yuàn] casa *f* de la tercera edad
养育 [yǎng yù] criar y educar
氧 [yǎng] oxígeno *m*
氧化 [yǎng huà] oxidar(*se*)
氧气 [yǎng qì] oxígeno *m*
痒 [yǎng] cosquilleo *m*, hormigueo *m*, picazón *f*
样 [yàng] **1.** apariencia *f*, aspecto *m*; **2.** modelo *m*, muestra *f*, patrón *m*
样板 [yàng bǎn] ejemplo *m*, modelo *m*
样品 [yàng pǐn] muestra *f*, prueba *f*
样式 [yàng shì] estilo *m*, modelo *m*
样子 [yàng zi] **1.** aspecto *m*, apariencia *f*; **2.** manera *f*, aire *m*
夭 [yāo] morir joven
夭折 [yāo zhé] **1.** morir joven; **2.** abortar, malograrse
妖 [yāo] **1.** demonio *m*, fantasma *m*, diablo *m*; **2.** fascinante *adj m/f*, coqueta *adj m/f*
妖怪 [yāo guài] monstruo *m*, fantasma *m*, demonio *m*
妖精 [yāo jīng] demonio *m*, fantasma *m*
要 [yāo] → yào **1.** pedir, exigir, reclamar; **2.** forzar, obligar
要求 [yāo qiú] pedir, exigir, reclamar
要挟 [yāo xié] chantajear; chantaje *m*
腰 [yāo] **1.** cintura *f*, riñón *m*; **2.** medio *m*, mitad *f*
腰包 [yāo bāo] cartera *f*, monedero *m*
腰带 [yāo dài] *txtl* cinturón *m*
腰椎 [yāo zhuī] *med* vértebra *f* lumbar
腰子 [yāo zi] *med* riñón *m*
邀 [yāo] **1.** invitar, convidar; **2.** pedir, solicitar
邀请 [yāo qǐng] invitar; invitación *f*
邀请赛 [yāo qǐng sài] *dep* torneo *m*, trofeo *m*
邀请信 [yāo qǐng xìn] carta *f* de invitación
窑 [yáo] **1.** horno *m*, fábrica *f* de ladrillos y tejas; **2.** mina *f* (*de carbón*)
窑洞 [yáo dòng] cueva *f* habitable, casa-cueva
谣 [yáo] copla *f*, balada *f*
谣传 [yáo chuán] rumor *m*, noticia *f* falsa
谣言 [yáo yán] rumor *m*, noticia *f* falsa
遥 [yáo] remoto,-a, lejano,-a
遥控 [yáo kòng] control *m* remoto, control *m* a distancia
遥遥领先 [yáo yáo lǐng xiān] llevar ventaja a alg
遥远 [yáo yuǎn] remoto,-a, lejano,-a
摇 [yáo] agitar, mover, sacudir
摇摆 [yáo bǎi] balancearse, fluctuar, oscilar
摇动 [yáo dòng] agitar, mover
摇篮 [yáo lán] cuna *f*
摇手 [yáo shǒu] agitar la mano

摇椅 [yáo yǐ] balancín *m*, mecedora *f*

咬 [yǎo] **1.** morder; **2.** pronunciar, articular; **3.** agarrar, sujetar

咬耳朵 [yǎo ér duō] cuchichear, decir (*hablar*) al oído

咬文嚼字 [yǎo wén jiáo zì] ser pedante, al pie de la letra

咬牙 [yǎo yá] crujirle *a alg* los dientes

药 [yào] **1.** medicamento *m*, medicina *f*; **2.** sustancia *f* química; **3.** envenenar

药材 [yào cái] material *m* medicinal

药方 [yào fāng] receta *f*, prescripción *f*

药房 [yào fáng] farmacia *f*

药剂师 [yào jì shī] farmacéutico, -a *m/f*

药棉 [yào mián] algodón *m* hidrófilo

药片 [yào piàn] *med* pastilla *f*, medicina *f*

药品 [yào pǐn] producto *m* farmacéutico

药水 [yào shuǐ] *med* pócima *f*, medicina *f* líquida

药丸 [yào wán] *med* píldora *f*

药物 [yào wù] medicamentos *mpl*, medicinas *fpl*, medicación *f*

要 [yào] → yāo **1.** importante *adj m/f*, esencial *adj m/f*; **2.** querer, desear, pedir; **3.** ir *a*, estar *para*; ~ 下雪了 [xià xuě le] 。Va a nevar.

要不 [yào bù] si no, de otro modo

要点 [yào diǎn] puntos *mpl* esenciales

要饭 [yào fàn] mendigar, pedir limosna

要害 [yào hài] punto *m* clave, parte *f* vital

要好 [yào hǎo] llevarse bien

要价 [yào jià] pedir un precio

要紧 [yào jǐn] esencial *adj m/f*, importante *adj m/f*

要领 [yào lǐng] elementos *mpl* esenciales

要么 [yào me] o, o…o…; ~ 开车 [kāi chē]， ~ 坐车 [zuò chē]，都可以 [dōu kě yǐ] 。O en coche o en autobús, depende de ti.

要命 [yào mìng] terriblemente, extremadamente

要人 [yào rén] hombre *m* importante

要塞 [yào sài] fortaleza *f*

要是 [yào shì] si, en caso de; 她 ~ 不来 [tā bù lái]，我们可就惨了 [wǒ mēn kě jiù cǎn le] 。Nos iría fatal, si no viniera (*ella*).

要素 [yào sù] elemento *m*, factor *m* esencial

要员 [yào yuán] funcionario,-a *m/f* de alto rango

钥 [yào] → 钥匙 [yào shi]

钥匙 [yào shi] (*puerta*) llave *f*

钥匙圈 [yào shi quān] llavero *m*

耀 [yào] **1.** brillar, resplandecer, deslumbrar; **2.** lucir, presumir, alardear

耀眼 [yào yǎn] deslumbrar, brillar

耶 [yē] → 耶稣 [yē sū]
耶稣 [yē sū] *relig* Jesús *m*
耶稣教 [yē sū jiào] *relig* protestantismo *m*
椰 [yē] *bot* cocotero *m*, coco *m*, palma *f* india
椰子 [yē zi] *bot* coco *m* (*fruta*)
爷 [yé] **1.** abuelo *m*; **2.** padre *m*; **3.** tío *m*
爷爷 [yé yé] abuelo *m* (*paterno*)
也 [yě] también, tampoco
也许 [yě xǔ] quizá, posiblemente, a lo mejor, tal vez
冶 [yě] fundir
冶金 [yě jīn] metalurgia *f*
冶炼 [yě liàn] *tecn* fundir; fundición *f*
野 [yě] **1.** silvestre *adj m/f*, salvaje *adj m/f*; **2.** campo *m*
野餐 [yě cān] (*ir de*) picnic *m*
野鸡 [yě jī] *zool* faisán *m*
野蛮 [yě mán] bárbaro,-a, cruel *adj m/f*, brutal *adj m/f*
野生 [yě shēng] salvaje *adj m/f*, silvestre *adj m/f*
野兽 [yě shòu] animal *m* salvaje, bestia *f* salvaje
野外 [yě wài] descampado *m*, campo *m*
野味 [yě wèi] *gastr* animal *m* (*cazado para comer*)
野心 [yě xīn] ambición *f*, intención *f*
野营 [yě yíng] campamento *m*, camping *m*
野猪 [yě zhū] *zool* jabalí *m*
业 [yè] **1.** oficio *m*, sector *m* (*industrial*); **2.** empleo *m*, profesión *f*, ocupación *f*; **3.** curso *m*, carrera *f*
业绩 [yè jì] hazaña *f*, éxito *m*
业务 [yè wù] trabajo *m*, negocio *m*
业余 [yè yú] en tiempo libre
业主 [yè zhǔ] dueño,-a *m/f*, propietario,-a *m/f* (*de un negocio*)
叶 [yè] **1.** hoja *f*, follaje *m*; **2.** página *f*, hoja *f*
叶子 [yè zi] hoja *f*
页 [yè] **1.** página *f*; **2.** hoja *f*
页码 [yè mǎ] número *m* de página, paginación *f*
夜 [yè] noche *f*
夜班 [yè bān] turno *m* de noche
夜场 [yè chǎng] *teat, cine* sesión *f* nocturna
夜车 [yè chē] tren *m* de la noche
夜光表 [yè guāng biǎo] reloj *m* de esfera luminosa
夜生活 [yè shēng huó] vida *f* nocturna
夜市 [yè shì] mercado *m* nocturno
夜晚 [yè wǎn] noche *f*
夜总会 [yè zǒng huì] club *m* nocturno, cabaret *m*
液 [yè] líquido *m*, fluido *m*
液化煤气 [yè huà méi qì] (*gas*) butano
液体 [yè tǐ] líquido *m*
一 [yī] **1.** uno,-a; **2.** todo,-a, entero,-a, completo,-a; 他~天到

晚在学习 [tā tiān dào wǎn zài xué xí] 。Estudia todo el día; **3.** apenas, una vez que, en cuanto; 人~走 [rén zǒu]，茶就凉了 [chá jiù liáng le] 。Apenas se marcharon, el té se quedó frío.

一般 [yī bān] **1.** igual que, como, mismo,-a; 他们俩~大 [tā měn liǎng dà] 。Los dos tienen la misma edad; **2.** (*dicho*) en general; ~来说 [lái shuō] . . . ，En general...

一半 [yī bàn] mitad *f*, medio,-a, en parte

一边 [yī biān] lado *m*

一旦 [yī dàn] una vez, en caso de; ~有机会 [yǒu jī huì]，他会重新开始 [tā huì chóng xīn kāi shǐ] 。Va a volver a empezar en caso de que surja la oportunidad.

一刀两断 [yī dāo liǎng duàn] romper la relación

一点儿 [yī diǎn er] un poco; 喝~水吧 [hē shuǐ ba] 。Bebe un poco de agua.

一定 [yī dìng] seguramente, con toda seguridad

一帆风顺 [yī fān fēng shùn] viento en popa

一共 [yī gòng] en total, en conjunto

一贯 [yī guàn] persistente *adj m/f*, siempre

一会儿 [yī huì er] **1.** rato *m*; **2.** dentro de poco

一连 [yī lián] seguido,-a, uno tras otro

一连串 [yī lián chuàn] una serie *de*

一律 [yī lǜ] igual *adj m/f*, uniforme *adj m/f*

一面 [yī miàn] lado *m*, aspecto *m*

一模一样 [yī mó yī yàng] idéntico,-a, igual *adj m/f*

一目了然 [yī mù liǎo rán] estar claro de un vistazo, saltar a la vista

一齐 [yī qí] al mismo tiempo, a la vez

一起 [yī qǐ] junto con, en compañía de

一窍不通 [yī qiào bù tōng] no entender nada

一切 [yī qiè] todo *m*

一如既往 [yī rú jì wǎng] como siempre (*costumbre*)

一生 [yī shēng] toda la vida

一丝不苟 [yī sī bù gǒu] ser minucioso

一条龙 [yī tiào lóng] (*servicio*) integral *adj m/f*

一条心 [yī tiáo xīn] de una sola voluntad; (*obrar*) al unísono

一团糟 [yī tuán zāo] caos *m*, lío *m*, desorden *m*

一望无际 [yī wàng wú jì] vasto,-a, extenso,-a

一无所有 [yī wú suǒ yǒu] proletario,-a *m/f*, no tener ni un céntimo

一系列 [yī xì liè] una serie de

一下 [yī xià] un rato, en un corto tiempo; 请您等~ [qǐng nǐ děng]. Espera un rato.

一些 [yi xiē] unos, algunos, ciertos

一心 [yī xīn] de todo corazón, con toda el alma

一样 [yī yàng] lo mismo, como, igual; 她跟你~有学问 [tā gēn nǐ yǒu xué wèn]。Ella tiene la misma sabiduría que tú.

一一 [yī yī] uno por uno, uno tras otro

一月 [yī yuè] enero *m*

一再 [yī zài] una y otra vez

一针见血 [yī zhēn jiàn xuě] dar en el blanco, indicar inequívocamente

一阵 [yī zhèn] un ataque de, un arranque de; ~疼痛 [téng tòng], un ataque de dolor

一直 [yī zhí] **1.** todo recto, todo derecho; **2.** siempre, continuamente

一致 [yī zhì] unánime *adj m/f*, uniforme *adj m/f*; ~同意 [tóng yì] acordar unánimemente

衣 [yī] **1.** ropa *f*, vestido *m*; **2.** capa *f*, cascarilla *f*

衣橱 [yī chú] armario *m*

衣服 [yī fú] ropa *f*

衣架 [yī jià] percha *f*, perchero *m*

衣料 [yī liào] tejido *m* (*para la confección*)

衣帽间 [yī mào jiān] guardarropa *m*, vestuario *m*

衣食住行 [yī shí zhù xíng] las primeras necesidades (*de la vida cotidiana*)

医 [yī] **1.** curar, tratar; **2.** medicina *f*, ciencia *f* médica; **3.** doctor,-a *m/f*, médico,-a *m/f*

医科 [yī kē] carrera *f* de medicina

医疗 [yī liáo] tratamiento *m* médico, servicio *m* médico

医生 [yī shēng] doctor,-a *m/f*, médico,-a *m/f*

医务 [yī wù] servicio *m* médico

医学 [yī xué] ciencia *f* médica, medicina *f*

医药 [yī yào] medicina *f*, medicamento *m*

医院 [yī yuàn] hospital *m*

医治 [yī zhì] curar, tratar; tratamiento *m*

依 [yī] **1.** depender de, apoyarse en; **2.** según, conforme a, de acuerdo con; **3.** obedecer, ceder, seguir

依次 [yī cì] por orden de, sucesivamente

依从 [yī cóng] obedecer, ceder, seguir

依旧 [yī jiù] como antes, como siempre

依据 [yī jù] según, de acuerdo con

依靠 [yī kào] apoyarse en, depender de

依赖 [yī lài] vivir de alg, depender de; dependencia *f*

依然 [yī rán] aún, como antes

依依不舍 [yī yī bù shě] no poder aguantar la separación
依照 [yī zhào] según, conforme a, de acuerdo con
仪 [yí] **1.** aspecto *m*, apariencia *f*; **2.** ceremonia *f*, rito *m*; **3.** equipo *m*, aparato *m*
仪表 [yí biǎo] apariencia *f*, aspecto *m*
仪器 [yí qì] equipo *m*, aparato *m*
仪式 [yí shì] ceremonia *f*, rito *m*
仪仗队 [yí zhàng duì] guardia *f* de honor
宜 [yí] **1.** conveniente *adj m/f*, adecuado,-a, apropiado,-a; **2.** tener que, deber
宜人 [yí rén] (*clima, paisaje*) agradable *adj m/f*, delicioso,-a
移 [yí] **1.** mover, trasladar, desplazar; **2.** cambiar, alterar
移动 [yí dòng] mover, trasladar
移动电话 [yí dòng diàn huà] (*teléfono*) móvil *m*
移交 [yí jiāo] transferir, entregar
移民 [yí mín] inmigrante *m/f*, inmigración *f*; emigrar, inmigrar
遗 [yí] **1.** perder; **2.** omitir; **3.** dejar u/c cosa al morirse
遗产 [yí chǎn] herencia *f*, patrimonio *m*
遗传 [yí chuán] herencia *f*
遗憾 [yí hàn] sentir, lamentar
遗迹 [yí jì] vestigio *m*, reliquia *f*
遗精 [yí jīng] *med* polución *f* nocturna, espermatorrea *f*
遗尿 [yí niào] *med* enuresis *f*
遗弃 [yí qì] abandonar, dejar
遗书 [yí shū] escrito *m* póstumo
遗体 [yí tǐ] restos *mpl* mortales
遗忘 [yí wàng] olvidar, echar en olvido
遗愿 [yí yuàn] la última voluntad
遗嘱 [yí zhǔ] testamento *m*
疑 [yí] dudar, sospechar; dudoso,-a, incierto,-a
疑惑 [yí huò] no estar seguro de, tener duda sobre
疑虑 [yí lǜ] duda *f*, inquietud *f*
疑难 [yí nán] difícil *adj m/f*, complicado,-a
疑问 [yí wèn] pregunta *f*, cuestión *f*, duda *f*
疑心 [yí xīn] sospecha *f*
乙 [yǐ] segundo,-a
已 [yǐ] **1.** ya; **2.** cesar, parar, terminar
已婚 [yǐ hūn] casado,-a
已经 [yǐ jīng] ya; ~ 完了 [wán le] 。Se ha acabado ya.
以 [yǐ] **1.** usar, tomar, utilizar; **2.** según; **3.** a causa de
以便 [yǐ biàn] para (*que*), a fin de (*que*); 你来我家住几天 [nǐ lái wǒ jiā zhù jǐ tiān]，~ 我们互相多了解一点 [wǒ mēn hù xiāng duō liǎo jiě yī diǎ] 。Ven a mi casa unos días para que nos conozcamos mejor.
以防万一 [yǐ fáng wàn yī] por si acaso
以后 [yǐ hòu] en el futuro, más tarde, en adelante,
以及 [yǐ jí] así como, junto con, y
以免 [yǐ miǎn] para evitar

以前 [yǐ qián] antes, anteriormente
以上 [yǐ shàng] arriba (*expuesto*)
以外 [yǐ wài] más allá de, fuera de
以为 [yǐ wéi] crear, suponer
以下 [yǐ xià] abajo, lo siguiente
蚁 [yǐ] → 蚂蚁 [mǎ yǐ] hormiga *f*
倚 [yǐ] **1.** depender de, respaldarse; **2.** apoyarse contra, descansar en
倚仗 [yǐ zhàng] depender de, respaldarse en
椅 [yǐ] → 椅子 [yǐ zi]
椅子 [yǐ zi] silla *f*
义 [yì] **1.** justicia *f*; **2.** significado *m*, definición *f*; **3.** (*hijo,-a*) adoptivo,-a
义卖 [yì mài] venta *f* (*sin ánimo lucrativo*), venta *f* benéfica
义气 [yì qì] fidelidad *f* personal, código *m* de fraternidad
义务 [yì wù] deber *m*, obligación *f*, trabajo *m*
义演 [yì yǎn] ofrecer un espectáculo (*con fines caritativos*)
亿 [yì] cien millones
亿万 [yì wàn] centenares de millones
忆 [yì] recordar, acordarse de
艺 [yì] **1.** habilidad *f*, destreza *f*; **2.** arte *m*
艺人 [yì rén] actor *m*, actriz *f*, artista *m/f*
艺术 [yì shù] **1.** arte *m*; **2.** hablidad *f*, capacidad *f*
议 [yì] **1.** opinión *f*, parecer *m*; **2.** discutir, comentar, hablar
议程 [yì chéng] orden *f* del día
议会 [yì huì] *pol* parlamento *m*, asamblea *f* legislativa
议价 [yì jià] precio *m* negociable; negociar un precio
议论 [yì lùn] comentar, discutir
议员 [yì yuán] *pol* diputado,-a *m/f*
亦 [yì] *lit* también
亦步亦趋 [yì bù yì qū] seguir los pasos de alg
异 [yì] **1.** diferente *adj m/f*, distinto,-a; **2.** extraño,-a, extraordinario,-a; **3.** sorpresa *f*
异常 [yì cháng] anormal *adj m/f*, extraño,-a, raro,-a
异口同声 [yì kǒu tóng shēng] a una voz
异想天开 [yì xiǎng tiān kāi] fantasía *f*; sueño *m*
异性 [yì xìng] persona *f* de otro sexo, heterosexual *adj m/f*
异样 [yì yàng] diferencia *f*
异议 [yì yì] objeción *f*, disidencia *f*
译 [yì] traducir; traducción *f*
译名 [yì míng] nombre *m* traducido
译文 [yì wén] traducción *f*, texto *m* traducido
译音 [yì yīn] transcripción *f* fonética
译员 [yì yuán] intérprete *m/f*
译制 [yì zhì] *cine* doblar, doblaje *m*
役 [yì] **1.** labor *f*; **2.** servicio *m*; **3.** *mil* batalla *f*, campaña *f*
易 [yì] **1.** fácil *adj m/f*; **2.** cambiar; intercambiar

易燃品 [yì rán pǐn] sustancia *f* inflamable
易如反掌 [yì rú fǎn zhǎng] muy fácil
疫 [yì] (*enfermedad*) epidemia *f*
疫苗 [yì miáo] *med* vacuna *f*
益 [yì] **1.** beneficio *m*, provecho *m*; **2.** aun más, cada vez más
益处 [yì chù] beneficio *m*, provecho *m*, bien *m*
谊 [yì] amistad *f*
意 [yì] **1.** significado *m*, sentido *m*; **2.** deseo *m*, intención *f*; **3.** esperar, prever
意见 [yì jiàn] idea *f*, opinión *f*, sugerencia *f*
意念 [yì niàn] idea *f*, pensamiento *m*
意识 [yì shí] conciencia *f*; ser consciente de
意思 [yì sī] significado *m*, sentido *m*
意图 [yì tú] intención *f*, intento *m*
意外 [yì wài] **1.** accidente *m*, incidente *m*; **2.** inesperado,-a, imprevisto,-a
意味着 [yì wèi zhe] significar, implicar, querer decir
意向书 [yì xiàng shū] carta *f* de intención
意义 [yì yì] sentido *m*, significado *m*
意愿 [yì yuàn] deseo *m*, aspiración *f*
意志 [yì zhì] voluntad *f*
毅 [yì] firme *adj m/f*, insistente *adj m/f*
毅力 [yì lì] fuerza *f*, voluntad *f*
毅然 [yì rán] firmemente, resueltamente
翼 [yì] ala *f*
因 [yīn] **1.** según, conforme a; **2.** causa *f*, razón *f*
因此 [yīn cǐ] por lo tanto, por consiguiente, por eso
因而 [yīn ér] por consiguiente, así que
因果 [yīn guǒ] causa y efecto
因素 [yīn sù] factor *m*, elemento *m*
因为 [yīn wéi] porque, a causa de
阴 [yīn] **1.** sombra *f*; **2.** (*en la naturaleza*) yin, elemento femenino o negativo; **3.** *meteo* (*cielo*) nublado,-a
阴暗 [yīn àn] oscuro,-a, tenebroso,-a
阴沉 [yīn chén] deprimido,-a, encapotado,-a
阴道 [yīn dào] *med* vagina *f*
阴沟 [yīn gōu] alcantarilla *f*, cloaca *f*
阴间 [yīn jiān] infierno *m*
阴茎 [yīn jīng] *med* pene *m*
阴历 [yīn lì] calendario *m* lunar
阴凉 [yīn liáng] fresco,-a
阴谋 [yīn móu] truco *m*, complot *m*
阴森 [yīn sēn] tenebroso,-a, oscuro,-a
阴私 [yīn sī] secreto *m* confidencial
阴险 [yīn xiǎn] cruel *adj m/f*, insidioso,-a

阴性 [yīn xìng] negativo,-a
阴影 [yīn yǐng] sombra *f*
阴雨 [yīn yǔ] *meteo* nublado y lluvioso
音 [yīn] **1.** sonido *m*; **2.** tono *m*; **3.** noticia *f*
音标 [yīn biāo] signo *m* fonético, alfabeto *m* fonético
音调 [yīn diào] tono *m*
音符 [yīn fú] *mús* nota *f*
音阶 [yīn jiē] *mús* escala *f*, gama *f*
音节 [yīn jié] *ling* sílaba *f*
音量 [yīn liàng] (*de sonido*) volumen *m*
音素 [yīn sù] *ling* fonema *m*
音响 [yīn xiǎng] sonido *m*, acústica *f*
音信 [yīn xìn] correspondencia *f*, noticia *f*, mensaje *m*
音译 [yīn yì] transliteración *f*; traducción *f* fonética
音乐 [yīn yuè] música *f*
音乐会 [yīn yuè huì] *mús* concierto *m*
姻 [yīn] matrimonio *m*
姻缘 [yīn yuán] matrimonio *m* predestinado
淫 [yín] **1.** cachondo,-a, libertino,-a; **2.** lujuria *f*, cachondez *f*
淫荡 [yín dàng] lujurioso,-a, lúbrico,-a
淫妇 [yín fù] (*mujer*) adúltera *f*
淫秽 [yín huì] obsceno,-a, pornográfico,-a,
淫乱 [yín luàn] lujurioso,-a, libertino,-a
银 [yín] plata *f*; (*color*) plateado,-a
银白色 [yín bái sè] color *m* plateado
银币 [yín bì] moneda *f* de plata
银行 [yín háng] banca *f*, banco *m*, caja *f*
银幕 [yín mù] *cine* pantalla *f*
银子 [yín zi] plata *f*, dinero *m*
引 [yǐn] **1.** tirar, estirar, arrastrar; **2.** dirigir, guiar, conducir; **3.** citar, alegar, aducir
引导 [yǐn dǎo] guiar, dirigir, conducir
引渡 [yǐn dù] *jur* extradición *f*
引号 [yǐn hào] *ling* comillas *fpl*
引进 [yǐn jìn] **1.** recomendar; **2.** introducir; introducción *f*
引起 [yǐn qǐ] provocar, causar
引用 [yǐn yòng] **1.** citar, alegar; **2.** designar, nombrar
引诱 [yǐn yòu] tentar, inducir, seducir
引子 [yǐn zi] introducción *f*, prólogo *m*
饮 [yǐn] beber; bebida *f*, refresco *m*
饮料 [yǐn liào] bebida *f*, refresco *m*
饮食 [yǐn shí] comida y bebida; beber y comer
饮水 [yǐn shuǐ] agua *f* potable
隐 [yǐn] **1.** ocultado,-a, escondido,-a; **2.** latente *adj m/f*, oculto,-a
隐蔽 [yǐn bì] ocultarse, encubrirse

隐藏 [yǐn cáng] ocultar, encubrir, esconder

隐患 [yǐn huàn] peligro *m* escondido

隐居 [yǐn jū] vivir en un lugar apartado

隐瞒 [yǐn mán] ocultar, encubrir, disimular

隐秘 [yǐn mì] ocultar, encubrir, esconder

隐私 [yǐn sī] intimidad *f*, vida *f* privada, secreto *m* personal

印 [yìn] **1.** sello *m*, estampilla *f*; **2.** marca *f*, señal *f*, huella *f*; **3.** imprimir, grabar

印花 [yìn huā] *txtl* estampar; *txtl* estampado,-a

印花布 [yìn huā bù] tejido *m* estampado

印泥 [yìn ní] (*sello*) tinta *f* roja

印染 [yìn rǎn] *txtl* (*tejido*) estampado y teñido

印刷 [yìn shuā] imprimir; imprenta *f*

印象 [yìn xiàng] impresión *f*, comentario *m*

印子 [yìn zi] marca *f*, señal *f*, huella *f*

应 [yīng] → yìng **1.** responder, contestar; **2.** consentir, prometer, aceptar; **3.** deber, tener que

应当 [yīng dāng] deber, tener que, ser necesario

应该 [yīng gāi] deber, tener que, ser necesario

应届 [yīng jiè] estudiante de la promoción del año

英 [yīng] **1.** Inglaterra *f*; **2.** persona *f* eminente, héroe *m*

英镑 [yīng bàng] *banc* libra *f* esterlina

英尺 [yīng chǐ] pie *m* (*inglés*)

英国 [yīng guó] Inglaterra *f*

英俊 [yīng jùn] **1.** talentoso,-a brillante *adj m/f*; **2.** (*chico* guapo *adj*, elegante *adj m/f*

英里 [yīng lǐ] milla *f* (*inglesa*)

英明 [yīng míng] sabio,-a, brillante *adj m/f*

英雄 [yīng xióng] héroe *m*; heroico,-a

英勇 [yīng yǒng] heroico,-a, valiente *adj m/f*, valeroso,-a

英语 [yīng yǔ] (*idioma*) inglés *m*

婴 [yīng] → 婴儿 [yīng ér]

婴儿 [yīng ér] bebé *m*

樱 [yīng] → 樱花 [yīng huā]

樱花 [yīng huā] flor *f* de cerezo

樱桃 [yīng táo] *bot* cerezo *m*; cereza *f*

鹰 [yīng] *zool* halcón *m*, águila *f*

迎 [yíng] **1.** dar la bienvenida recibir; **2.** dirigirse hacia, enfrentarse con

迎合 [yíng hé] complacer, satisfacer, acomodarse

迎接 [yíng jiē] dar la bienvenida recibir

迎面 [yíng miàn] de frente, de cara

盈 [yíng] **1.** estar lleno de; **2.** exceder, sobrar

盈亏 [yíng kuī] *com* ganancia y pérdida

盈余 [yíng yú] **1.** *com* superávit *m*; **2.** *com* ganancia *f*, beneficio *m*

营 [yíng] **1.** administrar, manejar; **2.** campamento *m*, cuartel *m*

营地 [yíng dì] campamento *m*, camping *m*

营救 [yíng jiù] rescatar, salvar

营养 [yíng yǎng] nutrirse; alimentación *f*, nutrición *f*

营业 [yíng yè] (*tienda, supermercado*) hacer negocio

营业额 [yíng yè é] (*negocio*) facturación *f*

蝇 [yíng] *zool* mosca *f*

赢 [yíng] **1.** ganar, vencer; **2.** obtener (*ganancia*)

赢得 [yíng dé] ganar, obtener

赢利 [yíng lì] ganancia *f*, beneficio *m*; obtener ganancia, sacar provecho

影 [yǐng] **1.** sombra *f*; **2.** fotografía *f*, retrato *m*

影集 [yǐng jí] álbum *m* (*de fotografías*), portafolio *m*

影片 [yǐng piàn] *cine* película *f*

影响 [yǐng xiǎng] **1.** afectar; **2.** influencia *f*, efecto *m*

影星 [yǐng xīng] estrella *f* de cine

影印 [yǐng yìn] impresión *f* fotomecánica

影院 [yǐng yuàn] (*lugar*) cine *m*

影子 [yǐng zi] **1.** sombra *f*; **2.** reflejo *m*, imagen *f*

应 [yìng] → yīng **1.** responder, contestar; **2.** satisfacer, conceder

应酬 [yìng chóu] **1.** tener actividad social; **2.** banquete *m*, cena *f* de gala

应付 [yìng fù] **1.** enfrentar, hacer frente, tratar; **2.** hacer u/c a la ligera

应邀 [yìng yāo] a la invitación de alg

应用 [yìng yòng] **1.** aplicar, usar, poner en práctica; **2.** aplicado,-a

映 [yìng] reflejarse, brillar

映衬 [yìng chèn] realzar, hacer resaltar

映射 [yìng shè] reflejarse, resplandecer

硬 [yìng] **1.** duro,-a, rígido,-a; **2.** insistente *adj m/f*, perseverante *adj m/f*

硬币 [yìng bì] *banc* moneda *f* metálica

硬度 [yìng dù] dureza *f*

硬化 [yìng huà] **1.** *med* esclerosis *f*; **2.** endurecerse

硬件 [yìng jiàn] *inform* hardware *m*

硬水 [yìng shuǐ] agua *f* dura

硬卧 [yìng wò] (*tren*) litera *f*, cama *f* sencilla

硬席 [yìng xí] asiento *m* sencillo, (*tren*) litera *f*, cama *f* sencilla

硬性 [yìng xìng] rígido,-a, inflexible *adj m/f*

佣 [yōng] → yòng (*trabajador*) contratar
佣人 [yōng rén] criado,-a *m/f*, chacha *f*
拥 [yōng] → yòng **1.** tener en los brazos, abrazar; **2.** apoyar, adherirse a
拥抱 [yōng bào] abrazar, tener en los brazos
拥护 [yōng hù] apoyar, adherirse a
拥挤 [yōng jǐ] **1.** agolparse, apretarse; **2.** repleto,-a, lleno,-a (*de gente*)
拥有 [yōng yǒu] poseer, tener
庸 [yōng] hacer falta
庸人 [yōng rén] persona *f* mediocre
庸俗 [yōng sú] vulgar *adj m/f*, mediocre *adj m/f*
庸医 [yōng yī] curandero,-a *m/f*
永 [yǒng] perpetuo,-a, eterno,-a, para siempre
永别 [yǒng bié] separarse para siempre
永久 [yǒng jiǔ] permanente *adj m/f*, indefinido,-a, eterno,-a
永远 [yǒng yuǎn] siempre, para siempre
咏 [yǒng] **1.** cantar, salmodiar; **2.** narrar (*en forma poética*)
咏叹调 [yǒng tàn diào] *lit* aria *f*
勇 [yǒng] → 勇敢 [yǒng gǎn]
勇敢 [yǒng gǎn] valiente *adj m/f*, audaz *adj m/f*
勇气 [yǒng qì] coraje *m*, valentía *f*
勇士 [yǒng shì] luchador *m*, guerrero *m*
涌 [yǒng] **1.** brotar, manar, fluir; **2.** levantarse, encresparse, surgir
涌现 [yǒng xiàn] aparecer, surgir
用 [yòng] **1.** emplear, usar, aplicar; **2.** gasto *m*, desembolso *m*; **3.** necesitar
用处 [yòng chù] utilidad *f*, uso *m*
用功 [yòng gōng] **1.** estudiar seriamente; **2.** estudioso,-a, diligente *adj m/f*
用户 [yòng hù] abonado,-a *m/f*, usuario,-a *m/f*
用具 [yòng jù] utensilio *m*, aparato *m*
用力 [yòng lì] hacer u/c con fuerza (*física*)
用品 [yòng pǐn] artículo *m* de uso (*cotidiano*)
用人 [yòng rén] (*persona para un trabajo*) seleccionar, contratar
用途 [yòng tú] utilidad *f*, uso *m*
用心 [yòng xīn] **1.** con dedicación, con atención; **2.** motivo *m*, intención *f*
用意 [yòng yì] intención *f*
佣 [yòng] → yōng
佣金 [yòng jīn] *com* (*negocio*) comisión *f*
优 [yōu] excelente *adj m/f*, bueno,-a
优待 [yōu dài] tratar de manera preferencial; trato *m* especial preferente

优点 [yōu diǎn] mérito *m*, ventaja *m*, punto *m* fuerte

优惠 [yōu huì] preferencial *adj m/f*, favorable *adj m/f*

优良 [yōu liáng] excelente *adj m/f*, bueno,-a

优美 [yōu měi] bello,-a, elegante *adj m/f*, excelente *adj m/f*

优势 [yōu shì] superioridad *f*, ventaja *f*, predominio *m*

优先 [yōu xiān] tener prioridad, dar preferencia

优秀 [yōu xiù] sobresaliente *adj m/f*, excelente *adj m/f*, destacado,-a

优异 [yōu yì] excelente *adj m/f*, sobresaliente *adj m/f*

优越 [yōu yuè] superioridad *f*, ventaja *f*

优质 [yōu zhì] calidad *f* superior, alta calidad *f*

忧 [yōu] tristeza *f*, preocupación *f*, inquietud *f*

忧愁 [yōu chóu] preocupado,-a, deprimido,-a

忧患 [yōu huàn] sufrimiento *m*, preocupación *f*

忧虑 [yōu lǜ] preocupado,-a, inquieto,-a

忧伤 [yōu shāng] afligido,-a, triste *adj m/f*

忧郁 [yōu yù] melancólico,-a

悠 [yōu] → 悠闲 [yōu xián]

悠久 [yōu jiǔ] (*tiempo*) largo,-a, milenario,-a

悠闲 [yōu xián] cómodo y libre

尤 [yóu] → 尤其 [yóu qí]

尤其 [yóu qí] especialmente, particularmente, sobre todo

由 [yóu] **1.** causa *f*, razón *f*, motivo *m*; **2.** de, por; ~ 南向北 [nán xiàng běi] de sur a norte

由于 [yóu yú] debido a, gracias a, a causa de

邮 [yóu] **1.** enviar (*por correo*); **2.** postal *f*; de correo

邮包 [yóu bāo] paquete *m* postal

邮戳 [yóu chuō] matasellos *m*

邮递 [yóu dì] reparto *m* postal

邮电 [yóu diàn] correos y telecomunicaciones

邮购 [yóu gòu] comprar por correo

邮汇 [yóu huì] *banc* (*enviar*) giro *m* postal

邮寄 [yóu jì] enviar (*por correo*)

邮件 [yóu jiàn] correo *m*, correspondencia *f*

邮局 [yóu jú] oficina *f* de correos, estafeta *f*

邮票 [yóu piào] sello *m* (*postal*), estampilla *f*

邮筒 [yóu tǒng] buzón *m*

邮箱 [yóu xiāng] buzón *m*

邮政编码 [yóu zhèng biān mǎ] código *m* postal

邮政信箱 [yóu zhèng xìn xiāng] apartado *m* de correos

邮资 [yóu zī] franqueo *m* (*postal*)

犹 [yóu] **1.** todavía, aún; **2.** lo mismo que

犹如 [yóu rú] lo mismo que, como, como si; ~ 大海捞针 [dà

hǎi lāo zhēn] como si buscaran una aguja en el mar.

犹太教 [yóu tài jiào] *relig* judaísmo *m*

犹太人 [yóu tài rén] judío,-a *m/f*

犹豫 [yóu yù] vacilar, dudar; vacilación *f*

油 [yóu] **1.** aceite *m*, grasa *f*; **2.** estar manchado (*de aceite o grasa*); **3.** listo,-a, astuto,-a

油饼 [yóu bǐng] torta *f* frita

油灯 [yóu dēng] lámpara *f* de aceite, candil *m*

油滑 [yóu huá] listo,-a, astuto,-a

油画 [yóu huà] pintura *f* al óleo

油井 [yóu jǐng] pozo *m* petrolífero

油轮 [yóu lún] *transp* petrolero *m*, buquetanque *m*

油门 [yóu mén] *auto* acelerador *m*

油腻 [yóu nì] aceitoso,-a, grasoso,-a; (*comida*) alimento *m* con mucha grasa

油漆 [yóu qī] *constr* pintura *f*; *constr* pintar

油水 [yóu shuǐ] **1.** grasa *f*; **2.** beneficio *m*, provecho *m*

油田 [yóu tián] campo *m* petrolífero, campo *m* petrolero

油条 [yóu tiáo] *gastr* churro *m*

油箱 [yóu xiāng] *auto* depósito *m* de combustible

游 [yóu] **1.** nadar; **2.** tramo *m*, (*río*) curso *m*; **3.** hacer un viaje, visitar

游逛 [yóu guàng] (*turista*) pasearse

游客 [yóu kè] visitante *m/f*, turista *m/f*

游览 [yóu lǎn] hacer turismo, visitar, viajar (*por placer*)

游说 [yóu shuì] *pol* hacer propaganda política

游艇 [yóu tǐng] *nav* yate *m*, barco *m* de recreo

游玩 [yóu wán] divertirse (*en un viaje turístico*)

游戏 [yóu xì] juego *m*, diversión *f*; jugar

游行 [yóu xíng] manifestar, protestar (*en la calle*); desfile *m*, marcha *f*, manifestación *f*

游泳 [yóu yǒng] *dep* nadar; natación *f*

友 [yǒu] amigo,-a *m/f*; amistoso,-a

友爱 [yǒu ài] afecto *m* amistoso, fraternidad *f*

友好 [yǒu hǎo] amigo *m* íntimo, amigo,-a *m/f*; amistoso,-a, amigable *adj m/f*

友情 [yǒu qíng] amistad *f*

友人 [yǒu rén] amigo,-a *m/f*, amistades *fpl*

友谊 [yǒu yì] amistad *f*

有 [yǒu] **1.** tener, poseer; **2.** haber, tener, existir; **3.** ocurrir, surgir

有病 [yǒu bìng] estar enfermo,-a

有的 [yǒu de] algunos,-as, unos,-as

有点儿 [yǒu diǎn er] un poco de, algo de; 我觉得~ 无聊了 [wǒ

jué de wú liáo le] 。Estoy un poco aburrido.
有关 [yǒu guān] **1.** tener que ver con, tener relación con; **2.** concernir, sobre, en cuanto *a*
有机 [yǒu jī] *quím* orgánico,-a
有空 [yǒu kòng] tener tiempo libre, estar libre
有理 [yǒu lǐ] razonable *adj m/f*, justificable *adj m/f*; racional *adj m/f*
有力 [yǒu lì] fuerte *adj m/f*, vigoroso,-a, enérgico,-a
有利 [yǒu lì] ventajoso,-a, beneficioso,-a, favorable *adj m/f*
有名 [yǒu míng] famoso,-a, célebre *adj m/f*
有钱 [yǒu qián] (*dinero*) rico,-a
有时 [yǒu shí] a veces, algunas veces
有数 [yǒu shù] estar preparado,-a (*listo,-a*), estar seguro,-a
有喜 [yǒu xǐ] estar embarazada
有限 [yǒu xiàn] limitado,-a, finito,-a
有效 [yǒu xiào] eficaz *adj m/f*, efectivo,-a, válido,-a
有些 [yǒu xiē] **1.** algunos,-as, ciertos,-as; **2.** un poco de, algo de
有心 [yǒu xīn] tener ganas de, tener la intención de; intencionadamente, a propósito
有益 [yǒu yì] provechoso,-a, beneficioso,-a, útil *adj m/f*
有意 [yǒu yì] tener la intención de; intencionadamente
有意思 [yǒu yì si] **1.** interesante *adj m/f*, divertido,-a; **2.** significativo,-a, significante *adj m/f*
有用 [yǒu yòng] útil *adj m/f*
有余 [yǒu yú] **1.** sobrar, tener de sobra; **2.** y pico; 一百~ [yī bǎi] ciento y pico.
有罪 [yǒu zuì] culpable *adj m/f*
又 [yòu] **1.** otra vez, de nuevo; **2.** y; **3.** además, aparte de;
又便宜又好 [yòu pián yí yòu hǎo] barato y bueno
右 [yòu] → 右边 [yòu biān]
右边 [yòu biān] lado *m* derecho, derecha *f*
右派 [yòu pài] *pol* derecha *f* (*de un partido*); derechista *m/f*
幼 [yòu] infantil, nene,-a, párvulo,-a
幼儿园 [yòu er yuán] guardería *f* infantil, escuela *f* de párvulos
幼年 [yòu nián] niñez *f*, infancia *f*
幼小 [yòu xiǎo] infantil *adj m/f*, pequeño,-a
幼子 [yòu zǐ] hijo *m* menor
诱 [yòu] **1.** guiar, dirigir; **2.** atraer, seducir
诱导 [yòu dǎo] **1.** guiar, dirigir; **2.** inducir
诱饵 [yòu ěr] cebo *m*, anzuelo *m*
诱惑 [yòu huò] seducir, tentar, atraer; seducción *f*, tentación *f*
诱骗 [yòu piàn] engañar, seducir
于 [yú] en, por, a; 他~ 1985年离开东京 [tā nián lí kāi dōng jīng] Abandonó Tokio en 1985. 出

~ 健康原因 [chū jiàn kāng yuán yīn], por la salud; 强加~ 人 [qiáng jiā rén] imponer u/c a alg

于是 [yú shì] por eso, por lo tanto, por consiguiente, como consecuencia

余 [yú] **1.** sobrante *adj m/f*, restante *adj m/f*; **2.** más de, y pico, 三千~ 辆卡车 [sān qiān liàng kǎ chē] más de tres mil camiones; **3.** fuera de, después de, 学习之~ 还要去打工 [xué xí zhī hái yào qù dǎ gōng] . Tiene que trabajar después de estudiar.

余地 [yú dì] margen, espacio *m*

余额 [yú é] **1.** suma restante, balance *m*; **2.** vacante *f*

余款 [yú kuǎn] dinero *m* sobrante

鱼 [yú] *zool* pez *m*, pescado *m*

鱼翅 [yú chì] *gastr* aleta *f* de tiburón

鱼饵 [yú ěr] (*pescar*) cebo *m*

鱼鳞 [yú lín] *(pez)* escama *f*

鱼网 [yú wǎng] red *f* de pesca

鱼子酱 [yú zǐ jiàng] (*salmón*) hueva *f*, caviar *m*

娱 [yú] **1.** divertir, recrear; **2.** alegría *f*, placer *m*, diversión *f*

娱乐 [yú lè] recreación *f*, diversión *f*

渔 [yú] **1.** pesca *f*; **2.** *fig* sacar provecho

渔场 [yú chǎng] zona *f* de pesca, pesquería *f*

渔船 [yú chuán] barco *m* de pesca, pesquero *m*

渔轮 [yú lún] buque *m* de pesca, pesquero *m*

渔民 [yú mín] pescador *m*

渔业 [yú yè] industria *f* pesquera

愉 [yú] → 愉快 [yú kuài]

愉快 [yú kuài] alegre *adj m/f*, feliz *adj m/f*

愚 [yú] tonto,-a, estúpido,-a

愚笨 [yú bèn] tonto,-a, estúpido,-a, bobo,-a

愚蠢 [yú chǔn] tonto,-a, estúpido,-a, bobo,-a

愚昧 [yú mèi] ignorante *adj m/f*; ignorancia *f*

愚弄 [yú nòng] engañar, burlarse de

与 [yǔ] **1.** dar, ofrecer, conceder; **2.** con, y, 我~ 她是同学 [wǒ tā shì tóng xué] . Ella y yo somos compañeros de clase. **3.** ayudar, apoyar; ~ 人为善 [rén wéi shàn]. Ser amable con la gente.

与其 [yǔ qí] más vale que, más bien; ~ 开车去 [kāi chē qù] ,不如坐飞机去 [bù rú zuò fēi jī qù]. Más vale ir en avión que en coche.

予 [yǔ] → 予以 [yǔ yǐ]

予以 [yǔ yǐ] dar, conceder, otorgar

宇 [yǔ] espacio *m*, universo *m*, mundo *m*

宇航员 [yǔ háng yuán] astronauta *m/f*, cosmonauta *m/f*

宇宙 [yǔ zhòu] **1.** universo *m*, cosmos *m*; **2.** mundo *m*

羽 [yǔ] → 羽毛 [yǔ máo]
羽毛 [yǔ máo] **1.** pluma *f*; **2.** fama *f*, honor *m*
羽毛球 [yǔ máo qiú] **1.** *dep* bádminton *m*; **2.** pelota *f* de bádminton
雨 [yǔ] lluvia *f*
雨点 [yǔ diǎn] gota *f* de lluvia
雨季 [yǔ jì] temporada *f* de lluvia
雨具 [yǔ jù] paraguas *m*, impermeable *m*
雨量 [yǔ liàng] *meteo* (*lluvia*) precipitación *f*
雨伞 [yǔ sǎn] paraguas *m*
雨水 [yǔ shuǐ] (*agua de*) lluvia *f*
雨天 [yǔ tiān] día *m* lluvioso
雨衣 [yǔ yī] impermeable *m*
语 [yǔ] **1.** *ling* lengua *f*, idioma *m*, palabra *f*; **2.** hablar, decir; **3.** frase *f* hecha, dicho *m*, proverbio *m*
语调 [yǔ diào] *ling* entonación *f*
语法 [yǔ fǎ] *ling* gramática *f*
语句 [yǔ jù] *ling* oración *f*, frase *f*
语气 [yǔ qì] tono *m*, modo *m* de hablar
语文 [yǔ wén] **1.** *ling* lengua *f*, lenguaje *m*; **2.** lengua y literatura
语言 [yǔ yán] *ling* idioma *m*, lengua *f*, lenguaje *m*
语音 [yǔ yīn] *ling* fonética *f*, pronunciación *f*
玉 [yù] **1.** jade *m*; **2.** bello,-a, hermoso,-a, guapo,-a
玉雕 [yù diāo] escultura *f* en jade
玉米 [yù mǐ] *bot* maíz *m*
玉器 [yù qì] objeto *m* de jade
育 [yù] **1.** criar; **2.** educar, instruir
育龄 [yù líng] (*mujer*) edad *f* fértil
育苗 [yù miáo] (*plantones*) criar, cultivar
狱 [yù] cárcel *f*, prisión *f*
狱卒 [yù zú] guardia *m/f* de prisión
浴 [yù] bañarse
浴场 [yù chǎng] balneario *m*
浴池 [yù chí] **1.** piscina *f*; **2.** casa *f* de baño público
浴缸 [yù gāng] bañera *f*
浴巾 [yù jīn] toalla *f* de baño
浴室 [yù shì] cuarto *f* de baño
预 [yù] → 预先 [yù xiān]
预报 [yù bào] pronosticar; pronóstico *m*; 天气~ [tiān qì] pronóstico *m* del tiempo
预测 [yù cè] pronosticar, calcular
预定 [yù dìng] prefijar, programar, predeterminar
预订 [yù dìng] (*hotel, billete, restaurante*) reservar; reserva *f*
预防 [yù fáng] prevenir, tomar precaución
预感 [yù gǎn] presentir; presentimiento *m*
预告 [yù gào] **1.** avisar de antemano; **2.** noticia *f* adelantada
预计 [yù jì] calcular previamente, prever
预见 [yù jiàn] prever, predecir; previsión *f*
预料 [yù liào] esperar, prever, predecir; previsión *f*

预算 [yù suàn] presupuesto *m*
预先 [yù xiān] de antemano, con antelación
预言 [yù yán] predecir, profetizar; profecía *f*, predicción *f*
预约 [yù yuē] pedir una cita
欲 [yù] **1.** deseo *m*, intención *f*; **2.** querer, desear
欲望 [yù wàng] deseo *m*, aspiración *f*, intención *f*
遇 [yù] **1.** encontrarse; **2.** tratar, acoger, recibir; **3.** oportunidad *f*, ocasión *f*
遇害 [yù hài] ser asesinado
遇见 [yù jiàn] encontrarse, tropezar con alg, 我在街上~ 她 [wǒ zài jiē shàng tā] 。Me encuentro con ella en la calle.
遇救 [yù jiù] ser rescatado, ser salvado
遇难 [yù nàn] morir en un accidente
御 [yù] resguardar, resistir
御寒 [yù hán] resguardarse del frío, resistir al frío
誉 [yù] **1.** reputación *f*, fama *f*, prestigio *m*; **2.** elogiar, alabar, encomiar
愈 [yù] *med* curarse, recuperarse
冤 [yuān]
冤案 [yuān àn] (*por una acusación falsa*) veredicto *m* injusto
冤家 [yuān jiā] enemigo *m*, adversario *m*
冤枉 [yuān wang] **1.** injusticia *f*; tratar injustamente a alg; **2.** en vano, no vale la pena
元 [yuán] **1.** yuan (*unidad monetaria china*); **2.** principal *adj m/f*, primero,-a
元旦 [yuán dàn] día *m* de Año Nuevo
元件 [yuán jiàn] pieza *f*, componente *m*
元气 [yuán qì] vitalidad *f*, vigor *m*
元首 [yuán shǒu] jefe *m* de Estado
元帅 [yuán shuài] *mil* mariscal *m*, general *m*
元素 [yuán sù] *quím* elemento *m*
元宵节 [yuán xiāo jié] Fiesta *f* de los Faroles (*el 15 del primer mes lunar)*
元音 [yuán yīn] *ling* vocal *f*
元月 [yuán yuè] primer mes *m* lunar, enero *m*
园 [yuán] **1.** huerta *f*, huerto *m* **2.** jardín *m*, parque *m*
园地 [yuán dì] campo *m*, terreno *m*
园丁 [yuán dīng] **1.** jardinero -a *m/f*; **2.** (*escuela primaria*) maestro,-a *m/f*
园林 [yuán lín] parque *m*, jardín *m*, jardinería *f*
园艺 [yuán yì] horticultura *f*
员 [yuán] (*partido, organización*) miembro *m*, militante *m*
员工 [yuán gōng] empleado,-a *m/f* personal *m*, plantilla *f*
原 [yuán] **1.** original *adj m/f*, primitivo,-a; **2.** crudo,-a, bruto -a; ~ 油 [yóu] petróleo *m* crudo
原版 [yuán bǎn] (*libro*) edición original

原材料 [yuán cái liào] materia *f* prima
原地 [yuán dì] en el mismo lugar
原稿 [yuán gǎo] manuscrito *m* original
原告 [yuán gào] *jur* demandante *m/f*, acusador,-a *m/f*
原来 [yuán lái] **1.** original *adj m/f*, inicial *adj m/f*; **2.** resultar ser
原理 [yuán lǐ] principio *m*, teoría *f*, tesis *f*
原谅 [yuán liàng] perdonar, excusar, disculpar
原料 [yuán liào] materia *f* prima
原始 [yuán shǐ] **1.** original, de primera mano; **2.** primitivo,-a
原文 [yuán wén] **1.** texto *m* original; **2.** palabra *f* citada
原因 [yuán yīn] motivo *m*, causa *f*, razón *f*
原则 [yuán zé] principio *m*, norma *f*
原子弹 [yuán zǐ dàn] *mil* bomba *f* atómica
圆 [yuán] **1.** redondo,-a, circular *adj m/f*, esférico,-a; **2.** dar explicación, justificar; **3.** yuan (*unidad monetaria china*)
圆规 [yuán guī] *mat* compás *m*
圆滑 [yuán huá] listo,-a, diplomático,-a, astuto,-a
圆满 [yuán mǎn] completo,-a, perfecto,-a, satisfactorio,-a
圆圈 [yuán quān] círculo *m*
圆舞曲 [yuán wǔ qǔ] (*baile*) vals *m*
圆珠笔 [yuán zhū bǐ] bolígrafo *m*
圆桌 [yuán zhuō] **1.** (*para comer*) mesa *f* redonda; **2.** (*conferencia, reunión*) mesa redonda
援 [yuán] **1.** tirar de u/c con la mano, coger, agarrar; **2.** prestar ayuda / asistencia
援救 [yuán jiù] salvar, socorrer, rescatar
援引 [yuán yǐn] invocar, citar
援助 [yuán zhù] ayudar, asistir, auxiliar
源 [yuán] **1.** nacimiento *m*, (*río*) origen *m*; **2.** fuente *f*, causa *f*
源泉 [yuán quán] fuente *f*, manantial *m*
源源不断 [yuán yuán bù duàn] continuamente, sin cesar
缘 [yuán] **1.** causa *f*, motivo *m*; **2.** suerte *f*, predestinación *f*
缘分 [yuán fèn] suerte *f*, predestinación *f*, predestinado,-a
缘故 [yuán gù] causa *f*, motivo *m*, razón *f*
远 [yuǎn] **1.** lejano,-a, remoto,-a; **2.** (*diferencia*) grande *adj m/f*, mucho,-a; 这里~不如那里发达 [zhè lǐ bù rú nà lǐ fā dá]。Aquí está mucho menos desarrollado que allí.
远程 [yuǎn chéng] de larga distancia
远大 [yuǎn dà] amplio,-a, ambicioso,-a
远道而来 [yuǎn dào ér lái] venir de lejos, un largo viaje
远东 [yuǎn dōng] Extremo Oriente *m*

远方 [yuǎn fāng] país *m* lejano
远见 [yuǎn jiàn] previsión *f*, perspicacia *f*
远景 [yuǎn jǐng] paisaje *m* lejano, perspectiva *f*; perspectiva *f*, porvenir *m*, futuro *m*
远洋 [yuǎn yáng] océano *m*, alta mar *m/f*
怨 [yuàn] **1.** resentimiento *m*, rencor *m*, odio *m*; **2.** culpar, quejarse
怨恨 [yuàn hèn] tener resentimiento, guardar rencor; resentimiento *m*, rencor *m*, odio *m*
怨气 [yuàn qì] rencor *m*, resentimiento *m*, queja *f*
怨言 [yuàn yán] queja *f*
院 [yuàn] **1.** patio *m*; **2.** instituto *m*
院士 [yuàn shì] académico,-a *m/f*
院子 [yuàn zi] patio *m*, jardín *m*
愿 [yuàn] deseo *m*; desear
愿望 [yuàn wàng] deseo *m*, aspiración *f*
愿意 [yuàn yì] **1.** estar dispuesto a; **2.** esperar, desear, querer
约 [yuē] **1.** invitar, convidar; **2.** pacto *m*, acuerdo *m*, convenio *m*; **3.** alrededor de, cerca de, aproximadamente, unos, ~ 二十人 [èr shí rén] unas 20 personas
约定 [yuē dìng] convenir, acordar, quedar *en*
约会 [yuē huì] pedir una cita, citarse; cita *f*, compromiso *m*
约束 [yuē shù] restringir, limitar

月 [yuè] **1.** luna *f*; **2.** mes *m*; **3.** mensual *adj m/f*
月饼 [yuè bǐng] *gastr* pastel lunar (*para la Fiesta lunar china*)
月初 [yuè chū] a principios de mes
月底 [yuè dǐ] a finales de mes
月份 [yuè fèn] mes *m*
月光 [yuè guāng] luz *f* de luna
月经 [yuè jīng] *med* menstruación *f*, regla *f*
月刊 [yuè kān] publicación / revista mensual
月历 [yuè lì] calendario *m* (*de una hoja por mes*)
月亮 [yuè liàng] luna *f*
月票 [yuè piào] (*autobús, tren*) abono *m* mensual
月球 [yuè qiú] luna *f*
月食 [yuè shí] *astro* eclipse *m* lunar
月台 [yuè tái] *ferroc* andén *m*, plataforma *f*
月中 [yuè zhōng] a mediados de mes
月子 [yuè zi] **1.** mes *m* que sigue al parto; **2.** tiempo *m* de parto
乐 [yuè] → lè música *f*
乐队 [yuè duì] orquesta *f*, banda *f* (*musical*)
乐谱 [yuè pǔ] libro *m* de música notación *f* musical
乐器 [yuè qì] instrumento *m* musical
乐曲 [yuè qǔ] composición *f*, música *f*

悦 [yuè] **1.** feliz *adj m/f*, contento,-a, complacido,-a; **2.** agradar, complacer
悦耳 [yuè ěr] agradable *adj m/f*, dulce *adj m/f* (*al oído*)
悦目 [yuè mù] agradable a la vista, hermoso,-a
阅 [yuè] **1.** leer; lectura *f*; **2.** revisar, inspeccionar
阅兵 [yuè bīng] (*tropas*) pasar revista, revistar
阅读 [yuè dú] leer; lectura *f*
阅览 [yuè lǎn] leer; lectura *f*
阅历 [yuè lì] **1.** ver, oír o hacer u/c en persona; **2.** experiencia *f* (*de la vida*)
跃 [yuè] saltar, brincar
跃进 [yuè jìn] **1.** dar un salto adelante, avanzar a saltos; **2.** avance *m* rápido, salto *m* adelante
越 [yuè] **1.** pasar, atravesar, cruzar; **2.** ir más allá (*de cierto límite*), exceder, sobrepasar
越冬 [yuè dōng] pasar el invierno
越发 [yuè fā] más, aún más, cada vez más; 他现在~ 有权了 [tā xiàn zài yǒu quán le] 。Tiene cada vez más poder.
越轨 [yuè guǐ] pasarse del límite (*de una norma de conducta*)
越过 [yuè guò] pasar, atravesar, cruzar
越野车 [yuè yě chē] *auto* todo terreno *m*
越野赛 [yuè yě sài] *dep* carrera *f* de larga distancia
晕 [yūn] → yùn **1.** marearse, mareado,-a; **2.** desmayarse
晕倒 [yūn dǎo] desmayarse, caerse desmayado
晕头转向 [yūn tóu zhuàn xiàng] aturdido,-a, desorientado,-a
云 [yún] *meteo* nube *f*
云层 [yún céng] capa *f* de nubes
云海 [yún hǎi] mar *m* de nubes
云集 [yún jí] reunirse, congregarse
匀 [yún] **1.** uniforme *adj m/f*, igual *adj m/f*; **2.** proporcionar, repartir por igual; **3.** repartir, distribuir
匀称 [yún chèn] bien proporcionado,-a, bien equilibrado,-a, simétrico,-a
允 [yǔn] justo,-a, equitativo,-a
允许 [yǔn xǔ] permitir, autorizar, consentir
孕 [yùn] estar (*quedarse*) embarazada; embarazo *m*
孕妇 [yùn fù] mujer *f* embarazada
孕育 [yùn yù] concebir, gestar
运 [yùn] **1.** transporte *m*; transportar; **2.** utilizar, emplear, usar; **3.** suerte *f*, fortuna *f*
运动 [yùn dòng] **1.** movimiento *m*, campaña *f*; **2.** deporte *m*, ejercicio *m*
运费 [yùn fèi] *com* coste *m* de transporte, flete *m*
运河 [yùn hé] canal *m*
运气 [yùn qì] **1.** suerte *f*, fortuna *f*; **2.** por fortuna, por suerte
运输 [yùn shū] transporte *m*

运行 [yùn xíng] moverse, funcionar, marchar, trabajar
运用 [yùn yòng] utilizar, emplear, usar
运转 [yùn zhuǎn] **1.** girar, dar vueltas; **2.** funcionar, marchar, trabajar
晕 [yùn] → yūn marearse, mareado,-a
晕车 [yùn chē] (*tren, coche*) marearse; mareo *m*
晕船 [yùn chuán] (*barco*) marearse; mareo *m*
熨 [yùn] *txtl* planchar; ~ 烫西服 [tàng xī fú] planchar un traje
熨斗 [yùn dǒu] *txtl* plancha *f*

Z

杂 [zá] variado,-a, heterogéneo,-a, mezclado,-a; mezclarse
杂草 [zá cǎo] mala hierba *f*
杂费 [zá fèi] **1.** gasto *m* imprevisto; **2.** gastos *mpl* diversos (*de la matrícula escolar*)
杂烩 [zá huì] **1.** *gastr* plato *m* con varios ingredientes distintos; **2.** mezcla *f*, mosaico *m*
杂货 [zá huò] mercancía *f* variada
杂技 [zá jì] acrobacia *f*, circo *m*
杂粮 [zá liáng] cereales *mpl* diversos (*excepto trigo y arroz*)
杂乱 [zá luàn] mezclado y desordenado
杂色 [zá sè] abigarrado,-a, multicolor
杂文 [zá wén] *lit* ensayo *m*, artículo *m*
杂音 [zá yīn] **1.** ruido *m* extraño; **2.** *med* soplo *m* cardiaco
杂志 [zá zhì] revista *f*
杂质 [zá zhì] impureza *f*, materia *f* extraña
杂种 [zá zhǒng] **1.** híbrido,-a, cruzado,-a, mestizo,-a; **2.** bastardo,-a *m/f*
灾 [zāi] **1.** catástrofe *f*, desastre *m*; **2.** desgracia *f*, adversidad *f*
灾害 [zāi hài] catástrofe *f*, desastre *m*
灾民 [zāi mín] (*catástrofe natural*) afectado,-a *m/f*, damnificado,-a *m/f*
灾难 [zāi nàn] catástrofe *f*, desastre *m*
灾情 [zāi qíng] magnitud *f* de una catástrofe
灾区 [zāi qū] zona *f* catastrófica
栽 [zāi] **1.** plantar, cultivar; **2.** clavar, insertar; **3.** imponer
栽倒 [zāi dǎo] caerse, darse un batacazo
栽跟头 [zāi gēn tóu] (*negocio*) sufrir un revés, darse un batacazo
栽培 [zāi péi] **1.** plantar, cultivar; **2.** educar, formar, preparar; **3.** patrocinar, promover
栽赃 [zāi zāng] inculpar por engaños a alg
宰 [zǎi] **1.** gobernar, mandar; **2.** (*animal, ave*) matar, sacrificar

宰割 [zǎi gē] invadir, explotar
宰杀 [zǎi shā] (*animal, ave*) matar, sacrificar
载 [zǎi] **1.** llevar, cargar; **2.** por todo el camino, en todas partes
载重 [zǎi zhòng] *auto* carga *f*, capacidad *f* de carga
再 [zài] **1.** otra vez, de nuevo; **2.** si, en caso de; ~ 不下雨 [bù xià yǔ]，我们就没水了 [wǒ mēn jiù méi shuǐ le] 。No tendremos agua, si no llueve; **3.** más; ~ 干一会儿吧 [gān y1i huì ér ba]. Trabajemos un rato más.
再版 [zài bǎn] segunda edición *f*, segunda impresión *f*
再婚 [zài hūn] volver a casarse
再见 [zài jiàn] adiós, hasta luego
再三 [zài sān] una y otra vez, repetidas veces
再生 [zài shēng] regeneración *f*; regenerar
在 [zài] **1.** existir, vivir; 他还~ [tā hái] 。Sigue viviendo; **2.** estar en; 她~ 家 [tā jiā] 。Está en casa; 她~ 家工作 [tā jiā gōng zuò] Trabaja en casa; **3.** acción *m* en proceso; 我~ 看电视 [wǒ kàn diàn shì] 。Estoy mirando la tele.
在场 [zài chǎng] estar presente (*en un accidente*)
在行 [zài háng] ser profesional (*experto*) en u/c
在逃 [zài táo] (*estar*) en fuga, (*ser*) fugitivo,-a *m/f*
在望 [zài wàng] estar a la vista, ser visible, estar en perspectiva
在位 [zài wèi] estar en el poder, reinar
在押 [zài yā] estar en prisión
在野 [zài yě] estar en la oposición
在意 [zài yì] importar, preocuparse
在于 [zài yǔ] **1.** consistir, radicar; **2.** depender de
在职 [zài zhí] estar en el cargo
在座 [zài zuò] (*reunión, banquete*) estar presente
咱 [zán] → 咱们 [zán mēn]
咱们 [zán mēn] **1.** nosotros; **2.** yo
暂 [zàn] **1.** por poco tiempo, de poca duración; **2.** temporal *adj m/f*, transitorio,-a
暂时 [zàn shí] temporal *adj m/f*, transitorio,-a
暂行 [zàn xíng] provisional *adj m/f*, temporal *adj m/f*
赞 [zàn] **1.** ayudar, asistir; **2.** alabar, elogiar
赞成 [zàn chéng] aprobar, estar de acuerdo, estar a favor de
赞歌 [zàn gē] canción *f* de alabanza, himno *m*, oda *f*
赞美 [zàn měi] encomiar, alabar, loar
赞赏 [zàn shǎng] apreciar, admirar
赞叹 [zàn tàn] sentir gran admiración
赞扬 [zàn yáng] alabar, elogiar

赞助 [zàn zhù] patrocinar, subvencionar; patrocinio *m*, subvención *f*

脏 [zāng] sucio,-a, manchado,-a; suciedad *f*, mancha *f*

葬 [zàng] sepultar, enterrar; entierro *m*

葬礼 [zàng lǐ] (*ceremonia*) funeral *m*

葬送 [zàng sòng] arruinar, llevar a la ruina

藏 [zàng] → cáng Tíbet *m*

藏族 [zàng zú] etnia *f* tibetana

遭 [zāo] **1.** sufrir; **2.** vuelta; **3.** vez *f*, turno *m*

遭受 [zāo shòu] sufrir, aguantar

遭殃 [zāo yāng] sufrir, ser víctima

遭遇 [zāo yù] **1.** encontrarse con alg, tropezar con alg; **2.** suceso *m* (*doloroso*), (*mala*) suerte *f*

糟 [zāo] **1.** orujo *m*, residuo *m* (*de una destilería*); **2.** preparar un alimento en vino o con orujo; **3.** (*ir*) muy mal

糟糕 [zāo gāo] *excl* ¡caramba!, ¡qué mala suerte!

糟蹋 [zāo tà] **1.** despilfarrar, malgastar, estropear; **2.** insultar, pisotear, ultrajar

早 [zǎo] **1.** ¡buenos días! **2.** hace tiempo; 我~告诉过你 [wǒ gào sù guò nǐ]。Te advertí hace tiempo; **3.** primera hora *f* de la mañana; **4.** con anticipación, de antemano

早班 [zǎo bān] turno *m* de la mañana

早操 [zǎo cāo] gimnasia *f* matutina

早茶 [zǎo chá] té *m* de la mañana

早产 [zǎo chǎn] *med* parto *m* prematuro

早晨 [zǎo chén] primera hora *f* de la mañana, por la mañana

早点 [zǎo diǎn] desayuno *m*

早饭 [zǎo fàn] desayuno *m*

早期 [zǎo qī] primera etapa *f*, primer período *m*

早日 [zǎo rì] cuanto antes, muy pronto

早熟 [zǎo shú] precocidad *f*; prematuro,-a, precoz *adj m/f*

早晚 [zǎo wǎn] **1.** día y noche; **2.** tarde o temprano, un día u otro; **3.** tiempo *m*

枣 [zǎo] **1.** *bot* dátil *m*, azufaifo *m*; **2.** azufaifa *f*, dátil *m*

澡 [zǎo] bañar; baño *m*

澡盆 [zǎo pén] bañera *f*

澡堂 [zǎo táng] casa *f* de baño público

灶 [zào] **1.** fogón *m*, cocina *f*, horno *m*; **2.** cocina *f*

造 [zào] **1.** construir, crear; **2.** hacer, elaborar; **3.** inventar, tramar, urdir; **4.** formar, educar

造反 [zào fǎn] rebelarse, sublevarse, levantarse

造化 [zào huà] (*el*) Creador *m*, naturaleza *f*

造价 [zào jià] coste *m* (*de construcción o fabricación*)
造句 [zào jù] *ling* construir una frase
造型 [zào xíng] *arte* modelado *m*, plástica *f*; modelo *m*; moldear; molde *m*
造谣 [zào yáo] hacer correr rumores
造诣 [zào yì] nivel *m* académico o artístico
噪 [zào] hacer ruido, gritar
噪声 [zào shēng] ruido *m*
噪音 [zào yīn] ruido *m*
燥 [zào] seco,-a
燥热 [zào rè] caliente y seco
躁 [zào] impaciente *adj m/f*, precipitado,-a
则 [zé] **1.** norma *f*, criterio *m*; **2.** regla *f*, reglamento *m*; **3.** pero, sin embargo
责 [zé] **1.** deber *m*, responsabilidad *f*; **2.** reprochar; **3.** pedir una explicación
责备 [zé bèi] reprochar; reproche *m*
责怪 [zé guài] culpar, echar la culpa
责任 [zé rèn] responsabilidad *f*, obligación *f*; responsabilidad *f*, culpa *f*
责问 [zé wèn] pedir una explicación, interrogar
泽 [zé] **1.** aguazal *m*, charco *m*; **2.** lustre *m*, brillo *m*
择 [zé] escoger, elegir, seleccionar; ~ 优录取 [yōu lù qǔ] admitir a los mejores candidatos
贼 [zéi] **1.** ladrón,-a *m/f*, hurtador,-a *m/f*; **2.** traidor,-a *m/f*, enemigo,-a *m/f*; **3.** astuto,-a, listillo,-a
贼赃 [zéi zāng] botín *m* del ladrón
怎 [zěn] → 怎么 [zěn me]
怎么 [zěn me] **1.** por qué, cómo, qué; 你是~ 来的？ [nǐ shì lái de] ¿Cómo has llegado aquí?; **2.** lo que, como quiera; ~ 写都行 [xiě dōu xíng] 。Escribe como quieras; **3.** no ... mucho, no... bien; 他翻得不~行 [tā fān de bù xíng] 。No ha traducido bien.
怎么办 [zěn me bàn] ¿qué hacer?
怎么样 [zěn me yàng] **1.** ¿cómo?; 她演讲得~ ？ [tā yǎn jiǎng de]; ¿Cómo ha ido su ponencia?; **2.** no... mucho, no... bien, 他翻得并不~ [tā fān dé bìng bù]. No ha traducido bien.
怎样 [zěn yàng] **1.** ¿cómo?; 她演讲得~ ？ [tā yǎn jiǎng de] ¿cómo ha ido su ponencia?; **2.** lo que, como, 我不知道该~ 说 [wǒ bù zhī dào gāi shuō] 。No sé qué es lo que debo decir.
增 [zēng] → 增加 [zēng jiā]
增补 [zēng bǔ] suplementar, completar
增产 [zēng chǎng] aumentar la producción

增订 [zēng dìng] (*libro*) revisar y reeditar
增光 [zēng guāng] fomentar el prestigio, glorificar
增加 [zēng jiā] aumentar, incrementar; incremento *m*
增进 [zēng jìn] promover, fomentar
增刊 [zēng kān] (*periódico*) suplemento *m*, número *m* suplementario
增强 [zēng qiáng] fortalecer, reforzar
增添 [zēng tiān] aumentar, añadir
增长 [zēng cháng] subir, crecer
赠 [zèng] → 赠送 [zèng sòng]
赠品 [zèng pǐn] regalo *m*, obsequio *m*
赠送 [zèng sòng] hacer un regalo, obsequiar
赠言 [zèng yán] palabras *fpl* de estímulo
扎 [zhā] **1.** pinchar, picar, clavar; **2.** meterse *en*, penetrar *en*; **3.** acamparse
扎根 [zhā gēn] echar raíces, arraigarse, afincarse
扎实 [zhā shi] **1.** fuerte *adj m/f*, robusto,-a; **2.** sólido,-a, firme *adj m/f*
扎手 [zhā shǒu] **1.** pinchar la mano; **2.** difícil *adj m/f*, espinoso,-a
扎营 [zhā yíng] acamparse
扎针 [zhā zhēn] *med* aplicar la acupuntura
渣 [zhā] restos *mpl*, sedimento *m*, hez *f*
渣滓 [zhā zǐ] restos *mpl*, sedimento *m*, hez *f*
轧 [zhá] (*acero*) laminar
轧钢 [zhá gāng] **1.** laminado *m* de acero; **2.** acero *m* laminado
闸 [zhá] **1.** compuerta *f*; **2.** contener agua; **3.** freno *m*, interruptor *m*
闸门 [zhá mén] compuerta *f*
炸 [zhá] → zhà *gastr* freír, frito, -a ~ 鸡块 [jī kuài] pollo *m* frito
炸薯条 [zhá shǔ tiáo] patata *f* frita
眨 [zhá] parpadear, pestañear, guiñar el ojo
眨眼 [zhá yǎn] **1.** parpadear, pestañear; **2.** en un abrir y cerrar de ojos
炸 [zhà] **1.** estallar, reventar; **2.** explotar, volar, bombardear; **3.** enfurecerse, ponerse furioso
炸弹 [zhà dàn] *mil* bomba *f*
炸药 [zhà yào] explosivo *m*, dinamita *f*, pólvora *f*
诈 [zhà] **1.** estafar, defraudar; **2.** fingir, simular; **3.** engañar (*a uno para que diga la verdad*)
诈骗 [zhà piàn] estafar, defraudar, engañar
诈降 [zhà xiáng] fingir rendirse (*entregarse*)
榨 [zhà] **1.** exprimir, extraer; **2.** prensa *f* (*para extraer zumo, aceite*), exprimidor *m*

榨取 [zhà qǔ] estrujar, exprimir, explotar
摘 [zhāi] **1.** coger, recoger; **2.** seleccionar, hacer extracto
摘录 [zhāi lù] **1.** seleccionar, hacer extracto; **2.** extracto *m*, resumen *m*
摘要 [zhāi yào] hacer un resumen, resumir; resumen *m*, sumario *m*, extracto *m*
宅 [zhái] vivienda *f*, residencia *f*, casa *f*
窄 [zhǎi] **1.** estrecho,-a, angosto,-a; **2.** falta *f* de perspicacia, sin visión de futuro
债 [zhài] deuda *f*, préstamo *m*
债权 [zhài quán] *banc* crédito *m*
债券 [zhài quàn] **1.** *econ* bonos *mpl* del Estado; **2.** *banc* bono *m*
债务 [zhài wù] deuda *f*, préstamo *m*
债主 [zhài zhǔ] *banc* acreedor,-a *m/f*
寨 [zhài] **1.** empalizada *f*, estacada *f*; **2.** campamento *m*
寨子 [zhài zi] **1.** empalizada *f*, estacada *f*; **2.** pueblo *m* empalizado, aldea *f* amurallada
占 [zhān] → zhàn → 占卜 [zhān bǔ]
占卜 [zhān bǔ] tarot *m*; hacer tarot
沾 [zhān] **1.** humedecer, mojar, empapar; **2.** mancharse; **3.** sacar provecho (*por tener relaciones con u/c o alg*)
沾光 [zhān guāng] sacar provecho, beneficiarse (*de las relaciones con u/c o alg*)
沾染 [zhān rǎn] **1.** *med* infectarse; **2.** contagiarse, contaminarse
粘 [zhān] **1.** adherirse; **2.** pegar (*con una materia adherente*)
粘贴 [zhān tiē] pegar, adherir
斩 [zhǎn] cortar, tajar
斩首 [zhǎn shǒu] decapitar, cortar la cabeza
斩草除根 [zhǎn cǎo chú gēn] acabar con todo
斩钉截铁 [zhǎn dīng jié tiě] firme *adj m/f*, categórico,-a
展 [zhǎn] **1.** abrir, extender; **2.** aplazar, prolongar, prorrogar; **3.** exhibir, exponer
展开 [zhǎn kāi] **1.** abrir, extender; **2.** desplegar, desarrollar, entablar
展览 [zhǎn lǎn] exhibir, exponer; exposición *f*, feria *f*
展品 [zhǎn pǐn] objeto *m* expuesto
展期 [zhǎn qī] **1.** aplazar, prorrogar, prolongar; **2.** (*duración*) período *m* de exposición
展示 [zhǎn shì] poner a la vista, exponer, mostrar
展销会 [zhǎn xiāo huì] *com* feria *f*
盏 [zhǎn] **1.** copa *f* poco profunda; **2.** (*palabra de medida*) 一~灯 [yī dēng] una lámpara
崭 [zhǎn] elevado,-a, alto,-a
崭新 [zhǎn xīn] nuevo,-a, creativo,-a

占 [zhàn] → zhān ocupar, apoderarse, predominar
占据 [zhàn jù] ocupar, apoderarse, tomar
占便宜 [zhàn pián yí] **1.** sacar provecho; **2.** ventajoso,-a, favorable *adj m/f*
占用 [zhàn yòng] apoderarse de u/c, ocupar
占有 [zhàn yǒu] **1.** ocupar, apoderarse, tomar; **2.** poseer, tener
战 [zhàn] *mil* guerra *f*, combate *m*, batalla *f*; declarar una guerra, librar una batalla; luchar
战败 [zhàn bài] **1.** sufrir una derrota, perder; **2.** vencer, derrotar, batir
战场 [zhàn chǎng] *mil* campo *m* de batalla, frente *m* de batalla
战斗 [zhàn dòu] **1.** combate *m*, batalla *f*; **2.** lucha *f*, pelea *f*
战犯 [zhàn fàn] criminal *m* de guerra
战俘 [zhàn fú] prisionero *m* de guerra
战果 [zhàn guǒ] triunfo *m* en la batalla, victoria *f* militar
战壕 [zhàn háo] *mil* trinchera *f*
战舰 [zhàn jiàn] *mil* buque *m* de guerra
战利品 [zhàn lì pǐn] *mil* botín *m* de guerra
战略 [zhàn lüè] estrategia *f*
战区 [zhàn qū] *mil* zona *f* de guerra, zona *f* de conflicto bélico
战胜 [zhàn shèng] vencer, triunfar
战士 [zhàn shì] **1.** soldado *m*, guerrero *m*, combatiente *m*; **2.** luchador *m*, campeón *m*
战术 [zhàn shù] táctica *f*
战线 [zhàn xiàn] línea *f* de combate, frente *m* de batalla, frente *m*
战役 [zhàn yì] *mil* campaña *f*, batalla *f*
战友 [zhàn yǒu] compañero *m* de combate
战争 [zhàn zhēng] guerra *f*, conflicto *m* bélico
站 [zhàn] **1.** estar de pie, ponerse de pie; **2.** *transp* estación *f*, parada *f*; **3.** centro *m* de servicio
站队 [zhàn duì] hacer cola
站岗 [zhàn gǎng] estar de guardia, hacer de centinela
站台 [zhàn tái] *ferroc* andén *m*, plataforma *f*
站住 [zhàn zhù] **1.** detenerse, pararse; **2.** ¡alto!; **3.** justificable *adj m/f*
张 [zhāng] **1.** abrir; **2.** mirar (*por una grieta, a todos lados*); **3.** inauguración *f* (*de un establecimiento comercial*)
张冠李戴 [zhāng guān lǐ dài] confundir, equivocarse
张开 [zhāng kāi] abrir
张口结舌 [zhāng kǒu jié shé] quedarse con la boca abierta, no saber qué decir
张罗 [zhāng luó] **1.** gestionar, gestión *f*; **2.** reunir (*fondo,*

dinero); **3.** atender (*a un invitado, cliente*)

张贴 [zhāng tiē] pegar, fijar (*un cartel*)

张望 [zhāng wàng] mirar (*por una grieta, a todos lados*)

张牙舞爪 [zhāng yá wǔ zhaŏ] hacer una amenaza

章 [zhāng] **1.** sello *m*, estampilla *f*; **2.** insignia *f*, medalla *f*

章程 [zhāng chéng] *adm* estatuto *m*, reglamento *m*

章节 [zhāng jié] capítulo *m*, párrafo *m*

章鱼 [zhāng yú] *zool* pulpo *m*

长 [zhǎng] **1.** de mayor edad, mayor *adj m/f*; **2.** jefe,-a *m/f*; **3.** crecer, desarrollar; **4.** aumentar, incrementar

长辈 [zhǎng bèi] miembro *m* de generación mayor de una familia, mayor *m/f*

长大 [zhǎng dà] crecer, desarrollarse

长官 [zhǎng guān] alto *m* funcionario, oficial *m/f*, jefe,-a *m/f*

长进 [zhǎng jìn] progresar, adelantar

长相 [zhǎng xiàng] aspecto *m*, apariencia *f*

长子 [zhǎng zǐ] hijo *m* mayor, primogénito *m*

涨 [zhǎng] subir, crecer

涨价 [zhǎng jià] subir (*el precio*)

涨潮 [zhǎng cháo] *meteo* marea *f* ascendente

掌 [zhǎng] **1.** *med* palma *f* (*de la mano*); **2.** *zool* pata *f*, pezuña *f* (*de animal*); **3.** suela *f* o tacón *m* (*del zapato*)

掌舵 [zhǎng duò] manejar el timón; timonel *m*; timonero *m*

掌管 [zhǎng guǎn] hacerse cargo, encargarse, administrar

掌柜 [zhǎng guì] jefe *m* (*de una tienda*)

掌权 [zhǎng quán] ejercer el poder, estar en el poder

掌声 [zhǎng shēng] aplauso *m*

掌握 [zhǎng wò] **1.** comprender, asimilar, dominar; **2.** controlar, dominar

丈 [zhàng] **1.** *zhang*, unidad de medida de longitud (= *3.1/3 metros*); **2.** medir (*un terreno*)

丈夫 [zhàng fū] marido *m*, esposo *m*

丈母 [zhàng mu] suegra *f*

丈人 [zhàng rén] suegro *m*

仗 [zhàng] **1.** depender de, apoyarse en; **2.** *mil* guerra *f*, batalla *f*, combate *m*

帐 [zhàng] **1.** tienda de campaña; **2.** cuenta *f*, saldo *m*; **3.** libro *m* de contabilidad

账簿 [zhàng bù] libro *m* de cuentas, libro *m* de contabilidad

帐单 [zhàng dān] factura *f*, cuenta *f*

帐户 [zhàng hù] *banc* cuenta *f*

帐篷 [zhàng péng] tienda *f* de campaña

帐子 [zhàng zi] *txtl* mosquitero *m*

胀 [zhàng] **1.** dilatarse, expandirse; **2.** hincharse, inflarse
障 [zhàng] → 障碍 [zhàng ài]
障碍 [zhàng ài] obstaculizar, estorbar; obstáculo *m*, traba *f*, estorbo *m*
着 [zhāo] → zháo, zhe, zhuó, jugada *f*, truco *m*
招 [zhāo] **1.** agitar la mano; **2.** *mil* reclutar, alistar, enrolar; **3.** ofender, provocar
招标 [zhāo biāo] concurso *m*, licitación *f*
招待 [zhāo dài] atender, recibir, acoger (*a un invitado, huésped*)
招供 [zhāo gòng] confesar (*delito, crimen*)
招股 [zhāo gǔ] *econ* buscar accionista
招呼 [zhāo hū] **1.** llamar; **2.** saludar; **3.** avisar, mandar, decir; **4.** cuidar, atender
招考 [zhāo kǎo] admitir a alg (*mediante un examen de selección*)
招领 [zhāo lǐng] buscar propietario (*de los objetos perdidos*)
招募 [zhāo mù] reclutar, alistar, enrolar
招女婿 [zhāo nǚ xù] buscar yerno (*que va a vivir en casa de la mujer*)
招牌 [zhāo pái] letrero *m* (*de una tienda*), rótulo *m*
招聘 [zhāo pìn] contratar (*persona*)
招认 [zhāo rèn] (*delito, crimen*) confesar, declararse culpable
招生 [zhāo shēng] admitir nuevos alumnos
招收 [zhāo shōu] reclutar, admitir, enrolar
招手 [zhāo shǒu] agitar la mano
招贴画 [zhāo tiē huà] cartel *m* pictórico
招摇撞骗 [zhāo yáo zhuàng piàn] estafar, timar, engañar
招租 [zhāo zū] en alquiler
朝 [zhāo] **1.** madrugada *f*, mañana *f*; **2.** día *m*
朝气 [zhāo qì] juventud *f*, vitalidad *f*
着 [zháo] → zhāo, zhe, zhuó **1.** coger (*frío*), contraer; **2.** arder, quemarse, encender
着火 [zháo hǔo] encenderse, arder, quemarse
着急 [zháo jí] inquietarse, preocuparse; inquieto,-a
着凉 [zháo liáng] coger frío (*un resfriado*), resfriarse
着迷 [zháo mí] estar fascinado por, fascinarse
爪 [zhǎo] → zhuǎ **1.** uña *f*; **2.** garra *f*, zarpa *f*
爪牙 [zhǎo yá] lacayo *m*, seguidor,-a *m/f*
找 [zhǎo] **1.** buscar, ir en busca *de*; **2.** dar la vuelta, devolver (*dinero*)
找钱 [zhǎo qián] dar la vuelta (*de dinero*)

找头 [zhǎo tou] vuelta *f* (*de dinero*)
找寻 [zhǎo xún] buscar; búsqueda *f*
沼 [zhǎo] charca *f*
沼泽 [zhǎo zé] pantano *m*, ciénaga *f*
召 [zhào] llamar, convocar
召唤 [zhào huàn] llamar, convocar
召集 [zhào jí] convocar, reunir, llamar
召见 [zhào jiàn] recibir en audiencia, convocar una entrevista
召开 [zhào kāi] convocar, celebrar
兆 [zhào] **1.** presagio *m*, pronóstico *m*; presagiar, augurar; **2.** millón *m*, mega-
兆头 [zhào tóu] presagio *m*, pronóstico *m*
照 [zhào] **1.** iluminar, alumbrar; reflejarse; **2.** sacar una foto, fotografiar; **3.** foto *f*, fotografía *f*; **4.** licencia *f*, permiso *m*; 驾~ [jià] permiso de conducir
照办 [zhào bàn] cumplir (*lo que dice el otro*)
照常 [zhào cháng] como de costumbre, como siempre
照顾 [zhào gù] **1.** tener en cuenta, considerar; **2.** cuidar, atender, ocuparse de alg
照会 [zhào huì] **1.** *diplom* presentar una nota; **2.** *diplom* nota *f*
照旧 [zhào jiù] como antes, como de costumbre
照看 [zhào kàn] cuidar, atender
照例 [zhào liè] como siempre, generalmente
照料 [zhào liào] cuidar, atender, ocuparse de alg
照明 [zhào míng] iluminación *f*; iluminar; iluminante *adj m/f*
照片 [zhào piàn] foto *f*, fotografía *f*
照相 [zhào xiàng] sacar una foto, fotografiar
照相机 [zhào xiàng jī] cámara *f* fotográfica
照样 [zhào yàng] **1.** según un modelo; **2.** como antes, como de costumbre
照应 [zhào yìng] cuidar, atender
罩 [zhào] cubrir, tapar
罩子 [zhào zi] cubierta *f*, envoltura *f*, caparazón *m*
折 [zhē] → zhé volverse, voltear
折腾 [zhē téng] **1.** revolverse, dar vueltas y revueltas; **2.** hacer y deshacer, tejer y destejer; **3.** hacer sufrir, atormentar
遮 [zhē] **1.** cubrir, tapar; **2.** cerrar, obstruir, estorbar; **3.** disimular, ocultar
遮挡 [zhē dǎng] resguardar, defender, abrigar; resguardo *m*
遮盖 [zhē gài] **1.** cubrir, tapar; **2.** disimular, ocultar
遮羞 [zhē xiū] encubrir un escándalo, ocultar una vergüenza de alg
遮掩 [zhē yǎn] **1.** cubrir, tapar; **2.** disimular, ocultar

遮阳蓬 [zhē yáng péng] *constr* toldo *m*

折 [zhé] → zhē **1.** volverse, voltear; **2.** romper, quebrar, fracturar; **3.** descuento *m*, rebaja *f*; **4.** plegar, doblar

折叠 [zhé dié] plegar, doblar

折合 [zhé hé] convertir en, venir a ser, equivaler

折旧 [zhé jiù] *econ* depreciación *f*, amortización *f*

折扣 [zhé kòu] descuento *m*, rebaja *f*

折磨 [zhé mó] hacer sufrir, atormentar, castigar

哲 [zhé] sabio,-a, sagaz *adj m/f*; sabio *m*, filósofo *m*

哲理 [zhé lǐ] teoría *f* filosófica, filosofía *f*

哲学 [zhé xué] filosofía *f*

者 [zhě] **1.** (*sufijo*) persona que ejerce una profesión; 译~ [yì] traductor; **2.** 二~必居其一 [èr bì jū qí yī] uno de los dos

这 [zhè] **1.** este,-a, estos,-as, esto; **2.** ahora mismo, en este momento; 我~就走 [wǒ jiù zǒu]。Ahora mismo me voy.

这个 [zhè gè] **1.** este *pron*, éste *pron*, esto *pron*; **2.** esta cosa, este asunto

这里 [zhè lǐ] aquí, acá, ahí

这么 [zhè me] tan, tal, de este modo, 你~快就走了 [nǐ kuài jiù zǒu le] 。Te marchas tan pronto.

这时 [zhè shí] en este momento

这些 [zhè xiē] estos, estas

这样 [zhè yàng] tal, de tal manera, de este modo

着 [zhe] → zhāo, zháo, zhuó, (*acción en proceso o en estado*), 她坐~ [tā zuò] 。Está sentada. 我唱~ 歌走进教室来了 [wǒ chàng gē zǒu jìn jiào shì lái le]。Entré en la aula cantando.

贞 [zhēn] → 贞节 [zhēn jié]

贞操 [zhēn cāo] lealtad *f*, fidelidad *f*

贞节 [zhēn jié] **1.** lealtad *f*, fidelidad *f*; **2.** castidad *f*, virginidad *f*

针 [zhēn] aguja *f*

针对 [zhēn duì] en cuanto a, en contra

针灸 [zhēn jiū] *med* acupuntura y moxibustión

针头 [zhēn tóu] aguja *f* (*de una jeringa*)

针线 [zhēn xiàn] costura *f*

针织品 [zhēn zhī pǐn] *txtl* género *m* de punto, tejido *m* de punto

侦 [zhēn] investigar, explorar, espiar

侦察 [zhēn chá] explorar, reconocer, espiar

侦查 [zhēn chá] investigar (*un delito o a un delincuente*)

侦探 [zhēn tàn] investigar clandestinamente; detective *m/f*, espía *m/f*

侦听 [zhēn tīng] interceptar; escucha *f*

珍 [zhēn] **1.** tesoro *m*, joya *f*; **2.** valioso,-a, precioso,-a
珍宝 [zhēn bǎo] tesoro *m*, joya *m*
珍本 [zhēn běn] edición *f* especial, libro *m* valioso
珍藏 [zhēn cáng] coleccionar (*cosas de valor*)
珍品 [zhēn pǐn] objeto *m* valioso, tesoro *m*, joya *f*
珍惜 [zhēn xī] apreciar, valorar
珍重 [zhēn zhòng] **1.** valorar, apreciar (*altamente*); **2.** cuidarse
珍珠 [zhēn zhū] perla *f*
真 [zhēn] **1.** verdadero,-a, auténtico,-a, legítimo,-a; **2.** realmente, de veras; **3.** claro,-a, distinto,-a, vivo,-a
真诚 [zhēn chéng] sincero,-a, franco,-a
真空 [zhēn kōng] **1.** *fís* vacío *m*; **2.** nada; **3.** vacío,-a
真理 [zhēn lǐ] verdad *f*
真情 [zhēn qíng] **1.** realidad *f*, verdad *f*; **2.** sentimiento *m* verdadero
真实 [zhēn shí] verdadero,-a, real *adj m/f*
真相 [zhēn xiàng] hecho *m*, verdad *f*, realidad *f*
真心 [zhēn xīn] sincero,-a, franco,-a, abierto,-a
真正 [zhēn zhèng] **1.** auténtico,-a, verdadero,-a, real *adj m/f*; **2.** verdaderamente, efectivamente
真主 [zhēn zhǔ] *relig* Alá *m*
砧 [zhēn] → 砧板 [zhēn bǎn]
砧板 [zhēn bǎn] tajo *m*, tajador *m*
诊 [zhěn] → 诊断 [zhěn duàn]
诊断 [zhěn duàn] *med* hacer diagnóstico, diagnosticar
诊疗 [zhěn liáo] *med* diagnosticar y tratar
诊所 [zhěn suǒ] clínica *f*
诊治 [zhěn zhì] hacer un diagnóstico y dar un tratamiento
枕 [zhěn] **1.** almohada *f*; **2.** apoyar la cabeza
枕套 [zhěn tào] *txtl* funda *f* de almohada
枕头 [zhěn tóu] almohada *f*
阵 [zhèn] **1.** posición *f*, frente *m*, línea *f*; **2.** momento *m*, tiempo *m*, período *m*
阵地 [zhèn dì] posición *f*, frente *m*, campo *m*
阵势 [zhèn shì] situación *f*, condición *f*, circunstancia *f*
阵亡 [zhèn wáng] morir en la guerra, caer en un combate
阵雨 [zhèn yǔ] *meteo* chubasco *m*, aguacero *m*
振 [zhèn] **1.** sacudir, batir, agitar; **2.** animar, alentar, entusiasmar
振动 [zhèn dòng] vibración *f*; vibrar
振奋 [zhèn fèn] animarse, alentarse, entusiasmarse; animar, alentar
振兴 [zhèn xìng] desarrollar, hacer prosperar, promover
振作 [zhèn zuò] animar, alentar, entusiasmar

震 [zhèn] → 震动 [zhèn dòng]
震动 [zhèn dòng] **1.** temblar, estremecerse, hacer temblar; **2.** sacudir, conmover
震级 [zhèn jí] escala *f* de terremotos
震惊 [zhèn jīng] **1.** estremecer, conmover; **2.** dar un gran susto
震怒 [zhèn nù] ponerse furioso, enfadarse
震慑 [zhèn shè] atemorizar, asustar
震中 [zhèn zhōng] *geogr* epicentro *m*
镇 [zhèn] **1.** apretar, oprimir; **2.** pueblo *m*, población *f*; **3.** enfriar, poner fresco
镇定 [zhèn dìng] tranquilo,-a, quieto,-a, sereno,-a
镇静 [zhèn jìng] tranquilo,-a, sereno,-a, imperturbable *adj m/f*
镇压 [zhèn yā] **1.** reprimir, aplastar; **2.** ejecutar, ajusticiar
正 [zhēng] → zhèng
正月 [zhēng yuè] enero *m* (*del calendario lunar*)
争 [zhēng] disputar, competir; discusión *f*, disputa *f*, polémica *f*
争吵 [zhēng chǎo] reñir, disputar
争端 [zhēng duān] conflicto *m*, controversia *f*
争夺 [zhēng duó] disputar, competir, conquistar
争光 [zhēng guāng] ganar honor (*gloria*)
争论 [zhēng lùn] discusión *f*, disputa *f*, polémica *f*
争气 [zhēng qì] esforzarse (*por ganar honor*)
争取 [zhēng qǔ] esforzarse (*por conseguir algo*), procurar, intentar
争执 [zhēng zhì] disputar, discutir
征 [zhēng] **1.** ir de viaje; **2.** reclutar, alistar; **3.** recaudar (*impuesto*)
征兵 [zhēng bīng] *mil* reclutamiento *m*, alistamiento *m*
征服 [zhēng fú] conquistar; conquista *f*
征集 [zhēng jí] recoger, coleccionar, recolectar
征求 [zhēng qiú] solicitar, pedir, consultar
征用 [zhēng yòng] expropiar, requisar
征兆 [zhēng zhào] presagio *m*, indicio *m*, señal *f*
挣 [zhēng] → zhèng
挣扎 [zhēng zhá] debatirse, luchar
睁 [zhēng] → 睁开 [zhēng kāi]
睁开 [zhēng kāi] (*ojos*) abrir
蒸 [zhēng] **1.** evaporarse, vaporizarse; **2.** *gastr* cocer al vapor
蒸发 [zhēng fā] evaporarse, vaporizarse
蒸锅 [zhēng guō] olla *f* de vapor
蒸饺 [zhēng jiǎo] *gastr* empanadilla *f* al vapor

蒸馏水 [zhēng liú shuǐ] destilación *f*

蒸笼 [zhēng lóng] cesta *f* de bambú (*para cocer al vapor*)

蒸气 [zhēng qì] vapor *m*

蒸汽 [zhēng qì] vapor *m* de agua

蒸蒸日上 [zhēng zhēng rì shàng] prosperar de día en día, progresar día a día

整 [zhěng] **1.** todo,-a, completo,-a, entero,-a; **2.** ordenar, arreglar; **3.** castigar, hacer sufrir

整顿 [zhěng dùn] ordenar, rectificar, consolidar

整个 [zhěng gè] todo,-a, entero,-a, completo,-a

整洁 [zhěng jié] limpio y ordenado, arreglado,-a

整理 [zhěng lǐ] poner en orden, ordenar, arreglar

整齐 [zhěng qí] **1.** uniforme *adj m/f*, regular *adj m/f*; **2.** en orden, ordenado,-a, arreglado,-a

整容 [zhěng róng] *med* cirugía *f* estética facial

整数 [zhěng shù] **1.** número *m* entero, entero *m*; **2.** número *m* cabal, número *m* redondo

整体 [zhěng tǐ] conjunto *m*, todo *m*, totalidad *f*

整型 [zhěng xíng] *med* anaplastia *f*

整修 [zhěng xiū] rehabilitar, restaurar

整整 [zhěng zhěng] entero,-a, completo,-a

整治 [zhěng zhì] **1.** ordenar, reparar, restaurar; **2.** castigar

正 [zhèng] → zhēng **1.** recto,-a, derecho,-a; **2.** (*hora*) en punto; 五点~ [wǔ diǎn]. Son las cinco en punto; **3.** positivo,-a; **4.** (*acción en proceso*), 她~看着书呢 [tā kàn zhe shū ne]。Está leyendo un libro.

正本 [zhèng běn] versión *f* original, original *m*

正比例 [zhèng bǐ lì] proporción *f* directa

正步 [zhèng bù] *mil* paso *m* de revista

正常 [zhèng cháng] normal *adj m/f*, regular *adj m/f*

正当 [zhèng dāng] **1.** justo,-a, legítimo,-a; **2.** decente *adj m/f*, honesto,-a

正道 [zhèng dào] camino *m* correcto

正点 [zhèng diǎn] puntual *adj m/f*, a punto, a tiempo

正规 [zhèng guī] regular *adj m/f*, normal *adj m/f*, oficial *adj m/f*

正好 [zhèng hǎo] **1.** justo,-a, precisamente; **2.** por casualidad, casualmente

正经 [zhèng jīng] **1.** decente *adj m/f*, honesto,-a, digno,-a; **2.** justo,-a, legítimo,-a; **3.** formal *adj m/f*, oficial *adj m/f*

正路 [zhèng lù] vía *f* legal, camino *m* legítimo

正门 [zhèng mén] puerta *f* (*entrada*) principal

正面 [zhèng miàn] **1.** parte *f* delantera, cara *f* principal; **2.** derecho,-a, anverso,-a, faz *f*; **3.** directamente

正派 [zhèng pài] decente *adj m/f*, honesto,-a, honrado,-a

正气 [zhèng qì] ambiente *m* sano, buen *m* espíritu

正巧 [zhèng qiǎo] justo,-a; justamente, precisamente

正确 [zhèng què] correcto,-a, acertado,-a

正式 [zhèng shì] formal *adj m/f*, oficial *adj m/f*

正统 [zhèng tǒng] **1.** legitimismo *m*; **2.** ortodoxo *m*

正文 [zhèng wén] parte *f* principal (*de un escrito, texto*)

正义 [zhèng yì] **1.** justicia *f*; **2.** justo,-a, honesto,-a

正在 [zhèng zài] (*acción en proceso*) 他们~ 做饭呢 [tā mēn zuò fàn ne] 。Están haciendo la comida.

正直 [zhèng zhí] honesto,-a, honrado,-a

正中 [zhèng zhōng] medio *m*, centro *m*

正宗 [zhèng zōng] auténtico,-a, original *adj m/f*

证 [zhèng] **1.** probar, demostrar, certificar; **2.** certificación *f*, certificado *m*

证婚人 [zhèng hūn rén] testigo *m* en una boda

证件 [zhèng jiàn] documento *m*, certificado *m*, papel *m*

证据 [zhèng jù] prueba *f*, comprobante *m*

证明 [zhèng míng] demostrar, certificar; certificado *m*, certificación *f*

证券 [zhèng quàn] *banc* valor *m*, acción *f*

证人 [zhèng rén] testigo *m*

证实 [zhèng shí] comprobar, demostrar

证书 [zhèng shū] diploma *m*, acta *f*

郑 [zhèng] → 郑重 [zhèng zhòng]

郑重 [zhèng zhòng] solemne *adj m/f*, serio,-a, formal *adj m/f*

政 [zhèng] **1.** política *f*; político,-a; **2.** administración *f*

政变 [zhèng biàn] golpe *m* de Estado

政策 [zhèng cè] política *f*, orientación *f* política

政党 [zhèng dǎng] partido *m* político

政府 [zhèng fǔ] gobierno *m*, administración *f*

政见 [zhèng jiàn] opinión *f* política, criterio *m* político

政局 [zhèng jú] situación *f* política

政权 [zhèng quán] **1.** poder *m* del estado, régimen *m*; **2.** órgano (*organismo*) del poder

政治 [zhèng zhì] política *f*; político,-a

挣 [zhèng] → zhēng ganar

挣钱 [zhèng qián] ganar dinero

症 [zhèng] enfermedad *f*

症状 [zhèng zhuàng] *med* síntoma *m*
之 [zhī] *lit* de, 顾客~ 家 [gù kè jiā] casa *f* de huéspedes
之后 [zhī hòu] **1.** después, más tarde; **2.** luego, en seguida, a continuación
之前 [zhī qián] antes, anterior, hace tiempo
支 [zhī] **1.** rama *f*, sucursal *f*, filial *f*; **2.** montar, armar, instalar; 他们在营地~ 帐篷 [tā mēn zài yíng dì zhàng peng] 。Están montando la tienda en el camping. ; **3.** *electr* vatio *m*
支撑 [zhī chēng] sostener, soportar
支持 [zhī chí] **1.** soportar, aguantar; **2.** apoyar, respaldar; apoyo *m*
支出 [zhī chū] pagar, gastar; gasto *m*
支付 [zhī fù] pagar, sufragar
支流 [zhī liú] afluente *m*; río *m* tributario
支配 [zhī pèi] **1.** arreglar, organizar; **2.** controlar, dominar, gobernar
支票 [zhī piào] *banc* cheque *m*, talón *m*
支取 [zhī qǔ] (*dinero*) cobrar
支援 [zhī yuán] apoyar, ayudar
支柱 [zhī zhù] **1.** pilar *m*, soporte *m*; **2.** (*persona que sirve de*) apoyo *m*, pilar *m*
汁 [zhī] zumo *m*, jugo *m*, 橙~ [chéng] zumo *m* de naranja
芝 [zhī] → 芝麻 [zhī má]
芝麻 [zhī má] *bot* sésamo *m*, ajonjolí *m*
枝 [zhī] rama *f* (*de un árbol*)
枝节 [zhī jié] **1.** ramas y nudos; **2.** complicación *f*, dificultad *f* (*imprevista*)
知 [zhī] **1.** saber, conocer, enterarse; **2.** conocimiento *m*, saber *m*, ciencia *f*
知道 [zhī dào] saber, conocer, enterarse
知己 [zhī jǐ] **1.** íntimo,-a, confidencial *adj m/f*; **2.** amigo,-a, íntimo,-a
知交 [zhī jiāo] amigo,-a, íntimo,-a
知名 [zhī míng] célebre *adj m/f*, conocido,-a, famoso,-a
知情 [zhī qíng] estar al corriente (*de un suceso*)
知趣 [zhī qù] actuar de manera adecuada (*en una situación delicada*)
知识 [zhī shí] conocimiento *m*, saber *m*, ciencia *f*
知心 [zhī xīn] íntimo,-a
知音 [zhī yīn] amigo,-a, íntimo,-a
知足 [zhī zú] quedarse satisfecho
肢 [zhī] *med* (*cuerpo humano*) miembro *m*
肢解 [zhī jiě] desmembrar, desarticular
肢体 [zhī tǐ] (*cuerpo humano*) miembros y tronco
织 [zhī] **1.** *txtl* tejer; **2.** hacer (*género de*) punto

织物 [zhī wù] *txtl* tejido *m*
指 [zhī] → zhí, zhǐ
指甲 [zhī jia] uña *f*
脂 [zhī] → 脂肪 [zhī fáng]
脂肪 [zhī fáng] grasa *f*
蜘 [zhī] → 蜘蛛 [zhī zhū]
蜘蛛 [zhī zhū] *zool* araña *f*
蜘蛛网 [zhī zhū wǎng] telaraña *f*, tela *f* de araña
执 [zhí] **1.** insistir, empeñarse; **2.** *com* albarán *m*, vale *m*
执笔 [zhí bǐ] escribir, redactar
执迷不悟 [zhí mí bù wù] obstinarse en un error
执勤 [zhí qín] estar de servicio, estar de guardia
执行 [zhí xíng] realizar, efectuar, ejecutar
执意 [zhí yì] insistir, empeñarse
执照 [zhí zhào] licencia *f*, permiso *m*
执政 [zhí zhèng] *pol* estar en el poder, gobernar, administrar
直 [zhí] **1.** recto,-a, derecho,-a; **2.** poner derecho, enderezar; **3.** franco,-a, abierto,-a, sincero
直肠 [zhí cháng] *med* recto *m*
直达 [zhí dá] *transp* directo,-a, sin escala
直观 [zhí guān] audiovisual *adj m/f*, presencial *adj m/f*
直角 [zhí jiǎo] *mat* ángulo *m* recto
直接 [zhí jiē] directo,-a, inmediato,-a
直径 [zhí jìng] *mat* diámetro *m*
直觉 [zhí jué] intuición *f*; intuitivo,-a
直流电 [zhí liú diàn] *electr* corriente *f* continua
直升飞机 [zhí shēng fēi jī] *transp* helicóptero *m*
直率 [zhí shuài] franco,-a, abierto,-a, sincero,-a
直线 [zhí xiàn] línea *f* recta, línea *f* directa
直译 [zhí yì] traducción *f* literal
侄 [zhí] → 侄子 [zhí zi]
侄女 [zhí nǚ] sobrina *f* (*hija de un hermano*)
侄孙 [zhí sūn] hijo *m* de un sobrino
侄子 [zhí zi] sobrino *m* (*hijo de un hermano*)
指 [zhí] → zhī zhǐ
指头 [zhí tóu] **1.** dedo *m*; **2.** dedo *m* del pie
值 [zhí] **1.** valor *m*; valer; **2.** valer la pena, merecer
值班 [zhí bān] estar de guardia/servicio
值得 [zhí dé] valer la pena, merecer
值钱 [zhí qián] valioso,-a; tener valor
值日 [zhí rì] estar de guardia/servicio
职 [zhí] **1.** cargo *m*, puesto *m*; **2.** profesión *f*, oficio *m*
职称 [zhí chēng] título *m* (*de un oficio o profesión*)
职工 [zhí gōng] empleado,-a *m/f*, trabajador,-a *m/f*

职位 [zhí wèi] puesto *m*, cargo *m*
职务 [zhí wù] cargo *m*, puesto *m*
职业 [zhí yè] profesión *f*, oficio *m*
职员 [zhí yuán] empleado,-a *m/f* (*de oficina*)
职责 [zhí zé] deber *m*, obligación *f*, responsabilidad *f*
植 [zhí] plantar, cultivar
植物 [zhí wù] *bot* planta *f*, vegetal *m*
殖 [zhí] reproducirse, multiplicarse
殖民 [zhí mín] establecer una colonia, colonizar
止 [zhǐ] **1.** cesar; parar, detener; **2.** hasta; 从五日到十五日~ [cóng wǔ rì dào shí wǔ rì] desde el día 5 hasta el día 15
止步 [zhǐ bù] detener el paso, pararse
只 [zhǐ] sólo, solamente, meramente
只得 [zhǐ dé] no tener más remedio que
只是 [zhǐ shì] **1.** sólo, no… sino; 这~钱的问题 [zhè qián de wèn tí] 。Esto no es sino cuestión de dinero; **2.** sin embargo, pero; 我想去 [wǒ xiǎng qù]，~没时间 [méi shí jiān] 。Quiero ir, pero no tengo tiempo.
只要 [zhǐ yào] a condición de que, siempre que
只有 [zhǐ yǒu] sólo, solamente
旨 [zhǐ] → 旨意 [zhǐ yì]
旨意 [zhǐ yì] decreto *m*, orden *f*, intención *f*
纸 [zhǐ] papel *m*; hoja *f*
纸币 [zhǐ bì] *banc* billete *m* (*de banco*)
纸袋 [zhǐ dài] bolsa *f* de papel
纸张 [zhǐ zhāng] papel *m*, hoja *f*
指 [zhǐ] → zhī, zhí **1.** dedo *m*; **2.** indicar, apuntar, señalar; **3.** referirse a, aludir
指标 [zhǐ] índice *m*, cuota *f*, contingente *m*
指导 [zhǐ dǎo] asesorar, orientar; orientación *f*, instrucción *f*
指点 [zhǐ diǎn] **1.** dar instrucciones, enseñar; **2.** hablar mal (*de alg a sus espaldas*)
指定 [zhǐ dìng] designar, asignar
指挥 [zhǐ huī] dirigir, mandar; director,-a *m/f*, coordinador,-a *m/f*
指教 [zhǐ jiào] asesorar, aconsejar
指控 [zhǐ kòng] *jur* acusar, denunciar
指令 [zhǐ lìng] dirigir, ordenar, instruir; orden *f*, instrucción *f*
指南 [zhǐ nán] guía *f* (*turística*), itinerario *m*
指使 [zhǐ shǐ] mandar, ordenar, inducir
指示 [zhǐ shì] **1.** indicar, señalar; **2.** dar una instrucción (*consejo*); **3.** instrucción *f*, consejo *m*
指数 [zhǐ shù] índice *m*; 物价~ [wù jià] el IPC (*el índice del precio de consumo*)

指望 [zhǐ wàng] esperar, contar *con*; esperanza *f*, ilusión *f*

指纹 [zhǐ wén] *jur* huella *f* digital/dactilar

指引 [zhǐ yǐn] orientar, asesorar, conducir

指针 [zhǐ zhēn] **1.** manecilla *f*, aguja *f*, saeta *f*; **2.** principio *m*, guía *f*

指正 [zhǐ zhèng] señalar (*los errores*), hacer un comentario (*sobre un error*)

至 [zhì] hasta, a; 时~今日 [shí jīn rì] , hasta hoy

至多 [zhì duò] como máximo; 他~能活三年 [tā néng huó sān nián]. Puede vivir tres años más como máximo.

至今 [zhì jīn] hasta ahora, hasta la fecha

至少 [zhì shǎo] por lo menos, como mínimo; 他~还能工作两年 [tā hái néng gōng zuò liǎng nián] 。Puede trabajar dos años más como mínimo.

至于 [zhì yú] **1.** ir tan lejos, llegar a tal extremo; 我想她不~吧 [wǒ xiǎng tā bù ba] ! No creo que ella pueda llegar tan lejos; **2.** en cuanto a, respecto a, ~爱情嘛 [ài qíng ma] , 不用着急 [bù yòng zhāo jí] 。En cuanto al amor, no te preocupes.

志 [zhì] **1.** recordar, tener presente; **2.** anales *mpl*, historia *f*

志气 [zhì qì] aspiración *f*, ambición *f*, ilusión *f*

志趣 [zhì qù] interés *m*, vocación *f*

志向 [zhì xiàng] aspiración *f*, ilusión *f*, ambición *f*

志愿 [zhì yuàn] **1.** ambición *f*, voluntad *f*; **2.** hacer *u/c* voluntariamente, ofrecerse

治 [zhì] **1.** administrar, gobernar, controlar; **2.** *med* curar, tratar; **3.** sancionar, castigar

治安 [zhì ān] seguridad *f* pública, orden *m* público

治理 [zhì lǐ] **1.** administrar, gobernar, controlar; **2.** poner en orden

治疗 [zhì liáo] *med* tratar, curar; tratamiento *m*

治丧 [zhì sāng] celebrar un funeral

质 [zhì] **1.** cualidad *f*, carácter *m*; **2.** materia *f*, sustancia *f*; **3.** garantía *f*

质变 [zhì biàn] deterioro *m* cualitativo

质地 [zhì dì] **1.** *txtl* calidad *f* (*de un tejido*), textura *f* ; **2.** carácter *m*, característica *f*

质量 [zhì liàng] calidad *f*, cualidad *f*

质问 [zhì wèn] interrogar, interpelar

质疑 [zhì yí] poner en duda

制 [zhì] **1.** fabricar, elaborar, manufacturar; **2.** normativa *f*, reglamento *m*

制版 [zhì bǎn] *impr* preparación *f* de una edición

制裁 [zhì cái] sancionar, castigar; sanción *f*

制定 [zhì dìng] establecer, elaborar, diseñar

制订 [zhì dìng] elaborar, formular, crear

制度 [zhì dù] **1.** normativa *f*, reglamento *m*; **2.** sistema *m*, régimen *m*

制服 [zhì fú] *txtl* uniforme *m*

制冷 [zhì lěng] refrigeración *f*

制品 [zhì pǐn] producto *m*

制约 [zhì yào] restringir, condicionar; restricción *f*

制造 [zhì zào] **1.** fabricar, elaborar, manufacturar; **2.** crear, inventar

制止 [zhì zhǐ] detener, parar, frenar

制作 [zhì zuò] fabricar, elaborar, manufacturar; elaboración *f*

致 [zhì] (*carta, comunicado*) enviar, dar, extender

致辞 [zhì cí] dar un discurso

致敬 [zhì jìng] saludar; saludo *m*

致力 [zhì lì] dedicarse a, trabajar

致命 [zhì mìng] mortífero,-a, mortal *adj m/f*

致死 [zhì sǐ] mortífero,-a, letal *adj m/f*

致谢 [zhì xiè] agradecer, dar las gracias

致意 [zhì yì] dar recuerdos/saludos

秩 [zhì] → 秩序 [zhì xù]

秩序 [zhì xù] orden *m*

痔 [zhì] → 痔疮 [zhì chuāng]

痔疮 [zhì chuāng] *med* hemorroide *f*, almorrana *f*

痣 [zhì] lunar *m*

智 [zhì] sabio,-a, inteligente *adj m/f*, ingenioso,-a; sabiduría *f*, inteligencia *f*

智慧 [zhì huì] sabiduría *f*, inteligencia *f*

智力 [zhì lì] inteligencia *f*, intelectualidad *f*

智谋 [zhì móu] sabiduría y estratagema, ingenio *m*

智囊 [zhì náng] asesor,-a *m/f*, cerebro *m*

智能 [zhì néng] inteligencia *f*, intelecto *m*

智商 [zhì shāng] nivel *m* de inteligencia

置 [zhì] **1.** colocar, poner, situar; **2.** comprar, adquirir

置办 [zhì bàn] comprar, adquirir

置身 [zhì shēn] colocarse, permanecer (*en un lugar, una situación*)

置信 [zhì xìn] creer, confiar

置疑 [zhì yí] dudar, poner en duda

中 [zhōng] → zhòng **1.** centro *m*, medio *m*; **2.** China *f*; **3.** chino,-a; **4.** en, entre, dentro; 在人群~ [zài rén qún] entre la muchedumbre.

中部 [zhōng bù] parte (*zona*) *f* central

中餐 [zhōng cān] comida *f* china, gastronomía *f* china

中产阶级 [zhōng chǎn jiē jí] clase *f* media
中等 [zhōng děng] **1.** mediano,-a, intermedio,-a; **2.** (*educación*) secundario,-a
中东 [zhōng dōng] Oriente *m* Medio
中断 [zhōng duàn] suspender, interrumpir
中饭 [zhōng fàn] almuerzo *m*, comida *f*
中锋 [zhōng fēng] *dep* delantero *m* centro, centro *m*
中国 [zhōng guó] China *f*
中国人 [zhōng guó rén] chino,-a *m/f*
中华 [zhōng huá] China *f*
中间 [zhōng jiān] **1.** entre; 同学~ [tóng xué], entre compañeros; **2.** centro *m*, núcleo *m*; **3.** intermedio,-a
中介 [zhōng jiè] intermediario,-a *m/f*, mediador,-a *m/f*, agente *m/f*
中看 [zhōng kàn] agradable a la vista
中立 [zhōng lì] neutralidad *f*; neutral *adj m/f*
中年 [zhōng nián] edad *f* madura, edad *f* mediana
中期 [zhōng qī] a mediados (*de un período de tiempo*)
中秋节 [zhōng qiū jié] Fiesta *f* Lunar, Fiesta *f* de Otoño
中式 [zhōng shì] estilo *m* chino
中世纪 [zhōng shì jì] *hist* Edad *f* Media
中听 [zhōng tīng] agradable al oído
中途 [zhōng tú] a medio camino, a mitad del camino
中外 [zhōng wài] en China y en el extranjero
中午 [zhōng wǔ] mediodía *m*
中心 [zhōng xīn] centro *m*, núcleo *m*; central *adj m/f*
中型 [zhōng xíng] de tamaño mediano
中性 [zhōng xìng] (*género*) neutro *m*
中学 [zhōng xué] escuela *f* secundaria, liceo *m*
中旬 [zhōng xún] a mediados (*de mes*)
中央 [zhōng yāng] **1.** centro *m* medio *m*; **2.** gobierno *m* central
中药 [zhōng yào] (*medicamento*) medicina *f* china
中医 [zhōng yī] **1.** (*ciencia*) medicina *f* china; **2.** médico *m* tradicional chino
中用 [zhōng yòng] útil *adj m/f*, servible *adj m/f*
中指 [zhōng zhǐ] *med* dedo *m* corazón, dedo *m* cordial
忠 [zhōng] → 忠诚 [zhōng chéng], 忠心 [zhōng xīn]
忠诚 [zhōng chéng] fiel *adj m/f* leal *adj m/f*
忠告 [zhōng gào] **1.** aconsejar, asesorar, recomendar; **2.** consejo *m*, recomendación *f*, asesoramiento *m*

忠厚 [zhōng hòu] honrado y fiel

忠实 [zhōng shí] **1.** leal *adj m/f*, fiel *adj m/f*; **2.** fidedigno,-a, verídico,-a

忠心 [zhōng xīn] lealtad *f*, fidelidad *f*

忠于 [zhōng yú] ser fiel a, ser leal a

终 [zhōng] **1.** fin *m*, final *m*; **2.** morir, fallecer; **3.** por fin, al fin y al cabo; **4.** todo,-a, completo,-a, entero,-a

终点 [zhōng diǎn] **1.** *transp* terminal *m*, parada *f* final; **2.** (*carrera*) *dep* meta *f*, llegada *f*

终结 [zhōng jié] fin *m*, final *m*

终究 [zhōng jiū] al fin y al cabo, por fin

终身 [zhōng shēn] toda la vida

终于 [zhōng yú] por fin, al fin y al cabo, finalmente

终止 [zhōng zhǐ] poner fin a, terminar, acabar

钟 [zhōng] **1.** campana *f*; **2.** reloj *m*; **3.** hora, 六点~ [liù diǎn], a las seis

钟摆 [zhōng bǎi] péndulo *m*

钟表 [zhōng biǎo] reloj *m*

钟点 [zhōng diǎn] hora *f*; 到~了 [dào le]，快吃饭吧 [kuài chī fàn ba]。Ya es hora de comer.

钟头 [zhōng tóu] hora *f*

肿 [zhǒng] *med* hincharse, inflarse, inflamarse

肿瘤 [zhǒng liú] *med* tumor *m*

种 [zhǒng] → zhòng **1.** especie *f*, tipo *m*, clase *f*; **2.** raza *f* (*humana*), etnia *f*; **3.** semilla *f*, casta *f*; **4.** coraje *m*, valentía *f*

种类 [zhǒng lèi] especie *f*, clase *f*, género *m*

种子 [zhǒng zi] **1.** semilla *f*, grano *m*; **2.** *dep* jugador *m* seleccionado

种族 [zhǒng zú] raza *f* (*humana*), etnia *f*

中 [zhòng] → zhōng **1.** dar en, acertar; (*un sorteo, lotería*) ganar; **2.** caer en, ser víctima de

中标 [zhòng biāo] ganar un concurso (*de licitación*)

中毒 [zhòng dú] envenenar, intoxicar; envenenamiento *m*, intoxicación *f*

中风 [zhòng fēng] *med* apoplejía *f*

中奖 [zhòng jiǎng] ganar en la lotería/un sorteo

中暑 [zhòng shǔ] *med* insolación *f*, heliosis *f*

中意 [zhòng yì] gustarle a alg, satisfacer

众 [zhòng] → 众多 [zhòng duō]

众多 [zhòng duō] numeroso,-a, multitudinario,-a

众所周知 [zhòng suǒ zhōu zhī] como todos saben

众议院 [zhòng yì yuàn] *adm* Cámara *f* de diputados, Cámara *f* de representantes

种 [zhòng] → zhǒng, → 种植 [zhòng zhí]

种地 [zhòng dì] (*la tierra*) cultivar, trabajar

种痘 [zhòng tòu] *med* vacunación *f*

种植 [zhòng zhí] plantar, sembrar, cultivar

重 [zhòng] → chóng **1.** peso *m*; pesado,-a, duro,-a; **2.** grave *adj m/f*, serio,-a; **3.** importante *adj m/f*, significativo,-a

重大 [zhòng dà] grande *adj m/f*, importante *adj m/f*, significante *adj m/f*

重担 [zhòng dàn] cargo *m* de responsabilidad, trabajo *m* duro

重点 [zhòng diǎn] **1.** centro *m* de gravedad; **2.** prioritario,-a, importante *adj m/f*

重活 [zhòng huó] labor *f* pesada, trabajo *m* duro

重金属 [zhòng jīn shǔ] metal *m* pesado

重量 [zhòng liàng] peso *m*

重伤 [zhòng shāng] herida *f* grave

重视 [zhòng shì] dar importancia a, prestar atención a

重心 [zhòng xīn] centro *m* de gravedad

重要 [zhòng yào] importante *adj m/f*, significativo,-a

重音 [zhòng yīn] *ling* acento *m*, acentuación *f*

重用 [zhòng yòng] poner a alg en un puesto de confianza

州 [zhōu] comunidad *f* autonómica, división *f* administrativa, estado *m*

舟 [zhōu] barco *m*, embarcación *f*

周 [zhōu] **1.** círculo *m*; **2.** semana *f*, semanal *adj m/f*; **3.** todo,-a, completo,-a

周到 [zhōu dào] atento,-a, amable *adj m/f*

周刊 [zhōu kān] publicación *f* semanal, semanario *m*

周密 [zhōu mì] minucioso,-a, meticuloso,-a, cuidadoso,-a

周末 [zhōu mò] fin *m* de semana

周年 [zhōu nián] aniversario *m*

周期 [zhōu qī] ciclo *m*, período *m*

周岁 [zhōu suì] un año cumplido

周围 [zhōu wéi] alrededor *m*, entorno *m*

周旋 [zhōu xuán] **1.** girar, dar vueltas; **2.** tratar, relacionarse (*en actividad social*)

周游 [zhōu yóu] viajar, recorrer (*por distintos lugares del mundo*)

周折 [zhōu zhé] dificultad *f*, contratiempo *m*

周转 [zhōu zhuǎn] circulación *f*, rotación *f*

洲 [zhōu] **1.** continente *m*; **2.** islote *m* (*en un río*)

粥 [zhōu] sopa *f* (*de arroz, mijo*)

昼 [zhòu] día *m*

昼夜 [zhòu yè] día y noche

皱 [zhòu] arruga *f*, pliegue *m*; arrugarse, fruncirse

皱纹 [zhòu wén] arruga *f*, pliegue *m*

朱 [zhū] → 朱红 [zhū hóng]

朱红 [zhū hóng] *lit* rojo *m* vivo, escarlata *f*

珠 [zhū] → 珠子 [zhū zi]

珠宝 [zhū bǎo] joya *f*, alhaja *f*

珠宝店 [zhū bǎo diàn] joyería *f*

珠子 [zhū zi] **1.** perla *f*; **2.** gota *f*, bolita *f*

株 [zhū] (*árbol*) tronco *m*, (*planta*) tallo *m*

株连 [zhū lián] complicar, implicar

诸 [zhū] **1.** muchos,-as, numeroso,-a, varios,-as; **2.** llevar a la práctica

诸如此类 [zhū rú cǐ lèi] y así sucesivamente

诸位 [zhū wèi] cada uno, señoras y señores; ~，请等一下 [qǐng děng yī xià]。Señoras y señores, esperen un rato.

猪 [zhū] *zool* cerdo *m*, puerco *m*

猪圈 [zhū quān] pocilga *f*, porqueriza *f*

猪排 [zhū pái] *gastr* chuleta *f* de cerdo

猪食 [zhū shí] alimento *m* para cerdos, pienso *m* para cerdos

猪鬃 [zhū zōng] cerda *f* (*pelo grueso y duro del cerdo*)

蛛 [zhū] *zool* araña *f*

蛛网 [zhū wǎng] tela *f* de araña, telaraña *f*

竹 [zhú] → 竹子 [zhú zi]

竹竿 [zhú gān] caña *f* de bambú

竹林 [zhú lín] bosque *m* de bambú

竹器 [zhú qì] utensilio *m* de bambú

竹子 [zhú zi] *bot* bambú *m*

烛 [zhú] **1.** vela *f*, candela *f*; **2.** iluminar; **3.** bajía *f*, candela *f*

烛台 [zhú tái] candelero *m*, palmatoria *f*

逐 [zhú] **1.** perseguir, acosar; **2.** expulsar, echar; **3.** uno por uno

逐步 [zhú bù] paso a paso, gradualmente

逐个 [zhú gè] uno por uno

逐渐 [zhú jiàn] poco a poco, paulatinamente

主 [zhǔ] **1.** dueño,-a *m/f*, propietario,-a *m/f*; **2.** amo,-a *m/f*, señor,-a *m/f*; **3.** *relig* Dios *m*, Alá *m*; **4.** principal, primordial

主办 [zhǔ bàn] organizar, dirigir; ~展销会 [zhǎn xiāo huì] organizar una feria

主编 [zhǔ biān] **1.** jefe *m* de redacción, redactor *m* jefe; **2.** encargarse (*de una publicación*)

主持 [zhǔ chí] **1.** presidir, dirigir, mandar; **2.** apoyar, defender, abogar por

主次 [zhǔ cì] lo principal y lo secundario

主动 [zhǔ dòng] **1.** positivo,-a, activo,-a; **2.** iniciativa *f*, voluntad *f*

主犯 [zhǔ fàn] *jur* criminal *m* principal, autor *m* principal de un crimen

主妇 [zhǔ fù] ama *f* de casa

主观 [zhǔ guān] subjetivo,-a; subjetividad *f*

主管 [zhǔ guǎn] ser responsable; responsable *m/f*, coordinador, -a *m/f*

主见 [zhǔ jiàn] idea *f* (*opinión*) propia

主机 [zhǔ jī] *tecn* motor *m* principal, generador *m* principal

主教 [zhǔ jiào] *relig* obispo *m*

主句 [zhǔ jù] *ling* oración *f* principal

主角 [zhǔ jué] *teat* protagonista *m/f*, papel *m* principal

主力 [zhǔ lì] fuerza *f* principal, pilar *m*

主流 [zhǔ liú] corriente/tendencia *f* principal

主权 [zhǔ quán] soberanía *f*, derechos *mpl* soberanos

主人公 [zhǔ rén gōng] *teat, cine* protagonista *m/f*, personaje *m* principal

主任 [zhǔ rèn] director,-a *m/f*, presidente,-a *m/f*

主食 [zhǔ shí] alimento *m* básico (*principal*)

主题 [zhǔ tí] tema *m*, temática *f*

主体 [zhǔ tǐ] **1.** cuerpo (*parte*) principal; **2.** *filos* sujeto *m*

主席 [zhǔ xí] presidente,-a *m/f*

主演 [zhǔ yǎn] *cine teat* desempeñar el papel principal

主要 [zhǔ yào] principal *adj m/f*, primordial *adj m/f*

主义 [zhǔ yì] doctrina *f;* -ismo (*sufijo*); 主观~ [zhǔ guān] subjetivismo

主意 [zhǔ yì] idea *f*, opinión *f*, decisión *f*

主宰 [zhǔ zǎi] dominar, mandar gobernar; fuerza *f* dominante

主张 [zhǔ zhāng] **1.** abogar por ser partidario de; **2.** opinión *f* propuesta *f*, posición *f*

主子 [zhǔ zi] amo *m*, jefe *m*

煮 [zhǔ] *gastr* hervir, cocinar

煮饭 [zhǔ fàn] *gastr* cocinar e arroz

嘱 [zhǔ] → 嘱咐 [zhǔ fù]

嘱咐 [zhǔ fù] aconsejar, advertir asesorar

助 [zhù] ayudar, auxiliar, apoyar

助产士 [zhù chǎn shì] *med* parter. *f*, comadrona *f*

助词 [zhù cí] *ling* palabra *f* auxiliar

助动词 [zhù dòng cí] *ling* verbo *m* auxiliar

助教 [zhù jiào] profesor *m* asistente

助理 [zhù lǐ] asistente,-a *m/f*, ayudante *m/f*

助手 [zhù shǒu] ayudante *m/f*

助听器 [zhù tīng qì] *med* audífono *m*

助长 [zhù zhǎng] alentar, animar estimular

住 [zhù] **1.** residir, vivir; **2.** alojarse, hospedarse; **3.** cesar parar, detenerse

住房 [zhù fáng] residencia *f*, domicilio *m*, vivienda *f*

住口 [zhù kǒu] callarse, cerrar l. boca

住手 [zhù shǒu] suspender un trabajo
住宿 [zhù sù] alojarse, hospedarse; alojamiento *m*
住所 [zhù suǒ] domicilio *m*, residencia *f*
住院 [zhù yuàn] hospitalizarse
住宅 [zhù zhái] residencia *f*, domicilio *m*, vivienda *f*
住址 [zhù zhǐ] dirección *f*, domicilio *m*, señas *fpl*
注 [zhù] **1.** verter, derramar; **2.** concentrar, fijar; **3.** apostar, poner apuestas
注册 [zhù cè] matricularse, registrarse; matrícula *f*
注定 [zhù dìng] estar condenado a, estar destinado a
注解 [zhù jiě] anotar, interpretar, glosar; nota *f*, anotación *f*, interpretación *f*
注目 [zhù mù] mirar fijamente, fijar los ojos en
注入 [zhù rù] verter, derramar, desembocar
注射 [zhù shè] inyectar; inyección *f*
注视 [zhù shì] mirar atentamente, mirar de hito en hito
注释 [zhù shì] anotar, interpretar, glosar; nota *f*, interpretación *f*, anotación *f*
注销 [zhù xiāo] cancelar, anular; cancelación *f*, anulación *f*
注意 [zhù yì] prestar (*poner*) atención, tomar nota de
注音 [zhù yīn] *ling* signo *m* fonético
注重 [zhù zhòng] dar importancia a, prestar atención a
贮 [zhù] → 贮藏 [zhù cáng]
贮藏 [zhù cáng] almacenar, guardar
贮存 [zhù cún] almacenar, guardar, poner en reserva
驻 [zhù] **1.** pararse, permanecer; **2.** *diplom* acreditarse; **3.** acreditado,-a
驻扎 [zhù zhā] *mil* acantonarse, acuartelarse
祝 [zhù] desear, esperar
祝福 [zhù fú] bendecir, dar la bendición
祝贺 [zhù hè] felicitar; felicitación *f*, enhorabuena *f*
祝酒 [zhù jiǔ] hacer un brindis, brindar
祝寿 [zhù shòu] felicitar el cumpleaños (*de un mayor*)
祝愿 [zhù yuàn] desear, esperar; deseo *m*
著 [zhù] **1.** (*libro*) escribir; **2.** libro *m*, obra *f*
著名 [zhù míng] famoso,-a, célebre *adj m/f*
著作 [zhù zuò] **1.** libro *m*, obra *f*, escrito *m*; **2.** (*libro*) escribir
著作权 [zhù zuò quán] derecho *m* de autor
柱 [zhù] → 柱子 [zhù zi]
柱子 [zhù zi] pilar *m*, columna *f*, poste *m*

筑 [zhù] → 建筑 [jiàn zhù] construir, edificar
铸 [zhù] → 铸造 [zhù zào]
铸造 [zhù zào] fundir; fundición *f*
抓 [zhuā] **1.** agarrar, empuñar; **2.** rascar, arañar; **3.** arrestar, apresar, atrapar; **4.** dar importancia a, prestar atención
抓紧 [zhuā jǐn] **1.** agarrar firmemente; **2.** prestar atención, aprovechar
抓瞎 [zhuā xiā] estar confuso, quedarse desconcertado
爪 [zhuǎ] → 爪子 [zhuǎ zi]
爪子 [zhuǎ zi] *zool* garra *f*, zarpa *f*
专 [zhuān] exclusivo,-a, especial *adj m/f*
专长 [zhuān cháng] especialidad *f*, carrera *f*
专程 [zhuān chéng] viaje *m* especial
专机 [zhuān jī] **1.** avión (*vuelo*) *m* especial; **2.** avión *m* privado
专家 [zhuān jiā] especialista *m/f*, experto,-a *m/f*
专刊 [zhuān kān] (*publicación*) número *m* especial
专栏 [zhuān lán] (*periódico*) columna *f* especial
专利 [zhuān lì] patente *m*
专卖 [zhuān mài] *com* venta *f* exclusiva
专门 [zhuān mén] **1.** especial *adj m/f*, exclusivo,-a; **2.** especializado,-a, profesional *adj m/f*
专题 [zhuān tí] tema (*tópico*) *m* concreto
专心 [zhuān xīn] dedicarse exclusivamente
专修 [zhuān xiū] especializarse en, cursar
专业 [zhuān yè] especialidad *f*, carrera *f*
专一 [zhuān yī] exclusivo,-a, concentrado,-a; leal *adj m/f*
专政 [zhuān zhèng] *pol* dictadura
专职 [zhuān zhí] **1.** (*trabajo de*) dedicación exclusiva; **2.** de jornada completa
专制 [zhuān zhì] **1.** autocracia *f* régimen totalitario; **2.** autocrático,-a, despótico,-a
砖 [zhuān] *constr* ladrillo *m*, tocho *m*
砖块 [zhuān kuài] *constr* ladrillo *m*, tocho *m*
砖瓦 [zhuān wǎ] *constr* ladrillo y teja
砖窑 [zhuān yáo] horno *m* de ladrillos
转 [zhuǎn] → zhuàn **1.** volver, girar, tirar; 向右~ [xiàng yòu] Gira a la izquierda; **2.** (*mensaje*) transmitir, pasar
转变 [zhuǎn biàn] cambiar, transformar
转播 [zhuǎn bō] *TV* (*radio o televisión*) retransmitir
转车 [zhuǎn chē] *transp* transbordar, hacer transbordo
转达 [zhuǎn dá] (*mensaje*) transmitir, pasar

转化 [zhuǎn huà] **1.** cambiar, transformar; **2.** convertirse, transformarse
转换 [zhuǎn huàn] cambiar, transformar; cambio *m*, transformación *f*
转机 [zhuǎn jī] viraje *m* (*cambio*) favorable, mejoría *f*
转让 [zhuǎn ràng] ceder, traspasar; traspaso *m*
转身 [zhuǎn shēn] dar media vuelta, volverse
转手 [zhuǎn shǒu] *com* vender
转弯 [zhuǎn wān] doblar una esquina, dar una vuelta
转眼 [zhuǎn yǎn] en un abrir y cerrar de ojos, en un instante
转移 [zhuǎn yí] trasladar, distraer; traslado *m*
转义 [zhuǎn yì] *ling* sentido *m* figurado
转帐 [zhuǎn zhàng] *banc* transferencia *f* bancaria
转折 [zhuǎn zhé] viraje *m*, cambio *m*
传 [zhuàn] → chuán → 传记 [zhuàn jì]
传记 [zhuàn jì] biografía *f*
转 [zhuàn] → zhuǎn **1.** girar, rodar, dar vueltas; **2.** *tecn* revolución *f*, vuelta *f*
转动 [zhuàn dòng] girar, rodar, dar vueltas
转椅 [zhuàn yǐ] silla *f* giratoria
转子 [zhuàn zǐ] *tecn* rotor *m*
赚 [zhuàn] **1.** ganar, obtener; ganancia *f*, beneficio *m*; **2.** ganar dinero
赚头 [zhuàn tou] ganancia *f*, beneficio *m*
庄 [zhuāng] **1.** aldea *f*, pueblo *m*; **2.** comercio *m*, establecimiento *m*; **3.** (*juego*) banca *f*, banquero *m*
庄家 [zhuāng jia] (*juego*) banca *f*, banquero *m*
庄稼 [zhuāng jià] cultivo *m*
庄严 [zhuāng yán] solemne *adj m/f*, serio,-a
庄园 [zhuāng yuán] finca *f*, latifundio *m*
庄重 [zhuāng zhòng] serio,-a, solemne *adj m/f*
装 [zhuāng] **1.** cargar, empaquetar; **2.** vestido *m*, ropa *f*; **3.** fingir, aparentar; **4.** montar, ensamblar, instalar
装扮 [zhuāng bàn] **1.** decorar, adornar; **2.** disfrazarse; disfraz *m*
装订 [zhuāng dìng] encuadernar; encuadernación *f*
装糊涂 [zhuāng hú tú] fingir ignorancia, hacerse el tonto
装潢 [zhuāng huáng] decorar, adornar, (*cuadro*) montar; decoración *f*, adorno *m*
装假 [zhuāng jiǎ] fingir, simular
装模作样 [zhuāng mó zuò yàng] actuar de manera afectada, hacer remilgos

装配 [zhuāng pèi] montar, ensamblar, instalar

装腔作势 [zhuāng qiāng zuò shì] actuar de manera afectada, hacer teatro

装饰 [zhuāng shì] decorar, adornar; decoración *f*, adorno *m*, ornamento *m*

装卸 [zhuāng xiè] cargar y descargar; carga y descarga

装修 [zhuāng xiū] *constr* (*una casa*) rehabilitar; *constr* rehabilitación *f*, decoración *f* de interior

装运 [zhuāng yùn] cargar y transportar, embarcar

装载 [zhuāng zài] carga *f*, transporte *m*

装置 [zhuāng zhì] instalar, montar; instalación *f*, equipo *m*

壮 [zhuàng] fuerte *adj m/f*, robusto,-a; fortalecer, mejorar

壮大 [zhuàng dà] fortalecerse, hacerse fuerte; robustecer, fortalecer

壮胆 [zhuàng dǎn] dar ánimo, infundir coraje

壮观 [zhuàng guān] **1.** escena grandiosa (*espectacular*); **2.** magnífico,-a, espectacular *adj m/f*

壮举 [zhuàng jǔ] hazaña *f*, proeza *f*

壮阔 [zhuàng kuò] espléndido,-a, espectacular *adj m/f*

壮年 [zhuàng nián] edad *f* madura, edad *f* adulta

壮士 [zhuàng shì] guerrero *m*, caballero *m*

状 [zhuàng] **1.** forma *f*, estado *m*; **2.** condición *f*, situación *f*; **3.** *jur* denuncia *f*

状况 [zhuàng kuàng] estado *m*, situación *f*

状态 [zhuàng tài] estado *m*, condición *f*

状元 [zhuàng yuan] el (*la*) mejor (*en cualquier campo*); el primer puesto (*en los exámenes*)

状子 [zhuàng zi] *jur* denuncia *f*

撞 [zhuàng] **1.** tocar, tropezar con, chocar contra; **2.** encontrarse con alg, tropezar con alg

撞车 [zhuàng chē] (*coches*) colisión *f*

撞击 [zhuàng jī] chocar con, dar contra, golpear

撞见 [zhuàng jiàn] encontrarse con alg, tropezar con alg

撞骗 [zhuàng piàn] intentar engañar, estafar

追 [zhuī] **1.** apretar el paso, ir tras, perseguir; **2.** seguir, indagar, investigar; **3.** buscar, perseguir

追捕 [zhuī bǔ] perseguir y arrestar

追查 [zhuī chá] indagar, investigar, seguir la pista de

追悼会 [zhuī dào huì] funeral *m* (*en memoria de un difunto*)

追赶 [zhuī gǎn] apretar el paso, ir tras, perseguir

追悔 [zhuī huǐ] arrepentirse; arrepentimiento *m*

追究 [zhuī jiū] indagar, investigar, perseguir

追求 [zhuī qiú] **1.** aspirar, buscar; **2.** cortejar, hacer la corte

追问 [zhuī wèn] investigar a fondo, preguntar detalladamente

追踪 [zhuī zōng] seguir la pista, ir en persecución de

准 [zhǔn] **1.** permitir, autorizar; **2.** exacto,-a, preciso,-a; **3.** sin falta, sin duda alguna

准备 [zhǔn bèi] **1.** preparar, estar dispuesto; **2.** planear, proponerse

准确 [zhǔn què] exacto,-a, preciso,-a

准绳 [zhǔn shéng] criterio *m*, norma *f*, pauta *f*

准许 [zhǔn xǔ] autorizar, consentir, permitir

准则 [zhǔn zé] criterio *m*, norma *f*, principio *m*

捉 [zhuō] **1.** agarrar, tomar; **2.** atrapar, capturar

捉迷藏 [zhuō mí cáng] **1.** jugar al escondite; **2.** andar con rodeos

捉摸 [zhuō mō] adivinar, sondear

捉弄 [zhuō nòng] tomarle el pelo a alg, burlarse de alg

桌 [zhuō] mesa *f*, pupitre *m*

桌布 [zhuō bù] *txtl* mantel *m*, tapete *m*

桌面 [zhuō miàn] tablero *m*, (*mesa*) superficie *f*

桌子 [zhuō zi] mesa *f*, pupitre *m*

浊 [zhuó] **1.** turbio,-a, fangoso,-a; **2.** caótico,-a, confuso,-a

浊辅音 [zhuó fǔ yīn] *ling* consonante *f* sonora

着 [zhuó] → zhāo, zhǎo, zhe, **1.** *lit* vestirse, ponerse; **2.** paradero *m*

着陆 [zhuó lù] aterrizar; aterrizaje *m*

着落 [zhuó luò] **1.** paradero *m*; **2.** solución *f*, salida *f*; 这件事 [zhè jiàn shì] 有没有~ [yǒu méi yǒu]? ¿Tiene solución o no este asunto?

着手 [zhuó shǒu] emprender, poner en marcha

着想 [zhuó xiǎng] tener en cuenta, pensar

着眼 [zhuó yǎn] tener en cuenta, tener los ojos puestos en

着重 [zhuó zhòng] enfatizar, hacer hincapié

琢 [zhuó] → zuó, cincelar, tallar

琢磨 [zhuó mó] **1.** (*piedra preciosa*) tallar y pulir; **2.** (*obra literaria*) pulir, refinar

啄 [zhuó] picar, picotear

啄木鸟 [zhuó mù niǎo] *zool* pájaro *m* carpintero

咨 [zī] **1.** pedir consejo, consultar; **2.** comunicación *f* oficial

咨询 [zī xún] pedir consejo, consultar; consulta *f*, asesoramiento *m*

姿 [zī] **1.** aspecto *m*, cara *f*; **2.** postura *f*, estilo *m*

姿色 [zī sè] belleza *f* (*femenina*)
姿势 [zī shì] postura *f*, forma *f*
姿态 [zī tài] **1.** postura *f*, forma *f*; **2.** actitud *f*, disposición *f*
资 [zī] **1.** dinero *m*, capital *m*, fondo *m*; **2.** financiar, subvencionar; **3.** calidad *f*, calificación *f*, competencia *f*
资本 [zī běn] capital *m*
资财 [zī cái] capital y bienes, bienes *mpl*
资产 [zī chǎn] **1.** propiedad *f*; **2.** capital *m*, fondo *m*
资格 [zī gé] **1.** calificación *f*, competencia *f*, calidad *f*; **2.** antigüedad *f* (*laboral*)
资金 [zī jīn] fondo *m*, capital *m*
资历 [zī lì] competencia *f*, antigüedad *f* (*laboral*)
资料 [zī liào] **1.** medios *mpl*, material *m*; **2.** dato *m*, información *f*
资源 [zī yuán] recurso *m* (*natural*), fuente *f*
资助 [zī zhù] financiar, subvencionar, patrocinar; subvención *f*
滋 [zī] → 滋生 [zī shēng]
滋补 [zī bǔ] nutritivo,-a, alimenticio,-a, tónico,-a
滋润 [zī rùn] **1.** húmedo,-a; **2.** humedecer; **3.** *dial* (*vida*) cómodo,-a, feliz *adj m/f*
滋生 [zī shēng] **1.** multiplicarse, reproducirse, propagarse; **2.** causar, crear, provocar
滋味 [zī wèi] gusto *m*, sabor *m*
滋养 [zī yǎng] nutrir, alimentar; nutrimento *m*; nutriente *adj m/f*, nutritivo,-a
子 [zǐ] **1.** hijo *m*; **2.** semilla *f*, pepita *f*; **3.** *zool* cachorro *m*
子弹 [zǐ dàn] *mil* bala *f*, cartucho *m*
子弟 [zǐ dì] hijos y hermanos menores
子宫 [zǐ gōng] *med* útero *m*, matriz *f*
子女 [zǐ nǚ] hijos e hijas, chicos *mpl*, chavales *mpl*
子孙后代 [zǐ sūn hòu dài] descendiente *m*, posteridad *f*
子午线 [zǐ wǔ xiàn] *geog* meridiano *m*
仔 [zǐ] *zool* (*animal doméstico*) cría *f*, cachorro *m*
仔细 [zǐ xì] cuidadoso,-a, atento,-a; tener cuidado
姊 [zǐ] hermana *f* mayor
姊妹 [zǐ mèi] hermanas *fpl*
紫 [zǐ] (*color*) violeta *f*
紫菜 [zǐ cài] *gastr* alga *f* (*porhyra*)
紫红 [zǐ hóng] rojo *m* purpúreo
紫罗兰 [zǐ luó lán] *bot* violeta *f*, alhelí *m* común
紫外线 [zǐ wài xiàn] rayos *mpl* ultravioletas
紫血斑 [zǐ xuè bān] *med* mancha *f* de sangre
紫药水 [zǐ yào shuǐ] *med* violeta *f* genciana
字 [zì] **1.** carácter *m*, ideograma *m*; **2.** caligrafía *f*; **3.** compromiso *m* escrito

字典 [zì diǎn] diccionario *m*
字迹 [zì jì] caligrafía *f* (*de su propio puño y letra*)
字句 [zì jù] palabras y frases
字谜 [zì mí] acertijo *m* (*sobre un carácter o una palabra*)
字母 [zì mǔ] letra *f* (*de un alfabeto*)
字幕 [zì mù] *cine* subtítulo *m*; subtitulado,-a
字体 [zì tǐ] **1.** tipo *m* de letra (*carácter*); **2.** estilo *m* de caligrafía
字条 [zì tiáo] nota *f*, recado *m*, mensaje *m*
字眼 [zì yǎn] dicción *f*, palabra *f*
字纸篓 [zì zhǐ lǒu] papelera *f*
自 [zì] **1.** uno mismo; **2.** de, desde, a partir; ~ 明天起 [míng tiān qǐ]， a partir de mañana; **3.** desde luego, por supuesto, naturalmente
自卑 [zì bēi] sentirse humilde
自从 [zì cóng] desde, a partir de; ~ 分手以后 [fēn shǒu yǐ hòu]，他没来过 [tā méi lái guò] 。No ha venido desde la separación.
自动 [zì dòng] **1.** voluntario,-a, propio,-a; **2.** automático,-a
自费 [zì fèi] a expensas de uno mismo, por cuenta propia
自负盈亏 [zì fù yíng kūi] asumir responsabilidad de ganancias y pérdidas
自告奋勇 [zì gào fèn yǒng] ofrecerse, ser voluntario (*para una tarea difícil o peligrosa*)
自古 [zì gǔ] desde la antigüedad
自豪 [zì háo] estar orgulloso, tener orgullo
自己 [zì jǐ] **1.** uno mismo; 你~ 去吧 [nǐ qù ba] 。Vete tu mismo; **2.** (*persona*) de confianza, propio,-a; 他是~ 人 [tā shì rén] Es un hombre de confianza.
自给 [zì gěi] autosuministro *m*
自尽 [zì jìn] suicidarse, quitarse la vida
自觉 [zì jué] **1.** sentir, estar consciente; **2.** voluntario,-a, con ganas
自来水 [zì lái shuǐ] **1.** instalación *f* de agua potable; **2.** agua *f* de grifo
自理 [zì lǐ] cuidarse, ocuparse de (*sus propios asuntos*)
自立 [zì lì] independizarse, ganarse la vida (*por su propia cuenta*)
自然 [zì rán] **1.** naturaleza *f*; **2.** natural *adj m/f*, normal *adj m/f*
自燃 [zì rán] combustión *f* espontánea
自杀 [zì shā] suicidarse, quitarse la vida
自首 [zì shǒu] entregarse voluntariamente, confesar el crimen
自私 [zì sī] egoísta *adj m/f*, egoísmo *m*
自卫 [zì wèi] defenderse; autodefensa *f*
自习 [zì xí] estudiar por sí solo
自信 [zì xìn] seguro de sí mismo

自行车 [zì xíng chē] bicicleta *f*
自选商场 [zì xuǎn shāng chǎng] supermercado *m*
自由 [zì yóu] libertad *f*; libre *adj m/f*
自愿 [zì yuàn] voluntario,-a, por su voluntad
自治 [zì zhì] autonomía *f*; autónomo,-a, autonómico,-a
自助餐厅 [zì zhù cān tīng] restaurante *m* de autoservicio
自传 [zì zhuàn] autobiografía *f*
自尊心 [zì zūn xīn] amor *m* (*respeto*) propio
宗 [zōng] **1.** antepasado *m*, ascendiente *m*; **2.** clan *m* patriarcal; **3.** (*palabra de medida*) 大~商品 [dà shāng pǐn] una gran cantidad de mercancía
宗教 [zōng jiào] religión *f*; religioso,-a
宗旨 [zōng zhǐ] objetivo *m*, finalidad *f*, propósito *m*
棕 [zōng] **1.** *bot* palma *f*, palmera *f*; **2.** fibra *f* de palmera
棕榈 [zōng lǘ] *bot* palma *f*, palmera *f*
棕色 [zōng sè] (*color*) marrón *m*, castaño *m*
踪 [zōng] → 踪迹 [zōng jì]
踪迹 [zōng jì] pista *f*, huella *f*, rastro *m*
总 [zǒng] **1.** resumir, recapitular; **2.** global *adj m/f*, total *adj m/f*; **3.** jefe,-a *m/f*, director,-a *m/f*; **4.** siempre
总编 [zǒng biān] (*publicación*) director *m* de redacción
总额 [zǒng é] total *m*, suma *f*
总而言之 [zǒng ér yán zhī] en una palabra, en resumen
总共 [zǒng gòng] sumar, totalizar
总和 [zǒng hé] suma *f*, total *m*
总计 [zǒng jì] sumar, totalizar
总结 [zǒng jié] resumir, sintetizar; resumen *m*
总括 [zǒng kuò] resumir, recapitular, englobar
总数 [zǒng shù] suma *f* total, totalidad *f*
总算 [zǒng suàn] **1.** por fin, al fin y al cabo; **2.** en general
总体 [zǒng tǐ] total *adj m/f*, en conjunto
总统 [zǒng tǒng] presidente,-a *m/f* (*de una república*)
总帐 [zǒng zhàng] libro *m* mayor, suma y saldo
总之 [zǒng zhī] en resumen, en una palabra
纵 [zòng] **1.** longitudinal *adj m/f*; **2.** dejar salir, soltar; **3.** saltar, brincar, tirarse
纵横 [zòng héng] **1.** vertical y horizontal, longitudinal y transversal; **2.** recorrer, avanzar
纵火 [zòng huǒ] provocar un incendio
纵容 [zòng róng] tolerar, consentir
纵身 [zòng shēn] saltar, brincar, tirarse
纵深 [zòng shēn] profundidad *f*

走 [zǒu] **1.** andar, caminar, ir; **2.** irse, marcharse; **3.** moverse, visitar
走道 [zǒu dào] pasillo *m*, sendero *m*
走动 [zǒu dòng] **1.** pasear, estirar las piernas; **2.** moverse, visitarse el uno a otro
走狗 [zǒu gǒu] lacayo *m*, títere *m*
走红 [zǒu hóng] hacerse famoso
走后门 [zǒu hòu mén] gestionar u/c por enchufe
走廊 [zǒu láng] corredor *m*, pasillo *m*, galería *f*
走路 [zǒu lù] andar, caminar, ir
走私 [zǒu sī] contrabando *m*; contrabandear
走投无路 [zǒu tóu wú lù] meterse en un callejón sin salida
走样 [zǒu yàng] deformarse, desfigurase, desamoldarse
走运 [zǒu yùn] tener buena suerte, afortunarse
奏 [zòu] **1.** *mús* tocar, ejecutar; **2.** lograr, producir
奏鸣曲 [zòu míng qǔ] *mús* sonata *f*
奏效 [zòu xiào] surtir efecto, resultar eficaz
奏乐 [zòu yuè] ejecutar (*tocar*) música
租 [zū] alquilar, arrendar; alquiler *m*, arriendo *m*
租金 [zū jīn] (*precio de*) alquiler *m*, arriendo *m*
租赁 [zū lìn] alquilar, arrendar; alquiler *m*, arriendo *m*
租用 [zū yòng] alquilar, arrendar
租约 [zū yuē] contrato *m* de alquiler (*arrendamiento*)
足 [zú] **1.** pie *m*, pata *f*; **2.** suficiente para, bastante para
足够 [zú gòu] bastante *adj m/f*; suficiente *adj m/f*
足迹 [zú jì] huella *f*, pista *f*
足金 [zú jīn] oro *m* puro, oro *m* de ley
足球 [zú qiú] **1.** *dep* fútbol *m*; **2.** balón *m* (*de fútbol*)
族 [zú] **1.** clan *m*; **2.** raza *f*, etnia *f*; 蒙古~ [méng gǔ] etnia de Mongolia; **3.** especie *f*, clase *f*
族长 [zú zhǎng] jefe *m* de un clan
阻 [zǔ] → 阻碍 [zǔ ài]
阻碍 [zǔ ài] impedir, obstaculizar; obstáculo *m*, impedimento *m*
阻挡 [zǔ dǎng] impedir, detener, cerrar el paso
阻隔 [zǔ gé] separar, apartar
阻拦 [zǔ lán] impedir, detener, cerrar el paso
阻力 [zǔ lì] obstáculo *m*, resistencia *f*
阻塞 [zǔ sè] atascar, atrancar; atasco *m*
组 [zǔ] **1.** organizar, formar; **2.** (*persona*) grupo *m*, equipo *m*; **3.** serie *f*, conjunto *m*
组成 [zǔ chéng] formar, componer, constituir
组阁 [zǔ gé] *adm* (*gobierno*) formar un gabinete

组合 [zǔ hé] **1.** componer, constituir, integrar; **2.** combinación *f*, composición *f*

组织 [zǔ zhī] **1.** organizar, formar; **2.** textura *f*; tejido *m*; **3.** organización *f*, organismo *m*

组装 [zǔ zhuāng] ensamblar, montar, instalar

祖 [zǔ] → 祖辈 [zǔ bèi] , 祖先 [zǔ xiān] , 祖宗 [zǔ zōng]

祖辈 [zǔ bèi] antepasado *m*, ascendiente *m*, ascendencia *f*

祖传 [zǔ chuán] legado por antepasados, hereditario,-a

祖坟 [zǔ fén] tumba *f* de los antepasados

祖父 [zǔ fù] abuelo *m* (*paterno*)

祖国 [zǔ guó] patria *f*, tierra *f* natal

祖籍 [zǔ jí] (*lugar*) origen *m* ancestral, origen *m* de familia

祖母 [zǔ mǔ] abuela *f* (*paterna*)

祖先 [zǔ xiān] antepasado *m*, ascendiente *m*, ascendencia *f*

祖宗 [zǔ zōng] antepasado *m*, ascendiente *m*, ascendencia *f*

钻 [zuān] **1.** perforar, taladrar; taladro *m*; **2.** entrar, penetrar, atravesar

钻空子 [zuān kòng zi] aprovechar los resquicios (*para beneficiarse*)

钻探 [zuān tàn] sondear, explorar

钻研 [zuān yán] estudiar a fondo, profundizar

嘴 [zuǐ] boca *f*

嘴巴 [zuǐ ba] boca *f*

嘴唇 [zuǐ chún] labio *m*

嘴脸 [zuǐ liǎn] cara *f*, aspecto *m*

嘴硬 [zuǐ yìng] *fig* no reconocer el error (*la falta*)

最 [zuì] el más…; el menos…, ~ 漂亮的 [piào liàng de] , la más guapa

最初 [zuì chū] inicial *adj m/f*, al comienzo

最后 [zuì hòu] **1.** último,-a, final *adj m/f*; **2.** por último, por fin, finalmente

最近 [zuì jìn] últimamente, recientemente, hacer poco

罪 [zuì] **1.** crimen *m*, delito *m*; **2.** pecado *m*, culpa *f*; **3.** inculpar

罪恶 [zuì è] crimen *m*, delito *m*, mal *m*

罪犯 [zuì fàn] delincuente *m/f*, criminal *m/f*

罪过 [zuì guò] pecado *m*, culpa *f*

罪名 [zuì míng] *jur* acusación *f*, imputación *f*

罪孽 [zuì niè] pecado *m*

罪行 [zuì xíng] crimen *m*, delito *m*

罪证 [zuì zhèng] *jur* prueba *f* (*de crimen*)

罪状 [zuì zhuàng] hecho *m* criminal

醉 [zuì] emborracharse; borracho,-a

醉鬼 [zuì guǐ] borracho,-a *m/f*

醉心 [zuì xīn] apasionarse, fascinarse

尊 [zūn] **1.** honrar, respetar, venerar; **2.** su, vuestro; ~ 姓大

名 [xìng dà míng] ? ¿Cuál es su nombre?
尊贵 [zūn guì] honorable *adj m/f*, estimado,-a, apreciado,-a
尊敬 [zūn jìng] honrar, respetar, venerar
尊严 [zūn yán] dignidad *f*
尊重 [zūn zhòng] **1.** respetar, apreciar, estimar; **2.** serio,-a, decente *adj m/f*
遵 [zūn] → 遵照 [zūn zhào]
遵从 [zūn cóng] obedecer, seguir
遵命 [zūn mìng] (*estar*) a sus órdenes, a su disposición
遵守 [zūn shǒu] respetar (*una norma*), atenerse a, seguir
遵循 [zūn xún] seguir, guiarse, atenerse
遵照 [zūn zhào] **1.** obedecer, seguir, **2.** conforme a, según, de acuerdo con
作 [zuō] → zuò, → 作坊 [zuō fang]
作坊 [zuō fang] taller *m* (*de artesanía*)
作弄 [zuō nòng] tomarle el pelo a alg, burlarse de alg
昨 [zuó] **1.** ayer *m*; **2.** el pasado *m*, antes
昨天 [zuó tiān] ayer *m*
琢 [zuó] → zhuó, → 琢磨 [zuó mó]
琢磨 [zuó mó] meditar, pensar, considerar
左 [zuǒ] **1.** izquierdo,-a; izquierda *f*; **2.** contrario,-a, diferente *adj m/f*, opuesto,-a; **3.** *pol* izquierda *f*
左边 [zuǒ bian] izquierdo,-a; izquierda *f*
左面 [zuǒ miàn] izquierdo,-a; izquierda *f*
左派 [zuǒ pài] *pol* izquierda *f*, partido *m* de izquierda
左撇子 [zuǒ piě zi] zurdo *m*, zocato *m*
左手 [zuǒ shǒu] **1.** mano *f* izquierda (*zurda*); **2.** izquierdo,-a; izquierda *f*
左右 [zuǒ yòu] **1.** izquierda y derecha; **2.** escolta *f*, acompañante *m/f*; **3.** dominar, controlar; **4.** sobre, más o menos; 七点~, sobre las siete.
坐 [zuò] **1.** sentarse, tomar asiento; **2.** (*medio de transporte*) ir en, tomar, coger; 我~ 飞机去 [wǒ fēi jī qù]。Voy en avión; **3.** mirar *a*, dar *a*; 我家房子~ 北朝南 [wǒ jiā fáng zi běi cháo nán]. Mi casa da al sur.
坐标 [zuò biāo] *mat* coordinación *f*
坐牢 [zuò láo] estar en la cárcel
坐立不安 [zuò lì bù ān] estar inquieto, estar preocupado
坐落 [zuò luò] situarse, encontrarse, estar
坐探 [zuò tàn] espía *m/f*, topo *m*
作 [zuò] → zuō **1.** hacer, elaborar; **2.** escribir, redactar; **3.** obra *f* (*artística o literaria*)
作案 [zuò àn] cometer un delito (*un crimen*)

作弊 [zuò bì] defraudar, engañar, hacer trampa

作对 [zuò duì] oponerse, enfrentarse, llevar la contraria

作废 [zuò fèi] **1.** anular, cancelar; **2.** nulo,-a

作风 [zuò fēng] estilo *m*, forma *f* (*de trabajo, vida*)

作怪 [zuò guài] molestar, obstaculizar

作家 [zuò jiā] escritor,-a *m/f*

作假 [zuò jiǎ] **1.** falsificar, adulterar; **2.** estafar, engañar

作价 [zuò jià] cotizar, valorar

作客 [zuò kè] hacer una visita, visitar; alojarse como huésped

作料 [zuò liào] *gastr* ingrediente *m*

作陪 [zuò péi] hacer compañía, acompañar

作品 [zuò pǐn] obra *f* (*artística o literaria*)

作曲 [zuò qǔ] componer música; composición *f* (*musical*)

作数 [zuò shù] ser válido, valer

作为 [zuò wéi] **1.** considerar como, tomar como; **2.** como, en calidad de; **3.** conducta *f*, comportamiento *m*; **4.** trabajo *m* (*de mayor importancia en la vida*)

作文 [zuò wén] (*alumno*) hacer una redacción *f*

作息时间 [zuò xī shí jiān] horario *m* de trabajo

作业 [zuò yè] trabajo *m* (*escolar*); faena *f*

作用 [zuò yòng] **1.** actuar, funcionar, operar; **2.** acción *f*, función *f*; **3.** efecto *m*, papel *m*

作战 [zuò zhàn] *mil* combatir, batallar, luchar

作者 [zuò zhě] autor,-a *m/f*

作证 [zuò zhèng] *jur* comparecer como testigo, testimoniar

座 [zuò] **1.** asiento *m*; **2.** base *f*, pedestal *m*

座谈会 [zuò tán huì] reunión *f*, mesa *f* redonda

座位 [zuò wèi] asiento *m*, puesto *m*, plaza *f*

座右铭 [zuò yòu míng] lema *m*, divisa *f*

座钟 [zuò zhōng] reloj *m* de sobremesa

做 [zuò] **1.** hacer, elaborar, preparar; **2.** escribir, redactar, componer; **3.** ser, hacerse, trabajar como; **4.** servir de

做爱 [zuò ài] hacer el amor

做法 [zuò fǎ] manera *f* de hacer; procedimiento *m*, método *m*

做工 [zuò gōng] **1.** trabajar (*manualmente*); **2.** *txtl* costura *f*, confección *f*

做鬼 [zuò guǐ] hacer truco (*trampa*)

做客 [zuò kè] hacer una visita, ser huésped

做媒 [zuò méi] hacer de casamentero

做梦 [zuò mèng] **1.** soñar; **2.** ilusionarse, tener ilusión

做人 [zuò rén] **1.** comportarse, hacer; **2.** ser una persona rehabilitada (*moralmente*)

做声 [zuò shēng] hacer ruido, hablar, decir

做事 [zuò shì] hacer, trabajar

做寿 [zuò shòu] celebrar el cumpleaños (*de un(a) mayor*)

做主 [zuò zhǔ] decidir, tomar una decisión

做作 [zuò zuò] artificial *adj m/f*, innatural *adj m/f*

DICCIONARIOS POCKET HERDER

DICCIONARIO POCKET

II

ESPAÑOL - CHINO

DR. MINKANG ZHOU
周敏康博士著

Herder

编者的话

中文和西班牙文是世界上使用人数最多的两门语言，也是继英文之后最重要的两门语言。现在，所有中文和西班牙文的学习者和使用者终于有一本极其实用的双语工具书---《通用西汉--汉西辞典》。近半个世纪以来，坊间西汉、汉西辞典已经版本众多，举不胜举。在这种情况下，本辞典作者毅然接受西班牙久具有悠久历史并负盛名的海德(Herder)出版社委托，编纂本辞典，实属一项重大的挑战，需要巨大的勇气。

接受挑战的原因是作者试图克服以往所有同类辞典中存在的缺陷，把《西汉-汉西辞典》从辞典编撰的方法上和质量上提高一个层次。从用词上趋于更加精确与简练。众所周
知，西班牙语使用的国家多达二十几个。所有精通西班牙语的学者都一致认为，必须将每个国家的西班牙语以及每个词语的含义与用法区别对待，而不是不加分别地全部编在一本辞典内，让初学者和辞典使用者自己去辨别。这样的辞典只能给学习者和使用者增添烦恼和误导，从而导致辞典的非实用性。本辞典完全采用伊比利亚半岛上纯正的西班牙语作为辞典的标准用语，所以是一本最适用于西班牙和中国、台湾、香港、新加坡之间往来的《通用西汉-汉西辞典》。

本辞典的特点是：在以往所有同类辞典的基础上，取其精华，加之提炼，做到中西文用词正确、精确和简练。在选择词条方面，以每个词的使用频率来决定是否入选本辞典。同时，在每个词条的含义和用法注释选择上，也是按照该词条的用法频率来决定其注释的先后以及是否入选本辞典。

作为一本双语双向辞典，其质量的保证之一必须是来自作者本身的双语言和双文化背景与修养。本辞典的作者以身居中

国二十年和侨居西班牙二十年并拥有两地高等学府之教育文凭为背景，将运用该两门语言和文化的亲身体会融汇在整个辞典编纂过程之中，使西汉-汉西辞典能够从目前众多的"量"提升到"质"的境界。

作为作者，我对徐玲玲女士表示谢意，她协助我编撰了西汉部分的其中一些词条。西班牙语言学家罗斌 • 贡萨雷斯 (Rubén González) 对汉西部分给予我最有价值的帮助与指导，在此表示由衷的感谢。他以中文的学识和西文的精湛水平帮助我修改、润色了整个汉西部分的西班牙语。最后，必须提及的是，没有赵静静女士的文字处理和电脑技术方面的协助，本辞典不可能如此顺利地、在一个极短的时间内完成。在此，本人对她的大力帮助表示衷心的感谢！

尽管作者已竭尽最大之努力，期望编撰出一本高品质的通用西汉-汉西辞典，但是疏漏与错误之处实难避免，尚祈读者诸位不吝匡正，使再版时能够更臻完美。

周敏康博士
巴塞罗那自治大学翻译系
2006年初

I
本辞典西汉部分使用说明

I.-1. 字母排列顺序

本辞典的西汉和汉西部分均按照拉丁字母的顺序进行排列。根据西班牙1994年正字法的改革规定，在查找西语单词时，《Ch》和《Ll》已经不再作为单独的字母出现，而是分别被归纳在《C》和《 L》字母内。

I.-2. 词条检索

为了节省本辞典的幅面并最大限度地增加词条，我们将同一词源的词条汇聚在同一个词条内，主词条与派生词条均用黑体印刷。在词条注释中，词条的语法分类及词性分类均用斜体字母注明。

I.-3. 数字、符号及标记

I.-3.1. 数字

(1....; 2. ...) 黑体数字用来区分同一词条、不同的语法属性。比如:

contra 1. *prep* 反对,对付; **2.** *adv* 违背; **en ~** 反对; **3.** *m* 对立面; **el pro y el ~** 有利与不利两面

contrario 1.,-a *adj* 相反的, 对抗的; **2.** *m* 障碍, 困难

该数字也可以用来区分词条的及物与不及物之词性。比如:
rayar 1. *vt* 划线; **2.** *vi* 相似,相近

该数字也可以用来区分同一词条的不同词义。比如:
acción *f* **1.** 行动; 动作; **2.** 股票; 股份

I. -3.2. 符号与标记

- (~)用来替代词条或替代分隔符号(/)前面的词头部分。比如:

trabaja/dor,-a 1. *adj* 勤劳的; **2.** *m/f* 劳动者, 工人; **~r 1.** *vi* 工作 **2.** *vt* 耕作, 加工
trabajo *m* 工作; **~so,-a** *adj* 费力的

- (~*)表示重复该词条，或者分隔符号之前面部分可以变成大写或小写，比如:

Españ/a *f* 西班牙; **~*ol,-a 1.** *adj* 西班牙的; **2.** *m/f* 西班牙人
- 商标名称作为单词使用，是用来特指该类产品，比如西班牙文中的 **celo**（实际上是 **cel·lo** ®）（透明胶，黏条），不使用 **«cinta adhesiva»**。在拉丁美洲则使用 **scotch** ®一词来表示该类产品。

® 标记表示该词条是一个注册商标的名称，所以，得到法律的保护。

I.-4. 语法分类的处理

I.-4.1. 名词

词条名词及阴阳性用阳性 *m*（= masculino）和 阴性 *f*（= femenino）来表示。复数形式为: *mpl*, *fpl*。这些缩略词除了表示词条的阴阳性以外，还表示该词条为名词。

在西汉部分，少数不规则的名词复数形态，用全名词表出。比如:
régimen *m* (*pl regímenes*) 规章制度, 规定

1.-4.2. 形容词

西班牙语中的形容词均表出其阴性形式。比如:
bueno,-a

当该无阴阳性变化的形容词同时可以兼作名词时，则用 m/f 来表明。它表示该形容词可以同时当作阳性名词和阴性名词来使用。比如:
débil *adj m/f* 虚弱的(人), 体弱的(人)
legal *adj m/f* 法定的(人), 合法的(人)

1.-4.3. 动词

西班牙语所有的动词均用缩略词 *vt, vi, v/impers* 分别表明其及物、不及物与无人称之语法词性。比如:
llamar 1. *vt* 叫,喊; **2.** *vi* 敲(门)
rayar 1. *vt* 划线; **2.** *vi* 相似,相近

西班牙语中的自复动词是以原形动词**+se**组成。比如:
cansar *vt* **1.** 使疲劳,使劳累; **2. ~se de u/c** 对(某事某物)感到烦厌(讨厌)

西班牙语中的动词变位,包括规则动词变位,不规则动词变位和特殊不规则动词变位请参看本辞典附录所收的动词变位表。

在大部分情况下，均列出该动词所使用的前置词。

II. 西汉语音对照表

consonante / vocal	chino	b v	w (b, v)	f	p	d	t	g	j	k
vocal	chino	勃	乌, 夫	弗, 夫	普	德	特	格	赫	克
a	阿	巴	瓦, 娃	法	帕	达	塔	加	哈	卡
ai, ay	艾	拜			派	代, 戴	泰, 太	盖	海	凯
ao, au	奥	包			泡	道	陶	高	豪	考
an	安	班	万	凡	潘	丹	坦	甘	汉	坎
e, ei, ey	埃	贝	维	费	佩	德	特	赫	赫	凯
en, ein	恩	本	文	分	彭	登	腾	亨	亨	肯
i	伊	比	维	菲	皮	迪	提, 蒂	希	希	基
ia	亚, 娅									
ie	耶	别				迭	铁	歇	歇	捷
io, iu	尤							休	休	久
ian	延	边				典	田	显	显	柬
ion	雍, 永									
in, ien	因	宾	文	分	品	丁	廷	欣	欣	金
o, ou/uo	欧/沃	博	沃	佛	波	多	托	戈	霍	科
on	翁		翁	丰	彭	东, 董	通	贡	洪	孔
u	乌	布	乌	福	普	杜	图	古	胡	库
ua	瓦, 娃			法				瓜	华	夸
ue	韦							盖	淮	奎
uei, ui	维		维	菲				盖/吉	惠	奎
un, uen	温	本	温	丰	彭	顿	屯	衮/根	浑	昆
uan	万			凡		端	团	关	环	宽

q	c	s x z	ch	m	n	ñ	l	r rr	ll y
克	克	斯, 兹	奇	姆	恩	尼	尔	尔	伊
	卡	萨, 莎	恰	马, 玛	纳, 娜	尼阿	拉	拉	亚, 娅
	凯	塞	柴	迈	奈	尼艾	莱	赖	
	考	绍	乔	毛	瑙	尼奥	劳	劳	耀
	坎	桑	阡	曼	南, 楠	年	兰	兰	延
	塞	塞	切	梅, 美	内	涅	莱	雷	耶
	森	森	钦, 琴	门	嫩	宁	伦	伦	殷
	西, 锡	西, 锡	奇	米	尼	尼	利, 莉	里, 丽	伊
	夏, 霞	夏, 霞	恰						亚, 娅
	谢	谢	切		涅	涅	列	列	耶
	晓/修	晓/修	丘	谬	纽	纽	留	留	尤
	宪	宪	阡	缅	年	年	连	连	延
	雄	雄	琼						雍
	辛	辛	钦, 琴	敏	宁	宁	林	林	殷
	科	索	丘	莫	诺	纽	洛	罗	约
	孔	松	琼	蒙	农		隆	隆	雍
	库	苏	楚	木, 穆	努	纽	卢	鲁	尤
夸	夸								
凯	奎	绥					瑞	瑞	越
凯/基	奎	绥					瑞	瑞	越
肯	昆	逊	春	蒙	农		伦	伦	云
	宽		泉				栾	栾	原

Indicaciones para el uso de la tabla:

1. Esta tabla sirve para pronunciar de una manera aproximada las sílabas españolas en chino.
2. La tabla sirve también para traducir los nombres propios españoles al chino.
3. Si se utiliza la tabla para la traducción de nombres propios al chino, es necesario saber que,
   a) cuando la B y la V están al inicio de un nombre propio o delante de la M y la N, se traduce al chino siguiendo la columna de ***b*** de la tabla; y el resto, hay que seguir la columna de ***w***;
   b) cuando la M está delante de la B y la P o al final de un nombre, hay que seguir la columna de ***n***.
   c) cuando la X aparece delante de un consonante, hay que seguir la columna ***s***. Y el resto, es necesario traducir al chino 克斯.
   d) como en español la H no se pronuncia, no aparece en esta tabla.
   e) en los espacios en blanco son sitios donde se debe recurrir a dos caracteres chinos correspondientes, excepto en la columna ***q***.

III

西班牙语语法简介

II.-1. 冠词

II. -1.1. 定冠词

	单数	复数
阳性	el	los
阴性	la	las

II. -1.2. 不定冠词

	单数	复数
阳性	UN	UNos
阴性	UNa	UNas

II. -2. 名词

II. -2.1. 名词单复数之变化

基本规则：在元音结尾的单数名词后面加上-s，既变成复数名词。如果是辅音结尾的名词，则要加上-es。比如：

casas, dados, ángeles, relojes

II. -2.2. 名词阴阳性之变化

基本规则：在阳性单数名词后面加上-a，既变成阴性名词。比如：

señor ~ señora; niño ~ niña

III. -3. 形容词

III. -3.1. 形容词的单复数及阴阳性之变化

以元音-o结尾的形容词，将-o改成-a，既变成阴性形容词；如果在该形容词后面加上-s，则变成复数形容词。如果以元音-e结尾的形容词，则无阴阳之变化，直接在该形容词后面加上-s，就成为复数形容词。比如：

blanco, blanca, blancos, blancas; verde, verdes

以辅音结尾的形容词，若要变成阴性，则加上-a；若要变成阳性复数，则需要加上-es，阴性复数，则加上-as。也就是说，以辅音结尾的形容词有四种形式。比如：

inglés, inglesa, ingleses, inglesas

III. -3.2. 形容词的阴阳性

西班牙语形容词的阴阳性必须与所形容的名词保持一致,因此,如果名词是阴性的话,那么,形容词也要随之而变成阴性。以元音-o结尾的形容词，将-o改成-a，既变成阴性形容词。以元音-e结尾的形容词，则无需做任何变化。以辅音结尾的形容词，则在该辅音后面直接加上-a，既变成音性形容词。比如：

bueno ~ buena, malo ~ mala, blanco ~ blanca / inglés ~ inglesa

III. -3.3. 指示形容词

西班牙语的指示形容词有分单复数和阴阳性，三个等级，如下：

	单数阳性	单数阴性	复数阳性	复数阴性
(离说话者近)	este (这)	esta (这)	estos (这些)	estas (这些)
(离听话者近)	ese (那)	esa (那)	esos (那些)	esas (那些)
(离说话者和听话者都远)	aquel (那)	aquella (那)	aquellos (那些)	aquellas (那些)

III. -3.4. 物主形容词

西班牙语物主形容词分以下几类：

前置(置于所形容的名词之前)　　后置(置于所形容的名词之后)

	阳性	阴性	阳性	阴性
单数第一人称	mi/mis	mi/mis	mío/míos	mía/mías
单数第二人称	tu	tu/tus	tuyo/tuyos	tuya/tuyas
单数第三人称	su/sus	su/sus	suyo/suyos	suya/suyas
复数第一人称	nuestro/s	nuestra/s	nuestro/s	nuestra/s
复数第二人称	vuestro/s	vuestra/s	vuestro/s	vuestra/s
复数第三人称	su/sus	su/sus	suyo/suyos	suya/suyas

II. -4. 礼貌用词

在陌生人见面之场合，西班牙语习惯使用 **usted** (缩略形式为 **Vd.**)。复数第三人称则为 **ustedes** (缩略形式 **Vds.**)。这里的您 (Vd.) 和您们 (vds.) 只表示礼貌与陌生，绝无中文中的尊重之含义。

II. -5. 疑问词

西班牙语的疑问词有以下几种：

什么？ – ¿Qué?
谁？ – ¿Quién?
哪个？ – ¿Cuál?, ¿Qué?
怎么？ – ¿Cómo?
多少？ – ¿Cuánto?
哪儿? – ¿Dónde?
什么时候? – ¿Cuándo?

II. -6. 动词

西班牙语动词分及物动词，不及物动词，自复动词和无人称动词。动词变位是西班牙语最重要的一个组成部分，也是最复杂、最难掌握的部分。下面将最主要和最常用的动词变位简单介绍一下。

II. -6.1. 助动词变位

西班牙语西班牙语有两个：**ser** (用于被动语态) 和 **haber** (用于复合变位形态)。**ser** 不能用于任何复合变位形态。

haber

a) 简单时态

现在时 **Gerundio:** *habiendo*
过去分词 **Participio:** *habido*

Indicativo				Condic.
Presente	**Imperfecto**	**Pret. indef.**	**Futuro imp.**	
he	*había*	*hube*	*habré*	*habría*
has	*habías*	*hubiste*	*habrás*	*habrías*
ha	*había*	*hubo*	*habrá*	*habría*
hemos	*habíamos*	*hubimos*	*habremos*	*habríamos*
habéis	*habíais*	*hubisteis*	*habréis*	*habríais*
han	*habían*	*hubieron*	*habrán*	*habrían*

Subjuntivo			Imperat.
Presente	**Imperfecto**	**Futuro imp.**	
haya	*hubiera / hubiese*	*hubiere*	
hayas	*hubieras / hubieses*	*hubieres*	*he*
haya	*hubiera / hubiese*	*hubiere*	*haya*
hayamos	*hubiéramos / hubiésemos*	*hubiéremos*	*hayamos*
hayáis	*hubierais / hubieseis*	*hubiéreis*	*habed*
hayan	*hubieran / hubiesen*	*hubieren*	*hayan*

b) 复合时态

西班牙语动词变位的复喝合形态有助动词 + 动词的过去分词组成。

Indicativo:	
Pret. perfecto:	*{he / has / ha / hemos / habéis / han} habido*
Pret. pluscuamperfecto:	*{había / habías / había / habíamos / habíais / habían} habido*
Pret. anterior:	*{hube / hubiste / hubo / hubimos / hubisteis / hubieron} habido*
Futuro perfecto:	*{habré / habrás / habrá / habremos /habréis / habrán} habido*
Condicional compuesto:	*{habría / habrías / habría / habríamos /habríais / habrían} habido*

Subjuntivo:	
Pret. perfecto:	*{haya / hayas / haya / hayamos / hayáis / hayan} habido*
Pret. pluscuamperfecto:	*{hubiera / hubieras / hubiera / hubiéramos / hubierais / hubieran} habido,* 或者: *{hubiese / hubieses / hubiese / hubiésemos / hubieseis / hubiesen} habido*
Futuro perfecto:	*{hubiere / hubieres / hubiere / hubiéremos / hubiéreis / hubieren} habido*

ser

a) 简单时态

正在时 **Gerundio:** *siendo*
过去分词 **Participio:** *sido*

Indicativo				Condic.
Presente	**Imperfecto**	**Pret. indef.**	**Futuro imp.**	
soy	*era*	*fui*	*seré*	*sería*
eres	*eras*	*fuiste*	*serás*	*serías*
es	*era*	*fue*	*será*	*sería*
somos	*éramos*	*fuimos*	*seremos*	*seríamos*
sois	*erais*	*fuisteis*	*seréis*	*seríais*
son	*eran*	*fueron*	*serán*	*serían*

Subjuntivo			Imperat.
Presente	**Imperfecto**	**Futuro imp.**	
sea	*fuera / fuese*	*fuere*	
seas	*fueras / fueses*	*fueres*	*sé*
sea	*fuera / fuese*	*fuere*	*sea*
seamos	*fuéramos / fuésemos*	*fuéremos*	*seamos*
seáis	*fuerais / fueseis*	*fuereis*	*sed*
sean	*fueran / fuesen*	*fueren*	*sean*

b) 复合时态

Indicativo:	
Pret. perfecto:	*{he / has / ha / hemos / habéis / han} sido*
Pret. pluscuamperfecto:	*{había / habías / había / habíamos / habíais / habían} sido*
Pret. anterior:	*{hube / hubiste / hubo / hubimos / hubisteis / hubieron} sido*
Futuro perfecto:	*{habré / habrás / habrá / habremos / habréis / habrán} sido*
Condicional compuesto:	*{habría / habrías / habría / habríamos / habríais / habrían} sido*

Subjuntivo:	
Pret. perfecto:	*{haya / hayas / haya / hayamos / hayáis / hayan} sido*
Pret. pluscuamperfecto:	*{hubiera / hubieras / hubiera / hubiéramos / hubierais / hubieran} sido,* 或者: *{hubiese / hubieses / hubiese / hubiésemos / hubieseis / hubiesen} sido*
Futuro perfecto:	*{hubiere / hubieres / hubiere / hubiéremos / hubiéreis / hubieren} sido*

II. -6.2. 规则动词变位

西班牙语的动词根据它的词尾可以分成三组，四个语态。

第一组: 动词结尾为 **-ar**
第二组: 动词结尾为 **-er**
第三组: 动词结尾为 **-ir**

它们的动词变位形式如下:

II.-6.2.1. 第一组动词变位

amar

a) 简单时态

正在时 **Gerundio:** *amando*
过去分词 **Participio:** *amado*

Indicativo				Condic.
Presente	**Imperfecto**	**Pret. indef.**	**Futuro imp.**	
amo	*amaba*	*amé*	*amaré*	*amaría*
amas	*amabas*	*amaste*	*amarás*	*amarías*
ama	*amaba*	*amó*	*amará*	*amaría*
amamos	*amábamos*	*amamos*	*amaremos*	*amaríamos*
amáis	*amabais*	*amasteis*	*amaréis*	*amaríais*
aman	*amaban*	*amaron*	*amarán*	*amarían*

Subjuntivo			Imperat.
Presente	**Imperfecto**	**Futuro imp.**	
ame	*amara / amase*		
ames	*amaras / amases*	*amares*	*ama*
ame	*amara / amase*	*amare*	*ame*
amemos	*amáramos / amásemos*	*amáremos*	*amemos*
améis	*amarais / amaseis*	*amareis*	*amad*
amen	*amaran / amasen*	*amaren*	*amen*

b) 复合时态

Indicativo:	
Pret. perfecto:	*{he / has / ha / hemos / habéis / han} amado*
Pret. pluscuamperfecto:	*{había / habías / había / habíamos / habíais / habían} amado*
Pret. anterior:	*{hube / hubiste / hubo / hubimos / hubisteis / hubieron} amado*
Futuro perfecto:	*{habré / habrás / habrá / habremos / habréis / habrán} amado*
Condicional compuesto:	*{habría / habrías / habría / habríamos / habríais / habrían} amado*

Subjuntivo:	
Pret. perfecto:	*{haya / hayas / haya / hayamos / hayáis / hayan} amado*
Pret. pluscuamperfecto:	*{hubiera / hubieras / hubiera / hubiéramos / hubierais / hubieran} amado,* 或者: *{hubiese / hubieses / hubiese / hubiésemos / hubieseis / hubiesen} amado*
Futuro perfecto:	*{hubiere / hubieres / hubiere / hubiéremos / hubiéreis / hubieren} amado*

II.-6.2.2. 第二组动词变位

temer

a) 简单时态

正在时	**Gerundio:**	*temiendo*
过去分词	**Participio:**	*temido*

Indicativo				Condic.
Presente	**Imperfecto**	**Pret. indef.**	**Futuro imp.**	
temo	*temía*	*temí*	*temeré*	*temería*
temes	*temías*	*temiste*	*temerás*	*temerías*
teme	*temía*	*temió*	*temerá*	*temería*
tememos	*temíamos*	*temimos*	*temeremos*	*temeríamos*
teméis	*temíais*	*temisteis*	*temeréis*	*temeríais*
temen	*temían*	*temieron*	*temerán*	*temerían*

Subjuntivo			Imperat.
Presente	**Imperfecto**	**Futuro imp.**	
tema	*temiera / temiese*	*temiere*	
temas	*temieras / temieses*	*temieres*	*teme*
tema	*temiera / temiese*	*temiere*	*tema*
temamos	*temiéramos / temiésemos*	*temiéremos*	*temamos*
temáis	*temierais / temieseis*	*temiereis*	*temed*
teman	*temieran / temiesen*	*temieren*	*teman*

b) 复合时态

Indicativo:	
Pret. perfecto:	*{he / has / ha / hemos / habéis / han} temido*
Pret. pluscuamperfecto:	*{había / habías / había / habíamos / habíais / habían} temido*
Pret. anterior:	*{hube / hubiste / hubo / hubimos / hubisteis / hubieron} temido*
Futuro perfecto:	*{habré / habrás / habrá / habremos / habréis / habrán} temido*
Condicional compuesto:	*{habría / habrías / habría / habríamos / habríais / habrían} temido*

Subjuntivo:	
Pret. perfecto:	*{haya / hayas / haya / hayamos / hayáis / hayan} temido*
Pret. pluscuamperfecto:	*{hubiera / hubieras / hubiera / hubiéramos / hubierais / hubieran} temido,* 或者: *{hubiese / hubieses / hubiese / hubiésemos / hubieseis / hubiesen} temido*
Futuro perfecto:	*{hubiere / hubieres / hubiere / hubiéremos / hubiéreis / hubieren} temido*

II.-6.2.3. 第三组动词变位

vivir

a) 简单时态

正在时	**Gerundio:**	*viviendo*
过去分词	**Participio:**	*vivido*

Indicativo				Condic.
Presente	**Imperfecto**	**Pret. indef.**	**Futuro imp.**	
vivo	*vivía*	*viví*	*viviré*	*viviría*
vives	*vivías*	*viviste*	*vivirás*	*vivirías*
vive	*vivía*	*vivió*	*vivirá*	*viviría*
vivimos	*vivíamos*	*vivimos*	*viviremos*	*viviríamos*
vivís	*vivíais*	*vivisteis*	*viviréis*	*viviríais*
viven	*vivían*	*vivieron*	*vivirán*	*vivirían*

Subjuntivo			Imperat.
Presente	**Imperfecto**	**Futuro imp.**	
viva	*viviera / viviese*		*viviere*
vivas	*vivieras / vivieses*	*vivieres*	*vive*
viva	*viviera / viviese*	*viviere*	*viva*
vivamos	*viviéramos / viviésemos*	*viviéremos*	*vivamos*
viváis	*vivierais / vivieseis*	*viviereis*	*vivid*
vivan	*vivieran / viviesen*	*vivieren*	*vivan*

b) 复合时态

Indicativo:	
Pret. perfecto:	*{he / has / ha / hemos / habéis / han} vivido*
Pret. pluscuamperfecto:	*{había / habías / había / habíamos / habíais / habían} vivido*
Pret. anterior:	*{hube / hubiste / hubo / hubimos / hubisteis / hubieron} vivido*
Futuro perfecto:	*{habré / habrás / habrá / habremos / habréis / habrán} vivido*
Condicional compuesto:	*{habría / habrías / habría / habríamos / habríais / habrían} vivido*

Subjuntivo:	
Pret. perfecto:	*{haya / hayas / haya / hayamos / hayáis / hayan} vivido*
Pret. pluscuamperfecto:	*{hubiera / hubieras / hubiera / hubiéramos / hubierais / hubieran} vivido,* 或者: *{hubiese / hubieses / hubiese / hubiésemos / hubieseis / hubiesen} vivido*
Futuro perfecto:	*{hubiere / hubieres / hubiere / hubiéremos / hubiéreis / hubieren} vivido*

II.-6.3. 不规则动词变位

dar

Indicativo		Subjuntivo	Imperativo
Presente	**Pret. indef.**	**Presente**	
doy	*di*	*dé*	
das	*diste*	*des*	*da*
da	*dio*	*dé*	*dé*
damos	*dimos*	*demos*	*demos*
dais	*disteis*	*deis*	*dad*
dan	*dieron*	*den*	*den*

decir

Indicativo			Imperativo
Presente	**Pret. indef.**	**Futuro imp.**	
digo	*dije*	*diré*	
dices	*dijiste*	*dirás*	*dí*
dice	*dijo*	*dirá*	*diga*
decimos	*dijimos*	*diremos*	*digamos*
decís	*dijisteis*	*diréis*	*decid*
dicen	*dijeron*	*dirán*	*digan*

正在时 **Gerundio:** *diciendo*
过去分词 **Participio:** *dicho*

escribir

过去分词 **Participio:** *escrito*

hacer

Indicativo			Imperativo
Presente	**Pret. indef.**	**Futuro imp.**	
hago	*hice*	*haré*	
haces	*hiciste*	*harás*	*haz*
hace	*hizo*	*hará*	*haga*
hacemos	*hicimos*	*haremos*	*hagamos*
hacéis	*hicisteis*	*haréis*	*haced*
hacen	*hicieron*	*harán*	*hagan*

ir

Indicativo			Subjunt.	Imp.
Presente	**Pret. indef.**	**Pret. imp.**	**Presente**	
voy	*fui*	*iba*	*vaya*	
vas	*fuiste*	*ibas*	*vayas*	*ve*
va	*fue*	*iba*	*vaya*	*vaya*
vamos	*fuimos*	*íbamos*	*vayamos*	*vamos*
vais	*fuisteis*	*íbais*	*vayáis*	*id*
van	*fueron*	*iban*	*vayan*	*vayan*

正在时 **Gerundio:** *yendo*

poder

Indicativo		
Presente	**Pret. indef.**	**Futuro imp.**
puedo	*pude*	*podré*
puedes	*pudiste*	*podrás*
puede	*pudo*	*podrá*
podemos	*pudimos*	*podremos*
podéis	*pudisteis*	*podréis*
pueden	*pudieron*	*podrán*

querer

Indicativo		
Presente	**Pret. indef.**	**Futuro imp.**
quiero	*quise*	*querré*
quieres	*quisiste*	*querrás*
quiere	*quiso*	*querrá*
queremos	*quisimos*	*querremos*
queréis	*quisisteis*	*querréis*
quieren	*quisieron*	*querrán*

romper

过去分词 **Participio:** *roto*

saber

Indicativo			Subjuntivo
Presente	**Pret. indef.**	**Futuro imp.**	**Presente**
sé	*supe*	*sabré*	*sepa*
sabes	*supiste*	*sabrás*	*sepas*
sabe	*supo*	*sabrá*	*sepa*
sabemos	*supimos*	*sabremos*	*sepamos*
sabéis	*supisteis*	*sabréis*	*sepáis*
saben	*supieron*	*sabrán*	*sepan*

salir

Indicativo		Imperativo
Presente	**Futuro imp.**	
salgo	*saldré*	
sales	*saldrás*	*sal*
sale	*saldrá*	*salga*
salimos	*saldremos*	*salgamos*
salís	*saldréis*	*salid*
salen	*saldrán*	*salgan*

traer

Indicativo	
Presente	**Pret. indef.**
traigo	*traje*
traes	*trajiste*
trae	*trajo*
traemos	*trajimos*
traéis	*trajisteis*
traen	*trajeron*

正在时 **Gerundio:** *trayendo*
过去分词 **Participio:** *traído*

venir

Indicativo			Imperativo
Presente	**Pret. indef.**	**Futuro imp.**	
vengo	*vine*	*vendré*	
vienes	*viniste*	*vendrás*	*ven*
viene	*vino*	*vendrá*	*venga*
venimos	*vinimos*	*vendremos*	*vengamos*
venís	*vinisteis*	*vendréis*	*venid*
vienen	*vinieron*	*vendrán*	*vengan*

正在时 **Gerundio:** *viniendo*

ver

Indicativo		
Presente	**Pret. indef.**	**Pret. imperf.**
veo	*vi*	*veía*
ves	*viste*	*veías*
ve	*vio*	*veía*
vemos	*vimos*	*veíamos*
veis	*visteis*	*veíais*
ven	*vieron*	*veían*

正在时 **Gerundio:** *viendo*
过去分词 **Participio:** *visto*

volver

Indicativo
Presente
vuelvo
vuelves
vuelve
volvemos
volvéis
vuelven

过去分词 **Participio:** *vuelto*

A

a *prep*（与冠词 [yǔ guàn cí] el 连用时缩写成 [lián yòng shí suō xiě chéng] al); **1.**（表示方向）[biǎo shì fāng xiàng] 到 [dào], 去 [qù], 往 [wǎng], 向 [xiàng]; **ir ~l cine** 去看电影 [qù kàn diàn yǐng]; **2.**（表示时间，日期）[biǎo shì shí jiān] 在…时 [zài...shí]（刻）[kè]; **~ las cinco** 五点钟。[wǔ diǎn zhōng]; **~ medianoche** 半夜 [bàn yè]; **~l mediodía** 中午 [zhōng wǔ]; **3.**（表示方式）[biǎo shì fāng shì] 按照 [àn zhào], 用 [yòng]; **~ pie** 走路 [zǒu lù]

abajo *adv* 在下面 [zài xià miàn], 在底部 [zài dǐ bú], 向下 [xiàng xià]; **ir ~** 向下走 [xiàng xià zǒu]。; **hacía ~** 朝下 [cháo xià]

abalanzarse 冲向 [chōng xiàng], 扑上去 [pū shàng qù]

abandon/ado,-a *adj* 被抛弃的 [bèi pāo qì de], 被遗弃的 [bèi yí qì de]; **~ar** *vt* **1.** 抛弃 [pāo qì], 放弃 [fàng qì], 丢弃 [dīu qì]; **2.** 离开 [lí kāi]; **~arse** 自暴自弃 [zì bào-zì qì]; **~o** *m* 抛弃 [pāo qì], 放弃 [fàng qì]

abanico *m* 扇子 [shàn zǐ]

abarat/amiento *m* 减价 [jiǎn jià], 降价 [jiàng jià]; **~ar** *vt* 降价 [jiàng jià], 减价 [jiǎn jià]; **~arse** 减价 [jiǎn jià], 降价 [jiàng jià]

abarcar *vt fig* 包含 [bāo hán], 含有 [hán yǒu], 包括 [hán kuò]

abarrot/ado,-a *adj* 满满的 [mǎn mǎn de]; **~ar** *vt* 塞满 [sāi mǎn], 装满 [zhuāng mǎn]

abastec/edor,-a **1.** *adj* 供应的 [gòng yìng de], 供给的 [gòng gěi de]; **2.** *m* 供应商 [gòng yìng shāng]; 供货人 [gòng huò rén]; **~er de** *vt* 向…供应 [xiàng gòng yíng], 为…供给 [wéi gòng gěi]; **~erse de** 供应 [gòng yíng], 供给 [gòng gěi]; **~imiento** *m* 供应 [gòng yíng], 供给 [gòng gěi]

abati/do,-a *adj* 垂头丧气的 [chuí tóu sàng qì de], 沮丧的 [jǔ sàng de], 萎靡不振的 [wěi mí bú zhèn de]; **~miento** *m* 萧条 [xiāo tiáo], 不景气 [bú jǐng qì]; 垂头丧气 [chuí tóu sàng qì]; **~r** *vt* 推倒 [tuī-dǎo], 打落 [dǎ luò]; **~rse sobre** 降落 [jiàng luò], 降临 [jiàng lín], 俯冲 [fǔ chōng]

abe/cé *m* 基础知识 [jī chǔ zhī shí]; **~cedario** *m* 字母表 [zì mǔ biǎo], 字母顺序 [zì mǔ shùn xù]

abe/ja *f* 蜜蜂 [mì fēng]; **~jorro** *m* 大蜂 [dà fēng], 野蜂 [yě fēng]

abertura *f* 打开 [dǎ kāi], 开启 [kāi qǐ]

abeto *m* 冷杉 [lěng shān], 枞树 [cōng shù], 枞木 [cōng mù]

abierto,-a *adj* 敞开的 [chǎng kāi de], 开着的 [kāi zhe de]

abis/mal *adj m/f* 深渊的 [shēn yuān de]; 地狱的 [dì yù de]; **~mo** *m fig* 地狱 [dì yù]

abland/amiento *m* 软化 [ruǎn huà]; **~ar** *vt* 使变软 [shǐ biàn ruǎn], 缓和 [huǎn hé]; **~arse** *fig* 心肠软下来 [xīn chán g ruǎn xià lái]

abnega/ción *f* 忘我 [wàng wǒ], 克己 [kè jǐ]; **~do,-a** *adj* 忘我的 [wàng wǒ de], 克己的 [kè jǐ de]; **~rse por** 自我牺牲 [zì wǒ xī shēng], 献身 [xiàn shēn]

abogado,-a *m/f* 律师 [lǜ shī]; **~ de oficio** *m/f* (法院指派的)律师 [fǎ yuàn zhǐ pài de lǜ shī]

abogar por *vi* 辩护 [biàn hù], 赞成 [zàn chéng], 主张 [zhǔ zhāng]

abol/ición *f* 废除 [fèi chú], 取消 [qǔ xiāo]; **~ir** *vt* 废除 [fèi chú], 取消 [qǔ xiāo]

abomina/ble *adj m/f* 可恶的 [kě wù de], 讨厌的 [tǎo yàn de]; **~ción** *f* 憎恶 [zēng wù], 令人厌恶的事 [lìng rén yàn wù de shì]; **~r** *vt* 憎恨 [zēng hèn], 深恶痛绝 [shēn wù tòng jué]

abona/ble *adj m/f* 可信任的 [kě xìn rèn de], 可靠的 [kě kào de]; **~do 1.,-a** *adj* 可信赖的 [kě xìn lài de], 有信用的 [yǒu xìn yòng de]; **2.** *m* 订户 [dìng hù], 用户 [yòng hù]; **~r** *vt* **1.** 偿付 [cháng fù], 支付 [zhī fù]; **2.** 施肥 [shī féi] **~r en cuenta** 存入银行帐户 [cún rù yín háng zhàng hù], 入帐 [rù zhàng]; **~rse** 支付 [zhī fù] **~ a u/c** 订阅 [dìng yuè], 购买(长期票) [gòu mǎi cháng qī piào]

abono *m teat* (剧院)年票 [jù yuàn nián piào]; *agric* (农业)肥料 [nóng yè féi liào]; *banc* (银行)支付 [yín háng zhī fù]; *transp* (公车)月或年票 [gōng chē yuè huò nián piào]

aborda/ble *adj m/f* 能靠岸的 [néng kào'àn de]; 好接近的 [hǎo jiē jìn de]; **~ r** *vt/i nav* 靠岸 [kào 'àn], 停靠 [tíng kào]

aborre/cer *vt* 厌弃 [yàn qì], 憎恶 [zēng wù]; **~cimiento** *m* 厌烦 [yàn fán], 厌倦 [yàn juàn]

abor/tar *vt/i* 流产 [liú chǎn]; 夭折 [yāo zhé], 半途而废 [bàn tú ér fèi]; **~to** *m* 流产 [liú chǎn]; **~o provocado** 人工流产 [rén gōng liú chǎn], 打胎 [dǎ tāi]

abotonar *vt* 扣钮扣 [kòu niǔ kòu]

abrasa/dor 1.,-a *adj* 炽烈的 [zhì liè de], 燃烧的 [rán shāo de]; **2.** *fig* 焦急的 [jiāo jí de], 焦躁的 [jiāo zào de]; **~r 1.** *vt* 烧红 [shāo hóng], 烧焦 [shāo jiāo]; **2.** *vi* 滚烫 [gǔn tàng]; **~rse** 被(某种感情)煎熬 [bèi mǒu zhǒng gǎn qíng jiān 'áo]

abra/zar *vt* 搂抱 [lǒu bào]; 拥抱 [yōng bào]; **~zo** *m* 拥抱 [yōng bào]

abre/cartas *m* 拆信刀 [chāi xìn dāo]; **~latas** *m* 开罐头器 [kāi guàn tóu qì]

abre/viar *vt* 简化 [jiàn huà]; 缩写 [suō xiě]; **~viatura** *f* 缩写词 [suō xiě cí]; 略语 [lüe yǔ]

abridor *m* 开启刀 [kāi qǐ dāo]

abri/gado,-a *adj* （穿的）暖和的 [chuān de nuǎn huo de]; **~gar** *vt* 御寒 [yù hán], 保暖 [bǎo nuǎn]; 多穿（衣服）[duō chuān yī fu]; **~garse** 藏在某处 [cāng zài mǒu chù]; 覆盖 [fù gài]; **~go** *m* 大衣 [dà yī]

abril *m* 四月 [sì yuè]

abrir 1. *vt* 开 [kāi], 打开 [dǎ kāi]; **2.** *vi* 背信弃义 [bèi xìn-qì yì]; **~se** （花）开放 [huā kāi fàng]; (天)放晴 [tiān fàng qíng]; 展现 [zhǎn xiàn]

abrochar *vt* 扣上(钮扣) [kòu shàng niǔ kòu]

abrupto,-a *adj* 陡峭的 [dǒu qiào de]

absolución *f* 赦免 [shè miǎn], 宽恕 [kuān shù]

absolutamente *adv* 绝对地 [jué duì dì], 完全地 [wán quán dì]

absoluto,-a *adj* 绝对的 [jué duì de]; **en ~** 绝对地 [jué duì dì]; 决不 [jué bú]

abste/nción *f pol* 放弃 [fàng qì]; 弃权 [qì quán]; **~nerse de** 不做（某事） [bú zuò mǒu shì]; 弃权 [qì quán]

abstinencia *f* 节制 [jié zhì]; 禁欲 [jìn yù]; 回避 [huí bì]

abstra/cción *f* 抽象 [chōu xiàng]; **~cto,-a** *adj* 抽象的 [chōu xiàng de]; **~er 1.** *vt* 使抽象化 [shǐ chōu xiàng huà]; **2.** *vi* **~er de** 摆脱 [bǎi tuō], 置于不顾 [zhì yú bú gù]; **~erse** 出神 [chū shén], 凝思 [níng sī]

absurdo,-a *adj* 荒谬的 [huāng mùù de]

abuelo,-a *m/f* 爷爷 [yé yé], 外公 [wài gōng]; 奶奶 [nǎi nǎi], 外婆 [wài pó]; **~s** *mpl* 祖父母 [zǔ fú mǔ], 外祖父母 [wài zǔ fú mǔ]

abundancia *f* 丰富 [fēng fú]; 富足 [fù zú]; **en ~** 大量的 [dà liàng de]

aburri/do,-a *adj* 乏味的 [fá wèi de], 无聊的 [wú liáo de]; **estoy ~** 我觉得无聊 [wǒ jué de wú liáo]; **~miento** *m* 厌倦 [yàn juàn]; 厌烦 [yàn fán]; **~r** *vt* 使厌倦 [shǐ yàn juàn], 是无聊 [shì wú liáo]; **~rse** 感到厌倦 [gǎn dào yàn juàn]

abu/sar de *vi* 滥用 [làn yòng], 乱用 [luàn yòng]; **~so** *m* 滥用 [làn yòng]

acá *adv* 这里 [zhè lǐ], 在这里 [zài zhè lǐ]; **de ~ para allá** 从这里到那里 [cóng zhè lǐ dào nà lǐ]

acabado,-a *adj* 完成了的 [wán chéng le de]; 玩完了 的 [wán wán le de]

acabar 1. *vt* 完成 [wán chéng]; 结束 [jié shù]; 耗尽 [hào jìn]; **2.** *vi* 消灭 [xiāo miè]; 死 [sǐ]; 结束 [jié shù]; **~ de hacer** 刚做完（某事） [gāng zuò wán mǒu shì]; **~ de llegar** 刚到 [gāng dào]; **~se** 结束 [jié shù], 死 [sǐ]

aca/demia *f* 学院 [xué yuàn]; 研究院 [yán jiū yuàn], 学校 [xué xiào] **~ militar** *f* 军事学校 [jūn shì xué xiào]; **~démico** *m* 院

士 [yuàn shì]; 学会会员 [xué huì huì yuán]

acalorado,-a *adj* 激动的 [jī dòng de]; 激怒的 [jī nù de]

acallar *vt* 使沉默 [shǐ chén mò], 使不出声 [shǐ bú chù shēng]

acampar *vi* 安营 [ān yíng]; 驻扎 [zhù zhā]

acariciar *vt* 抚摸 [fǔ mō], 爱抚 [ài fǔ]

acaso 1. *adv* 难道 [nán dào], 莫非 [mò fēi]; **por si ~** 以备万一 [yǐ bèi wàn yī]; **2.** *conj* 即使 [jí shǐ], 如果 [rú guǒ]

acatar *vt* 服从 [fú cóng], 遵守 [zūn shǒu]

acatarrarse 得感冒 [dé gǎn mào]

acceder *vi* 答应 [dà yìng], 同意 [tóng yì]; **~ a u/c** 进入 [jìn rù], 到达 [dào dá]

acce/sible *adj m/f fig* 平易近人的 [píng yì jín rén]; **~so** *m informát* 端口 [duān kǒu]

accesorio *m* 附件 [fù iàn]; 配件 [pèi jiàn]; **~s** *mpl* 零配件 [líng pèi jiàn]

acciden/tal *adj m/f* 偶然的 [ǒu rán de]; 意外的 [yì wài de]; **~te** *m* 事故 [shì gù]

acción *f* **1.** 行动 [xíng dòng]; 动作 [dòng zuò]; **2.** 股票 [gǔ piào]; 股份 [gǔ fèn]

accionar 1. *vt tecn* 启动 [qǐ dòng], 开动（机器）[kāi dòng jì qì]; **2.** *vi* 起诉 [qǐ sù]

accionista *m/f* 股东 [gǔ dōng]

acei/te *m* 食用油 [shí yòng yóu]; 机油 [jī yóu]; **~ de broncear** 晒黑油 [shài hēi yóu]; **~ de girasol** 葵花油 [kuí huà yóu]; **~ de oliva** 橄榄油 [gǎn lǎn yóu]; **~ vegetal** 植物油 [zhí wù yóu]; **~toso,-a** *adj* 油状的 [yóu zhuàng de]; 油腻的 [yóu nì de]; **~tuna** *f* 油橄榄 [yóu gǎn lǎn]

acelera/ción *f* 加速 [jiā sù]; 加快 [jiā kuài]; **~dor** *m auto* 油门 [yóu mén]; **~r** *vt* 加速 [jiā sù]; **~rse** 加快（步伐）[jiā kuài bù fá]

acelga *f* 甜菜 [tián cài]

acen/to *m* 重音 [zhòng yīn]; 口音 [kǒu yīn]; **~tuar** *vt* 重读 [zhòng dú]; 加重音符号 [jiā zhòng yīn fú hào]; **~tuarse** 变得明显 [biàn dé míng xiǎn], 突出 [tū chū]

acepta/ble *adj m/f* 可接受的 [kě jiē shòu de]; **~ción** *f* 接受 [jiē shòu], 接纳 [jiē nà]; **~r** *vt* 接受 [jiē shòu]; 同意 [tóng yì]

acera *f* （街边的）人行道 [jiē biān de rén xíng dào]

acerca de *loc prep* 关于 [guān yú]; **~miento** *m* 接近 [jiē jìn]; 拉近距离 [lā jìn jù lí]; **~r** *vt* 使靠近 [shǐ kào jìn]; 使接近 [shǐ jiē jìn]; **~rse a** 靠近 [kào jìn]; 接近 [jiē jín]

acero *m* 钢 [gāng]

acerta/do,-a *adj* 恰当的 [qià dāng de]; 准确的 [zhǔn què de]; **~r** *vt* 击中 [jī zhōng]; 猜中 [cāi zhōng]; 言中 [yán zhōng]

acha/car *vt* 把…归罪于 [bǎ…guī zuì yú], 推委 [tuī wěi]; ~ **la culpa a alg** 归罪于某人 [guī zui yú mǒu rén]; **~que** *m med*（长期的）小病 [cháng qī de xiǎo bìng]

acidez *f* 酸 [suān], 酸性 [suān xìng] ~ **de estómago** *med* 胃酸 [wèi suān]

ácido 1.,-a *adj* 酸的 [suān de]; **2.** *m* 酸 [suān]

acierto *m* (*lotería*) 中奖 [zhòng jiǎng], 中彩 [zhòng cǎi]

aclama/ción *f* 欢呼 [huán hū]; 喝彩 [hè cǎi]; **~r** *vt* 欢呼 [huán hū]; 喝彩 [hè cǎi]; 拥戴 [yōng dài]

aclara/ción *f* 说明 [shuō míng]; 澄清 [chéng qīng]; **~r** *vt* (*ropa, colores*) 用清水漂洗(衣服颜色) [yòng qīng shuǐ piāo xǐ yī fu yán sè]; 使(衣服)颜色变淡 [shǐ yī fu sè biàn dàn]; **~rse** *meteo* (天)放晴 [tiān fàng qíng]

aclimata/ción *f fig* 适应环境 [shì yìng huán jìng]; **~r** *vt fig* 使适应环境 [shǐ shì yìng huán jìng]; **~rse** 适应新环境 [shì yìng xīn huán jìng]

acobardar *vt* 恐吓 [kǒng hè]; **~se** 害怕 [hài pà]

acoge/dor,-a *adj* 好客的 [hào kè de]; 亲切的 [qīn qiè de]; **~r** *vt* (*huéspedes*) 接待(客人) [jiē dài kè rén]

acogida *f* 接待 [jiē dài]; 收容 [shōu róng]

acometer *vt* 袭击 [xí jī]

acomida *f mil* 袭击 [xí jī], 攻击 [gōng jī]; *med* 突然发作 [tū rán fā zuò];（电线）支线 [diàn xiàn zhī xiàn], 支管 [zhī guǎn]

acomoda/ble *adj m/f* 能安置的 [néng ān zhì de]; **~ción** *f* 安顿 [ān dùn], 安置 [ān zhì]; **~r** *vt* 安置 [ān zhì], 安顿 [ān dùn]; **~rse a** 适合于 [shì hé yú], 迎合 [yíng hé], 顺从 [shùn cóng]

acompaña/miento *m gastr* 副菜 [fù cài], 辅助菜 [fǔ zhù cài]; **~nte** *m/f auto* (赛车)副驾驶员 [sài chē fù jià shǐ yuán]; (驾驶员旁边的)乘坐者 [jià shǐ yuán páng biàn de chéng zuò zhě]; **~r** *vt* 陪伴 [péi bàn], 陪同 [péi tóng]

acondiciona/do,-a *adj* 装备好的 [zhuāng bèi hǎo de], 条件完善的 [tiáo jiàn wán shàn de]; **bien [mal] ~do** 装备(不)好的 [zhuāng bèi bú hǎo de]; 条件(不)好的 [tiáo jiàn bú hǎo de]; **aire** ~ *m* 空调 [kòng tiáo], 冷气机 [lěng qì jī]; **~dor** *m* (洗发)护发素 [xǐ fà hù fà sù]; **~miento** *m* 装备 [zhuāng bèi], 具备条件 [jù bèi tiáo jiàn]; **~nar** *vt* 装备 [zhuāng bèi], 使具备条件 [shǐ jù bèi tiáo jiàn]

aconsejar *vt* 劝说 [quàn shuō]; 指教 [zhǐ jiào] **~se de alg** 向别人请教 [xiàng bié rén qǐng jiào]

aconte/cer *vi* 发生 [fā shēng]; **~cimiento** *m* 事件 [shì jiàn]

acopla/miento *m tecn* (机械)接合 [jī xiè jiē hé], 联接 [lián

jiē]; **~r** *vt tecn* 接合 [jiē hé], 联接 [lián jiē]; **~rse a** 同（某物）接合 [tóng mǒu wù jiē hé], 衔接 [xián jiē]

acordar *vt* 同意 [tóng yì]; 提醒 [tí xǐng]; **~se de** 记起 [jì qǐ], 想起（某事）[xiǎng qǐ mǒu shì]

acorde 1. *adj m/f* 一致的 [yī zhì de]; **estar ~ con** 同…一致 [tóng… yī zhì]; **2.** *m mús* 和弦 [hé xián]; 谐音 [pǔ yīn]

acordeón *m* 手风琴 [shǒu fēng qín]

acortar *vt/i* 缩短 [suō duǎn]; **~rse** 减少 [jiǎn shǎo]; 缩短 [suō duǎn]

aco/sar *vt* 骚扰 [sāo rǎo]; **~so** *m* 骚扰 [sāo rǎo]; **~so sexual** 性骚扰 [xìng sāo rǎo]

acostar 1. *vt* 使躺下 [shǐ tǎng xià]; **2.**（使船只）傍靠 [shǐ chuán zhī pàng kào], 使靠岸 [shǐ kào 'àn]; **~se** 躺下 [tǎng xià]; **~se con alg** 同房 [tóng fáng]

acostumbra/do,-a *adj* 习惯的 [xí guàn de]; **~r 1.** *vt* 使习惯 [shǐ xí guàn]; **~r a alg** 使某人适应 [shǐ mǒu rén shì yìng]; **2.** *vi* 有…习惯 [yǒu…xí guàn]; **~rse a** 习惯于（某事） [xí guàn yú mǒu shì]

acrecentar *vt* 增长 [zēng zhǎng], 增大 [zēng dà]

acreditado,-a *adj* 有名气的 [yǒu míng qì de], 有信誉的 [yǒu xìn yù de]

acreditar *vt* 证明 [zhèng míng]; 保证 [bǎo zhèng]; **~se** 出名 [chū míng], 有信誉 [yǒu xìn yù]

acreedor 1.,-a *adj* 债权人的 [zhài quán rén de]; **2.** *m* 债权人 [zhài quán rén]

acrobacia *f* 杂技 [zá jì]

acróbata *m/f* 杂技演员 [zá jì yǎn yuán]

acta *f* 文书 [wén shū]; 公证书 [gōng zhèng shū]

actitud *f* 态度 [tài dù]

activa/ción *f* 激活 [jī huó]; **~r** *vt* 激活 [jī huó]

acti/vidad *f* 活动 [huó dòng]; 业务 [yè wù]; **~vo,-a** *adj* 积极的 [jī jí de]; 主动的 [zhǔ dòng de]

acto *m teat* 幕 [mù]; **en el ~** 立刻 [lì kè]

actor *m* 男演员 [nán yǎn yuán]

actriz *f* 女演员 [nǚ yǎn yuán]

actuación *f teat* 表演 [biǎo yǎn]

actual *adj m/f* 现在 [xiàn zài], 眼下 [yǎn xià]; **~idad** *f* 目前 [mù qián]; 时事 [shí shì]

actuar *vt/i teat* 表演 [biǎo yǎn]; *tecn*（机械）起作用 [jī xiè qǐ zuò yòng]

acuarela *f* 水彩画 [shuǐ cǎi huà]

acuario *m* 水族馆 [shuǐ zú guǎn]; 渔缸 [yú gāng]

acuático,-a *adj* 水的 [shuǐ de]; 水中的 [shuǐ zhōng de]; **deporte ~** *m* 水上运动 [shuǐ shàng yùn dòng]

acudir *vi* 赶到 [gǎn dào]; 求助 [qiú zhù]

acueducto *m* 水渠 [shuǐ qú]
acuerdo *m* 协议 [xié yì]; **estar de ~ con alg** 同意某人 [tóng yì mǒu rén]; **ponerse de ~** 达成协议 [dá chéng xié yì]; **¡de ~!** 行！[xíng] 没问题！[méi wèn tí]
acumula/ción *f* 积累 [jī lèi]; **~r** *vt tecn* 储存 [chǔ cún]; 积蓄 [jī xù]; 蓄电 [xù diàn]
acusa/ción *f* 控告 [kòng gào]; **~do** *m jur* 被告 [bèi gào]; **~dor** *m* 原告 [yuán gào]; **~r de** *vt* 对…提出控告或起诉 [duì... tí chū kòng gào huò qǐ sù]; **~r recibo** 发出(信的)回执 [fā chū xìn de huí zhí]
acuse *m* (信起头)收到(来信) [xìn qǐ tóu shōu dào lái xìn]; **~ de recibo** (信的)回执 [xìn de huí zhí]
acústi/ca *f* 声学 [shēng xué]; **~co,-a** *adj* 听觉的 [tīng jué de]; 声学的 [shēng xué de]
adapta/ción *f* 适应 [shì yìng]; 改编 [gǎi biān]; **~r** *vt* 使适应 [shǐ shì yìng]; 改编 [gǎi biān]; **~rse a** 适应 [shì yìng]
adecua/do,-a *adj* 合理的 [hé lǐ de]; 适当的 [shì dāng de]; **~r** *vt* 使适应 [shǐ shì yìng]; 使适合 [shǐ shì hé]
adelanta/do,-a *adj* 提前的 [tí qián de]; 先进的 [xiān jìn de]; **ir ~** 超过别人的 [chāo guo bié rén de]; **por ~** 预先的 [yù xiān de]; 预付的 [yù fù de]; **~miento** *m auto* 超车 [chāo chē]; **~r 1.** *vt* (钱)预付 [qián yù fù]; (车)超车 [chē chāo chē]; **2.** *vi* (时间) 提前 [shí jiàn tí qián]; **~ rse** 超出 [chāo chū]; 抢先 [qiǎng xiān]; **~ a alg** 迎向(某人) [yíng xiàng mǒu rén], 走向前 [zǒu xiàng qián]
adelante *adv* 向前 [xiàng qián]; **¡~!** 进来！[jìn lái] 继续下去！[jì xù xià qù]; **de ahora en ~** 从今以后 [cóng jīn yǐ hòu]; **más ~** 以后 [yǐ hòu]
adelanto *m banc* 预付款 [yù fù kuǎn]
adelgazar *vi* 减肥 [jiǎn féi]; 变瘦 [biàn shòu]
además *adv* 此外 [cǐ wài]; **~ de** 除此以外 [chú cǐ yǐ wài]
adentro *adv* 在里面 [zài lǐ miàn]; 向里面 [xiàng lǐ miàn]
adere/zar *vt gastr* 调味 [tiáo wèi]; 调制饮料 [tiáo zhì yǐn liào]; **~zo** *m* 调味品 [tiáo wèi pǐn]
adeuda/do,-a *adj* 负债的 [fù zhài de]; **~r** *vt banc* 欠债 [qiàn zhài]; **~se** 负债 [fù zhài]
adheren/cia *f* 联结 [lián jié], 黏性 [nián xìng]; **~te** *adj m/f* 连着的 [lián zhe de]; 有粘性的 [yǒu zhān xìng de]
adhe/rir *vi* 黏连 [nián lián]; **~irse a** 拥护 [yōng hù]; **~sión** *f* 合并 [hé bìng]; **~sivo** *m* 粘合剂 [xìng hé jì]
adicción *f med* 瘾 [yǐn]
adi/ción *f mat* 加法 [jiā fǎ]; **~cional** *adj m/f* 补充的 [bǔ chōng de], 附加的 [fù jiā de]

adicto,-a *adj med* 上瘾的 [shàng yǐn de]
adinerado,-a *adj* 有钱的 [yǒu qiàn de]
adiós *excl* 再见！[zài jiàn]
aditivo 1.,-a *adj* 附加的 [fù jiā de]; **2.** *m* 附加品 [fù jiā pǐn]
adivin/anza *f* 谜语 [mí yǔ]; **~ar** *vt* 猜 [cāi]
adjetivo *m* 形容词 [xíng róng cí]
adjudicar *vt* 判给 [pàn gěi]; 颁发给 [bān fà gěi]
administra/ción *f* 政府机构 [zhèng fǔ jīgòu]; 管理 [guǎn lǐ]; **~dor** *m* 管理人员 [guǎn lǐ rén yuán]
admimistrar *vt* **1.** 经营管理 [jīng yíng guǎn lǐ]; **2.** *med* 用药 [yòng yào]; **~se de** 料理（个人事务或钱财）[liào lǐ gè rén shì wù huò qián cái]
administrativo,-a 1. *adj* 管理的 [guǎn lǐ de]; 行政的 [xíng zhèng de]; **2.** *m* 行政人员 [xìng zhèng rèn yuán]
admirable *adj m/f* 值得钦佩的 [zhí dé qīn pèi de]; 令人惊叹的 [lìng rén jīng tàn de]
admisi/ble *adj m/f* 可接受的 [kě jiē shòu de]; **~ón** *f* 接受 [jiē shòu]; 准许 [zhǔn xǔ]; **carta** *f* **de ~ón** 入学通知书 [rù xué tōng zhī shū]
admitir *vt* 接受 [jiē shòu]; 准许 [zhǔn xǔ]; 容得下 [róng dé xià]

adolescen/cia *f* 青春 [qīng chūn]; 青年时代 [qīng nián shì dài]; **~te** *m/f* 青少年 [qīng shào nián]
adonde *adv* 向何处 [xiàng hé wài]; 到哪里 [dào nǎ lǐ]; **¿a dónde?** *adv* 到哪里去 [dào nǎ lǐ]？
adop/ción *f* 领养 [lǐng yǎng]; 采纳 [cǎi nà]; **~tar** *vt* 领养 [lǐng yǎng]; 采纳 [cǎi nà]; **~tivo,-a** *adj* 被收养的 [bèi shōu yǎng de]
adora/ble *adj m/f* 值得崇拜的 [zhí dé chóng bài de]; 值得敬慕的 [zhí dé jìng mù de]; **~ción** *f* 敬仰 [jìng yǎng]; 崇拜 [chóng bài]
adorar *vt* 崇拜 [chóng bài]; 崇敬 [chóng jìng]; 宠爱 [chǒng ài]
ador/nar *vt* 装饰 [zhuāng shì]; 点缀 [diǎn zhuì]; **~no** *m* 装饰品 [zhuāng shì pǐn]
adosar *vt constr* 使(房子)连体 [shǐ fáng zi lián tǐ]
adqui/rir *vt* 得到 [dé dào]; 获得 [huò dé]; **~sición** *f* 得到 [dé dào]; 获得 [huò dé]
adrede *adv* 故意地 [gù yì dì]; 存心地 [cún xīn dì]; **hacer algo ~** 故意做某事 [gù yì zuò mǒu shì]
adua/na *f* 海关 [hǎi guān]; **~nero 1.,-a** *adj* 海关的 [hǎi guān de]; **2.** *m* 海关人员 [hǎi guān rén yuán]
adueñarse de 占为己有 [zhàn wéi jǐ yǒu]; **~ de u/c** 将某物占为己有 [jiàng mǒu wù zhàn wéi jǐ yǒu]

adula/ción *f* 谄媚 [xiàn mèi]; 讨好 [tǎo hǎo]; **~dor** *m* 马屁精 [mǎ pì jīng]; 奉承者 [fèng chéng zhě]; **~r** *vt/i* 讨好 [tǎo hǎo]
adulte/rar *vt* 通奸 [tōng jiān]; **~rio** *m* 通奸 [tōng jiān], 私通 [sī tōng]
adulto 1.,-a *adj* 成年的 [chéng nián de]; **2.** *m* 成年人 [chéng nián rén]
adverbio *m* 副词 [fù cí]
adversario,-a 1. *adj* 竞争的 [jìng zhēng de]; **2.** *m* 对手 [duì shǒu]
adver/sidad *f* 不利 [bú lì]; 不幸 [bú xìng]; 逆境 [nì jìng]; **~so,-a** *adj* 不利的 [bú lì de]; 不幸的 [bú xìng de]
advertencia *f* 警告 [jǐng gào]; 告示 [gào shì]
advertir *vt* 提醒 [tí xǐng]; 警告 [jǐng gào]
adviento *m relig* 基督降临节 [jī dū jiàng lín jié]
adyacente *adj m/f* 毗邻的 [pí lín de]; 临接的 [lín jiē de]
aéreo,-a *adj* 航空的 [háng kōng de]
aeródromo *m* 小型飞机场 [xiǎo xíng fēi jī chǎng]
aeronáutica *f* 航空学 [háng kōng xué]
aeropuerto *m* 飞机场 [fēi jī cháng]
afable *adj m/f* 亲切的 [qīn qiè de]; 和蔼的 [hé ǎi de]
afán *m* 努力 [nǔ lì]; 勤奋 [qín fèn]
afanarse por 为…而努力 [wéi… ér nǔ lì]
afectar *vt* 影响 [yǐng xiǎng], 波及 [bō jí]
afear *vt* 斥责 [chì zé]
afec/ción *f med* 疾病 [jí bìng]; **~tación** *f* 影响 [yǐng xiǎng]; 损害 [sǔn hài]
afectado,-a por *adj* 受影响的 [shòu yǐng xiǎng de]; 受损害的 [shòu sǔn hài de]
afect/ar *vt med* 损伤 [sǔn shāng], 使产生病变 [shǐ chǎn shēng bìng biàn]; **~o** *m* 爱 [ài], 爱情 [ài qíng], 爱恋 [ài liàn]; **~uoso,-a** *adj* 亲切的 [qīn qiè de]; 富有爱心的 [fù yǒu ài xīn de]
afeita/do *m* 刮脸 [guā liǎn]; 剃毛 [tì máo]; **~dora** *f* 剃须刀 [tí xū dāo]; **~r** *vt* 刮脸 [guā liǎn]; 修面 [xiū miàn]; 剃毛 [tì máo]; **~se** 刮脸 [guā liǎn]
afgano 1. *m*（狗）阿富汗种 [à fù hàn zhǒng]; **2.,-a** *adj* 阿富汗的 [à fù hàn de]
afición *f* 爱好 [ài hǎo]
aficio/nado *m* 爱好者 [ài hǎo zhě]; **~narse a u/c** 爱好 [ài hǎo]（某事） [mǒu shì]
afila/do,-a *adj* 削尖的 [xuē jiān de]; 细长的 [xì cháng de]; 锋利的 [fēng lì de]; **~dor** *m* 磨刀石 [mó dāo shí]; **~r** *vt* 使锋利 [shǐ fēng lì], 磨（刀） [mó dāo]
afilia/ción a *f* 参加 [cān jiā], 加入 [jiā rù]; **~do** *m*（社会保险）成员 [shè huì bǎo xiǎn chéng yuán], 投保人 [tóu bǎo rén]; **~rse a** 加入 [jiā rù]

afinar *vt mús* 调音 [tiáo yīn]
afinidad *f fig* 亲缘性 [qīn yuán xìng]
afirma/ción *f* 肯定 [kěn dìng]; 断言 [duàn yán]; **~r** *vt* 肯定 [kěn dìng]; **~tivo,-a** *adj* 肯定的 [kěn dìng de]
aflojar 1. *vt* 松开 [sōng kāi]; **2.** *vi* 减弱 [jiǎn ruò]; 使衰弱 [shǐ shuāi ruò]; **~se** 减让 [jiǎn ràng]; 退让 [tuì ràng]; 衰弱 [shuāi ruò]
afluencia *f* 汇集 [huì jí]; 流入 [liú rù]
afluente *m* 支流 [zhī liú]
afluir *vi* 流入 [liú rù]; 汇集 [huì jí]; 通向 [tōng xiàng]
afónico,-a *adj* 失音的 [shī yīn de]; **estar ~** 失音 [shi 1yīn]
afortunadamente *adv* 幸运地 [xìng yùn dì]; 顺利地 [shùn lì dì]
afortunado,-a *adj* 幸运的 [xìng yùn dì]; **ser ~** 在**…**有运气 [zài…yǒu yùn qì], 成为幸运者 [chéng wéi xìng yùn zhě]
afrenta *f* 羞辱 [xiū rǔ]; 耻辱 [chi 2rǔ]
África *f* 非洲 [fēi zhōu]
africano 1. *adj* 非洲的 [fēi zhōu de]; **2.** *m* 非洲人 [fēi zhōu rén]
afrontar *vt* 使面对 [shǐ miàn duì]
afuera *adv* 朝外面 [cháo wài miàn]; **de ~** *excl* 滚开 [gǔn kāi]; **~s** *fpl* 城郊 [chéng jiāo], 郊外 [jiāo wài]
agacharse 弯腰 [wān yāo]; 蹲下 [dūn xià]
agarra/dero *m* 柄 [bǐng]; 把 [bǎ]; **~do,-a** *adj* 抓住的 [zhuā zhù de]; **~r** *vt* 抓住 [zhuā zhù]; **~rse a** 抓住不放 [zhuā zhù bu fàng]
agencia *f* 代理行 [dài lǐ háng]; 代理公司 [dài lǐ gōng sī]; **~ de publicidad** 广告代理公司 [guǎng gào dài lǐ gōng sī]; **~ de transportes** 运输代理公司 [yùn shū dài lǐ gōng sī]; **~ de viajes** 旅行社 [lǚ xíng shè]
agenda *f* 记事本 [jì shì běn]
agente *m* **1.**代理人 [dài lǐ rén]; **2.** 警察 [jǐng chá]; **~ de cambio y bolsa** *m* 外汇与股票经纪人 [wài huì yù gǔ piào jīng jì rén]; **~ comercial** *m* 中间商 [zhōng jiān shāng]; **~ de transportes** *m* 运输代理 [yùn shū dài lǐ]; **~ de viajes** *m* 旅游经纪人 [lǚ xíng jīng jì rén]
ágil *adj m/f* 敏捷的 [mǐn jié de]; 轻巧的 [qīng qiǎo de]
agilidad *f* 敏捷 [mǐn jié]; 灵巧 [líng qiǎo]
agilizar *vt* 使简洁化 [shǐ jiǎn jié huà], 加速办理 [jiā sù bàn lǐ]
agita/ción *f pol* 动荡 [dòng dàng]; **~do,-a** *adj* 动荡的 [dòng dàng de]; 激动的 [jī dòng de]; **~r** *vt* 摇动 [yáo dòng]; 搅动 [jiǎo dòng]
aglomeración *f* 聚集 [jù jí]; **~ de gente** *f* 人群 [rén qún]
agobiar *vt* 烦人 [fán rén]; 压抑 [yā yì]; **~ de trabajo** 被工作压着 [běi gōng zuò yā zhe]; **~se** 心烦 [xīn fán]

agonía *f* 末日 [mò rì]; 垂死挣扎 [chuí sǐ zhēng zhá]

agoni/zante *adj m/f* 垂死的 [chuí sǐ de]; 极其痛苦的 [jí qí tòng kǔ de]; **~zar** *vi* 临终 [lín zhōng]

agosto *m* 八月 [bā yuè]

agota/do,-a *adj* 耗尽的 [hào jìn de]; 售完的 [shòu wàn de]; **~miento** *m* 耗尽 [hào jìn]; 筋疲力尽 [jīn pí lì jìn]; **~r** *vt* 耗尽 [hào jìn]; 使筋疲力尽 [shǐ jīn pí lì jìn de]; **~rse** 耗尽 [hào jìn]; 用完 [yòng wán]

agraciado,-a *adj* 中彩的 [zhòng cǎi de]; 获奖的 [huò jiǎng de]

agradable *adj m/f* 令人愉快的 [lìng rén yú kuài de]

agradar *vi* 使人高兴 [shǐ rén gāo xìng de]

agrade/cer u/c a alg *vt* 为某事感谢某人 [wei mǒu shì gǎn xiè mǒu rén]; **~cido,-a** *adj* 感激的 [gǎn jīde]; 感谢的 [gǎn xiè de]; **~cimiento** *m* 感激 [gǎn jīde]; 感谢 [gǎn xiè]

agrandar *vt fig* 变高大 [biàn gāo dà], 夸大 [kuā dà]

agrario,-a *adj* 土地的 [tǔ dì de]; 耕地的 [gēng dì de]

agra/vante *adj m/f* 恶化的 [è huà de], 加剧的 [jiā jù de]; **~var** *vt* 加剧 [jiā jù]; 使恶化 [shǐ è huà]; **~rse** 恶化 [ò huà]

agravi/ar *vt* 侮辱 [wǔ rǔ]; 损害 [sǔn hài]; **~o** *m* 侮辱 [wǔ rǔ]; 损害 [sǔn hài]

agredir *vt* 侵犯 [qīn fàn]; 侵袭 [qīn xí]

agrega/do *m dipl* 参赞 [cān zàn]; **~r** *vt* 增添 [zēng tiān]

agre/sión *f* 侵犯 [qīn fàn]; 侵略 [qīn lüè]; **~sivo,-a** *adj* 好斗的 [hǎo dòu de]; 有攻击性的 [yǒu gōng jī xìng de]; **~sor** *m* 侵略者 [qīn lüè zhě]; 袭击者 [xí jī zhě]

agricul/tor,-a *m/f* 农民 [nóng mín]; 农业主 [nóng yè zhǔ]; **~tura** *f* 农业 [nóng yè]

agri/dulce *adj m/f* 酸甜的 [suān tián de], 糖醋的 [táng cù de]; **~o,-a** *adj* 酸的 [suān de]

agronomía *f* 农学 [nóng xué]; 农艺学 [nóng yì xué]

agrónomo,-a *m/f* 农学家 [nóng xué jiā]; 农艺师 [nóng yì shī]

agrupa/ción *f* 团体 [tuán tǐ]; 集团 [jí tuán]; **~r** *vt* 把…归类 [bǎ… guī lèi]; 编组 [biān zǔ], 集合 [jí hé]; **~rse** 归类 [guī lèi]; 编组 [biān zǔ]

agua *f* 水 [shuǐ]; ~ **bendita** 圣水 [shèng suǐ]; ~ **de Colonia** 香水 [xiāng shuǐ]; ~ **del grifo** 自来水 [zì lái shuǐ]; ~ **de mesa** 饮用矿泉水 [yǐn yòng kuàng quán shuǐ]; ~ **mineral** *n* 矿泉水 [kuàng quán shuǐ]; ~ **potable** 饮用水 [yǐn yòng shuǐ]; **~s** *fpl* 雨水 [yǔ shuǐ]; ~ **residuales** 大小便 [dà xiáo biàn]

aguacate *m bot* 鳄梨 [è lí]; 鳄梨树 [è lí shù]

aguacero *m* 阵雨 [zhèn yǔ]; 暴雨 [bào yǔ]

aguafiestas *m* 使人扫兴的人 [shǐ rén sǎo xìng de rén]

aguantar 1. *vt* 支撑 [zhī chēng]; 忍受 [rěn shòu]; **2.** *vi* 还能使用 [huāi néng shǐ yòng]; **~se** 忍受 [rěn nài]; 克制 [kè zhì]

aguardar *vt/i* 等候 [děng hòu]; 等待 [děng dài]

aguardiente *m* 白酒 [bái jiǔ]; 烧酒 [shāo jiǔ]

agu/deza *f* 尖利 [jiān lì]; （疼痛）剧烈 [téng tòng jù liè]; **~do,-a** *adj med* 急性的 [jí xìng]

águila *f* 鹰 [yīng], 老鹰 [lǎo yīng]

aguja *f* 针 [zhēn], 指针 [zhǐ zhēn]

aguje/rear *vt* 打眼 [dǎ yǎn]; 穿孔 [chuān kǒng]; **~ro** *m* 孔 [kǒng]; 洞 [dòng]; **~ de ozono** 臭氧层空洞 [chòu yǎng céng kōng dòng]

ahí *adv* 那里 [nà lì]; 那儿 [nà er]; **de ~** 从那儿 [cóng nà er]; 由此 [yóu cǐ]; **por ~** 附近 [fù jìn]; 大约 [dà yuē]

ahincado,-a *adj* 满腔热忱的 [mǎn qiāng rè chén de]; 全力以赴的 [quán lì yǐ fù de]

ahoga/do,-a *adj* 不通风的 [bú tòng fēng de]; 透不过气来的 [tòu bú guò qì lái de]; **~r** *vt* 窒息 [zhì xī], 淹死 [yān sǐ]; **~rse** 淹死 [yān sǐ]; 感到闷死 [gǎn dào mèn sǐ]

ahora *adv* 现在 [xiàn zài]; **~ bien** 既然如此 [jìrán rú cǐ]; 那么 [nà me]; **~ mismo** 立即 [lì jí]; 马上 [mǎ shàng]; **por ~** 眼下 [yǎn xià]

ahorcar *vt* 绞死 [jiǎo sǐ], 吊死 [diào sǐ]; **~se** 上吊 [shàng diào]; 自缢 [zì yì]

ahorr/ar *vt* 积攒 [jī zǎn]; 节省 [jié shěng], 节约 [jié yuē]; **~o** *m* 节约 [jié yuē]; **~os** *mpl* 积蓄 [jī xù]

ahuma/do,-a *adj* 熏制的 [xūn zhì de]; **~r** *vt* 熏制 [xūn zhì]; 用烟熏 [yòng yān xūn]

ahuyentar *vt* 赶走 [gǎn zǒu]; 吓跑 [xià pào]

aire *m* **1.** 空气 [kōng qì]; **2.** 外表 [wài biǎo]; **~ acondicionado** *f* 空调 [kōng tiáo], 冷气机 [lěng qì jī]; **al ~ libre** *mús* 露天(音乐会) [lù tiān yin1 yuè huì]

airear *vt* 让风吹 [ràng fēng chuī], 晾 [liàng]; 使通风 [shǐ tōng fēng]

airoso,-a *adj* 多风的 [duō fēng de], 风大的 [fēng dà de]; **salir ~ de u/c** 成功 [chéng gōng], 得意 [dé yì]

aisla/do,-a *adj* 孤立的 [gū lì de], 独体的(房子) [dù tǐ de fáng zi]; **~miento** *m* 隔离 [gé lí]; 与世隔绝 [yù shì gé jué]; **~nte 1.** *adj m/f* 隔绝的 [gé jué de], 绝缘的 [jué yuán de]; 隔音的 [gé yīn de] 隔热的 [gé rè de]; **2.** *m* 绝缘材料 [jué yuán cái liào]; **~r** *vt* 隔离 [gé lí]; 切断联系 [qiè duàn lián xì]; **~rse** 与世隔绝 [yù shì gé jué]; 独来独往 [dú lái dú wǎng]

ajedrez *m* 国际象棋 [guó jì xiàng qí]

ajeno,-a *adj* 他人的 [tā rén de]; 与（某物）无关的 [yù mǎo wù wú guān de]

ajetreo *m* 劳碌 [láo lù]; 繁忙 [fán máng]

ajo *m* 大蒜 [dà suàn]

ajusta/do,-a *adj* 公正的 [gōng zhèng de]; 正相符的 [zhèng xiāng fǔ de]; **~r** *vt tecn* （装配时） [zhuāng pèi shí] 调整 [tiáo zhěng], 修整 [xiū zhěng] （部件） [bù jiàn]

ajusticiar *vt* 处死 [chù sǐ]

ala *f mil* 碉堡间的围墙 [diāo bǎo jiàn de wéi qiáng]; 侧翼 [cè yì]

Alá *m relig* 阿拉 [ā lā], 真主 [zhēn zhǔ]

alaba/nza *f* 赞扬 [zàn yáng]; 赞美 [zàn měi]; **~r** *vt* 赞扬 [zàn yáng]; 赞美 [zàn měi]

alam/brado *m* 铁丝网 [tiě sī wǎng]; 铁纱罩 [tiě shā zhào]; **~bre** *m* 金属丝 [jīn shǔ sī]; 电缆 [diàn lǎ]

alameda *f* 杨树林 [yáng shù lín]; 林荫大道 [lín yīn dà dào]

álamo *m* 杨木 [yáng mù]

alarde *m* 检阅 [jiǎn yuè]; 视察 [shì chá]

alargar *vt* 加长 [jiā cháng]; 延长 [yán cháng]; **~se** 离开 [lí kāi]

alarido *m* 哀叫 [āi jiào]; 嚎叫 [háo jiào]

alarma *f* 警报 [jǐng bào]; **~nte** *adj m/f* 令人惊慌的 [lìng rén jīng huāng de]; 令人震惊的 [lìng rén zhèn jīng de]; **~r** *vt* 发警报 [fā jǐng bào]

alba *f* 黎明 [lí míng]; 拂晓 [fú xiǎo]

alba/nés 1.,-a *adj* 阿尔巴尼亚的 [ā ěr bā ní yà de]; **2.** *m* 阿尔巴尼亚人 [ā ěr bā níyà de rén]; 阿尔巴尼亚语 [ā ěr bā nì yà de yǔ]; **~*nia** 阿尔巴尼亚 [āer bā ní yà de]

albañil *m* 泥瓦工 [ní wà gōng]; **~ería** *f* 泥瓦工行业 [ní wà gōng háng yè]

albaricoque *m* 杏 [xìng]; 杏树 [xìng shù]

albedrío *m* 意志 [yì zhì], 意愿 [yì yuàn]

alber/gar *vt* 供人居住 [gòng rén jū zhù]; 留宿 [liú sù]; **~gue** *m* 住宿 [zhù sù]; 临时住处 [lín shí zhù chù]; **~ juvenil** 青年寓所 [qīn nián yù suǒ], 青年旅馆 [qīn nián lǚ guǎn]

albóndiga *f gastr* （猪 [zhū], 鱼肉的 [yú ròu de] ）大丸子 [dà wán zi]

albornoz *m* 风帽 [fēng mào], 兜帽 [dōu mào]

alborota/do,-a *adj* 激动的 [jī dòng de]; 骚动的兜 [sāo dòng de dōu]; **~r 1.** *vt* 弄乱 [nòng luàn], 搅乱 [jiǎo luàn]; 引起骚动 [yǐn qǐ sāo dòng]; **2.** *vi* 喧闹 [xuān nào]

álbum *m* （照片 [zhào piàn], 邮票等的 [yóu piào děng de] ）册 [cè], 簿 [bù]

alcachofa *f* 洋蓟头 [yáng jì tóu]

alcal/de *m* 市长 [shì zhǎng]; **~día** *f* 市政府 [sh ìzhèng fǔ]
alcance *m* 可及范围 [kě jí fàn wéi], 可答距离 [kě dá jù lì]
alcantarilla *f* 下水道 [xià shuǐ dào]; 阴沟洞 [yīn gōu dòng]; **~do** *m* 下水道工程 [xià shuǐ dào gōng chéng]; 下水道系统 [xià shuǐ dào xì tǒng]
alcanzar 1. *vt* 追上 [zhuī shàng], 赶上 [gǎn shàng]; **2.** *vi* 够得到 [gòu dé dào]
alcaparras *fpl* （地中海沿岸盛产的 [dì zhōng hǎi yán àn shèng chǎn de] ）灌木苞 [guàn mù bāo]
alcázar *m* 城堡 [chéng bǎo]
alcohol *m* 酒精 [jiǔ jīng]
alcohólico 1.,-a *adj* 酒精的 [jiǔ jīng de]; 含酒精的 [hán jiǔ jīng de]; **2.** *m* 酒鬼 [jiǔ guǐ]
alcoholismo *m* 酗酒 [xù jiǔ]; 酒精中毒 [jiǔ jīng zhōng dú]
aldea *f* 村庄 [cūn zhuāng]
alea/ción *f* 合铸 [hé zhù]; 合金 [hé jīn]; **~r** *vt* 熔合 [róng hé], 合铸 [hé zhù]
aleccionar *vt* 教训 [jiào xùn], 教导 [jiào dǎo]
aledaño 1.,-a *adj* 毗邻的 [pí lín de]; 附带的 [fù dài de]; **2.** *m* 边界 [biān jiè]; **~s** *mpl* 附近地区 [fù jìn dì qū]
aleg/oría *f* 比喻 [bǐ yù]; 讽喻 [fěng yù]
alegrar *vt* 使高兴 [shǐ gāo xìng]; **~se de** 高兴 [gāo xìng]; 满意 [mǎn yì]
alegría *f* 愉快 [yú kuài]; 高兴 [gāo xìng]
aleja/miento *m* 远离 [yuǎn lí]; 疏远 [shū yuǎn]; **~r** *vt* 使远离 [shǐ yuǎn lí]; **~rse** 离开 [lí kāi], 远离 [yuǎn lí]
ale/mán 1.,-a *adj* 德国的 [dé guó de]; 德国人的 [dé guó rén de]; **2.** 德语 [dé yǔ]; 德国人 [dé guó rén]; **~*mania** *f* 德国 [dé guó]
alentar *vt* 鼓舞 [gǔ wǔ]; 鼓励 [gǔ lì]
alerta *f* 注意 [zhù yì]; 警惕 [jǐng tì]
aleta *f* 鳍 [qí]; 鼻翼 [bí yì]; **~s** *fpl*(游泳用的)鸭蹼 [(yóu yǒng yòng de)yā pǔ]
alevosía *f* 背叛 [bèi pàn]
alfabético,-a *adj* 字母的 [zì mǔ de]
alfabeto *m* 字母表 [zì mǔ biǎo]
alfiler *m* 大头针 [dà tóu zhēn]; 别针 [bié zhēn]
alfom/bra *f* 地毯 [dì tǎn]; **~brilla** *f med* 风疹 [fēng zhěn]; 红疹 [hóng zhěn]
alga *f* 水藻 [shuǐ zǎo]; **~ marina** 海藻 [hǎi zǎo]
álgebra *f* 代数学 [dài shù xué]
algo *pron indef* 某物 [mǒu wù]; 某事 [mǒu shì]
algodón *m* 棉花 [mián huā]
alguacil *m* 法警 [fǎ jǐng]; 警官 [jǐng guān]

lguien *pron indef* 某人 [mǒu rén], 有人 [yǒu rén]

lguno,-a *adj* 一些 [yī xiē], 某些 [mǒu xiē]

lgún *m* （一些人中的）某个 [(yī xiē rén zhōng de) mǒu gè]

liado 1.,-a *adj* 结盟的 [jié méng de]; **2.** *m* 同盟国 [tóng méng guó]

lianza *f* 联盟 [lián méng]; 联姻 [lián yīn]; 结婚戒指 [jié hūn jiè zhǐ]

liarse 联合 [lián hé], 结盟 [jié méng]

licates *mpl* 钳子 [qián zǐ]

liciente *m* 吸引 [xī yǐn], 魅力 [mèi lì]

liena/ción *f* 精神错乱 [jīng shén cuò luàn], 失去理智 [shī qù lǐ zhì]; **~r** *vt* 使精神错乱 [shǐ jīng shén cuò luán]

liento *m fig* 魄力 [pò lì], 勇气 [yǒng qì]

ligerar *vt* 减少 [jiǎn shǎo], 减轻 [jiǎn qīng]

lijo *m* 走私 [zǒu sī], 走私物品 [zǒu sī wù pǐn]

limenta/ción *f* 供给 [gōng jǐ]; 食品 [shí pǐn]; **~r** *vt* 提供食品 [tí gōng shí pǐn]; **~rse** 吃 [chī]; 吸取营养 [xīqǔ yíng yǎng]

limento *m* 食物 [shí wù]; 饮食 [yǐn shí]; **~ para perros** 狗食 [gǒu shí]; **~s congelados** *mpl* 冷冻食品 [lěng dòng shí pǐn]

linear *vt* 使成排 [shǐ chéng pái]; 使成行 [shǐ chéng háng]

aliñar *vt gastr* 加调料 [jiā tiáo liào]

alisar *vt* 弄平 [nòng píng], 弄光滑 [nòng guāng huá]; 拉直（头发） [lā zhí (tóu fà)]

alistar *vt mil* 征募(军人) [zhēng mù (jūn rén)]

alivi/ar *vt* 减轻 [jiǎn qīng]; 缓解 [huǎn jiě]; **~se** *med* 病情好转 [bìng qíng hǎo zhuǎn]; **~o** *m* 松口气 [sōng kǒu qì]; 缓解 [huǎn jiě]

allá *adv* 那儿 [nà er], 那边 [nà biān]; **de ~** 从那边 [cóng nà biān]; **más ~** 阴间 [yīn jiān]; **por ~** 在那边 [zài nà bian]

allana/miento *m* 弄平 [nòng píng]; 夷平 [yí píng]; **~r** *vt* 弄平 [nòng píng], 整平 [zhěng píng]

allegado 1.,-a *adj* 亲近的 [qīn jìn de]; 有亲戚关系的 [yǒu qīn qī guān xì de]; **2.** *m* 亲属 [qīn shǔ]; 亲近的人 [qī jìn de rén]

allí *adv* 那儿 [nà er], 那里 [nà lǐ]; **~ mismo** 正是那里 [zhèng shì nà lǐ]; **de ~**, **desde ~** 从那儿 [cóng nà er]; **hasta ~** 很不错的 [hěn bú cuò de]; **por ~** 大约 [dà yuē];

alma *f* 灵魂 [líng hún]; 生命 [shēng mìng]; 实质 [shí zhì]

alma/cén *m* 仓库 [cāng kù]; 百货商店 [bǎi huò shāng diàn]; **grandes ~es** *mpl* 大百货商店 [dà bǎi huo shāng diàn], 大商场 [dà shāng chǎng]; **~cenar** *vt informát* 储存 [chǔ cún]

almanaque *m* 历书 [lì shū], 年鉴 [nián jiàn]
almeja *f* 蛤蜊 [gé lí]
almendra *f* 杏仁 [xìng rén]
almendro *m* 杏 [xìng], 扁桃 [biǎn táo]
almidón *m* 淀粉 [diàn fěn]
almirante *m* 海军上将 [hǎi jūn shàng jiàng]
almoha/da *f* 枕头 [zhěn tóu]; **~dilla** *f* 小垫子 [xiǎo diàn zi]; 针插 [zhēn chā]; **~dón** *m* 大枕头 [dà zhěn tóu], 大垫子 [dà diàn zi]
almorzar *vi* 吃午饭 [chī wǔ fàn]
almuerzo *m* 午饭 [wǔ fàn]
alocado,-a *adj* 发疯的 [fā fēng de]; 慌乱的 [huāng luàn de]
aloja/miento *m* 住宿 [zhù sù], 下榻处 [xià tà chǔ]; **~r** *vt* 留宿 [liú sù], 提供住宿 [tí gōng zhù sù]; **~rse en** 住宿 [zhù sù], 下榻 [xià tà]
alpargata *f* 麻草鞋 [má cǎo xié]
Alpes *mpl* 阿尔卑斯山脉 [ā ěr bēi sī shān mài]
alpinis/mo *m* 登山运动 [dēng shān yùn dòng]; **~ta** *m/f* 登山运动员 [dēng shān yùn dòng yuán]
alquil/ar *vt* 出租 [chū zū]; 租用 [zū yòng]; **~er** *m* 租金 [chū jīn]; **de ~er** 出租的 [chū zū de]; **~er de coches** *m* 租车金 [zū chē jīn]
alquitrán *m* 柏油 [bǎi yóu], 沥青 [lì qīng]

alrededor *adv* 周围 [zhōu wéi], 四周 [sì zhōu]; 大约 [dà yuē]; **~es** *mpl* 附近 [fù jìn]
Alsaci/a *f* 阿尔萨斯 [ā ěr sà sī]; **~ano 1.,-a** *adj* 阿尔萨斯的 [ā ěr sà sī de]; **2.** *m* 阿尔萨斯人 [ā ěr sà sī rén]
alta *f med* (病人)出院 [(bìng rén)chū yuàn]; **dar de ~** *me*… 准许出院 [zhǔn xǔ chū yuàn]; **~mente** *adv* 非常 [fēi cháng], 很 [hěn]
altar *m* 祭坛 [jì tán], 祭桌 [jì zhuō]
altavoz *m* 扬声器 [yáng shēng qì], 高音喇叭 [gāo yīn lǎ bā]
altera/ble *adj m/f* 可变的 [kě biàn de]; 易变的 [yì biàn de]; **~ción** … 改变 [gǎi biàn], 改动 [gǎi dòng]; **~do,-a** *adj* 变更了的 [biàn gēng liǎo de]; **~r** *vt* 改变 [gǎi biàn], 歪曲 [wāi qū], 篡改 [cuàn gǎi]; **~rse** 激怒 [jī nù]
altercado *m* 动乱 [dòng luàn], 骚乱 [sāo luàn]
alterna/r *vt* 使交替 [shǐ jiāo tì]; 使轮流 [shǐ lún liú]; **~tiva** *f* (两者之间的)选择 [(liǎng zhě zhī jiān de)xuǎn zé]; 轮流 [lún liú]; **~tivo,-a** *adj* 交替的 [jiāo tì de]; 交错的 [jiāo cuò de]
alteza *f* 崇高 [chóng gāo]; 高尚 [gāo shàng]
altitud *f* 高度 [gāo dù]
altivez *f* 高傲 [gāo'ào], 傲慢 [ào màn]
altivo,-a *adj* 高傲的 [gāo' ào de]

alto 1.,-a *adj* 高的 [gāo de]; 高层的 [gāo céng de]; 高级的 [gāo jí de]; **2.** *adv* 在上面 [zài shàng miàn]; 大声的 [dà shēng de]; **3.** *m* 高度 [gāo dù]; 高处 [gāo chù]; **4. ¡~!** 站住！[zhàn zhù]

altura *f* 高度 [gāo dù]; 崇高 [chóng gāo]

alubia *f* 大豆 [dà dòu]

alucinación *f* 幻觉 [huàn jué]

alud *m* 血崩 [xuè bēng]

aludi/do,-a *adj* 被影射的 [bèi yǐng shè de]; 被提到的 [bèi tí dào de]; **~r a** *vi* 影射 [yǐng shè]; 暗指 [àn zhǐ]

alumbra/do 1.,-a *adj* 照明的 [zhào míng de]; **2.** *m* 照明 [zhào míng]; 灯光 [dēng guāng]; **~miento** *f med* 分娩 [fēn miǎn]; **~r 1.** *vt* 照明 [zhào míng]; **2.** *vi med* 分娩 [fēn miǎn]

aluminio *m* 铝 [lǚ]

alumno,-a *m/f* 学生 [xué shēng]

alusión *f* 暗指 [àn zhǐ], 影射 [yǐng shè]

alza *f* 抬高 [tái gāo]; 涨价 [zhǎng jià]; **~miento** *m* 抬高 [tái gāo]; （拍卖中的）抬价 [(pāi mài zhōng de) tái jià]; **~r** *vt* 抬高 [tái gāo]; 竖起 [shù qǐ]; 举起 [jǔ qǐ]; **~rse** 站起来 [zhàn qǐ lái]

ama *f* 主妇 [zhǔ fù]; 官家 [guān jiā]; **~ de casa** 主妇 [zhǔ fù]; **~ de llaves** 女管家 [nǚ guǎn jiā]

ama/bilidad *f* 亲切 [qīn qiē]; 殷勤 [yīn qín]; **~ble** *adj m/f* 和蔼可亲的 [hé ǎi kě qīn de], 可爱的 [kě ài de]

amaestrar *vt* 驯练 [xùn liàn], 驯化 [xùn huà]

amalgama *m* 汞合金 [gǒng hé jīn]

amamantar *vt* (*bebé, animal*) 母乳喂养 [mǔ rǔ wèi yǎng]

amanecer 1. *m* 黎明 [lí míng]; **2.** *vi* 天亮 [tiān liàng]

amansar *vt* 驯养 [xùn yǎng]

amante 1. *adj m/f* 爱的 [ài de]; 爱好的 [ài hǎo de]; **2.** *m/f* 情人 [qíng rén]; 爱好者 [ài hǎo zhě]

amañar *vt* 巧妙安排 [qiǎo miào ān pái]

amapola *f bot* 虞美人 [yú méi rén]

amar *vt* 爱 [ài]; 热爱 [rè ài]

amar/gar *vt* 使有苦味 [shǐ yǒu kǔ wèi]; 使痛苦 [shǐ tòng kǔ]; **~go, -a** *adj* 苦味的 [kǔ wèi de]; 痛苦的 [tòng kǔ de]; **~gura** *f* 苦味 [kǔ wèi]; 痛苦 [tòng kǔ]

amari/llento,-a *adj* 发黄的 [fā huáng de]; **~llo,-a** *adj* 黄色的 [huáng sè de]

ámbar *m* 琥珀 [hǔ pò]

Amberes （比利时）安特卫普 [(bǐ lì shí)ān tè wèi pǔ]

ambi/ción *f* 雄心 [xióng xīn]; 野心 [yě xīn]; **~cioso,-a** *adj* 有雄心的 [yǒu xióng xīn de]; 有野心的 [yǒu yě xīn de]

ambiente *m fig* 气氛 [qì fēn]; 氛围 [fēn wéi] （生存，生活）环

境 [(shēng cún, shēng huó) huán jìng]

ambi/güedad *f* 模棱两可 [mó léng liǎng kě]; **~güo,-a** *adj* (*carácter*) 模棱两可的 [mó léng liǎng kě de]; 模糊不清的 [mó hú bú qīng de]

ámbito *m* 范围 [fàn wéi]; 领域 [lǐng yù]

ambos,-as *pron* 两者 [liǎng zhě]; 双方 [shuāng fāng]

ambulancia *f* 救护车 [jìu hù chē]

ambulante *adj m/f* 流动的 [liú dòng de]; **exposición** *f* ~ 循回展出 [xún huí zhǎn chū]

amedrentar *vt* 使害怕 [shǐ hài pà]; 吓住 [xià zhù]

amén *m relig* 阿门 [ā mén]; **decir ~ a todo** 对什么都赞同 [duì shén me dou zàn tóng]

amena/za *f* 威胁 [wēi xié]; **~zante** *adj m/f* 威胁性的 [wēi xié xìng de]; **~zar** *vt/i* 威胁 [wēi xié]

ameno,-a *adj* 赏心悦目的 [shǎng xīn yuè mù de], 宜人的 [yí rén de]

América *f* 美洲 [měi zhōu]; 美国 [měi guó]

americano 1.,-a *adj* 美国的 [měi guó de]; **2.** *m* 美国人 [měiguó rén]

ametralladora *f* 机关枪 [jī guān qiāng]

amiga *f* 女性朋友(近似情人) [nǚ xìng péng yǒu(jìn sì qíng rén)], 朋友 [péng yǒu]

amigable *adj m/f* 友好的 [yǒu hǎo de]

amígdala *f med* 扁桃体 [biǎn táo tǐ]

amigdalltis *f* 扁桃体炎 [biǎn táo tǐ yán]

amigo *m* 男性朋友(近似情人) [nán xìng péng yǒu (jìn sì qíng rén)] 朋友 [péng yǒu]; **hacerse ~s de alg** 与某人交朋友 [yǔ mǒu rén jiāo péng yǒu]

aminorar *vt* 缩小 [suō xiǎo], 减少 [jiǎn shǎo]

amis/tad *f* 友谊 [yǒu yì], 友情 [yǒu qíng]; **~tades** *fpl* 朋友 [péng yǒu], 友人 [yǒu rén]; **~toso,-a** *adj* 友好的 [yǒu hǎo de]

amnesia *f med* 记忆失缺 [jì yì shī quē], 遗忘症 [yí wàng zhèng]

amnistía *f* 特赦 [tè shè], 赦免 [shè miǎn]

amo *m* 主人 [zhǔ rén]; 东家 [dōng jiā]

amoldar *vt* 铸造 [zhù zào], 按模型制作 [àn mó xíng zhì zuò]

amonesta/ción *f* 责备 [zé bèi]; 告戒 [gào jiè]; **~r** *vt* 责备 [zé bèi]; 告戒 [gào jiè]

amoníaco *m* 氨 [ān]

amontonar *vt* 堆积 [duī jī]

amor *m* 爱 [ài]; 爱情 [ài qíng]

amordazar *vt fig* 使缄默 [shǐ jiān mò]

amo/río *m* 风流韵事 [fēng liú yùn shì]; **~roso,-a** *adj* 爱情的 [ài qíng de]; 温柔的 [wēn róu de]

amorti/guador 1.,-a *adj* 缓冲的 [huǎn chōng de]; **2.** *m tecn* 避振器 [bì zhèn qì]; **~guar** *vt* 缓和 [huǎn hé]; 减弱 [jiǎn ruò]

amortizar *vt* 偿还 [cháng huán], 折旧 [zhé jiù]

ampa/rar *vt* 保护 [bǎo hù], 庇护 [bì hù], 免受 [miǎn shòu]; **~ro** *m* 保护 [bǎo hù]; 靠山 [kào shān]

amplia/ción *f fig* （照片）放大 [(zhào piàn) fàng dà]; **~mente** *adv* 广泛地 [guǎng fàn de]; **~r** *vt* (照片) 扩大 [(zhào piàn) kùo dà], 放大 [fàng dà]

amplifica/ción *f* 放大 [fàng dà]; 发挥 [fā huī]; **~dor** *m mús* 扩音器 [kùo yīn qì]; **~r** *vt mús* 扩音 [kùo yīn]

amplio,-a *adj* 宽敞的 [kuān chǎng de]; 辽阔的 [liáo kuò de]

amplitud *f* 宽敞 [kuānchǎng]; 辽阔 [liáokuò]; 广度 [guǎngdù]

ampolla *f med* （皮肤上的）泡 [(pí fū shàng de) pào], 水泡 [shuǐ pào]

amputa/ción *f* 节肢 [jié zhī]; 切除器官 [qiē chú qì guān]; **~r** *vt fig* (*finanzas*) 削减(贷款或经费) [xué jiǎn (dài kuǎn huò jīng fèi)]

amuebla/do,-a *adj* 配家具的(房子) [(pèi jiā jù de) fáng zi]; **~r** *vt* 添置家具 [tiān zhì jiā jù]

amuleto *m* 护身符 [hù shēn fú]

anaconda *f* 隐士 [yǐn shì]; 隐居者 [yǐn jū zhě]

analfabe/tismo *m* 文盲 [wén máng]; **~to,-a** *adj* 不识字的 [bú shí zì de]; 无知的 [wú zhī de]

analgésico 1. *m med* 止痛剂 [zhǐ tòng jì]; **2.,-a** *adj* 止痛的 [zhǐ tòng de], 镇痛的 [zhèn tòng de]

análisis *m* 分析 [fēn xī], 剖析 [pōu xī]

analí/tica *f med* 化验 [huà yàn]; **~tico,-a** *adj* 分析的 [fēn xī de]; 分解的 [fēn jiě de]

analizar *vt* 分析 [fēn xī], 剖析 [pōu xī]

analogía *f* 相似 [xiāng sì], 类似 [lèi sì]

análogo,-a *adj* 相似的 [xiāng sì de]; 类似的 [lèi sì de]

anar/quía *f* 无政府状态 [wú zhèng fǔ zhuàng tài]; **~quismo** *m* 无政府主义 [wù zhèng fǔ zhǔ yì]; **~quista** *m/f* 无政府主义者 [wù zhèng fǔ zhǔ yì zhě]

anatomía *f med* 解剖 [jiě pōu]

anatómico,-a *adj* 解剖的 [jiě pōu de]; 解剖学的 [jiě pōu xué de]

anca *f* （马或动物的）臀部 [(mǎ huò dòng wù de)tún bù]; **~s de rana** *fpl* 田鸡腿 [tián jī tuǐ]

ancian/o 1.,-a *adj* 年老的 [nián lǎo de]; **2.** *m* 老人 [lǎo rén]

ancho 1.,-a *adj* 宽的 [kuān de]; **2.** *m* 宽 [kuān], 宽度 [kuān dù]

anchoa *f* 鳀鱼 [tí yú]

anchura *f* 宽 [kuān]; 宽度 [kuān dù]

¡anda! *excl* 算了吧！[suàn le ba], 去你的！[qù nǐ de]
Andalu/cía (西班牙) 安达卢西亚 [(xī bān yá) ān dá lú xī yà]; **~*z 1.,-a** *adj* 安达卢西亚的 [ān dá lú xī yà]; **2.** *m* 安达卢西亚人 [ān dá lú xī yà rén]
andar 1. *vi* 走路 [zǒu lù], 行走 [xíng zǒu]; **2.** *vt* 走过 [zǒu guò], 走了 [zǒu le]; **3.** *m* 行为 [xíng wéi], 举止 [jǔ zhǐ]
andén *m* 站台 [zhàn tái], 月台 [yuè tái]
Andes *mpl* 安第斯山 [ān dì sī shān]
anécdota *f* 轶事 [yì shì]; 趣事 [qù shì]
anejo 1.,-a *adj* 附属的 [fù shǔ de]; 附加的 [fù jiā de]; **2.** *m* 附属品 [fù shǔ pǐn]; 附加品 [fù jiā pǐn]
anemia *f med* 贫血 [pín xuè]; 贫血症 [pín xuè zhèng]
aneste/sia *f* 麻醉 [má zuì]; 麻木 [má mù]; **~ local** *f* 局部麻醉 [jú bù má zuì]; **~siar** *vt* 使麻醉 [shǐ má zuì]
anestésico *m* 麻醉的 [má zuì de]
anestesista *m/f* 麻醉师 [má zuì shī]
ane/xión *f* 吞并 [tūn bìng], 兼并 [jiān bìng]; **~xionar** *vt* 吞并 [tūn bìng], 兼并 [jiān bìng]; **~xo** *m* (文本) 附件 [(wén běn) fù jiàn]
anfiteatro *m teat* 圆形阶梯剧场 [yuán xíng jiē tī jù chǎng]
anfitrión *m* 东道主 [dōng dào zhǔ]
ánfora *f* 投票箱 [tóu piào xiāng]
ángel *m* 天使 [tiān shǐ]; **~ de la guarda** 守护神 [shǒu hù shén]
angeli/cal *adj m/f* 天使的 [tiān shǐ de]; 天使般的 [tiān shǐ bān de]; **~to** *m* 小天使 [xiǎo tiān shǐ]; 天真无邪的孩子 [tiān zhēn wú xié de hái zi]
angina *f med* 咽峡炎 [yè xiá yán]; **~ de pecho** *med* 心绞痛 [xīn jiǎo tòng]
angos/to,-a *adj* 狭窄的 [xiá zhǎi de]; **~tura** *f* 窄 [zhǎi], 狭窄 [xiá zhǎi]
anguila *f* 鳗鱼 [mán yú]
angula *f gastr* 欧洲鳗鱼苗 [ōu zhōu mán yú miáo]
angular *adj m/f* 角的 [jiǎo de]; 角状的 [jiǎo zhuàng de]
ángulo *m* 角 [jiǎo]; 角度 [jiǎo dù]
angustia *f* 愁闷 [chóu mèn]; 苦恼 [kǔ nǎo]
angusti/ado,-a *adj* 痛苦的 [tòng kǔ de]; 苦恼的 [kǔ nǎo de]; **~ar** *vt* 使痛苦 [shǐ tòng kǔ]; 使苦恼 [shǐ kǔ nǎo]; **~arse** 感到痛苦 [gǎn dào tòng kǔ]; 苦恼 [kǔ nǎo]; **~oso,-a** *adj* 使人痛苦的 [shǐ rén tòng kǔ de]; 使人苦恼的 [shǐ rén kǔ nǎo de]
anillo *m* 戒指 [jiè zhǐ]; 环 [huán]; **~ de compromiso** *m* 订婚戒指 [dìng hūn jiè zhǐ]
ánima *f* 鬼魂 [guǐ hún]; 灵魂 [líng hún]

animación *f* 有生气 [yǒu shēng qì]; 活跃 [huó yuè]; (电脑) 动画 [(diàn nǎo) dòng huà]

animado,-a *adj* 有生气的 [yǒu shēng qì de]; 有劲头的 [yǒu jín tóu de]; **estar ~ de** 被…鼓励 [bèi… gǔ lì], 受…鼓舞 [shǒu… gǔ wǔ]

animador *m* 助兴的人 [zhù xìng de rén], 营造气氛的人 [yíng zào qì fēn de rén]

animal 1. *adj m/f* 动物的 [dòng wù de]; 粗野的 [cū yě de]; **2.** *fig coloq* 愚昧无知的 [yú mèi wú zhīde]; **¡~!** 畜生! [chù shēng]

animar *vt* 鼓励 [gǔ lì], 鼓动 [gǔ dòng]

ánimo *m* 情绪 [jīng xù], 心情 [xīn qíng]

aniquila/miento *m* 毁坏 [huǐ huài], 毁灭 [huǐ miè]; **~r** *vt* 消灭 [xiāo miè]; 摧毁 [cuī huǐ]

anís *m* 茴芹 [huí qín], 茴香 [huí xiāng]

aniversario *m* 周年 [zhōu nián]

ano *m med* 肛门 [gāng mén]

anoche *adv* 昨晚 [zuò wǎn]; **~cer 1.** *v/impers* 天色渐黑 [tiān sè jiàn hēi]; **2.** *m* 傍晚 [bàng wǎn], 黄昏 [huáng hūn]; **al ~** 傍晚的时候 [bàng wǎn de shí hou]

anomalia *f* 异常 [yì cháng], 不正常 [bú zhèng cháng]

anónimo 1.,-a *adj* 匿名的 [nì míng de]; **2.** *f* 匿名 [nì míng], 无名氏 [wú míng de]; **Sociedad ~*a (S.A.)** 股份有限公司 [gǔ fèn yǒu xiàn gōng sī]

anonimato *m* 匿名 [nì míng], 无名氏 [wú míng shì]

anorak *m* (严寒天气穿的)厚外套 [(yán hán tiān qì chuān de) hòu wài tào]

anormal *adj m/f* 异常的 [yì cháng de], 不正常的 [bú zhèng cháng]

anotar *vt* 记录 [jì lù]; 注解 [zhù jiě]

ansi/a *f* 焦虑 [jiāo lǜ], 渴求 [kě qiú]; **~ar** *vt* 热望 [rè wàng]; 渴望 [kě wàng]; **~edad** *f* 焦急 [jiāo jí], 忧虑 [yōu lǜ]; **~oso,-a de** *adj* 焦虑的 [jiāo lǜ de], 渴望的 [hè wàng de]

antaño *adv lit* 去年 [qù nián]; 从前 [cóng qián]

antár/tico *m* 南极 [nán jí]; **~*tida** *f* 南极洲 [nán jí zhōu], 南极圈 [nán jí quān]

ante 1. *prep* 在…前面 [zài… qián miàn]; 在…面前 [zài… miàn qián]; 面对 [miàn duì]; **~ todo** 首先 [shǒu xiān]; **2.** *m* 翻面皮革 [fān miàn pí gé]

anteayer *adv* 前天 [qián tiān]

antebrazo *m* 前臂 [qián bì]

antecede/nte 1. *adj m/f* 先行的 [xiān xíng de]; 先前的 [xiān qián de], 前面的 [qián miàn de]; **2. ~s penales** 前科 [qián kē], 犯罪记录 [fàn zuì jì lù]; **~r** *vt* 在先 [zài xiān], 在前 [zài qián]

antecesor,-a *m/f* 祖先 [zǔ xiān]; 前任 [qián rèn]

antelación *f* 提前 [tí qián]
antemano 事先 [shì xiān], 预先 [yù xiān]; **de ~** 事先地 [shì xiān de]
antena *f zool* 触角 [chu jiǎo] *electr* 天线 [tiān xiàn]; **~ colectiva** 公用天线 [gōng yòng tiān xiàn]; **~ parabólica** 卫星天线 [wèi xīng tiān xiàn]; **~ de televisión** 电视机天线 [diàn shjī tiān xiàn]
anteojo *m* 望远镜 [wàng yuǎn jìng]; **~s** *mpl* 双筒望远镜 [shuāng tǒng wàng yuǎn jìng]; 眼镜 [yǎn jìng]
antepasados *mpl* 祖先 [zǔ xiān]
antepecho *m* 围裙 [wéi qún]
anteponer *vt* 放在前面 [fàng zài qián miàn]; 使优先 [shǐ yōu xiān]
anterior *adj m/f* 在先的 [zài xiān de], 在前的 [zài qián de]; 前面的 [qián miàn de]; **~idad** *f* 优先 [yōu xiān]; 前面 [qián miàn]; **con ~** 预先 [yù xiān], 提前 [tí qián]
antes 1. *adv* 从前 [cóng qián]; **cuanto ~** 尽快 [jǐn kuài], 尽早 [jǐn zǎo]; **el día ~** 前一天 [qián yī tiān]; **poco ~** 不久前 [bú jiǔ qián]; **2. ~ de** *prep* 在…之前 [zài... zhī qián]; **3. ~ de que** *conj* 在…之前 [zài... zhī qián], 首先 [shǒu xiān]
antici/pación *f* 提前 [tí qián], 提早 [tí zǎo]; **con ~pación** 提前 (做) [tí qián (zuò)]; **~par** 提前 [tí qián]; 预付 [yùfù]; **~parse** 抢先 [qiǎng xiān]; 提前 [tí qián]; **~po** *m* 提前 [tí qián]; 预付款 [yù fù kuǎn]
anticuado,-a *adj* 过时的 [guò shí de]
anticuario *m* 古董商 [gǔ dǒng shāng]
antídoto *m med* 解毒剂 [jiě dú jì]
antifaz *m* 面罩 [miàn zhào]
antigüedad *f* 古代 [gǔ dài]; **~es** *fpl* 古董 [gǔ dǒng]
antiguo,-a *adj* 古代的 [gǔ dài de]; 旧的 [jiù de]
antillano,-a *adj* 安德列斯群岛的 [ān de liè sīqún dǎo de]
antílope *f* 羚羊 [lǐng yáng]
antipatía *f* 不友好 [bú yǒu hǎo]; 冷酷无情 [lěng kù wú qíng]
antipático,-a *adj* 不友好的 [bú yǒu hǎo de], 令人厌恶的 [lìng rén yàn wù de]
antirrobo *m auto* (汽车上的)防盗装置 [(qì chē shàng de) fáng dào zhuāng zhì]
antiséptico 1.,-a *adj* 防腐的 [fáng fǔ de], 灭菌的 [miè jūn de]; **2.** *m* 防腐剂 [fáng fǔ jì], 灭菌剂 [miè jūn jì]
anto/jarse (出于任性) 忽然想要 [(chū yú rèn xìng) hū rán xiǎng yào]; **se me ~ja** (出于任性) 忽然想要… [chū yú rèn xìng hū rán xiǎng yào]; **~jo** *m* (出于任性) 突起的念头 [(chū yú rèn xìng) tū qǐ de niàn tóu]
antología *f* 文选 [wén xuǎn], 选集 [xuǎn jí]

antorcha *f* 火炬 [huǒ jù]; 火把 [huǒ bǎ]

antro *m fig coloq* 阴暗肮脏的地方 [yīn àn āng zāng de dì fāng]

anu/al *adj m/f* 年度的 [nián dù de]; **~ario** *m* 年刊 [nián kān], 年鉴 [nián jiàn]

anudar *vt* (地毯) 打结 [(dì tǎn) dǎ jié], 结成 [jié chéng]

anulación *f* 取消 [qǔ xiāo], 废除 [fèi chú]

anular 1. *vt* 取消 [qǔ xiāo], 废除 [fèi chú]; **2.** *adj m/f* 环形的 [huán xíng de]; 无名指的 [wú míng zhǐ de]; **3.** *m* 无名指 [wú míng de]

anuncia/ción *f* 通知 [tōng zhī], 通告 [tōng gào]; **~r 1.** *vt* 通知 [tōng zhī], 公布 [gōng bù]; **2.** *vi* 通知 [tōng zhī], 公布 [gōng bù]; **~rse** 预兆 [yù zhào], 预示 [yù shì]

anuncio *m* 通知 [tōng zhī]; 广告 [guǎng gào]

anzuelo *m* 鱼钩 [yú gōu]; 诱饵 [yòu ěr]

añadi/dura *f* 添加剂 [tiān jiā jì]; 补充材料 [bǔ chōng cái liào]; **~r** *vt* 增加 [zēng jiā]; 补充 [bǔ chōng]

añejo,-a *adj* (*vino*) 陈年的 [chén nián de], 酿制久的 [niàng zhì jiǔ de]

año *m* 年 [nián], 年份 [nián fèn]; * **Nuevo** *m* 新年 [xīn nián]; **tengo 30 ~s** 我三十岁了 [wǒ sān shí suì le]。

añora/nza *f* 怀念 [huái niàn], 思念 [sī niàn]; **~r** *vt* 怀念 [huái niàn], 思念 [sī niàn]

apacible *adj m/f* 温和的 [wēn hé de]; 安宁的 [àn níng de]

apaciguar *vt* 使和解 [shǐ hé jiě], 使缓解 [shǐ huǎn jiě]; **~se** 平静下来, [píng jìng xià lái] 缓和 [huǎn hé]

apadrinar *vt* 当养父 [dāng yǎng fù], 当教父 [dāng jiào fù]

apaga/do,-a *adj* (颜色) 不鲜艳的 [(yán sè) bú xiān yàn de]; **~r** *vt* 熄灭(电灯) [xī miè (diàn dēng)]

apagón *m* 突然的断电 [tū rán de duàn diàn], 长时间的断电 [cháng shí jiān de duàn diàn]

apañarse 自找出路 [zì zhǎo chū lù], 自行解决 [zì xíng jǐ jué]; **~las con** 用…处理(解决) [yòng… chǔ lǐ (jǐ jué)]

aparato *m* 器材 [qì cái], 装置 [zhuāng zhì]

aparcamiento *m* 停车场 [tíng chē chǎng]; **~ subterráneo** 地下停车场 [dì xià tíng chē chǎng]

aparcar *vt/i* 停车 [tíng chē]

aparear *vt* 使一致 [shǐ yī zhì]; 使成对 [shǐ chéng duì]

aparecer *vi* 出现 [chū xiàn]

aparentar *vt* 假装 [jiǎ zhuāng]

aparente *adj m/f* 表面上的 [biǎo miàn shàng de]

apari/ción *f* 出现 [chū xiàn]; 幻影 [huàn yǐng]; **~encia** *f* 外表 [wài biǎo]; 表面现象 [biǎo miàn xiàn xiàng]

apartado 1.,-a *adj* 偏僻的 [piān pì], 分开的 [fēn kāi]; **2.** *m*（文件的）章 [(wén jiàn de) zhāng], 节 [jié]; ~ **de correos** 邮政信箱 [yóu zhèng xìn xiāng]

apartamento *m* 小公寓 [xiǎo gōng yù], 套房 [tào fáng]

apartar *vt* 使分开 [shǐ fēn kāi]; 把…移开 [bǎ...yí kāi]; **~se** 离开 [lí kāi]; 分开 [fēn kāi]

aparte 1. *adv* 另外地 [lìng wài de]; 分开地 [fēn kāi de]; **2.** ~ **de** *prep* 除…之外 [chú...zhī wài]; ~ **de eso** 除此之外 [chú cǐ zhī wài]; **3.** ~ **de que** *conj* 不但 [bú dàn], 而且 [ér qiě] **4.** *m* 旁白 [páng bái]; 文章的段落 [wén zhāng de duàn luò]

apasiona/do,-a *adj* 入迷的 [rù mí de]; 着迷的 [zháo mí de]; **~miento** *m* 着迷 [zháo mí]; 入迷 [rù mí]; **~rse** 热中 [rè zhōng], 热爱 [rè 'ài]

apatía *f* 冷漠 [lěng mò], 麻木 [má mù]

apellido *m* 姓 [xìng], 姓氏 [xìng shì]

apenas *adv* 几乎不 [jī hū bú]; 仅仅 [jǐn jǐn]

apéndice *m* **1.** 附录 [fù lù]; **2.** *med* 阑尾 [lán wěi]

apendicitis *f med* 阑尾炎 [lán wěi yán]

aperitivo *m* 开胃酒 [kāi wèi jiǔ], 开胃品 [kāi wèi pǐn]

apertura *f* 开始 [kāi shǐ]; 开放 [kāi fàng]

apestar 1. *vt* 使染上瘟疫 [shǐ rǎn shàng wēn yì]; **2.** *vi* 腐烂 [fǔ làn]; 发臭 [fā chòu]

apete/cer 1. *vt* 渴望 [kě wàng], 追求 [zhuī qiú]; **2.** *vi* 激起愿望 [jī qǐ yuàn wàng]; **~cible** *adj m/f* 令人羡慕的 [lìng rén xiàn mù]

apeti/to *m* 食欲 [shí yù]; 欲望 [yù wàng]; **~toso,-a** *adj* 引起食欲的 [yǐn qǐ shí yù de]; 美味的 [měi wèi de]

apiadarse de 同情 [tóng qíng]

ápice *m* 尖端 [jiān duān]; 顶峰 [dǐng fēng]

apio *m* 芹菜 [qín cài]

apisona/dora *f* 压路机 [yā lù jī]; 打夯机 [dǎ hāng jī]; **~r** *vt* 压实 [yā shí]; 弄实 [nòng shí]; 夯实 [hāng shí]

aplas/tante *adj m/f* 占绝大多数的 [zhàn jué dà duō shù de]; **~tar** *vt fig* 压倒 [yā dǎo], 压垮 [yā kuǎ]; 打败 [dǎ bài]

aplau/dir *vi* 鼓掌 [gǔ zhǎng]; **~so** *m* 掌声 [zhǎng shēng]

aplazamiento *m* 延期 [yán qī]

aplazar *vt* 使延期 [shǐ yán qī]

aplicable *adj m/f* 适用的 [shì yòng de]; 可以运用的 [kě yǐ dòng yòng de]

aplicación *f* 运用 [dòng yòng]; 执行 [zhí xíng]

aplicado,-a *adj* 应用的 [yìng yòng de]; 勤勉的 [qín miǎn de]

aplicar *vt* 执行 [zhí xíng]; 应用 [yìng yòng]

apoderado *m* 代理人 [dài lǐ rén]; 代理律师 [dài lǐ lǜ shī]
apoderar *vt* 授权 [shòu quán]; **~se** 据为己有 [jù wèi jǐ yǒu]; 占领 [zhàn lǐng]; **~se de u/c** 占有某物 [zhàn lǐngyǒu mǒu wù]
apodo *m* 绰号 [diào hào], 笔名 [bǐ míng]
apoplejía *f med* 中风 [zhōng fēng]
aporta/ción *f com* 投资 [tóu zī], 投入 [tóu rù]; **~r** *vt* 捐助 [juān zhù], 提供 [tí gōng]
aposta *adv* 故意地 [gù yì de]
apostar por *vt* 看好 [kàn hǎo]; 打赌 [dǎ dǔ]
apóstol *m relig* 使徒 [shǐ tú]
apóstrofe *f* 分隔符 [fēn gé fú]
apo/yar 1. *vt* 支持 [zhī chí]; 依靠 [yī kào]; **2. ~ sobre** *vi constr* 安放 [ān fàng], 依托 [yī tuō]; **~se en, sobre, contra** 靠着 [kào zhé]; **~yo** *m* 支持 [zhī chí]; 依靠 [yī kào]
aprecia/ble *adj m/f* 尊敬的 [zūn jìng de], 值得尊重的 [zhí dé zūn zhòng de]; **~ción** *f fig* 评估 [píng gū]; 赏识 [shǎng shí]; **~do,-a** *adj* 尊敬的 [zūn jìng de]; **~r** *vt* 器重 [qì zhòng], 赏识 [shǎng shí]
aprecio *m* 赏识 [shǎng shí], 器重 [qì zhòng]
apremiar 1. *vt* 催促 [cuī cù]; **2.** *vi* 急需 [jí xū]; 紧迫 [jǐn pò]
apremio *m jur* 滞纳金 [zhì nà jīn]
apren/der *vt* 学习 [xué xí], 学会 [xué huì]; **~diz** *m/f* 学徒 [xué tú], 学生 [xué shēng]; **~dizaje** *m* 学习 [xué xí]; 学徒期 [xué tú qī]
aprensi/ón *f* 谨小慎微 [jǐn xiǎo shèn wēi]; **~vo,-a** *adj* 多疑的 [duō yí de]; 谨小慎微的 [jǐn xiǎo shèn wēi de]
apresurarse 急忙 [jí máng], 赶紧 [gǎn jǐn]
apreta/do,-a *adj* 紧的 [jǐn de]; 拮据的 [jié jù de]; **~r 1.** *vt* 握紧 [wò jǐn]; 弄紧 [nòng jǐn]; 逼迫 [bí pò]; **~r los dientes** 要紧牙关 [yào jǐn yá guān]; **~r el paso** 加快脚步 [jiā kuài jiǎo bù]; **2.** *vi* 紧迫 [jǐn pò]; 加紧进行 [jiā jǐn jìn xíng]
aprieto *m* 窘困 [jiǒng kùn]; 尴尬 [gān gà]; **estar en un ~** 处境尴尬 [chǔ jìng gān gà]
aprisa *adv* 快地 [kuài de]
aprisionar *vt* 把…囚禁 [bǎ… qiú jìn]
aproba/ción *f* 赞成 [zàn chéng], 同意 [tóng yì]; **~do** (考试成绩) 合格 [(kǎo shì chéng jì)hé gé], 及格 [jí gé]; **~r** *vt* 通过 [tōng guò]; 赞成 [zàn chéng]; 批准 [pī zhǔn]; **~ un examen** 通过考试 [tōng guò kǎo shì]
apropiación *f* 据为己有 [jù wèi jǐ yǒu]
apropiado,-a *adj* 适当的 [shì dàng de]
apropiar *vt* 使适合 [shǐ shì hé]; **~ se** 据为己有 [jù wèi jǐ yǒu]; **~ u/c** *vt* 使…适合 [shǐ… shì hé]

aprovech/able *adj m/f* 可利用的 [kě lì yòng de]; **~ado 1.,-a** *adj* 被利用的 [bèi lì yòng de]; **2.** *m* 被利用的人或物 [bèi lì yòng de rén huò wù]; **~amiento** *m* 利用 [lì yòng], 使用 [shǐ yòng]; **~ar 1.** *vt* 利用 [lì yòng]; **2.** *vi* 有用处 [yǒu yòng chù], 有益处 [yǒu yì chù]; **¡que ~e!** (吃饭时)请慢用! [(chī fàn shí)qǐng màn yòng]; **~arse de** 利用 [lì yòng]

aprovisio/namiento *m* 供应 [gōng yìng]; 供给 [gōng jǐ]; **~nar de, con** *vt* 供应 [gōng yìng]; 供给 [gōng jǐ]

aproxima/ción *f* 接近 [jiē jìn]; 近似 [jìn sì], 走近 [zǒu jìn]; **~damente** *adv* 大约 [dà yuē]; **~rse a** 靠近 [kào jìn], 走近 [zǒu jìn]; **~tivo,-a** *adj* 接近的 [jiē jìn de]; 大约的 [dà yuē de]

aptitud *f* 素质 [sù zhì]; 才能 [cái néng]

apto,-a para *adj* 称职的 [chèn zhí de]; 适合的 [shì hé de]; **~ para menores** (电影)老少皆宜 [(diàn yǐng) lǎo shǎo jiē yí]

apuesta *f* 赌注 [dǔ zhù]; 打赌 [dǎ dǔ]

apuesto,-a *adj* 有决心的 [yǒu jué xīn de]

apun/tar 1. *vt teat* (表演时)提示(台词) [(biǎo yǎn shí) tí shì (tái cí)]; **2.** (枪) 瞄准 [(qiāng) miáo zhǔn]; **3.** *vi* (天色) 微明 [(tiān sè) wē imíng]; **~te** *m* 笔记 [bǐ jì]

apuñalar *vt* (用匕首)刺 [(yòng bǐ shǒu) cì]

apura/do,-a *adj* 拮据的 [jié jù de]; **~r** *vt* 耗尽 [hào jìn], 用尽 [yòng jìn]; 使窘迫 [shǐ jiǒng pò]; **~rse** 为难 [wéi nán]; 窘迫 [jiǒng pò]

apuro *m* 困境 [kùn jìng]

aquél, ~ella, ~ello *pron dem* 那个 [nà ge]

aquí *adv* 这里 [zhè lǐ], 这儿 [zhè ér]; **de ~ a tres días** 三天以后 [sān tiān yǐ hòu]; **por ~** 从这里(走) [cóng zhè lǐ (zǒu)]

árabe 1. *adj m/f* 阿拉伯的 [ā lā bó de]; **2.** *m* 阿拉伯人 [ā lā bó rén]; 阿拉伯语 [ā lā bó yǔ]

Arabia 阿拉伯 [ā lā bó]; **~ Saudí** 沙特阿拉伯 [shā tè ā lā bó]

Ara/gón (西班牙)阿拉贡 [(xī bān yá) ā lā gòng]; **~*gonés 1.,-a** *adj* 阿拉贡的 [ā lā gòng de]; **2.** *m* 阿拉贡人 [ā lā gòng rén]

arancel *m* 关税 [guān shuì]

arándano *m* 欧洲越桔 [ōu zhōu yuè jú]

araña *f* 蜘蛛 [zhī zhū], 蜘蛛网 [zhī zhū wǎng]; **~r** *vt* 搔 [sāo], 抓伤 [zhuā shāng]; **~zo** *m* 搔痕 [sāo hén]; 抓伤 [zhuā shāng]

arar *vt* 耕 [gēng]; 开沟 [kāi gōu]

arbitra/je *m* 仲裁 [zhòng cái]; 裁决 [cái jué]; **~r** *vt* 进行仲裁 [jìn xíng zhòng cái]; 裁决 [cái jué]; **~rio,-a** *adj* 任意的 [rèn yì de]; 专横的 [zhuān hèng de]

árbitro *m* 裁判员 [cái pàn yuán]

árbol *m* 树 [shù]

arbusto *m* 灌木 [guàn mù]

arca *f* 箱子 [xiāng zi], 水箱 [shuǐ xiāng]; **~ de Noé** 诺亚方舟 [nuó yà fāng zhōu]

arcada *f* 恶心 [ě xīn]

arcaico,-a *adj* 陈旧的 [chén jiu de], 老式的 [lǎo shì de]

arcángel *m* 大天使 [dà tiān shǐ]; 天使长 [tiān shǐ zhǎng]

archiduque *m* 大爵爷 [dà jué yé]

archipiélago *m* 群岛 [qún dǎo]

archi/vador *m* 档案柜 [dàng 'àn guì]; **~var** *vt* 存档 [cūn dàng]; 搁置 [gē zhì]; **~vo** *m informát* 文档 [wén dàng]

arcilla *f* 粘土 [zhān tǔ]

arco *m* 弓 [gōng]; 拱门 [gǒng mén]; 弧 [hú]; **~ iris** 彩虹 [cǎi hóng]

arder *vi* 燃烧 [rán shāo]; 激动 [jī dòng]

ardid *m* 计策 [jì cè]

ardiente *adj m/f* 灼热的 [zhuó rè de]; 热情的 [rè qíng de]

ardilla *f* 松鼠 [sōng shǔ]

ardor *m med*胃灼热 [wèi zhuó rè]

arduo,-a *adj* 艰难的 [jiān nán de]; 艰巨的 [jiān jù de]

área *f* 区域 [qū yù]; 面积 [miàn jī]; **~ de descanso** *f* 休息区 [xiū xi qū]; **~ de no fumadores** *f* 禁烟区 [jìn yān qū]; **~ de penalti** *sport m* (足球场)禁区 [(zú qiu cháng) jìn qū]; **~ de servicio** *auto f* (高速公路上的) 服务休息区 [(gāo sù gōng lù shàng de) fú wù xiū xi qū]

are/na *f* 沙 [shā]; 沙土 [shā tǔ]; **~nal** *m* 沙地 [shā dì]; 流沙地 [liú shā dì]; **~noso,-a** *adj* 多沙的 [duō shā de]; 像沙的 [xiàng shā de]

arenque *m* 鲱鱼 [tí yú]

Argel 阿尔及利亚 [ā ěr jí lì yà]

Argen/tina 阿根廷 [ā gēn tíng]; **~*tino,-a** *adj* 阿根廷的 [ā gēn tíng de]; 阿根廷人的 [ā gēn tíng rén de]

argucia *f* 诡辩 [guǐ biàn], 狡辩 [jiǎo biàn]

argumen/tar *vi* 推断 [tuī duàn]; 论证 [lùn zhèng]; **~to** *m* **1.** 论据 [lùn jù]; 理由 [lǐ yóu]; **2.** (小说, 电影)情节 [(xiǎo shuō, diàn yǐng) qíng jié]

aria *f mus* 咏叹调 [yǒng tàn diào]

árido,-a *adj fig* 枯燥无味的 [kū zào wu wèi de]

Aries 白羊座 [bái yáng zuò]

arisco,-a *adj* 难以接近的 [nán yǐ jiējìn de]

arista *f* (植物的)芒 [(zhí wù de)máng]; (数学的)交点 [(shù xué de) jiāo diǎn], 交叉点 [jiāo chā diǎn]

aristocracia *f* 贵族阶级 [guì zú tǒng zhì]

aristócrata *m/f* 贵族 [guì zú]

aristocrático,-a *adj* 贵族的 [guì zú de]; 高贵的 [gāo guì de]

arlequín *m* (喜剧中的)丑角 [(xǐ jù zhōng de) chǒu jiǎo]

arma *f* 武器 [wǔ qì]; 手段 [shǒu duàn]; **~ de fuego** *f* 火器 [huǒ qì]; **~da** *f* 海军 [hǎi jūn]; 舰队 [jiàn duì]; **~do,-a** *adj* 武装的 [wǔ zhuāng de], 武力的 [wǔ lì de]; **~dor** *m* 装配工人 [zhuāng pèi gōng rén]; **~dura** *f tecn* 盔甲 [kuī jiǎ]; **~mento** *m* 军备 [jūn bèi]; 武装 [wǔ zhuāng]; **~rse** 装备 [zhuāng bèi], 武装起来 [wǔ zhuāng qǐ lái]

armario *m* 柜子 [guì], 橱 [chú]; **~ empotrado** *m* 壁橱 [bì chú], 壁柜 [bì guì]

Armenia *f* 阿米尼亚 [ā mǐ ní yà]

armisticio *m* 停火 [tíng huǒ]; 停战 [tíng zhàn]

armonía *f* 和谐 [hé xié], 和睦 [hé mù]

armónica *f* 口琴 [kǒu qín]

armonioso,-a *adj* 和谐的 [hé xié de]; 悦耳的 [yuè 'ěr de]

aro *m* 环 [huán]; 圈 [quān]; **pasar por el ~** 勉强去做 [miǎn qiǎng qù zuò]

aroma *m gastr* (*vino*) 香醇 [xiāng chún], 香精 [xiāng jīng]

aromático,-a *adj* 芬香的 [fēng xiāng de]

ar/pa *f* 竖琴 [shù qín]; **~pista** *m/f* 竖琴手 [shùqín shǒu]

arpón *m* 鱼叉 [yú chā]

arque/ar *vt* 拉弓 [lā gōng]; 使成弓形 [shǐ chéng gōng xíng]; **~ro,-a** *m/f* 弓箭手 [gōng xíng shǒu]

arque/ología *f* 考古学 [kǎo gǔ xué]; **~ológico,-a** *adj* 考古学的 [kǎo gǔ xué de]; **~ólogo,-a** *m/f* 考古学家 [kǎo gǔ xué jiā]

arquitec/to,-a *m/f* 建筑师 [jiàn zhù shī]; **~tura** *f* 建筑 [jiàn zhù]; 建筑学 [jiàn zhù xué]

arraiga/do,-a *adj* 根深蒂固的 [gēn shēn dì gù de], 有根基的 [yǒu gēn jī de]; **~r** *vi* 生根 [shēng gēn]; 扎根 [zhā gēn]; **~rse** 定居 [dìng jū]; 扎根 [zhā gēn]

arranca/do,-a *adj* 破产的 [pò chǎn de], 破落的 [pò luò de]; **~r 1.** *vt* (*dientes*) 拔牙 [bá yá]; **2.** *vi* (*motor*) 起动 [qǐ dòng], 发动 [fā dòng]

arranque *m tecn auto* 起动 [qǐ dòng], 发动 [fā dòng]

arrasar *vt* 摧毁 [cuī huǐ]; 夷平 [yí píng]; **~se** 云雾消散 [yún wù xiāo sàn]

arrastrar 1. *vt* 拖 [tuō]; 拉 [lā]; 吸引 [xī yǐn]; **2.** *vi* 匍匐前进 [pú fú qián jìn]

arrebata/do,-a *adj* 仓促的 [cāng cù de]; 莽撞的 [mǎng zhuàng de]; **~dor,-a** *adj* 迷人的 [mí rén de]; 有魅力的 [yǒu mèi lì de]; **~r** *vt* 夺 [duó]; 抢 [qiǎng]; **~rse** 恼怒 [nǎo nù]

arrebato *m* 狂怒 [kuáng nù]; 冲动 [chōng dòng]

arrecife *m* 暗礁 [àn jiāo]

arregla/do,-a *adj* 整理好的 [zhěng lǐ hǎo de], 整齐的 [zhěng qí de]; **~r** *vt* 整理 [zhěng lǐ], 处理 [chǔ lǐ]; 安排 [ān pái]; **~rse** 梳理 [shū lǐ], 打理 [dǎ lǐ]

arreglárselas 解决 [jiě jué], 料理 [liào lǐ]

arreglo *m jur* 达成谅解 [dá chéng liàng jiě]; *mús* 调音 [tiáo yin]

arremeter *vt* 抨击 [pēng jī]; 猛攻 [měng gōng]

arrenda/dor *m* 出租人 [chū zū rén]; **~miento** *m* 出租 [chū zū]; 租约 [zū yuē]; **~r** *vt* 出租 [chū zū]; 租用 [zū yòng]; **~tario,-a** *m/f* 承租人 [chéng zū rén]; 佃户 [diàn hù]

arrepenti/do,-a *adj* 后悔的 [hòu huǐ]; **~miento** *m* 后悔 [hòu huǐ]; **~rse** 后悔 [hòu huǐ]; **~se de u/c** 为某事感到后悔 [wéi mǒu shì gǎn dào hòu huǐ]

arres/tar *vt* 拘留 [jū liú]; 逮捕 [dǎi bǔ]; **~to** *m* 拘留 [jū liú]; 逮捕 [dǎi bǔ]

arriba *adv* 在上面 [zài shàng miàn]; 向上 [xiàng shàng]; **de ~** 上头的 [shàng tóu de], 上级的 [shàng jí de]; **de ~ a abajo** 从上到下 [cóng shàng daò xià]; 从头到脚 [cóng tóu dào jiǎo]; **hacia ~** 向上 [xiàng shàng]; **por ~** 在上面 [zài shàng miàn]

arriesgado,-a *adj* 冒险的 [mào xiǎn de]; 危险的 [wēi xiǎn de]

arriesgar *vt* 使冒险 [shǐ mào xiǎn]; **~se** 冒险 [mào xiǎn]

arrimar *vt* 使靠近 [shǐ kào jìn], 使接近 [shǐ jiē jìn]; **~se** 依靠 [yī kào]; 依靠 [yī kào]

arrinconar *vt* 逼入绝境 [bī rù jué jìng]; 围堵 [wéi dǔ]

arrodillarse 跪下 [guì xià]

arrogan/cia *f* 傲慢 [ào màn]; **~te** *adj m/f* 傲慢的 [ào màn de]

arro/jar *vt* 投 [tóu], 掷 [zhì], 抛 [pāo]; **~jarse a** 冲出 [chōng chū]; 扑向 [pū xiàng]; **~jo** *m* 勇猛 [yǒng měng], 无畏 [wú wèi]

arrolla/dor,-a *adj* 席卷一切的 [xí juǎn yī qiè de], 不可抗拒的 [bú kě kàng jù de]; **~r** *vt auto* 压坏 [yā huài], 轧坏 [yà huài]

arropar *vt fig* 保护 [bǎo hù]

arroyo *m* 小溪 [xiǎo xī]

arroz *m* 稻米 [dào mǐ], 大米 [dà mǐ]; 米饭 [mǐ fàn]; **~al** *m* 稻田 [dào tián]

arruga *f* 皱纹 [zhòu wén]; 皱褶 [zhòu zhé]; **~do,-a** *adj* 皱的 [zhòu de]; **~r** *vt* 使皱起 [shǐ zhòu qǐ]; 弄皱 [nòng zhòu]

arruinado,-a *adj* 破产的 [pò chǎn de]

arruinar *vt* 使破产 [shǐ pò chǎn]; 使成为废墟 [shǐ chéng wéi fèi xū]; **~se** 破产 [pò chǎn]

arsenal *m* 军火库 [jūn huǒ kù]

arte *m* 艺术 [yì shù], 手艺 [shǒu yì]

artefacto *m* (引爆)装置 [(yǐn bào) zhuāng zhì]

arteria *f* **1.** *med* 动脉 [dòng mài]; **2.** 交通干线 [jiāo tōng gān xiàn]

arteriosclerosis *f med* 动脉硬化 [dòng mài yìng huà]

artesa/nal *adj m/f* 手工制作的 [shǒu gōng zhì zuò de]; **~nía** *f* 手工制品 [shǒu gōng zhì pǐn],

手工艺 [shǒu gōng yì]; **~no,-a** *m/f* 手艺人 [shǒu yì rén]

ártico,-a *adj* 北极的 [běi jí de]

articula/ción *f* 关节 [guān jié]; 连接 [lián jiē]; 发音 [fā yīn]; **~do,-a** *adj* 有关节的 [yǒu guān jié de]; 形成音节的 [xíng chéng yīn jié de]; **~r 1.** *adj* 关节的 [guān jié de]; **2.** *vt/i* 用关节连接 [yòng guān jié lián jiē]; 分成条款 [fēn chéng tiáo kuǎn]

artículo *m* **1.** 条款 [tiáo kuǎn], 条文 [tiáo wén]; **2.** 商品 [shāng pǐn]; **3.** 冠词 [guàn cí]; **4.** 文章 [wén zhāng]; **~ de consumo** *m* 消费品 [xiāo fèi pǐn]; **~ de fondo** *m* 社论 [shè lùn]

artífice *m/f* 制造人 [zhì zào rén], 制作人 [zhì zuò rén]

artifi/cial *adj m/f* 人造的 [rén zào de], 不自然的 [bú zì rán de]; **~cio** *m* 手艺 [shǒu yì], 技巧 [jì qiǎo]; **~cioso,-a** *adj* 制作精巧的 [zhì zuò jīng qiǎo de]

artillería *f* 炮 [pào]; 炮兵 [pào bīng]

artilugio *m* 简陋的器械 [jiǎn lòu de qì xiè]

artista *m/f* 艺术家 [yì shù jiā]; 大师 [dà shī]

artístico,-a *adj* 艺术的 [yì shù de]

artritis *f med* 关节炎 [guān jié yán]

artrosis *f med* 退化型关节炎 [tuì huà xíng gūn jié yán]

arzobis/pado *m relig* 大主教辖区 [dà zhǔ jiào xiá qū]; **~po** *m* 大主教 [dà zhǔ jiào]

as *m sport* 桥牌中的A牌 [qiáo pái zhōng de A pái]

asa *f* 柄 [bǐng]; 提手 [tí shǒu]

asado 1.,-a *adj* 烤的 [kǎo de]; **2.** *m* 烤过的东西 [kǎo guò de dōng xī]

asador *m* 烤肉用的铁叉 [kǎo ròu yòng de tiě chā]; 烤肉器 [kǎo ròu qì]

asalariado *m* 工薪阶层 [gōng xīn jiē céng]

asal/tar *vt* 攻击 [gōng jī], 袭击 [xí jī]; **~to** *m* 攻击 [gōng jī], 袭击 [dàixí jī]

asamblea *f* 大会 [dà huì]; 议会 [yì huì]

asar *vt* 烤 [kǎo]

ascen/dente *adj m/f* 上升的 [shàng shēng de]; **~der 1.** *vt ju*... 晋升 [jìn shēng]; 升级 [shēng jí]; **2. a** *vi* 升到 [shēng dào]

ascen/diente *m* 上一辈 [shàng yī bèi]; **~dientes** *mpl* 先辈 [xiān bèi], 祖上 [zǔ shàng]; **~sión** *f* 上升 [shàng shēng]; 提高 [tí gāo]; **~so** *m jur* 晋升 [jìn shēng]; **~sor** *m* 电梯 [diàn tī]

asceta *m* 禁欲主义者 [jìn yù zhǔ yì zhě]; 苦行僧 [kǔ xíng sēng]

ascético,-a *adj* 禁欲的 [jìn yù de]; 苦行僧的 [kǔ xíng sēng de]

asco *m* 恶心 [ě xīn]; 厌恶 [yàn wù]; **¡qué ~!** 多恶心! [duō ě xīn]

asea/r *vt* 清洁 [qīng jié]; 收拾 [shōu shi]; **~rse** 梳洗 [shū xǐ]; 清洁 [qīng jié]; **~do,-a** *adj* 整洁的 [zhěng jié de]

asedi/ar *vt* 围困 [wéi kùn]; 纠缠 [jiū chán]; **~o** *m* 包围 [bāo wéi]; 纠缠 [jiū chán]

asegura/do *m* 被保险的人或物品 [bèi bǎo xiǎn de rén huò wù pǐn]; **~dor 1.,-a** *adj* 保证的 [bǎo zhèng de], 保险的 [bǎo xiǎn de]; **2.** *m* 保证人 [bǎo zhèng rén]; 保险公司 [bǎo xiǎn gōng sī], 承保人 [chéng bǎo rén]; **~r** *vt* 买保险 [mǎi bǎo xiǎn]

asemejarse a 与…相像 [yù... xiāng xiàng]

asenso *m* 赞成 [zàn chéng], 同意 [tóng yì]

asentado,-a *adj* 安稳的 [ān wěn de]; 安置好的 [ān zhì hǎo de]

aseo *m* 卫生间 [wèi shēng jiàn]; 整洁 [zhěng jié], 干净 [gān jìng]; **cuarto de ~** 洗手间 [xǐ shǒu jiān]

asequible *adj m/f* 可以达到的 [kě yǐ dà dào de]; 买得起的 [mǎi de qǐ de]

asesi/nar *vt* 谋杀 [móu shā], 杀害 [shā hài]; **~nato** *m* 谋杀案 [móu shā 'àn]; **~no,-a** *m/f* 凶手 [xiōng shǒu]; 杀人犯 [shā ren fàn]

asesor *m* 顾问 [gù wèn]; **~ fiscal** *m* 税务顾问 [shuì wù gù wèn]; **~amiento** *m* 咨询 [zī xún], 顾问 [gù wèn]

asfalto *m* 柏油 [bǎi yóu], 沥青 [lì qīng]

asfixia *f* 窒息 [zhì xī]; **~rse** 感到窒息 [gǎn dào zhì xī]

así *adv* 这样 [zhè yàng]; **~ como ~** 像这样的话 [xiàng zhè yàng de huà]; **~ y todo** 尽管如此 [jǐn guǎn rú cǐ]

Asia 亚洲 [yà zhōu]

asiático 1.,-a *adj* 亚洲的 [yà zhōu de]; **2.** *m* 亚洲人 [yà zhōu rén]

asi/duidad *f* 恒心 [héng xīn], 坚持不懈 [jiān chí bú xiè]; **~duo,-a** *adj* 持之以恒的 [chí zhī yǐ héng de]; **cliente ~o** *m* 老顾客 [lǎo gù kè], 老客户 [lǎo kè hù]

asiento *m com* 位子 [wèi zi], 座位 [zuò wèi]

asigna/ción *f* 指定 [zhǐ dìng], 分配 [fēn pèi]; **~r** *vt* 指定 [zhǐ dìng], 分配 [fēn pèi]

asignatura *f* 课程 [kè chéng]; 科目 [kē mù]

asilo *m* 收容所 [shōu róng suǒ], 救济院 [jiù jì yuàn]; **~ político** 政治避难 [zhèng zhì bì nàn]

asimila/ción *f* 消化 [xiāo huà], 吸收 [xī shōu]; **~r** *vt* **1.** 使相似 [shǐ xiāng sì]; **2.** 掌握 [zhǎng wò], 领会 [lǐng huì]

asimismo *adv* 这样 [zhè yàng], 同样 [tóng yàng]

asisten/cia *f* 护理 [hù lǐ], 救助 [jiù zhù]; **~cia en carretera** *auto f* 公路上的急救 [gōng lù shàng de jí jiù]; **~te,-a** *m/f* 助手 [zhù shǒu]; 随从 [suí cóng]

asistir 1. *vt* 援助 [yuán zhù]; 护理 [hù lǐ]; **2. a** *vi* 出席 [chū xí], 参加 [cān jiā]

asma *m med* 哮喘 [xiào chuǎn]; 气喘 [qì chuǎn]

asmático,-a *adj* 哮喘的 [xiào chuǎn de]

asocia/ción *f* 协会 [xié huì], 学会 [xué huì]; **~do 1.,-a** *adj* 合伙的 [hé huǒ de], 共事的 [gòng shì de]; **2.** *m* 协会成员 [xié huì chéng yuán]; **~r** *vt* 使联合 [shǐ lián hé], 使合伙 [shǐ hé huǒ]

asolar *vt* 毁坏 [huǐ huài]; 使焦枯 [shǐ jiāo kū]

asomar *vt* 使显露 [shǐ xiǎn lù]; 使隐约可见 [shǐ yǐn yuē kě jiàn]; **~se** 探出身子 [tàn chū shēn zi]; **~ a la ventana** 探身看窗外 [tàn shēn kàn chuāng wài]

asombrarse 感到惊奇 [gǎn dào jīng qí]; **~ de u/c** 对某事感到惊奇 [duì mǒu shì gǎn dào jīng qí]

aspecto *m* 方面 [fāng miàn]; 面貌 [miàn mào], 外表 [wài biǎo]; **tener ~ de** 有...外表 [yǒu... wài biǎo]

aspereza *f* 粗糙 [cū cāo]; 崎岖 [qí qū]

áspero,-a *adj* 粗糙的 [cū cāo de]; 崎岖的 [qí qū de]

aspiración *f fig* 渴望 [kě wàng]

aspirador *m* 吸尘器 [xī chén qì]

aspirante *m/f* 追求者 [zhuī qiú zhě]

aspirar *vt* 追求 [zhuī qiú]

aspirina *f* 阿司匹林 [ā sī pǐ lín]

asquear *vt* 使感到恶心 [shǐ gǎn dào ě xīn], 使厌烦 [shǐ yàn fán]

asqueroso,-a *adj* 使人恶心的 [shǐ rén ě xīn de], 肮脏的 [āng zāng de]

asta *f zool* （动物的）角 [(dòng wù de)jiǎo], 犄角 [jī jiǎo]

astro *m* 天体 [tiān tǐ], 星 [xīng]

astrología *f* 星占术 [xīng zhàn shù]

astrólogo,-a *m/f* 星占学家 [xīng zhàn xué jiā]

astronauta *m/f* 宇航员 [yǔ háng yuán]

astronomía *f* 天文学 [tiān wén xué]

astrónomo,-a *m/f* 天文学家 [tiān wén xué jiā]

astucia *f* 狡猾 [jiǎo huá]

Asturias (西班牙) 阿斯图里亚 [(xī bān yá) ā sī tú lǐ yà]

astuto,-a *adj* 狡猾的 [jiǎo huá de]

asumir *vt* 承担 [chéng dān]

asunto *m* 事件 [shì jiàn], 事情 [shì qíng]

ataca/ble *adj m/f* 易攻破的 [yì gōng pò de]; 易受攻击的 [yì shòu gōng jī de]; **~do,-a de** *adj med* （某种病）突发 [(móu zhǒng bìng) tū fā]; **~nte 1.** *adj m/f* 进攻的 [jìn gōng de]; 攻击的 [gōng jī de]; **2.** *m* 进攻者 [jìn gōng zhě]; **~r** *vt* 进攻 [jìn gōng]; 攻击 [gōng jī]

ata/jar *vt* 打断 [dǎ duàn], 制止 [zhì zhǐ]; **~jo** *m* 近路 [jìn lù]; 捷径 [jié jìng]

ataque *m med* 发作 [fā zuò]
atar *vt fig* 绑 [bǎng], 捆 [kǔn]; 束缚 [shù fù]; **~se** 束手无策 [shù shǒu wú cè]
atardecer 1. *v/impers* 时近黄昏 [shí jìn huáng hūn]; **2.** *m* 黄昏 [huáng hūn]; **al ~** 黄昏时分 [huáng hūn shí fēn]
atascarse *fig* 阻碍 [zǔ 'ài], 妨碍 [fáng 'ài]
atasco *m* 阻塞 [zǔ sè]
atáud *m* 棺材 [guān cái]
ataviar *vt* 修饰 [xiū shì], 打扮 [dǎ bàn]
atemorizar *vt* 吓住 [xià zhù]; 吓倒 [xià dào]; **~se** 害怕 [hài pà]
atención *f com* 照顾(客户) [zhào gù (kè hù)]; *med* 护理(病人) [hù lǐ (bìng rén)]; **¡~!** 注意! [zhù yì] 小心! [xiǎo xīn]
atender 1. *vt* 照顾 [zhào gù]; 接待 [jiē dài]; **2.** *vi* 注意 [zhù yì]; **~ una llamada** 接电话 [jiē diàn huà]
atenerse 遵照 [zūn zhào], 依照 [yī zhào]; **~ a u/c** 遵守某项规定 [zūn zhào mǒu xiàng guī dìng]
atentado *m* 恐怖事件 [kǒng bù shì jiàn], 恐怖活动 [kǒng bù huó dòng]
atentamente *adv* (信尾)此致敬礼 [(xìn wěi) cǐ zhì jìng lǐ]
atentar *vi* 进行恐怖活动 [jìn xíng kǒng bù huó dòng]; **~ contra alg** 对某人进行恐怖活动 [duì móu rén jìn xíng kǒng bù huó dòng]
atento,-a *adj* 专心的 [zhuān xīn de]; 有礼貌的 [yǒu lǐ mào de]
atenuar *vt* 减轻 [jiǎn qīng]; 减弱 [jiǎn ruò]
ateo 1.,-a *adj* 不信神的 [bú xìn shén de]; **2.** *m* 无神论者 [wú shén lùn zhě]
aterra/dor,-a *adj* 吓人的 [xià rén de]; **~r** *vt* (从高处)放到地上 [(cóng gāo chǔ)fàng dào dì shàng], 扔到地上 [rēng dào dì shàng]
aterriza/je *m aero* 着陆 [zhuó lù]; **~r** *vi aero* (飞机)着陆 [(fēi jī) zhuó lù]
aterrorizar *vt* 使感到恐怖 [shǐ gǎn dào kǒng bù]
atestiguar *vt* 证实 [zhèng shí]
ático *m* 顶层公寓 [dǐng céng gōng yù]
atinado,-a *adj* 正确的 [zhèng què de]; 恰当的 [qià dāng de]
atlántico,-a *adj* 大西洋的 [dà xī yáng de]
atlas *m* 地图册 [dì tú cè]; 图片集 [tú piàn jí]
atle/ta *m/f* 田径运动员 [tián jìng yùn dòng yuán]; **~tico,-a** *adj* 竞技的 [jìng jì de], 田径运动的 [tián jìng yùn dòng de]; **~tismo** *m* 田径运动 [tián jìng yùn dòng]
atmósfera *f* 大气层 [dà qì céng], 空气 [kōng qì]
atmosférico,-a *adj* 空气的 [kōng qì de]; 大气层的 [dà qì céng de]
atolón *m* 环礁 [huán jiāo]

atolondrado,-a *adj* 慌忙的 [huāng máng de], 欠考虑的 [qiàn kǎo lǜ de]

atómico,-a *adj* 原子的 [yuán zǐ de]

átomo *m* 原子 [yuán zǐ]

atónito,-a *adj* 惊呆的 [jīng dāi de]

atormentar *vt* 拷打 [kǎo dǎ], 折磨 [zhé mó]

atornillar *vt* 拧紧（螺丝钉）[nǐngjǐn(luósīdīng)]

atraca/dero *m nav* 小船靠岸处 [xiǎochuán kào'ànchǔ]; **~r 1.** *vi nav* 靠岸 [kào 'àn]; **2.** *vt* 抢劫（银行等）[qiǎng jié (yín háng děng)]

atracción *f* 吸引人的东西 [xī yǐn rén de dōng xī]; 吸引力 [xī yǐ lì]

atraco *m* 抢劫 [qiǎng jié]

atractivo 1.,-a *adj* 有魅力的 [yǒu mèi lì de], 有吸引力的 [yǒu xī yǐn lì de]; **2.** *m* 魅力 [mèi lì], 吸引力 [xī yǐn lì]

atraer *vt* 吸引 [xī yǐn], 招徕 [zhāo lái]; 使迷上 [shǐ mí shàng]

atragantarse 噎住 [yē zhù]

atrapar *vt coloq* 抓住 [zhuā zhù]; 捞到 [lāo dào], 搞到手 [gǎo dào shǒu]

atrás *adv* 向后边 [xiàng hòu miàn], 后边 [hòu biān]; **años ~** 往年 [wǎng nián]; **por ~** 从后面 [cáng hòu miàn]; **hacia ~** 往后面 [wǎng hòu miàn]

atrasado,-a *adj* 落后的 [luò hòu de]; 陈旧的 [chén jiù de]

atravesar *vt* 穿过 [chuān guó], 穿透 [chuān tòu]

atre/verse 敢 [gǎn], 胆敢 [dǎn gǎn]; **~ a hacer u/c** 敢做某事 [gǎn zuò mǒu shì]; **~vido,-a** *adj* 大胆的 [dà dǎn de], 勇敢的 [yǒng gǎn de]; **~vimiento** *m* 大胆 [dà dǎn]; 冒失 [mào shī]

atribu/ción *f* 归因 [guī yīn]; 职权 [zhí quán]; **~ir** *vt* 归咎 [guī jiù]; **~irse** 归于自己 [guī yú zì jǐ]; 独揽 [dú lǎn]; **~irse un derecho** 认为自己有权 [rèn wéi zì jǐ yǒu quán]

atrincherarse tras *fig* （凭借某物）自卫 [(píng jiè mǒu wù) zì wèi]; 以（某物）做掩护 [yǐ (mǒu wù) zuò yǎn hù]

atrocidad *f* 残忍 [cán rěn], 凶狠 [xiōng hěn], 暴行 [bào xíng]

atropell/ado,-a *adj* 仓促的 [cāng cù de], 忙乱的 [máng luàn de]; **~ar** *vt* 撞倒 [zhuàng dǎo]; 踩倒 [cǎi dǎo]; **~se** 草率 [cǎo shuài], 匆忙行事 [cōng máng xíng shì]; **~o** *m* 轧人事故 [yà rén shì gù]

A.T.S. *m/f* 助理护士 [zhù lǐ hù shì]

atroz *adj m/f* 残忍的 [cán rěn de]

atuendo *m* 服装 [fú zhuāng], 服饰 [fú shì]; 华丽 [huá lì], 豪华 [háo huá]

atún *m* 金枪鱼 [jīn qiāng yú]

aturdi/do,-a *adj* 茫然的 [máng rán de], 不知所措的 [bú zhī suǒ cuò de]; **~r** *vt* 使茫然 [shǐ máng rán], 使震惊 [shǐ zhèn jīng]; **~rse** 震惊 [zhèn jīng]

auda/cia *f* 大胆 [dà dǎn], 勇气 [yǒng qì]; **~z** *adj m/f* 大胆的 [dà dǎn de], 勇敢的 [yǒng qì]

audi/ble *adj m/f* 听得见的 [tīng de jiàn de]; **~ción** *f mús* 音乐会 [yīn yuè huì]

audiencia *f jur* **1.** 审讯 [shěn xùn], 听讼 [tīng sòng]; **2.** 法院 [fǎ yuàn], 法庭 [fǎ tíng]

audífono *m* 助听器 [zhù tīng qì]

audiovisual *adj m/f* 视听的 [shì tīng de], 影视的 [yǐng shì de]

auditivo,-a *adj* 听觉的 [tīng jué de]

auditor *m jur* 法官 [fǎ guān]; *com* (商业)审计 [(shāng yè) shěn jì]

auditorio *m* 音乐厅 [yīn yuè tīng]

auge *m econ* 顶点 [dǐng diǎn], 高潮 [gāo cháo]

augu/rar *vt* 预言 [yù yán], 预示 [yù shì]; **~rio** *m* 预言 [yù yán], 预示 [yù shì]

aula *f* 教室 [jiào shì], 课堂 [kè táng]

aullar *vi* 嚎叫 [háo jiào], 呼啸 [hū xiào]

aullido *m* 嚎叫声 [háo jiào shēng]

aumen/tar **1.** *vt* 增加 [zēng jiā], 提高 [tí gāo]; **2.** *vi* 增加 [zēng jiā], 提高 [tí gāo]; **~to** *m* 增加 [zēng jiā], 提高 [tí gāo]

aun *adv* 尽管 [jǐn guǎn], 虽然 [suī rán]

aún *adv* 依然 [yī rán], 更加 [gèng jiā], 还 [hái]

aunar *vt* 使一致 [shǐ yī zhì], 使联合 [shǐ lián hé]; **~se** 统一 [tǒng yī], 联合 [lián hé]

aunque *conj* 虽然…但是 [suī rán… dàn shì], 尽管…可是 [jǐng guǎn… kě shì]; 即使…也 [jí shǐ…yě]

aupar *vt coloq* 举起 [jǔ qǐ], 托起 [tuō qǐ]

aureola *f* 光环 [guāng huán], 名望 [míng wàng]

auricular **1.** *adj m/f* 耳朵的 [ěr duǒ de], 听觉的 [tīng jué de]; **2.** *m* 耳机 [ěr jī]

auscultar *vt med* 听诊 [tīng zhěn]

ausen/cia *f* 缺席 [quē xí]; **brillar por su ~** 不在应该在的场合 [bú zài yìng gāi zài de chǎng hé]; **~tarse** 缺席 [quē xí], 离去 [lí qù]; **~te** *adj* 缺席的 [quē xí de], *m/f* 缺席者 [quē xí zhě]

austeridad *f econ* 俭朴 [jiǎn pǔ], 节俭 [jié jiǎn]

austero,-a *adj* 简朴的 [jiǎn pǔ de], 朴素的 [pǔ sù de]

austral *adj m/f* 南极的 [nán jí de], 南半球的 [nán bàn qiú de]

Australia 澳大利亚 [ào dà lì yà]; **~*no,-a** **1.** *adj* 澳大利亚的 [ào dào lì yà de]; **2.** *m* 澳大利亚人 [ào dà lì yà rén]

Aus/tria 奥地利 [ào dì lì]; **~*tría-co,-a** **1.** *adj* 奥地利的 [ào dì lì de]; **2.** *m* 奥地利人 [ào dì lì rén]

autenticidad *f* 真实性 [zhēn shí de], 可靠性 [kě kào xìng]

auténtico,-a *adj* 真实的 [zhēn shí de], 可靠的 [kě kào de]

auto *m* 判决 [pàn jué]; ~ **de detención** *m* 逮捕令 [dài bǔ lìng]

autoadhesivo,-a *adj* 自动粘黏的 [zì dòng zhān nián de]

autobiografía *f* 自传 [zì zhuàn]

autobús *m* (短途)公交车 [(duǎn tú)gōng jiāo chē], 公共汽车 [gōng gòng qì chē]

autocar *m* (长途)大巴车 [(cháng tú)dà bā chē], 豪华旅游车 [háo huá lǚ yóu chē]

autocaravana *f* (家庭旅游的)活动房子车 [(jiā tíng lǚ yóu de) huó dòng fáng zi chē]

autocine *m* 汽车电影院 [qì chē diàn yǐng yuàn]

autocrítica *f* 自我批评 [zì wǒ pī píng]

autodidacta *m/f* 自学者 [zì xué zhě]

autoescuela *f* 驾驶学校 [jià shǐ xué xiào]

autoestima *f* 自爱 [zì 'ài], 自尊 [zì zūn]

autógrafo *m* 手笔 [shǒu bǐ], 手稿 [shǒu gǎo]

autómata *m* 机器人 [jī qì rén]; 自动机 [zì dòng jī]

automático,-a *adj* 自动的 [zì dòng de], 自动化的 [zì dòng huà de]

automa/tismo *m* 自动 [zì dòng], 自动化 [zì dòng huà]; **~tizar** *vt* 使自动化 [shǐ zì dòng huà]

automóvil *m* 小汽车 [xiǎo qì chē]

automovilis/mo *m* 汽车运动 [qì chē yùn dòng], 汽车业 [qì chē yè]; **~ta** *m/f* 汽车运动员 [qì chē yùn dòng yuán]

autonomía *f* 自治 [zì zhì], 自主 [zì zhǔ]

autónomo **1.,-a** *adj* 自治的 [zì zhì de], 自主的 [zì zhǔ de]; **2.** *m/f* 个体户 [gè tǐ hù]

autopista *f* (付费的)高速公路 [(fù fèi de)gāo sù gōng lù]

autopsia *f* 尸体解剖 [shī tǐ jiě pōu]

autor,-a *m/f* 作者 [zuò zhě]; 肇事人 [zhào shì zhě]

autorretrato *m*自画像 [zì huà xiàng]

autori/dad *f* 权力 [quán lì]; 当局 [dāng jú], 政府 [zhèng fǔ]; **~tario,-a** *adj* 专横的 [zhuān hèng de], 独裁的 [dú cái de]; **~zación** *f* 授权 [shòu quán], 批准 [pī zhǔn]; **~zado,-a** *adj* 批准的 [pī zhǔn de], 认可的 [rèn kě de]; **~zar** *vt* 授权 [shòu quán], 批准 [pī zhǔn]

autorradio *m* 汽车收音机 [qì chē shōu yīn jī]

autoservicio *m* 自助服务 [zì dòng fú wù]

autostop *m* 沿途搭乘 [yán tù dā chéng]

autostopista *m/f* 沿途搭乘的人 [yán tù dā chéng de rén]

autotrén *m* (可随行托运小汽车的)火车 [(kě suí xíng tuō yùn xiǎo qì chē de) huǒ chē]

autovía *f* (免费的)准高速公路 [(miǎn fèi de) zhǔn āo sù gōng lù]

auxiliar 1. *adj m/f* 辅助的 [fǔ zhù de]; **2.** *m* 助手 [zhù shǒu], 确辅助人员 [què fǔ zhù rén yuán]; **3.** *vt* 辅助 [fǔ zhù], 协助 [xié zhù]

auxilio *m* 帮助 [bāng zhù], 援助 [yuán zhù]; ~ **en carretera** 公路急救 [gōng lù jí jiu]; **primeros ~s** *mpl* 初步急救 [chū bù jí jiu]

aval *m* 担保书 [dān bǎo shū]

avalancha *f* 潮水般的人群 [cháo shuǐ bān de rén qún]

avalar *vt* 担保 [dān bǎo], 作保 [zuò bǎo]

avalista *m/f* 保人 [bǎo rén]

avan/ce *m* 进展 [jìn zhǎn], 进步 [jìn bù]; ~ **de programas** *f* 节目预告 [jié mù yù gào]; **~zar** *vi* 前进 [qián jìn], 进展 [jìn zhǎn]

avari/cia *f* 贪心 [tān xīn], 吝啬 [lìn sè]; **~cioso,-a** *adj* 贪心的 [tān xīn de], 贪婪的 [tān lán de]

avaro,-a *adj* 贪婪的 [tān lán de], 吝啬的 [lìn sè de]

ave *f* 鸟 [niǎo], 禽类 [qín lèi]; **~s** *agric* 鸟类 [niǎo lèi]; **~s de corral** 家禽 [jiā qín]

avella/na *f* 榛子 [zhēn zǐ]; **~no** *m* 榛 [zhēn]

avena *f* 燕麦 [yàn mài]; **~l** *m* 燕麦田 [yàn mài tián]

avenencia *f* 一致 [yī zhì], 和谐 [hé xié]

avenida *f* 林荫道 [lín yīn dào], 大道 [dà dào]

aventaja/do,-a *adj* 突出的 [tū chū de], 出类拔萃的 [chū lèi bá cuì de]; **~r** *vt* 超过 [chāo guò], 使处于优先地位 [shǐ chǔ yú yōu xiān dì wèi]

aventura *f* 冒险 [mào xiǎn], 奇遇 [qí yù]; 艳遇 [yàn yù]

avergonza/do,-a *adj* 惭愧的 [cán kuì de], 羞愧的 [xiū kuì de]; **~r** *vt* 使羞愧 [shǐ xiū kuì], 使害羞 [shǐ hài xiū]; **~rse de** 羞于... [xiū yú]

ave/ría *f auto* 故障 [gù zhàng]; **~riado,-a** *adj* 腐烂的 [fǔ làn de], 出故障的 [chū gù zhàng de]

averiguar *vt* 调查 [diào chá], 查明 [chá míng]

aversión *f* 反感 [fán gǎn], 憎恶 [zēng wù]

avestruz *m zool* 鸵鸟 [tuó niǎo]

avia/ción *f* 航空 [háng kōng], 航空业 [háng kōng yè]; **~dor,-a** *m/f* 飞行员 [fēi xíng yuán]

avidez *f* 贪婪 [tān lán], 如饥似渴 [rú jī sì kě]

ávido,-a *adj* 贪婪的 [tān lán de], 如饥似渴的 [rú jī sì kě de]

avión *m* 飞机 [fēi jī]; ~ **de hélice** 螺旋桨机 [luó xuán jiǎng jī]; ~ **a reacción** 喷气机 [pēn qì jī]; **por ~** (寄)航空信 [(jì) háng kōng xìn]

avioneta *f* 小型飞机 [xiǎo xíng fēi jī]

avi/sar *vt* 通知 [tōng zhī], 通告 [tōng gào]; **~so** *m* 通知 [tōng zhī], 通告 [tōng gào]
avispa *f* 黄昏 [huáng hūn]
avispado,-a *adj coloq* 精明的 [jīng míng de], 狡猾的 [jiǎo huá de]
avivar *vt* 使活跃 [shǐ huó yuè de], 使有生气 [shǐ yǒu shēng qì]
axial *adj m/f* 腋下的 [yè xià de]
axila *f* 腋下 [yè xià]
ayer *adv* 昨天 [zuó tiān]
ayuda *f* 帮助 [bāng zhù]
ayu/dante *m/f* 助手 [zhù shǒu]; **~dar** *vt* 帮助 [bāng zhù]
ayun/ar *vi* 禁食 [jìn shí]; 节食 [jié shí]; **en ~as** (早起)空腹的 [(zǎo qǐ) kòng fù de]
ayuntamiento *m* 市政府 [shì zhèng fǔ]
azafata *f aero* 空姐 [kōng jiě]
azafrán *m* 藏红花 [zàng hóng huā]
azahar *m* 柑橘花 [gān jú huā]; 柠檬花 [níng méng huā]
azar *m* 偶然 [ǒu rán], 侥幸 [jiǎo xìng]
azaroso,-a *adj* 危险的 [wēi xiǎn de]; 冒险的 [mào xiǎn de]
azotea *f* 平屋顶 [píng wū dǐng], 屋顶平台 [wūdǐng píng tái]
azteca 1. *adj m/f* 阿兹特克的 [āzī tè kè de]; **2.** 阿兹特克人 [āzī tè kè rén]
azúcar *m* 糖 [táng], 白糖 [báitáng]
azucara/do,-a *adj* 甜的 [tián de]; 加糖的 [jiā táng de]; **~r** *vt* 加糖 [jiā táng]
azufre *m* 硫磺 [liú huáng]
azul *adj m/f* 蓝色的 [lán sè]
azulejo *m* 瓷砖 [cí zhuān]

B

babero *m* 围嘴 [wéi zuǐ]; 儿童罩衫 [ér tóng zhào shān]
babor *m* 左舷 [zuǒ xián]
baca *f auto* 车顶行李架 [chē dǐng xíng lǐ jià]
bacalao *m* 鳕鱼 [xuě yú]
bache *m aero* **1.** 气潭 [qì tán], 空气陷坑 [kōng qì xiàn kēng]; **2.** (路上的)坑洼 [(lù shàng de) kēng wā]
bachiller *m/f* 高中毕业生 [gāo zhōng bì yè shēng]; **~ato** *m* 高中学业 [gāo zhōng xué yè]
bacón *m gastr* 五花猪肉 [wǔ huā zhū ròu]
bacteria *f* 细菌 [xì jūn]
bagaje *m* 行李 [xíng lǐ]
bagatela *f* 价值不大的东西 [jià zhí bú dà de dōng xī]; 琐事 [suǒ shì]
bahía *f* 小海湾 [xiǎo hǎi wān]
bai/lador,-a *m/f* 舞蹈演员 [wǔ dǎo yǎn yuán], 舞蹈家 [wǔ dǎo jiā]; **~lar** *vt/i* 跳舞 [dǎo wǔ]; **~larín,-a** *m/f* 舞蹈演员 [wǔ dǎo yǎn yuán], 舞蹈家 [wǔ dǎo jiā]; **~le** *m* 舞蹈 [wǔ dǎo]
baja *f med* 病休 [bìng xiū], 病假 [bìng jià]; **dar de ~** *med* 给病休 [gěi bìng jià]; **darse de ~** *jur*

停止营业 [tíng zhǐ yíng yè], 不再活动 [bú zài huó dòng]; *med* 请病假 [qǐng bìng jià], 因病休假 [yīn bìng xiū jià]

bajada *f* 下坡 [xià pō]; ~ **de bandera** (*taxi*) (出租车)开始计价 [(chū zū chē)kāi shǐ jì jià]

bajamar *f* 退潮 [tuì cháo]

bajar 1. *vt* 放下 [fàng xià], 下来 [xià lài]; **2.** *vi* 下 [xià], 降 [jiàng]; 减少 [jiǎn shǎo]; **~se** 弯腰 [wān yāo], 躬身 [gōng shēn]

bajeza *f* 下流 [xià liú]

bajo 1.,-a *adj* 低的 [dī de]; 矮的 [ǎi de]; **2.** *prep* 在…之下 [zài... zhī xià]; **3.** *m mús* 低音部 [dī yīn bù]

bala *f* 子弹 [zǐ dàn]

balance *m* 摆动 [bǎi dòng]

balan/cear 1. *vt* 用天平称 [yòng tiān píng chēng]; **2.** *vi* 摆动 [bǎi dòng]; **~cearse** *nav* (船只等)颠簸 [(chuán zhī děng)diān bò]; **~cín** *m tecn* 平衡杆 [píng héng gǎn]; **~za** *f* 天平 [tiān píng]; 平衡 [píng héng]; ~ **comercial** 贸易平衡 [mào yì píng héng], 贸易差额 [mào yì chā é]

balazo *m* 枪击 [qiāng jī]; 枪伤 [qiāng shāng]

balbucear *vt/i* 口齿不清 [kǒu zhǐ bú qīng], 吞吞吐吐 [tūn tūn tǔ tǔ]

balcón *m* 阳台 [yáng tái], 凉台 [liáng tái]

balde *m* 水桶 [shuǐ tǒng]; **de** ~ 免费的 [miǎn fèi de]; 平白无故的 [píng bái wú gù de]; **en** ~ 徒劳的 [tú láo de]

baldío,-a *adj* 荒芜的 [huāng wú de]; 徒然的 [tú rán de]

baldosa *f* （铺地）细砖 [(pū dì) xì zhuān], 地砖 [dì zhuān]

baliza *f nav* 浮标 [fú biāo], 航标 [háng biāo]

ballena *f* 鲸鱼 [jīng yú]

ballet *m* 芭蕾舞 [bā léi wǔ]

balneario *m* (温泉)浴场 [(wēn quán) yù chǎng], 浴室 [yù shì]

balón *m* （蓝，排，足球等运动用的）球 [(lán, pái, zú qiú děng yùn dòng yòng de) qiú]

baloncesto *m* 篮球 [lán qiú]

balonmano *m* 手球运动 [shǒu qiú yùn dòng]

balonvolea *m* 排球运动 [pái qiú yùn dòng]

balsa *f* 水潭 [shǔi tán]; ~ **de salvamento** *nav* 救生筏 [jiù shēng fá]

bálsamo *m* 香胶 [xiāng jiāo], 香脂 [xiāng zhī]

baluarte *m* 碉堡 [diāo bǎo]; *fig* 堡垒 [bǎo lěi], 阵营 [zhèn yíng]

bambú *m* 竹 [zhú]

banal *adj* 三岔路口的 [sān chà lù koǔ de]

banca *f* 银行业 [yín háng yè]; (赌场)庄家 [(dǔ chǎng) zhuāng jiā]; ~ **a distancia** 远程交易 [yuǎn chéng jiāo yì]

banco *m* 银行 [yin háng]

banda *f* 群 [qún], 伙 [huǒ]; 乐队 [yuè duì]

bandeja *f* 托盘 [tuō pán]
bandera *f* 旗 [qí], 旗帜 [qí zhì]
banderilla *f taur* 短扎枪 [duǎn zhā qiāng]
banderola *f* 小旗 [xiǎo qí]
bandido *m* 强盗 [qiáng dào], 歹徒 [dǎi tú]
bandolero *m* 强盗 [qiáng dào]
banquero *m* 银行家 [yín háng jiā]; 庄家 [zhuāng jiā]
banqueta *f* 小板凳 [xiǎo bǎn dèng]
banquete *m* 宴会 [yàn huì]
banquillo *m jur* 被告席 [bèi gaò xí]; *sport* 场上替补队员 [chǎng shàng tì bǔ duì yuán]
ba/ñador *m* 浴衣 [yù yī]; 游泳衣 [yóu yǒng yī]; **~ñar** *vt* 洗澡 [xǐ zǎo]; 浸 [jìn],泡 [pào]; **~ñera** *f* 浴缸 [yù gāng], 浴盆 [yù pén]; **~ñero** *m* 洗澡的人 [xǐ zǎo de rén]; **~ñista** *m/f* 游泳的人 [yóu yǒng de rén]; **~ño** *m* 卫生间 [wèi shēng jiān]; **~ño María** *gastr* (隔水)蒸 [(gé shuǐ)zhēng]
baqueta *f mús* 鼓槌 [gǔ chuí]
bar *m* 酒吧 [jĭu bā]
baraja *f* 一幅(牌) [yí fù (pái)]; 牌戏 [pái xì]
barajar *vt (cartas)* 洗(牌) [xǐ (pái)]
baranda *f (escaleras)* 栏杆 [lán gān]
baratija *f* 便宜货 [pián yi huò], 不值钱的东西 [bú zhí qián de dōng xi]; **~s** *fpl* 便宜货 [pián yi huò]
barato,-a *adj* 便宜 [pián yi]
barba *f* 下颚 [xià è], 下巴 [xià ba]; (下巴和两鬓的)胡须 [(xià ba hé liǎng bìn de) hú xū]
barbacoa *f* 烤肉 [kǎo ròu], 烧烤 [shāo kǎo]
barbaridad *f* 野蛮 [yě mán]; **¡qué ~!** 真荒唐! [zhēn huāng táng], 真过分! [zhēn guò fèn]
bárbaro,-a *adj* 野蛮的 [yě mán de]
barbero *m* (男宾)理发师 [(nán bīn) lǐ fà shī]
barbilla *f* 下巴颏儿 [xià bā ké er]
barbudo,-a *adj* 胡子浓密的 [hú zǐ nóng mì de], 大胡子的 [dà hú zǐ de]
barca *f* 小船 [xiǎo chuán], 艇 [tǐng]
barcaza *f nav* (航)驳船 [(háng) bó chuán]
barco *m* 船 [chuán], 舰 [jiàn]; ~ **de vela** 帆船 [fān chuán]
barítono *m* 男中音 [nán zhōng yīn]; 男中音歌手 [nán zhōng yīn gē shǒu]
barman *m* 酒吧侍者 [jiǔ bā sh zhě]
barniz *m* 清漆 [qīng qī]
barnizar *vt* 上漆 [shàng qī]
barómetro *m* 气压计 [qì yā jì]
barquero *m* 船工 [chuán gōng]
barquillo *m* 蛋卷 [dàn juǎn]
barra *f* 条 [tiáo], 棒 [bàng]; 条式(法式)面包 [tiáo shì (fǎ shì) miàn bāo]; ~ **americana** 吧台 [bā tái]; ~ **de carmín** 洋红 [yáng hóng] 唇膏 [chún gāo]; ~ **de labios** 唇膏 [chún gāo]; ~

fija *sport*（体育）单杠 [(tǐ yù) dān gǎn]; **~s paralelas** *sport*（体育）双杆 [(tǐ yù) shuāng gǎn]
barraca *f* （临时搭建的）简陋房屋 [(lín shí dā jiàn de) jiǎn lòu fáng wū]
barranco *m* 悬崖 [xuán yá]; 峡谷 [xiá gǔ]
barranquismo *m* 跳崖运动 [tiào yá huó dòng]
barredera *f* 扫街车 [sǎo jiē chē], 清洁车 [qīng jié chē]
barrena *f tecn* 大钻 [da zuàn]; 凿岩机 [záo yán jī]
barre/ndero,-a *m/f* 清洁工 [qīng jié gōng]; **~r** *vt* 清扫 [qīng sǎo], 打扫 [dǎ sǎo]
barrera *f* 障碍 [zhàng ài]; **~ del sonido** 隔音壁 [gé yīn bì]
barricada *f* 街垒 [jiē lěi]
barriga *f coloq* 肚子 [dù zi], 啤酒肚 [pí jiǔ dù]
barril *m* 桶 [tǒng]; 木桶 [mù tǒng]
barrio *m* 街区 [jiē qū]
barro *m* 粘土 [nián tǔ]; 泥 [ní]
barroco 1.,-a *adj* 巴洛克式的 [bā luò kè shì de]; **2.** *m* 巴洛克 [bā luò kè]
barullo *m* 噪音 [zào yīn]
basar *vt jur* 根据 [gēn jù], 依照 [yī zhào]; **~se en** *o* **sobre** 以…为基础 [yǐ wéi jī chǔ]
báscula *f* 称 [chèng], 磅秤 [bàng chèng]
base *f quím* 碱 [jiǎn]; *mil* 基地 [jī dì]; **~ de datos** 资料库 [zī liào kù]
básico,-a *adj* 基础的 [jī chǔ de], 基本的 [jī běn de]
basílica *f* 教堂 [jiào táng]
¡basta! 够了！ [gòu le]
bastante 1. *adj m/f* 够的 [zú gòu de]; 相当多的 [xiāng dāng duō de]; **2.** *adv* 足够多地 [zú gòu duō de]
bastar *vi* 足以 [zú yǐ], 足够 [zú gòu]
bastidor *m tecn* 框 [kuāng], 架 [jià]; *auto* 汽车底盘 [qì chē dǐ pán]; **~es** *mpl teat*（舞台两侧的）布景 [(wǔ tái liǎng cè de) bù jǐng]
bastón *m* 拐杖 [guǎi zhàng]
basu/ra *f* 垃圾 [lā jī]; **~rero** *m* 垃圾箱 [lā jī xiāng]
bata *f* 大褂 [dà guà]; 睡袍 [shuì páo]
batalla *f* 战役 [zhàn yì], 战斗 [zhàn dòu]
batería *f electr* 蓄电池 [xù diàn chí], 电池 [diàn chí]; *mil* 排炮 [pái pào]; **~ de cocina** 金属炊具 [jīn shǔ chuī jù]
batida *f* 搜索（猎物） [sōu suǒ (liè wù)]
batido 1.,-a *adj* 走得多的(路) [zǒu de duō de (lù)]; **2.** *m*（鸡蛋，水果，牛奶等）打浆器 [(jī dàn, shuǐ guǒ, niú nǎi děng) dǎ jiàng qì]

batiente *m* 门扇 [mén shàn]; (门的)碰口条 [(mén de) pèng kǒu tiáo]

batir *vt* 搅拌 [jiǎo bàn], 打碎(鸡蛋, 水果等) [dǎ suì(jī dàn, shuǐ guǒ děng)]; 摧毁 [cuī huǐ]

batista *f* 细亚麻布 [xì yà má bù], 细薄棉布 [xì bó mián bù]

batuta *f* (乐队) 指挥棒 [(yuè duì) zhǐ huī bàng]; **llevar la ~** 领导 [lǐng dǎo], 指挥 [zhǐ huī]

baúl *m* 大箱子 [dà xiāng zi]

bautismo *m* (教堂)洗礼 [(jiào táng) xǐ lǐ]

bautista *m* 施行洗礼者 [shī xíng xǐ lǐ zhě]

bautizar *vt* 施洗礼 [shī xǐ lǐ]; **~ el vino** 喝圣酒 [hē shèng jiǔ]

bautizo *m* 洗礼 [xǐ lǐ]

bávaro 1.,-a *adj* 巴伐利亚的 [bā fá lì yà de]; **2.** *m* 巴伐利亚人 [bā fá lì yà rén]

baya *f* 浆果 [jiāng guǒ]

bayeta *f* 吧台呢 [bā tái ne]; 抹布 [mǒ bù]

baza *f (cartas)* 牌 [pái]; *fig* 时机 [shí jī]

bazar *m* 杂货店 [zá huò diàn], 百货店 [bǎi huò diàn]

bazo *m med* 脾 [pí]

beatificar *vt* 赐福 [cì fú]

beatitud *f* 福 [fú]; 天国之乐 [tiān guó zhī lè]

beato,-a *adj* 有福的 [yǒu fú de]

bebé *m/f* 婴儿 [yīng ér]

bebedor *m* 酗酒者 [xù jiǔ zhě]

be/ber *vt/i* 喝 [hē], 饮 [yǐn]; **~bida** *f* 饮料 [yǐn liào]

beca *f* 奖学金 [jiǎng xué jīn]; **~rio, -a** *m/f* 奖学金获得者 [jiǎng xué jīn huò dé zhě]

bechamel *f* 奶糊 [nǎi hú]

bedel *m* 校工 [xiào gōng], 工友 [gōng yǒu]

beduino *m* 贝督因人(西亚, 北非一带) [bèi dū yīn rén (xī yà běi fēi yī dài)]

begonia *f* 毛叶秋海棠 [máo yè qiū hǎi táng]

beige *adj inv* 褐色 [hè sè], 浅咖啡色 [qiǎn kā fēi sè]

béisbol *m* 棒球 [bàng qiú], 垒球 [lěi qiú]

bejuco *m* 藤本植物 [téng běn zhí wù]

belén *m* 耶稣诞生地 [yē sū dàn shēng dì]; (圣诞节期间出售的)耶稣诞生情景模型 [(shèng dàn jié qī jiān chū shòu de) yē sū dàn shēng qíng jǐng mó xíng]

belga 1. *adj m/f* 比利时的 [bǐ shí de]; **2.** *m/f* 比利时人 [bǐ shí rén]

bélico,-a *adj* 战争的 [zhàn zhēng de]

belicoso,-a *adj* 好战的 [hào zhàn de]; 黩武的 [dú wǔ de]

belleza *f* 美丽 [měi lì]; 美人 [měi rén]

bello,-a *adj* 美丽的 [měi lì de], 漂亮的 [piào liàng de], 好看的 [hǎo kàn de]

bellota *f bot* 榛子 [zhēn zi]

belvedere *m* (屋顶的) 望台 [(wū dǐng de) wàng tái], 凉台 [liáng tái]
bemol *m mús* 降号 [jiàng hào]
bencina *f* 挥发油 [huī fā yóu]
bendecir *vt* 祝福 [zhù fú]; 赐福 [cì fú]
benefi/cencia *f* 慈善 [cí shàn], 善行 [shàn xíng]; **~ciar** *vt* 行善 [xíng shàn]; 有利于 [yǒu lì yú]; **~ciarse de u/c** 得益 [dé yì]
beneficio *m* 恩惠 [ēn huì]; 好处 [hǎo chù]; **en ~ de** 对~有好处的 [duì yǒu hǎo chù de]; **~so,-a** *adj* 有益的 [yǒu yì de], 有利的 [yǒu lì de]
benéfico,-a *adj* 慈善的 [cí shàng de], 有益的 [yǒu yì de]
benévolo,-a *adj* 善意的 [shàn yì de], 仁慈的 [rén cí de], 厚道的 [hòu dào de]
benignidad *f med* 良性 [liáng xìng]
benigno,-a *adj med* 良性的 [liáng xìng de]
berenjena *f* 茄子 [qié zi]
berro *m* 水田芥 [shuǐ tián jiè]
berza *f* (粗壮)卷心菜 [(cū zhuàng) juǎn xīn cài]
besar *vt* 吻 [wěn], 亲嘴 [qīn zuǐ]
beso *m* 吻 [wěn], 亲吻 [qīn wěn]
bestia *f* 畜 牲 [chù shēng], 牲口 [shēng kǒu]; **~l** *adj m/f coloq* 巨大的 [jù dà de], 惊人的 [jīng rén de]; **~lidad** *f* 兽行 [shòu xíng]; 兽性 [shòu xìng]
besugo *m* (大西洋的)海鲷 [(dà xī yáng de) hǎi chóu]
besuquear *vt coloq* 连续亲吻 [lián xù qīn wěn]
betún *m* 沥青 [lì qīng]
biberón *m* 奶瓶 [nǎi píng]
Biblia *f* 圣经 [shèng jīng]
bibliografía *f* 参考书目 [cān kǎo shū mù]
biblioteca *f* 图书馆 [tú shū guǎn]; 书房 [shū fáng]
bibliotecario,-a *adj* 图书馆的 [tú shū guǎn de]
bicarbonato *m* 碳酸氢盐 [tàn suān qīng yán], 酸式碳酸盐 [suān shì tàn suān yán]
bicho *m* 虫 [chóng]; 可爱的小动物 [kě ài de xiǎo dòng wù]
bicicleta *f* 自行车 [zì xíng chē]; **~ de montaña** 山地车 [shān dì chē]
bidé *m* (洗下身的)浴盆 [(xǐ xià shēn de) yù pén]
bidón *m* 桶 [tǒng]
bien 1. *adv* 好 [hǎo], 对 [duì]; **más ~** 更确切地说 [gèng què qiè de shuō]; **si ~ que** (+ *subj*) 尽管 [jìn guǎn], 即使 [jì shǐ]; **¡está ~!** 够了! [gòu le]; **2.** *m* 有益之事 [yǒu yì zhī shì]; 福利 [fú lì]; **~es** *mpl* 财产 [cái chǎn]
bienaventurado,-a *adj* 得天独厚的 [dé tiān dú hòu de]; 幸运的 [xìng yùn de]
bienestar *m econ* 福利 [fú lì], 富裕 [fù yù]

bienhechor,-a *adj* 施恩惠的 [shī ēn huì de]
bienvenida *f* 欢迎 [huān yíng]
bienvenido,-a *adj* 受欢迎的 [shòu huān yíng de]
bifurcarse （道路，河流）分叉 [(dào lù, hé liú) fēn chā]; （树）分枝 [(shù) fēn zhī]
bigamia *f* 一夫二妻 [yī fū èr qī]; 重婚 [chóng hūn]
bigote *m* 嘴唇上的小胡子 [zuǐ chún shàng de xiǎo hú zi]
bigudí *m* (*pl bigudís*) 卷发夹 [juǎn fà jiá]
biquini *m* 比基尼泳衣 [bǐ jī ní yǒng yī]; 火腿夹奶酪的面包 [huǒ tuǐ jiá nǎi lào de miàn bāo]
bilateral *adj m/f* 双边的 [shuāng biān de]
bilingüe *adj m/f* 双语的 [shuāng yǔ de]
bilis *f* 胆汁 [dǎn zhī]; 暴怒 [bào nù]
billar *m* 台球 [tái qiú]
billete *m transp* （车，船，飞机）票 [(chē, chuán, fēi jī) piào]; ~ **de banco** 钞票 [chāo piào]; ~ **de ida y vuelta** 来回票 [lái huí piào]; ~ **de lotería** 彩票 [cǎi piào]
billetero *m* 钱包 [qián bāo]
billón *m* （西班牙本土）万亿 [(xī bān yá běn tǔ) wàn yì]; （美，法等国）十亿 [(měi, fǎ děng guó) shí yì]
biografía *f* 传记 [zhuàn jì]
biográfico,-a *adj* 传记的 [zhuàn jì de]
biología *f* 生物学 [shēng wù xué]
biológico,-a *adj* 生物学的 [shēng wù xué de]
biólogo,-a *m/f* 生物学家 [shēng wù xué jiā]
biombo *m* 屏风 [píng fēng]
biopsia *f* 活组织检查 [huó zhǔ zhī jiǎn chá]
birria *f coloq* 固执念头 [gù zhì niàn tóu]
bis *excl* 再来一个 [zài lái yī gè]！*mús* 二重唱 [èr chóng chàng]
bisabuelo,-a *m/f* 曾祖父母 [zēng zǔ fù mǔ]; 曾外祖父母 [zēng wài zǔ fù mǔ]
bisagra *f* 铰链 [jiǎo liàn]
bisiesto: año ~ 闰（年） [rùn (nián)]
bisnieto,-a *m/f* 曾孙 [zēng sūn], 曾孙女 [zēng sūn nǚ]; 曾外孙 [zēng wài sūn], 曾外孙女 [zēng wài sūn nǚ]
bisonte *m* 美洲野牛 [měi zhōu yě niú]
bisoño *m* 新手 [xīn shǒu], 生手 [shēng shǒu]
bisté, bistec *m* 牛排 [niú pái]
bisturí *m* (*pl bisturís*) 外科手术刀 [wài kē shǒu shù dāo]
bisutería *f* 镀金首饰店 [dù jin shǒu shì diàn], 饰件店 [shì jiàn diàn]
bit *m informát* 字节 [zì jié], 字符 [zì fǔ]
bizco,-a *adj* 斜眼的 [xié yǎn de]
bizcocho *m* (蛋糕的)底座 [(dàn gāo de) dǐ zuò], (做西式小吃

用的）饼干 [(zuò xī shì xiǎo chī yòng de) bǐng gān]

blanca *f mús* 半音符 [bàn yīn fǔ]

Blancanieves *f* 白雪公主 [bái xuě gōng zhǔ]

blanco 1.,-a *adj* 白色的 [bái sè de]; **en** ~ *adv* 空白的 [kòng bái de]; **2.** *m* 白色 [bái sè]; **dar en el** ~ 一针见血 [yī zhēn jiàn xiě]

blancura *f* 白 [bái], 白色 [bái sè]

blando,-a *adj* 软的 [ruǎn de]

blandura *f* 软 [ruǎn]; 懦弱 [nuò ruò]

blanquear 1. *vt (dinero)* 漂白 [piǎo bái]; 洗黑钱 [xǐ hēi qián]; **2.** *vi* 呈白色的 [chéng bái sè de], 发白 [fā bái]

blasfe/mar *vi* 亵渎神明 [xiè dú shén míng]; **~mia** *f* 亵渎神明 [xiè dú shén míng]

blindado,-a *adj electr* 加封的 [jiā fēng de]; 装甲的 [zhuāng jiǎ de]

blindaje *m* 装甲坦克 [zhuāng jiǎ tǎn kè]; *electr* 加封 [jiā fēng]

bloc *m* 便条本 [piàn tiáo běn]

bloque *m* 建筑群 [jiàn zhù qún]; 大块石料 [dà kuài shí liào]

bloquear *vt* 封锁 [fēng suǒ], 包围 [bāo wéi]

bloqueo *m* 封锁 [fēng suǒ], 包围 [bāo wéi]

blusa *f* 女衬衫 [nǔ chèn shān]

boa *f zool* 蟒蛇 [mǎng shé]

boato *m* 豪华 [háo huá], 排场 [pái chǎng]

bobada *f* 蠢事 [chǔn shì], 傻话 [shǎ huà]

bobina *f* 线轴 [xiàn zhóu]; 线圈 [xiàn quān]

bobo 1.,-a *adj* 傻的 [shǎ de], 笨的 [bèn de]; **2.** *m* 傻瓜 [shǎ guā], 笨蛋 [bèn dàn]

boca *f* 嘴 [zuǐ], 口 [kǒu]; **~ de riego** 浇水管接口 [jiāo shuǐ guǎn jiē kǒu]; **~ abajo** 趴下 [pā xià]; **~ arriba** 仰面躺下 [yǎng miàn tǎng xià]

bocacalle *f* 街口 [jiē kǒu]

bocadillo *m* 三明治式面包 [sān míng zhì shì miàn bāo]

bocado *m* 口（量词） [kǒu (liàng cí)]

bocajarro 贴近的 [tiē jìn de]; **a** ~ 近距离射击 [jìn jù lí shè jī]

bocazas *m* 多嘴的人 [duō zuǐ de rén]

boceto *m* 草图 [cǎo tú], 草案 [cǎo àn]

bochorno *m* （盛夏的）热风 [(shèng xià de) rè fēng]; 闷热 [mèn rè]; **~so,-a** *adj fig* 闷热的 [mèn rè de]; 令人羞愧的 [lìng rén xiū kuì de]

bocina *f nav* 汽笛 [qì dí]

boda *f* 婚礼 [hūn lǐ]

bode/ga *f nav* 底舱 [dǐ cāng]; **~gón** *m* 酒馆 [jiǔ guǎn]

bofetada *f* 耳光 [ěr guāng]

boga *f* 划船 [huá chuáng]; **estar en** ~ 流行 [liú xíng], 时髦 [shí máo]

bogar *vi* 划船 [huá chuáng]

bogavante *m zool* 海蟹 [hǎi xiè], 肉蟹 [ròu xiè]

boicot *m* 抵制 [dǐ zhì]; **~ear** *vt* 抵制 [dǐ zhì]
boina *f* 贝雷帽 [bèi léi mào]
boj *m* 黄杨 [huáng yáng], 黄杨木 [huáng yáng mù]
bola *f* **1.** 球 [qiú], 球体物 [qiú tǐ wù]; **2.** *fig* 谎言 [huǎng yán]; **echar ~s** 撒谎 [sā huǎng]
bolear *vt/i* 投 [tóu], 掷 [zhì], 抛 [pāo], 扔 [rēng]
bolera *f* 保龄球场地 [bǎo líng qiú chǎng dì]
bolero *m mús* 博莱罗舞曲 [bó lái luó wǔ qǔ]
boleta *f* 入场券 [rù chǎng quàn]
boletín *m* 简报 [jiǎn bào], 通报 [tōng bào]; **~ médico** 医生简报 [yī shēng jiǎn bào]; **~ meteorológico** 气象通报 [qì xiàng tōng bào]; **~ oficial** 官方公告 [guān fāng gōng gào], 政府公告 [zhèng fǔ gōng gào]
boleto *m* 车票 [chē piào], 入场券 [rù chǎng quàn]
bolígrafo *m (coloq boli)* 圆珠笔 [yuán zhū bǐ]
bollo *m* 小面包 [xiǎo miàn bāo]
bolo *m* 球 [qiú]
bolos *mpl* 击柱游戏 [jī zhù yóu xì]
bolsa *f* **1.** 口袋 [kǒu dài], 包 [bāo]; **2.** 交易所 [jiāo yì suǒ]; **~ de basura** 垃圾袋 [lā jī dài]; **~ de la compra** 购物袋 [gòu wù dài]; **~ para congelar** 冷冻食品袋 [lěng dòng shí pǐn dài]; **~ de goma** 橡皮袋 [xiàng pí dài]; **~ de mareo** 呕吐袋 [ǒu tù dài]
bolsillo *m* 衣袋 [yī dài], 口袋 [kǒu dài]
bolso *m* （女用）手提包 [(nǚ yòng) shǒu tí bāo]; **~ de bandolera** 武装带 [wǔ zhuāng dài]
bomba *f* 炸弹 [zhà dàn]; **~rdear** *vt* 轰炸 [hōng zhà]; 炮击 [pào jī]; **~rdero** *m* 炮手 [pào shǒu]; 轰炸机 [hōng zhà jī]
bombear **1.** *vi* 用泵抽水 [yòng bèng chōu shuǐ]; **2.** *vt* 轰击 [hōng jī], 炮击 [pào jī]
bombero *m* 消防队员 [xiāo fáng duì yuán]; **~s** *mpl* 侦察兵 [zhēn chá bīng], 密探 [mì tàn]
bombilla *f* 电灯泡 [diàn dēng pào]
bombo *m mús* （乐队）大鼓 [(yuè duì) dà gǔ]
bombón *m* 夹心巧克力 [jiá xīn qiǎo kè lì]
bombona *f* 煤气瓶 [méi qì píng], 压缩煤气 [yā suō méi qì]
bondad *f* 好心 [hǎo xīn], 善心 [shàn xīn]; **~oso,-a** *adj* 善良的 [shàn liáng de], 好心的 [hǎo xīn de]
boniato *m agric* 甘薯 [gān shǔ] 白薯 [bái shǔ], 山芋 [shān yù]
bonifica/ción *f* 奖金 [jiǎng jīn], 回扣 [huí kòu]; **~r** *vt* 打折 [dǎ zhé] 给回扣 [gěi huí kòu]
bonito **1.,-a** *adj* 好看的 [hǎo kàn de], 好的 [hǎo de]; **2.** *m* 狐鲣 [hú jiān]

bono *m* 证券 [zhèng quàn]; (各种)票 [(gè zhǒng) piào]; ~ **bus** *m* (多次使用的)公车票 [(duō cì shǐ yòng de) gōng chē piào]; **~s del Tesoro** *mpl* 公债券 [gōng zhài quàn]
boom *m* 大繁荣 [dà fán róng]; (各种形式或内容的)热 [(gè zhǒng xíng shì huò nèi róng de) rè]
boquerón *m* **1.** 大窟窿 [dà kū lóng], 大开口 [dà kāi kǒu]; **2.** 鳀鱼 [tí yǔ]
boquiabierto,-a *adj* 目瞪口呆的 [mù dēng kǒu dāi de]
boquilla *f* 烟嘴儿 [yān zuǐ er]
borbollar *vi fig* 冲冲忙忙 [chōng chōng máng máng]
borda *f* 船舷 [chuán xián]
borda/do *m* 刺绣 [cì xiù], 刺绣品 [cì xiù pǐn], 抽纱品 [chōu shā pǐn]; **~r** *vt coloq* 干得很好 [gàn de hěn hǎo]
borde *m* 边缘 [biān yuán]; **~ar** *vt* 沿着边(走) [yán zhē biān (zǒu)]
bordillo *m* 路缘石 [lù yuán shí]
bordo *m nav* 船舷 [chuán xián]; **a ~** 在船上 [zài chuán shàng], 在飞机上 [zài fēi jī shàng]
borra/chera *f* 酒醉 [jiǔ zuì]; **~cho,-a 1.** *adj* 酒醉的 [jiǔ zuì de], 酗酒的 [xù jiǔ de]; **2.** *m/f* 酒鬼 [jiǔ guǐ], 喝醉的人 [hē zuì de rén]
borra/dor *m* 草稿 [cǎo gǎo]; **~r** *vt* 擦去 [cā qù], 删除 [shān chu]
borrasca *f meteo* 风暴 [fēng bào], 强风 [qiáng fēng]
borrego *m fig* 头脑简单的人 [tóu nǎo jiǎn dān]
borrón *m* 墨斑 [mò bān]
borroso,-a *adj* 浑浊的 [hún zhuó de], 模糊不清的 [mó hú bú qīng de]
bosque *m* 森林 [sēn lín]; **~jar** *vt* 画草稿 [huà cǎo gǎo]; **~jo** *m* 初稿 [chū gǎo], 画稿 [huà gǎo]
bostezar *vi* 打呵欠 [dǎ hē qiàn]
bota *f* 靴子 [xuē zi]
botánic/a *f* 植物学 [zhí wù xué]; **~o,-a 1.** *adj* 植物学的 [zhí wù xué de]; **2.** *m/f* 植物学家 [zhí wù xué jiā]
botar 1. *vt* 放(船)下水 [fàng (chuán) xià shuǐ]; **2.** *vi* (球)反弹 [(qiú) fǎn tán], 反跳 [fǎn tiào]
bote *m* 小艇 [xiǎo tǐng]; ~ **neumático** 橡皮艇 [xiàng pí tǐng]; ~ **de salvamento** 救生艇 [jiù shēng tǐng]
bote/lla *f* 瓶 [píng]; ~ **retornable** 可回收瓶 [kě shōu huí píng]; **~llero** *m* 制瓶人 [zhì píng rén]
botijo *m* 大肚陶罐 [dà dù táo guàn]
botín *m* 战利品 [zhàn lì pǐn]
botiquín *m* 药箱 [yào xiāng]; ~ **de urgencia** 急救箱 [jí jiù xiāng]
botón *m* 纽扣 [niǔ kòu]; 按钮 [àn niǔ]
botones *m (hotel)* (旅馆等)行李员 [(lǚ guǎn děng) xíng lǐ yuán]
bóveda *f* 拱顶建筑 [gǒng ding jiàn zhù]

bovino 1.,-a *adj* 牛的 [niú de]; **2.** *m* 反刍类动物 [fǎn chú lèi dòng wù]
boxe/ador *m* 拳击手 [quán jī shǒu]; **~ar** *vi* 击拳 [jī quán]; **~o** *m* 拳击 [quán jī]
boya *f nav* 浮标 [fú biāo]
bracero *m* 短工 [duǎn gōng]
braga *f* (女用)内裤 [(nǚ yòng) nèi kù]
bragueta *f* (男裤的) 襟门 [(nán kù de) jīn mén]
bra/mar *vi* (海, 风)呼啸 [(hǎi, fēng) hū xiào], 咆哮 [páo xiào]; **~mido** *m* 吼声 [hǒu shēng]; 呼啸声 [hū xiào shēng]
brandy *m* 白兰地酒 [bái lán dì jiǔ]
branquia *f zool* 鳃 [sāi]
brasa *f* 火炭 [huǒ tàn]
brasero *m* 火碳盆 [huǒ tàn pén]
brasileño,-a 1. *adj* 巴西的 [bā xī de]; **2.** *m/f* 巴西人 [bā xī rén]
bravo,-a *adj* 勇猛的 [yǒng měng de]; 陡峭的 [dǒu qiào de]
bravura *f* 凶猛 [xiōng měng], 勇猛 [yǒng měng]
brazalete *m* 袖章 [xiù zhāng], 袖标 [xiù biāo]; 臂铠 [bì kǎi]
brazo *m* 手臂 [shǒu bì]; *zool* 前肢 [qián zhī], 前爪 [qián zhuǎ]; **~s** *mpl* 人力 [rén lì], 人手 [rén shǒu]
brea *f* 沥青 [lì qīng], 焦油 [jiāo yóu]
brecha *f* 缺口 [quē kǒu], 豁口 [huō kǒu]
brécol *m bot* 硬花兰甘 [yìng huā lán gān]; *gastr* 兰甘菜 [lán gān cài]
brega *f* 争吵 [zhēng chǎo], 打架 [dǎ jià]; **~r** *vi* 争吵 [zhēng ohǎo] 争斗 [zhēng dòu]
breve *adj m/f* 简要的 [jiǎn yào de]; **en ~** 不久 [bú jiǔ], 马上 [mǎ shàng]; **~dad** *f* 短暂 [duǎn zàn] 简要 [jiǎn yào]
bribón *m* 不务正业者 [bú wù zhèng yè zhě], 懒汉 [lǎn hàn]
bricolaje *m* 五金材料 [wǔ jīn cái liào]
brida *f* 马笼头 [mǎ lóng tóu]
brillan/te 1. *adj m/f* 发亮的 [fā liàng de], 闪亮的 [shǎn liàng de] **2.** *m* 钻石 [zuàn shí]; **~tez** *f* 光亮 [guāng liàng], 光泽 [guāng zé]
brill/ar *vi* (才智等) 出众 [(cái zhì děng) chū zhòng]; **~o** *m* 光亮 [guāng liàng], 光泽 [guāng zé]
brin/car *vi* 跳跃 [tiào yuè]; **~co** *m* 跳 [tiào], 蹦 [bèng]
brind/ar 1. *vt* 提供 [tí gōng]; **2.** *vi* 祝酒 [zhù jiǔ], 干杯 [gān bēi]; **~ por** 为…祝酒 [wèi… zhù jiǔ] 为…干杯 [wèi… gānbēi]; **~ a la salud de alg** 为某人的健康干杯 [wèi mǒu rén de jiàn kāng gān bēi]; **~is** *m* 祝酒 [zhù jiǔ], 祝酒辞 [zhù jiǔ cí]
brío *m* 精力充沛 [jīng lì chōng pèi] 健壮 [jiàn zhuàng]
brioso,-a *adj* 精力充沛的 [jīng lì chōng pèi de], 健壮的 [jiàn zhuàng de]

briqueta *f* 煤饼 [méi bǐng], 煤砖 [méi zhuān]
brisa *f* 轻风 [qīng fēng], 和风 [hé fēng]
británico,-a **1.** *adj* 英国的 [yīng guó de]; **2.** *m/f* 英国人 [yīng guó rén]
broca *f* 钻头 [zuàn tóu]
brocado *m* 锦缎 [jǐn duàn]; 花缎 [huā duàn]
brocha *f* 画笔 [huà bǐ], 油漆刷 [yóu qī shuā]; ~ **de afeitar**（剃胡须用的）泡沫刷 [(tì hú xū yòng de) pào mò shuā]
broche *m* 按扣 [àn kòu], 别针 [bié zhēn]
brom/a *f* 玩笑 [wán xiào]; **~ear** *vi* 开玩笑 [kāi wán xiào]; **~ista** *m/f* 好开玩笑的人 [hǎo kāi wán xiàoderén]
bromo *m* 溴 [xiù]
bronca *f* 斥骂 [chì mà], 斥责 [chì zé]
bronce *m* 青铜 [qīng tóng]
bronce/ado,-a *adj* 青铜色的 [qīng tóng sè de]; **~ador** *m* 晒黑油 [shài hēi yóu]; **~ar** *vt/i* 镀青铜色 [dù qīng tóng sè]; 晒黑 [shài hēi]
bronco,-a *adj* 粗糙的 [cū cāo de]; 嘶哑的 [sī yǎ de]
bron/quial *adj m/f med* 支气管的 [zhī qì guǎn de]; **~quios** *mpl* 支气管 [zhī qì guǎn]; **~quitis** *f med* 支气管炎 [zhī qì guǎn yán]
brotar **1.** *vi fig* 涌出 [yǒng chū], 冒出 [mào chū]; **2.** *vt* 长出 [zhǎng chū]
brote *m bot* 幼芽 [yòu yá]; 蓓蕾 [bèi lěi]
bru/ja *f* 女巫 [nǚ wū]; **~jería** *f* 巫术 [wū shù]
brújula *f* 指南针 [zhǐ nán zhēn]
brum/a *f* 雾 [wù], 海雾 [hǎi wù]; **~oso,-a** *adj* 有雾的 [yǒu wù de]
brusco,-a *adj* 突然的 [tū rán de]; 粗暴的 [cū bào de]
brutal *adj m/f* 粗野的 [cū yě de]; **~idad** *f* 粗野 [cū yě], 没有教养 [méi yǒu jiào yù]
bruto,-a *adj* 粗鲁的 [cū lǔ de]; **en ~** *tecn* 毛坯的 [máo pī de]
bubón *m med* 大块脓肿 [dà kuài nóng zhǒng]
bucal *adj m/f* 口的 [kǒu de]
buce/ador *m* 潜水员 [qián shuǐ yuán]; **~ar** *vi* 潜水 [qián shuǐ]
buche *m*（鸟的）嗉囊 [(niǎo de) sù náng]
bucle *m* 卷发 [juǎn fà]; 卷状物 [juǎn zhuàng wù]
budín *m gastr*（甜品）布丁 [(tián pǐn) bù dīng]
budismo *m* 佛教 [fó jiào]
buenaventura *f* 幸运 [xìng yùn], 运气 [yùn qì]; **echar la ~** 算命 [suàn mìng]
bueno,-a *adj* 好的 [hǎo de], 优秀的 [yōu xiù de]; **lo ~** 好的 [hǎo de]

buey *m* 老牛 [lǎo niú], 老牛肉 [lǎo niú ròu]
búfalo *m* 水牛 [shuǐ niú]
bufanda *f* 围巾 [wéi jīn]
bufete *m* 律师事务所 [lǜ shī shì wù suǒ]
bufón 1.,-a *adj* 滑稽的 [huá jī de]; **2.** *m/f* 小丑 [xiǎo chǒu]
buhardilla *f* 天窗 [tiān chuāng], 阁楼 [gé lóu]
búho *m* 猫头鹰 [māo tóu yīng]
buitre *m* 兀鹫 [wù jiù]
bujía *f auto* (汽车发动机的)火花塞 [(qì chē fā dòng jī de) huǒ huā sāi]
búlgaro,-a 1. *adj* 保加利亚的 [bǎo jiā lì yà de]; **2.** *m/f* 保加利亚语 [bǎo jiā lì yà yǔ], 保加利亚人 [bǎo jiā lì yà rén]
bulla *f* 喧闹 [xuān nào]
bullicio *m* 嘈杂 [cāo zá]
bullir *vi* 沸腾 [fèi téng], 喧闹 [xuān nào]
bulto *m* **1.**包袱 [bāo fú], 包裹 [bāo guǒ]; **2.**(突起的)疙瘩 [(tūqǐ de) gē da]; **~s** *mpl transp* (行李, 物品)体积 [(xíng lǐ, wù pǐn) tǐ jī]
buñuelo *m* 煎饼 [jiān bǐng]
buque *m* 远洋船 [yùn yáng chuán]; **~ de carga** 远洋货轮 [yùn yán huò lún]
burbu/ja *f* 水泡 [shuǐ pào], 气泡 [qì pào]; 泡沫 [pào mò]; **~jear** *vi* 冒泡 [mào pào]
burdel *m* 妓院 [jì yuàn]
burdo,-a *adj* 粗鲁的 [cū lǔ de]
burgués,-a 1. *adj* 资产阶级的 [zì chǎn jiē jí de]; **2.** *m/f* 资产阶级分子 [zì chǎn jiē jí fèn zǐ]
burguesía *f* 资产阶级 [zì chǎn jié jí]
burla *f* 嘲弄 [cháo nòng], 嘲笑 [chào xiào]
burlar *vt* 嘲弄 [chào nòng]; **~se de alg** 嘲笑(某人) [chào xiào (mǒu rén)]
burlesco,-a *adj* 嘲弄的 [chào xiào de], 不严肃的 [bú yán sù de]
burlón 1.,-a *adj* 好嘲弄别人的 [hǎo chào xiào bié rén de]; **2.** *m* 好嘲弄别人的人 [hǎo chào xiào bié rén de rén]
burocracia *f* 官僚主义 [guān liáo zhǔ yì]
burro *m* 公驴 [gōng lǘ]
bus/ca *f* (电话)寻呼机 [(diàn huà) xún hū jī]; **en ~ de** 寻找 [xún zhǎo]; **~car** *vt* 寻找 [xún zhǎo]
búsqueda *f* 寻找 [xún zhǎo], 探求 [tàn qiú]
busto *m* 胸像 [xiōng xiàang], 半身塑像 [bàn shēn sù xiàng]
butaca *f* 剧场座位 [jù chǎng zuò wèi]
butano *m* 煤气 [méi qì]
butifarra *f* 一种灌肠 [yī zhǒng guàn cháng]
buzo *m* 潜水员 [qián shuǐ yuán]
buzón *m* 邮筒 [yóu tǒng], 信箱 [xìn xiāng]
byte *m informát* 字节 [zì jié]

C

cabalgar *vt/i* 骑 [qí], 骑马 [qí mǎ]
cabalgata *f* 骑马队伍 [qí mǎ duì wu]
caballa *f zool* 鲐鱼 [tái yú], 鲭鱼 [qīng yú]
caba/llería *f* 骑兵 [qí bīng]; 坐骑 [zuò qí]; **~llero** *m* 绅士 [shēn shì], 男子汉 [nán zǐ hàn]; **~lleroso,-a** *adj* 绅士派头 [shēn shì pài tóu], 彬彬有礼的 [bīn bīn yǒu lǐ de]; **~llitos** *mpl* (儿童玩的)旋转木马 [(ér tóng wán de) xuán zhuǎn mù mǎ], 电马 [diàn mǎ]; **~llitos (del tiovivo)** (儿童玩的)小型旋转木马[(ér tóng wán de) xiǎo xuán zhuǎn mù mǎ]; **~llitos de mar** *zool* 海马 [hǎi mǎ]
caballo *m zool* 马 [mǎ]; **a ~** 骑着马 [qí zhe mǎ]
cabaña *f* 茅屋 [máo wū]
cabaret *m* 夜总会 [yè zǒng huì]
cabe/cear *vi* 摇头 [yáo tóu]; **~cera** *f* (某些东西或文章的)开头 [(mǒu xiē dōng xī huò wén zhāng de) kāi tóu], 起始 [qǐ shǐ]; **~cilla** *m* 头目 [tóu mù]
cabe/llera *f* 头发 [tóu fà], 长发 [cháng fà]; **~llo** *m* 头发 [tóu fà], 毛发 [máo fà]; **~llo de ángel** 蜜饯香饼 [mì jiàn xiāng bǐng]; **~lludo,-a** *adj* 多发的 [duō fà de], 多毛的 [duō máo de]
caber *vi* 容得下 [róng dé xià], 放得进 [fàng dé jìn]
cabe/za *f* 头 [tóu], 头部 [tóu bù]; **~za de familia** 户主 [hù zhǔ]; **~zón 1.,-a** *adj* 固执的 [gù zhí de], 顽固的 [wán gù de]; **2.** *m* 大头 [dà tóu], 大脑袋 [dà nǎo dài]; **~zota** *m/f* 固执的人 [gù zhì de rén]
cabida *f* 容量 [róng liàng], 容积 [róng jī]
cabina *f* 小间 [xiǎo jiān], 机舱 [jī cāng]; **~ teléfonica** 电话亭 [diàn huà tíng]
cabizbajo,-a *adj* 垂着头的 [chuí zhe tóu de], 低着头的 [dī zhe tóu de]
cable *m* 电线 [diàn xiàn], 电缆 [diàn lǎn]
cabo *m geogr* 岬 [jiǎ], 岬角 [jiǎ jiǎo]; *mil* 班长 [bān zhǎng]; **al ~** 最后 [zuì hòu], 终于 [zhōng yú]; **al ~ de** 在... 之后 [zài...zhī hòu], 经过 [jīng guò]; **al fin y al ~** 总g之 [zǒng zhī], 归根到底 [guī gēn jié dǐ]
cabra *f zool* 山羊 [shān yáng]
cabre/ado,-a *adj coloq* 生气的 [shēng qì de], 发怒的 [fā nù de]; **~arse** *coloq* 生气 [shēng qì], 恼火 [nǎo huǒ]; **~o** *m coloq* 恼火 [nǎo huǒ], 生气 [shēng qì]
ca/brón *m coloq* 王八蛋 [wáng ba dàn], 混蛋 [hùn dàn]; **~bronada** *f* 忍受耻辱 [rěn shòu chǐ rǔ], 忍气吞声 [rěn qì tūn shēng]
caca *f* 屎 [shǐ], 粪便 [fèn biàn]
cacahuete *m* 花生 [huā shēng]

cacao *m* 可可 [kě kě], 可可粉 [kě kě fěn]
cacerola *f* 平底沙锅 [píng dǐ shā guō]
cacharro *m* 杂物 [zá wù], 破烂货 [pò làn huò]
cacharros *mpl (cocina)* 破盆烂罐 [pò pén làn guàn]
cache/ar *vt* 搜查 [sōu chá], 搜身 [sōu shēn]; **~o** *m* 搜查 [sōu chá], 搜身 [sōu shēn]
cachete *m* (头或脸部挨的)拳头 [(tóu huò liǎn bù ái de) quán tóu], 拳打 [quán dǎ]
cacho *m* 碎片 [suì piàn], 碎块 [suì kuài], 小块 [xiǎo kuài]
cachon/dearse de alg *coloq* 嘲笑 [cháo xiào], 嘲弄某人 [cháo nòng mǒu rén]; **~deo** *m coloq* 嘲笑 [cháo xiào], 嘲弄 [cháo nòng]; **~do,-a** *adj coloq* 发情的 [fā qíng de], 性欲冲动的 [xìng yù chōng dòng de]
cachorro *m* 小狗 [xiǎo gǒu], 崽 [zǎi]
caci/que *m* (部落)酋长 [(bù luò) qiú zhǎng], 地方权贵 [dì fāng quán guì]; **~quismo** *m* 酋长制 [qiú zhǎng zhì], 权贵政治 [quán guì zhèng zhì]
caco *m coloq* 胆小鬼 [dǎn xiǎo guǐ]
cactus *m* 仙人掌 [xiān rén zhǎng], 仙人球 [xiān rén qiú]
cada *adj* 每 [měi], 每个 [měi gè]; **~ uno** 每人 [měi rén]; **~ cual** 每项 [měi xiàng]; **~ vez** 每次 [měi cì]; **~ dos días** 每两天 [měi liǎng tiān]
cadáver *m* 尸体 [shī tǐ], 死尸 [sǐ shī]
cadena *f* 链条 [liàn tiáo], 链子 [lián zǐ]; **~s (antideslizantes)** *fpl auto* (汽车用)防滑链条 [qì chē yòng fáng huá lián tiáo]
cadera *f* 胯 [kuà], 髋部 [kuān bù]
cadu/car *vi* 过期 [guò qī], 作废 [zuò fèi]; **~cidad** *f* 过期 [guò qī], 作废 [zuò fèi]; **fecha** *f* **de ~** 有效期 [yǒ u xiào qī]; **~co,-a** *adj* 过期的 [guò qīde], 无效的 [wú xiào qī]
caer *vi* 掉下 [diào xià], 倒塌 [dǎo tā], 跌到 [diē dào]; **~ bien o mal** 给人好(坏)的印象 [gěi rén hǎo (huài) de yìn xiàng]; (衣服)合适(不合适) [(yī fú) hé shì (bú hé shì)]; **~se 1.** 摔倒 [shuāi dǎo], 跌到 [diē dǎo]; **2.** (身体)衰弱 [(shēn tǐ) huāi ruò]; (家庭)没落 [(jiā tíng) mò luò]
ca/fé *m* 咖啡 [kā fēi]; **~fé con leche** 咖啡加牛奶 [kā fēi jiā niú nǎi]; **(~fé) cortado** 咖啡加少量牛奶 [kā fēi jiā xiǎo liàng niú nǎi]; **(~fé) descafeinado** 无咖啡因的咖啡 [wú kā fēi yīn de kā fēi]; **~fé con hielo** 加冰块的咖啡 [jiā bīng kuài de jiā kā fēi]; **~fé solo** (小杯)浓咖啡 [(xiǎo bēi) nóng kā fēi]; **~feína** *f* 咖啡因 [kā fēi yīn]
ca/fetera *f* 咖啡壶 [jiā fēi hú]; **~fetera eléctrica** 电咖啡壶 [diàn

jiā fēi hú]; **~fetería** *f* 咖啡馆 [jiā fēi guǎn], 酒吧 [jiǔ bā]

caga/da *f vulg* 失策 [shī cè]; **~r** *vulg* **1.** *vi* 大便 [dà biàn], 拉屎 [lā shǐ]; **2.** *vt* 弄脏 [nòng zāng], 搞糟 [gǎo zāo]

caída *f* 下降 [xià jiàng], 减弱 [jiǎn ruò]; **a la ~ del sol** 黄昏时分 [huáng hūn shì fēn]

caído 1.,-a *adj* 沮丧的 [jǔ sàng de], 消沉的 [xiāo chén de]; **2.** *m mil* 阵亡将士 [zhèn wáng jiàng shì]

caimán *m zool* 鄂鱼 [è yú]

ca/ja *f* **1.** 盒子 [hé zi], 箱子 [xiāng zi]; **2.** 收银台 [shōu yín tái], 付款处 [fù kuǎn chǔ]; **~ja de música** 音乐盒 [yīn yuè hé]; **~ja de seguridad** 保险箱 [bǎo xiǎn xiāng]; **~ja de ahorros** 储蓄所 [chǔ xù suǒ]; **~ja de cambios** *auto* 变速箱 [biàn sù xiǎng]; **~jero** *m* 出纳员 [chū nà yuán]; **~jero automático** *banc* 自动提款机 [zì dòng tí kuǎn jī]; **~jetilla** *f* (香烟)包 [(xiāng yān) bāo]; **~jetín** *m* (门窗上的) 锁槽 [(mén chuāng shàng de) suǒ cáo]

cal *f* 石灰 [shí huī]

cala *f geogr* 小海湾 [xiǎo hǎi wān]

calabacín *m* (蔬菜类)小瓜 [(shū cài lèi) xiǎo guā], 水葫芦 [shuǐ hú lǔ]

calabaza *f* 南瓜 [nán guā], 葫芦 [hú lǔ]; **dar ~s** 拒绝(某人的爱情, 殷勤) [jù jué (mǒu rén de ài qíng, yīn qín)]

calabozo *m* 南瓜 [nán guā], 葫芦 [hú ǔ]

calado,-a 1. *adj* 雕花的 [diāo huā de], 抽纱的 [chōu shā de]; **2.** *m* (船只的)吃水深度 [(chuán zhǐ de) chī shuǐ shēn sù]

calamar *m* 鱿鱼 [yóu yú], 乌贼 [wūzéi]

calambre *m med* 痉挛 [jìng luán], 抽搐 [chōu chù]

calamidad *f* 灾难 [zāi nàn], 灾害 [zāi hài], 苦难 [kǔ nàn]

calar 1. *vt fig* 浸透 [jìn tòu], 湿透 [shī tòu]; **2.** *vi nav* (船)吃水 [(chuán) chī shuǐ]; **~se** *auto motor* (汽车发动机)停转 [(qì chē fā dòng jī) tíng zhuàng]

calavera *f* 头骨 [tóu gǔ]

calcar *vt* 临摹 [lín mó], 模仿 [mó fǎng]

calceta *f* 长袜 [cháng wà]; **hacer ~** 编织 [biān zhī], 针织 [zhēn zhī]

calcetín *m* 袜子 [wà zi]

calcio *m* 钙 [gài]

calco *m impr fig* 复制品 [fù zhì pǐn], 临摹品 [lín mó pǐn]

calcomanía *f* 印花转印术 [yìn huā zhuǎn yìn shù]; 转印的图案 [zhuǎn yìn de tú 'àn]

calcu/lable *adj m/f* 可计算的 [kě jì suàn de], 能估计到的 [néng gū jì dào de]; **~lador,-a** *adj* 计算的 [jì suàn de], 会算计的 [huì suàn jì de]; **~ladora** *f* 计算器 [jì suàn qì]; **~lar** *vt* 估算 [gū suàn], 估计 [gū jì]

cálculo *m* 估算 [gū suàn], 计算 [jì suàn]

calde/ar *vt* 加热 [jiā rè]; **~ra** *f* 锅炉, 加热器 [jiā rè qì]; **~derilla** *f* 小硬币 [xiǎo yìng bì]

caldo *m* 汤 [tāng], 浓汤 [nóng tāng]; **~so,-a** *adj* 有汤汁的 [yǒu tāng zhīde], 汤多的 [tāng duōde]

calefacción *f* 采暖 [cǎi nuǎn], 暖气装置 [nuǎn qì zhuāng zhì]; **~ central** 中央暖气 [zhōng yāng nuǎn qì]

calefactor *m* 暖气片 [nuǎn qì piàn]

calendario *m* 日历 [rì lì]

calenta/dor *m* 小型加热器 [xiǎo xíng jiā rè qì]; **~dor de agua** *m* 热水器 [rè shuǐ qì]; **~miento** *m* 加热 [jiā rè]; **~r** *vt* 加热 [jiā rè]; **~rse** *fig* (运动前的)热身 [(yuǎn dòng qián de) rè shēn]

calidad *f* 质量 [zhì liàng], 品质 [pǐn zhì]; **de (primera) ~** 上等 [shàng děng], 优质 [yōu zhì]

cálido,-a *adj* 炎热的 [yán rè de], 热烈的 [rè liè]

caliente *adj m/f* 热的 [rè de], 炎热的 [yán rè de]

califica/ción *f (examen)* (考试)成绩 [(kǎo shì) chéng jì], 分数 [fēn shù]; **~do,-a** *adj* 有资格的 [yǒu lǎnzī gé de], 有权威的 [yǒu quán wēi de]; **~r** *vt* 评定 [píng dìng], 鉴定 [jiàn dìng]

calimocho *m* (可乐加葡萄酒的)饮料 [(kě lè jiā pú táo jiǔ de) yǐn liào]

cáliz *m* 圣杯 [shèng bēi]

calla/do,-a *adj* 沉默的 [chén mò de]; **~r** *vt* 不说 [bú shuō], 不提 [bú tí]; **~rse** 沉默不语 [chén mò bú yǔ]

calle *f* 街 [jiē], 路 [lù]; **~ de dirección única** 单行道 [dān xíng dào]; **~ mayor** 主道 [zhù dào]; **~ con prioridad** 优先通行道 [yōu xiān tōng xíng dào]; **~jear** *vi* 闲逛 [xián guàng], 逛街 [guàng jiē]; **~jero 1.** *adj* 街上的 [jiē shàng de], 街头的 [jiē tóu de]; **2.** *m* 城市交通图 [chéng shì jiāo tōng tú]; **~jón** *m* 胡同 [hú tóng]; **~jón sin salida** 死胡同 [sǐ hú tóng]

callo *m* 脚鸡眼 [jiǎo jī yǎn]; **~s** *mpl gastr* 牛肚 [niú dǔ]

cal/ma *f nav* 风平浪静 [fēng píng làng jìng]; **~mante 1.** *adj m/f* 镇静的 [zhèn jìng de]; **2.** *m* 镇静剂 [zhèn jìng jì]; **~mar** *vt* 平静 [píng jìng]

calor *m* 热 [rè], 热能 [rè néng]; **hace ~** (天气)炎热 [(tiān qì) yán rè]

caloría *f* 卡 [kǎ], 卡路里 [kǎ lù lǐ]

calumnia *f* 诽谤 [fěi bàng], 中伤 [zhōng shāng]; **~r** *vt* 诽谤 [fěi bàng], 中伤 [zhōng shāng]

caluroso,-a *adj fig* 热情的 [rè qíng de]

calva *f* 秃顶 [tū dǐng]

calvo 1.,-a *adj* 秃顶的 [tū dǐng de]; **2.** *m* 秃头的人 [tū tóu de rén]

calzada *f* 车行道 [chē xíng dào]

cal/zado *m* 鞋子 [xié zi]; **~zador** *m* 鞋拔子 [xié bá zi]; **~zar** *vt (zapatos)* 穿(鞋子) [chuān (xié zi)]

calzoncillos *mpl* 男内裤 [nán nèi kù]

cama *f* 床 [chuáng]; **~ de matrimonio** 双人床 [shuāng rén chuáng]; **~ plegable** 折叠床 [zhé dié chuáng]

camaleón *m* 变色龙 [biàn sè lóng]

cámara *f* 箱 [xiāng], 室 [shì]; **~ de aire** *auto* (车)空气过滤箱 [(chē) kōng qi guo lǜ xiāng]; **~ de video** 摄像机 [shè xiàng jī]; **~ digital** 数码照相机 [shù mǎ zhāo xiàng jī]

camarada *m/f* 同志 [tóng zhì], 同事 [tóng shì]

camarero,-a *m/f* 服务员 [fú wù yuán]

camarón *m* 虾 [xiā]

camarote *m nav* (船上的)寝舱 [(chuán shàng de) qǐn cāng]

cam/biar 1. *vt (dinero)* 兑换 [duì huàn]; **2.** *vi* 交换 [jiāo huàn]; **~se de** 更换(衣服, 鞋子) [gēng huàn(yī fu, xié zi)]; **~bio** *m* 兑换 [duì huàn]; **~bio de aceite** (汽车)更换机油 [(qì chē) gēng huàn jī yóu]; **~bio de marchas** *o* **velocidades** (汽车)换挡 [(qì chē) huàn dǎng], 变速 [biàn sù]; **~bio oficial** (外汇) 官方兑换价 [(wài huì) guān fāng huàn jià]; **en ~bio** 相反 [xiàng fǎn], 却 [què]

camello *m coloq* 骆驼 [luò tuó]

cami/lla *f* 行军床 [xíng jūn chuáng]; **~llero,-a** *m/f* 赶骆驼的人 [gǎn luò tuó de rén]

camin/ar *vi* 步行 [bù xíng], 走 [zǒu]; **~o** *m* 道路 [dào lù], 路途 [lù tú]; **ponerse en ~o** 启程 [qǐ chéng]

cami/ón *m* 卡车 [kǎ chē]; **~onero,-a** *m/f* 卡车司机 [kǎ chēsī jī]; **~oneta** *f* 轻型载重汽车 [qīng xíng zǎi zhòng qì chē]

cami/sa *f* 男衬衫 [nán chèn shān]; **~seta** *f* 汗衫 [hàn shān], T恤衫 [T-xù shān]; **~són** *m* 长衬衫 [cháng chèns hān], 睡衣 [shuì yī]

campamento *m mil* 营地 [yíng dì], 野营 [yě yíng]

campana *f* 钟 [zhōng], 铃 [líng]; **~da** *f* 敲钟 [qiāo zhōng]; **~rio** *m* 钟楼 [zhōng lóu]

campaña *f* **1.** 原野 [yuán yě], 田野 [tián yě]; **2.** (竞选, 商业)运动 [(jìng xuǎn) yùn dòng], 活动 [huó dòng]

campechano,-a *adj* 慷慨的 [kāng kǎi dē]

campe/ón,-a *m/f* 冠军 [guàn jūn]; **~onato** *m* 冠军赛 [guàn jūn sài]

campesino,-a 1. *adj* 农村的 [nóng cūn dē], 农民的 [nóng mín dē]; **2.** *m/f* 农民 [nóng mín]
camping *m* 露营地 [lù yíng dì]; **hacer** ~ 住露营地 [zhù lù yíng dì]
campo *m* 原野 [yuán yě], 田野 [tián yě]; ~ **de deportes** 运动场 [yùn dòng cháng]; **en el** ~ 在农村 [zài nóng cūn]; ~ **santo** *m* 墓地 [mù dì]
camufla/je *m* 伪装 [wěi zhuāng], 掩饰 [yǎn shì]; **~r** *vt* 伪装 [wěi zhuāng], 掩饰 [yǎn shì]
cana *f* 白发 [bái fà]; **echar una** ~ **al aire** 娱乐一番 [yú lè yīfān]
canal *m TV* (电视)频道 [(diàn shì) pín dào]; **~ización** *f* 开运河 [kāi yùn hē]; **~izar** *vt* 开(运河) [kāi (yùn hē)], 疏浚 [shū jùn]
canalla 1. *f* 歹徒 [dǎi tú], 恶棍 [è gùn]; **2.** *m* 流氓 [líu máng]; **~da** *f* 卑鄙言行 [bēi bì yán xíng]
canario 1.,-a *adj* 加那利群岛的 [jiā nà lì qūn dǎo dě]; **2.** *m zool* 金丝雀 [jīn sī què]
canasta *f* 大口筐 [dà kǒu kuāng]
cancela/ción *f* 取消 [qú xiāo], 废除 [fèi chú]; **~r** *vt* 取消 [qú xiāo], 废除 [fèi chú]
cáncer *m med* 癌 [ái]
cancerígeno,-a *adj* 致癌的 [zhì ái de]
cancha *f* 球场 [qíu chǎng], 竞技场 [jìng jì chǎng]
canciller *m* (德国)总理; [(dé guó) zóng lǐ] 外交部长 [wài jiāo bù zhǎng]; **~ía** *f adm* (德国)总理办公室 [(dé guó) zóng lǐ bàn gōng shī]; 外交部 [wài jiāo bù]
canción *f* 歌曲 [gē qǔ], 歌词 [gē cí]; ~ **de cuna** 摇篮曲 [yáo lán qǔ]; ~ **popular** 民歌 [mín gē]
cancionero *m* 歌曲集 [gē qǔ jí], 诗歌集 [shī gē jí]
candado *m* 锁 [suǒ]
cande/la *f* 蜡烛 [là zhú], 烛光 [zhú guān]; **~labro** *m* 多枝烛台 [dūo zhī zhú tái]; **~lero** *m* 烛台 [zhú tái]
candida/to,-a *m/f* 候选人 [hòu xuán rén], 竞选人 [jìng xuán rén]; **~tura** *f* 竞选 [jìng xuán]
cándido,-a *adj* 诚实的 [chéng shí de], 天真的 [tiān zhēn de]
canela *f* 桂皮 [guì pí]
cangrejo *m* 蟹 [xié], 海蟹 [hǎi xié]
canguro *m* **1.** 袋鼠 [dài shú]; **2.** (带孩子的)保姆 [(dài hái zǐ de) bǎo mǔ]
canica *f* 打弹子(儿童游戏) [dǎ dàn zǐ (ér tóng yóu xì)]
canje *m* 替换 [tì huàn], 交换 [jiāo huàn]; **~able** *adj m/f* 可交换的 [ké jiāo huàn dě], 可兑换的 [ké duì huàn dě]; **~ar** *vt* 交换 [jiāo huàn], 兑换 [duì huàn]
canoa *f* 小艇 [xiǎo tǐng]
canon *m* 规则 [guī zé], 准则 [zhǔn zé]
canónigos *mpl* 受俸牧师 [shòu fèng mù shī]
canonizar *vt* 谥给圣号 [shì gěi shèng hào]

cansa/do,-a *adj* 疲劳的 [pí láo dē], 疲倦的 [pí juànde]; **~ncio** *m* 疲劳 [pí láo], 劳累 [láo lèi]; **~r** *vt* 使疲劳 [shǐ pí láo], 使劳累 [shǐ láo lèi]; **~rse de u/c** 使烦厌 [shǐ fán yàn], 使讨厌 [shǐ tǎo yàn]

cántabro 1.,-a *adj* (西班牙)坎塔布罗的 [(xī bān yá) kǎn tá bù lúo dě]; **2.** *m* 坎塔布罗人 [kǎn tá bù lúo rén]

can/tador,-a *m/f* (民歌)歌手 [(mín gē) gē shóu]; **~tante** *m/f* (职业)歌手 [(zhí yè) gē shóu], 歌唱家 [gē chàng jiā]; **~tar** *vt/i* 唱 [chàng], 唱歌 [chàng gē]

cántaro *m* 坛 [tán], 罐 [guàn]

can/tautor *m* (歌曲)作词者 [(gē qǔ) zùo cí zhě]; **~te** *m* 民歌 [mín gē], 民谣 [mín yáo]; **~te flamenco** 弗拉明哥舞蹈中的歌曲 [fō lā míng gē wǔ dǎo zhōng de gē qǔ]; **~te jondo** 弗拉明哥舞蹈中的歌曲 [fō lā míng gē wǔ dǎo zhōng de gē qǔ]; **~te hondo** 情歌 [qíng gē]

cantera *f* 采石场 [cái shí chǎng]

cantidad *f* 数量 [shù liàng]

cantimplora *f* 旅行水壶 [lǚ xíng shǔi hú]

cantina *f* 酒馆 [jiǔ guǎn]

canto *m* 演唱 [yán chàng]; 歌声 [gē shēng]

caña *f* 茎 [jīng], 杆 [gǎn]; **~ de azúcar** 甘蔗 [gǎn zhě]; **~ de pescar** 钓鱼杆 [diào yú gǎn]

cáñamo *m* 麻 [má], 麻布 [má bù]

cañería *f* 管道线 [guǎn dào xiàn]

caño *m* 管道 [guǎn dào]

cañón *m* 大炮 [dà pào], 枪筒 [qiāng tǒng]

cañonazo *m* 炮击 [pào jī], 炮声 [pào shēng]

ca/os *m* 混乱 [hùn luàn], 混沌 [hùn dùn]; **~ótico,-a** *adj* 混乱的 [hùn luàn de], 混沌的 [hùn dùn de]

capa *f* 外层 [wài céng], 表层 [biǎo céng]

capacidad *f* **1.** 容量 [róng liàng], 容积 [róng jī]; **2.** 能力 [něng lì]

capataz *m* 监工 [jiān gōng], 领班 [líng bān]

capaz *adj m/f* 能容纳的 [néng róng nà de], 有能力的 [yǒu néng lì de]; **~ de** 敢于做 [gán yú zuò]

capilla *f* 祈祷室 [qí dǎo shì]

capital 1. *m* 资本 [zī běn], 资产 [zī chán]; **2.** *f* 首都 [shoú dū], 大写字母 [dà xié zì múmǔ]; **3.** *adj m/f* 头部的 [toú bù de], 主要的 [zhǔ yào de]; **~ismo** *m* 资本主义 [zī běn zhǔ yí]; **~ista 1.** *adj m/f* 资本的 [zī běn de], 资本主义的 [zī běn zhǔ yí de]; **2.** *m/f* 资本家 [zī běn jiā]

capitán,-ana *m/f nav mil* 机长 [jī zhǎng], 船长 [chuán zhǎng]

capitula/ción *f* 协议 [xiě yì], 投降 [tóu xiáng]; **~r** *vi* 投降 [tóu xiáng], 安排 [ān pái], 解决 [jiě jué]

capítulo *m* 章节 [zhāng ié]

capó *m auto* (汽车的)发动机罩 [(qì chē de) fā dòng jī zhào]

Capricornio *m astr* 摩羯座 [mó jié zuò]
capricho *m* 任性 [rèn xìng]; **~so, -a** *adj* 任性的 [rèn xìng de]
cápsula *f* 胶囊 [jiāo náng]
cap/tar *vt* 得到 [dé dào], 捕捉 [bǔ zhuō]; **~tura** *f* 捕捉 [bǔ zhuō], 抓获 [zhuā huò]; **~turar** *vt* 捕捉 [bǔ zhuō], 抓获 [zhuā huò]
capucha *f* 兜帽 [duō mào]
capuchino *m* (意大利)奶油咖啡 [(yì dà lì) naǐ yóu kā feī]
capuchón *m* 风帽 [fēng mào], 兜帽 [duō mào]
capullo *m bot* 蚕茧 [cán jiǎn]; 花苞 [huā bāo]
cara *f* 脸 [liǎn], 外表 [wài biǎo], 脸色 [liǎn sè]; **~ o cruz** *(moneda)* (钱币的)正反面 [(qián bì de) zhèng fǎn miàn]; **tener buena (mala) ~** 脸色好(不好) [liǎn sè hǎo (bú hǎo)]
caracol *m* 蜗牛 [wō niú]
carácter *m (pl caracteres)* **1.** 性格 [xìng gé], 特性 [tè xìng]; **2.** 象形文字 [xiàng xíng wén zì], 汉字 [hàn zì]
caracte/rística *f* 特点 [tè diǎn]; **~rístico,-a** *adj* 特有的 [tè yǒu de], 有特性的 [yǒu tè xìng de]; **~rístico de** [yǒu tè xìng de] 具有…特点的 [jù yǒu...tè diǎn de]; **~rizar** *vt* 使有特点 [shǐ yǒu tè diǎn]
caradura *adj m/f coloq* 脸皮厚的人 [liǎn pí hòu dě rén]
carajillo *m* 咖啡加白兰地 [kā fēi jiā bái làn dì]
¡caramba! *interj* 好家伙 [hǎo jiā huǒ]
caramelo *m* 糖果 [táng guǒ]
carátula *f* 假面 [jiá miàn]; 封面 [fēng miàn]
caravana *f* (人, 车等的)群 [(rén, chē děng de) qún], 队 [duì]
¡caray! *interj* 好家伙 [hǎo jiā huǒ]
carbohidrato *m* 碳水化合物 [tàn shuǐ huà hé wù], 糖类 [tán lèi]
carbón *m* 煤 [méi], 炭 [tàn]; **~ vegetal** 木炭 [mù tàn]
carburador *m auto* 化油器 [huà yóu qì]
carburante *m* 增碳剂 [zēng tàn jì]
carcajada *f* 哈哈大笑 [hā hā dà xiào]
cárcel *f* 监狱 [jiān yǔ]
cardenal *m med* 瘀伤 [yū shān]
car/díaco,-a *adj* 心脏的 [xīn zàng de], 患心脏病的 [huà xīn zāng bìng de]; **~diólogo,-a** *m/f* 心脏科医生 [xīn zàng kē yī shēng]
cardo *m* 刺菜 [cì cài]
care/cer de *vi* 缺少 [quē shǎo] 缺乏 [quē fá]; **~ncia** *f* 缺少 [quē shǎo], 缺乏 [quē fá]
carga *f fig* 装载 [zhuāng zài], 装填 [zhuāng tiān]; **~do,-a** *adj* 装满的 [zhuāng mǎn de]; 负担重的 [fù dān zhòng de]; **~dor** *m* 装卸工 [zhuāng xiè gōng]; **~mento** *m* 货载 [huò zái]; **~nte** *adj m/f* 令人讨厌的 [lìng rén tǎo

yàn de]; **~r** *vt* 装载 [zhuāng zài], 装填 [zhuāng tiān]; **~rse a alg** (对某人)发脾气 [(duì mǒu rén) fā pí qì]; **~ u/c** *coloq* 打破 [dǎ pò] 弄坏 [nòng huài]

cargo *m* 装载 [zhuāngzài]; 负担 [fù dān]; **hacerse ~ de u/c** 承担 [chéng dān], 负责 [fù zé]; **a ~ de** 由…负责 [yóu… fù zé]

carguero *m nav* 货船 [huò chuán]

caricatura *f* 漫画 [màn huà], 讽刺画 [fěng cì huà]

caricia *f* 抚爱 [fǔ 'ài], 亲热 [qīn rè]

caridad *f* 仁爱 [rěn 'ài], 仁慈 [rěn cí]

caries *f* 骨病 [gǔ bìng]

cari/ño *m* 亲昵 [qīn nì], 爱 [ài], 爱抚 [ài fǔ]; **~ñoso,-a** *adj* 亲热的 [qīn rè de]

caritativo,-a *adj* 慈爱的 [cí ài de], 仁慈的 [rěn cí de]

carnaval *m* 狂欢节 [kuāng hūan jié]

carne *f* 肉 [ròu], 肉食 [roù shí]; **~ picada** 肉酱 [roù jiàng], 肉末 [roù mò]

carnero *m* 绵羊 [miǎn yáng], 绵羊肉 [miǎn yáng ròu]

carné *m* 证件 [zhèng jiàn]; **~ de conducir** 驾驶执照 [jià shǐ zhí zhào]; **~ de identidad** 身份证 [shēn fón zhèng]

carni/cería *f* 肉铺 [ròu pù], 肉店 [ròu diàn]; **~cero,-a** *m/f* 卖肉的人 [mài ròu de rén]

caro,-a *adj* 昂贵的 [áng guì de], 贵的 [guì de]

carpa *f* 鲤鱼 [lǐ yú]

carpeta *f* 活页夹 [huó yè jiá], 文件夹 [wén jiàn jiá]

carpinte/ría *f* 木工活 [mù gōng huó]; **~ro,-a** *m/f* 木工 [mù gōng], 工匠活 [gōng jiàng huó]

carrera *f* **1.** 跑步 [páo bù]; **2.** (大学)专业 [(dà xué) zhuān yè]

carreta *f* 木轮马车 [mù lún mǎ chē]

carrete *m (foto)* (摄影)胶卷 [(shè yǐng) jiāo juán]

carretera *f* 公路 [gōng lù]

carretilla *f* 手推小车 [shǒu tuī xiǎo chē]

carril *m* 路轨 [lù guǐ], 车道 [chē dào]

carro *m* 车 [chē], 马车 [mǎ chē]

carrocería *f* 车身 [chē shēn], 车壳 [chē ké]

carroza *adj* 华丽的马车 [huá lì de mǎ chē]

carta *f* **1.** 信 [xìn]; **2.** 菜单 [cài dān]; **~ blanca** 白皮书 [bái pí shū]; **~ bomba** 炸弹信 [zhà dàn xìn]; **~ certificada** 挂号信 [guà hào xìn]; **~ urgente** 急件 [jí jiàn]

cartel *m* 广告 [guǎng gào]

cártel *m econ* 联盟 [lián méng]

cartelera *f* 广告栏 [guǎng gào lán], 广告牌 [guǎng gào pái]

carte/ra *f* 公文包 [gōng wén bāo]; **~rista** *m/f* 扒手 [pá shǒu]; **~ro, -a** *m/f* 邮递员 [yóu dì yuán]

cartón *m (cigarros)* 一条(烟) [yī tiáo (yān)]

cartuja *f* 卡尔特会修道院 [kǎ ér tě huì xiū dào yuàn]

casa *f* 房子 [fáng zí]; 家 [jiā]; ~ **de alquiler** 租的房子 [zū de fáng zí]; ~ **de campo** (郊外的)别墅 [(jiāo wài de) bié shù]; ~ **de huéspedes** 公寓 [gōng yù], 客栈 [kè zhàn]; ~ **rural** 乡间房子 [xiāng jiān fáng zí]; **a** ~ 回家 [huí jiā]; **en** ~ 在家 [zài jiā]

casa/do,-a *adj* 已婚的 [yǐ hūn dě]; **~miento** *m* 结婚 [jié hūn]; **~r** *vt* (为某人)主婚 [(wèi mǒu rén) zhú hūn], 办婚事 [bàn hūn shì]; **~rse con alg** 与某人结婚 [yú mǒu rén jié hūn]

cascada *f* 瀑布 [pù bù]

cascanueces *m* 核桃钳子 [hé táo qián zi]

cáscara *f* 皮 [pí], 壳 [ké]

casco *m* 头盔 [toú kuī], 钢盔 [gāng kuī]; ~ **urbano** 市中心地区 [shì zhōng xīn dì qū]

case/río *m* 村落 [cū luò], 农户住房 [nóng hù zhù fáng]; **~ro 1.,-a** *adj* 家制的 [jiā zhì de], 家用的 [jiā yòng de]; **2.** *m* 主人 [zhǔ rén], 房东 [fáng dōng]; **~ta** *f* 小房子 [xiáo fáng zí], 小平房 [xiáo píng fáng]

casete 1. *m* 录音盒 [lù yīn hé]; **2.** *f* 录音带 [lù yīn dài]

casi *adv* 几乎 [jī hū]

casilla *f* 空格 [kōng gé], 方格 [fāng gé]

casino *m* 赌场 [dǔ chǎng]

caso *m* 事件 [shì jiàn], 案件 [àn jiàn], 案例 [àn lièlì]; **en** ~ **de (que)** 如果 [rú guǒ]; **en todo** ~ 不管怎样 [bú guǎn zěn yàng]; **hacer** ~ **a alg** 理睬某人 [lǐ cǎi mǒu rén]

caspa *f* 头皮屑 [toú pí xiè]

casta *f* 品种 [pīn zhǒng], 种类 [zhǒng leì]

casta/ña *f* 栗子 [lì zǐ]; **~ño 1.,-a** *adj* 栗色的 [lì sè de]; **2.** *m* 栗树 [lì shù]

castañuela *f* 响板 [xiàng bǎn]

castellano 1.,-a *adj* 西班牙的 [xī bān yá de]; **2.,-a** *m/f* (西班牙)加斯提亚人 [(xī bān yá) jiā sī tí yá rén]; **3.** *m* 西班牙语 [xī bān yá yǔ]

castidad *f* 纯洁 [chún jié], 贞洁 [zhēn jié]

casti/gar *vt* 惩罚 [chéng fá], 戏弄 [xì nóng]; **~go** *m* 惩罚 [chéng fá]

Castilla *f* (西班牙)加斯提亚州 [(xī bān yá) jiā sī tí yá zhoū]

castillo *m* 城堡 [chéng báo]

castizo,-a *adj* 地道的 [dì dào de], 有本地特色的 [yǒu běn dì tè sè de]

casto,-a *adj* 纯洁的 [chún jié de]

castor *m* 河狸 [hé lí]

casual *adj m/f* 偶然的 [ǒu rán de]; **~idad** *f* 偶然性 [ǒu rán xìng]; **por** ~ 偶然 [ǒu rán~], 碰巧 [pèng qiǎo]

cata *f* (酒的)样品 [(jiŭ de) yàng pĭn], 试样 [shì yàng]
catalán 1.,-a *adj* 加泰罗尼亚的 [jiā tài luó ní yà de]; **2.,-a** *m/f* 加泰罗尼亚人 [jiā tài luó ní yà rén]; **3.** *m* 加泰兰语 [jiā tài lán yŭ]
catalizador *m* 催化剂 [cuī huā jì]; 催化器 [cuī huā qì]
catalogar *vt* 编制目录 [biān zhì mù lù]
catálogo *m* 目录 [mù lù], 总目 [zóng mù]
Cataluña *f* (西班牙)加泰罗尼亚州 [(xī bān yá) jiā tài luó ní yà]
catar *vt* 品尝(酒) [pĭn cháng (jiŭ)]
catarata *f med* 白内障 [bái nèi zhăng]
catarro *m* 感冒 [găn mào]
ca/tástrofe *f* 灾难 [zāi nàn]; **~tastrófico,-a** *adj* 灾难性的 [zāi nàn xìng de]
catear *vt coloq (examen)* 给… 不及格 [gěi...bú jí gé]
cátedra *f* 讲坛 [jiăng tán]; 论坛 [lùn tán]
catedral *f* 大教堂 [dà jiào táng], 主教堂 [zhŭ jiào táng]
cate/drático,-a *m/f* (大学)教授 [(dà xué) jiào shòu]; **~goría** *f* 级别 [jí bié], 范畴 [fàn chóu]; **de ~goría** 高级的 [gāo jí de], 有级别的 [yŏu jí bié de]; **~górico,-a** *adj* 清楚明了的 [qīng chŭ míng liăo de]
católico,-a 1. *adj* 天主教的 [tiān zhŭ jiào de]; **2.** *m/f* 天主教徒 [tiān zhŭ jiào tú]
catorce *adj* 十四 [shí sì]
cauce *m fig* 渠道 [qú dào]
caucho *m* 橡胶 [xiàng jiāo]
caudal *m* 流量 [líu liàng]; **un ~ de** 大量的 [dà liàng de]
caudillo *m* 领袖 [lĭng xìu], 首领 [shŏu lĭng]
causa *f* **1.** 原因 [yuán yīn]; **2.** *jur* (法律上的)诉讼 [(fă lǜ shàng de) sù sòng], 案件 [àn jiàn]; **a ~ de** 由于 [yóu yú]; **por ~ de** *adm* 由于 [yóu yú], 因为 [yīn wéi]; **~r** *vt* 引起 [yĭn qĭ], 造成 [zào chéng]
cau/tela *f* 谨慎 [jĭn shèn], 小心 [xiăo xīn]; **~teloso,-a** *adj* 谨慎小心的 [jĭn shèn xiăo xīn de]
cauti/var *vt* 俘获 [fú huò], 吸引 [xī yĭn]; **~verio** *m* 囚禁 [qiú jìn]; **~vidad** *f* 监禁 [jiān jìn], 囚禁 [qiú jìn]; **~vo,-a 1.** *adj* 被抓住的 [bèi zhuā zhù de], 被俘获的 [bèi fú huò de]; **2.** *m/f* 俘虏 [fú lŭ]
cauto,-a *adj* 谨慎的 [jĭn shèn de]
cava 1. *f* 挖 [wā], 掘 [jué]; **2.** *m* 香槟酒 [xiāng bīn jĭu], 加瓦酒 [jiā wă jĭu]
cavar *vt/i* 挖 [wā], 掘 [jué]
caverna *f* 岩洞 [yán dòng]
caviar *m* 鱼子酱 [yú zĭ jiàng]
cavidad *f med* 腔 [qiāng], 空洞 [kōng dòng]
caza 1. *f* 猎物 [liè wù], 野味 [yě wèi]; **2.** *m* 歼灭机 [jiān miè jī]; **~dor,-a** *m/f* 狩猎者 [shŏu liè zhě], 猎人 [liè rén]

cazadora *f* 猎装 [liè zhuāng], 夹克 [jiá kè]
cazar *vt* 打猎 [dǎ liè]
ca/zo *m* 带把的锅 [dài bǎ de guō]; **~zuela** *f* 平底砂锅 [píng dǐ shā guō]
cebada *f* 大麦 [dà mài]
cebar *vt* 喂肥 [wèi féi]
cebo *m* 精饲料 [jīng sì liào]
ce/bolla *f* 洋葱 [yáng cōng]; **~bolleta** *f* 葱 [cōng]
cebra *f* 斑马 [bān mǎ]
cecear *vi* 叫 [jiào], 招呼 [zhāo hū]
ceder 1. *vt* 让给 [ràng gěi], 让出 [ràng chū]; **2.** *vi* 放弃 [fàng qì], 让步 [ràng bú]; **~ el paso** *auto* 让路 [ràng lù], 让道 [ràng dào]
ce/gar *vt* 使失明 [shǐ shī míng]; **~guera** *f* 失明 [shī míng]
ceja *f* 眉毛 [méi máo]
celda *f* 蜂巢 [fēng cháo]
celebra/ción *f* 庆祝 [qìng zhù]; 举行 [jǔ xíng]; **~r** *vt* 庆祝 [qìng zhù], 庆贺 [qìng hè]; **~rse** 召开 [zhào kāi], 举行 [jǔ xíng]
célebre *adj m/f* 著名的 [zhù míng de]
celebridad *f* 名声 [míng shēng]
celes/te *adj m/f* 天空的 [tiān kong de]; 天蓝色的 [tiān lán sè de]; **~tial** *adj m/f* 天空的 [tiān kōng de]
celibato *m* 独身 [dú shēn], 单身 [dān shēn]
celo *m* *zool* (动物)发情 [(dòng wù) fāqíng], 发情期 [fā qíng qī]
celos *mpl* 吃醋 [chī cù]; **tener ~ de alg** 对某人吃醋 [duì mǒu rén chīcù]
celoso,-a *adj* 嫉妒的 [jì dù de]; **~ de** 吃醋的 [chīcù de], 嫉妒的 [jì dù de]
celta *m* (西班牙)凯尔特语 [(xī bān yá) kǎi ěr tè yǔ]
célula *biol med* 细胞 [xì bāo]
celular *adj* 细胞的 [xì bāo de]
celulitis *f med* 蜂窝织炎 [fēng wō zhī yán], 皮下脂肪炎 [pí xià zhī fáng yàn]
celulosa *f* 纤维素 [xiān wéi sù]
cementerio *m* 墓地 [mù dì]
cemento *m* 水泥 [shuǐ ní]
cena *f* 晚饭 [wǎn fàn], 晚餐 [wǎn cān]; **~r** *vt/i* 吃晚饭 [chī wǎn fàn]
ceni/cero *m* 烟灰缸 [yān huī gāng]; **~*cienta** *f* (童话故事里的)灰姑娘 [(tóng huà gù shì lǐ de) huī gū niáng]
cenit *m lit* 顶点 [dǐng diǎn], 极点 [jí diǎn]
ceniza *f* 灰 [huī], 灰烬 [huī jìn]
cenizo *m coloq* 走厄运的人 [zǒu è yùn de rén], 倒霉的人 [dǎo méi de rén]
cen/so *m* 人口普查 [rén kǒu pǔ chá]; **~sar** *vt/i* 搞人口普查 [gǎo rén kǒu pǔ chá]
censu/ra *f* 审查 [shěn chá], 删砍(书刊, 电影等) [shān kǎn (shū kān, diàn yǐng děng)]; **~rar** *vt* (对书刊, 电影等进行)审查 [(duì shū kān, diàn yǐng děng jìn xíng) shěn chá], 删砍 [shān kǎn]

cente/na *f* 百数 [bǎi shù]; **~nar** *m* 百 [bǎi]; **~nario 1.,-a** *adj* 百的 [bǎi de]; **2.** *m* 百周年纪念 [bǎi zhōu nián jì niàn]

centeno *m* 黑麦 [hēi mài]

centésimo,-a *adj* 百分之一的 [bǎi fèn zhī yīde], 第一百的 [dì yī bǎi de]

centésima *f* 百分之一 [bǎi fèn zhī yī], 第一百 [dì yi bǎi]

centígrado *m* 摄氏度 [shè shì dù]

centímetro *m* 厘米 [lí mǐ]

centinela 1. *m* 哨兵 [shào bīng], 岗哨 [shào gǎng]; **2.** *f* 看守 [kān shǒu], 守卫 [shǒu wèi]

centollo *m* 大蟹 [dà xiè]

centra/l 1. *adj m/f* 中间的 [zhōng jiān de], 中央的 [zhōng yān de]; **2.** *f* 总部 [zǒng bù], 总局 [zǒng jú]; **~l eléctrica** 发电站 [fā diàn zhàn]; **~l nuclear** 核电站 [hé diàn zhàn]; **~l de teléfonos** 电话总局 [diàn huà zǒng jú]; **~lita** *f* 电话总机 [diàn huà zǒng jī]; **~lizar** *vt* 集中 [jí zhōng]; **~r** *vt dep (balón)* (将球)向中间传 [(jiāng qiú) xiàng zhōng jiān zhuàng]

céntrico,-a *adj* 中心的 [zhōng xīnde]

centrifuga/dora *f* 离心机 [lí xīn jī], 脱水机 [tuō shuǐ jī]; **~r** (洗衣机将衣服)脱水 [(xǐ yī jī jiāng yī fu) tuō shuǐ]

centro *m* 中心 [zhōng xīn], 中心区 [zhōng xīn qū]; **~ comercial** 商业中心 [shāng yè zhōng xīn]

ceñi/do,-a *adj (ropa)* (衣服)紧的 [(yī fu) jǐn de]; **~rse a** 缠 [chán], 绕 [nào], 系 [xì], 束 [sù]

cepa *f* 葡萄藤 [pú táo téng], 葡萄秧 [pú táo yāng]

cepi/llar *vt* 刷 [shuā], 刨 [bào]; **~llo** *m* 刨子 [bào zi], 刷子 [shuā zi]; **~llo de dientes** 牙刷 [yá shuā]

cera *f* 蜡 [là]

cerámica *f* 陶瓷术 [táo cí shù]

cerca 1. *f* 围栅 [wéi shān], 围墙 [wéi qiáng]; **2.** *adv* 附近 [fù jìn], 临近 [lín jìn]; **3.** *m* 近景 [jìn jǐng]; **~ de** 靠近 [kào jìn];离…近 [lí…jìn], 大约 [dà yuē]

cercado *m* 围栅 [wéi shān], 围墙 [wéi qiáng]

cerca/nía *f* 附近 [fù jìn], 临近 [lín jìn]; 近郊火车 [jìn jiāo huǒ chē]; **~nías** *fpl* 近郊 [jìn jiāo]; **~no,-a** *adj* 临近的 [lín jìn de], 附近的 [fù jìn de]

cercar *vt* 包围 [bāo wéi], 围住 [wéi zhù]

cerciorarse de u/c 了解 [liáo jiě], 确信 [què xìn]

cerco *m mil* 包围 [bāo wéi]

cerdo *m* 猪 [zhū]

cereal *m* 谷类的 [gǔ lèi de]

cere/bral *adj m/f* 脑的 [nǎo de], 大脑的 [dà nǎo de]; **~bro** *m* 大脑 [dà nǎo], 头脑 [tóu nǎo]

ceremo/nia *f* 典礼 [diǎn lǐ], 仪式 [yí shì]; **~nioso,-a** *adj* 隆重的 [lóng zhòng de]

cere/za *f* 樱桃 [yīng táo]; **~zo** *m* 樱桃树 [yīng táo shù]

cerilla *f* 火柴 [huǒ chái]

cero *m* 零 [líng], 零度 [líng dù]

cer/rado,-a *adj (carácter)* (性格)内向的 [(xìng gé) nèi xiàng de], 保守的 [bǎo shǒu de]; **~radura** *f* 锁业 [suǒ yè]; **~rajero** *m* 锁匠 [suǒ jiàng], 开锁人 [kāi suǒ rén]; **~rar** *vt* 关闭 [guān bì], 关上 [guān shàng]; **~rojo** *m* 门闩 [mén shuān]

certamen *m* 讲座 [jiǎng zuò], 研讨会 [yán tǎo huì]

certe/ro,-a *adj* (射击)准确的 [(shè jī) zhǔn què de], 正确的 [zhèng què de]; **~za** *f* 准确 [zhǔn què], 确信 [què xìn]

certidumbre *f* 准确 [zhǔn què], 确信 [què xìn]

certifica/do *m* 证书 [zhèng shū]; 挂号信 [guà hào xìn]; **~r** *vt (carta)* (给信)挂号 [(gěi xìn) guà hào]

cerve/cera *f* 啤酒厂主 [pí jiǔ chǎng zhǔ], 啤酒店主 [pí jiǔ diàn zhǔ]; **~cería** *f* 啤酒店 [pí jiǔ diàn], 啤酒屋 [pí jiǔ wū]; **~za** *f* 啤酒 [pí jiǔ]; **~za negra** 黑啤酒 [hēi pí jiǔ]; **~za rubia** 黄啤酒 [huáng pí jiǔ]

cervical *adj m/f* 后颈的 [hòu jǐng de]

ce/sar *vi* 停止 [tíng zhǐ]; **sin ~sar** 不停地 [bú tíng de], 不断地 [bú duàn de]; **~se** *m* 停止 [tíng zhǐ], 中止 [zhōng zhǐ]

cesión *f* 转让 [zhuǎn ràng]

césped *m* 草皮 [cǎo pí], 草坪 [cǎo píng]

cest/a *f* 筐 [kuāng]; **~o** *m* 篮 [lán]

chabacano,-a *adj* 粗俗的 [cū sú de]

chabola *f* 茅屋 [máo wū], 陋室 [lòu shì]

chacal *m* 亚洲胡狼 [yà zhoū hú láng]

chacha *f coloq* 保姆 [bǎo mǔ], 女仆 [nǚ pǔ]

cháchara *f* 废话 [fèi huà]

chafar *vt* 压碎 [yā suì], 压扁 [yā biǎn]

chal *m* 披巾 [pī jīn], 披肩 [pī jiān]

chalado,-a *adj coloq* 痴呆的 [chī dāi de], 呆傻的 [dāi shǎ de]

chaleco *m* 背心 [bèi xīn]; **~ salvavidas** 救生背心 [jiù shēng bèi xīn]

chalé *m* 独体别墅 [dú tǐ bié shù]; **~ adosado** 连体别墅 [lián tǐ bié shù]

chamba *f coloq* 运气 [yùn qì], 侥幸 [jiǎo xìng]

champán *m* 香槟酒 [xiāng bīn jiǔ]

champiñón *m* 蘑菇 [mó gū]

champú *m* 洗发露 [xǐ fà lù], 洗发液 [xǐ fà yè]

chanchullo *m coloq* 肮脏勾当 [āng zāng gōu dàng]

chancleta *f* 拖鞋 [tuō xié]

chándal *m* 运动衣 [yùn dòng yī], 球衣 [qíu yī]
chantaje *m* 讹诈 [é zhà]
chantajear *vt* 进行讹诈 [jìn xíng é zhà]
chanza *f* 玩笑 [wɑ́n huà]
chapa *f* 薄板 [bó bǎn]
chaparrón *m* 阵雨 [zhèn yǔ]
chapotear *vi* 弄湿 [nòng shī]
chapu/cear *vt* 粗制滥造 [cū zhì làn zào]; **~cería** *f* 草率 [cǎo shuài], 粗糙 [cū cào]; **~cero 1.,-a** *adj* 粗制滥造的 [cū zhi làn zào de]; **2.** *m* 干活不正经的人 [gàn huó bú zhèng jǐng dě rén]
chapurrear *vt (idioma)* (说外语)说得结结巴巴 [(shuō wài yǔ) shuō de jié jié ba ba]; *(licor)* 搀和(酒) [chān hé (jiǔ)]
chapuza *f* 粗制滥造的东西 [cū zhì làn zào de dōng xī]
chapuzón *m* 没入水中 [mò rù shuǐ zhōng]
chaque/ta *f* 外衣 [wài yī]; **~tilla** *f* 短外衣 [duǎn wài yī]; **~tón** *m* 厚外衣 [hòu wài yī], 厚外套 [hòu wài tào]
charc/a *f* 大水塘 [dà shuǐ táng]; **~o** *m* 水塘 [shuǐ táng], 积水 [jí shuǐ]
charcutería *f* 肉食店 [ròu shí diàn]
charla *f* 谈话 [tán huà], 聊天 [liáo tian]; **~r** *vi* 谈话 [tán huà], 聊天 [liáo tiān]
charol *m* 漆 [qī], 漆皮 [qī pí]
chárter *adj m/f aero* (飞机)包机 [(fēi jī) bāo jī]; **vuelo** *m* ~ 包机航班 [bāo jī háng bān]
chasco *m* 愚弄 [yú nòng], 戏弄 [xì nòng]; **llevarse un** ~ 愚弄 [yú nòng], 戏弄 [xì nòng]
chasis *m auto* (车辆)底盘 [(chē liàng) dǐ pán]
chasquear 1. *vt* 愚弄 [yú nòng], 戏弄 [xì ròng]; **2.** *vi* (木材干裂时)劈啪响 [(mù chái gàn lié shí) pī pā xiǎng]
chatarra *f* 废铜烂铁 [fèi tong làn tiě], 废料 [fèi liào]
chaval,-a *m/f coloq* 小伙子 [xiǎo huǒ zi]
checo,-a 1. *adj* 捷克的 [jié kè de]; **2.** *m/f* 捷克人 [jié kè rén]; **3.** *m* 捷克语 [jié kè yǔ]
cheque *m banc* 支票 [zhī piào]; ~ **de viaje** 旅行支票 [lǚ xíng zhī piào]
chequeo *m med* (健康)检查 [(jiàn kāng) jiǎn chá]; *auto* (汽车)年检 [(qì chē) nián jiǎn]
chic *m* (衣着的)漂亮 [(yī zhuó de) piào liàng], 幽雅 [yōu yǎ]
chichón *m* 包 [bāo], 疙瘩 [gē dā]
chicle *m* 口香糖 [kǒu xiāng táng]
chico,-a 1. *adj* 年少的 [nián shǎo de], 年青的 [nián qīng de]; **2.** *m/f* 年青人 [nián qīng rén]
chiflado,-a *adj coloq* 神经错乱的 [shén jīng cuò luàn de], 有怪癖的 [yǒu guài pì de]
chileno,-a 1. *adj* 智利的 [zhì lì de]; **2.** *m/f* 智利人 [zhì lì rén]

chill/ar *vi* 尖声怪叫 [jiān shēng guài jiào], 吵闹 [chǎo nào]; **~ón 1.,-a** *adj color* 爱尖声怪叫的 [ài jiān shēng guài jiào de]; **2.** *m* （钉木板用的）钉子 [(dìng mù bǎn yòng de) dīng zi]

chimenea *f* 壁炉 [bì lú]

chimpancé *m* 猩猩 [xīng xīng]

chinche *f* 图钉 [tú dīng]

chincheta *f* 图钉 [tú dīng]

China 中国 [zhōng guó]

chino,-a 1. *adj* 中国的 [zhōng guó de]; **2.** *m/f* 中国人 [zhōng guó rén] **3.** *m* 汉语 [hàn yǔ]

chip *m informát* （电脑硬件上的）微片 [(diàn nǎo yìng jiàn shàng de) wēi piàn]

chipirón *m* 鱿鱼 [yóu yú]

chiqui/llada *f* 孩子行径 [há izi xíng jìng]; **~llo,-a** *adj* 小的 [xiǎo de], 年幼的 [nián yòu de]

chiringuito *m* （海滩边的）饮料售货亭 [(hǎi tān biān de) yǐn liào shòu huò tíng]

chirona *f coloq* 监狱 [jiān yù]

chirriar *vi* 吱吱嘎嘎响 [zhī zhī yā-yā xiǎng]

chis/me *m* 闲话 [xián huà], 杂物 [zá wù]; **~mear** *vi* 说闲话 [shuōxián huà]; **~moso,-a** *m/f* 爱说闲话的人 [ài shuō xián huà de rén]

chispa *f* 火星儿 [huǒ xīng 'ér], 电火花 [diàn huǒ huā]

chis/te *m* 玩笑 [wán xiào], 笑话 [xiào huà]; **~toso,-a** *adj* 爱开玩笑的 [ài kāi wán xiào de], 爱讲笑话的 [ài jiǎng xiào huà de]

chi/var *vt/i* 打扰 [dǎ rǎo], 烦扰 [fán rǎo]; **~vato,-a** *m/f coloq* 卑鄙的 [bēi bì de], 下流的 [xià liú de]

choca/nte *adj m/f* 相冲突的 [xiāng chōng tū de], 冲撞的 [chōng zhuàng de]; **~r 1.** *vi* 碰撞 [pèng zhuàng], 冲突 [chōng tū]; **2.** *vt* 碰 [pèng], 使相碰 [shǐ xiāng pèng]

chocolate *m* 巧克力 [qiǎo kē lì]

chófer *m* 司机 [sī jī]

chopo *m* 欧洲山杨 [ōu zhōu shān yáng]

choque *m* 碰撞 [pèng zhuàng], 冲突 [chōng tū]

chorizo *m* 腊肠 [là cháng]

choza *f* 茅屋 [máo wū]

chubasco *m* 暴风雨 [bào fēng yǔ]

chucherías *fpl* （精致的）小物件 [(jíng zhì de) xiǎo wù jiàn]

chuleta *f gastr* 肉排 [ròu pái]

chulo 1. *m* 纨绔子弟 [wán kù zǐ dì]; **2.,-a** *adj* 粗鲁的 [cū lǔ de], 无教养的 [wú jiào yǎng de]; **3.,-a** *adj coloq* 放肆的 [fàng sì de], 傲慢不恭的 [ào màn bú gōng de]

chumbera *f* 仙人掌 [xiān rèn zhǎng]

chupa/do,-a *adj coloq* 瘦的 [shòu de], 干瘪的 [gān biě de]; **estar ~** 易死的 [yì sǐ de]; **~r** *vt/i* 吸吮 [xi shǔn]

chupete *m* 奶嘴 [nǎi zǔi]
churro *m* 油条 [yóu tiáo]
chusma *f* 平民 [píng mín]
chutar *vt (fútbo)l* (足球)射门 [(zù qiú) shè mén]; **~se** *drog* 注射(毒品) [zhù shè (dú pǐn)]
ciber/café *m* 网吧 [wǎng bā], 网络咖啡厅 [wǎng luò kǎ fēi tīng]; **~nauta** *m/f informát* 网民 [wǎng mín], 网络使用者 [wǎng luò shǐ yòng zhě]; **~nético,-a** *adj* 控制学的 [gòng zhì xué de], 控制论的 [kòng zhì lùn de]
cicatriz *f* 疤痕 [bā hén], 疤 [bā]; **~ación** *f* 结疤 [jié bā]; **~ar** *vt* 使结疤 [shǐ jié bā], 使愈合 [shǐ yù hé]
cíclico,-a *adj* 周期性的 [zhoū qī xìng de], 渐进的 [jiàn jìn de]
ciclis/mo *m* 自行车运动 [zì xíng chē yùn dòng]; **~ta** *m/f* 自行车运动员 [zì xíng chē yùn dòng yuán]
ciclo *m* 周期 [zhōu qī], 阶段 [jiē duàn]
ciclomotor *m* 机动脚踏两用车 [jī dòng jiǎo tà liǎng yòng chē]
ciclón *m meteo* 飓风, [jù fēng]
cicloturismo *m* 骑自行车旅游 [jí zì xíng chē lǚ yóu]
cieg/o,-a 1. *adj coloq* 盲的 [máng de], 失明的 [shī míng de]; **a ~as** 盲目地 [máng mù de], 盲从地 [máng cóng de]; **2.** *m/f* 瞎子 [xiāzi], 盲人 [máng rén]
cielo *m* 天 [tiān], 天空 [tiān kōng]; **a ~ raso** 天花板 [tiān huā bǎn], 天棚 [tiān péng]
cien *adj* 一百的 [yī bǎi de]
ciencia *f* 科学 [kē xué], 学问 [xué wèn]; **~s naturales** *fpl* 自然科学 [zì rán kē xué], 工科 [gōng kē]
científico,-a 1. *adj* 科学的 [kē xué de], 学术的 [xué shù de]; **2.** *m/f* 科学家 [kē xué jiā]
ciento *adj* 百 [bǎi], 第一百 [dì yi bǎi]; **por ~** 百分之百(100%) [bǎi fèn zhī bǎi (100%)]; **el 6 por ~** 百分之六(6%) [bǎi fèn zhī liù (6%)]
cierre *m* 关闭 [guāng bì], 闩 [shuān]; **~ centralizado** *m auto* (车上的)中央门锁 [(chēshàngde) zhōng yāng mén suǒ]
cierto,-a *adj* 真的 [zhēnde], 某个 [mǒugè]; **es ~** 确实的 [què shí de], 真的 [zhēn de]; **por ~** 对了 [duì le], 说真的 [shuō zhēn de]; **estar en lo ~** 有道理 [yǒu dào lǐ]
ciervo *m* 鹿 [lù]
cifra *f* 数字 [shù zì], 数目 [shù mù]; **~r** *vt* 用密码写 [yòng mì mǎ xiě]
cigala *f zool gastr* 蝉虾 [chán xiā]
cigarra *f* 蝉 [chán]
cigarr/illo *m* 香烟 [xiāng yān]; **~o** *m* 雪茄烟 [xuě jiā yān]
cigüeña *f* 白鹳 [bǎi guàn]
cilindrada *f* 汽缸容量 [qì gāng róng liàng]

cilíndrico,-a *adj* 圆柱的 [yuán zhù de], 圆柱体的 [yuán zhù tǐ de]
cilindro *m* 圆柱 [yuán zhù], 圆柱体 [yuán zhù tǐ]
cima *f* 山巅 [shān diān], 顶峰 [dǐng fèng]
cimiento *m* 地基 [dì jī], 基础 [jī chǔ]
cinc *m* 锌 [xīn]
cinco *adj* 五 [wǔ]
cincuen/ta *adj* 五十 [wǔ shí]; **~tena** *f* 五十个 [wǔ shí ge]; **~tón, -a** *m/f coloq* 五十岁的人 [wǔ shí suì de rén]
cine *m* 电影 [diàn yǐng], 电影院 [diàn yǐng yuàn]; **~ mudo** 无声电影 [wú shēng diàn yǐng]
cineasta *m/f* 电影演员 [diàn yǐng yǎn yuán], 电影工作者 [diàn yǐng gōng zuò zhě]
cínico,-a 1. *adj* 厚颜无耻的 [hòu yán wú chǐ de]; **2.** *m/f* 厚颜无耻之徒 [hòu yán wú chǐ zhī tú]
cinismo *m* 无耻 [wú chǐ]
cinta *f mús* (音乐的)带子 [(yīn yuè de) dài zi], 磁带 [cí dài]; **~ adhesiva** (电)胶带 [(diàn) jiāo dài]; **~ aislante** (电)绝缘带 [(diàn) jué yuán dài]; **~ de video** 录像带 [lù xiàng dài]
cintu/ra *f* 腰 [yāo]; **~rón** *m* 腰带 [yāo dài]; **~ de seguridad** (汽车内的)安全带 [(qì chē nèi de) ān quán dài]
ciprés *m* 柏树 [bǎi shù]
circo *m* 马戏 [mǎ xì], 马戏场 [mǎ xì chǎng]
circuito 1. *m* 区域 [qū yù], 范围 [fàn wéi]; **2.** *electr* (电)电路 [(diàn) diàn lù]; **3.** 环行路 [huán xíng lù], 环形线 [huán xíng xiàn]; **4.** *sport* 追逐赛 [zhuī zhú sài]; **corto~** *m* 短路 [duǎn lù]
circula/ción *f* 循环 [xún huán], 流动 [liú dòng], 交通 [jiāo tōng]; **~r 1.** *adj m/f* 圆的 [yuán de], 圆形的 [yuán xíng de]; **2.** *f* (会议)通知 [(huì yì) tōng zhī], 通告 [tōng gào]; **3.** *vi* 循环 [xún huán]; **~torio,-a** *adj* 循环的 [xún huán de]
círculo *m* 圆 [yuán], 圈子 [quān zi]
circunferencia *f* 圆周 [yuán zhōu]
circunscripción *f* 限定, [xiàn dìng] 界限 [jiè xiàn], 范围 [fàn wéi]
circunspecto,-a *adj* 谨慎的 [jǐn shèn de], 严肃的 [yánsù de]
circunstancia *f* 情况 [qíng kuàng], 情景 [qíng jǐng]
circunvalación *f* (城镇等) 环城公路 [(chéng zhèn děng) huán chéng gōng lù]
ciruel/a *f* 洋李子 [yán lǐ zi]; **~o** *m* 洋李树 [yán lǐ shù]
ciru/gía *f* 外科 [wài kē]; **~ plástica** 整容外科 [zhěng róng wài kē]; **~ estética** 美容外科 [měi róng wài kē]; **~jano,-a** *m/f* 外科医生 [wài kē yī shēng]
cisne *m* 天鹅 [tiān 'ér]
cisterna *f* 地下蓄水池 [dì xià xù shuǐ chí]

cita *f* 约会 [yuē huì]; **~ción** *f jur* 传讯 [chuán xùn], 传票 [chuán piào]; **~r** *vt jur* 引证 [yǐn zhèng]; **~rse** 约会 [yuē huì], 约见 [yuē jiàn]; **~rse con alg** 与某人约会 [yǔ m ǒu rén yuē huì]

cítricos *mpl* 酸味水果 [suān wèi shuǐ guǒ]

ciuda/d *f* 城市 [chéng shì]; **~danía** *f* 公民身份 [gōng mín shēn fèn]; **~dano,-a 1.** *adj* 城市的 [chéng shì de], 平民百姓的 [píng mín bǎi xìng de]; **2.** *m* 公民 [gōng mín], 老百姓 [lǎo bǎi xìng]; **~dela** *f* 城市堡垒 [chéng shì bǎo lěi]

civil 1. *adj* 民事的 [mín shì de], 公民的 [gōng mín de]; **2.** *m/f* 平民 [píng mín], 老百姓 [lǎo bǎi xìng]; **~ización** *f* 文明 [wén míng]; **~izado,-a** *adj* 文明的 [wén míng de]; **~izar** *vt* 使文明 [shǐ wén míng], 教育 [jiào yù]

cla/mar *vt/i* 哀告 [āi gào], 哀求 [aī qiú]; **~ por** 呼吁 [hū yù], 要求 [yāo qiú]; **~mor** *m* 呼喊 [hū hǎn]; **~moso,-a** *adj* 大喊大叫的 [dà hǎn dà jiàode]

clan *m* 部族 [bù zú], 帮派 [bāng pài]

clandesti/nidad *f pol* 秘密性 [mì mì xìng], 地下性 [dì xià xìng]; **~no,-a** *adj* 秘密的 [mì mì de], 地下的 [dì xià de]

cla/ra *f* 蛋清 [dàn qīng]; **~raboya** *f* 天窗 [tiān chuāng], 气窗 [qì chuāng]; **~ramente** *adv* 清楚地 [qīng chǔ de], 清晰地 [qīng xī de]; **~ridad** *f* 清楚 [qīng chǔ], 清晰 [qīng xī]; **~rificar** *vt* 照亮 [zhào liàng], 澄清 [chéng qīng]

clarinete *m* (音乐)单簧管 [(yīn yuè) dān huáng guǎn], 黑管 [hēi guǎn]

clarividen/cia *f* 洞察力 [dòng chá lì], 远见 [yuǎn jiàn]; **~te** *adj m/f* 有洞察力的 [yǒu dòng chá lì de], 有远见的 [yǒu yuǎn jiàn de]

claro,-a *adj* 明亮的 [míng liàng de], 鲜明的 [xiān míng de]

¡claro! *interj* 当然 [dāng rán]

clase *f* **1.** 阶级 [jiē jí]; **2.** 课 [kè], 课程 [kè chéng]; **~ turista** *nav* (客船) 普通舱 [(kè chuán) pǔ tōng cāng], *aero* (飞机) 经济舱 [(fēi jī) jīng jì cāng]; **dar ~ a alg** 上课 [shàng kè], 授课 [shòu kè]

clásico 1.,-a *adj* 古典的 [gǔ diǎn de], 经典的; [jīng diǎn de]; **2.** *m* 经典作家 [jīng diǎn zuò jiā]

clasifica/ción *f sport* 出线 [chū xiàn]; **~dor** *m* 文件柜 [wén jiàn guì]; **~r** *vt* 把…分类 [bǎ…fēn lèi]; **~rse** *sport* 获得出线 [huò de chū xiàn]

claudicar *vi fig* 不尽责 [bú jì zé], 半途而废 [bàn tú ér fèi]

claustro *m* 修道院 [xiūdào yuàn]; **~ de profesores** (学校的)全体教师大会 [(xué xiào de) quán tǐ jiào shī dà huì]

cláusula *f* 条款 [tiáo kuǎn]

clausura *f* 闭幕 [bì mù], 关闭 [guān bì]; **~r** *vt* 闭幕 [bì mù]

cla/var *vt* (用钉子)钉住 [(yòng dìng zi) dīing zhù]; **~ve 1.** *f fig mús* 乐谱 [yuè pǔ], 谱号 [pǔ hào]; **2.** *m* 击弦古钢琴 [jī xián gǔ gāng qín]

clavel *m* 麝香石竹 [shè xiāng shí zú]

clavícula *f* 锁骨 [suǒ gǔ]

cla/vija *f* 插头 [chā tóu]; **~vo** *m* 钉子 [dīng zi]

claxon *m* 汽车喇叭 [qì chē lǎ bā]

clemen/cia *f* 宽厚 [kuān hòu], 仁慈 [rén cí]; **~te** *adj m/f* 宽厚的 [kuān hòu de], 仁慈的 [rén cí de]

clérigo *m* 教士 [jiào shì], 牧师 [mù shī]

clero *m* 牧师阶层 [mù shī jiē céng]

cliente *m* 顾客 [gù gè], 客户 [kè hù]; **~la** *f* 顾客群 [gù kè qún]

cli/ma *m* 气候 [qì hòu]; 气氛 [qì fēn]; **~mático,-a** *adj* 气候的 [qì hòu de]; **~matización** *f* 空调设施 [kōng tiáo shè shī]

clínica *f* 门诊所 [mén zhěn suǒ]

clip *m* 曲别针 [qǔ bié zhēn], 回形针 [huí xíng zhēng]

cloaca *f* 下水道 [xià shuǐ dào]

cloro *m* 氯 [lǜ]; **~fila** *f* 叶绿素 [yè lǜ sù]; **~formo** *m* 氯仿 [lǜ fǎng]

club *m* 俱乐部 [jù lè bù]; **~ náutico** 游艇俱乐部 [yòu tǐng jù lè bù]; **~ nocturno** (色情)夜总会 [(sè qíng) yè zǒng huì]

coac/ción *f* 强迫 [qiáng pò], 强制 [qiáng zhì]; **~cionar** *vt* 强迫 [jiáng pò], 逼迫 [bī pò]

coagula/ción *f* 凝固 [nìng gù], 凝结 [níng jié]; **~rse** 凝固 [níng gù], 凝结 [nìng jié]

coágulo *m* 凝结体 [níng jié tǐ], 凝固体 [níng gù tǐ]

coalición *f* 联合 [lián hé], 联盟 [lián méng]

coartada *f* 不在犯罪现场 [bú zài fàng zuì xiàn chǎng]

cobar/de 1. *adj m/f* 胆小的 [dǎn xiǎo de]; **2.** *m* 懦夫 [nuò fū], 胆小鬼 [dǎn xiǎo guǐ]; **~día** *f* 胆小 [dǎn xiǎo], 怯懦 [qiè nuò]

cober/tizo *m* 屋檐 [wū yán], 棚子 [péng zi]; **~tura** *f* 覆盖物 [fú gài wù], (手机信号)涵盖面 [(shǒu jì xìn hào) hán gài miàn]

cobi/jar *vt* 盖 [gài], 覆盖 [fù gài]; **~jo** *m* 藏身处 [cáng shēn chù], 安身处 [ān shēn chù]

cobra *f zool* 眼镜蛇 [yǎn jìng shè]

co/brador *m* 收款人 [shōu kuǎn rén]; **~brar** *vt* 收取 [shōu qǔ]; **~bro** *m* 收取 [shōu qǔ], 收款 [shōu kuǎn]

coca/ína *f* 可卡因 [kě kǎ yīn]; **~inómano,-a** *m/f* 有古柯瘾的人 [yǒu gǔ kē yǐn de rén]

coc/ción *f* 烹调 [pēng tiáo], 烹饪 [pēng rèn]; **~er** *vt/i* 煮 [zhǔ], 炖 [dùn], 烧 [shāo]

coche *m* 轿车 [jiào chē], 小汽车 [xiǎo qì chē]; **~ de alquiler** 租的骄车 [zū de jiào chē], 租车 [zū chē]; **~ de caballos** 马车 [mǎ chē]; **~ de carreras** 赛车 [sài chē]; **~ bomba** *m* 汽车炸弹 [qì chē zhà dàn]; ~ **cama** (火车上的)卧铺 [(huǒ chē shàng de) wò pù], 软卧 [ruǎn wò]; ~ **litera** (火车上的)双层卧铺 [(huǒ chē shàng de) shuāng céng wò pù]; ~ **restaurante** 餐车 [cān chē]; **(~) todoterreno** 吉普车 [jí pǔ chē]; **~cito** *m* (儿童的)玩具车 [(ér tóng de) wán jù chē]; **~ro** *m* 马车夫 [mǎ chē fū]

cochi/nada *f coloq* 卑鄙 [bēi bǐ], 粗鲁 [cū lǔ]; **~nillo** *m* 乳猪 [rǔ zhū], 小猪 [xiǎo zhū]

co/cido 1.,-a *adj* 煮的 [zhǔ de], 煮熟的 [zhǔ shú de]; **2.** *m* 杂烩 [zá huì]

co/cina *f* 厨房 [chú fáng]; ~ **eléctrica** 电气厨房 [diàn qì chú fáng]; **~cinar** *vt/i* 烹调 [pēng tiáo]; **~cinero,-a** *m/f* 厨师 [chú shī], 炊事员 [cuī shī yuán]

coco *m* 椰子树 [yē zǐ shù], 椰子 [yē zi]

cocodrilo *m* 鳄鱼 [è yú]

cóctel *m* 鸡尾酒 [jī wéi jiǔ]

codi/cia *f* 贪心 [tān xīn], 贪婪 [tān lán]; **~ciar** *vt* 渴望 [kě wàng], 贪图 [tān tú]; **~cioso,-a** *adj* 贪心的 [tān xīn de], 贪婪的 [tān lán]

código *m jur* 法典 [fǎ diǎn]; ~ **de barras** 条形标价签 [tiáo xíng biāo jià qiān]; ~ **civil** 民法 [mín fǎ]; ~ **postal** 邮编 [yóu biān], 邮政编码 [yóu zhèng biān mǎ]

codo *m* **1.** (人体的)肘 [(rén běn de) zhǒu]; **2.** (管道的)弯头 [(guǎn dào de) wān tóu]

codorniz *f* 鹌鹑 [ān chún]

coexis/tencia *f* 共存 [gòng cún], 共处 [gòng chǔ]; **~tir** *vi* 共存 [gòng cún], 共处 [gòng chǔ]

cofre *m* 衣箱 [yī xiāng]

coger *vt* 抓住 [zhuā zhù], 拿 [ná], 乘(车) [(chē)]

cogollos *mpl* 菜心 [cài xīn], 芽 [yá]

coheren/cia *f* 关联 [guān lián], 相关 [xiāng guān]; **~te** *adj m/f* 关联的 [guān lián de], 连贯的 [lián guàn de]

cohete *m* 火箭 [huǒ jiàn]

coinci/dencia *f* 一致 [yī zhì], 符合 [fǔ hé]; 巧合 [qiǎo hé]; **~dir** *vi* 一致 [yī zhì], 符合 [fǔ hé], 与…相遇 [yú...xiāng yù]

coito *m* 性交 [xìng xiāo]

cojear *vi fig* 品行不端 [pǐn xíng bú duān], 有恶习 [yǒu è xí]

cojín *m* 坐垫 [zuò diàn]

cojo,-a *adj* **1.** 跛的 [bǒ de], 瘸的 [qué de]; **2.** *m/f* 瘸子 [qué zi]

col *f* 圆白菜 [yuán bái cài], 卷心菜 [quǎn xīn cài]; ~ **china** 大白菜 [dà bái cài]; ~ **de Bruselas** 汤菜 [tāng cài]; ~ **lombarda** 红卷心菜 [hóng jǔn xīn cài]

cola *f* 尾巴 [wěi bā]; ~ **de caballo** (发式)马尾辫子 [(fā shì) mǎ wěi biàn zi]; **hacer ~** 排队 [pái duì]

colabo/ración *f* 合作 [hé zuò], 协作 [xié zuò], 帮忙 [bāng máng]; **~rador,-a** *m/f* 合作者 [hé zuò zhě]; **~rar** *vi* 合作 [hé zuò], 协作 [xié zuò]

colador *m* 过滤器 [guò lǜ qì]

colap/sar *vi* 瘫痪 [tān huàn], 停滞 [tíng zhì]; **~so** *m* 萎缩[wěi suō]; *med* 虚脱 [xū tuō], 衰弱 [shuāi ruò]

colar *vt* 过滤 [guò lǜ], 漂白 [piǎo bái]; **~se** 插队 [chā duì], 插档 [chā dàng], 加塞儿 [jiā sài er]

col/cha *f* 床单 [chuáng dān]; **~chón** *m* 垫子 [diàn zi]; **~choneta** *f* 坐垫 [zuò diàn], 垫子 [diàn zi]

colec/ción *f* 收藏品 [shōu cáng pǐn]; **~cionar** *vt* 收集 [shōu jí], 收藏 [shōu cáng]; **~cionista** *m/f* 收藏家 [shōu cáng jiā]

colec/ta *f* 募捐 [mù juān]; **~tivo, -a** *adj* 集体的 [jí tǐ de], 集合的 [jí hé de]

colega *m/f* 同事 [tóng shì], 同行 [tóng háng]

colegio *m* 学校 [xué xiào]; **~ mayor** *m* (大学的)学生宿舍 [(dà xué de) xué shēng sù shè]

cólera **1.** *f* 暴怒 [bào nù]; **2.** *m med* 霍乱 [huò luàn]

colgar *vt informát* 挂机 [guà jī]

colibrí *m* 蜂鸟 [fēng niǎo]

coliflor *f* 花菜 [huā cài]

colilla *f* 烟头儿 [yān tóur]

colina *f* 小山 [xiǎo shān]

colindante *adj m/f* 毗邻的 [pí lín de]

colisión *f* 碰撞 [pèng zhuàng]; **~ múltiple** 连环撞车 [lián huán zhuàng chē], 多辆汽车相撞 [duō liàng qì chē xiāng zhuàng]

collar *m* 项链 [xiàng liàn]

colmena *f* 蜂箱 [fēng xiāng]

colmillo *m* 尖牙 [jiān yá], 犬牙 [quǎn yá]

colmo *m* (冒出器皿口的)尖儿 [(mào chū qì mǐn kǒu de) jiánr]; **¡es el ~ !** 太过分了! [dài guò fèn le]

coloca/ción *f* 安放 [ān fàng], 安置 [ān zhì]; **~r** *vt* 安放 [ān xiàng], 安置 [ān zhì]

colonia *f* 移民群体 [lí mín qún tǐ]; **~ china** (在海外的)华人社团 [(zài hǎi wàide) huá rén shè tuán], 华人社区 [huá rén shè qū]

colo/nialismo *m* 殖民主义 [zhí mín zhǔ yì]; **~nización** *f* 殖民地化 [zhí mín de huà]; **~nizador,-a** *m/f* 殖民者 [zhí mín zhě]; **~nizar** *vt* 使成为殖民地 [shǐ chéng wéi zhí mín de]

co/lor *m* 颜色 [yán sè], 色彩 [sè cǎi]; **de ~** 彩色的 [cǎi sè de], 有色的 [yǒu sè de]; **~lorado,-a** *adj* 有颜色的 [yǒu yán sè de], 红色的 [hóng sè de]; **~lorar** *vt* 着色 [zháo sè]; **~lorear** *vt* 找借口 [zhǎo jiè kǒu]

columna *f* 柱 [zhù], 圆柱 [yuán zhù]; **~ vertebral** 脊柱 [jí zhù]

colum/piar *vt* 荡 [dàng], 摇(千秋上的人) [yáo (qiū qiān shàng de rén)]; **~pio** *m* 千秋 [qīu qiān]

colza *f* 芸苔 [yún tái], 油菜 [yóu cài]

coma 1. *f ling* 逗号 [dòu hào]; **2.** *m med* 昏迷 [hūn mí], 人事不省 [rén shì bú xǐng]

comadrona *f* 接生婆 [jiē shēng pó]

comandan/cia *f* 少校衔 [shào xiào xián], 指挥官职位 [zhǐ huī guān zhí wèi]; **~te** *m/f mil* 少校 [shào xiào], 指挥官 [zhǐ huī guān]

comarca *f* 管辖区 [guǎn xiá qū]

comba/te *m* 战斗 [zhàn dòu]; **~tir** *vt/i* 交战 [jiāo zhàn], 战斗 [zhàn dòu]

combina/ción *f* 结合 [jié hé], 组合 [zǔ hé]; **~do,-a** *adj* 联合的 [lián hé de]; 组合的 [zǔ hé de]; **plato** *m* ~ 套餐 [tào cāng]

combinar *vt* 使结合 [shǐ jié hé], 使组合 [zhǐ zǔ hé]

combus/tible 1. *adj m/f* 可燃的 [kě rán de]; **2.** *m* 燃料 [rán liào]; **~tión** *f* 燃烧 [rán shāo]

come/dia *f* 喜剧 [xǐ jù], 戏剧 [xì jù]; **~diante** *m/f fig* 伪君子 [wěi jūn zǐ]

comedor *m* 饭厅 [fàn tīng], 食堂 [shí táng]; ~ **universitario** 大学食堂 [dà xué shí táng]

comen/tar *vt* 注释 [zhù shì], 评论 [píng lùn]; **~tario** *m* 评注 [píng zhù], 评论 [píng lùn]; **~tarista** *m/f* 评论员 [píng lùn yuán]

comenzar *vt/i* 开始 [kāi shǐ]; ~ **a/con** 开始做 [kai shǐ zuò]

comer *vt/i* 吃午饭 [chī wǔ fàn], 吃 [chī]

comer/cial *adj m/f* 商业的 [shāng yè de], 贸易的 [mào yì de]; **~ciante** *m/f* 商人 [shāng rén]; **~ciar** *vi* 做贸易 [zuò mào yì], 做生意 [zuò shēng yì]; **~cio** *m* 贸易 [mào yì], 商业 [shāng yè]

comestible *adj m/f* 食用的 [shí yòng de], 可吃的 [kě chī de]; **~s** *mpl* 食品 [shí pǐn]

cometa 1. *m* 慧星 [huì xīng]; **2.** *f* 风筝 [fēng zhēng]

come/ter *vt* 犯(错误) [fàn (cuò wù)]; **~tido** *m* 委托 [wěi tuō], 托付 [huō fù]

cómic *m* 连环漫画 [lián huán màn huà]; **~o,-a 1.** *adj* 喜剧的 [xǐ jù de], 滑稽的 [huá jì de]; **2.** *m* 喜剧演员 [xǐ jù yǎn yuán]

comida *f* 食物 [shí wù], 饭菜 [fàn cài]

comienzo *m* 开始 [kāi shǐ]

comillas *fpl* 引号 [yǐ hào]; **entre** ~ 带引号 [dài yǐ hào]

comino *m* (一种植物)枯茗 [(yī zhòng zhí wù) kū míng]

comisario,-a *m/f* 警察局长 [jǐng chá jú zhǎng]

comi/sión *f pol* 委员会 [wěi yuán huì], 总会 [zǒng huì]; **~té** *m* 委员会 [wěi yuán huì]

como 1. *adv* 好像 [hǎo xiàng], 正如 [zhèng rú]; **2.** *conj* 同…一样 [tóng…yī yàng]; ~ **sea** 千方百计 [qiān fāng bǎi jì]; ~ **quien dice** 正如所说的 [zhèng rú suǒ shuō de]

cómo 1. ¿~? 什么？[shén mè]; **2. ¡ ~ no!** 当然可以！[dāng rán kě yǐ]

comodidad *f* 舒适 [shū shì], 方便 [fāng biàn]

comodín *m* 万能的器物 [wàng néng de qì wù], 万金油 [wàng jīn yóu]

cómodo,-a *adj* 舒适的 [shū shì de], 舒服的 [shū fú de]

compacto,-a *adj* 紧凑的 [jǐn còu de], 结构紧密的 [jié gòu jǐn mì de]

compadecer *vt* 同情 [tóng qíng]

compañero,-a *m/f* 同伴 [tóng bàn], 同学 [tóng xué]

compañía *f* **1.** 公司 [gōng sī]; **2.** 陪伴 [péi bàn]; **~ aérea** 航空公司 [háng kōng gōng sī]; **~ de seguros** 保险公司 [bǎo xiǎn gōng sī]; **en ~ de** 在… 陪伴下 [zài…péi bàn xià]; **hacer ~** 作伴 [zuò bàn]

comparable *adj m/f* 可比较的 [kě bǐ jiào de]

compa/ración *f* 对比 [duì bǐ], 比较 [bǐ jiào]; **~rar** *vt* 对比 [duì bǐ], 比较 [bǐ jiào]; **~recer** *vi* 出庭 [chū tíng];**~rtimiento** *m* 分隔 [fēn gé], 分项 [fēn xiàng]; **~rtir** *vt* 分享 [fēn xiǎng]; **~rtir con** 和… 分享 [hé…fēn xiǎng]

compás *m* **1.** *mús* 节拍 [jié pāi]; **2.** *nav aero* (航海，飞行)罗盘 [(chuán hǎi, fēi xíng)luó pán]

compa/sión *f* 怜悯 [lián mǐn]; **~sivo,-a** *adj* 有同情心的 [yǒu tóng qíng xīn de]

compati/ble *adj m/f* 可共存的 [kě gòng cún de], 可兼容的 [kě jiān róng de]; **~ con** 与…兼容的 [yú…jiān róng de]; **~bilidad** *f* 共存性 [gòng cún xìng], 兼容性 [jiān róng xìng]

compatriota *m/f* 同胞 [tóng bāo], 老乡 [lǎo xiāng]

compensa/ción *f* 补偿 [bǔ cháng], 赔偿 [péi cháng]; **~r** *vt* 补偿 [bǔ cháng], 赔偿 [péi cháng]; **~r con** 用…补偿 [yòng…bǔ cháng], 赔偿 [péi cháng]

compe/tencia *f* **1.** 竞争 [jìn zhēng]; **2.** 权力 [quán lì], 资格 [zī gé]; **~tente** *adj m/f* 有权力的 [yǒu quán lì de], 有资格的 [yǒu zī gé de]; **~tidor,-a** *m/f* 竞争对手 [jìng zhēn duì shǒu]; **~tir** *vi* 竞争 [jìng zhēng], 比赛 [bǐ sài]; **~tir con** 和… 竞争(比赛) [hé…jìng zhēng (bǐ sài)]; **~titivo,-a** *adj* 有竞争能力的 [yǒu jìng zhēng néng lì de], 可较量的 [kě jiào liàng de]

compla/cer *vi* 使高兴 [shǐ gāo xìng], 取乐 [qú lè]; **~cerse** 高兴 [gāo xìng de], 满意 [mán yì]; **~ciente** *adj m/f* 高兴的 [gāo xìng de], 满意的 [mán yì de]

complejo,-a 1. *adj* 复合的 [fū hé de], 复杂的 [fū zá de]; **2.** *m* 联合企业 [lián hé qī yè]

comple/mentario,-a *adj* 补充的 [bǔ chōng de], 互补的 [hù bǔ de]; **~mento** *m* 补充物 [bǔ chōng wù]; **~tar** *vt* 完成 [wán chéng], 使完善 [shǐ wán shàn]

completo,-a *adj* 完整的 [wán zhěng de], 完美的 [wán měi de]

complica/ción *f* 复杂 [fù zá], 困难 [kùn nán]; **~r** *vt* 使复杂 [shǐ fù zá], 牵连 [qiān lián]

cómplice *m* 同谋 [tóng móu], 同伙 [tóng huǒ]

complicidad *f* 同谋性 [tóng móu xìng], 共犯性 [gòng fàn xìng]

compon/ente *m/f* 组件 [zǔ jiàn]; **~er** *vt* 组成 [zǔ chéng], 总成 [zǒng chéng]; **~erse de** 由… 组成 [yóu…zǔ chéng]

comporta/miento *m* 行为 [xíng wéi], 举止 [jǔ zhǐ], 表现 [biǎo xiàn]; **~rse** 表现 [biǎo xiàn]

composi/ción *f* 组合 [zǔ hé], 组成 [zǔ chéng]; **~tor,-a** *m/f* 作曲家 [zuò qǔ jiā]

compota *f* 葡萄筐 [pú táo kuǎng]

compra *f* 买 [mǎi], 购买 [gòu mǎi]; **~dor,-a** *m/f* 购买者 [gòu mǎi zhě], 买家 [mǎi jiā]; **~dor, -a compulsivo,-a** 强制性购买 [jiáng zhì xìng gòu mǎi]; **~r** *vt* 买 [mǎi], 购买 [gòu mǎi]

compren/der *vt* 理解 [lǐ jiě], 明白 [míng bái], 懂 [dǒng]; **~sible** *adj m/f* 可以理解的 [ke yi li jiěde]; **~sión** *f* 压缩 [yā suō]; **~sivo,-a** *adj* 可理解的 [kě lǐ jiě de],

compresa *f med* (医用)压布 [(yī yòng)yā bù], 敷布 [fū bù], 告纱布 [gào shā bù]; **~ (higiénica)** 卫生纱布 [wèi shēng shā bù]

compresión *f* 理解 [lǐ jiě], 明白 [míng bái]

comprimi/do *m* 药片 [yào piàn]; **~r** *vt* 压缩 [yā suō], 抑制 [yì zhì]

comproba/ción *f* 证明 [zhèng míng], 核实 [hé shí]; **~nte** *m* 票据 [piào jù], 存根 [cún gēn]; **~r** *vt* 证实 [zhèng shí], 核实 [hé shí]

compro/meter *vt* 许下 [xǔ xià], 承诺(说的话) [chéng nuò (shuō de huà)]; **~meterse a** 许诺 [xǔ nuò], 承诺 [chéng nuò]; **~miso** *m* 承诺 [chéng nuò], 诺言 [nuò yán]; **sin ~miso** 无约束力 [wú yuē sù lì], 无需履约 [wú xuē lǚ yuē]

compuesto *m* 复合物 [fù hé wù], 合成件 [hé chéng jiàn]

común *adj m/f* 共同的 [gòng tóng de], 公共的 [gōng gòng de]

comunica/ción *f* 交往 [jiāo wǎng], 沟通 [gōu tōng]; **~r** *vt* 通知 [tōng zhī], 交流 [jiāo liú]

comunidad *f* 团体 [tuán tǐ], 社团 [shè tuán]

comunión *f* (女孩八, 九岁所做的)圣典仪式 [(nǚ hái bā, jiǔ suì suǒ zuò de)shèng diǎn yí shì]

comunis/mo *m* 共产主义 [gòng chǎn zhǔ yì]; **~ta 1.** *adj m/f* 共产主义的 [gòng chǎn zhǔ yì de], 共产党的 [gòng chǎn dǎng de];

2. *m/f* 共产主义者 [gòng chǎn zhǔ yì zhě], 共产党员 [gòng chǎn dǎng yuán]

con *prep* 和 [hé], 用 [yòng], 连同 [lián tóng]; ~ **eso** 连同这个 [lián tóng zhè ge]; ~ **que** 只要 [zhǐ yào], 只是 [zhǐ shì]

concebir 1. *vt* 构思 [gòu si]; **2.** *vi* 受孕 [shòu yùn]

conceder *vt* 给予 [géi yǔ], 准予 [zhǔn yǔ]

concej/al,-a *m/f* 市政府议员 [shì zhèng fǔ yì yuán]; **~o** *m* 市政府议会 [shì zhèng fǔ yì huì]

concentra/ción *f* 集中 [jí zhōng], 集会 [jí huì]; **~r** *vt* 集中 [jí zhōng]; 浓缩 [nóng suō]; **~rse** *fig* 全神贯注 [quán shén guàn zhù]; **~rse en** 全神贯注于 [quán shén guàn zhù yú]

concepción *f* **1.** 概念 [gài niàn]; **2.** 受孕 [shòu yùn]

concepto *m* 概念 [gài niàn], 看法 [kàn fǎ]; **en ~ de** 作为 [zuò wéi], 当作 [dāng zuò]

concer/niente *adj m/f* 有关的 [yǒu guān de]; **~nir** *vi* 与... 有关 [yú...yǒu guǎn]

concertar *vt* 调整 [tiáo lǐ], 整理 [zhěng lǐ]

conce/sión *f* 特许 [tè xǔ], 准许 [zhǔn xǔ]; **~sionario** *m* (汽车)特许经营店 [(qì chē) tè xǔ jīng yíng diàn], 特许维修站 [tè xǔ wéi xiū zhàn]

concha *f* 贝壳 [bèi ké], 果壳 [guǒ ké]

concien/cia *f* 意识 [yì shí], 观念 [guān niàn]; **~zudo,-a** *adj* 自觉的 [zì jué de], 认真的 [rèn zhěn de]

concierto *m* **1.** 音乐会 [yīn yuè huì]; **2.** 协调 [xié tiáo], 协定 [xié dìng]

concilia/ción *f* 调解 [tiáo xiě], 协调 [xié tiáo]; **~r** *vt* 协调 [xié tiáo], 和解 [hé jiě]

conciso,-a *adj* 简明的 [jiǎn míng], 扼要的 [è yào de]

conclu/ir 1. *vt* 下结论 [xià jié lùn]; **2.** *vi* 决定 [jué dìng]; **~sión** *f* **1.** 结论 [jié lùn], 推断 [tuī duàn]; **2.** 决定 [jué dìng]; **~yente** *adj m/f* 武断的 [wǔ duàn de], 结论性的 [jié lùn xìng de]

concreto,-a *adj* 具体的 [jù tǐ de]; **en ~** 具体地 [jù tǐ de], 确切地 [què qiè de]

concur/rencia *m* 聚会 [jù huì], 集会 [jí huì]; **~rido,-a** *adj* 人们常去的 [rén mén cháng qù de], 人山人海的 [rén shān rén hǎi de]; **~rir** *vi* 聚集 [jù jí], 汇集 [huìj í]; **~ a** 出席 [chū xí], 参加 [cǎn jiā]

concur/sante *m/f* 竞争者 [jìng zhēng zhě], 竞标者 [jìng biǎo zhě]; **~sar** *vi* 参加竞标 [cān jiā jìng biāo], 竞争 [jìng zhēng]; **~so** *m TV* (电视上的)竞赛 [(diàn shì shàng de)jing sài]

conde *m* 伯爵 [bó jué]

condecora/ción *f* 授勋 [shòu xūn], 勋章 [xūn zhāng]; **~r** *vt* 授勋 [shòu xūn]

conde/na *f jur* 判决 [pàn jué], 判决书 [pàn jué shū]; **~nado,-a** *adj* 被判罪的 [bèi pàn zuì de], 被判刑的 [bèi pàn xíng de]; **~nar** *vt* 判决 [pàn jué], 谴责 [qiǎn zé]; **~nar a** 判处 [pàn chù], 判决 [pàn jué]

condensa/ción *f* 浓缩 [nóng suō], 凝结 [níng jié]; **~dor** *m* 冷凝器 [lěng níng qì], 电容器 [dián róng qì]; **~r** *vt* 浓缩 [nóng suō], 凝缩 [níng suō]

condesa *f* 女伯爵 [nǚ bó jué], 伯爵夫人 [bó jué fū rén]

condi/ción *f* 条件 [tiáo jiàn]; **a** *o* **con la ~ de que** 只要 [zhǐ yào], 在… 条件下 [zài…tiáo jiàn xià]; **estar en ~es de hacer u/c** 有条件做某事 [yǒu tiáo jiàn zuò mǒu shì]; **~cionar** *vt* 提出条件 [ti chū tiáo jiàn]

condimen/tar *vt* 调味 [tiáo wèi]; **~to** *m* 调味品 [tiáo wèi pǐn]

condón *m* 避孕套 [bì yùn tào]

cóndor *m* 秃鹰 [tū yíng]

condimen/tación *f* 调料 [tiáo liào], 调味 [tiáo wèi]; **~tar** *vt* (在食物中) 加调料 [(zài shí wù zhōng) jiā tiáo liào], 调味 [tiáo wèi]; **~to** *m* 调料品 [tiáo liào pǐn]

conectar *vt* 使连接 [shi lián jiē], 接通 [jiē tōng]

conejo *m* 兔子 [tù zǐ]

conexión **1.** *f* 连接 [lián jiē]; **2.** *electr* (电源的)接头 [(diàn yuán de) jiē tóu]; *aero* (航班)衔接 [(háng bān) xián jiē], 转机 [zhuǎn jī]

confec/ción *f* 制衣 [zhì yī], 裁缝, [cái féng]; **~cionar** *vt* 制作 [zhì zuò], 制衣 [zhì yī]

confedera/ción *f* 联盟 [lián méng], 总会 [zǒng huì]; **~rse** 结盟 [jié méng], 联合 [lián hé]

conferen/cia *f* 讲座 [jiǎng zuò], 会议 [huì yì]; **~ciante** *m/f* 讲演者 [jiǎng yǎn zhě]

conferir *vt* 给予 [géi yǔ], 授予 [shòu yǔ]

confe/sar *vt* 坦白 [tǎn bái], 忏悔 [chàn huǐ]; **~sarse** 忏悔 [chàn huǐ]; **~sión** *f relig* 坦白 [tǎn bái], 忏悔 [chàn huǐ]

confi/ado,-a *adj* 自信的 [zì xìn de]; **~anza** *f* 自信 [zì xìn], 信心 [xìn xin]; **~ar** **1.** *vt* 委托 [wěi tūo]; **2.** *vi* 信任 [xìn rèn]; **~ar en alg, u/c, que** 相信 [xiāng xìn], 信任 [xìn rèn], 信赖 [xìn lài]

confiden/cia *f* 信任 [xìn rèn]; **~cial** *adj m/f* 机密的 [jī mì de], 绝密的 [jué mì de]; **~te** *m/f* 忠实可靠的人 [zhōng shí kě kào de rén]

configura/cion *f* 成形 [chéng xíng], 配置 [pèi zhì]; **~r** *vt* 使成形 [shǐ chéng xíng], 给…配置 [géi…pèi zhì]

confirma/cion *f* **1.** *relig* 坚信礼 [jiān xìn lǐ]; **2.** 确认 [què rèn]; **~r** *vt* 证实 [zhèng shí], 确信 [quò xìn], 确认 [què rèn]

confiscar *vt* 没收 [mò shōu]

confitura *f* 蜜饯 [mì jiàn]

conflicto *m* 冲突 [chōng tū], 对抗 [duì kàng]

conflu/encia *f* 汇合 [huì hé], 集合 [jí hé]; **~ir** *vi* 汇合 [huì hé], 集合 [jí hé]

confor/mación *f* 构造 [gòu zào], 形态 [xíng tài]; **~mar** *vt* 使相符 [shǐ xiāng fú]; 使和解 [shǐ hé jiě]; **~marse con u/c** 满足于 [mǎn zú yú], 满意 [mǎn yì]; **~me** *adj* **1.** 形状相同 [xíng zhuàng xiāng tóng]; **2.** 符合的 [fú hé de], 适合的 [shì hé de]; **estar ~ con** 同意 [tóng yì], 赞同 [zàn tóng]; **~ a** 根据 [gēn jù], 按照 [àn zhào]; **~midad** *f* 同意 [tóng yì], 赞同 [zàn tóng]

confort *m* 舒适 [shū shì], 安逸 [ān yì]; **~able** *adj m/f* 舒适的 [shū shì de], 安逸的 [ān yì de]

confronta/ción *f* 核对 [hé duì], 对质 [duì zhì]; **~r** *vt* 核对 [hé duì], 对质 [duì zhì]

con/fundir *vt* 弄混 [nòng hǔn], 弄错 [nòng cuò]; **~fundirse** 搞错 [gǎo cuò], 混淆 [hùn xiáo]; **~fusión** *f* 混乱 [hùn luàn], 混淆 [hùn xiáo]; **~fuso,-a** *adj* 混乱的 [hùn luàn de], 模糊的 [mó hú de]

congela/do,-a *adj* 冷冻的 [lěng dòng de], 冷藏的 [lěng cáng de]; **alimentos ~s** 冷冻食品 [lěng dòng shí pǐn]; **~dor** *m* 冰箱 [bīng xiāng], 冰柜 [bīng guì]; **~r** *vt* 把…冷冻起来 [bǎ...lěng dòng qǐ lái]; **~rse** 冷冻 [lěng dòng], 冷藏 [lěng cáng]

congeniar *vi* 性情相似 [xìng qíng xiāng sì], 志趣相投 [zhì qù xiāng tóu]; **~ con** 跟... 合得来 [gēn... hé dé lái]

conges/tión *f med* 充血 [chōng xuě], 淤积 [yū jī]; **~tionarse** 充血 [chōng xuě]

congoja *f* 呼吸困难 [hū xī kùn nán]

congre/gar *vt* 集合 [jí hé], 聚合 [jù hé]; **~sista** *m/f* 大会代表 [dà huì dài biǎo], 与会者 [yú huì zhě]; **~so** *m* 代表大会 [dài biǎo dà huì]

congruencia *f* 一致 [yī zhì], 适合 [shì hé]

conjetura *f* 推测 [tuī cè], 假设 [jiǎ shè]

conjuga/ción *f* 动词变位 [dòng cí biàn wèi]; **~r** *vt* 使(动词)变位 [shǐ (dòng cí) biàn wèi]

conjunción *f ling* 连接词 [lián jiē cí]

conjunctivitis *f med* 结膜炎 [jié mó yán]

conjunto,-a **1.** *adj* 连接的 [lián jiēde]; **2.** *m* 总体 [zǒng tǐ], 全体 [quán tǐ]; **en ~** 总体来说 [zǒng tǐ lái shuō], 在整体上 [zài zhěng tǐ shàng]

conllevar *vt* (为某人)分忧 [(wèi mǒu rén) fēn yōu], 分担工作 [fēn dān gōng zuò]

conmigo *pron pers* 和我 [hé wǒ], 同我 [tóng wǒ]

conmoción *f* 震惊 [zhèng jīng], 震荡 [zhèng dàng], 感动 [gǎn dòng]; ~ **cerebral** *med* 脑震荡 [nǎo zhèn dàng]

conmove/dor,-a *adj* 感人的 [gǎn rén de], 动人的 [dòng rén de]; **~r** *vt* 震动 [zhèn dòng], 感动 [gǎn dòng], 打动 [dǎ dòng]

cono/cedor *m* 牧工头 [mù gōng tóu]; **~cer** *vt* 了解 [liáo jiě], 熟悉 [shú xi]; ~ **por** 推测 [tuī chè], 预测 [yù chè]; **~cido,-a 1.** *adj* 著名的 [zhù míng de]; **2.** *m/f* 熟人 [shóu rén]; **~cimiento** *m med* 知觉 [zhī jué]; **~cimientos** *mpl* 知识 [zhī shi]

conque *conj* 这样 [zhè yàn], 那么 [nà me]

conquista *f* 夺取 [duó qǔ], 征服 [zhēng fú]; **~dor,-a** *m/f* 征服者 [zhēng fú zhě], 掠夺者 [luě duó zhě]; **~r** *vt* 夺取 [duó qǔ], 征服 [zhēng fú]

consciente *adj m/f* 自觉的 [zì jué de], 有觉悟的 [yǒu jué wù de]; ~ **de u/c** 明白到 [míng bái dào], 意识到 [yì sí dào]

consecuen/cia *f* 结果 [jié guǒ], 推断 [tuī duàn]; **~te** *adj m/f* 必然的 [bì rán de]

consecutivo,-a *adj* 紧接的 [jǐn jiē de]; 随之而来的 [suí zhī 'ér lái de]

conseguir *vt* 获得 [huò de], 取得 [qǔ de]

conse/jero,-a *m/f* 参谋 [cān mǒu], 顾问 [gù wèn]; **~jo** *m pol* 理事会 [lǐ shì huì], 董事会 [dǒng shì huì], 委员会 [wěi yuán huì]

consenti/miento *m* 同意 [tóng yì], 允诺 [yǔn nuò]; **~r** *vt* 同意 [tóng yì], 允诺 [yǔn nuò]

conserje *m* 门房 [mén fáng], 门卫 [mèn wèi]

conser/va *f* 罐头 [guàn tóu], 罐头食品 [guàn tóu shí pǐn]; **~vación** *f* 保存 [bǎo cún], 储存 [chǔ cún]; 保养 [bǎo yǎng]; **~vador,-a** *adj* 保存的 [bao cún de], 保管的 [bǎo guǎn de]; **~vante** *m* 防腐剂 [fáng fǔ jì]; **~var** *vt* 保存 [bǎo cún], 收存 [shōu cún]; **~varse** 保养(身体) [bǎo yǎng (shēn tǐ)]; **~vable** *adj m/f* 可以保存的 [kě yǐ bǎo cún de]; **~vación** *f* 保存 [bǎo cún], 储存 [chǔ cún], 保养 [bǎo yǎng]

consigna *f mil* 口令 [kǒu lìng], 命令 [mìng lìng]; **~r** *vt* 寄存 [jì cún]

consigo *pron pers* 和自己 [hé zì jǐ], 随身 [suí shēn]

consiguiente *adj* 自然而然的 [zì rán ér rán de]; **por** ~ 因而 [yīn 'ér], 所以 [suǒ yǐ]

consistencia *f* 坚固 [jiān gù], 坚实 [jiān shí]

consis/tente *adj m/f* 坚固的 [jiān gù de], 结实的 [jié shí de]; **~tir** *vi* 在于 [zài yú], 是 [shì]

consola/ción *f* 安慰 [ān wèi]; **~r** *vt* 安慰 [ān wèi]

consolidar *vt* 巩固 [gǒng gù], 加强 [jiā qiáng]

consomé *m* 清汤 [qīng tāng]

consonan/cia *f* 和谐 [hé xié], 谐音 [xié yīn]; **~te** *f ling* 辅音 [fǔ yīn]
conspira/ción *f* 阴谋 [yīn móu]; **~dor,-a** *m/f* 合谋者 [hé mòu zhě], 阴谋家 [yīn móu jiā]; **~r** *vi* 勾结 [gōu jié], 合谋 [hé móu]
constan/cia *f* 确信 [què xìn], 恒心 [héng xīn]; **~te** *adj m/f* 确实的 [què shí de], 有恒心的 [yǒu héng xīn de]
constar *vi* 确实 [què shí], 证明 [zhèng míng]; **me consta que**... 我确实知道... [wǒ què shí zhī dào]; **hacer ~ que**... 申明 [shēn míng], 证明 [zhèng míng]; **~ de** 包括 [bāo kuò], 包含 [bāo hán]
constelación *f fig* 堆 [duī], 片 [piàn], 群 [qún]
consterna/ción *f* 沮丧 [jǔ sàng], 惊愕 [jīng è]; **~do,-a** *adj* 感到沮丧的, [gǎn dào jǔ sàng de] 伤心的 [shāng xīn de]
constipa/do,-a 1. *adj* 成簇的 [chéng cú de]; **2.** *m* 伤风 [shāng fēng], 着凉 [zháo liáng], 感冒 [gǎn mào]; **~rse** 伤风 [sāng fēng], 着凉 [zháo liáng], 感冒 [gǎn mào]
constitu/ción *f pol* 宪法 [xià fǎ]; **~cional** *adj* 宪法的 [xiá fǎ de], 符合宪法的 [fǔ hé xiàn fǎ de]
constituir *vi* 成立 [chéng lì], 建立 [jiàn lì]
cons/trucción *f* 建设 [jiàn shè], 建筑 [jiàn zhù]; **~tructor,-a** *m/f* 建筑商 [jiàn zhù shāng]; **~truir** *vt* 建设 [jiàn zhè], 建筑 [jiàn zhù], 建造 [jiàn zào]
consuelo *m* 安慰 [ān wèi], 快乐 [kuài lè]
cónsul *m* 领事 [lǐng shì]
consulado *m* 领事馆 [lǐng shì guǎn]
consul/ta *f* 商讨 [shāng tǎo], 请教 [qǐng jiào]; **~tar** *vt* 商讨 [shāng tǎo], 请教 [qǐng jiào], 咨询 [zī xún]; **~torio** *m* 诊所 [zhěn suǒ]
consumar *vt* 消耗 [xiāo hào], 消费 [xiāo fèi]
consu/mición *f gastr* （饮料，酒等）消费量 [(yǐn liào, jiǔ děng) xiāo fèi liàng]; **~mido,-a** *adj* 耗损的 [hào sǔn de], 耗尽的 [hào jìn de]; **~midor,-a** *m/f* 消费者 [xiāo fèi zhě]; **~mir** *vt* 消耗 [xiāo hào], 消费 [xiāo fèi]; **~mo** *m* 消费 [xiāo fèi]
conta/bilidad *f* 薄记 [bó jì], 会计学 [kuà ijì xué]; **~ble** *m/f* 会计 [kuài jì]
contac/tar con alg *vt* 与…接触 [yǔ...jiē cù]; **~to** *m* 接触 [jiē cù], 接触点 [jiē cù diàn]
contado *adj* 可数的 [kě shù de], 有限的 [yǒu xiàn de]; **al ~** 以现金支付 [yǐ xiàn jīn zhī fù]
contador *m tecn* 计数器 [jì shuàn qì], （水，电，煤气）表 [(shuǐ, diàn, méi qì) biǎo]
conta/giar *vt* 传染给 [chuán rǎn gèi]; **~giarse** 传染 [chuán rǎn]; **~gio** *m* 传染病 [chuán rǎn

bìng]; **~gioso,-a** *adj* 传染的 [chuán rǎn de], 传染性的 [chuán rān xìng de]

contamina/ción *f* 污染 [wū rǎn]; **~ción ambiental** 环境污染 [huán jìng wū rǎn]; **~nte 1.** *adj m/f* 会污染的 [huì wū rǎn de]; **2.** *m* 污染物 [wū rǎn wù]; **~r** *vt* 污染 [wū rǎn], 弄脏 [nòng zāng]

contar *vt/i* 数 [shǔ], 计算 [jì suàn]; **~ con alg, u/c** 拥有 [yōng yǒu]

contempla/ción *f* 注视 [zhù shì]; **~r** *vt* 注视 [zhù shì], 观看 [guān kàn]

contemporáneo,-a 1. *adj* 同时代的 [tóng shí dài de], 现代的 [xiàn dài de]; **2.** *m* 同时代的人 [tóng shí dài de rén]

conte/nedor *m* 集装箱 [jí zhuāng xiāng]; 垃圾箱 [lā jī xiāng]; **~ner** *vt* 包括 [bāo guò], 包含 [bāo hán]; **~nerse** 强忍 [qiáng rěn], 抑制 [yì zhì], 克制 [kè zhì]; **~nido** *m* 内容 [nèi róng]

conten/tar *vt* 使高兴 [shǐ gāo xìng], 使满意 [shǐ mǎn yì]; **~tarse con, de** 感到高兴 [gǎn dào gāo xìng], 感到愉快 [gǎn dào yú kuài]; **~to, -a** *adj* 高兴的 [gāo xìng de], 满意的 [mǎn yì de]; **~ con** 对…感到高兴 [duì…gan dào gāo xìng]

contesta/ción *f* 回答 [huí dá], 答复 [dá fù]; **~dor** *m*（电话）录音器 [(diàn huà) lǜ yīn qì]; **~ automático**（电话）自动录音器 [(diàn huà) zì dòng lǜ yīn qì]; **~r** *vt/i* 回答 [huí dá]

contexto *m* 上下文 [shàng xià wén]

contienda *f* 争斗 [zhēng dòu]

contigo *pron pers* 和你 [hé nǐ], 同你 [tóng nǐ]

contiguo,-a *adj* 邻近的 [lín jìn de]

continen/tal *adj m/f* 大陆的 [dà lù de], 大陆性的 [dà lù xìng de]; **~te** *m* 大陆 [dà lù]

conti/nuación *f* 继续 [jì xù], 延伸 [yán shēn]; **a ~** 紧接着 [jǐn jiē zhe]; **~nuar 1.** *vt* 继续 [jì xù]; **2.** *vi* 延伸 [yán shēn]; **~nuo,-a** *adj* 连续的 [lián xù de], 经常的 [jīng cháng de]

contra 1. *prep* 反对 [fǎn duì], 对付 [duì fù]; **2.** *adv* 违背 [wéi bèi]; **en ~** 反对 [fǎn duì]; **3.** *m* 对立面 [duì lì miàn]; **el pro y el ~** 有利与不利两面 [yǒu lì yú bú lì liǎng miàn]

contraataque *m* 反攻 [fǎn gong], 反击 [fǎn jì]

contrabajo *m mús* 低音提琴 [dī yīn ti qín]

contraban/dista *m/f* 走私者 [zǒu sīzhě]; **~do** *m* 走私 [zǒu sī]; **pasar de ~** 走私 [zǒu sī]

contracción *f* 收缩 [shōu suō]

contracep/ción *f* 避孕 [bì yùn]; **~tivo** *m* 避孕药 [bì yùn yào]

contra/decir *vt* 反驳 [fan bó], 纠正 [jiū zhèng]; **~dicción** *f* 反驳 [fǎn bó], 反对 [fǎn duì]; **~dictorio,-a** *adj* 矛盾的 [máo dùn de]

contraer *vt* 使收缩 [shǐ shōu suō]

contrapartida *f* 弥补 [mí bǔ], 补偿 [bǔ cháng]
contrapeso *m* 砝码 [fá mǎ]
contraponer *vt* 对比 [duì bì], 使对抗 [shǐ duì kàng]
contraproducente *adj m/f* 适得其反的 [shí de qí fàn de]
contra/ria *adj* 相反的 [xiāng fǎn de], 对抗的 [duì kàng de]; **llevar la ~ria** 与… 作对 [yú…zuò duì]; **~riedad** *f* 对立 [duì lì], 相反 [xiāng fǎn]; **~rio,-a 1.** *adj* 相反的 [xiāng fǎn de], 对抗的 [duì kàng de]; **lo ~** 反面 [fǎn miàn]; **al** *o* **por el ~rio** 正相反 [zhèng xiāng fǎn]; **de lo ~rio** 不然的话 [bú rán de huà]; **2.** *m* 障碍 [zhàng ài], 困难 [kùn nán]
contrasentido *m* 相反的理解 [xiāng fǎn de lǐ jiě], 曲解 [qǔ jiě]
contraseña *f com* (货物)附加记号 [(huò wù)fú jiā jì hào]; *mil* 口令 [kǒu lìng]; *informát* 密码 [mì mǎ]
contras/tar 1. *vt* 对抗 [duì kàn], 抵抗 [dǐ kàn]; **2.** *vi* 截然不同 [jié rán bú tóng], 成为鲜明对照 [chéng wéi xiān míng duì zhào]; **~ con** 截然不同 [jié rán bù tóng], 明显不一样 [míng xiǎn bú yī yàng]; **~te** *m* 反差 [fǎn chā], 对照 [duì zhào]
contrata/ción *f* 雇佣 [gù yōng], 聘请 [pìn qǐng]; **~r** *vt* 订立合约 [dìng lì hé yuē], 签定合同 [qiān dìng hé tóng]
contratiempo *m* 不顺利 [bú shùn lì], 不幸 [bú xìng]
contrato *m* 合同 [hé tóng], 合约 [hé yuē]
contribu/ción *f* 纳税 [nà shuì]; 贡献 [gòng xiàn]; **~ir** *vi* 交纳捐税 [jiāo nà jūan shuì]; **~ a** 捐助 [jūn zhù], 捐赠 [jūn zèng]; **~yente** *m/f* 纳税人 [nà shuì rén]
control *m* 监管 [jiān guǎn], 控制 [kòng zhì]; **~ aéreo** 空中管制 [kōng zhōng guǎn zhì]; **~ remoto** *tecn* 遥控器 [yáo kòng qì]; **~ de seguridad** *aero* (机场) 安全检查 [(jī chǎng) ān quán qiǎn chá]; **~ador,-a** *m/f* 监控者 [jiān kòng zhě]; **~ador aéreo** (飞机起降)指挥塔 [(fēi jī qǐ jiàng) zhǐ huī tǎ]; **~ar** *vt* 监督 [jiān dū], 控制 [kòng zhì]; **~arse** 克制 [kè zhì], 抑制 [yì zhì]
controver/sia *f* 争论 [zhēng lùn]; **~tido,-a** *adj* 辩论的 [biàn lùn de], 争论的 [zhēng lùn de]
contundente *adj m/f* 不容分辨的 [bú róng fēn biàn de], 坚决果断的 [jiān jué guǒ duàn de]
contusión *f med* 内伤 [nèi shāng]
convale/cencia *f* 痊愈 [quán yù]; **~cer** *vt* 逐渐痊愈 [zú jiàn quán yù]; **~ de** 摆脱 [bǎi tuō]
conven/cer *vt* 说服 [shuō fú], 使相信 [shǐ xiāng xìn]; **~cimiento** *m* 坚信 [jiān xìn], 确信 [què xìn]
conven/ción *f* 协议 [xié yì], 协定 [xié dìng]; **~cional** *adj m/f* 常

规的 [cháng guī de], 例行的 [lì xíng de]

convenien/cia *f* 相符 [xiāng fǔ], 合适 [hé shi]; **~te** *adj m/f* 有益的 [you yì de], 合适的 [hé shì de]

conve/nio *m* 协议 [xié yì], 协定 [xié dìng]; **~nir 1.** *vt* 一致认为 [yī zhì rèn wéi]; **2.** *vi* 适合 [shì hé], 适宜 [shì yí]; **~nir en u/c** 商定 [shāng dìng], 约定 [yuē dìng]

convento *m* 修道院 [xiū dào yuàn]

conversa/ción *f* 交谈 [jiāo tán], 会谈 [huì tán]; **~r** *vi* 交谈 [jiāo tán], 会谈 [huì tán]

conver/sión *f relig* 皈依 [guī yī] *banc* 兑换 [duì huàn]; **~tir** *vt relig* 皈依 [guī yī], 使成为 [shǐ chéng wéi]; **~tirse** 变成 [biàn chéng], 成为 [chéng wéi]

convic/ción *f* 坚信 [jiān xìn], 信仰 [xìn yǎng]; **~to,-a** *adj jur* 被证明有罪的 [bèi zhèng míng yǒu zuì de], 罪犯的 [zuì fàn de]

convincente *adj m/f* 共同生活的 [gòng tóng shēng huó de], 和睦相处的 [hé mù xiāng chǔ de]

convivencia *f* 共处 [gòng chǔ], 共同生活 [gòng tóng shēng huó]

convo/car *vt* 召集 [zhāo jí], 召开 [zhāo kāi]; **~catoria** *f* 通知 [tōng zhī], 招聘 [zhāo pìn]

convoy *m* 护送队 [hù sòng duì], 运输队 [yùn shū duì]

convul/sión *f* 痉挛 [jìng luán], 动乱 [dòng luàn]; **~sivo,-a** *adj* 痉挛性的 [jìng luán xìng de]

cónyuge *m/f* 配偶 [pèi ǒu], 爱人 [ài rén]

coñac *m* 白兰地酒 [bái lán dì jiǔ]

coño *vulg* 屄 [bī]; **¡ ~ !** *interj vulg* 操你妈的屄 [zào nǐ mā de bī] !

coopera/ción *f* 合作 [hé zuò], 协作 [xié zuò]; **~r** *vi* 合作 [hè zuò], 协作 [xié zuò]; **~ con, a** 协作 [xié zuò], 帮助 [bāng zhù]; **~tiva** *f* 合作社 [hé zuò shè]

coordinar *vt* 协调 [xié tiáo], 负责 [fù zé]

copa *f* 高脚杯 [gāo jiǎo bēi], 奖杯 [jiǎng bēi]; 锦标赛 [jǐn biāo sài]; **~ de helado** 冰淇淋杯 [bīng qí líng bēi]; **tomarse una ~** 喝一杯 [hē yī bēi]

copia *f* 复制品 [fù zhì pǐn], 副本 [fù běn]; **~dora** *f* 复印机 [fù yìn jī]; **~r** *vt* 复制 [fù zhì], 复印 [fù yìn]

copla *f* 民歌 [mín gē], 民谣 [mín yáo]

copo *m* 束 [sù], 缕 [lòu]; 雪片 [xuě piàn]; **~s de avena** 燕麦片 [yàn mài piàn]

coquete/ar *vi* 卖弄风情 [mài nòng fēng qíng]; **~o** *m* 调情 [tiáo qíng]; **~ría** *f* 妖艳 [yāo yàn], 媚态 [mèi tài]

coral 1. *m* 珊瑚虫 [shān hú chóng], 珊瑚 [shān hú]; **2.** *f* 合唱曲 [hé chàng qǔ]

Corán *m*（伊斯兰教）可兰经 [(yī sī lán jiào) kě lán jīng]
cora/zón *m* **1.** 心脏 [xīn zàng]; **2.** 勇气 [yǒng qì]; **~zonada** *f* 心血来潮 [xīn xuě lái cháo]
corbata *f* 领带 [lǐng dài]
corcho *m* 软木塞 [ruǎn mù sāi]
cordero *m* 羊羔 [yáng gāo]
cordial *adj m/f* 亲切的 [qin qiè de]; **~idad** *f* 亲切 [qin xiè]
cordillera *f* 山脉 [shān mài]
cordón *m* 带子 [dài zi]; **~ umbilical** 脐带 [qí dài]
cordura *f* 理智 [lǐ zhì]
coreografía *f* 舞蹈 [wǔ dǎo]
coreógrafo,-a *m/f* 舞蹈编导 [wǔ dǎo biān dǎo]
cornada *f taur*（斗牛时顶的）伤 [(dòu niú shí dǐng de) shāng], 顶伤 [dǐng shāng]
corneja *f* 鸦 [yā], 猫头鹰 [māo tóu yīng]
cornudo,-a **1.** *adj* 有角的 [yǒu jiǎo de]; **2.** *m* 王八（妻子有外遇的男人）[wáng ba(qī zǐ yǒu wài yù de nán rén)]
coro *m mús* 合唱队 [hé chàng duì], 合唱 [hé chàng], 唱诗班 [chàng shī bān]
corona *f* 花冠 [huā guān], 王冠 [wáng guān]; **~ción** *f* 加冕 [jiā miǎn], 加冕礼 [jiā miǎn lǐ]
coronel *m* 陆军上校 [lù jūn shǎng xiào]
corpiño *m* 女式紧身背心 [nǚ shì jín shēn bèi xīn]
corporación *f* 公司 [gōng sì], 组织 [zǔ zhī]
corporal *adj m/f* 身体的 [shēn tǐ de]
corpulen/cia *f* 肥胖 [féi pàng]; **~to,-a** *adj* 肥大的 [féi dà de]
Corpus (Christi) *m* 圣体节 [shèng tǐ jié]
corral *m* 庭院 [tíng yuàn], 畜栏 [chù lán]
correa *f tecn* 皮带 [pí dài], 传送带 [chuáng sòng dài]; **~ del ventilador** *auto* 风扇带 [fēng shàn dài]
correc/ción *f* 修正 [xuī zhèng], 改正 [gǎi zhèng]; **~to,-a** *adj* 正确的 [zhèng què de], 对的 [duì de]
corredor,-a **1.** *adj* 善跑的 [shàn pǎo de]; **2.** *m* 经纪人 [jīng jì rén]
corregir *vt* 修正 [xiū zhèng], 改正 [gǎi zhèng]
correo *m* 邮局 [yóu jú], 邮件 [yóu jiàn]; **~ aéreo** 航空邮件 [háng kōng yóu jiàn]; **~ electrónico** 电子邮件 [diàn zǐ yóu jiàn]; **~ basura** 垃圾邮件 [lā jī yóu jiàn]; **(estafeta** *f* **de) ~s** *mpl* 邮局 [yóu jú]
correr **1.** *vi* 跑 [pǎo], 跑步 [pǎo bù]; **2.** *vt* 走遍 [zǒu biàn], 周游 [zhōu yóu]; **~ un riesgo** 冒风险 [mào fēng xiǎn]
correspon/dencia *f* 信件 [xìnjiàn], 通信 [tōng xìn]; **~der a** 符合 [fù hé], 适合 [shì hé], 适宜 [shì yí]; **~diente** *adj m/f* 相应

的 [xiāng yìng de], 相关的 [xiāng guān de]
corretaje *m* 经纪 [jīng ji]
corrida *f* **1.** 跑 [pǎo]; **2.** 斗牛 [dòu niú]; ~ **de toros** 斗牛 [dòu niú]
corriente 1. *adj m/f* 当前的 [dāng qián de], 目前的 [mù qián de]; **estar al** ~ 知道情况的 [zhi dào qíng kuàng de]; **2.** *f* (空气, 水, 电等的)流动的 [(kōng qì, shuǐ, diàn děng de) liú dòng de]; ~ **de aire** 气流 [qì liú]
corroborar *vt* 确证 [qué zhèng]
corromper *vt* 使腐烂 [shǐ fǔ làn], 使腐败 [shǐ fǔ bài]
corrupción *f* 腐败 [fǔ bài], 腐化 [fǔ huà]
corrupto,-a *adj* 腐烂的 [fǔ làn de], 腐败的 [fǔ bài de]
corsario *m* 海盗 [hǎi dào]
corsé *m* 女用胸衣 [nǚ yòng xiōng yī]
corso 1. *adj* 科西嘉岛的 [kè xī jiā diǎo de]; **2.** *m* 科西嘉岛人 [kè xī jiā diǎo rén]
cortacésped *m* (草坪)割草机 [(cǎo píng) gē cǎo jī]
cortado,-a 1. *adj* 凝固的 [níng gù de], 凝结的 [níng jié de]; **2.** *m* 咖啡加少量牛奶 [kā fēi jiā shǎo liàng niú nǎi]
corta/dura *f* **1.** 伤口 [shāng kǒu]; **2.** 峡谷 [xiá gǔ]; **~r** *vt* 切 [qiē], 割 [gē], 分开 [fēn kāi]; **~rse** 断裂 [duàn liè], 切断 [qiē duàn]; **~rse el pelo** 剪发 [jiǎn fá], 理发 [lǐ fà]
corte 1. *m med* (手术的) 刀口 [(shǒu shù de) dāo kǒu]; ~ **de pelo** 理发 [lǐ fà], 剪发 [jiǎn fà]; **2.** *f* 宫廷 [gōng tíng]
Cortes *fpl hist* (西班牙古代) 国民代表大会 [(xī bān yá gǔ dài) guó mín dài biǎo dà huì]; ~ **generales** *fpl pol* (西班牙古代)议会 [(xī bān yá gǔ dài) yì huì]
cortés *adj m/f* 有礼貌的 [yǒu lǐ mào de]
cortesía *f* 礼貌 [lǐ mào], 礼仪 [lǐ yí]
corteza *f* 外表 [wài biǎo], 粗鲁 [cū lǔ]
cortijo *m* 庄园 [zhuāng yuán]
cortina *f* 窗帘 [chuāng lián]
corto,-a *adj* **1.** 短的 [duǎn de], 简短的 [jiǎn duǎn de]; **ser** ~ **de oído** 听觉不好 [tīng jué bú hǎo]; ~ **de vista** 短视 [duǎn shì], 目光短浅 [mù guāng duǎn qiǎn]; **2.** 缺乏的 [quē fá de]; **estar** ~ 不足的 [bú zú de], 缺乏的 [quē fá de]
cortocircuito *m electr* (电流)短路 [(diàn liú) duǎn lù]
cortometraje *m* (电影)短片 [(diàn yǐng) duǎn piàn]
corzo *m* 麅 [páo]
cosa *f* 东西 [dōng xī], 物品 [wù pǐn]; **hará** ~ **de (un mes)** (个把月的)时间 [(ge bǎ yué de) shí jian]; **poca** ~ 没什么东西 (可看, 可引起兴趣) [méi shén me dōng xī (kě kàn, kě yǐn qǐ xìng

qù)]; **¡ ~ rara!** 少有的事 [shǎo yǒu de shì], 稀奇的事 [xīqí de shì]

cosecha *f* 收获 [shōu huò], 收成 [shoū chéng]; **~r** *vt* 收割 [shoū gē], 收获 [shoū huò]

coser *vt/i* 缝 [fèng], 缝合 [féng hé]

cosmé/tica *f* 化妆品 [huà zhuāng pǐn]; **~tico,-a 1.** *adj* 化妆用的 [huà zhuāng yòng de]; **2.** *m* 化妆品 [huà zhuāng pǐn]

cosmopolita 1. *adj m/f* 世界各地都有的 [shì jiè gè dì dōu yǒu de]; **2.** *m* (事物, 习俗等的)世界性 [(shì wù, xí sú děng de) shì jiè xìng]

cosqui/llas *fpl* 胳肢 [gē zhī]; **hacer ~** 引起某人的好奇心 [yǐn qǐ mǒu rén de hào qí xīn]; **~lleo** *m* **1.** 胳肢 [gē zhī]; **2.** 痒 [yǎng]; **~lloso,-a** *adj* **1.** 怕胳肢的 [pà gē zhī de]; **2.** 敏感的 [mǐn gǎn de]

costa *f* **1.** 费用 [fèi yòng]; **2.** 海岸 [hǎi 'àn]; **a ~ de** 以... 为代价 [yǐ...wéi dài jià];靠... 出钱 [kào...chū qián]

costado *m* 侧面 [zhè miàn], 边 [biān]

costar *vi* 花费 [huā fèi], 使费力 [shǐ fèi lì]; **cueste lo que cueste** 无论如何 [wú lùn rú hé]

coste *m* 成本 [chéng běn]; **~ de la vida** 生活成本 [shēng huó chéng běn]

costear *vt* 支付 [zhī fù]

costeño,-a *adj* 海岸的 [hǎi àn de], 沿海的 [yán hǎi de]

costero,-a *adj* 海岸的 [hǎi àn de], 沿岸的 [yán àn de]

costilla *f* 肋骨 [lèi gu], 排骨 [pái gǔ]

costo *m jur* 成本 [chéng běn], 费用 [fèi yòng], 官司费 [guān si fèi]

costoso,-a *adj* 昂贵的 [áng guì de], 成本高的 [chéng běn gāo de]

costra *f* 硬皮 [yìng pí], 痂 [jiā]

costumbre *f* 习惯 [xí guàn], 习俗 [xí sú]; **mala ~** 坏习惯 [huài xí guàn]

costura *f* 缝 [féng], 缝纫 [féng rèn]; **alta ~** 高级裁缝做的 [gāo jí cái féng zuò de]

cotidiano,-a *adj* 每日的 [měi rì de], 日常的 [rì cháng de]

cotiza/ción *f com* 行情 [háng qíng], 市价 [shì jià], 报价 [bào jià]; **~r 1.** *vt* 定价 [dìng jià], 报价 [bàojià]; **2.** *vi* 缴纳(会费) [jiǎo nà (huì fèi)]

coto *m* 界标 [jiè biāo], 地界 [dì jiè]; **~ de caza** 禁猎区 [jìn liè qū]

coyuntura *f econ* 征兆 [zhēng zhào], 预兆 [yù zhào]

cráneo *m* 颅 [lǔ], 头盖 [tóu gài]

cráter *m* 火山口 [huǒ shān kǒu]

crea/ción *f* 创造 [chuàng zào], 发明 [fā míng]; **~dor,-a 1.** *adj* 创造的 [chuàng zào de], 发明的 [fā míng de]; **2.** *m* 发明者 [fā míng zhě]; **~r** *vt* 创造 [chuàng zào], 发

明 [fā míng], 创作 [chuàng zuò]; **~tivo,-a** *adj* 有创造力的 [yǒu chuàng zào lì de], 创造性的 [chuàng zào xìng de]

cre/cer *vi* 成长 [chéng chǎng], 生长 [shēng chǎng]; **~cida** *f* 涨水 [zhàng shuǐ]; **~ciente** *adj m/f* 不断增长的 [bú duàn zēng zhǎng de]; **~cimiento** *m econ* 增长 [zēng zhǎng]

crédito *m* 信贷 [xìn dài], 贷款 [dài kuǎn]; **a ~** 赊欠 [shē qiàn]; **dar ~ a alg** 给某人放贷款 [géi mǒu rén fàng dài kuǎn]

crédulo,-a *adj* 轻信的 [qīn xìn de]

creencia *f* 相信 [xiāng xìn], 信仰 [xìn yǎng]

creer *vt* 认为 [rèn wéi]; 相信 [xiāng xìn]

creíble *adj m/f* 可信的 [kě xin de]

crema *f* **1.** 奶油 [nǎi yóu], 浓汤 [nóng tāng]; **2.** 润肤油 [rèn fū yóu]; **~ de afeitar** 刮胡子油 [guā hú zi yóu]; **~ bronceadora** 晒黑霜 [shaì hēi shuāng]; **~ dental** 牙膏 [yá gāo]

cremallera *f* 齿条 [chǐ tiáo], 齿轨 [chǐ zhóu]

crep *f (pl creps) gastr* (类似)春卷皮 [(lèi sì) chūn jǔn pí], 面皮 [miàn pí]

crepúsculo *m* 黎明 [lí míng], 晨昏 [chón hūn]

creyente 1. *adj m/f relig* 信教的 [xìn jiào de]; **2.** *m/f relig* 信徒 [xìn tú]

cría *f zool* 饲养 [sì yǎng], 喂养 [wèi yǎng]

cria/dero *m* 养殖场 [yǎng zhí chǎng]; **~do,-a** *m/f* 佣人 [yòng rén], 仆人 [pú rén]; **~dor** *m* 饲养员 [sì yǎng yuán]; **~r** *vt* 饲养 [sì yǎng], 喂养 [wèi yǎng]; **~tura** *f coloq* 婴儿 [yīng ér], 小孩儿 [xiǎo hái er]

cri/men *m* 罪行 [zuì xíng]; **~minal 1.** *adj m/f* 罪行的 [zuì xíng de], 犯罪的 [fàn zuì de]; **2.** *m/f* 罪犯 [zuì fàn]; **~minalidad** *f* 犯罪性 [fàn zuì xìng]

crío,-a *m/f* 乳婴 [rǔ yīng], 婴孩 [yīng hái]

crisis *f* 危机 [wēi jī]

crispado,-a *adj fig* 生气的 [shēng qì de], 愤怒的 [fèn nù de]

cristal *m* 晶体 [jīng tǐ], 玻璃 [pō lí]; **~ería** *f* 玻璃厂 [pō lí chǎng], 玻璃店 [pō lí diàn]

cristian/dad *f* 基督教团体 [jī dū jiào tuán tǐ]; **~ismo** *m* 基督教 [jī dū jiào]; **~tiano,-a 1.** *adj* 基督教的 [jī dū jiào de]; **2.** *m/f* 基督教教徒 [jī dū jiào jiào tú]

Cristo *m* 基督 [jī dū]

criterio *m* 标准 [biāo zhǔn], 准则 [zhǔn bèi]

crítica *f* 评论 [píng lùn], 批评 [pī píng]

criticar *vt* 评论 [píng lùn], 批评 [pī píng]

crítico,-a 1. *adj* 批评的 [pī píng de]; **2.** *m* 批评家 [pī píng jiā]

croata 1. *adj m/f* 克罗地亚的 [kè luó dì yà de]; **2.** *m/f* 克罗地亚人 [kèluódìyà rén]; **3.** *m* 克罗地亚语[kè luó dì yà yǔ]

crónica *f* **1.** 编年史 [biān nián shǐ]; **2.** 新闻报导 [xīn wén bào dào]

crónico,-a *adj* 长期的 [cháng qī-de], 慢性的 [mán xìng de]

cro/nista *m* 编年史作者 [biān nián shǐ zuò zhě]; 专栏作家 [zhuān lán zuò jiā]; **~nología** *f* 年代学 [nián dài xué]; **~noló-gico,-a** *adj* 年代学的 [nián dài xué de], 编年学的 [biān nián xué de]; **~nómetro** *m* 精密记时器 [jīng mì jì shí qì]

croqueta *f gastr* 油炸丸子 [yóu zhá wán zi]

croquis *m* 草图 [cǎo tú], 草稿 [cǎo gǎo]

cru/ce *m* 交叉 [jiāo chā], 相交 [xiāng jiāo], 交叉点 [jiāo chā diǎn]; **~cero** *m nav* 游轮旅行 [yóu lún lǚ xíng]; **~cial** *adj m/f* **1.** 十字形的 [shí zì xíng de]; **2.** 关键的 [guan jiàn de], 转折的 [zhǔan zhé de]

crucifi/car *vt* **1.** 把…钉在十字架上 [bǎ...dīng zài shí zì jià shàng]; **2.** 折磨 [zhé mó]; **~jo** *m* 耶酥受难像 [yē sū shòu nán xiàng]; **~xión** *f* 钉在十字架上 [ding zài shí zì jià shàng]

crucigrama *m* 纵横拼字迷 [zōng héng pīn zì mí]

cru/deza *f* **1.** 不熟 [bù shú], 生 [shēng]; **2.** 可怕 [kě pà], 不堪设想 [bú kān shè xiǎng]; **~do, -a 1.** *adj* 不熟的 [bù shú de], 生的 [shēng de]; **2.** 可怕的 [kě pà de], 不堪设想的 [bú kān shè xiǎng de]

cruel *adj m/f* 残酷的 [cán kù de], 严厉的 [yán lì de]; **~dad** *f* 残酷 [cán kù], 暴行 [bào xíng]

cruji/do *m* 嘎吱嘎吱响声 [yā zī yā zī xiǎng shēng]; **~ente** *adj m/f* 脆的 [cuì de], 脆香的 [cuì xiāng de]; **~r** *vi* 嘎吱嘎吱响 [yā zī yā zī xiǎng]

cruz *f* 十字 [shí zì], 十字架 [shí zì jià]; **~ada** *f* 远征 [yuǎn zhēng], 圣战 [shèng zhàn]; **~ar** *vt* 横跨 [héng kuà], 穿过 [chuān guò]

cuaderno *m* 本子 [běn zi], 笔记本 [bǐ jì běn]

cuadra *f* 马匹 [mǎ pī], 马厮 [mǎ sī]

cuadrado,-a 1. *adj* 方形的 [fāng xíng de]; **cabeza ~** 死脑筋 [sǐ nǎo jīn], 头脑不转弯 [tóu nǎo bù zhuàn wān]; **al ~** 切成粒状 [qiē chéng lì zhuàng]; **2.** *m* 正方形 [zhèng fāng xíng]

cuadro *m fig* 图表 [tú biǎo]; **~ de mandos** *auto* (汽车) 仪表盘 [(qì chē) yí biǎo pán]; **de ~s** 方格型的 [fāng gé xíng de]

cuaja/da *f* 凝乳 [níng lǔ], 凝乳块 [níng lǔ kuài]; **~r 1.** *vt* 使凝结 [shǐ níng jié]; **2.** *vi* 完成 [wán chéng], 使喜欢 [shǐ xǐ huàn]

cual 1. *pron rel* 那个 [nà gè]; **el, la, lo** ~ 那种 [nà zhǒng], 那类 [nà lèi]; **por lo** ~ 因此 [yīn cǐ], 所以 [suǒ yǐ]; **2.** *adv* 如同 [rú tóng], 象 [xiàng]; **tal** ~ 象那样 [xiàng nà yàng]; **3.** *conj* 那么 [nà me]; ~ **si** 那么如果 [nà me rú guǒ]

cuál *pron interr* 哪一个 [nà yī gè]

cualidad *f* 品质 [pǐn zhì], 特性 [tè xìng]

cualifica/ción *f* 鉴定 [jiàn dìng], 品评 [pǐn píng]; **~r** *vt* 品评 [pǐn píng], 鉴定 [jiàndìng]

cualitativo,-a *adj* 品质的 [pǐn zhì de]

cualquier,-a 任何一个 [rèn hé yī ge]; **de** ~ **modo** 无论如何 [wú lùn rú hé]; ~ **día** 任何一天 [rèn hé yī tian]; **uno ~a** 小人物 [xiǎo rén wù], 微不足道的人 [wēi bú zú dào de rén]

cuando 1. *conj* 纵然 [zòng rán], 即使 [jì shǐ]; **2.** *prep* 如果 [rú gǔo]; **3.** *adv* 当... 时候 [dāng... shí hòu]; **de** ~ **en** ~ 时而 [shí 'ér], 时不时地 [shí bú shí de]; ~ **quiera** 随时都可以 [suí shí dōu kě yǐ]

¿cuándo? *pron interr* 什么时候 [shén me shí hòu]

cuantía *f* 分量 [fèn liàng], 规模 [guī mó]

cuantioso,-a *adj* 大量的 [dà liáng de], 丰富的 [fēng fù de]

cuantitativo,-a *adj* 分量的 [fēn liàng de], 数量的 [shú liàng de]

cuanto,-a 若干 [ruò gān], 一些 [yī xié]; ~ **antes** 尽早 [jìn zǎo]; **en** ~ **(que)** 一... 就 [yī...jiú]; **en** ~ **a** 至于 [zhì yú]; ~ **más que** 尤其是 [yóu qí shì], 特别是 [tè bié shì]; **unos ~s** 有一些 [yǒu yī xié]

cuánto,-a 1. *pron interr* **¿a ~s estamos?** 今天几号? [jīn tiān jǐ hào?]; **2.** *adv* 怎么 [zén me]

cuarenta *adj* 四十 [sì shí]

cuarentena *f* 四十几 [sì shí jǐ]

cuaresma *f* 四旬斋 [sì xún zhāi]

cuartel *m* 兵营 [bīng yíng]; ~ **general** 司令部 [sī lìng bù]

cuarteto *m* 四重奏 [sì chóng zòu], 四重唱 [sì chóng chàng]

cuarto,-a 1. *adj* 四 [sì]; **2.** *m* 四分之一 [sì fèn zhī yī], 一刻钟 [yī kè zhōng]; **un** ~ **de hora** 一刻钟 [yī kè zhōng]; ~ **de aseo** (较小的, 没有淋浴设备的) 卫生 间 [(jiào xiǎo de, méi yǒu lín yù shè bèi de) wèi shēng jiàn]; ~ **de baño** 卫生间 [wèi shēng jiàn] 浴室 [yù shì]; ~ **de estar** 起居室 [qǐ jū shì]

cuatro *adj* 四 [sì]

Cuba *f* 古巴 [gǔ bā]; **~*no,-a 1.** *adj* 古巴的 [gǔ bā de]; **2.** *m/f* 古巴人 [gǔ bā rén]

cubierta *f* 罩 [zào], 套 [tào], 盖 [gài]

cubierto,-a 1. *adj* 盖着…的 [gài zhe...de], 覆满... 的 [fù mǎn... de]; **2.** *m* 一套餐具 (刀叉) [yī tào cān jù (dāo chā)]; **ponerse**

a ~ 防避 [fáng bì], 躲避(危险) [duǒ bì (wēi xiǎn)]

cúbito *m* 尺骨 [chǐ gǔ]

cubito *m (hielo)* 冰块 [bìng kuài]

cubo *m mat* (数学)三次方 [(shù xuě) san cì fāng]; **~ de basura** 垃圾桶 [lā jī tǒng]

cubrir *vt* **1.** 盖 [gài], 罩 [zào]; **2.** 包括 [bāo kuò]; **~se de u/c** 蒙受 [měng shòu]

cucaracha *f* 蟑螂 [zhāng láng]

cuchi/lla *f* 刀 [dāo]; **~llada** *f* 刀砍 [dāo kǎn], 刀伤 [dāo shāng]; **~llo** *m* 刀(餐具) [dāo (cān jù)]

cucurucho *m* (圆锥形)纸袋 [(yuán zhuī xíng)zhǐ dài]

cuello *m* 脖子 [bó zi]; 领子 [lǐng zi]

cuenca *f* **1.** 盆地 [pén dì], 流域 [liú yù]; **2.** 凹陷 [āo xiàn]

cuenco *m* (陶制或木制的)钵 [(táo zhì huò mù zhì de) bō], 大碗 [dà wǎn]

cuenta *f* 帐目 [zhàng mù]; **~ atrás** 倒时计 [dào shí jì]; **~ corriente** 活期帐户 [huó qī zhàng hù]; **~ de ahorros** 储蓄帐户 [chǔ xù zhàng hù]; **darse ~ de u/c** 觉察 [jué chá], 知道 [zhī dào], 了解 [liǎo jiě]; **echar la ~** 算 [suàn], 计算 [jì suàn]; **tener en ~** 考虑 [kǎo lǜ], 记住 [jì zhù]

cuento *m* **1.** 讲述 [jiǎng shù]; **2.** 故事 [gù shì], 童话 [tóng huà]; **~s** *mpl* 难说清楚的事情 [nán shuō qīng chǔ de shì qíng]; **dejarse de ~s** 别绕弯子 [bié rào wān zi], 别说闲话 [bié shuō xián huà]

cuerda *f* **1.** 绳子 [shéng zi]; **2.** 弦 [xián]; **dar ~ al reloj** 给手表上发条 [gěi shǒu biǎo shàng fā tiáo]; **~s vocales** 声带 [shēng dài]

cuerdo,-a *adj* 理智的 [lǐ zhì de], 谨慎的 [jǐn shèn de]

cuerno *m* 触角 [chù jiǎo], 牛角 [niú jiǎo]; **irse al ~** 见鬼去吧! [jiàn guǐ qù ba!]

cuero *m* 皮 [pí], 皮革 [pí gé]; **en ~s** *coloq* 裸体的 [luǒ tǐ de]

cuerpo *m* **1.** 身体 [shēn tǐ]; **2.** 团体 [tuán tǐ]; **~ de bomberos** 消防队 [xiāo fáng duì]

cuervo *m* 乌鸦 [wū yā]

cuesta *f* 坡 [pō]; **~ abajo 1.** 下坡 [xià pō]; **2.** 走下坡路 [zǒu xià pō lù], 末落 [mò luò]; **~ arriba** 上坡 [shàng pō]; **a ~s** 扛着 [káng zhe], 背着 [bēi zhe]

cues/tión *f* 问题 [wèn tí], 议题 [yì tí]; **~tionar** *vt* 讨论 [tǎo lùn], 议论 [yì lùn]; **~tionario** *m* 考题 [kǎo tí], 调查表 [diào chá biǎo]

cueva *f* 山洞 [shān tòng]

cuidado *m* 小心 [xiǎo xīn], 注意 [zhù yì]; **sin ~** 不小心 [bú xiǎo xīn]; **tener ~ de** 小心 [xiǎo xīn], 注意 [zhù yì]; **¡ ~ !** 当心 [dāng xīn]

cuida/doso,-a *adj* 小心的 [xiǎo xīn de]; **~r** *vt* 关心 [guān xīn], 照料 [zhāo liào]; **~rse** 保养身体

[bǎo yǎng shēn tǐ]; **~rse de** 警惕 [jǐng tì], 防止 [fáng zhǐ]

culebra *f* **1.** 蛇 [shé]; **2.** 蛇型管 [shé xíng guǎn]

culebrón *m coloq* 奸诈狡猾的人 [jiān zhà jiǎo huá de rén]

culminante *adj* 顶端的 [dǐng duān de], 高潮的 [gāo cháo de]; **punto ~** 最高点 [zuì gāo dian], 高潮 [gāo cháo]

culo *m coloq* 屁股 [pì gǔ]

culpa *f* 错误 [cuò wù], 罪过 [zuì guò]; **echar la ~ de u/c a alg** 怪罪某人 [guài zuì mǒu rén], 把责任推在某人身上 [bǎ zé rèn tuī zài mǒu rén shēn shàng]; **tener la ~ de** 有... 罪过 [yǒu...zuì guò], 有···过错 [yǒu...guò cuò]

culpa/ble 1. *adj m/f* 有罪的 [yǒu zuì de], 有过错的 [yǒu guò cuò de]; **2.** *m/f* 肇事者 [zhào shì zhě], 罪人 [zuì rén]; **~r** *vt* 归咎 [guī jiù], 归罪 [guī zuì]; **~ a alg de u/c** 归咎于 [guī jiù yú], 归罪于 [guī zuì yú]

cultiv/ar *vt* 耕种 [gēng zhòng], 栽植 [zāi zhí]; **~o** *m* 耕种 [gēng zhòng], 农作物 [nóng zuò wù]

culto,-a 1. *adj* 有文化的 [yǒu wén huà de], 有教养的 [yǒu jiào yàng de]; **2.** *m* 宗教 [zōng jiào], 迷信 [mí xìn]

cultu/ra *f* 文化 [wén huà], 文明 [wén míng]; **~ general** 全球文化 [quán qiú wén huà]; **~ral** *adj m/f* 文化的 [wén huà de], 文明的 [wén míng de]

culturismo *m* 健美运动 [jiàn měi yùn dòng]

cumbre *f pol* 山顶 [shān dǐng], 顶点 [dǐng diǎn]

cumpleaños *m* 生日 [shēng rì], 诞辰 [dán chéng]

cumplido,-a 1. *adj* 客气的 [kè qì de], 有礼貌的 [yǒu lì mǎo de]; **2.** *m* 礼貌 [lǐ mào]

cumpli/dor,-a *adj* 负责的 [fù zé de], 尽责的 [jìn zé de]; **~dos** *mpl* 礼仪 [lǐ yí], 礼节 [lǐ jié], 礼貌 [lǐ mǎo]; **sin ~dos** 不要礼仪 [bú yào lǐ yí], 不拘礼节 [bú jū li jié]

cumplimentar *vt* 拜访 [bài fǎng], 拜见 [bài jiàn]

cumplir 1. *vt* 执行 [zhí xíng], 完成 [wán chéng]; **2.** *vi* 到期 [dào qī]; **~ 30 años** 年满30岁 [nián mǎn sān shí suì]; **~ con sus deberes** 尽责任 [jìn zé rèn], 尽义务 [jìn yì wǔ]

cuna *f* 摇篮 [yáo lán], 出身 [chū shēn]

cuneta *f* (道路两侧的) 水沟 [(dào lù liǎng cè de) shuǐ gōu]

cuñado,-a *m/f* 配偶的兄弟姐妹 [pèi 'ǒu de xiōng dì jiě mèi]

cuota *f* 配额 [pèi ér], 限额 [xiàn' ér]

cupo *m* 份额 [fèn 'ér], 额度 [ér dù]

cupón *m* 票证 [piào zhèng]

cúpula *f* 穹顶 [qióng dǐng]

cura 1. *m* 神父 [shén fù], 牧师 [mù shī]; **2.** *f* 治疗 [zhì liáo]; **~ termal** 温泉治疗 [wēn quán zhì liáo]; **tener ~** 可以医治 [kě yǐ yī zhì]

cura/ble *adj m/f* 可以治疗的 [kě yǐ zhì liáo de]; **~ción** *f* 治疗 [zhì liáo]; **~r 1.** *vi* 当心 [dāng xīn], 注意 [zhù yì]; **2.** *vt med* 医治 [yī zhì], 治愈 [zhì yù]; **~rse de u/c** 当心 [dāng xīn], 注意... [zhù yì]

curio/sidad *f* 好奇 [hào qí], 新奇 [xīn qí]; **~so,-a** *adj* 好奇的 [hào qí de]

cursar *vt* 学习 [xué xí], 攻读 [gōng dú]

cursi *adj m/f* 做作的 [zuò zuò de]; **~lería** *f* 做作 [zuò zuò], 矫揉造作 [jiǎo róu zào zuò]

curso *m* **1.** 过程 [guò chéng]; **2.** 学年 [xué nián], 课程 [kè chéng]

curti/do,-a *adj* 鞣制的 [róu zhì de]; **~r** *vt fig* 老练的 [lǎo liàn de], 有经验的 [yǒu jīng yàn de]

cur/va *f* 曲线 [qǔ xiàn], 弯 [wān]; **~vatura** *f* 曲度 [qǔ dù], 弯曲 [wān qǔ]; **~vo,-a** *adj* 弯曲的 [wān qǔ de]

custo/dia *f* 看守人 [kàn shoǔ rén], 看管人 [kàn guǎn rén]; **~diar** *vt* 守护 [shoǔ hù]

cu/táneo,-a *adj* 皮的 [pí de], 皮肤的 [pí hū de]; **~tis** *m* 皮肤 [pí hū]

cuyo,-a *pron rel* 他的 [tā de], 她的 [tā de], 它的 [tā de], 他们的 [tā mén de]

D

dado,-a 1. *adj* 由于 [yóu yú], 鉴于 [jiàn yú]; **2.,-a** *prep* 可能 [kě néng], 许可 [xǔ kě]; **3.** *conj* **~ que** 既然 [jì rán], 鉴于 [jiàn yú]; **4.** *m* 色子 [sè zi], 骰子 [shǎi zi]

dama *f* **1.** 贵妇人 [guì fù rén], 女士 [nǚ shì]; **2.** 情妇 [qíng fù]; **~s** *fpl* 西洋跳棋 [xī yáng tiào qí]

damnifica/do,-a *adj* 受伤害的 [shòu shāng hài de], 损伤的 [sǔn shāng de]; **~r** *vt* 伤害 [shāng hài], 损伤 [shǔn shāng]

danés,-a 1. *adj* 丹麦的 [dān mài de]; **2.** *m/f* 丹麦人 [dān mài rén]; **3.** *m* 丹麦语 [dān mài yǔ]

danza *f* 舞蹈 [wǔdǎo]; **~r** *vt/i* 跳舞 [tiào wǔ]

da/ñado,-a *adj* 遭殃的 [zāo yāng de], 受伤害的 [shòu shāng hài de]; **~ñar** *vt* 伤害 [shāng hài], 损坏 [sǔn huài]; **~ñarse** 受损害 [shòu sǔn hài], 受遭殃 [shòu zāo yāng]; **~ñino,-a** *adj* 有害的 [yǒu hài de]; **~ño** *m* 伤害 [shāng hài], 损害 [sǔn hài]; **hacer ~ño** 损害 [sǔn hài], 伤害 [shāng hài]; **hacerse ~ño** 跌伤 [diē shāng], 打伤 [dǎ shāng]

dar 1. *vt* 给 [gěi], 交给 [jiāo gěi]; **~ de comer** 喂养 [wèi yǎng], 给吃 [gěi chī]; **dan las once** (钟)十一点了 [(zhōng) shí yī diǎn le]; **2.** *vi* 发生 [fā shēng], 出现 [chū xiàn]; **~ con** 找到 [zhǎo dào]; **~ contra u/c** 撞到某物

[zhuàng dào mǒu wù], 打在某物上 [dǎ zài mǒu wù shàng]

dardo *m* 标枪 [biāo qiāng], 投枪 [tóu qiāng]

datar *vt/i* 写上日期 [xiě shàng rì qi]

dátil *m* **1.** 枣子 [zǎo zi]; **2.** 指 [zhǐ], 趾 [zhǐ]

dato *m* 文件 [wén jiàn], 资料 [zī liào]; **~s** *mpl* 数据 [shù jù]; **base de ~s** 资料库 [zī liào jī kù]

de *prep* **1.** （表示从属）... 的 [(biǎo shì cóng shǔ)...de]; **2.** (表示时间) 从... [(biǎo shì shí jiān) cóng...]; **la casa ~ mi padre** 我父亲的房子 [wǒ fù qīn de fáng zi]; **~ madera** 木制的 [mù zhì de]；**un vaso ~ vino** 一杯葡萄酒 [yī bēi pú táo jiǔ]; **~ talento** 凭才能的 [píng cái néng de], 凭才干的 [píng cái gàn de]; **~ 30 años** 30岁的 [sān shí suì de]; **~ niño** 从小 [cóng xiǎo]; **~ noche** 晚上 [wǎn shàng]

debajo **1.** *adv* 在下面 [zái xià miàn], 在底下 [zài dǐ xià]; **2.** *prep.* 朝下 [cháo xià], 向下 [xiàng xià]; **~ de** 在... 下面 [zài...xià miàn], 在... 底下 [zài...dǐ xià]

deba/te *m* 争论 [zhēng lùn], 辩论 [biàn lùn]; **~tir** *vt/i* 争论 [zhēng lùn], 辩论 [biàn lùn]

deber **1.** *vt* 应当 [yìng dāng], 必须 [bì xū]; **~ +** *inf* 得 [dé], 要 [yào]; **2.** *m* 责任 [zé rèn], 义务 [yì wù]

deberes *mpl* 作业 [zuò yè]

debido,-a *adj* 应有的 [yìng yǒu de], 应该的 [yìng gāi de]; **~ a** 由于 [yóu yú]; **como es ~** 必须这样的 [bì xǔ zhè yàng de], 一定要的 [yī dìng yào de]

débil *adj m/f* 虚弱的 [xū ruò de], 体弱的 [tǐ luò de]

debili/dad *f* 虚弱 [xū ruò], 弱点 [ruò diǎn]; **~tar** *vt* 减弱 [jiǎn ruò], 使衰弱 [shǐ shuāi ruò]; **~tarse** 变虚弱 [biàn xū ruò]

débito *m econ* 债务 [zhài wù]

debut *m mús teat* 初次演出 [chū cì yǎn chū], 首次露面 [shǒu cì lù miàn]; **~ante** *m/f teat* 初次登台 [chū cì dēng tái]; **~ar** *vi* 初次演出 [chū cì yǎn chū], 首次露面 [shǒu cì lù miàn]

década *f* 年代 [nián dài] 十年 [shí nián]

decaden/cia *f* 衰落 [shuāi luò], 末落 [mò luò]; **~te** *adj m/f* 衰落的 [shuāi luò], 末落的 [mò luò de]

deca/er *vi* 减退 [jiǎn tuì], 衰弱 [shuāi luò]; **~imiento** *m* 消沉 [xiāo chéng], 颓唐 [tūi táng]

decano,-a *m/f* **1.** (社团的)元老 [(shè tuán de) yuán lǎo], 长老 [zhǎng lǎo]; **2.** 系主任 [xì zhǔ rèn]

decena *f* 十个 [shí gè]

decen/cia *f* 端庄 [duān zuāng], 正派 [zhèng pài]; **~te** *adj m/f* 正派的 [zhèng pài de], 体面的 [tǐ miàn de]

decep/ción *f* 失望 [shī wàng], 失落感 [shī luò gǎn]; **~cionar** *vt* 使失望 [shǐ shī wàng]

decidi/do,-a *adj* 果断的 [guǒ duàn de], 勇敢的 [yǒng gǎn de]; **~r** *vt* 决定 [jué dìng], 下决心 [xià jué xīn]; **~rse** 决定 [jué dìng], 决心 [jué xīn]; **~rse a hacer u/c** 决定做 [jué dìng zuò], 决心做 [jué xīn zuò]

décima *f* **1.** 十分之一 [shí fèn zhī yī]; **2.** (体温表的)分度 [(tǐ wēn biǎo de) fēn dù]

decimal *adj m/f* 十等分的 [shí děng fēn de], 十进制的 [shí jìn zhì de]

décimo,-a 1. *adj* 第十 [dì shí]; **2.** *m* 十分之一的彩票 [shí fēn zhī yī de cǎi piào]

decir 1. *vt/i* 说 [shuō], 讲 [jiǎng]; **es ~** 即 [jí], 就是说 [jiù shì shuō]; **¡diga!** *(teléfono)* (接电话时)喂 [(jiē diàn huà shí) wèi]; **por así ~lo** 所以这么说 [suǒ yǐ zhè me shuō]; **por no ~** 不好这么说 [bú hǎo zhè me shuō]; **se dice que, dicen que** 据说 [jùs huō]; **2.** *m* 言语 [yán yǔ], 说法 [shuō fǎ]; **es un ~** 只是一种说法 [zhǐ shì yī zhōng shuō fǎ]

deci/sión *f pol* 决议 [jué yì], 决定 [jué dìng]; *jur* (法院)判决 [(fǎ yuàn) pàn jué]; **~sivo,-a** *adj* 决定性的 [juè dìng xìng de], 斩钉截铁的 [zhǎn dīng jié tiě de]

declara/ción *f* 宣告 [xuān gào], 声明 [shēng míng]; **~ de impuestos** 申报要纳的税 [shēn bào yào là de suì]; **tomar ~** *jur* (法律)取证 [(fǎ lǜ) qǔ zhèng], 取供 [qǔ gòng]; **~r** *vt/i jur* (法律)供认 [(fǎ lǜ) gòng rèn], 证明 [zhèng míng]; **~rse 1.** 发生 [fā shēng], 出现 [chū xiàn]; **2.** 宣布 [xuān bù], 声称 [shēng chēng]

declinar 1. *vt* 拒绝接受 [jù jué jié shòu], 放弃(任命, 职责, 荣誉) [fàng qì (rèn mìng, zhí zè, róng yù)]; **2.** *vi* 减退 [jiǎn tuì], 减少 [jiǎn shǎo]

declive *m* 斜坡 [xié pō]; **en ~** 倾斜的 [qīng xié de], 有坡的(地面, 土地) [yǒu pò de (dì miàn, tǔ dì)]

decora/ción *f* 装饰 [zhuāng shì], 装璜 [zhuāng huáng]; **~do** *m teat* 舞台布景 [wǔ tái bù jǐng]; **~r** *vt* 装饰 [zhuāng shì], 美化 [měi huà]; **~tivo,-a** *adj* 装饰性的 [zhuāng shì xìng de], 装璜性的 [zhuāng huáng xìng de]

decoro *m* 尊严 [zūn yán], 自尊 [zì zùn]

decrecer *vi* 较少 [jiào shǎo], 缩小 [suō xiǎo]

decrépito,-a *adj* 衰老的 [shuāi lǎo de]

decre/tar *vt* 颁布政令 [bāi bù zhèng lìng], 公布法令 [gōng bù fǎ lìng]; **~to** *m* 政令 [zhèng lìng], 法令 [fǎ lìng]

dedal *m* 顶针 [dǐng zhēn]

dedica/ción *f* 奉献 [fèng xiàn], 致力 [zhì lì]; **~r** *vt* 奉献给 [fèng xiàn gěi], 用于 [yòng yú]; **~rse a u/c** 致力于 [zhì lì yú], 从事于 [cóng shì yú]; **~toria** *f* 献词 [xiàn cí], 题词 [tí cí]

dedo *m* 手指 [shuǒ zhǐ], 趾 [zhǐ]; **~ (del pie)** 脚趾 [jiǎo zhǐ]; **~ gordo** 大拇指 [dà mǔ zhǐ]; **~ índice** 食指 [shí zhǐ]

deduc/ción *f com* 扣除 [kòu chú]; **~ir** *vt* 推断 [tuī duàn], 推论 [tuī lùn]

defec/to *m* 欠缺 [qián quē], 缺点 [quē diǎn]; **~tuoso,-a** *adj* 有缺欠的 [yǒu quē qiàn de]

defen/der *vt* 保护 [bǎo hù], 保卫 [bǎo wèi]; **~derse** 抵御 [dǐ yù], 抗击 [kàng jī]; **~sa 1.** *f* 保护 [bǎo hù], 保卫 [bǎo wèi], 防御 [fáng yù]; **legítima ~sa** 正当防卫 [zhèng dàng fáng wèi]; **2.** *m sport* (足球, 篮球等的)后卫 [(zú qiú, lán qiú děng de) hòu wèi]; **~sivo,-a** *adj* 防守的 [fáng shǒu de], 防御的 [fáng yù de]; **~sor,-a** *m/f* 保卫者 [bǎo wèi zhě], 保护者 [bǎo hù zhě]

deficien/cia *f* 不足 [bú zú], 缺点 [quē diǎn]; **~te** *adj m/f* 有缺欠的 [yǒu quē qiàn de]

déficit *m* 亏损 [kuī sǔn], 赤字 [chì zì]

defini/ción *f* 定义 [dìng yì]; **~r** *vt* 下定义 [xià dìng yì], 确定 [què dìng]; **~tivo,-a** *adj* 决定性的 [jué dìng xìng de], 最后的 [zuì hòu de]

deforma/ción *f* 变形 [biàn xíng]; **~r** *vt* 使变形 [shǐ biàn xíng], 歪曲 [wāi qū]

deforme *adj m/f* 畸形的 [jī xíng de]

deformidad *f* 畸形 [jī xíng], 缺陷 [quē xiàn]

defrauda/ción *f* 失望 [shī wàng], 辜负 [gū hù]; **~r** *vt* 使失望 [shǐ shī wàng]

defunción *f* 死亡 [sǐ wáng]

degenerar *vi* 衰退 [shuāi tuì], 退化 [tuì huà]

degrada/ción *f* 贬黜 [biǎn chù], 自卑 [zì bēi]; **~nte** *adj m/f* 使贬黜的, [shǐ biǎn chù de] 使堕落的 [shǐ duò luò de]; **~r** *vt mil* 贬黜, [biǎn chù] 使卑微 [shǐ bēi wēi]

degusta/ción *f* 尝 [cháng], 品尝 [pǐn cháng]; **~r** *vt* 尝 [cháng], 品尝 [pǐn cháng]

deja/dez *f* **1.** 懒 [lǎn], 懒惰 [lǎn duò]; **2.** 疲惫 [pí bèi], 无精打采 [wú jīng dǎcǎi]; **~do,-a** *adj* 懒的 [lǎn de], 疲惫的 [pí bèi de]; **~r 1.** *vt* 放 [fàng], 放下 [fàng xià]; **~r caer 1.** 掉落 [diào luò]; **2.** 沮丧 [jǔ sàng]; **~r un empleo** 放弃一份工作 [fàng qì yī fèn gōng zuò]; **2.** *vi* **~r que** + *subj* 让做… [ràng zuò]; **no ~r de hacer u/c** 继续做 [jì xù zuò]; **~r de** 中断 [zhōng duàn], 停止 [tíng zhǐ], **~rse** 任由 [rèn yóu], 听凭 [tīng píng]

delantal *m* 围裙 [wéi qún]

delante *adv* 在前面 [zài qián miàn], 在对面 [zài duì miàn]; **~ de** 在… 前面, [zài…qián miàn] 在… 对面 [zài…duì miàn]; **~ra** *f* 前面 [qián miàn], 领先 [lǐng xiān]; **~ro,-a 1.** *adj* 前面 [qián miàn]; **2.** *m* (足球)前锋 [(zù qiú) qián fēng]

dela/tar *vt* 告发 [gào fā], 揭密 [jiē mì]; **~tor,-a** *m /f* 告发者 [gào fā zhě], 检举人 [jiǎn jǔ rén]

delega/ción *f* 代表团 [dài biǎo tuán]; **~do,-a** *m/f* 代表 [dài biǎo]; **~r** *vt* 授权 [shòu quán], 派驻 [pài zhù]

delei/tar *vt* 使愉快 [shǐ yú kuài]; **~te** *m* 快意 [kuài yì], 愉快 [yú kuài]

deletrear *vt* 拼读 [pīn dú]

delfín *m* 海豚 [hǎi tún]

delga/dez *f* 瘦小 [shòu xiǎo], 细 [xì], 薄 [báo]; **~do,-a** *adj* 瘦的 [shòu de], 细的 [xì de], 薄的 [báo de]

delibe/ración *f* 思考 [sī kǎo], 盘算 [pán suàn]; **~rar** *vt/i* **1.** 思考 [sī kǎo], 盘算 [pàn suàn]; **2.** 审议 [shěn yì], 商谈 [shāng tán]; **~rar sobre** 商讨某事 [shāng tǎo mǒu shì]

delica/deza *f* **1.** 精致 [jīng zhì], 细嫩 [xì rèn]; **2.** 谨慎 [jǐn shèn], 慎重 [shèn zhòng]; **~do,-a** *adj* **1.** 精细的 [jīng xì de], 娇嫩的 [jiāo nèn de]; **2.** 棘手的 [jí shǒu de], 难办的 [nán bàn de]

deli/cia *f* 痛快 [tòng kuài]; **~cioso,-a** *adj* 讨人喜爱的 [tǎo rén xǐ 'ài de], 好吃的 [hǎo chī de]

delimitar *vt* 确定 [què dìng], 划定 [huà dìng]

delincuen/cia *f* **1.** 犯罪 [fàn zuì], 犯罪行为 [fàn zuì xíng wéi]; **2.** 犯罪率 [fàn zuì lǜ]; **~te** *m/f* 罪犯 [zuì fàn], 犯人 [fàn rén]

delinquir *vi* 犯罪 [fàn zuì], 犯法 [fàn fǎ]

deli/rante *adj m/f* 说胡话的 [shuō hú huà de], 胡言乱语的 [hú yán luàn yǔ de]; **~rar** *vi* 说胡话 [shuō hú huà], 胡言乱语 [hú yán luàn yǔ]

delirio *m* 神志不清 [shén zhì bú qīng]

delito *m* 犯法 [fàn fǎ], 违法 [wéi fǎ]

deman/da *f* 恳求 [kěn qiú], 请求 [qǐng qiú]; **~ de** *jur* 起诉 [qǐ sù], 控告 [kòng gào]; **~dado,-a** *m/f* (法律)被告 [(fǎ lǜ) bèi gào]; **~dante** *m/f jur* (法律)原告 [(fǎ lǜ) yuán gào]; **~dar** *vt* **1.** 请求; [qǐng qiú]; **2.** (法律)起 [(fǎ lǜ) qǐ]

demarca/ción *f* 定界 [dìng jiè], 区域 [qū yù]; **~r** *vt* 划定 [huà dìng], 定界线 [dìng jiè xiàn]

demás *adv* 其余的 [qí yú de], 剩余的 [shèng yú de]; **lo ~** 其余的 [qí yú de], 剩下的 [shèng xià de]; **los ~** 别人 [bié rén], 其余的人 [qí yú de rén]; **por lo ~** 除此之外 [chú cǐ zhī wài]

demasiado,-a *adj* 过分的 [guò fèn de], 太 [tài]

demen/cia *f* 疯颠 [fēng diān]; **~te 1.** *adj m/f* 疯颠的 [fēng diān de], 痴呆的 [chī dāi de]; **2.** *m* 疯颠 [fēng diān], 痴呆 [chī dāi]

democracia *f* 民主 [mín zhǔ]

demócrata 1. *adj m/f* 民主的 [mín zhǔ de]; **2.** *m/f* 民主人士 [mín zhǔ rén shì]

democrático,-a *adj* 民主的 [mín zhǔ de], 民主党派的 [mín zhǔ tǎng pài de]

demo/ler *vt* 拆除 [chāi chú], 摧毁 [cuī huǐ]; **~lición** *f* 拆除 [cāi chú], 摧毁 [cuī huǐ]

demonio *m* 恶魔 [è mó], 鬼怪 [guǐ guài]; **¡qué ~s!** 真是活见鬼! [zhēn shì huó jiàn guǐ]

demora 耽搁 [dān gé], 延误; [yán wù]; **sin ~** 立刻 [lì kè], 马上 [mǎ shàng]

demorar *vt* 推迟 [tuī chí], 耽搁 [dān gé]

demostra/ción *f* 证明 [zhèng míng], 说明 [shuō míng]; **~r** *vt* 证明 [zhèng míng], 证实 [zhèng shí]; **~tivo,-a** *adj* 可证明的 [kě zhèng míng de], 说明性的 [shuō míng xìng de]

denega/ción *f* 拒绝 [jù jué], 拒批 [jù pī]; **~r** *vt* 拒绝 [jù jué], 不批准 [bú pī zhǔn]

denigrar *vt* 诽谤 [fěi bàng], 诋毁 [dǐ huǐ]

denomi/nación *f* 称号 [chēng hào], 称呼 [chēng hū]; **~ de origen** *f* 原称 [yuán chēng], 原名 [yuán míng]; **~nar** *vt* 命名 [mìng míng], 起名字 [qǐ míng zi]

denota/ción *f* 表明 [biǎo míng], 指明 [zhǐ míng]; **~r** *vt* 表明 [biǎo míng], 指明 [zhǐ míng]

den/sidad *f* 浓 [nóng], 密 [mì], 密度 [mì dù]; **~so,-a** *adj* 浓密的 [nóng mì de], 密集的 [mì jí de]

den/tadura *f* 牙齿群 [yá chǐ qún]; **~ postiza** 假牙 [jiǎ yá]; **~tal** *adj m/f* 牙的 [yá de], 牙齿的 [yá chǐ de]; **~tífrico** *m* 洁齿的 [jié chǐ de]; **~tífrica** 牙膏 [yá gāo]; **~tista** *m/f* 牙科医生 [yá kē yī shēng]

dentro 1. *adv* 里面 [lǐ miàn]; **~ de** 在... 里面 [zài...lǐ miàn], 在... 之内 [zài...zhī nèi]; **2.** *prep* 以内 [yǐ nèi], 之内 [zhī nèi]; **~ de** 在(时间)之内 [zài (shí jiān) zhī nèi]

denun/cia *f* 告发 [gào fā], 控告 [kòng gào]; **~ciante** *m/f* 告发者 [gào fā zhě], 控告者 [kòng gào zhě]; **~ciar** *vt* 揭露 [jiē lù], 告发 [gào fà]

departamento *m (tren)* 部门 [bù mén]

depen/dencia *f* 从属 [cóng shǔ], 附属部门 [fù shǔ bù mén]; **~der** *vi* 从属 [cóng shǔ], 隶属 [lì shǔ], 依附 [yī fù]; **~ de** 取决于 [qǔ jué yú]; **¡~de!** 要看情况! [yào kàn qíng kuàng]; **~diente 1.** *adj m/f* 从属的 [cóng shǔ de], 附属的 [fù shǔ de]; **2.,-a** *m/f* 店员 [diàn yuán], 售货员 [shòu huò yuán]

depilarse 拔毛 [bá máo], 脱毛 [tuō máo]

deplora/ble *adj m/f* 可叹的 [kě tàn de], 可悲的 [kě bēi de]; **~r** *vt* 遗憾 [yí hán], 惋惜 [wǎn xī]

depor/te *m* 体育 [tǐ yù], 体育运动 [tǐ yù yùn dòng]; **~tista** *m/f* 体育运动爱好者 [tǐ yù yùn dòng 'ài hào zhě]; **~tivo,-a** *adj* 体育 [tǐ yù], 体育运动的 [tǐ yù yùn dòng de]

deposi/ción *f jur* (法律)供词 [(fǎ lǜ) gòng cí], 证词 [zhèng cí]; **~tar** *vt* 存放 [cún fàng] 安放 [ān fàng]

depósito *m* 贮藏室[zhù cáng shì]; *banc* 存款 [cún kuǎn]

deprava/ción *f* 腐化 [fǔ huà], 堕落 [duò luò]; **~do,-a** *adj* 腐化的 [fǔ huà de], 堕落的 [duò luò de]; **~r** *vt* 使恶化 [shi è huà], 使腐化 [shǐ fǔ huà]

deprecia/ción *f* 减价 [jiǎn jià], 贬值 [biǎn zhí]; **~r** *f vt* 使跌价 [shǐ diē jià], 减价 [jiǎn jià], 使贬值 [shǐ biǎn zhí]; **~rse** 跌价 [diē jià], 减价 [jiǎn jià], 贬值 [biǎn zhí]

depre/sión *f* **1.** *econ* (经济)萧条 [(jīng jì) xiāo tiáo]; **2.** *med* 虚弱 [xū ruò]; **~sivo,-a** *adj* **1.** 压抑的 [yā yì de]; **2.** 侮辱性的 [wǔ rǔ xìng de]

depri/mido,-a *adj* 感到压抑的 [gǎn dào yā yì de], 意志消沉的 [yì zhì xiāo chén de]; **~mir** *vt* 使消沉 [shǐ xiāo chén], 使沮丧 [shǐ jǔ sàng]

depura/ción *f* 净化 [jìng huà], 清除 [qīng chú]; **~dora** *f* 净化器 [jìng huà qì]; **~ de aguas residuales** 污水处理器 [wū shuǐ chù lǐ qì]; **~r** *vt* 净化 [jìng huà], 清除 [qing chú]

derecha *f pol* 右翼的 [yòu yì de]; **a la ~** 在右边 [zài yòu biān]

derecho,-a **1.** *adj* 直的 [zhí de], 笔直的 [bǐ zhí de]; **2.** *adv* 直接地 [zhí jiēde]; **3.** *m* 权利 [quán lì], 法律 [fǎ lǜ], 法 [fǎ]; **~ civil** 民法 [mín fǎ]; **~ penal** 刑法 [xíng fǎ]

deriva/ción *f* 分支 [fēn zhī], 派生 [pài shēng]; **~r** *vt/i* 源自 [yuán zì], 来自 [lái zì]; **~r de** 来自 [lái zì], 源自 [yuán zì], 起源于 [qǐ yuán zì]

dermatólogo,-a *m/f* 皮肤病科医生 [pí fū bìng kē yī shēng]

derramar *vt* 使流出 [shǐ liú chū], 弄洒 [nòng sǎ]; **~se** 流出 [liú chū], 倒出 [dǎo chū]

derrapar *vi auto* (汽车)打滑 [(qì chē) dǎ huá]

derretir *vt* 使熔化 [shǐ róng huà], 使融解 [shǐ róng jiě]; **~se** *(nieve, helado)* 热恋 [rè liàn], 迷恋 [mí liàn]

derri/bar *vt* 推倒 [tuī dǎo], 弄倒 [nòng dǎo]; **~bo** *m* 推倒 [tuī dǎo], 废墟 [fèi xū]

derrocar *vt* 抛下 [pāo xià], 推倒 [tuī dǎo]

derro/chador,-a *m/f* 浪费的 [làng fèi de]; **~char** *vt* 挥霍 [huī huò],

浪费 [làng fèi]; **~che** *m* 挥霍 [hūi huò]

derrota *f* 溃败 [kuì bài], 失败 [shī bài]; **~r** *vt* 打败 [dǎ bài], 毁坏 [huǐ huài]

derrumba/miento *m* 拆毁 [chāi huǐ], 推倒 [tuī dǎo]; **~r** *vt* 拆毁 [chāi huǐ], 推倒 [tuī dǎo]; **~rse** 倒塌 [dǎo tā], 倒下 [dǎo xià]

desabrochar *vt* 解开 [jiě kāi], 打开 [dǎ kāi]

desacerta/do,-a *adj* 考虑不周的 [kǎo lǜ bú zhōu de], 欠妥的 [qiàn tuǒ de]; **~r** *vi* 弄错 [nòng cuò], 不对头 [bú duì tóu]

desacierto *m* 错误 [cuò wù], 考虑不周 [kǎo lǜ bú zhōu]

desaconsejar *vt* 劝阻 [quàn zǔ]

desacoplar *vt tecn* 分开, [fēn kāi] 分离 [fēn lí]

desacostumbra/do,-a *adj* 异乎寻常的 [yì hū xún cháng]; **~r** *vt* 使改变习惯 [shǐ gǎi biàn xí guàn]; **~ a alg de u/c** 改变一个人的习惯 [gǎi biàn yī ge de xí guàn]

desacreditar *vt* 使失去信誉 [shǐ shī qù xìn yù], 败坏声誉 [bài huài shēng yù]

desacuerdo *m* 不同意 [bú tóng yì], 不一致 [bú yī zhì]

desa/fiar *vt* 挑战 [tiǎo zhàn]; **~fío** *m* 挑战 [tiǎo zhàn], 竞争 [jìng zhēng]

desafortunado,-a *adj* **1.** 倒霉的 [dǎo méi de]; **2.** 不恰当的 [bú qià dāng de], 不适宜的 [bú shì yí de]

desagra/dable *adj m/f* 令人不愉快的 [lìng rén bú yú kuài de]; **~dar** *vi* 使不愉快 [shǐ bú yú kuài], 使讨厌 [shǐ tǎo yàn]; **~decimiento** *m* 忘恩负义 [wàng ēn fù yì]; **~do** *m* 不愉快 [bú yú kuài], 不满 [bú mǎn]

desagüe *m* 排水 [pái shuǐ], 排水管 [paí shuǐ guǎn]

desaho/gado,-a *adj* 宽敞的 [kuān chǎng], 宽裕的 [kuān yù de]; **~garse** 发泄性欲 [fā xiè xìng yù]; **~go** *m* 减轻(性压抑) [jiǎn qīng (xìng yā yì)], (性)宽慰 [(xìng) kuān wèi]

desajus/tar *vt* 拆开 [chāi kāi], 拆散 [chāi sàn]; **~te** *m* 不协调 [bú xié tiáo]

desalentar *vt* 使气馁 [shǐ qì něi], 使泄气 [shǐ xiè qì]

desaliento *m* 气馁 [qì něi], 泄气 [xiè qì]

desali/ñado,-a *adj* 邋遢的 [lā tā de]; **~ño** *m* 邋遢 [lā tā]

desalmado,-a *adj* 残忍的 [cán rěn de], 不人道的 [bú rén dào de]

desalojar 1. *vt* 逐出(家园) [zhú chū (jiā yuán)], 赶走 [gǎn zǒu]; **2.** *vi* 迁走 [qiān zǒu]

desampa/rado,-a (estar) *adj* 无依无靠的 [wú yī wú kào de]; **~rar** *vt* 抛弃 [pāo qì], 遗弃 [yí qì]; **~ro** *m* 抛弃 [pāo qì], 遗弃 [yí qì], 无依无靠 [wú yī wú kào]

desangrarse 出血 [chū xuè], 流血 [liú xuè]

desanima/do,-a *adj* 泄气的 [xiè qì de], 沮丧的 [jǔ sàng de]; **~r** *vt* 使泄气 [shǐ xiè qì], 使气馁 [shǐ qì něi]; **~rse** 气馁 [qì něi], 泄气 [xiè qì]

desánimo *m* 泄气 [xiè qì], 灰心 [huī xīn]

desapacible *adj m/f* 令人不快的 [lìng rén bú kuài de]

desapa/recer *vi* 消失 [xiāo shī]; **~rición** *f* 消失 [xiāo shī]

desapego *m* 冷淡 [lěng dàn]; **~de** 揭开 [jiē kāi], 揭掉 [jiē diào]

desapercibido,-a *adj* 没有注意到的 [méi yǒu zhù yì dào de]; **pasar ~** 没有准备 [méi yǒu zhǔn bèi], 突如其来 [tū rú qí lái]

desaprensi/ón *f* 不犹疑 [bú yóu yí], 没有顾虑 [méi yǒu gù jì]; **~vo,-a** *adj* 不犹疑的 [bú yóu yí de], 没有顾虑的 [méi yǒu gù jì de]

desaproba/ción *f* 不赞成 [bú zàn chéng], 不同意 [bú tóng yì]; **~r** *vt* 不赞成 [bú zàn chéng], 不同意 [bú tóng yì]

desaprovecha/do,-a *adj* 未利用的 [wèi lì yòng de]; **~miento** *m* 没利用 [méi lì yòng], 浪费 [làng fèi]; **~r** *vt* 没利用 [méi lì yòng], 浪费 [làng fèi]

desar/mar 1. *vt tecn* 拆开 [chāi kāi], 拆卸 [chāi xiè]; **2.** *vi* 裁军 [cái jūn]; **~me** *m* 缴械 [jiǎo xiè], 裁军 [cái jūn]

desarrai/gar *vt* 连根拔起 [lián gēn bá qǐ], 根除 [gēn chú]; **~go** *m* 连根拔起 [lián gēn bá qǐ], 根除 [gēn chú]

desarre/glado,-a *adj* 凌乱的 [líng luàn de], 不修边幅的 [bú xiū biān fú de]; **~glar** *vt* 弄乱 [nòng luàn]; **~glo** *m* 凌乱 [líng luàn]

desarro/llar *vt* 展开 [zhǎn kāi], 发展 [fā zhǎn]; **~llarse** 发生 [fā shēng]; **~llo** *m* 展开 [zhǎn kāi], 发展 [fā zhǎn]

desaso/segar *vt* 不安 [bú ān]; **~siego** *m* 不安 [bú ān]

desas/tre *m* 灾难 [zāi nàn]; **~troso,-a** *adj* 灾难性的 [zāi nàn xìng de], 糟糕透顶的 [zāo gāo tòu dǐng de]

desata/do,-a *adj* 解开的 [jiě kāi], 松开的 [sōng kāi de]; **~r** *vt* 松开 [sōng kāi], 松绑 [sōng bǎng]; **~rse** 解除 [jiě chú], 摆脱 [bǎi tuō]

desatascar *vt* 疏通 [shū tōng], 疏浚 [shū jùn]

desaten/der *vt* 忽视 [hū shì], 怠慢 [dài màn]; **~to,-a** *adj* 漫不经心的 [màn bú jìng xīn de], 怠慢的 [dài màn]

desati/nado,-a *adj* **1.** 胡乱的 [hú luàn de]; **2.** 不慎重的 [bú shèn zhòng de], 失去理智的 [shī qù lǐ zhì de]; **~nar** *vi* 胡说 [hú shuō], 乱干 [luàn gān]; **~no** *m* 蠢话 [chǔn huà], 蠢事 [chǔn shì]

desatornillar *vt* 取下 [qǔ xià], 卸下（螺钉）[xiè xià (luó dìng)]

desautorizar *vt* 否认 [fǒu rèn], 否定 [fǒu dìng]

desave/nencia *f* 对立 [duì lì], 不和 [bù huó]; **~nido,-a** *adj* 不和的 [bú hé de], 对立的 [duì lì de]

desaventajado,-a *adj* 不利的 [bú lì de]

desayu/nar *vi* 吃早餐 [chī zǎo cān]; **~no** *m* 早餐 [zǎo cān]

desbancar *vt* 取代 [qǔ dài]

desbarajus/te *m* 混乱 [hùn luàn]; **~tar** *vt* 使混乱 [shǐ hùn luàn], 弄乱 [nòng luàn]

desbloquear *vt* 解除封锁 [jiě chú fēng suǒ], 解除冻结 [jiě chú dòng jié]

desbordar *vt* 溢出 [yì chū], 漫出 [màn chū]

desbordarse （感情）奔放 [(gǎn qíng) bēn fàng]

descabellado,-a *adj* 不理智的 [bú lǐ zhì de], 不明智的 [bú míng zhì de]

descafeinado,-a 1. *adj* 无咖啡因的 [wú kā fēi yīn de]; **2.** *m* 咖啡因的咖啡 [kā fēi yīn de kā fēi]

descala/brar *vt* 把头部打伤 [bǎ tóu bù dǎ shāng], 使受损伤 [shǐ shòu sǔn shāng]; **~bro** *m* 不幸 [bú xìng], 损失 [sǔn shī]

descalifica/ción *f* 取消资格 [qǔ xiāo zī gé]; **~r** *vt* 取消(比赛)资格 [qǔ xiāo (bǐ sài) zī gé]

descalzo,-a *adj* 赤脚的, [chì jiǎo de]

descan/sar *vi* 休息 [xiū xī]; **~so** *m* 休息 [xiū xī]; **sin ~so** 不用休息 [bú yòng xiū xī]

descapotable *m auto* 敞篷车 [chǎng péng chē]

descarado,-a *adj* 恬不知耻的 [tián bú zhì chǐ de], 不要脸的 [bú yào liǎn de]

descar/ga *f jur* 开脱 [kāi tuō], 开释 [kāi shì]; **~gar 1.** *vt* 卸下; [xiè xià]; **2.** *vi* 流入 [liú rù], 汇入 [huì rù]

descaro *m* 厚颜无耻 [hòu yán wú chǐ]

descarri/ado,-a *adj* 偏离正道的 [piān lí zhèng dào de]; **~lamiento** *m* 出轨 [chū guǐ], 脱轨 [tuō guǐ]; **~lar** *(tren) vi* 出轨 [chū guǐ], 脱轨 [tuō guǐ]

descartar *vt* 舍弃 [shě qì], 排除 [pái chú]

descen/dencia *f* 后裔 [hòu yì], 后代 [hòu dài]; **~dente** *adj m/f* 下降的 [xià jiàng de], 减少的 [jiǎn shǎo de]; **~der** *vt/i* 下来 [xià lái], 下降 [xià jiàng]; **~ der de** 来自于 [lái zì yú], 出于 [chū yú]; **~diente 1.** *adj m/f* 下来的 [xià lái de], 向下的[xiàng xià de]; **2.** *m* 后裔 [hòu yì], 后代 [hòu dài]; **~so** *m* 下降 [xià jiàng], 降落 [jiàng luò]

descifrar *vt* 破译 [pò yì], 破解 [pò jiě]

descolgar *vt* 摘下 [zhāi xià], 摘掉 [zhāi diào]

descolo/rar *vt* 使退色 [shǐ tuì sè]; **~rido,-a (estar)** 苍白的 [cāng bái de], 暗淡的 [àn dàn de]

descom/poner *vt* 拆开 [chāi kāi], 分解 [fēn jiě]; **~ponerse** 腐烂 [fǔ làn], 变质 [biàn zhì]; **~posición** *f* 分解 [fēn jiě], 拆开 [chāi kāi]; **~puesto,-a** *adj* 解体的 [jiě tǐ de], 分解的 [fēn jiě de]

descomunal *adj m/f* 非凡的 [fēi fán de], 巨大的 [jù dà de]

descon/certado,-a *adj* 弄乱的 [nòng luàn de], 不正常的 [bú zhèng cháng de]; **~certar** *vt* 弄乱 [nòng luàn], 打乱 [dǎ luàn]; **~cierto** *m* 紊乱 [wěn luàn], 杂乱 [zá luàn]

desconectar *vt electr* 切断(电源) [qiē duàn (diàn yuán)]

desconfi/ado,-a *adj* 不信任的 [bú xìn rèn de], 多疑的 [duō yí de]; **~anza** *f* 不信任 [bú xìn rèn]; **~ar** *vi* 不信任 [bú xìn rèn], 不相信 [bú xiàng xìn]; **~ de alg, u/c** 不相信 [bú xiàng xìn], 不信任 [bú xiàng xìn]

descongelar *vt* 解冻 [jiě dòng]

descongestionar *vt* 疏散 [shū sàn], 使畅通 [shǐ chàng tōng]

descono/cer *vt* 不认识 [bú rèn shí], 否认 [fǒu rèn]; **~cido,-a 1.** *adj* (ser, estar) 不认识 [bú rèn shí], 不知道 [bú zhī dào]; **2.** *m/f* 陌生人 [mò shēng rén]; **~cimiento** *m* 不了解 [bú liǎo jiě], 不知情 [bú zhī qíng]

desconsiderado,-a *adj* 不尊重别人的 [bú zūn zhòng bié rén de]

descon/solado,-a *adj* 忧伤的 [yōu shāng de], 难过的 [nán guò de]; **~solador,-a** *adj* 令人难过的 [lìng rén nán guò de], 令人忧伤的 [lìng rén yōu shāng de]; **~suelo** *m* 忧伤 [yōu shāng], 难过 [nán guò]

desconta/do *adj* 扣除 [kòu chú], 减去 [jiǎn qù]; **dar por ~do** 不加考虑 [bú jiā kǎo lǜ]; **~r** *vt* 扣除 [kòu chú], 减去 [jiǎn qù]

descontento,-a 1. *adj* 不高兴的 [bú gāo xìng], 不满意的 [bú mǎn yì de]; **2.** *m* 不高兴 [bú gāo xìng], 不满意 [bú mǎn yì]

descorchar *vt* 起软木塞 [qǐ ruǎn mù sāi], 开启瓶塞 [kāi qǐ píng sāi]

descorrer *vt* 拉开 [lā kāi], 拔开 [bá kāi]

descor/tés *adj m/f* 没礼貌的 [méi lǐ mào de]; **~tesía** *f* 没礼貌 [méi lǐ mào], 无礼 [wú lǐ]

descoser *vt* 拆开 [chāi kāi], 拆掉 [chāi diào]; **~se** 拆开线 [chāi kāi xiàn]

descrédito *m* 丧失信誉 [sàng shī xìn yù]

descri/bir *vt* **1.** 绘制 [huì zhì], 勾画 [gōu huà]; **2.** 描述 [miáo shù], 描写 [miáo xiě]; **~pción** *f* 描述 [miáo shù], 说明 [shuō míng]

descubierto,-a *adj* 暴露在外的 [bào lù zài wài de], 无遮掩的;

[wú zhē yǎn de]; **al ~** 公开地 [gōng kāi dì]

descubri/dor,-a *m/f* 发现者 [fā xiàn zhě], 发明家 [fā míng jiā]; **~miento** *m* 发现 [fā xiàn], 发明 [fā míng]; **~r** *vt* **1.** 使露出 [shǐ lù chū], 揭开; [jiē kāi]; **2.** 发现 [fā xiàn], 发明 [fā míng]

descuento *m* 打折 [dǎ zhé], 折扣 [dǎ kòu]

descui/dado,-a *adj (ser, estar)* 粗心大意的 [cū xīn dà yì de], 无防备的 [wú fáng bèi de]; **~dar 1.** *vt* 不经心 [bú jīng xīn], 忽视 [hū shì]; **¡~a!** 请放心! 不必担心! [qǐng fàng xīn ! bú bì dān xīn!]; **2.** *vi* 疏忽 [shū hū], 大意 [dà yì]; **~darse** 不注意 [bú zhù yì], 疏忽 [shū hū], 大意 [dà yì]; **~do** *m* 粗心大意 [cū xīn dà yì], 漫不经心 [màn bú jīng xīn]; **por ~do** 不修边幅 [bú xiū bian fú]

desde 1. *prep* 自... 起 [zì... qǐ], 从... 开始 [cóng... kǎi shǐ]; **~ hace un año** 一年以来 [yī nián yǐ lái]; **2.** *adv* **~ luego** 当然! [dāng rán]; **3.** *conj* **~ que** 自从... 时候起 [zì cóng... shí hòu qǐ]

desdén *m* 藐视 [miǎo shì], 轻视 [qīng shì]

desde/ñable *adj m/f* 可轻视的 [kě qīng shì de]; **~ñar** *vt* 轻篾 [qīng miè], 瞧不起 [qiáo bú qǐ]; *adj* 轻篾的 [qīng miè de]

desdi/cha *f* 不幸 [bú xìng], 倒霉 [dǎo méi]; **~chado,-a** *adj* 不幸的 [bú xìng de], 倒霉的 [dǎo méi de]

dese/able *adj m/f* 令人向往的 [lìng rén xiàng wǎng de]; **~ar** *vt* 希望 [xī wàng], 祝愿 [zhù yuàn]

desecar *vt* 弄干 [nòng gàn]

dese/chable *adj m/f* 不可回收的 [bú kě huí shōu de], 一次性的 [yī cì xìng de]; **~char** *vt* 排除 [pái chú], 丢弃 [diū qì], 弃置 [qì zhì]; **~chos** *mpl* **1.** 废物 [fèi wù], 废品 [fèi pǐn]; **2.** 渣滓 [zhā zǐ]; **~ reciclables** 可再生利用的废品 [kě zài shēng lì yòng de fèi pǐn]

desembar/cadero *m* 码头 [mǎ tóu]; **~car 1.** *vt* 从船上卸下 [cóng chuán shàng xiè xià]; **2.** *vi* 下船 [xià chuán], 上岸 [shàng 'àn]; **~co** *m* 下船 [xià chuán], 上岸 [shàng 'àn]; **~que** *m* 卸船 [xiè chuán], 下船 [xià chuán]

desemboca/dura *f* (河流的)汇合口 [(hé liú de) huì hé kǒu], 入海口 [rù hǎi kǒu]; **~r** *vi* **1.** 通到 [tōng dào], 通至 [tōng zhì]; **2.** 注入 [zhù rù], 汇入 [huì rù]

desembol/sar *vt* 付钱 [fù qián], 付款 [fù kuǎn]; **~so** *m* 现金支付 [xiàn jīn zhī fù]; 开销 [kāi xiāo]

desembra/gar *vt/i* 踩离合器 [cǎi lí hé qì]; **~gue** *m tecn* 脱离传动轴(离合器) [tuō lí zhuàn dòng zhóu (lí hé qì)]

desempaquctar *vt* 拆包 [chāi bāo], 打开(包裹) [dǎ kāi (bāo guǒ)]

desempe/ñar *vt* **1.** 赎回 [shú huí]; **2.** 担任 [dān rèn], 扮演 [bàn yǎn]; **~ño** *m* **1.** 赎回 [shú huí]; **2.** 担任 [dān rèn], 扮演 [bàn yǎn]

desempleo *m* 失业 [shī yè], 待业 [dài yè]

desempolvar *vt* 清除灰尘 [qīng chú huī chén]

desencadenar *vt* 去掉锁链 [qù diào suǒ liàn], 解放 [jiě fàng]; **~se** 爆发 [bào fā], 发作 [fā zuò]

desencan/tar *vt* 使失望 [shǐ shī wàng], 使泄气 [shǐ xiè qì]; **~to** *m* 失望 [shī wàng], 泄气 [xiè qì], 扫兴 [sǎo xìng]

desenchufar *vt* 拔掉插头 [bá diào chā tóu], 切断 [qiē duàn]

desenfa/dado,-a *adj* 坦然自若的 [tǎn rán zì ruò de], 无拘无束的 [wú jū wú shù de]; **~do** *m* 无拘束 [wú jūshù], 随便 [suí biàn]

desenfre/nado,-a *adj* 没有节制的 [méi yǒu jié zhì de], 放纵的 [fàng zòng de]; **~no** *m* 放纵 [fàng zòng]

desengan/char *vt* 使脱钩 [shǐ tuō gōu], 脱离 [tuō lí]; **~che** *m* 脱钩 [tuō gōu], 脱离 [tuō lí]

desenga/ñar *vt* 使醒悟 [shǐ xǐng wù]; **~ñarse** 领悟到 [lǐng wù dào], 觉悟到 [jué wù dào]; **~ño** *m* 醒悟 [xǐng wù]

desenlace *m* 解开 [jié kāi], 解脱 [jié tuō], 分手 [fēn shǒu]

desenredar *vt* 理清 [lǐ qīng], 解决 [jié jué]

desenroscar *vt* 拧出(螺钉) [níng chū (luó dīng)]

desenten/derse de u/c 装作不懂 [zhuāng zuò bú dǒng], 装傻 [zhuāng shǎ]; **~dido,-a** *adj* 漠不关心的 [mò bú guān xín de], 装聋作哑的 [zhuāng lóng zuò yǎ de]; **hacerse el ~dido** 装作不懂 [zhuāng zuò bú dǒng], 装作不知道 [zhuāng zuò bú zhī dào]

desenterra/miento *m* **1.** 发掘 [fā jué]; **2.** 想起 [xiǎng qǐ], 记起 [jì qǐ]; **~r** *vt* **1.** 挖出 [wā chū], 掘出 [jué chū]; **2.** 使记起 [shǐ jì qǐ]

desenvol/tura *f* 从容自如 [cóng róng zì rú], 落落大方 [luò luò dà fāng]; **~ver** *vt* 打开, [dǎ kāi] 剥开 [bāo kāi]; **~verse** 进行 [jìn xíng], 进展 [jìn zhǎn]

desenvuelto,-a *adj* 坦然自若的 [tǎn rán zì ruò de]

deseo *m* 希望 [xī wàng], 愿望 [yuàn wàng], 祝愿 [zhù yuàn]; **~so,-a** *adj* 渴望的 [kě wàng de], 向往的 [xiàng wǎng de]; **~ de** 希望得到 [xī wàng dé dào]

desequilibra/do,-a *adj* 失去平衡的 [shī qù píng héng de]; **~r** *vt* 使失去平衡 [shǐ shī qù píng héng]

deserción *f* 脱离 [tuō lí], 退出 [tuì chū]

deser/tar *vi* 脱离 [tuō lí], 推托 [tuī tuō]; **~tor,-a** *m/f* 逃兵 [táo bīng]

desespera/ción *f* 绝望 [jué wàng]; **~do,-a** *adj* 绝望的 [jué wàng de]; **~r 1.** *vt* 使失望 [shǐ shī wàng], 使绝望 [shǐ jué wàng]; **2.** *vi* 失望 [shī wàng], 绝望 [jué wàng]; ~ **de** 对…失望 [duì... shī wàng], 对…绝望 [duì jué wàng]; **~rse** 灰心 [huī xīn], 绝望 [jué wàng]

desestima/ción *f* 轻视 [qīng shì], 藐视 [miǎo shì]; **~r** *vt* 轻视 [qīng shì], 藐视 [miǎo shì]

desfachatez *f* 不要脸 [bú yào liǎn], 无耻 [wú chǐ]

desfal/car *vt* 使残缺不全 [shǐ cán quē bú quán]; **~co** *m* 残缺不全 [cán quē bú quán]

desfalle/cer *vi* 昏迷 [hūn mí]; 瘫软 [tān ruǎn]; **~cimiento** *m* 瘫软 [tān ruǎn]; 昏迷 [hūn mí]

desfavorable *adj m/f* 不利的 [bú lì de], 有害的 [yǒu hài de]

desfigurar *vt* 使变形 [shǐ biàn xíng], 使走形 [shǐ zǒu xíng]

desfi/lar *vi* 列队行进 [liè duì xíng jìn]; **~le** *m mil* 检阅 [jiǎn yuè], 游行 [lǚ xíng]; **~le de modelos** 时装表演 [shí zhuāng biǎo yǎn]

desgana *f* **1.** 没胃口 [méi wèi kǒu], 食欲不振 [shí yù bú zhèn]; **2.** 不愿意 [bú yuàn yì], 厌烦 [yàn fán]; **a ~** 不情愿地 [bú qíng yuàn de]; **~rse 1.** 食欲不振 [shì yù bú zhèn], 没胃口 [méi wèi kǒu]; **2.** 厌烦 [yàn fán], 不愿意 [bú yuàn yì]

desgar/rado,-a *adj* **1.** 不知羞耻的; [bú zhì xiūchǐ de]; **2.** 放荡的 [fàng dàng de], 浪荡的 [làng dàng de]; **~rador,-a** *adj* 撕破的 [sī pò de], 撕碎的 [sī suì de]; **~rar** *vt* 撕破 [sī pò], 撕碎 [sī suì]; **~ro** *m fig* 无耻 [wú chǐ], 吹嘘 [chuī xū]; **~rón** *m* 撕破 [sī pò], 撕碎 [sī suì]

desgas/tado,-a *adj* 磨损的, [mó sǔn de] 耗损的 [hào sǔn de]; **~tar** *vt* 耗损 [hào sǔn], 磨损 [mó sǔn]; **~te** *m* 消耗 [xiāo hào], 磨损 [mó sǔn]

desgracia *f* 不幸 [bú xìng], 厄运 [è yùn]; **por ~** 不幸地是 [bú xìng de shì]; **~damente** *adv* 不幸地 [bú xìng de], 倒霉地 [dǎo méi de]; **~do,-a 1.** *adj* 不幸的 [bú xìng de], 倒霉的 [dǎo méi de]; **2.** *m/f* 倒霉鬼 [dǎo méi guǐ], 不幸的人 [bú xìng de rén]

desgravar *vt* **1.** 少纳税 [shǎo nà shuì], 抵税 [dǐ shuì]; **2.** 减轻 [jiǎn qīng], 减缓 [jiǎn huǎn]

deshabitado,-a *adj* 无人居住的 [wú rén jū zhù de]

des/hacer *vt* 拆除 [chāi chú], 毁坏 [huǐ huài]; **~hacerse de** 摆脱 [bǎi tuō], 处理掉 [chǔ lǐ diào]; **~hecho,-a** *adj* 毁掉的 [huǐ diào], 拆散的 [chāi sàn]; **estar ~hecho** 一蹶不振 [yī jué bú zhèn], 郁郁寡欢 [yù yù guǎ huān]

deshelar *vt/i* 解冻 [jīe dòng]

desheredar *vt* 剥夺继承权 [bō duó yí jì chéng quán]

deshielo *m* 解冻 [jiě dòng]

deshojarse 落叶 [luò yè], 掉瓣 [diào bàn]

deshonesto,-a *adj* 不道德的 [bú dào dé de], 卑鄙的 [bēi bì de]
deshonor *m* 名誉扫地, [míng yù sǎo dì], 耻辱 [chǐ rǔ]
deshonra *f* 名誉扫地, [míng yù sǎo dì] 耻辱 [chǐ rǔ]; **~r** *vt* **1.** 使名誉扫地 [míng yù sāo dì]; **2.** 奸污 [jiān wū], 羞辱 [xiū rǔ]
deshora *f* 不合时宜 [bú hé shí yí]; **a ~s** 不合时宜地 [bú hé shí yí de], 突然地 [tū rán de]
desierto,-a **1.** *adj* 荒无人烟的 [huāng wú rén yān de]; **2.** *m* 沙漠 [shā mò]
designa/ción *f* 指定 [zhǐ dìng], 指派 [zhǐ pài]; **~r** *vt* 指定 [zhǐ dìng], 指派 [zhǐ pài]
desigual *adj m/f* 不同的 [bú tong de], 不平等的 [bú ping děng de]; **~dad** *f* 不相同 [bú xiāng tóng], 不平等 [bú ping děng]
desilu/sión *f* 幻灭 [huàn miè], 失望 [shī wàng]; **~sionar** *vt* 使失望 [shǐ shī wàng], 使灰心 [shǐ mièhuī xīn]; **~sionarse** 清醒 [qīng xǐng], 醒悟 [xǐng wù]
desinfec/ción *f* 消毒 [xiāo dú], 杀菌 [shā jūn]; **~tante** **1.** *adj* 消毒的 [xiāo dú de], 杀菌的 [shā jūn de]; **2.** *m/f* 消毒剂 [xiāo dú jì], 杀菌剂 [shā jūn jì]; **~tar** *vt* 消毒 [xiāo dú], 杀菌 [shā jūn]
desintegra/ción *f* 分解 [fēn jiě], 解体 [jiě tǐ]; **~rse** 分离 [fēn lí], 分裂 [fēn liè]
desinte/rés *m* 无私 [wú sī], 慷慨 [kāng kǎi]; **~resado,-a** *adj* 无私的 [wú sīde], 慷慨的 [kāng kǎi de]
desintoxicación *f* 解毒 [jiě dú]
desistir *vi* 放弃打算 [fàng qì dǎn suàn], 打消念头 [dǎ xiāo niàn tóu]; **~ de** 放弃打算 [fàng qì dǎ suàn], 改变主意 [gǎi biàn zhǔ yì]
desleal *adj m/f* 不忠实的 [bú zhōng shí de], 背信弃义的 [bèi xìn qì yì de]; **~tad** *f* 不忠实 [bú zhōng shí], 背信弃义 [bèi xìn qì yì]
deslenguado,-a *adj* 厚颜无耻的 [hòu yán wú chǐ de], 出言不逊的 [chū yán bú xùn de]
desligar *vt* 松开 [sōng kāi], 解除 [jiě chú]; **~ de** 免除 [miǎn chú], 解除 [jiě chú]
desli/z *m* 滑行 [huá xíng], 滑 [huá]; **~zar** *vt/i* 滑动 [huá dòng] 滑行 [huá xíng]; **~zarse** 滑动 [huá dòng], 滑过 [huá guò]
deslumbrar *vt* 使目眩 [shǐ mù xuàn], 使眼花缭乱 [shǐ yǎn huā liáo luàn]
desmantela/miento *m* 拆除 [chāi chú], 拆卸 [chāi xiè]; **~r** *vt* 拆除 [chāi chú], 拆卸 [chāi xiè]
desmaquilla/je *m* 卸妆 [xiè zhuāng]; **~rse** 卸妆 [xiè zhuāng]
desma/yado,-a *adj* 昏迷的, [hūn mí de] 不省人事的 [bú xǐng rén shì de]; **~yarse** 昏迷 [hūn mí]; **~yo** *m* 昏迷 [hūn mí], 失去知觉 [shí qù zhī jué]

desmedido,-a *adj* 过分的 [guò fèn de], 无节制的 [wú jié zhì de]
desmejorar *vt* 搞坏 [gǎo huài], 弄坏 [nòng huài]; **~se** (身体)恶化 [(shēn tǐ) è huà], 每况愈下 [měi kuàng yù xià]
desmentir *vt* 戳穿谎言 [chuō chuān huǎng yàn]
desmenuzar *vt* 弄碎 [nòng suì]
desmesurado,-a *adj* 过分的, [guò fèn de] 无节制的 [wú jié zhì de]
desmon/table *adj m/f* 可以拆卸的 [kě yǐ chāi xiè de]; **~taje** *m* 拆卸 [chāi xiè], 拆下 [chāi xià]; **~tar** *vt* 拆卸 [chāi xiè], 拆开 [chāi kāi]; **~te** *m* 平整土地 [píng zhěng tǔ dì]
desmorali/zado,-a *adj* 道德败坏的 [dào dé bài huài de], 没道德的 [méi dào dé de]; **~zador,-a** *adj* 易崩溃的 [yì bēng kuì de]; **~zar** *vt* 使道德败坏 [shǐ dào dé bài huài], 使堕落 [shǐ duò luò]
desmoronamiento *m* 毁坏 [huǐ huài], 衰落 [shuāi luò]
desmoronarse 衰败 [shuāi bài], 崩溃 [bēng kuì]
desnivel *m* 高低不平 [gāo dī bú píng], 差别 [chā bié]
desnu/dar *vt* 把…衣服脱光[bā... yī fú tuō guāng], 使赤裸 [shǐ chì luǒ]; **~darse** 脱光衣服 [tuō guāng yī fú], 裸体 [luo tǐ]; **~dez** *f* 裸体 [luǒ tǐ]; **~do,-a 1.** *adj* 裸体的 [luǒ tǐ de], 裸露的 [luǒ lù de]; **2.** *m* 裸体像, [luǒ tǐ xiàng] 裸体画 [luǒ tǐ huà]
desnutri/ción *f* 营养不良 [yíng yǎng bú liáng]; **~do,-a** *adj* 营养不良的 [yíng yǎng bú liáng de]
desobe/decer *vt* 不听从 [bú tīng cóng], 违背 [wéi bèi]; **~diencia** *f* 违背 [wéi bèi], 违犯 [wéi fàn]; **~diente** *adj m/f* 不听从的 [bù tīng cóng de], 不服从的 [bú fú cóng de]
desocupa/ción *f* 失业 [shī yè], 待业 [dài yè]; **~do,-a** *adj* 空闲的 [kōng xián de], 没事的 [méi shì de]; **~r** *vt* 腾出 [téng chū], 腾空 [téng kōng]; **~rse** 空闲下来 [kōng xián xià lái]
desodorante *m* 除臭剂 [chú chòu jì]
desola/ción *f* 毁坏 [huǐ huài], 倒塌 [dǎo tā]; **~do,-a** *adj* 厚脸皮的 [hòu liǎn pí de], 厚颜无耻的 [hòu yán wú chǐ de]; **~dor,-a** *adj* **1.** 毁坏性的 [huǐ huài xìng de]; **2.** 使悲痛的 [shǐ bēi tòng de], 使忧伤的 [shǐ yōu shāng de]; **~r** *vt* **1.** 夷为平地 [yí wéi píng dì], 毁坏 [huǐ huài]; **2.** 使悲痛 [shǐ bēi tòng], 使忧伤 [shǐ yōu shāng]
desorden *m* 混乱 [hùn luàn], 紊乱 [wěn luàn]; **~ado,-a** *adj* 紊乱的 [wěn luàn de], 没有条理的 [méi yǒu tiáo lǐ]; **~ar** *vt* 弄乱 [nòng luàn], 混乱 [hùn luàn], 打乱 [dǎ luàn]
desorganiza/ción *f* 混乱 [hùn luàn], 组织解体 [zǔ zhī jiě tǐ]; **~r**

vt 扰乱 [rǎo luàn], 无秩序 [wú zhì xù]

desorientar *vt* 使迷失方向 [shǐ mí shī fāng xiàng], 使糊涂 [shǐ hú tu]; **~se** 迷失方向 [mí shī fāng xiàng], 糊涂 [hú tu]

despa/char 1. *vt* 办理 [bàn lǐ], 解决 [jiě jué]; **2.** *vi* 办公 [bàn gōng]; **~cho** *m* 办公室 [bàn gōng shì]; **~cho de aduana** 海关办事处 [hǎi guān bàn shì chù]; **~cho de bebidas** 酒坊 [jiǔ fáng], 酒铺 [jiǔ pù]; **~cho de billetes** 售票处 [shòu piào chù]; **~cho de pan** 面包店 [miàn bāo diàn]

despacio *adv* 缓慢地 [huǎn màn de], 慢慢地 [màn màn de]

despecho *m* 怨恨 [yuàn hèn], 恼恨 [nǎo hèn]; **a ~ de** 不顾…反对的[bú gù…fǎn duì de], 无视 [wú shì]

despectivo,-a *adj* 轻蔑的 [qīng miè de]

despedazar *vt* **1.** 弄碎 [nòng suì]; **2.** 使难过 [shǐ nán guò]

despedi/da *f* 告别 [gào bié], 送别 [sòng bié]; **~r** *vt* 向…告别 [xiàng… gào bié]; **~rse de** 告别 [gào bié], 辞行 [cí xíng]

despe/gado,-a *adj* 揭下来的 [jiē xià lái de], 分开了的 [fēn kāi liǎo de]; **~gar 1.** *vt* 揭开 [jiē kāi], 拆开 [chāi kāi]; **2.** *vi aero* (飞机)起飞 [(fēi jī) qǐ fēi]; **~gue** *m* (飞机)起飞 [(fēi jī) qǐ fèi]

despeja/do,-a 无障碍的 [wú zhàng āi de];晴朗的 [qíng lǎng de]; **~r** *vt* 空出 [kōng chū], 腾出 [téng chū]; **~rse** (天)变晴朗 [(tiān) biàn qíng lǎng]

despensa *f* 食品贮藏室 [shí pǐn zhù càng shì], 食品店 [shí pǐn diàn]

desperdi/ciar *vt* 挥霍 [huī huò], 浪费 [làng fèi]; **~cio** *m* **1.** 浪费 [làng fèi]; **2.** 残渣 [cán zhā]; **~cios** *mpl* 垃圾 [lā jī], 废料 [fèi liào]

desperfecto *m* 瑕疵 [xiá cī]

desperta/dor *m* 闹钟 [nào zhōng]; **~r** *vt* 叫醒 [jiào xǐng], 唤醒 [huàn xǐng]; **~rse** 醒来 [xǐng lái];醒觉 [xǐng jiào]

despido *m* 辞退 [cí tuì], 解雇 [jiě gù]

despierto,-a *adj* 醒着的 [xǐng zhe de]; 聪明的 [cōng míng de]; **estar ~** 醒着的 [xǐng zhe de]; **ser ~** *fig* 机灵的 [jī líng de]

despis/tado,-a *adj* 迷失方向的 [mí shī fāng xiàng de]; **~tar** *vt* 使失去踪迹 [shǐ shīqù zōng jì]; **~te** *m* 迷失方向 [mí shī fāng xiàng]

desplaza/miento *m* 迁徙 [qiān xǐ], 移动 [yí dòng]; **~r** *vt* 使移动 [shǐ yí dòng], 使搬动 [shǐ bān dòng]; **~rse a** 搬迁至 [bān qiān zhì]

desplegar *vt* 展开 [zhǎn kāi], 打开 [dǎ kāi]

desplo/marse 昏倒 [hūn dǎo], 晕倒 [yūn dǎo]; **~me** *m* 晕倒 [yūn dǎo], 昏倒 [hūn dǎo]

despobla/ción *f* 荒凉 [huāng liáng], 人口稀少 [rén kǒu xī shǎo]; **~r** *vt* 使荒凉 [shǐ huāng liáng], 使人口稀少 [shǐ rén kǒu xī shǎo]

despojar *vt* 掠夺 [lüè duó], 剥去 [bō qù]; **~se de u/c** 放弃 [fàng qì], 舍弃 [shě qì]

déspota *m* 暴君 [bào jūn], 恶霸 [è bà]

despre/ciable *adj m/f* 令人轻蔑的 [lìng rén qīng miè de]; **~ciar** *vt* 轻视 [qīng shì], 藐视 [miǎo shì]; **~cio** *m* 蔑视 [miè shì], 轻蔑 [qīng miè]

despreciativo,-a *adj* 轻视的 [qīng shì de], 藐视的 [miǎo shì de]

despren/der *vt* 使分离 [shǐ fēn lí], 把…拆开 [bǎ...chāi kāi]; **~derse** 推论 [tuī lùn], 推断 [tuī duàn]; **~dimiento** *m* 散发 [sàn fā], 发出 [fā chū]; **~dimiento de tierras** (土)塌方 [(tǔ) tā fāng]

despreocupa/ción *f* 不在乎 [bú zài hū], 不操心 [bú cāo xīnn]; **~do,-a** *adj* 不在乎的 [bú zài hū de], 不顾忌的 [bú gù jì de]

desprev/ención *f* 毫无准备 [háo wú zhǔn bèi]; **~enido,-a** *adj* 无准备的 [wú zhǔn bèi de]; **coger ~enido,-a** 来得突然 [lái dé tū rán]

después 1. *adv* 在… 之后 [zài... zhī hòu], 随后 [suí hòu]; **2.** *prep* 过后 [guò hòu], 随后 [suí hòu], 以后 [yǐ hòu]; **~ de** 在… 以后 [zài...yǐ hòu], 在… 之后 [zài... zhī hòu]; **~ de esto** 在这个以后… [zài zhège yǐ hòu]; **~ de todo** 总而言之 [zǒng ér yán zì]

destaca/do,-a *adj* 显眼的 [xiǎn yǎn de], 杰出的 [jié chū de]; **~r** *vt* 强调 [qiáng diào], 突出 [tū chū]; **~rse** 出众 [chū zhòng]

destapar *vt* 掀开 [xiān kāi], 揭开 [jiē kāi]

destemplado,-a *adj* 失调的 [shī diào de], 不合调的 [bú hé diào de]

desterrar *vt* 放逐 [fàng zhú], 流放 [liú fàng]

destiempo *m* 不是时候 [bú shì shí hòu]; **a ~** 不适时地 [bú shì shí de], 不合时宜地 [bú hé shí yí de]

destierro *m* 流放 [liú fàng], 发配 [fā pèi]

desti/lación *f* 蒸馏 [zhēng liú]; **~lar** *vt* 蒸馏 [zhēng liú]; **~lería** *f* 蒸馏室 [zhēng liú shì]

desti/nar *vt* 指定 [zhǐ dìng], 委派 [wēi pài]; **~natario,-a** *m/f* 收件人 [shōu jiàn rén]; **~no** *m* 命运 [mìng yùn]; 目的地 [mù dì dì]

destituir *vt* 剥夺 [bō duó], 使失去 [shǐ shī qù]; **~ a alg** 罢免 [bà miǎn], 撤职 [chè zhí]; **~ a alg de u/c** 剥夺某人… [bō duó moǔ rén...]

destornilla/dor *m* 螺丝刀 [luó sī dāo]; **~r** *vt* 起出(螺钉) [qǐ chū (luó dīng)]

destreza *f* 熟练 [shú liàn], 灵巧 [líng qiǎo]

destro/zar *vt* 毁坏 [huǐ huài], 弄破 [nòng pò]; **estar ~zado,-a** *coloq* 垂头丧气 [chuí tóu sàng qì], 给毁了 [gěi huǐ le]; **~zo** *m* 毁坏 [huǐ huài], 破坏 [pò huài]

destru/cción *f* 破坏 [pò huài], 毁坏 [huǐ huài]; **~ctivo,-a** *adj* 破坏性的 [pò huài xìng de]; **~ctor** *m* **1.** 破坏者 [pò huài zhē]; **2.** 驱逐舰 [qū zhú jiàn]; **~ir** *vt* 破坏 [pò huài], 毁坏 [huǐ huài]

des/unión *f* 分离 [fēn lí], 不合 [bú hé]; **~unir** *vt* 分离 [fēn lí], 挑拨 [tiǎo bō]

des/usado,-a *adj* 废弃不用的 [fèi qì bú yòng de]; **~uso** *m* 废弃 [fèi qì], 不用 [bú yòng]; **caer en ~uso** 不再沿用 [~bú zài yán yòng], 不再使用 [bú zài shī yòng]

desvalijar *vt* 抢劫 [qiǎng jié], 偷盗 [tōu dào]

desván *m* 阁楼 [gé lóu]

desvelar *vt* 失眠 [shī mián], 彻夜不眠 [chè yè bú mián]; **~se** 操心 [cāo xīn], 操劳 [cāo láo]

desventa/ja *f* 不利 [bú lì]; **~joso,-a** *adj* 不利的 [bú lì de]

desver/gonzado,-a *adj* 厚颜无耻的 [hòu yán wú chǐ de]; **~güenza** *f* 无礼 [wú lǐ], 无耻 [wú chǐ]

desvestir *vt* 裸露 [luǒ lòu], 脱衣服 [tuō yī fú]

des/viación *f* 偏离 [piān lí]; **~viar** *vt* 引开 [yǐn kāi]; **~ de** 偏离 [piān lí]; **~viarse a** *fig* 劝止 [quàn zhǐ], 改变意图 [gǎi biàn yí tú]; **~vío** *m* 偏离 [piān lí]

deta/lladamente *adv* 详细地 [xiáng xì de], 详尽地 [xiáng jǐn de]; **~llar** *vt* 详述 [xiáng shù], 细说 [xì shuō]; **~lle** *m* 细部 [xì bù], 细节 [xì jié]; **~llista** *m* 注意细节的人 [zhù yì xì jié de rén]

detec/tar *vt* (用仪表)检测 [(yòng yí biǎo) jiǎn cè]; **~tive** *m/f* 侦探 [zhēn tàn]; **~tor** *m electr* 检波器 [jiǎn bō qì], 指示器 [zhǐ shì qì]; **~tor de mentiras** 测谎器 [cè huǎng qì]

deten/ción *f* 逮捕 [dài bǔ], 扣留 [kòu liú]; **~er** *vt* 扣留 [kòu liú], 逮捕 [dài bǔ]; **~rse** 耽搁 [dān gē], 滞留 [zhì liú]; **~ido** *m* 被捕者 [bèi bǔ zhě]

detergente *m* 洗衣粉 [xǐ yī fěn]

deteriorar *vt* 损坏 [sǔn huài], 每况愈下 [měi kuàng yù xià]

determina/ción *f* 确定 [què dìng], 决定 [jué dìng]; **~do,-a** *adj* 确指的 [què zhǐ de], 坚决的 [jiān jué de]; **~r** *vt* 确定 [què dìng], 决定 [jué dìng]; **~r hacer u/c** 决定 [jué dìng], 确定做.. [què dìng zuò]

detesta/ble *adj m/f* 讨厌的 [tǎo yàn de], 可恶的 [kě wù de]; **~r** *vt* 厌恶 [yàn wù], 憎恶 [zēng wù], 厌烦 [yàn wù]

detrás 1. *adv* 在后面 [zài hòu miàn], 在背后 [zài bēi hòu]; **por** ~ 背面 [bēi miàn]; **2.** *prep* 后面 [hòu miàn]; ~ **de** 在… 的后面 [zài…de hòu miàn]; **uno** ~ **de otro** 一个跟着一个地 [yī ge gēn zhe yī ge]

detrimento *m* 伤害 [shāng hài], 损害 [sǔn hài]

deu/da *f* 债务 [zhài wù], 欠款 [qiàn kuǎn]; **~dor,-a 1.** *adj* 负债的 [fù zhài de]; **2.** *m/f* 借方 [jiè fàng], 负债人 [fù zhài rén]

devalu/ación *f* 货币贬值 [huò bì biǎn zhí]; **~ar** *vt* 使(货币)贬值 [shǐ (huò bì)biǎn zhí]

devas/tación *f* 毁坏 [huǐ huài], 毁灭 [huǐ miè]; **~tar** *vt* 毁坏 [huǐ huài], 毁灭 [huǐ miè]

devoción *f* 崇拜 [chóng bài], 信仰 [xìn yǎng]

devo/lución *f* 归还 [guī huán], 退还 [tuì huán]; **~lver** *vt* 归还 [guī huán]

devorar *vt* 耗尽 [hào jìn], 吞噬 [tūn shì]

devoto,-a *adj* 虔诚的 [qián chéng de], 偏爱的 [piān 'ài de]

día *m* 天 [tiān], 日 [rì]; **al** ~ **siguiente** 第二天 [dì èr tiān]; **al** ~ 当天 [dāng tiān]; **cada** ~ 每天 [měi tiān]; **cualquier** ~ 任何一天 [rèn hé yī tiān]; **de** ~ 白天 [bái tiān]; **el otro** ~ 另一天 [lìng yī tiān]; **todos los ~s** 每天 [měi tiān]; **un** ~ 有一天 [yǒu yī tiān]; **un** ~ **sí y otro no** 隔日地 [gé rì de], 间或地 [jiān huò de]; **¡buenos ~s!** 早上好!你好! [zǎo shàng hǎo! nǐ hǎo!]; **hace buen** ~ 天气真好! [tiān qì zhēn hǎo]

dia/betes *f* 糖尿病 [táng niào bìng]; **~bético,-a 1.** *adj* 糖尿病的 [táng niào bìng de]; **2.** *m/f* 糖尿病患者 [táng niào bìng huàn zhě]

diablo *m* 魔鬼 [mó guǐ], 鬼子 [guǐ zì]

diagno/sis *f* 诊断 [zhěn duàn]; **~sticar** *vt/i* 诊断 [zhěn duàn]; **~stico** *m* 症状 [zhèng zhuàng]

diagonal 1. *adj m/f* 对角线的 [duì jiǎo xiàn de]; **2.** *f* 对角线 [duì jiǎo xiàn]

dialecto *m* 方言 [fāng yán]

diálogo *m* 会话 [huì huà], 对话 [duì huà]

diamante *m* 钻石 [zuàn shí], 金刚石 [jīn gāng shí]

diámetro *m* 直径 [zhí jìng]

diapositiva *f foto* 幻灯片 [huàn dēng piàn]

diario,-a 1. *adj* 每天的 [měi tiān de]; **a** ~ 每天 [~měi tiān]; **de** ~ 日常的 [rì cháng de]; **2.** *m* 日报 [rì bào], 日记 [rì jì]

diarrea *f* 腹泻 [fù xiè], 拉肚子 [lā dù zi]

dibu/jante *m/f* 制图员 [zhì tú yuán]; **~jar** *vt* 画 [huà], 制图 [zhì tú]; **~jo** *m* 图画 [tú huà], 图案 [tú 'àn]; **~s animados** 动画片 [dòng huà piàn]

diccionario *m* 辞典 [cí diǎn], 词典 [cí diǎn]
dicha *f* 幸福 [xìng fú], 幸运 [xìng yùn]
dicho,-a **1.** *adj* 说的 [shuō de], 所说的 [suǒ shuō de]; **2.** *m* 话 [huà], 言语 [yán yǔ]
dichoso,-a *adj* 幸福的 [xìng fú de], 幸运的 [xìng yùn de]
diciembre *m* 十二月 [shí èr yuè]
dicta/do *m* 听写 [tīng xiě]; **~dor** *m* 独裁者 [dú cái zhě]; **~dura** *f* 专制政治 [zhuān zhì zhèng zhì], 独裁统治 [dú cái tǒngzhì]
dicta/men *m* 意见 [yì jiàn], 见解 [jiàn jiě]; **~minar** *vi* 发表意见 [fā biǎo yì jiàn]; **~minar** *vt* 下结论 [jié lùn]; **~minar sentencia** 出判决书 [chū pàn jué shū]
dieci/nueve *adj* 十九 [shí jiǔ]; **~ocho** *adj* 十八 [shí bā]; **~séis** *adj* 十六 [shí liù]; **~siete** *adj* 十七 [shí qī]
diente *m* 牙齿 [yā chǐ]; **~ de ajo** 蒜瓣儿 [suàn bànr]
diestro,-a 1. *adj* 右边的 [yòu biān de]; **2.** *m* 斗牛士 [dǒu niú shì]; **3.** *f* 右手 [yòu shǒu]
dieta *f* (病人的)饮食 [(bìng rén de) yǐn shí]; **~s** *fpl* (出差伙食)津贴 [(chū chāi huǒ shí) jīn tiē]
diez *adj* 十 [shí]
difama/ción *f* 诽谤 [fěi bàng], 诋毁 [dǐ huǐ]; **~r** *vt* 诽谤 [fěi bàng], 诋毁 [dǐ huǐ]

diferen/cia *f* 差异 [chā yì], 差别 [chā bié]; **~ciar** *vt* 把…区分开来 [bǎ... qū fēn kāi lái], 区别开来 [qū bié kāi lái]; **~te** *adj m/f* 不同的 [bú tóng de], 有差别的 [yǒu chā bié de]; **~ de** 不同于 [bú tóng yú], 有别于 [yǒu bié yú]
diferir 1. *vt* 延迟 [yán chí], 推迟 [tuī chí]; **2.** *vi* 不同 [bú tóng], 有区别 [yǒu qū bié]; **~ de** 不同于 [bú tóng yú], 有别于 [yǒu bié yú]
di/fícil *adj m/f* 困难的 [kùn nán de], 难的 [nán de]; **~ficultad** *f* 困难 [kùn nán], 障碍 [zhàng 'ài]; **~ficultar** *vt* 使有困难 [shǐ yǒu kùn nán], 设置障碍 [shè zhì zhàng 'ài]; **~ficultoso,-a** *adj* 有难度的 [yǒu nán dù de]
difundir *vt* 扩散 [kuò sàn], 散开 [sàn kāi]; **~se** 传播 [chuán bō], 散布 [sàn bù]
difunto,-a 1. *adj* 已故的 [yǐ gù de]; **2.** *m/f* 死尸 [sǐ shī], 尸体 [shī tǐ]
difusión *f* 传播 [chuán bō], 扩散 [kuò sàn]
dige/rir *vt* 消化(食物) [xiāo huà (shí wù)]; **~stible** *adj m/f* 易消化的 [yì xiāo huà de]; **~stión** 消化 [xiāo huà]; **~stivo,-a** *adj* 助消化的 [zhù xiāo huà de]
digital *adj m/f* 数码的 [shù mǎ de]; **cámara** *f* **~** *foto* 数码相机 [shù mǎ xiàng jī]
dig/narse 屈尊 [qū zūn], 肯于 [kěn yú]; **~natario** *m* 达官贵人 [dá guān guì rén]; **~nidad**

尊严 [zūn yán], 面子 [miàn zi]; **~no,-a** *adj* 值得的 [zhí dé de], 相配的 [xiāng pèi de]; **~ de u/c** 值得的 [zhí dé de], 应得的 [yìng dé de]; **~ de fe** 值得相信 [zhí dé xiāng xìn]; **~ de mención** 值得一提 [zhí de yī tí]

dilapida/ción *f* 浪费 [làng fèi], 挥霍 [huī huò]; **~r** *vt* 挥霍 [huī huò], 浪费 [làng fèi]

dilata/ción *f* 挥霍 [huī huò], 浪费 [làng fèi]; **~do,-a** *adj* 广阔的 [guǎng kuò de], 宽阔的 [kuān kuò de]; **~r** *vt* 使膨胀 [shǐ péng zhàng], 使扩大 [shǐ kuò dà]

dilema *m* **1.** 两难推理 [liǎng nán tuī lǐ]; **2.** 进退两难 [jìn tuì liǎng nán]

diligen/cia *f* 批示 [pī shì], 业务 [yè wù]; **~cias** *fpl* 努力 [nǔ lì], 勤奋 [qín fèn]; **~te** *adj m/f* 勤奋的 [qín fèn de], 勤恳的 [qín kěn de]

diluir *vt* 溶解 [róng jiě], 稀释 [xī shì]

diluvio *m* 洪水 [hóng shuǐ], 倾盆大雨 [qīng pén dà yǔ]

dimensión *f* 尺寸大小 [chǐ cùn dà xiǎo], 面积 [miàn jī], 体积 [tǐ jī]

dimi/sión *f* 辞职 [cí zhí]; **~tir 1.** *vt* 辞去职务 [cí qù zhí wù]; **2.** *vi* 放弃 [fàng qì]

dinamita *f* 炸药 [zhà yào]

dinamo *f* 发电机 [fā diàn jī]

dinero *m* 钱 [qián], 财富 [caí fù], **~ en efectivo** 现金 [xiàn jīn]; **~ en metálico** 现钞 [xiàn chāo]

Dios *m* 上帝 [shàng dì]; **~ dirá** 听天由命 [tīng tiān yóu mìng]; **¡por ~!** 我的天哪！[wǒ de tiān nǎ!]

Diosa *f* 女神 [nǚ shén], 美女 [měi nǚ]

diploma *m* 证书 [zhèng shū], 文凭 [wén píng], 学位 [xué wèi]

diplomático,-a 1. *adj* 外交的 [wài jiāode]; **2.** *m/f* 外交官 [wài jiāo guān], 外交家 [wài jiào jiā]

diputa/ción *f* (地方)议会 [(dì fāng) yì huì]; **~ provincial** 省议会 [shěng yì huì]; **~do,-a** *m/f* 议员 [yì yuán]

dique *m* 堤坝 [dī bà]

direc/ción *f* 地址 [dì zhǐ]; **~ción asistida** *auto* 方向助动器 [fāng xiàng zhù dòng qì]; **~tiva** *f* 领导班子 [lǐng dǎo bān zi], 管理层 [guǎn lǐ céng]; **~tivo,-a 1.** *adj* 领导的 [lǐng dǎo de]; **2.** *m* 领导人 [lǐng dǎo rén], 经理 [jīng lǐ]; **~to,-a** *adj* 直的 [zhí de], 径直的 [jìng zhí de], 直接的 [zhí jiēde]; **tren ~to** 直达火车 [zhí dá huǒ chē]; **~tor,-a** *m/f* 领导者 [lǐng dǎo zhē], 负责人 [lǐng dǎo rén]; **~tor,-a de cine** 导演 [dǎo yǎn]; **~ tor,-a de orquesta** 乐队指挥 [yuè duì zhǐ huī]; **~torio telefónico** *m* 电话查询簿 [diàn huà chá xún bù]; **~triz** *f* 纲领 [gāng lǐng]

diri/gente *m/f* 领导人 [lǐng dǎo rén]; **~gir** *vt* 引向 [yǐn xiàng], 领导 [lǐng dǎo]; **~girse a alg** 对某人说话 [duì mǒu rén shuō huà]

discapaci/dad *f* 残疾 [cán jí]; **~tado,-a** **1.** *adj* 残疾的 [cán jí de]; **2.** *m/f* 残疾人士 [cán jí rén shì]

disciplina *f* **1.** 纪律 [jì lǜ]; **2.** 学科 [xué kē], 专业 [zhuān yè]; **~rio, -a** *adj* 有关纪律的 [yǒu guān jì lǜ de]

discípulo *m* 门徒 [mén tú], 学生 [xué shēng]

disco *m* 唱片 [chàng piàn]; **~ compacto** 光盘 [guāng pán]; **~ duro** *informát* (电脑的)硬盘 [(diàn nǎo de) yìng pán]

discordia *f* 分歧 [fēn qí], 不合 [bú hé]

discoteca *f* 迪斯科舞厅 [dí sī kē wǔ tīng]

discre/ción *f* 谨慎 [jǐn shèn], 不显眼 [bú xiǎn yǎn]; **a ~ción** 任意地 [rèn yì dì], 无条件地 [wú tiáo jiàn dì]; **~cional** *adj m/f* 自由决定的 [zì yóu jué dìng de], 随机应变的 [suí jī yìng biàn de]

discre/pancia *f* 不一致 [bú yī zhì], 差异 [chā yì], 分歧 [fēn qí]; **~par** *vi* 不协调 [bú xié tiáo], 有分歧 [yǒu fēn qí]

discreto,-a *adj* 谨慎的 [jǐn shèn de], 不显眼的 [bú xiǎn yǎn de]

discrimi/nación *f* **1.** 区别 [qū bié], 辨别 [biàn bié]; **2.** 歧视 [qí shì]; **~nar** *vt* **1.** 区别 [qū bié], 分辨 [fēn biàn]; **2.** 歧视 [qí shì]

discul/pa *f* 原谅 [yuán liàng], 道歉 [dào qiàn]; **~par** *vt* 原谅 [yuán liàng], 辩解 [biàn jiě]; **~parse** 借故推辞 [jiè gù tuī cí]; **~parse por u/c** 为. . 道歉 [wèi... dào qiàn], 辩白 [biàn bǎi]

discurso *m* 演说 [yǎn shuō], 文章 [wén zhāng]

discu/sión *f* 讨论 [tǎo lùn], 争论 [zhēng lùn]; **~tir** *vt/i* 争论 [zhēng lùn], 讨论 [tǎo lùn]; **~ sobre** 争论某事 [zhēng lùn mǒu shì], 讨论 [tǎo lùn]

disen/tería *f med* (医)痢疾 [(yī) lì jí]; **~tir** *vi* 持异议 [chí yì yì]; **~ de alg** 持异议 [chí yì yì], 有分歧 [yǒu fēn qí]

dise/ñador,-a *m/f* 设计师 [shè jì shī]; **~ñar** *vt* 设计 [shè jì]; **~ño** *m* 设计方案 [shè jì fāng àn]

disfraz *m* 伪装 [wěi zhuāng], 掩饰 [yǎn shì]; **~ar** *vt* 伪装 [wěi zhuāng], 掩饰 [yǎn shì]; **~arse de** 伪装成 [wěi zhuāng chéng] 乔装打扮成 [qiáo zhuāng dǎ bàn chéng]

disfrutar *vi* 享受 [xiǎng shòu]; **~ de u/c** 享受某物 [xiǎng shòu mǒu wù]

disgus/tado,-a *adj* 不高兴的 [bù gāo xìng de], 不愉快的 [bú yú kuài de]; **~tar** *vt* 使不愉快 [shǐ bú yú kuài], 使乏味 [shǐ fá wèi]; **~tarse** 不舒服 [bú shū fū], 讨厌 [tǎo yàn]; **~tarse con alg** 争执 [zhēng zhí], 口角 [kǒu jiǎo]; **~to** *m* 无味 [wú wèi], 不快 [bú kuài], 厌烦 [yàn fán]

disimula/ción *f* 掩盖 [yǎn gài] 装聋作哑 [zhuāng lóng zuò yǎ]

~do,-a 掩盖的 [yǎn gài de], 隐瞒的 [yǐn mán de]; **ser ~do,-a** 狡猾 [jiǎo huà], 精明 [jīng míng]; **estar ~do,-a** 佯装不懂 [yáng zhuāng bú dǒng]; **~r 1.** *vt* 掩盖 [yǎn gài], 假装不知 [jiǎ zhuāng bú zhī]; **2.** *vi* 宽容 [kuān róng], 原谅 [yuán liàng]

disipa/ción *f* 驱散 [qū sàn], 挥霍 [huī huò]; **~do,-a** *adj* 挥霍无度的 [huī huò wú dù de]; **~r** *vt* 挥霍 [huī huò], 使消散 [shǐ xiāo sàn]

disminu/ción *f* 减少 [jiǎn shǎo], 减弱 [jiǎn ruò]; **~ir 1.** *vt* 减少 [jiǎn shǎo], 缩减 [suō jiǎn]; **2.** *vi* 缩小 [suō xiǎo], 减弱 [jiǎn ruò]

disolución *f* 解除 [jiě chú], 解散 [jiě sàn]

disol/vente *m* 溶剂 [róng jì]; **~ver** *vt* 解除 [jiě chú], 解散 [jiě sàn], 溶解 [róng jì]

dispa/rador *m* (摄影)快门 [(shè yǐng) kuài mén]; **~rador automático** 自动快门 [zì dòng kuài mén]; **~rar** *vt/i* 射击 [shè jī]; **~rarse** 走火 [zǒu huǒ]

disparate *m* 胡说八道 [hú shuō bā dào], 蠢话 [chǔn huà]

disparo *m* 射击 [shè jī], 枪声 [qiāng shēng]

dispensar *vt* 豁免 [huǒ miǎn], 免除 [miǎn chú]; **~ de** 免除 [miǎn chú], 豁免 [huǒ miǎn]

disper/sar *vt* 散开 [sàn kāi], 驱散 [qū sàn]; **~sión** *f* 分散 [fēn sàn], 散开 [sàn kāi]

disperso,-a *adj* 分散的 [fēn sàn de], 散开的 [sàn kāi de]

dispo/ner 1. *vt* 安排 [ān pái], 准备 [zhǔn bèi]; **2.** *vi* 拥有 [yōng yǒu]; **~ de** 拥有 [yōng yǒu], 占有 [zhàn yǒu]; **~nibilidad** *f* 随时可用(可被差遣) [suí shí kě yòng (kě bèi chāi qiǎn)]; **~nible** *adj m/f* 随时可用的(可被差遣的) [suí shí kě yòng de (kě bèi chāi qiǎn de]; **~sición** *f* 安排 [ān pái], 布置 [bù zhì]; **~sitivo** *m* 装置 [zhuāng zhì]

dispuesto,-a *adj* **1.** 准备好的 [zhǔn bèi hǎo de]; **2.** 聪明的 [cōng míng de], 伶俐的 [líng lì de]; **estar ~ a hacer u/c** 准备好做... [zhǔn bèi hǎo zuò]

disputar 1. *vt* 争夺 [zhēng duó]; **2.** *vi* 争执 [zhēng zhí], 争论 [zhēng lùn]; **~ u/c** 争执 [zhēng zhí], 争论... [zhēng lùn]

disquete *m informát* 软盘 [ruǎn pán]

distan/cia *f* 距离 [jù lí], 间隔 [jiān gé]; **~ciarse de** 疏远 [shū yuǎn], 保持距离 [bǎo chí jù lí]; **~te** *adj m/f* 有距离的 [yǒu jù lí de], 疏远的 [shū yuǎn de]

distensión *f* **1.** 放松 [fàng sōng], 松弛 [sōng chí]; **2.** 缓和 [huǎn hē]

distin/ción de 与... 不同 [yǔ... bú tóng]; **~guido,-a** *adj* 尊贵的 [zūn guì do], 尊敬的 [zūn jìng de]; **~guir** *vt* 区别 [qū bié], 看清楚 [kān qīng chǔ]; **~to,-a** *adj* **1.**

不同的 [bú tóng de], 不一样的 [bú yī yàng de]; **2.** 明显的 [míng xiǎn de]

distorsión *f* 扭伤 [niǔ shāng]

distracción *f* 心不在焉 [xīn bú zài yān], 分心 [fēn xīn]; **por ~** 由于没有注意 [yóu yú méi yǒu zhù yì], 由于走神 [yóu yǔ zǒu shén]

distra/er *vt* 分散注意力 [fēn sàn zhù yì lì], 引开 [yǐn kāi]; **~ído, -a** *adj* 心不在焉的 [xīn bú zài yān de]

distribu/ción *f* 分发 [fēn fā], 批发 [pī fā]; **~idor** *m* 批发商 [pī fā shāng], 分销商 [fēn xiāo shāng]; **~idor automático** 自动售货机 [zì dòng shòu huò jī]; **~ir** *vt* 分发 [fēn fā], 批发 [pī fā]

distrito *m* 区 [qū], 住宅区 [zhù zhái qū]

distur/bar *vt* 扰乱 [rǎo luàn]; **~bios** *mpl pol* 骚动 [sāo dòng], 骚乱 [sāo luàn]

disuadir *vt* 说服 [shuō fú], 劝阻 [quàn zǔ]; **~ a alg de u/c** 劝止某人做某事 [quàn zhǐ mǒu rén zuò mǒu shì]

divagar *vi* 离题 [lí tí]

diver/gencia *f* 分歧 [fēn qí]; **~gente** *adj m/f* 分离的 [fēn lí de], 背离的 [bèi lí de]; **~gente de** 有…分歧的 [yǒu... fēn qí de], 不一致的 [bú yī zhì de]

diver/gir *vi* 岔开 [chà kāi], 有分歧 [yǒu fēn qí]; **~gir de** 分离 [fēn lí], 背离 [bèi lí]

diver/sidad *f* 多种多样 [duō zhǒng duō yàng], 五花八门 [wǔ huā bā mén]; **~sión** *f* 娱乐 [yú lè], 玩 [wán]; **~so,-a** 多种多样的 [duō zhǒng duō yàng de], 五花八门的 [wǔ huā bā mén]; **~sos** 各种 [gè zhǒng], 各样 [gè yàng], 几个 [jǐ ge]

diverti/do,-a *adj* 有趣的 [yǒu qù de], 好玩的 [hǎo wán de]; **ser ~** 很有趣 [hěn yǒu qù]; **estar ~** 好玩得很 [hǎo wán de hěn]; **~r** *vt* 玩 [wán], 娱乐 [yú lè]; **~rse** 走神 [zǒu shén], 注意力不集中 [zhù yì lì bú jí zhōng]

divid/endo *m* 红利 [hóng lì], 股息 [gǔ xī]; **~ir en** *vt* 分 [fēn], 分开 [fēn kāi]; 分裂 [fēn liè]

divi/namente *adv* 神奇地 [shén qí de], 绝妙地 [jué miào de]; **~nidad** *f* 上帝 [shàng dì], 神 [shén]; **~no,-a** *adj* 神的 [shén de], 绝妙的 [jué miào de]

divisa *f* 外币 [wài bì], 外汇 [wài huì]; **~s** *fpl* 外汇 [wài huì]

divisi/ble *adj m/f* 可分的 [kě fēn de]; **~ón** *f* 分开 [fēn kāi], 隔开 [gé kāi]; 分裂 [fēn liè]

divor/ciado,-a *adj* 离婚的 [lí hūn de], 分手的 [fēn shǒu de]; **~ciarse** 离婚 [lí hūn]; **~cio** *m* 离婚 [lí hūn]

divulga/ción *f* 公布 [gōng bù], 传播 [chuán bō]; **~r** *vt* 公布 [gōng bù], 传播 [chuán bō]; **~do** *m* 普及 [pǔ jí], 普及物 [pǔ jí wù]

do/blado,-a *adj* 折叠的 [zhé dié de], 起伏不平的 [qǐ fú bú píng de]; **~bladura** *f* 折 [zhé], 折叠 [zhé dié]; **~blaje** *m* (电影)译制片 [(diàn yǐng) yì zhì piān]; **~blar 1.** *vt* 折叠 [zhé dié], 使弯曲 [shǐ wān qū]; **2.** 译制(电影) [yì zhì (diàn yǐng)]; **3.** *vi* 拐弯 [guǎi wān], 转弯 [zhuǎn wān]; **~ble 1.** *adj m/f* 两倍的 [liǎng bèi de], 加倍的 [jiā bèi de]; **2.** *m* 两倍 [liǎng bèi], 双份 [shuāng fèn]; **~blez 1.** *m* 折痕 [zhé hén], 折叠 [zhé dié]; **2.** *f fig* 虚伪 [xū wěi], 狡诈 [jiǎo zhà]

doce *adj* 十二 [shí 'èr]

docena *f* 十二个, [shí 'èr ge], 一打 [yī dá]

dócil *adj m/f* 温顺的 [jiǎo zhà]

doc/tor,-a *m/f* 博士 [bó shì]; 医生 [yī shēng]; **~toral** *adj* 博士的 [bó shì de], 博士学位的 [bó shì xué wèi de]; **~trina** *f* 学说 [xué shuō], 学识 [xué shí]

documen/tación *f* 文件 [wén jiàn], 文献 [wén xiàn], 资料 [zī liào]; **~tal 1.** *adj m/f* 文件的 [wén jiàn], 文献的 [wén xiàn de]; **2.** *m* 记录(影)片 [jì lù (yǐng) piān]; **~tar** *vt* (用文件)证明 [(yòng wén jiàn) zhèng míng]; **~to** *m* 文件 [wén jiàn], 资料 [zī liào];证件 [zhèng jiàn]

dogma *m* 原理 [yuán lǐ], 定理 [dìng li]

dólar *m* 元 [yuán]; 美元 [měi yuán]

do/lencia *f* 小病 [xiǎo bìng], 微恙 [wēi yàng]; **~ler** *vi* 痛 [tòng], 疼痛 [téng tòng]; **~lerse de** 难过 [nán guò], 感到痛心 [gǎn dào tóng xīn]; **~lido,-a** *adj* 痛的 [tòng de]; 难过的 [nán guò de]; **~lor** *m* 疼痛 [téng tòng]; 痛苦 [tóng kǔ]; **~loroso,-a** *adj* 欺骗的 [qī piàn de], 欺诈的 [qī zhà de]

doma/dor,-a *m/f* 驯马人 [xùn mǎ rén], 驯兽人 [xùn shòu rén]; **~r** *vt (animal)* 制服 [zhì fú], 驯服 [xùn fú]

doméstico,-a *adj* 家庭的 [jiā tíng de], 家养的 [jiā yǎng de]; **animal ~** 家养动物 [jiā yǎng dòng wù]

domicili/ado,-a 通过银行支付的 [tōng guò yín háng zhī fù de]; **~ar** *vt* 安顿住下 [ān dùn zhù xià]; **~ación** *f banc* 通过银行支付 [tōng guò yín háng zhī fù]; **~o** *m* 住所 [zhù suǒ], 住址 [zhù zhǐ]

domina/ción *f* 统治 [tǒng zhì], 控制 [kòng zhì]; **~nte** *adj m/f* 霸道的 [bà dào de], 专横的 [zhuān hèng]; **~r** *vt/i* 统治 [tǒng zhì], 控制 [kòng zhì]

domingo *m* 星期日 [xīng qī rì], 星期天 [xīng qī tiān]

dominio *m* **1.** 统治 [tǒng zhì], 控制 [kòng zhì], 掌握 [zhǎng wò]; **2.** (网络上的)网页域名 [(wǎng luò chàng de) wǎng yè yù míng]

dominó *m* 多米诺骨排 [duō mǐ nuò gǔ pái]

don *m* **1.** 先生 [xiān shēng], 男士; [nán shì]; **2.** 才能 [cái néng]; **ser un Don Juan** 好色之徒 [hào sè zhī tú]

dona/ción *f* 捐赠 [juān zèng], 赠送品 [zèng sòng pǐn], **~ de sangre** 献血 [xiàn xiě]; **~dor,-a** *adj* 赠送的 [zèng sòng de], 捐赠的 [juān zèng de]; **~nte** *m/f* 捐献者 [juān xiàn zhě]; **~r** *vt* 捐赠 [juān zèng], 赠送 [zèng sòng]

donde 那里 [nà lǐ], 在那里 [zài nà lǐ], 去那里 [qù nà lǐ]; **a ~** 去的那个...; [qù de nà ge]; **de ~** 来自于... [lài zì yú]; **desde ~** 从那里 [cóng nà lǐ]; **en ~** 在那里 [zài nà lǐ]; **hacia ~** 要去的那个... [yao qù de nà lǐ]; **por ~** 那个的 [nà ge de]; **~quiera** 无论在什么地方 [wú lùn zài shén mē dì fàng], 无论到什么地方 [wú lùn dào shén mē dì fāng]

dónde *pron interr* **¿~?** 哪里?在哪儿?去哪里? [nà li ? zài nà 'er ? qù nà li ?]; **¿a ~?** 去哪儿?去哪里?; [qù nà 'ér ? qù nà li?]; **¿de ~?**从哪儿来? [cóng nà 'ér lài ?]; **¿desde ~?**从哪儿说起? [cóng nà 'ér shuō qǐ]; **¿en ~?** 在哪里? [zài nà li?]; **¿hacia ~?** 向哪儿去? [xiàng nà 'ér qù?]

doña *f* 夫人 [fū rén], 女士(用于妇女的尊称) [nǚ shì (yōng yú fù nǚ de zūn chēng)

dopa/je *m* 兴奋剂 [xīng fèn jì]; **~rse** 吸毒 [xī dú]

dorada *f* 鲷鱼 [diāo yú]

dorado,-a 1. *adj* 金色的 [jīn sè de]; **2.** *m* 鲷鱼 [diāo yú]

dor/mido,-a 昏昏沉沉的 [hūn hūn chén chén de], 睡着了的 [shuì zháo le de]; **quedarse ~** 睡着了 [shuì zháo le]; **~milón, -a 1.** *adj* 贪睡的 [tān shuì de]; **2.** *m/f* 贪睡鬼 [tān shuì guǐ], 贪睡的人 [tān shuì de rén]; **~mir** *vi* 睡觉 [shuì jiào]; **~mirse** 睡着 [shuì zháo], 入睡 [rù shuì]; **~mitorio** *m* 寝室 [qǐn shì], 卧室 [wò shì]

dor/sal *adj m/f* 背面的 [bèi miàn de], 脊背的 [jǐ bèi de]; **~so** *m* 背面 [bèi miàn], 脊背; [jǐ bèi]; **al ~** 背面 [bèi miàn], 反面 [fǎn miàn]

dos *adj* 二 [èr], 两 [liǎng]

do/sis *f* (药)剂量 [(yào) jì liàng], 一剂 [yī jì]; **~sificar** *vt* 确定剂量 [què dìng jì liàng]; **~sificación** *f* 测定剂量 [cè dìng jì liàng]

dota/ción *f* 嫁妆 [jià zhuāng]; **~r** *vt* 陪嫁 [péi jià]

dote 1. *m* 嫁妆 [jià zhuāng]; **2.** *f* 美德 [měi dé]

drama *m* 戏剧 [xì jù]; 戏剧性事件 [xì jù xìng shì jiàn]; **~tico,-a** *adj* 戏剧的 [xì jù de], 戏剧性的 [xì jù xìng de]; **~tizar** *vt* 使戏剧化 [shǐxìjùhuà]; **~turgo,-a** *m/f* 戏剧家 [xìjùjiā]

drena/je *f* **1.** 排水 [pái shuǐ]; **2.** (医)引流法 [(yī) yǐn liú fǎ]; **~r** *vt* **1.** 排水 [pái shuǐ]; **2.** 引流 [yǐn liú]

droga *f* **1.** 毒品 [dú pǐn]; **2.** 药品 [yào pǐn], 药物 [yào wù]; **~dicto,-a 1.** *adj* 吸毒的; [xī dú de]; **2.** *m/f* 吸毒的人 [xī dú de rén]

droguería *f* 药房 [yào fáng], 药店 [yào diàn]

du/cha *f* 淋浴 [lín yù]; **darse una ~** 淋浴 [lín yù]; 冲凉 [chōng líang]; **~charse** 洗澡 [xǐ zǎo], 冲凉 [chōng líang]

dúctil *adj m/f fig* **1.** 听话的 [tīng huà de]; **2.** 随和的 [suí hé de]

du/da *f* 疑问 [yí wèn], 怀疑 [huái yí]; **sin ~da alguna** 毫无疑问 [háo wú yí wèn]; **poner en ~da** 怀疑 [huái yí]; **~dar** *vt/i* 怀疑 [huáiyí], 不信任 [búxìnrèn]; **~doso,-a** *adj* 有疑问的 [yǒu yíwèn de]

duelo *m* 挑战 [tiǎo zhàn]

duende *m* 淘气鬼 [táo qì guǐ], 顽皮的人 [wán pí de rén]

dueño,-a *m/f* 物主 [wù zhǔ], 主人 [zhǔ rén]

dul/ce 1. *adj m/f* 甜的 [tián de], 和蔼可亲的 [hé ǎi kě qīn de]; **2.** *m* 甜食 [tián shí]; **~ces** *mpl* 糖果 [táng guǒ]; **~zón,-a** *adj fig* 甜美的 [tián měi de], 甜蜜的 [tián mì de]; **~zura** *f fig* 甜蜜 [tián mì], 温柔 [wēn róu]

duna *f* 沙丘 [shā qiū]

dúo *m mús* 二重唱 [èr chóng chàng], 二重奏 [èr chóng zòu]

duplica/ción *f* 复制 [fù zhì], 复印 [fù yìn]; **~do,-a 1.** *adj* 复制的 [fù zhì de]; **por ~do** 一式两份 [yī shì liǎng fèn]; **2.** *m* 副本 [fù běn], 复制品 [fù zhì pǐn]; **~r** *vt* 加倍 [jiā bèi]; 复制 [fù zhì]

duque,-sa *m/f* 公爵 [gōng jué]

dura/ble *adj m/f* 耐久的 [nài jiǔ de], 持久的 [chí jiǔ de]; **~ción** *f* 持续 [chí xù], 持续时间 [chí xù shí jiān]; **~dero,-a** *adj* 持久的 [chí jiǔ de], 耐久的 [nài jiǔ de]

durante *prep* 在... 期间 [zài... qī jiān]

durar *vi* 持续 [chí xù], 耐久 [nài jiǔ]

du/reza *f* 硬度 [yìng dù], 强度 [qiáng dù]; **~ro,-a 1.** *adj* 坚硬的 [jiān yìng de], 牢固的 [láo gù de]; **~ro,-a de oído** 听不进(别人的话) [tīng bú jìn (bié rén de huà)]; **2.** *adv* 艰苦地 [jiān kǔ de], 艰巨地 [jiān jù de]

E

echar 1. *vt* 扔 [rēng], 投 [tóu]; **2.** *vi* 开始 [kāi shǐ], 投入 [tóu rù]; **~ de menos** 想念 [xiǎng niàn], 怀念 [huái niàn]; **~se** 投入 [tóu rù], 扑向 [pū xiàng], 躺下 [tǎng xià,]

eco *m* 回声 [huí shēng]

ecografía *f med* 超声波(回声图) [chāo shēng bō(huí shēng tú)]

eco/logía *f* 生态学 [shēng tài xúe]; **~lógico,-a** *adj* 生态的 [shēng tài de], 生态学的 [shēng tài xúe de]

econ/omía *f* 经济 [jīng jì], 经济学 [jīng jì xúe]; **~ómico,-a** *adj* 经济

方面的 [jīng jì fāng miàn de], 经济学的 [jīng jì xúe de]; **~omista** *m/f* 经济学家 [jīng jì xúe jiā]; **~omizar** *vt/i* 节省 [jié shěng], 积蓄 [jī xù]

ecua/dor *m* 赤道 [chì dào]; **el ~*dor** 厄瓜多尔 [è guā duō ěr]; **~toriano,-a 1.** *adj* 厄瓜多尔的 [è guā duō ěr de]; **2.** *m/f* 厄瓜多尔人 [è guā duō ěr rén]

edad *f* **1.** 年龄 [nián líng]; **2.** 时代 [shí dài], 时期 [shí qī]; **~* Media** 中世纪 [zhōng shì jì]

edición *f* 出版 [chū bǎn], 版次 [bǎn cì,]; **~ de bolsillo** 袖珍版 [xiù zhēn bán bǎn]

edific/ación *f* 建筑 [jiàn zhù]; **~ar** *vt* 建筑 [jiàn zhù], 建造 [jiàn zào]; **~io** *m* 建筑物 [jiàn zhù wù], 大楼 [dà loú]

edil *m* 市政府成员 [shì zhèng fú chéng yuán]

edit/ar *vt* 出版 [chū bǎn]; **~or,-a** *m/f* 出版商 [chū bǎn shāng]; **~orial 1.** *f* 出版社 [chū bǎn shè]; **2.** *m* 社论 [shè lùn]

edredón *m* 鸭绒被 [yā róng bèi], 被子 [bèi zí]

educa/ción *f* 教育 [jiào yù], 养育 [yǎng yù]; **~ción física** 体育 [tǐ yù]; **~r** *vt* 教育 [jiào yù], 培养 [péi yǎng]; **~tivo,-a** *adj* 教育的 [jiào yù de], 有教育意义的 [yǒu jiào yù yì yì de]

edulcorante *m* 弄甜 [nòng tián], 甜味料 [tián wèi liào]

efectivo 1.,-a *adj* 真实的 [zhēn shí de]; **2.** *m* 现金 [xiàn jīn]

efect/o *m* 结果 [jié guǒ], 效果 [xiào guǒ]; **en ~o** 确实 [què shí]; **hacer buen (mal) ~o** (药物) 产生好 [(yào wu)chan shēng hǎo] (副)作用 [(fù)zuò yòng]; **~os** *mpl* 财物 [cái wù], 物品 [wù pǐn]; **~uar** *vt* 实行 [shí xíng]

efervescen/cia *f* 发酵 [fā jiào]; **~te** *adj m/f* 发酵的 [fā jiào de]

efic/acia *f* 效力 [xiào lì], 效率 [xiào lù]; **~az** *adj m/f* 有效的 [yǒu xiào de; **~iencia** *f* 效率 [xiào lù]; 效能 [xiào néng]; **~iente** *adj m/f* 有效力的 [yǒu xiào lì de,], 有效率的 [yǒu xiào lù de,]

efusivo,-a *adj* 热情的 [rè qíng de], 亲切的 [qīn qiè de]

egip/cio,-a 1. *adj* 埃及的 [aī jí de]; **2.** *m/f* 埃及人 [aī jí rén]; **~*to** *m* 埃及 [aī jí]

egoís/mo *m* 自私自利 [zì sī zì lì]; **~ta 1.** *adj m/f* 自私自利的 [zì sī zì lì de]; **2.** *m/f* 自私自利的人 [zì sī zì lì de rén]

eje *m* 轴 [zhóu], 轴线 [zhóu xiàn]

ejecu/ción *f* 实施 [shí shī], 处决 [chù jué]; **~tar** *vt* 实施 [shí shī], 处决 [chù jué]

ejecutivo 1.,-a *adj* 执行的 [zhí xíng de]; **2.** *m* 执行官 [zhí xíng guān]; 高级经理 [gāo jí jīng lǐ]

ejempl/ar 1. *adj m/f* 模范的 [mó fàn de]; **2.** *m* 样本 [yàng běn], 册 [cè], 本 [běn]; **~o** *m* 榜样

[bǎng yàng], 例子 [lì zī]; **por ~o** 例如 [lì rú]

ejerc/er *vt/i* 从事 [cóng shì]; **~icio** *m* 练习 [liàn xí], 运动 [yùn dòng]

ejército *m* 军队 [jūn duì], 大军 [dà jūn]

él *(pl* ellos*)* 他(们) [tā (men)]

elabora/ción *f* 加工 [jiā gōng], 制作 [zhì zuò]; **~r** *vt* 加工 [jiā gōng], 制作 [zhì zuò]

elasticidad *f* 弹性 [tán xìng]

elástico 1.,-a *adj* 有弹性的 [yǒu tán xìng de]; **2.** *m* 松紧带 [sōng jǐn dái]

elec/ción *f* 选举 [xuǎn jǔ]; 选择 [xuǎn zé]; **~to 1.,-a** *adj* 当选的 [dān xuǎn de]; **2.** *m* 当选人 [dān xuǎn rén]; **~tor** *m* 选民 [xuǎn mín]; **~torado** *m* 选民(总称) [xuǎn mín(zǒng chēng)]; **~toral** *adj m/f* 选举的 [xuǎn jǔ de]

electrici/dad *f* 电 [diàn], 电业 [diàn yè]; **~sta** *m/f* 电工 [diàn gōng]

eléctrico,-a *adj* 电的 [diàn de], 电动的 [diàn dòng de]

electr/odomésticos *mpl* 家用电器 [jiā yòng diàn qì]; **~ónica** *f* 电子学 [diàn zǐ xúe]; **~ónico,-a** *adj* 电子的 [diàn zǐde], 电子学的 [diàn zǐ xúe de]

elefante *m* 大象 [dà xiàng]

elegan/cia *f* 优雅 [yoū yǎ], 文雅 [wén yǎ]; 英俊 [yīng jùn]; **~te** *adj m/f* 优雅的 [yoū yǎ de], 英俊的 [yīng jùn de]

elegir *vt* 选择 [xuǎn zé], 挑选 [tiāo xuǎn]

element/al *adj m/f* 基本的 [jī běn de], 基础的 [jī chǔ de]; **~o** *m* 基础 [jī chǔ]; 元素 [yuán sù]

eleva/ción *f* 提高 [tí gaō], 升高 [shēng gaō]; **~do,-a** *adj* 高的 [gaō de], 崇高的 [chóng gaō]; **~lunas** *m auto* 电动门窗 [diàn dòng mén chuāng]; **~r** *vt* 提高 [tí gaō], 使升高 [shǐ shēng gaō]; **~arse** 升起 [shēng qǐ], 升高 [shēng gaō]; **~arse a** 升起 [shēng qǐ], 升高 [shēng gaō]

elimina/ción *f* 取消 [qú xiāo], 淘汰 [táo tài]; **~r** *vt* 除去 [chú qù], 废除 [fèi chú]; **~toria** *f* 淘汰赛 [táo tài sài]

élite *f* 精英 [jīng yīng]

ella *(pl ellas)* 她(们) [tā mén]

ello 它 [tā],它们 [tā mén]; **estar en ~** 在办理之中 [zài bàn lǐ zhī zhōng]; **por ~** 为它而来 [wèi tā ér lái]

elocuen/cia *f* 口才 [koǔ cái]; **~te** *adj m/f* 有口才的 [yǒu koǔ cái de]

elogi/ar *vt* 表扬 [biǎo yáng], 称赞 [chēng zàn]; **~o** *m* 夸奖 [kuā jiǎng], 赞扬 [zàn yáng]

eludir *vt* 逃避 [táo bì]

embajad/a *f dipl* 大使馆 [dà shǐ guǎn]; **~or,-a** *m/f* 大使 [dà shǐ], 使节 [shǐ jié]

embala/je *m* 打包 [dǎ bāo], 包装 [bāo zhuāng]; **~r** *vt* 打包 [dǎ bāo], 捆扎(包裹) [kǔn zā(bāo guǒ)]; **~rse** *coloq motor* (车)开得太快 [(chē) kāi dē tài kuài]

embalse *m* 畜水 [chù shuǐ], 水库 [shuǐ kù],

embaraz/ada *adj f* 孕妇 [yùnfù]; **~o** *m* 怀孕 [huái yùn]; **~oso,-a** *adj* 困难的 [kùn nán de], 难办的 [nán bàn de]

embarca/ción *f* 船只 [chuán zhī]; **~dero** *m* 码头 [mǎ tóu]; **~r 1.** *vt fig* 装(人, 货)上船 [zhuāng(rén, huò)shàng chuán]; **2.** *vi aero* 登机 [dēng jī], 上飞机 [shàng fēi jī]; **~rse en u/c** 上船 [shàng chuán], 乘船 [chéng chuán]

embar/gar *vt* 扣押 [kòu yā], 查封 [chá fēng]; **~go** *m pol* 扣押 [kòu yā], 查封 [chá fēng]; **sin ~go** 然而 [rán 'ér], 但是 [dàn shì]

embarque *m* 装船 [zhuāng chuán]

embauca/dor,-a 1. *adj* 骗人的 [piàn rén de]; **2.** *m/f* 骗子 [piàn zi]; **~r** *vt* 蒙骗 [méng piàn], 欺骗 [qī piàn]

embellecer *vt* 美化 [měi huà]

embesti/da *f* 攻击 [gōng jī]; **~r** *vt* 攻击 [gōng jī], 冲击 [chōng jī]

emblema *m* 标志 [biāo zhì], 象征 [xiàng zhēng]

embolia *f med* 栓塞 [shuān sāi], 血栓症 [xué shuān zhèng]

embolsar *vt* 赚得 [zhuàn dé], 挣得 [zhēng dé]

emborrachar *vt* 使喝醉 [shǐ hē zuì]; **~se** 喝醉 [hē zuì]

embotella/do,-a *adj* 装在瓶内的 [zhuāng zài píng nèi de]; **~r** *vt* 装入瓶内 [zhuāng rù píng nèi]

embrag/ar *vt* 捆 [kǔn], 扎(货包等) [zhā(huò bāo děng)]; **~ue** *m* 离合器 [lí hé qì]

embrión *m* 胚胎 [pēi tāi]

embrujar *vt* 使中邪 [shǐ zhòng xié]

embudo *m* 漏斗 [lòu dǒu]

embuste *m* 谎言 [huǎng yán], 谎骗 [huǎng piàn]; **~ro,-a 1.** *adj* 说谎的 [shuō huǎng de], 骗人的 [piàn rén de]; **2.** *m/f* 骗子 [piàn zi]

embuti/dos *mpl* 香肠 [xiāng cháng], 肉肠 [ròu cháng]; **~r** *vt* 镶 [xiāng], 嵌 [qiàn], 填塞 [tián sāi]

emerge/ncia *f* 紧急情况 [jǐn jí qíng kuàng], 突然事件 [tū rán shì jiàn]; **~r** *vi* 露出 [lòu chū]

emigra/ción *f* 移居国外 [yí míng guó wài]; **~nte** *m/f* 移民 [yí mín]; **~r** *vi* 移居国外 [yí jū guó wài]

emi/sión *f* 发行; [fā xíng] 发射 [fā shè]; **~sor** *m* 无线电发射机 [wú xiàn diàn fāshè jī]; **~sora** *f* 广播电台 [guǎng bō diàn tái]; **~tir** *vt* 发射 [fā shè]; 发行 [fā xíng]

emoci/ón *f* 激动 [jīdòng], 感动 [gǎn dòng]; **~onal** *adj m/f* 激动的 [jī dòng de], 感动的 [gǎn dòng de]; **~onante** *adj m/f* 激动人心的 [jī dòng rén xīn de]; **~onar** *vt* 使激动 [shǐ jī dòng], 使感动 [shǐ gǎn dòng]

empach/ar *vt* **1.** 使消化不良 [shǐ xiāo huà bù liáng]; **2.** 使为难 [shǐ wéi nán]; **~arse** 消化不良 [xiāo huà bù liáng]; **~o** *m* **1.** 消化不良 [xiāo huà bù liáng]; **2.** 为难 [wéi nán]

empalme *m* 连接 [lián jiē], 连接处 [lián jiēchù]

empana/da *f* 馅饼 [xiàn bǐng]; **~r** *vt gastr* 滚上(糖粉或面包屑) [gǔn shàng (táng fěn huò miàn bāo xiè)]

empañarse 玷污 [diàn wū], 使失去光泽 [shǐ shī qù guāng zé]

empapar *vt* **1.** 使湿透 [shǐ shī tòu], 打湿 [dǎ sī]; **2.** 吸收(水等) [xī shōu (shuǐ děng)]; **~se 1.** 熟悉 [shú xī], 熟知 [shú zhī]; **2.** 接受(思想, 感情等) [jiē shòu (sī xiǎng, gǎn qíng děng)]

empapelar *vt* 用纸包装 [yòng zhǐ bāo zhuāng], 用纸裱糊 [yòng zhǐ biǎo hú]

empaquetar *vt* 打包 [dǎ bāo], 包装 [bāo zhuāng]

empast/ar *vt* **1.** 镶(牙) [xiāng (yá)], 补(牙) [bǔ (yá)]; **2.** 裱糊 [biǎo hú], 粘贴 [zhān tiē]; **~e** *m* (补牙用的)糊剂 [(bǔ yá yòng de) hú jì], 填料 [tián liào]

empat/ar *vi* 平手 [píng shǒu], 打成平局 [dǎ chéng píng jú]; **~e** *m* 平局 [píng jú]

empeñ/ar *vt* 典当 [diǎn dàng], 典押 [diǎn yā]; **~arse** 欠债 [qiàn zhài], 负债 [fù zhài]; **~arse en u/c** 坚持 [jiān chí], 固执 [gù zhí]; **~ado,-a** *adj* 坚持的 [jiān chí de], 固执的 [gù zhì de]

empeora/miento *m* 恶化 [è huà]; **~r 1.** *vt* 使恶化 [shǐ è huà]; **2.** *vi* 日趋恶化 [rì qū è huà]; **~rse** 恶化 [è huà], 变得更坏 [biàn dé gēng huái]

empera/dor *m* 皇帝 [huáng dì]; **~triz** *f* 皇后 [huán hòu], 女皇 [nǚ huán]

emperrarse *coloq* **1.** 坚持 [jiān chí]; **2.** 发怒 [fā nù], 发火 [fā huǒ]; **~ en u/c** 固执 [gù zhì],执着于(某事) [zhì zhuǒ yú (mǒu hì)]

empezar *vt/i* 开始 [kāi shǐ]; **~ por hacer u/c** 从…开始做起 [cóng…kāi shǐ zuò qǐ]

empinado,-a *adj* 挺拔的 [tǐng bá de]

emplaza/miento *m* **1.** 传讯 [chuán xùn], 提审 [tí shěn]; **2.** 位置 [wèi zhì], 地点 [dì diǎn]; **~r** *vt* **1.** 传讯 [chuán xùn], 提审 [tí shěn]; **2.** 安置 [an zhì], 设置 [shè zhì]

emple/ado,-a 1. *adj* 使用过的 [shǐ yòng guò de]; **2.** *m/f* 职员 [zhí yuán], 雇员 [gù yuán]; **~ar** *vt* 使用 [shǐ yòng]; 雇用 [gù yòng]; **te está bien ~ado** (惩罚, 态度等)恰如其分 [(chéng fá, tài dù děng) qià rú qí fèn]; **~o** *m* 职位 [zhí wèi], 职业 [zhí yè]

empobrec/er *vt/i* 使贫穷 [shǐ pín qióng], 变穷 [biàn qióng]; **~imiento** *m* 贫穷 [pín qióng], 贫瘠 [pín jí]

empollar 1. *vt* 孵（蛋）[fū (dàn)]; **2.** *vi jerga estud* 刻苦钻研 [kè kǔ zuān yán]

empotra/do,-a *adj constr* 镶嵌在墙内的（如壁橱）[xiāng qiàn zài qiáng nèi de (rú bì chú)]; **~r** *vt* 把... 砌在墙内 [bǎ...qì zài qiáng nèi]

emprende/dor,-a *adj* 有进取心的 [yǒu jìn qǔ xīn de]; **~r** *vt* 开始 [kāi shǐ], 着手进行 [zháo shǒu jìn xíng]

empresa *f* **1.** 事情 [shì qíng], 工作 [gōng zuò]; **2.** 企业 [qǐ yè], 公司 [gōng sī]; **~rio,-a** *m/f* 企业家 [qǐ yè jiā], 公司老板 [gōng sī lǎo bǎn]

empuj/ar *vt* 推 [tuī], 推动 [tuī dòng]; **~e** *m* 推动 [tuī dòng], 决心 [jué xīn]; **~ón** *m* 用力推 [yòng lì tuī]

en *prep* 在... 里 [zài...lǐ], 在... 上 [zài...shàng]; 用 [yòng]; **~ todas partes** 到处 [dào chù]; **~ quince días** 在15天以后 [zài shí wǔ tiān hòu]; **~ español** 用西班牙文 [yòng xī bān yá wén]; **~ honor de** 为庆祝 [wèi qìng zhù], 为纪念 [wèi jìn niàn]; **~ absoluto** 绝对不 [jué duì bù]; **creer ~ Dios** 信奉上帝 [xìn fèng shàng dì]; **rico ~** 富有的 [fù yǒu de], 丰富的 [fēng fù de]

enamora/do,-a *adj* **de** 钟情于 [zhōng qíng yú], 恋爱着 [liàn 'ài zhé]; **~r** *vt* 激起爱情 [jī qǐ ài qíng], 使爱上 [shǐ ài shàng]; **~rse (de)** 恋爱上 [liàn ài shàng], 爱上 [ài shàng]

enano 1.,-a *adj* 很小的 [hěn xiǎo de]; **2.** *m* 侏儒 [zhū rú]

encabeza/miento *m* （信函等的）开头 [(xìn hán děng de) kāi tóu], 抬头 [tái tóu]; **~r** *vt* **1.**（信函等）写抬头 [(xìn hán děng) xiě tái tóu]; **2.** 带领 [dài lǐng], 领头 [lǐng tóu]

encadena/ción *f* 连接 [lián jiē], 联结 [lián jié]; **~r** *vt* 栓住 [shuān zhù], 连接 [lián jiē]

encaj/ar 1. *vt* 使正好嵌入 [shǐ zhèng hǎo qiàn rù], 装入 [zhuāng rù]; **2.** *vi* 合适 [hé shì]; **~e** *m* 镶嵌 [xiāng qiàn]; **~onar** *vt* **1.** 装进箱 [zhuāng jìn xiāng]; **2.** 处于困境 [chù yú kùn jìng]

encalla/dero *m* **1.**（船只）搁浅的地方 [(chuán zhī) gē qiǎn de dì fāng]; **2.** 困境 [kùn jìng]; **~r** *vi* 搁浅 [gē qiǎn]

encaminar *vt* 指路 [zhǐ lù], 引导 [yǐn dǎo]; **~se a** 走向 [zǒu xiàng]

encan/tado,-a *adj* de 满意的 [mǎn yì de], 高兴的 [gāo xìng de]; **¡~!** 很高兴认识您 [hěn gāo xìng rèn shí nín] !; **~tador,-a** *adj* 迷人的 [m rén de], 讨人喜欢的 [tǎo rén xǐ huān de]; **~tamiento** *m* 迷人法 [mí rén fǎ]; **~tar** *vt* 使迷住 [shǐ mí zhù], 使喜欢 [shǐ xǐ huān]; **~to** *m* 令人陶醉的事情 [lìng rén táo zuì de shì qíng], 开心的事情 [kāi xīn de shì qíng]

encarcelar *vt* 监禁 [jiān jìn], 送进监狱 [sòng jìn jiān yù]

encarec/er *vi* 涨价 [zhǎng jià], 夸大 [kuā dà]; **~imiento** *m* 涨价 [zhǎng jià]

encarg/ado,-a 1. *adj* 受委托的 [shòu wěi tuō de], 负责 [fù zé]; **2.** *m/f* 负责人 [fù zé rén]; **~ar** *vt* 委托 [wěi tuō]; **~arse de u/c** 负责 [fù zé], 管理 [guǎn lǐ]; **~o de** 某职务 [mǒu zhí wù]

encend/edor *m* 打火机 [dǎ huǒ jī]; **~er** *vt* 点燃 [diǎn rán]; 煽动 [shān dòng]; **~ido 1.,-a** *adj* 通红的 [tōng hóng de], 火红的 [huǒ hóng de]; **2.** *m auto* (发动机)点火装置 [(fā dòng jī) diǎn huǒ zhuāng zhì]

encerr/ar *vt* 关进 [guān jìn], 禁闭 [jìn bì]; **~ona** *f* 隐退 [yǐn tuì], 隐居 [yǐn jū]

enchuf/ar *vt* 插上(插头) [chā shàng (chā tóu)]; **~e** *m electr* 插头 [chā tóu]

encías *fpl* 齿龈 [chǐ yín], 牙床 [yá chuáng]

enciclopedia *f* 百科全书 [bǎi kē quán shū]

encierro *m* 监禁 [jiān jìn]

encima 1. *adv* 在上面 [zài shàng miàn]; 此外 [cǐ wài]; **por ~** 在…之外 [zài…zhī wài]; **por ~ de sus posibilidades** 超出可能范围 [chāo chū kě néng fàn wéi]; **2.** *prep* 在… 上面 [zài…shàng miàn]; **~ de** 在… 上面 [zài… shàng miàn]; **estar por ~ de** 超出 [chāo chū]

encina *f* 圣栎树 [shèng lì shù]

enclenque *adj m/f* 体弱多病的 [tǐ ruò duō bìng de]

encog/er 1. *vt* 使收缩 [shǐ shōu suō], 缩回 [suō huí]; **2.** *vi* 缩 [suō], 缩回 [suō huí]; **~erse** 使畏缩 [shǐ wèi suō], 使胆怯 [shǐ dǎn qiè]; **~erse de hombros** 耸耸肩膀 [sǒng sǒng jiān bǎng]; **~ido,-a** *adj* 畏缩的 [wéi suō de], 胆怯的 [dǎn qiè de]

encomendar *vt* 委托 [wéi tuō], 预订 [yù dìng]; **~se a alg** 请代为问好 [qíng qǐng dài wèi wèn hǎo]

encontrar *vt* 遇到 [yú dào], 碰到 [pèng dào], 找到 [zhǎo dào]; **~se** 相遇 [xiāng yù], 相逢 [xiāng féng]; **~se bien** 身体很好 [shēn tǐ hěn hǎo]

encuaderna/ción *f* 装订 [zhuāng dìng], (书的)封皮 [(shū de) fēng pí]; **~r** *vt* 装订 [zhuāng dìng]

encu/bierto,-a *adj* 掩盖的 [yǎn gài de], 掩饰的 [yǎn shì de]; **~brimiento** *m* 掩盖 [yǎn gài], 掩饰 [yǎn shì]; **~brir** *vt* 隐藏 [yǐn cáng], 掩盖 [yǎn gài]

encuentro *m* 碰撞 [pèng zhuàng], 相遇 [xiāng yù]

encuesta *f* 民意调查 [mín yì diào chá]

endeble *adj m/f* 虚弱的 [xū ruò dě], 娇弱的 [jiāo ruò dě]

enderezar *vt* 弄直 [nòng zhí], 引向 [yǐn xiàng]; **~se** 为了 [wēi le], 为 [wēi]
endeuda/do,-a *adj* 负债的 [fù zhài de], 背债的 [bèi zhài de]; **~miento** *m* 负债 [fù zhài], 背债 [bèi zhài]; **~rse** 负债 [fù zhài]
endibia *f bot* 苣贾 [jù gǔ]; *gastr* 苣贾菜 [jù gǔ cài]
endosar *vt* (证券, 支票等)背书 [(zhèng quàn, zhī piào děng) bèi shū], 转签给 [zhuǎn qiān jgeǐ]
endurec/er *vt/i* 使变硬 [shǐ biàn yìng]; **~imiento** *m* 坚硬 [jiān yìng]; 顽固 [wán gù]
enebro *m* 刺柏树 [cì bǎi shù]
eneldo *m* 莳萝 [shí luō]
enemi/go,-a 1. *adj* 敌对的 [dí duì de], 反对的 [fǎn duì de]; **2.** *m/f* 敌人 [dí rén], 反对者 [fǎn duì zhě]; **~stad** *f* 敌对 [dí duì], 敌意 [dí yì]; **~star** *vt* 使敌对 [shǐ dí duì]
energía *f* 精力 [jīng lì], 力量 [lì iàng]; 能量 [néng liàng]
enérgico,-a *adj* 精力充沛的 [jīng lì chōng pèi de]
enero *m* 一月 [yī yuè]
enfad/ar *vt* 激怒 [jī nù], 使生气 [shǐ shēng qì]; **~arse con alg** 与... 翻脸 [yū...fān liǎn], 闹翻 [nào fān]; **estar ~ado con alg** 对... 生气 [dùi...shēng qì]; **~o** *m* 火气 [huǒ qì], 怒气 [nù qì], 气恼 [qì nǎo]
enfático,-a *adj* 强调的 [qiáng diào de]
enfatizar *vt* 强调 [qiáng diào], 突出 [tū chū]
enferm/ar 1. *vt* 使生病 [shǐ shēng bìng]; **2.** *vi* 得病 [dé bìng]; **~edad** *f* 疾病 [jí bìng]; **~ar de las vacas locas** 疯牛病 [fēng niú bìng]; **~ero,-a** *m/f* 护士 [hù shì]; **~izo,-a** *adj* **1.** 体弱多病的 [tǐ ruò duō bìng de]; **2.** 能引起疾病的 [néng yǐn qǐ bìng de]; **~o, -a 1.** *adj* 有病的 [yǒu bìng de]; **estar ~** 在生病 [zài shēng bìng]; **~o de gravedad** 重病 [zhòng bìng]; **2.** *m/f* 病人 [bìng rén], 患者 [huàn zhě]
enfo/car *foto* (相机镜头)对准 [(xiàng jī jìng tóu) duì zhùn]; **~ un asunto** 集中一件事情 [jí zhōng yī jiàn shì qíng]; **~que** *m* **1.** 分析重点 [fēn xī zhòng diǎn], 研究焦点 [yán jiū jiāo diǎn]; **2.** 焦距 [jiāo jù]
enfrent/ar *vt* 使面对面 [shǐ miàn duì miàn]; **~arse con alg** 面对 [miàn duì]; **~e** *adv* 在对面 [zài duì miàn]; **~e de** 在... 对面 [zài...duì miàn]
enfria/miento *m* 冷却 [lěng què], 着凉 [zháo liáng]; **~r** *vt/i* 冷却 [lěng què], 使变冷 [shǐ biàn lěng]; **~rse** *fig* 感冒 [gǎn mào] 伤风 [shāng fēng]
enfurecer *vt* 激怒 [jī nù], 发怒 [fa nù]; **~se** 发怒 [fa nù], 暴怒 [bào nù]
enganchar *vt* 钩住 [gōu zhù], 挂住 [guà zhù]; **~arse** *coloq* 迷恋

上 [mí liàn shàng], 上瘾 [shàng yǐn]

engañ/ar *vt* 欺骗 [qī piàn], 嘲弄 [cháo nòng]; **~o** *m* 欺骗 [qī piàn], 骗局 [piàn jú]; **~oso,-a** *adj* 骗人的 [piàn rén de]

engatusar *vt coloq fig* 阿谀奉承 [ē yú fèng chéng]

engendr/ar *vt* 生育 [shēng yù], 生孩子 [shēng hái zi]; **~o** *m* 胎儿 [tāi ér], 胚胎 [pēi taī]

englobar *vt* 包括 [bāo kuò], 总合 [zǒng hé]

engordar 1. *vt* 肥育 [féi yù], 养肥 [yǎng féi]; **2.** *vi* 发胖 [fā bàng]

engrandec/er *vt* 增大 [zēng dà], 变大 [biàn dà]; **~imiento** *m* 增大 [zēng dà], 变大 [biàn dà]

engrasar *vt* 上油 [shàng yóu], 涂油 [tú yóu]

enhorabuena *f* 恭喜！[gōng xǐ]; **dar la ~ a alg** 恭喜某人 [gōng xǐ mǒu rén]

enigm/a *m* 谜 [mí], 费解之事 [fèi jiě zhī shì]; **~ático,-a** *adj* 费解的 [fèi jiě de], 神秘的 [shén mì de]

enjabonar *vt* **1.** 抹肥皂 [mǒ féi zào]; **2.** 阿谀奉承 [ē yú fèng chéng]

enjuag/ar *vt* 冲洗 [chōng xǐ], 漂干净 [piǎo gān jìng]; **~gue** *m* **1.** 漱口水 [shù kǒu shuǐ]; **2.** 自负 [zì fù], 自得 [zì dé]

enjuiciar *vt* 审理 [shěn lǐ], 审判 [shěn pàn]

enlace *m* 连接 [lián jiē], 连络 [lián luò]; **~ matrimonial** 联姻 [lián yīn], 婚姻 [hūn yīn]

enlazar 1. *vt* 使联系在一起 [shǐ lián xì zài yī qǐ], 连接 [lián jiē]; **2.** *vi* **~ con** 结婚 [jié hūn]

enloquec/er 1. *vt* 使失去理智 [shǐ shī qù lǐ zhì]; **2.** *vi* 发疯 [fā fēng]

enm/endar *vt* 修改 [xiū gǎi], 修正 [xiū zhèng]; **~ienda** *f* 修改 [xiū gǎi], 修正 [xiū zhèng]

ennegrecer *vt* 染黑 [rǎn hēi]

enorgullecer *vt* 使骄傲 [shǐ jiāo 'ào]; **~se** 感到骄傲 [gǎn dào jiao 'ào], 自豪 [zì 'ào]; **~ de u/c** 为…感到自豪 [wèi...gǎn dào jiao 'ào]

enorme *adj m/f* 巨大的 [jù dà de]

enred/adera *f* 攀缘植物 [pān yuán zhí wù]; **~ar 1.** *vt* 张(网) [zhāng (wǎng)], 设(圈套) [shè (quān tào)]; **2.** *vi* 淘气 [táo qì]; **~o** *m* 乱成一团 [luàn chéng yī tuán]

enriquec/er *vt* 使变富 [shǐ biàn fù], 使丰富 [shǐ fēng fù]; **~erse** 致富 [zhì fù]; **~imiento** *m* 变富 [biàn fù], 丰富 [fēng fù]

enrojecer *vi* 变红 [biàn hóng]

enrolla/r *vt* 缠绕 [chán rào], 卷 [juǎn]; **~rse** *coloq* 啰唆 [luō suō], 说话兜圈子 [shuǒ huà dōu quān zi]; **~do,-a** *adj coloq* 啰唆的 [luō suō de]

ensaimada *f* 螺纹面包 [luó wén miàn bāo]

ensalad/a *f* 凉拌生菜 [liáng bàn shēng cài]; **~era** *f* 凉拌菜盘 [liáng bàn cài pán]
ensanchar *vt* 扩展 [kuò zhǎn]
ensaña/miento *m* 激怒 [jil nù], 暴怒 [bào nù]; **~r** *vt* 激怒 [jil nù]; **~rse con alg** 逞凶 [chěng xiōng], 肆虐 [sì nuè]
ensay/ar *vt* 试验 [shì yàn], 鉴定 [jiàn dìng]; **~o** *m* **1.** 试验 [shì yàn]; **2.** 杂文 [zá wén], 散文 [sǎn wén]; **~o general** 预演 [yù yǎn], 彩排 [cǎi pái]
enseguida *adv* 立即 [lì jí], 马上 [mǎ shàng]
ensenada *f* 海湾 [hǎi wān], 港湾 [gǎng wān]
enseña/nza *f* 教育 [jiào yù], 教学 [jiào xué]; **~r** *vt* 教 [jiào], 教导 [jiào dáo], 教育 [jiào yù]
ensordece/dor,-a *adj* 震耳欲聋的 [zhèn 'ěr yù lóng de]; **~r 1.** *vt* 耳聋 [ěr lóng]; **2.** *vi* 变聋 [biàn lóng]
ensuciar *vt* 弄脏 [nòng zāng]
ensueño *m* 梦 [mèng], 幻想 [huàn xiǎng]; **de ~** 幻想的 [huàn xiǎng de], 梦想的 [mèng xiǎng de]
entablar *vt* 着手 [zháo shǒu], 开始 [kāi shǐ]
ente *m* 实体 [shí tǐ], 存在 [cún zài]
entender *vt* 明白 [míng bǎi], 理解 [lǐ jiě], 懂 [dǒng]; **~ de u/c** 懂得 [dǒng dé], 熟悉 [shóu xī], 知道 [zhī dào]; **a mi ~** 依我看… [yī wǒ kàn…]; **~rse con alg** 牵涉到某人 [qiān shè dào mǒu rèn]
entendi/do,-a 1. *adj* 熟悉的 [shóu xī de], 懂的 [dǒng de], 了解的 [liáo jiě de]; **2.** *m/f* 明白人 [míng bái rén], 聪明人 [cōng míng rén]; **~miento** *m* 理解力 [lǐ jiě lì], 才智 [cái zhì]
entera/do,-a *adj* 通晓的 [tōng xiǎo de], 知情的 [zhī qíng de]; **~rse de u/c** 得知(某事情) [dé zhī (mǒu shìqíng)]
enteramente *adv* 全部地 [quán bù de], 毫无保留地 [háo wú bǎo liú de]
entereza *f* 完整 [wán zhěng]
entero,-a *adj* 完全的 [wán quán de], 完整的 [wán zhěng de]
enterrar *vt* 埋葬 [mái zàng]
entidad *f* **1.** (工作)单位 [(gōng zuò) dān wèi]; **2.** 存在 [cùn zài], 实质 [shí zhì]
entierro *m* 埋葬 [mái zàng], 葬礼 [zàng lǐ]
entona/ción *f mús* 声调 [shēng diào], 调子 [diào zi]; **~r** *vt* 调音 [diào yīn], 定调 [dìng diào]
entonces 那么 [nà me], 当时 [dāng shí]; **desde ~** 从那时起 [cóng nà shí qǐ]
entorpecer *vt* 使不灵便 [shǐ bù líng biàn], 使迟钝 [shǐ chí dùn]
entrada *f* 入口 [rù kǒu]; 门票 [mén piào]
entraña/ble *adj m/f* 真挚的 [zhēn zhì de], 亲密的 [qīn mì de]; **~s** *fpl* 内脏 [nèi zàng]

entrar **1.** *vi* 进去 [jìn qù], 进入 [jìn rù]; **2.** *vt* 引进 [yǐn jìn], 侵入 [qīn rù]

entre 在... 之间 [zài...zhī jiān]; ~ **semana** 周一到周五之间 [zhōu yī dào zhoū wǔ zhī jiàn]; **~abrir** *vt* 半开 [bàn kāi], 微启 [wēi qǐ]; **~acto** *m* 幕间休息 [mù jiān xiū xī]; **~cortado,-a** *adj* 断断续续的 [duàn duàn xù xù de]; **en ~dicho** 怀疑 [huái yí]

entrega *f* **1.** 交给 [jiāo gěi], 交出 [jiāo chū]; **2.** 致力 [zhì lì], 专注 [zhuān zhù]; ~ **a domicilio** 送货上门 [sòng huò shàng mén]; **~r** *vt* 交给 [jiāo gěi]; **~rse 1.** 屈服 [qū fú], 投降 [tóu xiáng]; **2.** 专心 [zhuān xīn], 致力 [zhì lì]

entremedias *adv* 当中 [dāng zhōng], 中间 [zhōng jiàn]

entremeses *mpl* 俄式沙拉 [é shì shā lā]

entrena/dor,-a *m/f* 教练 [jiào liàn]; **~miento** *m* 训练 [xùn liàn]; **~r** *vt/i* 训练 [xùn liàn]

entretanto *adv* 与... 同时 [yú... tóng shí], 当... 时候 [dāng...shí hòu]

entreten/er *vt* 玩 [wán], 娱乐 [yú lè]; **~erse** 开心 [kāi xīn], 玩得愉快 [wán de yú kuài]; **~ido,-a** *adj* 有趣的 [yǒu què de], 使人心的 [shǐ rén kāi xīn de]; **~imiento** *m* 开心 [kāi xīn], 娱乐 [lú lè]

entrever *vt* 隐约看见 [yǐn yuē kàn jiàn]

entrevista *f* 会见 [huì jiàn], 会谈 [huì tán]; **~r** *vt* 拜会 [bài huì], 拜访 [bài fǎng]; **~rse** 会晤 [huì wù], 会见 [huì jiàn]

entristecer *vt/i* 使忧伤 [shǐ yōu shāng]

entumec/erse 麻木 [má mù]; **~imiento** *m* 麻木 [má mù], 僵硬 [jiāng yìng]

entusias/mar *vt* 使振奋 [shǐ zhèn fèn], 激励 [jí lì]; **~mo** *m* 酷爱 [kù 'ài], 热情 [rè qíng]; **~ta 1.** *adj m/f* 热心的 [rè xīn de]; **2.** *m/f* 热心人 [rèn xīn rén]

enumera/ción *f* 列举 [lì jǔ], 计数 [jì shù]; **~r** *vt* 计数 [jì shù], 列举 [lì jǔ]

envas/ado 1.,-a *adj* 包装的 [bāo zhuāng de]; **2.** *m* 包装 [bāo zhuāng]; **~ar** *vt* **1.** (把液体)倒入 [(bǎ yè tǐ) dǎo rù]; **2.** 包装 [bāo zhuāng]; **~e** *m* 装袋 [bāo zhuāng], 容器 [róng qì]; **~e desechable** 一次性包装袋 [yī cì xìng bāo zhuāng dài]

envejecer 1. *vt* 使变老 [shǐ biàn lǎo], 使变旧 [shǐ biàn jiù]; **2.** *vi* 变旧 [biàn jiù], 变老 [biàn lǎo], 衰老 [shuāi lǎo]

envenena/miento *m* 中毒 [zhòng dú], 毒害 [dú hài]; **~r** *vt* 放毒 [fàng dú], 毒害 [dú hài]

envergadura *f nav* (风帆的)帆幅 [(fēng fān de) fān fú]

envia/do *m* 使者 [shǐ zhě], 信使 [xìn shòishǐ]; **~r** *vt* 派遣 [pài qiǎn], 差遣 [chāi qiǎn]

envidi/a *f* 妒忌 [dù jì], 羡慕 [xiàn mù]; **tener ~ de u/c, alg** 妒忌某人的事情 [dù jì mǒu rén dě shì qíng]; **~able** *adj m/f* 令人妒忌的 [lìng rén dù jì de], 令人羡慕的 [lìng rén xiàn mù de]; **~ar** *vt* 妒忌 [dù jì], 羡慕 [xiàn mù]; **~ar u/c a alg** 妒忌某人的事情 [dù jì mǒu rén de shì qíng]; **~oso,-a** *adj* 妒忌的 [dù jì de]

envío *m* 寄 [jì], 送 [sòng]

envol/torio *m* 包 [bāo], 捆 [kǔn], 卷 [juǎn]; **~tura** *f* 襁褓 [qiǎng bǎo], 包装外壳 [bāo zhuāng wài ké]; **~ver** *vt* **con** 用…包 [yòng…bāo], 裹 [guó]

enyesa/do *m* （隔墙）石膏层 [(gé qiáng) shí gāo cēng]; **~r** *vt* 抹石膏粉 [mǒ shí gāo fěn], 上石膏 [shàng shí gāo]

épic/a *f* 史诗 [shǐ shī]; **~o,-a** *adj* 史诗的 [shǐ shī de]

epidemia *f* 流行病 [liú xíng bìng], 病疫 [bìng yì]

epil/epsia *f* 癫痫 [diān xián]; **~éptico,-a** *adj* 癫痫的 [diān xián de], 患癫痫的 [huàn diān xián de]

episodio *m* 章节 [zhāng jié], 片断 [piàn duàn]

época *f* **1.** 期 [qī], 纪 [jì], 世 [shì]; **2.** 时期 [shí qī], 时代 [shí dài]; **en aquella ~** 在那个时代 [zài nà ge shí dài]

equilibr/ado 1.,-a *adj* 平衡的 [píng héng de]; **2.** *m auto* 平衡器 [píng héng qì]; **~ar** *vt* 使平衡 [shǐ píng héng], 使均匀 [shǐ jūn yún]; **~io** *m* 平衡 [píng héng]; 平稳 [píng wěn]; **~ista** *m/f* 表演平衡木的人 [biǎo yǎn píng héng mù de rén]

equipa/je *m* 行李 [xíng lǐ]; **~je de mano** 手提行李 [shǒu tí xíng lǐ]; **~miento** *m auto* 装备 [zhuāng bèi], 配备 [pèi bèi]; **~r** *vt* **con** 装备 [zhuāng bèi], 配备 [pèi bèi]

equiparar *vt* 相提平论 [xiāng tí pìng lùn]

equipo *m* 队 [duì], 组 [zǔ]; 器材 [qì cái]; **~ de alta fidelidad** *electr* 高级组合音响 [gāo jí zǔ hé yīn xiǎng]

equita/ción *f* 骑马术 [qí mǎ shù]; **~tivo,-a** *adj jur* 公平的 [gōng píng de], 公正的 [gōng zhèng de]

equivale/ncia *f* 等值 [děng zhí], 等价 [děng jià], 等量 [děng liàng]; **~nte 1.** *adj m/f* 相等的 [xiāng děng de]; **2.** *m* 相等 [xiāng děng], 相当 [xiāng dāng]; **~r** *vi* **a u/c** 相等 [xiāng děng], 相同 [xiāng tóng]

equivoca/ción *f* 错误 [cuò wù], 搞错 [gǎo cuò]; **~do,-a** *adj* 搞错的 [gǎo cuò de], 弄错的 [nòng cuò de]; **estar ~do** 搞错了 [gǎo cuò le], 弄错了 [nòng cuò le]; **~r** *vt* 把…搞错 [bǎ…gǎo cuò], 把…弄错 [bǎ…nòng cuò]; **~rse** 搞错 [gǎo cuò], 弄错 [nòng cuò]

equívoco 1.,-a *adj* 模棱两可的 [mō léng liǎng kě de], 含糊的

[hán hū de]; **2.** *m* 含糊其词 [hán hū qí cí]

erec/ción *f* 竖立 [shù lì], 直立 [zhí lì]; **~to,-a** *adj* 竖立的 [shù lì de], 直立的 [zhí lì de]

eriza/do,-a *adj* 竖立的(发毛，刺等) [shù lì de (fā máo, cì děng)]; **~r** *vt* 使(毛发等)竖起来 [shǐ (máo fā děng) shù qǐ lái]; **~rse** (毛发等)竖立 [(máo fā děng) shù lì]

erizo *m* 刺猬 [cì wèi]; **~ de mar** *o* **marino** 海胆 [hǎi dǎn]

ermita *f* 野庙 [yě miào], 山寺 [shān sì]; **~ño** *m relig* 隐士 [yǐn shì], 山僧 [shān sēng]

erosión *f* 磨损 [mó sǔn], 侵蚀 [qīn shí]

erótico,-a *adj* 色情的 [sè qíng de]

erotismo *m* 色情 [sè qíng], 好色 [hào sè]

erra/nte *adj m/f* 流浪的 [liú làng de]; **~r** *vi* 徘徊 [pái huái], 游荡 [yóu dàng]

errata *f* 书写错误 [shū xiě cuò wù], 印刷错误 [yìn shuā cuò wù]

err/óneo,-a *adj* 错的 [cuò de], 错误的 [cuò wù de]; **~or** *m* 错误 [cuò wù], 过失 [guò shī]

eruct/ar *vi* 打嗝 [dǎ gé]; **~o** *m* 打嗝 [dǎ gé]

erudi/ción *f* 博学 [bó xué], 知识渊博 [zhī shī yuān bó]; **~to,-a 1.** *adj* 博学的 [bó xué de], 知识渊博的 [zhī shī yuān bó de]; **2.** *m/f* 博学的人 [bó xué de rén], 学者 [xué zhě]

erupción *f* (火山) 喷发 [(huǒ shān) pēn fā], 喷射 [pēn shè]

esbelt/ez *f* 苗条 [miáo tiáo], 匀称 [yún chèn]; **~o,-a** *adj* 苗条的 [miáo tiáo de], 匀称的 [yún chèn de]

esboz/ar *vt* 草拟 [cǎo nǐ], 打草稿 [dǎ cǎo gǎo]; **~ar una sonrisa** 叫人微笑一下 [jiào rén wēi xiào yī xià]; **~o** *m* 草稿 [cǎo gǎo], 草图 [cǎo tú]

escabeche *m gastr* 卤汁 [lǔ zhī], 卤汁食品 [lǔ zhī shí pǐn]; **en ~** 卤汁的 [lǔ zhī de]

escala *f* 刻度 [kè dù], 比例 [bǐ lì]; **hacer ~ en un puerto** *aero nav* (船，飞机)中途停靠 [(chuán, fēi jī) zhōng tú tíng kào]

escala/da *f* 攀登 [pān dēng]; **~dor,-a** *m/f* 攀登者 [pān dēng zhě]; **~r** *vt* 登上 [dēng shàng], 攀登 [pān dēng]

escalera *f* 楼梯 [lóu tī], 梯子 [tī zi]; **~ automática** 自动护梯 [zì dòng hù tī]; **~ de incendios** 紧急出口楼梯 [jǐn jí chū koǔ lóu tī]

escalofr/iante *adj m/f* 令人害怕的 [lìng rén hài pà de], 令人恐惧的 [lìng rén kǒng jù de]; **~ío** *m* 寒战 [hán zhàn], 寒热 [hán rè]

escalón *m* 阶梯 [jiē tī], 台阶 [tái jiē]; **~ lateral** 两边的阶梯 [liǎng biān de jiē tī]

escalope *f gastr* 炸猪排 [zhá zhū pái]

escama *f* 鳞 [lín], 鱼鳞 [yú lín]; **~do,-a** *adj* 有鳞的 [yǒu lín de];

~r *vt* 刮鱼鳞 [guā yú lín]; ~rse 起疑心 [qǐ yí xīn], 产生戒心 [chǎn shēng jiè xīn]

escandalizar *vt* 使出丑 [shǐ chū chǒu], 使哗然 [shǐ huà rán]; **~se** 出丑 [chū chǒu], 闹诽闻 [nào fěi wén]; **~ de u/c** 出…丑 [chū…chǒu],闹…诽闻 [nào…fěi wén]

escándalo *m* 丑事 [chǒu shì], 诽闻 [fěi wén]

escandaloso,-a *adj* 吵闹的 [chǎo nào de], 出丑的 [chū chǒu de]

Escandinav/ia *f* 斯堪的纳维亚半岛 [sī shèn de nà wéi yà bàn dǎo], 北欧 [běi ōu]; **~*o,-a 1.** *adj*斯堪的纳维亚半岛的, [sī shèn de nà wéi yà bàn dǎo de] 北欧的 [běi ōu de]; **2.** *m/f* 斯堪的纳维亚半岛人 [sī shèn de nà wéi yà bàn dǎo rén], 北欧人 [běi ōu rén]

esc/áner *m informát* 扫描仪 [sǎo miáo yí]; **~anear** *vt informát* 扫描 [sǎo miáo]

escaño *m* 议会席位 [yì huì xí wèi]

escapa/da *f* 逃走 [táo zǒu], 逃脱 [táo tuō]; **~r** *vi* 摆脱 [bǎi tuō], 逃走 [táo zǒu]; **~rse 1.** (水, 气等)漏出 [(shuǐ, qì děng) lòu chū], 逸出 [yì chū]; **2.** 脱开 [tuō kāi], 脱落 [tuo luò]

escapa/rate *m* 橱窗 [chú chuāng]; **~toria** *f* 托辞 [tuō cí], 借口 [jiè kǒu]

escape *m* 排气(口管) [pái qì (kǒu guǎn)]

escarabajo *m* 金龟子 [jīn guī zǐ], 蜣螂 ["qiāng" láng]

escarbar *vt* 刨 [pāo], 扒 [pá], 拱(地) [gǒng (dì)]

escarcha *f* 霜 [shuāng]; **~r 1.** *vi* 结霜 [jié shuāng]; **2.** *vt gastr* 用糖蘸 [yòng táng zhàn]

escarlatina *f med* 猩红热 [xīng hóng rè]

escarola *f* 苣荬菜 [jù měi cài]

escarpado,-a *adj* 陡峭的 [dǒu qiào de]

esca/samente *adv* 勉强地 [miǎn qiáng de], 艰难地 [jiān nán de]; **~sear** *vi* 短缺 [duǎn quē]; **~sez** *f* 缺少 [quē shǎo], 不足 [bú zú]; **~so,-a** *adj* 少量的 [shǎo liàng de], 不足的 [bú zú de]

escatimar *vt* 少给 [shǎo gěi], 吝惜 [lìn xī]

escayola *f* (医用)石膏 [(yī yòng) shí gāo]; **~r** *vt* 敷石膏 [fūshí gāo], 上石膏 [shàng shí gāo]

escena *f* 情景 [qíng jǐng], 现场 [xiàn chǎng]; **poner en ~** *teat* 演出 [yǎn chū], 上演 [shàng yǎn]; **entrar en ~ 1.** 登台表演 [dēng tái biǎo yǎn]; **2.** 进入角色 [jìn rù jué sè]; **~rio** *m* 舞台 [wǔ tái]

escénico,-a *adj* 舞台的 [wǔ tái de]; 戏剧的 [xì jù de]

escenografía *f* 舞台设计 [wǔ tái shè jì]

escepticismo *m* 怀疑主义 [huái yí zhǔ yì], 怀疑论 [huái yí lùn]
escéptico,-a 1. *adj* 怀疑的 [huái yí de]; **2.** *m/f* 怀疑论者 [huái yí lùn zhě]
esclarec/er 1. *vt* 明亮 [míng liàng], 使光亮 [shǐ guāng liàng]; **2.** *vi* 破晓 [pò xiǎo], 天亮 [tiān liàng]; **~ido,-a** *adj* 荣耀的 [róng yào de], 杰出的 [jié chū de]; **~imiento** *m* 明亮 [míng liàng], 光亮 [guāng liàng]
esclav/itud *f* 奴隶地位 [nú lì dì wèi]; 奴隶性 [nú lì xìng]; **~o,-a** *m/f* 奴隶 [nú lì]
esclusa *f* (运河的)船闸 [yùn hé de) chuán zhá]
escob/a *f* 扫帚 [sào zhǒu]; **~illa** *f* 扫帚 [sào zhǒu], 刷子 [shuā zi]
escocer *vi* 有灼痛感 [yǒu zhuó tòng gǎn]
escocés,-a 1. *adj* 英格兰的 [yīng gé lán de]; **2.** *m/f* 英格兰人 [ying gé lán rén]
escog/er *vt* 挑选 [tiāo xuǎn], 选择 [xǔan zé]; **~ido,-a** *adj* 挑选出来的 [tiāo xuǎn chū lái de]
escolar *adj m/f* 学校的 [xué xiào de], 学习的 [xué xí de]
escolta *f mil* **1.** 护卫队 [hù wèi duì]; **2.** 随从人员 [suí cóng rén yuán]; **~r** *vt mil* 护卫 [hù wèi], 护送 [hù sòng]
escombros *mpl* 瓦砾 [wǎ lì]
escond/er *vt* 隐藏 [yǐn cáng], 躲藏 [duǒ cáng]; **~idas** 捉迷藏 (游戏) [zhuō mí cáng (yóu xì)]; **a ~** 偷偷地 [tuō tuō de], 悄悄地 [qiāo qiāo de]; **~ite** *m* 捉迷藏 [zhuō mí cáng]; **~rijo** *m* 藏身之地 [cáng shēn zhīdì]
escopeta *f* 猎枪 [liè qiāng]; **~ de aire comprimido** 气枪 [qì qiāng]
escoria *f* 矿渣 [kuàng zhā], 渣滓 [zhā zǐ]
Escorpi/o *m astr* 天蝎座 [tiān xiē zuò]; **~*ón** *m zool* 蝎子 [xiē zǐ]
escot/ado,-a *adj* 挖开的 [wā kāi de], 豁开的 [huò kāi de]; **~e** *m* **1.** (衣服的)剪裁 [(yī fu de) jiǎn cái], 领口 [lǐng kǒu]; **2.** 袒露部分 [tǎn lù bù fèn]
escotilla *f nav* (船的)舱口 [(chuán de) cāng kǒu]
escozor *m* 灼痛 [zhuó tòng]
escri/bir *vt/i* 写 [xiě], 书写 [shū xiě]; **~ a máquina** 用打字机写 [yòng dǎ zì jī xiě]; **~to 1.,-a** *adj* 写的 [xiě de], 书写的 [shū xiě de]; **2.** *m* 书信 [shū xìn de], 文稿 [wén gǎo]; **por ~to** 书面地 [shū miàn de]; **~tor,-a** *m/f* 作家 [zuò jiā]; **~torio** *m* 写字台 [xiě zì tái]; **~tura** *f* 文字 [wén zì]; 书写 [shū xiě]
escrupulos/idad *f* 一丝不苟 [yī sī bù gǒu]; **~oso,-a** *adj* 一丝不苟的 [yī sī bù gǒu de]
escrúpulo(s) *m* 疑虑 [yí lǜ], 顾虑 [gù lǜ]
escrut/ar *vt* 察看 [chá kàn, 注视 [zhù shì]; **~inio** *m* 统计选票 [tǒng jì xuǎn piào]

escuadra *f* 直角尺 [zhí jiǎo chǐ], 三角板 [sān jiǎo bǎn]
escuadr/illa *f* 小舰队 [xiǎo jiàn duì], 飞行小队 [fēi xíng xiǎo duì]; **~ón** *m* (军队)中队 [(jūn duì) zhōng duì], 飞行中队 [fēi xíng zhōng duì]
escuchar *vt/i* 听见 [tīng jiàn], 听取 [tīng qǔ]
escudo *m* 盾 [dùn], 盾牌 [dùn pái]
escudriñar *vt* 查询 [chá xún], 打探 [dǎ tàn]
escuela *f* 学校 [xué xiào]; 学派 [xué pài]; ~ **primaria** 小学 [xiǎo xué]; ~ **secundaria** 中学 [zhōng xué]
escueto,-a *adj* 简单的 [jiǎn dāng de], 简炼的 [jiǎn liàn de]
escul/pir *vt/i* 雕刻 [diāo kè], 雕塑 [diāo sù]; **~tor,-a** *m/f* 雕塑家 [diāo sù jiā]; **~tura** *f* 雕塑品 [diāo sù pǐn]; **~tural** *adj m/f* 形态优美的 [xíng tài yōu měi de]
escupir 1. *vi* 吐痰 [tù tán]; **2.** *vt* 吐 [tù]
escurri/dizo,-a *adj* 滑的 [huá de], 易滑脱的 [yì huá tuō de]; **~do, -a** *adj* 瘦的 [shòu de], 没线条的 [méi xiàn tiáo de]; **~dor** *m* 盘碟沥干架 [pán dié lì gān jià]; **~r** *vt* 倒干净 [dǎo gān jìng]; **~rse 1.** 滑动 [huá dòng]; **2.** 脱 [tuō], 逃脱 [táo tuō]
ese, esa *pron dem* 那个的 [nà gè de]
ése, ésa *pron dem* 那个 [nà gè]; **ni por ésas** 即使那样也没能 [jì shǐ nà yàng yě méi néng]; **no soy de ésos (ésas)** 我不是那样的人 [wǒ bú shì nà yàng de rén]
esencia *f* 本质 [běn zhí], 精华 [jīng huá]; **~l** *adj m/f* 实质的 [shí zhì de], 精华的 [jīng huá de]
esfera *f* 球体 [qiú tǐ], 球面 [qiú miàn]
esférico,-a *adj* 球体的 [qiú tǐ de], 球的 [qiú de]
esfinge *f* 神秘莫测的人 [shén mì mò cè de rén]
esforza/do,-a *adj* 勇敢的 [yǒng gǎn de]; **~r** *vt* 使有力 [shǐ yoǔ lì], 激励 [jī lì], 鼓舞 [gǔ wǔ]; **~rse en / por hacer u/c** 努力 [nǔ lì], 尽力 [jìn lì]
esfuerzo *m* 努力 [nǔ lì]; **hacer un ~** 作努力 [zuò nǔ lì]
esfumarse 消失 [xiāo shī], 消散 [xiāo sàn], 没了 [méi le]
esgrima *f* 剑术 [jiàn shù]
esgrimir 1. *vt* 挥舞(剑, 刀等) [huī wǔ (jiàn, dāo děng)]; **2.** *vi* 要手腕 [shuǎ shǒu wàn], 用心计 [yòng xīn jì]
esguince *m* 闪避 [shǎngshǎn bì], 扭伤 [niǔ shāng]
eslavo,-a 1. *adj* 斯拉夫的; [sī lā fū de]; **2.** *m/f* 斯拉夫人 [sī lā fū rén]
eslov/aco,-a 1. *adj* 斯洛伐克的 [sī luò fá kè de]; **2.** *m/f* 斯洛伐克人 [sī luo fá kè rén]; **~*enia** 斯洛伐克[sī luò fá kè]; **~eno, -a 1.** *adj* 斯洛文尼亚的; [sī luò

wén ní yà de]; **2.** *m/f* 斯洛文尼亚人 [sī luò wén ní yà rén]

esmalt/ar *vt* 上釉 [shàng yòu], 上珐银 [shàng fǎ láng]; **~e** *m* 釉子 [yòu zi], 珐银 [fǎ láng]

esmerado,-a *adj* 细心的 [xì xīn de], 精制的 [jīng zhì de]

esmeralda *f* 祖母绿 [zǔ mǔ lǜ], 绿宝石 [lǜ bǎo shí]

esmerarse 精心 [jīng xīn], 细心 [xì xīn]; **~ en hacer u/c** 精心制作 [jīng xīn zhì zuò]

esmero *m* 精心 [jīng xīn], 细致 [xì zhì]; **con ~** 细心地 [xì xīn de], 仔细地 [zǐ xì de]

eso *pron dem* 那 [nà], 那个 [nà gè], 这样 [zhè yàng]; **~ es** 那是 [nà shì]; **por ~** 因此 [yīn cǐ], 因而 [yīn 'ér]; **¡~ es!** 对! [duì] 正是! [zhèng shì]

esófago *m med* 食道 [shí dào]

eso/térico,-a *adj* **1.** 秘密的 [mì mìde]; **2.** 秘传的 [mì chuán de]; **~terismo** *m* **1.** 隐秘 [yǐn mì]; **2.** 秘传 [mì chuán]

espabila/do,-a *adj coloq* 机灵的 [jī líng de], 头脑很活的 [tóu náo hěn huó de]; **~r** *vt/i* **1.** 使清醒 [shǐ qīng xǐng]; **2.** 动脑筋做 [dòng náo jīn zuò], 想办法做成 [xiǎng bàn fǎ zuò chéng]; **~rse** 自己找办法解决 [zì jǐ zhǎo bàn fǎ jiě jué]

espaci/al *adj m/f* 空间的 [kōng jiān de], 太空的 [tài kong dě]; **~ar** *vt* 留间隔 [liú jiān gé]; **~arse** (讲话, 文章等)铺开 [(jiǎng huà, wén zhāng) pù kāi], 展开 [zhán kāi]; **~o** *m* 空间, [kōng jiān] 间隔 [jiān gé]; **~oso,-a** *adj* **1.** 宽敞的 [kuān chǎng de]; **2.** 迟缓的 [chī huǎn de]

espada *f* 剑 [jiàn]

espalda *f* 背 [beì], 背部 [beì bù], 背面 [beì miàn]; **a ~s de alg** 背着某人 [beì zhé mǒu rén]; **de ~s a** 大吃一惊 [dà chī yī jīng]; **por la ~** 背后议论 [beì hoù yì lùn]

espant/ar *vt* 使惊恐 [shǐ jīng kōng]; **~arse** 惊恐 [jīng kōng], 害怕 [hài pà]; **~o** *m* **1.** 恐惧 [kǒng jù], 恐怖 [kōng bù]; **2.** 恐吓 [kōng hè], 威吓 [wēi xià]; **~oso,-a** *adj* 恐惧的 [kōng jù dě], 惊恐的 [jīng kōng de]

Españ/a *f* 西班牙 [xī bān yá]; **~*ol,-a** **1.** *adj* 西班牙的 [xī bān yá de]; **2.** *m/f* 西班牙人 [xī bān yá rén]; **3.** *m* 西班牙的 [xī bān yá yǔ]

esparadrapo *m* 胶布 [jiāo bù], 橡皮胶 [xiàng pí jiāo]

esparci/miento *m* 撒开 [chén kāi], 传开 [chuán kāi]; **~r** *vt* 撒开 [chén kāi]; 传开 [chuán kāi]; **~rse** 娱乐 [yú lè], 玩 [wán]

espárrago *m* 芦笋 [lú sǔn]

espátula *f* 刮铲 [guā chǎn], 抹刀 [mǒ dāo]

especia *f* 香料 [xiāng liào], 调料 [tiáo liào]

especial *adj m/f* 特殊的 [tè shū de], 专门的 [zhuān mén de]; **en ~** 尤其 [~yóu qí], 特别 [tè bié];

~**idad** *f* 特性 [tè xìng], 专长 [zhuān cháng]; ~**ista** *m/f* 专家 [zhuān jiā]; ~**izarse en** 专攻(某一学科) [zhuān gōn (mǒu yī xué kē)], 主修 [zhǔ xīu]

especie *f* 种 [zhǒng], 种类 [zhǒng lèi]; **una ~ de** 一种... [yī zhǒng]

espec/ificar *vt* 详细说明 [xiáng xì shuō míng]; ~**ífico,-a** *adj* 详细的 [xiáng xì de], 具体的 [jù tǐ de]

espect/áculo *m* 演出 [yǎn chū], 表演 [biǎo yǎn]; ~**acular** *adj m/f* 印象深刻的 [yìn xiàng shēn kè de], 壮观的 [zhuàng guān de]; ~**ador,-a** *m/f* 观众 [guāng zhòng], 目击者 [mù jī zhě]

especula/ción *f* 抄作 [chǎo zuò], 投机 [tóu jī]; ~**r** *vt/i* **sobre** 思索 [sī suǒ], 考虑 [kǎo lǜ]

espe/jismo *m* 海市蜃楼 [hǎi shì shèn lóu]; ~**jo** *m* 镜子 [jìng zi]

espeluznante *adj m/f* 令人毛骨悚然的 [lìng rén máo gǔ sǒng rán de]

espera *f* 等待 [děng dài]; **en ~ de** 等候 [děng hòu]

esperanza *f* 希望 [xī wàng], 期望 [qí wàng]

esperar *vt/i* **1.** 等 [děng], 等待 [děng dài]; **2.** 希望 [xī wàng], 期望 [qí wàng]

esperma *m* 精液 [jīng yè]

espes/ar *vt* 使浓 [shǐ nóng], 使稠密 [shǐ chóu mì]; ~**o,-a 1.** *adj* 浓的 [nóng de], 密的 [mì de], 厚的 [hòu de]; **2.** *m* (布的)密度 [(bù de) mì dù]; ~**or** *m* 厚度 [hòu dù], 浓度 [nóng dù], 密度 [mì dù]

espía *m/f* 密探 [mì tàn], 间谍 [jiàn dié]

espiar *vt* 侦察 [zhēn chá], 窥探 [kuī tàn]

espiga *f* 穗 [suì], 穗状花 [suì zhuàng huā]

espina *f* 刺 [cì], 芒刺 [mǎng cì]; ~ **dorsal** 脊柱 [jǐ zhù], 脊椎骨 [jǐ zhuī gǔ]; **dar mala ~** 使感到忧虑 [shǐ gǎn dào yoū lǜ]

espinaca(s) *fpl* 菠菜 [bō cài]

espin/illa *f* 胫骨 [jìng gǔ]; ~**oso, -a** *adj* **1.** 有刺的 [yoǔ cì de]; **2.** 棘手的 [jí shǒu de], 麻烦的 [má fán de]

espionaje *m* 间谍活动 [jiān dié huó dòng], 侦察 [zhēn chá]

espira/l 1. *adj m/f* 螺旋形的 [luó xuǎn xíng de]; **2.** *f* 螺旋线 [luó xuán xiàn]; ~**r 1.** *vt* 呼出 [hū chū], 吐出(气) [tǔ chū (qì)]; **2.** *vi* 呼吸 [hū xī]

espíritu *m* 精神 [jīng shěn], 心灵 [xīn líng]

espiritual *adj m/f* 精神上的 [jīng shěn shàng de], 心灵上的 [xīn líng shàng de]

espléndido,-a *adj* 极美好的 [jí měi hǎo de]

esplendor *m* 光辉 [guāng huī], 荣耀 [róng yào]; ~**oso,-a** *adj* 光辉的 [guāng huī de], 灿烂的 [càn làn de]

espliego *m bot* 熏衣草 [xūn yī cǎo]

esponj/a *f* 海绵 [hǎi mián]; **~oso,-a** *adj* 海绵状的 [hǎi mián zhuàng de]

espon/taneidad *f* 自发性 [zì fā xìng], 自愿性 [zì yuàn xìng]; **~táneo,-a** *adj* 自发的 [zì fā de], 自愿的 [zì yuàn de]

esporádico,-a *adj* 偶发的 [ǒu fā de], 偶然的 [ǒu rán de]

esposo,-a *m/f* 丈夫 [zhàng fū], 妻子 [qī zǐ]; 爱人 [ài rén]

esposas *fpl* 手铐 [shǒu kào]

espum/a *f* 泡沫 [pào mò]; **~a de afeitar** 刮胡子的泡沫 [guā hú zi de pào mò]; **~a de mar** 海泡石 [hǎi pào shí]; **~oso,-a** *adj* 多泡沫的 [duō pào mò de]

esquela *f* 短信 [duǎn xìn], 便条 [biàn tiáo]

esqueleto *m* 骨骼 [gǔ gé], 骨架 [gǔ jià]

esque/ma *m* 图解 [tú jiě], 图表 [tú biǎo]; **~mático,-a** *adj* 图解的 [tú jiě de], 概略的 [gài lüè de]

esquí *m* 滑雪 [huá xuě], 滑雪活动 [huá xuě huò dòng]; **~ acuático** 滑水运动 [huá shuǐ yùn dòng]; **~ de fondo** 速滑(雪) [sù huá (xuě)]

esquia/dor,-a *m/f* 滑雪的 [huá xuě de], 滑水的 [huá shuǐ de]; **~r** *vi* 滑雪 [huá xuě], 滑水 [huá shuǐ]

esquina *f* 角 [jiǎo], 街角 [jiē jiǎo]

esquiv/ar *vt* 避开 [bì kāi], 回避 [huí bì]; **~o,-a** *adj* 落落寡欢的 [làluò làluò guǎ huān de]

estab/ilidad *f* 稳定 [wěn dìng], 稳固 [wěn gù]; **~ilizar** *vt* 使稳定 [shǐ wěn dìng]; **~le** *adj m/f* 稳固的 [wěn gù de], 持久的 [chí jiǔ de]

estable/cer *vt* 建立 [jiàn lì], 成立 [chéng lì]; **~cerse 1.** 定居 [dìng jū], 安家落户 [ān jiā luò hù]; **2.** 开业 [kāi yè], 开店 [kāi diàn]; **~cimiento** *m* 店铺 [diàn pū], 商店 [shāng diàn]

establo *m* 牲畜圈 [shēng chù juàn]

estaca *f* 木桩 [mù zhuāng], 桩标 [zhuāng biāo]

estación *f* **1.** 火车站 [huǒ chē zhàn]; **2.** (一年的)季节 [(yī nián de) jì jié]; **~ de autobuses** 汽车站 [qì chē zhàn]; **~ de ferrocarriles** 火车站 [huǒ chē zhàn]; **~ de invierno** 冬季 [dōng jì]; **~ de servicio** 服务站 [fú wù zhàn]

estacionamiento *m* 停车场 [tíng chē chǎng]

estacionario,-a *adj* 不动的 [bú dòng de], 滞留的 [zhì liú de]

estacionarse 停留 [tíng liú], 停放 [tíng fàng]

estadio *m* **1.** 体育场 [tǐ yù chǎng]; **2.** 阶段 [jiē duàn], 时期 [shí qī]

estadística *f* (国家经济, 财产等)统计 [(guó jiā jīng jì, cái chǎn děng) tǒng jì], 统计学 [tǒng jì xué]

estado 1. *m* 状况 [zhuàng kuàng], 状态 [zhuàng tài]; **~ civil** 婚姻

状况 [hūn yīn zhuàng kuàng]; ~* **Mayor** *mil* 参谋部 [cān móu bù]; **2. ~*s Unidos** *mpl* 美国 [měi guó]; **~unidense** *adj m/f* 美国的 [měi guó de], 美国人的 [měi guó rén de]

estafa *f* 诈骗 [zhà piàn]; **~dor 1.,-a** *adj* 诈骗的 [zhà piàn de]; **2.** *m* 骗子 [piàn zi]; **~r** *vt* 诈骗 [zhà piàn]

estall/ar *vi* 爆炸 [bào zhà], 爆发 [bào fā]; **~ido** *m* 爆炸 [bào zhà], 爆发 [bào fā]

estamp/a *f* 画片 [huà piān], 插图 [chā tú]; **~ado 1.,-a** *adj* 印花的 [yìn huā de]; **2.** *m* 印花布 [yìn huā bù]; **~ar** *vt* 印刷 [yìn shuā], 印(花布) [yìn (huā bù)]; **~illa** *f* 邮票 [yóu piào], 印花 [yìn huā]

estanc/amiento *m* 停滞 [tíng zhì], 停顿 [tíng dùn]; **~ar** *vt* 使停滞 [shǐ tíng zhì], 使停顿 [shǐ tíng dùn]

estancia *f* 停留 [tíng liú], 停留期间 [tíng liú qī jīan]

estanco *m* 专卖店 [zhuān mài diàn], 烟草店 [yān cǎo diàn]

estanque *m* 贮水池 [zhù shuǐ chí]; 油箱 [yóu xiāng]

estante *m* 隔板 [gé bǎn]; **~ría** *f* 书架 [shū jià]

estaño *m* 锡 [xī]

estar 在 [zài], 处于 [chǔ yú]; **estoy bien (mal)** 我很好(不好) [wǒ hěn hǎo (bú hǎo)]; **~ haciendo u/c** 我正在做... [wǒ zhēng zài zuò]; **¿cómo está Vd?** 您好吗? [nín hǎo ma?]; **está bien** 行 [xíng], 可以了 [kě yǐ le]; **estamos a 10 de mayo** 今天五月十号。[jīn tiān wǔ yuè shí hào]

estatal *adj m/f* 国家的 [guó jiā de], 国立的 [guó lì de]

estático,-a *adj* **1.** 静力学的 [jìng lì xué de]; **2.** 静止的 [jìng zhǐ de], 静态的 [jìng tài de]

estatua *f* 雕塑 [diāosù], 塑像 [sù xiàng]

estatura *f* 身长 [shēn cháng], 身高 [shēn gāo]

estatuto *m* 章程 [zhāng chéng], 条例 [tiáo lì]; **~ de autonomía** *m* 自治区章程 [zì zhì qū zhāng chéng]

este *m* 东 [dōng], 东方 [dōng fāng]

este, esta *(pl estos, estas) adj dem* 这个的 [zhè gè de], 这些的 [zhè xiē de]

éste, ésta *(pl éstos, éstas) pron dem* (阴, 阳)这个 [(yīn, yáng) zhè ge], 这些 [zhè xiē]

estela *f* 纪念碑 [jì niàn bēi], 墓碑 [mù bēi]

estepa *f* 大草原 [dà cǎo yuán]

estera *f* 席子 [xí zi]

estéreo *adj inv* 立体声的 [lì tǐ shēng de]

estéril *adj m/f* 不能生育的 [bù néng shēng yù de]

esterili/dad *f* 不育 [bù yù], 不结果实 [bù jiē guǒ shí]; **~zación** *f* 无生育能力 [wú shēng yù néng lì]; **~zar** *vt* 使不能生育 [shǐ bú néng shēng yù]

est/ética *f* 美学 [měi xué]; **~eticista** *f* 美学家 [měi xué jiā]; **~ético,-a** *adj* 美学的 [měi xué de]

estiércol *m* (畜牲的)粪便 [(chù shēng de) fèn biàn]

estigma *m* 疤痕 [bā hén], 伤疤 [shāng bā]

estilo *m* 形式 [xíng shì], 式样 [shì yàng], 风格 [fēng gé]; **por el ~** 从风格上看 [cóng fēng gé shàng kān]

estima *f* 尊重 [zūn zhòng], 赞赏 [zàn shǎng]; **~ción** *f* 敬重 [jìng zhòng], 喜爱 [xǐ ài]; **~r 1.** *vt* 评估 [píng gū], 估价 [gū jià]; **2.** *vi* 自重 [zì zhòng], 自爱 [zì ài]

estimula/nte *m* 兴奋剂 [xīng fèn jì]; **~r** *vt* 激励 [jī lì], 刺激 [cì jī]

estímulo *m* 刺激 [cì jī], 鼓励 [gǔ lì]

estipula/ción *f* 条约 [tiáo yuē], 协定 [xié dìng]; **~r** *vt* 达成协议 [dá chéng xié yì]

estirar *vt* 拉长 [lā cháng], 伸展 [shēn zhǎn]; **~ las piernas** 伸伸大腿 [shēn shēn dà tuǐ]

estirón *m* 拉 [lā]

estirpe *f* 门第 [mén dì], 血统 [xuè tǒng]

estival *adj m/f* 夏天的 [xià tiān de]

esto *pron dem* 这个 [zhè ge]; **por ~**为此 [wéi cǐ]; **en ~** 这时候 [zhè shí hòu]; **~ es** 这个是 [zhè ge shì]

estofado 1.,-a *adj* 炖的 [dùn de]; **2.** *m* 炖肉 [dùn ròu]

estómago *m* 胃 [wèi]

estorb/ar 1. *vt* 阻碍 [zǔ 'ài], 阻止 [zǔ zhǐ]; **2.** *vi* 烦扰 [fán rǎo]; **~o** *m* 障碍 [zhàng ài]

estornud/ar *vi* 打喷嚏 [dǎ pēn tì]; **~o** *m* 喷嚏 [pēn tì]

estrado *m* 主席台 [zhǔ xí tái]

estrafalario,-a *adj coloq* 邋遢的 [lā tā de], 古怪的 [gǔ guài de]

estrago *m* 灾害 [zāi hài], 灾难 [zāi nàn]

estragón *m gastr* 龙蒿 [lóng hāo]

estrangula/ción *f* **1.** 勒死 [lēi sǐ], 掐死 [qiā sǐ]; **2.** 窒息 [zhì xī]; **~r** *vt* **1.** 勒死 [lēi sǐ], 掐死 [qiā sǐ]; **2.** 使窒息 [shǐ zhì xī]

estrat/agema *f* 策略 [cè lüè], 诡计 [guǐ jì]; **~egia** *f* 战略 [zhàn lüè]; **~égico,-a** *adj* 战略的 [zhàn lüè de]

estre/char 使变狭窄 [shǐ biàn xiá zhǎi], 握紧 [wò jǐn]; **~chez** *f* 狭窄 [xiá zhǎi]; **~cho 1.,-a** *adj* 狭窄的 [xiá zhǎi de], 紧密的 [jǐn mì de], 握紧的 [wò jǐn de]; **~cho de miras** 目光狭窄 [mù guāng xiá zhǎi]; **2.** *m geogr* 海峡 [hǎi xiá]

estrella *f* **1.** 星 [xīng], 星体 [xīng tǐ]; **2.** 明星 [míng xīng]; **~ de mar** *zool* 棘海星 [jí hǎi xīng]; **~ fugaz** 流星 [liú xīng]; **tener buena ~** 命好 [mìng hǎo], 好运气 [hǎo yùn qì]; **~do,-a** *adj*

1. 星状的 [xīng zhuàng de], 星形的 [xīng xíng de]; 2. 布满星辰的 [bù mǎn xīng chén de]; **~r** *vt* 摔碎 [shuāi suì], 使撞碎 [shǐ zhuàng suì]; **~rse** 跌落 [die luò], 撞伤 [zhuàng shāng]

estremec/er *vt* 震动 [zhèn dòng], 使发抖 [shǐ fā dǒu]; **~erse** 打哆嗦 [dǎ duō suō]; **~imiento** *m* 震动 [zhèn dòng], 发抖 [fā dǒu]

estren/ar *vt* 启用 [qǐ yòng]; 初次上演 [chū cì shàng yǎn]; **~arse con u/c** 开始从业 [kāi shǐ cóng yè], 开始任职 [kāi shǐ rèn zhí]; **~o** *m* 首次上演 [shǒu cì shàng yǎn],首轮(电影) [shǒu lún (diàn yǐng)]

estreñimiento *m* 便秘 [biàn mì]

estr/épito *m* 轰响 [hōng xiǎng], 巨响 [jù xiǎng]; **~epitoso,-a** *adj* 轰响的 [hōng xiǎng de], 震耳欲聋的 [zhèn ěr yù lóng de]

estrés *m* 工作紧张症 [gōng zuò jǐn zhāng zhèng]

estricto,-a *adj* 严密的 [yán mì de], 严格的 [yán gé de]

estridente *adj m/f* 刺耳的 [cì ěr de]

estrofa *f* (诗的) 节 [(shī de) jié]

estropea/do,-a*adj* 损坏的 [sǔn huài de], 毁坏的 [huǐ huài de]; **~r** *vt* 损坏 [sǔn huài], 毁坏 [huǐ huài]

estructura *f* 结构 [jié gòu], 构造 [gòu zào]; **~r** *vt* 构造 [gòu zào]

estuche *m* 盒 [hé], 匣 [xiá]

estudia/nte *m/f* 学生 [xué shēng]; **~r** *vt/i* 研究 [yán jiū], 学习 [xué xí]

estudio *m* 学习 [xué xí], 研究 [yán jiū]; **~s** *mpl* 课程 [kè chěng], 学业 [xué yè]; **~so,-a** *adj* 勤奋的 [qín fèn de]

estufa *f* 炉 [lú], 火炉 [huǒ lú]

estupe/facción *f* 惊讶 [jīng yà], 惊愕 [jīng è]; **~faciente** *m* 麻醉性的 [má zuì xìng de], 催眠的 [cuī mián de]; **~facto,-a** *adj* **por, ante** 惊呆的 [jīngdāide], 惊愕的 [jīng è de]

estupendo,-a *adj* 好极的 [hǎo jí de], 太好的 [tài hǎo de]

estupidez *f* 愚笨 [yú bèn], 笨拙 [bèn zhuō]

estúpido,-a *adj* 愚笨的 [yú bèn de]

etapa *f* (路程的) 段 [(lù chéng de) duàn], 阶段 [jiē duàn]; **por ~s** 分阶段地 [fēn jiē duàn dì]

etern/idad *f* 永久 [yǒng jiǔ], 永恒 [yǒng héng]; **~o,-a** *adj* 永恒的 [yǒng héng de], 永远的 [yǒng yuǎn de]

étic/a *f* 伦理 [lún lǐ], 道德观 [dào dé guān]; **~o,-a** *adj* 伦理的 [lún lǐ de], 道德的 [dào dé de]

etiqueta *f* 标签 [biāo qiān]; **~r** *vt* 贴标签 [tiē biāo qiān]

étnico,-a *adj* 种族的 [zhǒng zú de], 人种的 [rén zhǒng de]

eucalipto *m* 蓝桉树 [lán ān shù]

euro *m* 欧元 [ōu yuán]

Euro/pa *f* 欧洲 [ōu zhōu]; **~*peo, -a 1.** *adj* 欧洲的 [ōu zhōu de]; **2.** *m/f* 欧洲人 [ōu zhōu rén]

euskera *m* 巴斯克语 [bā sī kè yǔ]

eutanasia *f* 安乐死 [ān lè sǐ]

evacua/ción *f* 腾出 [téng chū], 空出 [kōng chū]; **~r** *vt* 腾出 [téng chū], 空出 [kōng chū]

evadir *vt* 避免 [bì miǎn], 避开 [bì kāi]; **~se** 逃走 [táo zǒu]

evalua/ción *f* 定价 [dìng jià], 估价 [gū jià]; **~r** *vt* 定价 [dìng jià], 估价 [gū jià]

evan/gélico,-a *adj* 福音的 [fú yīn de]; **~*gelio** *m* 福音 [fú yīn], 福音书 [fú yīn shū]

evapora/ción *f* 蒸发 [zhēng fā], 挥发 [huī fā]; **~r 1.** *vt* 使蒸发 [shǐ zhēng fā], 使挥发 [shǐ huī fā]; **2.** *vi* 消失 [xiāo shī]; **~rse** (咖啡 [kā fēi], 茶叶等 [chá yè děng])走味 [zǒu wèi], 变质 [biàn zhì]

evasi/ón *f* **1.** 托辞 [tuō cí], 遁辞 [dùn cí]; **2.** 出神 [chū shén]; **~ fiscal** 避税 [bì shuì], 逃税 [táo shuì]; **~va** *f* 遁辞 [dùn cí], 托辞 [tuō cí]; **~vo,-a** *adj* 含糊其词的 [hán hū qí cí de]

evento *m* 偶然事件 [ǒu rán shì jiàn], 重大活动 [zhòng dà huó dòng]

eventual *adj m/f* 偶然的 [ǒu rán de], 意外的 [yì wài de]; **~idad** *f* 可能性 [kě néng xìng], 偶然性 [ǒu rǎn xìng]

eviden/cia *f* 明显 [míng xiǎn], 无可置疑性 [wú kě zhì yí xìng]; **poner en ~** 表明 [biǎo míng], 说明 [shuō míng]; **~ciar** *vt* 使明显 [shǐ míng xiǎn], 表明 [biǎo míng]; **~te** *adj m/f* 无可置疑的 [wú kě zhì yí de], 明显的 [míng xiǎn de]

evita/ble *adj m/f* 可避免的 [kě bì miǎn de]; **~r** *vt* 避免 [bì miǎn], 防止 [fáng zhǐ]

evocar *vt* 召唤 [zhào huàn], 祈请 [qí qǐng]

evolu/ción *f* 演变 [yǎn biàn], 进化 [jìn huà]; **~cionar** *vi* 进化 [jìn huà], 演变 [yǎn biàn]

exac/tamente *adv* **1.** 精确地 [jīng què de], 准确地 [zhǔn què de]; **2.** 严格地 [yán gé de], 一丝不苟地 [yī sī bú gǒu de]; **¡~!** 正是! [zhēng shì]; **~titud** *f* 准确性 [zhǔn què xìng], 精确性 [jīng què xìng]; **~to,-a** *adj* 准确的 [zhǔn què de], 确切的 [què qiē de]; **¡~to!** 对! [duì] 没错! [méi cuò]

exagera/ción *f* 夸张 [kuā zhāng]; **~r** *vt* 夸大 [kuā dà], 夸张 [kuā zhāng]

exalta/ción *f* 兴奋 [xīng fèn], 激动 [jī dòng]; **~do,-a** *adj* 激动的 [jī dòngde], 兴奋的 [xīng fèn de]; **~r** *vt* 使激动 [shǐ jī dòng], 使兴奋 [shǐ xīng fèn]; **~rse** 激动 [jī dòng]; **~ por u/c** 为…而激动 [wéi... ér jī dòng]

exam/en *m* 考试 [kǎo shì], 考核 [kǎo hé]; **~inar** *vt* 考试 [kǎo shì], 测试 [cè shì]

excava/ción *f* 挖 [wā], 挖掘 [wā jué]; **~dora** *f* 挖掘机 [wā jué jī], 挖土机 [wā tǔ jī]; **~r** *vt* 挖 [wā], 掘 [jué]

excede/nte **1.** *adj m/f* 过多的 [guò duō de], 剩余的 [shèng yú de]; **2.** *m* 剩余 [shèng yú]; **~r** *vt* 超过 [chāo guò], 胜过 [shèng guò]; **~rse** 过分 [guò fēn], 过量 [guò liáng]

excelen/cia *f* 优秀 [yōu xiù], 杰出 [jié chū]; **~te** *adj* 极好的 [jí hǎo de], 优秀的 [yōu xiù de]

ex/centricidad *f* **1.** 离心率 [lí xīn lǜ], 偏心率 [piān xīn lǜ]; **2.** 古怪 [gǔ guài]; **~céntrico,-a** *adj* **1.** 偏心的 [piān xīn de], 离心的 [lí xīn de]; **2.** 古怪的 [gǔ guài de]

excep/ción *f* 例外 [lì wài]; **~cional** *adj m/f* 例外的 [lì wài de], 特殊的 [tè shū de]; **~to** 除... 之外 [chú... zhī wài], 都... [dōu]; **~to que** 除去 [chú qù], 除...之外 [chú... zhī wài], 都... [dōu]; **~tuar** *vt* 除外 [chú wài], 例外 [lì wài]

exces/ivo,-a *adj* 过分的 [guò fēn de], 过大的 [guò dà de]; **~o** *m* 多余 [duō yú], 过分 [guò fēn]; **~o de equipaje** *aero* 行李超重 [xíng lǐ chāo zhòng]; **~o de peso** 超重 [chāo zhòng]; **~o de velocidad** 超速 [chāo sù]

excita/ción *f* 刺激 [cì jī], 挑动 [tiāo dòng], 鼓动 [gǔ dòng]; **~nte** *adj m/f* 刺激的 [cì jī de], 煽动的 [shān dòng de]; **~r** *vt* 刺激 [cì jī], 挑动 [tiāo dòng], 鼓动 [gǔ dòng]

exclama/ción *f* 感叹 [gǎn tàn], 惊叹 [jīng tàn]; **~r** *vt* 叫 [jiào], 喊 [hǎn], 感叹 [gǎn tàn]

exclu/ir *vt* **de** 把…排除 [bǎ... pái chú]; **~sión** *f* 排除 [pái chú], 不包括 [bú bāo kuò]; **~siva** *f* 专营（权）[zhuān yíng (quán)]; **~sivo,-a** *adj* **1.** 排他的 [pái tā de]; **2.** 独一无二的 [dú yī wú èr de], 唯一的 [wéi yī de]

excursi/ón *f* 远足 [yuǎn zú], 短途旅行 [duǎn tú lǚ xíng]; **~onista** *m/f* 远足者 [yuǎn zú zhě], 旅游者 [lǚ yóu zhě]

excusa *f* 解释 [jiě shì], 谦意 [qiàn yì]; **~ble** *adj m/f* 可辩解的 [kě biàn jiě de], 可原谅的 [kě yuán liàng de]; **~do,a** *adj* 多余的 [duōyúde], 无用的 [wúyòngde]; **~r** *vt* 辩解 [biànjiě], 解释 [jiěshì]; **~r a alg de u/c** 原谅某人做的事 [yuán liàng mǒu rén zuò de shì]

exen/ción *f* **de** 免除 [miǎn chú], 豁免 [huò miǎn]; **~ción fiscal** 免税 [miǎn shuì]; **~tar** *vt* **de u/c** 免除 [miǎn chú], 解除 [jiě chú], 豁免 [huò miǎn]; **~to,-a** *adj* 无束缚的 [wú shù fú de], 免除了的 [miǎn chú le de]; **~to de derechos** 免关税 [miǎn guān shuì]; **~to de franqueo** 邮资已付 [yóu zī yǐ fù]; **~to de impuestos** 免税 [miǎn shuì]

exhausto,-a *adj* 枯竭的 [kū jié de], 耗尽的 [hào jìn de]
exhibi/ción *f* 展览 [zhǎn lǎn], 陈列 [chén liè], 展示 [zhǎn shì]; **~r** *vt* 展览 [zhǎn lǎn], 陈列 [chén liè], 展示 [zhǎn shì]
exigen/cia *f* 要求 [yāo qiú], 强求 [qiáng qiú]; **~te** *adj m/f* 强求的 [qiáng qiú de], 苛刻的 [kē kè de]
exigir *vt* 要求 [yāo qiú], 强求 [qiáng qiú]
exili/ar *vt* 放逐 [fàng zhú], 流亡 [liú wáng]; **~arse** 流亡海外 [liú wáng hǎi wài]; **~o** *m* 放逐 [fàng zhú],流亡 [liú wáng]
exist/encia *f* 存在 [cún zài]; 生活 [shēng huó], 生存 [shēng cún]; **~encias** *fpl com* 存货 [cún huò]; **~encial** *adj m/f* 存在的 [cún huò de]; **~ente** *adj m/f* 现存的 [xiàn cún de], 实在的 [shí zài de]; **~ir** *vi* 存在 [cún zài]; 生存 [shēng cún]
éxito *m* 成果 [chéng guǒ], 成就 [chéng jiù]
exitoso,-a *adj* 成功的 [chéng gōng de]
exótico,-a *adj* 奇异的 [qí yì de], 外来的 [wài lái de]
expansión *f* 膨胀 [péng zhàng], 扩张 [kuò zhāng]
expecta/ción *f* 期待 [qī dài], 期望 [qī wàng]; **~nte** *adj m/f* 期待的 [qī dài de], 期望的 [qī wàng de]; **~tiva** *f* 希望 [xī wàng], 期望 [qī wàng]; **estar a la ~tiva** 等待 [děng dài], 观望 [guān wàng]
expedición *f* **1.** 敏捷 [mǐn jié], 机敏 [jī mǐn]; **2.** 考察 [kǎo chá], 探险 [tàn xiǎn]
expediente *m* 公文 [gōng wén], 档案 [dàng àn]
expedir *vt* 处理 [chǔ lǐ], 发送 [fā sòng]
experiencia *f* 经验 [jīng yàn], 实验 [shí yàn]; **tener ~** 有经验 [yǒu jīng yàn]
experiment/ado,-a *adj* **en** 有经验的 [yǒu jīng yàn de], 老练的 [lǎo liàn de]; **~ar** **1.** *vt* 体验 [tǐ yàn], 经历 [jīng lì]; **2.** *vi* 试验 [shì yàn], 实验 [shí yàn]; **~o** *m* 试验 [shì yàn], 实验 [shí yàn]
experto,-a **1.** *adj* **en** 熟练的 [shú liàn de], 内行的 [nèi háng de]; **2.** *m/f* **en** 专家 [zhuān jiā], 行家 [háng jiā]
expira/ción *f m* 死 [sǐ], 断气 [duàn qì], 咽气 [yàn qì]; **~r** *vi* 死 [sǐ], 断气 [yàn qì]
explica/ble *adj m/f* 可以解释的 [kě yǐ jiě shì de]; **~ción** *f* 说明 [shuō míng], 解释 [jiě shì]; **~r** *vt* 说 [shuō], 讲解 [jìn jué], 解释 [jiě shì]
explícito,-a *adj* 清楚说明的 [qīng chǔ shuō míng de], 明确的 [míng què de]
explora/ción *f* 考察 [kǎo chá], 勘探 [kān tàn], 探测 [tàn cè]; **~r** *vt* 考察 [kǎo chá], 探测 [tàn cé], 勘探 [kān tàn]
explosi/ón *f* 爆裂 [bào liè], 爆炸 [bào zhà]; **hacer ~ón** 爆炸 [bào

zhà], 引爆 [yǐn bào]; **~vo 1.,-a** *adj fig* 爆炸性的 [bào zhà xìng de]; **2.** *m* 炸药 [zhà yào], 爆炸物 [bào zhà wù]

explota/ción *f* 开采 [kāi cǎi], 开发 [kāi fā]; **~r 1.** *vt* 剥削 [bō xuē], 利用 [lì yòng]; **2.** *vi* 开采 [kāi cǎi], 开发 [kāi fā]

exponer *vt foto* (底片)爆光 [(dǐ piàn) bào guāng]; **~se** 冒险 [mào xiǎn]

exporta/ción *f* 出口 [chū kǒu], 输出 [shū chū]; **~r** *vt* 出口 [chū kǒu], 输出 [shū chū]

exposición *f* 展出 [zhǎn chū], 展览 [zhǎn lǎn], 陈列 [chén liè]

expres/ar *vt* 表达 [biǎo dá], 表明 [biǎo míng]; **~ión** *f* 表达 [biǎo dá], 表明 [biǎo míng]; **~ivo,-a** *adj* 富于表达能力的 [fù yǒu biǎo dà néng lì de]; **~o,-a** *adj* 明确的 [míng què de]

exprimi/dora *f* 榨汁器 [zhà zhī qì], 压榨器 [yā zhà qì]; **~r** *vt* 榨 [zhà], 挤压 [jǐ yā]

expropia/ción *f* 征用 [zhēng yòng]; **~r** *vt* 征用 [zhēng yòng]

expuesto,-a *adj* 暴露的 [bào lù de], 无掩蔽的 [wú yǎn bì de]

expuls/ar *vt* 驱逐 [qū zhù], 逐出 [zhù chū]; **~ión** *f* 驱逐 [qū zhù], 逐出 [zhù chū]

exquisit/ez *f* **1.** 优美 [yōu měi], 高雅 [gāo yǎ de]; **2.** 美味 [měi wèi]; **~o,-a** *adj* **1.** 美味的 [měi wèi de], 好吃的 [hǎo chī de]; **2.** 优美的 [yōu měi de]

éxtasis *m drog* 毒品上瘾 [dú pǐn shàng yǐn], 着迷毒品 [zháo mí dú pǐn]

exten/der *vt* 扩展 [kuò zhǎn], 摊开 [tān kāi]; **~derse** 传开 [chuán kāi], 蔓延 [màn yán]; **~sión** *f* 扩展 [kuò zhǎn], 延展 [yán zhǎn]; **~so,-a** *adj* 广阔的 [guǎng kuò de], 广大的 [guǎng dà de]; **por ~so** 广泛地 [guǎng fàn de], 详尽地 [xiáng jìn de]

exterior 1. *adj m/f* 外部的 [wài bù de], 外表的 [wài biǎo de]; **2.** *m* 外表 [wài biǎo], 外面 [wài miàn]

extermin/ar *vt* 消灭 [xiāo miè], 毁灭 [huǐ miè], 灭绝 [miè jué]; **~io** *m* 毁灭 [huǐ miè], 消灭 [xiāo miè], 灭绝 [miè jué]

externo,-a *adj* 外部的 [wài bù de], 外面的 [wài miàn de]

extin/ción *f* 熄灭 [xī miè], 扑灭 [pū miè]; **~guir** *vt* 熄灭 [xī miè], 扑灭 [pū miè]; **~guirse** 使消亡 [shǐ xiāo wáng], 使消失 [shǐ xiāo shī]

extintor *m* 灭火器 [miè huǒ qì]; **~ de incendios** 灭火器 [miè huǒ qì]

extors/ión *f* 强夺 [qiáng duó], 敲诈 [qiāo zhà]; **~ionar** *vt* 敲诈 [qiāo zhà]

extra 1. *adj* 额外的 [é wài de]; **2.** *m* 额外工资 [é wài gōng zī], 奖金 [jiǎng jīn]

extrac/ción *f* 取出 [qǔ chū], 抽出 [chōu chū]; **~to** *m* 提要 [tí yào],

梗概 [gěng gài]; **~to de cuenta** 银行帐目单 [yín háng zhàng mù dān]
extradición *f jur* 引渡（逃犯）[yǐn dù (táo fàn)]
extraer *vt* 取出 [qǔ chū], 抽出 [chōu chū], 拔出 [bá chū]
extranjero 1.,-a *adj* 外国的 [wài guó de]; **2.** *m* 外国 [wài guó]
extrañ/ar *vt* 使感到奇怪 [shǐ gǎn dào qí guài], 使惊奇 [shǐ jīng qí]; **~arse de u/c** 感到奇怪 [gǎn dào qí guài], 感到惊奇 [gǎn dào jīng qí]; **~o,-a** *adj* 外来的 [wài lái de], 奇怪的 [qí guài de]
extraordinario,-a *adj* 非凡的 [fèi fán de], 特别的 [tè bié de]
extraviar *vt* 使迷路 [shǐ mí lù], 引入歧途 [yǐn rù qí tú]; **~se** 迷路 [mí lù], 走如歧途 [zǒu rú qí tú]
extrem/adamente *adv* **1.** 很 [hěn], 非常 [fēi cháng], 十分 [shí fēn]; **2.** 极端地 [jí duān dì], 过分地 [guò fèn dì]; **~ado,-a** *adj* 极端的 [jí duān de], 非常的 [fēi cháng de]; **~ar** *vt* 使达到极端 [shǐ dá dào jí duān]
extremaunción *f relig* （给临终人施行的）涂油礼 [(gěi lín zhōng rén shī xíng de) tú yóu lǐ]
extrem/ista 1. *adj m/f* 偏激的 [piān jīde], 有极端倾向的 [yǒu jí duān qīng xiàng de]; **2.** *m/f pol* 偏激分子 [piān jī fēn zǐ]; **~o 1.,-a** *adj* 末端的 [mò duān de], 极端的 [jí duān de]; **2.** *m* 端头 [duān tóu], 尽头 [jìn tóu]
eyacula/ción *f* 射出 [shè chū], 射精 [shè jīng]; **~r** *vt/i* 射出 [shè chū], 射精 [shè jīng]

F

fa *m mús* 音乐中的第四个唱名 [yīn yuè zhòng de dì sì ge chàng míng]
fabada *f* 阉肉炖豆（阿斯图利亚的特色菜）[yān ròu dùn dòu (ā sī tú lì yà de tè sè cài)]
fábrica *f* 工厂 [gōng chǎng], 加工场 [jiā gōng chǎng]
fabrica/ción *f* 制造 [zhì zào], 生产 [shēng chǎn]; **~nte** *m* 厂家 [chǎng jiā], 制造商 [zhì zào shāng]; **~r** *vt* 制造 [zhì zào], 生产 [shēng chǎn]
fábula *f* **1.** 寓言 [yù yán]; **2.** 流言蜚语 [liú yán fēi yǔ]
fabuloso,-a *adj* **1.** 神话般的 [shén huà bān de]; **2.** 虚构的 [xū gòu de], 伪造的 [wěi zào de]
fac/eta *f* (多面体的) 面 [(duō miàn tǐ de) miàn]; **~ial** *adj m/f* 面部的 [miàn bù de]
facha 1. *f* 样子 [yàng zi], 容貌 [róng mào]; **2.** *m* 法西斯分子 [fǎ xī sī fēn zǐ]; **~da** *f*（建筑物的）正面 [(jiàn zhù wù de) zhèng miàn], 门面 [mèn miàn]
fácil *adj m/f* 容易的 [róng yì de]
facil/idad *f* 便利条件 [biàn lì tiáo jiàn]; **~itar** *vt* 提供 [tí gòng (biàn lì)]（便利）

factible *adj m/f* 可行的 [kě xíng de]

factor *m* 因素 [yīn sù]

factoría *f* 工厂 [gōng chǎng], 加工场 [jiā gōng chǎng]

factura *f* 发票 [fā piào]; **~ción** *f* 营业额 [yíng yè 'é]; **~r** *vt* 开发票 [kāi fā piào]

facultad *f* **1.** (大学的)系 [(dà xué de) xì]; **2.** (说话的)能力 [(shuō huà de néng lì)],才能 [cái néng]

facultades *fpl* 财产 [cái chǎn], 资产 [zī chǎn]

faculta/r *vt* 授权 [shòu quán]; **~tivo 1.,-a** *adj* 学术的 [xué shù de], 专业的 [zhuān yè]; **2.** *m* 专家 [zhuān jiā], 行家 [háng jiā]

faena *f* 工作 [gōng zuò], 活儿 [huó 'er]; **~r** *vi* 捕鱼 [bǔ yú]

faisán *m* 野鸡 [yě jī], 雉 [zhì]

faj/a *f* 腰带 [yāo dài], 带子 [dài zǐ]; **~o** *m* 捆 [kǔn], 把 [bǎ], 束 [shù]

falda *f* 裙子 [qún zǐ]

falla *f* (物品上的)瑕疵 [(wù pǐn shàng de) xiá cī]

fallar 1. *vt jur* 判决 [pàn jué]; **2.** *vi* 失败 [shī bài], 落空 [luò kōng]

falle/cer *vi* 逝世 [shì shì], 离去 [lí qù]; **~cimiento** *m* 逝世 [shì shì], 死亡 [sǐ wáng]

fall/ido,-a *adj* 失败的 [shī bài de], 落空的 [luò kōng de]; **~o** *m jur* 判决 [pàn jué]; **~o cardíaco** 心脏停止工作 [xīn zāng tíng zhǐ gōng zuò]

false/ar 1. *vt* 伪造 [wěi zào], 做假 [zuò jiǎ]; **2.** *vi mús* (乐器上某根弦的音)不协调 [(yuè qì shàng mǒu gēn xián de yīn) bú xié tiáo]; **~dad** *f* 伪造 [wěi zào], 虚假 [xū jiǎ]

falsifica/ción *f* 伪造 [wěi zào], 伪造品 [wěi zào pǐn]; **~dor** *m* 伪造者 [wěi zào zhě], 假造者 [jiǎ zào zhě]; **~r** *vt* 伪造 [wěi zào], 捏造 [niē zào]

falso,-a *adj* 假的 [jiǎ de], 伪造的 [wěi zào de]

falta *f* 不足 [bù zú], 缺乏 [quē fá]; **a ~ de** 如果没有 [rú guǒ méi yǒu]; **por ~ de** 由于缺乏 [yóu yú quē fá]; **hacer ~** 需要 [xū yào]; **no me hace ~** 不需要我 [bú xū yào wǒ]; **~r 1.** *vi* 没有 [méi yǒu], 缺少 [quē shǎo], 差 [chā]; **~r a u/c** 缺席 [quē xí]; 违背 [wéi bèi]; 食言 [shí yán]; **2.** *vt* 缺乏 [quē fá]

falto,-a *adj* **de** 缺乏的 [quē fá de], 不足的 [bú zù de]

fama *f* 声誉 [shēng yù], 名望 [míng wàng], 名气 [míng qì]

familia *f* 家属 [jiā shǔ], 亲属 [qīn shǔ]; **~r 1.** *adj m/f* 家庭的 [jiā tíng de]; 熟悉的 [shú xī de]; **2.** *m* 亲属 [qīn shǔ], 亲人 [qīn rén]; **~res** *mpl* 家庭成员 [jiā tíng chéng yuán], 家人 [jiā rén]; **~ridad** *f* 不拘礼节 [bú jū lǐ jié], 亲密 [qīn mì]; **~rizar** *vt* **con** 习惯起来 [xí guàn qǐ lái], 熟悉起来 [shú xī qǐ lái]; **~rizarse 1.** 习惯 [xí guàn]; **2.** 熟悉 [shú xī], 掌

握 [zhǎng wò]; **~ con u/c** 掌握 [zhǎng wò], 熟悉 [shú xī]
famoso,-a *adj* 有名的 [yǒu míng de], 著名的 [zhù míng de]
fanático,-a 1. *adj* 狂热的 [kuáng rè de]; **2.** *m* 狂热分子 [kuáng rè fēn zǐ]
fanatismo *m* 狂热 [kuáng rè]
fandango *m* (西班牙的)方丹戈舞 [(xī bān yá de) fāng dān gē wǔ]
fanfarr/ón,-ona *m/f* 好吹嘘的人 [hào chuī xūde rén]; **~onear** *vi* 吹嘘 [chuī xū]
fango *m* 淤泥 [yū ní], 烂泥 [làn ní]; **~so,-a** *adj* 多淤泥的 [duō yū ní de]
fantas/ear 1. *vi* 幻想 [huàn xiǎng], 想象 [xiǎng xiàng]; **2.** *vt* 自负 [zì fù], 摆架子 [bǎi jià zi]; **~ía** *f* 想象 [xiǎng xiàng], 虚构 [xūgòu], 幻想 [huàn xiǎng]; **~ma** *m* 幻影 [huàn yǐng], 幻觉 [huàn jué]
fan/tástico,-a *adj* 奇妙极的 [qí miào jí de], 极好的 [jí hǎo de]; **~toche** *m* 木偶 [mù ǒu], 傀儡 [kuí lěi]
fardo *m* **1.**大捆 [dà kǔn], 大包 [dà bāo]; **2.** 累人的 [lèi rén de], 繁重的 [fán zhòng de]
fatu/idad *f* 愚蠢 [yú chǔn]; 自负 [zì fù]; **~o,-a** *adj* 愚蠢的 [yú chǔn de], 妄自尊大的 [wàng zì zūn dà de]
fauna 动物群 [dòng wù qún]
favor *m* 帮助 [bāng zhù], 恩惠 [ēn huì], 好处 [hǎo chù]; **a ~ de 1.** 对… 有利的 [duì… yǒu lì de]; **2.** 在… 帮助下 [zài…bāng zhù xià], 借助 [jiè zhù]; **en ~ de** 利于 [lì yú], 对… 有利 [duì…yǒu lì]; **por ~** 请劳驾 [qíng láo jià]
favorable *adj m/f* 有利的 [yǒu lì de], 批准的 [pī zhǔn de]
favo/recer *vt* 有助于 [yǒu zhù yú], 有利于 [yǒu lì yú]; **~rito,-a 1.** *adj* 得宠的 [dé chǒng de]; **2.** *m/f* 宠儿 [chǒng 'ér], 红人 [hóng rén]
fax *m* 传真 [chuán zhēn], 传真机 [chuán zhēn jī]; **~ear** *vt/i* 发传真 [fā chuán zhēn]
faz *f* **1.** 脸 [liǎn]; **2.** (钱币的)正面 [(qián bì de) zhèng miàn]
fe *f* (宗教)信仰 [(zōng jiào) xìn yǎng]; 相信 [xiāng xìn], 信任 [xìn rèn]; **tener ~ en** 相信 [xiāng xìn], 信任 [xìn rèn]
fealdad *f* 丑 [chǒu], 难看 [nán kàn]; 卑劣 [bēi liè]
febrero *m* 二月 [èr yuè]
febril *adj m/f* 发烧的 [fā shāo de]
fecha *f* 日期 [rì qī], 日子 [rì zi]; **~ de vencimiento** 有效期 [yǒu xiào qī]; **~r** *vt* 写上日期 [xiě shàng rì qī], 注明日期 [zhù míng rì qī]
fécula *f* 淀粉 [diàn fěn]
fecund/ación *f* **1.** 肥沃 [féi wò], 丰盈 [fēng yíng]; **2.** 授精 [shòu jīng], 受孕 [shòu yùn]; **~ar** *vt* **1.** 使肥沃 [shǐ féi wò], 施肥 [shī féi]; **2.** 授精 [shòu jīng], 使受孕 [shǐ shòu yùn]; **~idad** *f* **1.** 繁殖

力 [fán zhí lì], 生殖力 [shēng zhí lì]; **2.** 肥沃 [féi wò]; **~izar** *vt* 使肥沃 [shǐ féi wò]; **~o,-a** *adj* **en 1.** 肥沃的 [féi wò de], 丰盈的 [fēng yíng de]; **2.** 有生殖力的 [yǒu shēng shí lì do]

federa/ción *f* 联邦 [lián bāng], 联盟 [lián méng]; **~l** *adj m/f* 联邦的 [lián bāng de], 联盟的 [lián méng de]; **~tivo,-a** *adj* 联邦性的 [lián bāng xìng de]

fehaciente *adj m/f* 确信的 [què xìn de], 确凿的 [què zuò de]

felici/dad *f* 幸运 [xìng yùn], 幸福 [xìng fú]; **~dades** *fpl* 祝贺 [zhù hè]; **¡muchas ~dades!** 恭喜 [gōng xǐ], 恭喜！[gōng xǐ]; **~tación** *f* 祝贺 [zhù hè]; **~tar a alg por u/c** *vt* 祝贺某人某事 [zhù héhè mǒu rén mǒu shì]

feliz *adj m/f* 幸福的 [xìng fú de], 吉祥的 [jí xiáng de]; **~mente** *adv* **1.** 幸福地 [xìng fú de]; **2.** 幸好 [xìng hǎo],好在 [hǎo zài]

felp/a *f* 长毛绒 [cháng máo róng]; **~udo** *m* (入门口的)踩垫 [(rù mén kǒu de) cǎi diàn], 鞋擦 [xié cā]

femenino 1.,-a *adj* 女性的 [nǚ xíng de]; **2.** *m ling* 阴性 [yīn xíng]

femini/dad *f* 女性 [nǚ xíng], 女人气质 [nü rén qì zhì]; **~smo** *m* 女权论 [nǚ quán lùn], 女权主义 [nǚ quán zhǔ yì]; **~sta** *m/f* 拥护妇女运动的人 [yōng hù fù nǚ yùn dòng de rén]

fenómeno 1. *m* 现象 [xiàn xiàng], 情况 [qíng kuàng]; **2.** *adj* 现象的 [xiàn xiàng de]

fenomenal *adj m/f* **1.** 现象的 [xiàn xiàng de]; **2.** 巨大的 [jù dà de], 极大的 [jí dà de]

feo 1.,-a *adj* 丑的 [chǒu de], 难看的 [nán kàn de]; **2.** *m* 难堪 [nán kān], 怠慢 [dài màn]

féretro *m* 棺材 [guān cái]

feria *f* **1.** 休 [xiū] 息日 [xī rì]; **2.** 集市 [jí shì], 展销会 [zhǎn xiǎo huí]; **~do** *m* 休 [xiū] 息日 [xī rì]

ferment/ación *f* 发酵 [fā jiào]; **~ar** *vi* 发酵 [fā jiào]

fero/cidad *f* 凶猛 [xiōng měng], 残暴 [cán bào]; **~z** *adj m/f* 凶猛的 [xiōng měng de], 残暴的 [cán bào de]

férreo,-a *adj fig* 铁的 [tiě de], 坚硬的 [jiān yìng de]

ferreter/ía *f* 五金商店 [wǔ jīn shāng diàn]; **~o,-a** *m/f* 五金店主 [wǔ jīn diàn zhǔ]

ferro/carril *m* 铁路 [tiě lù]; **~viario,-a 1.** *adj* 铁路的 [tiě lù de]; **2.** *m* 铁路工人 [tiě lù gōng rén], 铁路职员 [tiě lù zhí yuán]

ferry *m* 客轮 [kè lún], 客船 [kè chuán]

fértil *adj m/f* 肥沃的 [féi wò de], 富饶的 [fù ráo de]

fertili/dad *f* 肥沃 [féi wò]; **~zante** *m* 肥料 [féi liào]; **~zar** *vt agric* 使肥沃 [shǐ féi wò], 施肥 [shī féi]

ferv/iente *adj m/f* 热烈的 [rè liè de], 热情的 [rè qíng de]; **~or** *m* 炽热 [zhì rè], 热情 [rè qíng]

festejar *vt* 庆祝 [qìng zhù], 招待 [zhāo dài]

festiv/al *m* 盛会 [shèng huì], 联欢节 [lián huān jié]; **~al de cine** 电影节 [diàn yǐng jié]; **~al de música** 音乐盛会 [yīn yuè shèng huì]

festi/vidad *f* 庆典 [qìng diǎn]; **~vo,-a** *adj* **1.** 节日的 [jié rì de]; **2.** 风趣的 [fēng qù de], 诙谐的 [huī xié de]

feto *m* 胎盘 [tāi pán], 胎儿 [tāi ér]

fia/ble *adj m/f* 可信任的 [kě xìn rèn de]; **~do,-a** *adj* 信任的 [xìn rèn de], 诚实的 [chéng shí de]; **al ~do** 赊欠 [shē qiàn]; **~dor** *m* 担保人 [dān bǎo rén]

fiambre *m* 冷餐 [lěng cān], 冷盘 [lěng pán]

fiambrera *f* 饭盒 [fàn hé]

fia/nza *f* 担保 [dān bǎo], 担保金 [dān bǎo jīn], 押金 [yā jīn]; **dar ~nza** 付押金 [fù yā jīn]; **~r 1.** *vt* 担保 [dān bǎo], 赊卖 [shē mài]; **~r por alg** 担保某人 [dān bǎo moǔ rén]; **2.** 信任 [xìn rèn], 相信 [xiāng xìn]; **~rse de** 相信 [xiāng xìn], 信任 [xìn rèn]

fiasco *m* 恶果 [è guǒ], 失败 [shī bài]

fibr/a *f* 纤维 [xiān wéi]; **~oso,-a** *adj* 纤维的 [xiān wéi de]

fich/a *f* 骨牌 [gǔ pái], 卡片 [kǎ piàn]; **~ar 1.** *vt* （员工）打卡 [(yuán gōng) dǎ kǎ]; **2.** *vi sport* 雇佣（运动员） [gù yōng (yùn dòng yuán)]; **~ero** *m informát* 文档 [wén dǎng]

fidedigno,-a *adj* 可信的 [kě xìn de], 可靠的 [kě kào de]

fidelidad *f* 忠诚 [zhōng chéng]; 真实性 [zhēn shí xìng]; **alta ~** *f electrón* 高保真度的（音响设备） [gāo bǎo zhēn dù de (yīn xiǎng shè bèi)]

fideos *mpl* 通心粉 [tōng xīn fěn], 面条 [miàn tiáo]

fideuá *f gastr* 海鲜面条丝（西班牙特色菜） [hǎi xiān miàn tiáo sī (xī bān yá tè sè cài)]

fiebre *f* 发热 [fā rè], 发烧 [fā shāo]

fiel 1. *adj m/f* 忠实的 [zhōng shí de], 准确的 [zhǔn què de]; **2.** *m/f relig* 信徒 [xìn tú]; **~tro** *m* 毡 [zhān], 毛毡 [máo zhān]

fier/a *f* 野兽 [yě shòu]; 残暴的人 [cán bào de rén]; **~eza** *f* 凶猛 [xiōng měng], 残忍 [cán rěn]; **~o,-a** *adj* 生硬的 [shēng yìng de], 可怕的 [kě pà de]

fiesta *f* 聚会 [jù huì], 联欢会 [lián huān huì]; 节日 [jié rì]; **~ mayor** 市庆节 [shì qìng jié],市节庆日 [shì jié qìng rì]; **hacer ~** 搞联欢会 [gǎo lián huān huì], 开聚会 [kāi jù huì]

figura *f* 外形 [wài xíng], 容貌 [róng mào], 身材 [shēn cái]; **~ción** *f* 想象 [xiǎng xiàng], 幻想 [huan xiǎng]; **~do,-a** *adj* 转义的 [zhuǎn yì de]; **~nte** *m/f* 配角演员 [pèi jué yǎn yuán]; **~r 1.** *vt teat* 用形象手法来表现 [yòng xíng xiàng shǒu fǎ lái biǎo xiàn]; **2.** *vi* **(en)** 处在... 中 [chǔ zài...zhōng]; **~rse** 认为 [rèn wéi], 猜想 [cāi xiǎng]; **no puedes ~rte** 你没法想象 [nǐ méi fǎ xiǎg xiàng]; **~tivo,-a** *adj* 形象的 [xíng xiàng], 象征的 [xiàng zhēng de]

fija/ción *f* 固定 [gù dìng], 确定 [què dìng]; **~do** *m foto* 定像 [dìng xiàng], 定影 [dìng yǐng]; **~dor** *m* (发型)定型剂 [(fā xíng) dìng xíng jì]; **~r** *vt foto* 定影 [dìng yǐng]; **~rse en 1.** 决心 [jué xīn], 决定 [jué dìng]; **2.** 注意到 [zhù yì dào],盯住 [dīng zhù]

fij/eza *f* 坚定 [jiān dìng], 牢固 [láo gù]; **~o,-a** *adj* 固定的 [gù dìng de], 不动的 [bú dòng de]

fila *f* 行 [háng], 排 [pái], 队列 [duì liè]; **en ~ india** 排着队 [pái zhe duì]; **~mento** *m* 细丝 [xì sī], 灯丝 [dēng sī]

filarm/ónica *f* 爱好音乐的 [ài hǎo yīn yuè de]; **orquesta ~ónica** *f* 交响乐团 [jiāo xiǎng yuè tuán]

filatel/ia *f* 集邮 [jí yóu]; **~ista** *m/f* 集邮爱好者 [jí yóu ài hào zhě]

filete *m gastr* 鱼片 [yú piàn]; **~ar** *vt gastr* 切成片 [qiē chéng piàn]

filia/ción *f* 履历 [lǚ lì]; **~l 1.** *adj m/f* 子女的 [zǐ nǚ de]; **2.** *f* 分公司 [fēn gōng sī]

Filipin/as *fpl* 菲律宾 [fēi lǜ bīn]; **~*o,-a 1.** *adj* 菲律宾的 [fēi lǜ bīn de]; **2.** *m/f* 菲律宾的人 [fēi lǜ bīn rén]

film(e) *m* 电影胶片 [diàn yǐng jiāo piàn], 影片 [yǐng piàn]; **~ación** *f* 电影摄制 [diàn yǐng shè zhì], **~ar** *vt* 拍摄(影片) [pāi shè (yǐng piàn)]

filo *m* **1.** 刃 [rèn], 刀锋 [dāo fēng]; **2.** 平分点 [píng fēn diǎn], 平分线 [píng fēn xiàn]; **al ~ de la medianoche** 正当子夜时分 [zhèng dāng zi yè shí fēn]

filología *f* 语言学 [yǔ yán xué]

filosof/ar *vi* 研讨 [yán tǎo]; **~ía** *f* 哲学 [zhé xué], 哲理 [zhé lǐ]

filósofo,-a *m/f* 哲学家 [zhé xué jiā], 哲人 [zhé rén]

filtr/ación *f* 过滤 [guò lǜ], 渗透 [shèn tòu]; **~ar** *vt* 过滤 [guò lǜ], 渗透 [shèn tòu]; **~rse** 渗入 [shèn rù], 漏出 [lòu chū], 透过 [tòu gù]; **~o** *m* 滤器 [lǜ qì], 滤纸 [lǜ zhǐ]

fin *m* 结束 [jié shù], 结尾 [jié wěi]; **~ de semana** 周末 [zhōu mò]; **al ~** 最后 [zuì hòu], 终于 [zhōng yú]; **a ~ de** 为了 [wèi le]; **a ~es de abril** 四月底 [sì yuè dǐ]

final 1. *adj m/f* 末尾的 [mò wěi de], 最后的 [zuì hòu de]; **2.** *m mús* 结尾 [jié wěi]; **3.** *f sport* 决赛 [jué sài]

final/idad *f* 目的 [mù dì], 动机 [dòng jī]; **~ista** *m* 参加决赛的人 [cān jiā jué sài de rén]; **~izar** *vt* 结束 [jié shù]; **~mente** *adv* 最后 [zuì hòu], 总之 [zǒng zhī]

finan/ciación *f* 资助 [zī zhù], 出资 [chū zī]; **~ciar** *vt* 资助 [zī zhù], 出资 [chū zī]; **~ciero,-a 1.** *adj* 财政的 [cái zhèng de], 金融的 [jīn róng de]; **2.** *m* 财政家 [cái zhèng jiā], 金融家 [jīn róng jiā]; **~zas** *fpl* 财政 [cái zhèng], 金融 [jīn róng]

finca *f* 不动产 [bú dòng chǎn]; 庄园 [zhuāng yuán]

finés,-a 1. *adj* (北欧土著)芬人的 [(běi ōu tǔ zhù) fēn rén de]; **2.** *m/f* 芬人 [fēn rén]

fineza *f* 细 [xì], 薄 [báo], 精致 [jíng zhì]

fingi/do,-a *adj* 假装的 [jiǎ zhuāng de]; **~miento** *m* 假装 [jiǎ zhuāng]; **~r** *vt* 伪装 [wěi zhuāng], 假装 [jiǎ zhuāng]; **~rse** 装扮 [zhuāng bàn], 假装成 [jiǎ zhuāng chéng]; **~rse enfermo** 假装生病 [jiǎ zhuāng shēng bìng]

finland/és,-a 1. *adj* 芬兰的 [fěn lán de]; **2.** *m/f* 芬兰人 [fěn lán rén]; **~*ia** *f* 芬兰 [fěn lán]

fin/o,-a *adj* **1.** 精致的 [jíng zhì de]; **2.** 有礼貌的 [yǒu lǐ mào de], 注意细节的 [zhù yì xì jié de]; **~ura** *f* 精致 [jíng zhì]

firma *f* 签名 [qiān míng], 签字 [qiān zì]; **~mento** *m* 苍穹 [cāng qióng], 天空 [tiān kōng]; **~nte** *m/f* 签字人 [qiān xìzì rén]; **~r** *vt* 签署 [qiān shǔ]

firme 1. *adj m/f* 稳固的 [wěn gù de], 坚固的 [jiān gù de]; **2.** *m* 路基 [lù jī], 路面 [lù miàn]; **~za** *f* 稳固 [wěn gù], 牢固 [láo gù]

fiscal 1. *adj m/f* 国库的 [guó kù de], 财政的 [cái zhèng de]; **2.,-a** *m/f* 检察官 [jiǎn chá guān]; **~ía** *f* (国家)财政 [(guó jiā) cái zhèng]

fisco *m* 国库 [guó kù]

físic/a *f* 物理学 [wù lǐ xué]; **~o,-a 1.** *adj* 物理的 [wù lǐ xué], 物质的 [wù zhì de]; **2.,-a** *m/f* 物理学家 [wù lǐ xué jiā]; **3.** *m* (人的)外表 [(rén de) wài biǎo]

fisi/ología *f* 生理学 [shēng lǐ xué]; **~onomía** *f* 相貌 [xiàng mào], 容貌 [róng mào]; **~oterapia** *f* 理疗 [lǐ liáo]; **~oterapeuta** *m/f* 理疗专家 [lǐ liáo zhuān jiā]

fístula *f med* 瘘管 [lòu guǎn]

fisura *f* 裂痕 [liè hén], 裂缝 [liè fèng]

flácido,-a *adj* 软弱的 [ruǎn ruò de], 松弛的 [sōng chí de]

flac/o,-a *adj* 瘦的 [shòu de], 软弱无力的 [ruǎn ruò wú lì de]; **~ucho,-a** *adj desp* 干瘦的 [gān shòu de], 干瘪的 [gān biě de]

flamante *adj m/f* 光彩夺目的 [guāng cǎi duó mù de]

flamenco 1.,-a *adj* (比利时)佛兰德的 [(bǐ lì shí) fú lán dé de]; **2.,-a** *m/f* 佛兰德人 [fú lán dé rén]; **3.** *m zool* 火烈鸟 [huǒ liè niǎo]

flan *m* 蛋糊 [dàn hú]

flanco *m* 侧 [cè], 侧面 [cè miàn]

flandes *m* (比利时)佛兰德 [(bǐ lì shí) fú lán dé]

flaqueza *f* 虚弱 [xū ruò], 瘦弱 [shòu ruò]
flash *m foto* 闪光灯 [shǎn guāng dēng]
flaut/a *f* 笛子 [dí zǐ]; **~ista** *m/f* 吹笛子的人 [chuī dí zǐ de rén]
flech/a *f* 箭 [jiàn]; **~azo** *m* 射箭 [shè jiàn], 箭击 [jiàn jī]
flequillo *m* 刘海 [liú hǎi], 额发 [é fà]
fleta/mento *m* 租用(船只) [zū yòng (chuán zhǐ)]; **~r** *vt* 租用 (船, 飞机等) [zū yòng (chuán, fēi jī děng)]
flexi/bilidad *f* 灵活性 [líng huó xìng], 柔韧性 [ròu rèn xìng]; **~ble** *adj m/f* 灵活的 [líng huó de], 柔韧的 [ròu rèn de]
flirt/eo *m* 调情 [tiáo qíng]; **~ear** *vt* **con alg** 与某人调情 [yǔ moǔ rén tiáo qíng]
floj/ear *vi* 变弱 [biàn ruò], 减弱 [jiǎn ruò]; **~edad** *f* 虚弱 [xū ruò], 软弱 [ruǎn ruò]; **~era** *f* 虚弱 [xū ruò], 软弱 [ruǎn ruò]; **~o,-a** *adj fig* 差劲的 [chā jìn de], 不行的 [bú xíng de]
flor *f* 花 [huā], 花朵 [huā duǒ]; **~a** *f* 植物群(总称) [zhí wù qún (zǒng chēng)]; **~ación** *f* 开花 [kāi huā]; **~al** *adj m/f* 花的 [huā de]; **~ecer** *vi fig* 繁荣 [fán róng], 繁华 [fán huá]; **~eciente** *adj m/f fig* 繁荣的 [fán róng de], 繁华的 [fán huá de]; **~ero** *m* 花瓶 [huā píng]
florist/a *m/f* 卖花人 [mài huā rén], 花商 [huā shāng]; **~ería** *f* 花店 [huā diàn]
flota *f* 船队 [chuán duì], 舰队 [jiàn duì]; **~ble** *adj m/f* 有浮力的 [yǒu fú lì de], 可漂浮的 [kě piāo fú de]; **~dor** *m tecn* 浮标 [fú biāo], 浮筒 [fú tǒng]; *aero* 风力显示器 [fēng lì xiǎn shì qì]; **~r** *vi* 漂浮 [piāo fú], 浮动 [fú dòng]
fluctua/ción *f* 浮动 [fú dòng], 漂动 [piāo dòng]; **~nte** *adj m/f* 浮动的 [fú dòng de], 漂动的 [piāo dòng de]; **~r** *vi* 浮动 [fú dòng], 漂动 [piāo dòng]
fluidez *f* 流利 [liú lì], 流畅 [liú chàng]
fluido,-a *adj* 流利的 [liú lì de], 流体的 [liú tǐ de]
flu/ir *vi* 流 [liú], 流动 [liú dòng]; **~jo** *m med* (体内各种液体的)流出 [(tǐ nèi mínggè zhòng yè tǐ de) liú chū]
flúor *m* 氟 [fú]
fluorescente *adj m/f* 荧光的 [yíng guāng de], 日光的 [rì guāng de]
fluvial *adj m/f* 河流的 [hé liú de], 内河的 [nèi hé de]
fobia *f* 厌恶 [yàn wù]
foca *f* 海豹 [hǎi bào]
foco *m* 焦点 [jiāo diǎn]
fofo,-a *adj* 松软的 [sōng ruǎn de]
fog/ata *f* 火堆 [huǒ duī], 篝火 [gōu huǒ]; **~ón** *m* 炉灶 [lú zào]; 炉膛 [lú táng]
folcl/ore *m* 民间舞蹈 [mín jiān wǔ dǎo], 民间音乐 [mín jiān yīn

yuè]; **~órico,-a** *adj* 民间的 [mín jiān de]

folla/je *m* 枝叶 [zhī yè]

follar *vt/i vulg* 操(女人的屄) [cāo (nǚ rén de bī]

folle/tín *m* 小品文 [xiǎo pǐn wén], 短文 [duǎn wén]; **~to** *m* 小册子 [xiǎo cè zi], 宣传品 [xuān chuán pǐn]

follón *coloq* 吵吵嚷嚷 [chǎo chǎo rǎng rǎng], 乱轰轰 [luàn hōng hōng]

foment/ar *vt* 加强 [jiā qiǎng], 促进 [cù jìn]; **~o** *m* 加强 [jiā qiǎng], 支持 [zhī chí]

fonda *f* 小旅馆 [xiǎo lǔ guǎn], 客栈 [kè zhàn]

fondo *m* 底部 [dí bù]; **a ~** 深入地 [shěn rù dì]; **en el ~** 本质上 [běn zhì shàng], 基本上 [jī běn shàng]; **~ de inversión** *m com* 投资资金 [tóu zī zī jīn]; **~s** *mpl* 资金 [zī jīn], 资产 [zī chǎn]; **~s públicos** 国库 [guó kù]

fontanero,-a *m/f* 自来水管道工 [zì lái shuǐ guǎn dào gōng]

forastero,-a 1. *adj* 外来的 [wài lái de], 外地的 [wài dì de]; **2.** *m/f* 外地人 [wài dì rén]

fore/nse 1. *adj m/f* 法医的 [fǎ yīde]; **2.** *m/f* 法医 [fǎ yī]; **~stal** *adj m/f* 森林的 [sēn lín de]

forja *f* 锻造厂 [duàn zào chǎng], 锻造 [duàn zào]; **~r** *vt* 锻造 [duàn zào], 打造 [dǎ zao]

forma *f* 外形 [wài xíng], 形状 [xíng zhuàng]; **de ~ que** 因而 [yīn 'ér]; **estar en ~** 情绪好 [qíng xù hǎo]; **no hay ~ de** 没法 [méi fǎ]; **~ción** *f* 形成 [xíng chéng], 构成 [gòu chéng], 形状 [xíng zhuàng]; **~l** *adj m/f* 正式的 [zhèng shì de]; **~lidad** *f* 正式性 [zhèng shì xìng], 严肃性 [yán sù xìng]; **~lizar** *vt* 使合法化 [shǐ hé fǎ huā], 使手续完备 [shǐ shǒu xù wán bèi]; **~r** *vt* 形成 [xíng chéng], 组成 [zǔ chéng], 构成 [gòu chéng]; **~rse** (人)发育 [(rén) fā yù], 成长 [chéng cháng]; **~tivo,-a** *adj* 形成的 [xíng chéng de], 构成的 [gòu chéng de]; **~to** *m* (出版物的)开本 [(chū bǎn wù de) kāi běn]

formidable *adj m/f* 极大的 [jí dà de], 惊人的 [jīng rén de]

fórmul/a *f* 方式 [fāng shì], 格式 [gé shì]; 配方 [pèi fāng]

formular *vt* 用公式表示 [yòng gōng shì biǎo shì]; **~ario** *m* (申请)表格 [(shēn qǐng) biǎo gé]

foro *m* 论坛 [lùn tán], 研讨会 [yán tǎo huì]

forra/je *m* 青饲料 [qīng sì liào], 草料 [cǎo liào]

forrar *vt* 加护面 [jiā hù miàn], 包 [bāo], 加衬里 [jiā chèn lǐ]; **~se** *vi coloq* 发横财 [fā hèng cái]

forro *m* 护皮 [hù pí], 外皮 [wài pí]

fortale/cer *vt* 增强 [zēng qiáng], 加强 [jiā qiáng]; **~za** *f* 要塞 [yào sài], 堡垒 [bǎo lěi]

fortifica/ción *f* 设防 [she fáng], 防御工事 [fáng yù gōng shì];

~**r** *vt* **1.** 增强 [zēng qiáng], 加强 [jiā qiáng]; **2.** 构筑工事 [gòu zhù gōng shì], 设防 [shè fáng]

fortuito,-a *adj* 偶然的 [ǒu rán de], 意外的 [yì wài de]

fortuna *f* 幸运 [xìng yùn]; 财富 [cái fù]; **por ~** 幸好 [xìng hǎo]

forza/do,-a *adj* 被迫的 [bèi pò de], 强制的 [qiáng zhì de]; **~r** *vt* **a u/c** (对某物)使用强力 [(duì mǒu wù) shǐ yòng qiáng lì], 强迫 [qiáng pò]; **~r a hacer u/c** *fig* 强迫(某人做某事) [qiang pò (mǒu rén zuò mǒu shì)]

forzos/o,-a *adj* 强迫的 [qiáng pò de], 必须的 [bì xū de]; **~amente** *adv* 必须地 [bì xūde], 必定地 [bì dìng de]

fos/a *f* 墓穴 [mù xué]; **~a común** 公用墓穴 [gōng yòng mù xué], 合葬穴 [hé zàng xué]; **~as nasales** *fpl* 鼻腔 [bí qiāng]

fosfato *m* 磷酸盐 [lín suān yán]

fósforo *m quím* 磷 [lín]; 火柴 [huǒ chái]

fósil *adj m/f* 化石的 [huā shí de]; **~es** *mpl* 化石 [huā shí]

foso *m teat* (剧场)乐池 [(jù chǎng) yuè chí]

foto *f* 照片 [zhào piàn]; **~copia** *f* 影印 [yǐng yìn], 复印 [fù yìn]; **~copiadora** *f* 复印机 [fù yìn jī]; **~copiar** *vt* 影印 [yǐng yìn], 复印 [fù yìn]; **~génico,-a** *adj* 使感光的 [shǐ gǎn guāng de]; **~grafía** *f* 摄影 [shè yǐng],照相机 [zhào xiàng jī]; 照片 [zhào piàn]; **~grafiar** *vt/i* 拍摄 [pāi shè], 拍照 [pāi zhào]

fotógrafo,-a *m/f* 摄影师 [shè yǐng shī]

fotosensible *adj m/f* 感光的 [gǎn guāng de]

frac *m* 燕尾服 [yàn wěi fú]

fracas/ar *vi* 失败 [shī bài]; **~o** *m* 失败 [shī bài], 落空 [luò kōng]

fracci/ón *f mat* 分数 [fēn shù]; **~onar** *vt* 分割 [fēn gē], 分段 [fēn duàn]

fractura *f* **1.** 打碎 [dǎ suì], 粉碎 [fěn suì]; **2.** 骨折 [gǔ zhé]; **robo con ~** 撬门而入行窃 [qiào mèn ér rù xíng qiè]; **~r** *vt* 打碎 [dǎ suì], 粉碎 [fěn suì]; **~rse** *med* 骨折 [gǔ zhé]

fragancia *f* 芳香 [fēn xiāng], 香精 [xiāng jīng]

fragata *f nav* 三桅战舰 [sān wéi zhàn jiàn]

frágil *adj m/f* 易碎的 [yì suì de]

fragilidad *f* 脆 [cuì], 易碎性 [yì suì xìng]

fragment/ar *vt* 弄碎 [nòng suì], 使成碎片 [shǐ chéng suì piàn]; **~ario,-a** *adj* 碎块的 [suì kuài de], 碎片的 [suì piàn de]; **~o** *m* 碎块 [suì kuài], 片断 [piàn duàn]

fragua *f* 锻炉 [duàn lú]

fraile *m* 修道士 [xiū dào shì], 僧侣 [sēng lǚ]

frambues/a *f* 覆盆子 [fù pén zǐ]

francamente *adv* 坦率地 [tǎn shuài de], 直率地 [zhí shuài de]

franc/és,-a 1. *adj* 法国的 [fǎ guó de]; **2.,-a** *m/f* 法国人 [fǎ guó rén]; **3.** *m* 法语 [fǎ yǔ]; **~*ia** *f* 法国 [fǎ guó]

franco,-a 1. *adj* 免税的 [miǎn shuì de]; **2.** *m econ* 免税区 [miǎn shuì qū]

franela *f* 法兰绒 [fǎ lán róng]

franja *f* 带 [dài], 束 [shù], 条 [tiáo]

franque/ar *vt* 免除(税, 费用等) [miǎn chú (shuì, fèi yòng děng)]; **~o** *m* 邮资 [yóu zī]

franqueza *f* 真挚 [zhēn zhì], 直率 [zhí shuài]

franquicia *f econ* (建立连锁店的) 投资 [(jiàn lì lián suǒ diàn de) tóu zī]

frasco *m* 细颈小瓶 [xì jǐng xiǎo píng], 剂 [jì]

frase *f* 句子 [jù zi]

fratern/al *adj m/f* 兄弟般的 [xiōng dì bān de]; **~idad** *f* 兄弟情谊 [xiōng dì qíng yì], 博爱 [bó 'ài]; **~izar** *vi* 亲密无间 [qīn mì wú jiàn]

fraud/e *m* 欺骗 [qī piàn], 欺诈 [qī zhà]; **~ulento,-a** *adj* 欺骗的 [qī piàn de]

frecuen/cia *f* 经常 [jīng cháng], 频繁 [pín fán]; **con ~cia** 经常地 [jīng cháng de]; **~tar** *vt* 常去 [cháng qù], 常到 [cháng dào], 常做 [cháng zuò]; **~te** *adj m/f* 经常的 [jīng cháng de], 常见的 [cháng jiàn de]; **~temente** *adv* 经常地 [jīng cháng de], 频繁地 [pín fán de]

freg/adero *m* 洗涤池 [xǐ dí chí]; **~ar** *vt* 擦 [cā], 刷洗(碗, 碟) [shuā xǐ (wǎn, dié)]; **~ona** *f* 洗碗工 [xǐ wǎn gōng], 清洁工 [qīng jié gōng], 擦地工 [cā dì gōng]

frei/dora *f* 油炸机 [yóu zhá jī]; **~duría** *f gast* 油炸食品 [yóu zhá shí pǐn]

freír *vt* 油炸 [yóu zhá]

fréjol *m* 菜豆 [cài dòu]

fren/ado *m* 制动 [zhì dòng], 刹车 [shā chē]; **~ar** *vt/i* 刹车 [shā chē], 抑制 [yì zhì]; **~azo** *m* 急刹车 [jí shā chē]

freno *m* 刹车闸 [shā chē zhá], 制动器 [zhì dòng qì]; **~ de emergencia** 紧急刹车 [jǐn jí shā chē]; **~ de mano** 手动刹车 [shǒu dòng shā chē]

frente 1. *f* 前额 [qián 'é], 额头 [é tóu]; **de ~** 对面 [duì miàn]; **en ~** 在前面 [zài qián miàn]; **2.** *m mil* 前线 [qián xiàn], 阵线 [zhèn xiàn]; **3.** *prep* 面前 [miàn qián], 面对 [miàn duì]; **~ a** 面对 [miàn duì], 针对 [zhēn duì]

fresa *f* **1.** 草莓 [cǎo méi]; **2.** *tecn* 铣床 [xǐ chuáng]

fresc/o,-a 1. *adj* 新鲜的 [xīn xiān de], 清爽的 [qīng shuǎng de]; **2.** *m* 清凉 [qīng liáng], 凉爽 [liáng shuǎng]; **~or** *m* 清凉剂 [qīng liáng jì], 凉爽液 [liáng shuǎng yè]; **~ura** *f* 凉爽 [liáng shuǎng], 清凉 [qīng liáng]

fresno *m* 白蜡树 [bái là shù]

fresón *m* 大草莓 [dà cǎo méi]

frialdad *f* 冷漠 [lěng mò], 冷淡 [lěng dàn]

fricci/ón *f* 摩擦 [mó cā]; **~onar** *vt* 揉 [róu], 搓 [cuō]

friegaplatos *m* 洗碗器 [xǐ wǎn qì]

frigid/ez *f* **1.** 寒冷 [hán lěng], 冰冷 [bīng lěng]; **2.** 冷淡 [lěng dàn], 冷漠 [lěng mò]; **~o,-a** *adj fig* **1.** 冷淡的 [lěng dàn de], 冷漠的 [lěng mò de]; **2.** 性欲冷淡的 [xìng yù lěng dàn de]

frigorífico,-a 1. *adj* 制冷的 [zhì lěng de]; **2.** *m* 冰箱 [bīng xiāng], 冷藏库 [lěng cáng kù]

frío,-a 1. *adj* 冷的 [lěng de], 凉的 [liáng de]; **2.** *m* 冷 [lěng], 寒冷 [hán lěng]; **coger** ~ 着凉 [zháo liáng]; **tengo** ~ 我很冷 [wǒ hěn lěng]; **hace** ~ 天气很冷 [tiān qì hěn lěng]

friolero,-a *adj* 怕冷的 [pà lěng de]

frito,-a *adj* 油炸的 [yóu zhá de], 油煎的 [yóu jiān de]

frivolidad *f* 轻薄 [qīng bó], 轻浮 [qīng fú]

frívolo,-a *adj* 轻薄的 [qīng bó de], 轻浮的 [qīng fú de]

frontal *adj m/f* 前额的 [qián 'é de], 正面的 [zhèng miàn de]

fronte/ra *f* 国界 [guó jiè], 边界 [biān jiè]; **~rizo,-a** *adj* 边境的 [biān jìng de], 国界的 [guó jiè de]

frota/miento *m* 摩擦 [mó cā]; **~r** *vt* 擦 [cā], 摩擦 [mó cā]

fructífero,-a *adj* 富有成果的 [fù yǒu chéng guǒde]

fructuoso,-a *adj* 有成果的 [yǒu chéng guǒde], 有成效的 [yǒu chéng xiào de]

frugal *adj m/f* 饮食有节制的 [yǐn shí yǒu jié zhì de]; **~idad** *f* 饮食有度 [yǐn shí yǒu dù]

frunci/miento *m* 皱 [zhòu], 折皱 [zhé zhòu]; **~r** *vt* 皱起 [zhòu qǐ], 打褶 [dǎ zhě]; **~r las cejas** 皱眉头 [zhòu méi tóu]

frus/trar *vt* 使失败 [shǐ shī bài], 使落空 [shǐ luò kōng]; **~trarse** *vi* 落空 [luò kōng], 失落 [shī luò]

frut/a *f* 水果 [shuǐ guǒ]; **~a del tiempo** 时令瓜果 [shí lìng guā guǒ]; **~al** *m* 结水果的 [jié shuǐ guó de]; **~ería** *f* 水果店 [shuǐ guó diàn]; **~ero** *m* 水果盘 [shuǐ guó pán]; **~icultura** *f* 果树栽培 [guó shù zāi péi], 园艺 [yuán yì]; **~o** *m* 果实 [guó shí]

fucsia *m* 紫红色 [zǐ hóng sè]

fuego *m* 火 [huǒ], 火势 [huǒ shì]; **~s artificiales** *mpl* 焰火 [yàn huǒ]

fuel *m* 燃料 [rán liào]

fuelle *m* 风箱 [fēng xiāng], 鼓风机 [gǔ fēng jī]

fuente *f* 源泉 [yuán quán], 来源 [lái yuán]

fuera 1. *adv* 外面 [wài miàn]; **¡~!** 滚开 [gǔn kāi]!; **por** ~ 外表上 [wài biǎo shàng]; **2.** *prep* 在外面 [zài wài miàn]; ~ **de** 在. . . 之外 [zài...zhī wài], 除... 之外

[chú… zhī wài]; ~ **de eso** 除此之外 [chú cǐ zhī wài]; **estar ~ de sí** 失去理智 [shī qù lǐ zhì]; ~ **de servicio** 不能用 [bú néng yòng], 坏了 [huài le]

fuerte 1. *adj m/f* 强有力的 [qiáng yǒu lì de], 牢固的 [láo gù]; **2.** *adv* 用力地 [yòng lì de]; **3.** *m* 长处 [cháng chù]

fuerza *f* 活力 [huó lì], 力量 [lì liàng]; **a la o por la ~** 凭借…的力量 [píng jiè…de lì liàng]

fuga *f* 逃跑 [táo pǎo], 逃亡 [táo wáng]; 泄漏 [xiè lòu]; **~cidad** *f* 短暂性 [duǎn zàn xìng]; **~rse** 逃跑 [táo pǎo]; 泄漏 [xiè lòu]; **~z** *adj m/f* 瞬间即逝的 [shùn jiān jí shì de]

fugitivo,-a 1. *adj* 逃亡的 [táo wáng de]; **2.** *m/f* 逃亡者 [táo wáng zhě]

fulan/a *f coloq* 妓女 [jì nǚ], 鸡 [jī]; **~o de tal** 妓女 [jì nǚ]

fulgor *m* 光辉 [guāng huī]

fulmina/nte *adj m/f* 突发性的 [tū fā xìng de]; **~r** *vt* 放光 [fàng guāng], 发射 [fā shè]

fuma/da *f* 口(量词, 一次吸入口中的烟量) [kǒu (liàng cí, yī cì xī rù kǒu zhòng de yān liàng)]; **~dor,-a** *m/f* 吸烟的人 [xī yān de rén]; **no ~dor,-a** 非吸烟区 [fēi xī yàn qū]; **~r** *vt/i* 吸烟 [xī yān]

fumiga/ción *f* 熏 [xùn]; **~r** *vt* 熏 [xùn]

funámbulo *m* (走钢丝的)杂技演员 [(zǒu gāng sī de) zá jì yǎn yuán]

funci/ón *f teat* 演出 [yǎn chū], 场次 [chǎng cì]; **~onal** *adj m/f* 机能的 [jī néng de], 官能的 [guān néng de]; **~onamiento** *m* 运作 [dòng zuò], 运转 [yùn zhuǎn]; **~onar** *vi* 运作 [yùn zuò], 运转 [yùn zhuǎn]; **no ~ona** 不行 [bù xíng], 不灵 [bú líng]

funcionario,-a *m/f* 公务员 [gōng wù yuán], 官员 [guān yuán]

funda *f* 套 [tào], 罩 [zhào]

funda/ción *f* 基金会 [jī jīn huì]; **~do,-a** *adj* 有根据的 [yǒu gēn jù de]; **~dor** *m* 创始人 [chuàng shǐ rén], 创立人 [chuàng lì rén]

funda/mental *adj m/f* 基础的 [jī chǔ de], 基本的 [jī běn de]; **~mentalmente** *adv* 基本上 [jī běn de], 根本上 [gēn běn shàng]; **~mentar** *vt* 打地基 [dǎ dì jī], 建立 [jiàn lì]; **~mento** *m* 地基 [dì jī], 依据 [yī jù]; **~r** *vt* **en** 以…为依据 [yǐ…wèi jī yù], 根据 [gēn jù]

fund/ición *f* 熔化 [róng huà], 铸铁厂 [zhù tiě chǎng]; **~ir 1.** *vt* 熔化 [róng huà], 烧熔 [shāo róng]; **2.** *vi* 融合 [róng hé], 联合 [lián hé]; **~irse** 联合 [lián hé], 合并 [hé bìng]

fúnebre *adj m/f* 殡仪的 [bìn yí de], 葬礼的 [zàng lǐ de]

funera/l *m* 葬礼 [zàng lǐ], 殡仪 [bìn yí]; **~ria** *f* 殡仪馆 [bìn yí guǎn]

funesto,-a *adj* 不吉利的 [bú jí lì de], 悲哀的 [bēi āi]

funicular *m* 缆车 [lǎn chē]

furg/ón *m auto* 货车 [huò chē]; *ferroc* 行李车 [xíng lǐ chē]; **~oneta** *f* 小型运货车 [xiǎo xíng yùn huò chē]

furi/a *f* 狂怒 [kuáng nù], 愤怒 [fèn nù]; **~bundo,-a** *adj* 暴怒的 [bào nù de], 愤怒的 [fèn nù de]; **~oso,-a** *adj* 狂怒的 [kuáng nù de], 愤怒的 [fèn nù de]

furor *m* 发疯 [fā fēng], 发狂 [fā kuáng]; **hacer ~** 时髦 [shí máo], 流行 [liú xíng]

fur/tivo,-a 1. *adj* 偷偷摸摸的 [tōu tōu mō mō de]; **2. cazador ~tivo** *m* 偷猎者 [tōu mō liè zhě], 在禁猎区内打猎的人 [zài jìn liè qū nèi dǎ liè de rén]

furúnculo *m med* 疖子 [jiē zi]

fusible *m electr* 保险丝 [bǎo xiǎn sī]

fusil *m* 步枪 [bù qiāng]; **~amiento** *m* 枪毙 [qiāng bì]; **~ar** *vt mil* 枪毙 [qiāng bì]

fusión *f* 熔化 [róng huà]; 合并 [hé bìng]

fútbol *m* 足球 [zú qiú]

futbol/ín *m* 桌上足球游戏 [zhuō shàng zú qiú yóu xì]; **~ista** *m/f* 足球运动员 [zú qiú yún dòng yuán]

fútil *adj m/f* 无关紧要的 [wú guān jǐn yào de]

futuro,-a 1. *adj* 未来的 [wèi lái de]; **2.** *m ling* 将来式 [jiāng lái shì]

G

gabardina *f* 风衣 [fēng yī]

gabinete *m* **1.** 小会客室 [xiǎo huì kè shì]; **2.** 内阁 [nèi gé]

gacela *f* 羚羊 [líng yáng]

gaceta *f* 报 [bào], 学报 [xué bào]

gafa *f* 钩子 [gōu zi], 挂钩 [guà gōu]; **~s** *fpl* 眼镜 [yǎn jìng]; **~s de sol** 太阳眼镜 [tài yáng yǎn jìng]

gafe 1. *adj m/f* 不吉祥的 [bú jí xiáng de]; **2.** *m* 不吉祥的人 [bú jí xiàng de rén]

gag *m* 噱头 [xué tóu], 笑话 [xiào huà]

gait/a *f* 风笛 [fēng dí]; **~ero** *m* 风笛手 [fēng dí shǒu]

gaje *m* 酬金 [bào jīn], 回扣 [huí kòu]; **~s del oficio** *mpl* 工作上的风险 [gōng zuò shàng de fēng xiǎn]

gajo *m* 树枝 [shù zhī]

gala *f* 盛装 [shèng zhuāng]; 盛会 [shèng huì]; **de ~** 穿着盛装的 [chuān zhe shèng zhuāng de]; **~nte** *adj m/f* 殷勤周到的 [yīn qín zhōu dào de], 风趣的 [fēng qù de]

galard/ón *m* 奖赏 [jiǎng shǎng], 奖金 [jiǎng jīn]; **~onar** *vt* 奖赏 [jiǎng shǎng], 酬劳 [chóu láo]

galaxia *f* 银河系 [yín hé xì], 星空 [xīng kōng]

galera *f* **1.** 带篷的四轮马车 [dài péng de sì lún chē]; **2.** 女牢房 [nǚ láo fáng]

galería *f* 走廊 [zǒu láng], 画廊 [huà láng]

galgo *m* 猎狗 [liè gǒu]

Galicia *f* 加利西亚(西班牙) [jiā lǐ xī yà (xī bān yá)]

gallego,-a **1.** *adj* (西班牙)加利西亚的 [(xī bān yá) jiā lǐ xī yà de]; **2.** *m/f* 加利西亚人 [jiā lǐ xī yà rén]

galleta *f* 饼干 [bǐng gān]

gallin/a **1.** *f* 母鸡 [mǔ jī]; **~ ciega** 蒙瞎瞎(儿童游戏) [mēngxiāxiā (értóng yóuxì)]; **2.** *m coloq* 胆小鬼 [dǎn xiǎo guǐ]; **~ero** *m* 养鸡人 [yǎng jī rén]

gallo *m* 雄鸡 [xióng jī]

galop/ar *vi* 奔驰 [bēn chí], 飞奔 [fēi bēn]; **~e** *m* 奔驰 [bēn chí]

gama *f* 全部 [quán bù], 全套 [quán tào]

gamba *f* 虾仁 [xiā rén]

gamberro,-a *m/f* 粗野的人 [cū yě de rén], 流氓 [liú máng]

gamuza *f* 岩羚羊 [yán líng yáng]

gana *f* **1.** 愿望 [yuàn wàng]; **2.** 食欲 [shí yù]; **de buena ~** 乐意地 [lè yì de], 自愿地 [zì yuàn de]; **de mala ~** 勉强地 [miǎn qiǎng de], 不情愿地 [bú qíng yuàn de]; **no me da la ~** 我不想(做) [wǒ bú xiǎng (zuò)], 没兴趣(做) [méi xìng qù (zuò)]; **tener ~s de hacer u/c** 希望做 [xī wàng zuò], 愿意做 [yuàn yì zuò]

ganad/ería *f* 畜群 [xù qún], 畜牧业 [xù mù yè]; **~ero,-a** *m/f* 牧主 [mù zhǔ]; **~o** *m* 家畜 [jiā chù], 畜牧 [xù mù]; **~or,-a** **1.** *adj* 获得的 [huò dé de], 赢得的 [yíng dé de]; **2.** *m/f* 获胜者 [huò shèng zhě]

ganancia *f* 收益 [shōu yì], 利润 [lì rùn]

ganar *vt/i* 赚(钱) [zhuàn (qián)], 获(利) [huò (lì)]; **~se la vida** 谋生 [móu shēng]

ganch/illo *m* 钩针织品 [gōu zhēn zhī pǐn]; **hacer ~illo** 干钩针活 [gān gōu zhēn huó]

gancho *m* 钩 [gōu], 钩状物 [gōu zhuàng wù]

gandul *m* 懒鬼 [lǎn guǐ], 懒汉 [lǎn hàn]; **~a** *f* 懒鬼 [lǎn guǐ], 废物 [fèi wù]; **~ear** *vi* 偷懒 [tōu lǎn], 游手好闲 [yóu shǒu hǎo xián]; **~ería** *f* 懒惰 [lǎn duò], 游手好闲 [yóu shǒu hǎo xián]

ganga *f* 便宜货 [shǐ pián yí huò]

gánster *m* 匪徒 [fěi tú], 暴徒 [bào tú]

ganso *m zool* 鹅 [é]; **hacer el ~** 出洋相 [chū yáng xiàng], 讲笑话 [jiǎng xiào huà]

ganzúa *f* 撬锁器 [qiào suǒ qì]

gañán *m* (庄园的)仆役 [(zhuāng yuán de) pú yì], 杂工 [zá gōng]

garaba/tear *vt/i* （用钩子）钩取 [(yòng gōu zi) gōu qǔ]; **~to** *m* 钩子 [gǒu zi], 铁钩 [tiě gōu]
garaje *m* 车库 [chē kù]; **~ subterráneo** *f* 地下停车场 [dì xià tíng chē chǎng]
garant/ía *f* 保证 [bǎo zhèng]; **sin ~ía** 没保证 [méi bǎo zhèng]; **~izar** *vt* 保证 [bǎo zhèng]
garante *m* 保证人 [bǎo zhèng rén]
garbanzo *m* 鹰嘴豆 [yīng zuǐ dòu]
garbo *m* 潇洒 [xiāo sǎ], 幽雅 [yōu yǎ]
garfio *m* 钩子 [gǒu zi]
gargajear *vi* 吐痰 [tù tán]
garganta *f* 咽喉 [yān hóu], 喉咙 [hóu lóng]; **dolor de ~** 咽喉痛 [yān hóu tòng]
gargantilla *f* 短项链 [duǎn xiàng liàn]
gárgara *f* 漱口 [shù kǒu]; **hacer ~s** 一边呆着吧！ [yī bian dāi zhe ba]
garra *f* 爪子 [zhuǎ zi]; **~fa** *f* 凉水瓶 [liáng shuǐ píng]
garrapata *f* （动物身上的）虱 [(dòng wù shēn shàng de) shī]; **~s** *fpl* 胡说八道 [hú shuō bā dào]
garza *f* 草鹭 [cǎo lù]
gas *m* 瓦斯 [wǎ sī], 煤气 [méi qì]; **~ butano** 压缩煤气 [yā suō méi qì]; **~ natural** 天然气 [tiān rán qì]
gaseos/a *f* 汽水 [qì shuǐ]; **~o,-a** *adj* 气态的 [qì tài de], 含气体的 [hán qì tǐ de]
gasoil, gasóleo *m* 柴油 [chái yóu]
gasolin/a *f* 汽油 [qì yóu]; **~ normal 95**号汽油 [jiǔ shí wǔ hào qì yóu]; **~ sin plomo** 无铅汽油 [wú qiān qì yóu]; **~ súper 98**号汽油 [jiǔ shí bā hào qì yóu]; **echar ~a** 加汽油 [jiā qì yóu]; **~era** *f* 加油站 [jia yóu zhàn]
gasta/r *vt* 花费 [huā fèi], 消费 [xiāo fèi]; **~r bromas** 开玩笑 [kāi wán xiào]; **~se** 衰老 [suī lǎo], 精力耗尽 [jīng lì hào jìn]
gasto *m* 花费 [huā fèi], 消费 [xiāo fèi]; **~s** *mpl* 费用 [fèi yòng], 开销 [kāi xiāo]
gastritis *f* 胃炎 [wèi yán]
gastr/onomía *f* 烹调法 [pēng tiáo fǎ], 菜肴 [cài yáo]; **~onómico, -a** *adj* 烹调的 [pēng tiào de], 菜肴的 [cài yáo de]; **~ónomo,-a** *m/f* 美食家 [měi shí jiā]
gata *f* 雌猫 [cí māo]
gatear *vi* 爬行 [pá xíng], 攀登 [pān dēng]
gatillo *m* （枪的）扳机 [(qiāng de) bān jī]
gato *m* **1.** 猫 [māo]; **2.** *auto* 千斤顶 [qiān jīn dǐng]
gavilán *m* 雀鹰 [què yīng]
gaviota *f* 海鸥 [hǎi ōu]
gay 1. *adj* 男同性恋的 [nán tóng xìng liàn de]; **2.** *m* 男同性恋者 [nán tóng xìng liàn zhě]
gazpacho *m* 素冷汤 [sù lěng tāng]
gel *m* 洗澡液 [xǐ zǎo yè]; **~ de baño** 泡浴液 [pào yù yè]; **~ de ducha** 淋浴液 [lín yù yè]

gelatin/a *f* 果冻 [guǒ dòng], (豆腐状的)西菜 [(dòu fǔ zhuàng de) xī cài]; **~oso,-a** *adj* 冻胶的 [dòng jiāo de], 胶状的 [jiāo zhuàng de]

gemelo,-a *adj* 孪生的 [luán shēng de]; **~s** *mpl* 望远镜 [wàng yuán jìng]

Géminis *m astr* 双子座 [shuāng zǐ zuò], 双子宫 [shuāng zǐ gōng]

gemir *vi* 呻吟 [shēn yín], 哀叹 [āi tàn]

genciana *f* 龙胆 [lóng dǎn]

genera/ción *f* 世代 [shì dài], 辈 [bèi]; **~dor** *m electr* 发电机 [fā diàn jī]

general 1. *adj m/f* 一般的 [yī bān de], 普遍的 [pǔ biàn de]; **en ~** 一般来说 [yī bān lái shuō]; **por lo ~** 通常 [tōng cháng]; **2.** *m* 将军 [jiāng yūn]; **~idad** *f* 大多数 [dà duō shù], 普遍性 [pǔ biàn xìng]; **~izar** *vt* 普及 [pǔ jí], 普遍化 [pǔ biàn huā]; **~mente** *adv* 通常 [tōng cháng], 一般地 [yī bān de]

generar *vt* 产生 [chǎn shēng], 发生 [fā shēng]

genérico,-a *adj* 共同的 [gòng tóng de], 普遍的 [pǔ biàn de]

género *m* 种类 [zhǒng lèi], 类型 [lèi xíng]

generos/idad *f* 慷慨大方 [kāng kǎi dà fang]; **~o,-a** *adj* 慷慨的 [kāng kǎi de], 大方的 [dà fāng de]

genétic/a *f* 遗传学 [yí chuán xué]; **~o,-a** *adj* 遗传的 [yí chuán de], 遗传学的 [yí chuán xué de]

geni/al *adj m/f* 天才的 [tiān cái de], 精彩的 [jīng cǎi de]; **~o** *m* 天才 [tiān cái]

genitales *mpl* 生殖器 [shēng zhí qì]

genocidio *m* 种族灭绝 [zhǒng zú miè jué]

gente *f* 人(总称) [rén (zǒng chēng)], 人们 [rén mén]

gent/il *adj m/f* 潇洒的 [xiāo sǎ de]; **~ileza** *f* 潇洒 [xiāo sǎ], 大方 [dà fāng]; **~ío** *m* 人群 [rén qùn]; **~uza** *f* 贱民 [jiàn mín]

geo/grafía *f* 地理 [dí lǐ]; **~gráfico,-a** *adj* 地理的 [dí lǐ de]; **~logía** *f* 地质学 [dì zhì xué]; **~metría** *f* 几何学 [jǐ hé xué]

geó/grafo,-a *m/f* 地理学家 [dí lǐ xué jiā]; **~logo,-a** *m/f* 地质学家 [dì zhì xué jiā]

geranio *m bot* 天竺葵 [tiān zhú kuí]

geren/cia *f* 经理办公室 [jīn lǐ bàn gōng shì]; **~te** *m* 经理 [jīng lǐ]

geriatría *f* 老年病学 [lǎo nián bìng xué]

germ/ánico,-a *adj* 德国的 [dé guó de], 日耳曼的 [rì ěr màn de]; **~ano,-a 1.** *adj coloq* 日耳曼人的 [rì ěr mà rén de]; **2.** *m* 亲兄弟 [qīn xiōng dì], 亲姐妹 [qīn jiě mèi]

germ/en *m* 开端 [kāi duān], 起源 [qǐ yuán]; **~inar** *vi* 发芽 [fā yá], 萌芽 [méng yá]

gestación *f* 妊娠期 [rèn shēn qī]

gesticular *vi* 做怪相 [zuò guài xiàng]

gesti/ón *f* 经营 [jīng yíng], 办理 [bàn lǐ]; **hacer ~ones** 筹办 [chóu bàn], 办理 [bàn lǐ]; **~onar** *vt* 经营 [jīng yíng], 办理 [bàn lǐ]

gesto *m* 表情 [biǎo qíng], 手势 [shǒu shì]

gestor,-a *m/f* 经办人 [jīng bàn rén], 代办人 [dài bàn rén]; **~ía** *f* (办理各类税务, 保险, 劳工, 居留等)事务所 [(bàn lǐ gè lèi shuì wù, bǎo xiǎn, láo gōng, jū liú děng) shì wù suǒ]

gigant/e 1. *adj m/f* 巨大的 [jù dà de]; **2.** *m* 巨人 [jù rén]; **~esco, -a** *adj* 巨大的 [jù dà de], 巨人般的 [jù rén bān de]

gilipollas *m coloq* 混蛋 [hún dàn], 流氓 [liú máng]

gimnasi/a *f* 体操 [tǐ cāo], 训练 [xùn liàn]; **~o** *m* 健身房 [jiàn shēn fáng], 体育馆 [tǐ yù guǎn]

ginebra *f* 日内瓦 [rì nèi wǎ]

gine/cología *f* 妇科学 [fù kē xué]; **~cólogo,-a** *m/f* 妇科专家 [fù kē zhuān jiā]

gira *f mus* 巡回演出 [xún huí yǎn chū]; *teat* 巡回表演 [xún huí biǎo yǎn]

gira/r 1. *vi* 旋转 [xuán zhuǎn], 拐弯 [guǎi wān]; **2.** *vt* 汇寄 [huì jì]; **~sol** *m* 向日葵 [xiàng rì kuí]; **~torio,-a** *adj* 转动的 [zhuàn dòng], 旋转的 [xuán zhuǎn]

giro *m* 汇款 [huì kuǎn], 汇票 [huì piào]; **~ postal** 邮汇 [yóu huì]

gitano,-a 1. *adj coloq* 哄骗的 [hǒng piàn de]; **2.** *m/f* 吉普赛人 [jí pǔ sái rén]

glacia/l *adj m/f* 冰的 [bīng de], 寒冷的 [hán lěng de]; **~r** *m* 冰川 [bīng chuān]

glándula *f med* 腺 [xiàn]

glaucoma *m med* 青光眼 [qīng guāng yǎn], 绿内障 [lǜ nèi zhàng]

global *adj m/f* 总的 [zǒng de], 全面的 [quán miàn de]; **~ización** *f* 全球化 [quán qiù huà]; **~izar** *vt econ* (经济)全球化 [(jīng jì) quán qiù huà]

globo *m* 球 [qiú], 地球 [dì qiú]

glóbulo *m med* 小球体 [xiǎo qiú tǐ], 血球 [xuè qiú]

glori/a *f* 荣誉 [róng yù], 光荣 [guāng róng]; **~eta** *f* (十字街心或广场的) 圆岛 [(shí zì jiē xīn huò guǎng chǎng) yuán dǎo]; **~ficar** *vt* 颂扬 [sòng yáng]; **~oso, -a** *adj* 光荣的 [guāng róng de], 荣耀的 [róng yào de]

glosa *f* 注释 [zhù shì], 评注 [píng zhù]; **~r** *vt* 注释 [zhù shì], 评注 [píng zhù]; **~rio** *m* 术语汇编 [shù yǔ huì biān]

glot/ón,-ona *m/f* 贪吃的人 [tān chī de rén]; **~onería** *f* 好食 [hào shí], 贪吃 [tān chī]

glucosa *f* 葡萄糖 [pú táo táng]

goberna/ción *f* 统治 [tǒng zhì], 管理 [guǎn lǐ]; **~dor,-a** *m/f* 省长 [shěng zhǎng]; **~r** *vt/i nav* (船只)舵效好 [(chuán zhī) duò jiào hǎo]

gobierno *m* 政府 [zhèng fǔ], 内阁 [nèi gé]

goce *m* 享受 [xiǎng shòu], 享有 [xiǎng yǒu]

gol *m sport* (足球的)进球 [(zù qiu de) jìn qiù], 得分 [dé fēn]; **~eador,-a** *m/f* 射门手 [shè mén shǒu]

goleta *f nav* (二桅的)轻便船 [(èr wéi de) qīng biàn chuán]

golf *m sport* 高尔夫球 [gāo ěr fū-qiú]; **~ista** *m/f* 高尔夫球员 [gāo ěr fū qiú yuán]

golfo 1. *geogr m* 海湾 [hǎi wān]; **2.** *coloq* 流氓 [liú máng], 无赖 [wú lài]

golondrina *f* 燕子 [yàn zi]

golo/sina *f* 零食 [líng shí]; **~so,-a** *adj* 爱吃零食的(人) [ài chī líng shí de (rén)]

golpe *m* 撞 [zhuàng], 击 [jī], 碰 [pèng]; **~ bajo** (对腰以下的部位)拳打 [(duì yāo yǐ xià de bù wèi) quán dǎ]; **~ de calor** 热浪 [rè làng]; **~ de Estado** 政变 [zhèng biàn]; **de ~** 突然地 [tū rán de]; **de un ~** 一下子 [yī xià zǐ]; **~ar** *vt* 敲打 [qiāo dǎ], 打击 [dǎ jī]

goma *f* 橡胶 [xiàng jiāo], 树胶 [shù jiāo]

gonorrea *f med* 淋病 [lín bìng]

gord/o 1.,-a *adj* 胖的 [pàng de], 多脂肪的 [duō zhī fáng de]; **2.** *m* 动物脂肪 [dòng wù zhī fáng]; **~ura** *f* 脂肪 [zhī fáng], 肥胖 [féi pàng]

gorila *m* 大猩猩 [dà xīng xīng]

gorra *f* 帽子 [mào zi]

gorrión *m* 麻雀 [má què]

gorro *m* 帽子 [mào zi]

gorr/ón,-ona *m/f coloq* 吃白食的人 [chī bái shí de rén]; **~onear** *vt* 靠别人养活 [kào bié rén yǎng huó]

gota *f* 滴 [dī]; **~ a ~** 一滴一滴地 [yī dī yì dī de]

gote/ar *vi* 滴 [dī], 滴落 [dī luò]; **~ra** *f* (屋顶的)漏雨缝隙 [(wū dǐng de) lòu yǔ fèng xì]

gótico 1.,-a *adj* 哥德式的 [gē dé shì de]; **2.** *m* 哥德式建筑 [gē dé shì jiàn zhù]

goz/ar *vt/i* 享有 [xiǎng yǒu], 拥有 [yōng yǒu]; **~ar de u/c** 拥有 [yōng yǒu], 享受 [xiǎng shòu]; **~o** *m* 欢乐 [huān lè], 愉快 [yú lè]; **~oso,-a** *adj* 愉快的 [yú kuài de]

graba/ción *f* 录音 [lù yīn], 录制 [lù zhì]; **~do** *m* 刻 [kè], 雕刻 [diāo kè]; **~r** *vt informát* 刻录(光碟) [kè lù (guāng dié)]

gracia *f* 恩赐 [ēn cì], 宽恕 [kuān shù]; **~s** 感谢 [gǎn xiè]; **¡~s!** 谢谢! [xiè xiè]; **~s a** 多亏 [duō kuī], 幸亏 [xìng kuī]; **dar las ~s a alg** 向某人表示谢意 [xiàng mǒu rén biǎo shì xiè yì]

gracioso,-a **1.** *adj* 有趣的 [yǒu qù de], 风趣的 [fēng qù de]; **2.** *m/f* 丑角 [chǒu jué], 滑稽演员 [huá jī yǎn yuán]

grada *f* 台阶 [tái jiē], 看台 [kàn tái]

grad/o *m* 等级 [děng jí], 刻度 [kè dù]; **~uable** *adj m/f* 可以调节的 [kě yǐ tiáo jié de], 可分级的 [kě fēn jí de]; **~uación** *f* 度数 [dù shù], 含量 [hán liàng]; **~uado,-a** *adj* 取得学位的 [qǔ dé xué wèi de]; **~ual** *adj m/f* 逐渐的 [zhú jiàn de]; **~uar** *vt* 调节 [tiáo jié], 分级 [fēn jí]; **~uarse** 毕业 [bì yè]

gráfico,-a **1.** *adj* 图示的 [tú shì de], 形象的 [xíng xiàng de]; **2.** *m* 图表 [tú biǎo], 图象 [tú xiàng]

gra/mática *f* 语法 [yǔ fǎ]

gramatical *adj m/f* 语法的 [yǔ fǎ de]

gramo *m* 克(重量单位) [kè (zhòng liàng dān wèi)]

gran *adj (apóc grande)* 的词尾省略形式 [de cí wěi shěng luè xíng shì], 大的 [dà de], 伟大的 [wěi dà de]

granada *f bot* 石榴 [shí liú]; *mil* 榴弹 [liú tàn], 手榴弹 [shǒu liú tàn]

gran/de *adj m/f* 大的 [dà de], 伟大的 [wěi dà de]; **~deza** *f* 巨大 [jù dà]; 伟大 [wěi dà]; **~dioso,-a** *adj* 宏伟的 [hóng wěi de], 壮观的 [zhuàng guān de]

granito *m* 花岗岩 [huā gāng yán]

graniz/ada *f* 下冰雹 [xià bīng páo]; **~ado** *m* 刨冰 [bào bīng]; **~o** *m* 冰雹 [bīng páobáo]

granj/a *f* 庄园 [zhuāng yuán], 农场 [nóng chǎng]; **~ero,-a** *m/f* 农场主 [nǒng chang zhǔ], 庄园主 [zhuāng yuán zhǔ]

grano *m med* 疹 [zhěn], 丘疹 [qiū zhěn]; **¡al ~!** 直接了当地说吧! [zhí jiē liǎo dàng de shuō ba]; **~s** *mpl* 颗粒 [kē lì]

granuja *m coloq* 流浪儿 [liú làng 'ér]

grapa *f* 两脚钉 [liǎng jiǎo dīng]; **~dora** *f* 订书机 [dìng shū jī]; **~r** *vt* 订起来 [dìng qǐ lái]

gras/a *f* 脂肪 [zhī fáng], 油脂 [yóu zhī]; **~iento,-a** *adj* 脂肪多的 [zhī fáng duō de]; **~o,-a** *adj* 油脂的 [yóu zhīde]

gratifica/ción *f* 奖金 [jiǎng jīn], 酬金 [chóu jīn]; **~r** *vt* 酬谢 [chóu xiè]

gratis *adj inv* 免费地 [miǎn fèi dì]

grat/itud *f* 感谢 [gǎn xiè], 谢意 [xiè yì]; **~o,-a** *adj* 令人愉快的 [lìng rén yú kuài de]; **~uito,-a** *adj* 免费的 [miǎn fèi de]

grava *f* 砾石(总称) [lì shí (zǒng chēng)]; **~r** *vt* 使负担(赋税) [shǐ fù dān (fù shuì)]

grave *adj m/f* **1.** 严重的 [yán zhòng de]; **2.** *mús* 钝音的 [dùn yīn de], 低音的 [dī yīn de]; **estar ~** 严重的 [yán zhòng de]; **~dad** *f* **1.** 重力 [zhòng lì], 地球引力 [dì qiú yǐn lì]; **2.** 严肃 [yán sù],

严重 [yán zhòng]; **enfermo de ~dad** 重病 [zhòng bìng]

gravilla *f* 砂砾 [shā lì], 砾石 [lì shí]

gravitación *f* 万有引力 [wàn yǒu yǐn lì]

gremio *m* 裙兜 [qún dōu], 行会 [háng huì], 同业公会 [tóng yè gōng huì]

grie/go,-a 1. *adj* 希腊的 [xī là de]; **2.** *m/f* 希腊人 [xī là rén]; **3.** *m/f* 希腊语 [xī là yǔ]

grieta *f* 裂缝 [liè fèng], 缝口 [fèng kǒu]

grifo *m* 水龙头 [shuǐ lóng tóu]

grillo *m zool* 蟋蟀 [xī shuài]

grima *f* 惊恐 [jīng kǒng], 恐慌 [kǒng huāng]; **dar ~ de** 气愤 [qì fèn], 不悦 [bú yuè]

gripe *f* 感冒 [gǎn mào]

gris *adj m/f* 灰色的 [huī sè de]; 阴沉的 [yīn chén de]; **~áceo,-a** *adj* 发灰的 [fā huī de], 呈灰色的 [chéng huī sè de]

grit/ar 叫喊 [jiāo hǎn]; **~ería** *f* 喧嚷 [xuān rǎng]; **~o** *m* 喊声 [hǎn shēng], 吼声 [hǒu shēng]

gros/ella *f* 红腊栗 [hóng là lì]; **~ella espinosa** 鹅莓 [é méi]

grose/ría *f* 粗鲁 [cū lǔ], 粗野 [cū yě]; **~ro,-a** *adj* 粗野的 [cū yě de], 粗鲁的 [cū lǔ de]

grotesco,-a *adj* 怪诞的 [guài dàn de], 古怪的 [gǔ guài de]

grúa *f auto* 拖车 [tuō chē]

grueso,-a 1. *adj* 厚的 [hòu de], 粗的 [cū de]; **2.** *m* 厚度 [hòu dù]; *mil* 主力(部队) [zhǔ lì (bù duì)]

grulla *f* 鹤 [hè]

gruñ/ir *vi* (猪狗等) 哼叫 [(zhū gǒu děng) hēng jiào]; **~ón,-a 1.** *adj* 爱嘟哝的 [ài dū nong de]; **2.** *m fig*爱嘟哝的人 [ài dū nong de rén]

grupo *m* 群 [qún], 组 [zǔ], 班 [bān]; **~ sanguíneo** *med* 血型 [xuè xíng]; **en ~** 一组 [yī zǔ]

gruta *f* 岩洞 [yán dòng]

guante *m* 手套 [shǒu tào]

guantera *f auto* (汽车上的)文件箱 [(qì chē shàng de) wén jiàn xiāng]

guapo,-a *adj* 好看的 [hǎo kàn de], 漂亮的 [piào liàng de]

guarda 1. *m* 看守人 [kàn shǒu rén], 保管人 [bǎo guǎn rén]; **2.** *f* 看管 [kàn guǎn]; **~barros** *m inv auto* (车辆的)挡泥板 [(chē liàng de) dǎng ní bǎn]; **~bosques** *m/f inv* 看林人 [kàn lín rén], 守林人 [shǒu lín rén]; **~costas** *m/f inv* 海岸看护者 [hǎi 'àn kàn hù zhě]; **~espaldas** *m/f inv* 保镖 [bǎo biāo]; **~muebles** *m inv* 家具库房 [jiā jù kù fáng]

guardar *vt* 照料 [zhào liào], 保管 [bǎo guǎn]; **~ cama** 赖床 [lài chuáng]; **~ silencio** 沉默 [chén mò]; 默哀 [mò 'āi]; **~se** 收起 [shōu qǐ], 藏起 [cáng qǐ]; **~se de hacer u/c** 回避做某事 [huí bì zuò mǒu shì]

guardarropa *f teat* 服装道具员 [fú zhuāng dào jù yuán]

guardería *f* 托儿所 [tuō ér suǒ], 幼儿园 [yòu ér yuán]

guardia 1. *f* 警卫 [jǐng wèi], 守卫 [shǒu wèi]; **~* Civil** 治安警察队 [zhì ān jǐng chá duì]; **~* Urbana** 城防警察队 [chéng fáng jǐng chá duì]; **estar de ~** *mil* 站岗 [zhàn gǎng]; *med* (医生)值班 [(yī shēng) zhí bān]; **2.** *m* 卫兵 [wéi bīng], 警卫员 [jǐng wèi yuán]; **~ urbano,-a** *m/f* 城防警察 [chéng fáng jǐng chá]

guardián *m* 保管员 [bǎo guǎn yuán]

guarida *f* 藏身处 [cáng shēn chù], 隐蔽所 [yǐn bì suǒ]

guarn/ecer *vt* 配备 [pèi bèi], 添置 [tiān zhì], 装配 [zhuāng pèi]; **~ición** *f mil* 驻军 [zhù jūn], 警备队 [jǐn bèi duì]; *gastr* 蔬菜配料 [shū cài pèi liào]

guarr/a *f coloq* 肮脏事 [āng zāng shì]; **~ada** *f* 卑鄙的手段 [bēi bì de shǒu duàn]; **~o,-a 1.** *adj coloq fig* 卑鄙的 [bēi bì de]; **2.** *m/f* 邋遢的人 [lā tā de rén]

guasa *f* 讥讽 [jī fěng], 嘲弄 [cháo nòng]; **estar de ~** 开玩笑 [kāi wán xiào], 打趣 [dǎ qù]

gubernamental *adj m/f* 政府的 [zhèng fǔ de]

guepardo *m* 雪豹 [xuě bào]

guerr/a *f* 战争 [zhàn zhēng]; **~a civil** *m* 内战 [nèi zhàn]; **~*Mundial** *m* 世界大战 [shì jiè dà zhàn]; **~ero,-a 1.** *adj* 战争的 [zhàn zhēng de]; **2.** *m* 士兵 [shì bīng]; **~illa** *f* 游击战 [yóu jī zhàn]

guía 1. *m/f* 向导 [xiàng dǎo], 导游 [dǎo yóu]; **2.** *f* 要领 [yào lǐng], 准则 [zhǔn zé]; **~ telefónica** 电话薄 [diàn huà bù]

guiar *vt* 带领 [dài lǐng], 引导 [yǐn dǎo]

guind/a *f* 酸樱桃 [suān yīng táo]; **~illa** *f* 小尖辣椒 [xiǎo jiān là jiāo]

guiñ/ar *vi* 挤眼 [jǐ yǎn], 使眼色 [shǐ yǎn sè]; **~ar los ojos** 挤弄眼睛 [jǐ nòng yǎn jīng]; **~ol** *m* 木偶戏[mù ǒu xì], 木偶 [mù ǒu]

gui/ón *m* 电影剧本 [diàn yǐng jù běn]; 提纲 [tí gāng]; **~onista** *m/f* (电影)编剧 [(diàn yǐng) biān jù]

guirnalda *f* 花环 [huā huán]

guisante *m* 豌豆 [wān dòu]

guis/ar *vt/i* 炒 [chǎo], 炒菜 [chǎo cài]; **~o** *m gastr* 熟食 [shú shí], 炒好的菜 [chǎo hǎo de cài]

guitarr/a *f* 吉他 [jí tā], 六弦琴 [liù xián qín]; **~ista** *m/f* 弹吉他的人 [tán jí tāde rén]

gula *f* 暴食 [bào shí], 暴饮 [bào yǐn]

gusano *m* 蠕虫 [rú chóng], 毛虫 [máo chóng]; **~ de seda** 蚕 [cán], 桑蚕 [sāng cán]

gust/ar 1. *vt* 品尝 [pǐn cháng], 尝试 [cháng shì]; **2.** *vi* 喜欢 [xǐ huan], 喜爱 [xǐ ài]; **me gusta-**

ría 我很想… [wǒ hěn xiǎng…]; **~o** *m* 品味 [pǐn wèi], 爱好 [ài hào]; **con mucho ~** 很高兴认识您 [hěn gāo xìng rèn shí nín]; **de buen ~o** 高雅的 [gāo yǎ de], 雅致的 [yǎ zhì de]; **de mal ~o** 不雅的 [bú yǎ de], 俗气的 [sú qì de]; **por ~o** 所喜欢的 [suǒ xǐ huān de]; **~oso,-a** *adj* 美味的 [měi wèi de]; 开心的 [kāi xīn de]

H

ha *excl* 啊 [a], 哎哟 [āi yǒu]

haba *f* 蚕豆 [cán dòu]

Haban/a 哈瓦那 [hā wǎ nà]; **La ~** 哈瓦那乐曲 [hā wǎ nà yuè qǔ]; **~*o** *m* 古巴雪茄烟 [gǔ bā xuě jiā yān]

haber 1. 有 [yǒu], 拥有 [yōng yǒu]; **~ de hacer u/c** 一定要做 [yí dìng yào zuò]; **2. hay** *v/impers* 有 [yǒu], 存在 [cún zài]; **~ que** + *inf* 应该 [yīng gāi], 必须 [bì xū]; **¡no ~ de qué!** 没关系！[méi guāng xì]; **3. ~es** *mpl* 薪水 [xīn shuǐ], 报酬 [bào chóu]

hábil *adj m/f* 灵巧的 [líng qiǎo de], 能干的 [néng gàn de]; **día ~** *m* 工作日 [gōng zuò rì]

habili/dad *f* 能力 [néng lì], 灵巧 [líng qiǎo]; **~doso,-a** *adj* 手巧的 [shǒu qiǎo de]

habi/tación *f* 房间 [fáng jiān], 屋子 [wū zǐ]; **~tación individual** 单人房 [dān rén fáng]; **~tación doble** 双人房 [shuāng rén fáng]; **~tado,-a** *adj* 住人的 [zhù rén de], 居住的 [jū zhù de]; **~table** *adj m/f* 可居住的 [kě jū zhù de]; **~tante** *m/f* 居民 [jū mín], 老百姓 [lǎo bǎi xìng]; **~tar 1.** *vt* 居住 [jū zhù]; **2.** *vi* 栖息 [qī xi]

hábito *m* 习俗 [xí sú], 习惯 [xí guàn]

habitua/l *adj m/f* 通常的 [tōng cháng de], 习惯的 [xí guàn de]; **~rse a** 养成… 习惯 [yǎng chéng…xí guàn]

habla *f* 说话能力 [shuō huà néng lì], 讲话 [jiǎng huà]; **~dor,-a** *m/f* 话多的人 [huà duō de rén]; **~duría** *f* 流言蜚语 [liú yán fēi yǔ], 闲话 [xián huà]; **~durías** *fpl* 不投机的话 [bú tóu jīde huà]; **~r** *vt/i* 说 [shuō], 谈话 [tán huà], 讲话 [jiǎng huà]

hacedero,-a *adj* 可行的 [kě xíng de]

hacer *vt* 作 [zuò], 干 [gàn], 做 [zuò], 进行 [jìn xíng]; **hace frío** 天冷 [tiān lěng]; **hace calor** 天热 [tiān rè]; **hace viento** 刮风 [guā fēng]; **hace buen (mal) tiempo** 天气好（不好）[tiān qì hǎo (bú hǎo)]; **hace un mes** 一个月前 [yī ge yuè qián]; **~se** 形成 [xíng chéng], 变成 [biàn chéng]; **~se viejo** 变老了 [biàn lǎo le]; **se hace tarde** 晚了 [wǎn le]

hacha *f* 火炬 [huǒ jù], 火把 [huǒ bǎ]

hachís *m* 大麻(毒品) [dà má (dú pǐn)]

hacia *prep* 向 [xiàng], 往 [wǎng], 朝 [cháo]; **~ adelante** 朝前 [cháo qián]; **~ aquí** 朝这里 [cháo zhè lǐ]; **~ atrás** 朝后 [cháo hòu]; **~ las diez** 十点钟左右 [shí diǎn zhōng zuǒ yòu]

hacienda *f* **1.** 财政 [cái zhèng]; **2.** 资产 [zī chǎn], 财产 [cái chǎn]; **Ministerio de ~*** 财政部 [cái zhèng bù]; **Delegación de ~*** 财政局 [cái zhèng jú]; **~* pública** 国家财产 [guó jiā cái chǎn]

hada *f* 仙女 [xiān nǚ]

Hait/í 海地 [hǎi dì]; **~*iano,-a 1.** *adj* 海地的 [hǎi dì de]; **2.** *m/f* 海地人 [hǎi dì rén]

¡hala! *excl* 加油! [jiā yóu] 不会吧!(吃惊) [bú huí ba! (chī jīng)]

hala/gar *vt* 恭维 [gōng wéi], 谄媚 [xiàn mèi]; **~go** *m* 讨好 [tǎo hǎo], 谄媚 [xiàn mèi]

halagüeño,-a *adj* 讨好的 [tǎo hǎo de], 谄媚的 [xiàn mèi de]

halcón *f* 游隼鸟 [yóu sǔn niǎo]

hall *m* 门厅 [mén tīng]

halla/r *vt* 碰到 [pèng dào], 找到 [zhǎo dào]; **~rse 1.** 在 [zài], 处在 [chǔ zài]; **2.** 感到 [gǎn dào], 觉得 [jué dé]; **~zgo** *m* 发明 [fā míng], 找到 [zhǎo dào]

hamaca *f* 吊床 [diào chuáng], 千秋 [qiū qiān]

hambr/e *f* **de** 饿 [è], 饥饿 [jī 'è]; **~iento,-a** *adj* 饥饿的 [jī 'è de]

hamburguesa *f* *gastr* 汉堡包 [hàn bǎo bāo]

hampa *f* 浪荡生活 [làng dàng shēng huó], 二流子 [èr liū zi]

hangar *m* 飞机库 [fēi jī kù]

hara/piento,-a *adj* 衣衫褴褛的 [yī shān lán lǚ de]; **~po** *m* 破布 [pò bù]

harén *m* **1.** (伊斯兰教徒中的)闺阁 [(yī sī lán jiào tú zhòng de) guī gé]; **2.** 女眷 [nǚ juàn]

harin/a *f* 面粉 [miàn fěn], 粉 [fěn]; **~oso,-a** *adj* 含面粉的 [hán miàn fěn de], 面的 [miàn de]

hart/ar *vt* 使厌烦 [shǐ yàn fán]; **~arse** 吃饱 [chī bǎo]; **~arse de u/c** 饱受 [bǎo shòu], 充分领受 [chōng fèn lǐng shòu]; **~o,-a** *adj* **de u/c** 足够的 [zú gòu de], 过多的 [guò duō de]; **estoy ~o** (对某事)感到厌倦 [(duì mǒu shì) gǎn dào yàn juàn]

hasta 1. *prep* 到 [dào], 至 [zhì]; **¡~ luego!** 再见! [zài jiàn]; **2.** *conj* 也 [yě], 才 [cái]; **~ que** 直到 [zhí dào], 才 [cái]; **3.** *adv* 甚至 [shèn zhì]

hast/iar *vt* 使厌烦 [shǐ yàn fán]; **~iarse** 厌烦 [yàn fán], 讨厌 [tǎo yàn]; **~ de u/c** 厌烦 [yàn fán], 讨厌 [tǎo yàn]; **~ío** *m* 厌食 [yàn shí], 厌烦 [yàn fán], 讨厌 [tǎo yàn]

hay *(imp. haber)* 有 [yǒu], 存在 [cún zài]

haya *f* 山毛榉 [shān máo jǔ]; **La ~*** 海牙(荷兰) [hǎi yá (hé lán)]

haz *m* 束 [shù], 扎 [zhā], 捆 [kǔn], 把 [bǎ]

hazaña *f* 伟绩 [wěi jì], 业迹 [yè jì]

hazmerreír *m* 笑料 [xiào liào], 笑柄 [xiào bǐng]

he aquí 这就是 [zhè jiú shì]

hebilla *f* 搭扣 [dā kòu]

hebra *f* 丝 [sī], 线 [xiàn]

hebr/aico,-a 希伯来人的 [xī bó lái rén de]; **~eo,-a 1.** *adj* 希伯来的 [xī bó lái de], 犹太人的 [yóu tài rén de]; **2.,-a** *m/f* 希伯来人 [xī bó lái rén], 犹太人 [yóu tài rén]; **3.** *m* 希伯来语 [xī bó lái yǔ]

hechi/cera *f* 巫师 [wū shī]; **~cería** *f* 巫术 [wū shù], 妖魔 [yāo mó]; **~cero,-a 1.** *adj* 施巫术的 [shī wū shù de]; **2.** *m* 巫师 [wū shī]; **~zar** *vt* 施巫术 [shī wū shù], 使着魔 [shǐ zháo mó]; **~zo,-a 1.** *adj* 人造的 [rén zào de], 假的 [jiǎ de]; **2.** *m* 巫术 [wū shù], 魅力 [mèi lì]

hecho,-a 1. *adj* 已经做好的 [yǐ jīng zuò hǎo de]; **~ a mano** 手工制作 [shǒu gōng zhì zuò]; **¡bien ~!** 做得好! [zuò dé hǎo]; **2.** *m* 事实 [shì shí], 事情 [shì qíng]; **de ~** 事实上 [shì shí shàng], 实际上 [shí jì shàng]; **3.** *excl.* 很好! [hěn hǎo] 好极了! [hǎo jí le]

hechura *f* 制作 [zhì zuò], 形状 [xíng zhuàng]

hect/área *f* 公顷 [gōng qǐng]; **~olitro** *m* 百升 [bǎi shēng]

hed/er 1. *vi* 发臭 [fā chòu]; **2.** *vt* 讨厌 [tǎo yàn], 烦扰 [fán rǎo]; **~iondo,-a** *adj* 发臭的 [fā chòu de], 令人讨厌的 [lìng rén tǎo yàn de]; **~or** *m* 臭气 [chòu qì]

hela/da *f* 冰冻 [bīng dòng]; **~dería** *f* 冷饮店 [lèng yǐn diàn]; **~do,-a 1.** *adj fig* 冷淡的 [bīng dàn de]; **2.** *m* 冰淇淋 [bīng qí lìn]; **~dora** *f* 冷冻机 [lèng dòng jī]; **~r** *vi* 使冻结 [shī dòng jié]; **~rse** 挨冷受冻 [ái lěng shòu dòng], 冻僵 [dòng jiāng]

helecho *m* 蕨 [jué]

hélice *f* 螺旋桨 [luò xún jiǎng]

helicóptero *m* 直升飞机 [zhí shēng fēi jī]; **~ de rescate** 救援直升机 [jiù yuán zhí shēng jī]

hematoma *m* 血肿 [xuě zhǒng]

hembra *f zool* 雌性动物 [cí xìng dòng wù]

hemisferio *m* 半球 [bàn qiú], 半球体 [bàn qiú tǐ]

hemo/rragia *f* 出血 [chū xuě], 溢血 [yì xuě]; **~rroides** *fpl* 痔 [zhì], 痔疮 [zhì chuāng]

hend/er *vt* 使裂开 [shǐ liè kāi], 使破裂 [shǐ pò liè]; **~idura** *f* 裂缝 [liè fèng], 裂口 [liè kǒu]

heno *m* 干草 [gān cǎo]

hep/ático,-a *adj* 肝的 [gān de], 患肝炎的 [huàn gān yán de]; **~atitis** *f* 肝炎 [gān yán]

here/dar *vt* 继承 [jì chéng]; **~dar u/c de alg** 继承某人的某物 [jì chéng mǒu rén de mǒu wù]; **~dar a alg** 给某人遗产 [gěi mǒu rén yí chǎng]; **~dero,-a** *m/f* 继承人 [jì chéng rén]; **~ditario,-a** *adj* 继承的 [jì chéng de]

here/je *m* 异教徒 [yì jiào tú]; **~jía** *f* 异教 [yì jiào], 异端邪说 [yì duān xié shuō]

herencia *f* 继承权 [jì chéng quán], 遗产 [yí chǎn]

heri/da *f* 伤口 [shāng kǒu],负伤 [fù shāng]; **~r** *vt* 使受伤 [shǐ shòu shāng], 打伤 [dǎ shāng], 伤害 [shāng hài]

herman/ar *vt* 结合 [jié hé]; **~arse** *fig* (两城市)结成姐妹 [(liǎng chéng shì) jié chéng jiě mèi]; **~astro,-a** *m/f* 异父兄弟姐妹 [yì mǔ xiōng dì jiě mèi], 异母兄弟姐妹 [yì mǔ xiōng dì jiě mèi]; **~dad** *f* 兄弟关系 [xiōng dì guāng xì], 兄弟会 [xiōng dì huì]; **~o,-a** 兄弟 [xiōng dì], 姐妹 [jiě mèi]

herm/ético,-a *adj fig* 深奥的 [shēn 'ào de], 深不可测的 [shēn bú kě cè de]; **~etismo** *m* 深奥 [shēn 'ào], 深不可测 [shēn bú kě cè]

hermos/o,-a *adj* 完美的 [wán měi de], 美丽的 [měi lì de]; **~ura** *f* 美丽 [měi lì], 美女 [měi nǚ]

hernia *f med* 疝 [shàn]

héroe *m* 英雄 [yīng xióng]

hero/ico,-a *adj* 英雄的 [yīng xióng de]; **~ína** *f* 女英雄 [nǚ yīng xióng]; **~ismo** *m* 英雄主义 [yīng xióng zhǔ yì]

herpes *m med* 疱疹 [pào zhěn]

herra/dura *f* 马蹄铁 [mǎ tí tiě]; **~mienta** *f* 工具 [gōng jù], 利器 [lì qì]; **~r** *vt* 给(马)钉掌 [gě (mǎ) dīng zhǎng], 打烙印 [dǎ lào yìn]

herrer/ía *f* 铁匠业 [tiě jiàng yè], 铁厂 [tiě chǎng]; **~o** *m* 铁匠 [tiě jiàng]

herv/idero *m* 沸腾 [fèi téng], 沸腾声 [fèi téng shēng]; **~idor** *m* 锅 [guō]; **~idor** *f* **de agua** 水的沸腾 [shuǐ de fèi téng]; **~ir** *vt/i* (水)沸腾 [(shuǐ) fèi téng], 滚开 [gǔn kāi]; **~or** *m* 沸腾 [fèi téng]

hiberna/l *adj m/f* 冬天的 [dōng tiān de]; **~r** *vi* 过冬 [guò dōng], 冬眠 [dōng mián]

hidalgo 1. *adj m* 高贵的 [gāo guì de], 慷慨的 [kāng kǎi de]; **2.** *m* 贵族 [guì zú], 绅士 [shēn shì]

hidrato *m* 水合物 [shuǐ hé wù]; **~ de carbono** 碳水化合物 [tàn shuǐ huà hé wù]

hidráulic/a *f* 水力学 [shuǐ lì xué]; **~o,-a** *adj* 水力学的 [shuǐ lì xué de], 水力的 [shuǐ lì de]

hidr/oavión *m* 水上飞机 [shuǐ shàng fēi jī]; **~ocarburos** *mpl* 碳氢化合物 [tàn qīng huà hé wù]; **~ógeno** *m* 氢 [qīng]

hiedra *f* 洋常青藤 [yáng cháng qīng téng]

hiel *f* 胆 [dǎn], 胆汁 [dǎn zhī]

hielo *m* 冰 [bīng], 冰块 [bīng kuài]

hiena *f* 鬣狗 [liè gǒu]

hierba *f* 草 [cǎo]; **mala ~** 杂草 [zá cǎo]; **~s medicinales** 草药 [cǎo yào]; **~buena** *f* 薄荷 [bó hé]
hierro *m* 铁 [tiě]
hígado *m* 肝脏 [gān zàng]
higi/ene *f* 清洁 [qīng jié], 卫生 [wèi shēng]; **~énico,-a** *adj* 卫生的 [wèi shēng de], 清洁的 [qīng jié de]
higo *m* 无花果 [wú huā guǒ]
hij/astro,-a *m/f* 前父子女 [qián fù zǐ nǚ], 前妻子女 [qián qī zǐ nǚ]; **~o,-a** *m/f* 儿子 [ér zǐ], 女儿 [nǚ 'ér]; **~o de puta** *coloq* 婊子养的 [biǎo zi yǎng de]
hi/lar *vt* 纺 [fǎng]; **~lo** *m* 线 [xiàn], 丝 [sī]
himno *m* 赞歌 [zàng gē], 颂歌 [sòng gē]; **~* Nacional** 国歌 [guó gē]
hinca/pié 强调 [qiáng diào], 执意 [zhì yì], 突出 [tū chū]; **hacer ~pié en u/c** 强调某件事 [qiáng diào mǒu jiàn shì]; **~r** *vt* 插入 [chā rù], 钉住 [dīng zhù]
hincha 1. *m sport* (运动员的)狂热的崇拜者 [(yùn dòng yuán de) kuáng rè de chóng bài zhě]; **2.** *f* 憎恶 [zēng wù], 厌恶 [yàn wù]; **~do,-a** *adj* 肿起来的 [zhǒng qǐ lái de]; **~r** *vt* 使肿胀 [shǐ zhǒng zhàng]; **~rse** *fig* 麻烦 [má fán], 讨厌 [tǎo yàn]; **~zón** *f* 肿块 [zhǒng kuài], 肿胀 [zhǒng zhàng]
hinojo *m* 膝盖 [xī gài]
hipermercado *m* 超级市场 [chāo jí shì chǎng]
hipersensible *adj m/f* 非常过敏的 [fēi cháng guò mǐn de]
hipertensión *f med* 高血压 [gāo xuě yā]
hípic/a *f* 马术 [mǎ shù]; 跳马比赛 [tiào mǎ bǐ sài]; **~o,-a** *adj* 马的 [mǎ de], 赛马的 [sài mǎ de]
hipno/sis *f* 催眠 [cuī mián], 催眠状态 [cuī mián zhuàng tài]; **~tizar** *vt* 催眠 [cuī mián], 施催眠术 [shī cuī mián shù]
hipo *m* 嗝儿 [gér]
hipocresía *f* 虚伪 [xū wěi]
hipó/crita 1. *adj m/f* 虚伪的 [xū wěi de]; **2.** *m* 伪君子 [wěi jūn zǐ]; **~dromo** *m* 跑马场 [pǎo mǎ chǎng], 赛马场 [sài mǎ chǎng]
hipopótamo *m* 河马 [hé mǎ]
hipo/teca *f* 房屋抵押贷款 [fáng wū dǐ yā dài kuǎn]; **~tecar** *vt* 以(不动产)抵押 [yǐ (bú dòng chǎn) dǐ yā]
hipotermia *f* 体温过低 [tǐ wēn guò dī]
hipótesis *f* 假设 [jiǎ shè], 假说 [jiǎ shuō]
hipotético,-a *adj* 假设的 [jiǎ shè de], 假定的 [jiǎ dìng de]
hirviente *adj m/f* 沸腾的 [fèi téng de]
hisp/alense *adj* (西班牙)塞维利亚的 [(xī bān yá) sài wéi lì yà de]; **~ánico,-a** *adj* 西班牙的 [xī bān yá de]; **~anidad** *f* 西班牙特点 [xī bān yá tè diǎn]; **~ano,**

-anista *adj* 西班牙的 [xī bān yá de]; **~*anoamérica** *f* 西班牙美洲 [xī bān yá měi zhōu]; **~anoamericano,-a** *adj* 西班牙美洲的 [xī bān yá měi zhōu de]

histeria *f* 癔病 [yì bìng]

histérico,-a *adj* 子宫的 [zǐ gōng de]

hist/oria *f* 历史 [lì shǐ], 史学 [shǐ xué]; **~oriador,-a** *m/f* 历史学家 [lì shǐ xué jiā]; **~órico,-a** *adj* 历史的 [lì shǐ de]

histrión *m* 滑稽演员 [huá jì yǎn yuán]

hito *m* 界标 [jiè biāo], 路标 [lù biāo]

hocico *m* (动物的)嘴唇部 [(dòng wù de) zuǐ chún bù], (人的)嘴 [(rén de) zuǐ], 脸 [liǎn]

hockey *m* 曲棍球 [qǔ gùn qiù]; **~ sobre hielo** 冰上曲棍球 [bīng shàng qǔ gùn qiù]

hogar *m* **1.** 家 [jiā], 家庭 [jiā tíng]; **2.** 炉灶 [lú zào]

hogaza *f* (两磅以上的)大面包 [(liǎng bàng yǐ shàng de) dà miàn bāo]

hoguera *f* 火堆 [huǒ duī]

hoja *f* **1.** 叶 [yè], 叶子 [yè zi]; **2.** 刀片 [dāo piàn]; **~ de afeitar** 刮脸刀片 [guā liǎn dāo piàn]

hojalata *f* 马口铁 [mǎ kǒu tiě]

hojaldre *m* 千层饼 [qiān céng bǐng]

hojear *vt* 翻阅 [fān yuè], 浏览 [liú lǎn]

¡hola! *excl coloq* 你好! [nǐ hǎo]

Holand/a *f* 荷兰 [hé làn]; **~*és,-a** **1.** *adj* 荷兰的 [hé lán de]; **2.** *m/f* 荷兰人 [hé lán rén]

holga/do 闲散的 [xián sàn de], 宽裕的 [kuān yù de]; **~nza** *f* 休闲 [xiu xián], 闲散 [xián sàn]; **~r** *vi* 息着 [xīe zhé], 闲着 [xián zhé]; **~zán** *m* 游手好闲的人 [yóu shǒu hào xián de rén]; **~zanear** *vi* 游手好闲 [yóu shǒu hào xián]

hom/bre *m* 男人 [nán rén], 人 [rén]; **~bre de negocios** 商人 [shāng rén]; **¡~bre!** 好家伙! [hǎo jiā huǒ]; **~bría** *f* 正直 [zhèng zhí], 诚实 [chéng shí]

hombro *m* 肩 [jiān], 肩膀 [jiān bǎng]

homena/je *m* 纪念 [jì niàn], 崇敬 [chóng jìng]; **~jear** *vt* 表示敬意 [biǎo shì jìng yì], 纪念 [jì niàn]

homeópata *m/f* 顺势疗法医生 [shùn shì liáo fǎ yī shēng]

homicid/a *m jur* 杀人犯 [shā rén fàn]; **~io** *m jur* 谋杀 [mó shā], 凶杀 [xiōng shā]

homo/geneidad *f* 同类 [tóng lèi], 同性质 [tóng xìng zhì]; **~géneo,-a** *adj* 同类的 [tóng lèi de], 同种的 [tóng zhǒng de]

homosexual *adj* 同性恋的 [tóng xìng liàn de]

hond/a *f* 弹弓 [dàn gōng]; **~o,-a** **1.** *adj* 深的 [shēn de], 低洼的 [dī wā de]; **2.** *m* 底 [dǐ], 底部 [d bù]; **~ura** *f* 深处 [shēn chù], 深度 [shēn dù]

Hondur/as 洪都拉斯 [hóng dū lā si]; **~*eño,-a 1.** *adj* 洪都拉斯的 [hóng dū lā si de]; **2.** *m/f* 洪都拉斯人 [hóng dū lā sī rén]

honest/idad *f* 诚实 [chéng shí], 贞洁 [zhēn jié]; **~o,-a** *adj m/f* 诚实的 [chéng shí de], 正派的 [zhèng pài de]

hongo *m* 菌类植物 [jūn lèi zhí wù], 磨菇 [mó gū]

honor *m* 声誉 [shēng yù], 名誉 [míng yù]; **~able,-a** *adj* 尊敬的 [zūn jìng de]; **~ario,-a** *adj* **1.** 名义上的 [míng yì shàng de]; **2.** *m* 报酬 [bào chóu], 酬金 [chóu jīn]; **~ífico,-a** *adj* 荣誉的 [róng yù de]

honra *f* 声誉 [shēng yù], 荣誉 [róng yù]; **~dez** *f* 诚实 [zhéng shí], 正直 [zhèng zhí]; **~do,-a** *adj* 诚实的 [chéng shí de], 正直的 [zhèng zhí de]; **~r** *vt* 给予荣誉 [gěi yǔ róng yù], 光宗耀祖 [guāng zōng yào zǔ]

hora *f* 小时 [xiǎo shí], 时间 [shí jiān]; **¿qué ~ es?** 几点钟了? [jǐ diǎn zhōng le]; **~rio** *m* 时刻表 [shí kè biǎo], 时间表 [shí jiān biǎo]; **~rio de trabajo** 营业时间 [yíng yè shí jiān]

horca *f* 绞刑架 [jiǎo xíng jià]

horchata *f* 甜饮料 [tián yǐn liào], 马蹄汁 [mǎ tí zhī]

horda *f* 游牧部落 [yóu mù bù luò]

horizont/al *adj m/f* 地平的 [dì pīng de], 水平的 [shuǐ píng de]; **~e** *m* 地平线 [dì pīng xiàn], 地平 [dì pīng]

hormig/a *f* 蚁 [yǐ], 蚂蚁 [má yǐ]; **~ón** *m* 混凝土 [hùn níng tǔ]; **~onera** *f* 混凝土搅拌机 [hùn níng tǔ jiǎo bàn jī]

hormigu/ear *vi* **1.** 发痒 [fā yǎng], 有蚁走感 [yǒu yì zǒu gǎn]; **2.** 熙熙攘攘 [xī xī rǎng rǎng]; **~eo** *m* 发痒 [fā yǎng]; **~ero** *m* 蚁窝 [yǐ wō]

hormona *f* 荷尔蒙 [hé 'ěr méng], 激素 [jī sù]; **~l** *adj m/f* 激素的 [jī sù de]

horn/illo *m* 轻便烤箱 [qīng biàn kǎo xiāng]; **~o** *m* 烤箱 [kǎo xiāng]

horóscopo *m* 生肖 [shēng xiāo], 占星 [zhàn xīng]

horquilla *f tecn* (自行车的)前叉 [(zì xíng chē de) qián chā]

hor/rendo,-a *adj* 可怕的 [kě pà de], 恐怖的 [kǒng bù de]; **~rible** *adj m/f* 可怕的 [kě pà de], 恐怖的 [kǒng bù de]; **~ripilante** *adj m/f* 恐怖的 [kǒng bù de]; **~ror** *m* 恐怖 [kǒng bù]; **¡qué ~ror!** 真吓人! [zhēn xià rén]; **~rorizar** *vt* 使恐怖 [shǐ kǒng bù]; **~rorizarse** *od* 惧怕 [jù pà], 害怕 [hài pà]; **~roroso,-a** *adj* 恐怖的 [kǒng bù de]

hort/aliza *f* 蔬菜 [shū cài]; **~elano,-a** *m/f* 菜农 [cài nóng]

hosco,-a *adj* 黑褐色的 [hēi hè sè de]

hospeda/je *m* 住宿 [zhù sù], 留宿 [liú sù]; **~r** *vt* 留宿 [liú sù]; **~rse** 住宿 [zhù sù], 寄宿 [jì sù]

hospital *m* 医院 [yī yuàn]

hospital/ario,-a *adj* 热情好客的 [rè qíng hào kè de]; **~idad** *f* 热情好客 [rè qíng hào kè], 款待 [kuǎn dài]

hospitali/zación *f* 住院 [zhù yuàn]; **~zar** *vt* 使住院 [shǐ zhù yuàn]

hostal *m* 低级旅馆 [dī jí lǚ guǎn]

hosteler/ía *f* 餐饮业 [cān yǐn yè]; **~o,-a 1.** *adj* 餐饮的 [cān yǐn de]; **2.** *m/f* 餐馆老板 [cān guǎn lǎo bǎn]

hostia *f excl vulg coloq* 我的天啊！[wǒ de tiān a]

hostil *adj m/f* 敌对的 [dí duì de], 怀敌意的 [huái dí yì de]; **~idad** *f* 敌对 [dí duì], 敌视 [dí shì]

hotel *m* 旅馆 [lǚ guǎn], 酒店 [jiǔ diàn]; **~ero** *m* 酒店老板 [jiǔ diàn lǎo bǎn]

hoy 今天 [jīn tiān], 今日 [jīn rì]; **~ (en) día** 如今 [rú jīn], 时下 [shí xià]; **de ~ en adelante** 从今以后 [cóng jīn yǐ hòu]; **~ mismo** 就在今天 [jiù zài jīn tiān], 当天 [dāng tiān]; **por ~** 今天 [jīn tiān]

hoy/o *m* 洼地 [wā dì], 坑 [kēng]; **~uelos** *mpl* 酒窝 [jiǔ wō], 颈窝 [jǐng wō]

hoz *f* 镰刀 [lián dāo]

hucha *f* 积钱罐 [jí qián guàn]

hueco,-a 1. *adj* 空的 [kōng de], 凹陷的 [āo xiàn de]; **2.** *m* 空闲 [kòng xián], 闲暇 [xián xiá]

huel/ga *f* 罢工 [bà gōng]; **~ga general** 总罢工 [zǒng bà gōng]; **~ga de hambre** 绝食 [jué shí]; **declararse en ~ga** 宣布罢工 [xuān bù bà gōng]; **~guista** *m/f* 罢工者 [bà gōng zhě]

huella *f* 脚印 [jiǎo yìn], 足迹 [zú jì]; **~s digitales** 指纹 [zhǐ wén], 指印 [zhǐ yìn]

huérfano,-a 1. *adj* 孤儿的 [gū 'ér de]; **2.** *m/f* 孤儿 [gū 'ér]

huert/a *f* 菜园 [cái yuán], 果园 [guǒ yuán]; **~o** *m* 菜园 [cái yuán], 果园 [guǒ yuán]

hueso *m* 骨 [gǔ], 骨头 [gǔ tóu]

huésped *m* 客人 [kè rèn], 房客 [fáng kè]

huevo *m* 蛋 [dàn], 卵 [luǎn]; **~ duro** 白煮蛋 [bái zhǔ dàn]; **~ pasado por agua** 水沸蛋 [shuǐ fú dàn]; **~ frito** 煎蛋 [jiān dàn]; **~s al plato** 煎鸡蛋 [jiān jīdàn]; **~s revueltos** 炒鸡蛋 [chǎo jīdàn]

huída *f* 逃跑 [táo pǎo]

huidizo,-a *adj* 逃走的 [táo zǒu], 避人的 [pì rén de]

huir 1. *vi* 逃走 [táo zǒu], 躲开 [duǒ kāi]; **2.** *vi fig* （时间）流逝 [(shí jiān) liú shì]

human/idad *f* 人类 [rén lèi], 仁爱 [rén 'ài]; **~itario,-a** *adj* 人道的 [rén dào de]; **~o,-a** *adj* 人的 [rén de], 人类的 [rén lèi de]

hum/areda *f* 烟雾 [yān wù]; **~ear** *vi* 冒烟 [mào yān], 冒汽 [mào qì]

hume/dad *f* 湿气 [shī qì], 湿度 [shī dù]; **~decer** *vt* 使潮湿 [shǐ cháo shī]

húmedo,-a *adj* 湿的 [shī de], 潮湿的 [cháo shī de]

humild/ad *f* 谦恭 [qiān gōng], 谦卑 [qiān bēi]; **~e** *adj m/f* 谦恭的 [qiān gōng de], 谦虚的 [qiān xū de]

humilla/ción *f* 羞辱 [xiū rǔ]; **~nte** *adj m/f* 凌辱的 [líng rǔ de], 羞辱的 [xiū rǔ de]; **~r** *vt* 低(头) [dī (tóu)], 羞辱 [xiū rǔ]

humo *m* 烟 [yān], 蒸气 [zhēng qì]; **echar ~** 冒烟 [mào yān]

humor *m* 情绪 [qíng xù], 脾气 [pí qì]; **estar de buen (mal) ~** 心情很好(不好) [xīn qíng hěn hǎo]; **~ismo** *m* 幽默的风格 [yōu mò de fēng gé]; **~ista** *m/f* 幽默家 [yōu mò jiā]; **~ístico,-a** *adj* 幽默的 [yōu mò de]

hund/ido,-a *adj fig* 倒塌的 [dǎo tā de], 凹陷的 [āo xiàn de]; **~imiento** *m* 沉没 [chéng mò], 凹陷 [āo xiàn]; **~ir** *vt* 使沉没 [shǐ chéng mò], 毁灭 [huǐ miè], 毁坏 [huī huài]; **~irse** 没落 [mò luò], 衰落 [shuāi luò]

húngaro,-a **1.** *adj* 匈牙利的 [xiōng yá lì de]; **2.** *m/f* 匈牙利人 [xiōng yá lì rén]

Hungría *f* 匈牙利 [xiōng yá lì]

huracán *m* 龙卷风 [lóng juǎn fēng], 飓风 [jù fēng]

huraño,-a *adj* 孤僻的 [gū pǐ de]

hurgar *vt/i* **en** 窥探 [kuī tàn], 翻弄 [fān nòng]

hurta/dillas 偷偷地 [tōu tōu de], 暗地里 [àn dì lǐ]; **a ~dillas** 偷偷地 [tōu tōu de], 暗地里 [àn dì lǐ]

hurtar *vt* 偷窃 [tōu qiè], 剽窃 [piāo qiè]; **~se** 躲闪 [duǒ shǎn], 躲避 [duǒ bì]

hurto *m* 偷窃 [tōu qiè]; 赃物 [zāng wù]

husmear **1.** *vt* 嗅 [xiù], 闻 [wén]; **2.** *vi* 腐烂发臭 [fǔ làn fā chòu]

I

ibérico,-a *adj* 伊比利亚的 [yī bǐ lì yà de], 西班牙的 [xī bān yá de]

íbero *m* 伊比利亚人 [yī bǐ lì yà rén], 西班牙人 [xī bān yá rén]; **~*américa** *f* 西班牙美洲 [xī bān yá měi zhōu]; **~americano,-a** **1.** *adj* 拉丁美洲的 [lā dīng měi zhōu de], 西班牙美洲的 [xī bān yá měi zhōu de]; **2.** *m/f* 拉丁美洲人 [lā dīng měi zhōu rén], 南美人 [nán měi rén]

iceberg *m* 冰山 [bīng shān], 流冰 [liú bīng]

ida *f* 去 [qù], 去程 [qù chéng]; **~ y vuelta** *transp* 来回的 [lái huí de], 往返的 (车, 船, 飞机票) [wǎng fǎn de (chē, chuán, fēi jī piào)]; **billete de ~ y vuelta** 往返票(车, 船, 飞机票等) [wǎng fǎn piào (chē, chuán, fēi jī piào děng))]

idea *f* 想法 [xiǎng fǎ], 打算 [dǎ suàn]

ide/al 1. *adj m/f* 理想的 [lǐ xiǎng de], 想象的 [xiǎng xiàng de]; **2.** *m* 典范 [diǎn fàn], 理想 [lǐ xiǎng]; **~alismo** *m* 理想主义 [lǐ xiǎng zhǔ yì]; **~alista** *m/f* 理想主义者 [lǐ xiǎng zhǔ yì zhě]; **~alizar** *vt* 使理想化 [shǐ lǐ xiǎng huà]; **~ar** *vt* 想出 [xiǎng chū], 设想 [shè xiǎng]

ídem *pron* 同上 [tóng shàng], 同前 [tóng qián]

idéntico,-a *adj* 相同的 [xiāng tóng de]

identi/dad *f* **1.** 相同 [xiāng tóng], 同一性 [tóng yī xìng]; **2.** 身份 [shēn fèn]; **~ficar** *vt* 使相同 [shǐ xiāng tóng], 使一致 [shǐ yī zhì]; **~ficarse** 一致 [yī zhì], 结合 [jié hé]

ideol/ogía *f* 思想 [sī xiǎng], 意识形态 [yì shí xíng tài]; **~ógico,-a** *adj* 思想上的 [sī xiǎng shàng de], 意识形态的 [yì shí xíng tài de]

idíli/co,-a *adj* 田园诗的 [tián yuán shī de]

idilio *m* 田园诗 [tián yuán shī]

idioma *m* 语言 [yǔ yán]

idiota 1. *adj m/f* 痴呆的 [chī dāi de], 愚笨的 [yú bèn de]; **2.** *m/f* 白痴 [bái chī], 笨蛋 [bèn dàn]

ídolo *m* 偶像 [ǒu xiàng]

idoneidad *f* 合适性 [hé shì xìng]

idóneo,-a *adj* 合适的 [hé shì de], 适合的 [shì hé de]

iglesia *f* 教会 [jiào huì], 教堂 [jiào táng]

ignora/ncia *f* 无知 [wú zhī], 不知道 [bù zhī dào]; **~nte** *adj m/f* 无知的 [wú zhī de], 不知道的 [bù zhī dào de]; **~r** *vt* 不知道 [bù zhī dào]

igual *adj m/f* 相等的 [xiāng děng de], 同样的 [tóng yàng de]; **sin ~** 无双的 [wú shuāng de], 无敌的 [wú dí de]; **~ar** *vt* 使相同 [shǐ xiāng tóng], 使一样 [shǐ yi yàng]; **~dad** *f* 相同 [xiāng tóng], 平等 [píng děng]; **~mente** *adv* 同样地 [tóng yàng de]

ile/gal *adj m/f* 非法的 [fēi fǎ de], 违法的 [wéi fǎ de]; **~gítimo,-a** *adj* 非法的 [fēi fǎ de]

ilícito,-a *adj* 不合法的 [bù hé fǎ de], 不正当的 [bù zhèng dàng de]

ilimitado,-a *adj* 无限的 [wú xiàn de], 无限制的 [wú xiàn zhì de]

ilumina/ción *f* 照耀 [zhào yào], 照明 [zhào míng]; **~r** *vt* 照耀 [zhào yào], 照明 [zhào míng]

ilus/ión *f* 幻想 [huàn xiǎng], 梦想 [mèng xiǎng]; **~o,-a** *adj* 爱幻想的 [ài huàn xiǎng de]; **~orio,-a** *adj* 虚幻的 [xū huàn de], 幻想的 [huàn xiǎng de]

ilustr/ación *f pol* 启发 [qǐ fā], 启蒙 [qǐ méng]; *lit* 插图 [chā tú]; **~e** *adj m/f* 尊贵的 [zūn guì de], 尊敬的 [zūn jìng de]

imagen *f* 形象 [xíng xiàng], 相貌 [xiàng mào]

imagina/ble *adj m/f* 可以想象的 [kě yǐ xiǎng xiàng de]; **~ción** *f* 想象力 [xiǎng xiàng lì], 幻想 [huàn xiǎng]; **~r** *vt* 想 [xiǎng], 想象 [xiǎng xiàng], 设想 [shè xiǎng]; **~rio,-a** *adj* 想象中的 [xiǎng xiàng zhōng de]; **~tivo,-a** *adj* 富于想象力的 [fù yǒuyú xiǎng xiàng lì de]

imán *m* 磁石 [cí shí], 磁铁 [cí tiě]

imbécil 1. *adj m/f* 呆傻的 [dāi shǎ de]; 讨厌的 [tǎo yàn de]; **2.** *m/f* 混蛋 [hùn dàn], 讨厌鬼 [tǎo yàn guǐ]

im/berbe *adj m/f* 无髭的 [wú xū de]; **~borrable** *adj m/f fig* 不可磨灭的 [bù kě mó miè de]

imita/ción *f* 模仿 [mó fǎng], 仿制品 [fǎng zhì pǐn]; **~r** *vt* 模仿 [mó fǎng], 仿造 [fǎng zào]

impacien/cia *f* 急躁 [jí zào], 无耐心 [wú nài xīn]; **~tar** *vt* 使急躁 [shǐ jí zào], 使失去耐心 [shǐ shī qù nài xīn]; **~tarse** 焦急 [jiāo jí], 不安 [bù ān]; **~te** *adj m/f* 不耐烦的 [bù nài fán de]

impacto *m* 冲击 [chōng jī], 撞击 [zhuàng jī]

impar *adj m/f* 无双的 [wú shuāng de], 独一无二的 [dú yī wú èr de]; **~cial** *adj m/f* 公正的 [gōng zhèng de], 不偏不倚的 [bù piān bù yǐ de]

impecable *adj m/f* 完美的 [wán měi de], 无可挑剔的 [wú kě tiāo tì de]

impedi/mento *m* 障碍 [zhàng ài]; **~r** *vt* 阻碍 [zǔ ài], 阻止 [zǔ zhǐ]

impenetrable *adj m/f* 进不了的 [jìn bù liǎo de], 穿不透的 [chuān bù tòu de]

impera/r *vi* 统治 [tǒng zhì], 控制 [kòng zhì]; **~tivo** *m ling* (动词的)命令式 [(dòng cí de) mìng lìng shì]

imperceptible *adj m/f* 感觉不到的 [gǎn jué bù dào de]

imperdible *m* 别针 [bié zhēn]

imperdonable *adj m/f* 不可原谅的 [bù kě yuán liàng de]

imperfec/ción *f* 不完美 [bù wán měi], 不完全 [bù wán quán]; **~to,-a** *adj* 不完美的 [bù wán měi de], 有缺点的 [yǒu quē diǎn de]

imperial *adj m/f* 皇帝的 [huáng dì de], 帝国的 [dì guó de]; **~ismo** *m* 帝国主义 [dì guó zhǔ yì]

imperio *m* 帝国 [dì guó]; **~so,-a** *adj* 专横的 [zhuān héng de], 霸道的 [bà dào de]

impermeab/ilidad *f* 不透水性 [bù tòu shuǐ xìng], 防水性 [fáng shuǐ xìng]; **~le 1.** *adj m/f* 不透水的 [bù tòu shuǐ de], 防水的 [fáng shuǐ de]; **2.** *m* 雨衣 [yǔ yī]

impersonal *adj m/f* 非个性化的 [fēi gè xìng huà de]

impertinen/cia *f* 不适宜的言行 [bù shì yí de yán xíng]; **~te** *adj*

不合适的 [bù hé shì de], 不适时的 [bù shì hé de]

imperturbable *adj m/f* 沉着的 [chén zhuó de], 冷静的 [lěng jìng de]

ímpetu *m* 干劲 [gàn jìn], 热情 [rè qíng]

impetuos/idad *f* 冲劲 [chōng jìn], 干劲 [gàn jìn]; **~o,-a** *adj* 猛烈的 [měng liè de], 强烈的 [qiáng liè de]

implacable *adj m/f* 不能平息的 [bù néng píng xī de]

implant/ación *f* 建立 [jiàn lì], 树立 [shù lì]; **~ar** *vt* 建立 [jiàn lì], 树立 [shù lì]; **~e** *m med* 移植手术 [yí zhí shǒu shù]

implica/ción *f* 参与 [cān yú], 牵连 [qiān lián]; **~r** *vt* 卷入 [juǎn rù], 牵连 [qiān lián]; **~do,-a** *adj* **en** 卷入 [juǎn rù], 陷入 [xiàn rù]

implícito,-a *adj* 含蓄的 [hán xù de], 不明确的 [bù míng què de]

implorar *vt* 哀求 [āi qiú], 恳求 [kěn qiú]

impone/nte *adj m/f* 威严的 [wēi yán de], 庄严的 [zhuāng yán de]; **~r** *vt* 强加 [qiáng jiā], 强迫 [qiáng pò]; **~rse** 必须 [bì xū]

impopular *adj m/f* 不得人心的 [bù dé rén xīn de]

importa/ción *f* 进口 [chū kǒu], 输入 [shū rù]; **~dor** *m* 进口商 [jìn kǒu shāng]; **~ncia** *f* 重要性 [zhòng yào xìng]; **~nte** *adj m/f* 重要的 [zhòng yào de], 重大的 [zhòng dà de]; **~r 1.** *vt* 进入 [jìn rù], 输入 [shū rù]; **2.** *vi* 重要 [zhòng yào], 在意 [zài yì]; **no ~** 没关系 [méi guān xì]

importe *m* 金额 [jīn é], 钱 [qián]

importun/ar *vt* 打扰 [dǎ rǎo], 麻烦 [má fán]

imposib/ilidad *f* 不可能 [bù kě néng]; **~ilitar** *vt* 使不可能 [shǐ bù kě néng]; **~le** *adj m/f* 不可能的 [bù kě néng de]

imposición *f* 强求 [qiáng qiú], 负担 [fù dān]

impost/or,-a *m/f* 诈骗者 [zhà piàn zhě]; **~ura** *f* 诽谤 [fěi bàng], 中伤 [zhòng shāng]

impoten/cia *f med* 阳萎 [yáng wěi]; **~te** *adj m/f* 阳萎的 [yáng wěi de]

impregnar *vt* 浸透 [qīn tòu], 渗透 [shèn tòu]

imprenta *f* 印刷 [yìn shuā], 印刷术 [yìn shuā shù]

imprescindible *adj m/f* 必不可少的 [bì bù kě shǎo de]

impresi/ón *f* **1.** 印刷 [yìn shuā]; **2.** 印象 [yìn xiàng]; **~onar** *vt* 使产生印象 [shǐ chǎn shēng yìn xiàng]

impreso 1.,-a *adj* 印刷的 [yìn shuā de]; **2.** *m* 印刷品 [yìn shuā pǐn]; 表格 [biǎo gé]; **~ra** *f inform*át 打印机 [dǎ yìn jī]

imprevisto,-a *adj* 未料到的 [wèi liào dào de], 意外的 [yì wài de]

imprimir *vt* 打印 [dǎ yìn], 印刷 [yìn shuā]

improbable *adj m/f* 不可能的 [bù kě néng de]

improvisa/ción *f* 即兴之作 [jí xìng zhī zuò]; **~r** *vt/i* 当场做 [dāng chǎng zuò], 临时做 [lín shí zuò]

imprudente *adj m/f* 鲁莽的 [lǔ mǎng de], 冒失的 [mào shī de]

impuesto *m* 捐税 [juān shuì]; **~ sobre el valor añadido (IVA)** 增值税 [zēng zhí shuì]

impugnar *vt* 反驳 [fǎn bó], 驳斥 [bó chì]

impuls/ar *vt* 推动 [tuī dòng], 推进 [tuī jìn]; **~ión** *f* 推动 [tuī dòng], 推进 [tuī jìn]

impunidad *f* 不受制裁 [bù shòu zhì cái], 管理混乱 [guǎn lǐ hùn luàn]

imputabil/idad *f* 可归罪性 [kě guī zuì xìng]; **~e** *adj m/f* 可归罪的 [kě guī zuì de]

inaceptable *adj m/f* 难以接受的 [nán yǐ jiē shòu de]

inaccesible *adj m/f* 达不到的 [dá bù dào de], 接近不了的 [jiē jìn bù liǎo de]

inadmisible *adj m/f* 不可接受的 [bù kě jiē shòu de]

inaguantable *adj m/f* 难以忍受的 [nán yǐ rěn shòu de]

inaudito,-a *adj* 前所未闻的 [qián suǒ wèi wén de]

inaugura/ción *f* 开幕式 [kāi mù shì]; **~r** *vt* 举行开幕式 [jǔ xíng kāi mù shì], 开张 [kāi zhāng]

incansable *adj m/f* 不倦的 [bù juàn de]

incapa/cidad *f* 无能力 [wú néng lì], 无资格 [wú zī gé]; **~z de** *adj m/f* 无能力的 [wú néng lì de]

incendi/ar *vt* 放火烧 [fàng huǒ shāo]; **~o** *m* 火灾 [huǒ zāi], 大火 [dà huǒ]

incentivo *m* 奖金 [jiǎng jīn], 额外薪水 [é wài xīn shuǐ]

incertidumbre *f* 不确实 [bù què shí], 不明朗 [bù míng lǎng]

incidente *m* 事件 [shì jiàn], 事变 [shì biàn]

incierto,-a *adj* 不确实的 [bù què shí de]

incinera/ción de basuras *f* 焚烧垃圾 [fén shāo lā jī]; **~r** *vt* 焚化 [fén huà], 火化 [huǒ huà]

incitar a *vt* 激励 [jī lì], 煽动 [shān dòng]

inclina/ción *f* 倾斜 [qīng xié]; 偏爱 [piān ài]; **~r** *vt* 使倾斜 [shǐ qīng xié], 使低垂 [shǐ dī chuí]; **~rse** 倾向于 [qīng xiàng yú]; **~rse a u/c** 打算 [dǎ suàn], 计划 [jì huà]

inclu/ir *vt* 列入 [liè rù], 包括 [bāo kuò]; **~sión** *f fig* 列入 [liè rù], 包括 [bāo kuò]; **~so 1.,-a** *adj* 包括在内的 [bāo kuò zài nèi de]; **2.** *adv* 甚至 [shèn zhì]

incoherente *adj m/f* 不连贯的 [bù lián guàn de], 无关连的 [wú guān lián de]

incoloro,-a *adj* 无色的 [wú sè de], 无光泽的 [wú guāng zé de]

incómodo,-a *adj* 不舒适的 [bù shū shì de]
incomparable *adj m/f* 无可比拟的 [wú kě bǐ nǐ de]
incompatible *adj m/f* 不想符合的 [bù xiǎng fǔ hé de], 不相容的 [bù xiāng róng de]; ~ **con** *informát* 不兼容的 [bù jiān róng de]
incompetente con *adj m/f* 不合适的 [bù hé shì de], 无资格的 [wú zī gé de]
incomunicado,-a *adj* 与外界隔绝的 [yǔ wài jiè gé jué de]
incon/sciente *adj m/f* 无意识的 [wú yì shí de], 不自觉的 [bù zì jué de]; ~**veniente 1.** *adj m/f* 不合适的 [bù shì hé de]; **2.** *m* 不便 [bù biàn]; **no tengo ~ en u/c** 我没有什么不便的 [wǒ méi yǒu shén me bù biàn de]
incorporar *vt* 加入 [jiā rù], 并入 [bìng rù]; ~**se** 参加 [cān jiā], 加入 [jiā rù]
incorrecto,-a *adj* 不正确的 [bù zhèng què de]
incrédulo,-a *adj* 不相信的 [bù xiāng xìn de], 怀疑的 [huái yí de]
increíble *adj m/f* 不可信的 [bù kě xìn de]
incremento *m* 增大 [zēng dà], 增长 [zēng zhǎng]
inculcar *vt* 反复示范 [fǎn fù shì fàn], 反复教导 [fǎn fù jiào dǎo]
inculto,-a *adj* 没文化的 [méi wén huà de], 没教养的 [méi jiào yǎng de]
incurable *adj m/f* 无法治愈的 [wú fǎ zhì yú de]; 不能弥补的 [bù néng mí bǔ de]; **eres ~** *fig* 你已经不可救药 [nǐ yǐ jīng bù kě jiù yào]。
indecente *adj m/f* 肮脏的 [āng zāng de], 不体面的 [bù tǐ miàn de]
indeciso,-a *adj* 未定的 [wèi dìng de], 犹豫不决的 [yóu yù bù jué de]
indefenso,-a *adj* 无设防的 [wú shè fáng de], 没防备的 [méi fáng bèi de]
indefinido,-a *adj* 不确定的 [bù què dìng de], 无限期的 [wú xiàn qī de]
indemniza/ción *f* 赔偿 [péi cháng] 赔款 [péi kuǎn]; ~**r** *vt* 赔偿 [péi cháng]
independ/encia *f* 独立 [dú lì], 自主 [zì zhǔ]; ~**iente de** *adj m/f* 独立于 [dú lì yú]
indescriptible *adj m/f* 无法形容的 [wú fǎ xíng róng de]
indeterminado,-a *adj* 不定的 [bù dìng de], 犹豫不决的 [yóu yù bù jué de]
indica/ción *f* 指出 [zhǐ chū], 表明 [biǎo míng]; ~**r** *vt* 指出 [zhǐ chū], 表明 [biǎo míng]
índice *m* 目录 [mù lù] 征兆 [zhēng zhào]; ~**s** *mpl* 苗头 [miáo tóu]
indiferen/cia *f* 无动于衷 [wú dòng yú zhōng], 冷漠 [lěng mò]; ~**te** *adj m/f* 无动于衷的 [wú dòng

yú zhōng de], 冷漠的 [lěng mò de]

indígena 1. *adj m/f* 土著的 [tǔ zhù de]；**2.** *m/f* 土著人 [tǔ zhù rén]

indigente *adj m/f* 贫穷的 [pín qióng de]

indigest/ión *f* 消化不良 [xiāo huà bù liáng]; **~o,-a** *adj* 未消化的 [wèi xiāo huà de], 消化不良的 [xiāo huà bù liáng de]

indign/arse 感到气愤 [gǎn dào qì fèn], 感到愤慨 [gǎn dào fèn kǎi]; **~o,-a de u/c** *adj* 不相称的 [bù xiāng chèn de], 不值得的 [bù zhí dé de]

indio,-a 1. *adj* 印度的 [yìn dù de]; **2.** *m/f* 印度人 [yìn dù rén]; **hacer el ~** 上当受骗 [shàng dàng shòu piàn]

indirecto,-a *adj* 间接的 [jiàn jiē de]

indiscre/ción *f* 冒失的言行 [mào shī de yán xíng]; **~to,-a** *adj* 冒失的 [mào shī de], 不谨慎的 [bù jǐn shèn de]

indiscutible *adj m/f* 无可争辩的 [bù kě zhēng biàn de]

indispensable *adj m/f* 必须的 [bì xū de]

indis/poner *vt* 使不舒服 [shǐ bù shū fú]; **~ponerse** 不合 [bù hé], 不和 [bù hé]; **~posición** *f* 无准备 [wú zhǔn bèi], 不行 [bù xíng]; **~puesto,-a** *adj* 没准备好的 [méi zhǔn bèi hǎo de]; **estar ~** *adj* 没准备好做… [méi zhǔn bèi hǎo zuò]

individu/al *adj m/f* 个人的 [gè rén de], 个体的 [gè tǐ de]; **~alidad** *f* 特性 [tè xìng], 个性 [gè xìng]; **~alismo** *m* 个人主义 [gè rén zhǔ yì]; **~o** *m* 个人 [gè rén], 某人 [mǒu rén]

indivis/ible *adj m/f* 不可分的 [bù kě fēn de]; **~o,-a** *adj* 没分的 [méi fēn de], 未分的 [wèi fēn de]

índole *f* 本质 [běn zhì], 性质 [xìng zhì]

indolen/cia *f* 无感觉 [wú gǎn jué], 无痛 [wú tòng]; **~te** *adj m/f* 麻木不仁的 [má mù bù rěn de], 无感觉的 [wú gǎn jué de]

induc/ción *f* 归纳 [guī nà]; **~ir en** *vt* 归纳出 [guī nà chū]

indudable *adj m/f* 毫无疑义的 [háo wú yí yì de], 肯定的 [kěn dìng de]

indulgen/cia *f* 宽容 [kuān róng], 宽大 [kuān dà]; **~te** *adj m/f* 宽容的 [kuān róng de]

indult/ar *vt* 赦免 [shè miǎn], 免除 [miǎn chú]; **~o** *m jur* 免除 [miǎn chú], 豁免 [huò miǎn]

indumentaria *f* 服装 [fú zhuāng]

industri/a *f* 工业 [gōng yè]; **~al** *adj m/f* 工业的 [gōng yè de]

inédito,-a *adj fig* 未出版的 [wèi chū bǎn de], 未发表的 [wèi fā biaǒ de]

inefica/cia *f* 无效 [wú xiào]; **~z** *adj* 无效的 [wú xiào de]

inepto,-a *adj m/f* 无能的 [wú néng de], 愚笨的 [yú bèn de]
inequívoco,-a *adj* 确凿无疑的 [què záo wú yí de]
inesperado,-a *adj* 意外的 [yì wài de]
inestab/ilidad *f* 不稳定 [bù wěn dìng], 不稳固 [bù wěn gù]; **~le** *adj m/f fig* 不稳定的 [bù wěn dìng de], 不稳固的 [bù wěn gù]
inestimable *adj m/f* 无法估价的 [wú fǎ gū jià de], 极贵重的 [jí guì zhòng de]
inevitable *adj m/f* 不可避免的 [bù kě bì miǎn de], 必然的 [bì rán de]
inexact/itud *f* 不准确 [bù zhǔn què], 不确切 [bù què qiè]; **~o,-a** *adj* 不准确的 [bù zhǔn què de], 不确切的 [bù què qiè de]
inexcusable *adj m/f* 不能宽恕的 [bù néng kuān shù de]
inexistente *adj m/f* 不存在的 [bù cún zài de]
inexperto,-a *adj* 无经验的 [wú jīng yàn de], 不熟练的 [bù shú liàn de]
inexplicable *adj m/f* 无法解释的 [wú fǎ jiě shì de]
infam/e *adj m/f* 声名狼藉的 [shēng míng láng jí de]; **~ia** *f* 声名狼藉 [shēng míng láng jí], 邪恶 [xié è], 卑鄙 [bēi bì]
infan/cia *f* 童年 [tóng nián], 幼年 [yòu nián]; **~til** *adj m/f* 幼儿的 [yòu ér de], 儿童的 [ér tóng de]
infatigable *adj m/f* 不知疲倦的 [bù zhī pí juàn de]
infarto *m med* 梗塞 [gěng sè], 梗死 [gěng sǐ]
infec/ción *f* 感染 [gǎn rǎn], 传染 [chuán rǎn]; **~cioso,-a** *adj* 感染性的 [gǎn rǎn xìng de]; **~tar** *vt med* 使感染 [shǐ gǎn rǎn], 使传染 [shǐ chuán rǎn]
infeliz 1. *adj m/f* 不幸的 [bù xìng de], 倒霉的 [dǎo méi de]; **2.** *m/f* 不幸的人 [bù xìng de rén]
inferior *adj m/f* 下面的 [xià miàn de], 下级的 [xià jí de]; **~idad** *f* 下面 [xià miàn], 劣等 [liè děng]
infernal *adj m/f* 阴间的 [yīn jiān de], 地狱的 [dì yù de]
infestar *vt med* 传染 [chuán rǎn], 使感染 [shǐ gǎn rǎn]; *agric* 泛滥成灾 [fàn làn chéng zāi]
infi/delidad *f* 不忠实 [bù zhōng shí], 不诚实 [bù chéng shí]; **~el** *adj m/f relig* 不信基督教的 [bù xìn jī dū jiào de], 不可靠的 [bù kě kào de]
infierno *m* 地狱 [dì yù], 阴间 [yīn jiān]
infiltra/ción *f pol* 渗透 [shèn tòu], 打入 [dǎ rù]; **~r** *vt* 把…渗透到 [bǎ shèn tòu dào]; **~rse 1.** 渗透 [shèn tòu], 渗入 [shèn rù]; **2.** 混进 [hùn jìn], 打入 [dǎ rù]
infini/dad *f fig* 无数 [wú shù], 大量 [dà liàng]; **~to 1.,-a** *adj* 无限的 [wú xiàn de], 无穷的 [wú qióng de]; **2.** *m* (空间 [kōng

jiān], 时间的 [shí jiān de] 无限 [wú xiàn], 无际 [wú jì]

inflación *f* 通货膨胀 [tōng huò péng zhàng]

inflama/ble *adj m/f* 可燃的 [kě rán de], 易燃的 [yì rán de]; **~ción** *f med* 红肿 [hóng zhǒng], 炎症 [yán zhèng]; **~r** *vt* **1.** 点燃 [diǎn rán], 燃烧 [rán shāo]; **2.** 使发炎 [shǐ fā yán]; **~rse** *med* 发炎 [fā yán]

inflar *vt* 充气 [chōng qì], 使膨胀 [shǐ péng zhàng]; **~se** 夸大 [kuā dà]

inflexible *adj m/f* 不会弯曲的 [bù huì wān qū de]; 固执的 [gù zhì de]

infligir *vt* 处罚 [chù fá], 处以(刑罚) [chù yǐ (xíng fá)]

influ/encia *f* 影响 [yǐng xiǎng], 势力 [shì lì]; **~ir** *en, sobre vi* 影响 [yǐng xiǎng]; **~jo** *m* 影响 [yǐng xiǎng]; **~yente** *adj m/f* 有影响的 [yǒu yǐng xiǎng de], 有势力的 [yǒu shì lì de]

inform/ación *f* 信息 [xìn xī], 消息 [xiāo xī]

informal *adj m/f* 非正式的 [fēi zhèng shì de]

informar *de, sobre vt* 通知 [tōng zhī], 报告 [bào gào]

inform/ática *f* 电脑学 [diàn nǎo xué], 信息学 [xìn xī xué]; **~ático,-a 1.** *adj* 电脑的 [diàn nǎo de], 信息的 [xìn xī de]; **2.** *m/f* 电脑员 [diàn nǎo yuán]

informe *m* 消息 [xiāo xī], 报告 [bào gào]

infra/cción *f* 违反交通规则 [wéi fǎn jiāo tōng guī zé], 违章 [wéi zhāng]; **~estructura** *f* 基础设施 [jī chǔ shè shī], 基础机构 [jī chǔ jī gòu]

infringir *vt jur* 违犯 [wéi fàn], 违背(法律条规等) [wéi bèi (fǎ lǜ tiáo guī děng)]

infructuoso,-a *adj* 徒劳的 [tú láo de], 无效果的 [wú xiào guǒ de]

infusión *f* **1.** 袋泡茶(如薄荷茶等) [dài pào chá (rú bó hé chá děng)]; **2.** 煎剂 [jiān jì], 汤剂 [tāng jì]; **~ de manzanilla** 菊花茶 [jú huā chá]

ingeni/ero,-a *m/f* 工程师 [gōng chéng shī]; **~o** *m* 聪明 [cōng míng], 才智 [cái zhì]; **~oso,-a** *adj* 聪明的 [cōng míng de], 精巧的 [jīng qiǎo de]

ingenu/idad *f* 真诚 [zhēn chéng], 单纯 [dān chún]; **~o,-a** *adj* 真诚的 [zhēn chéng de], 单纯的 [dān chún de]

Inglaterra *f* 英国 [yīng guó], 英格兰 [yīng gé lán]

ingle *f med* 腹股沟 [fù gǔ gōu]

inglés,-a 1. *adj* 英国的 [yīng guó de]; **2.** *m/f* 英国人 [yīng guó rén]; **3.** *m* 英语 [yīng yǔ]

ingrat/itud *f* 忘恩负义 [wàng ēn fù yì]; **~o,-a** *adj* 忘恩负义的 [wàng ēn fù yì de]

ingrediente *m gastr* 成分 [chéng fèn], 配料 [pèi liào], 佐料 [zuǒ liào]

ingre/sar 1. *vi med* 住院 [zhù yuàn]; **2.** *vt* 存入(钱) [cún rù (qián)]; **~so** *m* 进入 [jìn rù], 加入 [jiā rù]; **~sos** *mpl* 收入 [shōu rù], 进款 [jìn kuǎn]

inhabitado,-a *adj* 无人居住的 [wú rén jū zhù de]

inhalar *vt* 吸入 [xī rù]

inhibición *f jur* 阻止 [zǔ zhǐ], 禁止 [jìn zhǐ]

inhumano,-a *adj* 非人道的 [fēi rén dào de], 野蛮的 [yě mán de]

inici/al 1. *adj m/f* 最初的 [zuì chū de]; **2.** *f* 词首字母 [cí shǒu zì mǔ]; **~ar** *en vt* 启蒙 [qǐ méng], 开始 [kāi shǐ]; **~ativa** *f* 主动性 [zhǔ dòng xìng], 积极性 [jī jí xìng]; **~o** *m* 开端 [kāi duān], 起始 [qǐ shǐ]

inigualable *adj m/f* 无比的 [wú bǐ de], 无双的 [wú shuāng de]

injerencia *f* 干涉 [gān shè], 插手 [chā shǒu]

injuri/a *f* 凌辱 [líng rǔ], 侮辱 [wū rǔ]; **~oso,-a** *adj* 侮辱性的 [wū rǔ xìng de], 辱骂性的 [wū mà xìng de]

injust/icia *f* 不公正 [bù gōng zhèng], 不公道 [bù gōng dào]; **~o,-a** *adj* 不公正的 [bù gōng zhèng de], 不公道的 [bù gōng dào de]

inmediato,-a *adj* 邻近的 [líng jìn de], 马上的 [mǎ shàng de]

inmejorable *adj m/f* 不能再好的 [bù néng zài hǎo de]

inmenso,-a *adj* 无数的 [wú shù de], 无边无际的 [wú biān wú jì de]

inmigra/ción *f* 移民(总称) [yí mín (zǒng chēng)]; **~nte** *m/f* 移民(移入) [yí mín (yí rù)]; **~r** *vi* 移入 [yí rù]

inminente *adj m/f* 紧迫的 [jǐn pò de], 危急的 [wēi jí de]

inmoral *adj m/f* 不道德的 [bù dào dé de]

inmortal *adj m/f* 不死的 [bù sǐ de], 永生的 [yǒng shēng de]; **~idad** *f* 不死 [bù sǐ], 永生 [yǒng shēng]

inmóvil *adj m/f* 不动的 [bù dòng de]

inmueble *m* 不动产 [bù dòng chǎn], 房地产 [fáng dì chǎn]; **~s** *mpl* 不动产公司 [bù dòng chǎn gōng sī]

innato,-a *adj* 天生的 [tiān shēng de], 先天的 [xiān tiān de]

innecesario,-a *adj* 不必要的 [bù bì yào de]

innova/ción *f* 改革 [gǎi gé], 革新 [gé xīn]; **~dor,-a** *adj* 改革者 [gǎi gé zhě], 革新者 [gé xīn zhě]

inocen/cia *f* 无辜 [wú gū], 无罪 [wú zuì]; **~te** *adj m/f* 无罪的 [wú zuì de], 无辜的 [wú gū de]

inodoro,-a *adj* 无气味的 [wú qì wèi de]

inofensivo,-a *adj* 无伤害力的 [wú shāng hài lì de]

inolvidable *adj m/f* 难忘的 [nán wàng de]

inoportuno,-a *adj* 不合时宜的 [bù hé shí yí de]

inoxidable *adj m/f* 不生锈的 [bù shēng xiù de]

inquiet/ar *vt* 使不安 [shǐ bù ān]; **~o,-a** *adj m/f* 不安的 [bù ān de], 好动的 [hào dòng de]

inquilino,-a *m/f* 房客 [fáng kè]

inscri/bir *vt* 登记 [dēng jì], 刻写 [kè xiě]; **~pción** *f* 刻写 [kè xiě], 登记 [dēng jì]

insect/icida *m* 杀虫剂 [shā chóng jì]; **~o** *m* 昆虫 [kūn chóng]

insegur/idad *f* 不安全 [bù ān quán]; 无把握 [wú bǎ wò]; **~o,-a** *adj* 不安全的 [bù ān quán de], 无把握的 [wú bǎ wò de]

insensat/ez *f* 不明智 [bù míng zhì de]; **~o,-a** *adj* 不理智的 [bù lǐ zhì de], 不明智的 [bù míng zhì de]

insensible *adj m/f* 无感觉的 [wú gǎn jué de], 难以察觉的 [nán yǐ chá jué de]

inseparable *adj m/f* 不可分开的 [bù kě fēn kāi de]

inser/tar *vt* 把…插入 [bǎ chā rù], 把…嵌入 [bǎ qiàn rù]; **~vible** *adj m/f* 无用的 [wú yòng de]

insignificante *adj m/f* 微不足道的 [wēi bù zú dào de]

insinua/ción *f* 暗示 [àn shì]; **~r** *vt* 暗示 [àn shì]

insípido,-a *adj* 乏味的 [fán wèi de]

insistir *en vt* 坚持 [jiān chí], 强调 [qiáng diào]

insolación *f* 中暑 [zhòng shǔ]

insolen/cia *f* 骄横 [jiāo hèng], 无礼 [wú lǐ]; **~te** *adj m/f* 骄横的 [jiāo hèng de], 无礼的 [wú lǐ de]

insólito,-a *adj* 异常的 [yì cháng de], 不寻常的 [bù xún cháng de]

insolven/cia *f econ* 无偿付能力 [wú cháng fù néng lì]; **~te** *adj m/f* 无偿付能力的 [wú cháng fù néng lì de]

insomnio *m* 失眠 [shī mián]

insonoro,-a *adj* 不响的 [bù xiǎng de], 无声的 [wú shēng de]

insoportable *adj m/f* 难以忍受的 [nán yǐ rěn shòu de]

insospechado,-a *adj* 未料到的 [wèi liào dào de]

insostenible *adj m/f* 难以持久的 [nán yǐ chí jiǔ de]

inspec/ción *f* 检查 [jiǎn chá], 视察 [shì chá]; **~tor** *m* 检查员 [jiǎn chá yuán], 视察员 [shì chá yuán]]

inspira/ción *f* **1.** 吸气 [xī qì]; **2.** 灵感 [líng gǎn], 启发 [qǐ fā]; **~r** *vt/i* **1.** 吸(气) [xī (qì)]; **2.** 使产生(灵感, 启发) [shǐ chǎn shēng (líng gǎn, qǐ fā)]; **~rse** 产生灵感 [chǎn shēng líng gǎn], 得到启示 [dé dào qǐ shì]

instala/ción *f* 安装 [ān zhuāng], 装置 [zhuāng zhì]; **~dor** *m* 安装工 [ān zhuāng gōng]; **~r** *vt* 安装 [ān zhuāng], 放置 [fàng zhì]; **~rse** 安顿下来 [ān dùn xià lái]

instan/cia *f* 申请表格 [shēn qǐng biǎo gé], 申请文件 [shēn qǐng wén jiàn]; **~táneo,-a** *adj* 瞬间的 [shùn jiān de], 即刻的 [jí kè de]; **~te** *m* 瞬间 [shùn jiān]; **al ~te** 立即 [lì jí], 马上 [mǎ shàng]; **en un ~te** 一下子 [yī xià zi], 很快 [hěn kuài]

instaurar *vt* 设立 [shè lì], 建立 [jiàn lì]

instint/ivo,-a *adj* 本能的 [běn néng de], 直觉的 [zhí jué de]; **~o** *m* 本能 [běn néng]

institución *f* 政府机构 [zhèng fǔ jī gòu]

instituir *vt* 设立 [shè lì], 建立 [jiàn lì]

instituto *m* 学院 [xué yuàn], 研究所 [yán jiū suǒ]; **~ de (educación) secundaria** 中学 [zhōng xué]; **~ de belleza** 美容院 [měi róng yuàn]

institutriz *f* 家庭女教师 [jiā tíng nǚ jiào shī]

instru/cción *f jur* 处理 [chǔ lǐ], 审理 [shěn lǐ]; **~ctivo,-a** *adj* 有教育意义的 [yǒu jiào yù yì yì de]; **~ido,-a** *adj* 受过教育的 [shòu guò jiào yù de], 有文化的 [yǒu wén huà de]; **~ir** *vt* 教育 [jiào yù], 教授 [jiào shòu], 指导 [zhǐ dǎo]

instrumento *m* 器械 [jī xiè], 工具 [gōng jù]

insuficien/cia *f* 不足 [bù zú], 缺乏 [quē fá]; **~te** *adj m/f* 不足的 [bù zú de], 不够的 [bù gòu de]

insufrible *adj m/f* 不堪忍受的 [bù kān rěn shòu de]

insulina *f* 胰岛素 [yí dǎo sù]

insult/ar *vt* 侮辱 [wū rǔ], 辱骂 [rǔ mà]; **~o** *m* 骂人 [mà rén], 侮辱 [wū rǔ]

insuperable *adj m/f* 克服不了的 [kè fú bù liǎo de]

intachable *adj m/f* 无可非议的 [wú kě fēi yí de]

intacto,-a *adj* 纯净的 [chún jìng de], 原封未动的 [yuán fēng wèi dòng de]

integra/ción *f* 加入 [jiā rù], 参加 [cān jiā]; 结合 [jié hé]; **~r** *vt mat* 求积分 [qiú jī fēn];, *pol fig* 组成 [zǔ chéng], 构成 [gòu chéng]

integridad *f* 完整性 [wán zhěng xìng]

íntegro,-a *adj* 完整的 [wán zhěng de], 完全的 [wán quán de]

intelectual 1. *adj m/f* 智力的 [zhì lì de], 脑力的 [nǎo lì de]; **2.** *m/f* 知识分子 [zhī shí fèn zi]

inteligen/cia *f* 智力 [zhì lì], 智商 [zhì shāng], 聪明才智 [cōng míng cái zhì]; **~te** *adj m/f* 聪明的 [cōng míng de], 有才智的 [yǒu cái zhì de]

inteligible *adj m/f* 明白易懂的 [míng bái yì dǒng de]

intempe/rie *f* 气候变化 [qì hòu biàn huà]; **a la ~** 在露天 [zài lù tiān], 在室外 [zài shì wài]

intenci/ón *f* 想法 [xiǎng fǎ], 意图 [yì tú], 打算 [dǎ suàn]; **sin ~** 无意 [wú yì]; 不是故意的 [bù shì gù yì de]; **~onado,-a** *adj* 有意的 [yǒu yì de], 故意的 [gù yì de]

intenden/cia *f* 管理 [guǎn lǐ], 领导 [lǐng dǎo]; **~te** *m* 管家 [guǎn jiā], 总管 [zǒng guǎn]

intensi/dad *f* 强度 [qiáng dù]; **~ficar** *vt* 加强 [jiā qiáng], 强化 [qiáng huà]; **~vo,-a** *adj* 加强的 [jiā qiáng de], 强化的 [qiáng huà de]

intenso,-a *adj* 强烈的 [qiáng liè de], 剧烈的 [jù liè de]

intent/ar *vt* 打算 [dǎ suàn], 试图 [shì tú]; **~o** *m* 意图 [yì tú], 企图 [qǐ tú]; 努力 [nǔ lì]

intercambio *m* 交换 [jiāo huàn], 互换 [hù huàn]

interés *m banc* 利息 [lì xī]

interesa/do,-a *en adj* 对…有兴趣的 [duì yǒu xìng qù de]; **~nte** *adj m/f* 有趣的 [yǒu qù de]; **~r** *vi* 对…有兴趣 [duì yǒu xìng qù]; **~rse** *por* 感到兴趣 [gǎn dào xìng qù], 有兴趣 [yǒu xìng qù]

interior *adj m/f* 内在的 [nèi zài de], 内部的 [nèi bù de]

intermed/io,-a *adj* 中间的 [zhōng jiān de], 在中间的 [zài zhōng jiān de]; **~iario,-a** *m/f* 中间人 [zhōng jiān rén]

intermitente *m auto* 方向指示灯 [fāng xiàng zhǐ shì dēng]

internacional *adj m/f* 国际的 [guó jì de], 全球的 [quán qiú de]

internado *m* 寄宿宿舍 [jì sù sù shè], 学生宿舍 [xué shēng sù shè]

internista *m* 内科医生 [nèi kē yī shēng]

inter/nauta *m informát* 互联网用户 [hù lián wǎng yòng hù]; **~net** *m* 互联网络 [hù lián wǎng luò]

interpretar *vt* **1.** 口译 [kǒu yì]; **2.** *teat mús* 表演 [biǎo yǎn]

intérprete *m/f* **1.** 口译员 [kǒu yì yuán], 翻译 [fān yì]; **2.** *teat mús* 表演者 [biǎo yǎn zhě]

interru/mpir *vt* 中断 [zhōng duàn], 打断 [dǎ duàn]; **~pción** *f* 中断 [zhōng duàn], 打断 [dǎ duàn]; **~ptor** *m* 开关 [kāi guān]

intervalo *m mús* 音程 [yīn chéng]

interven/ción *f med* 外科手术 [wài kē shǒu shù]; **~ir 1.** *vi* 干预 [gān yù]; 参与 [cān yú]; **2.** *vt med* (给病人) 作手术 [(gěi bìng rén) zuò shǒu shù]

interviú *m* 面试 [miàn shì], 访问 [fǎng wèn]

intestin/al *adj m/f* 大肠的 [dà cháng de]; **~o** *m* 大肠 [dà cháng]

intimida/ción *f* 恐吓 [kǒng hè], 吓倒 [xià dǎo]; **~d** *f* 亲密 [qīn mì], 亲密关系 [qīn mì guān xì]; **~r** *vt* 恐吓 [kǒng hè], 吓倒 [xià dǎo]

íntimo,-a *adj* 亲密的 [qīn mì de]; 隐私的 [yǐn sī de]

intolera/ble *adj m/f* 不可容忍的 [bù kě róng rěn de]; **~nte** *adj m/f* 不容忍的 [bù róng rěn de], 不能忍耐的 [bù néng rěn nài de]

intoxicación *f* 中毒 [zhòng dú]

intranquilo,-a *adj* 不安的 [bù ān de], 焦虑的 [jiāo lù de]
intransigente *adj m/f* 不让步的 [bù ràng bù de], 不妥协的 [bù tuǒ xié de]
intrépido,-a *adj* 勇敢的 [yǒng gǎn de], 无畏的 [wú wèi de]
intriga *f* 阴谋 [yīn móu], 复杂的事 [fù zá de shì]; **~r 1.** *vi* 策划阴谋 [cè huà yīn móu]; **2.** *vt* 使好奇 [shǐ hào qí]
introdu/cción *f* 简介 [jiǎn jiè], 序言 [xù yán]; 引入 [yǐn rù]; **~cir** *vt informát* 插入 [chā rù]; **~irse 1.** 进入 [jìn rù]; **2.** 插手 [chā shǒu], 干涉 [gān shè]
intui/ción *f* 直觉 [zhí jué] 直感 [zhí gǎn]; **~r** *vi* 凭直觉 [píng zhí jué]; **~tivo,-a** *adj* 直觉的 [zhí jué de], 直观的 [zhí guān de]
inunda/ción *f* 水灾 [shuǐ zāi]; **~r** *vt* 淹没 [yān mò]
inútil *adj m/f* 无用的 [wú yòng de]
invadir *vt* 侵 [qīn]; 侵略 [qīn lüè]
inválido,-a 1. *adj med* 残废的 [cán fèi de]; **2.** *m/f* 残疾人员 [cán fèi rén yuán]
invariable *adj m/f* 不变的 [bù biàn de]
invasión *f* 侵略 [qīn lüè], 入侵 [rù qīn]
invencible *adj m/f* 不可战胜的 [bù kě zhàn shèng de]
inven/ción *f* 发明 [fā míng], 创造 [chuàng zào]; **~tar** *vt* 发明 [fā míng] 创造 [chuàng zào]; **~tario** *m* 清点 [qīng diǎn], 盘点 [pán diǎn]; **~to** *m* 发明 [fā míng], 创造 [chuàng zào]; **~tor,-a** *m/f* 发明者 [fā míng zhě], 创造者 [chuàng zào zhě]
invern/adero *m* 温室 [wēn shì], 暖房 [nuǎn fáng]; **~al** *adj m/f* 冬天的 [dōng tiān de]; **~ar** *vi* 过冬 [guò dōng], 越冬 [yuè dōng]
inverosímil *adj m/f* 难以置信的 [nán yǐ zhì xìn de]
inversión *f* 投资 [tóu zī]
invertir *vt* **1.** 把…翻转 [bǎ fān zhuǎn]; **2.** 投资 [tóu zī]
investiga/ción *f* 调查 [diào chá], 研究 [yán jiū]; **~dor,-a** *m/f* 研究者 [yán jiū zhě], 调查者 [diào chá zhě]; **~r** *vt* **1.** 研究(科学) [yán jiū (kē xué)]; **2.** 调查 [diào chá], 了解 [liǎo jiě]
invierno *m* 冬季 [dōng jì], 冬天 [dōng tiān]
invisible *adj m/f* 看不见的 [kàn bù jiàn de]
invita/ción *f* 邀请 [yāo qǐng]; **~do,-a** *m/f* 受邀的人 [shòu yāo de rén], 来宾 [lái bīn]; **~r** *vt* 邀请 [yāo qǐng]
invoca/ción *f* 祈求 [qǐ qiú], 求助 [qiú zhù]; **~r** *vt jur* 援引 [yuán yǐn], 举出(法律条文) [jǔ chū (fǎ lǜ tiáo wén)]
involuntario,-a *adj* 非自愿的 [fēi zì yuàn de]; 非故意的 [fēi gù yì de]
invulnerable *adj m/f* 不会受伤害的 [bù huì shòu shāng hài de]

inyec/ción *f* 注射 [zhù shè], 注射剂 [zhù shè jì]; **~tar** *vt* 注射 [zhù shè]

ir *a vi* 去 [qù], 到 [dào], 上 [shàng], 走 [zǒu]; **~ de compras** 去买东西 [qù mǎi dōng xī]; **~ en coche (bicicleta)** 开车去（骑自行车去）[kā chē qù (qí zì xíng chē qù)]; **¡vamos!** 走吧 [zǒu ba]!; **¡vaya!** 算了吧 [suàn le ba]！去它的吧 [qù tā de ba]！(表示不高兴，恼火）[biǎo shì bù gāo xìng, nǎo huǒ]; **¡voy!** 马上就来！[mǎ shàng jiù lái]!; **~ a por alg** 去找某人 [qù zhǎo mǒu rén]; **~se** 走开 [zǒu kāi], 离开 [lí kāi]

ira *f* 愤怒 [fèn nù], 暴怒 [bào nù]

Ir/án 伊朗 [yī lǎng]; **el ~án** *m* 伊朗国 [yī lǎng guó]; **~aní 1.** *adj m/f* 伊朗的 [yī lǎng de]; **2.** *m/f* 伊朗人 [yī lǎng rén]

irascible *adj m/f* 易怒的 [yì nù de]

iris *m med* 虹膜 [hóng mó]

Irland/a 爱尔兰 [ài ěr lán]; **~*és,-a 1.** *adj* 爱尔兰的 [ài ěr lán de]; **2.** *m/f* 爱尔兰人 [ài ěr lán rén]

ironía *f* 讽刺 [fěng cì]

irónico,-a *adj* 讽刺的 [fěng cì de], 嘲讽的 [cháo fěng de]

irradiar *vi* 发出 [fā chū], 发射(光, 热等) [fā shè (guāng, rè děng)]

irreal *adj m/f* 不真实的 [bù zhēn shí de], 不现实的 [bù xiàn shí de]

irrealizable *adj m/f* 难以实现的 [nán yǐ shí xiàn de]

irrefutable *adj m/f* 无可辩驳的 [wú kě biàn bó de]

irregular *adj m/f* 不规则的 [bù guī zé de], 无规律的 [wú guī lǜ de]

irreparable *adj m/f* 修不好的 [xiū bù hǎo de], 不能弥补的 [bù néng mí bǔ de]

irresistible *adj m/f* 不可抗拒的 [bù kě kàng jù de]

irresponsable *adj m/f* 不负责任的 [bù fù zé rèn de]

irrevocable *adj m/f* 不可能撤销的 [bù kě néng chè xiāo de]

irrita/ble *adj m/f* 易怒的 [yì nù de], 爆躁的 [bào zào de]; **~ción** *f* 刺激 [cì jī]; 激怒 [jī nù]; **~nte** *adj m/f* **1.** 气人的 [qì rén de]; **2.** 发炎的 [fā yán de]; **~r** *vt med* 使发红 [shǐ fā hóng], 使发炎 [shǐ fā yán]; **~rse** 生气 [shēng qì], 发怒 [fā nù]

irrumpir *vi* 闯入 [chuǎng rù], 冲入 [chōng rù]

Isl/am *m* 伊斯兰教 [yī sī lán jiào], 伊斯兰国家 [yī sī lán guó jiā]; **~ámico,-a** *adj* 伊斯兰教的 [yī sī lán jiào de], 伊斯兰国家的 [yī sī lán guó jiā de]

island/és,-a 1. *adj* 冰岛的 [bīng dǎo de]; **2.** *m/f* 冰岛人 [bīng dǎo rén]; **~*ia** *f* 冰岛 [bīng dǎo]

Israel *m* 以色列 [yǐ sè liè]; **~*í 1.** *adj m/f* 以色列的 [yǐ sè liè de]; **2.** *m/f* 以色列人 [yǐ sè liè rén]

Italia *f* 意大利 [yì dà lì]; **~*no,-a 1.** *adj* 意大利的 [yì dà lì de]; **2.** *m/f* 意大利人 [yì dà lì rén]

itinerario *f m* 旅行路线图 [lǚ xíng lù xiàn tú]

IVA *m* 增值税 [zēng zhí shuì]

izquierd/a *f pol* 左派 [zuǒ pài]; **por la ~a** 从左边(走) [cóng zuǒ biān (zǒu)]; **~ista** *m pol* 左派分子 [zuǒ pài fèn zi]; **~o,-a** *adj* 左边的 [zuǒ biān de], 左侧的 [zuǒ cè de]

J

jabalí *m* 野猪 [yě zhū]

jabón *m* 肥皂 [féi zào]

jacinto *m bot* 风信子 [fēng xìn zi]

jactarse 自吹 [zì chuī], 吹嘘 [chuī xū]; **~ de u/c** 自夸 [zì kuā], 吹嘘 [chuī xū]

jacuzzi *m* 水按摩浴缸 [shuǐ àn mó yù gāng]

jade *m* 玉 [yù], 玉石 [yù shí]

jadear *vi* 喘 [chuǎn], 气喘 [qì chuǎn]

jaguar *m* 美洲豹 [měi zhōu bào]

jalar *vt coloq argot* 行了 [xíng le]

jalea *f* 果子冻 [guǒ zi dòng], 果酱 [guǒ jiàng]; **~ real** 蜂王浆 [fēng wáng jiāng]

jale/ar *vt* 喧嚷 [xuān rǎng], 哄闹 [hōng nào]; **~o** *m* 乱哄哄 [luàn hōng hōng], 闹翻天 [nào fān tiān]

jamás *adv* 从来没有 [cóng lái méi yǒu], 绝不 [jué bù]; **nunca ~** 绝对不做 [jué duì bù zuò]

jamón *m* 火腿 [huǒ tuǐ]; **~ dulce** 合成加工火腿 [hé chéng jiā gōng huǒ tuǐ]; **~ cocido** 熟火腿 [shú huǒ tuǐ]; **~ ibérico** 西班牙特制火腿 [xī bān yá tè zhì huǒ tuǐ]; **~ serrano** *m* 腌制火腿 [yān zhì huǒ tuǐ]; **~ York** *m* 肉块火腿 [ròu kuài huǒ tuǐ]

Jap/ón 日本 [rì běn]; **el ~ón** 日本国 [rì běn guó]; **~*onés,-a 1.** *adj* 日本的 [rì běn de]; **2.** *m/f* 日本人 [rì běn rén]

jaque *m* (象棋)将军 [(xiàng qí) jiāng jūn]; **~ mate** (象棋)将死 [(xiàng qí) jiàng sǐ]

jaqueca *f* 偏头 [piān tóu] 痛 [tòng]

jarabe *m* 糖浆 [táng jiāng]

jardín *m* 花园 [huā yuán], 花圃 [huā pǔ]

jardiner/a *f* 花盆架 [huā pén jià]; **~ía** *f* 园艺 [yuán yì]; **~o** *m* 花匠 [huā jiàng]

jarr/a *f gastr* (陶, 瓷, 玻璃等的)大口罐 [(táo, cí, bō lí děng de) dào kǒu guàn]; **~o** *m* 罐(量词) [guàn (liàng cí)]; **~ón** *m* 花瓶 [huā píng]

jaula *f* 笼子 [lóng zi]

jazmín *m* 茉莉花 [mò lì huā]

jefa *f* 女首领 [nǚ shǒu lǐng], 女首长 [nǚ shǒu zhǎng]; **~tura** *f* (交通, 公安) 局 [(jiāo tōng, gōng ān) jú]; **~*tura de Policía** 警察局 [jǐng chá jú]

jefe *m* 领导 [lǐng dǎo], 负责人 [fù zé rén]; 老板 [lǎo bǎn]; 师傅 [shī fù]

jengibre *m* 姜 [jiāng]

jeque *m*（伊斯兰教国家的）省长 [(yī sī lán jiào guó jiā de) shěng zhǎng], 总督 [zǒng dū]

jerar/ca *m* 首领 [shǒu lǐng], 头领 [tóu lǐng]; **~quía** *f* 高官 [gāo guān], 上层人物 [shàng céng rén wù]

jerez *m* 雪利开胃酒 [xuě lì kāi wèi jiǔ]

jerga *f* **1.** 粗斜纹呢 [cū xié wén ní]; **2.** 行话 [háng huà], 黑话 [hēi huà]

jerin/ga *f med* 注射器 [zhù shè qì], 针筒 [zhēn tǒng]; **~ desechable** 一次性使用的针筒 [yī cì xìng shǐ yòng de zhēn tǒng]; **~guilla** 小针筒 [xiǎo zhēn tǒng]

jersey *m* (*pl* **jerseys**) 毛衣 [máo yī]

Jesús 耶酥 [yē sū]; **¡~!** 天哪 [tiān na]

jinete *m* 骑手 [qí shǒu], 骑士 [qí shì]

jirafa *f* 长颈鹿 [cháng jǐng lù]

jocoso,-a *adj* 诙谐的 [huī xié de]

joder 1. *vt/i vulg* 去你的 [qù nǐ de], 操 [cāo]; **2.** *vt coloq* 打搅 [dǎ jiǎo], 烦扰 [fán rǎo]; **3.** *excl vulg* 操他妈的 [cāo tā mā de]！

jolgorio *m* 欢闹 [huān nào]

jorna/da *f* 工作日 [gōng zuò rì]; **~ de puertas abiertas** 开门日 [kāi mén rì], 营业日 [yíng yè rì]; **~l** *m* 日工资 [rì gōng zī]; **~lero** *m* 日工 [rì gōng], 短工 [duǎn gōng]

joroba *f* **1.** 驼背 [tuó bèi]; **2.** 烦恼 [fán nǎo]; **~do,-a** *adj* 驼背的 [tuó bèi de]; **~r** *vt* 使烦扰 [shǐ fán nǎo], 打搅 [dǎ jiǎo]; **~rse** 感到烦恼 [gǎn dào fán nǎo]

jota *f* 字母j的名称 [zì mǔ de míng chēng]

joven 1. *adj m/f* 年轻的 [nián qīng de]; **2.** *m/f* 青年人 [qīng nián de]; **3.** *f* 青年一代 [qīng nián yī dài]

joy/a *f* 金银首饰 [jīn yín shǒu shì]; **~ería** *f* 珠宝店 [zhū bǎo diàn]

jubil/ación *f* 退休 [tuì xiū]; **~ado,-a 1.** *adj* 退休的 [tuì xiū de]; **2.** *m* 退休人员 [tuì xiū rén yuán]; **~ar** *vt* 使退休 [shǐ tuì xiū]; **~arse 1.** 退休 [tuì xiū], 退职 [tuì zhí]; **2.** 淘汰 [táo tài], 报废 [bào feì]

júbilo *m* 欢乐 [huān lè]

judía *f gastr* 荷兰豆 [hé lán dòu]

judi/catura *f* 司法 [sī fǎ], 法官（总称）[fǎ guān (zǒng chēng)]; **~cial** *adj m/f* 司法的 [sī fǎ de], 法院的 [fǎ yuàn de]

judío,-a 1. *adj* 犹太人的 [yóu tài rén de], 犹太教的 [yóu tài jiào de]; **2.** *m/f* 犹太人 [yóu tài rán], 犹太教徒 [yóu tài jiào tú]

judo *m sport* 柔道 [róu dào]

juego *m* 游戏 [yóu xì], 娱乐 [yú lè], 运动 [yùn dòng]; **~ de cama** 床上用品 [chuáng shàng yòng pǐn];

~***s Olímpicos** 奥林匹克运动会 [ào lín pǐ kè yùn dòng huì]

juerga *f* 欢闹 [huān nào]; **irse de** ~ 纵酒狂欢 [zòng jiǔ kuáng huān], 胡闹 [hú nào]

jueves *m* 星期四 [xīng qī sì]; ~***Santo** 圣星期四（耶稣受难的前一天）[shèng xīng qī sì (yē sū shòu nàn de qián yī tiān)]

juez,-a *m/f* 法官 [fǎ guān], 审判员 [shěn pàn guān]

jugad/a *f* 场 [chǎng], 赛（量词）[sài (liàng cí)]; **mala** ~ *m* 诡计 [guǐ jì], 花招 [huā zhāo]; **~or,-a** *m/f* 运动员 [yùn dòng yuán], 参赛者 [cān sài zhě]

jugar 1. *vi* 打球 [dǎ qiú], 比赛 [bǐ sài]; **2.** *vt* 玩（牌）[wán (pái)], 下（棋）[xià (qí)]; ~ **una carta** 打牌 [dǎ pái]; ~ **dinero** 赌钱 [dǔ qián]; **~se** *u/c* 拿…冒险 [ná mào xiǎn]

jugo *m* 汁 [zhī], 浆 [jiāng]; **~so,-a** *adj* 多汁的 [duō zhī de], 多浆的 [duō jiāng de]

juguete *m* 玩具 [wán jù], 玩物 [wán wù]; **~ría** *f* 玩具店 [wán jù diàn], 玩具业 [wán jù yè]

juicio *m jur* 审理 [shěn lǐ], 审判 [shěn pàn]; **~so,-a** *adj* 理智的 [lǐ zhì de], 明智的 [míng zhì de]

julio *m* 七月 [qī yuè]

junco *m nav* 小船 [xiǎo chuán]

jungla *f* 密林 [mì lín], 丛林 [cóng lín]

junio *m* 六月 [liù yuè]

junta *f tecn* 结合处 [jié hé chù], 缝隙 [fèng xì]; ~ **directiva** 董事会 [dǒng shì huì]; **~mente** *adv* 一起 [yī qǐ], 共同 [gòng tóng]; **~r** *vt* 接合 [jiē hé], 使连接 [shǐ lián jiē]; **~rse** 汇合在一起 [huì hé zài yī qǐ]

junto 1.,-a *adj* 连接的 [lián jiē de], 接合的 [jiē hé de]; **2.** ~ **a** *prep* 靠近 [kào jìn], 挨近 [āi jìn]; **~s** *adv* 同时 [tóng shí], 在一起 [zài yī qǐ]

juntura *f tecn* 接头 [jiē tóu]

jura/do 1.,-a *adj* 宣誓效忠的 [xuān shì xiào zhōng de], 宣誓的 [xuān shì de]; **2.** *m* 评选委员会 [píng xuǎn wěi yuán huì], 评委 [píng wěi]; **~mento** *m* 誓言 [shì yán], 宣誓 [xuān shì]

jurar 1. *vt* 发誓 [fā shì], 宣誓 [xuān shì]; **2.** *vi* 诅咒 [zǔ zhòu], 咒骂 [zhòu mà]

jurídico,-a *adj* 法律的 [fǎ lǜ de], 司法的 [sī fǎ de]

juris/dicción *f* 管辖权 [guǎn xiá quán]; **~ta** *m/f* 法学家 [fǎ xué jiā], 法律学家 [fǎ lǜ xué jiā]

justi/cia *f* 公正 [gōng zhèng], 公道 [gōng dào]; **~ficante** *m* 证明 [zhèng míng], 证据 [zhèng jù]; 存根 [cún gēn]; **~ficar** *vt* **1.** 说明 [shuō míng], 解释 [jiě shì], 辩白 [biàn bái]; **2.** 证实 [zhèng shí], 证明 [zhèng míng]

justo,-a *adj* 正好的 [zhèng hǎo de], 准确的 [zhǔn què de]

juven/il *adj m/f* 青年的 [qīng nián de]; **~tud** *f* 青年时期 [qīng nián shí qī], 青年人(总称) [qīng nián rén (zǒng chēng)]

juzga/do *m* 中级法院 [zhōng jí fǎ yuàn], 中级法庭 [zhōng jí fǎ tíng]; **~r 1.** *vt* 判决 [pàn jué], 审判 [shěn pàn]; **2.** *vi* 认为 [rèn wéi], 看作 [kàn zuò]

K

kaki *m* 柿子 [shì zi]

kárate, karate *m* 功夫 [gōng fū], 武术 [wǔ shù]

kart *m* (游乐)赛车 [(yóu lè) sài chē], 卡丁车 [kǎ dīng chē]; **~ing** *m* (游乐)赛车场 [(yóu lè) sài chē chǎng], 赛车比赛 [sài chē bǐ sài]

keroseno *m* 煤油 [méi yóu], 火油 [huǒ yóu]

kilo(gramo) *m* 千克 [qiān kè], 公斤 [gōng jìn]

kilómetro *m* 千米 [qiān mǐ], 公里 [gōng lǐ]

kilovatio *m* 千瓦 [qiān wǎ]

kimono *m* (日本的)和服 [(rì běn de) hé fú]

kiosco *m* 杂货店 [zá huò diàn], 小卖部 [xiǎo mài bù]

kiwi *m* 奇异果 [qí yì guǒ], 弥猴桃 [mí hóu táo]

L

la 1. 阴性单数定冠词 [yīn xìng dān shù dìng guàn cí]; **2.** *m mús* 第六个音的唱名 [dì liù gè yīn de chàng míng]

laberinto *m* 迷宫 [mí gōng]

labio *m* 嘴唇 [zuǐ chún]

labor *f* 劳动 [láo dòng], 工作 [gōng zuò]; **~able** *adj m/f* 工作的 [gōng zuò de], 劳动的 [láo dòng de]; **día ~able** 工作日 [gōng zuò rì]; **~al** *adj m/f* 劳动的 [láo dòng de], 工作的 [gōng zuò de]

laboratorio *m* 实验室 [shí yàn shì], 化验室 [huà yàn shì]

labrar *vt* 加工 [jiā gōng], 耕作 [gēng zuò]

laca *f* 发蜡 [fā là], 发胶 [fā jiāo]; 喷漆 [pēn qī]; **~ para uñas** 指甲油 [zhǐ jiá yóu]

lácteo,-a *adj* 乳的 [rǔ de], 奶的 [nǎi de]; **productos ~s** *mpl* 奶制品 [nǎi zhì pǐn]

ladera *f* 山坡 [shān pō]

lado *m* 边 [biān], 侧 [cè], 旁边 [páng biān]; **de ~ 1.** 歪斜的 [wāi xié de], 倾斜的 [qīng xié de]; **2.** 从侧面 [cóng cè miàn]; **al otro ~ de** *prep.* 在另一侧 [zài lìng yī cè]; **al ~** 在(某人或某物的)旁边 [zài (mǒu rén huò mǒu wù de) páng biān]; **por un ~** 从一方面讲 [cóng yī fāng miàn jiǎng]; **por otro ~** 此外 [cǐ wai], 另外 [lìng wài]

la/drar *vi* (狗)叫 [(gǒu) jiào]; **~drido** *m* 狗叫声 [gǒu jiào shēng]
ladrillo *m* 砖 [zhuān]
ladrón *m* 小偷 [xiǎo tōu], 盗贼 [dào zéi]
lagar/tija *f* 小蜥蜴 [xiǎo xī yì]; **~to** *m* 蜥蜴 [xī yì]
lago *m* 湖 [hú]
lágrima *f* 泪 [lèi]
laguna *f fig* 漏洞 [lòu dòng], 缺欠 [quē qiàn]
lament/able *adj m/f* 可悲的 [kě bēi de]; **~ar** *vt* 遗憾 [yí hàn], 惋惜 [wǎn xī]; **~o** *m* 哀叹 [āi tàn], 悲伤 [bēi shāng]
lamer *vt* 舔 [tiǎn]
lámpara *f* 灯 [dēng]; **~ de pie** 落地灯 [luò dì dēng]
lana *f* 羊毛 [yáng máo]
lancha *f* 小船 [xiǎo chuán], 艇 [tǐng]
langost/a *f* 龙虾 [lóng xiā]; **~ino** *m gastr* 大虾 [dà xiā]
lanza *f* 长矛 [cháng máo]; **~miento** *m* 投掷 [tóu zhì]; **~r** *vt* 投掷 [tóu zhì], 抛 [pāo]; **~rse ~ a hacer u/c** 开始投入做某事 [kāi shǐ tóu rù zuò mǒu shì]; **~rse al agua** 投入水中 [tóu rù shuǐ zhōng]; 下海 [xià hǎi]
lápiz *m* 铅笔 [qiān bǐ]; **~ de color** 彩色铅笔 [cǎi sè qiān bǐ]; **~ de cejas** 眉笔 [méi bǐ]
largarse *coloq* 匆忙离开 [cōng máng lí kāi], 溜走 [liū zǒu]
largo 1.,-a *adj* 长的 [cháng de]; **a la larga** 长远来说 [cháng yuǎn lái shuō]; **a lo ~**顺着 [shùn zhe], 沿着 [yán zhe]; **a lo ~ de** *prep.* 在…过程中 [zài guò chéng zhōng]; **2.** *m* 长度 [cháng dù]
larva *f* (甲壳类, 两栖类和昆虫的)幼虫 [(jiǎ ké lèi, liǎng qī lèi hé kūn chóng de) yòu chóng], 幼体 [yòu tǐ]
lástima *f* 怜悯 [lián mǐn], 同情 [tóng qíng]; **dar ~ que** *subj* 引起同情 [yǐn qǐ tóng qíng]; **¡qué ~!** 真可惜 [zhēn kě xī]!
lastimar *vt* 损伤 [sǔn shāng], 伤害 [shāng hài]; **~arse** 挫伤 [cuò shāng], 伤害 [shāng hài]
lata *f* **1.** 罐头 [guàn tóu]; **2.** 令人讨厌的事 [lìng rén tǎo yàn de shì]; **dar la ~ a alg** 烦扰某人 [fán rǎo mǒu rén]
latente *adj m/f* 隐蔽的 [yǐn bì de], 潜在的 [qiǎn zài de]
lateral *adj m/f* 旁边的 [páng biān de], 侧面的 [cè miàn de]
latido *m* (心脏的)跳动 [(xīn zàng de) tiào dòng]
látigo *m* 鞭子 [biān zi]
lat/ín *m* 拉丁语 [lā dīng yǔ]; **~ino,-a 1.** *adj* 拉丁的 [lā dīng de]; **2.** *m/f* 拉丁族人 [lā dīng zú rén]
latir *vi* (心脏, 动脉)跳动 [(xīn zàng, dòng mài) tiào dòng], 搏动 [bó dòng]
latitud *f* **1.** 宽度 [kuān dù]; **2.** 纬度 [wěi dù]
latón *m* 黄铜 [huáng tóng]

laurel *m* **1.** 月桂树 [yuè guì shù]; **2.** 月桂(烹调香料) [yuè guì (pēng tiáo xiāng liào)]

lava *f* 熔岩 [róng yán]

lavable *adj m/f* 可洗的 [kě xǐ de]

lavabo *m* 卫生间 [wèi shēng jiān]

lava/do *m* 洗 [xǐ], 洗涤 [xǐ dí]; **~dora** *f* 洗衣机 [xǐ yī jī]; **~ndería** *f* 洗衣店 [xǐ yī diàn]; **~platos** *m* 洗碗机 [xǐ wǎn jī]; **~r** *vt* 洗 [xǐ], 洗涤 [xǐ dí], 洗刷 [xǐ shuā]; **~tiva** *f med* 灌肠液 [guàn cháng yè], 灌肠器 [guàn cháng qì]; **~vajillas** *m* 洗碗液 [xǐ wǎn yè]

laxante **1.** *adj m/f* 放松的 [fàng sōng de], 缓解的 [huǎn jiě de]; **2.** *m* 泻药 [xiè yào]

lazo *m* 纽带 [niǔ dài], 关系 [guān xì]

leal *adj m/f* 忠诚的 [zhōng chéng de], 忠实的 [zhōng shí de]; **~tad** *f* 忠诚 [zhōng chéng], 忠实 [zhōng shí]

lección *f* **1.** 阅读 [yuè dú], 课 [kè]; **2.** 教训 [jiào xùn]; **dar una ~ a alg** 教训某人 [jiào xùn mǒu rén]

leche *f* 奶 [nǎi]; **~ condensada** 炼乳 [liàn rǔ]; **~ desnatada** 脱脂牛奶 [tuō zhī niú nǎi]; **~ entera** 全脂牛奶 [quán zhī niú nǎi]; **~ semidesnatada** 半脱脂牛奶 [bàn tuō zhī niú nǎi]; **~ uperizada** 消毒牛奶 [xiāo dú niú nǎi]; **~ría** *f* 奶制品店 [nǎi zhì pǐn diàn]; **~ro** *m* 卖牛奶的人 [mài niú nǎi de rén]

lechón *m* 乳猪 [rǔ zhū], 猪崽 [zhū zǎi]

lechuga *f* 生菜 [shēng cài]

lechuza *f* 猫头鹰 [māo tóu yīng]

lect/or,-a *m/f* 读者 [dú zhě]; **~ura** *f* **1.** 朗读 [lǎng dú], 阅读 [yuè dú]; **2.** 读物 [dú wù]

leer *vt* 读 [dú], 念 [niàn], 阅读 [yuè dú]

legal *adj m/f* 法定的 [fǎ dìng de], 合法的 [hé fǎ de]; **~idad** *f* 合法性 [hé fǎ xìng], 法制 [fǎ zhì]; **~ización** *f jur* 合法化 [hé fǎ huà]; **~izar** *vt* 使合法化 [shǐ hé fǎ huà]

legendario,-a *adj* 传说的 [chuán shuō de]

legisla/ción *f* 立法 [lì fǎ], 法律 [fǎ lǜ]; **~tivo,-a** *adj* 立法的 [lì fǎ de], 有立法权的 [yǒu lì fǎ quán de]

legitim/ar *vt* 使合法化 [shǐ hé fǎ huà]; **~arse** 取得合法 [qǔ dé hé fǎ]; **~idad** *f* 合法 [hé fǎ], 合法性 [hé fǎ xìng]

legítimo,-a *adj* 合法的 [hé fǎ de]

legumbres *fpl* 豆类 [dòu lèi], 大豆 [dà dòu]

lejan/ía *f* 远 [yuǎn], 遥远 [yáo yuǎn], 远方 [yuǎn fāng]; **~o,-a** *adj* 远的 [yuǎn de], 遥远的 [yáo yuǎn de]

lejía *f* 漂白水 [piǎo bái shuǐ]

lejos *adv* 远 [yuǎn], 遥远 [yáo yuǎn]; **a lo ~** 在远处 [zài yuǎn chù]; **~ de** 非但不 [fei dàn bù] ..., 而且要... [ér qiě yào]

lema *m* 主题 [zhǔ tí], 口号 [kǒu hào]

lencería *f* (女内衣, 床单, 桌布) 专卖店 [(nǚ nèi yī, chuáng dān, zhuō bù) zhuān mài diàn]

lengua *f* **1.** 语言 [yǔ yán]; **2.** 舌头 [shé·tou]

lenguado *m gastr* 鳎鱼 [tǎ yú]

lenguaje *m* 语言 [yǔ yán], 语言风格 [yǔ yán fēng gé]

lente 1. 单片眼镜 [dān piàn yǎn jìng]; **~s** 眼镜片 [yǎn jìng piàn]; **~s de contacto** 隐形眼镜 [yǐn xíng yǎn jìng]; **2.** *f foto* 透镜 [tòu jìng]

lenteja *f bot* 小扁豆 [xiǎo biǎn dòu]

lent/itud *f* 迟缓 [chí huǎn], 缓慢 [huǎn màn]; **~o,-a** *adj* 迟缓的 [chí huǎn de], 缓慢的 [huǎn màn de]

leña *f* 柴 [chái]

Leo *m astr* 狮子座 [shī zi zuò]

león *m* 狮子 [shī zi]

leopardo *m* 豹 [bào]

leotardos *mpl* 紧身裤 [jǐn shēn kù]

lerdo,-a *adj* 动作笨拙的 [dòng zuò bèn zhuō de]

lesi/ón *f* 外伤 [wài shāng], 创伤 [chuàng shāng]; **~ionar** *vt* 受外伤 [shòu wài shāng]; 伤害 [shāng hài]

letal *adj m/f* 致死的 [zhì sǐ de], 致命的 [zhì mìng de]

letra *f* 字母 [zì mǔ], 文字 [wén zì]; **al pie de la ~** 逐字逐句 [zhú zì zhú jù]

letrero *m* 招牌 [zhāo pái], 广告牌 [guǎng gào pái]

leucemia *f med* 白血病 [bái xuè bìng]

levadura *f* 酵母 [jiào mǔ], 发酵素 [fā jiào sù]; **~ en polvo** 发酵粉 [fā jiào fěn]

levanta/miento *m* 举起 [jǔ qǐ], 抬起 [tái qǐ]; **~r 1.** *vt* 抬起 [tái qǐ], 举起 [jǔ qǐ]; **2.** *vi* 起来 [qǐ lai]; **~rse 1.** 屹立 [yì lì], 耸立 [sǒng lì]; **2.** 起立 [qǐ lì], 站起 [zhàn qǐ]

levante *m* 东 [dōng], 东面 [dōng miàn]; **el ~*** 东方 [dōng fāng], 东部 [dōng bù]

leve *adj m/f* 轻的 [qīng de], 不严重的 [bù yán zhòng de]

ley *f* 法 [fǎ], 法律 [fǎ lǜ]; 定律 [dìng lǜ]

leyenda *f* 传奇 [chuán qí], 传说 [chuán shuō]

liar *vt* 捆 [kǔn], 绑 [bǎng], 扎 [zā]; **~se** *con alg coloq* 同某人缠在一起 [tóng mǒu rén chán zài yī qǐ]

libera/ción *f* 解放 [jiě fàng], 解除 [jiě chú]; **~l 1.** *adj m/f* 自由的 [zì yóu de], 无拘无束的 [wú jū wú shù de]; **2.** *m pol* 自由派的 [zì yóu pài de]; **~lismo** *m* 自由主义 [zì yóu zhǔ yì], 自由党 [zì yóu dǎng]; **~r** *vt* 解放 [jiě fàng], 释放 [shì fàng]

libertad *f* 自由 [zì yóu], 无拘束 [wú jū shù]

libra *f* **1.** 磅(重量单位) [bàng (zhòng liàng dān wèi)]; **2. ~*** *astr f* 天秤座 [tiān píng zuò]; **~r** *vt* 解救 [jiě jiù], 解除 [jiě chú]

libre *de adj m/f* 无... 的 [wú de], 免... 的 [miǎn de]

libre/ría *f* 书店 [shū diàn]; **~ría de ocasión** 旧书店 [jiù shū diàn]; **~ro,-a** *m/f* 书商 [shū shāng]; **~ta** *f* 笔记本 [bǐ jì běn], 事记本 [shì jì běn]; **~ta** *f* **de ahorros** 存折 [cún zé], 储蓄本 [chǔ xù běn]

libro *m* 书 [shū], 书籍 [shū jí]

licencia *f* 许可 [xǔ kě], 准许 [zhǔn xǔ]; **~ de armas** 持枪许可证 [chí qiāng xǔ kě zhèng]; **~ de caza** 打猎许可证 [dǎ liè xǔ kě zhèng]; **~ de pescar** 垂钓许可证 [chuí diào xǔ kě zhèng]

licenciatura *f* 学士学位课程 [xué shì xué wèi kè chéng]

lícito,-a *adj* 正当的 [zhèng dàng de], 合法的 [hé fǎ de]

licor *m* 高度数酒 [gāo dù shù jiǔ], 白酒 [bái jiǔ]; **~ería** *f* 酒的商店 [jiǔ de shāng diàn]

licuadora *f* 榨果汁机 [zhà guǒ zhī jī]

líder *m* 领袖 [lǐng xiù], 首领 [shǒu lǐng]; **~ar** *vt* 领导 [lǐng dǎo], 带领 [dài lǐng]

lidia *f* 搏斗 [bó dòu], 战斗 [zhàn dòu]; **~r 1.** *vi* 搏斗 [bó dòu], 战斗 [zhàn dòu]; **2.** *vt* 斗牛 [dòu niú]; **~r un toro** 斗一头牛 [dòu yī tóu niú]

liebre *f* 兔 [tù]

lienzo *m* 亚麻布 [yà má bù], 麻布 [má bù]

liga *f sport* 西甲联赛 [xī jiǎ lián sài]; *hist* 同盟 [tóng méng], 联盟 [lián méng]; **~r** *vt fig* 勾搭(姑娘或小伙子) [gōu dā (gū niáng huò xiǎo huǒ zi)]

liger/eza *f* 轻巧 [qīng qiǎo], 敏捷 [mǐn jié]; **~o,-a** *adj* 轻巧的 [qīng qiǎo de], 敏捷的 [mǐn jié de]

lila 1. *adj m/f* 蠢的 [chǔn de], 傻瓜的 [shǎ guā de]; **2.** *f bot* 紫丁香 [zǐ dīng xiāng]

lima *f* 锉刀 [cuò dāo]; **~ de uñas** 指甲锉刀 [zhī jiǎ cuò dāo]; **~r** *vt* 锉 [cuò], 锉平 [cuò píng]

limita/ción *f* 界限 [jiè xiàn], 限制 [xiàn zhì]; **~ción de velocidad** *auto* 限速 [xiàn sù]; **~do,-a** *adj* 有限制的 [yǒu xiàn zhì de], 限定的 [xiàn dìng de]; **~r** *vt* 划定界限 [huà dìng jiè xiàn]

límite *m* 界限 [jiè xiàn], 边界 [biān jiè]

limón *m* 柠檬 [níng méng]

limon/ada *f* 柠檬水 [níng méng shuǐ], 柠檬汽水 [níng méng qì shuǐ]; **~ero** *m* 柠檬树 [níng méng shù]

limosna *f* 施舍 [shī shě], 要饭 [yào fàn]

limpia/botas *m* 擦皮鞋的人(机) [chā pí xié de rén (jī)]; **~parabrisas** *m auto* 刮水器 [guā shuǐ qì], 雨刷 [yǔ shuā]; **~r** *vt* 使清洁 [shǐ qīng jié], 清扫 [qīng sǎo]

limpi/eza *f* 清洁 [qīng jié], 打扫 [dǎ sǎo]; **~o,-a** *adj* 清洁的 [qīng jié de], 干净的 [gān jìng de]

linaza *f* 亚麻籽 [yà má zǐ]

lince *m fig* 精明的人 [jīng míng de rén]

lindo,-a *adj* 漂亮的 [piào liàng de], 美丽的 [měi lì de]; **de lo ~** 漂亮地 [piào liàng de], 精彩地 [jīng cǎi de]

línea *f* 线 [xiàn], 线路 [xiàn lù], 线条 [xiàn tiáo]; **~ aérea** 航空线 [háng kōng xiàn]; **~ ferroviaria** 铁路线 [tiě lù xiàn], 铁路 [tiě lù]; **~ marítima** 航海线 [háng hǎi xiàn]

ling/üística *f* 语言学 [yǔ yán xué]; **~üístico,-a** *adj* 语言学的 [yǔ yán xué de]; **~üista** *m/f* 语言学家 [yǔ yán xué jiā]

lino *m* 亚麻 [yà má]

linterna *f* 提灯 [tí dēng], 灯笼 [dēng lóng]

lío *m fig coloq* **1.** 麻烦 [má fán], 纠缠 [jiū chán]; **2.** 不正当男女关系 [bù zhèng dàng nán nǚ guān xì]

liquid/ación *f* 减价处理 [jiǎn jià chǔ lǐ]; 付清 [fù qīng]; **~ar** *vt* 结帐 [jié zhàng], 付清 [fù qīng]

líquido 1. -a *adj* 液态的 [yè tài de]; **2.** *m* 液体 [yè tài]

lírica *f* 抒情诗 [shū qíng shī]

liso,-a *adj* 平坦的 [píng tǎn de], 平滑的 [píng huá de]

lista *f* 目录 [mù lù], 表 [biǎo]; **~ de correos** 邮件交货单 [yóu jiàn jiāo huò dān]; **~ de precios** 价目单 [jià mù dān]; **~do** *m* 条纹 [tiáo wén], 色条 [sè tiáo]

listo,-a *adj* **1.** 精明的 [jing ming de], 聪明的 [cōng míng de]; **ser ~** *coloq* 很精明 [hěn jīng míng]; **2.** 准备就绪的 [zhǔn bèi jiù xù de], 做好准备的 [zuò hǎo zhǔn bèi de]; **estar ~ para u/c** 可以做 [kě yǐ zuò], 准备好做 [zhǔn bèi hǎo zuò]

listón *m* **1.** 丝绸带 [sī chóu dài]; **2.** 木板条 [mù bǎn tiáo] (acotación)

litera *f nav ferroc* (船, 火车上的)床铺 [(chuán, huǒ chē shàng de) chuán pū], 上下铺 [shàng xià pū]

litera/rio,-a *adj* 文学的 [wén xué de]; **~tura** *f* 文学 [wén xué]

litoral 1. *adj m/f* 沿海的 [yán hǎi de]; **2.** *m* 沿海地区 [yán hǎi dì qū]

litro *m gastr* 升 [shēng]; **~na** *f coloq* 一大瓶(桶) [yī dà píng (tǒng)] (量词) [liàng cí]

llaga *f* 溃疡 [kuì yáng]

llama *f zool* 大羊驼 [dà yáng tuó], 原驼 [yuán tuó]

llama/da *f* (电话的)通话 [(diàn huà de) tōng huà]; **~miento** *m* 号召 [hào zhāo], 召集 [zhāo jí]; **~r 1.** *vt* 叫 [jiào], 喊 [hǎn]; **~ por teléfono** 打电话 [dǎ diàn huà]; **2.** *vi* 敲(门) [qiāo (mén)]; **~se**

名叫 [míng jiào]; **~tivo,-a** *adj* **1.** 引人注目的 [yǐn rén zhù mù de], 醒目的 [xǐng mù de]; **2.** 令人馋嘴的(食物) [lìng rén chán zuǐ de (shí wù)]

llano 1.,-a *adj* 平坦的 [píng tǎn de]; **2.** *m* 平原 [píng yuán], 平地 [píng dì]

llanta *f auto* 轮箍 [lún gū]

llanura *f* 平坦 [píng tǎn], 平原 [píng yuán]

llave *f tecn* **1.** 扳手 [bān shǒu], 扳钳 [bān qián]; **2.** 钥匙 [yào shí]; **~ de contacto** *auto* (启动车的)车钥匙 [(qǐ dòng chē de) chē yào shí]; **~ maestra** 万能钥匙 [wàn néng yào shí]; **~ro** 钥匙环 [yào shí huán]

llegada *f* **1.** 到达 [dào dá]; **2.** (比赛的)终点 [(bǐ sài de) zhōng diǎn]

llegar *vi* 到达 [dào dá], 抵达 [dǐ dá]; **~ a un lugar** 到达某地方 [dào dá mǒu dì fāng]; **~ a ser** 成为 [chéng wéi], 变成 [biàn chéng]; **~se** *a* 接近 [jiē jìn]; 去 [qù], 到 [dào]

llenar *vt* 占满 [zhàn mǎn], 充满 [chōng mǎn]; **~ con** *fig* 填写(表格) [tián xiě (biǎo gé)]; **~ de** 使充满(感情, 情绪) [shǐ chōng mǎn (gǎn qíng, qíng xù)]

lleno,-a *adj* 满的 [mǎn de]; **de ~** 完全地 [wán quán de], 全部地 [quán bu de]

llevar *vt* 带去 [dài qù], 携带 [xié dài]; **~se** 拿走 [ná zǒu], 带走 [dài zǒu]; **~se bien** *con alg* 与某人相处得好 [yǔ mǒu rén xiāng chǔ de hǎo]

llorar 1. *vi* 哭 [kū], 流泪 [liú lèi]; **2.** *vt* (为某事)悲伤 [(wèi mǒu shì) bēi shāng], 悔恨 [huǐ hèn]

llov/er *v/impers* 下雨 [xià yǔ]; **~iz-na** *f* 毛毛细雨 [máo máo xì yǔ]; **~iznar** *v/impers* 下毛毛雨 [xià máo máo yǔ]

lluvi/a *f* 雨 [yǔ], 雨水 [yǔ shuǐ]; **~ ácida** 酸雨 [suān yǔ]; **~oso,-a** *adj* 多雨的 [duō yǔ de]

lo 1. 中性定冠词 [zhōng xìng dìng guàn cí]; **~ bello** 美好的 [měi hǎo de]; **2.** *pron pers* 他 [tā], 您 [nín], 它(阳性单数第三人称的对格) [ta (yáng xìng dān shù dì sān rén chēng de duì gé]; **3.** *pron rel* 他的 [tā de], 您的 [nín de], 它的 [tā de]; **~ que** 的 [de], 所说(做)的 [suǒ shuō (zuò) de]; **4. ~ que** 既然 [jì rán]; **~ de** 某人的 [mǒu rén de]

lobo *m* 狼 [láng]; **~ marino** 海豹 [hǎi bào]

local 1. *adj m/f* 当地的 [dāng dì de], 地方的 [dì fāng de], 局部的 [jú bù de]; **2.** *m* 店铺 [diàn pū]; **~idad** *f teat* (剧院的)座位 [(jù yuàn de) zuò wèi]; **~ización** *f* 位置 [wèi zhì]; **~izar** *vt* 寻找 [xún zhǎo], 找到 [zhǎo daò]

loción *f* 洗涤液 [xǐ dí yè]; **~ capilar** 洗发液 [xǐ fà yè]; **~ corporal** 洗澡液 [xǐ zǎo yè]

loco,-a 1. *adj* 神经病的 [shén jīng bìng de], 疯癫的 [fēng diān de]; **2.** *m/f* 疯子 [fēng zi]

locomo/ción *f* 移动 [yí dòng], 机动 [jī dòng]; **~tora** *f* 机车 [jī tóu], 火车头 [huǒ chē tóu]

locuaz *adj m/f* 话多的 [huà duō de], 饶舌的 [rào shé de]

locura *f* 神经病 [shén jīng bìng], 发疯 [fā fēng]

locutor *m radio* 播音员 [bō yīn yuán]

lógic/a *f* 逻辑学 [luó jí xué]; **~o,-a** *adj* 合乎逻辑的 [hé hū luó jí de]

logístic/a *f econ* 货流服务 [huò liú fú wù]; *mil* 后勤 [hòu qín]

logr/ado,-a *adj* 做得好的 [zuò de hǎo de], 效果好的 [xiào guǒ hǎo de]; **~ar** *vt* 取得 [qǔ dé], 获得 [huò dé]; **~ar que** + *subj* 争取到 [zhēng qǔ daò], 终于得到 [zhōng yú dé dào]; **~o** *m* 成果 [chéng guǒ], 成就 [chéng jiù]; **~os** *mpl* 利润 [lì rùn]

lombriz *f* 蚯蚓 [qiū yǐn]

lomo *m* 脊背 [jǐ bèi]; 里脊肉 [lǐ jǐ ròu]; ~ **adobado** 腌肉 [yān ròu]; ~ **ibérico** 西班牙特制腌肉 [xī bān yá tè zhì yān ròu]

longaniza *f gastr* 香肠 [xiāng cháng], 腊肠 [là cháng]

longevidad *f* 长寿 [cháng shòu], 养生 [yǎng shēng]

longitud *f* 长度 [cháng dù]

lonja *f* (鱼或肉的)薄片 [(yú huò ròu de) bó piàn]; ~ **del pescado** 一块鱼片 [yī kuài yú piàn]

loro *m* 鹦鹉 [yīng wǔ]

losa *f* 石板 [shí bǎn]

lote *m* 份 [fèn], 堆 [duī]; **~ría** *f* 彩票 [cǎi piào]; **~ría primitiva** 六合彩 [liù hé cǎi]

loza *f* 瓷土 [cí tǔ], 陶瓷器皿 [táo cí qì mǐn]

lubina *f* 狼鲈鱼 [láng lú yú]

lubrica/nte *m* 润滑油 [rùn huá yóu]; **~r** *vt* 润滑 [rùn huá]

lucha *f* 奋斗 [fèn dòu], 战斗 [zhàn dòu]; **~r** *vi* 奋斗 [fèn dòu], 拼搏 [pīng bó]

lúcido,-a *adj* 光亮的 [guāng liàng de], 光辉的 [guāng huī de]

luci/ente *adj m/f* 光亮的 [guāng liàng de], 发光的 [fā guāng de]

luciérnaga *f* 荧火虫 [yíng huǒ chóng]

lucio *m zool* 白斑狗鱼 [bái bān gǒu yú]

lucir 1. *vi* 发光 [fā guāng], 发亮 [fā liàng]; **2.** *vt* 照耀 [zhào yào], 照亮 [zhào liàng]; **~se** 细心打扮 [xì xīn dǎ bàn]

lucr/ativo,-a *adj jur* 赢利的 [yíng lì de], 有利润的 [yǒu lì rùn de]; **~o** *m* 利润 [lì rùn], 赢利 [yíng lì]

lugar *m* **1.** 地方 [dì fāng], 地点 [dì diǎn]; **2.** 席位 [xí wèi], 位子 [wèi zi], 名次 [míng cì]; **en ~ de** *prep* 不是… [bù shì]; **en primer ~** 首先 [shǒu xiān]; **dar ~ a** 引起 [yǐn qǐ], 导致 [dǎo zhì]; **tener ~** 发生 [fā shēng], 举行 [jǔ xíng]

lujo *m* 豪华 [háo huá], 奢华 [shē huá]; **~so,-a** *adj* **1.** 豪华的 [háo huá de], 奢侈的 [shē chǐ de]; **2.** 喜欢摆阔气的 [xǐ huān bǎi kuò qì de]

lumbago *m med* 腰痛 [yāo tòng]

lumbre *f* 火光 [huǒ guāng], 灯光 [dēng guāng]

luminoso 1.,-a *adj* 发光的 [fā guāng de], 照亮的 [zhào liàng de]; **2.** *m* 灯 [dēng]

luna *f* 月球 [yuè qiú], 月光 [yuè guāng]; ~ **de miel** 蜜月 [mì yuè]; ~ **nueva** 新月 [xīn yuè]; **media** ~ 弯月 [wān yuè]; ~ **llena** 满月 [mǎn yuè], 望月 [wàng yuè]; **~r 1.** *adj m/f* 月亮的 [yuè liàng de]; **2.** *m* 痣 [zhì]; **~reado** *adj* 带痣的 [dài zhì de]; 有斑点的 [yǒu bān diǎn de]

lunes *m* 星期一 [xīng qī yī]

luneta *f* 眼镜片 [yǎn jìng piàn]; ~ **trasera** *auto* 后视镜 [hòu shì jìng]

lupa *f* 放大镜 [fàng dà jìng]

lúpulo *m* 啤酒花 [pí jiǔ huā]

lustr/ar *vt* 使有光泽 [shǐ yǒu guāng zé], 擦亮 [chā liàng]; **~e** *m* 光亮 [guāng liàng], 光泽 [guāng zé]

luto *m* 举丧 [jǔ sàng], 丧服 [sàng fú]

luz *f* 光 [guāng], 光线 [guāng xiàn]; ~ **de carretera** (车的)远光灯 [(chē de) yuǎn guāng dēng]; ~ **de cruce** (车的)近光灯 [(chē de) jìn guāng dēng]; ~ **de situación** 停车灯 [tíng chē dēng]; **dar a** ~ 分娩 [fēn miǎn]

M

macabro,-a *adj* 阴森的 [yīn sēn de], 令人毛骨悚然的 [lìng rén máo gǔ sǒng rán de]

macarrones *mpl* 茄汁通心面 [qiè zhī tōng xīn miàn]

macedonia *f* **de fruta** 什锦水果 [shí jǐn shuǐ guǒ]

macet/a *f* **1.** 花盆 [huā pén], 盆花 [pén huā]; **2.** 瓦工锤 [wǎ gōng chuí]; **~ero** *m* 花盆架 [huā pén jià]

machacar *vt* 捣碎 [dǎo suì], 碾碎 [niǎn suì]

machete *m* 砍刀 [kǎn dāo]

macho *m zool fig* 雄的 [xióng de], 公的 [gōng de]

macizo,-a 1. *adj* 实心的 [shí xīn de], 结实的 [jié shí de]; **2.** *m* 实心物体 [shí xīn wù tǐ]

mader/a *f* 木头 [mù tóu], 木材 [mù cái]; **~o** *m* 原木 [yuán mù], 方木 [fāng mù]

madrastra *f* **1.** 继母 [jì mǔ]; **2.** 虐待子女的母亲 [nüè dài zǐ nǚ de mu qīn]

madre *f* 母亲 [mǔ qīn], 妈 [mā]; **¡~ mía!** 我的妈呀 [wǒ de mā ya]！

madrileño,-a 1. *adj* 马德里的 [mǎ dé lǐ de]; **2.** *m* 马德里人 [mǎ dé lǐ rén]

madrina *f* 教母 [jiào mǔ]; 干妈 [gān mā]

madruga/da *f* 黎明 [lí míng], 起早 [qǐ zǎo]; **de** ~ 拂晓时 [fó xiǎo shí]; **~dor,-a** *m/f* 早起的人 [zǎo qǐ de rén]; ~**r** *vi* 早起 [zǎo qǐ], 起早 [qǐ zǎo]

madur/ar 1. *vt* 使成熟 [shǐ chéng shú]; **2.** *vi* 熟 [shú], 成熟 [chéng shú]; ~**ez** *f* 成熟 [chéng shú]; 成年 [chéng nián]; ~**o,-a** *adj* 成熟的 [chéng shú de], 成年的 [chéng nián de]

maestr/o,-a *m/f* 老师 [lǎo shī], 师傅 [shī fù]; ~**ía** 熟巧 [shú qiǎo], 技艺 [jì yì]

magia *f* 魔术 [mó shù], 巫术 [wū shù]

mágico,-a *adj* 魔术的 [mó shù de], 有魅力的 [yǒu mèi lì de]

magistra/do *m* 法官(总称) [fǎ guān]; ~**l** *adj m/f* 精湛的 [jīng zhàn de], 精辟的 [jīng pì de]

magnesio *m* 镁 [měi]

magnético,-a *adj* 磁的 [cí de], 有磁性的 [yǒu cí xìng de]

magnetófono *m* 磁带录音机 [cí daì lù yīn jī]

magnetoscopio *m* 验磁器 [yàn cí qì]

magnífico,-a *adj* 好极的 [hǎo jí de]; 壮观的 [zhuàng guān de]

magnitud *f* 大小 [dà xiǎo], 规模 [guī mó]

magnolia *f* 洋玉兰 [yáng yù lán]

mago *m* 魔法师 [mó fǎ shī], 巫师 [wū shī]; **los Reyes ~*s** (西方)儿童节 [(xī fāng) ér tóng jié]

magro 1.,-a *adj* 瘦的 [shòu de], 贫脊的 [pín jǐ de]; **2.** *m* 瘦猪肉 [shòu zhū ròu]

magulla/dura *f med* 红肿 [hóng zhǒng], 青紫 [qīng zǐ]; ~**r** *vt* 使红钟 [shǐ hóng zhǒng], 使青紫 [shǐ qīng zǐ]

mahonesa *f gastr* 色拉油 [sè lā yóu], 色拉酱 [sè lā jiàng]

maíz *m* 玉米 [yù mǐ]

majest/ad *f* 庄严 [zhuāng yán]; ~**uoso,-a** *adj* 庄严的 [zhuāng yán de]

majo,-a *adj* 美丽的 [měi lì de], 讨人喜爱的 [tǎo rén xǐ ài de]

mal 1. *adj* 坏的 [huài de], 不行的 [bù xíng de]; **2.** *adv* 坏 [huài], 错地 [cuò dì]; **¡menos ~!** 好在 [hǎo zài]!; **tomar a ~ u/c** 不看好某事 [bù kàn hǎo mǒu shì]; **3.** *m* 恶疾 [è jí]

mal/criado,-a *adj* 没有教养的 [méi yǒu jiào yǎng de]; ~**dad** *f* 恶劣行为 [è liè xíng wéi], 险恶 [xiǎn è]; ~**decir 1.** *vi* **de** 诽谤 [fěi bàng], 抱怨 [bào yuàn]; **2.** *vt* 诅咒 [zǔ zhòu], 厌恶 [yàn wù]; ~**dición** *f* 诅咒 [zǔ zhòu], 诽谤 [fěi bàng]; ~**dito,-a** *adj* 该死的 [gāi sǐ de], 可恶的 [kě wù de]

malecón *m* 堤 [dī], 防波堤 [fáng bō tī]

malentendido *m* 误解 [wù jiě]

malestar *m* 不快 [bù kuài], 烦恼 [fán nǎo]

malet/a *f* **1.** 手提箱 [shǒu tí xiāng]; **2.** *auto* 行李箱 [xíng lǐ xiāng]; ~**ero** *m auto* 行李箱 [xíng lǐ xiāng]; ~**ín** *m* 小手提箱 [xiǎo shǒu tí xiāng], 小手提包 [xiǎo shǒu tí bāo]

maleza *f* 杂草 [zá cǎo], 草木丛 [cǎo mù cóng]

malgastar *vt* 浪费 [làng fèi], 挥霍 [huī huò]

malhechor,-a *m/f* 罪犯 [zuì fàn], 犯罪分子 [fàn zuì fèn zǐ]

malhumorado,-a *adj* 脾气不好的 [pí qì bù hǎo de]

malici/a *f* 邪恶 [xié è], 不良居心 [bù liáng jū xīn]; **~oso,-a** *adj* 邪恶的 [xié è de], 居心不良的 [jū xīn bù liáng de]

maligno,-a *adj med* 恶心的(疾病) [ě xīn de (jí bìng)]

malintencionado,-a *adj* 居心不良的 [jū xīn bù liáng de]

malla *f* 网 [wǎng], 网袋 [wǎng dài]

mallorquín,-ina 1. *adj* 马略卡的 [mǎ luè kǎ de]; **2.** *m/f* 马略卡人 [mǎ luè kǎ rén]

malo,-a 1. *adj* 坏的 [huài de], 不好的 [bù hǎo de]; **2.** *m* 魔鬼 [mó guǐ], 恶魔 [è mó]

malta *f* **1.** 大麦芽 [dà mài yá]; **2.** 黑啤酒 [hēi pí jiǔ]

maltratar *vt* 虐待 [nüè dài], 损坏 [sǔn huài de]

maltrecho,-a *adj* 受摧残的 [shòu cuī cán de]

malva *f bot* 锦葵 [jǐn kuí]

malvado,-a 1. *adj* 心地很坏的 [xīn dì hěn huài de]; **2.** *m/f* 歹徒 [dǎi tú], 恶棍 [è gùn]

malversación *f* 贪污 [tān wū]

mamá *f* 妈妈 [mā mā]

mama *f* 乳房 [rǔ fáng]; **~r** *vi* 吃奶 [chī nǎi]; **dar de ~r** 喂奶 [wèi nǎi]

mambo *m* 曼博舞(古巴的一种舞蹈) [màn bó wǔ (gǔ bā de yī zhǒng wǔ dǎo)]

mamífero *m* 哺乳动物 [bǔ rǔ dòng wù]

mamografía *f med* 早期胸部肿瘤 [zǎo qī xiōng bù zhǒng liú]

mampara *f* 浴罩 [yù zhào]; 屏风 [píng fēng]

manada *f* (野兽, 家畜的)群 [(yě shòu, jiā chù de) qún]; **a ~s** 一群 [yī qún]

mana/ntial 1. *adj m/f* 泉水 [quán shuǐ]; **2.** *m* 泉 [quán], 源泉 [yuán quán]; **~r** *vi* 冒出 [mào chū], 流出 [liú chū]

manch/a *f* 斑点 [bān diǎn], 污点 [wū diǎn]; **~ar** *vt* 弄脏 [nòng zāng], 玷污 [diàn wū]

manchego,-a *adj* (西班牙) 曼恰的 [(xī bān yá) màn qià de]

manco,-a *adj* 独臂的 [dú bì de], 残缺不全的 [cán quē bù quán de]

mancomunidad *f* 联合 [lián hé], 联合体 [lián hé tǐ]

manda/miento *m* 戒律 [jiè lǜ]; **~r 1.** *vt* 派送 [pài sòng], 委托 [wěi tuō]; **2.** *vi* 指挥 [zhǐ huī], 控制 [kòng zhì]

mandarina *f* 柑桔 [gān jú], 桔子 [jú zi]

mandato *m pol* 执政 [zhí zhèng], 任职 [rèn zhí]

mandíbula *f* 颌 [hé]
mandil *m* 围裙 [wéi qún]
mando *m mil* 指挥 [zhǐ huī]; *tecn* 遥控装置 [yán kòng zhuāng zhì]; ~ **a distancia** 遥控器 [yáo kòng qì]
manej/ar *vt* 使用 [shǐ yòng], 驾驶 [jià shǐ], 管理 [guǎn lǐ]; ~**o** *m* 使用 [shǐ yòng], 驾驶 [jià shǐ]
manera *f* 方式 [fāng shì], 方法 [fāng fǎ]; **de ~ que** + *subj* 结果 [jié guǒ], 因此 [yīn cǐ]; **de ninguna ~** 绝对不行 [jué duì bù xíng]; **de todas ~s** 无论如何 [wú lùn rú hé]; **no hay ~ de** + *inf* 没办法(做) [méi bàn fǎ (zuò)]; ~**s** *fpl* 行为 [xíng wéi], 表现 [biǎo xiàn]
manga *f* **1.** 袖子 [xiù zi]; **2.** (浇水)软管 [(jiāo shuǐ) ruǎn guǎn]; **sin ~** 无袖 [wú xiù]; **en ~s de camisa** 随便的 [suí biàn de], 不拘形式的 [bù jū xíng shì de]
mango *m bot* 芒果 [máng guǒ]
manguera *f* 浇水管 [jiāo shuǐ guǎn], 水龙带 [shuǐ lóng daì]
manía *f* 怪癖 [guài pǐ], 癖好 [pǐ hào]; **tener ~ a alg** 有… 怪癖 [yǒu guài pǐ]
manicomio *m* 精神病院 [jīng shén bìng yuàn]
manicura *f* 修指甲 [xiū zhǐ jiǎ]
manifesta/ción *f* 示威 [shì wēi], 游行 [yóu xíng]; ~**nte** *m/f* 示威者 [shì wēi zhě]; ~**r** *vt* 表示 [biǎo shì], 声明 [shēng míng]; ~**rse** 示威 [shì wēi], 游行 [yóu xíng de]
manifiesto 1. -a *adj* 表明的 [biǎo míng de], 公开的 [gōng kāi de]; **poner de ~** 宣告 [xuān gào], 告示 [gào shì]; **2.** *m* 宣言 [xuān yán], 声明 [shēng míng]
maniobra *f* 操作 [cāo zuò], 运作 [yùn zuò]; ~**s** *fpl* (车)调头 [(chē) diào tóu], 调向 [diào xiàng]; ~**r** *vt/I tecn* 开(机器) [kāi (jī qì)], 操作(仪器) [cāo zuò (yí qì)]; *transp* 驾驶 [jià shǐ]; *vi fig* 操纵 [cāo zòng], 操作 [cāo zuò]
manipula/ción *f* 操作 [cāo zuò], 经营 [jīng yíng]; ~**r** *vt* 操作 [cāo zuò], 经营 [jīng yíng]
maniquí 1. *m* 人体模型 [rén tǐ mó tè], 模特儿 [mó tè er]; **2.** *f* 模特儿 [mó tè er]
mano *f* **1.** 手 [shǒu]; **2.** *zool* 大象鼻子 [dà xiàng bí zi]; ~ **de obra** 劳动力 [láo dòng lì]; **a ~ derecha** 右手 [yòu shǒu]; **de segunda ~** 二手的 [èr shǒu de], 旧的 [jiù de]
manosear *vt* 反复触摸 [fǎn fù mō chù]
mansión *f* **1.** 豪宅 [háo zhái]; **2.** 停留 [tíng liú]
manso,-a *adj* 温和的 [wēn hé de], 驯服的 [xùn fú de]
manta *f* **1.** 毯子 [tǎn zi]; **2.** *zool* 巨鳐 [jù yáo]
mantec/a *f* 奶油 [nǎi yóu], 猪油 [zhū yóu]; ~**ado** *m* **1.** 油酥饼 [yóu sū bǐng]; **2.** 法式冰淇淋 [fǎ shì bīng qī lín]
mantel *m* 桌布 [zhuō bù]

manten/er *vt* 支持 [zhī chí], 支撑 [zhī chēng]; 维养 [wéi yǎng]; **~erse** 生存 [shēng cún], 生活 [shēng huó]; **~imiento** *m tecn* 维养(机器) [wéi yǎng (jī qì)]

mantequilla *f* 黄油 [huáng yóu], 牛油 [niú nǎi]

mant/illa *f* 头巾 [tóu jīn], 披巾 [pī jīn]; **~o** *m* 巾 [jīn], 披风 [pī fēng]; **~ón** *m* 大披巾 [dà pī jīn]

manual 1. *adj m/f* 手工的 [shǒu gōng de], 体力的 [tǐ lì de]; **2.** *m* 教科书 [jiào kē shū], 手册 [shǒu cè]

manuscrito *m* 手稿 [shǒu gǎo], 手写本 [shǒu xiě běn]

manutención *f* 抚养 [fǔ yǎng], 赡养 [shàn yǎng]

manzana *f* 苹果 [píng guǒ]; **~ al horno** *gastr* 烤苹果 [kǎo píng guǒ]

manzanilla *f* 母菊花茶 [mǔ jú huā chá]

manzano *m* 苹果树 [píng guǒ shù]

mañana 1. *f* 上午 [shàng wǔ]; **por la ~** 在上午 [zài shàng wǔ]; **2.** *m* 未来 [wèi lái], 将来 [jiāng lái]; **3.** *adv* 明天 [míng tiān]; **hasta ~** 明天见 [míng tiān jiàn]; **pasado ~** 后天 [hòu tiān]; **~ por la ~** 明天上午 [míng tiān shàng wǔ]

mapa *m* 地图 [dì tú]; **~ de carreteras** 公路地图 [gōng lù dì tú]; **~mundi** *m* 世界地图 [shì jiè dì tú]

maquilla/je *m* 化妆 [huà zhuāng], 化妆品 [huà zhuāng pǐn]; **~rse** 自己化妆 [zì jǐ huà zhuāng]

máquina *f transp* 机动车辆 [jī dòng chē liàng]; **~ de afeitar** 剃须刀 [tì xū dāo]; **~ de coser** 缝纫机 [féng rèn da jī]; **~ de escribir** 打字机 [dǎ zì jī]

mar *m o f* 海 [hǎi]; **alta ~** 远洋 [yuǎn yáng]; **hacerse a la ~** 启航 [qǐ háng], 出海 [chū hǎi]; **la ~ de** *coloq* 大量的 [dà liàng de]

maracuyá *m bot* 番莲果 [pān lián guǒ]

maravill/a *f* 奇迹 [qí jì], 奇观 [qí guān]; **~ar** *vt* 使惊奇 [shǐ jīng qí], 使惊异 [shǐ jīng yì]; **~arse** 神奇化 [shén qí huà], 令人惊异 [lìng rén jīng yì]; **~arse de** 感到惊奇 [gǎn dào jīng qí], 感到惊讶 [gǎn dào jīng yà]; **~oso,-a** *adj* 神奇的 [shén qí de], 奇妙的 [qí miào de]

marca *f sport* (体育)记录 [(tǐ yù) jì lù]; **~ registrada** 注册商标 [zhù cè shāng biāo]

marca/pasos *m med* 心动记录器 [xīn dòng jì lù qì]; **~r** *vt* (在某物上)做记号 [(zài mǒu wù shàng) zuò jì hào], 做标记 [zuò biāo jì]; **~r un número** 在一个数字上做记号 [zài yī gè shù zì shàng zuò jì hào]; **~r un gol** (足球)踢进球 [(zú qiú) tī jìng qiú]

marcha *f auto* 排档 [pái dǎng], 挡 [dǎng]; *tecn* 运行 [yùn xíng]; **~ atrás** *auto* 后车挡 [hòu chē dǎng]; **meter ~ atrás** *fig* 退缩 [tuì suō], 不干了 [bù gàn le]; **~r** *vi* 行走 [xíng zǒu], 行进 [xíng jìn]; **~rse** 离开 [lí kāi]

marchit/arse 憔悴 [qiáo cuì]; **~o, -a** *adj* 凋谢的 [diāo xiè de], 枯萎的 [kū wěi de], 憔悴的 [qiáo cuì de]

marea *f* 潮 [chaó], 潮汐 [chaó xī]; **~ alta** 高潮 [gāo chaó]; **~ baja** 低潮 [dī chaó]

mare/arse 晕(船, 车) [yūn (chuán, chē)]; **~o** *m* 晕船 [yūn chuán], 晕车 [yūn chē]

marfil *m* 象牙 [xiàng yá], 象牙制品 [xiàng yá zhì pǐn]

margarina *f* 人造黄油 [rén zào huáng yóu]

margarita *f bot* 雏菊 [chú jú]

marg/en *m com* 利润 [lì rùn]; **~inal** *adj m/f* 边上的 [biān shàng de], 边缘的 [biān yuán de]; **~ginar** *vt* (书写时在稿纸上)留边白 [(shū xiě shí zài gǎo zhǐ shàng) liú biān bái]

mari/ca *m desp* 女人腔的男人(粗话) [nǚ rén qiāng de nán rén (cū huà)]; **~cón** *m desp* 女人腔的男人(骂人话) [nǚ rén qiāng de nán rén (mà rén huà)]

marido *m* 丈夫 [zhàng fū]

mari/na *f* 航海 [háng hǎi], 航海学 [háng hǎi xué]; **~nero 1.,-a** *adj* 海员的 [hǎi yuán de], 水手的 [shuǐ shǒu de]; **2.** *m* 海员 [hǎi yuán], 水手 [shuǐ shǒu]; **~no 1.,-a** *adj* 海的 [hǎi de]; **2.** *m* 海员 [hǎi yuán], 水手 [shuǐ shǒu]

marioneta *f* 木偶 [mù ǒu]

mari/posa *f* 蝴蝶 [hú dié]; **~quita** *f* 鹦鹉 [yīng wǔ]

mariscos *mpl gastr* 海鲜 [hǎi xiān], 海味 [hǎi wèi]

marítimo,-a *adj* 海洋的 [hǎi yáng de], 滨海的 [bīn hǎi de]

mármol *m* 大理石 [dà lǐ shí]

marquesina *f* 大扶手椅 [dà fú shǒu yǐ]

marrano,-a 1. *adj* 下流的 [xià liú de], 肮脏的 [āng zāng de]; **2.** *m/f fig* 下流的人 [xià liú de rén], 流氓 [liú máng]

marrón *adj m/f* 咖啡色的 [kā fēi sè de]

marroquí 1. *adj m/f* 摩洛哥的 [mó luò gē de]; **2.** *m/f* 摩洛哥人 [mó luò gē rén]

Marruecos *m* 摩洛哥 [mò luò gē]

marta *f* **1.** (修道院中的)女佣 [(xiū dào yuàn zhōng de) nǚ yōng], 女仆 [nǚ pú]; **2.** 松貂 [sōng diāo], 林貂 [lín diāo]

Marte *m astr* 火星 [huǒ xīng]

martes *m* 星期二 [xīng qī èr]

martill/ar *vt* 用锤子敲击 [yòng chuí zi qiāo jī]; **~o** *m* 锤子 [chuí zi]

mártir *m/f* 烈士 [liè shì], 殉难者 [xùn nàn zhě]

marzo *m* 三月 [sān yuè]

más 1. 更多的 [gèng duō de], 更大的 [gèng dà de]; **~ de** ... 以上 [yǐ shàng]; **~ que** 虽然 [suī rán],

尽管 [jǐn guǎn]; **2. a lo ~** 至多 [zhì duō]; **3.** *adv* 更多 [gèng duō], 更加 [gèng jiā], 再 [zài]; **~ bien** 更确切地说 [gèng què qiè de shuō]; **~ o menos** 大约 [dà yuē]; **sin ~** 没有了 [méi yǒu le], 不再有了 [bù zài yǒu le]; **estar de ~** 足足有余 [zú zú yǒu yú]

masa *f* **1.** 面团 [miàn tuán], 堆 [duī]; **2.** 总体 [zǒng tǐ], 全部 [quán bù]

masacre *f* 大屠杀 [dà tú shā]

masaj/e *m* 按摩 [àn mó], 推拿 [tuī ná]; **dar un ~ a alg** 给某人按摩 [gěi mǒu rén àn mó]; **~ear** *vt/i* 按摩 [àn mó], 推拿 [tuī ná]; **~ista** *m/f* 按摩师 [àn mó shī], 推拿师 [tuī ná shī]

máscara *f* 面具 [miàn jù]

mascota *f* 吉祥物 [jí xiáng wù]

masculino 1.,-a *adj* 男的 [nán de], 雄的 [xióng de], 公的 [gōng de]; **2.** *m* 阳性 [yáng xìng]

masía *f* 农庄 [nóng zhuāng], 乡村大房子 [xiāng cūn dà fáng zi]

masticar *vt* **1.** 咀嚼 [jǔ jué]; **2.** 反复思考 [fǎn fù sī kǎo]

mástil *m nav* 桅 [wéi], 中桅 [zhōng wéi]

mastín *m* 大猎犬 [dà liè quǎn]

mata *f* 灌木 [guàn mù]

mata/dero *m* 屠宰场 [tú zǎi chǎng]; **~dor 1.,-a** *adj* 屠杀的 [tú shā de], 艰苦的 [jiān kǔ de]; **2.** *m taur* (斗牛)掌剑手 [(dòu niú) zhǎng jiàn shǒu]; **~nza** *f fig* 大屠杀 [dà tú shā]

matar *vt* 杀死 [shā sǐ], 宰杀 [zǎi shā]; **~ el tiempo** 消磨时间 [xiāo mó shí jiān]; **~ a tiros** 一枪打中 [yī qiāng dǎ zhòng]; **~se** 自杀 [zì shā]

matasellos *m* 邮戳 [yóu chuō]

mate 1. *adj m/f* 无光泽的 [wú guāng zé de], 绒面的 [róng miàn de]; **2.** *m* (国际象棋)将死 [(guó jì xiàng qí) jiāng sǐ]

matemátic/as *fpl* 数学 [shù xué]; **~o,-a 1.** *adj* 数学的 [shù xué de]; **2.** *m/f* 数学家 [shù xué jiā]

materia *f* 物质 [wù zhì]; 材料 [cái liào]; **~ prima** 原材料 [yuán cái liào]; **~l 1.** *adj m/f* 物质的 [wù zhì de]; **2.** *m* 材料 [cái liào], 原料 [yuán liào]

matern/al *adj m/f* 母亲的 [mǔ qīn de]; **~idad** *f* **1.** 母性 [mǔ xìng]; **2.** 产假 [chǎn jià]

matiz *m fig* 色彩 [sè cǎi], 意味 [yì wèi], 特色 [tè sè]; **~ar** *vt fig* 强调 [qiáng diào], 突出 [tū chū]

matón *m* 好斗者 [hào dòu zhě], 好欺负他人的 [hào qī fù tā rén de]

matorral *m* 草木丛 [cǎo mù cóng]

matr/ícula *f auto* (汽车的)牌照号码 [(qì chē de) pái zhào hào mǎ]; **~icular** *vt* 注册 [zhù cè], 登记 [dēng jì]; **~icularse** 注册 [zhù cè], 报名 [bào míng]

matrimoni/al *adj m/f* 婚姻的 [hūn yīn de], 夫妻的 [fū qī de], **~o** *m* 婚姻 [hūn yīn], 夫妻 [fū qī]

matriz *f tecn* 模子 [mó zi], 铸模 [zhù mó]

matutino,-a *adj* 早晨的 [zǎo chén de], 清晨的 [qīng chén de]

mausoleo *m* 陵墓 [líng mù]

máxim/a *f* 格言 [gé yán], 准则 [zhǔn zé]; **~o 1.,-a** *adj* 极限的 [jí xiàn de], 最大的 [zuì dà de], 最多的 [zuì duō de]; **2.** *m* 极限 [jí xiàn], 顶点 [dǐng diǎn]

mayo *m* 五月 [wǔ yuè]

mayonesa *f gastr* 色拉油 [sè lā yóu], 色拉酱 [sè lā jiàng]

mayor 1. *adj m/f* 较大的 [jiào dà de], 更大的 [gèng dà de]; **~ de edad** 成人 [chéng rén]; **al por ~** *com* 批发 [pī fā]; **el ~** 最大的 [zuì dà de]; **2.** *adj m/f* 多的 [duō de], 多数的 [duō shù de]; **la ~ parte de** 大部分 [dà bù fèn]; **3.** *mús* 大调的 [dà diào de], 大音阶的 [dà yīn jiē de]; **tono ~** 大声 [dà shēng]; **4.** *m mil* 少校 [shào xiào]; **~ía** *f* **1.** 较大 [jiào dà], 更大 [gèng dà]; **2.** 大多数 [dà duō shù]; **~ de edad** *f* 法定年龄 [fǎ dìng nián lǐng]; **~ista** *m/f* 批发商 [pī fā shāng]

mayúscula *f* 大写字母 [dà xiě zì mǔ]

mazapán *m* 杏仁饼 [xìng rěn bǐng]

mazorca *f* 玉米棒子 [yù mǐ bàng zi]

mear *vi coloq* 撒尿 [sā niào], 小便 [xiǎo biàn]

mecánic/a *f* 力学 [lì xué], 机械学 [jī xiè xué]; **~o 1.,-a** *adj* 机械的 [jī xiè de]; **2.** *m* 技工 [jì gōng]

mecanismo *m* 机械 [jī xiè]; 机构 [jī gòu]

mecan/ógrafa *f* 打字员 [dǎ zì yuán]; **~ografía** *f* 打字 [dǎ zì]; **~ografiar** *vt* 打字 [dǎ zì]

mece/dora *f* 摇椅 [yáo yǐ]; **~nas** *m* 保护人 [bǎo hù rén]; **~r** *vt* 搅动 [jiǎo dòng], 摇动 [yáo dòng]

mecha *f* 灯芯 [dēng xīn], 烛芯 [zhú xīn]

mechero *m* 打火机 [dǎ huǒ jī]

medalla *f* 奖章 [jiāng zhāng], 勋章 [xūn zhāng]

media *f* 长袜 [cháng wà]

media/ción *f* 调解 [tiáo jiě], 调停 [tiáo tíng]; **~do,-a** *adj* 一半的 [yī bàn de]; **a ~dos de enero** 一月中旬 [yī yuè zhōng xún]; **~dor** *m* 调解人 [tiáo jiě rén], 调停人 [tiáo tíng rén]; **~no,-a** *adj* 中等的 [zhōng děng de], 中间的 [zhōng jiān de]; **~noche** *f* 半夜 [bàn yè]; **~nte** *prep* 通过 [tōng guò], 借助 [jiè zhù], 用 [yòng]; **~r** *vi* **1.** 到达中间 [dào dá zhōng jiān]; **2.** 调解 [tiáo jiě], 调停 [tiáo tíng]

medicamento *m* 药品 [yào pǐn], 药剂 [yào jì]

medicina *f* 医学 [yī xué]; 医药 [yī yào]

medico,-a 1. *adj* 医学的 [yī xué de]; **2.** *m/f* 医生 [yī shēng], 大夫 [dài fū]; **~ de cabecera** (社

会保险的）指定医生 [(shè huì bǎo xiǎn de) zhǐ dìng yī shēng]; **~ de familia**（私人的）家庭医生 [(sī rén de) jiā tíng yī shēng]; **~ de medicina general** 内科医生 [nèi kē yī shēng]; **~ de urgencias** 急诊医生 [jí zhěn yī shēng]

medida *f* 量度 [liàng dù], 测量 [cè liàng], 计量 [jì liàng]; **a ~ de** 使合适 [shǐ hé shì]; **a ~ que** 随着 [suí zhe]

medieval *adj m/f* 中世纪的 [zhōng shì jì de]

medio 1.,-a *adj* 中等的 [zhōng děng de], 中间的 [zhōng jiān de]; **2.** *adv* 半 [bàn]; **a ~ hacer** 做到一半 [zuò dào yī bàn]; **en ~ de** 在... 中间 [zài zhōng jiān]; **3.** *m* 办法 [bàn fǎ], 手段 [shǒu duàn], 途径 [tú jìng]; **~s de comunicación** 新闻媒体 [xīn wén méi tǐ]; **~s de transporte** 交通工具 [jiāo tōng gōng jù]

medio/ambiental *adj m/f* 环境保护的 [huán jìng bǎo hù de]; **~ambiente** *m* 环境保护 [huán jìng bǎo hù]

mediocre *adj m/f* 马马虎虎的 [mǎ mǎ hū hū de], 一般般的 [yī bān bān de]

mediodía *m* 中午 [zhōng wǔ]

medir *vt* 量 [liàng], 测量 [cè liàng]

meditar *vt/i* 考虑 [kǎo lǜ]

mediterráneo 1.,-a *adj* 地中海的 [dì zhōng hǎi de]; **2. ~*** *m* 地中海 [dì zhōng hǎi]

médula *f* 髓 [suǐ], 骨髓面 [gǔ suǐ miàn]; **~ espinal** 脊髓 [jǐ suǐ]

medusa *f*（海中咬人的）水母 [(hǎi zhōng yǎo rén de) shuǐ mǔ]

mejicano,-a 1. *adj* 墨西哥的 [mò xī gē de]; **2.** *m/f* 墨西哥人 [mò xī gē rén]

mejill/a *f* 脸颊 [liǎn jiá]; **~ón** *m* 青口贝 [qīng kǒu bèi]

mejor *adj m/f* 较好的 [jiào hǎo de], 更好的 [gèng hǎo de]; **lo ~** 最好是 [zuì hǎo shì]; **a lo ~** 也许 [yě xǔ], 大概 [dà gài]; **estar ~** *med* 身体好转 [shēn tǐ hǎo zhuǎn]; **~a** *f* 好转 [hǎo zhuǎn], 改善 [gǎi shàn]

mejorana *f* 茉乔栾那植物 [mò qiáo luán nà zhí wù]

mejor/ar 1. *vt* 改进 [gǎi jìn], 改善 [gǎi shàn]; **2.** *vi* 变好 [biàn hǎo]; **~ía** *f* 改进 [gǎi jìn], 改善 [gǎi shàn]

melanc/olía *f* 忧郁 [yōu yù]; **~ólico,-a** *adj* 忧郁的 [yōu yù de]

melena *f* 披着的头发 [pī zhe de tóu fà]

melocotón *m* 桃子 [táo zi]

melodía *f* 悦耳动听 [yuè ěr dòng tīng]

melón *m* 甜瓜 [tián gaū], 香瓜 [xiāng guā]

meloso,-a *adj fig* 甜蜜的 [tián mì de], 亲热的 [qīn rè de]

membrana *f tecn* 膜 [mó], 薄膜 [bó mó]

membrete *m*（书信的）抬头 [(shū xìn de) taí tóu]

membrillo *m* 榅桲树 [wēn pō shù]

memo/rable *adj m/f* 值得纪念的 [zhí dé jì niàn de]; **~ria** *f informát* (计算机的)存储器 [(jì suàn jī de) cún chǔ qì]; **de ~ria** 凭记忆 [píng jì yì]; **~rias** *fpl* 备忘录 [bèi wàng lù]; **~rizar** *vt* 记住 [jù zhù]

menci/ón *f* 提到 [tí daò]; 好评 [hǎo píng]; **~onar** *vt* 提到 [tí dào], 提及 [tí jí]

mendi/gar *vt/i* 乞讨 [qǐ tǎo], 乞求 [qǐ qíu]; **~go** *m* 乞丐 [qǐ gài]

menear *vt* 摇动 [yaó dòng], 幌动 [huǎng dòng]

menguar 1. *vi* 减少 [jiǎn shǎo], 缩小 [suō xiǎo]; **2.** *vt* 减缩 [jiǎn suō], 减少 [jiǎn shāo]

meningitis *f* 脑膜炎 [nǎo mó yán]

menisco *m* 凹凸透镜 [ōu tū tòu jìng]

menopausia *f* 绝经期 [jué jīng qī]

menor 1. *adj m/f* 较小的 [jiào xiǎo de], 较少的 [jiào shǎo de]; **~ de edad** 未成年 [wèi chéng nián]; **al por ~** *com* 零售 [líng shòu]; **2.** *adj m/f* 年幼的 [nián yòu de]; **3.** *m* 少年 [shào nián], 未成年者 [wèi chéng nián zhě]; **~es** *mpl* 少年儿童 [shào nián ér tóng]

menos 1. *adj* 较少的 [jiào shǎo de], 较小的 [jiào xiǎo de], 较差的 [jiào chā de]; **~ de** 以下 [yǐ xià], 不足 [bù zú]; **~ que** 比...少 [bǐ shǎo], 小于 [xiǎo yú]; **2.** *m* 短处 [duǎn chù], 坏处 [huài chù]; **lo ~** 至少 [zhì shǎo]; **3.** *adv* 少 [shǎo], 小 [xiǎo], 差 [chā]; **al ~** 起码 [qǐ mǎ]; **por lo ~** 至少 [zhì shǎo]; **a ~ que** 除非 [chú fēi]; **~mal** 还好 [hái hǎo]

menos/cabar *vt* 减少 [jiǎn shǎo], 降低 [jiàng dī]; **~preciar** *vt* 轻视 [qīng shì], 蔑视 [miè shì]; **~precio** *m* 轻视 [qīng shì], 蔑视 [miè shì]

mensaje *m* 信函 [xín hán], 短信息 [duǎn xìn xī]; **~ de móvil** *m* 手机短讯 [shǒu jī duǎn xùn]; **~ro,-a** *m/f* (特快专递邮件的)信差 [(tè kuài zhuān dì yóu jiàn de) xì chāi]

menstruación *f* 月经 [jué jīng]

mensual *adj m/f* 按月的 [àn yuè de], 每月的 [měi yuè de]; **~idad** *f* 月薪 [yuè xīn]

menta *f* 薄荷 [bó hé]

mental *adj m/f* 智力的 [zhì lì de], 脑力的 [nǎo lì de]; **~idad** *f* 思维方法 [sī wéi fāng fǎ], 思维习惯 [sī wéi xí guàn]

mente *f* 智力 [zhì lì], 头脑 [tóu nǎo]

mentir *vi* 说谎 [shuǒ huǎng], 撒谎 [sā huǎng]; **~a** *f* 谎话 [huǎng huà], 谎言 [huǎng yán]; **¡parece ~a!** 令人难以置信! [lìng rén nán yǐ zhì xìn]; **~oso,-a 1.** *adj* 撒谎的 [sā huǎng de], 骗人的 [piàn rén de]; **2.** *m/f* 爱说谎的人 [ài shuō huǎng de rén]

mentón *m* 下巴 [xià bā]

menú *m* 套餐 [tào cān], 客饭 [kè fàn]
menudo,-a *adj* 小的 [xiǎo de], 纤细的 [xiān xì de]; **a ~** 时常 [shí cháng]
meñique *m* 小指 [xiǎo zhǐ]
meollo *m* **1.** 脑髓 [suǐ], 骨髓 [gǔ suǐ]; **2.** 智慧 [zhì huì], 头脑 [tóu nǎo]
meramente *adv* 仅仅 [jǐn jǐn], 只是 [zhǐ shì]
merca/do *m* 市场 [shì chǎng]; **~do negro** 黑市 [hēi shì]; **~do de trabajo** 就业市场 [jiù yè shì chǎng]; **~ncía** *f* 商品 [shāng pǐn], 货物 [huò wù]; **~ntil** *adj m/f* 商业的 [shāng yè de], 贸易的 [mào yì de]
mercería *f* 小百货店 [xiǎo bǎi huò diàn]
mercurio *m* 水银 [shuǐ yín]
merecer *vt* 值得 [zhí dé], 应该受到 [yīng gāi shòu dào]
merendar *vt/i* 吃点心 [chī diǎn xīn], 吃小吃 [chī xiǎo chī]
merengue *m* 蛋白酥 [dàn bái sū]
meridi/ano *m* 子午线 [zǐ wǔ xiàn]; **~onal** *adj m/f* 南方的 [nán fāng de]
merienda *f* 点心 [diǎn xīn], 小吃 [xiǎo chī]
mérito *m* 优点 [yōu diǎn], 功劳 [gōng láo]
merluza *f* 鳕鱼 [xuě yú]
mermelada *f* 果酱 [guǒ jiàng]
mero 1.,-a *adj* 单纯的 [dān chún de]; **2.** *m zool* 石斑鱼 [shí bān yú]
mes *m* 月 [yuè], 月份 [yuè fèn]
mesa *f* 桌子 [zhuō zi]
meseta *f* 高原 [gāo yuán]
mesita *f* 小桌子 [xiǎo zhuō zi]; **~ de noche** 床头柜 [chuáng tóu guì]
mesón *m* 客店 [kè diàn]; 小吃店 [xiǎo chī diàn]
mestizo,-a *m/f* 混血种人 [hùn xuè zhǒng rén]
mesura *f* 恭敬 [gōng jìn], 有礼 [yǒu lǐ]; **~do,-a** *adj* 有分寸的 [yǒu fēn cùn de]
meta *f* 终点 [zhōng diǎn]; **~bolismo** *m* 新陈代谢 [xīn chéng dài xiè]
metal *m* 金属 [jīn shǔ]; **~ precioso** 稀有金属 [xī yǒu jīn shǔ]
metálico 1.,-a *adj* 金属的 [jīn shǔ de]; **2.** *m* 现金 [xiàn jīn]; **en ~** 付现金 [fù xiàn jīn]
meteorito *m* 陨石 [yǔn shí]
meteoro/logía *f* 气象学 [qì xiàng xué]; **~lógico,-a** *adj* 气象学的 [qì xiàng xué de], 气象的 [qì xiàng de]
meter *vt* 放入 [fàng rù], 装入 [zhuāng rù]; **~se** *en* 进入 [jìn rù], 钻入 [zuān rù]; **~se con alg** (和某人)来往 [(hé mǒu rén) lái wǎng], 交往 [jiāo wǎng]
meticuloso,-a *adj* **1.** 胆小的 [dǎn xiǎo de]; **2.** 谨慎的 [jǐn shèn de], 小心的 [xiǎo xīn de]

metódico,-a *adj* 有条理的 [yǒu tiáo lǐ de], 有条不紊的 [yǒu tiaó bù wěn de]

método *m* 方法 [fāng fǎ], 办法 [bàn fǎ]

metro *m* **1.** 米 [mǐ], 公尺 [gōng chǐ]; 米尺 [mǐ chǐ]; **2.** 地铁 [dì tiě]

metrópoli *f* **1.** 大城市 [dà chéng shì], 市中心 [shì zhōng xīn]; **2.** 首都 [shǒu dū], 首府 [shǒu fǔ]

metropolitano,-a *adj* **1.** 大城市的 [dà chéng shì de]; **2.** 首都的 [shǒu dū de], 首府的 [shǒu fǔ de]

México 墨西哥 [mò xī gē]

mezcla *f* 混合 [hùn hé], 混合物 [hùn hé wù]; **~r** *vt* 混合 [hùn hé], 弄在一起 [nòng zài yī qǐ]

mezquino,-a *adj* 小气的 [xiǎo qì de]

mezquita *f* 清真寺 [qīng zhēn sì]

mi 1. *pron pos* 我的 [wǒ de] **(mío, mía, míos, mías)** 的短尾形式 [de duǎn wěi xíng shì]; **2.** *m mús* (音乐)E的唱名 [(yīn yuè) de chàng míng]

mí *pron pers* 我(用在前置词后面) [wǒ (yòng zài qián zhì cí hòu miàn)]

micrófono *m* 话筒 [huà tǒng]

micro/ondas *m* 微波炉 [wēi bō luó]; **~procesador** *m informát* (电脑的)微处理器 [(diàn nǎo de) wēi chù lǐ qì]; **~scopio** *m* 显微镜 [xiǎn wēi jìng]

miedo *m* 害怕 [hài pà], 担心 [dān xīn]; **~so,-a** *adj* 害怕的 [hài pà de], 胆小的 [dǎn xiǎo de]

miel *f* 蜜 [mì], 蜂蜜 [fēng mì]

miembro *m* 成员 [chéng yuán]

mientras 1. *prep.* (表示时间)当 [(biǎo shì shí jiān) dāng]; **2.** *conj* 此时 [cǐ shí], 与此同时 [yǔ cǐ tóng shí]; **~ que** 而 [ér]; **3.** *adv* 与… 同时 [yǔ tóng shí], 在…时候 [zài shí hòu]; **~tanto** 与此同时 [yǔ cǐ tóng shí]

miércoles *m* 星期三 [xīng qī sān]

mierda 1. *f vulg* 什么都不是 [shén me dōu bù shì]; **¡vete a la ~!** 去他妈的 [qù tā mā de] !; **2.** *m* 污秽 [wū huì], 脏物 [zāng wù]

miga *f* 面包心 [miàn bāo xīn], 面包屑 [miàn bāo xiè]

migración *f* 移居 [yí jū], 迁徙 [qiān xǐ]

mil *adj* 千 [qiān]; **~es de** 成千上万的 [chéng qiān shàng wàn de]

milagro *m* 奇迹 [qí jì], 怪事 [guài shì]; **~so,-a** *adj* 奇迹般的 [qí jì bān de], 奇异的 [qí yì de]

milenio *m* 千年 [qiān nián de]

mili *f* 兵役 [bīng yì]

milicia *f* 军事 [jūn shì]

milímetro *m* 毫米 [háo mǐ]

milita/nte *adj* **1.** 服现役的 [fù xiàn yì de]; **2.** *m/f* 党员 [dǎng yuán], 成员 [chéng yuán]; **~r 1.** *adj m/f* 军事的 [jūn shì de], 军队的 [jūn duì de], 军人的 [jūn rén de]; **2.** *m/f* 军人 [jūn rén]

milla *f* 英里 [yīng lǐ]; **~r** *m* 千 [qiān]

mill/ón *m* 百万 [bǎi wàn]; **~onario,-a** *m/f* 百万富翁 [bǎi wàn fù wēng]

mimar *vt* 宠爱 [chǒng ài], 溺爱 [nì ài], 娇惯 [jiāo guàn]

mimbre *m* 柳条 [liǔ tiáo], 柳枝 [liǔ zhī]

mina *f* 矿 [kuàng], 矿井 [kuàng jǐng]; **~r** *fig* 逐渐消磨 [zhú jiàn xiāo mó], 逐渐毁坏 [zhú jiàn huǐ huài]

mineral 1. *adj m/f* 矿物质的 [kuàng wù zhì de]; **2.** *m* 矿物质 [kuàng wù zhì de], 矿石 [kuàng shí]

miner/ía *f* 采矿 [cǎi kuàng], 采矿业 [cǎi kuàng yè]; **~o** *m* 矿工 [kuàng gōng]

miniatura *f* 微型图 [wēi xíng tú]

minibar *m* 迷你酒吧 [mí nǐ jiǔ bā]

minifalda *f* 迷你裙 [mí nǐ qún]

mínimo 1.,-a *adj* 最小的 [zuì xiǎo de], 最少的 [zuì shǎo de]; **2.** *m* 最小限度 [zuì xiǎo xiàn dù], 最低限度 [zuì dī xiàn dù]; **como ~** 至少 [zhì shǎo]

ministerio *m* **1.** (政府的)部 [(zhèng fǔ de) bù]; **2.** 部级办公大楼 [bù jí bàn gōng dà lóu]; **~* de Asuntos Exteriores** 外交部 [wài jiāo bù]; **~* del Interior** 内务部 [nèi wù bù]; **~* de Economía** 经济部 [jīng jì bù]

ministro,-a *m/f* 部长 [bù zhǎng]; **primer ~** 总理 [zǒng lǐ], 首相 [shǒu xiàng]

minor/ía *f* 少数 [shǎo shù], 少数派 [shǎo shù pài]; **~ía de edad** 未成年 [wèi chéng nián]; **~ista** *m* 零售商 [líng shòu shāng]

minucioso,-a *adj* 详细的 [xiáng xì de], 仔细的 [zǐ xì de]

minúscul/a *f* 小写字母 [xiǎo xiě zì mǔ]; **~o,-a** *adj* 细小的 [xì xiǎo de], 微小的 [wēi xiǎo de]

minusválido,-a 1. *adj* 残疾的 [cán jí de]; **2.** *m/f* 残疾人 [cán jí rén]

minut/o *m* 分 [fēn], 分种 [fēn zhǒng]

mío,-a *pron pos* 我的(用在名词之后) [wǒ de (yòng zài míng cí zhī hòu)]

miop/e *adj m/f* 近视的 [jìn shì de], 近视眼的 [jìn shì yǎn de]; **~ía** *f* 近视 [jìn shì]

mira/da *f* 看 [kàn], 望 [wàng], 目光 [mù guāng], 视线 [shì xiàn]; **~dor** *m* 观景处 [guān jǐng chù]; **~r 1.** *vt* 看 [kàn], 了望 [liǎo wàng]; **2.** *vi* 面对 [miàn duì], 朝向 [cháo xiàng]; **~rse** 自爱 [zì ài], 自重 [zì zhòng]

mirón,-a *m/f* 看热闹的人 [kàn rè nào de rén]

misa *f relig* 弥撒 [mí sā]; **~l** *m* 弥撒书 [mí sā shū]

miser/able *adj m/f* 穷苦的 [qióng kǔ de], 可怜的 [kě lián de]; **~ia** *f* 悲惨 [bēi cǎn], 苦难 [kǔ nàn]

misericordia *f* 慈悲 [cí bēi], 怜悯 [lián mǐn]
misil *m* 导弹 [dǎo dàn]
misión *f* 任务 [rèn wù], 使命 [shǐ mìng]
misionero *m* 传教士 [chuán jiào shì]
mismo,-a *adj* 同一个的 [tóng yī gè de], 相同的 [xiāng tóng de], 本身的 [běn shēn de]; **el ~** 本人 [běn rén], 自己 [zì jǐ]; **da lo ~** 没关系 [méi guān xì]; **hoy ~** 就是今天 [jiù shì jīn tiān]
misterio *m* 神秘 [shén mì], 奥秘 [ào mì]; **~so,-a** *adj* 神秘的 [shén mì de], 奥秘的 [ào mì de]
místic/a *f* 神秘论 [shén mì lùn]; **~o,-a** *adj* 神秘的 [shén mì de], 玄妙的 [xuàn miào de]
mitad *f* 半 [bàn], 中间 [zhōng jiān]; **a ~ de camino** 在途中 [zài tú zhōng]
mitin *m pol* 大会 [dà huì], 集会 [jí huì]
mito *m* 神话 [shén huà], 传说 [chuán shuō]; **~logía** *f* 神话故事 [shén huà gù shì]
mixto,-a *adj* 混合的 [hùn hé de], 杂交的 [zá jiāo de]
mocasín *m* 船形鞋 [chuán xíng xié], 皮便鞋 [pí biàn xié]
mochila *f* 背包 [bēi bāo]
moción *f* 动议 [dòng yì], 提案 [tí àn]
moco *m* 粘液 [nián yè], 鼻涕 [bí tì]; **~so 1.,-a** *adj* 拖鼻涕的 [tuō bí tì de]; **2.** *m* 年幼的小孩 [nián yòu de xiǎo hái]
moda *f* 流行 [liú xíng], 时装样式 [shí zhuāng yàng shì]; **estar de ~** 流行 [liú xíng], 时髦 [shí máo]; **pasado de ~** 过时 [guò shí]
moda/les *mpl* 举止 [jǔ zhǐ], 风度 [fēng dù]; **~lidad** *f* 形式 [xíng shì], 方式 [fāng shì]
model/ar *vt* 塑造 [sù zào], 塑 [sù]; **~o 1.** *m* 范本 [fàn běn], 样本 [yàng běn]; **2.** *f* 时装模特儿 [shí zhuāng mó tè er]
módem *m informát* (电脑的)调制解调器 [(diàn nǎo de) tiáo zhì jiě tiáo qì]
modera/ción *f* 适度 [shì dù], 节制 [jié zhì], 缓和 [huǎn hé]; **~do,-a** *adj* 适度的 [shì dù de], 有节制的 [yǒu jié zhì de]; **~dor,-a** *m/f* 调解人 [tiáo jiě rén]; **~r** *vt* 控制 [kòng zhì], 减缓 [jiǎn huǎn]
modern/ización *f* 现代化 [xiàn dài huà]; **~izar** *vt* 使现代化 [shǐ xiàn dài huà]; **~o,-a** *adj* 现代的 [xiàn dài de]
modest/ia *f* 谦虚 [qiān xū], 简朴 [jiǎn pǔ]; **~o,-a** *adj* 谦虚的 [qiān xū de], 简朴的 [jiǎn pǔ de]
módico,-a *adj* 微小的 [wēi xiǎo de], 微薄的 [wēi bó de]
modifica/ción *f* 改变 [gǎi biàn], 修改 [xiū gǎi]; **~r** *vt* 改变 [gǎi biàn], 修改 [xiū gǎi]
modis/ta *f* 女时装设计师 [nǚ shí zhūng shè jì shī]; **~to** *m* 时装设计师 [shí zhūng shè jì shī]

modo *m* 方式 [fāng shì], 样式 [yàng shì]; ~ **de ser** 性格 [xìng gé]; **a** ~ **de** 当作 [dāng zuò], 作为 [zuò wéi]; **de cualquier** ~ 无论如何 [wú lùn rú hé]; **de** ~ **que** 因此 [yīn cǐ], 所以 [suǒ yǐ]; **de ningún** ~ 绝不 [jué bù]; **de tal** ~ 竟至于 [jìng zhì yú]; **de todos** ~**s** 无论如何 [wú lùn rú hé]; ~ **de empleo** 使用方法 [shǐ yòng fāng fǎ]

moho *m* 霉 [méi], 生锈 [shēng xiù]; ~**so,-a** *adj* 发霉的 [fā méi de], 生锈的 [shēng xiù de]

moja/do,-a *adj* 弄湿的 [nòng shī de], 浸湿的 [jìn shī de]; ~**r** *vt* 弄湿 [nòng shī], 浸湿 [jìn shī]

molar 1. *m* 臼齿 [jiù chǐ]; **2.** *vi coloq* 自负 [zì fù], 自以为是 [zì yǐ wéi shì]

molde *m* 模型 [mó xíng], 模子 [mó zi]; ~**ar** *vt* 模制 [mó zhì], 铸造 [zhù zào]

molécula *f* (物理, 化学)分子 [(wù lǐ, huà xué) fēn zi]

moler *vt* **1.** 磨 [mó], 研 [yán]; **2.** *fig* 折磨 [zhé mó]; ~ **las costillas a alg** 折腾某人 [zhē téng mǒu rén]; ~ **a palos** 用棍子痛打某人 [yòng gùn zi tòng dǎ mǒu rén]

molest/ar *vt* 麻烦 [má fán], 打搅 [dǎo jiǎo]; ~**arse** 费心 [fèi xīn], 费力 [fèi lì], 费事 [fèi shì]; ~**arse en hacer u/c** 费心 [fèi xīn], 费力做... [fèi lì zuò]; ~**ia** *f* 麻烦 [má fán], 打搅 [dǎo jiǎo]; ~**o,-a** *adj* 讨厌的 [tǎo yàn de], 烦人的 [fán rén de]

molido,-a *adj fig* 非常累的 [fēi cháng lèi de], 疲惫不堪的 [pí bèi bù kān de]

moli/nero *m* **1.** 磨坊工人 [mò fáng gōng rén]; **2.** 磨坊主 [mò fáng zhǔ]; ~**nillo** *m* 小磨 [xiǎo mò], 手推磨 [shǒu tuī mò]; ~ **de café** 磨咖啡机 [mó kā fēi jī]; ~**no** *m* 粉碎机 [fěn suì jī], 磨碎机 [mó suì jī]

molusco *m* 软疣 [ruǎn yóu]

moment/áneo,-a *adj* 暂时的 [zhàn shí de], 瞬间的 [shùn jiān de]; ~**o** *m* 瞬间 [shùn jiān]; 时机 [shí jī]; **al** ~**o** 即刻 [jí kè], 马上 [mǎ shàng]; **de** ~**o** 暂时的 [zhàn shí de], 此刻 [cǐ kè]; **por el** ~**o** 眼下 [yǎn xià], 暂时 [zhàn shí]

momia *f* **1.** 木乃伊 [mù nǎi yí]; **2.** 干瘦的人 [gān shòu de rén]

monar/ca *m/f* 君主 [jùn zhǔ]; ~**quía** *f* 君主国 [jùn zhǔ guó]

monasterio *m* 修道院 [xiū dào yuàn]

mone/da *f* 钱币 [qián bì], 货币 [huò bì]; ~**dero** *m* **1.** 钱包 [qián bāo]; **2.** 铸币人 [zhù bì rén]; ~**tario,-a** *adj* 货币的 [huò bì de], 金融的 [jīn róng de]

monitor,-a *m/f* 辅导员 [fǔ dǎo yuán]

monje,-a *m/f* 僧侣 [sēng lǚ], 和尚 [hé shàng]

mono 1. *m* 猴子 [hóu zi]; **2.,-a** *adj* 漂亮的 [piào liàng de], 好看的 [hǎo kàn de]

monopatín *m* 单轮滑动鞋 [dān lún huá dòng xié]

monopolio *m* 垄断 [lǒng duàn], 独揽 [dú lǎn]

mon/otonía *f* 单调 [dān diào]; **~ótono,-a** *adj* 单调的 [dān diào de]

monstruo *m* 怪物 [guài wù]; **~sidad** *f* 奇大 [qí dà], 丑物 [chǒu wù]; **~so,-a** *adj* 怪异的 [guài yì de], 奇大的 [qí dà de]

monta/dor *m* 电影制作人 [diàn yǐng zhì zuò rén]; **~je** *m* 安装 [ān zhuāng], 装配 [zhuāng pèi]

montañ/a *f* 山 [shān], 山峰 [shān fēng]; **~ rusa** (游乐场的)过山车 [(yóu lè chǎng de) guò shān chē]; **~oso,-a** *adj* 多山的 [duō shān de]

montar 1. *vt tecn* 装配 [zhuāng pèi], 安装 [ān zhuāng]; **2.** *vi* 骑车 [qí chē], 骑马 [qí mǎ]

monte *m* 高山 [gāo shān], 山脉 [shān mài]

montón *m* 堆 [duī], 大堆 [dà duī], 大量 [dà liàng]

montura *f* 坐骑 [zuò qí], 马具 [mǎ jù]

monument/al *adj m/f* 纪念性的 [jì niàn xìng de]; **~o** *m* 纪念碑 [jì niàn bēi]

moño *m* 发髻 [fà bìn]

moqueta *f* 合成地毯 [hé chéng dì tǎn], 塑胶地毯 [sù jiāo dì tǎn]

mora *f* 桑椹 [sāng shèn]; **~da** *f* 住宅 [zhù zhái]; **~do,-a** *adj* 深紫色的 [shēn zǐ sè de]

moral 1. *adj m/f* 道德上的 [dào dé shàng de]; **2.** *f* 伦理 [lùn lǐ], 道德 [dào dé]; **~idad** *f* 品德 [pǐn dé], 道德 [dào dé]

moratón *m med* 伤膏药 [shāng gāo yào], (治跌打损伤)膏药 [(zhì diē dǎ sǔn shāng) gāo yào]

morboso,-a *adj* 病的 [bìng de], 致病的 [zhì bìng de]

morcilla *f* **1.** 血肠 [xuè cháng]; **2.** 即席台词 [jí xí tái cí]

mord/er *vt* 咬 [yǎo], 咬伤 [yǎo shāng]; **~isco** *m* 口 [kǒu], 块(量词) [kuài (liàng cí)]

moren/a *f* 黑面包 [hēi miàn bāo]; **~o,-a** *adj* 肤色黝黑的 [fū sè yōu hēi de]

morir *vi* **1.** 死 [sǐ], 死亡 [sǐ wáng]; **2. ~ de** (冷)死 [(lěng) sǐ], (饿)死 [(è) sǐ]; **~se** (肢体)麻木 [(zhī tǐ) má mù]

morisco,-a *adj* 摩尔人的 [mó ěr rén de]

moro,-a *desp* **1.** *adj* 不要脸的 [bù yào liǎn de]; **2.** *m/f* 赖皮狗 [lài pí gǒu], 不要脸的人 [bù yào liǎn de rén]

moroso,-a *adj com* 拖欠款项的 [tuō qiàn kuǎn xiàng de], 不付帐的 [bù fù zhàng de]

mortal *adj m/f* 致死的 [zhì sǐ de], 致命的 [zhì mìng de]; **~idad** *f* 致命性 [zhì mìng xìng], 必死性 [bì sǐ xìng]

mosaico *m* 镶嵌工艺 [xiāng qiàn gōng yì]

mosca *f* 蝇 [yíng], 苍蝇 [cāng yíng]

moscatel *m* 麝香葡萄酒 [shè xiāng pú táo jiǔ]

mosquearse *coloq* 恼火 [nǎo huǒ], 生气 [shēng qì]

mosquit/ero *m* 蚊帐 [wén zhàng]; **~o** *m* 蚊子 [wén zi]

mostaza *f* 芥末 [jiè mò]; 辣味品 [là wèi pǐn]

mosto *m* 鲜葡萄酒 [xiān pú táo jiǔ]

mostra/dor *m* 柜台 [guì tái]; **~dor de facturación** *aero* 换登机牌的柜台 [huàn dēng jī pái de guì tái]; **~r** *vt* 给看 [gěi kàn], 出示 [chū shì], 说明 [shuō míng]

mote *m* **1.** 外号 [wài hào], 绰号 [chuò hào]; **2.** 格言 [gé yán]

moti/var *vt* 引起 [yǐn qǐ], 导致 [dǎo zhì]; **~vo** *m* 动机 [dòng jī], 理由 [lǐ yóu]; **con ~ de** 为了 [wèi le], 由于 [yóu yú]

moto *f* 摩托车 [mó tuō chē]; **~cicleta** *f* 摩托车 [mó tuō chē]; **~ciclista** *m* 摩托车驾驶员 [mó tuō chē jià shǐ yuán], 摩托车运动爱好者 [mó tuō chē yùn dòng ài haò zhě]

motor *m* 发动机 [fā dòng jī]; **~ fuera borda** 艇外推进机 [tǐng wài tuī dòng jī]; **~ismo** *m* 摩托车(汽车)运动 [mó tuō chē (qì chē) yùn dòng]; **~ista** *m/f* 汽车(摩托车)运动员 [qì chē (mó tuō chē) yùn dòng yuán]

mover *vt* 移动 [yí dòng], 摇动 [yáo dòng], 推动 [tuī dòng]

móvil **1.** *adj m/f* 活动的 [huó dòng de], 会动的 [huì dòng de]; **2.** *m telec* 手机 [shǒu jī]

movili/dad *f* 活动性 [huó dòng xìng], 移动性 [yí dòng xìng]; **~zar** *vt fig* 调动 [tiáo dòng], 动员 [dòng yuán]

movimiento *m* 运动 [yùn dòng], 活动 [huó dòng]

moza *f* 女仆 [nǚ pú]; 姑娘 [gū niáng]

mozo **1.,-a** *adj* 年轻的 [nián qīng de]; **2.** *m* 服务员 [fú wù yuán], 跑堂 [pǎo táng]

muchach/a *f* **1.** 姑娘 [gū niáng]; **2.** 女仆 [nǚ pú]; **~o** *m* 小伙子 [xiǎo huǒ zi]

muchedumbre *f* 人群 [rén qún]

mucho **1.,-a** *adj* 很多的 [hěn duō de]; **~ tiempo** 很久 [hěn jiǔ]; **2.** *adv* 大量 [dà liàng], 很 [hěn], 非常 [fēi cháng]; **por ~ que** + *subj* 尽管 [jìn guǎn], 无论怎样 [wú lùn zěn yàng]

muda *f* **1.** 更换 [gēng huàn]; **2.** 换洗衣服 [huàn xǐ yī fú]; **~nza** *f* 搬家 [bān jiā]; **~r** *vt* 改变 [gǎi biàn], 更换 [gēng huàn]; **~rse** **1.** 搬家 [bān jiā]; **2.** 更换衣服 [gēng huàn yī fú]

mud/ez *f* 哑 [yǎ]; **~o,-a** *adj* 哑的 [yǎ de], 哑吧的 [yǎ bā de]

mueble *m* 家具 [jiā jù]

mueca *f* 鬼脸 [guǐ liǎn], 怪相 [guài xiàng]

muela *f* 盘牙齿 [pán yá chǐ]; **~ del juicio** 智齿 [zhì chǐ]; **dolor de ~s** 牙痛 [yá tòng]

muelle *m* 弹簧 [tán huáng]

muer/te *f* 死 [sǐ], 死亡 [sǐ wáng]; **~to,-a 1.** *adj* 死的 [sǐ de], 死亡 [sǐ wáng]; **estar ~** 死了 [sǐ le]; **2.** *m/f* 死人 [sǐ rén], 死者 [sǐ zhě]

muestra *f* 样品 [yàng pǐn]; **~rio** *m* 样品（总称）[yàng pǐn (zǒng chēng)]

mugr/e *f* 油污 [yóu wū]; **~iento,-a** *adj* 满是油污的 [mǎn shì yóu wū de]

mujer *f* 女人 [nǚ rén], 妇女 [fù nǚ]; 妻子 [qī zǐ]; **~ de (la) limpieza** 清洁女工 [qīng jié nǚ gōng]; **~iego 1.** *adj* 女人的 [nǚ rén de]; **2.** *adj* **(hombre) ~** 好色之徒 [hào sè zhī tú]; **~iego** *m* 女人（总称）[nǚ rén (zǒng chēng)]

mula *f* **1.** 母骡 [mǔ luó]; **2.** 骗人的手段 [piàn rén de shǒu duàn]

mulato,-a *m/f* 黑白混血种人 [hēi bái hùn xuè zhǒng rén]

muleta *f* 拐杖 [guǎi zhàng]

mulo *m* 公骡 [gōng luó]

multa *f* 罚款 [fán kuǎn]; **~r** *vt* 罚（款）[fá (kuǎn)]

multi/color *adj* 多彩的 [duō cǎi de], 五彩缤纷的 [wǔ cǎi bīn fēn de]; **~nacional** *adj* 多民族的 [duō mín zú de], 多国的 [duō guó de]

múltiple *adj m/f* 多样的 [duō yàng de], 各种各样的 [gè zhǒng gè yàng de]

multipli/cación *f* 增加 [zēng jiā], 倍增 [bèi zēng]; **~car** *vt* 增加 [zēng jiā], 倍增 [bèi zēng]; **~carse** 加倍 [jiā bèi]; **~cidad** *f* 复合性 [fù hé xìng], 多重性 [duō chóng xìng]

multitud *f* 人群 [rén qún], 公众 [gōng zòng]

multiuso *adj m/f* 多用途的 [duō yòng tú de]

mundial 1. *adj m/f* 全世界的 [quán shì jiè de]; **2.** *m sport* 世界杯足球赛 [shì jiè bēi zú qiú sài]

mundo *m* 世界 [shì jiè]; 社会 [shè huì]

municip/al *adj m/f* 城市的 [chéng shì de]; 市政的 [shì zhèng de]; **~io** *m* 城市 [chéng shì de]

muñec/a *f* 腕 [wǎn], 手腕 [shǒu wǎn]; **~o** *m* 玩具娃娃 [wán jù wá wá]

muñeira *f* 穆涅伊拉舞（加里西亚民间舞蹈）[mù niē yī lā wǔ (jiā lǐ xī yà mín jiān wǔ dǎo)]

mura/l 1. *adj m/f* 墙的 [qiáng de], 挂在墙上的 [guà zài qiáng shàng de]; **2.** *m* 壁画 [bì huà]; **~lla** *f* 城墙 [chéng qiáng]

murciélago *m* 蝙蝠 [biān fǔ]

murmu/llo *m* 窃窃私语声 [qiè qiè sī yǔ shēng]; **~rar** *vi* 背后议论 [bèi hòu yì lùn]

muro *m* 墙 [qiáng], 城墙 [chéng qiáng]
músculo *m* 肌 [jī], 肌肉 [jī ròu]
musculoso,-a *adj* 肌肉的 [jī ròu de]
museo *m* 博物馆 [bó wù guǎn], 展览馆 [zhǎn lǎn guǎn]
musgo *m* 苔藓 [tái xiǎn], 地衣 [dì yī]
música *f* 音乐 [yīn yuè], 乐曲 [yuè qǔ]
musical 1. *adj m/f* 音乐的 [yīn yuè de]; **2.** *m mús* (电影)音乐片 [(diàn yǐng) yīn yuè piàn]
músico 1.,-a *adj* 音乐的 [yīn yuè de]; **2.** *m* 音乐师 [yīn yuè shī], 音乐家 [yīn yuè jiā]
muslo *m* 大腿 [dà tuǐ]
mutación *f* 变化 [biàn huà]; (季节的)交替 [(jì jié de) jiāo tì]
mutila/do *m/f* 伤残者 [shāng cán zhě]; **~r** *vt* **1.** 使残废 [shǐ cán fèi]; **2.** 破坏 [pò huài], 毁坏 [huǐ huài]
mutualidad *f* 相互关系 [xiāng hù guān xì]
mutuo,-a *adj* 互相的 [hù xiāng de]
muy *adv* 非常 [fēi cháng], 很 [hěn]; **~* señor mío** *(cartas)* 执事先生台鉴(写信的开头) [zhí shì xiān shēng tái jiàn (xiě xìn de kāi tóu)]

N

nabo *m* 萝卜 [luó bo]
nácar *m* 珍珠母 [zhēn zhū mǔ]
nacer *vi* 出生 [chū shēng], 诞生 [dàn shēng]
naci/do,-a *adj* 天生的 [tiān shēng de]; **~miento** *m* 出生 [chū shēng], 诞生 [dàn shēng]
nación *f* 民族 [mín zú], 国民 [guó mín]
nacional *adj m/f* 民族的 [mín zú de], 全国的 [quán guó de]; **~idad** *adj* **1.** 民族性 [mín zú xìng], 民族特点 [mín zú tè diǎn]; **2.** 国籍 [guó jí]; **~ismo** *m* 民族主义 [mín zú zhǔ yì]
nada 1. *pron* 没任何事 [méi rèn hé shì], 没任何东西 [méi rèn hé dōng xī]; **2.** *adv* 绝不 [jué bù], 一点儿都没有 [yī diǎn er doū méi yǒu]; **~ de eso** 没那回事 [méi nà huí shì]; 绝对不行 [jué duì bù xíng]; **~ menos** 只能这样 [zhǐ néng zhè yàng]; **~ en absoluto** 绝对没有 [jué duì méi yǒu]; **~ más 1.** 只 [zhǐ], 仅仅 [jǐn jǐn]; **2.** 说完了 [shuō wán le]; **de ~ 1.** 微不足道的 [wēi bù zú dào]; **2.** 没什么 [méi shén me], 别客气 [bié kè qì]
nadar *vi* 游泳 [yóu yǒng]
nadie *pron* 无人 [wú rén], 没有一个人 [méi yǒu yī gè rén]
nado *adv* 游水地 [yóu shuǐ dì], 游泳地 [yóu yǒng dì]; **a ~** 游 [yóu], 泅水 [qiú shuǐ]
naipe *m* 纸牌 [zhǐ pái]; **juego de ~s** 纸牌游戏 [zhǐ pái yóu xì]
nalgas *fpl* 臀部 [tún bù]

naranj/a 1. *f* 橙子 [chéng zi], 柑橘 [gān jú]; **2.** *adj m/f* 橙黄色的 [chéng huáng sè de]; **~al** *m* 柑橘园 [gān jú yuán]; **~o** *m* 柑橘树 [gān jú shù]

narc/ótico 1.,-a *adj* 毒品的 [dú pǐn de], 麻醉性的 [má zuì xìng de]; **2.** *m* 毒品 [dú pǐn]; **~otraficante** *m/f* 毒品走私犯 [dú pǐn zǒu sī fàn]; **~otráfico** *m* 毒品走私 [dú pǐn zǒu sī]

nariz *f* 鼻子 [bǐ zi], 鼻孔 [bí kǒng]

narra/ción *f* 叙述 [xù shù], 讲述 [jiǎng shù]; **~r** *vt* 叙述 [xù shù], 讲 [jiǎng]

nata *f* **1.** 奶油 [nǎi yóu], 乳脂 [rǔ zhī]; **2.** (牛奶表面凝结的)皮 [(niú nǎi biǎo miàn níng jié de) pí]; **~ montada** *gastr* (家庭食用的)压缩罐装奶油 [(jiā tíng shí yòng de) yā suō guàn zhuāng nǎi yóu]

natación *f* 游泳 [yóu yǒng], 游泳运动 [yóu yǒng yùn dòng]

natal *adj* 出生的 [chū shēng de], 诞生的 [dàn shēng de]; **ciudad ~** 故乡 [gù xiāng]; **~idad** *f* 出生率 [chū shēng lǜ]

natillas *fpl* 奶油蛋糕 [nǎi yóu dàn gāo]

natural *adj m/f* 自然的 [zì rán de], 天然的 [tiān rán de]; **~eza** *f* 大自然 [dà zì rán]; 天性 [tiān xìng], 本质 [běn zhì]; **~idad** *f* 自然性 [zì rán xìng]; 坦然 [tǎn rán]

naufra/gar *vi* (船舶等)遇难 [(chuán bó děng) yù nàn], 失事 [shī shì]; **~gio** *m* (船舶)遇难 [(chuán bó) yù nàn]

náufrago 1.,-a *adj* 遇难的 [yù nàn de]; **2.** *m fig* 遇难者 [yù nàn zhě]

náuseas *fpl* 恶心 [ě xīn]

náutico,-a *adj* 航海的 [háng hǎi de], 航海术的 [háng hǎi shù de]

navaja *f* 折刀 [zhé dāo]

nave *f* 厂房 [chǎng fáng]; **~gable** *adj m/f* 可航行的 [kě háng xíng de]; **~gación** *f* 航行 [háng xíng]; 航海 [háng hǎi]; **~gar** *vi (internet)* 上网浏览 [shàng wǎng liú lǎn]

Navidad *f* 圣诞节 [shèng dàn jié]

neblina *f* 薄雾 [bó wù]

nece/sario,-a *adj* **para** 对…是必要的 [duì... shì bì yào de]

neceser *m* **1.** 小箱包 [xiǎo xiāng bāo], 小盒子 [xiǎo hé zi]; **2.** 小提包 [xiǎo tí bāo]

necesi/dad *f* 必要性 [bì yào xìng]; 需要 [xū yào]; **~tado,-a** *adj* 必要的 [bì yào de], 需要的 [xū yào de]; **~tar** *vt* 需要 [xū yào], 必须 [bì xū]

necio,-a *adj* 无知的 [wú zhī de], 狂妄的 [kuáng wàng de]

nectarina *f* 油桃 [yóu táo]

neerlandés 1.,-a *adj* 荷兰的 [hé lán de]; **2.,-a** *m/f* 荷兰人 [hé lán rén]; **3.** *m* 荷兰语 [hé lán yǔ]

nega/ción *f* 否定 [fǒu dìng], 否认 [fǒu rèn]; **~do,-a** *adj* 低能的 [dī néng de], 无能的 [wú néng de]; **~r** *vt* 否定 [fǒu dìng], 否认 [fǒu rèn]; **~rse** 假装不在 [jiǎ zhuāng bù zài], 拒不出见 [jù bù chū jiàn]; **~ a hacer u/c** 拒绝做某事 [jù jué zuò mǒu shì]; **~tiva** *f* 否认 [fǒu rèn], 拒绝 [jù jué]; **~tivo 1.,-a** *adj* 否定的 [fǒu dìng de], 负面的 [fù miàn de], 阴性的 [yīn xìng de]; **2.** *m* 负片 [fù piàn], 底片 [dǐ piàn]

negligen/cia *f* 疏忽 [shū hū], 粗心 [cū xīn]; **~te** 疏忽的 [shū hū de], 粗心的 [cū xīn de]

negocia/ciones *fpl dipl* 谈判 [tán pàn], 协商 [xié shāng]; **~r 1.** *vi* 做生意 [zuò shēng yì], 讨价还价 [tǎo jià huán jià]; **2.** *vt dipl* 谈判 [tán pàn], 协商 [xié shāng]

negocio *m* 生意 [shēng yì], 买卖 [mǎi mài]; **~s sucios** 肮脏交易 [āng zāng jiāo yì], 卑鄙勾当 [bēi bì gōu dàng]

negro 1.,-a *adj* 黑的 [hēi de], 黑色的 [hēi sè de]; **2.** *m* 黑色 [hēi sè]

nen/a *f* 婴儿 [yīng ér], 小女孩 [xiǎo nǚ hái]; **~e** *m* 婴儿 [yīng ér], 小男孩 [xiǎo nán hái]

nenúfar *m* 白睡莲 [bái shuì lián]

nervio *m* 神经 [shén jīng], 筋 [jīn], 腱 [jiàn]; **~sismo** *m* **1.** 神经质 [shén jīng zhì]; **2.** 紧张 [jǐn zhāng], 焦躁 [jiāo zào]; **~so,-a** *adj* **1.** 神经的 [shén jīng de]; **2.** 不安的 [bù ān de], 紧张的 [jǐn zhāng de]

neto,-a *adj com* 纯的 [chún de], 净的 [jìng de]

neum/ático *m* 轮胎 [lún tāi]; **~onía** *f* 肺炎 [fèi yán]

neur/ólogo *m* 神经科医生 [shén jīng kē yī shēng]; **~osis** *f* 神经机能病 [shén jīng jī néng bìng]

neutral *adj m/f* 中立的 [zhōng lì de]; **~idad** *f* 中立 [zhōng lì de]; **~izar** *vt* 使中立 [shǐ zhōng lì]

neutro 1.,-a *adj* 中性的 [zhōng xìng de]; **2.** *m ling* 中性词 [zhōng xìng cí]

nev/ada *f* **1.** 下雪 [xià xuě]; **2.** 降雪量(量词) [jiàng xuě liàng (liàng cí)]; **~ar** *v/impers* 下雪 [xià xuě]

nevera *f* 冰箱 [bīng xiāng]

ni *conj* (否定连接词)也不 [(fǒu dìng lián jiē cí) yě bù]; **~ siquiera** 甚至…不 [shèn zhì... bù], 连…也不 [lián yě bù]

nido *m* 窝 [wō], 巢 [cháo]

niebla *f* 雾 [wù]

nieto,-a *m/f* (外)孙子 [(wài) sūn zi], (外)孙女 [(wài) sūn zi]

nieve *f* 雪 [xuě], 降雪 [jiàng xuě]

nife *m* 镍铁带 [niè tiě dài]

NIF *m* (纳税的)税务号 [(nà shuì de) shuì wù hào]

ninfa *f* 蛹 [yǒng], 若虫 [ruò chóng]

ning/ún *adj* (*ninguno* 的短尾形式)没有一个 [(de duǎn wěi xíng shì) méi yǒu yī gè], 任何都不 [rèn hé dōu bù]; **~uno, -a** *pron* 一个也没有 [yī gè yě méi yǒu], 都不 [dōu bù]; *adj* 没有 [méi yǒu], 不 [bù]; **por ~ún**

lado 哪儿都行不通 [nǎ er dōu xíng bù tōng], 不行 [bù xíng]
niñ/a *f* 瞳孔 [tóng kǒng], 眼珠 [yǎn zhū]; **~era** *f* 保姆 [bǎo mǔ]; **~ez** *f* 童年 [tóng nián]; **~o** *adj* **1.,** **-a** *adj* 年幼的 [nián yòu de]; **2.** *m/f* 儿童 [ér tóng], 小孩子 [xiǎo hái zi]
níspero *m bot* 欧查树 [ōu chá shù], 欧查果 [ōu chá guǒ]
nitidez *f (foto, imagen)* 清晰度 [qīng xī dù]
nítido,-a *adj* 清晰的（照片）[qīng xī de (zhào piàn)]
nivel *m fig* 水平 [shuǐ píng], 程度 [chéng dù]; 级别 [jí bié]; **~ de aceite** *auto* 机油量 [jī yóu liàng]; **~ de vida** 生活水平 [shēng huó shuǐ píng]; **~ar** *vt fig* 使一样 [shǐ yī yàng], 使相同 [shǐ xiāng tóng]; 使平衡 [shǐ píng héng]
no *adv* 不 [bù], 没 [méi], 没有 [méi yǒu]
noble 1. *adj m/f* 贵族的 [guì zú de]; **2.** 高尚的 [gāo shàng de], 崇高的 [chóng gāo de]; **~za** *f* 贵族 [guì zú], 贵族阶级 [guì zú jiē jí]
noche *f* 夜 [yè], 夜晚 [yè wǎn], 夜间 [yè jiān]; **de ~** 夜里 [yè lǐ], 在夜间 [zài yè jiān]; **por la ~** 晚上 [wǎn shàng]; **se hace de ~** 夜幕降临 [yè mù jiàng lín]; **~* Buena** 圣诞夜 [shèng dàn yè], 平安夜 [píng ān yè]; **~*Vieja** 除夕 [chú xī], 年夜 [nián yè]
no/ción *f* 基础知识 [jī chǔ zhī shí], 入门 [rù mén]; **~ciones básicas** *fpl* 基本知识 [jī běn zhī shí], 基本概念 [jī běn gài niàn]
nocivo,-a *adj* 有害的 [yǒu hài de]
nocturno,-a *adj* 夜的 [yè de], 夜间的 [yè jiān de]
nómada *m/f* 游牧的 [yóu mù de], 流浪的 [liú làng de]
nombra/miento *m* 任命 [rèn mìng], 任命书 [rèn mìng shū]; **~r** *vt* **1.** 提及 [tí jí], 点到 [diǎn dào]; **2.** 任命 [rèn mìng]
nombre *m* 名字 [míng zì], 名称 [míng chēng]
nómina *f* 工资单 [gōng zī dān]
nominar *vt* **1.** 提名 [tí míng]; **2.** 任命 [rèn mìng], 指定 [zhǐ dìng]
nordeste *m* 东北 [dōng běi]
nórdico,-a *adj* 北欧的 [běi ōu de]
noria *f* 水车 [shuǐ chē], 机井 [jī jǐng]
norma *f* 准则 [zhǔn zé], 标准 [biāo zhǔn]; **~l** *adj m/f* 正常的 [zhèng cháng de]; 标准的 [biāo zhǔn de]; **~lizar** *vt tecn* 把…标准化 [bǎ... biāo zhǔn huà]
noroeste *m* 西北 [xī běi]
norte *m* 北 [běi], 北方 [běi fāng]
Norteamérica *f* 北美 [běi měi]; **~*teamericano,-a 1.** *adj* 北美洲的 [běi měi zhōu de], 美国的 [měi guó de]; **2.** *m/f* 北美洲人 [běi měi zhōu rén], 美国人 [měi guó rén]
Norueg/a *f* 挪威 [nuó wēi]; **~*o,-a 1.** *adj* 挪威的 [nuó wēi de]; **2.**

m/f 挪威人 [nuó wēi rén]; **3.** *m* 挪威语[nuó wēi yǔ]
nos *pron pers* 我们(用作补语) [wǒ mēn (yòng zuò bǔ yǔ)]
nosotros *pron pers* 我们 [wǒ mēn]
nostalgia *f* 思乡 [sī xiāng], 怀念 [huái niàn]
nostálgico,-a *adj* 思乡的 [sī xiāng de], 怀乡的 [huái xiāng de]
nota *f* **1.** (考试)成绩 [(kǎo shì) chéng jì], 分数 [fēn shù]; **2.** *mús* 音符 [yīn fú]; **~ble** *adj m/f* **1.** 杰出的 [jié chū de]; **2.** (考试成绩)良好 [(kǎo shì chéng jì) liáng hǎo]; **~r** *vt* 标明 [biāo míng], 作标记 [zuò biāo jì]
notar/ía *f* 公证处 [gōng zhèng chù]; **~ial** *adj* 公证的 [gōng zhèng de]; **acta ~ial** 公证书 [gōng zhèng shū]; **~io** *m* 公证人 [gōng zhèng rén]
notici/a *f* 消息 [xiāo xī], 新闻 [xīn wén]; **~ero,-a** *adj* 新闻的 [xīn wén de]
notifica/ción *f* 通知 [tōng zhī], 通知书 [tōng zhī shū]; **~r** *vt* 通知 [tōng zhī]
notori/edad *f* 众所周知 [zhòng suǒ zhōu zhī]; 显而易见 [xiǎn ér yì jiàn]; **~o,-a** *adj* 众所周知的 [zhòng suǒ zhōu zhī de]; 显而易见的 [xiǎn ér yì jiàn de]
novedad *f* 新鲜事 [xīn xiān shì], 新闻 [xīn wén]
novela *f* 小说 [xiǎo shuō]; **~ corta** 短篇小说 [duǎn piān xiǎo shuō]; **~ policíaca** 侦探小说 [zhēn tàn xiǎo shuō]; **~ rosa** 爱情小说 [ài qíng xiǎo shuō]
novelista *m/f* 小说家 [xiǎo shuō jiā]
noven/o,-a 第九 [dì jiǔ], 九分之一的 [jiǔ fèn zhī yī de]; **~ta** *adj* 九十 [jiǔ shí]
noviembre *m* 十一月 [shí yī yuè]
novill/ada *f* 牛犊 [niú dú], 小牛(总称) [xiǎo niú (zǒng chēng)]; **~o** *m* 牛犊 [niú dú]
novio,-a *m/f* 新郎 [xīn láng], 新娘 [xīn niáng]; **~s** *mpl* 新婚夫妇 [xīn hūn fū fù]
nube *f* 云 [yún], 云状物 [yún zhuàng wù]; **estar por las ~s** 吹捧上天 [chuī pěng shàng tiān]; **estar en las ~s** 心不在焉 [xīn bù zài yān]
nub/lado,-a *adj* 乌云密布的 [wū yún mì bù de]; **~larse** 天阴 [tiān yīn], 乌云密布 [wū yún mì bù]; **~osidad** *f meteo* 有云 [yǒu yún], 多云 [duō yún]
nuca *f* 后颈 [hòu jǐng]
nuclear *adj m/f* **1.** 核心的 [hé xīn de], 中心的 [zhōng xīn de]; **2.** (原子)核的 [(yuán zǐ) hé de]
núcleo *m* 核心 [hé xīn], 中心 [zhōng xīn]
nudis/mo *m* 裸体主义 [luó tǐ zhǔ yì]; **~ta** *m/f* 裸体主义者 [luó tǐ zhǔ yì zhě]
nudo *m* **1.** 结 [jié], 节 [jié]; **2.** 难点 [nán diǎn], 症结 [zhèng jié]
nuera *f* 儿媳妇 [ér xí fù]

nuestro,-a *pron dem* 我们的 [wǒ mēn de]
nueve *adj* 九 [jiǔ]
nuevo,-a *adj* 新的 [xīn de]; **de ~** 重新 [chóng xīn], 再来一次 [zài lái yī cì]; **¿qué hay de ~?** 有什么新闻? [you shén me xīn wén]
nuez *f* 胡桃 [hú táo], 核桃 [hé táo]
nulo,-a *adj* 无效的 [wú xiào de], 无能的 [wú néng de]
numera/ción *f* 数 [shù], 计数 [jì shù]; **~r** *vt* 数 [shù], 计数 [jì shù]
número *m* 数 [shù], 数字 [shù zì]; **~ impar** *f* 奇数 [jī shù]; **sin ~** 无数的 [wú shù de]; **~ secreto** *banc* (帐号)密码 [(zhàng hào) mì mǎ]
numeroso,-a *adj* 大量的 [dà liàng de], 众多的 [zhòng duō de]
nunca *adv* 从未 [cóng wèi], 从没 [cóng méi]; **~ jamás** 绝不 [jué bù]; **más que ~** 比以往更… [bǐ yǐ wǎng gèng]
nutria *f* 水獭 [shuǐ tǎ]
nutri/ción *f* 营养 [yíng yǎng], 滋养 [zī yǎng]; **~r** *vt* 给营养 [gěi yíng yǎng], 滋养 [zī yǎng]; **~rse** 获得营养 [huò dé yíng yǎng], 吸取养分 [xī qǔ yǎng fèn]; **~rse de** 吸取…养分 [xī qǔ...yǎng fèn]; **~tivo,-a** *adj* 有营养的 [yǒu yíng yǎng de]

O

oasis *m* 绿洲 [lǜ zhōu]
obedecer *vt* 服从 [fú cóng], 听话 [tīng huà]
obedien/cia *f* 服从 [fú cóng], 顺从 [shùn cóng]; **~te** *adj m/f* 听话的 [tīng huà de], 恭顺的 [gōng shùn de]
obisp/ado *m* 主教管区 [zhǔ jiào guǎn qū]; **~o** *m* 主教 [zhǔ jiào]
obje/ción *f* 异议 [yì yì], 反对 [fǎn duì]; **~tar** *vt* 持异议 [chí yì yì], 反对 [fǎn duì]; **~tividad** *f* 客观性 [kè guān], 客观态度 [kè guān tài dù]; **~tivo 1.,-a** *adj* 客观的 [kè guān de]; **2.** *m* 宗旨 [zōng zhǐ], 目的 [mù dí]
objeto *m* 物体 [wù tǐ]; 对象 [duì xiàng]
oblea *f* 干胶片 [gān jiāo piàn], 封缄纸 [fēng jiān zhǐ]
obliga/ción *f com* 固定供货处 [gù dìng gòng huò chù]; *jur* 承担 [chéng dān], 负担 [fù dān]; *banc* 证券 [zhèng quàn], 债券 [zhài quàn]; **~r** *vt* 迫使 [pò shǐ], 强迫 [qiáng pò]; **~torio,-a** *adj* 强迫的 [qiáng pò de], 必须的 [bì xū de]
obra *f constr* 建筑工程 [jiàn zhù gōng chéng]; **~s completas** 全集 [quán jí], 全书 [quán shū]; **~ de consulta** 参考书 [cān kǎo shū]; **~s** *fpl* (名家)著作 [(míng jiā) zhù zuò], 作品 [zuò pǐn]; **~r 1.** *vt* 加工 [jiā gōng], 制做 [zhì zuò]; **2.** *vi* 着手进行 [zhuó shǒu

qǐ lái], 行动起来 [xíng dòng qǐ lái]

obrero 1.,-a *adj* 劳工的 [láo gōng de]; **2.** *m* 工人 [gōng rén]

obscen/idad *f* 猥亵 [wěi xiè], 淫秽 [yín huì]; **~o,-a** *adj* 猥亵的 [wěi xiè de], 淫秽的 [yín huì de]

obsequi/ar *vt* **con** 用… 献给 [yòng ...xiàn gěi], 赠送 [zèng sòng]; **~o** *m* **1.** 款待 [kuǎn dài]; **2.** 礼物 [lǐ wù], 赠品 [zèng pǐn]

observa/ción *f* **1.** 意见 [yì jiàn], 建议 [jiàn yì]; **2.** 观察 [guān chá]; **~dor 1.,-a** *adj* 观察的 [guān chá de]; **2.** 观察家 [guān chá jiā], 观察员 [guān chá yuán]; **~r** *vt* 观察 [guān chá], 察看 [chá kàn]; **~torio** *m* 天文台 [tiān wén tái]

obsesi/ón *f* **1.** 着魔 [zháo mó], 着迷 [zháo mí]; **2.** (无法摆脱的)念头 [(wú fǎ bǎi tuō de) niàn tóu], 欲望 [yù wàng]; **~onarse 1.** 迷上 [mí shàng]; **2.** (念头等)无法摆脱 [(niàn tóu) wú fǎ bǎi tuō]; **~ con u/c** 执着于某事情 [zhí zhuó yǔ mǒu shì qíng]

obstáculo *m* 障碍 [zhàng ài], 妨碍 [fáng ài]

obstante *adj* 妨碍的 [fáng ài de], 阻碍的 [zǔ ài de]; **no ~ 1.** *adv* 虽然…但是 [suī rán dàn shì], 尽管 [jǐn guǎn]; **2.** *prep* 可是 [kě shì], 不过 [bù guò]

obstina/ción *f* 固执 [gù zhì], 顽固 [wán gù]; **~do,-a** *adj* 固执的 [gù zhì de], 顽固的 [wán gù de]; **~rse** 固执 [gù zhì], 顽强 [wán qiáng]; **~ en u/c** 坚持于 [jiān chí yú], 固执于(某意见或事务) [gù zhí yú(mǒu yì jiàn huò mǒu shì wù)]; **~rse en hacer u/c** 坚持于 [jiān chí yú], 固执于(做某事) [gù zhí yú(zuò mǒu shì)]

obstru/cción *f* 妨碍 [fáng ài], 堵塞 [dǔ sāi]; **~ir** *vt* 妨碍 [fáng ài], 堵塞 [dǔ sāi]

obten/ción *f* 获得 [huò dé], 赢得 [yíng dé]; **~er** *vt* 获得 [huò dé], 取得 [qǔ dé]

obvio,-a *adj* 明显的 [míng xiǎn de]

oca *f* 雁 [yàn]

ocasi/ón *f* 机会 [jī huì]; **con ~ón de** 在(某种)场合 [zài (mǒu zhǒng) chǎng hé]; **de ~ón** 旧的 [jiù de], 二手的(物品) [èr shǒu de (wù pǐn)]; **~onal** *adj m/f* 偶然的 [ǒu rán de]; **~onar** *vt* 造成 [zào chéng], 引起 [yǐn qǐ]

ocaso *m* **1.** 日落 [rì luò]; **2.** 西方 [xī fāng]

occident/al *adj m/f* 西方的 [xī fāng de]; **~*e** *m* 西方 [xī fāng], 西方世界 [xī fāng shì jiè]

océano *m* 海洋 [hǎi yáng], 大洋 [dà yáng]

ocelote *m* 美洲豹猫 [měi zhōu bào māo]

ochenta *adj* 八十 [bā shí]

ocho *adj* 八 [bā]

ocio *m* 业余活动 [yè yú huó dòng], 娱乐 [yú le]; **~so,-a** *adj* 娱乐性的 [yú lè xìng de]; **estar ~so** 闲

适的 [xián shì de], 空闲的 [kōng xián de]

octav/a *f mús* 八度 [bā dù], 八音度 [bā yīn dù]; **~illa** *f* 八行诗 [bā háng shī]; **~o 1.,-a** *adj* 第八 [dì bā], 八分之一的 [bā fēn zhī yī de]; **2.** *m* 第八 [dì bā], 八分之一 [bā fēn zhī yī de]

octubre *m* 十月 [shí yuè]

ocul/ar,-a *adj* 眼的 [yǎn de]; **~ista** *m/f* 眼科医生 [yǎn kē yī shēng]

ocult/ar *vt* 隐藏 [yǐn cáng], 隐瞒 [yǐn mán]; **~o,-a** *adj* 隐藏的 [yǐn cáng de], 隐秘的 [yǐn mì de]

ocupa/ción *f* **1.** 占领 [zhàn lǐng]; **2.** 就业 [jiù yè]; **~do,-a** *adj* **1.** 忙碌的 [máng lù de]; **2.** 被占领的 [bèi zhàn lǐng de]; **~nte** *m/f* (座位, 房屋等的) 占有者 [(zuò wèi, fáng wū děng de) zhàn yǒu zhě], 使用者 [shǐ yòng zhě]; **~r** *vt* 占领 [zhàn lǐng], 占用 [zhàn yòng]; **~rse en, de** 忙于… [máng yú]

ocurr/encia *f* 事情 [shì qíng]; 事件 [shì jiàn]; **~ente** *adj m/f* 正在发生的 [zhèng zài fā shēng de]; **~ir** *v/impers* 发生 [fā shēng]; **~e que** 事情是这样的 [shì qíng shì zhè yàng de]; **se me ~e que** 我想起来… [wo xiang qǐ lái]

odi/ar *vt* 恨 [hèn], 憎恨 [zèng hèn]; **~o** *m* 憎恨 [zèng hèn], 憎恶 [zèng è]; **~oso,-a** *adj* 可恨的 [kě hèn de], 可恶的 [kě wù de]

odisea *f fig* 英雄业绩 [yīng xióng yè jì], 不平凡的事迹 [bù píng fán de shì jì]

oeste *m* 西部 [xī bù]

ofen/der *vt* 伤害 [shāng hài], 侮辱 [wū rǔ]; **~derse** 生气 [shēng qì], 恼怒 [nǎo nù]; **~sa** *f* 伤害 [shāng hài], 侮辱 [wū rǔ]; **~siva** *f* 进攻 [jìn gōng], 攻势 [gōng shì]

oferta *f* 报价 [bào jià]; 提出的条件 [tí chū de tiáo jiàn]

oficial 1. *adj m/f* 官方的 [guān fāng de], 正式的 [zhèng shì de]; **2.** *m* 公务员 [gōng wù yuán], 官员 [guān yuán]

oficina *f* 办公室 [bàn gōng shì], 办事处 [bàn shì chù]; **~ de turismo** (每个城市的) 旅游咨询处 [(měi gè chéng shì de) lǚ yóu zī xún chù]

oficio *m relig* **1.** (每日的) 的祈祷 [(měi rì de) qǐ dǎo], 日课 [rì kè]; **2.** 行业 [háng yè], 职业 [zhí yè]; **de ~** 官方的 [guān fāng de]

ofrec/er *vt* 献出 [xiàn chū], 提供 [tí gòng]; **~erse 1.** 自愿 [zì yuàn], 自告奋勇 [zì gào fèn yǒng]; **2.** 需要 [xū yào], 需求 (只用于问句) [xū qiú (zhǐ yòng yú wèn jù)]; **~imiento** *m* 答应 [dā yìng]; 提供 [tí gòng]

oída *f* 听 [tīng], 听力 [tīng lì]

oído *m* 听觉 [tīng jué], 听觉器官 [tīng jué qì guān]

oír 1. *vt* 听到 [tīng dào], 听见 [tīng jiàn]; *jur* 听讼 [tīng sòng];

2. *vi* 听见 [tīng jiàn], 听从 [tīng zhòng]; **¡oiga!** *excl* 喂 [wèi]

¡ojalá! *excl* 但愿 [dàn yuàn]！

ojeada *f* 看一眼 [kàn yī yǎn], 一瞥 [yī piē]

ojeras *fpl* 黑眼圈 [hēi yǎn quān]

ojo *m* 眼睛 [yǎn jīng]; ~ **de la aguja** *n* 针眼 [zhēn yǎn]; ~ **de buey** *nav* 圆窗 [yuán chuāng]; **¡~!** *excl* 小心！[xiǎo xīn];注意！[zhù yì]; **no pegar** ~ 整夜没合眼 [zhěng yè méi hé yǎn]

ola *f* 浪 [làng], 浪潮 [làng cháo]; ~ **de calor** 热浪 [rè làng]

¡olé! *excl* 加油 [jiā yóu]！

olea/da *f fig* 大量 [dà liàng], 众多 [zhòng duō]; **~je** *m* 波浪 [bō làng], 波涛 [bō tāo]

óleo *m* 油 [yóu], 油画 [yóu huà]

oleoducto *m* 输油管 [shū yóu guǎn]

oler *vt/i* 闻 [wén], 有…味道 [yǒu wèi daò]

olfat/ear *vt* 嗅 [xiù], 闻 [wén]; **~o** *m fig* 嗅觉 [xiù jué], 洞察力 [tòng chá lì]

Olimpiadas *fpl* 奥林匹克运动会 [ào lín pǐ kè yùn dòng huì]

oliv/a *f* 橄榄 [gǎn lǎn]; **~ar** *m* 橄榄林 [gǎn lǎn lín]; **~o** *m* 橄榄树 [gǎn lǎn shù]

olla *f* 锅 [guō]; ~ **a presión** 高压锅 [gāo yā guō]

olmo *m* 榆树 [yú shù]

olor *m* 气味 [qì wèi]; **~oso,-a** *adj* 散发气味的 [sàn fā qì wèi de]

olvid/ar *vt* 忘记 [wàng jì]; **~arse** 忘记 [wàng jì], 遗忘 [yí wàng]; ~ **de u/c** 忘记(某事) [wàng jì (mǒu shì)]; **~o** *m* 忘记 [wàng jì], 遗忘 [yí wàng]

ombligo *m* 脐 [qí], 脐带 [qí dài]

omi/sión *f* 省略 [shěng lüè]; **~tir** *vt* 省略 [shěng lüè], 省去 [shěng qù]

once *adj* 十一 [shí yī]

ond/a *f* 波 [bō], 波状物 [bō zhuàng wù]; **estar en la** ~ *coloq* 赶时髦 [gǎn shí máo], 消息灵通 [xiāo xī líng tōng]; **~ear** *vi* 波动 [bō dòng], 起伏 [qǐ fú]

ondula/ción *f* 波动 [bō dòng], 波浪型 [bō làng xíng]; **~do,-a** *adj* 波浪型的 [bō làng xíng de]; 波浪起伏的 [bō làng qǐ fú de]; **~r** *vt* 使成波浪型 [shǐ chéng bō làng xíng]; 烫(发) [tàng (fà)]

onza *f* 盎司 [àng sī], 英两 [yīng liǎng]

opa/cidad *f* 不透明 [bù tòu míng]; **~co,-a** *adj* 不透明的 [bù tòu míng de]

opción *f com* 买卖的特权 [mǎi mài de tè quán]; *pol* 选择 [xuǎn zé], 选择权 [xuǎn zé quán]

ópera *f* 歌剧 [gē jù]

opera/ción *f com* (一笔)生意 [(yī bǐ) shēng yì], 交易 [jiāo yì]; **~dor** *m* **1.** 操作员 [cāo zuò yuán]; **2.** (电话)接线员 [(diàn huà) jiē xiàn yuán]; **~r** *vt/i* **1.** 操作 [cāo zuo], 作业 [zuò yè], **2.** 运行 [yùn xíng], 运作 [yùn zuò]; **~rio,-a** *m/f*

工人 [gōng rén]; **~rse 1.** 发生 [fā shēng], 产生 [chǎn shēng]; **2.** 做手术 [zuò shǒu shù]; **~tivo,-a** *adj* **1.** 可操作的 [kě cāo zuò de]; **2.** 运行的 [yùn xíng de]; 可运作的 [kě yùn zuò de]

opin/ar *vi* 发表意见 [fā biǎo yì jiàn]; **~ión** *f* 意见 [yì jiàn], 看法 [kàn fǎ]

opio *m* 鸦片 [yā piàn]

oponer *vt* 对…进行反对 [duì jìn xíng fǎn duì]; **~se a u/c 1.** 反对 [fǎn duì]; **2.** 相矛盾 [xiāng máo dùn], 相对立 [xiāng duì lì]; **~se a que** 妨碍 [fáng ài], 阻碍 [zǔ ài]

oportun/idad *f* 机会 [jī huì]; **~ista 1.** *adj m/f* 机会主义的 [jī huì zhǔ yì de]; **2.** *m/f* 机会主义者 [jī huì zhǔ yì zhě]; **~o,-a** *adj* 适时的 [shì shí de], 诙谐的(言谈) [huī xié de (yán tán)]

oposici/ón *f pol* (议会中的)反对派 [(yì huì zhōng de) fǎn duì pài], 反对党 [fǎn duì dǎng]; **~ones** *fpl* (公务员或公立学校教师的)职位考试 [(gōng wù yuán huò gōng lì xué xiào jiào shī de) zhí wèi kǎo shì]

opresión *f* 压 [yā]; 压迫 [yā pò]

oprimir *vt* 压 [yā], 压迫 [yā pò]

optar *vi* **por** 选 [xuǎn], 选择 [xuǎn zé]

óptic/a *f* 光学 [guāng xué], 光学仪器 [guāng xué yí qì]; **~o,-a 1.** *adj* 视觉的 [shì jué de], 光学的 [guāng xué de]; **2.** *m/f* 眼镜专家 [yǎn jìng zhuān jiā]

optimis/mo *m* 乐观 [lè guān], 乐观派 [lè guān pài]; **~ta 1.** *adj m/f* 乐观的 [lè guān de]; **2.** *m/f* 乐观主义者 [lè guān zhǔ yì zhě]

óptimo,-a *adj* 十全十美的 [shí quán shí měi de], 完美的 [wán měi de]

opuesto,-a *adj* 反面的 [fǎn miàn de], 相反一方的 [xiāng fǎn yī fāng de]

oración *f* 演说 [yǎn shuō], 讲话 [jiǎng huà]

ora/dor,-a *m/f* 演说者 [yǎn shuō zhě]; **~l** *adj m/f* 口头的 [kǒu tóu de]

orangután *m zool* 猩猩 [xīng xīng]

oratori/a *f* 演讲会 [yǎn jiǎng huì], 演讲比赛 [yǎn jiǎng bǐ sài]; **~o** *m mús* 宗教音乐 [zōng jiào yīn yuè], 宗教剧 [zōng jiào jù]

orca *f zool* 虎鲸 [hǔ jīng]

orden 1. *m* 顺序 [shùn xù], 秩序 [zhì xù]; **~ del día** 会议日程 [huì yì rì chéng]; **poner en ~** 整理 [zhěng lǐ], 整顿 [zhěng dùn]; **2.** *f com* 定单 [dìng dān], 定货 [dìng huò]; *relig* 命(教职的)品级 [mìng (jiào zhí de) pǐn jí], 等级 [děng jí]; **por ~ de** 在…领导下 [zài lǐng dǎo xià]

ordenador *m* 电脑 [diàn nǎo]; **~ personal** *m* 个人电脑 [gè rén diàn nǎo]; **~ portátil** 手提电脑 [shǒu tí diàn nǎo]

ordenar *vt* 整理 [zhěng lǐ], 分类 [fēn lèi]
ordeñar *vt* 挤(奶) [jǐ (nǎi)]
ordinario,-a *adj* 平常的 [píng cháng de], 普通的 [pǔ tōng de]
orégano *m bot* 牛至 [niú zhì]
oreja *f* 耳朵 [ěr duō]
orfanato *m* 孤儿院 [gū ér yuàn]
orfebre *m* 金银匠 [jīn yín jiàng]; **~ría** *f* 金银工艺 [jīn yín gōng yì], 厂金银器业 [chǎng jīn yín qì yè]
orgánico,-a *adj* **1.** 有机的 [yǒu jī de], 有生机的 [yǒu shēng jī de]; **2.** 组织的 [zǔ zhī de], 建制的 [jiàn zhì de]
organillo *m* 手摇风琴 [shǒu yáo fēng qín]
organismo *m* 机体 [jī tǐ]; 机构 [jī gòu]
organista *m/f* 风琴演奏者 [fēng qín yǎn zòu zhě]
organiza/ción *f* 组织 [zǔ zhī], 团体 [tuán tǐ]; **~dor,-a** *m/f* 组织者 [zǔ zhī zhě], 创办人者 [chuàng bàn rén zhě]; **~r** *vt* 组织 [zǔ zhī], 创立 [chuàng lì]
órgano *m mús* 管风琴 [guǎn fēng qín]; *med* 器官 [qì guān]
orgasmo *m* **1.** (器官的)极度兴奋 [(qì guān de) jí dù xìng fèn]; **2.** 性高潮 [xìng gāo cháo]
orgía *f* 纵酒狂欢 [zòng jiǔ kuáng huān]
orgullo *m* 骄傲 [jiāo ào], 自豪 [zì háo]; **~so,-a** *adj* **de** 对…感到自豪的(骄傲的) [duì gǎn dào zì háo de (jiāo ào de)]
orient/ación *f* 方向 [fāng xiàng], 朝向 [cháo xiàng]; **~al** *adj m/f* 东方的 [dōng fāng de]; **~ar** *vt* 指引 [zhǐ yǐn], 引导 [yǐn dǎo]; **~arse** 朝着 [cháo zhe], 对着 [duì zhe], 冲着 [chōng zhe]; **~*e** *m* **1.** 东 [dōng], 东部 [dōng bù]; **2.** 东方 [dōng fāng]
orificio *m* 孔 [kǒng], 小口 [xiǎo kǒu], 小洞 [xiǎo dòng]
origen *m* 起源 [qǐ yuán], 起因 [qǐ yīn], 开始 [kāi shǐ]
original **1.** *adj m/f* 原始的 [yuán shǐ de], 原来的 [yuán lái de]; **2.** *m* 原稿 [yuán gǎo], 原件 [yuán jiàn]; **~idad** *f* 新颖性 [xīn yǐng xìng], 独特性 [dú tè xìng]
originar *vt* 引起 [yǐn qǐ], 使发生 [shǐ fā shēng]; **~io,-a** *adj* 原来的 [yuán lái de], 源自…的 [yuán zì ... de]
orilla *f* 边 [biān], 岸 [àn]
orina *f* 尿 [niào]; **~l** *m* 尿盆 [niào pén], 尿壶 [niào hú]; **~r** *vi* 小便 [xiǎo biàn]
ornamento *m* 装饰 [zhuāng shì]
ornit/ología *f* 鸟类学 [niǎo lèi xué]; **~ólogo,-a** *m/f* 鸟类学家 [niǎo lèi xué jiā]
oro *m* 金子 [jīn zi], 黄金 [huáng jīn]
orquesta *f* 管弦乐队 [guǎn xián yuè duì]
orquídea *f bot* 兰 [lán]
ortiga *f bot* 荨麻 [xún má]
orto/doncia *f med* 牙齿矫正科 [yá chǐ jiāo zhèng kē]; **~doncis-**

ta *m/f* 牙齿矫正医师 [yá chǐ jiáo zhèng yī shī]; **~doxo,-a** *adj* 东正教的 [dōng zhèng jiào de]; **~grafía** *f* 书写规则 [shū xiě guī zé]; **~pédico,-a** *adj* 矫形术的 [jiáo xíng shù de]; **~pedista** *m/f* 矫形医生 [jiáo xíng yī shēng]

oruga *f* **1.** *bot* 辣芝麻菜草 [là zhī má cài cǎo]; **2.** 履带 [fù dài]

osa *f* 母熊 [mǔ xióng]; **~* Mayor** *astr* 大熊星座 [dà xióng xīng zuò]; **~* Menor** *astr* 小熊星座 [xiǎo xióng xīng zuò]

osa/do,-a *adj* 英勇的 [yīng yǒng de], 大胆的 [dà dǎn de]

osar *vi* 敢于 [gǎn yú], 胆敢 [dǎn gǎn]

oscila/ción *f* 摇摆 [yáo bǎi], 振荡 [zhèn dàng]; **~r** *vi* 摇摆 [yáo bǎi], 振荡 [zhèn dàng]

oscur/ecer 1. *vt fig* 使黯然失色 [shǐ àn rán shī sè]; **2.** *vlimpers* 天黑 [tiān hēi]; **al ~ecer** 天黑的时候 [tiān hēi de shí hòu]; **~idad** *f* 黑暗 [hēi àn]; **~o,-a** *adj fig* 黑暗的 [hēi àn de]; 深色的 [shēn sè de]

oso *m* 熊 [xióng]; **~ polar** 北极熊 [běi jí xióng]; **~ pardo** 棕熊 [zōng xióng]; **~ de peluche** 长毛绒熊(玩具) [cháng máo róng xióng (wán jù)], 毛公仔 [máo gōng zāi]

ostenta/ción *f* 炫耀 [xuàn yào]; **~r 1.** *vt* 有 [yǒu], 具有 [jù yǒu]; **2.** *vi* 炫耀 [xuàn yào], 表现 [biǎo xiàn]

ostra *f* 牡蛎 [mǔ lì]; **¡~s!** *Coloq* 糟糕 [zāo gāo]!

otitis *f* 耳炎 [ěr yán]

otoñ/al *adj m/f* **1.** 秋天的 [qiū tiān de]; **2.** 暮年的 [mù nián de]; **~o** *m* **1.** 秋天 [qiū tiān], 秋季 [qiū jì]; **2.** 暮年 [mù nián]

otorgar *vt* 赐给 [cì gěi], 颁发 [bān fā]

otorrinolaringólogo,-a *m/f* 耳鼻喉科医生 [ěr bí hóu kē yī shēng]

otro,-a *adj* 另外的 [lìng wài de], 其他的 [qí tā de]; **el ~** 另外一个 [lìng wài yī gè]; **el ~ día** 那天 [nà tiān]; **al ~ día** 改天 [gǎi tiān]; **~ tanto** 另外这些 [lìng wài zhè xiē]; **por ~a parte** 另一方面 [lìng yī fāng miàn]; **~a vez** 再来一次 [zài lái yī cì]

ovalado,-a *adj* 椭圆形的 [tuǒ yuán xíng de]

oveja *f* 绵羊 [mián yáng]

ovillo *m* (线，绳等的)团 [(xiàn, shéng děng de) tuán], 球 [qiú]

oxida/ble *adj m/f* 会生锈的 [huì shēng xiù de]; **~r** *vt* 使氧化 [shǐ yǎng huà], 使生锈 [shǐ shēng xiù]; **~rse** 生锈 [shēng xiù], 氧化 [yǎng huà]

óxido *m* 氧化物 [yǎng huà wù]

oxígeno *m* 氧气 [yǎng qì]

oyente *m/f* 听众 [tīng zhòng]

ozono *m* 臭氧 [chòu yǎng]; **agujero** *m* **de ~** 臭氧洞 [chòu yǎng dòng]

P

pabellón *m* 亭 [tíng], 馆 [guǎn], 厅 [tīng]
pacien/cia *f* 忍耐 [rěn nài], 耐心 [nài xīn]; **~te 1.** *adj m/f* 忍耐的 [rěn nài de], 耐心的 [nài xīn de]; **2.** *m/f med* 病人 [bìng rén]
pacífico,-a *adj* 平和的 [píng hé de], 和气的 [hé qì de]; **Océano ~*** *m* 太平洋 [tài píng yáng]
pacifista 1. *adj m/f* 和平主义的 [hé píng zhǔ yì de]; **2.** *m/f* 和平主义者 [hé píng zhǔ yì zhě]
pack *m* (海里的)浮冰 [(hǎi lǐ de) fú bīng]
pact/ar *vt/i* 商定 [shāng dìng], 议定 [yì dìng]; **~o** *m* 协定 [xié dìng], 条约 [tiáo yuē]
padecer *vt* 忍受 [rěn shòu], 遭受 [zāo shòu]; **~ de** 患 [huàn], 患有（疾病）[huàn yǒu (jí bìng)]
padrastro *m* 继父 [jì fù]
padre 1. *m* 父亲 [fù qīn]; **2.** *m* 神父 [shén fù]; **~ adoptivo** 养父 [yǎng fù]; **~ de familia** 家长 [jiā zhǎng], 一家之主 [yì jiā zhī zhǔ]; **~ nuestro** 天主经 [tiān zhǔ jīng]; **~s** *mpl* 父母 [fù mǔ], 双亲 [shuāng qīn]
padrino *m* **1.** 教父 [jiào fù], 干爹 [gān diē]; **2.**（婚礼的）伴郎 [(hūn lǐ de) bàn láng]
paella *f* (西班牙的)海鲜米饭 [(xī bān yá de) hǎi xiān mǐ fàn]
paga *f* 支付 [zhī fù], 工资 [gōng zī]; **~do,-a** 已付清的 [yǐ fù qīng de], 货银两讫 [huò yín liǎng qì]
pagar *vt* 支付 [zhī fù], 付款 [fù kuǎn]; **~é** *m* 期票 [qī piào]
página *f* 页 [yè]; **~ web** 网页 [wǎng yè]
pago *m* 付款 [fù kuǎn]; **~ a cuenta** 订金 [dìng jīn]; **~ anticipado** 预付金 [yù fù jīn]; **~ al contado** 付现金 [fù xiàn jīn]
país *m* 国家 [guó jiā], 祖国 [zǔ guó]
paisa/je *m* 风景 [fēng jǐng], 风景画 [fēng jǐng huà]; **~no,-a** *m/f* 同胞 [tóng bāo], 老乡 [lǎo xiāng]
paja *f* 麦秸 [mài jiē], 稻草 [dào cǎo]
pájaro *m* 鸟 [niǎo]
pala *f* 锹 [qiāo], 铲 [chǎn]
palabra *f* 词 [cí], 单词 [dān cí]; **~ de honor** 诺言 [nuò yán], 保证 [bǎo zhèng]
palacete *m* 小宫殿 [xiǎo gōng diàn], 乡间别墅 [xiāng jiān bié shù]
palacio *m* 宫殿 [gōng diàn], 王宫 [wáng gōng]
paladar *m* 味觉 [wèi jué], 口味 [kǒu wèi]
palanca *f* 杠杆 [gàng gǎn], 扁担 [biǎn dàn]
palangana *f* 脸盆 [liǎn pén]
palco *m* 看台 [kàn tái], 主席台 [zhǔ xí tái]
palet/a 1. *f* 小铲 [xiǎo chǎn]; **2.** *m coloq* 水泥匠 [shuǐ ní jiàng]

paletilla *f gastr* 小排骨 [xiǎo pái gǔ]
paleto *m* 雄鹿 [xióng lù]
palia/r *vt* 掩饰 [yǎn shì], 遮掩 [zhē yǎn]; **~tivo** *m* 缓和剂 [huǎn hé jì], 减轻剂 [jiǎn qīng jì]
palidecer *vi* 变苍白 [biàn cāng bái]
pálido,-a *adj* 苍白的 [cāng bái de], 暗淡的 [àn dàn de]
palillo *m* **1.** 牙签 [yá qiān]; **2.** 筷子 [kuài zi]
paliza *f* 棍击 [gùn jī], 棒打 [bàng dǎ]
palma *f* 棕榈 [zōng lǘ]; **~da** *f* 鼓掌 [gǔ zhǎng], 击掌 [jī zhǎng]; **dar ~das** 鼓掌 [gǔ zhǎng]
palmera *f bot* **1.** 椰枣树 [yē zǎo shù]; **2.** 棕榈树 [zōng lǘ shù]
palo *m* 棍 [gùn], 棒 [bàng]
paloma *f* **1.** 鸽子 [gē zi]; **2.** 心地善良的人 [xīn dì shàn liáng de rén]; **~ mensajera** 信鸽 [xìn gē]
palpar *vt* 触 [chù], 摸 [mō]
palpita/ción *f* 跳动 [tiào dòng], 搏动 [bó dòng]; **~r** *vi* 跳动 [tiào dòng], 博动 [bó dòng]
paludismo *m med* 疟疾 [nüè jí]
pan *m* 面包 [miàn bāo]; **~ de cereales** 五谷面包 [wǔ gǔ miàn bāo]; **~ integral** 全麦面包 [quán mài miàn bāo]; **~adería** 面包店 [miàn bāo diàn]; **~ecillo** *m* 小面包 [xiǎo miàn bāo]
pancarta *f* 标语牌 [biāo yǔ pái]
pancreas *m med* 胰腺 [yí xiàn]
pand/a **1.** *m zool* 熊猫 [xióng māo]; **2.** *f coloq* 群 [qún], 帮 [bāng], 伙 [huǒ]; **~illa** *f coloq* 群 [qún], 帮 [bāng], 伙 [huǒ]
pánico *m* 恐怖 [kǒng bù], 惊惧 [jīng jù]
panocha *f* 玉米穗 [yù mǐ suì]
panorama *m* **1.** 全景 [quán jǐng], 景色 [jǐng sè]; **2.** 概况 [gài kuàng], 全貌 [quán mào]
pantalla *f* 银幕 [yín mù], 屏幕 [píng mù]
pantalón *m* 裤子 [kù zi]; **~ de peto** 工装裤 [gōng zhuāng kù]; **~ vaquero** 牛仔裤 [niú zǎi kù]
pantano *m* **1.** 沼泽 [zhǎo zé]; **2.** 水库 [shuǐ kù]
pantera *f* 豹 [bào], 金钱豹 [jīn qián bào]
pantorrilla *f* 腿肚子 [tuǐ dù zi], 粗腿 [cū tuǐ]
pantry *m* 食品储藏室 [shí pǐn chǔ cáng shì]
panceta *f gastr* 五花猪肉 [wǔ huā zhū ròu]
pañal *m* 尿布 [niào bù]
pañ/o *m* 毛料 [máo liào], 布料 [bù liào]; **~uelo** *m* 手帕 [shǒu pà], 手绢 [shǒu juàn]
papá *m* 爸爸 [bà ba]; **~s** *mpl fam* 父母 [fù mǔ]
papagayo *m* 鹦鹉 [yīng wǔ]
papel *m* **1.** 纸 [zhǐ], 纸张 [zhǐ zhāng]; **2.** *teat* 角色 [jué sè]; **~ higiénico** 卫生纸 [wèi shēng zhǐ]; **~ería** *f* 文具店 [wén jù diàn], 纸张店 [zhǐ zhāng diàn]

papilla *f* (婴儿吃的)营养糊 [(yīng ér chī de) yíng yǎng hú]

paquete *m* 包裹 [bāo guǒ]

par 1. *m* 对 [duì], 双 [shuāng]; **2.** *adj m/f* 偶数的 [ǒu shù de]; **a la ~** 同时 [tóng shí]

para *prep* **1.** 为了 [wèi le]; **~ eso** 为此 [wèi cǐ]; **~ que** 为了 [wèi le]; **2.** 向 [xiàng], 往 [wǎng], 去 [qù]; **salir ~ España** 到西班牙去 [dào xī bān yá qù]; **3.** (表示时间) 在 [(biǎo shì shí jiān) zài], 到 [dào]; **~ siempre** 直到永远 [zhí dào yǒng yuǎn]

parabrisas *m auto* (汽车的)挡风玻璃 [(qì chē de) dǎng fēng bō lí]

parad/a *f* (公车)车站 [(gōng chē) chē zhàn]; **~a de taxis** 出租车站 [chū zū chē zhàn]; **~o,-a 1.** *adj* 停滞的 [tíng zhì de]; 失业的 [shī yè de]; **2.** *m/f* 失业人员 [shī yè rén yuán]

paradójico,-a *adj* 怪诞的 [guài dàn de], 反常的 [fǎn cháng de]

parador *m* 客店 [kè diàn], 客栈 [kè zhàn]

parágrafo *m* (文章的)段落 [(wén zhāng de) duàn luò]

paraguas *m* 雨伞 [yǔ sǎn]

paraíso *m* 天堂 [tiān táng], 天国 [tiān guó]

paralelo,-a *adj* 平行的 [píng xíng de]

parálisis *f* 麻痹 [má bì], 瘫痪 [tān huàn]

paralítico,-a 1. *adj* 麻痹的 [má bì de], 瘫痪的 [tān huàn de]; **2.** *m/f* 麻痹症患者 [má bì zhèng huàn zhě]

paraliza/ción *f* 麻痹症 [má bì zhèng], 瘫痪症 [tān huàn zhèng]; **~r** *vt* 使麻痹 [shǐ má bì], 使瘫痪 [shǐ tān huàn]

parar 1. *vt* 使停住 [shǐ tíng zhù]; **2.** *vi* 停止 [tíng zhǐ], 到站 [dào zhàn]

pararrayos *m* 避雷针 [bì léi zhēn]

parásito *m* 寄生虫 [jì shēng chóng], 寄生动物 [jì shēng dòng wù]

parcela *f* (建筑)用地 [(jiàn zhù) yòng dì], 一块地 [yī kuài dì]

parche *m med* 膏药 [gāo yào]

parcial *adj m/f* 部分的 [bù fèn de]; 片面的 [piàn miàn de]

parco,-a *adj* 有节制的 [yǒu jié zhì de], 说话不多的 [shuō huà bù duō de]

parece/r 1. *vt/i* 认为 [rèn wéi], 觉得 [jué dé]; **me ~ bien** 我觉得不错 [wǒ jué dé bù cuò]; **¿qué le ~?** 您觉得怎么样 [nǐ jué dé zěn me yàng]; **2.** *m* 看法 [kàn fǎ], 意见 [yì jiàn]; **a mi ~r** 依我看 [yī wǒ kàn], 我认为 [wǒ rèn wéi]; **al ~r** 看来 [kàn lái], 看起来 [kàn qǐ lái]

parecido 1. -a *adj* 相像的 [xiāng xiàng de], 相似的 [xiāng sì de]; **2.** *m* 相像 [xiāng xiàng], 相似 [xiāng sì]

pared *f* 墙 [qiáng], 壁 [bì]
pareja *f* **1.** 夫妻 [fū qī], 爱人 [ài rén]; **2.** 对 [duì], 双 [shuāng]
parentesco *m* 亲戚关系 [qīn qī guān xì]
paréntesis *m* 括弧 [kuò hú], 括号 [kuò hào]; **entre ~** 附带地 [fù dài de], 顺便地 [shùn biàn de]
paridad *f* **1.** 相同 [xiāng tóng], 一致 [yī zhì]; **2.** 对比 [duì bǐ], 对照 [duì zhào]
pariente,-a **1.** *adj* 相似的 [xiāng sì de], 相象的 [xiāng xiàng de]; **2.** *m/f* 亲戚 [qīn qī], 亲属 [qīn shǔ]
parir *vt/i* 生(孩子) [shēng (hái zi)], 分娩 [fēn miǎn]
parlament/ario,-a *m/f* 议员 [yì yuán], 国会代表 [guó huì dài biǎo]; **~o** *m* 议会 [yì huì], 国会 [guó huì]
paro *m* 歇业 [xiē yè]; 失业 [shī yè]
parpadear *vi* 眨眼睛 [zhá yǎn jīng]
párpado *m* 眼睑 [yǎn liǎn], 眼皮 [yǎn pí]
parque *m* 公园 [gōng yuán], 花园 [huā yuán]; **~ de atracciones** 游乐场 [yóu lè chǎng]; **~ infantil** 儿童乐园 [ér tóng lè yuán]; **~ nacional** 国家公园 [guó jiā gōng yuán]; **~ temático** 主题公园 [zhǔ tí gōng yuán]; **~ zoológico** 动物园 [dòng wù yuán]
parqué *m* 木地板 [mù dì bǎn]
parquímetro *m* (路边)停车计费表 [(lù biān) tíng chē jì fèi biǎo]
párrafo *m* (文章的)章节 [(wén zhāng de) zhāng jié], 段落 [duàn luò]
parrilla *f* 烧烤 [shāo kǎo]; **a la ~** *gastr* 烤(肉、蔬菜等) [kǎo (ròu, shū cài děng)]; **~da** *f* 烤肉 [kǎo ròu], 烤鱼 [kǎo yú], 什锦烤 [shí jǐn kǎo]
párroco *m* 教区神甫(牧师) [jiào qū shén fǔ (mù shī)]
parroquia *f* 教区 [jiào qū]
parte **1.** *f* 部分 [bù fèn], 局部 [jú bù]; **2.** *jur* (诉讼等)一方 [(sù sòng děng) yī fāng]; *mús* (歌舞) 词 [(gē wǔ) cí], *teat* (戏剧的)角色 [(xì jù de) jué sè]; **de ~ de** 代(我, 你…)向 [dài (wǒ, nǐ) xiàng], 以(我, 你…)的名义 [yǐ (nǐ, wǒ) de míng yì]; **en ~** 部分地 [bù fèn de]; 在某种程度上 [zài mǒu zhǒng chéng dù shàng]; **en gran ~** 大部分 [dà bù fèn]; **en ninguna ~** 没有一个地方 [méi yǒu yī gè dì fāng]; **todas ~s** 到处 [dào chù]; **por otra ~** 另一方面 [lìng yī fāng miàn]; **tomar ~ en** 参加 [cān jiā]; **3.** *m mil* 通报 [tōng bào], 简报 [jiǎn bào]; **~ meteorológico** 天气报告 [tiān qì bào gào]
participa/ción *f* 参加 [cān jiā], 报告 [bào gào]; **~nte** *m/f* 参加者 [cān jiā zhě], 参与者 [cān yǔ zhě]; **~r** **1.** *vt* 报告 [bào gào], 通知 [tōng zhī]; **2.** *vi* 参加 [cān jiā], 参与 [cān yǔ]
partícula *f* 微粒 [wēi lì]

particular 1. *adj m/f* 特殊的 [tè shū de], 私人的 [sī rén de]; **en ~** 尤其 [yóu qí], 特别 [tè bié]; **2.** *m/f* 个人 [gè rén], 私人 [sī rén]; **~idad** *f* 特殊性 [tè shū xìng], 个性 [gè xìng]

partida *f* (游戏, 比赛等) 场 [(yóu xì, bǐ sài děng) chǎng], 盘 [pán], 局 [jú]

partido *m pol* 政党 [zhèng dǎng]; (*sport*) 赛 [sài], 比赛 [bǐ sài]

partidario,-a 1. *adj* 拥护的 [yōng hù de], 支持的 [zhī chí de]; **2.** *m/f* 拥护者 [yōng hù zhě], 支持者 [zhī chí zhě]

partir 1. *vt* 分开 [fēn kāi], 分割 [fēn gē]; **2.** *vi* 动身 [dòng shēn], 出发 [chū fā]; **3.** *prep* (从某一个基点) 依据 [(cóng mǒu yī gè jī diǎn) yī jù]; **a ~ de** 从…起 [cóng... qǐ], 从…算起 [cóng... suàn qǐ]

parto *m* 生孩子 [shēng hái zi], 分娩 [fēn miǎn]

parvulario *m* 托儿所 [tuō ér suǒ]

pasa *f* 葡萄干 [pú táo gān]

pasadizo *m* 通道 [tōng dào], 小街 [xiǎo jiē]

pasado *m* 过去 [guò qù]

pasaje *m nav* 船票 [chuán piào]; (船的)乘客 [(chuán de) chéng kè]; **~ro,-a** *m/f* 旅客 [lǚ kè], 乘客 [chéng kè]

pasaporte *m* 护照 [hù zhào]

pasar 1. *vi* 通过 [tōng guò], 经过 [jìng guò]; **¡pase!** 进来! [jìn lái]; **2.** 发生 [fā shēng]; **¿qué pasa?** 怎么了? [zěn mē le], 出什么事? [chū shén mē shì]; **3.** *vt* 度过(某段时光) [dù guò (mǒu duàn shí guāng)]; **~lo bien** 玩得开心 [wán de kāi xīn]

pasarela *f* **1.** *nav* (船舶的)舷梯 [(chuán bó de) xián tī]; **2.** 模特儿表演 [mó tè er biǎo yǎn]

pasatiempo *m* 消遣 [xiāo qiǎn], 娱乐 [yú lè]

Pascua *f* 复活节 [fù huó jié]; 圣诞节 [shèng dàn jié]; **¡felices ~s!** 圣诞节快乐 [shèng dàn jié kuài lè]!

pase *m* 通行证 [tōng xíng zhèng]; **~arse** 闲散 [xián sǎn], 闲着没事 [xián zhe méi shì]

paseo *m* 散步 [sàn bù], 闲逛 [xián guàng]

pasillo *m* 走廊 [zǒu láng], 楼道 [lóu dào]

pasiv/idad *f* 被动性 [bèi dòng xìng], 消极性 [xiāo jí xìng]; **~o, -a** *adj* 被动的 [bèi dòng], 消极的 [xiāo jí de]

pasmar *vt* 使变冷 [shǐ biàn lēng], 冷却 [lěng què]

paso *m* 步子 [bù zi]; 步骤 [bù zhòu]; **~ a nivel** *m* 立交桥 [lì jiāo qiáo], 立交叉道口 [lì jiāo chā dào kǒu]; **~ de peatones** 人行道 [rén xíng dào]; **~ subterráneo** 地下通道 [dì xià tōng dào]

pasta *f coloq* 钱 [qián], 票子 [piào zi]

pastel *m gastr* 糕点 [gāo diǎn]

pasto *m* 放牧 [fàng mù], 牧草 [mù cǎo]

pastoso,-a *adj* 柔软的 [róu ruǎn de], 柔和的 [róu hé de]

pata *f fam* (俗话, 人的)脚 [(sú huà, rén de) jiǎo], 腿 [tuǐ]

patada *f* 踩 [cǎi], 踢 [tī]

patalear *vi* 蹬腿 [dēng tuǐ], 跺脚 [duò jiǎo]

patata *f* 土豆 [tǔ dòu]; **~s fritas** *fpl* 炸土豆 [zhà tǔ dòu], 炸薯条 [zhà shǔ tiáo]

patente 1. *adj m/f* 清楚的 [qīng chǔ de], 明显的 [míng xiǎn de]; **2.** *f* 专利 [zhuān lì], 专利权 [zhuān lì quán]

patern/al *adj* 父亲的 [fù qīn de], 慈父般的 [cí fù bān de]; **~idad** *f* 父道 [fù dào], 父权 [fù quán]; **~o,-a** *adj* 父亲的 [fù qīn de], 父系的 [fù xì de]

patético,-a *adj coloq* 可怜的 [kě lián de], 苍白无力的 [cāng bái wú lì de]

patín *m* 冰鞋 [bīng xié], 旱冰鞋 [hàn bīng xié]

patinar *vi auto* (车轮)打滑 [(chē lún) dǎ huá]

patio *m* 院子 [yuàn zi], 庭院 [tíng yuàn]

pato *m* 鸭子 [yā zi]

patológico,-a *adj* 病理学的 [bìng lǐ xué de]

patria *f* 祖国 [zǔ guǒ]

patrimoni/al *adj m/f* 祖传的 [zǔ chuán de], 世袭的 [shì xí de]; **~o** *m* 遗产 [yí chǎn], 世袭遗产 [shì xí yí chǎn]

patriota *m/f* 爱国者 [ài guó zhě], 爱国主义者 [ài guó zhǔ yì zhě]

patriótico,-a *adj* 爱国的 [ài guó de]

patrocina/dor *m* 资助 [zī zhù], 赞助单位 [zàn zhù dān wèi]; **~r** *vt* 资助 [zī zhù], 赞助 [zàn zhù]

patrón *m* 业主 [yè zhǔ], 老板 [lǎo bǎn]

patron/al *f* 资方 [zī fāng], 业主协会 [yè zhǔ xié huì]; **~o,-a** *m/f* 业主 [yè zhǔ], 老板 [lǎo bǎn], 雇主 [gù zhǔ]

patrulla *f* 巡逻 [xún luó], 巡逻警车 [xún luó jǐng chē]

paulatino,-a *adj* 缓慢的 [huǎn màn de], 逐渐的 [zhú jiàn de]

pausa *f* 暂停 [zhàn tíng], 停顿 [tíng dùn]

pauta *f* 标准 [biāo zhǔn]; 准则 [zhǔn zé]

paviment/ación *f* 铺地砖 (总称) [pū dì zhuān (zǒng chēng)]; **~o** *m* 路面 [lù miàn], 地面 [dì miàn]

pavor *m* 恐惧 [kǒng jù]

payaso,-a *m/f* 小丑 [xiǎo chǒu], 丑角 [chǒu jué]

paz *f* 和平 [hé píng], 和好 [hé hǎo]

peaje *m* 过路费 [guò lù fèi]

peatón *m* 步行者 [bù xíng zhě], 行人 [xíng rén]

peca *f* 雀斑 [què bān]

peca/do *m* 罪过 [zuì guò], 原罪 [yuán zuì]; **~r** *vi* (宗教上的)犯

罪 [(zōng jiào shàng de) fàn zuì]; 出错 [chū cuò]

pecho *m* **1.** 胸 [xiōng], 胸膛 [xiōng táng]; **2.** 乳房 [rǔ fáng]; **dar el ~** 正视(责任, 危险等) [zhèng shì (zé rèn, wēi xiǎn děng)]

pechuga *f* (鸡等禽类)胸脯肉 [(jī děng qín lèi) xiōng pú ròu]

peculiar *adj m/f* 独特的 [dú tè de], 特殊的 [tè shū de]; **~idad** *f* 独特性 [dú tè xìng], 特殊性 [tè shū xìng]

pedagógico,-a *adj* 教育学的 [jiào yù xué de]

pedal *m* 踏板 [tà bǎn], 脚蹬板 [jiǎo dèng bǎn]; **~ de freno** 刹车板 [shā chē bǎn]; **~ del acelerador** 加速板 [jiā sù bǎn]; **~ear** *vi* 踏动踏板 [tà dòng tà bǎn], 踏动脚蹬 [tà dòng jiǎo dèng]

pedante **1.** *adj m/f* 卖弄学问的 [mài nòng xué wèn de]; **2.** *m/f* 卖弄学问的人 [mài nòng xué wèn de rén], 空谈家 [kōng tán jiā]

pedazo *m* 小块 [xiǎo kuài], 片 [piàn], 段 [duàn], 部分 [bù fèn]

pedi/atra *m/f* 儿科医生 [ér kē yī shēng]; **~atría** *f* 儿科 [ér kē]

pedicura *f* 手足病治疗 [shǒu zú bìng zhì liáo]; 治疗手足病的人 [zhì liáo shǒu zú bìng de rén]

pedido *m com* 订单 [dìng dān], 订货 [dìng huò]

pedir *vt* **1.** 要求 [yāo qiú], 恳求 [kěn qiú], **2.** *com* 订货 [dìng huò]

pedo *m coloq* 屁 [pì]; **tirarse un ~** *vulg* 放屁 [fàng pì]

pega/joso,-a *adj* **1.** 粘糊的 [nián hú de], 粘人的 [nián rén de]; **2.** *fig* 过分殷勤的 [guò fèn yīn qín de]; **~mento** *m* 胶水 [jiāo shuǐ], 粘贴剂 [nián tiē jì]

pegar **1.** *vt* 粘贴 [zhān tiē], 粘合 [zhān hé]; **no ~ ojo** 不合眼 [bù hé yǎn], 不眨眼 [bù zhá yǎn]; **2.** *vi* 适合 [shì hé], 相配 [xiāng pèi]; **~se** *fig* 感染上 [gǎn rǎn shàng], 传染上 [chuán rǎn shàng]

pegatina *f* 黏性物质 [nián xìng wù zhì]

peina/do *m* 梳理 [shū lǐ]; **~r** *vt* 梳理(头发) [shū lǐ (tóu fà)]

peine *m* 梳子 [shū zi]; **~ta** *f* 压发梳 [yā fà shū]

pela/do,-a *adj* 赤裸的 [chì luó de], 光秃的 [guāng tū de]; **~je** *m* (动物的)毛 [(dòng wù de) máo]; **~r** *vt fig* 使一无所有 [shǐ yī wú suǒ yǒu]; 弄光 [nòng guāng], 抢光(某人) [qiǎng guāng (mǒu rén)]

peldaño *m* 台阶 [tái jiē], 阶梯 [jiē tī]

pelea *f* 搏斗 [bó dòu], 打架 [dǎ jià]; **~r** *vi* 打架 [dǎ jià], 争斗 [zhēng dòu]; **~rse** 争吵 [zhēng chǎo], 吵架 [chǎo jià]

peletería *f* **1.** 制革业 [zhì gé yè], 鞣皮业 [róu pí yè]; **2.** 毛皮店 [máo pí diàn], 皮货店 [pí huò diàn]

pelícano *m* 拔牙钳 [bá yá qián]

película *f* 电影 [diàn yǐng], 电影片 [diàn yǐng piàn]; ~ **policíaca** *m* 侦探片 [zhēn tàn piàn]
peligr/ar *vi* 处于危险中 [chǔ yú wēi xiǎn zhōng]; **~o** *m* 危险 [wēi xiǎn]; **~oso,-a** *adj* 危险的 [wēi xiǎn do]
pelirrojo,-a *adj* 红发的 [hóng fà de], 红毛的 [hóng máo de]
pellejo *m* 毛皮 [máo pí]
pellizc/ar *vt* 捏 [niē], 拧 [nǐng]; **~o** *m* **1.** 捏 [niē], 拧 [nǐng]; **2.** 捏痕 [niē hén], 拧痕 [nǐng hén]
pelo *m* 毛 [máo], 发 [fà]; **tomar el ~ a alg** 取笑某人 [qǔ xiào mǒu rén], 开某人的玩笑 [kāi mǒu rén de wán xiào]
pelota *f* 球 [qiú], 球戏 [qiú xì]; **~s** *pl vulg* (男人的睾丸, 俗话)蛋蛋 [(nán rén de gāo wán, sú huà) dàn dàn]; **en ~s** *coloq* 赤身裸体的 [chì shēn luó tǐ de], 光着身子的 [guāng zhe shēn zi de]
peluca *f* **1.** 假发 [jiǎ fà]; **2.** 呵斥 [hē chì], 严责 [yán zé]
peluche *m* 长毛绒动物 (玩具) [cháng máo róng dòng wù (wán jù)], 毛公仔 [máo gōng zǎi]
peludo,-a *adj* 毛发多的 [máo fà duō de], 体毛多的 [tǐ máo duō de]
peluquer/a *f* 女理发师 [nǚ lǐ fà shī]; **~ía** *f* 理发店 [lǐ fà diàn]; **~o** *m* 理发师 [lǐ fà shī]
pelusa *f* **1.** 茸毛 [róng máo]; **2.** 忌妒 [jì dù]
pena *f* **1.** 惩罚 [chěng fá], 刑罚 [xíng fá]; **2.** 可惜 [kě xī], 难过 [nán guò]; **¡qué ~!** 真可惜! [zhēn kě xī], 真叫人痛心! [zhēn jiào rén tòng xīn]; **vale / merece la ~** 值得 [zhí dé]; **~ capital** 死刑 [sǐ xing]
penal 1. *adj m/f* 刑罚的 [xíng fá de], 刑事的 [xíng shì de]; **2.** *m* 监狱 [jiān yù], 牢房 [láo fáng]
pend/er de *vi* 悬挂 [xuán guà], 吊 [diào]; **~iente 1.** *adj m/f* 悬挂着的 [xuán guà zhe de]; 悬而未决的 [xuán ér wèi jué de]; **2.** *m* 耳坠儿 [ěr zhuì er], 耳环 [ěr huán]; **3.** *f* 斜坡 [xié pō], 斜面 [xié miàn]
péndulo *m* 钟摆 [zhōng bǎi]
pene *m med* 阴茎 [yīng jìng]
penetra/ción *f fig* 理解 [lǐ jiě], 领会 [lǐng huì]; **~r 1.** *vt* 渗入 [shèn rù], 穿透 [chuān tòu]; **2. en** *vi* 进入 [jìn rù], 插入 [chā rù], 钻入 [zuān rù]
penicilina *f* 青霉素 [qīng méi sù]
península *f* 半岛 [bàn dǎo]
penitencia *f* 忏悔 [chàn huǐ], 悔罪 [huǐ zuì]; 劳改 [láo gǎi]
penoso,-a *adj* 艰苦的 [jiān kǔ de], 令人难过的 [lìng rén nán guò de]
pensar 1. *vt* 想出 [xiǎng chū], 打算 [dǎ suàn], 认为 [rèn wéi]; **2. en** *vi* 想起 [xiǎng qǐ], 想到 [xiǎng dào]; 想念 [xiǎng niàn]; **sin ~ 1.** 不假思索地 [bù jiǎ sī suǒ de], 匆忙地 [cōng máng de];

2. 无意地 [wú yì de], 意外地 [yì wài de]

pensativo,-a *adj* 沉思的 [chén sī de]

pensión *f* **1.** 退休金 [tuì xiū jīn]; **2.** 小旅馆 [xiǎo lǚ guǎn]; **~ completa** 包三餐 [bāo sān cān]; **media ~** 包早餐与晚餐 [bāo zǎo cān yǔ wǎn cān]

pentágono *m* 五角形 [wǔ jiǎo xíng]; **el ~*** （美国）五角大楼 [(měi guó) wǔ jiǎo dà lóu]

Pentecostés *f* （基督教）圣灵降临节 [(jī dū jiào) shèng líng jiàng lín jié]

penúltimo,-a *adj* 倒数第二 [dǎo shǔ dì èr]

penumbra *f* （时间或空间的）昏暗 [(shí jiān huò kōng jiān de) hūn àn], 朦胧 [méng lóng]

peón *m* 小工 [xiāo gōng], 杂工 [zá gōng]

peonza *f* 陀螺 [tuó luó]

peor *adj m/f* 较坏的 [jiào huài e], 较差的 [jiào chā de]

pepinillo *m* 小黄瓜 [xiǎo huáng guā]

pepi/no *m* 黄瓜 [huáng guā]; **~ta** *f* （水果等的）籽 [(shuǐ guǒ děng) zǐ]

pequeñez *f* 小 [xiǎo], 细嫩 [xì nèn]

pequeño,-a *adj* 小的 [xiǎo de], 年幼的 [nián yòu de]

pera *f* 梨 [lí], 水梨 [shuí lí]

perca *f* 鲈鱼 [lú yú]

percance *m* 不幸事件 [bù xìng shì jiàn], 倒霉事情 [dǎo méi shì qíng]

percep/ción *f* 感觉 [gǎn jué], 感受 [gǎn shòu]; **~tible** *adj m/f* 可以感知的 [kě yǐ gǎn zhī], 可以察觉的 [kě yǐ chá jué de]

percha *f* 衣架 [yī jià], 挂衣钩 [guà yī gōu]

percibir *vt* 感到 [gǎn dào], 察觉, 发现 [chá jué fā xiàn]

percusión *f* 敲击 [qiāo jī], 打击 [dǎ jī]; **instrumento** *m* **de ~** 打击乐器 [dǎ jī yuè qì]

perdedor,-a *m/f* 失败者 [shī bài zhě], 败将 [bài jiàng]

perder *vt* 丢失 [diū shī], 失去 [shī qù]; **echar a ~** 毁坏 [huǐ huài], 损坏 [sǔn huài]; **~se 1.** 迷路 [mí lù]; **2.** 消失 [xiāo shī], 失踪 [shī zōng]

perdición *f* 堕落 [duò luò], 毁灭 [huǐ miè]

pérdida *f* 损失 [sǔn shī] ; 亏损 [kuī sǔn]

perdido,-a *adj* 无方向的 [wú fāng xiàng de], 徒劳的 [tú láo de]

perdiz *f* 石鸡 [shí jī]

perdón *m* 原谅 [yuán liàng], 宽恕 [kuān shù]; **pedir ~ a alg por u/c** 请求某人原谅某件事 [qǐng qiú mǒu rén yuán liàng mǒu jiàn shì]; **¡~!** 对不起 [duì bù qǐ]

perdona/ble *adj* 可原谅的 [kě yuán liàng de], 可宽恕的 [kě kuān shù de]; **~r** *vt* 原谅 [yuán liàng], 宽恕 [kuān shù]

perdura/ble *adj m/f* 永久的 [yǒng jiǔ de], 长久的 [cháng jiǔ de]; **~r** *vi* 永久保持 [yǒng jiǔ bǎo chí], 经久 [jīng jiǔ]

perecedero,-a *adj* 不经久的 [bù jīng jiǔ de], 非永恒的 [fēi yǒng héng de]

peregrin/ación *f fig* 人生经历 [rén shēng jīng lì]; **~ar** *vi fig* (为某事)张罗 [(wèi mǒu shì) zhāng luó], 奔走 [bēn zǒu]; **~o,-a** *m/f* 朝圣 [cháo shèng]

perejil *m* 香菜 (香料之用) [xiāng cài (xiāng liào zhī yòng)]

perez/a *f* 懒惰 [lǎn duò], 怠惰 [dài duò]; **~oso,-a 1.** *adj* 懒的 [lǎn de], 懒惰的 [lǎn duò de]; **2.** *m/f* 懒汉 [lǎn hàn], 懒惰的人 [lǎn duò de rén]; **3.** *m zool* 树懒 [shù lǎn]

perfec/ción *f* 完美 [wán měi], 改善 [gǎi shàn]; **~cionar** *vt* 使完美 [shǐ wán měi], 改进 [gǎi jìn], 改善 [gǎi shàn]; **~to,-a** *adj* 完全的 [wán quán de], 完美的 [wán měi de]

perfidia *f* 不忠实 [bù zhōng shí]

perfil *m* 轮廓 [lún kuò], 侧面 [cè miàn]; **de ~** 侧面的 [cè miàn de]

perfora/ción *f* 穿孔 [chuān kǒng], 钻孔 [zuān kǒng]; **~dora** *f* 凿岩机 [záo yán jī], 打眼机 [dǎ yǎn jī]; **~r** *vt* **1.** 钻孔 [zuān kǒng], 打眼 [dǎ yǎn]; **2.** 穿透 [chuān tòu], 打穿 [dǎ chuān]

perfum/ar 1. *vt* 用香熏 [yòng xiāng xūn]; **2.** *vi* 散发香气 [sàn fā xiāng qì]; **~e** *m* **1.** 香水 [xiāng shuǐ]; **2.** *fig* (令人回味的)美好经历 [(lìng rén huí wèi de) měi hǎo jīng lì]

perímetro *m* 周长 [zhōu cháng], 周线 [zhōu xiàn]

peri/ódico 1.,-a *adj* 周期性的 [zhōu qī xìng de], 定期刊行的 [dìng qī kān xíng de]; **2.** *m* 报纸 [bào zhǐ], 期刊 [qī kān]; **~odismo** *m* 新闻业 [xīn wén yè], 报界 [bào jiè]; **~odista** *m/f* 新闻记者 [xīn wén jì zhě]

período *m* 时期 [shí qī], 周期 [zhōu qī]

periquito *m* 鹦鹉 [yīng wǔ]

perito 1.,-a *adj* 内行的 [nèi háng de], 有专长的 [yǒu zhuān cháng de]; **2.** *m* 技师 [jì shī], 专家 [zhuān jiā]

perjudic/ar *vt* 危害 [wēi hài], 损害 [sǔn hài]; **~ial** *adj m/f* 有害的 [yǒu hài de], 有损于... 的 [yǒu sǔn yú ... de]

perjuicio *m* 损害 [sǔn hài]

perla *f* 珍珠 [zhēn zhū], 宝贝 [bǎo bèi]

permane/cer *vi* **1.** 处在 [chǔ zài], 停留 [tíng liú]; **2.** 保持 [bǎo chí]; **~ncia** *f* 永久 [yǒng jiǔ], 持久 [chí jiǔ]; **~nente 1.** *adj m/f* 持久的 [chí jiǔ de]; **2.** *f* 烫头发 [tàng tóu fà]

permi/sible *adj m/f* 可准许的 [kě zhǔn xǔ de]; **~so** *m* **1.** 允许 [yǔn xǔ], 许可 [xǔ kě]; **2.** 执照 [zhí zhào]; **~ de conducir** 驾驶执

照 [jià shǐ zhí zhào]; ~ **de trabajo** 工作许可证 [gōng zuò xǔ kě zhèng]; ~**tir** *vt* 允许 [yǔn xǔ], 许可 [xǔ kě], 准许 [zhǔn xǔ]

pernocta/ción *f* (旅馆)过夜 [(lǚ guǎn) guò yè]; ~**r** *vi* 过夜 [guò yè]

pero *conj* 但是 [dàn shì], 可是 [kě shì]

perpendicular *adj m/f* 垂直的 [chuí zhí de]

perpetu/ar *vt* 使永存 [shǐ yǒng cún], 使不朽 [shǐ bù xiǔ]; ~**o,-a** *adj* 永久的 [yǒng jiǔ de], 永恒的 [yǒng héng de]

perplejo,-a *adj* 犹疑的 [yóu yí de], 困惑的 [kùn huò de]

perr/a *f* 母狗 [mǔ gǒu]; ~**o** *m* **1.** 危害 [wēi hài]; **2.** 公狗 [gōng gǒu]; ~**o caliente** *gastr* 热狗面包 [rè gǒu miàn bāo]

perse/cución *f* 跟踪 [gēn zōng], 追击 [zhuī jī], 迫害 [pò hài]; ~**guidor** *m* 跟踪 [gēn zōng], 追击 [zhuī jī]; ~**guir** *vt* 跟踪 [gēn zōng], 迫害 [pò hài]

persist/encia *f* 坚持 [jiān chí], 持续 [chí xù]; ~**ir** *vt/i* **1.** 坚持 [jiān chí], 固执 [gù zhí]; **2.** 持续 [chí xù]

persona *f* 人 [rén], 人物 [rén wù]; **en** ~ 亲自 [qīn zì]; ~**je** *m teat* 角色 [jué sè]; *lit* 人物 [rén wù]; ~**l 1.** *adj m/f* 个人的 [gè rén de], 亲自的 [qīn zì de]; **2.** *m* 职工 [zhí gōng], 员工（总称） [yuán gōng (zǒng chēng)]; ~**lidad** *f* 人格 [rén gé], 个性 [gè xìng]; ~**rse** 亲临 [qīn lín], 亲自出马 [qīn zì chū mǎ]

personificar *vt* 使人格化 [shǐ rén gé huà]

perspectiva *f* 透视 [tòu shì]; 远景 [yuǎn jǐng], 前景 [qián jǐng]

perspica/cia *f* 敏锐 [mǐn ruì], 洞察力 [dòng chá lì]; ~**z** *adj m/f* 敏锐的 [mǐn ruì de], 有洞察力的 [yǒu dòng chá lì de]

persua/dir a *vt* 劝说 [quàn shuō], 使信服 [shǐ xìn fú]; ~**sión** *f* 坚信 [jiān xìn], 说服 [shuì fú]

pertene/cer a *vi* 属于 [shǔ yú]; ~**ciente a** *adj m/f* 属于（某人）的 [shǔ yú (mǒu rén) de]; ~**ncia** *f* 归属 [guī shǔ], 所有权 [suǒ yǒu quán]

pertinen/cia *f* 适当 [shì dàng], 有关 [yǒu guān]; ~**te** *adj m/f* 适当的 [shì dàng de], 有关的 [yǒu guān de]

perturba/ción *f meteo* (天气) 骤变 [(tiān qì) zhòu biàn], 变化 [biàn huà]; ~**r** *vt* 搅扰 [jiǎo rǎo], 扰乱 [rǎo luàn]

pervers/idad *f* 邪恶 [xié è], 邪恶行为 [xié è xíng wéi]; ~**ión** *f* 腐化 [fǔ huà], 堕落 [duò luò], ~**o,-a** *adj* 邪恶的 [xié è de], 堕落的 [duò luò de]

pervertir *vt* 使腐化 [shǐ fǔ huà], 使堕落 [shǐ duò luò]

pesa *f* 砝码 [fǎ mǎ], 秤砣 [chèng tuó]; ~**dez** *f* 沉重 [chén zhòng], 迟缓 [chí huǎn]

pesadilla *f* 恶梦 [è mèng]
pesado,-a *adj* 沉重的 [chén zhòng de], 迟缓的 [chí huǎn de]
pésame *m* 吊唁 [diào yàn], 哀悼 [āi dào]; **dar el ~ a alg** 向某人表示哀悼 [xiàng mǒu rén biǎo shì āi dào]
pesar 1. *vt/i* 称量 [chēng liàng]; **2.** *vt fig* 掂量 [diān liáng], 斟酌 [zhēn zhuó], 权衡 [quán héng]; **3.** *vi* 有重量 [yǒu zhòng liàng], 沉 [chén], 重 [zhòng]; **4.** *m* 悔恨 [huǐ hèn], 内疚 [nèi jiù]; **a ~ de 1.** 不管 [bù guǎn], 不顾 [bù gù]; **2.** 虽然 [suī rán], 尽管（某种困难或阻挠等）[jìn guǎn (mǒu zhǒng kùn nán huò zǔ rǎo děng)]
pesca *f* 捕鱼业 [bǔ yú yè]; **~dería** *f* 鱼店 [yú diàn], 鱼摊 [yú tān]; **~dero,-a** *m/f* 卖鱼人 [mài yú rén]; **~do** *m gastr*（餐桌上食用的）鱼 [(cān zhuō shàng shí yòng de) yú]; **~dor,-a** *m/f* 渔夫 [yú fū], 渔民 [yú mín]; **~dor con caña** 钓鱼者 [diào yú zhě]; **~r** *vt/i* 捕 [bǔ], 打 [dǎ], 钓（鱼, 虾）[diào (yú, xiā)]; **~r con caña** 用鱼杆钓鱼 [yòng yú gān diào yú]
pese a *loc adv* 不管 [bù guǎn], 不顾 [bù gù]; **~ que** 尽管 [jìn guǎn], 虽然 [suī rán]
peseta *f* 比塞塔(西班牙已结束使用的货币单位) [bǐ sāi tǎ (xī bān yá yǐ jié shù shǐ yòng de huò bì dān wèi)]
pesimis/mo *m* 悲观 [bēi guān], 悲观主义 [bēi guān zhǔ yì]; **~ta** *m/f* 悲观的人 [bēi guān de rén], 悲观主义者 [bēi guān zhǔ yì zhě]
pésimo,-a *adj* 极坏的 [jí huài de], 非常糟糕的 [fēi cháng zāo gāo de]
peso *m* **1.** 重量 [zhòng liàng], 体重 [tǐ zhòng]; **2.** *fig* 负担 [fù dān], 压力 [yā lì]
pestañ/a *f* 睫毛 [jié máo]; **~ear** *vi* 眨眼睛 [zhá yǎn jīng]
peste *f* 鼠疫 [shǔ yì], 瘟疫 [wēn yì]
pestillo *m* 插销 [chā xiāo], 门闩 [mén shuān]
pétalo *m bot* 花瓣 [huā bàn]
petardo *m* **1.** 爆竹 [bào zhú], 鞭炮 [biān pào]; **2.** *fig* 诈骗 [zhà piàn]
petición *f pol* 请求 [qǐng qiú], 要求 [yāo qiú]; **a ~ de** 应(某人的)要求 [yìng (mǒu rén de) yāo qiú]
petróleo *m* 石油 [shí yóu]
petrolero 1.,-a *adj* 石油的 [shí yóu de]; **2.** *m nav* 油船 [yóu chuán]
pez 1. *m* 活鱼 [huó yú]; **2.** *f* 树脂 [shù zhī], 松脂 [sōng zhī]
piadoso,-a *adj* 仁慈的 [rén cí de], 令人怜悯的 [lìng rén lián mǐn de]
pian/ista *m/f* 钢琴家 [gāng qín jiā], 钢琴演奏者 [gāng qín yǎn zòu zhě]; **~o** *m* 钢琴 [gāng qín]; **~o de cola** 大钢琴 [dà gāng

qín], 三角钢琴 [sān jiǎo gāng qín]

pica/dura *f* **1.** (虫，鸟等的)啄 [(chóng, niǎo děng de) zhuó], 叮 [dīng], 痒 [yǎng]; **2.** (啄, 叮, 蛰, 咬的) 伤痕 [(zhuó, dīng, zhé, yǎo de) shāng hén]; **~nte** *adj m/f* 辣的 [là de]; **~r 1.** *vt gastr* (菜) 辣 [(cài) là]; *fig* 刺激 [cì jī], 挑动 [tiǎo dòng]; **2.** *vi* 发痒 [fā yǎng], 扎人 [zhā rén]

pícaro,-a 1. *adj* 下流的 [xià liú de]; **2.** *m/f* 流氓 [liú mán], 下流痞 [xià liú pǐ]

pico *m fig* 口 [kǒu], 嘴 [zuǐ]; *zool* (禽类的)喙 [(qín lèi de) huì]; **cinco y ~** 五点 (钟) 多一点 [wǔ diǎn (zhōng) duō yī diǎn]

picor *m* 辣 [là]；痒 [yǎng]

pie *m* 脚 [jiǎo], 蹄 [tí], 爪 [zhuǎ]; **~ de rey** 卡尺 [kǎ chǐ]; **a ~** 徒步地 [tú bù de], 步行地 [bù xíng de]; **de ~** 站着的 [zhàn zhe de]

piedad *f* 怜悯 [lián mǐn], 虔诚 [qián chéng]

piedra *f* 石 [shí], 石块 [shí kuài]; **~ preciosa** 宝石 [bǎo shí]

piel *f* 皮 [pí], 皮肤 [pí fū]

pierna *f* 腿 [tuǐ]

pieza *f* **1.** 件 [jiàn], 块 [kuài]; **2.** *mús* 乐曲 [yuè qǔ], 舞曲 [wǔ qǔ]; *teat* (戏剧) 脚本 [(xì jù) jiǎo běn]; **~s de recambio** *fpl* 配件 [pèi jiàn], 零配件 [líng pèi jiàn]

pijama *m* 睡衣 [shuì yī]

pila *f electr* 电池 [diàn chí]; **~ recargable** *f* 可充电池 [kě chōng diàn chí]

píldora *f* **1.** 药丸 [yào wán]; **2.** *fig* 毒品 [dú pǐn]; **~ anticonceptiva** 避孕药 [bì yùn yào]

pillar *vt coloq* 抓住 [zhuā zhù], 逮住 [dǎi zhù]

pillo,-a 1. *adj* 不知羞耻的 [bù zhī xiū chǐ de]; **2.** *m/f* 流氓 [liú máng], 无赖 [wú lài]

pilot/ar *vt aero* 驾驶(飞机) [jià shǐ (fēi jī)]; **~o** *m* (飞机)驾驶员 [(fēi jī) jià shǐ yuán]

pimient/a *f* 胡椒 [hú jiāo], 辣椒 [là jiāo]; 青椒 [qīng jiāo]; **~o** *m* 辣椒 [là jiāo]；青椒 [qīng jiāo]

pinar *m* 松林 [sōng lín]

pincel *m* 画笔 [huà bǐ], 毛笔 [máo bǐ]

pinchar *vt* **1.** 刺 [cì], 扎 [zhā]; **2.** *fig* 鼓动 [gǔ dòng], 刺激 [cì jī]

pingüino *m* 企鹅 [qǐ é]

pino 1.,-a *adj* 挺拔的 [tǐng bá de], 陡峭的 [dǒu qiào de]; **2.** *m* 松树 [sōng shù]

pinta *f* 样子 [yàng zi], 外观 [wài guān]; **~da** *f zool* 珠鸡 [zhū jī]

pintalabios *m* 唇膏 [chún gāo], 口红 [kǒu hóng]

pintar *vt* 绘 [huì], 画 [huà]; 涂 [tú]

pintor,-a *m/f* 画家 [huà jiā]; 油漆匠 [yóu qī jiàng]; **~esco,-a** *adj fig* 如画的 [rú huà de], 生动的 [shēng dòng de]

pintura *f* 绘画 [huì huà], 绘画艺术 [huì huà yì shù]

pinza *f* **1.** 镊子 [niè zi]; **2.** (晒衣服等用的)夹子 [(shài yī fú děng yòng de) jiá zi]
piña *f* 菠萝 [bō luó]
piñón *m* 松子 [sōng zǐ], 松仁 [sōng rén]
piojo *m* 虱子 [shī zi]; **~so,-a** *adj* 多虱的 [duō shī], 长有虱子的 [zhǎng yǒu shī zi de]
pipa *f* 烟斗 [yān dǒu]; 旱烟 [hàn yān]
pipas *fpl gastr* 瓜子 [guā zǐ], 葵花子 [kuí huā zi]
piragua *f* 独木舟 [dú mù zhōu]
piraña *f* 锯鱼 [jù yú]
pirámide *f* **1.** 角锥 [jiǎo zhuí], 棱锥 [líng zhuí]; **2.** 金字塔 [jīn zì tǎ]
pir/arse *coloq* 逃跑 [táo pǎo], 溜走 [liū zǒu]; **~ árselas** *coloq* 逃跑 [táo pǎo], 溜走 [liū zǒu], 逃学 [táo xué]
pirat/a *m* 海盗 [hǎi dào]; **~ informático** *informát* (电脑)黑客 [(diàn nǎo) hēi kè]; **~ería** *f* 盗版产品 [dào bǎn chǎn pǐn]
pirenaico,-a *adj* 比利牛斯山的 [bǐ lì niú sī shān de]
Pirine/os *mpl* 比利牛斯山脉 [bǐ lì niú sī shān mài]; **~o** *m* 比利牛斯山的 [bǐ lì nié sī shān de]
pirotecnia *f* 烟火 [yān huǒ]
pirueta *f* 跳跃 [tiào yuè], 腾跳 [téng tiào]
pisada *f* 踩 [cǎi], 踏 [tà]
pisar *vt* 踩 [cǎi], 踏 [tà]
piscina *f* 池塘 [chí táng]; 游泳池 [yǒu yǒng chí]; **~ cubierta** 室内游泳池 [shì nèi yǒu yǒng chí]
piso *m* (楼房内的) 公寓房 [(lóu fáng nèi de) gōng yù fáng]
pisotear *vt fig* 欺压 [qī yā], 凌辱 [líng rǔ]
pista *f aero* (飞机的)跑道 [(feī jī de) pǎo dào]; **~ de tenis** 网球场 [wǎng qiú chǎng]; **~ de aterrizaje** (着陆)跑道 [(zhuó lù) pǎo dào]
pisto *m gastr* 肉汁 [ròu zhī], 鸡汁 [jī zhī]
pistol/a *f* 手枪 [shǒu qiāng]; 喷枪 [pēn qiāng]; **~ero** *m* 神枪手 [shén qiāng shǒu], 枪手 [qiāng shǒu]
pistón *m auto* 活塞 [huó sāi]
pitar *vt/i coloq* 吹哨子 [chuī shào zi]
pito *m coloq* 香烟 [xiāng yān]
pizz/a *f* 比萨饼 [bǐ sà bǐng]; **~ería** *f* 比萨饼店 [bǐ sà bǐng diàn]
placa *f* 板 [bǎn], 片 [piàn], (挂的)牌子 [(guà de) pái zi]
placer 1. *vi* 使愉快 [shǐ yú kuài], 使高兴 [shǐ gāo xìng]; **2.** *m* 快乐 [kuài lè], 愉快 [yú kuài]
plaga *f* 灾害 [zāi hài], 灾难 [zāi nàn]
plan *m* 计划 [jì huà], 打算 [dǎ suàn]
plancha *f* 熨斗 [yùn dǒu]; **~r** *vt* 熨(衣服) [yùn (yī fú)]
planear 1. *vt* 计划 [jì huà], 安排 [ān pái]; **2.** *vi* 滑翔 [huá xiáng]

planeta *m* 行星 [xíng xīng]; **~rio** *m* 天文馆 [tiān wén guǎn]

plano 1.,-a *adj* 平的 [píng de]; **2.** *m* 平面图 [píng miàn tú]

planta *f* **1.** (大楼)层 [(dà lóu) céng], 层面 [céng miàn]; **2.** *tecn* 工厂 [gōng chǎng]; **3.** 植物 [zhí wù]; ~ **baja** 首层 [shǒu céng], 底层 [dǐ céng]

plantear *vt* 筹划 [chóu huà], 提出 [tí chū]

plantilla *f* **1.** 鞋垫 [xié diàn], 鞋底 [xié dǐ]; **2.** (公司、机关等)人员编制 [(gōng sī, jī guān děng) rén yuán biān zhì]

plasma *m biol* (血液或淋巴的)浆 [(xuè yè huò lín bā de) jiāng]; **~r** *vt* 塑造 [sù zào]; **~rse** 体现 [tǐ xiàn], 表现 [biǎo xiàn]

plástico 1.,-a *adj fig* 生动的 [shēng dòng de], 可塑的 [kě sù de]; **2.** *m* 塑料 [sù liào]

plata *f* 银 [yín]; 钱 [qián]; **hablar en** ~ 简明扼要地说 [jiǎn míng è yào de shuō]

plataforma *f constr* 台 [tái], 平台 [píng tái]

plátano *m* 香蕉 [xiāng jiāo], 大蕉 [dà jiāo]

platillo *m* 小盘子 [xiǎo pán zi], 小碟子 [xiǎo dié zi]; ~ **volante** 飞碟 [fēi dié]

plato *m gastr* 菜 [cài], 盘菜 [pán cài]; ~ **del día** 当日菜肴 [dāng rì cài yáo]; ~ **de postres** 甜品菜 [tián pǐn cài]; ~ **combinado** 套餐 [tào cān]; ~ **preparado** 预制的菜肴 [yù zhì de cài yáo]; ~ **hondo/sopero** 深盘 [shēn pán], 汤盘 [tāng pán]; ~ **llano** 浅盘 [qiān pán], 菜盘 [cài pán]

playa *f* 海滩 [hǎi tān], 河滩 [hé tān]

plaza *f* 广场 [guǎng chǎng]; ~ **de toros** 斗牛场 [dòu niú chǎng]

plazo *m com* 期限 [qī xiàn], 限期 [xiàn qī]; **a ~s** 分期付款地 [fēn qī fù kuǎn de]; **a corto** ~ 短期的 [duǎn qī de]; **a largo** ~ 长期的 [cháng qī de]

plega/ble *adj m/f* 可折叠的 [kě zhé dié de]; **~r** *vt* 使有皱褶 [shǐ yǒu zhòu tā], 折叠 [zhé dié]

pleito *m* 诉讼 [sùn sòng], 官司 [guān sī]

plenilunio *m* 望月 [wàng yuè], 满月 [mǎn yuè]

pleno 1.,-a *adj* 完全的 [wán quán de], 充分的 [chōng fèn de]; ~ **empleo** 全职 [quán zhí], 全天工 [quán tiān gōng]; **en ~ invierno** 隆冬 [lóng dōng]; **en** ~ 全体的 [quán tǐ de], 全体成员的 [quán tǐ chéng yuán de]; **2.** *m* 全体会议 [quán tǐ huì yì]

plomo *m* 铅 [qiān], 铅块 [qiān kuài]

pluma *f* **1.** 钢笔 [gān bǐ]; **2.** *fig* 手迹 [shǒu jì], 书法 [shū fǎ]

plural *m ling* (语法)复数的 [(yǔ fǎ) fù shù de]

pobla/ción *f* 居民 [jū mín], 人口 [rén kǒu]; **~do 1. -a** *adj* 有人居住的 [yǒu rén jū zhù de]; **2.** *m*

村落 [cūn luò]; **~r de** *vt* 住满 [zhù mǎn]; 长满 [zhǎng mǎn]; 布满 [bù mǎn]

pobre 1. *adj m/f* 贫穷的 [pín qióng de]; **2.** *m/f* 穷人 [qióng rén]; **~za** *f* 贫穷 [pín qióng], 贫困 [pín kùn]

pocilga *f* 肮脏的地方 [āng zāng de dì fāng]

poco 1.,-a *adj* 少的 [shǎo de], 少量的 [shǎo liàng de]; **un ~ de** 一点儿的… [yī diǎn er de]; **2.** *adv* 少 [shǎo], 小 [xiǎo], 不多 [bù duō]; **~ a ~** 慢慢地 [màn màn de]; 一点一点地 [yī diǎn yī diǎn de]; **dentro de ~** 不久之后 [bù jiǔ zhī hòu], 最近 [zuì jìn]; **por ~** 险些 [xiǎn xiē], 差一点儿 [chā yī diǎn er]; **3.** *pron* 一点儿 [yī diǎn er]; **unos ~s** 一点儿 [yī diǎn er]

poder 1. *vt* 能够 [néng gòu], 可以 [kě yǐ]; **no ~ más** 不能再吃了 [bù néng zài chī le]; 不能再继续了 [bù néng zài jì xù le]; **no ~ menos de** 不能不 [bù néng bù], 禁不住 [jīn bù zhù]; **puede ser** 有可能是 [yǒu kě néng shì]; **2.** *m* 势力 [shì lì], 政权 [zhèng quán], 权力 [quán lì]; **~oso,-a** *adj* 强大的 [qiáng dà de], 有权势的 [yǒu quán shì de]

podrido,-a *adj* 腐烂的 [fǔ làn de]

poe/sía *f* 诗 [shī], 诗歌 [shī gē]; **~ta** *m/f* 诗人 [shī rén]

polaco,-a 1. *adj* 波兰的 [bō lán de], 波兰人的 [bō lán rén de]; **2.** *m/f* 波兰人 [bō lán rén]; **3.** *m* 波兰语 [bō lán yǔ]

polar *adj m/f* (南北)极的 [(nán běi) jí de]; 电极的 [diàn jí de], 磁极的 [cí jí de]; **~idad** *f* (物理的)极性 [(wù lǐ de) cí xìng]

policía 1. *f* 警察(总称) [jǐng chá (zǒng chēng)]; **~ del tráfico** 交通警察 [jiāo tōng jǐng chá]; **2.** *m/f* 警察 [jǐng chá]

polígono *m* 多边形 [duō biān xíng], 多角形 [duō jiǎo xíng]; **~ industrial** 工业区 [gōng yè qū]

polilla *f* 毛毡夜蛾 [máo zhān yè é]

polític/a *f* 政治 [zhèng zhì]; 政策 [zhèng chè]; **~o,-a 1.** *adj* 政治的 [zhèng zhì de]; **2.** *m/f* 政治家 [zhèng zhì jiā]

póliza *f* 单据 [dān jù], 凭单 [píng dān]; **~ de seguros** 投保书 [bǎo tóu shū]; 保险单 [bǎo xiǎn dān]

pollo *m gastr* 嫩鸡 [nèn jī], 小鸡 [xiǎo jī]

polo *m sport* 马球 [mǎ qiú]; *gastr* 冰棍 [bīng gùn]

polución *f* 污染 [wǔ rǎn]

polvo *m* 灰尘 [huī chén], 尘土 [chén tǔ]; **echar un ~** *coloq vulg* (做爱) 放一炮 [(zuò ài) fàng yī pào]

pomada *f* 香脂 [xiāng zhī]

pomelo *m* 枸橼 [gōu yuán], 香橼 [xiāng yuán]

ponche *m* (一种)鸡尾甜酒 [(yī zhǒng) jī wěi tián jiǔ]

poner *vt (sol)* 晒（太阳）[shài (tài yáng)]; *(ropa)* 穿（衣服）[chuān (yī fú)]; **~se** 穿 [chuān], 戴 [dài]

popa *f nav* 船尾 [chuán wěi]

popular *adj m/f* 民众的 [mín zhòng de], 大众的 [dà zhòng de]

poquito 很少的 [hěn shǎo de]; **un ~** 一点的 [yī diǎn de], 少量的 [shǎo liàng de]

por 为 [wèi]; 由于 [yóu yú], 因为 [yīn wéi]; 通过 [tōng guò]; **~ lo cual** 为此 [wèi cǐ]; **~ lo tanto** 因此 [yīn cǐ], 所以 [suǒ yǐ]; **~ hora** 眼下 [yǎn xià]; **tres ~ tres** 三乘三 [sān chéng sān]; **~ fin** 最后 [zuì hòu]; **~ poco** 差点儿 [chā diǎn er], 险些 [xiǎn xiē]; **el cinco ~ ciento** 百分之五 [bǎi fèn zhī wǔ]

porcelana *f* 瓷 [cí], 瓷器 [cí qì]

porcentaje *m* 百分比 [bǎi fèn bǐ]

porción *f* 份 [fèn], 份额 [fèn é]

pornografía *f* 色情 [sè qíng], 色情业 [sè qíng yè]

poro *m* 细孔 [xì kǒng], 毛孔 [máo kǒng]

porque *conj* 为了 [wèi le], 因为 [yīn wéi]

¿por qué? *loc* 为什么 [wèi shén mē]

porquería *f* 污秽 [wū huì], 破烂 [pò làn], 一文不值 [yī wén bù zhí]

porra *f* 棍 [gùn], 棒 [bàng]

porro *m coloq* 大麻卷烟 [dà má juǎn yān]

porrón *m* 长颈玻璃瓶 [cháng jǐng bō lí píng]

portar *vt* 携 [xié], 带 [dài]; **~se bien [mal] con alg** 对某人不错（不好）[duì mǒu rén bù cuò (bù hǎo)]

portátil *adj m/f* 便携式的 [biàn xié shì de], 手提的 [shǒu tí de]; **ordenador ~** 手提电脑 [shǒu tí diàn nǎo]

portaviones *m* 航空母舰 [háng kōng mǔ jiàn]

porter/ía *f sport* 球门 [qiú méng]; **~o,-a** *m/f sport* 守门员 [shǒu mén yuán]

portuario,-a *adj* 港口的 [gǎng kǒu de]

Portu/gal *m* 葡萄牙 [pú táo yá]; **~*gués,-a 1.** *adj* 葡萄牙的 [pú táo yá de], 葡萄牙人的 [pú táo yá rén de]; **2.** *m/f* 葡萄牙人 [pú táo yá rén]; **3.** *(idioma) m* 葡萄牙语 [pú táo yá yǔ]

porvenir *m* 未来 [wèi lái], 前途 [qián tú]

posada *f* 住处 [zhù chù], 招待所 [zhāo dài suǒ]

posar *vi* 休息 [xiū xī], 投宿 [tóu sù]; **~se** 沉淀 [chén diàn], 沉落 [chén luò]

pose *f*（摆好）姿势 [(bǎi hǎo) zī shì]; 姿态 [zī tài]

poseer *vt* 拥有 [yōng yǒu]; 具有 [jù yǒu]

poseído,-a *adj* 被支配的 [bèi zhī pèi de]; **~ por u/c** 自信 [zì xìn], 自负 [zì fù]

posesión *f* 拥有 [yōng yǒu], 占有 [zhàn yǒu]; 掌握 [zhǎng wò]; **tomar ~ de** 占用 [zhàn yòng], 占据 [zhàn jù]
posguerra *f* 战后 [zhàn hòu]
posib/ilidad *f* 可能 [kě néng]; **~le** *adj m/f* 可能的 [kě néng de]
posición *f* **1.** *nav* 位置 [wèi zhì], 方位 [fāng wèi]; **2.** *fig* 地位 [dì wèi], 位子 [wèi zi]; **tomar ~** 接任(某职位) [jiē rèn (mǒu zhí wèi)], 就职 [jiù zhí]
positivo,-a *adj* 积极的 [jī jí de], 正面的 [zhèng miàn de]
poste *m* (街头的) 柱 [(jiē tóu de) zhù], 杆 [gān]
postizo 1.,-a *adj* 假的 [jiǎ de], 后装的 [hòu zhuāng de]; **2.** *m* 假发 [jiǎ fà]
postre *m* 饭后甜点 [fàn hòu tián diǎn]
postura *f fig* 态度 [tài dù], 姿态 [zī tài]
potencia *f* 力 [lì], 力度 [lì dù], 力量 [lì liàng];
pozo *m* 井 [jǐng], 深坑 [shēn kēng]; 矿井 [kuàng jǐng]
práctica *f* 实践 [shí jiàn], 实行 [shí xíng]
practicar *vt (deporte)* 做(体育运动) [zuò (tǐ yù yùn dòng)]
práctico,-a *adj* 实在的 [shí zài de], 实践的 [shí jiàn de], 实用的 [shí yòng de]
prad/era *f* 草原牧场 [cǎo yuán mù chǎng], 大牧场 [dà mù chǎng]; **~o** *m* 草地 [cǎo dì], 草原 [cǎo yuán]
pragmático,-a *adj* 实用主义的 [shí yòng zhǔ yì de], 实效的 [shí xiào de]
precario,-a *adj* 低收入的 [dī shōu rù de], 不稳定的(工作) [bù wěn dìng de (gōng zuò)]
precaución *f* **1.** 防备 [fáng bèi], 提防 [tí fáng]; **2.** 小心 [xiǎo xīn], 谨慎 [jǐn shèn]
precaver *vt* 提防 [tí fáng], 防备 [fáng bèi], 戒备 [jiè bèi]; **~se de u/c** 防备… [fáng bèi]
precede/nte 1. *adj m/f* 在前的 [zaì qián de], 在先的 [zaì xiān de]; **2.** *m* 先例 [xiān lì], 前因 [qián yīn]; **~r** *vt* 在前 [zaì qián], 在先 [zaì xiān]
precint/ar *vt* 封固 [fēng gù]; **~o** *m* 封印 [fēng yìn], 封条 [fēng tiáo]
precio *m* **1.** 价格 [jià gé], 价钱 [jià qián]; **2.** *fig* 价值 [jià zhí], 意义 [yì yì]; **~so,-a** *adj* 珍贵的 [zhēn guì de], 宝贵的 [bǎo guì de]
precipi/cio *m* 悬崖 [xuán yá], 深涧 [shēn jiàn]; **~tación** *f* 匆忙 [cōng máng], 仓促 [cōng cù], 草率 [cǎo shuài]; **~tado,-a** *adj* 匆忙的 [cōng máng de], 仓促的 [cōng cù de], 草率的 [cǎo shuài de]; **~tar** *vt* 扔下 [rēng xià], 投下 [tóu xià], 抛下 [pāo xià]; **~tar-se en** 跳下 [tiào xià], 跌下 [diē xià], 落下 [luò xià]
precis/amente 恰巧地 [qià qiǎo de], 恰好地 [qià hǎo de]; **~ar** *vt*

需要 [xū yào]; **~ión** *f* 精确 [jīng què], 准确 [zhǔn què]; **~o,-a** *adj* 必须的 [bì xū de], 必需的 [bì xū de]

precoz *adj m/f fig* 早熟的 [zǎo shú de]; 早泄的 [zǎo xiè de]

pre/cursor,-a *m/f* 预言者 [yù yán zhě], 先驱 [xiān qū]; **~decesor,-a** *m/f* 前人 [qián rén], 先辈 [xiān bèi]; **~decir** *vt* 预言 [yù yán]

predicar *vt* 公开宣布 [gōng kāi xuān bù]

predicción *f* 预言 [yù yán]

predomin/ante *adj m/f* 占优势的 [zhàn yōu shì de]; **~ar** *vi* 占优势 [zhàn yōu shì]; **~io** *m* 优势 [yōu shì]

prefabricad/o,-a *adj* 预制的 [yù zhì de]; **casa ~a** 用预制板盖的房屋 [yòng yù zhì bǎn gài de fáng wū]

prefer/encia *f* 偏爱 [piān ài], 宠爱 [chǒng ài]; **~ente** *adj m/f* 偏爱 [piān ài] (某人或某物) 的 [(mǒu rén huò mǒu wù) de]; **~ible** *adj m/f* 更好的 [gèng hǎo de], 更可取的 [gèng kě qǔ de]; **~ido,-a** *adj* 受喜爱的 [shòu xǐ ài de], 更可取的 [gèng kě qǔ de]; **~ir** *vt* 偏爱 [piān ài], 宠爱 [chǒng ài]

prefijo *m ling* (语法) 前缀 [(yǔ fǎ) qián zhuì]; *telec* (长途电话的) 地区代号 [(cháng tú diàn huà de) dì qū dài hào]

pregunta *f* 问题 [wèn tí], 问话 [wèn huà]; **~r por** *vt* 问及 [wèn jí], 问到 (某人) [wèn dào (mǒu rén)]

prehist/oria *f* 史前时期 [shǐ qián shí qī], 史前史 [shǐ qián shǐ]; **~órico,-a** *adj* 史前的 [shǐ qián de]

prejuicio *m* 成见 [chéng jiàn], 偏见 [piān jiàn]

preliminar *adj m/f* 预备性的 [yù bèi xìng de]; 预赛的 [yù sài de]

prematuro,-a *adj* 不成熟的 [bù chéng shú de]; 提早的 [tí zǎo de]

premi/ar *vt* 奖赏 [jiǎng shǎng]; **~o** *m* 奖 [jiǎng], 奖金 [jiǎng jīn]

prenda *f* 抵押品 [dǐ yā pǐn]; **~ (de vestir)** 衣物 [yī wù]

prensa *f* 压机 [yā jī], 冲床 [chōng chuáng]; **~r** *vt* 压 [yā], 压紧 [yā jǐng]

preocupa/ción *f* 担心 [dān xīn], 忧虑 [yōu lǜ]; **~do,-a** *adj* 忧心忡忡的 [yōu xīn chōng chōng de]; **~r** *vt* 使担心 [shǐ dān xīn], 使忧虑 [shǐ yōu lǜ]; **~rse** 关心 [guān xīn], 关注 [guān zhù]; **~rse de** 负责 [fù zé]; **~rse por** 关心 [guān xīn]; 担心 [dān xīn]

prepara/ción *f tecn* 准备 [zhǔn bèi]; **~do** 准备好的 [zhǔn bèi hǎo de]; **~r** *vt* 准备 [zhǔn bèi], 培养 [péi yǎng]; **~tivos** *mpl* 准备 [zhǔn bèi]; 热身 [rè shēn]

preposición *f ling* (语法) 前置词 [(yǔ fǎ) qián zhì cí]

presa *f nav* (海上) 捕获物 [(hǎi shàng) bǔ huò wù]

prescri/bir 1. *vt* 规定 [guī dìng], 指示 [zhǐ shì]; **2.** *vi jur*（法律上）失效 [(fǎ lǜ shàng) shī xiào], 作废 [zuò fèi]; **~pción** *f jur* 得到 [dé dào], 获得（某种权利）[huò dé (mǒu zhǒng quán lì)]; 规定 [guī dìng], 指示 [zhǐ shì]; **~to,-a** *adj* 规定的 [guī dìng de]

presencia *f* **1.** 亲临 [qīn lín], 出席 [chū xí]; **2.** 仪表 [yí biǎo], 外表 [wài biǎo]

presenta/ble *adj m/f* 见得人的 [jiàn dé rén de], 拿得出手的 [ná dé chū shǒu de]; **~ción** *f* 展示 [zhǎn shì], 介绍 [jiè shào]; **~dor, -a** *m/f TV*（电视节目的）主持人 [(diàn shì jié mù de) zhǔ chí rén]; **~r** *vt* 展示 [zhǎn shì], 介绍 [jiè shào]; **~rse** 出席 [chū xí], 到场 [dào chǎng]

present/e 1. *adj m/f* 出席的 [chū xí de], 在场的 [zài chǎng de]; **2.** 现在的 [xiàn zài de], 目前的 [mù qián de]; **al ~e** 眼下 [yǎn xià]; **3.** *m ling* 现在时 [xiàn zài shí]; **~imiento** *m* 预感 [yù gǎn]; **~ir** *vt* 预感 [yù gǎn], 预料 [yù liào]

preserva/ción *f* **1.** 保护 [bǎo hù], 保存 [bǎo cún]; **2.** 预防 [yù fáng]; **~r de** *vt* 保护 [bǎo hù], 维护 [wéi hù], 保存 [bǎo cún]

preservativo *m* 避孕套 [bì yùn tào]

presiden/cia *f* 主席职务或任期 [zhǔ xí zhí wù huò rèn qī]; **~te, -a** *m/f* 主席 [zhǔ xí], 总统 [zǒng tǒng]; 会长 [huì zhǎng]

presión *f fig* 压力 [yā lì], 威胁 [wēi xié]; **~ de los neumáticos** 气压 [qì yā]

presionar sobre *vt* 对…施加压力 [duì shī jiā yā lì], 压迫 [yā pò]

preso *m* 囚犯 [qiú fàn]

presta/ción *f* 借给 [jiè gěi], 借与 [jiè yú]; 提供（服务）[tí gòng (fú wù)]; **~do,-a** *adj* 借的 [jiè de]; **de ~do** 依靠借贷 [yī kào jiè dài]

préstamo *m* 借贷 [jiè dài], 贷款 [dài kuǎn]

prestar *vt* **1.** 借给 [jiè gěi], 借与 [jiè yú]; **2.** 提供 [tí gòng], 给与 [gěi yú]; **~ ayuda** 提供 [tí gòng], 给与帮助 [gěi yú bāng zhù]; **~ juramento** 宣誓 [xuān shì]; **~se a 1.** 自愿 [zì yuàn], 自告奋勇 [zì gào fèn yǒng]; **2.** 同意 [tóng yì], 迁就 [qiān jiù]

prestigio *m* **1.** 戏法 [xì fǎ], 魔术 [mó shù]; **2.** 名望 [míng wàng], 威信 [wēi xìn]; **~so,-a** *adj* 有名望的 [yǒu míng wàng de], 有威信的 [yǒu wēi xìn de]

presumi/do,-a *adj* 自负的 [zì fù de], 自鸣得意的 [zì míng dé yì de]; **~r 1.** *vt* 猜想 [cāi xiǎng], 推测 [tuī cè]; **2.** *vi* 自负 [zì], 自得 [zì dé]; **~r de u/c** 自以为… [zì yǐ wéi]

presunt/o,-a *adj* 猜想的 [cāi xiǎng de], 推测的 [tuī cè de];

~uoso,-a *adj* 自负的 [zì fù de], 傲慢的 [ào màn de]
presupuesto *m* 预算 [yù suàn]
preten/der *vt* 力争 [lì zhēng], 力求 [lì qiú]; **~sión** *f* 企图 [qǐ tú], 意图 [yì tú]
pretexto *m* 借口 [jiè kǒu], 托词 [tuō cí]
prevalecer sobre *vi* 优胜于 [yōu shèng yú], 得势 [dé shì]
preven/ción *f* **1.** 准备工作 [zhǔn bèi gōng zuò]; **2.** 预防 [yù fáng]; **~ido,-a** *adj* 有准备的 [yǒu zhǔn bèi de]; **~ir** *vt/i* 预备 [yù bèi], 预防 [yù fáng]; **~tivo 1.,-a** *adj* 预防性的 [yù fáng xìng de]; **2.** *m* 预防措施 [yù fáng cuò shī]
prever *vt* 预见 [yù jiàn], 预知 [yù zhī]
previ/o,-a *adj* 预先的 [yù xiān], 事前的 [shì qián de]; **~sible** *adj m/f* 可以预见的 [kě yǐ yù jiàn de]; **~sión** *f* 预计 [yù jì], 估计 [gū jì]; **~sor,-a** *adj* 预见的 [yù jiàn de], 预知的 [yù zhī de]
prima *f com* 保险费 [bǎo xiǎn fèi]
primavera *f* 春天 [chūn tiān]
primero 1.,-a *adj* 第一的 [dì yī de], 头等的 [tóu děng de]; **a ~os de abril** 四月初 [sì yuè chū]; **2.** *adv* 首先 [shǒu xiān]
primitivo,-a *adj* 原始的 [yuán shǐ de], 未开化的 [wèi kāi huà de]
primo *m* 堂兄弟 [táng xiōng dì], 表兄弟 [biǎo xiōng dì]
princesa *f* 公主 [gōng zhǔ]
príncipe *m* 太子 [tài zǐ], 王子 [wáng zǐ]
principi/ante *m/f* 初学者 [chū xué zhě]; **~o** *m* 开始 [kāi shǐ], 起始 [qǐ shǐ]; 原则 [yuán zé]; **al ~o** 开始 [kāi shǐ], 起初 [qǐ chū]; **en ~o** 原则上 [yuán zé shàng]
priori/dad *f* 在前 [zài qián], 优先 [yōu xiān]; **~tario,-a** *adj* 优先的 [yōu xiān de], 首要的 [shǒu yào de]
prisa *f* 匆忙 [cōng máng]; 急事 [jí shì]; **a toda ~** 尽快地 [jìn kuài de]; **de ~** 迅速地 [xùn sù de]; **(no) corre ~** 很急（不急）[hěn jí (bù jí)]; **darse ~** 赶忙 [gǎn máng], 急忙 [jí máng]
prisi/ón *f* 监禁 [jiān jìn], 关押 [guān yā]; 监狱 [jiān yù], 监牢 [jiān láo]; **~onero,-a** *m/f* 俘虏 [fú lǔ]
prismáticos *mpl* 棱镜望远镜 [líng jìng wàng yuǎn jìng]
priva/do,-a *adj* 私人的 [sī rén de], 私下的 [sī xià de]; **~r de u/c** *vt* 剥夺 [bō duó]; 禁止 [jìn zhǐ]; **~rse de u/c** 舍弃 [shě qì], 放弃 [fàng qì]; **~tizar** *vt econ* 私有化 [sī yǒu huà]
privilegi/ado,-a *adj* 享有特权的 [xiǎng yǒu tè quán de], 享有特许的 [xiǎng yǒu tè xǔ de]; **~ar** *vt* 给予特权 [gěi yǔ tè quán], 给予特许 [gěi yǔ tè xǔ]; **~o** *m* 特权 [tè quán], 特许 [tè xǔ]
probab/ilidad *f* 可能性 [kě néng xìng]; **~le** *adj m/f* 可能的 [kě

néng], 有可能的 [yǒu kě néng de]

probar *vt (vestidos)* 试 [shì], 试穿(衣服) [shì chuān (yī fú)]

problema *m* 问题 [wèn tí], 难题 [nán tí]

problemático,-a *adj* 有疑问的 [yǒu yí wèn de], 有问题的 [yǒu wèn tí de]

proced/encia *f* 出处 [chū chù], 来源 [lái yuán], 起源 [qǐ yuán]; **~ente de** *adj m/f* 来自(某处, 某人)的 [lái zì (mǒu chù, mǒu rén) de]; **~er de** *vi* 来自 [lái zì], 源自 [yuán zì]; **~er a** 着手进行 [zhuó shǒu jìn xíng]; **~imiento** *m jur* 程序 [chéng xù]; *tecn* 方法 [fāng fā], 步骤 [bù zhòu]

proces/ado,-a *m/f* 受审的人 [shòu shěn de rén]; **~ar** *vt* 起诉 [qǐ sù], 控告 [kòng gào]; **~ión** *f* (纪念耶稣背负十字架去受难的) 列队游行 [(jì niàn yē sū bēi fù shí zì jià qù shòu nàn de) liè duì yóu xíng]; **~o** *m* 过程 [guò chéng], 程序 [chéng xù]

proclama/ción *f* 宣布 [xuān bù], 欢呼 [huān hū]; **~r** *vt* 宣布 [xuān bù], 欢呼 [huān hū]

procurar hacer u/c *vt* 尽力做 [jìn lì zuò], 力图 [lì tú]

prodigio *m* 奇迹 [qí jì], 奇事 [qí shì]; **~so,-a** *adj* 奇异的 [qí yì de], 奇妙的 [qí miào de]

produc/ción *f* **1.** 生产 [shēng chǎn], 制造 [zhì zào]; **2.** *(película)* 制片 [zhì piàn]; **~ir** *vt* 生产 [shēng chǎn], 出产 [chū chǎn], 制造 [zhì zào]; **~irse** 表达 [biǎo dá], 说明 [shuō míng]; **~tivo,-a** *adj* 生产的 [shēng chǎn de]; **~to** *m* **1.** 产品 [chǎn pǐn]; **2.** *mat* (数学)乘积 [(shù xué) chéng jī]; **~tor,-a** *m/f* 工人 [gōng rén], 生产者 [shēng chǎn zhě]

profecía *f* 预言 [yù yán], 预测 [yù cè]

profes/ión *f* 职业 [zhí yè], 行业 [háng yè]; **~ional 1.** *adj m/f* 职业的 [zhí yè de], 行业的 [háng yè de]; **2.** *m/f sport* 职业运动员 [zhí yè yùn dòng yuán]; **~or, -a** *m/f* (大学)老师 [(dà xué) lǎo shī]; **~ titular** 副教授 [fù jiào shòu]

profeta *m* 预言者 [yù yán zhě], 预言家 [yù yán jiā]

profund/idad *f* 深 [shēn], 深度 [shēn dù]; **~o,-a** *adj fig* 深的 [shēn de], 深刻的 [shēn kè de], 深沉的 [shēn chén de]

programa *m* 计划 [jì huà], 方案 [fāng àn]; **~dor,-a** *m/f* (电脑)程序编制员 [(diàn nǎo) chéng xù biān zhì yuán)], 编程员 [biān chéng yuán]; **~r** *vt informát* 编制(电脑程序) [biān zhì (diàn nǎo chéng xù)]

progres/ar *vi* 进步 [jìn bù], 进展 [jìn zhǎn]; **~o** *m* 进步 [jìn bù], 发展 [fā zhǎn]

prohibi/ción *f* 禁止 [jìn zhǐ], 禁忌 [jìn jì]; **~r** *vt* 禁止 [jìn zhǐ], 不准 [bù zhǔn]

prólogo *m* 序言 [xù yán], 绪论 [xù lùn]

prolonga/ción *f* 延长 [yán cháng]; 延长部分 [yán cháng bù fèn]; **~r** *vt* 延长 [yán cháng]

prome/sa *f* 许诺 [xǔ nuò], 誓言 [shì yán]; **~ter** *vt* 许诺 [xǔ nuò], 答应 [dā yìng]; **~tido,-a 1.** *adj* 订婚的 [dìng hūn de], 未婚夫（妻）[wèi hūn fū (qī)]; **2.** *m* 诺言 [nuò yán], 保证 [bǎo zhèng]

promoci/ón *f com* 促销 [cù xiāo], 推销 [tuī xiāo]; **~onar** *vt com* 进行促销 [jìn xíng cù xiāo], 推销 [tuī xiāo]

promover *vt* 推动 [tuī dòng], 促进 [cù jìn]

pronombre *m ling* 代词 [dài cí]

pronóstico *m* 预测 [yù cè], 预报 [yù bào]

pronto 1.,-a *adj* 迅速的 [xùn sù de], 马上的 [mǎ shàng de]; **de ~** 忽然 [hū rán]; **2.** *adv* 马上 [mǎ shàng]

pronuncia/ción *f* 发音 [fā yīn]; **~r** *vt (conferencia)* 发表（讲话, 演说）[fā biǎo (jiǎng huà, yǎn shuō)]

propagación *f* 繁殖 [fán zhí], 蔓延 [màn yán]

propaganda *f* 宣传 [xuān chuán], 传播 [chuán bō]

propagar *vt* 繁殖 [fán zhí], 传播 [chuán bō], 使蔓延 [shǐ màn yán]

propie/dad *f* 所有权 [suǒ yǒu quán], 财产权 [cái chǎn quán]; 属性 [shǔ xìng]; **~tario,-a** *m/f* 物主 [wù zhǔ], 房产主 [fáng chǎn zhǔ]

propina *f* 小费 [xiǎo fèi]

propio,-a *adj* 自己的 [zì jǐ de], 特有的 [tè yǒu de]

proponer *vt* 建议 [jiàn yì], 提议 [tí yì]; **~se** 希望 [xī wàng], 建议 [jiàn yì]

proporci/ón *f* 比例 [bǐ lì]; 规模 [guī mó]; **~onal** *adj m/f* 按比例的 [àn bǐ lì de], 成比例的 [chéng bǐ lì de]

propósito *m* 企图 [qǐ tú], 目的 [mù dí]

propuesta *f* 建议 [jiàn yì], 提议 [tí yì]

propuls/ar *vt tecn* 推动 [tuī dòng], 启动 [qǐ dòng]; *aero* 推进 [tuī jìn]; **~ión** *f* 推进（器）[tuī jìn (qì)]

prórroga *f* 延长 [yán cháng], 延期 [yán qī]

prorrogar *vt* 延长 [yán cháng], 延期 [yán qī]

prosa *f* 散文 [sǎn wén]

proseguir 1. *vt* 继续 [jì xù]; **2. con** *vi* 保持 [bǎo chí], 维持（态度等）[wéi chí (tài dù děng)]

prospecto *m* 广告册子 [guǎng gào cè zi], 说明书 [shuō míng shū]

prosper/ar *vi* 繁荣 [fán róng], 昌盛 [chāng shèng]; **~idad** *f* 繁荣 [fán róng], 昌盛 [chāng shèng]

próspero,-a *adj* 繁荣的 [fán róng de], 昌盛的 [chāng shèng de]; ~

Año Nuevo 新年发财 [xīn nián fā cái]！
prostitu/ción *f* 卖淫 [mài yín]; **~ta** *f* 妓女 [jì nǚ]
protagonista *m/f* **1.** 主角 [zhǔ jué]; **2.** *fig* (事件的)主要人物 [(shì jiàn de) zhǔ yào rén wù]
prote/cción *f* 保护 [bǎo hù]; **~ger** *vt* 保护 [bǎo hù]
proteína *f* 蛋白质 [dàn bái zhì]
prótesis *f med* 修复术 [xiū fù shù]
protest/a *f* 抗议 [kàng yì]; **~ante 1.** *adj m/f* 新教的 [xīn jiào de]; **2.** *m/f* 新教徒 [xīn jiào tú]; **~ar** *vi* 抗议 [kàng yì], 反对 [fǎn duì]
protocolo *m* 礼仪 [lǐ yí], 礼节 [lǐ jié]
provecho *m* 好处 [hǎo chù], 用处 [yòng chù]; **¡Buen ~!** 慢慢吃！[màn màn chī], 慢慢享用！[màn màn xiǎng yòng]
provee/dor *m* 供应商 [gòng yìng shāng]; **~r de** *vt* 供给 [gòng gěi], 供应 [gòng yìng]
proverbio *m* 成语 [chéng yǔ], 谚语 [yàn yǔ]
providencia *f* 天意 [tiān yì], 上帝 [shàng dì]
provincia *f* 省 [shěng], 州 [zhōu], 地区 [dì qū]; **~l** *adj m/f* 省的 [shěng de], 州的 [zhōu de], 地区的 [dì qū de]
provisión *f* 供应 [gòng yìng], 储备 [xù bèi]
provoca/ción *f* 挑衅 [tiǎo xìn], 挑动 [tiǎo dòng]; **~r** *vt* 挑衅 [tiǎo xìn], 挑动 [tiǎo dòng]; **~tivo,-a** *adj* 挑衅性的 [tiǎo xìn xìng de], 挑动的 [tiǎo dòng de]
proxeneta *m* 淫媒 [yín méi], 拉皮条的人 [lā pí tiáo de rén]
proximidad *f* 临近 [lín jìn], 接近 [jiē jìn]
próximo,-a a *adj* 临近的 [lín jìn de], 下一个的 [xià yī gè de]
proyec/ción *f* 发射 [fā shè], 投掷 [tóu zhì]; **~tar** *vt (película)* 放映（电影）[fàng yìng (diàn yǐng)]; **~to** *m* 方案 [fāng àn], 计划 [jì huà]
pruden/cia *f* 慎重 [shèn zhòng], 谨慎 [jǐn shèn]; **~te** *adj m/f* 慎重的 [shèn zhòng de], 有分寸的 [yǒu fēn cùn de]
prueba *f* 证据 [zhèng jù]; 试验 [shì yàn]; **a ~ de agua** 防水的 [fáng shuǐ de]; **poner a ~** 试验 [shì yàn], 考验 [kǎo yàn]
psico/análisis *m* 心理分析学 [xīn lǐ fēn xī xué], 心理分析 [xīn lǐ fēn xī]; **~logía** *f* 心理学 [xīn lǐ xué], 心理 [xīn lǐ]; **~lógico,-a** *adj* 心理学的 [xīn lǐ xué de], 心理上的 [xīn lǐ shàng de]
psicólogo,-a *m/f* 心理学家 [xīn lǐ xué jiā]
psicoterap/ia *f* 心理疗法 [xīn lǐ liáo fǎ]; **~euta** *m/f* 心理治疗专家 [xīn lǐ zhì liáo zhuān jiā]
pubertad *f* 青春期 [qīng chūn qī]
psiquiatr/a *m/f* 精神病科医生 [jīng shén bìng kē yī shēng], 精神病科专家 [jīng shén bìng kē

zhuān jiā]; **~ía** *f* 精神病学 [jīng shén bìng xué]

psíquico,-a *adj* 精神的 [jīng shén de], 灵魂的 [líng hún de]

publica/ción *f* 公布 [gōng bù], 出版 [chū bǎn], 发表 [fā biǎo], 出版物 [chuq bǎn wù]; **~r** *vt* 公布 [gōng bù], 出版 [chū bǎn], 发表 [fā biǎo]

publicidad *f* 广告 [guǎng gào], 宣传 [xuān chuán]

público 1.,-a *adj* 公众的 [gōng zhòng de], 公立的 [guān lì de]; **2.** *m* 公众 [gōng zhòng], 观众 [guān zhòng]

puchero *m* 锅 [guō], 沙锅 [shā guō]

pudín (pudin) *m* 布丁甜品 [bù dīng tián diǎn]

pudor *m* 羞耻 [xiū chǐ], 廉耻 [lián chǐ]

pudrirse 死去 [sǐ qù], 死掉 [sǐ diào]

pueblo *m* **1.** 村庄 [cūn zhuāng], 村镇 [cūn zhèn]; **2.** 人民 [rén mín], 民众 [mín zhòng], 百姓 [bǎi xìng]

puente *m* **1.** 桥 [qiáo], 桥梁 [qiáo liáng]; **2.** *nav* (船的)甲板 [(chuán de) jiǎ bǎn], 系弦板 [xì xián bǎn]; *mús* (乐器的)弦马 [(yuè qì de) xián mǎ]

puerco,-a 1. *adj* 肮脏的 [āng zāng de], 粗俗的 [cū sú de]; **2.** *m/f fig* 卑鄙小人 [bēi bǐ xiǎo rén], 混蛋 [hùn dàn]

puerro *m* 大葱 [dà cōng]

puerta *f* 门 [mén]

puerto *m* 港口 [gǎng kǒu]; **~ de recreo** 游艇港口 [yóu tǐng gǎng kǒu]

pues 既然 [jì rán], 那么 [nà me]; **¡~ bien!** 这样吧 [zhè yàng ba]; **! ~ sí!**行吧 [xíng ba]

puesta *f* 开始 [kāi shǐ]; 星辰的(落, 没) [xīng chén de (luò, mò)]; **~ del sol** 傍晚 [bàng wǎn], 日落时分 [rì luò shí fēn]

puesto 1. *m* 位置 [wèi zhì], 职位 [zhí wèi]; **~ de socorro** 救生位置 [jiù shēng wèi zhì]; **2.** *conj* 既然 [jì rán]; **~ que** 既然 [jì rán]

pulga *f* 跳蚤 [tiào zāo]; **~r** *m* 拇指 [mǔ zhǐ], 拇趾 [mǔ zhǐ]

puli/do,-a *adj tecn* 擦亮的 [cā liàng de], 磨光的 [mó guāng de]; **~mento** *m* 光洁 [guāng jié], 擦亮 [cā liàng], 磨光 [mó guāng]; **~r** *vt* 使光洁 [shǐ guāng jié], 磨光 [mó guāng], 擦亮 [cā liàng]

pulm/ón *m* 肺 [fèi]; **~onar** *adj m/f* 肺的 [fèi de]; **~onía** *f med* 肺炎 [fèi yán]

pulpa *f* 果肉 [guǒ ròu]

pulpo *m gastr* 章鱼 [zhāng yú]

pulsa/ción *f* 脉搏 [mài bó], 脉动 [mài dòng]; **~r 1.** *vt* 弹 [tán], 拔(乐器, 琴键, 琴弦) [bō (yuè qì, qín jiàn, qín xián)]; **2.** *vi* 搏动 [bó dòng], 跳动 [tiào dòng]

pulsera *f* 手镯 [shǒu zhuó]; 表带 [biǎo dài]

pulso *m* 脉搏 [mài bó]

pulular *vi* 出芽 [chū yá], 发芽 [fā yá]
pulverizar *vt* 使成粉末 [shǐ chéng fěn mò]; 喷洒（液体）[pēn sǎ (yè tǐ)]
puma *m* 狮子 [shī zi], 美洲狮 [měi zhōu shī]
punta *f geogr* 岬 [jiǎ], 角 [jiǎo]; **~da** *f* 针 [zhēn], 针眼 [zhēn yǎn]; **~pié** *m* 踢 [tī]
punti/agudo,-a *adj* 尖的 [jiān de], 尖利的 [jiān lì de]; **~lla** *f taur* （斗牛用的）尖刀 [(dòu niú yòng de) jiān dāo]; **~lloso,-a** *adj* 敏感的 [mǐn gǎn de], 多心的 [duō xīn de]
punto *m (deporte)*（体育）积分 [(tǐ yù) jī fēn], 计分 [jì fēn]; **~ de vista** 观点 [guān diǎn], 看法 [kàn fǎ]; **en ~**（时间）正点 [(shí jiān) zhèng diǎn], 整 [zhěng]; **hasta cierto ~** 在某种程度上 [zài mǒu zhǒng chéng dù shàng]; **estar a ~** 几乎 [jī hū], 差一点儿 [chā yī diǎn er]; **en su ~** *gastr*（肉烤或煎得）正好 [(ròu kǎo huò jiān de) zhèng hǎo], 不生不熟 [bù shēng bù shú]; *fig* 恰到好处的 [qià dào hǎo chù de]; 正好的 [zhèng hǎo de]; **estar a ~ de hacer u/c** 快要…了 [kuài yào le], 就要…了 [jiù yào le]
puntua/ción *f ling*（文稿）标点 [(wén gǎo) biāo diǎn]; *(deporte)* 得分 [dé fēn]; **~l** *adj m/f* 准时的 [zhǔn shí de], 守时的 [shǒu shí de]; **~lidad** *f* 准时性 [zhǔn shí xìng]; **~lizar** *vt* 使具体化 [shǐ jù tǐ huà], 使详细化 [shǐ xiáng xì huà]
puñado *m fig* 小伙 [xiǎo huǒ], 小帮 [xiǎo bāng], 小群 [xiǎo qún]
puñetazo *m* 拳打 [quán dǎ]
puño *m* 拳头 [quán tóu]
pupila *f* 瞳孔 [tóng kǒng]
pupitre *m* 课桌 [kè zhuō]
puré *m* 菜泥 [cài ní]; **~ de patata** 土豆泥 [tǔ dòu ní]
pureza *f* 纯洁 [chún jié], 清白 [qīng bái]
purga/nte *f* 缓泻药 [huǎn xiè yào]; **~r** *vt* 清除 [qīng chú]; 使纯洁 [shǐ chún jié]; **~torio** *m relig* 涤罪所 [tiáo zuì suǒ], 炼狱 [liàn yù]
purifica/ción *f* 净化 [jìng huà]; **~r** *vt* 使洁净 [shǐ jié jìng], 净化 [jìng huà]
puro 1.,-a *adj* 纯的 [chún de]; **2.** *m* 雪茄烟 [xuě jiā yān]
púrpura *f* 骨螺 [gǔ luó]; 紫红色 [zǐ hóng sè]
pus *m* 脓 [nóng]
pústula *f* 脓疮 [nóng chuāng], 脓疱 [nóng bāo]
puta *f vulg* 婊子 [biǎo zi], 鸡 [jī]

Q

que 1. *pron* 这个 [zhè gè], 那个 [nà gè], 这些 [zhè xiē], 那些 [nà xiē]; **el ~** …的 [de]; **la ~** …的 [de]; **lo ~** …的 [de]; **2.**

conj (después de comparativo) **más guapa ~ ella** 比她漂亮 [bǐ tā piào liàng]; **~ no** + *subj* （用于加强语气）不 [(yòng yú jiā qiáng yǔ qì) bù], 绝对不 [jué duì bù]

qué *pron interr* **1.** 什么？[shén me]; **¿~ tal?** 您好吗？[nín hǎo ma]; **2.** *adv.* 多么 [duō me], 何等 [hé děng]; **¡~ hermoso!** 多美啊！[duō měi a]

quebra/dizo,-a *adj* 易碎的 [yì suì de]; **~do** *mat m* （数学）分数 [(shù xué) fēn shù]; **~r 1.** *vt* 弄破 [nòng pò], 打碎 [dǎ suì], 折断 [zhé duàn]; **2.** *vi com* 破产 [pò chǎn], 倒闭 [dǎo bì]

quedar *vi* 留下 [liú xià], 处于（某种状况）[chǔ yú (mǒu zhǒng zhuàng kuàng)]; **~ bien** 表现好 [biǎo xiàn hǎo]; 给人留下好印象 [gěi rén liú xià hǎo yìn xiàng]; **~ de hacer u/c** 剩下…要做 [shèng xià yào zuò]; **~se** 留下来 [liú xià lái]; **~se con u/c** 把某物归自己 [bǎ mǒu wù guī zì jǐ]

queja *f* 埋怨 [mái yuàn], 抱怨 [bào yuàn]; **~rse de u/c a alg** 向某人抱怨某事 [xiàng mǒu rén bào yuàn mǒu shì]

quema *f* 烧 [shāo], 燃烧 [rán shāo], 焚烧 [fén shāo]; **~dura** *f med* 烧伤 [shāo shāng], 烫伤 [tàng shāng]; **~r 1.** *vt* 烧 [shāo], 焚烧 [fén shāo]; **2.** *vi* 滚烫 [gǔn tàng], 灼热 [zhuó rè]

querella *f* 呻吟 [shēn yín], 哀叹 [āi tàn]; **~rse** *jur* 控告 [kòng gào]

querer 1. *vt* 爱 [ài], 想要 [xiāng yào]; **2.** *m* 爱 [ài], 喜爱 [xǐ ài], 爱情 [ài qíng]

querid/a *f* 情妇 [qíng fù]; **~o 1.,-a** *adj* 亲爱的 [qīn ài de]; **2.** *m* 情夫 [qíng fù]

queso *m* 奶酪 [nǎi lào], 干酪 [gān lào]; **~ rallado** 细丝奶酪 [xì sī nǎi lào]; **~ fundido** 熔化奶酪 [róng huà nǎi lào]; **~ de cabra** 羊奶酪 [yáng nǎi lào]; **~ manchego** 曼切哥奶酪（西班牙特产）[màn qiē gē nǎi lào]

quiebra *f* 裂口 [liè kǒu], 峡谷 [xiá gǔ]

quien *pron rel* 该人 [gāi rén], 每个人 [měi gè rén]; **hay ~ dice** 有人说 [yǒu rén shuō]

¿quién? *pron interr* 谁？[shuí], 什么人？[shén me rén]

quiet/o,-a *adj* 安静的 [ān jìng de], 平静的 [píng jìng de]; **~ud** *f* 宁静 [níng jìng], 平静 [píng jìng]

quijada *f* 颌骨 [gé gǔ]

quilate *m* 克拉 [kè lā]（宝石的重量单位）[bǎo shí de zhòng liàng dān wèi]; 开 [kāi]（黄金的纯度单位）[huáng jīn de chún dù dān wèi]

quilla *f nav*（船的）龙骨 [(chuán de) lóng gǔ]

químic/a *f* 化学 [huà xué]; **~o,-a 1.** *adj* 化学的 [huà xué de]; **2.** *m/f* 化学家 [huà xué jiā]

quince *adj* 十五 [shí wǔ]; **dentro de ~ días** 在十五天以后 [zài shí wǔ tiān yǐ hòu]
quiniela *f* 足球彩票 [zú qiú cǎi piào]
quinina *f med* 圭宁 [guī níng], 金鸡纳霜 [jīn jī nà shuāng]
quinta *f* 庄园 [zhuāng yuán], 田庄 [tián zhuāng]
quinto 1.,-a *adj* 第五 [dì wǔ], 五分之一的 [wǔ fèn zhī yī de]; **2.** *m mús* 五度音程 [wǔ dù yīn chéng]
quiosco *m* 报亭 [bào tíng], 杂货摊 [zá huò tān]
quirófano *m* 外科手术室 [wài kē shǒu shù shì]
quirúrgico,-a *adj* 外科的 [wài kē de]
quiste *m med* 囊肿 [náng zhǒng]
quita/esmalte *m* (去除指甲油的)除油剂 [(qù chú zhǐ jiǎ yóu de) chú yóu jì]; **~manchas** *m* 去污剂 [qù wū jù], 除垢剂 [chú gòu jì]; **~nieves** *f* 扫雪机 [sǎi xuě jī]
quitar *vt* 去掉 [qù diào], 弄掉 [nòng diào], 取掉 [qǔ diào], 拿掉 [ná diào]; **~se** 消失 [xiāo shī]; 离开 [lí kāi], 走掉 [zǒu diào]
quizá(s) 也许 [yě xǔ], 或许 [huò xǔ]

R

rabanillo *m* 小萝卜 [xiǎo luó bō]
rábano *m* 萝卜 [luó bō]; **¡un ~!** 没门! [méi mén], 不行! [bù xíng]
rabia *f* 狂犬病 [kuáng quǎn bìng]; 狂怒 [kuáng nù], 愤怒 [fèn nù]; **dar ~ a alg** 恼火 [nǎo huǒ], 气恼某人 [qì nǎo mǒu rén]
rabo *m* (动物的)尾巴 [(dòng wù de) wěi bā]
racha *f* 一阵(疾风) [yī zhèn (jí fēng)]; 一时(好运气) [yī shí (hǎo yùn qì)]; **buena (mala) ~** 一段时期的好运(厄运) [yī duàn shí qī de hǎo yùn (è yùn)]
racimo *m* 串 [chuàn], 堆 [duī], 群 [qún]
ración *f* (饭菜等)份 [(fàn cài děng) fèn], 碟 [dié], 盘 [pán]
raciona/l *adj m/f* 有理智的 [yǒu lǐ zhì de], 理性的 [lǐ xìng de]; **~lizar** *vt* 合理安排 [hé lǐ ān pái], 使合理化 [shǐ hé lǐ huà]
racis/mo *m* 种族主义 [zhǒng zú zhǔ yì]; **~ta 1.** *adj m/f* 种族主义的 [zhǒng zú zhǔ yì de]; **2.** *m/f* 种族主义者 [zhǒng zú zhǔ yì zhě]
radar *m* 雷达 [léi dá]
radi/ación *f* 放射 [fàng shè], 辐射 [fú shè]; **~actividad** *f* 放射性 [fàng shè xìng], 放射现象 [fàng shè xiàn xiàng]; **~activo,-a** *adj* 放射性的 [fàng shè xìng de]
radiador *m auto* 散热器 [sàn rè qì]
radiante *adj m/f* 辐射的 [fú shè de]; 散热的 [sàn rè de]
radical *adj m/f* 根本的 [gēn běn de], 激进的 [jī jìn de]

radio *f* 收音机 [shōu yīn jī]; (电台) 广播 [(diàn tái) guǎng bō]
radiografía *f* X光片 [guāng piàn]
ráfaga *f* 阵风 [zhèn fēng], 闪光 [shǎn guāng]
raíl *m* 铁轨 [tiě guǐ], 钢轨 [gāng guǐ]
raíz *f fig* 根基 [gēn jī], 基础 [jī chǔ]; **a ~ de** 贴近 [tiē jìn], 挨近 [āi jìn]; **echar raíces** *fig* 扎根 [zhā gēn], 定居 [dìng jū]
raja *f* 裂口 [liè kǒu], 裂缝 [liè fèng]; **~r** *vt coloq* 使困惑 [shǐ kùn huò], 使恼火 [shǐ nǎo huǒ]
ralla/dor *m* 刨丝机（厨房用具）[bào sī jī (chú fáng yòng jù)]; **~r** *vt* 刨成丝（如：萝卜丝等）[bào chéng sī (rú luó bō sī děng)]
rama *f fig* 分支 [fēn zhī], 支线 [zhī xiàn], 支脉 [zhī mài]
rambla *f* 雨水沟 [yǔ shuǐ gōu], 雨水槽 [yǔ shuǐ cáo]
ramifica/ción *f fig* 后果 [hòu guǒ]; **~rse** 分枝 [fēn zhī], 分叉 [fēn chā]
ramo *m com* 部门 [bù mén], 行业 [háng yè]; **~ de flores** 花束 [huā shù]
rampa *f* 斜坡 [xié pō], 斜面 [xié miàn]
rana *f* 蛙 [wā], 青蛙 [qīng wā]; **salir ~** *coloq* 使失望 [shǐ shī wàng]
rancio,-a *adj* 陈旧的 [chén jiù de], 古老的 [gǔ lǎo de]
rape *m* 鮟鱇鱼 [ān kāng yú]
rapid/ez *f* 快速 [kuài], 迅速 [xùn sù]
rápido 1.,-a *adj* 快的 [kuài de], 迅速的 [xùn sù de]; **2.** *m* 快车 [kuài chē]
rapt/ar *vt* 抢掳 [qiǎng lǔ]; 劫持 [jié chí]; **~o** *m* 抢掠 [qiǎng lüè], 偷盗 [toū dào]
raqueta *f (tenis)* 球拍 [qiú pāi]
rareza *f* 稀疏 [xī shū], 稀奇 [xī qí]
raro,-a *adj* 稀奇的 [xī qí de], 罕见的 [hàn jiàn de]
rascacielos *m* 摩天大楼 [mó tiān dà lóu]
rascar *vt* 搔 [sāo], 抓 [zhuā], 挠 [rǎo]
rasgar *vt* 撕 [sī], 扯 [chě]
rasgo *m* 特性 [tè xìng], 特征 [tè zhēng]
raso 1.,-a *adj* 平坦的 [píng tǎn de], 光滑的 [guāng huá de]; **2.** *m* 缎子 [duàn zi]
raspar *vt/i* 刮 [guā], 刮擦 [guā cā]
rastrear *vt* 跟踪 [gēn zōng], 搜查 [sōu chá]
rastrillo *m* 麻梳 [má shū], 耙 [bà]
rastro *m* 痕迹 [hén jì], 踪迹 [zōng jì]
rata 1. *f* 老鼠 [lǎo shǔ]; **2.** *m coloq* 小偷 [xiǎo tōu], 扒手 [pá shǒu]
ratero *m* 小偷 [xiǎo tōu], 扒手 [pá shǒu]
ratificar *vt* 批准 [pī zhǔn], 认可 [rèn kě]
rato *m* 片刻 [piàn kè], 瞬间 [shùn jiān]; **al poco ~** 一会儿 [yī huì er]; **a ~s** 有时 [yǒu shí], 时而

[shí ér]; **~s libres** 空闲的时候 [kòng xián de shí hòu]; **pasar el** ~ 消遣 [xiāo qiǎn], 消磨时间 [xiāo mó shí jiān]

ratón *m zool* 大老鼠 [dà lǎo shǔ]; *informát* 鼠标 [shǔ biāo]

raya *m zool* 鳐鱼 [yáo yú]; **de** ~ 过分 [guò fèn], 出格 [chú gé], 越轨 [yuè guǐ]; **~r 1.** *vt* 划线 [huà xiàn]; **2.** *vi* 相似 [xiāng sì], 相近 [xiāng jìn]

rayo *m* 射线 [shè xiàn], 光线 [guāng xiàn]; **~s X** *med mpl* X光线 [guāng xiàn]

raza *f* 人种 [rén zhǒng], 家族 [jiā zú]

razón *f* 理由 [lǐ yóu], 道理 [dào lǐ]; **por ~ de** 因为...原因 [yīn wéi yuán yīn]; **por esa** ~ 因为这个原因 [yīn wéi zhè gè yuán yīn]; **dar la ~ a alg** 支持 [zhī chí], 赞同某人 [zàn tóng mǒu rén]; **(no) llevar (tener)** ~ (无)有道理 [(wú) yǒu dào lǐ]; **perder la** ~ 精神失常 [jīng shén shī cháng]

razona/ble *adj m/f* 合理的 [hé lǐ de], 合情合理的 [hé qíng hé lǐ de]; **~miento** *m* 论据 [lùn jù], 理由 [lǐ yóu]; **~r 1.** *vt* 论证 [lùn zhèng], 解释 [jiě shì], 说明 [shuō míng]; **2.** *vi* 推论 [tuī lùn], 推理 [tuī lǐ]

re *m* (乐谱)D的唱名 [(yuè pǔ) de chàng míng]; (化学元素)铼的符号 [(huà xué yuán sù) lái de fú hào]

reacci/ón *f* **1.** 反应 [fǎn yìng], 作用 [zuò yòng]; **2.** *pol* 保守派 [bǎo shǒu pài]; **~onar** *vi* 有反应 [yǒu fǎn yìng], 起作用 [qǐ zuò yòng]; **~onario 1.,-a** *adj* 反动的 [fǎn dòng de], 保守的 [bǎo shǒu de]; **2.** *m pol* 保守分子 [bǎo shǒu fèn zǐ]

reacio,-a a *adj* 不顺从的 [bù shùn cóng], 抗拒的 [kàng jù de]

reactor *m* **atómico** 原子反应堆 [yuán zi fǎn yìng duī]

real *adj m/f* 真的 [zhēn de], 真实的 [zhēn shí de]; **~idad** *f* 真实 [zhēn shí], 现实 [xiàn shí]; **en ~idad** 实际上 [shí jì shàng]; **~ismo** *m* 现实主义 [xiàn shí zhǔ yì]; **~ista 1.** *adj m/f* 现实主义的; [xiàn shí zhǔ yì de] **2.** *m/f* 现实主义者 [xiàn shí zhǔ yì zhě]

reali/zable *adj m/f* 可行的 [kě xíng de]; **~zación** *f* 实现 [shí xiàn], 实行 [shí xíng]; **~zador** *m cine* (电影) 制片人 [(diàn yǐng) zhì piàn rén]; **~zar** *vt* 实现 [shí xiàn], 实行 [shí xíng]

reanima/ción *f med* 苏醒过来 [sū xǐng guò lái]; **~r** *vt* 使恢复体力 [shǐ huī fù tǐ lì], 使苏醒过来 [shǐ sū xǐng guò lái]

reanuda/ción *f* 继续 [jì xù], 重新 [chóng xīn]; **~r** *vt* 继续 [jì xù], 重新开始 [chóng xīn kāi shǐ]

reaparecer *vi* 重新出现 [chóng xīn chū xiàn], 再现 [zài xiàn]

rebaja *f* 减价 [jiǎn jià], 降价 [jiàng jià]; **~s** *fpl* 大减价（促销季节） [dà jiǎn jià (cù xiāo jì jié)]; **~r** *vt fig* 侮辱 [wǔ rǔ], 屈辱 [qū rǔ]
rebanada *f*（面包等的）片 [(miàn bāo děng de) piàn]
rebaño *m* **1.**（动物等）群 [(dòng wù děng) qún]; **2.** *fig* 教众 [jiào zhòng]
rebati/ble *adj m/f* 可以驳倒的 [kě yǐ bó dǎo de]; **~r** *vt* 猛击 [měng jī], 打 [dǎ], 敲 [qiāo], 拍 [pāi]
rebeca *f* 对襟毛衣 [duì jīn máo yī]
rebel/arse 反叛 [fǎn pàn], 造反 [zào fǎn]; **~de 1.** *adj m/f* 反叛的 [fǎn pàn de], 造反的 [zào fǎn de]; **2.** *m/f* 叛乱分子 [pàn luàn fèn zǐ]; **~día** *f* 造反 [zào fǎn], 反叛 [fǎn pàn]; **~ión** *f* 造反 [zào fǎn], 叛乱 [pàn luàn]
rebo/sar *vi* 溢出 [yì chū], 充裕 [zhōng yù]; **~sar de salud** 身体非常健康 [shēn tǐ fēi cháng jiàn kāng]; **~tar 1.** *vt* 弄弯 [nòng wān], 使卷刃 [shǐ juǎn rèn]; **2.** *vi* 弹起 [tán qǐ], 反弹 [fǎn tán]; **~te** *m* 弹起 [tán qǐ], 反弹 [fǎn tán]
rebozar *vt gastr*（用鸡蛋，面粉等）裹上（食物） [(yòng jī dàn, miàn fěn děng) guǒ shàng (shí wù)]
recado *m* 口信 [kǒu xìn], 便条 [biàn tiáo]
reca/er en alg *vi jur*（罪责等）落在 [(zuì zé děng) luò zài]; *med*（病）复发 [(bìng) fù fā]; **~ída** *f med*（疾病）重犯 [(jí bìng) chóng fàn], 复发 [fù fā]
recambi/ar *vt* 更换 [gēng huàn]; **~o** *m* 备件 [bèi jiàn], 零配件 [líng pèi jiàn]; **de ~o** 备用的 [bèi yòng de]; **~os** *mpl* 配件 [pèi jiàn]
recarga *f* 备用件 [bèi yòng jiàn]; **~r** *vt* 再装 [zài zhuāng], 加重 [jiā zhòng]
recauda/ción *f* 收税 [shōu shuì], 税款 [shuì kuǎn]; **~r** *vt* 征收（税款） [zhēng shōu (shuì kuǎn)]
recel/ar 1. *vt* 怀疑 [huái yí], 担心 [dān xīn]; **2.** *vi* 不信任 [bù xìn rèn], 不相信 [bù xiāng xìn]; **~ar de alg** 不信任某人 [bù xìn rén mǒu rén], 怀疑某人 [huái yí mǒu rén]; **~o** *m* 怀疑 [huái yí]；害怕 [hài pà]; **~oso,-a** *adj* 怀疑的 [huái yí de], 多疑的 [duō yí de]
recepc/ión *f* 收到 [shōu dào], 接待 [jiē dài]; **~ionista** *m/f* 接待员 [jiē dài yuán]
receptor *m*（电台、电视）接收器 [(diàn tái, diàn shì) jiē shōu qì];（电话）听筒 [(diàn huà) tīng tǒng]
receta *f gastr*（做菜的）菜谱 [(zuò cài de) cài pǔ], *med* 处方 [chù fāng], 配方 [pèi fāng]; **~r** *vt med* 开（药，处方等） [kāi (yào, chù fāng děng)]
rechaz/ar *vt* 拒绝 [jù jué], 回绝 [huí jué]; **~o** *m* 拒绝 [jù jué]; 弹回 [tán huí]

recibi/miento *m* 收到 [shōu dào], 接收 [jiē shōu]; **~r** *vt* 收到 [shōu dào], 接收 [jiē shōu]

recibo *m* 收据 [shōu jù], 发票 [fā piào], 单子 [dān zi]

recicla/je *m* 回收 [huí shōu], 再生 [zài shēng]; **~r** *vt* 回收 [huí shōu], 再生 [zài shēng]

recién *adv* 刚刚 [gāng gāng], 不久前 [bù jiǔ qián]; ~ **casado** 刚结婚 [gāng jié hūn]

reciente *adj m/f* 新的 [xīn de], 新鲜的 [xīn xiān de]

recinto *m* 范围 [fàn wéi], 区域 [qū yù]; ~ **ferial** 集市 [jí shì]

recipiente *m* 容器 [róng qì], 器皿 [qì mǐn]

recita/l *m* 诗歌朗诵会 [shī gē lǎng sòng huì]; **~l de piano** 钢琴独奏音乐会 [gāng qín dú zòu yīn yuè huì]; **~r** *vt* 背诵 [bèi sòng], 朗诵 [lǎng sòng]

reclama/ción *f* 要求 [yāo qiú], 恳求 [kěn qiú], 呼吁 [hū yū]; **~r 1.** *vt* 呼吁 [hū yū], 要求 [yāo qiú]; **2.** *vi* 反对 [fǎn duì], 抗议 [kàng yì]

recobrar *vt* 恢复 [huī fù], 复得 [fù dé]; **~se** 康复 [kāng fù], 恢复健康 [huī fù jiàn kāng]; ~ **(de) u/c** 得到补偿 [dé dào bǔ cháng]

recoger *vt* 拾起 [shí qǐ], 捡起 [jiǎn qǐ]

recogida *f* 收集 [shōu jí], 摘 [zhāi], 拾 [shí]; ~ **de basura** 垃圾处理场 [lā jī chù lǐ chǎng]

recomenda/ble *adj m/f* 值得推荐的 [zhí dé tuī jiàn de]; **~ción** *f* 推荐 [tuī jiàn]; **~r** *vt* 推荐 [tuī jiàn], 建议 [jiàn yì]

recompensa *f* 报酬 [bào chóu], 稿劳 [káo láo]; **en ~ de** 补偿 [bǔ cháng]; **~r** *vt* 补偿 [bǔ cháng], 酬劳 [chóu láo]

reconcilia/ción *f* 和解 [hé jiě], 和好 [hé hǎo]; **~r(se) con** 同…和解 [tóng hé jiě], 和好 [hé hǎo]

reconoc/er *vt* **1. por** 认出 [rèn chū], 辨认 [biàn rèn], 识别 [shí bié]; **2.** 承认 [chéng rèn]; **3.** *med* 检查（身体）[jiǎn chá (shēn tǐ)]; **~ible** *adj m/f* 可辨认的 [kě biàn rèn de], 可识别的 [kě shí bié de]; **~ido,-a** *adj* 被承认的 [bèi chéng rèn de]; **~imiento** *m med*（身体）检查 [(shēn tǐ) jiǎn chá]

Recon/quista *f*（西班牙中世纪）光复战争 [(xī bān yá zhōng shì jì) guāng fù zhàn zhēng]; **~*quistar** *vt* 光复 [guāng fù], 收复 [shōu fù]; **~*struir** *vt* 重建 [chóng jiàn], 再建 [zài jiàn]

récord *m* 纪录 [jì lù]

recordar *vt* 记住 [jì zhù]; 记起 [jì qǐ], 想起 [xiǎng qǐ]; ~ **u/c a alg** 提醒某人某件事 [tí xǐng mǒu rén mǒu jiàn shì]; ~ **u/c** 想起某件事 [xiǎng qǐ mǒu jiàn shì]

recorr/er *vt* 走过 [zǒu guò], 走遍 [zǒu biàn]; **~ido** *m* 行程 [xíng chéng], 路线 [lù xiàn]

recort/ar *vt* 削减 [xiāo jiǎn], 缩减 [suō jiǎn]; **~e** *m fig* 削减(预算,

开支等) [xiāo jiǎn (yù suàn, kāi zhī děng)]

recrea/r *vt* 消遣 [xiāo qiǎn], 娱乐 [yú lè]; **~rse** 消遣 [xiāo qiǎn], 娱乐 [yú lè], 玩儿 [wán er]; **~tivo, -a** *adj* 消遣性的 [xiāo qiǎn xìng de], 娱乐性的 [yú lè xìng de]

recreo *m* 消遣 [xiāo qiǎn], 娱乐 [yú lè]

recrimin/ación *f* 指责 [zhǐ zé], 谴责 [qiǎn zé]; **~ar** *vt* 指责 [zhǐ zé], 谴责 [qiǎn zé]

rect/angular *adj m/f* 直角的 [zhí jiǎo de], 矩形的 [jǔ xíng de]; **~ángulo** *m* 矩形 [jǔ xíng], 长方形 [cháng fāng xíng]

rectifica/ción *f* 纠正 [jiū zhèng], 修正 [xiū zhèng]; **~r** *vt* 纠正 [jiū zhèng], 修正 [xiū zhèng]

recto 1.,-a *adj* 直的 [zhí de], 直线的 [zhí xiàn de]; **2.** *m med* 直肠 [zhí cháng]

rector,-a *m/f* 大学校长 [dà xué xiào zhǎng]; **~rado** *m* 大学校方总部 [dà xué xiào fāng zǒng bù]

recuerdo *m* 回忆 [huí yì], 记起 [jì qǐ]; **~s** *mpl* 问候 [wèn hòu]; **dar ~s a alg** 向某人问候 [xiàng mǒu rén wèn hòu]

recupera/ción *f econ* 回收 [shōu huí]; **~r** *vt* 恢复 [huī fù], 回收 [shōu huí]; **~rse de** 从…回收回来 [cóng huí shōu huí lái]

recurrir a *vi* 借助 [jiè zhù], 依靠 [yī kào]

recurso *m jur* 上诉 [shàng sù]; **~s** *mpl* 资源 [zī yuán], 财富 [cái fù]

red *f fig* 网 [wǎng], 网络 [wǎng luò], 分布网 [fēn bù wǎng]

redac/ción *f* 写作 [xiě zuò], 作文 [zuò wén]; **~tar** *vt* 撰写 [zhuàn xiě], 起草 [qǐ cǎo]; **~tor,-a** *m/f* 撰稿人 [zhuàn gǎo rén]

redond/ear *vt fig* 凑成整数 [còu chéng zhěng shù]; **~o,-a** *adj fig* 圆满的 [yuán mǎn de], 完善的 [wán shàn de]

reduc/ción *f* 缩小 [suō xiǎo], 减缩 [jiǎn suō]; **~ir a** *vt* 减少 [jiǎn shǎo], 减低 [jiǎn dī], 缩小 [suō xiǎo]

refer/encia *f* 参考 [cān kǎo], 关于 [guān yú], 情况 [qíng kuàng]; **con ~ a** 关于 [guān yú]; **~ente** *m* 关于(某人, 某事的) [guān yú (mǒu rén, mǒu shì de)]; **~ente a** 关于(某人, 某事的) [guān yú (mǒu rén, mǒu shì de)]; **~ir** *vt* 讲述 [jiǎng shù]; 参阅 [cān yuè]; **~irse a** 提及 [tí jí], 涉及 [shè jí]

refinería *f* 炼油厂 [liàn yóu chǎng]

refle/ctor *m* 探照灯 [tàn zhào dēng], 聚光灯 [jù guāng dēng]; **~jar** *vt fig* 反映 [fǎn yìng], 表现 [biǎo xiàn]; **~jo** *m* **1.**映像 [yìng xiàng], 反光 [fǎn guāng]; **2.** 反映 [fǎng yìng], 表现 [biǎo xiàn]; **~xión** *f fig* 想法 [xiǎng fǎ], 见解 [jiàn jiě]; **~xionar** *vt/i* 反省 [fǎn xǐng], 思索 [sī suǒ], 考虑 [kǎo lǜ]; **~xivo,-a** *adj ling* (语法)自复的 [(yǔ fǎ) zì fù de]

reforma *f* 改革 [gǎi gé], 改良 [gǎi liáng], 革新 [gé xīn]; *relig* (中

世纪的)宗教改革 [(zhōng shì jì de) zōng jiào gǎi gé]; **~s** *fpl constr* 修缮 [xiū shàn], 改建 [gǎi jiàn]; **~r** *vt* 改革 [gǎi gé], 改良 [gǎi liáng]

reforzar *vt* 加强 [jiā qiáng], 加固 [jiā gù]

refrán *m* 谚语 [yàn yǔ], 成语 [chéng yǔ]

refresc/ante *adj m/f* 凉爽的 [liáng shuǎng de], 清凉的 [qīng liáng de]; **~ar 1.** *vt* 使变凉 [shǐ biàn liáng], 使冷却 [shǐ lěng què]; **2.** *vi* (天气)变凉爽 [(tiān qì) biàn liáng shuǎng]; **~o** *m* 冷饮 [lěng yǐn], 冷食 [lěng shí]

refuerzo *m tecn* 紧固件 [jǐn gù jiàn]; 加固 [jiā gù]

refugi/ado,-a *m/f* 避难者 [bì nàn zhě], 逃亡者 [táo wáng zhě]; **~arse** 躲避 [duǒ bì], 躲藏 [duǒ cáng]; **~o** *m* 庇护 [bì hù], 庇护所 [bì hù suǒ]

regadera *f* 喷壶 [pēn hú], 洒水器 [sǎ shuǐ qì]

regalar *vt* 赠送 [zèng sòng], 赐予 [cì yǔ]

regaliz *m* 洋甘草 [yáng gān cǎo]

regalo *m* 礼物 [lǐ wù], 赠品 [zèng pǐn]

regar *vt* 浇 [jiāo], 灌溉 [guàn gài]

regata *f* (海上)赛艇比赛 [(hǎi shàng) sài tǐng bǐ sài]

regate/ar *vt sport* (赛艇)比赛 [(sài tǐng) bǐ sài]; **~o** *m* 讨价还价 [tǎo jià huán jià], 杀价 [shā jià]

régimen *m* **1.** *(pl regímenes)* 规章制度 [guī zhāng zhì dù], 规定 [guī dìng]; **2.** *pol* 政权 [zhèng quán], 政体 [zhèng tǐ]; **3.** *med* (为减肥或健康)节食 [(wèi jiǎn féi huò jiàn kāng) jié shí]

regi/ón *f* 地区 [dì qū], 区域 [qū yù]; **~onal** *adj m/f* 地区性的 [dì qū xìng de], 地方性的 [dì fāng xìng de]

registr/ar *vt* 登记 [dēng jì], 记录 [jì lù]; **~o** *m* **1.** 登记 [dēng jì], 记录 [jì lù]; **2.** *mús* 声域 [shēng yù], 音区 [yīn qū]; **~o civil** (法院) [fǎ yuàn] 民事登记处(如结婚, 孩子出生) [mín shì dēng jì chù (rú jié hūn, hái zi chū shēng]

regla *f* **1.** 规则 [guī zé], 准则 [zhǔn zé]; **2.** *med* 月经 [yuè jīng]

regres/ar *vi* 返回 [fǎn huí], 回来 [huí lái], 回去 [huí qù]; **~o** *m* 返回 [fǎn huí], 回来 [huí lái], 回去 [huí qù]

regula/ble *adj m/f* 可调节的 [kě tiáo jié de]; **~ción** *f tecn* 调整 [tiáo zhěng], 调节 [tiáo jié]; **~r 1.** *adj m/f* 正常的 [zhèng cháng de], 有规律的 [yǒu guī lǜ de]; **2.** *adv* 不太好 [bù tài hǎo], 一般般 [yī bān bān]; **3.** *vt* 调整 [tiáo zhěng], 调节 [tiáo jié]; **~ridad** *f* 正常性 [zhèng cháng xìng], 条理性 [tiáo lǐ xìng], 规律性 [guī lǜ xìng]

rehabilita/ción *f med* 恢复体力 [huī fù], 康复 [kāng fù]; **~r** *vt* 重新使用 [chóng xīn shǐ yòng], 恢

复(职能，功能等) [huī fù (zhí néng, gōng néng děng)]

rehacer *vt* 重新再做 [chóng xīn zài zuò], 修复 [xiū fù]

rehén *m* 人质 [rén zhì]

rehuir *vt* 躲避 [duǒ bì], 拒绝 [jù jué]

reina *f* 皇后 [huáng hòu], 王后 [wáng hòu], 女皇 [nǚ huáng]; **~do** *m* 在位时期 [zài wèi shí qī], 王朝 [wáng cháo]; **~r** *vi fig* 盛行 [shèng xíng], 流行 [liú xíng]

reino *m* 王国 [wáng guó]

reintegr/ar *vt* 退还 [tuì huán], 偿还 [cháng huán], 使恢复 [shǐ huī fù]; **~o** *m (lotería)* (彩票中可得奖的) 补充号码 [(cǎi piào zhōng kě dé jiǎng de) bǔ chōng hào mǎ]

reír *vt/i* 笑 [xiào], 嘲笑 [cháo xiào], 讥笑 [jī xiào]; **hacer ~** 令人发笑 [lìng rén fā xiào]; **~se de alg** 笑某人 [xiào mǒu rén]; **~se de u/c** 笑某件事 [xiào mǒu jiàn shì]

reivindicar *vt* 要求 [yāo qiú], 维护(权利) [wéi hù (quán lì)]

reja *f* (门，窗等的)铁栅 [(mén, chuāng děng) tiě zhà]

relaci/ón *f* 关系 [guān xì], 关联 [guān lián]; **~onar con u/c** *vt* 同…有关系 [tóng yǒu guān xì], 同…有联系 [tóng yǒu lián xì]

relaja/ción *f* 放松 [fàng sōng], 松劲 [sōng jìn]; **~rse** 放松 [fàng sōng], 休息 [xiū xī]

relámpago *m* 闪电 [shǎn diàn], 闪光 [shǎn guāng]

relatar *vt* 讲述 [jiǎng shù], 叙述 [xù shù]

relativo,-a a *adj* 同…有关联 [tóng yǒu guān lián]; *ling* (语法)表示关系的 [(yǔ fǎ) biǎo shì guān xì de]

relato *m lit* 故事 [gù shì]

relev/ante *adj m/f* 突出的 [tū chū de], 杰出的 [jié chū de]

relev/ar *vt* 使突出 [shǐ tū chū], 使凸起 [shǐ tū qǐ]; **~o** *m* 接替 [jiē tì], 替代 [tì dài]

relieve *m* (平面上的)突起 [(píng miàn shàng de) tū qǐ], 凸出 [tū chū]; **poner de ~** 强调 [qiáng diào]

religi/ón *f* 宗教 [zōng jiào]; **~osidad** 信教 [xìn jiào], 虔诚 [qián chéng]; **~oso 1.,-a** *adj* 宗教的 [zōng jiào de], 信教的 [xìn jiào de]; **2.** *m* 宗教人士 [zōng jiào rén shì], 出家人 [chū jiā rén]

rellen/ar *vt* 填满 [tián mǎn], 填写 [tián xiě]; **~o 1.,-a** *adj gastr* (食品)塞满的 [(shí pǐn) sāi mǎn de]; **2.** *m gastr* (食品)馅儿 [(shí pǐn) xiàn er]

reloj *m* 钟 [zhōng], 表 [biǎo]; **~ de bolsillo** 怀表 [huái biǎo]; **~ de pared** 墙挂钟 [qiáng guà biǎo]; **~ de pulsera** 手表 [shǒu biǎo]; **~ de sol** 日规 [rì guī]; **~ería** *f* 钟表店 [zhōng biǎo diàn]; **~ero** *m* 钟表商 [zhōng biǎo shāng], 钟表匠 [zhōng biǎo jiàng]

relucir *vi* 闪闪发光 [shǎn shǎn fā guāng]

remar *vi* 划船 [huá chuán]
re(e)mbols/ar *vt* 偿还 [cháng huán], 报销 [bào xiāo]; **~o** *m* 偿还 [cháng huán], 报销 [bào xiāo]
remedi/ar *vt* 补救 [bǔ jiù], 挽回 [wǎn huí]; **~o** *f* 补救 [bǔ jiù] 挽回 [wǎn huí]
remendar *vt* 修正 [xiū zhèng], 修改 [xiū gǎi]
remo *m sport* 划船比赛 [huá chuán bǐ sài]
remojar *vt* **1.** 弄湿 [nòng shī], 浸湿 [jìn shī]; **2.** *fig* 饮酒庆贺 [yǐn jiǔ qìng hè]
remolacha *f* 甜菜 [tián cài], 糖萝卜 [táng luó bo]
remolca/dor *m nav* 拖轮 [tuō lún]; **~r** *vt nav* 拖曳 [tuō yè]; *auto* 拖(车) [tuō (chē)]
remolino *m* 旋风 [xuàn fēng], 旋涡 [xuán wō]
remolque *m auto* 拖车 [tuō chē]; **a ~** 拖曳着地 [tuō yè zhe de]
remontar *vt sport* (比赛积分)追上 [(bǐ sài jī fēn) zhuī shàng], 赶上 [gǎn shàng]
remonte *m* 追上 [zhuī shàng], 扳回 [bān huí]
remordimientos *mpl* 内疚 [nèi jiù], 自责 [zì zé]
remoto,-a *adj* 遥远的 [yáo yuǎn de]
remover *vt* 推动 [tuī dòng], 促进 [cù jìn]
re(e)mplazar *vt* 更换 [gēng huàn], 取代 [qǔ dài]
remunera/ción *f* 报酬 [bào chóu], 酬劳 [chóu láo]; **~r** *vt* 酬劳 [chóu láo], 报酬 [bào chóu]
renacimiento *m* 再生 [zài shēng], 复活 [fù huó]
rencor *m* 怨恨 [yuàn hèn], 仇恨 [chóu hèn]; **~oso,-a** *adj* 好记仇的 [hào jì chóu de], 心怀怨恨的 [xīn huái yuàn hèn de]
rendi/ción *f* 投降 [tóu xiáng], 屈从 [qū cóng]; **estar ~do,-a** 恭顺的 [gōng shùn de], 屈从的 [qū cóng de]
rendi/miento *m* 收益 [shōu yì], 效益 [xiào yì]; **~r** *vt* 战胜 [zhàn shèng], 打败 [dǎ bài]; **~rse** 投降 [tóu xiáng]; 认输 [rèn shū]
renega/do 1.,-a *adj* 否认的 [fǒu rèn de], 拒绝的 [jù jué de]; **2.** *m* 背教者 [bèi jiào zhě], 放弃信仰者 [fàng qì xìn yáng zhě]; **~r** *vt* 一再否认 [yī zài fǒu rèn], 断然拒绝 [duàn rán jù jué]
renova/ción *f* 更新 [gēng xīn], 革新 [gé xīn]; **~r** *vt fig* 革新 [gé xīn], 改革 [gǎi gé], 更新 [gēng xīn]
renta *f* 所得税 [suǒ dé shuì]; **~bilidad** *f* 赢利性 [yíng lì xìng]; **~ble** *adj m/f* 可赢利的 [kě yíng lì de]; **~r** *vi* 赢利 [yíng lì], 赚钱 [zhuàn qián]
renuncia *f* 放弃 [fàng qì], 辞去 [cí qù]; **~r a 1.** *vi* 放弃 [fàng qì], 舍弃 [shě qì]; **2.** *vt* 拒绝 [jù jué], 拒不接受 [jù bù jiē shōu]; **~r un cargo** 辞职 [cí zhí]

repara/ble *adj m/f* 可修理的 [kě xiū lǐ de], 可补救的 [kě bǔ jiù de]; **~ción** *f* 修理 [xiū lǐ]; 弥补 [mí bǔ]; **~r 1.** *vt* 修理 [xiū lǐ]; 弥补 [mí bǔ]; **2.** *vi* 考虑 [kǎo lǜ]; **~r en u/c** 注意到 [zhù yì dào], 发觉 [fā jué]

reparo *m* 修理 [xiū lǐ], 修补 [xiū bǔ]

repart/ición *f* 分配 [fēn pèi], 分派 [fēn pài]; **~ir** *vt* 分 [fēn], 分配 [fēn pèi], 分派 [fēn pài]; **~o** *m (correo)* 分发(信件) [fēn fā (xìn jiàn)]; *teat* (电影, 戏剧的)演员表 [(diàn yǐng, xì jù de) yǎn yuán biǎo]

repasar *vt* 复习 [fù xí]; 重新检验 [chóng xīn jiǎn yàn]

repatriación *f* 回国 [huí guó]

repent/e *adv* 突然 [tū rán], 忽然 [hū rán]; **de ~** 突然 [tū rán]; **~ino,-a** *adj* 突然的 [tū rán de], 忽然的 [hū rán de]

repercu/sión *f* 反弹 [fǎn tán]; 起作用 [qǐ zuò yòng]; **~tir en** *vi* 对...起作用 [duì qǐ zuò yòng], 有反应 [yǒu fǎng yìng]

repertorio *m teat* 剧目(总称) [jù mù (zǒng chēng)]; *mús* 演奏节目 [yǎn zòu jié mù]

repeti/ción *f* 重复 [chóng fù], 反复 [fǎn fù]; **~r** *vt* 重复 [chóng fù], 重说 [chóng shuō]

réplica *f* 反驳 [fǎn bó], 答辩 [dá biàn]

replicar *vt* 反驳 [fǎn bó], 答辩 [dá biàn]

repollo *m* 卷心菜 [juǎn xīn cài]

reponer *vt* 重新放回 [chóng xīn fàng huí]; 添加 [tiān jiā]; **~se** 康复 [kāng fù], 痊愈 [quán yù]

report/aje *m* 通讯 [tōng xùn], 报导 [bào dǎo]; **~ero,-a** *m/f* 记者 [jì zhě], 通讯员 [tōng xùn yuán]; **~ero,-a gráfico,-a** 新闻摄影师 [xīn wén shè yǐng shī]

reposar *vi* (因病)休息 [(yīn bìng) xiū xī]; **~se** 安息 [ān xī], 长眠 [cháng mián]

reposo *m* (因病)休息 [(yīn bìng) xiū xī]

repostería *f* 糖果糕点店 [táng guǒ gāo diǎn diàn]

representa/ción *f teat* 表演 [biǎo yǎn], 演出 [yǎn chū]; *com* (商务)代表处 [(shāng wù) dài biǎo chù]; **~nte** *m/f* 代表 [dài biǎo]; **~r** *vt teat* 演出 [yǎn chū], 上演(戏剧) [shàng yǎn (xì jù)]; 扮演(角色) [bàn yǎn (jué sè)]; **~tivo,-a** *adj* 代表性的 [dài biǎo xìng de]

represi/ón *f* 抑制 [yì zhì], 压抑 [yā yì], 压制 [yā zhì]; **~vo,-a** *adj* 抑制性的 [yì zhì xìng de], 压抑性的 [yā yì xìng de]

reprim/enda *f* 厉声责备 [yán shēng zé bèi], 严斥 [yán chì]; **~ir** *vt* 抑制 [yì zhì], 压制 [yā zhì], 压抑 [yā yì]

reproch/able *adj m/f* 可指责的 [kě zhǐ zé de], 该受责备的 [gāi shòu zé bèi de]; **~ar** *vt* 指责 [zhǐ

zé], 责备 [zé bèi]; **~e** *m* 指责 [zhǐ zé], 责备 [zé bèi]
reproduc/ción *f* 复制品 [fù zhì pǐn]; **~ir** *vt* 复制 [fù zhì], 仿造 [fǎng zào]; **~irse** 再造 [zài zào], 再现 [zài xiàn]
reptil (réptil) *m* 爬行纲 [pá xíng gāng]
república *f* 共和国 [gòng hé guó]
republicano 1.,-a *adj* 共和国的 [gòng hé guó de]; **2.** *m* 共和党人 [gòng hé dǎng rén]
repuesto *m* 储备品 [chǔ bèi pǐn], 备用品 [bèi yòng pǐn]; **de ~** 备用的 [bèi yòng de]; **~s** *mpl tecn* 配件 [pèi jiàn], 备用件 [bèi yòng jiàn]
repugna/ncia *f* 恶心 [ě xīn], 嫌弃 [xián qì]; 厌恶 [yàn wù]; **~nte** *adj m/f* 令人恶心的 [lìng rén ě xīn de], 令人厌恶的 [lìng rén yàn wù de]; **~r** *vt* 讨厌 [tǎo yàn], 拒绝 [jù jué]
reputa/ción *f* 声誉 [shěng yù], 名望 [míng wàng]; **~do,-a** *adj* 有名的 [yǒu míng de], 出名的 [chū míng de]
requerir *vt* 需要 [xū yào], 要求 [yāo qiú]
requesón *m* 鲜奶酪 [xiān nǎi lào]
requisito *m* 条件 [tiáo jiàn], 规定 [guī dìng], 要求 [yāo qiú]
res *f* 家畜(泛指牛羊) [jiā xù (fàn zhǐ niú yáng)]; **carne de ~** 牛肉 [niú ròu]
resaltar *vi fig* 出众 [chū zhòng], 与众不同 [yǔ zhòng bù tóng]
resbala/dizo,-a *adj* 滑的 [huá de], 滑动的 [huá dòng de], 容易滑倒的 [róng yì huá dǎo de]; **~r** *vi auto* 滑 [huá], 打滑 [dǎ huá]
rescat/ar *vt* 收复 [shōu fù], 赎回 [shú huí]; **~e** *m* 收复 [shōu fù], 赎回 [shú huí]
rescindir *vt (contrato)* 废除 [fèi chú], 取消(合约) [qǔ xiāo (hé yuē)]
resenti/miento *m* 不满 [bù mǎn], 怨恨 [yuàn hèn], 忿恨 [fèn hèn]; **~rse** 感到疼痛 [gǎn dào téng tòng], 变得衰弱 [biàn de shuāi ruò]; **~ de u/c** 感到不适 [gǎn dào bù shì]
reserva *f jur* (判书上的)补充说明 [(pàn shū shàng de) bǔ chōng shuō míng]; *com* 库存 [kù cún]; **~do,-a** *adj* 留存的 [liú cún de], 预订的 [yù dìng de]; **~r** *vt* 留存 [liú cún]; 预订 [yù dìng]
resfria/do *m* 着凉 [zháo liáng], 感冒 [gǎn mào]; **~rse** 着凉 [zháo liáng], 感冒 [gǎn mào]
resguardo *m* 凭证 [píng zhèng], 收据 [shōu jù], 存根 [cún gēn]
resid/encia *f* 居住 [jū zhù], 住处 [zhì chù]; **~encia universitaria** 大学生公寓楼 [dà xué shēng gōng yù lóu]; **~ir** *vi* 居住 [jū zhù], 定居 [dìng jū]
residuo *m* 剩余物 [shèng yú wù], 废物 [fèi wù]
resigna/ción *f* 屈从 [qū cóng], 甘心 [gān xīn]; **~rse con** 屈从 [qū cóng], 忍受 [rěn shòu]

resist/encia *f* 耐力 [nài lì], 持久力 [chí jiǔ lì]; **~ir** *vt/i* 承受 [chéng shòu], 忍受 [rěn shòu]; **~irse** 不愿意 [bù yuàn yì], 顶住 [dǐng zhù]; **~irse a hacer u/c** 不愿意做 [bù yuàn yì zuò], 顶住不干 [dǐng zhù bù gàn]

resolución *f* 解决 [jiě jué], 决议 [jué yì]

resolver *vt* 解决 [jiě jué], 裁决 [cái jué]; **~se** 处理 [chǔ lǐ], 办理 [bàn lǐ]; **~ a hacer u/c** 处理 [chǔ lǐ], 办理 [bàn lǐ]

resona/ncia *f fig* 轰动 [hōng dòng], 反响 [fǎn xiǎng]; **~r** *vi fig* 轰动 [hōng dòng], 引起反响 [yǐn qǐ fǎn xiǎng]

respald/ar *vt* 在(支票等的背面)签署 [zài (zhī piào děng de bèi biàn) qiān shǔ]; **~arse** 倚 [yǐ], 靠 [kào]; **~o** *m fig* 支持 [zhī chí], 依靠 [yī kào]

respec/tivo,-a *adj* 相应的 [xiāng yìng de], 各自的 [gè zì de]; **~to con** 关于 [guān yú]; **~to a/de** 关于 [guān yú], 针对 [zhēn duì]; **a este ~to** 关于这个方面 [guān yú zhè gè fāng miàn]

respet/able *adj* 可尊敬的 [kě zūn jìng de], 应受尊重的 [yīng shòu zūn zhòng de]; *m/f* 观众 [guān zhòng], 听众 [tīng zhòng]; **~ar** *vt* 尊敬 [zūn jìng], 尊重 [zūn zhòng]; **~o** *m* 尊敬 [zūn jìng], 尊重 [zūn zhòng]; **~uoso,-a** *adj* 尊敬的 [zūn jìng de], 可敬的 [kě jìng de]

respir/ación *f* 呼吸 [hū xī]; **~ar** *vt/i* 呼吸 [hū xī]; **~o** *m fig* (偿还债务等的)宽限 [(cháng huán zhài wù děng de) kuān xiàn], 延期 [yán qī]

responder *vt/i* 回答 [huí dá], 应答 [yìng dá]; **~ de** 负责 [fù zé]

responsab/ilidad *f* 责任 [zé rèn], 责任心 [zé rèn xīn]; **~le de** *adj m/f* 负责的 [fù zé de], 有责任心的 [yǒu zé rèn xīn de]

respuesta *f* 回答 [huí dá], 答复 [dá fù]

restable/cer *vt* 使恢复 [shǐ hūi fù], 重新建立 [chóng xīn jiàn lì]; **~cerse** 康复 [kāng fù], 痊愈 [quán yù]; **~cimiento** *m* 恢复 [huī fù], 重建 [chóng jiàn]

restaurante *m* 饭馆 [fàn guǎn], 餐厅 [cān tīng], 酒家 [jiǔ jiā]

restaurar *vt* 使恢复 [shǐ huī fù], 使复原 [shǐ fù yuán]

resto *m* 剩余物 [shèng yú wù], 残渣 [cán zhā]

restric/ción *f* 限制 [xiàn zhì], 约束 [yuē shù]; **~tivo,-a** *adj* 限制性的 [xiàn zhì xìng de], 约束性的 [yuē shù xìng de]

restringir *vt* 限制 [xiàn zhì], 约束 [yuē shù]; **~se** 限制自己 [xiàn zhì zì jǐ], 约束自己 [yuē shù zì jǐ]; **~se a** 限制某项事物 [xiàn zhì mǒu xiàng shì wù]

resuelto,-a *adj* 坚定的 [jiān dìng de], 果断的 [guǒ duàn de]

resultado *m* 结果 [jié guǒ], 成果 [chéng guǒ]

resum/en *m* 概括 [gài kuò], 梗概 [gěng gài]; **~ir** *vt* 概括 [gài kuò], 略述 [lüè shù]

retar *vt* 挑战 [tiǎo zhàn]

reten/ción *f med* 滞留 [zhì liú], 停滞 [tíng zhì]; **~ (de tráfico)** 堵车 [dǔ chē], 交通堵塞 [jiāo tōng dǔ sāi]; **~er** *vt* 扣留 [kòu liú], 留住 [liú zhù]

retina *f med* 视网膜 [shì wǎng mó]

retirar *vt* 移开 [yí kāi], 挪开 [nuó kāi]

reto *m* 挑战 [tiǎo zhàn], 挑衅 [tiǎo xìn]

retorn/able *adj m/f* 可收回的 [kě shōu huí de]; **~o** *m* 归还 [guī huán], 退还 [tuì huán]

retransmi/sión *f* 重播 [chóng bō]; 转播 [zhuǎn bō]; **~ en directo** (电视等)直播 [(diàng shì děng) zhí bō]; **~tir** *vt* 重播 [chóng bō], 转播 [zhuǎn bō]

retras/ar *vt* 搁置 [gé zhì], 推迟 [tuī chí]; **~arse** 迟延 [yán chí]; 落后 [luò hòu]; **~o** *m com* 债务 [zhài wù], 拮据 [jié jú]; *transp* (车)误点 [(chē) wù diǎn], 晚到 [wǎn dào]

retrat/ar *vt* (给人)画像 [(gěi rén) huà xiàng]; **~o** *m* 画像 [huà xiàng] 肖像 [xiāo xiàng]

retroceder *vi* 后退 [hòu tuì], 倒退 [dào tuì]

reuma *m med* 风湿病 [fēng shī bìng], 关节炎 [guān jié yán]

reunificación *f pol* 重新统一 [chóng xīn tǒng yī]

reuni/ón *f* 会议 [huì yì], 开会 [kāi huì]; **~r** *vt* 召集 [zhāo jí], 集合 [jí hé]; **~rse** 聚集 [jù jí], 集合 [jí hé]

revancha *f* 报复 [bào fù], 复仇 [fù chóu]

revela/do *m foto* 显影 [xiǎn yǐng]; **~r** *vt foto* 使(像片)显象 [shǐ (xiàng piàn) xiǎn xiàng]

reventa *f* 倒卖 [dǎo mài]

reventar *vi* 爆裂 [bào liè], 破裂 [pò liè]

reverso *m fig* 反面 [fǎn miàn], 背面 [bèi miàn]

revés *m* 背面 [bèi miàn], 反面 [fǎn miàn]; **al ~** 反着的 [fǎn zhē de], 反方向的 [fǎng fāng xiàng de]

revis/ar *vt* 复查 [fù chá], 检查 [jiǎn chá], 查验 [chá yàn]; **~ión** *f auto* 检修 [jiǎn xiū]

revoca/ble *adj m/f* 可撤销的 [kě chè xiāo de]; **~r** *vt* 取消 [qǔ xiāo], 废除 [fèi chú]

revolución *f* **1.** 革命 [gé mìng], 变革 [biàn gé]; **2.** *tecn* (机器)旋转 [(jī qì) xuán zhuǎn], 转动 [zhuǎn dòng]

revólver *m* 左轮手枪 [zuǒ lún shǒu qiāng]

revuelta *f* 转动 [zhuǎn dòng]; 转圈 [zhuǎn quān]

rey *m* 国王 [guó wáng]

rezar *vt/i* 祈祷 [qí dǎo], 祷告 [dǎo gào]

ribera *f*（河，海的）岸 [(hé, hǎi de) àn]

rico,-a *adj* 富有的 [fù yǒu de]; 丰盛的 [fēng shèng de]

ridículo,-a *adj* 滑稽的 [huá jī de], 可笑的 [kě xiào de]; 荒唐的 [huāng táng de]

riego *m* 灌溉 [guàn gài]

riel *m transp*（铁路）钢轨 [(tiě lù) gāng guǐ]

rienda *f fig* 约束 [yuē shù], 束缚 [shù fú]

riesgo *m* 风险 [fēng xiǎn], 危险 [wēi xiǎn]; **correr un ~** 冒险 [mào xiǎn], 冒风险 [mào fēng xiǎn]

rifa *f* 抽彩 [chōu cǎi], 摸彩 [mō cǎi]

rifle *m* 来复枪 [lái fù qiāng], 步枪 [bù qiāng]

rigid/ez *f* 僵直 [jiāng zhí], 僵硬 [jiāng yìng]; **~o,-a** *adj* 僵直的 [jiāng zhí de], 坚硬的; [jiān yìng de]

ri/gor *m* 严厉 [yán lì], 严格 [yán gé]; **~guroso,-a** *adj* 严厉的 [yán lì de], 严格的 [yán gé de]

rima *f* 韵脚 [yùn jiǎo], 押韵 [yā yùn]; **~s** *fpl* 抒情诗 [shū qíng shī]; **~r** *vi* 押韵 [yā yùn], 协韵 [xié yùn]

rímel *m* 睫膏 [jié gāo]

Rin *m* 来茵河 [lái yīn hé]

rinoceronte *m* 犀牛 [xī niú], 独角犀 [dú jiǎo xī]

rincón *m* 角落 [jiǎo luò], 街角; [jiē jiǎo]

riña *f* 争吵 [zhēng chǎo], 吵架 [chǎo jià]

riñón *m* 肾脏 [shèn zàng]

río *m* 河 [hé], 江 [jiāng]

riqueza *f* 财富 [cái fù], 财产 [cái chǎn]

risa *f* 笑 [xiào], 笑容 [xiào róng], 笑声 [xiào shēng]

ritmo *m* 节奏 [jié zòu], 节拍 [jié pāi]

rival *m* 对手 [duì shǒu] 争 [zhēng], 角逐 [jué zhú]; **~izar con** *vi* 与...争夺 [yǔ ... zhēng duó], 竞争 [jìng zhēng], 角逐 [jué zhú]

rizado,-a *adj* 卷曲的 [juǎn qū de], 卷发的 [juǎn fà de]

rizo 1.,-a *adj* 鬈曲的 [quán qū de]; **2.** *m* 发鬈 [fà quán], 鬈发 [quán fà]

robar *vt* 偷 [tōu], 盗 [dào], 窃 [qiè]

roble *m* 栎树 [lì shù], 栎木 [lì mù]

robo *m* 偷盗 [tōu dào]; 偷来的东西 [tōu lái de dōng xī]

robot *m* 机器人 [jī qì rén]

roca *f* 岩石 [yán shí], 岩 [yán]

roce *m fig* 接触 [jiē chù], 来往 [lái wǎng], 交流 [jiāo liú]

rocío *m* 露水 [lù shuǐ], 露珠 [lù zhū]

rode/ar de *vt* 环绕 [huán rào], 由…包围着 [yóu bāo wéi zhe]; **~o** *m* 环绕 [huán rào], 弯路 [wān lù]; **sin ~os**（说话）别绕弯子 [(shuō huà) bié rào wān zi], 直截了当地 [zhí jiē liǎo dàng de]

rodilla *f* 膝盖 [xī gài], 膝关节 [xī guān jié]

roe/dor *m* 啮齿目 [niè chǐ mù]; **~r** *vt* 咬 [yǎo], 啃 [kěn]

rogar *vt* 请求 [qǐng qiú], 恳求 [kěn qiú]

rojo,-a *adj* **1.** 红的 [hóng de], 红色的 [hóng sè de]; 红润的 [hóng rùn de]; **2.** 赤字的 [chì zì de];

rollo *m foto* 胶卷 [jiāo juǎn]

románico,-a *adj arq* 罗马式的（建筑）[luó mǎ shì de (jiàn zhù)]

romano,-a 1. *adj* 罗马的 [luó mǎ de]; **2.** *m/f* 罗马人 [luó mǎ rén]

romántico,-a *adj* 浪漫的 [làng màn de], 幻想的 [huàn xiǎng de]

romería *f* 朝圣 [cháo shèng]

romper *vt* 弄破 [nòng pò], 打碎 [dǎ suì]

ron *m* 甘蔗酒 [gān zhè jiǔ]

roncar *vi* 打鼾 [dǎ hān], 打呼噜 [dǎ hū lu]

ronda *f* **1.**夜间巡逻 [yè jiān xún luó]; **2.** 环城干线 [huán chéng gān xiàn]

rop/a *f* 衣服 [yī fú], 服装 [fú zhuāng]; ~ **de cama** 床上用品 [chuán shàng yòng pǐn]; ~ **interior** 内衣 [nèi yī]; **~ero** *m* 衣柜 [yī guì], 存衣室 [cún yī shì]

rosa 1. *f bot* 玫瑰 [méi guì]; **2.** *adj inv* 粉红的 [fěn hóng de], 玫瑰红的 [méi guì hóng de]

rosa/do *m* 玫瑰酒 [méi guì jiǔ]; 粉红色 [fěn hóng sè]; **~rio** *m relig* 念珠 [niàn zhū]; 有孔小珠 [yǒu kǒng xiǎo zhū]

rostro *m* 脸 [liǎn], 面孔 [miàn kǒng]

rotación *f* 旋转 [xuán zhuǎn], 转动 [zhuǎn dòng]

roto,-a *adj* 破的 [pò de], 碎的 [suì de]

rotula/dor *m* （讲课写白板用的）碳水笔 [(jiǎng kè xiě bái bǎn yòng de) tàn shuǐ bǐ]; 标签机 [biāo qiān jī]; **~r** *vt* 加标签 [jiā biāo qiān]; 加标题 [jiā biāo tí]

rotura *f* 破 [pò], 碎 [suì]; 破裂 [pò liè]

rubéola (rubeola) *f med* 风疹 [fēng zhěn]

rubí *m* 红宝石 [hóng bǎo shí]

rubio,-a *adj* 金黄色的 [jīn huáng sè de], 金黄头发的 [jīn huáng tóu fà de]

rueda *f* 轮子 [lún zi], 轮盘 [lún pán]; ~ **de prensa** 记者招待会 [jì zhě zhāo dài huì]; ~ **de recambio** 备用轮胎 [bèi yòng lún tāi]

ruego *m* 请求 [qǐng qiú], 恳求 [kěn qiú]

ruido *m* 噪声 [zào shēng], 嘈杂声 [cáo zá shēng]; **~so,-a** *adj* 噪音大的 [zào yīn dà de], 多嘈杂声的 [duō cáo zá shēng de]

ruina *f* 倒塌 [dǎo tā]; 破产 [pò chǎn]; 崩溃 [bēng kuì]

ruiseñor *m* 夜莺 [yè yīng]

ruleta *f* 轮盘赌 [lún pán dǔ]

rulo *m* 卷发 [juǎn fà], 卷发筒 [juǎn fà tǒng]

rumor *m* 传闻 [chuán wén], 谣言 [yáo yán]

ruptura *f* (关系等的)吹了 [(guān xì děng de) chuī le], 决裂 [jué liè]
rural *adj* 农村的 [nóng cūn de], 乡间的 [xiāng jiān de]; *m/f* 村民 [cūn mín], 乡里人 [xiāng lǐ rén]
Rusia *f* 俄罗斯 [é luó sī]
ruso,-a 1. *adj* 俄罗斯的 [é luó sī de]; **2.** *m/f* 俄罗斯人 [é luó sī rén]
rústico,-a *adj* **1.** (家具等) 粗俗风格的 [(jiā jù děng) cū sú fēng gé de]; **2.** 农村的 [nóng cūn de], 乡村的 [xiāng cūn de]
ruta *f nav aero* (船, 飞机的)航线 [(chuán, fēi jī de) háng xiàn]
rutina *f* 例行 [lì xíng], 惯例 [guàn lì]; 习俗 [xí sú]

S

S. A. (Sociedad Anónima) *f* 股份有限公司 [gǔ fèn yǒu xiàn gōng sī]
sábado *m* 星期六 [xīng qī liè], 礼拜六 [lǐ bài liù]
sábana *f* 床单 [chuáng dān], 被单 [bèi dān]
saber 1. *vt* 知道 [zhī daò], 了解 [liǎo jiě]; **a ~** 即 [jì], 就是 [jiù shì]; **2.** *vi fig* 有(某种)味道 [yǒu (mǒu zhǒng) wèi dào]; **3.** *m* 学问 [xué wèn], 知识 [zhī shí]
sabi/do,-a *adj* 已知的 [yǐ zhī de], 人所共知的 [rén suǒ gòng zhī de]; **~duría** *f* 智慧 [zhì huì], 学问 [xué wèn]; **~hondo** *m coloq* 好卖弄的 [hào mài nòng de], 喜欢炫耀的 [xǐ huān xuàn yào de]; **~o 1.,-a** *adj* 博学的 [bó xué de], 明智的 [míng zhì de]; **2.** *m* 学者 [zué zhě], 智者 [zhì zhě]
sabor *m* (食物的)味道 [(shí wù de) wèi dào]; **~ear** *vt* 品尝 [pǐn cháng], 品味 [pǐn wèi]
sabot/aje *m* 破坏 [pò huài], 毁坏 [huǐ huài]; **~eador,-a** *m/f* 破坏 [pò huài], 捣毁 [dǎo huài]; **~ear** *vt* 破坏 [pò huài], 毁坏 [huǐ huài]
sabroso,-a *adj* 好吃的 [hǎo chī de], 美味的 [měi wèi de]
saca/corchos *m* 起塞钻 [qǐ sāi zuān]; **~puntas** *m* 铅笔刀 [qiān bǐ dāo]
sacar *vt* 取出 [qǔ chū], 拿出 [ná chū], 拔出 [bá chū]
sacarina *f* 糖精 [táng jīng]
sacerdote *m* 牧师 [mù shī], 神父 [shén fù]
saco *m* 袋子 [dài zi], 口袋 [kǒu dài]; **~ de dormir** 睡袋 [shuì dài]
sacrifi/cado,-a *adj* 自我牺牲的 [zì wǒ xī shēng de]; **~car** *vt* 祭献 [jì xiàn], 屠宰 [tú zǎi]; **~carse** 自我牺牲 [zì wǒ xī shēng]; **~carse por** 为…而牺牲 [wèi ér xī shēng]; **~cio** *m* 祭献 [jì xiàn], 祭祀 [jì sì]
sacudir *vt* 摇晃 [yáo huàng]; 动摇 [dòng yáo]
sádico,-a 1. *adj* 虐淫的 [nüè yín de], 性虐待狂的 [xìng nüè dài

kuáng de]; **2.** *m/f* 虐待狂 [nüè dài kuáng]

saga/cidad *f* 精明 [jīng míng], 机灵 [jī líng]; **~z** *adj m/f* 精明的 [jīng míng de], 机灵的 [jī líng de]

Sagitario *m astr* 人马座 [rén mǎ zuò], 射手座 [shè shǒu zuò]

sagra/do,-a *adj* 神圣的 [shén shèng de]; 令人肃然起敬的 [lìng rén sù rán qǐ jìng de]

sajón,-a 1. *adj* 撒克逊人的 [sā kè xùn rén de]; **2.** *m/f* 撒克逊人 [sā kè xùn rén]

sal *f* 食盐 [shí yán]

sala *f* **1.** 客厅 [kè tīng], 厅堂 [tīng táng]; **2.** *jur* 法庭 [fǎ tíng]; **~ de embarque** 登机厅 [dēng jī tīng]; **~ de espera** 等候室 [děng hòu shì], 候车室 [hòu chē shì], 候机室 [hòu jī shì]; **~ de estar** 客厅 [kè tīng]

salado,-a *adj* 咸的 [xián de], 含盐的 [hán yán de]

salario *m* 工资 [gōng zī], 薪水 [xīn shuǐ]

salchich/a *f* 灌肠 [guàn cháng], 腊肠 [là cháng]; **~ón** *m* 大腊肠 [dà là cháng], 大灌肠 [dà guàn cháng]

sald/ar *vi com* 结清(帐目) [jié qīng (zhàng mù)], 清偿(债务) [qīng cháng (zhài wù)]; **~o** *m* (帐目)余额 [(zhàng mù) yú é], 差额 [chāi é]

salida *f* 出去 [chū qù], 出来 [chū lái]; 出口处 [chū kǒu chù]; **~ de emergencia** 紧急出口处 [jǐn jí chū kǒu chù]; **~ del sol** 日出 [rì chū]

salina *f* 盐矿 [yán kuàng]; 盐场 [yán chǎng]

salir *vi* **1. de** 出去 [chū qù], 出来 [chū lái]; 离开 [lí kāi]; **2. para** 去到(某地) [qù dào (mǒu dì)]; **~se** 退出 [tuì chū]; 偏离 [piān lí]; **~se del tema** 离题 [lí tí]; **~se con la suya** 达到目的 [dá dào mù dì], 如愿以偿 [rú yuàn yǐ cháng]

saliva *f* 口水 [kǒu shuǐ], 唾液 [chuí yè]

salmo *m* 圣歌 [shèng gē], 圣诗 [shèng shī]

salm/ón *m* 三文鱼 [sān wén yú], 鲑鱼 [guī yú]; **~onete** *m* 羊鱼 [yáng yú]

salón *m* 大堂 [dà táng], 大客厅 [dà kè tīng]

salpica/dero *m auto* 仪表盘 [yí biǎo pán], 仪表板 [yí biǎo bǎn]; **~dura** *f* 飞溅 [fēi jiàn]; **~r** *vt* **1.** 溅出 [jiàn chū], 飞溅 [fēi jiàn]; **2.** *fig* 散布 [sǎn bù], 撒布 [sā bù]; 点缀 [diǎn zuì]

sals/a *f* 汤汁 [tāng zhī]; 调味汁 [tiáo wèi zhī]; **~era** *f* 调味汁罐 [tiáo wèi zhī guàn]

saltamontes *m* 蝗虫 [huáng chóng], 蚱蜢 [zhà měng]

salt/ar 1. *vi* 跳 [tiào], 跳跃 [tiào yuè]; **2.** *vt* 跳过 [tiào guò], 略过 [lüè guò]; **~o** *m* 跳 [tiào], 跳跃 [tiào yuè]

salud *f* 健康 [jiàn kāng]; 身体 [shēn tǐ]; **¡~!** 干杯! [gān bēi];

~able *adj m/f* 有益于健康的 [yǒu yì yú jiàn kāng de]

salud/ar *vt* 招呼 [zhāo hū], 问候 [wèn hòu]; **~o** *m* 招呼 [zhāo hū], 问候 [wèn hòu]; **dar ~os** 向… 问候 [xiàng wèn hòu]

salva/ción *f* 救援 [jiù yuán], 救助 [jiù zhù]; **~dor,-a** *m/f* 救世主 [jiù shì zhǔ], 恩人 [ēn rén]

salvaje *adj m/f fig* 粗野的 [cū yě de], 无教养的 [wé jiào yǎng de]

salva/mento *m nav* 安全地点 [ān quán dì diǎn]; 脱离危险区 [tuō lí wēi xiǎn qū]; **~r** *vt* 救 [jiù], 救出 [jiù chū]; **~rse** 得救 [dé jiù]; **~vidas** *m* 救生圈 [jiù shēng quān], 救生衣 [jiù shēng yī]

salvo 1.,-a *adj* 安然无恙的 [ān rán wú yàng de], 平安的 [píng ān de]; **a ~** 安全的 [ān quán de], 没有危险的 [méi yǒu wēi xiǎn de]; **poner(se) a ~** 安全的 [ān quán de]; **2.** *adv prep* 除...之外 [chú zhī wài]

sana/r 1. *vt* 医治 [yī zhì], 治愈 [zhì yù]; **2.** *vi* 痊愈 [quán yù], 康复 [kāng fù]; **~torio** *m* 疗养院 [liáo yǎng yuàn]

sanci/ón *f* 处罚 [chù fá], 制裁 [zhì cái], 惩罚 [chěn fá]; **~onar** *vt* 处罚 [chù fá], 制裁 [zhì cái], 惩罚 [chěn fá]

sandalia *f* 凉鞋 [liáng xié], 拖鞋 [tuō xié]

sandía *f* 西瓜 [xī guā]

sanea/do,-a *adj com* 无债务的 [wú zhài wù de], 没欠纳税的 [méi qiàn nà shuì de]; **~miento** *m* 改善 [gǎi shàn], 完善 [wán shàn]; **~r** *vt* 保障 [bǎo zhàng], 保证 [bǎo zhèng]

sangr/ar *vi* 流血 [liú xiě], 出血 [chū xiě]; **~e** *f* 血 [xuè], 血液 [xuè yè]; **~ fría** *f* 冷漠的(人) [lěng mò de (rén)]

sangría *f* 鸡尾甜酒(由葡萄酒、雪碧和果汁调制成) [jī wěi tián jiǔ (yóu pú táo jiǔ, xuě bì hé guǒ zhī tiáo zhì chéng]

sangriento,-a *adj* 血淋淋的 [xuè lín lín de]

san/idad *f* 医疗卫生 [yī liáo wèi shēng]; **~itario 1.,-a** *adj* 保健的 [bǎo jiàn de], 卫生的 [wèi shēng de], 医疗的 [yī liáo de]; **2.** *m* 卫生保健人员 [wèi shēng bǎo jiàn rén yuán]; **~o,-a** *adj* 健康的 [jiàn kāng de]; 卫生的 [wèi shēng de]; **~o y salvo** 平安无事 [píng ān wú shì], 安然无恙 [ān rán wú yàng de]

sant/o,-a 1. *adj* 神圣的 [shén shèng de], 上帝的 [shàng dì de]; **2.** *m/f* 圣人 [shèng rén], 圣者 [shèng zhě]; **~uario** *m* 圣殿 [shèng diàn], 庙宇 [yǔ zhòu]

sapo *m* 青蛙 [qīng wā], 癞蛤蟆 [lài há má]

saque *m sport* 发球 [fā qiú], 开球 [kāi qiú]

saque/ar *vt* 抢掠 [qiǎng lüè], 劫夺 [jié duó]; **~o** *m* 抢掠 [qiǎng lüè], 劫夺 [jié duó]

sarampión *m med* 麻疹 [má zhěn]

sardana *f* 萨尔达纳舞(加泰罗尼亚的民间舞蹈) [sā ér dá nà wǔ (jiā tài luó ní yà de mín jiān wǔ dǎo)]

sardina *f* 沙丁鱼 [shā dīng yú]

sargento *m* (军衔)中士 [(jūn xián) zhōng shì]

sartén *f* 平底煎锅 [píng dǐ jiān guō]

sastre *m* 裁缝师傅 [cái féng shī fù]; **~ría** *f* 裁缝店 [cái féng diàn]

satán *m* 撒旦 [sā dàn], 魔王 [mó wáng]; **~ico,-a** *adj* 撒旦的 [sā dàn de], 魔王的 [mó wáng de]

satélite *m* 卫星 [wèi xīng]

satén *m* 棉缎 [mián duàn], 纬缎 [wěi duàn]

sátira *f* 讽刺诗文 [fěng cì shī wén]

satírico,-a *adj* 讽刺性的 [fěng cì xìng de]

satis/facción *f* 满意 [mǎn yì], 满足 [mǎn zú]; **~facer** *vt* 满足 [mǎn zú]; 使满意 [shǐ mǎn yì]; **~factorio,-a** *adj* 相当好的 [xiāng dāng hǎo de], 令人满意的 [lìng rén mǎn yì de]; **~fecho, -a con** *adj* 对… 感到满意的 [duì gǎn dào mǎn yì de]

satura/ción *f fig* 饱和 [bǎo hé], 过多 [guò duō]; **~r** *vt fig* 太多 [tài duō], 饱和 [bǎo hé]

sauce *m bot* 白柳 [bái liǔ], 柳树 [liǔ shù]

sauna *f* 桑拿浴 [sāng ná yù], 蒸气浴 [zhēng qì yù]

saxofón (saxófono) *m* 萨克管 [sà kè guǎn], 萨克斯管 [sà kè sī guǎn]

sazonar *vt gastr* (给食品)加调料 [(gěi shí pǐn) jiā tiáo liào]

se *pron* (人称代词) [rén chēng dài cí] 他 [tā], 她 [tā], 它 [tā], 您 [nín], 他们 [tā mēn], 她们 [tā mēn], 它们 [tā mēn]

seca/dor *m* (理发用的)吹风机 [(lǐ fà yòng de) chuī fēng jī]; **~dor (de mano)** 烘手机(卫生间用) [hōng shǒu jī (wèi shēng jiān yòng)]; **~dora** *f* 烘衣机 [hōng yī jī]; **~r** *vt* 弄干 [nòng gān], 晒干 [sài gān]; **~rse** 消瘦 [xiāo shòu], 憔悴 [qiáo cuì]

sección *f* 截面 [jié miàn], 断面 [duàn miàn]

seco,-a *adj* 干的 [gān de], 干燥的 [gān zào de]

secretar/ia *f* 女秘书 [nǚ mì shū]; **~ía** *f* 秘书处 [mì shū chù]; **~io** *m* 秘书 [mì shū], 文书 [wén shū]

secreto 1.,-a *adj* 秘密的 [mì mì de]; **2.** *m* 秘密 [mì mì]; **en ~** 秘密地 [mì mì de], 悄悄地 [qiāo qiāo de]

secta *f* 派别 [pài bié], 流派 [liú pài]

sector *m* 行业 [háng yè]; 方面 [fāng miàn]

secuela *f med* 后遗症 [hòu yí zhèng]

secuestr/ar *vt* 绑架 [bǎng jià], 劫持 [jié chí]; **~o** *m* 绑架 [bǎng jià], 劫持 [jié chí]

secundar *vt* 支持 [zhī chí], 帮助 [bāng zhù]

secundario,-a *adj* 第二位的 [dì èr wèi de], 第二等的 [dì èr děng de]

sed *f* 渴 [kě], 口渴 [kǒu kě]

seda *f* 丝绸 [sī chóu]; 蚕丝 [cán sī]

seda/nte 1. *adj m/f* 丝绸的 [sī chóu de], 蚕丝的 [cán sī de]; **2.** *m* 镇静剂 [zhèn jìng jì]; **~tivo,-a** *adj* 镇静性的 [zhèn jìng xìng de]

sede *f* (机构等的)所在地 [(jī gòu děng de) suǒ zài dì], 总部 [zǒng bù]

sediento,-a *adj* 口渴的 [kǒu kě de], 口干的 [kǒu gān de]

seduc/ción *f* 引诱 [yǐn yòu], 勾引 [gōu yǐn]; **~ir** *vt* 勾引 [gōu yǐn], 引诱 [yǐn yòu]; **~tor,-a** *adj* 诱惑的 [yòu huò de], 引诱的 [yǐn yòu de]; *m/f* 勾引异性的能手 [gōu yǐn yì xìng de néng shǒu]

segmento *m* 节 [jié], 段 [duàn], 片 [piàn]

segui/da *f* 继续 [jì xù], 接上 [jiē shàng]; **en ~da** 立刻 [lì kè], 马上 [mǎ shàng]; **~do,-a** *adj* 连续的 [lián xù de], 不间断的 [bù jiān duàn de]; **~dor,-a** *m/f* 门徒 [mén tú], 追随者 [zhuī suí zhě]; **~miento** *m* 跟随 [gēn suí]; 跟踪 [gēn zōng]

seguir 1. *vt* 跟随 [gēn suí], 追随 [zhuī suí]; 跟踪 [gēn zōng]; **2.** *vi* 接连 [lián jiē], 继续 [jì xù]

según *prep* 根据 [gēn jù], 按照 [àn zhào], 依据 [yī jù]

segundo 1.,-a *adj* 第二 [dì èr]; **en ~ lugar** 在另一个地方 [zài lìng yī gè dì fāng]; **2.** *m* 秒 [miǎo]

segur/idad *f* 安全 [ān quán], 牢靠 [láo kào]; **~o 1.,-a** *adj* 安全的 [ān quán de], 牢靠的 [láo kào de]; **2.** *m* 保险 [bǎo xiǎn]; **~o de accidentes** 意外保险 [yì wài bǎo xiǎn]; **~o de automóviles** 汽车保险 [qì chē bǎo xiǎn]; **~o de enfermedad** 医疗保险 [yī liáo bǎo xiǎn]; **~o de responsabilidad civil** 民事险 [mín shì xiǎn]; **~o todo riesgo** (汽车)全险保险 [(qì chē) quán xiǎn bǎo xiǎn]

seis *adj* 六 [liù]; **~cientos** 六百 [liù bǎi]

selec/ción *f sport* 选拔赛 [xuǎn bá sài]; **~to,-a** *adj* 精选的 [jīng xuǎn de]; 精良的 [jīng liáng de]

sell/ar *vt fig* (在某物上)留下痕迹 [(zài mǒu wù shàng) liú xià hén jì], 打上印记 [dǎ shàng yìn jì]; **~o** *m* 图章 [tú zhāng], 印章 [yìn zhāng]

selva *f* 热带雨林 [rè dài yǔ lín], 大森林 [dà sēn lín]

semáforo *m* 红绿灯 [hóng lǜ dēng]

semana *f* 星期 [xīng qī], 周 [zhōu], 礼拜 [lǐ bài]; **~*Santa** 复活节 [fù huó jié]; **entre ~** 在周一至周五之间 [zài zhōu yi zhì zhōu wǔ zhī jiān]; ~l *adj m/f* 一周的 [yī zhōu de]; ~rio *m* 周刊 [zhōu kān]

sembrar *vt* 撒播(种子) [sàn bō (zhǒng zi)]; 播种 [bō zhǒng]

semeja/nte *adj m/f* 相似的 [xiāng sì de], 类似的 [lèi sì de]; **~nza** *f* 相似 [xiāng sì], 类似 [lèi sì]; **~r** *vi* 像 [xiàng], 近似 [jìn sì]

semen *m biol* 精液 [jīng yè]

semi/círculo *m* 半圆 [bàn yuán]; **~final** *m sport* 半决赛 [bàn jué sài]

semilla *f* 种子 [zhǒng zi]

seminario *m* 讲座 [jiǎng zuò], 研讨会 [yán tǎo huì]

sémola *f* 去壳的谷物碎片(如麦片、燕麦片等) [qù ké de gǔ wù suì piàn (rú mài piàn, yàn mài piàn děng)]

senado *m* 参议院 [cān yì yuàn], 上议院 [shàng yì yuàn]; **~r,-a** *m/f* 参议员 [cān yì yuán]

sencill/ez *f* 简单 [jiǎn dān], 朴素 [pǔ sù], 朴实 [pǔ shí]; **~o,-a** *adj* 简单的 [jiǎn dān de], 朴素的 [pǔ sù de]

send/a *f* 小路 [xiǎo lù], 羊肠小道 [yáng cháng xiǎo dào]; **~ero** *m* 小路 [xiǎo lù]

Senegal *m* 塞内加尔 [sài nèi jiā ěr]; **~*és,-a** **1.** *adj* 塞内加尔(人)的 [sài nèi jiā ěr (rén) de]; **2.** *m* 塞内加尔语 [sài nèi jiā ěr yǔ]

seno *m fig* 内部 [nèi bù], 里面 [lǐ miàn]

sensa/ción *f* 感觉 [gǎn jué], 印象 [yìn xiàng]; **~cional** *adj m/f* 极好的 [jí hǎo de], 非常适宜的 [fēi cháng shì yí de]; **~tez** *f* 明智 [míng zhì], 审慎 [shěn shèn]; **~to,-a** *adj* 明智的 [míng zhì de], 审慎的 [shěn shèn de]

sensi/bilidad *f* 敏感性 [mǐn gǎn xìng]; **~ble** *adj m/f* 敏感的 [mǐn gǎn de]; **~tivo,-a** *adj* 有感觉的 [yǒu gǎn jué de], 可感知的 [kě gǎn zhī de]

sensual *adj m/f* 性感的 [xìng gǎn de]; **~idad** *f* 性感 [xìng gǎn], 好色 [hào sè]

senta/da *f* 坐(量词, 指一次坐的时间) [zuò (liàng cí, zhǐ yī cì zuò de shí jiān); **~do,-a** *adj* 坐着的 [zuò zhe de]; **estar ~do** 坐着 [zuò zhe]; **~r** **1.** *vt* 让坐下 [ràng zuò xià]; **2.** *vi* (饮食, 服装, 活动等对某人)合适 [(yǐn shí, fú zhuāng, huó dòng děng duì mǒu rén) hé shì], 合宜 [hé yí]; **~r bien (mal)** 感到(不)合适 [gǎn daò (bù) hé shì], (不)舒服 [(bù) shū fú]; **~rse** 坐下 [zuò xià]

sentencia *f jur* 判决 [pàn jué], 裁决 [cái jué]; *fig* 决定 [jué dìng]; **~r** *vt* 判决 [pàn jué], 决定 [jué dìng]

senti/do *m* 感官 [gǎn guān], 感觉 [gǎn jué]; **buen ~do** 真知灼见 [zhēn zhī zhuó jiàn]; **~do común** 常人见识 [cháng rén jiàn shí]; **perder el ~do** 失去理智 [shī qù lǐ zhì]; **~mental** *adj m/f* 多愁善感的 [duō chóu shàn gǎn de], 情意缠绵的 [qíng yì chán mián de]; **~miento** *m* 感觉 [gǎn jué], 感情 [gǎn qíng], 情感 [qíng gǎn]; **~r 1.** *vt* 感觉 [gǎn jué], 感到 [gǎn dào], 察觉 [chá jué]; **lo siento** 对不起 [duì bù qǐ]; **~se** 觉得 [jué dé]; **~se bien (mal)** 感到好(不适) [gǎn dào hǎo (bù shì)]; **2.** *m* 感觉 [gǎn jué]; 意见 [yì jiàn], 看法 [kàn fǎ], 观点 [guān diǎn]

seña *f* 记号 [jì hào], 标记 [biāo jì]; **~s** *fpl* 地址 [dì zhǐ]; **~l** *f com* 定金 [dìng jīn]; **~lado,-a** *adj* 明显的 [míng xiǎn de], 显著的 [xiǎn zhù de]; **~lar** *vt* (在某处)做记号 [(zài mǒu chù) zuò jì hào], 作标记 [zuò biāo jì]; **~larse** 突出 [tū chū], 出名 [chū míng]; **~lización** *f auto* (公路上的)交通标志 [(gōng lù shàng de) jiāo tōng biāo zhì]

señor,-a *m/f* 先生 [xiān shēng]; 女士 [nǚ shì], 太太 [tài tài]; **~ita** *f* 小姐 [xiǎo jiě]

separa/ble *adj m/f* 可以分开的 [kě yǐ fēn kāi de]; **~ción** *f* 分开 [fēn kāi]; 分居 [fēn jū]; **~r** *vt* 使分开 [shǐ fēn kāi]; 区分 [qū fēn]; **~rse** 离开 [lí kāi], 脱离 [tuō lí]

sepia *f* 乌贼 [wū zéi], 墨鱼 [mò yú]

septiembre *m* 九月 [jiǔ yuè]

séptimo,-a *adj* 第七 [dì qī]

sepul/cro *m* 坟墓 [fén mù], 陵墓 [líng mù]; **~lar** *vt* 埋葬 [mái zàng], 安葬 [ān zàng]; **~tura** *f* 坟墓 [fèn mù], 墓穴 [mù xué]

sequía *f* 天旱 [tiān hàn], 旱灾 [hàn zaī]

ser *vi* 是 [shì]; **llegar a ~** 终于成为 [zhōng yú chéng wéi]; **pasar a ~** 变成 [biàn chéng]; **terminar por ~** 最终成为 [zuì zhōng chéng wéi]; **~ de** 是(某地方或国家的)人 [shì (mǒu dì fāng huò guó jiā de) rén]; **a no ~ que** 除非…才 [chú fēi... cái]; **es decir** 也就是说 [yě jiù shì shuō]; **o sea** 即 [jì], 也就是说 [yě jiù shì shuō]; **sea lo que sea** 不管怎么样 [bù guǎn zěn mē yàng]

Serbi/a *f* 塞尔维亚 [sài ěr wéi yà]; **~*o,-a 1.** *adj* 塞尔维亚(人)的 [sài ěr wéi yà (rén) de]; **2.** *m* 塞尔维亚语 [sài ěr wéi yà yǔ]

seren/ar *vt* 使平和 [shǐ píng hé], 使平静 [shǐ píng jìng]; **~arse** (天气)变晴 [(tiān qì) biàn qíng]; **~ata** *f mús* 小夜曲 [xiǎo yè qǔ]; **~idad** *f* 冷静 [lěng jìng], 沉着 [chén zhuó]; **~o 1.,-a** *adj* 冷静的 [lěng jìng de], 沉着的 [chén zhuó de]; **2.** *m* 更夫 [gēng fū], 巡夜人 [xún yè rén]

serie *f* 系列 [xì liè], 连串 [lián chuàn]; **~dad** *f* 严肃 [yán sù], 正经 [zhèng jīng]

serio,-a *adj* 严肃的 [yán sù de], 郑重其事的 [zhèng zhòng qí shì de]; **tomar u/c en ~** 认真严肃对待(一件事情) [rèn zhēn yán sù duì dài (yī jiàn shì qíng)]

sermón *m* 讲经 [jiǎng jīng], 布道 [bù dào], 说教 [shuō jiào]

serpiente *f* 蛇 [shé]
servicio *m* 服务 [fú wù]; 供职 [gòng zhí]; ~ **militar** 兵役 [bīng yì]; **fuera de** ~ 失效 [shī xiào]; ~**s** *mpl* 服务设施 [fú wù shè shī]
servillet/a *f* 餐巾 [cān jīn], 餐纸 [cān zhǐ]; ~**ero** *m* 餐巾套 [cān jīn tào], 餐巾杯 [cān jīn bēi]
servir *vt/i* 供职 [gòng zhí]; 服务 [fú wù]; ~**se** 使用 [shǐ yòng], 利用 [lì yòng]
sésamo *m* 芝麻 [zhī má]
sesenta 六十 [liù shí], 第六十 [dì liù shí]
sesión *f (cine)* (电影的)场 [(diàn yǐng de) chǎng]
seta *f* 蘑菇 [mó gū], 香菇 [xiāng gū]
setenta *adj* 七十 [qī shí], 第七十 [dì qī shí]
seto *m* 栅栏 [zhà lán], 篱笆 [lí ba]; ~ **vivo** 树墙 [shù qiáng], 树篱 [shù lí]
seudónimo *m* 假名 [jiǎ míng], 笔名 [bǐ míng], 艺名 [yì míng]
sever/idad *f* 严厉 [yán lì], 严格 [yán gé]; 严肃 [yán sù]; ~**o,-a** *adj* 严肃的 [yán sù de]; 严格的 [yán gé de]
sexo *m* 性欲 [xìng yù]; 性别 [xìng bié]
sexto,-a *adj* 第六 [dì liù]
sexual *adj m/f* 性的 [xìng de], 性欲的 [xìng yù de]; ~**idad** *f* 性的特征 [xìng de tè zhēng]; 性别 [xìng bié]
si 1. *conj* 如果 [rú guǒ], 假如 [jiǎ rú]; ~ **no** 否则 [fǒu zé]; **2.** *m mús* (乐理)B的唱名 [(yuè lǐ) B de chàng míng]
sí 1. *adv* 是 [shì], 对 [duì], 好 [hǎo]; **2.** *pron refl* 他自己 [tā zì jǐ], 他本人 [tā běn rén]; **de por** ~ 自己 [zì jǐ], 本身 [běn shēn]
Sicilia *f* 西西里岛(意大利) [xī xī lǐ dǎo (yì dà lì)]; ~***no,-a 1.** *adj* 西西里岛(人)的 [xī xī lǐ dǎo (rén) de]; **2.** *m* 西西里语 [xī xī lǐ yǔ]
sida *m med* 爱滋病 [ài zī bìng]
sidra *f* 苹果酒 [píng guǒ jiǔ]
siempre 1. *adv* 永远 [yǒng yuǎn], 总是 [zǒng shì]; **2.** *conj* 无论如何 [wú lùn rú hé], 至少 [zhì shǎo]; ~ **que** 只要 [zhǐ yào]
sien *f* 太阳穴 [tài yáng xué]
sierra *f* 山脉 [shān mài], 山峦 [shān luán]
siervo *m* 农奴 [nóng nú], 奴隶 [nú lì]
siesta *f* 午休 [wǔ xiū]; **dormir (echar) la** ~ *coloq* 午睡 [wǔ shuì]
siete *adj* 七 [qī], 第七 [dì qī]
sífilis *f med* 梅毒 [méi dú]
siglo *m* 世纪 [shì jì], 百年 [bǎi nián]
signa/r *vt* 画押 [huà yā], 盖章 [gài zhāng]; 签署 [qiān shǔ]; ~**tario, -a** *m/f* 签字人 [qiān zì rén], 签署人 [qiān shǔ rén]
significa/do *m* 意义 [yì yì], 含义 [hán yì]; ~**r** *vt* 意味着 [yì

wèi zhe], 标志着 [biāo zhì zhe]; **~tivo,-a** *adj* 有意义的 [yǒu yì yì de]

signo *m* 标志 [biāo zhì], 记号 [jì hào]

siguiente *adj m/f* 下一个 [xià yī gè], 下面的 [xià miàn de]

sílaba *f* 音节 [yīn jié]

sil/bar *vt/i* 分音节朗读 [fēn yīn jié lǎng dú]; **~bato** *m* 汽笛 [qì dí], 哨子 [shào zi]; **~bido** *m* 口哨声 [kǒu shào shēng]

silencio *m* 安静 [ān jìng]; 肃静 [sù jìng]; **~so,-a** *adj* 安静的 [ān jìng de], 寂静的 [jì jìng de]

silla *f* 椅子 [yǐ zi]; **~ (de montar)** 鞍子 [ān zi]; **~ plegable** 折叠椅 [zhé dié yǐ]; **~ de ruedas** 轮椅 [lún yǐ]

sillón *m* 大扶手椅 [dà fú shǒu yǐ]

silueta *f* 侧影 [cè yǐng], 轮廓 [lún kuò]

silvestre *bot zool* 野生的 [yě shēng de]

simbólico,-a *adj* 象征(性)的 [xiàng zhēng (xìng) de]

símbolo *m* 象征 [xiàng zhēng]

simetría *f* 对称 [duì chèn]; 匀称 [yún chèn]

simétrico,-a *adj* 对称的 [duì chèn de], 匀称的 [yún chèn de]

simil/ar *adj m/f* 相似的 [xiāng sì de], 类似的 [lèi sì de]; **~itud** *f* 相似性 [xiāng sì xìng], 和善 [hé shàn]

simpático,-a *adj* 可爱的 [kě ài de], 可亲的 [kě qīn de]

simpl/e *adj m/f* 单纯的 [dān chún de], 简单的 [jiǎn dān de]; **~eza** *f* 天真 [tiān zhēn], 纯朴 [chún pǔ]; **~icidad** *f* 简单 [jiǎn dān], 单纯 [dān chún]; **~ificar** *vt* 简化 [jiǎn huà]; **~ón,-a** *m/f coloq* 大笨蛋 [dà bèn dàn], 大傻瓜 [dà shǎ guā]

simular *vt/i* 假作 [jiǎ zuò], 假装 [jiǎ zhuāng]

simult/aneidad *f* 同时性 [tóng shí xìng], 同步性 [tóng bù xìng]; **~áneo,-a** *adj* 同时的 [tóng shí de], 同步发生的 [tóng bù fā shēng de]; **interpretación ~ánea** 同声(步)翻译 [tóng shēng (bù) fān yì]

sin *prep* 无 [wú], 不 [bù], 没有 [méi yǒu]; **~ que** 不 [bù], 没(加句子) [méi (jiā jù zi)]

sinagoga *f* 犹太教堂 [yóu tài jiào táng]

sincer/idad *f* 真挚 [zhēn zhì], 诚恳 [chéng kěn]; **~o,-a** *adj* 真挚的 [zhēn zhì de], 诚恳的 [chéng kěn de]

sindica/l *adj m/f* 工会的 [gōng huì de]; **~to** *m* 工会 [gōng huì]

sinf/onía *f mús* 交响乐 [jiāo xiǎng yuè], 交响曲 [jiāo xiǎng qǔ]; **orquesta ~ónica** *f* 交响乐队 [jiāo xiǎng yuè duì]

singular 1. *adj m/f* 唯一的 [wéi yī de], 独一无二的 [dú yī wú èr de]; **2.** *m ling* (语法)单数 [(yǔ fǎ) dān shù]

siniestro 1.,-a *adj* 恶意的 [è yì de], 阴险的 [yīn xiǎn de]; **2.** *m* 不幸 [bù xìng], 灾难 [zāi nàn]

sino 1. *m* 天命 [tiān mìng], 命运 [mìng yùn]; **2.** *pref* 汉学的 [hàn xué de]; **3.** *conj* 而 [ér], 而是 [ér shì]

sinología *f* 汉学 [hàn xué]

sínte/sis *f* 综合 [zōng hé], 概括 [gài kuò], 综述 [zōng shù]; **~tico,-a** *adj* 综合的 [zōng hé de], 概括的 [gài kuò de]

síntoma *m* 症状 [zhèng zhuàng], 症兆 [zhèng zhào]

sinvergüenza *m* 不要脸的 [bù yào liǎn de], 卑鄙无耻的 [bēi bì wú chǐ de]

siquiera *conj* 尽管 [jìn guǎn], 即使 [jì shǐ]; **ni ~** 甚至都不 [shèn zhì dōu bù], 甚至没有 [shèn zhì méi yǒu]

sirena *f* 汽笛 [qì dí]; 警报器 [jǐng bào qì]

siroco *m* 热风 [rè fēng]

sirvient/a *f* 女仆人 [nǚ pú rén], 女佣人 [nǚ yòng rén]; **~e** *m* 男仆 [nán pú], 男佣人 [nán yòng rén]

sistem/a *m* 制度 [zhì dù], 体制 [tǐ zhì]; **~ático,-a** *adj* 系统的 [xì tǒng de], 有条理的 [yǒu tiáo lǐ de]; **~atización** *f* 系统化 [xì tǒng huà]; **~atizar** *vt* 使系统化 [shǐ xì tǒng huà]

sitio *m* 地方 [dì fāng], 地点 [dì diǎn]

situa/ción *f* 形势 [xíng shì]; 状况 [zhuàng kuàng], 处境 [chù jìng]; **~do,-a** *adj* 位于 [wèi yú], 座落在 [zuò luò zài]; **bien ~do** 良好的社会地位的 [liáng hǎo de shè huì dì wèi de]; **~ar** *vt* 安放 [ān fàng], 放置 [fàng zhì]; **~rse** 位于 [wèi yú], 处于 [chǔ yú]

S.L. (sociedad de responsabilidad limitada) *f* 责任有限公司 [zé rèn yǒu xiàn gōng sī]

slip *m* 短内裤 [duǎn nèi kù], 三角裤 [sān jiǎo kù]

sobaco *m* 腋 [yè]; 胳肢窝 [gē zhī wō]

soba/do,-a *adj* 非常破旧的 [fēi cháng pò jiù de]; **~r** *vt coloq* 抚摸 [fǔ mō]

sober/anía *f* 主权 [zhǔ quán]; **~ano,-a** *adj* 主权的 [zhǔ quán de]

sober/bia *f* 高敖 [gāo ào], 狂妄 [kuáng wàng]; **~bio,-a** *adj* 高傲的 [gāo ào de], 狂妄的 [kuáng wàng de]

soborn/ar *vt* 收买 [shōu mǎi], 贿赂 [huì lù]; **~o** *m* 贿赂 [huì lù], 收买 [shōu mǎi]

sobra *f* 过多 [guò duō], 过剩 [guò shèng]; **de ~** 充足的 [chōng zú de], 有余的 [yǒu yú de]; **~s** *fpl* 剩余物 [shèng yú wù], 残渣 [cán zhā]; **~do,-a** *adj* 足够的 [zú gòu], 有剩余的 [yǒu shèng yú de]; **~r** *vi* 多余 [duō yú], 剩余 [shèng yú]

sobre 1. *m* 信封 [xìng fēng]; **2.** *prep* 在...上面 [zài shàng miàn]; **3.** 大约 [dà yuē], 左右 [zuǒ yòu];

4. 关于 [guān yú], 有关 [guān yú]; ~ **las seis** 六点钟左右 [liù diǎn zhōng zuǒ yòu]; ~ **todo** *loc adv* 尤其是 [yóu qí shì]

sobre/carga *f* 超载 [chāo zài], 超重 [chāo zhòng]; ~**cargar** *vt* 使超载 [shǐ chāo zài]

sobredosis *f* (用药或吸毒品)超剂量 [(yòng yào huò xī dú pǐn) chāo jì liàng]

sobrestimar *vt* 高估 [gāo gū], 过高估计 [guò gāo gū jì]

sobrehumano,-a *adj* 超人的 [chāo rén de], 超凡的 [chāo fán de]

sobremanera *adv* 非常 [fēi cháng], 极其 [jí qí], 特别 [tè bié]

sobrenatural *adj m/f* 超自然的 [chāo zì rán de], 神奇的 [shén qí de]

sobrenombre *m* 别名 [bié míng]; 绰号 [chuò hào]

sobresaliente *adj* **1.** 突出的 [tū chū de], 优秀的 [yōu xiù de]; **2.** *m* (学习成绩分数) 良 [(xué xí chéng jì fēn shù) liáng];

sobrevivir *vt/i* 幸存 [xìng cún], 仍然活着 [réng rán huó zhe]

sobrino,-a *m/f* 侄子 [zhí zi], 侄女 [zhí nǚ]

sobrio,-a *adj* 节制的 [jié zhì de], 朴素的 [pǔ sù de]

socia/bilidad *f* 社会性 [shè huì xìng], 社交性 [shè jiāo xìng]; ~**ble** *adj m/f* 喜欢交际的 [xǐ huān jiāo jì de]; 容易打交道的 [róng yì dǎ jiāo dào de]; ~**l** *adj m/f* 社会的 [shè huì de]; 公共的 [gōng gòng de]

socialismo *m* 社会主义 [shè huì zhǔ yì]; ~**lista 1.** *adj m/f* 社会主义的 [shè huì zhǔ yì de]; **2.** *m/f* 社会主义者 [shè huì zhǔ yì zhě]

sociedad *f* **1.** 社会 [shè huì]; **2.** 公司 [gōng sī], 企业 [qǐ yè]; ~ **anónima (S. A.)** 股份有限公司 [gǔ fèn yǒu xiàn gōng sī]; ~ **de responsabilidad limitada (S.L.)** 责任有限公司 [zé rèn yǒu xiàn gōng sī]

socio,-a *m/f* 股东 [gǔ dōng], 合伙人 [hé huǒ rén]

socorr/er *vt* 缓救 [yuán jiù], 救助 [jiù zhù]; ~**o** *m* 急救药品 [jí jiù yào pǐn]; **¡~o!** 救命啊 [jiù mìng a]！来人哪 [lái rén na]！

soez *adj m/f* 下流的 [xià liú de]

sofá *m* 沙发 [shā fā]; ~**-cama** 沙发床 [shā fā chuáng]

soga *f* 绳子 [shéng zi], 麻绳 [má shéng]

soja *f* 大豆 [dà dòu], 黄豆 [huáng dòu]; **salsa de** ~ 酱油 [jiàng yóu]

sol *m* **1.** 太阳 [tài yáng], 阳光 [yáng guāng]; **tomar el** ~ 晒太阳 [sài tài yáng]; **2.** *mús* 的唱名 [de chàng míng]

solamente 仅仅 [jǐn jǐn], 只是 [zhǐ shì]

solar 1. *m* (盖房)用地 [(gài fáng) yòng dì]; **2.** *adj m/f* 太阳的 [tài yáng de]; ~**io** *m* （人造）日光浴 [(rén zào) rì guāng yù]

solda/do *m/f* 军人 [jūn rén], 士兵 [shì bīng]

soldar *vt* 焊接 [hàn jiē]; ~**dura** *f* 焊口 [hàn kǒu], 焊接 [hàn jiē]; 焊料 [hàn liào]

soleado,-a *adj* 阳光灿烂的 [yáng guāng càn làn de], 有阳光的 [yǒu yáng guāng de]

soledad *f* 孤单 [gū dān], 孤独 [gū dú]

solemn/e *adj m/f* 盛大的 [shèng dà de], 隆重的 [lóng zhòng de]; ~**idad** *f* 盛大 [shèng dà], 隆重 [lóng zhòng]

soler *vi* 惯于 [guàn yú], 经常 [jīng cháng]

solicitar *vt* 要求 [yāo qiú]; 申请 [shēn qǐng]

solicitud *f* 申请 [shēn qǐng], 申请书 [shēn qǐng shū]

solidari/dad *f* 团结一致 [tuán jié yī zhì], 紧密相联 [jǐn mì xiāng lián]; ~**o,-a** *adj* 团结一致的 [tuán jié yī zhì de]

solidez *f* 坚固 [jiān gù], 牢固 [láo gù]

sólido,-a *adj* 固体的 [gù tǐ de]; 坚固的 [jiān gù de]

solista *m/f* 独唱演员 [dú chàng yǎn yuán], 独奏演员 [dú zòu yǎn yuán]

solitario 1.,-a *adj* 孤独的 [gū dú de] 偏僻的 [piān pì de]; **2.** *m* 孤独者 [gū dú zhě], 独行者 [dú xíng zhě]

solo 1.,-a *adj* 唯一的 [wéi yī de], 单独的 [dān dú de], 独自的 [dú zì de]; **a solas** 独自地 [dú zì de]; **2.** *m mús* 独唱歌曲 [dú chàng gē qǔ], 独奏乐曲 [dú zòu yuè qǔ]

sólo *adv* 仅仅 [jǐn jǐn], 只是 [zhǐ shì]; **no ~ ... sino también** 不仅…而且 [bù jǐn ... ér qiě]; **tan ~** 仅仅 [jǐn jǐn]

solomillo *m gastr* （牛、猪的）里脊嫩肉 [(niú, zhū de) lǐ jǐ nèn ròu]

soltar *vt* 解开 [jiě kāi], 松开 [sōng kāi]; ~**se** 逃脱 [táo tuō], 挣脱 [zhēng tuō]

soltero 1.,-a *adj* 独身的 [dú shēn de], 未婚的 [wèi hūn de]; **2.,-a** *m/f* 未婚 [wèi hūn], 单身 [dān shēn]; ~**na** *f desp* 老处女 [lǎo chù nǚ], 老光棍 [lǎo guān gùn]

soltura *f* 解开 [jiě kāi], 松开 [sōng kāi]

solu/ble *adj m/f* 可溶的 [kě róng de], 易溶的 [yì róng de]; ~**ción** *f* 解决 [jiě jué], 解决办法 [jiě jué bàn fǎ]; ~**cionar** *vt* 解决 [jiě jué]

solven/cia *f* 支付能力 [zhī fù néng lì], 偿付 [cháng fù]; ~**te** *adj m/f* 有偿付能力的 [yǒu cháng fù néng lì de]

sombra *f* 阴影 [yīn yǐng], 影子 [yǐng zi]; ~ **de ojos** 黑眼圈 [hēi yǎn quān]

sombrero *m* 帽子 [mào zi]

sombr/illa *f* 阳伞 [yáng sǎn]; **~ío, -a** *adj* 阴暗的 [yīn àn de]
somero,-a *adj* 表面上的 [biǎo miàn shàng de], 浅的 [qiǎn de]
someter *vt* 强迫 [qiáng pò], 强制 [qiáng zhì]; **~se** 服从 [fú cóng], 遵从 [zūn cóng]; **~ a** 使服从 [shǐ fú cóng], 使遵从 [shǐ zūn cóng]
somier *m* 床绷 [chuáng bēng], 床（家具）[chuáng (jiā jù)]
son *m*（悦耳的）声音 [(yuè ěr de) shēng yīn], 乐声 [yuè shēng]
sonar *vi* 响 [xiǎng], 响声 [xiǎng shēng]; **~ a chino** 听上去好象很难 [tīng shàng qù hǎo xiàng hěn nán]; **me suena** 我听着很耳熟 [wǒ tīng zhe hěn ěr shú]; **~se** 擤鼻子 [xǐng bí zǐ]
sonat/a *f* 奏鸣曲 [zòu míng qǔ]; **~ina** *f* 小奏鸣曲 [xiǎo zòu míng qǔ]
sond/a *f nav*（测量水深用的）水砣 [(cè liàng shuǐ shēn yòng de) shuǐ tuó]; **~(e)ar** *vt* 探测（江, 河, 湖, 海）[tàn cè (jiāng, hé, hú, hǎi)]; **~eo** *m* 勘探 [kān tàn]
sonido *m* 声音 [shēng yīn], 声响 [shēng xiǎng]
sonor/idad *f* 响亮 [xiǎng liàng], 响度 [xiǎng dù]; **~o,-a** *adj* 有声音的 [yǒu shēng yīn de], 响亮的 [xiǎng liàng de]
son/reír *vt/i* 微笑 [wēi xiào]; **~riente** *adj m/f* 微笑的 [wēi xiào de]; **~risa** *f* 微笑 [wēi xiào]
sonrojarse 脸红 [liǎn hóng], 害羞 [hài xiū]
soña/dor,-a **1.** *adj* 多梦的 [duō mèng de], 爱做梦的 [ài zuò mèng de]; **2.** *m/f* 爱做梦的人 [ài zuò mèng de rén]; **~r** *vt/i* 做梦 [zuò mèng], 梦见 [mèng jiàn]; **~ con alg, u/c** 梦见某人, 某事 [mèng jiàn mǒu rén, mǒu shì]
sopa *f* 汤 [tāng]
sopera *f* 汤勺 [tāng sháo]
sopesar *vt* 掂量 [diàn liàng], 估量 [gū liàng]
sopetón *m*（涂橄榄油烤的）面包 [tú gǎn lǎn yóu kǎo de) miàn bāo]; **de ~** 突然地 [tū rán de], 冷不防地 [lěng bù fáng de]
soplar **1.** *vt* 吹掉 [chuī diào], 吹走 [chuī zǒu]; **2.** *vi* 吹气 [chuī qì], 鼓风 [gǔ fēng]
soport/able *adj m/f* 可承受的 [kě chéng shòu de], 可忍受的 [kě rěn shòu de]; **~ar** *vt* 承受 [chéng shòu], 支撑 [zhī chēng]; **~e** *m* 支柱 [zhī zhù], 支架 [zhī jià]; **~e informático** *informát* 电脑支援软件 [diàn nǎo zhī yuán ruǎn jiàn]
soprano **1.** *m*（乐理）高音部 [(yuè lǐ) gāo yīn bù]; 女高音 [nǚ gāo yīn]; **2.** *f* 女高音歌手 [nǚ gāo yīn gē shǒu]
sorb/er *vt* 吸 [xī], 吮 [shǔn]; 吸入 [xī rù]; **~ete** *m gastr* 冰制雪糕 [bīng zhì xuě gāo]; **~o** *m* 吸 [xī], 吮 [shǔn]; 口（量词）[kǒu (liàng cí)]; **a ~os** 一口一口地（喝）[yī kǒu yī kǒu de (hē)]
sordera *f* 助听器 [zhù tīng qì]

sórdido,-a *adj* 下流的 [xià liú de], 淫秽的 [yín huì de]
sordo,-a **1.** *adj* 耳聋的 [ěr lóng de], 耳背的 [ěr bèi de]; **2.** *m/f* 聋子 [lóng zi]; **~mudo,-a** *adj* 聋哑的 [lóng yǎ de]; *m/f* 聋哑人 [lóng yǎ rén]
sorpre/ndente *adj* 令人惊奇的 [lìng rén jīng qí de]; *m/f* 罕见的人 [hǎn jiàn de rén], 少有的人 [shǎo yǒu de rén]; **~nder** *vt* 使惊奇 [shǐ jīng qí], 使感到意外 [shǐ gǎn dào yì wài]; **~sa** *f* 惊奇 [jīng qí], 意外 [yì wài]
sorte/ar *vt* 抽签(决定) [chōu qiān (jué dìng)]; **~o** *m* 抽签 [chōu qiān]
sosegado,-a *adj* 宁静的 [níng jìng de], 恬静的 [tián jìng de]
sosiego *m* 平静 [píng jìng], 安宁 [ān níng]
soso,-a *adj fig* 枯燥的 [kū zào de], 乏味的 [fá wèi de]; 不讨人喜欢的(人) [bù tǎo rén xǐ huān de (rén)]
sospech/a *f* 怀疑 [huái yí], 疑心 [yí xīn]; **~ar** **1.** *vt* 猜想 [cāi xiǎng], 觉得 [jué de]; **2.** *vi* 猜疑 [cāi yí], 怀疑 [huái yí]; **~ar de alg** 怀疑某人 [huái yí mǒu rén]; **~oso,-a** *adj* 可疑的 [kě yí de]; 有疑心的 [yǒu yí xīn de]
sostener *vt* 支撑 [zhī chēng]
sota *f* (扑克牌中的J) 杰克 [(pū kè pái zhōng de J) jié kè]
sótano *m* 地下室 [dì xià shì], 地下层 [dì xià céng]
soto *m* 河边树林 [hé biān shù lín]
stand *m* (交易会或展览会上的) 展台 [(jiāo yì huì huò zhǎn lǎn huì shàng de) zhǎn tái], 摊位 [tān wèi]
stook *m* 存货 [cún huò], 库存 [kù cún]
su, sus *adj pos* (*apóc* **suyo,-a**) 他的 [tā de], 她的 [tā de], 他们的 [tā mēn de], 她们的 [tā mēn de]
suav/e *adj m/f* 柔软的 [róu ruǎn de], 柔和的 [róu hé de]; **~idad** *f* 柔润 [róu rùn]; 柔和 [róu hé]; **~izante** *m* (洗衣用的)柔软剂 [(xǐ yī yòng de) róu ruǎn jì]; **~izar** *vt fig* 使柔和 [shǐ róu hé], 使温和 [shǐ wēn hé]
subasta *f* 拍卖 [pāi mài], 招标 [zhāo biāo]; **~r** *vt* 拍卖 [pāi mài], 招标 [zhāo biāo]
subconsciente *m* 下意识 [xià yì shí], 潜意识 [qiǎn yì shí]
subestimar *vt* 低估 [dī gū], 贬低 [biǎn dī]
subi/da *f* 上涨 [shàng zhǎng], 上升 [shàng shēng]; **~r** **1.** *vt* 提起 [tí qǐ], 举起 [jǔ qǐ]; **2.** *vi* 走上 [zǒu shàng]; 上升 [shàng shēng], 上涨 [shàng zhǎng]
subj/etivo,-a *adj* 主观的 [zhǔ guān de], 个人的 [gè rén de]; **~untivo** *m ling* (语法)虚拟的 [(yǔ fǎ) xū ní de]
subleva/ción *f* 起义 [qǐ yì], 暴动 [bào dòng]; **~miento** *m* 愤慨 [fèn kǎi]; **~r** *vt* 起义 [qǐ yì],

暴动 [bào dòng]; **~rse** 使愤慨 [fèn kǎi]

sublime *adj m/f* 崇高的 [chóng gāo de], 高尚的 [gāo sàng de]

submarinis/mo *m* 潜水运动 [qiǎn shuǐ yùn dòng]; **~ta** *m/f* 潜水员 [qiǎn shuǐ yuán]

submarino 1.,-a *adj* 海底的 [hǎi dǐ de]; **2.** *m* 潜水艇 [qiǎn shuǐ tǐng]

subordina/ción *f* 从属 [cóng shǔ], 附属 [fù shǔ]; **~do,-a** *adj* 从属的 [cóng shǔ de], 附属的 [fù shǔ de]; **~r** *vt* 使从属 [shǐ cóng shǔ], 使服从 [shǐ fú cóng]

subrayar *vt fig* 突出 [tū chū], 强调 [qiáng diào]

subsi/diario,-a *adj* 补助的 [bǔ zhù de]; **~dio** *m* 补助 [bǔ zhù], 津贴 [jīn tiē]; **~dio de paro** 失业补助 [shī yè bǔ zhù]

subsis/tencia *f* 生存 [shēng cún], 生计 [shēng jì]; **~tir** *vi* 成活 [chéng huó], 生存 [shēng cún], 维持 [wéi chí]

subsuelo *m* 地下 [dì xià], 地底 [dì dǐ]

subterráneo 1.,-a *adj* 地下的 [dì xià de]; **2.** *m* 地下室 [dì xià shì], 地道 [dì dào]; 地铁 [dì tiě]

subtítulo *m cine* (电影)字幕 [(diàn yǐng) zì mù]

suburbio *m* (城市)郊区 [(chéng shì) jiāo qū]

sub/vención *f* 补助 [bǔ zhù], 资助 [zī zhù], 赞助 [zàn zhù]; **~vencionar** *vt/i* 给予资助 [gěi yú zī zhù], 给予赞助 [gěi yú zàn zhù]

suce/der *vi* **1.** 发生 [fā shēng]; **2.** 接替 [jiē tì], 继承 [jì chéng]; **~sión** *f* 交替 [jiāo tì], 继承 [jì chéng]; **~sivo,-a** *adj* 接续的 [jiē xù de], 连续的 [lián xù de]; **en lo ~sivo** 接下去 [jiē xià qù], 今后 [jīn hòu]

suce/so *m* 事件 [shì jiàn], 事故 [shì gù]; **~sor,-a** *m/f* 继承人 [jì chéng rén]

suciedad *f* 肮脏 [āng zāng], 垃圾 [lā jī]

sucio,-a *adj* 肮脏的 [āng zāng de], 污秽的 [wu huì de]

sucumbir *vi* 屈从 [qū cóng], 屈服 [qū fú]

sucursal *f* 分店 [fēn dian], 分行 [fēn háng], 分公司 [fēn gōng sī]

sud/africano,-a 1. *adj* 南非(人)的 [nán fēi (rén) de]; **2.** *m/f* 南非人 [nán fēi rén]; **~*américa** *f* 南美洲 [nán měi zhōu]; **~americano,-a 1.** *adj* 南美洲(人)的 [nán měi zhōu (rén) de]; **2.** *m/f* 南美洲 [nán měi zhōu]

sudadera *f* 汗巾 [hàn jīn]

sudar *vi* 出汗 [chū hàn], 流汗 [liú hàn]

sud/este *m* 东南 [dōng nán], 东南风 [dōng nán fēng]; **~oeste** *m* 西南 [xī nán], 西南风 [xī nán fēng]

sudor *m* **1.** 汗水 [hàn shuǐ]; **2.** *fig* (植物分泌的)浆液 [(zhí wù fēn mì de) jiāng yè]; **~oso,-a** *adj* 汗淋淋的 [hàn lín lín de]

Sue/cia *f* 瑞典 [ruì diǎn]; **~*co,-a** **1.** *adj* 瑞典(人)的 [ruì diǎn (rén) de]; **2.** *m* 瑞典语 [ruì diǎn yǔ]

suegro,-a *m/f* 岳父 [yuè fù], 丈人 [zhàng rén]; 岳母 [yuè mǔ], 丈母娘 [zhàng mǔ niáng]

suela *f* 鞋底 [xié dǐ]

sueldo *m* 工资 [gōng zī], 薪水 [xīn shuǐ]

suelo *m* 地面 [dì miàn]; 土地 [tǔ dì]

suelto **1.,-a** *adj* 松着的 [sōng zhe de], 散着的 [sàn zhe de]; **2.** *m* (报纸上的)简讯 [(bào zhǐ shàng de) jiǎn xùn], 零讯 [líng xùn]

sueño *m* 睡眠 [shuì mián]; 梦 [mèng]; 睡意 [shuì yì]; **tener ~** 有睡意 [yǒu shuì yì]

suero *m med* 血清 [xuè qīng]

suerte *f* 运气 [yùn qì], 命运 [mìng yùn]; **buena/mala ~** 好(坏)运气 [hǎo (huài) yùn qì]; **por ~** 碰巧 [pèng qiǎo], 凑巧 [còu qiǎo]

suéter *m* 厚运动衫 [hòu yùn dòng shān], 毛线衫 [máo xiàn shān]

suficien/cia *f* 充分 [chōng fèn], 充足 [chōng zú], 足够 [zú gòu]; **~te** *adj m/f* 充足的 [chōng zú de], 充分的 [chōng fèn de], 足够的 [zú gòu de]

sufri/do,-a *adj* 能忍受的 [néng rěn shòu de], 受苦受难的 [shòu kǔ shòu nàn de]; **~miento** *m* 受苦 [shòu kǔ], 苦难 [kǔ nàn]; **~r** *vt* 忍受 [rěn shòu], 遭受 [zāo shòu], 经受 [jīng shòu]

suger/encia *f* 提议 [tí yì], 建议 [jiàn yì]; **~ir** *vt* 提示 [tí shì], 建议 [jiàn yì]

suicid/a *m* 自杀者 [zì shā zhě]; **~arse** 自杀 [zì shā]; **~io** *m* 自杀 [zì shā]

Suiz/a *f* 瑞士 [ruì shì]; **~*o,-a** **1.** *adj* 瑞士(人)的 [ruì shì (rén) de]; **2.** *m/f* 瑞士人 [ruì shì rén]

suje/tador *m* 胸罩 [xiōng zhào], 乳罩 [rǔ zhào]; **~tar** *vt* 捆住 [kǔn zhù], 抓住 [zhuā zhù], 弄住 [nòng zhù]; **~to** **1.,-a** *adj* 受制于...的 [shòu zhì yú...de]; 有待...的 [yǒu dài ... de]; **2.** *m ling* (语法)主语 [(yǔ fǎ) zhǔ yǔ]

suma *f* 总和 [zǒng hé], 总额 [zǒng é]; **~r** *vt* 总计 [zǒng jì], 合计 [hé jì]

sumergir *vt* 使沉入 [shǐ chén rù], 使浸入 [shǐ jìn rù]

suministr/ador *m* 供应商 [gòng yìng shāng]; **~ar** *vt* 供应 [gòng yìng], 供给 [gòng gěi]; **~o** *m* 供应的物品 [gòng yìng de wù pǐn], 供应 [gòng yìng]

sumi/sión *f* 恭顺 [gōng shùn], 温顺 [wēn shùn], 听话 [tīng huà]; **~so,-a** *adj* 恭顺的 [gōng shùn de], 温顺的 [wēn shùn de], 听话的 [tīng huà de]

sumo,-a *adj* 极其的 [jí qí de], 绝顶的 [jué dǐng de]; **a lo ~** 至多 [zhì duō], 顶多 [dǐng duō]

suntuos/idad *f* 豪华 [háo huá], 奢侈 [shē chǐ]; **~o,-a** *adj* 豪华的 [háo huá de], 奢侈的 [shē chǐ de]

súper *m coloq* 高级汽油(95号汽油) [gāo jí qì yóu (jiǔ wǔ hào qì yóu)]

super/ar *vt* 超过 [chāo guò]; 克服 [kè fú], 战胜 [zhàn shèng]; **~ávit** *m* 盈余 [yíng yú], 顺差 [shùn chā]

super/ficial *adj m/f* 表面的 [biǎo miàn de], 表层的 [biǎo céng de]; **~ficialidad** *f* 表面性 [biǎo miàn]; **~ficie** *f* 表面 [biǎo miàn]; 面积 [miàn jí]; **~fluo,-a** *adj* 多余的 [duō yú de], 无用的 [wú yòng de]

superior 1.,-a *adj* 上端的 [shàng duān de], 上部的 [shàng bù de], 顶部的 [dǐng bù de]; **2.** *m* 上级 [shàng jí], 上司 [shàng sī]; **~idad** *f* 优越 [yōu yuè]; 优势 [yōu shì]

supermercado *m* 超级市场 [chāo jí shì chǎng]

super/stición *f* 迷信 [mí xìn]; **~sticioso,-a** *adj* 迷信的 [mí xìn de]

supervivencia *f* 幸存 [xìng cún]; 遗存 [yí cún]

suplemento *m period* (报刊的)增刊 [(bào kān de) zēng kān]; *ferroc* (列车的)补票 [(liè chē de) bǔ piào]

suplente *m/f* 替代者 [tì dài zhě], 候补者 [hòu bǔ zhě]

suplicar *vt* **1.** 恳求 [kěn qiú], 哀求 [āi qiú]; **2.** *jur* 上诉 [shàng sù]

suplicio *m fig* 痛苦 [tòng kǔ], 折磨 [zhé mó]

supo/ner *vt* 猜想 [cāi xiǎng], 估计 [gū jì], 推测 [tuī cè]; **~sición** *f* 假定 [jiǎ dìng], 设想 [shè xiǎng]

supositorio *m med* 坐药 [zuò yào], 栓剂 [shuān jì]

suprem/acía *f* 至高权利 [zhì gāo quán lì], 绝对权利 [jué duì quán lì]; **~o,-a** *adj* 最高的 [zuì gāo de], 至高无上的 [zhì gāo wú shàng de]

supr/esión *f* 取消 [qǔ xiāo], 撤销 [chè xiāo]; **~imir** *vt* 取消 [qǔ xiāo], 废止 [fèi zhǐ]

supuesto 1.,-a *adj* 所谓的 [suǒ wèi de], 假冒的 [jiǎ mào de]; **~ que** 假如 [jiǎ rú]; 既然 [jì rán]; **2.** *m* 假定 [jiǎ dìng], 假设 [jiǎ shè]; **por ~** 当然 [dāng rán], 自然 [zì rán]

sur *m* 南 [nán], 南方 [nán fāng]

surf *m dep* 冲浪 [chōng làng]; **~ista** *m/f* 冲浪运动员 [chōng làng yùn dòng yuán]

surgir *vi* 出现 [chū xiàn], 涌现 [yǒng xiàn]

surtido *m com* 库存 [kù cún], 货物 [huò wù]

surtidor *m* 喷泉 [pēn quán], 喷水 [pēn shuǐ]

susceptib/ilidad *f* 敏感 [mǐn gǎn], 多心 [duō xīn]; **~le** *adj m/f* 敏感的 [mǐn gǎn de], 多心的 [duō xīn de]

suscitar *vt* 引起 [yǐn qǐ], 激起 [jī qǐ]

suscri/bir *vt* 签署 [qiān shǔ], 签名 [qiān míng], 签字 [qiān zì]; **~birse** 订阅(报纸, 杂志, 网络杂志等) [dìng yuè (bào zhǐ, zá zhì, wǎng luò zá zhì děng)]; **~birse a u/c** 同意(某事) [tóng yì (mǒu shì)]; **~pción** *f* 订阅 [dìng yuè]; **~ptor** *m* 订阅者 [dìng yuè zhě]

suspen/der *vt* 中止 [zhōng zhǐ], 中断 [zhōng duàn]; **~sión** *f tecn* (机器或车辆的)悬吊装置 [(jī qì huò chē liàng de) xuán diào zhuāng zhì]; 减震器 [jiǎn zhèn qì]; **estar ~so,-a en** 不知所措的 [bù zhī suǒ cuò de], 犹豫不决的 [yóu yù bù jué de]; **~so** *m* 不及格 [bù jí gé]

suspir/ar *vi* 叹气 [tàn qì], 叹息 [tàn xī]; **~o** *m* 叹气 [tàn qì], 叹息 [tàn xī]

sustancia *f* 物质 [wù zhì], 实质 [shí zhì]; **~l** *adj m/f* 实质的 [shí zhì de], 本质的 [běn zhì de]

sustantivo *m ling* (语法)名词 [(yǔ fǎ) míng cí]

sustentar *vt* 支托 [zhī tuō], 支撑 [zhī chēng]

sustitu/ción *f* 替换 [tì huàn], 取代 [qǔ dài]; **~ir** *vt* 更换 [gēng huàn], 取代 [qǔ dài]; **~to,-a** *m/f* 取代者 [qǔ dài zhě], 接替者 [jiē tì zhě]

susto *m* 惊吓 [jīng xià], 惊恐 [jīng kǒng], 虚惊 [xū jīng]; **llevarse un ~** 吓了一跳 [xià le yī tiào]

sustra/cción *f* 回避 [huí bì], 躲避 [duǒ bì]; **~er** *vt mat* (数学)减 [(shù xué) jiǎn], 减去 [jiǎn qù]

susurrar *vi* 悄声说话 [qiāo shēng shuō huà], 窃窃私语 [qiè qiè sī yǔ]

sutil *adj m/f* 极细的 [jí xì de], 极薄的 [jí bó de]

suyo, suya *pron pos* (置于所修饰的名词之后) [(zhì yú suǒ xiū shì de míng cí zhī hòu)] 他的 [tā de], 她的 [tā de]; 您的 [nín de]; 他们的 [tā mēn de], 她们的 [tā mēn de]; 您们的 [nín mēn de]

T

tabaco *m* 香烟 [xiāng yān]; 烟草 [yān cǎo]

tábano *m zool* 虻 [méng]

taberna *f* 牛虻 [niú méng]

tabla *f* **1.** 木板 [mù bǎn]; **2.** 目录 [mù lù]; 表格 [biǎo gé]; **~ de surf** 冲浪板 [chōng làng bǎn]

ta/blado *m* 地板 [dì bǎn]; 平台 [píng tái]; **~blero** *m* 黑板 [hēi bǎn]; 棋盘 [qí pán]; **~bleta** *f* 药片 [yào piàn]; **~blón** *m* 大木板 [dà mù bǎn], 厚板 [hòu bǎn]; **~blón** *m* **de anuncios** 广告牌 [guǎng gào pái]

tabú **1.** *adj m/f* 禁忌的 [jìn jì de]; **2.** *m* 禁忌 [jìn jì]

taburete *m* 矮板凳 [ǎi bǎn dèng], 脚凳 [jiǎo dèng]

tacaño,-a *adj* 吝啬的 [lìn sè de], 小气的 [xiǎo qì de]

taco *m* 塞子 [sāi zǐ]; 塑料契(墙上固定件) [sù liào qì (qiáng shàng gù dìng jiàn)]

tacón *m* 鞋后跟 [xié hòu gēn]

táctica *f* 战术 [zhàn shù]; 策略 [cè lüe]

tacto *m* 触觉 [chù jué], 触摸 [chù mō]

taimado,-a *adj* 奸诈的 [jiān zhà de], 狡猾的 [jiǎo huá de]

taja *f* 切 [qiē], 割 [gē]; **~da** *f* (食品的) 片 [(shí pǐn de) piàn], 块 [kuài]

taja/nte *adj m/f fig* 干脆的 [gān cuì de], 断然的 [duàn rán de]; **~r** *vt* 切 [qiē], 切开 [qiē kāi]

tal 1. *pron* 某某 [mǒu mǒu]; **un ~ García** 有个叫加西亚的人 [yǒu gè jiào jiā xī yà de rén]; **2.** *adv* 如此 [rú cǐ], 那般 [nà bān]; **~ cual** 如同这样 [rú tóng zhè yàng], 如同所说(看见)的 [rú tóng suǒ shuō (kàn jiàn) de]; **~ vez** 可能 [kě néng], 也许 [yě xǔ]; **¿qué ~?** 你好吗? [nǐ hǎo ma]; **3.** *conj* **con ~ que** 只要 [zhǐ yào], 如果 [rú guǒ]; **con ~ de** *inf* 只要 [zhǐ yào], 如果 [rú guǒ]

tala *f* 砍伐 [kǎn fá]

tala/drar *vt* 钻 [zuān], 钻孔 [zuān kǒng]; **~dro** *m* 钻头 [zuān tóu], 钻机 [zuān jī]

talante *m* 心愿 [xīn yuàn]; 态度 [tài dù]

talar *vt* 砍伐 [kǎn fá]

talco *m* 滑石 [huá shí]

talento *m* 才华 [cái huá], 天资 [tiān zī]; **~so,-a** *adj* 有才能的 [yǒu cái néng de], 有才智的 [yǒu cái zhì de]

talismán *m* 护身符 [hù shēn fú]

talla *f* 尺码 [chǐ mǎ]; **~do 1.,-a** *adj* (木制)雕刻的 [(mù zhì) diāo kè de]; **estar bien ~** 身材好的 [shēn cái hǎo de]; **2.** *m* (木制)雕刻 [(mù zhì) diāo kè]; **~r** *vt* 雕刻 [diāo kè]

talle *m* 身材 [shēn cái], 型体 [xíng tǐ]

taller *m* 作坊 [zuò fáng], 工作室 [gōng zuò shì]; **~ de reparaciones** 修理车间 [xiū lǐ chē jiān]

tallo *m bot* 杆 [gǎn], 茎 [jīng], 梗 [gěng]

talón *m* **1.** 脚后跟 [jiǎo hòu gēn]; **2.** *com* 支票 [zhī piào]

talonario 存根簿 [cún gēn bù]; **~ de cheques** *m banc* 支票本 [zhī piào běn]

tamaño *m* 大小 [dà xiǎo], 体积 [tǐ jī]

tambalearse 摇摆 [yáo bǎi], 摇晃 [yáo huàng]

también *adv* 也 [yě], 也是 [yě shì]

tambor *m* 鼓 [gǔ]

tampoco *adv* 也不 [yě bù]

tampón *m* **1.** 印台 [yìn tái]; **2.** *med* (女用)卫生棉条 [(nǚ yòng) wèi shēng mián tiáo]

tan *adv* 这么 [zhè me], 那么 [nà me]; ~ **solo** 仅仅 [jǐn jǐn]

tanda *f* （依次轮流的）轮班 [(yī cì lún liú de) lún bān]

tangible *adj m/f* 可触摸的 [kě chù mō de]

tanque *m* 坦克 [tǎn kè]

tante/ar *vt* 试试 [shì shi], 试探 [shì tàn]; **~o** *m* 估量 [gū liáng]; 试探 [shì tàn]; *sport* 比分 [bǐ fēn]; **al ~o** 估量着 [gū liáng zhe]

tanto 1.,-a *pron* 这个 [zhè ge]; 若干 [ruò gān]; **otro ~** 另外一些 [lìng wài yī xiē]; **a ~s de junio** 六月几日 [liù yuè jǐ rì]; **2.** *adv* 这么多 [zhè me duō]; 这样 [zhè yàng], 那样 [nà yàng]; ~ **más** 不至于此 [bù zhì yú cǐ]; ~ **mejor** 更好 [gèng hǎo]; **en** ~ 与此同时 [yǔ cǐ tóng shí]; **mientras** ~ 此时 [cǐ shí]; **por lo** ~ 所以 [suǒ yǐ]; **3.** *conj* **en** ~ **que**; ~ **más que** 因此而更加 [yīn cǐ ér gèng jiā]; **4.** *m sport* （足球）进球 [(zú qiú) jìn qiú]

tapa *f* 塞子 [sāi zǐ]; **~s** *fpl* 小吃 [xiǎo chī], 熟食 [shú shí]; **~dera** *f* **1.**塞子 [sāi zǐ], 盖子 [gài zǐ]; **2.** *fig* 遮掩 [zhē yǎn]; **~r** *vt* **1.**盖 [gài], 堵 [dǔ], 塞 [sāi]; **2.** *fig* 包庇 [bāo bì], 掩护 [yǎn hù]

tapete *m* **1.** 台布 [tái bù]; **2.** 小地毯 [xiǎo dì tǎn]

tapicería *f* 挂毯业 [guà tǎn yè], 地毯行业 [dì tǎn háng yè]

tapiz *m* 挂毯 [guà tǎn], 地毯 [dì tǎn]; **~ar** *vt* 装挂壁毯 [zhuāng guà bì tǎn]

tap/ón *m* 瓶塞 [píng sāi]; **~onar** *vt* 塞住 [sāi zhù], 盖上 [gài shàng]

taquigraf/ía *f* 速记 [sù jì]; **~iar** *vi* 速记 [sù jì]

taquilla *f* 售票处 [shòu piào chù]

tarántula *f zool* 意大利狼猪 [yì dà lì láng zhū]

tarda/nza *f* 延误 [yán wù], 迟到 [chí dào]; **~r** *vi* 费时 [fèi shí]; 延误 [yán wù]; **a más ~r** 最晚 [zuì wǎn]; **sin ~r** 立即 [lì jí]

tarde 1. *adv* 晚 [wǎn], 迟 [chí]; **2.** *f* 下午 [xià wǔ]; **buenas ~s** 下午好 [xià wǔ hǎo]

tard/ío,-a *adj* 过时的 [guò shí de]; 迟缓的 [chí huǎn de]

tarea *f* 任务 [rèn wù]

tarifa *f* 价目表 [jià mù biǎo]

tarima *f* （木板）平台 [(mù bǎn) píng tái]; 板凳 [bǎn dèng]

tarjeta *f* 卡片 [kǎ piàn], 名片 [míng piàn]; ~ **de crédito** 信用卡 [xìn yòng kǎ]; ~ **de embarque** 登船（机）卡 [dēng chuán (jī) kǎ]; ~ **postal** 明信片 [míng xìn piàn]; ~ **telefónica** 电话卡 [diàn huà kǎ]; ~ **de visita** 名片 [míng piàn]

tarro *m* 陶罐 [táo guàn], 瓷罐 [cí guàn]

tarta *f* 蛋糕 [dàn gāo], 糕点 [gāo diǎn]

tartamudear *vi* 口吃 [kǒu chī]

tasa *f* **1.** (印花)税 [(yìn huā) shuì]; **2.** 估价 [gū jià], 定价 [dìng jià]; **~ción** *f* (房产)定价 [(fáng chǎn) dìng jià], 评估 [píng gū]; **~r** *vt* (房产)定价 [(fáng chǎn) dìng jià], 评估 [píng gū]
tasca *f coloq* 小酒吧 [xiǎo jiǔ bā], 音乐酒吧 [yīn yuè jiǔ bā]
tatua/je *m* 纹身 [wén shēn]; **~r** *vt* 纹身 [wén shēn]
taur/ino,-a *adj* 斗牛的 [dòu niú de]; **~*o** *m astr* 金牛座 [jīn niú zuò], 金牛宫 [jīn niú gōng]; **~omaquia** *f* 斗牛术 [dòu niú shù]
tax/i *m* 出租车 [chū zū chē], 计程车 [jì chéng chē]; **~ímetro** *m* 出租车计价器 [chū zū chē jì jià qì]; **~ista** *m/f* 出租车司机 [chū zū chē sī jī]
taza *f* (带耳的)小杯 [(dài ěr de) xiǎo bēi]
te *pron pers* 你 [nǐ]
té *m* 茶 [chá], 茶叶 [chá yè]
teatr/al *adj m/f* 戏剧的 [xì jù de]; **~o** *m* 剧场 [jù chǎng]; 戏剧 [xì jù]
tebeo *m* (报刊上的)连环漫画 [(bào kān shàng de) lián huán màn huà]
techo *m* 天花板 [tiān huā bǎn]
tecl/a *f* (钢琴, 电脑的) 键 [(gāng qín, diàn nǎo de) jiàn]; **~ado** *m informát* 键盘 [jiàn pán]; *mús* 钢琴的琴键 [gāng qín de qín jiàn]; **~ado electrónico** *mús* 电子琴 [diàn zǐ qín]
técnic/a *f* 技术 [jì shù], 技巧 [jì qiǎo]; **~o 1.,-a** *adj* 技术的 [jì shù de]; **2.** *m* 技术员 [jì shù yuán]
tecnología *f* 技术 [jì shù]; 工艺学 [gōng yì xué]; **~ punta** 尖端技术 [jiān duān jì shù]
teja *f* 瓦 [wǎ], 瓦片 [wǎ piàn]; **~do** *m* 屋顶 [wū dǐng]
teje/dor *m* 织布机 [zhī bù jī]; **~r** *vt/i* 织造 [zhī zào], 编 [biān]
tejido *m* 织物 [zhī wù], 布匹 [bù pǐ]; **~s** *mpl* 纺织品 [fǎng zhī pǐn]
tejón *m zool* 美洲獾 [měi zhōu huān]
tela *f* 布料 [bù liào], 布匹 [bù pǐ]; **~r** *m* 织布机 [zhī bù jī], 织布技术 [zhī bù jì shù]; **~raña** *f* 蜘蛛网 [zhī zhū wǎng]
telecomunicaciones *fpl* 电信 [diàn xìn], 通讯 [tōng xùn]
telediario *m TV* 新闻节目 [xīn wén jié mù]
teledirigido,-a *adj* 遥控的 [yáo kòng de]
teleférico *m* 电动缆车 [diàn dòng lǎn chē]
tele/fonear *vi* 挂电话 [guà diàn huà]; **~fónico,-a** *adj* 电话的 [diàn huà de]; **~fonista** *m/f* 电话接线员 [diàn huà jiē xiàn yuán]
teléfono *m* 电话 [diàn huà]; **~ fijo** 固定电话 [gù dìng diàn huà]; **~ inalámbrico** 无线电话 [wú xiàn diàn huà]; **~ manos libres** *auto* 车载电话 [chē zǎi diàn huà]; **~ móvil** 手机 [shǒu jī]

telegrama *m* 电报 [diàn bào]
telenovela *f TV* 电视连续剧 [diàn shì lián xù jù]
teleobjetivo *m foto* 远摄镜 [yuǎn shè jìng]
telescopio *m* 望远镜 [wàng yuǎn jìng]
telesilla *m* (滑雪场的)空中缆椅 [(huá xuě chǎng de) kōng zhōng lǎn yǐ]
telespectador,-a *m/f* 电视观众 [diàn shì guān zhòng]
telesquí *m* 滑雪缆车 [huá xué lǎn chē]
televis/ar *vt* 电视播送 [diàn shì bō sòng]; **~ión** *f* 电视节目 [diàn shì jié mù]; **~or** *m* 电视机 [diàn shì jī]
telón *m teat* 幕 [mù], 幕布 [mù bù]; **~ de fondo 1.** (舞台的)背景 [(wǔ tái de) bèi jǐng]; **2.** *fig* 黑幕 [hēi mù]
tema *m* 主题 [zhǔ tí], 题目 [tí mù]
tembl/ar *vi* 颤抖 [chàn dǒu]; **~or** *m* 颤动 [chàn dòng]
tem/er *vt/i* 害怕 [hài pài]; **~erario,-a** *adj* 冒失的 [mào shī de]; 胆大妄为的 [dǎn dà wàng wéi de]; **~ible** *adj m/f* 可怕的 [kě pà de]; **~or** *m* 害怕 [hài pà]
temperamento *m* 性格 [xìng gé]
temperatura *f* 气温 [qì wēn], 温度 [wēn dù]
tempest/ad *f* 风暴 [fēng bào], 暴风雨 [bào fēng yǔ]; **~uoso,-a** *adj* 有风暴的 [yǒu fēng bào de]
templa/do,-a *adj* 温和的 [wēn hé de], 适度的 [shì dù de]; **~nza** *f* 温和 [wēn hé], 适度 [shì dù]; **~r** *vt* 缓和 [huǎn hé]
templo *m* 寺庙 [sì miào]
tempora/da *f* 时期 [shí qī]; 季节 [jì jié]; *teat* 演季 [yǎn jì]; **~l 1.** *adj m/f* 暂时的 [zhàn shí de]; 时间的 [shí jiān de]; **2.** *m* 风暴 [fēng bào]; **~lmente** *adv* 暂时地 [zhàn shí de]
temprano 1.,-a *adj* 早的 [zǎo de]; **2.** *adv* 清早 [qīng zǎo]；过早 [guò zǎo]
tenaz *adj m/f* 有毅力的 [yǒu yì lì de]
tenazas *fpl* 钳子 [qián zǐ]
tendedero *m* 晾晒(衣服的)地方 [liàng shài (yī fú de) dì fāng]; 晾衣架(绳) [liàng yī jià (shéng)]
tendenci/a *f* 倾向 [qīng xiàng], 趋势 [qū shì]
tendencioso,-a *adj* 有倾向性的 [yǒu qīng xiàng xìng de]
tender 1. *vt* 摊开 [tān kāi]; 申展 [shēn zhǎn]; **2.** *vi* 倾向 [qīng xiàng]; **~ a** 向着 [xiàng zhe]; 倾向于 [qīng xiàng yú]
tendón *m med* 腱 [jiàn]
tenedor *m* 餐叉 [cān chā]; *com* 持有者 [chí yǒu zhě]
tener *vt* 有 [yǒu], 拥有 [yōng yǒu]; **~ 20 años** 有二十岁 [yǒu èr shí suì]; **no ~ que** 不需要 [bù xū yào]

tenis *m* 网球 [wǎng qiú]; ~ **de mesa** 乒乓球 [pīng pāng qiú]; **~ta** *m/f* 网球手 [wǎng qiú shǒu]
tenor *m mús* 男高音 [nán gāo yīn]; **a ~ de** 依照 [yī zhào]
tens/ión *f* 拉紧 [lā jǐn]; 紧张 [jǐn zhāng], 压力 [yā lì]; ~ **arterial** *med* 血压 [xuè yā]; **~o,-a** *adj* 拉紧的 [lā jǐn de]; 紧张的 [jǐn zhāng de]
tenta/ción *f* 引诱 [yǐn yòu]; **~dor, -a** *adj* 诱人的 [yòu rén de]; **~r** *vt* 诱惑 [yòu huò]; **~tiva** *f* 企图 [qǐ tú], 试图 [shì tú]
tentempié *m coloq* 不倒翁 [bù dǎo wēng]
teñir *vt* 染色 [rǎn sè]
teología *f* 神学 [shén xué]
teoría *f* 理论 [lǐ lùn]
teórico,-a *adj* 理论的 [lǐ lùn de]
terapia *f* 疗法 [liáo fǎ]
tercero,-a *adj* 第三 [dì sān]
tercio *m* 三分之一 [sān fèn zhī yī]
terciopelo *m* 天鹅绒 [tiān é róng]
terco,-a *adj* 顽固的 [wán gù de]
term/al *adj m/f* 温泉的 [wēn quán de]; **~as** *fpl* 温泉 [wēn quán]
termina/ción *f ling* 词尾 [cí wěi]; **~l** **1.** *adj m/f* 最后的 [zuì hòu de], 末尾的 [mò wěi de]; **2.** *m* 电线线头 [diàn xiàn xiàn tóu]; **3.** *f informát* 终端机 [zhōng duān jī]; *transp* (机场)到达处 [(jī chǎng) dào dá chù]; ~ **de autobuses** 公共汽车终点站 [gōng gòng qì chē zhōng diǎn zhàn]; **~r** **1.** *vt* 结束 [jié shù]; **2.** *vi* 终将 [zhōng jiāng]
término *m* 术语 [shù yǔ]; **por ~ medio** 平均 [píng jūn]; **en ~s generales** 一般地说 [yī bān de shuō]
term/o *m* 保暖瓶 [bǎo nuǎn]; **~ómetro** *m* 温度计 [wēn dù jì]; **~ostato** *m* 恒温器 [héng wēn qì]
terner/a *f* 小母牛 [xiǎo mǔ niú]; *gastr* 小牛肉 [xiǎo niú ròu]; **~o** *m* 小公牛 [xiǎo gōng niú]
ternura *f* 柔软 [róu ruǎn]; 娇嫩 [jiāo nèn]
terquedad *f* 顽固 [wán gù]
terraza *f* 晒台 [shài tái], (房顶上的)露天平台 [(fáng dǐng shàng de) lù tiān píng tái]
terre/moto *m* 地震 [dì zhèn]; **~no** *m* 地面 [dì miàn], 土地 [tǔ dì]; 领域 [lǐng yù]; **~stre** *adj* 地球的 [dì qiú de], 陆地的 [lù dì de]
terrible *adj m/f* 可怕的 [kě pà de]
territorio *m* 领土 [lǐng tǔ], 区域 [qū yù]
terrón *m (azúcar)* 方糖 [fāng táng]
terror *m* 恐怖 [kǒng bù]; **~ífico,-a** *adj* 骇人的 [hài rén de]
terro/rismo *m* 恐怖主义 [kǒng bù zhǔ yì]; **~rista** **1.** *adj m/f* 恐怖主义的 [kǒng bù zhǔ yì de]; **2.** *m/f* 恐怖分子 [kǒng bù fèn zǐ]
tertulia *f* 茶话会 [chá huà huì]
tesis *f* 论文 [lùn wén]; ~ **doctoral** 博士论文 [bó shì lùn wén]

tesor/ería *f* 出纳处 [chū nà chù]; 财政司 [cái zhèng sī]; **~ero** *m* 出纳 [chū nà]; **~o** *m* 金银财宝 [jīn yín cái bǎo]；国库 [guó kù]

testamento *m* 遗嘱 [yí zhǔ]

testarudo,-a *adj* 固执的 [gù zhì de]

testículo *m* 睾丸 [gāo wán]

testi/ficar *vt* 证实 [zhèng shí]; **~go** *m/f* 证人 [zhèng rén]; **~moniar** *vt* 证实 [zhèng shí], 做证 [zuò zhèng]; **~monio** *m/f* 证据 [zhèng jù], 证物 [zhèng wù]

teta *f* **1.** *zool* 地中海雅葱 [dì zhǒng hǎi yǎ cōng]; **2.** *f coloq* 乳房 [rǔ fáng], 奶子 [nǎi zi]

tetera *f* 茶壶 [chá hú]

tétrico,-a *adj* 凄惨的 [qī cǎn de], 阴森的 [yīn sēn de]

textil *adj* 纺织的 [fǎng zhī de], 纺织品的 [fǎng zhī pǐn de]; **~iles** *mpl* 纺织品 [fǎng zhī pǐn]

text/o *m* 课文 [kè wén], 文本 [wén běn]; **~ual** *adj m/f* 文本的 [wén běn de], 原文的 [yuán wén de]

textura *f tecn* 织法 [zhī fǎ], 织造 [zhī zào]; 质地 [zhì dì]

tez *f* 脸部皮肤 [liǎn bù pí fū]

ti *pron pers* 你 [nǐ]

tía *f* 阿姨 [ā yí]; *coloq* 娘儿 [niáng er], 骚货 [sāo huò]

tibi/a *f* 笛子 [dí zǐ]; **~o,-a** *adj* 温的 [wēn de], 温热的 [wēn rè de]

tiburón *m zool* 鲨鱼 [shā yú]

tiempo *m* **1.** 时间 [shí jiān]; **2.** 天气 [tiān qì]; **3.** *sport* 半场 [bàn chǎng]; **4.** *mús* 段落 [duàn luò]; **a ~** 及时 [jí shí]; **al mismo ~** 同时 [tóng shí]; **hace buen (mal) ~** 天气好（不好） [tiān qì hǎo (bù hǎo)]; **hace (mucho) ~** 好久 [hǎo jiǔ]

tienda *f* 商店 [shāng diàn]; **~ de campaña** *f* 帐篷 [zhàng péng]

tierno,-a *adj* . **1.** *gastr* 嫩的 [nèn de]; **2.** *fig* 心软的 [xīn ruǎn de]; 甜蜜的 [tián mì de]

tierra *f* 泥土 [ní tǔ]; 土地 [tǔ dì]; **tomar ~** 靠岸 [kào àn]; *aero* 着陆 [zhuó lù]

tieso,-a *adj* 僵硬的 [jiāng yìng de]

tiesto *m* 花盆 [huā pén]

tigre *m* 老虎 [lǎo hǔ]

tijera (tijeras) *f* 剪刀 [jiǎn dǎo]

tila *f* 椴树 [duàn shù]

tima/dor,-a *m/f* 诈骗者 [zhà piàn zhě]; **~r a alg** *vt* 诈骗 [zhà piàn]

timbre *m* 钟 [zhōng], 铃 [líng]

timid/ez *f* 害羞 [hài xiū]; **~o,-a** *adj* 怕羞的 [pà xiū de]

timo *m* 骗局 [piàn jú]

tim/ón *m nav* 舵 [duò]; *fig* 领导 [lǐng dǎo]; **~onel** *m nav* 舵手 [duò shǒu]

tímpano *m* 扁鼓 [biǎn gǔ]; *med* 耳膜 [ěr mó]

tina *f* 大缸 [dà gāng]; 染缸 [rǎn gāng]

tinieblas *fpl* 黑暗 [hēi àn]

tinta *f* 染料 [rǎn liào], 颜料 [yán liào]; **~ china** 墨 [mò], 墨水 [mò shuǐ]

tinto *m (vino)* 红葡萄酒 [hóng pú táo jiǔ]

tintorería *f* 洗染店 [xǐ rǎn diàn]
tío,-a *m/f* 叔 [shū], 舅 [jiù], 姨 [yí], 姑妈 [gū mā]; *coloq* 家伙 [jiā huo]
tiovivo *m* 旋转木马 [xuán zhuǎn mù mǎ]
típico,-a *adj* 典型的 [diǎn xíng de]
tipo *m* 类型 [lèi xíng]; ~ **de cambio** 汇率 [huì lǜ]
tira *f* (布, 皮等的)细长条 [(bù, pí děng de) xì cháng tiáo]
tirabuzón *m* **1.** 开塞钻 [kāi sāi zuān]; **2.** 发卷 [fā juàn]
tirada *f* 掷 [zhì]; 射击 [shè jī]; *impr* 印数 [yìn shù], 版数 [bǎn shù]
tirado,-a 廉价的 [lián jià de], 极其便宜的 [jí qí pián yí de]
tir/anía *f* 独裁 [dú cái], 暴政 [bào zhèng]; **~ánico,-a** *adj* 专制的 [zhuān zhì de], 专横跋扈的 [zhuān hèng bá hù de]; **~anizar** *vt* 实行独裁 [shí xíng dú cái], 专制统治 [zhuān zhì tǒng zhì]; **~ano** *m* 独裁者 [dú cái zhě], 暴君 [bào jūn]
tirante **1.** *adj fig* 紧张的 [jǐn zhāng]; **2. ~s** *mpl* 背带 [bēi dài]
tirar 1. *vt* 掷 [zhì]; 丢 [diū]; 发射 [fā shè]; **2.** *vi* 朝某个方向走 [cháo mǒu gè fāng xiàng zǒu]; **~se** 投身 [tóu shēn]; 躺倒 [tǎng dǎo]
tirita® *f med* 创可贴 [chuàng kě tiē], 扶伤膏 [fú shāng gāo]
tiritar *vi* 哆嗦 [duō suō]
tiro *m* 射击 [shè jī]
tirón *m* (猛力的)拉 [(měng lì de) lā]; **de un ~** 一下子 [yī xià zi]
tiroteo *m* (开枪)交火 [(kāi qiāng) jiāo huǒ], 枪战 [qiāng zhàn]
tisana *f* (草药性的) 茶 [(cǎo yào xìng de) chá], 清凉茶 [qīng liáng chá]
titube/ar *vi* 晃动 [huǎng dòng], 摇动 [yáo dòng]; **~o** *m* 晃动 [huǎng dòng], 摇动 [yáo dòng]
titular 1. *adj m/f* 正式的 [zhèng shì de]; **profesor ~** 副教授 [fù jiào shòu]; **2.** *m* 标题 [biāo tí]; **3.** *vt* 命名 [mìng míng], 加标题 [jiā biāo tí]
título *m* **1.**标题 [biāo tí]; **2.** 学位证书 [xué wèi zhèng shū], 文凭 [wén píng]
tiza *f* 粉笔 [fěn bǐ]
toall/a *f* 毛巾 [máo jīn]; **~ero** *m* 毛巾架 [máo jīn jià]
tobillo *m* 踝 [luó]
tobogán *m* 滑梯 [huá tī]
tocar 1. *vt* 摸 [mō], 触 [chù]; 够得着 [gòu dé zháo]; **2.** *vi* 轮到 [lún dào]; **le toca a usted** 轮到您了 [lún dào nín le]。
tocino *m* 五花猪肉 [wǔ huā zhū ròu]; 腌猪肉 [yān zhū ròu]
todavía 仍然 [réng rán]; ~ **no** 还没呢 [hái méi ne]
todo 1.,-a *adj* 所有的 [suǒ yǒu de]; ~ **el mundo** 大家 [dà jiā]; **2.** *adv* 完完全全地 [wán wán quán quán de]; **ante ~** 首先 [shǒu xiān]; **sobre ~** 首先 [shǒu xiān]; **con ~** 尽管如此 [jǐn guǎn rú cǐ]; **3.** *m* 整体 [zhěng tǐ]；一切 [yī qiè]

todoterreno *m* 越野车 [yuè yě chē], 吉普车 [jí pǔ chē]
toldo *m* (伸缩式)遮阳蓬 [(shēn suō shì)zhē yáng péng]
tolera/ble *adj m/f* 可以忍受的 [kě yǐ rěn shòu de]; **~ncia** *f* **1.** 容忍 [róng rěn], 忍受 [rěn shòu]; **2.** 公差 [gōng chāi], 误差 [wù chā]; **~nte** *adj m/f* 宽容的 [kuān róng]; **~r** *vt* 容忍 [róng rěn], 忍受 [rěn shòu]
toma *f* 剂量 [jì liàng]; **~ de corriente** 电源插座 [diàn yuán chā zuò]; **~ de posesión** *adm* 上台 [shàng tái], 就职 [jiù zhí]
tomar *vt* **1.** 拿 [ná], 取 [qǔ]; **2.** 吃 [chī], 喝 [hē]; **~ por** 当作 [dāng zuò]; **~ la tensión** 量血压 [liàng xuè yā]
tomate *m* 西红柿 [xī hóng shì]
tomillo *m* (烹饪香料)百里香 [(pēng rèn xiāng liào) bǎi lǐ xiāng]
tomo *m impr* 卷 [juàn], 册 [cè]
tonel *m* 木桶 [mù tǒng], 桶状物 [tǒng zhuàng wù]; **~ada** *f* 吨 [dūn], 公吨 [gōng dūn]
tónica *f* 主旋律 [zhǔ xuán lǜ]
tono *m* **1.** 音调 [yīn diào], 笔调 [bǐ diào], 色调 [sè diào]; **2.** *mús* 调 [diào]; 全音 [quán yīn]; 定调器 [dìng diào qì]
ton/tería *f* 蠢事 [chǔn shì], 蠢话 [chǔn huà]; **~to,-a 1.** *adj* 愚蠢的 [yú chǔn de]; **2.** *m/f* 傻瓜 [shǎ guā]
top *m txtl* 停机 [tíng jī]
topar con u/c *vi* 遇见 [yù jiàn]
tope *m* 最高点 [zuì gāo diǎn], 顶点 [dǐng diǎn]
tópico *m* 题材 [tí cái], 题目 [tí mù]
topo *m* 鼹鼠 [yǎn shǔ]
toque *m* 摸 [mō], 触 [chù]; 击 [jī]; **~ de queda** *m* 宵禁(时间) [xiāo jìn (shí jiān)], 宵禁令 [xiāo jìn lìng]
tórax *m* 胸 [xiōng], 胸腔 [xiōng qiāng]
torbellino *m* 旋风 [xuàn fēng]; 涡流 [wō liú]
torce/dura *f med* 脱臼 [tuō jiù]; **~r** *vt* **1.** 弄弯 [nòng wān], 扭弯 [niǔ wān]; **2.** *med* 使脱位 [shǐ tuō wèi]; **~r a la derecha** 向右拐 [xiàng yòu guǎi]; **~rse** 扭伤 [niǔ shāng], 扭坏 [niǔ huài]
torcido,-a *adj* 弯的 [wān de], 歪的 [wāi de]
tore/ar *vt/i* 斗牛 [dòu niú]; **~o** *m* 斗牛 [dòu niú]; **~ro** *m* 斗牛士 [dòu niú shì]
torment/a *f* 暴风雨 [bào fēng yǔ]; **~o** *m* 酷刑 [kù xíng]; **~oso,-a** *adj* 暴风雨的 [bào fēng yǔ de]
torneo *m* 比赛 [bǐ sài]
tornillo *m* 螺钉 [luó dīng]
torno *m* 起重机 [qǐ zhòng jī], 绞车 [jiǎo chē]; **en ~ a** 在~周围 [zài zhōu wéi]
toro *m* 公牛 [gōng niú]; **~ de lidia** (斗牛用的)牛 [(dòu niú yòng de) niú]; **~s** *mpl* 斗牛 [dòu niú]
torpe *adj m/f* 笨拙的 [bèn zhuó de]

torre *f* 塔 [tǎ], 塔楼 [tǎ lóu], 高楼 [gāo lóu]; ~ **de control** *aero* (机场)指挥塔 [(jī chǎng) zhǐ huī tǎ]

torrente *m* 激流 [jī liú]; *fig* 大量 [dà liàng], 连串 [lián chuàn]

torta *f* 饼 [bǐng]; *coloq* 耳光 [ěr guāng]

tortilla *f* 煎饼 [jiān bǐng], 鸡蛋煎饼 [jī dàn jiān bǐng]; ~ **española** 煎蛋饼 [jiān dàn bǐng]; ~ **de patatas** 土豆煎饼 [tǔ dòu jiān bǐng]

tortuga *f* 乌龟 [wū guī]

tortuoso,-a *adj* 弯曲的 [wān qū de]

tortura *f fig* 痛苦 [tòng kǔ], 折磨 [zhé mó]; **~r** *vt fig* 折磨 [zhé mó]

tos *f* 咳嗽 [ké sòu]; **~er** *vi* 咳嗽 [ké sòu]

tosta/da *f* 烤面包片 [kǎo miàn bāo piàn]; **~dor (de pan)** *m* (面包)烤具 [(miàn bāo) kǎo jù]; **~r** *vt* 烤 [kǎo]

total 1. *adj m/f* 全部的 [quán bù de]; **2.** *adv* 总之 [zǒng zhī]; **3.** *m* 全部 [quán bù]; 总数 [zǒng shù]; **~idad** *f* 全部 [quán bù]; 总数 [zǒng shù]; **~itario,-a** *adj* 集权的 [jí quán de], 专制的 [zhuān zhì de]

tóxico 1.,-a *adj* 有毒的 [yǒu dú]; **2.** *m* 有毒物 [yǒu dú wù]

toxicómano,-a 1. *adj* 嗜毒的 [shì dú de]; **2.** *m/f* 嗜毒成瘾的人 [shì dú chéng yǐn de rén]

trabaja/dor,-a 1. *adj* 勤劳的 [qín láo de]; **2.** *m/f* 劳动者 [láo dòng zhě], 工人 [gōng rén]; **~r 1.** *vi* 工作 [gōng zuò]; **2.** *vt* 耕作 [gēng zuò], 加工 [jiā gōng]

trabajo *m* 工作 [gōng zuò]; **~so, -a** *adj* 费力的 [fèi lì de]

trabar *vt* 连接上 [lián jiē shàng], 系上 [xì shàng], 扣上 [kòu shàng]

tracción *f tecn* 牵引 [qiān dòng], 拖 [tuō]; ~ **a (las) cuatro ruedas** *auto* 四轮驱动 [sì lún qū dòng], 全驱动 [quán qū dòng]; ~ **delantera** 前轮驱动 [qián lún qū dòng]; ~ **trasera** 后轮驱动 [hòu lún qū dòng]

tractor *m* 拖拉机 [tuō lā jī]

tradici/ón *f* 传统 [chuán tǒng]; **~onal** *adj m/f* 传统的 [chuán tǒng de]

traduc/ción *f* 笔译 [bǐ yì], 翻译 [fān yì]; **~ir** *vt* 翻译 [fān yì], 笔译 [bǐ yì]; **~tor,-a** *m/f* 译者 [yì zhě], 翻译者 [fān yì zhě]

traer *vt* **1.** 带来 [dài lái]; **2.** *fig* 引起(麻烦) [yǐn qǐ (má fán)]

tráfico *m* 贩卖 [ifàn mài], 倒卖 [dǎo mài]; *transp* 交通 [jiāo tōng]

traga/luz *m* 天窗 [tiān chuāng]; **~perras** *f* 老虎机(放在赌场、酒吧内) [(lǎo hǔ jī (fàng zài dǔ chǎng, jiǔ bā nèi)]; **~r** *vt* 吞 [tūn], 咽 [yàn]

tragedia *f* **1.** 悲剧 [bēi jù]; **2.** *fig* 不幸 [bù xìng]

trágico,-a *adj* 悲剧的 [bēi jù de]; 不幸的 [bù xìng de]

trago *m* 一口 [yī kǒu]; **echar un ~** 喝一盅 [hē yī zhōng]; **de un ~** 一口 [yī kǒu]; *fig* 一下子 [yī xià zǐ]

trai/ción *f* 背叛 [bèi pàn]; **~cionar** *vt* 背叛 [bèi pàn]; **~dor,-a 1.** *adj* 背叛的 [bèi pàn de]; **2.** *m/f* 背叛者 [bèi pàn], 叛徒 [pàn tú]

traje *m* 外衣 [wài yī], 西装 [xī zhuāng]; **~ de baño** 游泳衣 [yóu yǒng yī]; **~-pantalón** *m* (西服)套装 [(xī fú) tào zhuāng]; **~ regional** 地方色彩的服装 [dì fāng sè cǎi de fú zhuāng]

trama *f fig* 阴谋 [yīn móu]; **~r** *vt fig* 暗中策划 [àn zhōng cè huà], 搞阴谋 [gǎo yīn mó]

tramitar *vt adm* 办理 [bàn lǐ]

trámite *m* 办理 [bàn lǐ]; 手续 [shǒu xù]

tramo *m* 一段 [yī duàn]; 路段 [lù duàn]

tramontana *f* 北风 [běi fēng]

trampa *f* **1.** 陷阱 [xiàn jǐn]; **2.** *fig* 骗术 [piàn shù], 圈套 [quān tào]; **hacer ~s**; *coloq* 骗人 [piàn rén]; **tender una ~** 布下陷阱 [bù xià xiàn jǐn], 设圈套 [shè quān tào]

trampolín *m* 跳板 [tiào bǎn]

tramposo,-a 1. *adj* 奸诈的 [jiān zhà de], 骗人的 [piàn rén de]; **2.** *m* 奸诈的人 [jiān zhà de rén]; 骗子 [piàn zi]

tranquil/idad *f* 安静 [ān jìng], 平静 [píng jìng]; **~izar** *vt* 使安静 [shǐ ān jìng], 使平静下来 [shǐ píng jìng xià lái]; **~o,-a** *adj* 安静的 [ān jìng de], 平静的 [píng jìng de]

transacción *f com* 交易 [jiāo yì], 买卖 [mǎi mài]

transatlántico 1.,-a *adj* 泛大西洋的 [fàn dà xī yáng de]; **2.** *m* 远洋轮船 [yuǎn yáng lún chuán]

transbordador *m* 轮渡船 [lún dù chuán]

transbordo *m* 轮渡 [lún dù]; 转机 [zhuǎn jī]

transcribir *vt* 抄写 [chāo xiě], 誊写 [téng xiě]

trans/currir *vi* (时间)流逝 [(shí jiān) liú shì]; **~curso** *m* 期间 [qī jiān]

transeúnte *m/f* 行人 [xíng rén]

trans/ferencia *f com* (银行)转账 [(yín háng) zhuǎn zhàng]; **~ferir** *vt* 转帐 [zhuǎn zhàng]

trans/formación *f* 变化 [biàn huà], 改变 [gǎi biàn]; **~formador** *m electr* 变压器 [biàn yā qì]; **~formar** *vt* 变化 [biàn huà], 改变 [gǎi biàn]

transfusión *f* 输导 [shū dǎo], 输送 [shū sòng]; **~ de sangre** *med* 输血 [shū xuèxiě]

transgresión *f* 违犯 [wéi fàn], 触犯 [chù fàn]

transición *f* 过渡 [guò dù], 转变 [zhuǎn biàn]

transit/able *adj m/f* 可通行的 [kě tōng xíng de]; **~ar** *vi* 通行 [tōng xíng]
tránsito *m* 交通 [jiāo tōng]
transitorio,-a *adj* 临时的 [lín shí de]
trans/misible *adj m/f* 可传播的 [kě chuán bō]; 可传染的 [kě chuán rǎn de]; **~misión** *f* 传播 [chuán bō]；传染 [chuán rǎn]; **~misión en directo** 现场直播 [xiàn chǎng zhí bō]; **~mitir** *vt* 传播 [chuán bō]; 传染 [chuán rǎn]; *Radio TV* 播放 [bō fàng]
trans/parencia *f* 透明 [toù míng], 透明度 [tóu míng dù]; **~parente** *adj m/f* 透明的 [tù míng de]
transport/ar *vt* 运输 [yùn shū]; **~e** *m* 运输 [yùn shū]
transversal *adj m/f* 横向的 [héng xiàng de]
tranvía *m* 有轨电车 [yǒu guǐ diàn che]
trapeci/o *m sport* 吊杆 [diào gān]; **~sta** *m/f* 吊杆运动员 [diào gān yùn dòng yuán]
trapo *m* 抹布 [mǒ bù]
tráquea *f med* 气管 [qì guǎn]
tras *prep* 在~之后 [zài zhī hoù]; **uno ~ otro** 一个接着一个 [yī gè jiē zhe yī gè]
trascende/ntal *adj m/f* 影响深远的 [yǐng xiǎng shēn yuǎn de]; **~r** *vt* 扩展 [kuàngkuò zhǎn], 传播 [chuán bo], 扩散 [kuò cǎn]
trasero 1.,-a *adj* 后部的 [hòu bù de]; **2.** *m coloq* 臀部 [tún bù]
trasfondo *m* 背景 [bèi jǐng]
traslad/ar *vt adm* 调动 [diào dòng]; **~arse a** 搬迁 [bān qiān], 迁至 [qiān zhì]; **~o** *m* 搬迁 [bān qiān]
traspasar *vt* **1.** 超出 [chāo chū]; **2.** *jur* 转让 [zhuān ràng]
trasplant/ar *vt* 移植 [yí zhí]; **~e** *m med* 移植（器官） [yí zhí (qì guān)]
trastero *m* 杂货间 [zhá huò jiān]
trasto *m* 家具杂物 [jiā jù zá wù]; **~s** *mpl* 用具 [yòng jù], 器具 [qì jù]; **~s viejos** 破旧家具 [pò jiù jiā jù], 废旧物品 [fèi jiù wù pǐn]
trastorn/ar *vt* 翻动 [fān dòng], 弄乱 [nòng luàn]; **~o** *m* 混乱 [hùn luàn], 紊乱 [wěn luàn]
trata *f* 贩卖 [fàn mài], 交易 [jiāo yì]; **~ de blancas** 贩卖妇女 [fàn mai fù nǚ]; **~ble** *adj m/f* 平易近人的 [píng yì jìn rén de]; **~do** *m* 条约 [tiáo yuē]; **~miento** *m med* 疗法 [liáo fǎ], 治疗 [zhì liáo]
tratar 1. *vt* 对待 [duì dà], 处理 [chù lǐ]; **2.** *med* 诊治 [zhěn zhì], 治疗 [zhì liáo]; **3.** *vi* 涉及 [shè jí], 论述 [lùn shù]; **~ de** 试图 [shì tú], 企图 [qǐ tú]; **~ con alg** 有往来 [yǒu wǎng lái], 有接触 [yǒu jiē chù]; **~se de** 指的是 [zhǐ de shì]
trato *m* 交往 [jiāo wǎng]; 对待 [duì dài]; 买卖 [mǎi mài]; **malos ~s** *pl* 亏待 [kūi dài], 虐待 [nüè dài]
trauma *m med* 外伤 [wài shāng]; 创伤 [chuàng shāng]; **~tismo** *m*

创伤 [chuàng shāng]; 外伤 [wài shāng]
través *m* 歪斜 [wāi xié]; **a ~ de** 通过 [tōng guò]; **de ~** 斜着 [xié zhe]
travesía *f* 横渡 [héng dù]; 横街 [hèng jiē]
travestido *m* 变性人 [biàn xìng rén]
tra/vesura *f* 顽皮 [wán pí]; **~vieso,-a** *adj* 顽皮的 [wàn pí de]
trayecto *m* 路线 [lù xiàn]; **~ria** *f* 轨道 [guǐ dào], 轨迹 [guǐ jì]
traza/do *m* 轮廓 [lún kuò]; 外观 [wài guān]; **~r** *vt* 描画 [huì huà], 绘制 [huì zhì]
trébol *m* 三叶草 [sān yè cǎo]
trece *adj* 十三 [shí sān]
trecho *m* 路途 [lù tú]; 距离 [jù lí]; **a ~s** 间断地 [jiān duàn de]
tregua *f* 休战 [xiū zhàn]; *fig* 间歇 [jiàn xiē]; **sin ~** 不断的 [bù duàn de]
treinta *adj* 三十 [sān shí]
tremendo,-a *adj* 恐怖的 [kǒng bù de]; *coloq* 极大的 [jí dà de]; 令人惊奇的 [lìng rén jīng qí de]
tren *m* 火车 [huǒ chē]; **~ de aterrizaje** *aero* 起落架 [qǐ luò jià]; **~ de lavado** 自动洗车房 [zì dòng xǐ chē fáng]; **estar como un ~** (女)美丽漂亮 [(nǚ) měi lì piào liàng]; (男)英俊潇洒 [(nán) yīng jùn xiāo sǎ]
trenza *f* 辫子 [biàn zǐ]; **~r** *vt* 编辫子 [biān biàn zǐ]
trepar *vt* 攀登 [pān dēng]
tres *adj* 三 [sān]
tri/angular *adj m/f* 三角形的 [sān jiǎo xíng de], 三角的 [sān jiǎo de]; **~ángulo** *m* 三角形 [sān jiǎo xíng]
tribu *f* 部落 [bù luò]
tribuna *f* 讲台 [jiǎng tái]; 主席台 [zhǔ xí tái]
tribunal *m* 法庭 [fǎ tíng]; 评审委员会 [péng shěn wěi yuán huì]; **~*Supremo** 最高法院 [zuì gāo fǎ yuàn]
tributa/ción *f* 赋税 [fù shuì]; **~r** *vt* 缴纳（赋税） [jiǎo nà (fù shuì)]; **~rio 1.,-a** *adj* 赋税的 [fù shuì de], 缴税的 [jiǎo shuì]; **2.** *m* (河的)支流 [(hé de) zhī liú]
tributo *m* **1.** 赋税 [fù shuì], 缴税 [jiǎo shuì]; **2.** *fig* 贡献 [gòng xiàn]
triciclo *m* 三轮车 [sān lún chē], 三轮摩托 [sān lún mó tuō]
trig/al *m* 麦田 [mài tián]; **~o** *m* 小麦 [xiǎo mài]
trimestr/al 季度的 [jì dù de]; **~e** *m* 三个月 [sān gè yuè], 季度 [jì dù]
trinch/ar *vt gastr* （进餐时）切开(鸡肉、牛肉等） [(jìn cān shí) qiē kāi]; **~era** *f* 堑壕 [qiàn háo], 深沟 [shēn gōu]
trineo *m* 雪橇 [xuě qiāo]
trinidad *relig* 三位一体 [sān wèi yī tǐ]
trío *m* **1.** 三人一组 [sān rén yī zǔ], 三人一起 [sān rén yī qǐ]; **2.** *mús*

三重奏 [sān chóng zòu], 三重唱 [sān chóng chàng]

tripa *f* 肠子 [cháng zi]; *coloq* 肚 [dù], 腹部 [fù bù]; **~s** *fpl* 芯子 [xīn zi], 中心部分 [zhōng xīn bù fèn]

triple *adj* 三倍 [sān bèi]

trípode *m* 三脚架 [sān jiǎo jià]

tripula/ción *f nav* 全体船员 [quán tǐ chuán yuán]; *aero* 全体机组成员 [quán tǐ jī zǔ chéng yuán]; **~nte** *nav* 船员 [chuán yuán]; *aero* 机组成员 [jī zǔ chéng yuán]; **~r** *vt* 驾驶(飞机) [jià shǐ (fēi jī)]

triste *adj m/f* 悲伤的 [bēi shāng de]; **~za** *f* 悲伤 [bēi shāng]

triturar *vt* 打碎 [dǎ suì], 粉碎 [fěn suì]

triunf/ador,-a 1. *adj* 胜利的 [shèng lì de]; **2.** *m/f* 胜利者 [shèng lì zhě]; **~ante** *adj m/f* 获胜的 [huò shèng de], 致胜的 [zhì shèng de]; **~ar** *vi* 取胜 [qǔ shèng], 获胜 [huò shèng]; **~o** *m* 胜利 [shèng lì]

trivial *adj m/f* 明显的 [míng xiǎn de]

trofeo *m* (体育比赛)奖品 [(tǐ yù bǐ sài) jiǎng pǐn], 银杯 [yín bēi]; *fig* 胜利 [shèng lì]

trombón *m mús* 长号 [cháng hào]; 长号手 [cháng hào shǒu]

trombosis *f med* 血栓形成 [xuè shuān xíng chéng]

trompa *f mús* 圆号 [yuán hào]; **~zo** *m* 击打 [jī dǎ], 碰撞 [pèng zhuàng]

trompeta 1. *f mús* 号 [hào]; 喇叭 [lǎ ba]; **2.** *m* 号手 [hào shǒu]

trompo *m* 陀螺 [tuó luó]

tronar *vi* 打雷 [dǎ léi]; 轰响 [hōng xiǎng]; *fig* 破产 [pò chǎn]

troncharse 直不起来 [zhí bù qǐ lái]; **~ de risa** 笑弯了腰 [xiào wān le yāo]

tronco *m* 树干 [shù gān]

trono *m* 御座 [yù zuò], 宝座 [bǎo zuò]

trop/a *f m* 军队 [jūn duì]; **~el** *m* 纷乱人群 [fēn luàn rén qún]

tropez/ar con *vi fig* 遇到 [yù dào], 撞见 [zhuàng jiàn]; **~ón** *m* 磕绊 [kē bàn], 绊倒 [bàn dǎo]

tropical *adj m/f* 热带的 [rè dài de]

trópico *m geogr* 回归线 [huí guī xiàn]; **~ de Cáncer** 北回归线 [běi huí guī xiàn]; **~ de Capricornio** 南回归线 [nán huí guī xiàn]

tropiezo *m* 绊倒 [bàn dǎo], 跌倒 [diē dǎo]; *fig* 不顺利 [bù shùn lì]

trotamundos *m/f* 环球旅行者 [huán qiú lǚ xíng zhě]

trote *m* 骑马小跑 [qí mǎ xiǎo pǎo]

trozo *m* 段 [duàn], 块 [kuài]

trucha *f* 河鳟 [hé zūn], 鳟鱼 [zǔn yú]

truco *m* 圈套 [quān tào], 陷阱 [xiàn jǐng]

trueno *m* 雷鸣 [léi míng]; 轰鸣 [hōng míng]
trueque *m* 交换 [jiāo huàn], 兑换 [duì huàn]
trufa *f* **1.** *bot* 块菌 [kuài jūn]; **2.** 巧克力球 [qiǎo kè lì qiú]; **3.** *coloq* 谎言 [huǎng yán]
tú *pron pers* 你 [nǐ]
tu, tus *adj pos* 你的 [nǐ de]
tuberculosis *f med* 结核 [jié hé]
tubería *f* 管道系统 [guǎn dào xì tǒng]
tubo *m* 管子 [guǎn zi]; *electr* 电子管 [diàn zǐ guǎn]; *TV* 显像管 [xiàn xiàng guǎn]
tuerca *f tecn* 螺母 [luó mǔ]
tuerto,-a *adj* 独眼的 [dú yǎn de]
tugurio *m coloq* 简陋小屋 [jiǎn lòu xiǎo wū]
tulipán *m bot* 郁金香 [yù jīn xiāng]
tumba *f* 坟墓 [fén mù]
tumbar *vt* 使倒下 [shǐ dǎo xià]; **~se** 倒下 [dǎo xià]
tumbona *f* 吊床 [diào chuáng]
tumor *m med* 肿瘤 [zhǒng liú], 肿块 [zhōng kuài]
tumult/o *m* 吵闹 [chǎo nào], 喧哗 [xuān huá], 骚动 [sāo dòng]; **~uoso,-a** *adj* 混乱的 [hùn luàn de], 吵闹的 [chǎo nào de]
tuna *f* 学生乐队 [xué shēng yuè duì]
tunecino,-a **1.** *adj* 突尼斯的 [tū ní sī de]; **2.** *m/f* 突尼斯人 [tū ní sī rén]
túnel *m* 隧道 [suì dào]; **~ de lavado** *auto* 自动洗车道 [zì dòng xǐ chē dào]
Túnez *m* 突尼斯 [tū ní sī]
turbar *vt* 扰乱 [rǎo luàn]
turbina *f* 叶轮机 [yè lún jī]
turbio,-a *adj* 浑浊的 [hún zhuó de]; *fig* 不清楚的 [bù qīng chǔ de]
turbulen/cia *f* 骚乱 [sāo luàn], 骚动 [sāo dòng]; **~to,-a** *adj* 骚动的 [sāo dòng], 骚乱的 [sāo luàn de]
turc/a *f* 酒醉 [jiǔ zuì]; **~o,-a** **1.** *adj* 土耳其的 [tǔ ěr qí de]; **2.** *m* 土耳其人 [tǔ ěr qí rén]
tur/ismo *m* **1.** 旅游 [lǚ yóu]; 旅游业 [lǚ yóu yè], **2.** *auto* 轿车 [jiào chē]; **~ismo rural** *pl* 乡间旅游 [jiān lǚ yóu]; **~ista** *m/f* 游客 [yóu kè]; **~ístico,-a** *adj* 旅游的 [lǚ yóu de]
turnar *vi* 轮流 [lún liú]; **~se** 轮流 [lún liú]
turno *m* （轮的）班 [(lún de) bān], 次 [cì]; **~ de noche** 夜班 [yè bān]; **por ~s** 轮流 [lún liú]; **es tu ~** 轮到你了 [lún dào nǐ le]
turquesa *f* 绿松石 [lǜ sōng shí]
Turquía *f* 土耳其 [tǔ ěr qí]
turrón *m* （圣诞节期间吃的）糖糕 [(shèng dàn jié qī jiān chī de) táng gāo], 甜糕 [tián gāo]
tute/ar *vt* 以"你"相称 [yǐ nǐ xiāng chēng]

tutela *f* 保护 [bǎo hù]; *pol* 监护 [jiān hù]; *fig* 维护 [wéi hù], 庇护 [bì hù]
tuteo *m* 以"你"相称 [yǐ nǐ xiāng chēng]
tutor,-a *m* 导师 [dǎo shī]; 监护人 [jiān hù rén]
tuyo, tuya *pron pos* 你的 [nǐ de]

U

ubicación *f* (地理)位置 [(dì lǐ) wèi zhì]
ubre *f* 乳房 [rǔ fáng]
ufanarse 傲慢 [ào màn], 高傲 [gāo ào]; ~ **de u/c** 得意 [dé yì], 自豪 [zì háo]
úlcera *f med* 溃疡 [kuì yáng]
ulterior *adj m/f* 以后的 [yǐ hòu de], 后来的 [hòu lái de]
últimamente *adv* 最近 [zuì jìn]
ultimar *vt* 结束 [jié shù], 完成 [wán chéng]
ultimátum *m* 最后通牒 [zuì hòu tōng dié]
último,-a *adj* 最后的 [zuì hòu de]; 最新的 [zuì xīn de]; **por** ~ 最后 [zuì hòu], 终于 [zhōng yú]
ultraj/ante *adj m/f* 侮辱性的 [wǔ rǔ xìng de]; **~ar** *vt* 侮辱 [wǔ rǔ], 凌辱 [líng rǔ]; **~e** *m* 侮辱 [wǔ rǔ], 凌辱 [líng ru]
ultramar *m* 海外 [hǎi wài]
ultrasonido *m* 超声波 [chāo shēng bō]
ulular *vi* (野兽)嚎叫 [(yě shòu) háo jiào]; (风)呼啸 [(fēng) hū xiào]
umbral *m* 门槛 [mén kǎn]
un, una *art* (不定冠词)一 [(bù dìng guàn cí) yī], 一个 [yī gè]
unánim/e *adj m/f* 一致的 [yī zhì de]
unanimidad *f* 一致性 [yī zhì xìng]
unción *f med* 涂油 [tú yóu], 抹油 [mǒ yóu]; **extrema** ~ (天主教的)临终涂油礼 [(tiān zhǔ jiào de)lín zhōng tú yóu lǐ]
ungüento *m* 油膏 [yóu gāo]; 软膏 [ruǎn gāo]
único,-a *adj* 唯一的 [wéi yī de]
unid/ad *f* 个体 [gè tǐ]; 计量单位 [jì liàng dān wèi]; **~ad monetaria** 货币单位 [huò bì dān wèi]; **~o, -a** *adj* 连在一起的 [lián zài yī qǐ de]; 团结的 [tuán jié de]
unifica/ción *f pol* 统一 [tǒng yī]; **~r** *vt* 统一 [tǒng yī]
uniform/ar *vt* 穿制服 [chuān zhì fú]; **~e 1.** *adj m/f* 一致的 [yī zhì de], 统一的 [tǒng yī de]; **2.** *m* 制服 [zhì fú]; **~idad** *f* 一致 [yī zhì]; 单一性 [dān yī xìng]
unilateral *adj jur* 单方面的 [dān fāng miàn de], 单边的 [dān biān de]
uni/ón *f* 连接 [lián jiē]; 联盟 [lián méng]; ~ **r** *vt* 连接 [lián jiē]; 聚合 [jù hé]; **~rse a** 参加 [cān jiā]; 参与 [cān yǔ]; **~tario,-a** *adj* 以单位计算的 [yǐ dān wèi jì suàn de]

universal *adj m/f* **1.** 宇宙的 [yǔ zhòu de], 全球的 [quán qiú de]; **2.** 通用的 [tōng yòng de]
univers/idad *f* 大学 [dà xué]; **~itario,-a** *m/f* 大学生 [dà xué shēng]
universo *m* 宇宙 [yǔ zhòu]; 世界 [shì jiè]
uno 1. 一 [yī], 一个 [yī gè]; **~ a ~** 一个一个的 [yī gè yī gè de]; **~ que otro** 少数的 [shǎo shù de]; **~s** 几个 [jǐ gè], 个别 [gè bié]; **~(s) a otro(s)** 一些人对另一些人 [yī xiē rén duì lìng yī xiē rén]; **2.** *m* 一 [yī]
unt/ar *vt* 涂 [tú], 抹 [mǒ]; **~ la mano** 涂手 [tú shǒu]
uña *f* （人的）指甲 [(rén de) zhǐ jiǎ]; （动物的）蹄甲 [(dòng wù de) tí jiǎ]
uranio *m* 铀 [yóu]
urbanismo *m* 城市规划 [chéng shì guī huà]
urban/ización *f* 城市化 [chéng shì huà]; 住宅小区 [zhù zhái xiǎo qū]; **~izar** *vt* 使城市化 [shǐ chéng shì huà]
urbano,-a *adj* 都市的 [dū shì de], 城市的 [chéng shì de]
urg/encia *f* 紧急 [jǐn jí]; **~ente** *adj m/f* 紧急的 [jǐn jí de]; **~ ir** *vi* 急需 [jí xū]
urólogo,-a *m/f* 泌尿科医生 [mì niào kē yī shēng]
urraca *f zool* 喜鹊 [xǐ què]
urticaria *f med* 荨麻疹 [xún má zhěn], 风疹块 [fēng zhěn kuài]
usa/do,-a *adj* 用过的 [yòng guò de], 旧的 [jiù de]; **~nza** *f* 习惯 [xí guàn], 习俗 [xí sú]; **~r** *vt* 使用 [shǐ yòng], 采用 [cǎi yòng]
uso *m* 使用 [shǐ yòng]
usted *pron pers* 您 [nín]
usua/l *adj m/f* 常用的 [cháng yòng de], 通常的 [tōng cháng de]; **~rio,-a** *m/f* 用户 [yòng hù]
usur/a *f* 高利贷 [gāo lì dài]; 高利息 [gāo lì xī]; **~ero** *m* 高利贷者 [gāo lì dài zhě]
utensilio *m* 用具 [yòng jù]; 器具 [qì jù]
útero *m* 子宫 [zǐ gōng]
útil *adj m/f* 有用的 [yǒu yòng de]; **~es** *mpl* 日用必需品 [rì yòng bì xū pǐn]
utilidad *f* 用途 [yòng tú]; **~es** *fpl* 收益 [shōu yì], 利益 [lì yì]
utiliza/ble *adj m/f* 可用的 [kě yòng de]; **~r** *vt* 使用 [shǐ yòng], 利用 [lì yòng]
utopía *f* 乌托邦 [wū tuō bāng]
utópico,-a *adj* 空想的 [kōng xiǎng de], 乌托邦式的 [wū tuō bāng shì de]
uva *f* 葡萄 [pú táo]

V

vaca *f* 母牛 [mǔ niú]; 奶牛 [nǎi niú]; **~s locas** 疯牛症 [fēng niú zhèng]
vacaciones *fpl* 假期 [jià qī]

vacante 1. *adj m/f* 空着的 [kōng zhe de], 无人担任的 [wú rén dān rèn de]; **2.** *f* 缺额 [quē é], 空职 [kōng zhí]

vaciar *vt* 倒出 [dào chū], 掏空 [tāo kōng]

vacila/ción *f* 犹豫不定 [yóu yù bù dìng]; **~r** *vi* 犹豫 [yóu yù], 摇摆 [yáo bǎi]

vacío 1.,-a *adj* 空的 [kōng de]; **2.** *m* 真空 [zhēn kōng]

vacuna *f* 疫苗 [yì miáo]; **~ción** *f* 接种 [jiē zhǒng], 打疫苗 [dǎ yì miáo]; **~r** *vt* 接种 [jiē zhǒng], 打疫苗 [dǎ yì miáo]

vagabundo,-a *m/f* 流浪者 [liú làng zhě]

vaga/ncia *f* 散漫 [sǎn màn], 懒散 [lǎn sǎn]; **~r** *vi* 流浪 [liú làng], 闲逛 [xián guàng]

vagina *f med* 阴道 [yīn dào]

vago,-a 1. *adj* 懒散的 [lǎn sǎn de], 流浪的 [liú làng de]; **2.** *m* 游手好闲者 [yóu shǒu hào xián zhě]

vagón *m* 车厢 [chē xiāng]

vaho *m* 蒸汽 [zhēng qì], 水气 [shuǐ qì]

vaina *f* （刀剑的）鞘 [(dāo jiàn de) qiào]

vainilla *f* 香草 [xiāng cǎo]

vaivén *m* 摆动 [bǎi dòng], 起伏 [qǐ fú]

vajilla *f* 餐具 [cān jù]

vale 1. *m* 单据 [dān jù]; **2. ¡~!** 好! [hǎo], 行! [xíng]

valentía *f* 勇敢 [yǒng gǎn]

valer 1. *vt* 价值为 [jià zhí wéi], 值 [zhí]; **2.** *vi* 有价值 [yǒu jià zhí]; **~se** 凭借 [píng jiè]; **~ de u/c** 凭借 [píng jiè], 靠 [kào], 采用（某种手段）[cǎi yòng (mǒu zhǒng shǒu duàn)]; **~se de alg** 动用 [dòng yòng], 运用（人际关系）[cǎi yòng (rén jì guān xì)]

valeriana *f bot* 缬草 [xié cǎo]; *med* 镇静草药 [zhèn jìng cǎo yào]

validez *f* 有效 [yǒu xiào]; 有效期 [yǒu xiào qī]

válido,-a *adj* 有效的 [yǒu xiào de]

valiente *adj* 勇敢的 [yǒng gǎn de]

valioso,-a *adj* 有价值的 [yǒu jià zhí de]

valla *f* 栅栏 [zhà lán], 篱笆 [lí ba]; **~do** *m* 围墙 [wéi qiáng]; **~r** *vt* 立栅栏 [lì zhà lán], 造围墙 [zhào wéi qiáng]

valle *m* 山谷 [shān gǔ], 谷地 [gǔ dì]

valor *m* 价值 [jià zhí]; *banc* 证券 [zhèng quàn], 股票 [gǔ piào]; **~ar** *vt* 评估 [píng gū], 估价 [gū jià]

vals *m* 华尔兹舞 [huá ěr zī wǔ]

válvula *f* 闸门 [zhá mén], 阀门 [fá mén]; **~ de seguridad** 安全阀 [ān quán fá]

vandalismo *m* 破坏行为 [pò huài xíng wéi]

vándalo *m* 破坏者 [pò huài zhě]

vanguardia *f mil* 先头部队 [xiān tóu bù dui]; *fig* 先锋 [xiān fōng], 先驱 [xiān qū]

vanid/ad *f* 虚荣 [xū róng]; **~oso, -a** *adj* 爱虚荣的 [ài xū róng de]
vano,-a *adj* 徒劳的 [tú láo de]; **en ~** 徒劳 [tú láo]
vapor *m* 蒸汽 [zhēng qì]; *nav* 汽船 [qì chuán]; **~izador** *m* 喷雾器 [pēn wù qì]; **~izar** *vt* 使蒸发 [shǐ zhēng fā]; **~izarse** 蒸发 [zhēng fā]
vaqueros *mpl* 牛仔裤 [niú zāi kù]
vara *f* 细枝条 [xì zhī tiáo], 细棍 [xì gùn], 竿 [gān]
varia/ble *adj meteo* （天气）多变的 [(tiān qì) duō biàn de]; **~ción** *f* 变化 [biàn huà]; **~do,-a** *adj* 有变化的 [yǒu biàn huà de]; **~r 1.** *vt* 改变 [gǎi biàn]; **2.** *vi* 发生变化 [fā shēng biàn huà]
varicela *f med pl* 水痘 [shuǐ dòu]
variedad *f* 变化 [biàn huà], 多种多样 [duō zhǒng duō yàng]; *zool* 变异 [biàn yì]; *bot* 变种 [biàn zhǒng]
varilla *f* 棍 [gùn], 竿 [gān], 条 [tiáo]
varios,-as *adj pl* 不同的 [bù tóng de] ; 一些 [yī xiē], 若干 [ruò gān]
variz *f med* 静脉曲张 [jìng mài qū zhāng]
vasco,-a 1. *adj* 巴斯克的 [bā sī kè de]; **2.** *m/f* 巴斯克人 [bā sī kè rén]; **3.** *m* 巴斯克语 [bā sī kè yǔ]; **País ~*** *m* 巴斯克州 [bā sī kè zhōu]
vaselina *f* 凡士林 [fán shì lín]
vasija *f* 器皿 [qì mǐn]
vaso *m* 杯子 [bēi zi]
vasto,-a *adj* 宽广的 [kuān guǎng de]
váter *m* 厕所 [cè suǒ]
vatio *m* 瓦特 [wǎ tè]
¡vaya! *excl* 真可惜! [zhēn kě xī], 一般般! [yī bān bān]; **¿Cómo te fue el examen? ¡Vaya!** 你考得怎么样? [nǐ kǎo de zěn me yàng], 一般般! [yī bān bān]
vecin/dario *m* 邻居 [lín jū], 居民 [jū mín]; **~o,-a 1.** *adj* 临近的 [lín jìn de]; **2.** *m/f* 邻居 [lín jū]
vega *f* 低洼地 [dī wā dì]
vegeta/ción *f* 植物 [zhí wù]; **~l 1.** *adj m/f* 植物的 [zhí wù de]; **2.** *m* 蔬菜 [shū cài]; **~r** *vi* 植物生长 [zhí wù shēng zhǎng], 萌芽 [méng yá]; *fig* 混日子 [hùn rì zi]; **~riano,-a 1.** *adj* 素食的 [sù shí de]; **2.** *m/f* 素食者 [sù shí zhě]
vehículo *m* 车辆 [chē liàng]
veinte *adj* 二十 [èr shí]; **~na** *f* 二十个 [èr shí gè]
veja/ción *f* 凌辱 [líng rǔ]; **~r** *vt* 凌辱 [líng rǔ], 讥讽 [jī fěng]
vejiga *f med* 膀胱 [páng guāng]
vela *f* **1.** 蜡烛 [là zhú]; **2.** 帆 [fān], 帆船 [fān chuán]
velada *f* 晚会 [wǎn huì]
velar 1. por *vi* 关心 [guān xīn], 操劳 [cāo láo]; **2.** *vt* 看护 [kān hù], 看守 [kān shǒu]
velero *m* 帆船 [fān chuán]
vell/o *m* 绒毛 [róng máo]; 汗毛 [hàn máo]; **~osidad** *f* 多绒毛 [duō róng máo]; 多汗毛 [duō hàn

máo]; **~oso,-a** 多绒毛的 [duō róng máo de]; 多汗毛的 [duō hàn máo de]; **~udo,-a** *adj* 多汗毛的 [duō hàn máo de]

velo *m* **1.** 面纱 [miàn shā]; 白纱 [bái shā]; **2.** *fig* 借口 [jiè kǒu]; 掩饰 [yǎn shì]

velocidad *f* 速度 [sù dù]

velódromo *m* （自行车）赛车场 [(zì xíng chē) sài chē chǎng]

veloz *adj m/f* 飞快的 [fēi kuài de]

vena *f* 静脉 [jìng mài]

venced/ero,-a *adj* 有期限的 [yǒu qī xiàn de]; **~or,-a 1.** *adj* 胜利的 [shèng lì de]; **2.** *m/f* 胜利者 [shèng lì zhě]

vencer 1. *vt* 战胜 [zhàn shèng]; **2.** 到期 [dào qī]; **3.** *vi* 获胜 [huò shèng]; **~se** 自我控制 [zì wǒ kòng zhì]

venci/ble *adj m/f* 可战胜的 [kě zhàn shèng de]; 可克服的 [kě kè fú de]; **~do,-a** *adj* 战败的 [zhàn bài]；被克服的 [bèi kè fú de]; 到期的 [dào qī de]; **~miento** *m* **1.** 战胜 [zhàn shèng]; **2.** 到期 [dào qī]

venda *f* 绷带 [bēng dài], 纱布条 [shā bù dài]; **~je** *m* 绷带 [bēng dài]; **~r** *vt* (用绷带)包扎 [(yòng bēng dài) bāo zā]

vendaval *m* 强风 [qiáng fēng], 风暴 [fēng bào]

vende/dor,-a *m/f* 售货员 [shòu huò yuán]; 零售商 [líng shòu shāng]; **~r** *vt* 出售 [chū shòu]; **~rse** *fig* 被收买 [bèi shōu mǎi], 受贿 [shòu huì]

vendi/ble *adj m/f* 可以出卖的 [kě yǐ chū mài de]; **~do,-a** *adj* 被出卖的 [bèi chū mài de]

vendimia *f* 采摘葡萄(的季节) [cǎi zhāi pú táo (de jì jié)]; **~dor** *m* 采摘葡萄的人 [cǎi zhāi pú táo de rén]; **~r** *vt/i* 采摘葡萄 [cǎi zhāi pú táo]

Venecia *f* 维尼斯 [wéi ní sī]

veneno *m* 毒物 [dú wù]; **~so,-a** *adj* 有毒的 [yǒu dù de]

venera/ble *adj m/f* 令人尊敬的 [lìng rén zūn jìng de]; **~ción** *f* 恭敬 [gōng jìng]; **~r** *vt* 尊敬 [zūn jìng]; 供拜 [gòng bài]

venga/dor *m* 报复者 [bào fù zhě]; **~nza** *f* 报复 [bào fù]; **~r** *vt* 报复 [bào fù], 复仇 [fù chóu]; **~rse** 报仇 [bào chóu]; **~ de u/c** 对某事进行报复 [duì mǒu shì jìn xíng bào fù]

venid/a *f fig* 激烈的举动 [jī liè de jǔ dòng]; **~ero,-a** *adj* 即将到来的 [jì jiāng dào lái de]

venir *vi* 来 [lái]; 来自 [lái zì]; **el año que viene** 明年 [míng nián]

venta *f* 卖 [mài], 销售 [xiāo shòu]; **en ~** 出售 [chū shòu]

ventaj/a *m* 优势 [yōu shì]; **~oso, -a** *adj* 有利的 [yǒu lì de]

ventana *f* 窗户 [chuāng hù]

ventanilla *f* （船上的）舷窗 [(chuán shàng de) xián chuāng]; 小窗 [xiǎo chuāng]

ventila/ción *f* 通风口 [tōng fēng kǒu]; 通风设施 [tōng fēng shè shī]; **~dor** *m* 电扇 [diàn shàn], 通风机 [tōng fēng jī]; **~r** *vt* 使通风 [shǐ tōng fēng]

ven/tisca *f* 暴风雪 [bào fēng xuě]; **~toso,-a** *adj* 多风的 [duō fēng de]

venturoso,-a *adj* 幸福的 [xìng fú de], 幸运的 [xìng yùn de]

ventura *f* 福气 [fú qì]; 时运 [shí yùn]

ver *vt* 看 [kàn], 看见 [kàn jiàn]; **no tener nada que ~ con** 与… 毫不相关 [yǔ háo bù xiāng guān]; **a ~** 瞧瞧 [qiáo qiáo]; 说来听听 [shuō lái tīng tīng]

veracidad *f* 真实性 [zhēn shí xìng]

veran/ear *vi* 避暑 [bì shǔ]; **~eo** *m* 避暑 [bì shǔ]; **~o** *m* 夏天 [xià tiān]

veras *fpl* 真实 [zhēn shí]; **de ~** 真实地 [zhēn shí de], 真心地 [zhēn xīn de]

veraz *adj m/f* 诚实的 [chéng shí de], 如实的 [rú shí de]

verbal *adj m/f* 语言的 [yǔ yán de]

verbena *f* **1.** 露天晚会 [lù tiān wǎn huì]; **2.** *bot* 马鞭草 [mǎ biān cǎo]

verbo *m* 动词 [dòng cí]

verdad *f* 真实 [zhēn shí]; **¿~?** 真的吗？[zhēn de ma]; **de ~** 真的 [zhēn de]; **es ~** 的确 [dí què]; **a decir ~** 老实说 [lǎo shí shuō]; **~ero,-a** *adj* 真实的 [zhēn shí de]

verd/e **1.** *adj m/f* 绿色的 [lǜ sè de]; 不成熟的 [bù chéng shú de], 青的 [qīng de]; **2.** *m* 绿色 [lǜ sè]; **~oso,-a** *adj* 发绿的 [fàfā lǜ de]

verdugo *m* 新枝 [xīn zhī]

verdu/lero *m* 卖蔬菜的人 [mài shū cài de rén]; **~ra** *f* 蔬菜 [shū cài]

vereda *f* 小径 [xiāo jìng], 小路 [xiǎo lù]

veredicto *m jur* 裁决 [cái jué], 判决 [pàn jué]

vergel *m* 花果园 [huā guǒ yuán]

vergonzoso,-a *adj* 害羞的 [hài xiū de]

vergüenza *f* 羞愧 [xiū kuì de]; **me da ~** 我觉得不好意思 [wǒ jué de bù hǎo yì sī]

verídico,-a *adj* 可信的 [kě xìn de], 真实的 [zhēn shí de]

verifica/ción *f* 验证 [yàn zhèng]; **~dor** *m* 检验器 [jiǎn yàn qì]; **~r** *vt* 验证 [yàn zhèng], 检验 [jiǎn yàn]; **~rse** 应验 [yìng yàn], 证实 [zhèng shí]

verja *f* 铁栅栏 [tiě zhà lán], 铁栏杆 [tiě lán gān]

vermut *m* 苦艾酒 [kǔ ài jiǔ]

veros/ímil *adj m/f* 真实的 [zhēn shí de], 可信的 [kě xìn de]; **~imilitud** *f* 真实性 [zhēn shí xìng], 可信性 [kě xìn xìng]

verruga *f med* 肉赘 [ròu zhuì]; 瘤 [liú]

versado,-a *adj* 经过训练的 [jīng guò xùn liàn de], 懂行的 [dǒng háng de]; ~ **en** 对某方面在行 [duì mǒu fāng miàn zài háng]

versátil *adj m/f* 易翻转的 [yì fān zhuǎn de], 变化不定的 [biàn huà bù dìng de]

versatilidad *f* 变化不定 [biàn huà bù dìng]

versión *f* 说法 [shuō fǎ]; 版本 [bǎn běn]

verso *m* 诗句 [shī jù], 诗行 [shī háng]

vértebra *f med* 椎骨 [zhuī gǔ]

vertebral *adj m/f* 椎骨的 [zhuī gǔ de]

vertedero *m* 垃圾场 [lā jī chǎng]

verter *vt* 倒 [dào], 灌 [guàn]

vertical *adj m/f* 垂直的 [chuí zhí de]

vertiente *f* 斜面 [xié miàn], 斜坡 [xié pō]

vertiginoso,-a *adj* 头晕目眩的 [tóu yūn mù xuàn de]; 旋转的 [xuán zhuǎn de]

vértigo *m med* 眩晕 [xuàn yūn]; *fig* 繁忙 [fán máng]

vesícula *f med* 泡 [pào], 囊 [náng]; ~ **biliar** 胆囊 [dǎn náng]

vestíbulo *m* 厅 [tīng], 大厅 [dà tīng]; *teat* 戏院大厅 [xì yuàn dà tīng]

vestido *m* 衣服 [yī fú], 外衣 [wài yī]

vestigio *m fig* 迹象 [jī xiàng], 线索 [xiàn suǒ]

vestir 1. *vt* 给（人）穿衣 [gěi (rén) chuān yī]; **2.** *vi* 穿戴 [chuān dài], 衣着 [yī zhuó]; **~se de** 穿成(某种)样子 [chuān chéng (mǒu zhǒng) yàng zi]

veterano,-a *m/f* 老手 [lǎo shǒu], 有经验的人 [yǒu jīng yàn de rén]

veterinario,-a *m/f* 兽医 [shòu yī]

veto *m* 否决 [fǒu jué], 否决权 [fǒu jué quán]

vez *f* 次 [cì]; **por primera ~** 第一次 [dì yī cì]; **una ~** 一旦 [yī dàn]; **a la ~** 同时 [tóng shí], 一下子 [yī xià zi]; **de ~ en cuando** 不时地 [bù shí de], 间断地 [jiān duàn de]; **en ~ de** 代替 [dài tì], 非但不...反而... [fēi dàn bù fǎn ér]; **tal ~** 或许 [huò xǔ]; **a veces** 有时 [yǒu shí]; **muchas veces** 经常 [jīng cháng]; **varias veces** 有几回 [yǒu jǐ huí]

vía 1. *f transp* 道路 [dào lù]; 交通线 [jiāo tōng xiàn]; 轨距 [guǐ jù]; **2.** *prep* 途径 [tú jìng], 经过 [jīng guò]; ~ **Roma** 经罗马(达到某地) [jīng luó mǎ (dá dào mǒu dì)]

viab/ilidad *f* 可行性 [kě xíng xìng]; **~le** *adj m/f* 可行的 [kě xíng de]

viaducto *m* 高架桥 [gāo jià qiào], 高架道路 [gāo jià dào lù]

viaj/ar *vi* 旅行 [lǚ xíng]; **~e** *m* 旅行 [lǚ xíng]; **~ero,-a** *m/f* 旅行者 [lǚ xing zhě]

víbora *f zool* 蝰蛇 [kuí shé]

vibra/ción *f* 震动 [zhèn dòng]; 抖动 [dǒu dòng]; **~r** *vt/i* 震动 [zhèn dòng]; 抖动 [dǒu dòng]

vicepresidente,-a *m/f* 副主席 [fù zhǔ xí], 副总统 [fù zǒng tǒng], 副会长 [fù huì zhǎng]

viceversa *adv* 反的 [fǎn de], 相反的 [xiāng fǎn de]

vicia/do,-a *adj* 好玩的 [hǎo wán de]; 堕落的 [duò luò de]; **~r** *vt jur* 使无效 [shǐ wú xiào]; **~rse** 堕落 [duò luò], 养成恶习 [yǎng chéng è xí]; **~o** *m* 毛病 [máo bìng], 恶习 [è xí]; **~oso,-a** *adj* 有恶习的 [yǒu è xí de]

víctima *f* 受害者 [shòu hài zhě]

victori/a *f* 胜利 [shèng lì]; **~oso,-a** *adj* 得胜的 [dé shèng de]

vid *f* 葡萄 [pú táo]

vida *f* 生命 [shēng mìng]; **de por ~** 在有生之年 [zài yǒu shēng zhī nián]; **en mi ~** 在我的生命中 [zài wǒ de shēng mìng zhōng]

vidente *m/f* 算命者 [suàn mìng zhě]

video *m* 录像带 [lù xiàng dài], 录像机 [lù xiàng jī]; **~cámara** *f* 摄像机 [shè xiàng jī]; **~casete** *m* 录像带 [lù xiàng dài]

vidri/era *f* 玻璃橱柜 [bō lí chú guì]; **~ero** *m* 玻璃匠 [bō lí jiàng]; **~o** *m* 玻璃 [bō lí]; 玻璃器皿 [bō lí qì mǐn]

viejo 1. *adj* 老的 [lǎo de]；旧的 [jiù de]; **2.** *m* 老人 [lǎo rén]

Vien/a *f* 维也纳 [wéi yě nà]; **~*és,-a 1.** *adj* 维也纳的 [wéi yě nà de]; **2.** *m/f* 维也纳人 [wéi yě nà rén]

viento *m* 风 [fēng]; **hace ~** 刮风 [guā fēng]

vientre *m* 腹腔 [fù qiāng], 肚子 [dù zi]

viernes *m* 星期五 [xīng qī wǔ]; **~*Santo** 圣星期五 (耶稣受难日) [shèng xīng qī wǔ (yě sū shòu nàn rì]

viga *f* 梁 [liáng]

vigen/cia *f* 现行性 [xiàn xíng xìng], 有效性 [yǒu xiào xìng]; **~te** *adj m/f* 现行的 [xiàn xíng de], 有效的 [yǒu xiào de]

vigil/ancia *f* 监视 [jiān shì]; 看管 [kān guǎn]; **~ante 1.** *adj* 监视的 [jiān shì de]; 警惕的 [jǐng tì de]; **2.** *m* 监视的人 [jiān shì de rén]; 看管的人 [kān guǎn de rén]; **~ar** *vt* 监视 [jiān shì]; 看管 [kān guǎn]

vigilia *f* 夜间执勤 [yè jiān zhí qín]

vigor *m* **1.** 精力 [jīng lì], 活力 [huó lì]; **2.** *jur* 效力 [xiào lì]; **~izar** *vt* 使精力充沛 [shǐ jīng lì chōng pèi]; **~oso,-a** *adj* 精力旺盛的 [jīng lì wàng shèng de]; 茁壮的 [zhuó zhuàng de]

vil *adj m/f* 卑鄙的 [bēi bǐ de], 不守信用的 [bù shǒu xìn yòng de]; **~eza** *f* 卑鄙行径 [bēi bǐ xíng jìng]; 低劣 [dī liè]

villa *f constr* 别墅 [bié shù]; **~ncico** *m* 村夫谣 [cūn fū yáo]

vilo 悬空的 [xuán kōng de]; 不稳定的 [bù wěn dìng de]; **en ~** 心

神不定的 [xīn shén bù dìng de]; **estar en ~** 睡不着的 [shuì bù zháo de]

vinagre *m* 醋 [cù]; **~ta** *f gastr* 醋汁（醋拌葱头末制成的调料）[cù zhī (cù bàn cōng tóu mò zhì chéng de tiáo liào)]

vincula/ción *f* 联系 [lián xì], 联结 [liàn jié]; **~r** *vt* 使紧密相连 [shǐ jǐn mì xiāng lián]

vínculo *m* 关系 [guān xì], 联系 [lián xì]

vinícola *adj m/f* 酿葡萄酒的 [niàng pú táo jiǔ de]

vino *m* 葡萄酒 [pú táo jiǔ]; **~ blanco** 白葡萄酒 [bái pú táo jiǔ]; **~ rosado** 淡红葡萄酒 [dàn hóng pú táo jiǔ]; **~ tinto** 红葡萄酒 [hóng pú táo jiǔ]

viñ/a *f* 葡萄园 [pú táo yuán]; **~edo** *m* 大葡萄园 [dà pú táo yuán]

viola *f mús* 中提琴 [zhōng tí qín]

viola/ción *f* **1.** 违反 [wéi fǎn]; **2.**强奸 [qiáng jiān]; **3.** *jur* 违犯 [wéi fàn]; 侵犯 [qīn fàn]; **~r** *vt* **1.** 违反 [wéi fǎn]; **2.** 强奸 [qiáng jiān]; **3.** *jur* 违犯 [wéi fàn]; 侵犯 [qīn fàn]

violen/cia *f* 暴力 [bào lì]; 疯狂 [fēng kuáng]; **~tar** *vt* 强迫 [qiáng pò]; 强行闯入 [qiáng xíng chuǎng rù]; **~to,-a** *adj* 猛烈的 [měng liè de]

violeta *f* 紫色 [zǐ sè]

viol/ín *m* 小提琴 [xiǎo tí qín]; **~inista** *m/f* 小提琴手 [xiǎo tí qín shǒu]

violon/celista *m/f* 大提琴手 [dà tí qín shǒu]; **~chelo** *m* 大提琴 [dà tí qín]

vira/je *m* 转弯 [zhuǎn wān], 调向 [diào xiàng]; **~r** *vi* 使转弯 [shǐ zhuǎn wān], 使调向 [shǐ diào xiàng]

virgen 1. *adj m/f* 贞洁的 [zhēn jié de]; 未加工的 [wèi jiā gōng de]; **2.** *f* 处女 [chù nǚ]; **la ~*** 圣母玛丽亚 [shèng mǔ mǎ lì yà]

virginidad *f* 贞洁 [zhēn jié]; 处女状态 [chù nǚ zhuàng tài]

virgo *m* 贞洁 [zhēn jié]; 原始状态 [yuán shǐ zhuàng tài]; *astr* 处女座 [chù nǚ zuò]

viril *adj m/f* 男子汉的 [nán zǐ hàn de], 男性的 [nán xìng de]; **~idad** *f* 男性特征 [nán xìng tè zhēng], 壮年 [zhuàng nián]

virtu/al *adj m/f fig* 虚拟的 [xū nǐ de]

virtu/d *f* 美德 [měi dé]; 功绩 [gōng jì]; **en ~d de** 依据 [yī jù]; **~oso, -a** *adj* 有道德的 [yǒu dào dé de]

viruela *f med* 天花 [tiān huā]

virulen/cia *f* 毒性 [dú xìng]; *fig* 刻毒 [kè dú], 恶毒 [è dú]; **~to,-a** *adj* 病毒性的 [bìng dú xìng de]

virus *m med* 病毒 [bìng dú], 过滤性病原体 [guò lǜ xìng bìng yuán tǐ]

visado *m* 签证 [qiān zhèng]

víscera *f* 内脏 [nòi zàng]

visera *f* 帽舌 [mào shé]

visib/ilidad *f* 可见度 [kě jiàn dù], 可见性 [kě jiàn xìng]; *auto aero* 能见度 [néng jiàn dù]; **~le** *adj m/f* 可见的 [kě jiàn de]

visillo *m* 薄窗帘 [bó chuāng lián]

visión *f* 视力 [shì lì], 视觉 [shì jué]

visita *f* 拜访 [bài fǎng], 访问 [fǎng wèn]; **~nte** *m/f* 客人 [kè rén], 来访者 [lái fǎng zhě]; **~r** *vt* **1.** 拜访 [bài fǎng], 访问 [fǎng wèn], 看 [kàn]; **2.** *med* （医生）出诊 [(yī shēng) chū zhěn], 看病人 [kàn bìng rén]

visor *m foto* 取景镜 [qǔ jǐng jìng], 取景器 [qǔ jǐng qì]

víspera *f* 前一日 [qián yī rì]; **en ~s de** 前夕 [qián xī]

vista *f* 视力 [shì lì]; 目光 [mù guāng]; **a primera ~** 看上去 [kàn shàng qù], 表面上看 [biǎo miàn shàng kàn]; **en ~ de** 鉴于 [jiàn yú], 由于 [yóu yú]; **¡hasta la ~!** 再见! [zài jiàn]; **~zo** *m* 扫视 [shǎo shì], 浏览 [liú lǎn]; **echar un ~ a u/c** 看一下 [kàn yī xià]

visto,-a *adj* 明显的 [míng xiǎn de], 必然的 [bì rán de]; **bien (mal) ~** 合适的（不合适的）[hé shì de (bù hé shì de)]; **~ bueno** 同意（批公文用语）[tóng yì (pī gōng wén yòng yǔ)]; **por lo ~** 以此可见 [yǐ cǐ kě jiàn]; **~so,-a** *adj* 显眼的 [xiǎn yǎn de], 华丽的 [huá lì de]

vital *adj m/f* 生命的 [shēng mìng de]；根本的 [gēn běn de]; **~idad** *f* 生命力 [shēng mìng lì]; 根本性 [gēn běn xìng]

vitam/ina *f* 维生素 [wéi shēng sù]; **~ínico,-a** *adj* 维生素的 [wéi shēng sù de]

vit/ícola *adj* 葡萄栽植的 [pú táo zāi zhí de]; **~icultor,-a** *m/f* 栽植葡萄的人 [zāi zhí pú táo de rén]; **~icultura** *f* 葡萄栽植 [pú táo zāi zhí]; 葡萄栽植业 [pú táo zāi zhí yè]

vitorear 1. *vt* （为某人）欢呼 [(wèi mǒu rén) huān hū], 喝彩 [hè cǎi]; **2.** *vi* 欢呼 [huān hū], 喝彩 [hè cǎi]

vitrina *f* 玻璃橱 [bō lí chú]

viud/a *f* 寡妇 [guǎ fù]; **~o 1.,-a** *adj* 死了配偶的 [sǐ le pèi ǒu de], 守寡的 [shǒu guǎ de]; **2.** *m* 鳏夫 [guān fū]

viv/acidad *f* 活泼 [huó pō]; **~az** *adj m/f* 活泼的 [huó pō de]; **~encia** *f* 阅历 [yuè lì]; **~eres** *mpl* 粮食 [liáng shí]; **~ero** *m* 苗圃 [miáo pǔ]; 养殖场 [yǎng zhí chǎng]; **~idor 1.,-a** *adj* 会生活的 [huì shēng huó de]; **2.** *m* 乐天知命的人 [lè tiān zhī mìng de rén]

vi/vienda *f* 住房 [zhù fáng], 住宅 [zhù zhái]; **~vir** *vi* 生活 [shēng huó]; 活着 [huó zhe]; **~vo,-a** *adj* 活的 [huó de]

vizca/íno,-a *adj* 比斯开的 [bǐ sī kāi de]; **~*ya** *f* 比斯开 [bǐ sī kāi]

vocab/lo *m* 词 [cí]; **~ulario** *m* 词汇表 [cí huì biǎo]

vocación *f* 天资 [tiān zī], 才能 [cái néng]

vocal 1. *adj m/f* 口头的 [kǒu tóu de]; **2.** *m* 理事 [lǐ shì], 委员 [wěi yuán]; **3.** *f* 元音 [yuán yīn]

vociferar *vt/i* 炫耀 [xuàn yào], 吹嘘 [chuī xū]

volador *adj m/f* 飞的 [fēi de], 能飞的 [néng fēi de]

volante *m auto* 方向盘 [fāng xiàng pán]

volar 1. *vi* 飞 [fēi], 飞跑 [fēi pǎo]; *fig* 迅速传播 [xùn sù chuán bō]; **2.** *vt* 炸毁 [zhà huǐ]

vo/látil 1. *adj m/f quím* 挥发的 [huī fā de]; *fig* 易变的 [yì biàn de]; **2.** *m desp* 朝秦暮楚的人 [zhāo qín mù chǔ]; **~latizarse** 挥发 [huī fā]

volcán *m* 火山 [huǒ shān]; **~ico, -a** *adj* 火山的 [huǒ shān de]

volcar 1. *vt* 弄倒 [nòng dǎo], 打翻 [dǎ fān]; *fig* 使动摇 [shǐ dòng yáo]; **2.** *vi* 翻车 [fān chē]

voleibol *m* 排球运动 [pái qiú yùn dòng]

voltaje *m electr* 电压 [diàn yā]

voltear 1. *vt* 翻转 [fān zhuǎn]; 使翻筋斗 [shǐ fān jīn dǒu]; **2.** *vi* 翻筋斗 [fān jīn dǒu]

volum/en *m* 册 [cè], 卷 [juǎn]; 容积 [róng jí], 体积 [tǐ jī]; 音量 [yīn liàng]; **~inoso,-a** *adj* 体积大的 [tǐ jī dà de], 容积大的 [róng jī dà de]; 大部头的（著作） [dà bù tóu de (zhù zuò)]

volunta/d *f* 意志 [yì zhì]; 心愿 [xīn yuàn]; **a ~** 自由的 [zì yóu de], 任意的 [rèn yì de]; **buena ~** 好意 [hǎo yì]; **~rio,-a 1.** *adj* 自愿的 [zì yuàn de]; **2.** *m/f* 自愿者 [zì yuàn zhě]

voluptuoso,-a *adj* 产生快感的 [chǎn shēng kuài gǎn de]; 淫荡的 [yín dàng de]

volver 1. *vt* 翻转 [fān zhuǎn], 回转 [huí zhuǎn]; *auto* 转向 [zhuǎn xiàng], 掉头 [diào tóu]; **2.** *vi* 返回 [fǎn huí], 回去 [huí qù]; **~ a hacer u/c** 重做(某事) [chóng zuò (mǒu shì)]; **~se** 转身 [zhuǎn shēn], 回头 [huí tóu]; **~se (+ adj)** 变成 [biàn chéng]

vomitar *vt/i med* 呕吐 [ǒu tù]

vómito *m med* 呕吐 [ǒu tù]; 呕吐物 [ǒu tù wù]

voracidad *f* 贪吃 [tān chī], 能吃 [néng chī]; *fig* 贪婪 [tān lán]

vorágine *f* 漩涡 [xuán wō]

voraz *adj m/f* 贪吃的 [tān chī de]; 贪婪的 [tān lán de]

vo/tación *f* 投票 [tóu piào]; **~tante** *m/f* 投票人 [tóu piào rén]; **~tar** *vt/i* 投票 [tóu piào]; **~to** *m pol* 选票 [xuǎn piào]; 表决权 [biǎo jué quán]

voz *f* 声音 [shēng yīn]; **a media ~** 轻声地 [qīng shēng de]; **en ~ alta** 大声地 [dà shēng de]; **en ~ baja** 小声地 [xiǎo shēng de]

vuelco *m pol* 垮台 [kuǎ tái]

vuelo *m* 航班 [háng bān]; ~ **chárter** 包机 [bāo jī]; ~ **de conexión** 转机 [zhuǎn jī]; ~ **sin escala(s)** 直飞 [zhí fēi]; ~ **sin motor** 滑翔 [huá xiáng]; ~ **nacional** 国内航班 [guó nèi háng bān]

vuelta *f* **1.** 旋转 [xuán zhuàn]; 圈 [quān]; 翻转 [fān zhuǎn]; **2.** *transp* 回程 [huí chéng]; **a la** ~ 回来时(后) [huí lái shí (hòu)]; **dar la** ~ **a** 改变意见 [gǎi biàn yì jiàn]; **estar de** ~ 在回来的路上 [zài huí lái de lù shàng]

vuestro,-a *pron pos* 你们的 [nǐ mēn de]

vulgar *adj m/f* 通俗的 [tōng sú de]; 粗俗的 [cū sú de]; **~idad** *f* 一般性 [yī bān xìng]; **~mente** 一般地 [yī bān de]; 通俗地 [tōng sú de]

vulnera/ble *adj m/f* 易受伤的 [yì shòu shāng de]; 不牢固的 [bù láo gù de]; **~r** *vt fig* 伤害 [shāng hài], 破坏 [pò huài]

W

waterpolo *m sport* 水球 [shuǐ qiú]

whisky *m* 威士忌酒 [wēi shì jì jiǔ]; ~ **con soda** 威士忌加苏打水 [wēi shì jì jiā sū dǎ shuǐ]

X

X: **rayos** ~ *mpl* X光 [X guāng]

xe/nofobia *f* 排外 [pái wài], 仇外 [chóu wài]; **~nófobo,-a** *adj* 排外的 [pái wài de], 仇外的 [chóu wài de]

xerocopia *f* 复印 [fù yìn]

xilófono *m mús* 木琴 [mù qín]

xilografía *f* 木刻 [mù kè]; 木板印刷术 [mù bǎn yìn shuā shù]

xilógrafo *m* 木刻师 [mù kè shī], 木刻家 [mù kè jiā]

Y

ya *adv* 已经 [yǐ jīng]; ~ **no** 已经不 [yǐ jīng bù]; ~ **que** 既然 [jì rán]; ~ **lo creo** 我当然相信了 [wǒ dāng rán xiāng xìn le]

yacer *vi* 安息 [ān xī], 长眠 [cháng mián], 葬于 [zàng yú]

yacimiento *m* 矿藏 [kuàng cáng], 矿层 [kuàng céng]

yanqui **1.** *adj m/f* 美国的 [měi guó de]; **2.** *m* 美国人 [měi guó rén]

yarda *f* 码（等于0.914米）[mǎ (děng yú líng diǎn jiǔ sì mǐ]

yate *m* 游艇 [yóu tǐng], 快艇 [kuài tǐng]

yedra *f* 长春藤 [cháng chūn téng]

yegua *f* 母马 [mǔ mǎ]; **~da** *f* 马群 [mǎ qún]

yelmo *m mil* 头盔 [tóu kuī]

yema *f* 蛋黄 [dàn huáng]; *bot* 胞芽 [bāo yá]
yerba *f* 草 [cǎo]
yermo 1.,-a *adj* 荒芜的 [huāng wú de]; **2.** *m* 荒芜人烟的地方 [huāng wú rén yān de dì fāng]
yerno *m* 女婿 [nǚ xù]
yerro *m* 差错 [chā cuò]；过失 [guò shī]
yerto,-a *adj* 僵硬的 [jiāng yìng de]
yeso *m* 石膏 [shí gāo]
yo *pron* 我 [wǒ]; ~ **mismo** 我本人 [wǒ běn rén]
yodo *m* 碘 [diǎn]
yogur *m* 酸奶 [suān nǎi]
yug/ada *f agric* 轭 [è], 牛轭 [niú è]; **~o** *m fig* 征服 [zhēng fú], 控制 [kòng zhì]
Yugoslav/ia *f* 南斯拉夫 [nán sī lā fū]; **~*o,-a 1.** *adj* 南斯拉夫的 [nán sī lā fū de]; **2.** *m/f* 南斯拉夫人 [nán sī lā fū rén]
yunta *f* (同轭的)一对牛(或马) [(tóng è de) yī duì niú (huò mǎ)]
yute *m* 黄麻 [huáng má]
yuxtapo/ner *vt* 并列 [bìng liè]; **~sición** *f* 并列 [bìng liè]

Z

zafar *vt nav* 解开 [jiě kāi], 松开 [sōng kāi]; **~rse u/c** 逃脱 [táo tuō], 躲避 [duǒ bì]
zafio,-a *adj* 粗鲁的 [cū rǔ de]
zafiro *m* 蓝宝石 [lán bǎo shí]
zafra *f* 油桶 [yóu tǒng]
zaga *adj* 后面 [hòu miàn]; **ir a la ~** 在后面 [zài hòu miàn]; *fig* 最后一名 [zuì hòu yī míng]
zaguero *m* 后面 [hòu miàn], 后部 [hòu bù]
zamarra *f* 皮夹克 [pí jiá kè]
zambull/ida *f* 潜水 [qiǎn shuǐ]; **~ir** *vt* 按入水中 [àn rù shuǐ zhōng]
zamp/ar *vt* (将某物) 急速藏起来 [(jiāng mǒu wù) jí sù cáng qǐ lái]; **~arse** *coloq* 狼吞虎咽 [láng tūn hǔ yān]; **~ón** *m coloq* 贪食者 [tān shí zhě], 好吃者 [hào chī zhě]
zanahoria *f* 胡萝卜 [hú luó bo]
zanca *f coloq* 细长的腿 [xì cháng de tuǐ]; **~da** *f* 大踏步 [dà tà bù]; **~dilla** *f* 圈套 [quān tào], 陷阱 [xiàn jǐng]
zanco *m* 高跷 [gāo qiāo]
zanganear *vi* 游手好闲 [yóu shǒu hào xián]
zángano *m zool* 雄蜂 [xióng fēng]; *coloq* 又懒又笨的人 [yòu lǎn yòu bèn de rén]
zanja *f* 沟 [gōu], 渠 [qú]; **~r** *vt* 挖沟 [wā gōu]
zapa *f* 锹 [qiāo], 铁锹 [tiě qiāo]
zapat/azo *m* 鞋击 [xié jī]; **~eado** *m* 踢踏舞(曲) [tī tà wǔ (qǔ)]; **~ear** *vt/i* 踩 [cǎi], 踏 [tà]; **~ería** *f* 鞋店 [xié diàn]; **~ero** *m* 鞋匠 [xié jiàng]; 鞋商 [xié shāng]; **~illa** *f* 拖鞋 [tuō xié]; **~o** *m* 鞋子 [xié zi]
zar,-ina *m/f* 沙皇 [shā huáng]

zarpa *f* 爪 [zhuǎ]; **echar la ~** *coloq* 抓住 [zhuā zhù], 抱住 [bào zhù]; **~r para** *vi nav* 起锚 [qǐ máo], 启航 [qǐ háng]

zarza *f* 黑莓 [hēi méi]; **~mora** *f* 欧洲黑莓 [ōu zhōu hēi méi]

zarzuela *f* (西班牙的) 说唱剧 [(xī bān yá de) shuō chàng jù]

zascandilear *vi* 轻浮 [qīng fú], 闲散 [xián sǎn]

zigzag *m* 之字形 [zhī zì xíng]; Z字形 [zī zì xíng]

zinc *m* 锌 [xīn]

zócalo *m* 护壁 [hù bì], 贴角 [tiē jiǎo]

zodíaco *m astr* 黄道带 [huáng dào dài]

zona *f* 地带 [dì dài], 地区 [dì qū]; **~ azul** *auto* 路边收费停车位 [lù biān shōu fèi tíng chē wèi]

zoo *m* 动物园 [dòng wù yuán]; **~logía** *f* 动物学 [dòng wù xué]; **~lógico,-a** *adj* 动物学的 [dòng wù xué], 动物的 [dòng wù de]; **parque ~lógico** 动物园 [dòng wù yuán]

zopenco,-a *m/f coloq* 蠢货 [chǔn huò], 笨蛋 [bèn dàn]

zorr/a *f* 雌狐 [cí hú]; *vulg desp* 妓女 [jì nǚ]; 狡猾的女人 [jiǎo huá de nǚ rén]; **~o 1.,-a** *adj* 狡猾的 [jiǎo huá de]; **2.** *m* 狐狸 [hú lí]; 狡猾的人 [jiǎo huá de rén]

GUÍA DE CONVERSACIÓN
日常用语指南

1. CONTACTOS / 1. 接人待物

Saludar a alguien	向人问候
Buenos días.	早上好。
Buenas tardes (a partir de las 18:00)	下午好。
¡Hola!	你/您好!
¿Cómo estás? / ¿Cómo está?	你好吗? / 您好吗?
(Muy) bien. ¿Y tú / usted?	(很)好，你呢? / 您呢?

Presentarse y presentar a alguien	自我介绍与介绍某人
Me llamo Juan García.	我叫胡安•加西亚。
Soy español. / Soy de Madrid.	我是西班牙人。 / 我是马德里人。
Le presento a la señora Alonso.	我给您介绍阿龙索女士。
Mucho gusto. / Encantado/a.	很高兴认识您。 / 幸会。
Bienvenido/a.	欢迎您。

Despedirse	告别
Adiós.	再见。
Hasta luego.	一会儿见。
Hasta pronto.	回头见。
Que te vaya bien.	走好。
Buen viaje.	一路顺风。
Buenas noches.	晚安。

Disculparse	道歉
Disculpa/e.	对不起，打搅一下。
Perdona/e. / Perdón.	对不起。/ 打扰了。
Lo siento (mucho).	(非常)对不起。
No se preocupe. / No importa.	没关系。/ 没什么。

Agradecer	道谢
Gracias. / Muchas gracias.	谢谢。/ 非常谢谢。
Gracias, igualmente.	谢谢，您也一样。
De nada. / No hay de qué.	没什么。/ 不用谢。

Felicitaciones y saludos	祝愿和问候
¡Que te diviertas!/ ¡Que te lo pases bien!	祝你玩得开心！/ 祝你过得愉快！
¡Buen fin de semana!	周末愉快！
¡(Mucha) suerte!	祝你（非常）好运！
¡Que aproveche!	慢慢吃！ / 吃好！
¡Salud! *(al brindar)*	干杯！（祝酒）
¡Salud!/ ¡Jesús! *(al estornudar)*	保重！ / 有人想你了！（打喷嚏）
¡Feliz cumpleaños!	生日快乐！ 打电话
¿Sí?, ¿dígame?	喂？ 您找谁？
Soy Maribel.	我是马丽贝。
Quisiera hablar con Claudia Sommer, por favor.	请问 克劳迪亚•苏密在吗？
No está en este momento.	她现在不在。
¿Quiere dejar algún mensaje?	您要留个口信给她吗？
¿Puede/s volver a llamar en 20 minutos?	您（你）能不能二十分钟后再打来？

2. Transporte

2. 出门

Desplazarse por la ciudad	坐车
Disculpe, ¿cómo puedo llegar al aeropuerto?	对不起，请问去机场怎么走？
¿Queda (muy) lejos?	离这儿(很)远吗？
A un cuarto de hora en autobús, 40 minutos caminando.	坐公车一刻钟，走路四十分钟。
¿Dónde está la parada de metro?	地铁站在哪儿？
¿Cuál es el autobús que va a la estación (de trenes)?	坐几路公车可以去到(火车)车站？
Quisiera un billete sencillo / múltiple.	我要一张单程票。/ 我要一张多次往返票。
Próxima parada: Estación del Norte.	下一个站是：北站。

Tomar un taxi	坐计程车
A la estación de autobuses, por favor.	麻烦您，去公车站。
Por favor, pare aquí en la esquina.	请您在那儿拐角的地方停下。
¿Cuánto es?	多少钱？
Quisiera un recibo.	我要一张收据。
Quédese con la vuelta.	零头就不用找了。

Viajar en tren / avión / barco / coche alquilado	坐火车/飞机/轮船旅行 开租来的车旅行
¿A qué hora sale el próximo barco para Shanghai?	去上海的下班船几点出发?
Quisiera reservar una plaza en el departamento de coche-cama.	我想预订一张卧铺票。
¿De qué andén sale el tren para Madrid?	去马德里的火车在哪一个站台?
– Quisiera un billete para Bilbao.	– 我想买一张去必鄂堡，毕尔巴鄂的车票。
– ¿Sólo de ida?	– 单程票吗?
– No, de ida y vuelta, por favor.	– 不，双程票，麻烦您了。
Por favor, ¿dónde está el mostrador de facturación? / de Iberia?	对不起，办理登机牌的柜台在哪儿? 伊比利亚航空公司的柜台在哪儿?
Quisiera un asiento en el pasillo/ en la ventanilla.	我想要靠走道的坐位/靠窗的坐位。
Aquí tiene su tarjeta de embarque.	这是您的登机牌。
¿Dónde se recoge el equipaje?	在哪儿提取行李?
Quisiera alquilar un coche.	我想租一辆车。
¿Me permite ver su licencia de conducir, por favor?	对不起，我可以看一下您的驾照吗?
¿Puedo dejar el coche en el puerto?	我可以把车留在港口内吗?

3. En la ciudad

3. 在城里

En el hotel / la pensión / el albergue	在酒店/旅馆/客栈
Tengo una reserva a nombre de Mendoza.	我已经用孟多萨的名字预订了一个房间。
Quisiera una habitación individual / una habitación doble con cama de matrimonio / con dos camas separadas.	我想要一间单人房间。/一间有大床的双人房间。 一间有两张床铺的双人房间。
¿Cuánto cuesta una habitación con ducha / baño?	带淋浴/浴缸的房间多少钱一晚?
¿A qué hora sirven el desayuno / la cena?	早餐几点开始? / 晚餐几点开始?
Por favor, podrían despertarme a las 7 (siete) de la mañana?	请您们在早上七点叫醒我，行吗?

En el restaurante	在饭店/酒家
¿Está libre este asiento / esta mesa?	这个位置有人吗? / 这张桌子有人吗?
¿Puedo ver la carta, por favor?	请把菜单拿来看一下，好吗?
El menú del día y una copa de vino tinto, por favor.	麻烦您来一个套餐和一杯红葡萄酒。
¿Me sirve otro café solo / café con leche, por favor?	麻烦您，再来一杯咖啡/咖啡加牛奶。
La cuenta, por favor.	请买单了。
¿Puedo pagar con tarjeta de crédito?	我可以用信用卡付钱吗?

En las tiendas	在商店
– ¿Puedo ayudarle/a?	– 您需要帮忙吗？
– Sí, por favor, quisiera comprar un paraguas.	– 是的，麻烦您，我想买一把雨伞。
– No, gracias. Sólo estoy mirando.	– 不用，谢谢，我只是看看。
¿Tiene también una talla más grande/ más pequeña?	您有大一点的尺码/小一点的尺码吗？
¿Dónde puedo probarme estos pantalones?	我可以在哪儿试一下这些裤子？
¿Es posible cambiar estos zapatos?	这双鞋能换吗？
¿Cuánto cuesta?	多少钱？
El color no me gusta / me gusta mucho.	这个颜色我不喜欢。/这个颜色我很喜欢。

En el banco	在银行
Quisiera cambiar 2.000 euros en yuanes chinos.	我想把2.000欧元换成人民币。
¿Acepta cheques de viaje?	您们收旅行支票吗？
¿Cuánto cobran de comisión?	收多少佣金？
¿El 2 (dos) % (por ciento)?	收百分之二的佣金？
¿A cuánto está el franco suizo?	瑞士法朗的兑换率是多少？

En la oficina de correos	在邮局
Quisiera 3 (tres) sellos para cartas / postales a China.	我想买三张邮票/明信片寄中国。
Quisiera enviar este paquete certificado a España.	我想把这个包裹用挂号寄到西班牙。
Ésta es la dirección.	这是地址。
¿Cuánto tiempo tardará el envío?	多少天可以寄到?

En la consulta del médico / la farmacia	在医务所/药房
No me encuentro bien.	我不舒服。
Me duele	我
– la cabeza	– 头痛。
– la muela	– 牙痛。
– la garganta	– 喉咙痛。
– el pecho	– 胸口痛。
– la barriga	– 肚子痛。
– la pierna/ el brazo.	– 腿痛 / 胳膊痛。
Mi hija es alérgica a los antibióticos.	我女儿对抗生素过敏。
Quisiera	我想要
– un medicamento contra la diarrea	– 止泻药。
– unas tiritas	– 创口贴，创可贴/扶伤膏。
– aspirinas	– 阿斯匹林。
¿Una pastilla dos veces al día?	一日两次，每次一片，对吗?
¿Antes o después de las comidas?	饭后还是饭前服用?

LOS NUMERALES / 数词

Cardinales / 基数词

cero	0	零
un, uno, una	1	一
dos	2	二
tres	3	三
cuatro	4	四
cinco	5	五
seis	6	六
siete	7	七
ocho	8	八
nueve	9	九
diez	10	十
once	11	十一
doce	12	十二
trece	13	十三
catorce	14	十四
quince	15	十五
dieciséis	16	十六
diecisiete	17	十七
dieciocho	18	十八
diecinueve	19	十九
veinte	20	二十
veintiuno	21	二十一
veintidós	22	二十二
treinta	30	三十
cuarenta	40	四十
cincuenta	50	五十
sesenta	60	六十
setenta	70	七十
ochenta	80	八十
noventa	90	九十
cien, ciento	100	一百
ciento uno	101	一百零一
ciento dos	102	一百零二
ciento diez	110	一百一十
ciento veinte	120	一百二十
doscientos	200	二百
trescientos	300	三百
cuatrocientos	400	四百
quinientos	500	五百
seiscientos	600	六百
setecientos	700	七百
ochocientos	800	八百